U0052876

國家圖書館出版品預行編目資料

新譯史記／韓兆琦注譯;王子今原文總校勘.——增訂二版三刷.——臺北市：三民，2021
面；　公分.——(古籍今注新譯叢書)
參考書目：面
ISBN 978-957-14-6376-6（第六冊：平裝）
1.史記 2.注釋

610.11　　106023517

古籍今注新譯叢書

新譯史記（六）列傳㊀

注譯者　韓兆琦
原文總校勘　王子今

發行人　劉振強
出版者　三民書局股份有限公司
地址　臺北市復興北路 386 號（復北門市）
臺北市重慶南路一段 61 號（重南門市）
電話　(02)25006600
網址　三民網路書店 https://www.sanmin.com.tw

出版日期　初版一刷 2008 年 2 月
初版三刷 2013 年 11 月
增訂二版一刷 2018 年 1 月
增訂二版三刷 2021 年 9 月
書籍編號　S032570
ISBN　978-957-14-6376-6

著作權所有，侵害必究
※ 本書如有缺頁、破損或裝訂錯誤，請寄回敝局更換。
三民書局

韓兆琦 注譯
王子今 原文總校勘

新譯史記(六)列傳(一)

三民書局 印行

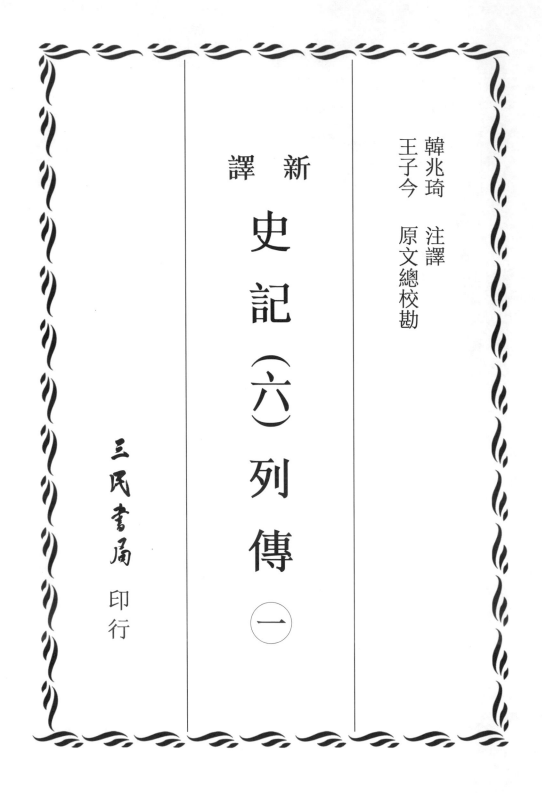

新譯史記　目次

第六冊

卷六十一　伯夷列傳第一……二七九九
卷六十二　管晏列傳第二……二八一三
卷六十三　老子韓非列傳第三……二八二九
卷六十四　司馬穰苴列傳第四……二八五五
卷六十五　孫子吳起列傳第五……二八六五
卷六十六　伍子胥列傳第六……二八八七
卷六十七　仲尼弟子列傳第七……二九一七
卷六十八　商君列傳第八……二九八一
卷六十九　蘇秦列傳第九……三〇〇七
卷 七 十　張儀列傳第十……三〇七五

卷七十一 樗里子甘茂列傳第十一……三一三三
卷七十二 穰侯列傳第十二……三一六五
卷七十三 白起王翦列傳第十三……三一八三
卷七十四 孟子荀卿列傳第十四……三二〇九
卷七十五 孟嘗君列傳第十五……三二二九
卷七十六 平原君虞卿列傳第十六……三二六一
卷七十七 魏公子列傳第十七……三二九一
卷七十八 春申君列傳第十八……三三一三
卷七十九 范睢蔡澤列傳第十九……三三四一
卷 八 十 樂毅列傳第二十……三四〇一
卷八十一 廉頗藺相如列傳第二十一……三四二五
卷八十二 田單列傳第二十二……三四五七
卷八十三 魯仲連鄒陽列傳第二十三……三四六九
卷八十四 屈原賈生列傳第二十四……三五〇七
卷八十五 呂不韋列傳第二十五……三五四三
卷八十六 刺客列傳第二十六……三五六三
卷八十七 李斯列傳第二十七……三六一一

卷六十一

伯夷列傳第一

【題解】〈伯夷列傳〉是《史記》之「列傳」的開宗第一篇，它敘述了伯夷、叔齊兄弟讓國出走，又勸阻武王伐紂，與不食周粟、餓死首陽山的大致過程。作品充滿了強烈的抒情性，表現了司馬遷對統治集團內部爭權奪利的無比憎恨。「伯夷」作為一個歷史人物大概是有的，因為在《論語》中孔子早就提過；但司馬遷寫「伯夷」所用的材料卻未必可信，他是依據《莊子》中的一些說法捏合而成。他之所以要塑造這麼一個「人物」並加以歌頌，其意義更多的是在這個人物形象之外。又因為〈伯夷列傳〉是《史記》「列傳」的第一篇，所以它那種「學者載籍極博，猶考信於六蓺」云云，便具有給全部「列傳」發凡起例的作用。

1 夫學者載籍❶極博，猶考信❷於六蓺❸。詩、書雖缺❹，然虞、夏之文可知❺也。堯將遜位❻，讓於虞舜；舜、禹之間，岳牧咸薦❼，乃試之於位，典職數十年❽，功用既興，然後授政❾。示天下重器，王者大統❿，傳天下若斯之難也。而說者⓫曰：堯讓天下於許由，許由不受，恥之逃隱⓬；及夏之時，有卞隨、務光⓭者。此何以稱焉⓮？

2 太史公曰⑮：余登箕山⑯，其上蓋有許由冢云⑰。孔子序列古之仁聖賢人，如吳太伯、伯夷之倫詳矣⑱。余以所聞由、光義至高，其文辭不少概見，何哉⑲？

【章旨】以上為第一段，提出了一系列以讓國著稱的人，其中有的見於儒家經典，被孔子所稱道；有的則否，史公對此提出疑問。

【注釋】❶載籍 猶言「冊籍」。泛指各種圖書資料。❷考信 通過考察得以確信。❸六蓺 指《詩》、《書》、《禮》、《樂》、《易》、《春秋》六部儒家經典。按：載籍雖多，但要以「六藝」作為鑒別是非、決定去取的標準，於此見史公之尊重儒家學說。❹詩書雖缺 《詩》《書》，即後代所說之《詩經》、《尚書》。相傳古代的《詩》《書》都篇章甚多，後經孔子刪選，才成了後來人們所見的樣子。如〈孔子世家〉稱古《詩》有三千餘篇，孔子刪為三百零五篇。今人對此說多不相信。《尚書緯》稱孔子時尚見《書》三百三十三篇，孔子刪為百篇。經秦火後，僅餘二十八篇。乃老儒記誦所得，時人以今文（隸書）錄出，即後世所稱之今文《尚書》。後來又從孔子宅壁中發現一部分古字的《尚書》，即所謂古文《尚書》。二者的文字有差異。按：「《詩》《書》雖缺」，瀧川以為這裡主要是指《書》而言，言《詩》者，連類而及。❺虞夏之文可知 今文《尚書》中有〈堯典〉，古文《尚書》中有〈舜典〉、〈大禹謨〉，記載了堯禪位於舜，舜禪位於禹的事情。❻遜位 退位。❼舜禹之間二句 按：「之間」二字，意思不明。其意蓋謂堯將讓位於舜，舜將讓位於禹的時候，舜和禹都是被全體諸侯大臣推薦出來的。岳，四嶽。分掌四方諸侯的四個霸主，當時稱為方伯。牧，州牧。各州的行政長官。據說當時中國劃分為九州，州各有牧。行政長官而稱「牧」，乃用放牧牛羊以比喻治民。❽典職數十年 典職，任職理事。典，主管。據說舜、禹都是任職理事二十餘年後，才正式登上帝位的。詳情見〈五帝本紀〉、〈夏本紀〉。❾授政 指傳與帝位。❿示天下重器二句 由此說明政權是最貴重的東西，帝王是全國人民的首腦。（對於傳授政權，選擇天子的事情，萬萬不能掉以輕心。）天下，這裡指國家政權。重器，也稱「大器」、「神器」。極言其貴重緊要。《莊子・讓王》：「天下，大器也。」《呂氏春秋・貴生》：「天下，重器也。」大統，大綱；主宰者。⓫說者 此處指莊周之流。莊周，戰國時人，道家學派的主要人物之一，著有《莊子》。⓬堯讓天下於許由三句 《莊子・讓王》云：「堯以天下讓許由，許由不受。」此乃莊周為闡述道學所揑造的故事。至晉人皇甫謐作《高士傳》，乃更推衍其事，謂堯以天下讓許由，許由逃於潁水之陽，箕山之下；堯又欲召以為九州長，許由以為受辱，竟跑到潁水邊上洗耳云云。⑬卞隨務光　亦《莊子．讓王》中虛構的人物。據說商湯曾向他們請教有關伐桀的問題，他們不回答。湯滅桀後，想把天下讓給他們，他們都氣憤得投河而死。⑭此何以稱焉　有關許由、卞隨、務光的這些事情，為什麼又受到世人稱讚呢。⑮太史公曰　王叔岷曰：「《史記》稱『太史公曰』，大都在篇末；列傳中在篇首者，如〈孟子荀卿列傳〉是也；在篇中者，如本傳是也。」⑯箕山　在今河南登封東南。⑰其上蓋有許由冢云　瀧川曰：「曰『蓋』、曰『云』，疑之也。」按：謂疑其冢之真實性，感到事情滑稽。⑱孔子序列古之仁聖賢人二句　吳太伯，周文王的大伯父，周太王之子，為將君位及早讓與其弟季歷，以便日後能順利地傳給周文王，而早早地偕其二弟仲雍逃離周國而去，事見〈吳太伯世家〉。「太」字也寫作「泰」。倫，類。孔子序列吳太伯、伯夷事，皆見於《論語》。其〈泰伯〉云：「泰伯其可謂至德也矣，三以天下讓，民無得而稱焉。」序列伯夷事見下文。陳直曰：「此段以孔子嘗稱之吳太伯和伯夷並論，蓋表其有讓德。丹陽吉鳳池先生語余云：『年表首共和，本紀首黃帝，世家首吳太伯，列傳首伯夷，皆表揚讓位，反抗君主者。』」⑲余以所聞由光義至高三句　意謂我認為從我聽到的有關許由、務光的情況看，他們的道義是夠高的了，可是儒家的經典和聖人的言辭中卻從來不提他們，這是為什麼呢。以，認為。少，同「稍」。不少概見，即「不可見」、「見不到」的意思，語氣比較靈活。

【語譯】學者們記載歷史的冊籍雖然很多，但仍然要把六經作為鑒別取捨的標準。《詩經》、《尚書》雖然有殘缺，但是關於虞、夏兩代的記載還是能夠看到的。堯將要退位時，準備讓位給虞舜，以及後來舜讓位於禹的時候，都是四方的諸侯盟主和各州長官提出推薦，而後先讓他們代行帝王的職位，主持政事幾十年，直到治理天下的功績很顯著時，才把帝位正式傳給了他們。由此可見管理天下的政權是極其重要的寶器，帝王是天下的主宰，而傳授管理天下的政權給人是多麼不可掉以輕心的事啊。可是有人傳說：堯要把主宰天下的職位讓給許由，許由不接受，他認為是一種恥辱，於是逃走隱居起來了；到了夏朝的時候，又有卞隨、務光兩個不肯接受帝位的人。這幾個人的行為為什麼受到稱讚呢？

2　太史公說：我登上過箕山，看到山上有許由的墳墓。孔子提到過許多古代的仁聖賢人，如吳太伯、伯夷等，說得都很詳細。據我所聽到的有關許由、務光的傳說其節義也很崇高，但孔子卻從來沒有提到過他們，這是為什麼呢？

1 孔子曰：「伯夷、叔齊，不念舊惡，怨是用希❶。」「求仁得仁，又何怨乎❷？」余悲伯夷之意❸，睹軼詩可異焉❹。

2 其傳曰❺：伯夷、叔齊，孤竹君之二子❻也。父欲立叔齊，及父卒，叔齊讓伯夷。伯夷曰：「父命也。」遂逃去。叔齊亦不肯立而逃之。國人立其中子❼。於是伯夷、叔齊聞西伯昌❽善養老❾，盍往歸焉❿。及至⓫，西伯卒，武王載木主，號為文王⓬，東伐紂⓭。伯夷、叔齊叩馬⓮而諫曰：「父死不葬，爰及干戈⓯，可謂孝乎？以臣弒君，可謂仁乎？」左右欲兵之⓰。太公⓱曰：「此義人也。」扶而去之⓲。武王已平殷亂⓳，天下宗周⓴，而伯夷、叔齊恥之，義不食周粟㉑，隱於首陽山㉒，采薇而食之㉓。及餓且死，作歌。其辭曰：「登彼西山㉔兮，采其薇矣。以暴易暴㉕兮，不知其非矣。神農㉖、虞、夏㉗忽焉㉘沒兮，我安適歸㉙矣？于嗟徂兮，命之衰矣㉚！」遂餓死於首陽山㉛。由此觀之，怨邪非邪㉜？

【章旨】以上為第二段，寫伯夷兄弟的事跡，對此事跡與孔子評論不符的問題提出疑問。

【注釋】❶不念舊惡二句　由於不記舊仇，因此怨恨也就少了。惡，怨仇。用，因。希，通「稀」。按：孔子此語見《論語・公冶長》。所謂「舊惡」，不知指何事，恐絕非指武王伐紂不聽其叩馬之諫事。《大戴禮記・衛將軍文子》：「孔子曰：『不克不忌，不念舊惡，蓋伯夷、叔齊之行也。』」❷求仁得仁二句　孔子此語見《論語・述而》，亦不知確指何事。孔安國注曰：「以讓為仁，豈有怨乎？」亦只可姑妄聽之，未必符合孔子原意。❸悲伯夷之意　《索隱》曰：「謂悲其兄弟相讓，又義不食周粟而餓死。」❹睹軼詩可異焉　軼詩，散失而未編入「三百篇」內的古代詩歌，這裡即指下文所引的〈采薇詩〉。《索隱》曰：「《論語》云：『求仁得仁，又何怨乎？』今其詩曰：『我安適歸矣？于嗟徂兮，命之衰矣！』是怨詞也，故云『可異焉』。」按：《論語》所云，本不知對何事而發，今硬自將其與〈采薇詩〉牽合一起，矛盾自然就出來了。❺其傳曰　《索隱》曰：「『其傳』，蓋《韓詩外傳》及《呂氏春秋》也。」按：有關伯夷的「事跡」，最早而又較詳的是見於《莊子》，《韓詩外傳》與《呂氏春秋》皆成書甚晚，不足取信。❻孤竹君之二子　按：說伯夷、叔齊為孤竹君之子者，始於莊周，成於司馬遷。《莊子・盜跖》云：「伯夷叔齊，辭孤竹之君，而餓死于首陽之山。」先此之《孟子》未言其為何如人也；《論語》則一稱為「逸民」（〈微子〉），一稱為「古之賢人」（〈述而〉）；《呂氏春秋・誠廉》稱之為「二士」；即《莊子・讓王》亦仍稱曰「有士二人」，而皆不稱其為孤竹君之子。孤竹，古國名。其地約當今河北盧龍一帶地區。《索隱》引《韓詩外傳》與《呂氏春秋》有所謂「夷、齊之父名初，字子朝；伯夷名允，字公信；叔齊名致，字公遠」云云。按：伯夷、叔齊究竟為何許人尚無法說清，後人竟能造出其「名」、其「字」，可謂用心良苦。❼中子　謂伯夷之弟，而叔齊之兄也。❽西伯昌　即日後之周文王，姓姬名昌。商朝末年，姬昌為西方的諸侯之長，故稱之曰「西伯」。伯，通「霸」。諸侯之霸主。❾養老　收養老人。實乃招賢納士之意。❿盍往歸焉　於是就去投奔他。盍，通「蓋」。乃；於是。《孟子・離婁》云：「伯夷避紂，居北海之濱。聞文王作興，曰：『盍歸乎來！吾聞西伯善養老者。』」那裡的「盍」字作「何不」講。此處「盍往歸焉」四字如按《孟子》理解，則應將其括起，四字前加「曰」字讀。瀧川曰：「楓山本、三條本、敦煌本皆作『蓋』。」⓫及至　就字面，應指到達周國。當時的周國都於豐（今西安市西南之古豐水西側）。但據下文文意，實際是在武王出師東征的路上。⓬載木主二句　當時文王已死，武王載其父之靈牌伐紂，以表示自己是謹奉父命，行父之志。木主，靈牌。⓭紂　商朝的末代帝王，國都朝歌（今河南淇縣）。⓮叩馬　意即攔著馬頭。⓯爰及干戈　猶言「就動起了干戈」。爰，於是；就。及，輪到；動起。⓰欲兵之　欲以兵器殺之。⓱太公　姓姜名尚，也稱「呂望」，西周的開國元勳，事跡詳見〈齊太公世家〉。⓲扶而去之　意即沒有殺他，讓人把他們架到一邊去了。⓳武王已平殷亂　武王滅殷的時間，范文瀾以為在西元前一〇六六年，郭沫若以為在西元前一〇五六年，趙光賢以為在西元前一〇四五年，今夏商周斷代工程定之為前一〇四六年。⓴天下宗周　意即各小國都承認周天子為天下之共主。㉑義不食周粟　梁玉繩曰：「恥食周粟，亦止于不食稍祿，非絕粒也。《戰國策・燕策》蘇秦曰：『伯夷不肯為武王之臣，不受封侯。』《漢書・王貢兩龔鮑傳》序曰：『武王遷九鼎于洛邑，伯夷、叔齊薄之，不食其祿。』」㉒首陽山　其說甚多，有曰即今山西永濟附近之雷首山，有曰即今河南偃師西北之首陽山，有曰其山在今甘肅隴西。按：其人之有無尚在不可知數，其隱而餓死之地自然更是後人之影附。㉓采薇而食之　方孝孺曰：「恥食其粟，獨食其薇。其薇也獨非周土之毛乎？謬甚。」薇，也叫「蕨」，一種野菜名。㉔西山　《索隱》曰：「即首陽山也。」㉕以暴易暴　《索隱》曰：「以武王之暴臣，易殷紂之暴主。」按：稱武王伐紂為「以暴易暴」，可謂駭人聽聞。類似之語《莊子・讓王》稱伯夷、叔齊云：「今周見殷之亂而遽為政，上謀而下行貨，阻兵而保威，割牲而盟以為信，揚行以說眾，殺伐以要利，是推亂以易暴也。」此詩不見於先秦典籍，不知史公取自何處。㉖神農　中國遠古傳說中的帝王，被稱為「三皇」之一。㉗虞夏　虞舜、夏禹。神農、虞舜、夏禹都被傳說是遠古的聖帝名王，他們的政治被後人們嚮往為古代的極盛政治。㉘忽焉　言其消失之快。或曰「忽」者「奄忽」之意，「奄忽」指生命死亡的樣子。㉙我安適歸　我還能去投奔誰呢。安適歸，意即安歸。「適」、「歸」二字同義。㉚于嗟徂兮二句　猶言「唉呀，我就要死啦，我的命運就是這樣的壞啊！」于嗟，也寫作「吁嗟」。歎息聲。徂，去。這裡指死。㉛遂餓死於首陽山　說伯夷餓死於首陽山者始於莊周，其〈盜跖〉云：「伯夷叔齊，辭孤竹之君，而餓死于首陽之山。」其〈讓王〉云：「二子北至于首陽之山，遂餓而死焉。」早於《莊子》之《論語・季氏》只言其「餓于首陽之下」，晚於《莊子》之《呂氏春秋・誠廉》亦只言「至首陽之下而餓焉」，皆未云餓死。㉜怨邪非邪　有怨呢還是沒有怨呢。

【語　譯】孔子說：「伯夷、叔齊，他們不記掛舊的仇恨，因此他們的怨氣也就少了。」又說：「他們求仁德而得到了仁德，還有什麼可怨憤的呢？」我對於伯夷、叔齊的經歷感到悲哀，當我看到他們遺留下來的詩句時，又感到很詫異。

2　他們的傳記上說：伯夷、叔齊，是孤竹國君的兩個兒子。父親在世時想讓小兒子叔齊繼位，等到父親死後，叔齊讓給大哥伯夷。伯夷說：「父親的遺命是讓你做啊。」於是逃走了。而叔齊也不肯即位，也逃走了。國人只得擁立了老二為君。當時伯夷、叔齊聽說西伯姬昌善於收養賢士，就想到那裡去歸順他。等他們到達時，西伯姬昌已經死了，武王姬發正載著姬昌的靈牌，號稱是遵循著父親的遺命，往東討伐殷紂。伯夷、叔齊就攔住武王的馬頭勸阻說：「你父親剛死還沒有安葬，就發動戰爭，這能說是孝嗎？做臣子的要去討伐自己的君主，這能說是仁嗎？」武王左右的人要殺他們。太公姜尚說：「這可是兩位義士啊。」於是讓人把他們攙扶開了。等到武王滅掉殷紂後，天下人都接受周的統治，而伯夷、叔齊卻對做周朝的臣民感到恥辱，他們決心不吃周朝的糧食，隱居在首陽山，採摘蕨菜充飢。等他們餓得將死的時候，作了一首歌。歌詞說：「登上西山啊，採野菜充飢。用暴力取代暴力啊，誰人不知道這是錯的。神農、舜、禹的時代一去不復返，我還能去投奔誰呢？啊，我就要死啦，我的命運就是這樣的壞啊！」於是雙雙餓死在首陽山上。由他們留下的歌詞看來，伯夷、叔齊是有怨呢還是沒有怨呢？

或曰：「天道無親，常與善人❶。」若伯夷、叔齊，可謂善人者非邪❷？積仁絜行❸如此而餓死！且七十子❹之徒，仲尼獨薦顏淵為好學❺；然回也屢空❻，糟糠不厭❼，而卒蚤夭❽。天之報施❾善人，其何如哉？盜蹠❿日殺不辜⓫，肝人之肉⓬，暴戾⓭恣睢⓮，聚黨數千人，橫行天下⓯，竟以壽終⓰。是遵何德哉⓱？此其尤大彰明較著者也⓲。若至近世，操行不軌⓳，專犯忌諱⓴，而終身逸樂富厚，累世不絕㉑；或擇地而蹈之㉒，時然後出言㉓，行不由徑㉔，非公正不發憤㉕，而遇禍災者，不可勝數㉖也。余甚惑焉，儻所謂天道，是邪非邪㉗？

【章　旨】以上為第三段，由伯夷兄弟的慘痛遭遇聯想到當前社會，於是對「天道無親，常與善人」的傳統敬天觀念提出懷疑。

【注　釋】❶天道無親二句　意即老天爺沒有偏心眼兒，專門幫助好人。親，親近；偏向。與，助。按：以上二語見《老子》第七十九章。類似意思諸書多見，若《左傳》僖公五年有所謂「皇天無親，惟德是輔」；《國語・晉語六》有所謂「天道無親，惟德是授」；〈離騷〉亦有所謂「上天之無私阿兮，覽民德而措輔」。即俗話之所謂「善有善報，惡有惡報」，亦此類也。

❷若伯夷叔齊二句　意謂像伯夷、叔齊這樣的，是可以稱為好人呢還是不能稱為好人呢。〈貨殖列傳〉有所謂「豈所謂素封者邪？非也？」句式與此略同。❸積仁絜行　即努力為仁，努力使自己的操行廉潔。絜，通「潔」。❹七十子　指孔門的高材弟子。〈仲尼弟子列傳〉云：「孔子曰：『受業身通者七十有七人，皆異能之士也。』」此云「七十」，乃舉其成數。❺獨薦顏淵為好學　《論語・雍也》：「哀公問弟子孰為好學，孔子對曰：『有顏回者好學，不遷怒，不貳過，不幸短命死矣，今也則亡，未聞好學者也。』」此外還見於《論語・先進》，亦見於〈仲尼弟子列傳〉。薦，推舉；稱讚。❻屢空　經常處於貧困之中。屢，每；經常。空，困缺。《論語・先進》：「回也其庶乎！屢空。」❼糟糠不厭　連吃糟糠都得不到滿足。糟，酒渣。糠，稻麥等作物種子脫下的皮或殼。後作「糠」。按：《論語・雍也》有所謂「賢哉回也！一簞食，一瓢飲，在陋巷，人不堪其憂，回也不改其樂」，無所謂「糟糠不厭」。故《索隱》曰：「顏生『簞食瓢飲』，亦未見『糟糠』之文也。」❽卒蚤夭　卒，終於；結果。蚤，同「早」。夭，夭折。〈仲尼弟子列傳〉云：「回年二十九，髮盡白，蚤死。」《孔子家語》云：「年二十九而髮白，三十二而死。」此外還有許多說法，似更不可信，此不錄。❾報施　即今所謂「回報」。❿盜蹠　亦作「盜跖」。古代傳說中的大盜，名跖，詳見《莊子・盜跖》，蓋亦寓言人物。⓫日殺不辜　每天都殺害無罪的人。辜，罪孽。⓬肝人之肉　中井曰：「不可曉，蓋字訛也。」瀧川曰：「肝，疑當作『膾』。」按：《莊子・盜跖》云：「盜跖方休卒徒太山之陽，膾人肝而餔之。」據此，瀧川說似有理。膾人之肉，將人肉切成細絲而食之。膾，切肉成絲。⓭暴戾　殘暴兇狠。⓮恣睢　任意為非做歹。睢，怒目視人的樣子。⓯聚黨數千人二句　《莊子・盜跖》云：「盜跖從卒九千人，橫行天下。」⓰竟以壽終　按：《莊子・盜跖》未言盜跖「以壽終」，此亦史公所發揮。⓱是遵何德哉　《索隱》曰：「言盜跖無道，橫行天下，竟以壽終，是其人遵行何德而致此哉？」遵何德，猶言「幹了什麼好事」。⓲此其尤大彰明較著者也　這都是最突出、最明顯的例子。指「最好」的顏回窮一輩子短命而死，「最惡」的盜跖為非做歹長壽善終。彰明較著，四字疊用，都是「明確」、「顯著」的意思。較，明也。⓳不軌　不端；不走正道。⓴專犯忌諱　專門違法犯禁。忌諱，猶言禁忌。㉑終身逸樂富厚二句　有本斷句為「終身逸樂，富厚累世不絕」，亦通。逸樂，安閒快樂。富厚，家產富足。累世，一連好幾代。瀧川曰：「『操行』以下十九字，暗指當時恃寵擅權者。其曰『近世』，不曰『今世』者，史公亦有所忌諱也。」㉒擇地而蹈之　看好了地方才下腳邁這一步。極言其小心謹慎之狀。㉓時然後出言　時機合適了才開口說話。時，合時機。《論語・憲問》：「夫子時然後言，人不厭其言。」㉔行不由徑　走路不抄近道。徑，小路。《論語・雍也》子游稱澹臺滅明「行不由徑，非公事未嘗至于偃之室」。㉕非公正不發憤　瀧川曰：「數句，史公暗自道也。『非公正不發憤』六字，尤見精神。」凌稚隆引董份曰：「太史公寓言為李陵遭刑之意。」

㉖不可勝數　無法計算。極言其多。㉗儻所謂天道二句　如果說有什麼「天道」的話，究竟是對呢還是不對呢。儻，同「倘」。

【語　譯】有人說：「老天爺沒有偏心眼，誰有道德它就幫助誰。」那麼像伯夷、叔齊能不能算是好人呢？他們一輩子修德行善，最後竟被餓死！在聖門的七十多位高徒中，孔子最讚美顏淵的好學；但顏淵卻一輩子經常處在窮困之中，甚至連糟糠也吃不上，最後還落到一個短命而死。這老天爺的所謂幫助好人，表現在哪裡呢？盜跖每天都在無故地殺人，把人肉拿來切片吃，他兇狠殘暴，率領著幾千人橫行天下，結果卻壽終正寢。這又是遵循的什麼標準呢？這些都是非常明顯的例子啊。至於近代，那些品行不端、專門違法犯紀的壞蛋，卻終身享樂，高官厚祿幾輩子連續不斷；而那些一生謹慎小心，到了合適時機才說話，走路從來不抄小道，非遇到該主持正義的時候不出頭，行為如此而遭遇災禍的，簡直數不清啊。我簡直不能理解，如果說還有什麼天道，這究竟是對呢？還是不對呢？

子曰：「道不同不相為謀❶。」亦各從其志也❷。故曰：「富貴如可求，雖執鞭之士，吾亦為之❸；如不可求，從吾所好❹。」「歲寒，然後知松柏之後凋❺。」舉世混濁，清士乃見❻。豈以其重若彼，其輕若此哉❼？

【章　旨】以上為第四段，稱引前賢的道德操行，聊做自己生前的寬慰之資。

【注　釋】❶道不同不相為謀　兩個人生宗旨不同的人，不會在一起互相商議、謀劃。語見《論語・衛靈公》。❷亦各從其志也　也就只好各走各的路了。❸富貴如可求三句　如果說為了追求富貴可以不擇手段，那麼即使讓我給人當馬夫我也肯幹。執鞭，趕馬。指給人當馬夫。❹如不可求二句　如果說不能不講原則，那麼我就還是按著我本來的思想志趣去生活了。以上五句是孔子的話，見《論語・述而》。前三句是反話，後兩句是主旨。他在《論語・述而》中還說過：「不義而富且貴，於我如浮雲。」大旨與此相同。❺歲寒二句　語見《論語・子罕》。何晏注：「喻凡人處治世，亦能自修整，與君子同；在濁世，然後知君子之正，不苟容也。」按：《荀子・大略》：「歲不寒無以知松柏，事不難無以知君子。」鮑照詩〈代出自薊北門行〉：「時危見臣節，世亂識忠良。」皆此旨也。❻舉世混濁二句　按：屈原〈漁父〉云：「舉世皆濁我獨清，眾人皆醉我獨醒。」此酌用其句。按：《索隱》於此處引《老子》曰：「國家昏亂，始有忠臣。」用語雖相似，而所說之理大不相同，讀者應辨之。❼豈以其重若彼二句　按：此處文意不清，眾說紛紜。有曰後句「其」上應加「故」字讀，其意為「不就是因為他們把道德操行看得那樣重，所以才把窮困以至於生死都看得這樣輕嗎？」顧炎武《日知錄》曰：「其重若彼，謂俗人之重富貴也；其輕若此，謂清士之輕富貴也。」方苞評點《史記》曰：「言自聖賢論之，豈以若彼之富貴逸樂為重，若此之困窮災禍為輕乎？」其他尚多，今不錄。似以增「故」字讀者為簡便通順。郭嵩燾曰：「所重者志，所輕者富貴壽夭之遇。豈者，想像之辭。」與此相同。

【語　譯】孔子說：「志向不同的人，不會在一起相互商議、謀劃。」也只好各自按著自己的志向去做。孔子又說：「富貴如果允許不擇手段地求得，那麼即使讓我給人家拿鞭子趕馬我也照做；如果不能那麼做，我就只能按照我本來的志趣行事了。」孔子又說：「只有到了冬天，才能看出松柏最耐寒。」整個社會都混濁不清，高潔的人這時才會顯現出來。難道不是因為他們把道德操行看得那樣重，所以才把貧窮以至於生命看得這麼輕嗎？

「君子疾沒世而名不稱焉❶。」賈子❷曰：「貪夫徇財，烈士徇名，夸者死權，眾庶馮生❸。」「同明相照，同類相求。」「雲從龍，風從虎，聖人作而萬物覩。」❹伯夷、叔齊雖賢，得夫子而名益彰❺；顏淵雖篤學❻，附驥尾❼而行❽益顯。巖穴之士，趣舍有時若此，類名堙滅而不稱，悲夫❾！閭巷之人❿，欲砥行立名⓫者，非附青雲之士，惡能施于後世哉⓬？

【章　旨】以上為第五段，想到人之身後成名尚須有大人物推崇，不然則難免類名堙滅，於是又悲憤填膺。

【注　釋】❶君子疾沒世而名不稱焉　孔子語，見《論語・衛靈公》。疾，患；擔心。按：史公〈報任安書〉云：「所以隱忍苟活，幽于糞土之中而不辭者，恨私心有所不盡，鄙陋沒世而文采不表於後也。」此處亦深含個人感慨。❷賈子　賈誼，西漢文帝時的政論家，著有〈過秦論〉、〈治安策〉等。事跡見〈屈原賈生列傳〉。❸貪夫徇財四句　見賈誼〈鵩鳥賦〉。其意謂每個人都在追求自己的東西，為了達到個人的目的，死都不怕。徇，通「殉」。為追求某種東西而豁出命去。烈士，有事業心、有氣節的人。夸者，好矜誇、好作威作福的人。馮生，貪生。馮，通「憑」。恃也。引申為「看重」。瀧川引村尾元融曰：「四句內主意在『烈士』一句，『名』字與『名不稱』之『名』前後呼應。」❹同明相照五句　語出於《易・乾卦》。原文作「同聲相應，同氣相求，水流濕，火就燥，雲從龍，風從虎，聖人作而萬物覩」。前六句言「物以類聚」、「同類相求」之理。聖人作而萬物覩，言萬事萬物經聖人之詮釋，其義乃得大明於天下，以喻伯夷、叔齊、顏淵得孔子之薦而名顯天下事。作，起；出現。覩，被人看見。即彰顯之義。❺得夫子而名益彰　是因為受到了孔子的評點，所以才聲名大振。夫子，猶今所謂「先生」，這裡是敬稱孔子。揚雄《法言・淵騫》：「無仲尼，則西山之餓夫惡乎聞？」❻篤學　好學。篤，厚；用心專一。❼附驥尾　《索隱》曰：「蒼蠅附驥尾而致千里。」王褒〈四子講德論〉：「蚊虻終日經營，不能越階序，附驥尾則涉千里。」史公這裡用以比喻普通人的受名人提攜。❽行　行為；操行。❾巖穴之士四句　意謂「有些隱居山林的人，他們的出處大節也和伯夷一樣，但因為缺少孔子那樣的大人物表彰他們，所以他們的名字和事跡也就堙滅無聞了，可悲啊！」趣舍有時，出仕和退隱都掌握得恰合時機。趣，通「趨」。指出仕。舍，指退隱。若此，和伯夷等的行為一樣。類名，美名。類，善也。❿閭巷之人　指平民之士。⓫欲砥行立名　想通過磨鍊操行揚名天下。⓬非附青雲之士二句　如果沒有一個德高望重的人來薦拔他，他又怎麼能夠揚名後世呢。青雲之士，楊慎《丹鉛總錄》曰：「謂聖賢立言傳世者，孔子是也。」中井引村尾元融曰：「青雲有三義，此云『青雲之士』，以德言；〈范雎傳〉『自致於青雲之上者』，以位言；《晉書・阮咸傳》『仲容青雲器』，以志言，皆取義高超絕遠耳。」惡能，怎能；豈能。施，延；流傳。凌稚隆引董份曰：「太史公言伯夷、叔齊不能無怨，惟得孔子言之，故益顯；若由、光義至高，而文辭不少概見，故後世無聞焉，是以砥行立名者必附青雲之士也，此一篇大意。」

【語　譯】孔子說過：「君子所擔心的是死後名聲不被後代所稱頌。」賈誼說：「貪得無厭的人為追求財利而死，有事業心的人為建立功業而死，權勢慾強的人為追求權勢而死，一般的人只求平平安安地度過一生。」《易・乾卦・繫辭》裡說：「發光的物體互相映照，同類的東西互相吸引。」「雲跟著龍，風跟著虎，有了聖人出現，萬事萬物才能得到說明和解釋。」伯夷、叔齊雖有賢德，只有得到孔夫子的讚譽他們的名聲才得以顯揚；顏淵雖然好學，但還是因為他跟上了孔夫子，所以才使得世人皆知。而那些隱居在山林巖穴的人，他們的思想行為並不比伯夷、叔齊差，但他們的名字和事跡卻湮滅無聞了，這實在可悲啊！看起來一個普通人要想讓自己的道德、名聲留傳於後世，倘若沒有個「德高望重」的人來提攜，那又怎麼可能呢？

【研　析】〈伯夷列傳〉的主要意義主要有三點：

其一是歌頌伯夷、叔齊的「讓」，以反對、批判現實政治生活中的「爭」。司馬遷在〈太史公自序〉中說：「末世爭利，維彼奔義；讓國餓死，天下稱之。」這是說得比較明白的。伯夷與叔齊能置一個國家政權所能帶給他們的富貴尊榮於不顧，這與歷史上那些為爭奪政權而耍陰謀、搞政變，打得不可開交，甚至鬧得屍橫遍野的梟雄們比較起來，該是多麼鮮明的一種對照啊！司馬遷歌頌伯夷兄弟，無疑正是對這種使人憎惡的黑暗現實的強烈批判。「列傳」之開篇歌頌伯夷、叔齊，與「本紀」之開篇歌頌堯、舜，「世家」之開篇歌頌吳太伯，性質完全相同。李景星曰：「世家首太伯，列傳首伯夷，美讓國高節以風世也。」這是一篇體現司馬遷社會理想的文字。

其二是懷疑「天道」，否定「善人必有善報」的欺人之談。司馬遷從伯夷兄弟的「讓國」餓死聯繫到歷史上與現實社會中的種種「不公」，他憤怒地說：「余甚惑焉，儻所謂天道，是邪非邪？」這是對自古以來那種「天道無親，常與善人」的虛偽讕言有力痛斥，具有強烈的反迷信的意義。

其三，司馬遷不僅懷疑「天道」，更主要的是批判「人道」，批判當時漢王朝專制統治下的是非顛倒，聲討那種壞人當道、好人倒霉的極大不公。篇中所說的「若至近世，操行不軌，專犯忌諱，而終身逸樂富厚，累世不絕；或擇地而蹈之，時然後出言，行不由徑，非公正不發憤，而遇禍災者，不可勝數也」，這些不都正是向著當時的黑暗政治開炮嗎？這篇作品應該與〈游俠列傳〉對照閱讀。

錢鍾書說：「此篇敘夷、齊行事甚少，感慨議論居其大半，反議論之賓，為傳記之主。司馬遷牢騷孤憤，如喉鯁之快於一吐，有欲罷而不能者。」（《管錐編》）〈伯夷列傳〉是《史記》中抒情性最強的篇章之一。

〈伯夷列傳〉是「列傳」部分的第一篇，其開首之「學者載籍極博，猶考信於六蓺」云云，具有一種為全書發凡起例，標舉其取捨、評斷之原則的意義，亦應為讀《史記》者所注意。

卷六十二

管晏列傳第二

【題解】〈管晏列傳〉是春秋時代齊國傑出政治家管仲、晏嬰兩人的合傳，但這篇作品並沒有全面系統地記述他們一生的種種政績，而只是分別寫了他們在生死關頭，在君臣關係問題上的重要抉擇，以及在朋友交情、在為國選賢等方面的幾個小故事。看起來像是有些偏頗，不夠全面，但它卻無疑是表現了司馬遷的一種社會理想，表現了他對政治、人生許多重大問題的深刻思考，其「成一家之言」的意義絕對不可低估。

1 管仲夷吾❶者，潁上❷人也。少時常❸與鮑叔牙游❹，鮑叔知其賢。管仲貧困，常欺❺鮑叔，鮑叔終善遇之，不以為言❻。已而鮑叔事齊公子小白❼，管仲事公子糾❽。及小白立為桓公❾，公子糾死，管仲囚焉❿。鮑叔遂進管仲⓫。管仲既用，任政⓬於齊，齊桓公以霸⓭，九合諸侯⓮，一匡天下⓯，管仲之謀也。

2 管仲曰：「吾始困時，嘗與鮑叔賈⓰，分財利多自與，鮑叔不以我為貪，知我貧也。吾嘗為鮑叔謀事⓱而更窮困⓲，鮑叔不以我為愚，知時有利不利也。吾嘗三仕三見逐於君⓳，鮑叔不以我為不肖⓴，知我不遭時也。吾嘗三戰三走㉑，鮑叔不以我為怯，知我有老母也。公子糾敗，召忽死之㉒，吾幽囚受辱，鮑叔不以我為無恥，知我不羞小節，而恥功名不顯于天下也㉓。生我者父母，知我者鮑子也㉔。」

3 鮑叔既進管仲，以身下之㉕。子孫世祿㉖於齊，有封邑者十餘世㉗，常為名大夫。天下不多管仲之賢，而多鮑叔能知人也㉘。

4 管仲既任政相齊，以區區㉙之齊在海濱，通貨積財㉚，富國彊兵，與俗同好惡㉛。故其稱曰：「倉廩實而知禮節㉜，衣食足而知榮辱，上服度則六親固㉝。四維㉞不張，國乃滅亡。下令如流水之原㉟，令順民心。」故論卑而易行㊱。俗之所欲，因而予之；俗之所否，因而去之㊲。

5 其為政也，善因禍而為福，轉敗而為功㊳。貴輕重㊴，慎權衡㊵。桓公實怒少姬，南襲蔡㊶，管仲因而伐楚，責包茅不入貢於周室㊷；桓公實北征山戎㊸，而管仲因而令燕修召公之政㊹；於柯之會，桓公欲背曹沫之約㊺，管仲因而信之㊻，諸侯由是歸齊㊼。故曰：「知與之為取，政之寶也㊽。」

6 管仲富擬於公室㊾，有三歸㊿、反坫(51)，齊人不以為侈。管仲卒(52)，齊國遵其政，常彊於諸侯。後百餘年而有晏子焉(53)。

【章　旨】以上為第一段，寫了管仲與鮑叔之間的感人友誼與管仲的治國才幹。

【注　釋】❶管仲夷吾　姓管名夷吾，字仲。❷潁上　潁水邊上。按：潁水發源於今河南登封，東南流，在今安徽壽縣西南入淮水。《索隱》曰：「漢有潁陽、臨潁二縣，今亦有潁上縣。」按：漢之「潁陽」在今河南許昌西南，地處當時的潁水之北；漢之「臨潁」在今河南臨潁西北，亦處於當時的潁水北岸。有人以為指今安徽潁上者，疑非，漢代無此「潁上縣」；且《呂氏春秋》有「管仲與鮑叔同賈（經商）南陽」之語，南陽距「潁陽」、「臨潁」地理亦相近，而距今安徽之「潁上」則甚遠也。❸常　通「嘗」。曾經。❹游　盤桓；交往。這裡指共同經商。❺欺　騙。意即多占錢財。❻鮑叔終善遇之二句　《呂氏春秋》云：「管仲與鮑叔同賈南陽，及分財利，而管仲常欺鮑叔多自取。鮑叔知其有母而貧，不以為貪也。」黃震曰：「今世之人見賢而稱其賢、見智而稱其智，未足言知人。惟其方困窮時，其迹有甚於不賢不智者，而己獨以察其心，若鮑叔之與管仲，千古一人耳。」❼公子小白　即日後之齊桓公，僖公之子，襄公之弟，西元前六八五—前六四三年在位，是春秋時期的第一個霸主。❽公子糾　公子小白的同父異母兄弟。❾小白立為桓公　事在魯莊公九年，西元前六八五年。❿公子糾死二句　齊襄公（西元前六九七—前六八六年在位）十二年，被其堂兄弟公子無知所殺，國人不平，又起而殺了公子無知。時公子糾在魯，小白在莒，聞知齊國無君，皆欲回國爭位。魯國一方面派兵送公子糾，一方面派管仲去截殺小白。結果管仲未能射死小白，君位遂被小白搶先奪得。小白發兵迎擊魯軍，敗之於乾時。齊致書於魯，要魯國殺掉公子糾，而送回管仲。魯君畏齊，遂殺公子糾，而因送管仲歸齊。事見《左傳》莊公八年、九年及〈齊太公世家〉。⓫鮑叔遂進管仲　〈齊太公世家〉云：「桓公之立，發兵攻魯，心欲殺管仲。鮑叔牙曰：『君將治齊，即高傒與叔牙足也。君且欲霸王（稱霸稱王），非管夷吾不可。夷吾所居國國重，不可失也。』於是桓公從之。」《國語．齊語》云：「齊桓公使鮑叔為宰，辭曰：『臣之不若夷吾者五：寬惠柔民，弗若也；治國家不失其柄，弗若也；忠信可結於百姓，弗若也；制禮義可法於四方，弗若也；執枹鼓立於軍門，使百姓皆加勇焉，弗若也。』」進，引進；推薦。⓬任政　主持國家政事。《正義》曰：「《管子》云：『相齊以九惠之教，一曰老，二曰慈，三曰孤，四曰疾，五曰獨，六曰病，七曰通，八曰賑，九曰絕也。』」按：史公於下文有所謂「管仲既任政相齊」，後人亦多曰管仲「相齊」，恐皆失之。謂管仲受桓公「重用」，謂其在齊「主持政事」皆可；惟稱其在齊「為相」則似不可，因齊國之相歷來為「高」、「國」兩家所秉持，非管仲所得闌入者。此亦猶在魯為相者歷來為「季氏」，史公於〈孔子世家〉中稱孔丘曾在魯為「相」者亦非也。⓭齊桓公以霸　據〈齊太公世家〉，桓公即位之七年（西元前六七九年），「諸侯會桓公於甄，而桓公於是始霸焉」。所謂「霸」就是接受周天子之任命為「方伯」，從此可以用周天子的名義召集諸侯會盟，維持各國之間的既定秩序，以及討伐諸侯國內的叛亂等。⑭九合諸侯　多次地召集各國諸侯會遇定盟，如甄之會、葵丘之會等是也。九，泛指多數。合，會合定約。⑮一匡天下　言曾經一度整頓了天下的秩序。指率領諸侯共尊周室而言。匡，正也。舊注有說：「一匡天下，謂定襄王為太子之位也。」又有說指周襄王三年，齊桓公派管仲平戎於周，以定周室之危也。亦有說指陽穀之會，因桓公於此會曾令諸侯云：「無障谷，無貯粟，無以妾為妻。」而天下皆從之也。按：後三說中惟第二說尚可，第一、三兩說勉強。又《論語．憲問》云：「桓公九合諸侯，不以兵車，管仲之力也。」又云：「管仲相桓公，霸諸侯，一匡天下。」史公此處蓋引用孔子之語。⑯賈　做買賣。舊時行商曰「商」，坐商曰「賈」。⑰謀事　出主意；謀劃解決問題的辦法。⑱更窮困　處境更不利。指事情越辦越糟。⑲三仕三見逐於君　具體事實不詳。仕，為官吏。⑳不肖　不類（其父）。指沒有出息。㉑三戰三走　亦事實不詳。走，敗逃。按：上述「三仕三見逐」與「三戰三走」云云，《左傳》皆不載。㉒公子糾敗二句　召忽原與管仲共同輔佐公子糾。齊桓公即位後，令魯殺公子糾而送回召忽與管仲，其目的是想任用這兩個人。結果召忽不聽，自殺而死，獨有管仲自甘被解送回齊。詳見〈齊太公世家〉。㉓不羞小節二句　類似的意思見《管子．大匡》：「鮑叔曰：『夫夷吾不死糾也，為欲定齊國之社稷也。』」又魯仲連〈遺燕將書〉：「管子不恥身在縲紲之中，而恥天下之不治；不恥不死公子糾，而恥威之不信於諸侯。」《淮南子．氾論》：「管仲輔公子糾而不能遂，不可謂智；遁逃奔走，不死其難，不可謂勇；束縛桎梏，不諱其恥，不可謂貞。當此三行者，布衣弗友，人君弗臣。然而管仲免于累紲之中立齊國之政，九合諸侯，一匡天下。使管仲出死捐軀不顧後圖，豈有此霸功哉？」按：史公將以上意思融鑄成一段心理獨白，讓管仲自己說出，於是遂也成為了司馬遷自己人生觀的一段鮮明表述。其〈伍子胥列傳〉云：「弃小義，雪大恥，名垂於後世，悲夫！方子胥窘於江上，志豈須臾忘郢耶？故隱忍就功名，非烈丈夫孰能致此哉？」其〈季布欒布列傳〉云：「以項羽之氣，而季布以勇顯於楚，身履軍搴旗者數矣，可謂壯士。然至被刑戮，為人奴而不死，何其下也！彼必自負其材，故受辱而不羞，欲有所用其未足也，故終為漢名將。賢者誠重其死，夫婢妾賤人感慨而自殺者，非能勇也，其計畫無復之耳。」其〈報任安書〉云：「勇者不必死節，怯夫慕義，何處不勉焉。所以隱忍苟活，幽於糞土之中而不辭者，恨私心有所不盡，鄙陋沒世而文采不表於後也。」都是《史記》中經常隱現之主題。㉔生我者父母二句　史公於朋友之際，良多感慨，其譴責叛變、出賣朋友者見〈孟嘗君列傳〉、〈廉頗藺相如列傳〉、〈汲鄭列傳〉、〈報任安書〉等；其歌頌朋友交情者見〈游俠列傳〉、〈刺客列傳〉、〈魏其武安侯列傳〉，尤其在本傳中史公可謂傾其心力矣。按：以上管仲自歎一段，見《列子．力命》。王叔岷以為「今本《列子》出於東晉，〈力命〉「管仲曰」云云，乃偽托者抄襲〈管晏列傳〉，非史公采自《列子》也。」㉕以身下之　以身作則地甘處於管仲之下。㉖世祿　世世享受俸祿。㉗有封邑者十餘世　洪亮吉曰：「叔牙曾孫牽國，牽國之孫牧，皆見《左傳》。叔牙之後，蓋不絕于牧，故曰『十餘世』也。」又曰：「〈仲尼弟子列傳〉云：『田常作亂於齊，憚高、國、鮑、晏。』則鮑牧後尚有人也。」（《四史發伏》）㉘天下不多管仲之賢二句　多，稱道；讚頌。《呂氏春秋・贊能》：「管子治齊國，舉事有功，桓公必先賞鮑叔，曰：『使齊國得管子者，鮑叔也。』」《韓詩外傳・七》：「子貢問大臣，子曰：『齊有鮑叔，鄭有子皮。』子貢曰：『否。齊有管仲，鄭有東里子產。』孔子曰：『仲、產薦也。』子貢曰：『然則薦賢賢於賢？』曰：『知賢，智也；推賢，仁也；引賢，義也。有此三者，又何以加焉？』」㉙區區　狹小的樣子。㉚通貨積財　指發展工商業，增加財富。㉛與俗同好惡　意即順適百姓們的思想願望、風俗習慣。按：〈齊太公世家〉云：「太公（姜尚）至國，修政，因其俗，簡其禮，通商工之業，便魚鹽之利。」蓋齊國之政歷來如此，不同於魯、衛之繁瑣拘忌也。㉜倉廩實而知禮節　意即人吃飽了肚子，才能講究禮節。倉廩，泛指倉庫。有曰方者為倉，圓者為廩；又有曰盛穀者為倉，盛米者為廩。實，充滿。㉝上服度則六親固　意謂統治者的行為做事如果符合禮度，則六親自然和睦而關係穩固。服，行也。行事；行止。度，合乎禮法。六親，指父、母、兄、弟、妻、子。㉞四維　《集解》引《管子》曰：「一曰禮，二曰義，三曰廉，四曰恥。」劉績《管子注》曰：「維，網罟之綱。此四者張之，所以立國，故四維。」㉟如流水之原　如同流水之起於高山流入平原。蓋即趨卑就俗，順適民情之意。瀧川有所謂「『原』應作『源』」，謂行令如「有源之水」，似與此不合。按：自「衣食足」至「令順民心」一段，見《管子・牧民》。㊱論卑而易行　道理通俗淺顯，百姓易於接受，政策易於推行。㊲俗之所欲四句　按：此亦深合老子之學。㊳因禍而為福二句　《戰國策・燕策一》：「聖人之制事也，轉禍而為福，因敗而為功。」賈誼《新書・壹通》：「善為天下者，因禍而為福，轉敗而為功。」此即通常所說的「失敗乃成功之母」。㊴貴輕重　指重視經濟事業。輕重，指物價高低。《索隱》曰：「輕重，謂錢也。」按：釋「輕重」為錢，恐涵義過狹。《管子》有〈輕重篇〉，講究的都是有關物產的蓄積斂散，鹽鐵山澤的開發經營，以及官府應對人民生計的干預等經濟學理論。㊵慎權衡　指重視對度量衡的監督管制，以防止商人的非法盤剝。權衡，指秤，亦兼指升斗等。權，本指秤錘。衡，平也。林雲銘《古文析義》有所謂：「禍敗當去，福功當取，其為事有輕重之分，以權衡稱之，所以善于因轉也。」與前說異，可供參考。㊶桓公實怒少姬二句　桓公有寵姬，蔡女也，與公乘船。蔡姬習水，故意盪舟以戲公。公懼，止之，蔡女不止。公怒，遂遣以歸蔡，而其意未絕。蔡亦怒公，竟將此女他嫁。桓公大怒，於是有襲蔡之師。事在桓公三十年（西元前六五六年），詳見《左傳》僖公三年與〈齊太公世家〉。蔡，西周初年分封的諸侯國名。始封之君為武王之弟叔度，都於上蔡（今河南上蔡）。㊷管仲因而伐楚二句　楚是早在商代就已經建立的南方國名，春秋時期都於郢（今湖北荊州之江陵西北）。齊桓公伐蔡，蔡國崩潰，齊軍接著又南下伐楚，這本來是毫無道理的。楚成王舉兵應之，責齊曰：「何故涉吾地？」管仲對曰：「楚貢包茅不入，王祭不共，是以來責。」包茅，一種可供濾酒用的細茅草，產於楚國。楚曾以此草向周天子進貢，今隔時未進，故管仲強詞奪理地用以為伐楚之口實。事見《左傳》僖公四年與〈齊太公世家〉。㊸北征山戎　山戎是春秋時期活動在今河北省東北部的少數民族。〈齊太公世家〉云：「（桓公）二十三年（西元前六六二年），山戎伐燕，燕告急於齊。齊桓公救燕，遂伐山戎，至于孤竹（古國名，在今河北盧龍）而還。」㊹令燕修召公之政　燕是西周初年建立的諸侯國名，始封之君為武王之弟召公姬奭，都於薊（今北京市西南部）。〈齊太公世家〉云：齊伐山戎救燕後，「命燕君復修召公之政，納貢于周，如成康之時。」㊺於柯之會二句　齊桓公五年，即魯莊公十三年（西元前六八一年），齊國與魯國在柯邑舉行盟會。在這個會上，魯將曹沫曾手執匕首劫持齊桓公，迫使齊桓公答應退還魯國被齊國侵占的領土，齊桓公當時答應了，過後想反悔不履行。柯，齊邑，在今山東陽穀東北。㊻管仲因而信之　管仲謂桓公曰：「貪小利以自快，棄信於諸侯，失天下之援，不如與之。」信，申明。指實踐盟約。按：以上曹沫劫盟，管仲勸桓公履行諾言事，詳見〈齊太公世家〉、〈刺客列傳〉。㊼諸侯由是歸齊　〈齊太公世家〉云：「諸侯聞之，皆信齊而欲附焉。」凌稚隆曰：「三事即『因禍為福，轉敗為功』，太史公連下『實』字、『因』字，而管仲相桓之霸業俱見矣。」蘇轍《古史》曰：「此三說皆非也。桓公二十九年，會諸侯於陽穀，為鄭謀楚，是歲有盪舟之事。故明年伐楚，因侵蔡。蔡在楚北，故《春秋》先書侵蔡，其實本為伐楚動也。山戎病燕，故桓公為燕伐之，非不義也，亦何待令燕修召公之政而後可哉？曹沫事出戰國雜說，《公羊》不推本末而信之，太史公又以為然，皆不可信。」㊽知與之為取二句　按：二句見《管子．牧民》，蓋亦《老子》之旨。《老子》曰：「將欲取之，必固與之；將欲歙之，必固張之；將欲弱之，必固強之。」㊾富擬於公室　其私家之富可與齊國的諸侯相比。擬，比；相等。㊿三歸　諸家解說不一。《正義》曰：「三歸，三姓女也。婦人謂嫁曰歸。」意即娶三房家室；朱熹《論語集注》：「三歸，臺名。」今人遂推衍為有「三座高臺」、「三處庭院」云云。郭嵩燾以為指全國工商業稅收的十分之三，其《史記札記》曰：「《管子．輕重乙》云：『與民量其重，計其贏，民得其十，君得其三。』是所謂『三歸』者，乃市租常例之歸於公者也。桓公既霸，遂以賞管仲。《漢書．地理志》、〈食貨志〉并云『桓公用管仲，設輕重以富民，在陪臣而取三歸』，其言較然明確。《韓非子》云『使子有三歸之家』，《說苑》作『賞以市租』。『三歸』之為市租，漢世儒者猶能明之，此一證也。《晏子春秋》『辭三歸之賞』，而云『厚受賞以傷國民之義』，其取之民無疑，此又一證也。」(51)反坫　「坫」是古代諸侯堂上兩楹間的土臺子，兩國諸侯見面後，互相敬酒，獻酬完畢，把酒杯放在土臺上，這種儀式叫做「反坫」。管仲不是諸侯，家中也有這種設備，故被時人所譏評。《論語・八佾》云：「邦君為兩君之好，有反坫，管子亦有反坫。」[52]管仲卒《正義》引《括地志》曰：「管仲冢在青州臨淄縣南二十一里牛山之阿。」[53]後百餘年而有晏子焉　梁玉繩引孫效曾曰：「〈齊世家〉管仲卒於齊桓公四十一年，為魯僖十五年（西元前六四五年），而晏子於魯襄十七年始嗣其父桓子為大夫，見《左傳》，乃齊靈公二十六年（西元前五五六年）也。則管、晏相去九十年（按：若算至晏子生年，則不足七十年）。史公謂『後百餘年』者，誤矣。」吳汝倫《批注史記》曰：「『後百餘年』句，此合傳聯綴法，史公屢用。」按：如〈孫子吳起列傳〉、〈屈原賈生列傳〉、〈刺客列傳〉、〈滑稽列傳〉等，其人物間的連接方法，例皆如此。

【語譯】管仲，名夷吾，家住潁水邊上。年輕時曾跟鮑叔牙在一起，鮑叔牙知道他能幹。管仲家裡窮，兩人合夥做生意時，他常占鮑叔牙的便宜，但鮑叔牙還是待他很好，從不介意。不久，鮑叔牙跟隨了齊公子小白，管仲跟隨了齊公子糾。後來，小白即位為齊桓公，政敵公子糾被殺死，管仲也被囚禁起來了。這時鮑叔牙便向齊桓公推薦了管仲。管仲被任用後，在齊國掌管朝政，輔佐齊桓公成了一代霸主。齊桓公多次召集諸侯會盟，一度穩定了周天子朝內的混亂局面，這都是靠著管仲的謀略。

2 管仲說：「從前我貧困時，曾經和鮑叔牙一起做買賣，掙了錢，我總是自己多拿一點，鮑叔牙並不認為我貪心，因為他知道我家裡窮。我曾為鮑叔牙出主意辦事，結果使他的事情更糟了，但鮑叔牙並不以為我愚蠢，他知道這是因為時機有時候好有時候不好。我一連幾次出去做官，而一連幾次被國君罷免，鮑叔牙並不以此認為我無能，他知道我這時正運氣不好。我曾幾次出戰，幾次中途逃回，鮑叔牙並不認為這是我膽怯，他知道我家有老母，需要有人去奉養。公子糾失敗時，召忽自殺了，我卻自甘囚禁受辱，鮑叔牙不以此認為我無恥，他知道我不拘小節，我所感到羞恥的是不能建功揚名於天下。生我的是父母，了解、賞識我的是鮑叔啊。」

3 鮑叔牙向齊桓公推薦了管仲，自己甘心做下屬。鮑叔牙的子孫在齊國世代享受俸祿，十幾代人擁有封地，有許多曾是齊國著名的大夫。在管、鮑二人的故事上，人們往往不是稱讚管仲個人的才能，而是稱讚鮑叔牙知人善薦。

4 管仲主持齊國政事後，憑藉齊國這塊偏僻的地處東海之濱的國土，他發展商業，積累錢財，達到了國富兵強，在制訂政策時他特別注意適應當時社會的時宜。他在他的著作中明確地說：「倉庫裡的東西充足了，人們才有功夫去講求禮節；吃飽穿暖了，人們才能知道什麼叫榮譽和恥辱。在上位者的作為如果符合法度，他的親族們自然和睦而關係穩固。禮義廉恥四種準繩如果不能好好地提倡，國家就要滅亡。政府制訂各種法令都應該像是水從高處向低處流，符合人民的心願。」正是由此出發，所以管仲的主張通俗淺顯，百姓易於接受，政策易於推行。當時的人們喜歡什麼，他就提倡什麼；當時人們討厭什麼，他就廢除什麼。

5 他主持政事的訣竅，是善於因勢利導地把壞事變為好事，把失敗轉為成功。他注意發展經濟，加強對度量衡的監督管理。齊桓公本來是生少姬的氣，因而發兵南襲蔡國的，但管仲卻引導齊桓公趁勢去討伐楚國，譴責楚國為什麼不按時地向周天子進貢祭祀用的茅草；齊桓公北伐山戎本來是為了擴大地盤，但管仲卻引導他趁勢督促燕國重新實行召公時的政治；在柯地會盟，齊桓公本來是想背棄被曹沫所逼而訂的那項條約，但管仲卻引導他趁機立信於天下，使得諸侯因此都歸順了齊國。這就是他的著作中所說的：「要能懂得『給與』也就是『索取』，這是為政的法寶。」

6 管仲的私產像齊國的公室一樣富有，他享用了全國工商業稅收的三分之一，還使用諸侯會面使用的「反坫」禮儀設備，但齊國人並不因此覺得他太過分。管仲死後，齊國繼續遵循著他的政治方針，因而齊國在相當長的一段時間裡在諸侯中稱強。一百多年後，齊國又出現了一個晏嬰。

1 晏平仲嬰❶者，萊❷之夷維❸人也。事齊靈公❹、莊公❺、景公❻，以節儉力行❼重於齊。既相齊，食不重肉❽，妾不衣帛❾。其在朝，君語及之，即危言❿；語不及之，即危行⑪。國有道，即順命⑫；無道，即衡命⑬。以此三世顯名於諸侯。

2 越石父賢，在縲紲⑭中。晏子出，遭之塗⑮，解左驂⑯贖之，載歸。弗謝⑰，入閨⑱。久之⑲，越石父請絕⑳。晏子戄然㉑，攝衣冠㉒謝曰：「嬰雖不仁，免子於厄㉓，何子求絕之速㉔也？」石父曰：「不然。吾聞君子詘於不知己，而信於知己者㉕。方吾在縲紲中，彼不知我也。夫子㉖既已感寤㉗而贖我，是知己；知己而無禮，固不如在縲紲之中。」晏子於是延入為上客㉘。

3 晏子為齊相，出，其御㉙之妻從門間㉚而闚其夫。其夫為相御㉛，擁大蓋㉜，策駟馬㉝，意氣揚揚，甚自得㉞也。既而歸，其妻請去㉟。夫問其故。妻曰：「晏子長不滿六尺㊱，身相齊國，名顯諸侯。今者妾觀其出，志念深矣，常有以自下者㊲。今子長八尺㊳，乃為人僕御，然子之意自以為足，妾是以求去也。」其後夫自抑損㊴。晏子怪而問之，御以實對。晏子薦以為大夫㊵。

【章　旨】以上為第二段，寫晏嬰的為人行事，和他不拘一格地賞拔賢才。

【注　釋】❶晏平仲嬰　《索隱》曰：「名嬰，平謚，仲字。父桓子名弱也。」按：通常謂晏嬰字平仲，齊國貴族晏弱之子。晏弱亦稱晏桓子，頃公時人，亦齊國之有識見者。❷萊　古地區名，在今山東省東北部。漢代設有東萊郡，郡治掖縣。❸夷維　古邑名，漢稱夷安，即今之山東高密。按：齊湣王時有「夷維子」，蓋亦晏嬰之邑人也，見〈魯仲連鄒陽列傳〉。❹齊靈公　名環，頃公之子，西元前五八一—前五五四年在位。❺莊公　名光，靈公之子，西元前五五三—前五四八年在位。❻景

公　名杵臼，莊公之異母弟，西元前五四七—前四九〇年在位。❼節儉力行　生活儉樸，注意以身作則。❽食不重肉　飯桌上沒有第二個肉菜。❾妾不衣帛　侍婢不以絲織品為衣。帛，絲織品。按：晏子是我國古代以節儉著稱的政治家，《禮記・禮器》說他「祀其先人，豚肩不掩豆（盛祭肉的瓦罐），浣衣濯冠以朝」；〈檀弓〉說他「一孤裘三十年」。❿君語及之二句　意謂當自己受到國君的誇獎信任時，對事情就據理直說。危言，直話直說。危，高；峻直。⓫語不及之二句　當自己不被信任重用時，就只注意行為高潔，而不再發表言論。危行，秉公而行。中井曰：「曰『危言』，則危行在其中；曰『危行』，則言之不危可知，是自文法。」按：《論語・憲問》云：「邦有道，危言危行；邦無道，危行言遜。」史公借用其句。⓬順命　服從命令。⓭衡命　權衡形勢，採取相應措施。衡，權量。《正義》曰：「衡，秤也。謂國無道，則制秤量之，可行即行。」瀧川引岡白駒曰：「權而不失其正，如不死莊公之難，亦不附崔慶是也。」郭嵩燾曰：「『順命』『衡命』，即所謂『將順其美，匡救其惡』也。『衡』『橫』字通，橫逆君命，使其無道不足以逞也。」按：晏子歷事三朝，「逆命」與「觀望依違」的情形都有。就贊語的「犯君之顏」看，似解為「逆命」更好。⓮縲紲　捆綁犯人的繩索。這裡即指監獄。⓯遭之塗　在路上遇見了。遭，逢。塗，同「途」。⓰左驂　左側的邊馬。古代一車四馬，中間的兩匹叫服馬，兩邊的兩匹叫驂馬。⓱弗謝　沒有向越石父打招呼。謝，告。⓲入閨　進了自己的內室。閨，小門；內舍的門。⓳久之　此處指過了一會兒。⓴請絕　請求辭訣而去。絕，斷絕來往。㉑戄然　吃驚的樣子。㉒攝衣冠　表示嚴肅鄭重、對人恭敬的意思。攝，整理。㉓免子於戹　將你從困境中解救出來。戹，困窘；災患。這裡即指縲紲。㉔求絕之速　這麼快地就和我絕交。㉕君子詘於不知己二句　意謂一個人在不了解自己的人面前受委屈是不足為怪的；如果在了解自己的人面前那就應該受到尊重了。詘，同「屈」。信，通「伸」。不受委屈，得到尊重。㉖夫子　敬稱對方，猶今所謂「先生」。㉗感寤　因感動而理解。猶如今之所謂「覺察」。㉘晏子於是延入為上客　按：自「越石父賢」至此一段，採自《呂氏春秋・觀世》，而起首數句不同。《呂氏春秋》曰：「晏子之晉，見反裘負芻，息於途者，以為君子也，使人問焉。曰：『曷為而至此？』對曰：『齊人累之，名為越石父。』」所謂「累之」者，蓋指為人作僕，以負擔為累也。今《晏子春秋・內篇雜上》亦載此事，起首數句謂：「晏子之晉，至中牟，睹弊冠反裘負薪，息於途側。晏子問曰：『何者？』對曰：『我石父也，苟免飢凍，為人臣僕。』」與《呂氏春秋》大體相同。而史公稱越石父「在縲紲中」而晏子贖之，則似商代武丁之解困傅說矣。梁玉繩曰：「（史公）下文曰『其書不論，論其軼事』，則贖石父不在《晏子春秋》中，乃後人集錄而異其詞也。」㉙御　亦稱「僕」。車夫。也用為動詞，即指趕車。㉚門間　門縫。㉛為相御　為宰相趕車。㉜擁大蓋　擁，抱持。這裡指緊靠。大蓋，高貴車子上的篷傘。㉝策駟馬　策，驅趕；駕馭。駟馬，古代貴族的車子往往駕以四馬。駟，四馬。㉞自得　自以為榮；自感得意。㉟請去　謂請求與之離婚。㊱不滿六尺　先秦時期的一尺約合現今的二十三公分，則「六尺」者尚不足一百四十公分。㊲志念深矣二句　郭嵩燾曰：「晏子立身事君大節，盡於此『志念深矣』四字中。而所敘僅兩軼事，其得晏子深處，又出自御妻口中，此史公文法詭變處也。」自下，自卑；自謙。㊳子長八尺　先秦時期的八尺，約當現今之一百八十四公分。㊴自抑損　自己克制自己。意即表現謙虛。㊵大夫　官級之低於「卿」者。「大夫」尚分上、中、下三級。按：以上晏子賞拔車夫事，見《晏子春秋・內篇雜上》，字句完全相同，疑後人乃錄《史記》以補入《晏子春秋》者。

【語　譯】晏平仲，名嬰，東萊夷維人。曾在齊靈公、齊莊公、齊景公三朝駕下為臣，他以生活儉樸、踏實苦幹受到齊國人的尊重。即使在他當齊國宰相的時候，也常常是飯桌上沒有第二盤肉菜，不允許姬妾們穿絲綢做的衣服。上朝時，如果國君讚許了他，他對事情就據理直說；如果國君沒有讚許他，他就更加注意端正自己的行為。國家的政治清明時，他就順著最高統治者的命令去辦；國家的政治昏暗時，他就對統治者的命令加以權衡，有選擇地執行。因此，在靈公、莊公、景公三代，晏子的名聲顯揚於諸侯。

2 越石父是個有才幹的人，因為犯罪，被人逮捕了。晏子外出，正好在路上碰見他，於是便解下自己車子前面左邊的一匹馬，贖了他，並用車子把他帶了回來。到了相府，晏子沒有跟他打招呼，就自己進屋去了。過了一會兒，越石父就告訴看門人請求辭訣而去。晏子一聽很吃驚，急忙穿衣整帽趕出來賠罪說：「我這人雖然品格不高，但畢竟還是把你從困阨中救出來了，你為什麼這麼快就要和我絕交呢？」越石父說：「您這話不對。我聽說君子在不了解自己的人面前受委屈，那是可以的，而在了解自己的人面前就應該受尊重了。當我被拘禁的時候，人們不尊重我，那是因為他們不了解我。您既然能夠認識我的長處，並把我贖了出來，那說明您是了解我的；了解我而又不尊重我，那還不如再回去坐牢呢。」晏子一聽趕緊把他請到屋裡，尊為上賓。

3 晏子做宰相的時候，有一天坐著車子出門，他車夫的妻子正好從門縫裡看見了她的丈夫。她的丈夫自以為給宰相趕車高人一等，背後立著大傘，趕著四馬飛奔，威風凜凜，得意非常。當他回家後，他的妻子要求跟他離婚。問她為什麼？她說：「晏子身高不到六尺，可是人家當了齊國的宰相，名震天下。儘管如此，今天我從門縫裡看他的樣子，人家思慮很深，還彷彿總覺得許多地方不如人。你身高八尺，卻替人趕車，而且你心裡還總覺得挺了不起，因此我想離你而去了。」從此以後，車夫就變得謙虛了。晏子覺得奇怪，問他怎麼忽然變了，車夫把事情原委向他講了一遍。晏子很讚賞，於是推薦他當了齊國的大夫。

1 太史公曰：吾讀管氏牧民、山高、乘馬、輕重、九府❶，及晏子春秋❷，詳哉其言之也。既見其著書，欲觀其行事，故次其傳❸。至其書，世多有之，是以不論❹，論其軼事❺。

2 管仲世所謂賢臣，然孔子小之❻。豈以為周道❼衰微，桓公既賢，而不勉之至王，乃稱霸哉❽？語曰❾：「將順其美，匡救其惡，故上下能相親也❿。」豈管仲之謂乎⓫？

3 方晏子伏莊公尸哭之，成禮然後去⓬，豈所謂「見義不為無勇⓭」者邪？至其諫說，犯君之顏⓮，此所謂「進思盡忠，退思補過⓯」者哉！假令晏子而在，余雖為之執鞭，所忻慕焉⓰。

【章旨】以上為第三段，是作者的論贊，作者稱道了管仲因勢利導的治國本領，傾心地讚揚了晏嬰的見義勇為與犯顏直諫。

【注　釋】❶牧民山高乘馬輕重九府　皆《管子》中的篇目名。《集解》引劉向《別錄》曰：「〈九府〉書，民間無有；〈山高〉，一名〈形勢〉。」按：今本《管子》無〈山高〉、〈九府〉之目。《管子》是管仲學派的著作集。其書以道、法兩家的思想為主，同時也雜有兵家、縱橫家，以及陰陽家、儒家的理論。《漢書·藝文志》列之為道家類，近年來則多有人稱之為法家。全書共八十六篇，十篇有目無文。書中最早的資料可能來自春秋末期，大部分文章形成於戰國中後期，最晚的可能產生於漢初。❷晏子春秋　這是後人編撰的一部記載晏嬰事跡的書，大約成書於戰國中期。今本共分八卷，其中有的部分似為司馬遷以後的人所增入。其書以儒家思想為主，《漢書·藝文志》列之為儒家類。譚家健《中國文學史》稱其為「我國古代第一部以寫人為軸心的傳記作品」。❸次其傳　為之編寫列傳。次，排列；編寫。❹至其書三句　劉知幾曰：「太史公撰〈孔子世家〉，多采《論語》舊說，至〈管晏列傳〉，則不取其本書，以為時俗所有，故不復更載也。按《論語》行於講肆，列於學官，重加編勒，只覺煩廢。如管、晏者，諸子雜家，經史外事，棄而不錄，實杜異聞。夫以可除而不除，宜取而不取，以斯著述，未睹厥義。」錢鍾書曰：「〈司馬相如列傳〉於相如著作『采其尤著於公卿者』，似自違其例。韓非著書，明云『學者多有』，即〈說難〉戚戚焉於心，何須全錄？屈原之書，想屬『多有』，既『與日月爭光』，是垂世行遠，已成定案，顧又不惜全篇累牘載之。此中義例，自慚未達也。」（《管錐編》）❺軼事　不見於正式記載、不大為人知道的事跡。軼，同「逸」。❻孔子小之　小，看不起；不看重。《論語·八佾》：「子曰：『管仲之器小哉！』」器，指器量。管仲有三歸、反坫，志奢意滿，故孔子小之。❼周道　周天子的道德和治理國家的能力。❽而不勉之至王二句　意謂齊桓公有如此之賢，管仲為什麼不能鼓勵、輔佐他成為帝王，而只是成為霸主呢。瀧川引中井曰：「是論未得孔子之旨，孔子只以其易盈為小器也。」俞正燮《癸巳類稿》曰：「太史公謂管仲不能勉齊致王，蓋本《孟子》。按：周之僖、惠，未比殷紂；齊桓之德，不及文王，奈何欲以齊桓奪周祚？管仲反坫、塞門、三歸，官事不攝，自謂功成，身泰意侈，即是器小，自古未聞以不能謀反叛逆訾詆人者。」❾語曰　古語有云。以下引語見《孝經·事君》。❿將順其美三句　意謂做臣子的如能鼓勵、順從其君上的優點，同時又能巧妙地救正他的過失，那麼君臣、君民之間關係就可以親密無間了。瀧川曰：「將，讀為『獎』。」獎，鼓勵。⓫豈管仲之謂乎　管仲大概就是這種樣子吧。⓬晏子伏莊公尸哭之二句　齊莊公與崔杼（齊之權臣）之妻私通，在崔杼家被崔杼所殺。晏嬰入崔家枕莊公屍而哭之，成禮而後去。人勸崔杼殺晏嬰，崔杼未敢。事見《左傳》襄公二十五年與〈齊太公世家〉。⓭見義不為無勇　《論語·為政》：「見義不為，無勇也。」史公此處蓋以晏嬰能不畏權臣而入哭其君為「見義勇為」。⓮至其諫說二句　勸說國君時，不怕國君惱怒生氣。按：此等事《晏子春秋》中所記甚多，〈齊太公世家〉亦記一事云：「彗星見。景公曰：『彗星出東北，當齊分野，寡人以為憂。」晏子曰：「君高臺深池，賦斂如弗得，刑罰恐弗勝，茀星（預兆更大災難的星）將出，彗星何懼乎？」公曰：「可禳否？」晏子曰：「使神可祝而來，亦可禳而去也。百姓苦怨以萬數，而君令一人禳之，安能勝眾口乎？」是時景公好治宮室，聚狗馬，奢侈，厚賦重刑，故晏子以此諫之。」⑮進思盡忠二句　二語見《孝經・事君》。又《左傳》宣公十二年：「林父之事君也，進思盡忠，退思補過，社稷之衛也。」瀧川曰：「『豈所謂見義不為無勇者』與此所謂『進思盡忠，退思補過』者，蓋史公自道也，參諸其〈答任安書〉可以見焉。」⑯雖為之執鞭二句　忻慕，欣喜；羨慕。忻，同「欣」。林雲銘《古文析義》曰：「管、晏同傳獨欣慕晏子者，自知不能為管仲事功，且追傷被刑時貧無以贖，交游不為一言，晏子有贖賢薦賢二事，寄意甚遠。」舒雅曰：「太史以李陵故被刑，漢法腐刑許贖，而生平交游故舊無能如晏子解左驂贖石父者。自傷不遇斯人，而過激仰羨之詞耳。」

【語　譯】太史公說：我讀過管仲的〈牧民〉、〈山高〉、〈乘馬〉、〈輕重〉、〈九府〉以及晏嬰的《晏子春秋》，許多事情書中都已經寫得很詳細了。既然已經讀了他們的書，就想進一步了解他們的生平事跡，所以我寫了這篇傳記。他們的書，社會上流傳很多，我們就不再說了，這裡只講他們的幾點逸事。

2 管仲是人們通常所說的賢臣，但孔子卻貶低他。莫非是因為當時周王朝已經衰敗了，齊桓公既然具有賢德，而管仲卻沒有輔佐他成為天下的帝王，卻只是成為諸侯中的一代霸主嗎？《孝經》上說：「發揚光大他的優點，克服補救他的缺點，這樣就能使君臣之間的關係和睦。」這話大概就正好符合管仲的情況吧。

3 當晏子仆在齊莊公的屍體上痛哭，一直到完成了做臣子的禮節才離去，這不就是通常所說的那種「見義不為無勇」嗎？他敢於給國君提意見，甚至不管國君是否已經動怒，這不就是《孝經》所說的那種「進了朝廷就要想著為國家盡忠，回到家裡就要想著不斷提高自己」嗎？假如晏子現在還活著，去給他當馬夫趕車，我都心甘情願。

【研　析】〈管晏列傳〉的思想主要有以下幾點：

其一，作品描寫了齊桓公與管仲這種「明君」與「賢臣」的魚水契合的歷史佳話，齊桓公不計前嫌的舉賢任能，與管仲不拘小節的「擇木而棲，擇主而事」，都給人留下了極其深刻的印象。而管仲那種「因勢利導」，

「俗之所欲，因而予之；俗之所否，因而去之」的帶有黃老色彩的治國方略，又極大程度地體現了司馬遷的政治理想，它無疑是對漢武帝「多欲」政治、酷吏政治的有力反襯。

其二，作品歌頌了鮑叔牙的大公無私，為國讓賢。鮑叔牙協助齊桓公打敗公子糾與管仲後，能從國家大局出發，硬是勸齊桓公把管仲從俘虜營裡放出來，讓他當宰相，而自己「以身下之」。這種精神品質，比之管仲的才幹更可貴。司馬遷滿懷深情地慨歎說：「天下不多管仲之賢，而多鮑叔能知人也。」「知」是一方面，「讓」才是主要的。

其三，歌頌了晏嬰不拘一格地薦拔人才。越石父是個犯人，晏嬰看出他是個人才，立刻解下自己的左驂把他贖出；晏嬰的車夫能接受妻子的意見，改掉了自己身上的毛病，晏嬰立刻加以提升。晏嬰的這種不拘一格地薦拔賢才，是司馬遷筆下的理想大臣的光輝範例。

其四，本篇歌頌了管仲與晏嬰的不迂腐、不盲從，能在生死關頭做出良好的抉擇。管仲原來跟著公子糾，公子糾失敗後，管仲沒有盲目地跟著死，而是情甘「幽囚受辱」，後來輔佐齊桓公成就了大事業。晏嬰原在齊莊公駕下為臣，齊莊公因淫亂被崔杼所殺，晏嬰的態度是：「君為社稷死則死之，為社稷亡則亡之。若為己死而為己亡，非其私昵，誰敢任之！」這都是為司馬遷所讚賞的，符合司馬遷的生死觀、價值觀。

其五，本篇歌頌了一種理解朋友、信任朋友，為朋友不惜貢獻一切的高尚情誼。作品大段地引用管仲的話，敘述了鮑叔牙對他的知遇。這段對於真摯友情的禮讚，在中國歷史上迴盪了兩千年，至今仍使人為之激動。這和司馬遷在其他篇章中所鞭撻的那種「以市道交」、出賣朋友、背信棄義、世態炎涼、牆倒眾人推等等，恰成鮮明對照。

卷六十三

老子韓非列傳第三

【題 解】本文將老聃、莊周、申不害、韓非合為一傳，對道、法兩家的學術源流進行了歸納與辨析。秦朝是重法的，漢初是重道的，武帝是尊儒的，表面看來各有不同；而實際上漢初是外道內法，武帝是外儒內法，又都和秦朝是一脈相承。司馬遷從學術發展的歷史淵源上講清了道家與法家的關係，這對於人們認識歷代統治者雖然不斷變換名目，但都是根據不同時機運用學術為其政治統治服務的本質很有幫助。至於老子其人與《道德經》成書的時代，人們歷來看法不同，這就不是短時間所能解決的了。

1 老子❶者，楚苦縣❷厲鄉曲仁里人也，姓李氏，名耳，字聃❸，周❹守藏室之史❺也。

2 孔子適周，將問禮於老子❻。老子曰：「子所言者❼，其人與骨皆已朽矣❽，獨其言在耳。且君子得其時則駕❾，不得其時則蓬累而行❿。吾聞之，良賈⓫深藏若虛⓬，君子盛德，容貌若愚⓭。去子之驕氣與多欲，態色⓮與淫志⓯，是皆無益於子之身⓰。吾所以告子，若是而已。」孔子去，謂弟子曰：「鳥，吾知其能飛；

魚，吾知其能游；獸，吾知其能走。走者可以為罔[17]，游者可以為綸[18]，飛者可以為矰[19]。至於龍，吾不能知。其乘風雲而上天。吾今日見老子，其猶龍邪[20]！」

3 老子脩道德[21]，其學以自隱無名為務[22]。居周久之，見周之衰，迺遂去。至關[23]，關令尹喜[24]曰：「子將隱矣，彊[25]為我著書。」於是老子迺著書上下篇，言道德之意五千餘言而去[26]，莫知其所終[27]。

4 或曰：老萊子[28]亦楚人也，著書十五篇[29]，言道家之用，與孔子同時[30]云。蓋老子百有六十餘歲，或言二百餘歲[31]，以其脩道而養壽[32]也。自孔子死之後百二十九年[33]，而史記[34]周太史儋[35]見秦獻公[36]曰：「始秦與周合，合五百歲而離，離七十歲而霸王者出焉[37]。」或曰儋即老子，或曰非也，世莫知其然否。老子，隱君子也[38]。

5 老子之子名宗[39]，宗為魏將，封於段干[40]。宗子注，注子宮，宮玄孫假[41]。假仕於漢孝文帝[42]，而假之子解為膠西王卬[43]太傅[44]，因家于齊[45]焉。

6 世之學老子者，則絀儒學，儒學亦絀老子[46]。「道不同不相為謀[47]」，豈謂是邪[48]？

【章 旨】以上為第一段，寫老子其人與其學術。

【注 釋】❶老子 蔣伯潛《諸子通考》引蔣建侯曰：「猶今之所謂『老先生』。因老子本隱君子，以自隱無名為務，人多不識其姓名，見其為年老之學者，故泛稱曰『老子』也。」❷苦縣 縣治即今河南鹿邑。《正義》引《晉太康地記》云：「苦縣城東有瀨鄉祠，老子所生地也。」❸姓李氏三句 《索隱》引葛玄曰：「李氏女所生，因母姓也。」又曰：「生而指李樹，因以為姓。」姚鼐《老子音義・序》曰：「沛為宋地，然則老子其宋人子姓耶？『子』之為『李』，語音而然。」郭嵩燾曰：「疑『老』為氏，『聃』其字也。《論語》『竊比我於老、彭』，老子、彭鏗，當為二人。」《正義》曰：「聃，耳漫無輪也。疑老子耳漫無輪，故世號曰『聃』。」聃，也作「耼」。❹周 春秋、戰國時代的周國，建都於洛陽（今洛陽市之東北部）。❺守藏室之史 看管藏書室的小吏。藏室，藏書之室。史，文職小吏名。《索隱》曰：「藏室史，周藏書室之史也。又〈張蒼傳〉『老子為柱下史』，蓋即藏室之柱下，因以為官名。」汪中《老子考異》曰：「春秋時唯晉悼公嘗仕於周，其他無聞。楚之於周，聲教遠隔，非晉、鄭之比。史為世官，豈容羈旅置身其間？本傳下云：『老子，隱君子也。』身為王官，不可謂隱。故疑為周守藏室史之李耳字聃者，並非楚人。老聃為楚人，乃因『老萊子』而誤。」❻將問禮於老子 按：〈孔子世家〉亦有所謂「適周問禮，蓋見老子云」。繫之於孔子之青年時代。《索隱》曰：「《莊子》云：『孔子年五十一，南見老子。』蓋〈世家〉亦依此為說，而不究其旨，遂俱誤也。何者？孔子適周，豈訪禮之時即在十七耶？且孔子見老聃，云『甚矣，道之難行也』，此非十七之人語也，乃既仕之後言耳。」蔣建侯曰：「孔子問禮於老子，並見〈孔子世家〉。《禮記・曾子問》記老子之言行凡四，皆關於禮者。則孔子問禮於老子，宜若可信。」汪中曰：「孔子所問禮者，聃也，其人為周守藏室史，其言與行，則〈曾子問〉所載是也。」❼所言者 指孔子所稱說的堯、舜、禹、湯、文、武、周公云云。❽其人與骨皆已朽矣 《莊子・天道篇》：「桓公讀書於堂上，輪扁斲輪於堂下，釋椎鑿而上，問桓公曰：『敢問公之所讀者，何言邪？』公曰：『聖人之言也。』曰：『聖人在乎？』公曰：『已死矣。』曰：『然則君之所讀者，古人之糟粕已夫！』」❾得其時則駕 時機到了就出去從政。駕，乘車。這裡即指為官從政。❿蓬累而行 《索隱》曰：「『蓬』者蓋也，『累』者隨也。以言若得明君則駕車服冕；不遭時則自覆蓋相攜隨而去耳。」《正義》曰：「蓬，沙磧上轉蓬也；累，轉行貌也。言君子得明主則駕車而仕，不遭時則若蓬轉流移而行。」⓫良賈 善於經營的大商人。⓬深藏若虛 謂隱其貨寶不令人見。⓭容貌若愚 謂其容貌謙退，像是愚魯的人。按：《老子》中有所謂「大智若愚，大巧若拙」；《莊子・寓言》有所謂「大白若虛，盛德若不足」；嵇康《高士傳》有所謂「良賈深藏，外形若虛；君子盛德，容貌若不足」；《大戴禮記・曾子制言》有所謂「良賈深藏如虛；君子有盛德，容貌如無」，蓋古多此語。⑭態色　此謂爭強好勝之情態。⑮淫志　無法滿足的欲望。淫，過分。汪中曰：「本傳老子語孔子『去子之驕氣與多欲，態色與淫志』；《莊子・外務》篇則曰：老萊子謂孔子『去汝躬矜與汝容知』；《孔叢子・抗志》篇以為老萊子語子思。」蓋道家學派之習俗語。⑯是皆無益於子之身　蓋道家講謙退、講清靜無為，故視儒家諸人之戚惶奔走、積極用世為「無益」且傷生也。⑰可以為罔　可以用網來捕獲牠。罔，通「網」。⑱綸　細絲。這裡指釣竿上使用的細線。意思即指「釣」。⑲矰　射鳥用的短箭。這裡即指用箭射。⑳今日見老子二句　按：《莊子・天運》云：「孔子見老聃歸，三日不談，弟子問曰：『夫子見老聃，亦將何規哉？』孔子曰：『吾乃今於是乎見龍，龍合而成體，散而成章，乘乎雲氣，而養乎陰陽，予口張而不能合，予又何規老聃哉？』」即此史公之所本。梁玉繩曰：「老子之言，非至言也，安得遽歎其猶龍哉！此本《莊子・天運》篇，然《莊子》多寓言，而據為實錄，可乎？前賢辨其妄矣。」蔣伯潛曰：「『猶龍』之讚，顯為道家夸飾之辭，不待辨而自明矣。」㉑脩道德　講「道」講「德」。今《老子》書即分「道」與「德」兩大部分，故其書又稱《道德經》。㉒其學以自隱無名為務　其學說的宗旨就是講隱退、講無名。按：《老子》之首章即：「道可道，非常道；名可名，非常名。」其第七章曰：「聖人後其身而身先，外其身而身存。」㉓至關　至函谷關。在今河南靈寶東北，當時為秦國與東方諸國間的重要門戶。也有人以為應指散關（今陝西寶雞東南）。《正義》引《抱朴子》曰：「老子西遊，遇關令尹喜於散關。」還有人據「老子西去流沙化胡」之傳說以為老子所過之關乃今甘肅西北部之玉門關。㉔關令尹喜　守函谷關的官員姓尹名喜。《索隱》曰：「崔浩以為尹喜又為散關令也。」㉕彊　勉強。知其不願而固欲其為之。㉖迺著書上下篇二句　迺，通「乃」。按：據史公文意，此「上下篇」即今之所謂《老子》，或稱《道德經》。有人堅主此說，於是遂謂《道德經》成書於《論語》之前，且謂今《論語》中之有些話即指《道德經》中的某某而言。也有人說，孔子所見並向之問禮的老子，不應該是司馬遷所寫的這種模樣。如此教訓孔子的「老子」，乃莊周等人的「寓言」，而史公誤採入史。至於今之《道德經》，亦後人之所作。蔣建侯曰：「無論其時尚無私人自著一書之風，竹簡刀漆，豈匆遽旅行中所能成書乎？且此書體裁與他子書均不相類，極似條錄之格言，決非一時一人之所作。老子既自隱無名為務，且又將隱，何以旅途匆匆乃為關尹著書乎？揆之情理，直無可信者。」蔣建侯、蔣伯潛父子又羅列出六條證據，以為「《老子》之為戰國時人掇拾薈萃而成」。文多不錄，詳見《諸子通考》。㉗莫知其所終　《集解》引《列仙傳》云：「關令尹喜者，周大夫也。善內學星宿，服精華，隱德行仁，時人莫知。老子西游，喜先見其氣，知真人當過，修物色而迹之，果得老子。老子亦知其奇，為著書，與老子俱之流沙之西，服巨勝實，莫知其所終。」《索隱》引《列仙傳》云：「老子西游，關令尹喜望見有紫氣浮關，而老子果乘青牛而至也。」梁玉繩曰：「《莊子・養生主》曰：『老聃死，秦失弔之。』則老子非長生神變，『莫知其所終』者。自有此言，而道家遂有化胡成佛之說。」㉘或曰二句　也有人說，老子就是「老萊子」。《集解》引《列仙傳》曰：「老萊子，楚人，當時世亂，逃世耕於蒙山之陽。莞葭為墻，蓬蒿為室，杖木為床，蓍艾為席，菹芰為食，墾山播種五穀。楚王至門迎之，遂去，至江南而止。」㉙著書十五篇　今《漢書・藝文志》道家類載有《老萊子》十六篇。㉚與孔子同時　王駿圖曰：「〈仲尼弟子傳〉云：『孔子所嚴事，於周則老子，於楚老萊子。』是太史公未嘗疑老子即是老萊子也。書此一節，蓋亦傳記連類敘及之意。」按：「二十四孝」中有「彩衣娛親」的故事，說的就是這個老萊子。㉛蓋老子百有六十餘歲二句　《正義》曰：「蓋、或，皆疑辭也。世不的知，故言『蓋』及『或』也。」《索隱》曰：「此前古好事者據《外傳》，以老子生年至孔子時，故百六十歲。或言二百餘歲者，即以周太史儋為老子，故二百餘歲也。」㉜養壽　即養生。《老子》、《莊子》皆多養生之語，後世之所以將它們附會成「神仙」者流，亦頗與此有關。㉝孔子死之後百二十九年　梁玉繩曰：「孔子卒於敬王四十一年（西元前四七九年），至烈王二年（西元前三七四年），乃百有六年，此誤。」㉞史記　歷史上記載。㉟周太史儋　周國的太史官，其名曰儋，史失其姓。㊱秦獻公　名師隰，西元前三八四－前三六二年在位。按：太史儋見秦獻公在周烈王二年、秦獻公十一年（西元前三七四年），見〈秦本紀〉。㊲始秦與周合三句　《索隱》曰：「按：周、秦二本紀并云：『始周與秦國合而別，別五百歲又合，合七十歲而霸王者出。』然與此傳離合正反。」按：此語凡四見，除以上三處外，還見於〈封禪書〉，其有關「離」「合」的說法，亦與周、秦二本紀同。按：此等「預言」皆戰國或秦漢間之方士所編造，以故意亂入舊籍者，史公載此，亦猶《左傳》之載夢與卜筮之流也。㊳老子二句　方苞曰：「老萊子與老子同時、同國，而著書言道家之用；周太史儋與老子同官，故其傳與老子相混。而太史公正言老子為『隱君子』，所以破眾說之荒怪，且見儋與老子別為二人也。」㊴老子之子名宗　梁玉繩曰：「老子卒於敬王初年，而其子仕魏，最少亦百餘歲，宗復如此長老乎？〈唐表〉以宗為聃之後，較史為實。」姚範曰：「《戰國策》華下之戰，魏不勝秦，『明年使段干崇割地而講』，『崇』疑即『宗』也。計崇之年，似不為老子之子。」㊵段干　魏邑名，方位不詳。《集解》曰：「〈魏世家〉有段干木、段干子；〈田完世家〉有段干朋，疑此三人是姓『段干』也。本蓋因邑為姓，《左傳》所謂『邑亦如之』也。」㊶宗子注三句　梁玉繩曰：「《神仙傳》引史，『宮』作『言』；『假』作『瑕』。」㊷孝文帝　劉邦之子，名恆，西元前一七九－前一五七年在位。㊸膠西王卬　劉卬，劉邦之孫，悼惠王劉肥之子。文帝十六年（西元前一六四年）被封為膠西王，國都高密（今山東高密西）。㊹太傅　帝王或太子的輔導官，秩二千石。㊺家于齊　即指家於高密一帶。

因膠西國是割齊國地盤建立的，本來就是齊國的一部分。㊻世之學老子者三句　王叔岷引孟真曰：「老子、儒學之爭，文、景、武世最烈，轅固生幾以致死，見〈儒林傳〉；武帝初年竇嬰、田蚡、王臧、趙綰皆以儒學為竇太后所罷；及武帝秉政，用公孫弘、董仲舒言，黃老微矣。」絀，通「黜」。打擊；排斥。㊼道不同不相為謀　孔子語，見《論語・衛靈公》。不相為謀，不互相商議、謀劃。王叔岷引孟真曰：「(司馬)談先黃老而後六經，遷則儒家，然述父學，故於老氏、儒家之上下，但以『不同不相為謀』了之耳。」㊽豈謂是邪　此句下原有「李耳無為自化，清靜自正」二句。梁玉繩引萬承蒼云：「此二句是敘傳（即〈太史公自序〉）中語，誤入於此。」瀧川曰：「上文皆稱『老子』，而此獨言『李耳』，亦可證其為竄入。」按：此十字衍文，今據刪。

【語譯】 老子是楚國苦縣厲鄉曲仁里人，姓李，名耳，字聃，是周朝管理國家藏書的小官。

2 有一天，孔子到周向老子學禮。老子說：「你所稱說的那些往古聖王，他們都死去很久了，骨頭也都爛了，只剩下他們的這些話還在世間流傳。作為一個君子應該是時機到了就去從政，碰不上好時運就任其自然地像蓬草一樣隨風飄轉。我聽說，一個好商人，應該把自己的財貨深藏起來，就跟沒有似的；一個有盛德的君子，應該表面看來像個愚魯的人一樣。你應該去掉你的驕氣與貪婪，爭強好勝之情態與無法滿足的欲望，這些東西對你都是有害的。我想告訴你的，就是這點罷了。」孔子回去後，對他的弟子說：「鳥，我知道牠會飛；魚，我知道牠會游；獸，我知道牠會跑。陸地上跑的可以用網去捉，水中游的可以用線去釣，天上飛的可以用箭去射。至於龍，我就不知道能對牠怎麼樣了。牠能夠乘風駕雲直上九天。我今天見到了老子，這個人簡直就是一條龍。」

3 老子的學說是講道講德，他的學說以隱退沉寂為宗旨。他在周朝住了很久，後來看到周王室愈來愈衰落，便離洛陽而西去。路過函谷關時，守關的尹喜對他說：「您就要隱退了，請您走前為我寫一部書吧。」於是，老子就寫了《道德經》上下兩篇，主要講道與德兩方面的內容，共五千來字，從此就再也沒人知道他的下落了。

4 也有人說，老子就是老萊子，也是楚國人，曾著書十五篇，專講道家學說的應用，跟孔子是同時代的人。

老子大概活了一百六十多歲，也有人說活了兩百多歲，因為他修煉道術，所以活得特別長。孔子死後一百二十九年，史書記載周國的太史儋曾對秦獻公說：「最初，秦國跟周朝是合一的，合過五百年就要分離，分離七十年後，秦國就會有霸主出現。」有人說這個太史儋就是老子，也有人說不是，人們也說不清哪個對。總之，老子是一個隱遁的人。

5 老子的兒子名宗，此人曾在魏國當過將軍，封地在段干縣。宗的兒子名注，注的兒子名宮，宮的玄孫名假。假在漢朝的孝文帝駕前為官。假的兒子名解，曾做過膠西王劉卬的太傅，後來便在齊國安家了。

6 世上尊奉老子學說的人就貶斥儒學，尊奉儒家學說的人也貶斥老子。人們常說的那種「道不同不相為謀」，或許就是指此而言吧？

1 莊子者，蒙❶人也，名周❷。周嘗為蒙漆園❸吏，與梁惠王❹、齊宣王❺同時。其學無所不闚❻，然其要本❼歸於老子之言。故其著書十餘萬言❽，大抵率寓言也❾。作漁父、盜跖、胠篋❿，以詆訿⓫孔子之徒，以明老子之術。畏累虛、亢桑子⓬之屬，皆空語無事實⓭。然善屬書離辭⓮，指事類情⓯，用剽剝儒、墨⓰，雖當世宿學⓱不能自解免⓲也。其言洸洋自恣以適己⓳，故自王公大人不能器之⓴。

2 楚威王㉑聞莊周賢，使使厚幣㉒迎之，許以為相。莊周笑謂楚使者曰：「千金，重利；卿相，尊位也。子獨不見郊祭㉓之犧牛㉔乎？養食㉕之數歲，衣以文繡㉖，以入大廟㉗。當是之時，雖欲為孤豚，豈可得乎㉘？子亟去㉙，無污我㉚。我寧游戲污瀆㉛之中自快，無為有國者所羈㉜，終身不仕，以快吾志焉㉝。」

【章旨】以上為第二段，寫莊子的生平與學術。

【注釋】❶蒙　戰國時宋縣名，在今河南商丘東北。❷名周　蔣建侯曰：「莊子名周，見〈齊物論〉、〈外物〉、〈天下〉諸篇，學者無異說。字則不見於先秦諸書。成玄英《莊子疏》曰：『字子休。』不知何據。」王叔岷曰：「莊子名周，又見《莊子・山木》篇，〈越王句踐世家〉《索隱》稱莊周為『子休』，稱其字也。」❸漆園　有人以為是園名，中井曰：「蒙有漆園，周為之吏，督漆事也。」有人以為是地名，上屬蒙縣，具體方位不詳。至《正義》所謂「在曹州冤句縣（今山東菏澤市西）北十七里」者，恐非，因二地相隔甚遠。梁玉繩為調停《正義》之說，以為「蒙漆園吏」應作「宋漆園吏」，亦覺甚繞。❹梁惠王　即魏惠王，西元前三六九—前三一九年在位，因其國都後來遷於大梁（今開封市），故魏國亦稱「梁國」。❺齊宣王　威王之子，西元前三一九—前三〇一年在位。❻無所不闚　無所不學；無所不包。❼要本　根本宗旨。〈司馬相如列傳〉有所謂「然其要歸引之節儉」，「要本」、「要歸」意思相同。❽著書十餘萬言　按：今本《莊子》共三十三篇，「內篇」七，「外篇」十五，「雜篇」十一，人多以為是莊周所作；「外篇」、「雜篇」人多以為是莊周與道家學派的後人所作。全書共八萬五千多字。❾大抵率寓言也　大體上說都是寓言。王叔岷曰：「『大抵』與『率』為復語，義并猶『大略』也。」率，也作「大率」，即「大體」、「大概」的意思。寓言，文體名，用故事做載體，以闡發人生哲理。按：《莊子》中不僅處處充滿寓言故事，而且還有以此為題目的〈寓言〉篇。❿漁父盜跖胠篋　都是《莊子》中的篇目名。⓫詆訿　攻擊；誹謗。按：〈漁父〉假設了孔子與「漁父」的對話，讓「漁父」斥責孔子的說「仁」道「義」，並說孔子那種企圖以此改變世界的做法是「苦心勞形，以危其真」，是「愚亦甚矣」。〈盜跖〉寫孔子企圖用「仁義」去勸說「盜跖」，結果被「盜跖」罵為「巧偽人」、「盜丘」，嚇得孔子落荒逃回。〈胠篋〉認為「聖人生而大盜起」，「聖人不死，大盜不止」；並說「竊鉤者誅，竊國者侯，侯之門，仁義存」。⓬畏累虛亢桑子　《莊子・庚桑楚》中的地名與人名。其文云：「老聃之役有『庚桑楚』者，偏得老聃之道，以居『畏累』之山。」亢桑子，即「庚桑楚」。「亢」「庚」聲相近。畏累虛，即畏累山。虛，通「墟」。〈庚桑楚〉講虛靜無為之旨，其中有所謂「身若槁木，心若死灰，禍亦不至，福亦不來」。⓭空語無事實　書中的地名、人名都是憑空編造的。⓮善屬書離辭　即擅長於寫文章。屬，連綴。離，同「麗」、「儷」。排列（用錢鍾書說）。書、辭，都指文字、詞語。⓯指事類情　描寫事物，傳達感情。⓰用剽剝

儒墨　用這種尖刻的文章來攻擊、揭露儒、墨之徒。用，以；以之。剽剝，攻擊；挖苦。⑰宿學　年高而博學的人，如孔丘、墨翟等。⑱不能自解免　無法避免被莊子所攻擊。⑲洸洋自恣以適己　無邊無際，憑著個人的心思，想怎麼說就怎麼說。洸洋，同「汪洋」。無邊無際的樣子。⑳不能器之　不能使其為己所用。器，使用。㉑楚威王　名商，西元前三三九－前三二九年在位。當時楚國的國都郢，即今湖北荊州江陵西北的紀南城。㉒厚幣　重禮。古代的禮品常用璧、帛諸物。㉓郊祭　古代帝王在郊外舉行的祭天活動。㉔犧牛　作供品用的牛。犧，犧牲。祭祀時做供品用的牛、羊、豬等。㉕養食　即餵養。食，通「飼」。㉖衣以文繡　指平時不僅精於餵養，且被之以各種錦繡。中井曰：「是謂『養食』之時，非入廟之日也。故《莊子》云：『衣以文繡，食以芻叅，及其牽入太廟』云云。」㉗以入大廟　到需要的時候，就牽去屠宰，以供祭祀之用。大廟，又稱太廟。帝王的祖廟。㉘雖欲為孤豚二句　孤豚，小豬。孤，《索隱》曰：「小也；特也。」中井曰：「肥大之軀，豈供久矣，今乃欲變為小豚以免于宰割，不可得也。以喻尊官寵祿之人，欲下為匹夫以免死，而不可得也。」按：〈李斯列傳〉寫李斯被趙高送上刑場時，顧謂其中子曰：「吾欲與若復牽黃犬俱出上蔡東門逐狡兔，豈可得乎？」語氣相同。㉙子亟去　請你趕緊走開。亟，速；趕緊。㉚無污我　不要玷汙了我。㉛污瀆　髒水溝。㉜無為有國者所羈　不受那些帝王們的束縛。羈，束縛；限制。㉝終身不仕二句　按：以上故事改寫自《莊子・秋水》，其文云：「莊子釣於濮水，楚王使大夫二人往先焉，曰：『願以竟內累矣。』莊子持竿不顧，曰：『吾聞楚有神龜，死已三千歲矣，王巾笥而藏之廟堂之上。此龜者寧其死為留骨而貴乎？寧其生而曳尾於塗中乎？』二大夫曰：『寧生而曳尾塗中。』莊子曰：『往矣！吾將曳尾於塗中。』」又《莊子・列禦寇》云：「或聘於莊子，莊子應其使曰：『子見夫犧牛乎？衣以文繡，食以芻叅，及其牽而入於太廟，遂欲為孤犢，其可得乎？』」二者皆莊子之寓言，史公今乃採之入莊周傳記，其誤與〈屈原賈生列傳〉之採入〈漁父〉同。

【語　譯】莊子是蒙縣人，名周。曾做過蒙縣漆園的小吏，是梁惠王、齊宣王那個時代的人。他的學問無所不包，但其核心思想還是屬於老子一派。他的著作有十多萬字，大部分都是寓言。其中的〈漁父〉、〈盜跖〉、〈胠篋〉等文章，都是詆毀孔子一派，而宣傳老子的學說。他文章中的畏累虛、亢桑子等人物事件都是假設的。莊周很會作文章，善於通過打比方、描寫事物，來攻駁儒、墨兩大派。即使是當代年高而博學的人，也逃脫不了莊周的批評。他的文章不受規範，任意發揮，連當世的王公大人也都無法約束他。

2 楚威王聽說莊周有才能，便派人帶著豐厚的禮品去迎接他，請他當楚國宰相。莊周笑著對來人說：「千金，的確是一筆大錢；卿相，也確實是一種高官。但是，你難道沒有見過那些用於祭祀的大牛嗎？平時用好吃的東西餵養牠，用好看的東西打扮牠，最後把牠屠殺以供太廟祭祀。到那時，這頭大牛即使想變成一頭小豬，還能辦到嗎？你還是快走吧，別讓你的話玷汙了我的耳朵。我寧願在髒水溝裡游玩，自得其樂，也不願受你們國王的束縛。我願意一輩子不做官，以求得自己的輕鬆愉快。」

1 申不害者，京❶人也，故鄭❷之賤臣。學術❸以干❹韓昭侯❺，昭侯用為相。

2 內脩政教，外應❻諸侯，十五年❼，終申子之身，國治兵彊，無侵韓者❽。申子之學，本於黃、老❾而主刑名❿，著書二篇，號曰申子⓫。

【章旨】以上為第三段，寫申不害的生平與學術。

【注釋】❶京　戰國時的韓縣名，在今河南滎陽東南。❷故鄭　春秋時代的鄭國，國都即今河南新鄭，戰國初期被韓所滅。❸學術　學法家的治國之術。按：《韓非子・定法》曾將法家的學問分作「法」、「術」、「勢」三方面，「法」者用以治民，其用之精者為商鞅；「術」者用以治吏，其用之精者為申不害；「勢」者，運用其有利形勢以治國禦敵，其用之精者為慎到。❹干　求見。❺韓昭侯　西元前三六二—前三三三年在位。瀧川曰：「《戰國策・韓策》云：『魏之圍邯鄲也，申不害始合於韓王。』依年表，周顯王元年韓滅鄭；十六年，魏圍邯鄲；十八年，申不害相韓；三十二年，申不害卒，《申子》出處可概見也。」❻應　支應；對付。❼十五年　謂申不害任韓國之相的十五年間。據〈韓世家〉，昭侯八年（西元前三五五年），申不害相韓；二十二年（西元前三四一年），申不害死，為韓相共首尾十五年。錢穆曰：「申不害卒，余疑實當韓昭侯二十六年，則申子相韓前後當得十九年。」❽國治兵彊二句　《索隱》引王劭曰：「《紀年》云：『韓昭侯之世，兵寇屢交。』異乎此言矣。」梁玉繩曰：「申子相韓，起周顯王十八年，至三十二年，此十五年中，《紀年》書交兵者三；顯王二十四年，魏敗韓馬陵；二十六年，魏敗鄭梁赫；三十一年，秦伐鄭，敗秦酸水，鄭即韓也。然馬陵之役當顯王即位前一年，在申子為相前十八年，《紀年》誤書。則安知梁赫、酸水二役其年不誤？不得妄據以駁史公。」按：《韓非子・定法》則曰：「申不害，韓昭侯之佐也。韓者，晉之別國也。晉之故法未息，而韓之新法又生；先君之令未收，而後君之令又下。申不害不擅其法，不一其憲令則姦多故。利在故法前令則道之，利在新法後令則道之，利在故新相反，前後相勃。則申不害雖十使昭侯用術，而姦臣猶有所譎其辭也。故托萬乘之勁韓，十七年而不至於霸者，雖用術於上，法不勤飾於官之患也。」❾黃老　道家學派的一個分支，楊寬曰：「產生於戰國中期，流行於韓、趙、齊等國。它假託黃帝的名義，吸收老子哲學中虛靜、物極必反等思想加以改造、形成的一個重要思想流派。」其代表作即西元一九七三年馬王堆出土，由今人定名的《黃帝四經》。❿刑名　也作「形名」。王鳴盛曰：「『刑名』，猶言『名實』，蓋循名責實之謂也。」按：「循名責實」是「名家」的宗旨，也是法家學說中的一個組成部分。⓫申子　按：《漢書・藝文志》法家類載有《申子》六篇，今皆不存，《四庫全書總目提要》中無著錄。《集解》引《新序》曰：「申子之書言人主當執術無刑，因循以督責臣下，其責深刻，故號曰『術』。」有關申不害的事跡，《韓非子》中尚有多條記載。

【語　譯】申不害是京縣人，原來是鄭國的賤臣。他學成法家的治國之術後，去見韓昭侯，韓昭侯讓他做韓國的丞相。申不害對內整頓政治，教化百姓，對外應付諸侯，前後執政十五年。在他執政的整個階段，韓國政局安定，兵力強盛，沒有哪個國家敢來侵犯它。

2 申不害的學說是來源於黃老學派，但他的理論中心卻是刑名法術。他曾著書兩篇，名叫《申子》。

1 韓非者，韓之諸公子❶也。喜刑名、法術之學❷，而其歸本於黃、老❸。非為人口吃，不能道說，而善著書❹。與李斯❺俱事荀卿❻，斯自以為不如非。

2 非見韓之削弱，數以書諫韓王❼，韓王不能用。於是❽韓非疾❾治國不務脩明其法制，執勢❿以御其臣下，富國彊兵而⓫以求人任賢，反舉浮淫之蠹⓬而加之於功實⑬之上。以為儒者用文亂法，而俠者以武犯禁⑭。寬⑮則寵名譽之人⑯，急則用介冑⑰之士。今者所養非所用，所用非所養⑱。悲廉直不容於邪枉之臣⑲，觀往者得失之變，故作孤憤、五蠹、內、外儲、說林、說難⑳十餘萬言㉑。

3 然韓非知「說」㉒之難，為說難書甚具㉓，終死於秦，不能自脫㉔。

4 說難曰㉕：

5 「凡說之難，非吾知之有以說之難也㉖；又非吾辯之難能明吾意之難也㉗；又非吾敢橫失能盡之難也㉘。凡說之難，在知所說之心㉙，可以吾說當之㉚。

6 「所說出於為名高㉛者也，而說之以厚利，則見下節而遇卑賤㉜，必棄遠矣。所說出於厚利㉝者也，而說之以名高，則見無心㉞而遠事情㉟，必不收㊱矣。所說實為厚利而顯為名高㊲者也，而說之以名高，則陽收㊳其身㊴而實疏之；若說之以厚利，則陰用其言而顯棄㊵其身。此之不可不知也。

7 「夫事以密成，語以泄敗。未必其身泄之也，而語及㊶其所匿之事㊷，如是者身危。貴人有過端㊸，而說者明言善議以推其惡㊹者，則身危。周澤未渥㊺也，而語極知㊻，說行而有功則德亡㊼，說不行而有敗則見疑㊽，如是者身危。夫貴人得計㊾，而欲自以為功㊿，說者與知(51)焉，則身危。彼顯有所出事，迺自以為也故(52)，說者與知焉，則身危。彊之以其所必不為[53]，止之以其所不能已[54]者，身危。故曰：與之論大人，則以為閒己[55]；與之論細人，則以為粥權[56]。論其所愛[57]，則以為借資[58]；論其所憎，則以為嘗己[59]。徑省其辭[60]，則不知而屈之[61]；汎濫博文[62]，則多而久之[63]。順事陳意[64]，則曰怯懦而不盡[65]；慮事廣肆[66]，則曰草野而倨侮[67]。此說之難，不可不知也。

8 「凡說之務[68]，在知飾所說之所敬[69]，而滅其所醜[70]。彼自知其計[71]，則毋以其失窮之[72]；自勇其斷[73]，則毋以其敵怒之[74]；自多其力[75]，則毋以其難概之[76]。規異事與同計，譽異人與同行者[77]，則以飾之無傷也[78]；有與同失者，則明飾其無失也[79]。大忠無所拂悟[80]，辭言無所擊排[81]，迺後申其辯知焉[82]。此所以親近不疑[83]，知盡之難也[84]。得曠日彌久[85]，而周澤既渥，深計[86]而不疑，交爭[87]而不罪，迺明計利害以致其功[88]，直指是非以飾其身[89]，以此相持[90]，此說之成也[91]。

9 「伊尹[92]為庖[93]，百里奚為虜[94]，皆所由干其上[95]也。故此二子者，皆聖人也，猶不能無役身[96]，而涉世[97]如此其汙也，則非能仕之所設也[98]。

10 「宋有富人[99]，天雨牆壞。其子曰：『不築且有盜。』其鄰人之父亦云。暮而果大亡[100]其財。其家甚知其子[101]，而疑鄰人之父。

11 「昔者鄭武公(102)欲伐胡(103)，迺以其子妻之(104)。因問羣臣曰：『吾欲用兵，誰可伐者？』關其思(105)曰：『胡可伐。』迺戮關其思(106)，曰：『胡，兄弟之國也，子言伐之，何也？』胡君聞之，以鄭為親己而不備鄭。鄭人襲胡，取之。此二說者，其知皆當(107)矣，然而甚者為戮，薄者見疑(108)。非知之難也，處知則難(109)矣。

12 「昔者彌子瑕(110)見愛於衛君。衛國之法，竊駕君車者罪至刖(111)。既而彌子之母病，人聞，往夜告之，彌子矯駕君車而出(112)。君聞之而賢之曰：『孝哉，為母之故而犯刖罪(113)！』與君游果園，彌子食桃而甘，不盡而奉君(114)。君曰：『愛我哉，忘其口而念我(115)！』及彌子色衰而愛弛，得罪於君。君曰：『是(116)嘗矯駕吾車，又嘗食我以其餘桃(117)。』故彌子之行未變於初也，前見賢(118)而後獲罪者，愛憎之至變也(119)。故有愛於主，則知當(120)而加親；見憎於主，則罪當(121)而加疏。故諫說之士不可不察愛憎之主(122)而後說之矣。

13 「夫龍之為蟲(123)也，可擾狎(124)而騎也。然其喉下有逆鱗徑尺(125)，人有嬰之(126)，則必殺人。人主亦有『逆鱗』(127)，說之者能無嬰人主之『逆鱗』，則幾矣(128)。」

14 人或傳其書至秦，秦王見孤憤、五蠹之書，曰：「嗟乎，寡人得見此人與之游，死不恨(129)矣！」李斯(130)曰：「此韓非之所著書也。」秦因急攻韓(131)。韓王始不用非，及急，迺遣非使秦[132]。秦王悅之，未信用。李斯、姚賈[133]害[134]之，毀[135]之曰：「韓非，韓之諸公子也。今王欲并諸侯[136]，非終為韓不為秦[137]，此人之情也。今王不用，久留而歸之，此自遺患也，不如以過法誅之[138]。」秦王以為然，下吏治非[139]。李斯使人遺非藥[140]，使自殺。韓非欲自陳，不得見。秦王後悔之，使人赦之，非已死矣[141]。

申子、韓子皆著書，傳於後世，學者多有[142]。余獨悲韓子為說難而不能自脫耳[143]。

【章　旨】以上為第四段，寫韓非的生平與學術。

【注　釋】❶諸公子　除太子以外的國王的其他兒子，但韓非究竟是哪位韓王的兒子，史無明文。❷喜刑名法術之學　按：《韓非子·定法》云：「申不害言術，而公孫鞅為法。術者，因任而授官，循名而責實，操殺生之柄，課群臣之能者也；法者，憲令著於官府，刑罰必於民心，賞存乎慎法，而罰加乎奸令者也。此法、術之辨也。」韓非則既發展了商鞅的「法」，又發展了申不害的「術」。其〈主道〉云：「群臣陳其言，君以其言授其事，事以責其功。功當其事，事當其言則賞；功不當其事，事不當其言則誅。」此即「名家」所講的「循名責實」。❸而其歸本於黃老　歸，歸宿；根本宗旨。《索隱》曰：「韓子書有〈解老〉、〈喻老〉二篇，是大抵亦崇黃老之學耳。」按：《韓非子》的許多篇章都曾引用《老子》之語。岑仲勉曰：「道、法兩家，關係最切，原本道德之論，《管子》最精；發揮法術之義，《韓非》尤切。」（《經子解題》）道、法兩家的最終目標都是達到「無為而治」，但手段與途徑不同。❹非為人口吃三句　按：〈司馬相如列傳〉稱「相如口吃而善著書」；〈儒林列傳〉稱兒寬「善著書，書奏敏於文，口不能發明也」；《漢書·揚雄傳》稱揚雄「口吃不能劇談，默而好深湛之思」。錢鍾書曰：「夫口吃而善著書，筆札脣舌，若相乘除，心理學謂之『補償反應』。西洋大手筆而口鈍舌結者亦實繁有徒，如高乃依自言：

『吾口枯瘠，吾筆豐沃。』」❺李斯　楚人，後入秦，佐秦王政統一六國，事見〈李斯列傳〉。❻荀卿　名況，趙人，曾為楚蘭陵令，戰國末期的儒學大師，事跡見〈孟子荀卿列傳〉。❼韓王　即韓王安，韓國的末代國君，西元前二三八—前二三〇年在位，事跡見〈韓世家〉。❽於是　此時。❾疾　痛恨。❿勢　客觀形勢。指君主的權威、影響力等。法家不僅講究制民有「法」，駕御群臣有「術」，還特別強調君主要善於運用自己所固有的「勢」。⓫而　按：「而」字若改作「不」字讀，則語氣更順暢。⓬浮淫之蠹　光說不練、沒有實際用處的蠹蟲。此指儒生、縱橫家、游俠之士等。《韓非子》中有〈五蠹〉篇，指儒生、俠客、縱橫家、工商業者、逃避兵役者五種人為「蠹蟲」。⓭功實　軍功與實績。指為國當兵與從事農業獲有實效的人。⓮儒者用文亂法二句　二語見〈五蠹〉。以文亂法，瀧川曰：「李斯所謂『諸生不師今而學古，以非當世，惑亂黔首』者。」以武犯禁，為了行「俠」而破壞國家法制。⓯寬　指太平無事時。⓰名譽之人　沽名釣譽、譁眾取寵者。指儒、俠等。⓱介冑　鎧甲、頭盔。⓲所養非所用二句　《索隱》曰：「言人主今臨時任用，並非常所祿養之士，故難可盡其死力也。」⓳悲廉直不容於邪枉之臣　此旨集中表現於〈孤憤〉篇。岑仲勉曰：「此篇言智能法術之士與權奸不兩立，智能法術之士恆難進。」⓴孤憤五蠹內外儲說林說難　《索隱》曰：「此皆非所著書篇名也。〈孤憤〉，憤孤直不容於時也。〈五蠹〉，蠹政之事有五也。〈內外儲〉，按《韓子》有〈內儲〉、〈外儲〉篇，〈內儲〉言明君執術以制臣下，制之在己，故曰『內』也。〈外儲〉言明君觀聽臣下之言行，以斷其賞罰，賞罰在彼，故曰『外』也。〈說林〉者，廣說諸事，其多若林，故曰『說林』也。」〈說難〉，說難，向人君進言的種種難處。岑仲勉曰：「此篇先陳『說』之難，繼言『說』之術，極精。」㉑十餘萬言　按：今本《韓非子》共分五十五篇，十二萬餘言。㉒說　向帝王、執政者進說辭。㉓甚具　很具體；很充分。㉔終死於秦二句　瀧川曰：「此史公自恨觸君怒也。」㉕說難曰　《索隱》曰：「凡說諫之道為難，故曰〈說難〉，其書詞甚高，故特載之。」㉖非吾知之有以說之難也　陳奇猷曰：「『知之』下應脫『難』字。猶言『非吾知說之難，而有以說被說者為難也。』」或曰，知之，內心明白。全句意謂「並不是我內心明白，而把它表達出來有什麼難處」。即不擔心「辭不達意」。李笠曰：「非以吾知說之道，有以說之為難也。」㉗又非吾辯之難能明吾意之難也　陳奇猷曰：「猶言『又非吾口才辯給之難，被說者能明吾意為難也』。」或曰，辯，口辯；才辯。《韓非子》於此作「又非吾辯之能明吾意為難也」，意即「也不擔心我的辭鋒在表達我的思路上有什麼難處」。㉘又非吾敢橫失能盡之難也　陳奇猷曰：「謂說人之時非吾敢極騁智辯，既不敢極騁智辯，則盡吾意為難矣。橫失，猶言辯說馳騁無所顧忌也。」按：橫失，同「橫佚」。中井曰：「言吾橫發縱逸其辭以自盡非不難，而猶未為難也。」㉙知所說之心　準確的把握被說者的心思、心理。㉚以吾說當之　陶鴻慶曰：「當，值也，言與所說之心相值也。」即正好說到被說者的心坎上。㉛為名高　指圖美名，好虛榮。中井曰：「仁義之類。」㉜見下節而遇卑賤　被視為格調不高，將對你極端鄙視。見，被看作。遇，對待。李笠曰：「謂吾將受君操節汙下之目，而以卑賤相遇。」㉝出於厚利　追求厚利。㉞無心　無真正為其效力之心。㉟遠事情　大而無當；不切合實際。㊱必不收　《索隱》引劉氏曰：「若秦孝公志在強國，而商鞅說以帝、王，故怒而不用。」㊲顯為名高　表面上裝作是為追求名望。㊳陽收　表面上賞識、親近。陽，通「佯」。假裝。㊴其身　指進言者。㊵陰用其言而顯弃　《索隱》曰：「若下文云鄭武公陰欲伐胡，而關其思極論深計，雖知說當，終遭顯戮是也。」顯弃，表面上故意裝作不採納。㊶語及　指偶爾觸及。㊷其所匿之事　被說者不欲人知的祕密勾當。㊸貴人有過端　被說者有某種過失。㊹明言善議以推其惡　《韓非子》作「明言禮義以挑其惡」，意即聽話者分明在這方面有過失，而進言者不知，偏在這個問題上唱高調，大放厥辭。㊺周澤未渥　指進言者還沒有受到被說者的充分信任與寵愛。周澤，深厚的恩寵。渥，深透。㊻語極知　把話說得過於透徹、到家。㊼說行而有功則德亡　即使你的言論被採納，而且取得了實效，但被說者也不會感念你的好處。德亡，恩情被人遺忘。㊽說不行而有敗則見疑　言論未被採納而被說者又遭到失敗，那時進言者就要受到懷疑了。中井曰：「疑其忿說不行，而為陰壞泄漏也。」《索隱》曰：「若下文所云鄰父以壞墻有盜卻為見疑，即其類也。」㊾得計　用計獲得成功。㊿欲自以為功　想把一切功勞歸於自己。(51)說者與知　向人進言的人正好知道這件事。與，參與。中井曰：「貴人得良策，欲獨為己功，誇獨知之明，然而說者謂己參與其策，是分其功也，故見憎。」(52)彼顯有所出事二句　瀧川曰：「『也故』，當依《韓子》作『他故』。言人君陽有所託說，而陰欲為他事，恐人之知其謀，說者當若無所聞知也。」方苞曰：「如晉欲伐陸渾之戎，而假於祭洛也。」(53)彊之以其所必不為　硬是要求人家去做他不肯做的事。《索隱》引劉氏曰：「若項羽必欲衣錦東歸，而說者強述關中，違旨忤情，自招誅滅也。」中井曰：「若勸秦皇、漢武以節儉休息，勸唐太宗以泰伯、季札之讓是也。」彊，勉強。(54)止之以其所不能已　《索隱》引劉氏曰：「若漢景帝決廢栗太子，而周亞夫強欲止之，竟不從其言，後遂下獄是也。」中井曰：「若勸唐高宗勿立武后，勸玄宗勿近楊妃也。」(55)與之論大人二句　你要是向某個君主說到他身邊大臣的缺點，那個君主就有可能懷疑你是來挑撥他們君臣的關係。陳奇猷曰：「己，指君。言說者對君論議大臣，則君疑為離間君臣。」(56)與之論細人二句　你要是向某個君主說到某個小臣的優點，這個君主就可能懷疑你是在招權納賄。細人，小臣。粥，通「鬻」。賣。(57)論其所愛　你誇獎了受君主寵幸的人。(58)則以為借資　這個君主就會認為你是想借那個受寵者來給自己作進身之階。(59)則以為嘗己　被說者就可能懷疑你是想來對他試探、摸底。己，被說者自指。(60)徑省其辭　如果你把話說得過於簡略。(61)則不知而屈之　聽話者則可能因其聽不明白而拋棄你的說辭。屈，黜；廢棄。(62)汎濫博文指進言者的用語過於繁瑣。(63)則多而久之　聽話者又可能嫌你囉唆，耽誤時間。(64)順事陳意　《正義》曰：「說者陳言，順人主之意。」(65)怯懦而不盡　王駿圖曰：「謂說者苟順事而敷陳其意，無他策畫，則人主必以為怯懦無能，而不盡悉事情也。」(66)慮事廣肆　王駿圖曰：「謂說者苟遇事廣為指畫，肆陳己意。」按：〈治安策〉就是這種性質的文章。(67)草野而倨侮　《正義》曰：「草野，猶鄙陋也。廣陳言詞，多有鄙陋，乃成倨傲侮慢。」(68)凡說之務　凡是進言所應該注意的。務，從事；追求。(69)飾所說之所敬　《索隱》曰：「說士當知人主之所敬，而時以言辭文飾之。」飾，美化；誇讚。所敬，所敬重的人與事。按：「所敬」實可解釋為「所矜」，所自我誇耀者，《韓非子》直作「所矜」。(70)滅其所醜　《索隱》曰：「人主若有所避諱而醜之，游說者當滅其事端而不言也。」(71)自知其計　以為自己所定的計策高明。知，通「智」，這裡用如動詞。(72)毋以其失窮之　《韓非子》舊注云：「彼或自以計謀為智，則無得以其先所困敗而窮屈之。」按：似指不要挑剔其中的漏洞，使之感到難堪。中井曰：「預推其計之有所失也。」(73)自勇其斷　欣賞自己的決定做得乾脆。(74)毋以其敵怒之　《索隱》曰：「說士勿以己意而攻間之，是以卑下之謀自敵於上，以致譴怒也。」按：此解甚繞。陳奇猷引陶鴻慶說以為「敵」應作「謫」，《方言》曰：「謫，過也。」指人主昔日在類似問題上產生的過失。(75)自多其力　矜誇自己的武力強盛。多，賢；讚賞。(76)毋以其難概之　《索隱》曰：「概，猶『格』也。秦昭王決意攻趙，白起苦說其難，拒格君上，故致杜郵之戮也。」陳子龍曰：「如苻堅之伐晉，諫者言晉不可破，則愈不聽。」(77)規異事與同計二句　規，規劃，這裡也是讚賞的意思。同計，計謀相同。《韓非子》「計」下有「者」字。同行，行為相同。《正義》曰：「貴人與甲同計，與乙同行者，說士陳言無傷甲乙也。」(78)則以飾之無傷也　據《韓非子》此句上應有「有與同汙者」五字，與下句「有與同失者」云云對文。(79)有與同失者二句　《韓非子》舊注云：「其異人之行若與彼同汙，則大文飾之，言此汙何所傷？其異事之計若與彼同敗者，則明為文飾，言此敗何所失？」(80)大忠無所拂悟　真正的忠臣不和自己的君主頂撞。《索隱》曰：「言大忠之人志在匡君於善，君初不從，則且退止，待君之悅而又幾諫，即不拂牾於君也。」拂悟，同「拂牾」。頂撞。(81)辭言無所擊排　對君主說話不能肆意抨擊。擊排，攻擊；排斥。(82)迺後申其辯知焉　眼下一時說不通，就設法另找機會徐進其說辭。(83)此所以親近不疑　這樣就可以使君臣關係日益親密，兩無猜疑。(84)知盡之難也　《索隱》曰：「《韓子》作『得盡之辭也』。」陳奇猷曰：「蓋謂既能極騁智辯，又得親近不疑，則能盡其辭矣。」(85)得曠日彌久　君臣之間經過長時間的磨合。(86)深計　謀劃干係重大的事情，如范雎之為昭王謀太后與四貴事。(87)交爭　指與君主發生爭執。(88)以致其功　指協助帝王建立功勳。致，獲。(89)以飾其身　使帝王嚴格約束自己。飾，通「飭」。約束。(90)以此相持　君臣之間能如此相待。相持，猶言「相待」。(91)此說之成也　這是人臣向君主進說的最理想、最成功的境界。[92]伊尹　商湯的宰相，事跡見〈殷本紀〉。[93]為庖　據〈殷本紀〉，伊尹為了求見湯，曾「為有莘氏媵臣，負鼎俎，以滋味說湯」。庖，廚工。[94]百里奚為虜　百里奚是春秋時虞國的賢臣，虞被晉滅後，百里奚被晉國作為陪嫁的奴隸送給秦國。百里奚中途南逃被楚人捉獲，秦穆公用五張羊皮將其換回，委以重任。事見〈秦本紀〉。[95]皆所由干其上　都是為了求見其君主才使用了如此的辦法。干，求見。[96]役身　猶言「屈身」。使自身受委屈、受奴役。[97]涉世　進入仕途；進入官場。[98]非能仕之所設也　「設」字似應作「恥」。《索隱》曰：「《韓子》作『非能士之所恥也』。」意謂只要能達到君臣遇合、治好國家，那麼即使一時受些屈辱，也是賢智之士所不以為恥的。[99]宋有富人　宋，西周初年以來的諸侯國名，國都在今河南商丘西南，戰國以來日益削弱，最後被齊國所滅。瀧川曰：「《孟》、《韓》、《莊》、《列》諸書言愚妄事，多取例於宋人，宋多愚人也，閻百詩《四書釋地》論之詳矣。」[100]亡　丟失。[101]知其子　誇獎其兒子的聰明。知，通「智」，這裡用如動詞。[102]鄭武公　春秋初期的鄭國國君，名掘突，西元前七七〇—前七四四年在位。[103]胡　春秋時期小國名，國都在今河南漯河西。[104]以其子妻之　將自己的女兒嫁給了胡國君主。[105]關其思　鄭國之臣。[106]迺戮關其思　戮，誅殺。陳奇猷引王佩諍曰：「今本偽《竹書紀年》：『周平王八年，鄭殺其大夫關其思。』」[107]其知皆當　對事物的判斷都很準確。知，通「智」。[108]甚者為戮二句　甚者，猶言「重者」。薄者，猶言「輕者」。指鄰人之父。[109]非知之難也二句　不是難在缺少智慧，而是難在如何運用智慧。處，處理；運用。瀧川曰：「〈廉頗藺相如列傳〉云：『知死必勇，非死者難也，處死者難。』蓋學此句法。史公受刑之後，特有感於『處知則難』四字。」[110]彌子瑕　春秋時期衛靈公的男寵。衛靈公是春秋末期的衛國國君，名元，西元前五三三—前四九三年在位。衛國的國都楚丘，在今河南濮陽西南。[111]刖　古刑名。斷掉犯人的雙腳。[112]矯駕君車而出　假說奉君主之命乘君車以歸。[113]而犯刖罪　意即置犯刖刑於不顧。[114]不盡而奉君　將自己沒有吃完的半個呈給衛君。奉，其義同「捧」。雙手捧以與人。[115]忘其口而念我　《韓非子》於此作「忘其口味，以啖寡人」。意即沒有自己貪吃，而是立即給我吃。按：據此處文意似指為了急於讓我吃而忘了這是被他咬過的。[116]是　此人。[117]食我以其餘桃　將他吃剩的桃給我吃。[118]見賢　受稱讚。[119]愛憎之至變也　愛憎發生了大變化。按：「至」字不順，似應削，《韓非子》無「至」字，直作「愛憎之變也」。[120]知當　一切智慧、行動都能正好碰中主子的心願。即怎麼辦怎麼好。[121]罪當　一切想法、行動都被主子看成為罪過。即怎麼辦怎麼錯。[122]愛憎之主　按：似應作「主之愛憎」。即君主現時對你是愛還是憎。[123]龍之為蟲　龍作為一種動物。[124]擾狎　玩耍；戲弄。意謂當牠「老實」、「順心」的時候，你怎麼戲弄牠都行。擾，馴；擺弄。[125]有逆鱗徑尺　倒生著一片長達一尺的鱗。[126]人有嬰之　誰要是一觸動牠。嬰，通「攖」。觸動。[127]人主亦有逆鱗　瀧川曰：「〈燕策〉鞠武謂太子丹曰：『奈何以見陵之故，欲批其逆鱗哉！』蓋當時常語，不始於韓子。」按：今〈燕策〉中荊軻刺秦王一節，近人多以為是前人取《史記》以入《戰國策》者。故「逆鱗」一詞似仍為韓非所首用。128則幾矣　就差不多可以免遭於難了。幾，庶幾；差不多可以。129死不恨　猶言「死而無憾」。極言其欲見之迫切。恨，憾；遺憾。130李斯　此時大約在秦為廷尉。九卿之一，主管司法。131秦因急攻韓　錢穆曰：「此亦可疑，天下寧有愛好其國一公子之書，因遂急攻其國者！」132及急二句　據〈韓世家〉：「王安五年，秦王政十三年（西元前二三四年），秦攻韓，韓急，使韓非使秦。」133姚賈　梁人，後入秦立功被秦王政任為上卿。事見《戰國策·秦策五》。134害　嫉恨。135毀　說人壞話。據《戰國策·秦策五》，韓非入秦後，曾上書詆毀李斯，又在秦王面前詆毀姚賈，以離間其君臣關係，故李斯、姚賈反詆韓非。136欲并諸侯　想吞併東方諸國。137非終為韓不為秦　按：對韓非的這種分析原是事實，而不是詆毀。今《韓非子》中有〈存韓〉一篇，即韓非勸說秦王不要滅韓事。而篇後又載李斯之上書，堅主必須先伐韓，且曰「非之來也，未必不以其能存韓也」，又說「臣視非之言，文其淫說，靡辯才甚。臣恐陛下淫非之辯而聽其盜心，因不詳察事情」云云，史公所謂李斯、姚賈之「毀」韓非，蓋即此也。138以過法誅之　舉其罪過，加法而誅之。139下吏治非　把韓非交給法官拷問。140遺非藥　給韓非毒藥。遺，給。141使人赦之二句　馬非百《秦集史》曰：「此古代國際間諜戰之一幕也。李斯下韓，姚賈出使四國，秦之第五縱隊也。而韓非謀存韓而弱秦，則又韓之第五縱隊也。觀其既上書攻擊李斯取韓之策，而又親來使秦，面毀姚賈於秦王之前，其欲破壞秦之第五縱隊而弱之，用意甚明。其計果行，不僅李斯、姚賈將由此獲罪，即秦之統一前途亦必為之大受挫折。此斯、賈所以不得不用全力共謀去之也。司馬遷作〈韓非傳〉既不列李斯下韓與韓非存韓弱秦之具體內容於篇，又一字不提姚賈出使四國與韓非破壞姚賈計劃與對姚賈進行人身攻擊之事，而忽於傳中大書『李斯、姚賈害之、毀之』云云，遂使後人或則認為韓非之死，乃李斯忌材所致；或則認為韓非，韓公子，以不用於韓，欲干秦王，其後使秦，為李斯所譖死。抑何不思之甚耶？」142學者多有　按：史公尚及見《申子》其書，東漢班固作〈藝文志〉，尚猶著錄，至《隋書·經籍志》，其書遂無。143獨悲韓子為說難而不能自脫耳　錢鍾書曰：「〈孫子吳起列傳〉語曰：『能行之者未必能言，能言之者未必能行。孫子籌策龐涓明矣，然不能早救患於被刑；吳起說武侯以形勢不如德，然行之於楚，以刻暴少恩亡其軀。悲夫！』〈白起王翦列傳〉：『白起料敵合變，出奇無窮，聲震天下，然不能救患於應侯。』皆工於謀人，拙於衛己，馬遷反復致意於此，智不如葵之感深矣。」瀧川曰：「史公重言『不能自脫』，所以為非悲者，則所以自悲也，言外無限痛恨。」

【語　譯】韓非是韓國的公子，愛好刑名、法術之學，他也是以黃老的學說作為思想基礎的。韓非口吃，不善於說話，但文章寫得好。他和李斯都是荀卿的學生，李斯覺得自己的本事比不上韓非。

2 韓非看到韓國的局勢越來越壞，曾多次上朝勸說韓王，韓王都沒採納他的意見。韓非痛切感到作為一個國君治國，不是力求嚴明法制，不是以強權駕馭臣下，不致力於富國強兵，任用賢能；反而把那些只會講空話的人抬舉到那些有功勳、有實效的人才之上。他認為儒生舞文弄墨，專門敗壞國家的法治；游俠仗恃武功，違犯政府的禁令。他見到國家太平時，專門寵用一些徒有虛名的人；等到國家危急的關頭，卻又來依靠披甲戴盔的武士。結果是平時所養的人不是國家所需要的，而國家所需要的人它平時又不養。韓非還傷心那些廉直的忠臣常常被奸臣所陷害。他考察了以往歷史上的得失變化，寫出了〈孤憤〉、〈五蠹〉、〈內儲〉、〈外儲〉、〈說林〉、〈說難〉等文章共十多萬字。

3 韓非知道勸說帝王是一件困難危險的事情，這一點他在〈說難〉中說得極清楚，遺憾的是他最後仍是為這個死在了秦國，未能幸免。

4 〈說難〉上說：

5 「遊說的艱難不是難在以我所知去說服對方，也不是難在能否以善辯的口才正確表達自己的思想，也不是難在能否以縱橫捭闔的詞句，把道理說個透徹。所難的是要清楚地了解被遊說者的心思，使自己的遊說適合他的心意。

6 「如果對方是個沽名釣譽的人，你對他說以利祿，他會認為你志節低下，鄙視你，疏遠你；如果對方是個重利祿的人，你對他講如何保全名節，他會認為你是個沒腦筋的、說話不著邊際的傻子，肯定不會採用你；如果對方是個追求利祿而表面上卻挺慕虛榮的人，你對他講追求名節，他會表面上聽你的，實際上卻疏遠你；你若對他講如何博取厚利，他會暗地裡採納你的主張而表面上卻不屑對待。以上種種情形是遊說者所不能不明瞭的。

7 「有些事情是被遊說者心中的祕密，不意間被洩露了。不是遊說者存心洩露，而是遊說者無意之中觸及了對方的心事，這時，遊說者的安全就要受到威脅。如果達官貴人犯了個錯誤，你直言不諱，好心好意地給他分析這錯誤的危害，那麼，你就會招來惡果。交情還不深，關係還不夠密切，而你對被遊說者說盡了知心話，要是被採納了，而且成功了，你的好處也就很快被遺忘；要是被採納而失敗了，你就會被懷疑，你的安全就會受威脅。達官貴人用了你的計謀，成功了某件事，他想獨自邀功，而你又參與其中，知曉內情，那你就會有生命危險。那顯貴之人，表面上策劃某件事，而實際卻是為了達到個人的某種目的，而你又深察其情，那你就有生命危險。勉強對方做他所不想做的事，勸止對方放下他所不肯罷手的事，都會招來禍殃。所以說：對於君主而言，你同他議論他的大臣的缺點，會被認為是挑撥人家君臣關係；議論他的小臣的優點，會被懷疑是否收了什麼人的好處；議論他所寵愛的人，會被認為是想利用此人作靠山；議論他所憎惡的人，會被認為是想試探君主對自己的看法。說話簡略，則可能因為聽不明白而不採納；滔滔不絕，旁徵博引，又會被認為過於囉唆而浪費時光；如果你只是順著他的意思講，那就會被認為你是膽小怕事，不敢說實話；如果你暢所欲言那就又會被說成粗野傲慢，目無君主。凡此種種都是遊說的難處，遊說者所不能不知道的啊。

8 「遊說時所應注意的，在於懂得如何美化對方最自負的地方，而掩飾其最自慚形穢的弱點。如果對方認為自己的計謀高明，那你就不要去挑剔他的漏洞而使他受窘；如果他認為自己果斷敢為，那你就不要用他曾因考慮不周造成的過錯去激怒他；要是他誇耀自己的武力強大，那你就不要拿事情的難辦去挫傷他。你所規劃的事情，與對方的想法相同，你所讚美的人物正是對方心目中的人物，這時，你要掩飾自己的觀點，不要傷害了對方的自尊。有人犯了與對方相同的錯誤，你必須公然宣稱他沒有錯。忠心耿耿，不拂逆人主之意，言辭謹慎，與人主不相抵觸，然後你才能充分地去發揮你的才智，這就是遊說者得以親近人主而不被懷疑，可以說出自己言論主張的做法。如果能與君主長期共事，感情融洽，深蒙恩澤，替對方謀慮而不被懷疑，互相爭論也不獲罪，公開地論斷利害來使事情獲得成功，直截地指出對錯而使對方能夠改正，彼此的關係能這樣維持下去，那遊說就算是成功了。

9 「伊尹做過廚子，百里奚做奴僕，他們都曾以這樣的身分終使君主接受了自己的主張。這兩個人都是古代的聖賢，還不能不親自從事卑賤的事以求進用。像這種卑躬屈節的做法，聖賢們並不會引以為恥。

10 「宋國有個富人，大雨沖毀了他家的牆壁。他的兒子說：『如不趕快修好，就會招致盜賊。』鄰居的老父也說過這話。當天晚上果然被盜，丟失了許多錢財。那家人都稱讚自己的兒子聰明，而懷疑鄰居的老父。

11 「從前鄭武公想討伐胡國，便把女兒嫁給胡君做妻子。接著他問群臣：『我想對外用兵，哪一國可以攻打？』大夫關其思回答說：『胡國可以攻打。』鄭武公把關其思殺了，並且說：『胡國是兄弟之國，你說可以攻打，居心何在？』胡國國君聽說過這事，便以為鄭君和自己關係親密，不再防備鄭國。結果鄭國乘機襲擊胡國，把它吞滅了。鄰人之父與關其思的話都是對的，他們都很有見識。但他們的遭遇卻是重的被殺，輕的被疑。可見有認清事物的智慧並不難，難就難在你如何選擇恰當時機去運用這種智慧。

12 「從前彌子瑕很受衛君的寵愛。衛國的法律，凡是私自駕用君主的車子的人，就要受斷足的刑罰。有一次，彌子瑕的母親病了，有人聞訊，就連夜去告訴了他。彌子瑕立即假借衛君的名義，私自駕了衛君的車子回家。衛君知道後稱讚他說：『真是一個孝子啊，為了回家看母親居然敢冒犯斷足之刑。』彌子瑕和衛君遊果園。彌子瑕摘一個桃子吃，覺得又香又甜，沒吃完就把剩下的讓給衛君吃。衛君說：『彌子瑕真是愛我啊，不顧自己愛吃卻想著我。』等到後來彌子瑕一老，衛君對他的寵愛衰減了，當彌子瑕再次得罪衛君時，衛君就說：『他曾盜用我的名義，私自駕用我的車子，又曾給我吃他吃剩的桃子。』其實，彌子瑕的行為和以前並無兩樣，而當初受稱讚後來卻成了罪過，這是由於衛君心中的愛憎發生了變化。所以，一個人當他被君主寵愛的時候，他的智謀合乎君主的口味，君主就對他親近；當他被君主厭惡時，他的過失與君主的厭惡心理相應，君主就對他愈加疏遠。因此，遊說諫諍的人不可不認真審察君主的愛憎，然後再決定進言。

13 「龍作為一種動物，可以親近牠、騎牠，但牠的喉頭下倒生著尺把長的鱗，如果人觸犯了就必定喪命。君王也同樣生有逆鱗，遊說者如能不觸犯君主的逆鱗，就差不多可以免遭於難了。」

14 後來有人把他的著作傳到了秦國，秦王讀了〈孤憤〉、〈五蠹〉兩篇文章，讚歎地說：「唉呀，我要能見到這個人，跟他交個朋友，那就死也沒有遺憾了！」李斯說：「您看的這些是韓非的著作。」秦王為了得到韓非，立即發兵進攻韓國。韓王原來根本不用韓非，現在事態危急了，只好派韓非出使秦國。秦王一見韓非很喜歡，但還沒有立即任用。這時李斯、姚賈妒嫉韓非的才能，就在秦王面前攻擊汙蔑韓非說：「韓非是韓王的公子，如今大王要吞併東方諸侯，韓非定然是忠於韓國，而不為咱秦國效力，這是人之常情啊。現在大王沒有用他，又留了他這麼久，如果再放他回去，這恐怕是給自己留下禍根，不如找個罪名把他殺了，以除後患。」秦王認為他說得對，於是把韓非下了獄。這時李斯趁勢派人給韓非送去毒藥，逼他自殺。韓非想找秦王當面陳述，但是見不到。後來，秦王悔悟，趕緊派人去赦免韓非時，韓非已經死了。

15 申不害、韓非都有著作流傳於世，學者們的手頭大多有他們的書。使我特別感歎的是韓非能寫出〈說難〉那樣的文章，但到頭來自己竟逃脫不了遊說帶來的災難。

太史公曰：老子所貴道，虛無因應❶，變化於無為，故著書辭稱微妙難識❷。莊子散道德❸，放論，要❹亦歸之自然。申子卑卑❺，施之於名實❻。韓子引繩墨❼，切事情❽，明是非，其極慘礉少恩❾。皆原於道德之意❿，而老子深遠⓫矣。

【章旨】以上為第五段，是作者的論贊，分析了道家學派與法家學派的發展、繼承關係。

【注釋】❶因應 猶言「因循」。指事物之間的倚伏變化。瀧川曰：「〈史公自序〉引〈六家指要〉云：『其術以虛無為本，以因循為用。』與此同旨。」錢鍾書曰：「『因應』者，因物而應之也。馬遷〈自序〉載乃翁〈論六家要旨〉所謂『道家無為，又曰無不為。其本以虛無為本，以因循為用，無成勢，無常形，故能究萬物之情。有法無法，因時為業；有度無度，與物與捨。虛無者，道之常；因者，君之綱也。』」❷微妙難識 〈六家要旨〉稱道家云：「其實易行，其辭難知。」❸散道德 方苞曰：「散，推衍也。推衍老子所論道德之意而放言也。」❹要 要旨；旨歸。與前文之所謂「本」、「要本」，意思相同。❺卑卑 《集解》曰：「自勉勵之意也。」按：「卑卑」者似指其理論之調門不高，主要就是講究「循名責實」的道理。王叔岷曰：「中子之學，實『非霸王之事』，正所謂卑卑小數也。」❻施之於名實 用於循名責實。❼繩墨 原指木工用的墨斗與墨線，這裡借稱法律規章。❽切事情 緊密靠近社會現實。❾其極慘礉少恩 發展到極端就是「慘刻少恩」。礉，義通「刻」。按：史公不滿法家，於〈商君列傳〉說商鞅「其天資刻薄人也」，又說其「少恩」；於〈孫子吳起列傳〉說吳起「刻暴少恩」；於〈袁盎鼂錯列傳〉說鼂錯「峭直刻深」，意思皆同。❿皆原於道德之意 意謂法家的這套理論，都是從道家那裡發展變化而來的。瀧川曰：「〈六家指要〉又敘道家云：『虛者道之常也，因者君之綱也，群臣并至，使各自明也。其實中其聲者謂之端，實不中其聲者謂之窾。』其意全與申韓合，亦可以觀形名之說本於道家。」⓫老子深遠 老子的學說最悠久，對後世的影響也最深遠。

【語譯】 太史公說：老聃所尊崇的是道，他講究虛無，他主張以無為來對待世間的一切變化，所以他的著作言辭恍忽，不易讀懂。莊周闡發老子的道德理論，語言汪洋恣肆，但他的核心也是歸屬於老子的追求自然。申不害的理論調門不高，主要是講究循名責實。韓非把法律條文作為人們行動的準繩，並與社會生活中的一切問題緊密扣緊，他明辨是非，但作法發展到極端就走向嚴苛，不講仁慈。法家的理論都是從道家那裡發展變化而來，而老子的學說最悠久，影響後世也最深遠。

【研析】 這是一篇學術家的合傳，莊周、申不害、韓非的生存時代與其活動都能大體有所考見，唯有老子其人，歷來看法不一。根據本文所寫，司馬遷認為老子與孔子同時，而且年歲還比孔子大；此人曾為周國的「藏室史」，亦即所謂「柱下史」，孔子出使周國時曾向此人問「禮」；此人曾用道家的處世哲學將孔子教訓了一通，而孔子竟敬佩得讚之為「龍」；此人見世亂而隱去，臨隱前為人世留下了一部五千字的《道德經》。類似說法，在〈孔子世家〉中也約略提及。對於司馬遷的這些敘述，歷來充滿爭議。有人完全贊同，並堅主此說之不可懷疑。照此說法，則《道德經》乃出現在《論語》之前，是先秦諸子中之成書最早者。有人為證成此說，遂摘引《論語》中一些話，逐條分析其來自《道德經》的某某篇。但也有人承認孔子曾向老子問禮，但那個「老子」不可能是道家一流，司馬遷將《莊子》寓言中狠狠教訓了孔子一通的「老子」寫入本傳，是錯誤的將寓言故事寫成歷史，其不足信的程度與伯夷、叔齊之反對周武王，盜跖之痛斥孔子的荒誕無稽正同；

《道德經》不可能是孔子時代的那個「老子」所寫，其成書應在《論語》之後、《莊子》之前，應是春秋戰國之交道家學派眾人智慧之結晶。以上兩說，迄今尚無定論。至於還有人將《老子》成書的時間推定得過晚，說它在《莊子》之後，這不合歷史事實。

司馬遷對法家人物照例是不喜歡的，這種傾向見於〈孫子吳起列傳〉、〈商君列傳〉、〈袁盎鼂錯列傳〉等。但於本篇卻在其指責韓非「慘礉少恩」的同時，也對韓非的悲慘結局表現了深深的感慨，這裡有司馬遷個人的身世之悲，也表現了他對封建社會君主專制的厭惡與批判。至於韓非被秦國所殺的原因，司馬遷說是出於李斯、姚賈的妒忌其才，類似的事情《史記》中寫了不少，如〈孫子吳起列傳〉中之龐涓因妒忌而陷害孫臏；〈屈原賈生列傳〉所寫之上官大夫因妒忌而陷害屈原；〈魯仲連鄒陽列傳〉中之羊勝等因妒忌而陷害鄒陽等等，都揭示了這種惡劣人性所造成的種種社會悲劇。但是馬非百先生認為事實並不如此，他以為李斯與韓非之間的鬥爭，乃是佐秦滅韓與佐韓反秦兩種立場的政治鬥爭，不是簡單的出於妒忌。其說可供參考。

卷六十四

司馬穰苴列傳第四

【題解】本文表現了司馬穰苴有威有恩的非凡將才，和他明大義、知禮節、雍容揖讓的儒將風度。描寫生動傳神，有聲有色，是《史記》中篇幅最短的上乘文字。但由於作品只突出了蓄謀設陷的殺人立威一事，與〈孫子吳起列傳〉之孫武斬吳王二妃事略覺重複雷同，且使人感到有些矯揉造作，真實感略差。

1 司馬穰苴❶者，田完之苗裔❷也。齊景公❸時，晉伐阿、甄❹，而燕侵河上❺，齊師敗績。景公患之。晏嬰❻乃薦田穰苴曰：「穰苴雖田氏庶孽❼，然其人文能附眾❽，武能威敵，願君試之。」

2 景公召穰苴，與語兵事，大說之，以為將軍❾，將兵扞❿燕、晉之師。穰苴曰：「臣素卑賤，君擢之閭伍⓫之中，加之大夫⓬之上，士卒未附，百姓不信，人微權輕。願得君之寵臣，國之所尊，以監軍⓭，乃可。」於是景公許之，使莊賈往。

3 穰苴既辭，與莊賈約曰：「旦日日中[14]會於軍門[15]。」穰苴先馳至軍，立表下漏[16]待賈。賈素驕貴，以為將己之軍[17]而己為監，不甚急；親戚左右送之，留飲。日中而賈不至。穰苴則仆表決漏[18]，入[19]，行軍勒兵[20]，申明約束[21]。約束既定，夕時，莊賈乃至。穰苴曰：「何後期[22]為？」賈謝曰：「不佞[23]大夫親戚送之，故留。」穰苴曰：「將受命[24]之日則忘其家，臨軍約束[25]則忘其親[26]，援枹鼓[27]之急則忘其身。今敵國深侵，邦內騷動，士卒暴露於境[28]，君寢不安席，食不甘味，百姓之命皆懸於君，何謂相送乎[29]！」召軍正[30]問曰：「軍法期而後至[31]者云何？」對曰：「當斬。」莊賈懼，使人馳報景公，請救。既往，未及反，於是遂斬莊賈以徇三軍[32]。三軍之士皆振慄[33]。

4 久之，景公遣使者持節[34]赦賈，馳入軍中。穰苴曰：「將在軍，君令有所不受[35]。」問軍正曰：「馳三軍法何[36]？」正曰：「當斬。」使者大懼。穰苴曰：「君之使，不可殺之。」乃斬其僕[37]、車之左駙[38]、馬之左驂[39]，以徇三軍。

5 遣使者還報，然後行士卒次舍，井竈飲食、問疾醫藥[40]，身自拊循[41]之。悉取將軍之資糧[42]享士卒，身與士卒平分糧食，最比其羸弱者[43]。三日而後勒兵，病者皆求行，爭奮出為之赴戰。晉師聞之，為罷去；燕師聞之，度水而解[44]。於是追擊之，遂取所亡封內故境㊺而引兵歸。

6 未至國㊻，釋兵旅㊼，解約束㊽，誓盟而後入邑㊾。景公與諸大夫郊迎，勞師、成禮，然後反歸寢㊿。既見穰苴，尊為大司馬(51)。田氏日以益尊於齊。

【章旨】以上為第一段，寫穰苴受命為將，殺莊賈立威與不戰而屈燕、晉，收復失地的情形。

【注釋】❶司馬穰苴　《索隱》曰：「穰苴，名，田氏之族。為大司馬，故曰司馬穰苴。」大司馬是主管軍隊的最高長官。❷田完之苗裔　田完，也稱陳完，春秋時代陳厲公（西元前七〇六—前七〇〇年在位）的兒子。在陳國（國都即今河南淮陽）的內亂中，厲公被殺，陳完逃到齊國，改稱田完，深受齊桓公的賞識，遂又成了齊國的貴族。後來田氏勢力越來越大，到戰國初期遂篡奪了齊國姜氏的政權。事跡詳見〈田敬仲完世家〉。苗裔，後代。❸齊景公　春秋後期齊國諸侯，名杵臼，西元前五四七—前四九〇年在位。❹晉伐阿甄　晉，西周以來的諸侯國名，春秋時代長期為諸侯霸主，國都新田（今山西侯馬西南）。有關晉的詳情見〈晉世家〉。阿，齊邑名，也稱東阿，在今山東陽穀東北之阿城鎮。甄，也寫作「鄄」。齊邑名，即今山東鄄城北之舊城。❺燕侵河上　燕，西周以來的諸侯國名，國都薊（今北京市之西南部）。河上，《正義》曰：「黃河南岸地，即滄、德二州北界。」按：當時的黃河自今河南濮陽一帶東北流，經今山東德州、河北滄州，在今黃驊一帶入海。當時的黃河以北屬燕，黃河以南屬齊。❻晏嬰　景公時代的賢臣，事跡略見於〈管晏列傳〉，《左傳》與《晏子春秋》均記敘其事甚詳。❼庶孽　姬妾所生的孩子，與嫡長子相對而言，這些人無繼承爵土之權，政治地位亦甚低。❽附眾　團結人；使人歸附。姚苧田曰：「史公作文必胸有成竹，故每於敘斷之語管攝全傳，如『文能附眾，武能威敵』八字，實穰苴一傳提綱，非孟浪語。」❾將軍　作為官名，大約起於春秋後期，如《國語》「鄭人以詹伯為將軍」，〈越王句踐世家〉「范蠡稱上將軍」等是也，至戰國時使用益多。顧炎武有詳細考辨，見《日知錄》。❿扞　通「捍」。抵抗。⓫閭伍　指平民百姓。閭，閭里；里巷。管理平民的基層編制。伍，里巷中的居民再五家為一組，稱為一「伍」。同時「伍」又是軍隊裡的基層編制，一「伍」五個人。⓬大夫　在諸侯手下任職而未受天子特別加封的官員稱大夫，受過加封的則稱為卿。⓭以監軍　作為整個軍隊的督察。姚苧田曰：「『監軍』之名始出於此，名為『監軍』，實受將之節制，乃一時權宜之計耳。後世至以刑餘統之，雖大帥元勳，無不掣肘僨事，一何其昧於建制之初心也！」⓮旦日日中　這裡的意思是指明日中午。按：光說「旦日」，應該是指「天亮」或「日出」時分。究竟是「當天」還是「明日」，應據說話人說話的時間而定。⓯軍門　也稱「和門」。軍營的正門。⓰立表下漏　《索隱》曰：「謂立木為表以視日影，下漏水以知刻數也。」下漏水，即所謂「銅壺滴漏」，古代一種記時的方法。按：此「立表下漏」視為捕斬莊賈之陷阱亦可。姚苧田曰：「頓出殺機。夫苴則何藉於莊賈之監哉？請以殺之而已，古云：『願得將軍之頭，可以集事。』正此類也。」又曰：「孫武殺寵姬，穰苴誅莊賈，總是一副辣手，皆以羈旅疏賤之故，不得已而出此，當原其心以論之。」⓱將已之軍　原作「將已之軍」，《會注考證》本則作「將已之軍」，與上文「穰苴先馳至軍」正好相應，蓋莊賈以為主將已去軍中，自己僅是「監軍」，料晚去無妨也。今據改。⓲仆表決漏　推倒標竿，倒掉漏水。因為時間已過，不必再記了。⓳入　指進入軍門。⓴行軍勒兵　指操練軍隊、集合列隊。㉑申明約束　講清紀律。約束，指章程；紀律。㉒後期　超過了約定時間。即遲到。期，約定。㉓不佞　謙稱自己，猶言「不才」。佞，才智。㉔受命　接受任命。㉕臨軍約束　指到達軍隊，發布命令。㉖忘其親　不再顧念父母。㉗援枹鼓　指擂鼓進軍。枹，鼓槌。王叔岷引《尉繚子．武議》篇：「將受命之日，忘其家；張軍宿野，忘其親；援枹而鼓，忘其身。」姚苧田曰：「一番議論能使三軍之士忠憤激發，即賈亦百喙難辭，故行法而能令人心服。若孫武於吳王二妃，徒以見戲殺人，要不可同日語矣。」又曰：「與項羽責宋義之辭相仿佛，然彼是私憾，而曲加之罪；此卻說得慷慨動人。所謂『文能附眾』者，良不虛矣。」㉘暴露於境　在日曬雨淋中守衛邊境。暴，日曬。㉙何謂相送乎　何必鬧這套無聊玩藝。何謂，意同「何為」。王叔岷曰：「『謂』猶『為』也。」㉚軍正　軍中的司法官。㉛期而後至　約好了時間而不按時到達。期，約定時間。姚苧田曰：「寫得嚴毅有體，凡此等處，俱不厭其繁。」㉜以徇三軍　持其頭於三軍之前示眾。徇，巡行示眾。三軍，古代一個大國有中軍、上軍、下軍，後遂以「三軍」指稱「全軍」。㉝振慄　驚恐戰慄。振，通「震」。震恐。慄，同「栗」。顫抖。㉞持節　手持符節。符與節都是帝王讓其所派使者所持的信物。㉟將在軍二句　《孫子．九變》：「將受命於君，君命有所不受。」此外〈孫子吳起列傳〉、〈絳侯周勃世家〉中也有類似的話語。㊱馳三軍法何　此處黃善夫本、《會注考證》本作「軍中不馳，今使者馳，云何」；楓山、三條本作「今使者馳三軍，何至」。錄以備考。又，〈絳侯周勃世家〉中亦有「軍中不得馳驅」之語。㊲乃斬其僕　僕，車夫。斬車夫以表示對乘車顯貴的懲罰，始於《左傳》中的魏絳，事見襄公三年，後遂多用以為例。柳宗元嘗作〈戮僕議〉以糾此移罪於下屬之惡劣之風。㊳車之左駙　車箱左側的立木。㊴左驂　左側的邊馬。姚苧田曰：「著此段，益見殺賈之志久有成心，縱不後期亦必求他過以誅之，總欲借以立威而已。」郭嵩燾曰：「君之使不可戮，戮其僕可也，且及車之左駙、馬之左驂，何為哉？蓋亦當時稗官小說之流傳，史公取而著之也。」㊵行士卒次舍二句　謂關心兵士的生活起居。次舍，紮營；住宿。《左傳》莊公三年有所謂「凡師一宿為舍，再宿為信，過信為次」。這裡指住宿條件。郭嵩燾曰：「次舍，謂所居；飲食，謂所食；醫藥，調有疾者。」㊶拊循　慰問；關照。拊，通「撫」。撫慰。㊷將軍之資糧　朝廷為將軍所特別準備的食品。㊸最比其羸弱者　李笠曰：「謂己之所得，凡計與弱者比耳。」意即自己享受最低的口糧標準。古代軍中的口糧標準按士兵的體力狀況而定。也有人將「最比」解釋為「集中排列」，意即將病弱的士兵挑出來單獨編隊，目的是不讓他們影響精兵的戰鬥力。後種說法似非。姚苧田曰：「有前一段之威烈，不可無此一段之慈仁。」㊹度水而解　指渡過黃河，逃散而去。度，通「渡」。㊺遂取所亡封內故境　將曾一度丟失的邊界以內的國土全部收回。封，國境線。姚苧田曰：「寫得淋漓滿志，此皆未必實然之語，而文如此始暢。」㊻未至國　到達國都之前。㊼釋兵旅　把兵器都收起來。㊽解約束　解除戰時的種種規定。㊾誓盟而後入邑　意即宣告回到國都後的種種規定。今本《司馬法・天子之義》：「古者國容不入軍，軍容不入國。」蓋即此意也。㊿反歸寢　主語是齊景公，意謂齊景公完成了一系列的勞軍禮儀之後，才回宮安息。瀧川引中井曰：「此稱『歸寢』，以見先是憂於寇兵，夜不入寢也，亦所以禮於將卒暴露者。」51尊為大司馬　梁玉繩曰：「此語不可信，齊亦恐無『大司馬』之官。」

【語譯】司馬穰苴是田完的後裔。齊景公時，晉國進占了齊國的阿邑、甄邑，燕國進占了齊國北部黃河南岸的領土，齊軍連連敗退，齊景公很憂慮。這時晏嬰向齊景公推薦了田穰苴，他說：「穰苴在田氏宗族中雖然是一個遠房子弟，但這個人有文才，有武略，對內能團結人，對外能克敵制勝，您可以試用一下。」

2 於是齊景公召見了田穰苴，與田穰苴討論了一些軍事問題後，心裡很高興，於是任命田穰苴為將軍，讓他領兵去抗擊燕、晉入侵的軍隊。田穰苴說：「我一向卑賤，您現在突然把我從平民百姓中提拔起來，把我的職位提到那些大夫們的職位之上，這樣士兵們不會聽我的號令，百姓也不會信任我。因為我在人們心目中，一向身分低微、毫無權力。如果您能派一個您的親信，又是全國民眾所尊敬的人來給我當監軍，這事就好辦了。」齊景公答應了他，隨即派了莊賈去給他當監軍。

3 穰苴辭別了齊景公，與莊賈約定說：「明天正午，我們在軍門相會。」到了第二天，田穰苴先乘車來到了軍營，在軍門設置了觀測日影的木表和計時用的漏壺，等候莊賈的到來。莊賈素來是個驕貴放縱的人，他覺得主將已經到軍中去了，而自己只是一個監軍，去晚點沒有關係，不用著急；因此當親戚朋友給他置酒送別時，他就放心大膽地留下來了。田穰苴等待莊賈一直到了正午，見莊賈沒來，於是下令把木表放倒，把漏壺中的水倒掉，自己進去升帳點兵，操練部隊，講明紀律。等到這一切都已布置完畢，天已經快黑了，這時莊賈才來到軍營。穰苴問他：「為什麼來得這麼晚？」莊賈道歉說：「敝人的一些親戚朋友為我送行，所以逗留了一會。」穰苴說：「作為一個將軍，他接受國君命令的那一天起，就要把家中的一切事情通通忘掉；當他面向軍隊宣布紀律的時候，他就必須連自己的雙親也都忘掉；等到擂響戰鼓，向敵人衝鋒的時候，他就必須把自己的安危通通忘掉。如今敵人已經深入我們的國土，國內人心惶惶，前線的士兵餐風宿露，國君焦急得睡不著覺，吃不下飯，全國百姓們的性命都決定於你，你還講究什麼請客送行！」於是把執法的軍官叫過來問道：「訂好時間而到時遲到的人，按軍法該怎麼處置？」執法軍官說：「應該斬首。」莊賈一聽嚇壞了，趕緊叫人飛馬前去向齊景公求救。可是還沒等到派去的人回來，這裡田穰苴早已把莊賈斬首，並在三軍面前示眾了。三軍將士見此情景都異常震恐敬畏。

4 過了一會，齊景公的使者手持符節馳車闖進了軍營，要穰苴赦免莊賈。田穰苴對使者說：「大將在軍中，可以不接受國君的命令。」又回頭問執法的軍官說：「在軍中乘車驅馳，依軍法應如何處置？」執法軍官說：「應該斬首。」使者一聽也嚇壞了。田穰苴說：「國君的使者不能殺。」於是下令把使者的車夫斬了，同時砍掉了馬車左邊的一根立木，又殺了車子左前方的一匹邊馬，並把它們在三軍面前示眾。

5 處理完畢，他讓使者回去向齊景公報告，而自己則巡行了士兵們的住處，對士兵們的飲食，以及疾病醫藥等事，都親自關心、安置。他把自己的資財糧食都拿出來給士兵們享用，自己和大家吃一樣的口糧，而且是和那些吃得最少的人一樣。這樣到第三天，整飭部隊，準備出戰時，連生病的人都積極要求出發參加戰鬥。晉軍聽到了穰苴這一系列做法後，自己主動引兵撤退了。燕軍得知這些情況後，也渡過黃河，向北退去。於是穰苴揮兵追擊，直到全部收復了齊國的失地，才凱旋而歸。

6 當他在快到國都的時候，先解除了部隊的備戰狀態，取消了戰時的種種法規，宣誓立盟之後才準備進入京城。這時齊景公早已率領滿朝官員到城外迎接，犒勞三軍將士並舉行儀式後，才回去休息。齊景公接見了田穰苴，尊封他為齊國的大司馬。從此，田氏家族在齊國也就越來越顯貴了。

1 已而，大夫鮑氏、高、國❶之屬害之❷，譖❸於景公。景公退穰苴，苴發疾而死❹。田乞❺、田豹❻之徒由此怨高、國等。其後及田常殺簡公❼，盡滅高子、國子之族❽。至常曾孫和，因自立為齊威王❾，用兵行威，大放❿穰苴之法，而諸侯朝齊⓫。

2 齊威王使大夫追論古者司馬兵法⓬而附穰苴於其中⓭，因號曰司馬穰苴兵法⓮。

【章旨】以上為第二段，寫穰苴因讒而死，穰苴後田氏篡奪齊政，及威王時編纂《司馬穰苴兵法》的情形。

【注釋】❶鮑氏高國　都是齊國的世襲大貴族，其首領分別為鮑牧、高張、國夏，此三家世代為齊國之相。❷害之　嫉恨田穰苴，以其存在為己之患。❸譖　說人壞話。❹苴發疾而死　瀧川曰：「『苴』上疑脫『穰』字。」穰苴有功，受讒而死，史公深抱同情，故下文敘田氏篡齊事無大貶詞。高士奇《左傳紀事本末》曰：「陳桓子無宇生僖子乞，執齊國之政，操廢立之權者自僖子起。穰苴之忠，其亦田氏之獨出者矣。」❺田乞　也稱「田僖子」、「陳僖子」，田桓子之子，為齊悼公之相。他用大斗放債，小斗回收的手段收買民心，為其後代篡奪姜氏政權做好了準備。詳見〈田敬仲完世家〉。❻田豹　田乞的族人。❼田常殺簡公　田常是田乞的兒子，為齊簡公之相，時姜氏政權實際已入田氏之手。至有人勸簡公除掉田常，田常遂先發而殺齊簡公，事在魯哀公十四年（西元前四八一年），詳見《左傳》與〈田敬仲完世家〉。❽盡滅高子國子之族　早在田乞當政時，即已殺高昭子（張），而國惠子（夏）逃奔莒；至田常殺齊簡公後，又「盡誅鮑、晏、監止及公族之強者」，於是姜姓諸侯遂徹底成為傀儡。姚苧田曰：「此何足紀？聊為穰苴出氣耳。史公往往心愛其人，則臨文不無過當之處。」❾至常曾孫和二句　《索隱》曰：「此文誤也，當云：『田和自立，至其孫因齊，號為齊威王。』」按：《索隱》說是。田常的曾孫名叫田和，田和先是為齊宣公（西元前四五五—前四〇五年在位）相，宣公死，接著又為齊康公（西元前四〇四—前三七九年在位）相。齊康公十九年（西元前三八六年），田和正式篡位成為齊國的諸侯，並取得了周天子與各國諸侯的承認，同時把早已成了田氏傀儡的齊康公「遷到了海上」，令其「食一城」以終老。田和史稱「田太公」。田氏的齊國傳至田和的孫子田因齊，這時的各國諸侯都已經不滿足於再像春秋時代那樣的稱「公」了，於是都相繼改稱「王」。田因齊於西元前三五六年即位，是齊國第一個稱「王」者，史稱「齊威王」，在位三十七年（西元前三五六—前三二〇年），是戰國時代最有作為的君主之一。❿放　通「仿」。依照。⓫朝齊　朝拜臣服於齊。按：戰國時代首先強大的是魏國，魏國在文侯（西元前四四五—前三九六年在位）、武侯（西元前三九五—前三七〇年在位）以及惠王（西元前三六九年即位）前期，天下無敵；自齊威王即位，先後在桂陵、馬陵兩次打敗魏國後，齊國遂一躍而成為最強之國。〈田敬仲完世家〉有所謂：「於是齊最強於諸侯，自稱為王，以令天下。」以後歷宣王，直至湣王大敗於燕（西元前二八四年），齊國始告衰落。⓬古者司馬兵法　指前代軍事家們有關行兵打仗的著作。⓭附穰苴於其中　意即將田穰苴的「兵法」也編在裡面。⓮因號曰司馬穰苴兵法　以司馬穰苴的名字統稱古代一系列軍事家們的集體著作。〈魏公子列傳〉有所謂「諸侯之客進兵法，公子皆名之，故世俗稱《魏公子兵法》」，〈呂不韋列傳〉有所謂「乃使其客人人著所聞，號曰《呂氏春秋》」云云，蓋古人例行如此，不以為篡竊也。

【語譯】後來，齊國的鮑氏、高氏、國氏等權臣都覺得田穰苴是對他們的一種威脅，於是就在齊景公面前說穰苴的壞話。齊景公信讒罷免了穰苴，穰苴發病而死。從此田氏家族的田乞、田豹等人就對高氏、國氏等人非常怨恨。後來，田常殺死齊簡公時，就把高氏、國氏的家族一齊滅絕了。到了田常的曾孫田和，遂自立為齊國的諸侯，田和的孫子，就是有名的齊威王。齊威王用兵打仗或者檢閱部隊，大致都是仿效田穰苴的治兵方法，因此齊國強盛，各國的諸侯都臣服於齊。

2 齊威王叫他的大夫們整理研究古代軍事家們有關兵法的著作，讓他們把田穰苴的治兵方法也收了進去，統稱為《司馬穰苴兵法》。

太史公曰：余讀司馬兵法，閎廓深遠❶，雖三代❷征伐，未能竟其義❸。如其文也，亦少襃❹矣。若夫穰苴，區區為小國行師，何暇及❺司馬兵法之揖讓❻乎？世既多司馬兵法，以故不論，著穰苴之列傳焉❼。

【章旨】以上為第三段，是作者的論贊，表現了史公對《司馬兵法》其書與司馬穰苴其人的讚美、敬佩之情。

【注釋】❶閎廓深遠　猶今所謂「博大精深」。❷三代　指夏、商、周，儒家所追求的理想社會。❸未能竟其義　其意蓋謂即使三代聖王的用兵，也未必超過這部兵法之所講。竟，徹底；充分，這裡是充分體現的意思。❹少襃　讚美得有些過分。少，通「稍」。楊慎曰：「言溢美也。」李光縉引趙恆曰：「言過其實也。」❺何暇及　哪裡顧得上；哪裡用得著。❻揖讓　拱手相敬。行兵打仗也要做到謙讓有禮，這是儒家的理想境界，所以上文說「雖三代征伐，未能竟其義」。《漢書・藝文志》有《軍禮司馬法》百五十五篇列於「禮家類」。其論「兵家」時又有「湯武受命，以師克亂而濟百姓，動之以仁義，行之以禮讓，《司馬法》是其遺事也」云云，正好與此相發明。前文敘穰苴有所謂「未至國，釋兵旅，解約束，誓盟而後入邑」云云，亦「揖讓」守禮之例也。至曰「區區為小國行師，何暇及《司馬兵法》之揖讓」，蓋亦猶孔子入武城聞絃歌而笑子游所謂「殺雞焉用牛刀」，雖笑而實讚之也。❼世既多司馬兵法三句　意謂既然穰苴的謀略已編入《司馬兵法》，人所習見，故而這裡不再重複，只將穰苴的生平活動記載下來。按：〈管晏列傳〉云：「至其書，世多有之，是以不論，論其軼事。」與此意思相同。

【語譯】太史公說：當我讀到《司馬兵法》時，它的理論氣派真是博大精深啊，即使夏、商、周三代聖賢的用兵，也沒能完全發揮盡它的奧妙；其中有關穰苴的這部分文字，是過於溢美了些。田穰苴只不過是為齊國這一個諸侯國統兵打仗，他哪裡用得著《司馬兵法》中所說的那種行軍禮節呢？《司馬兵法》在世上流傳很多，所以我這裡不再論及，只為田穰苴立了一篇小傳。

【研　析】〈司馬穰苴列傳〉突出了穰苴的殺莊賈立威一節，矯揉造作，略覺可厭；至於寫到「然後行士卒次舍，井竈飲食、問疾醫藥，身自拊循之。悉取將軍之資糧享士卒，身與士卒平分糧食，最比其羸弱者」，從而感動得「病者皆求行，爭奮出為之赴戰」，以至於「晉師聞之，為罷去；燕師聞之，度水而解」；以及凱旋時的「未至國，釋兵旅，解約束，誓盟而後入邑」云云，則果然是寫出了一種溫文爾雅的理想大將風度。吳見思曰：「穰苴之奇，奇在兵法，故運籌帷幄，折衝樽俎，斬一莊賈而二國旋師。寫得揖讓從容，絕無一毫鹵莽氣，自是儒將風流。」（《史記論文》）湯諧曰：「『文』『武』二句，一篇綱領。誅莊賈、斬使者僕是『武』，拊循士卒是『文』。以是附眾，以是威敵，而燕、晉之兵不戰已屈矣。行文嚴肅靜重，亦在乃文乃武之間。」（《史記半解》）李景星曰：「〈司馬穰苴傳〉只敘誅莊賈、退燕、晉師一事，而規模整齊，節奏安雅，是一篇正鋒文字。『晉師聞之，為罷去；燕師聞之，度水而解』，寫得聲勢生動；『釋兵旅，解約束，誓盟而後入邑』，寫得禮讓雍容。合前後觀之，鐵馬金戈中顯出一個儒將風流。」（《四史評議》）

至於司馬穰苴其人的生活年代，史公稱其為春秋末期齊景公時人，蘇軾、鮑彪、吳師道、郭嵩燾、錢穆、繆文遠等皆以司馬穰苴為戰國齊湣王時人，然其證據亦只有《戰國策．齊策六》中「司馬穰苴之為政也」一句，此外無任何記載。梁玉繩、崔適等則只是否定此傳之真實性，未確定穰苴為何時人。贊同史公此說者多引〈孫子吳起列傳〉為證，然〈孫子吳起列傳〉亦同出史公之手，不足為憑；可為旁證者為《晏子春秋》，其中載田穰苴的事跡有：「景公飲酒，夜移於司馬穰苴之家，前驅款門曰：『君至。』穰苴介冑操戟立於門曰：『諸侯得微有兵乎？大臣得微有叛乎？君何為非時而夜辱？』公曰：『酒醴之味，金石之聲，願與將軍樂之。』穰苴對曰：『夫布薦席、陳簠簋者有人，臣不敢與焉。』」寫穰苴頗具大臣風，可補此〈司馬穰苴列傳〉之不足。

卷六十五

孫子吳起列傳第五

【題解】這是孫武、孫臏、吳起三個軍事家的合傳，由於《史記》中再沒有龐涓列傳，所以這篇作品又有包括龐涓在內四人合傳的意義。孫武是我國第一個有完整軍事著作流傳後世的軍事家，他協助吳王闔廬破楚入郢，成就了吳王闔廬的霸業；孫臏於桂陵、馬陵兩次大破龐涓，結束了魏國在戰國前期的霸主地位，使田氏齊國達到強盛的頂峰；吳起不僅是軍事家，還是一位傑出的政治改革家，他在楚國的變法比秦國的商鞅變法要早半個世紀，只是由於楚悼王的過早謝世，致使吳起的變法中途夭折，吳起個人也以悲劇結束，這是令人遺憾的。司馬遷突破了儒家那種一味反對戰爭，說什麼「善戰者服上刑」的濫調，如實的寫出了這些軍事家對國家、對社會的傑出貢獻，這是值得稱讚的。由於個人的切身遭遇，司馬遷討厭法家人物，故而在評價吳起時用語不當，有失偏頗。

孫子武❶者，齊人也，以兵法見於吳王闔廬❷。闔廬曰：「子之十三篇❸，吾盡觀之矣，可以小試勒兵❹乎？」對曰：「可。」闔廬曰：「可試以婦人乎？」曰：「可。」於是許之，出宮中美女，得百八十人。孫子分為二隊，以王之寵姬二人各為隊長，皆令持戟。令之曰：「汝知而心與左右手、背❺乎？」婦人曰：

「知之。」孫子曰：「前，則視心❻；左，視左手；右，視右手；後，即視背❼。」婦人曰：「諾。」約束❽既布，乃設鈇鉞❾，即三令五申❿之。於是鼓之右⓫，婦人大笑。孫子曰：「約束不明，申令不熟，將之罪也。」復三令五申而鼓之左，婦人復大笑。孫子曰：「約束不明，申令不熟，將之罪也；既已明而不如法⓬者，吏士⓭之罪也。」乃欲斬左右隊長。吳王從臺上觀，見且斬愛姬，大駭，趣使使下令曰⓮：「寡人已知將軍能用兵矣。寡人非此二姬，食不甘味⓯，願勿斬也。」孫子曰：「臣既已受命為將，將在軍，君命有所不受⓰。」遂斬隊長二人以徇⓱，用其次為隊長。於是復鼓之，婦人左、右、前、後、跪、起，皆中規矩繩墨⓲，無敢出聲。於是孫子使使報王曰：「兵既整齊，王可試下觀之。唯王所欲用之⓳，雖赴水火⓴猶可也。」吳王曰：「將軍罷休，就舍，寡人不願下觀。」孫子曰：「王徒好其言，不能用其實㉑。」於是闔廬知孫子能用兵，卒以為將。西破彊楚，入郢㉒；北威齊、晉㉓，顯名諸侯㉔，孫子與有力焉㉕。

【章　旨】以上為第一段，寫孫武的被任用於吳，並為吳國立功事。

【注　釋】❶孫子武　姓孫名武。「子」是古代對人的尊稱，猶如今之所謂「先生」。❷闔廬　名光，春秋末期吳國的國君，西元前五一四—前四九六年在位。❸子之十三篇　即今所謂《孫子兵法》，其中有〈始計〉、〈作戰〉、〈謀攻〉、〈軍形〉、〈兵勢〉、

〈虛實〉、〈軍事〉、〈九變〉、〈行軍〉、〈地形〉、〈九地〉、〈火攻〉、〈用間〉共十三篇。❹勒兵　操練部隊。勒，控制；部署。這裡即指操練。❺汝知而心與左右手背　而，你；你的。心，胸口。這裡即指「前」。左右手，這裡即指「左」與「右」。背，後背。這裡即指「後」。按：此句若改作「汝知而心、背與左右手乎」，則前、後、左、右四個方位更覺顯明。❻視心　視自己的胸口。即「向前」。❼視背　視自己的後背。即「向後」。❽約束　規矩；章程。這裡即指上述的向前、向後、向左、向右等各項規定。❾鈇鉞　即「斧鉞」，古時軍中用以懲治犯令者的刑具。鈇，通「斧」。鉞，大斧。❿三令五申　即反覆宣布，再三申明。「三」、「五」皆言其遍數之多。⓫鼓之右　以鼓聲令之向右。⓬不如法　不按規定辦。如，按照。⓭吏士　猶今所謂「官兵」。⓮趣使使下令曰　趕緊派人向孫武傳達命令說。趣，通「促」。急也。⓯食不甘味　吃東西吃不出香甜。極言其痛苦憂慮，心不在焉之狀。⓰將在軍二句　《孫子．九變》云：「將受命於君，君命有所不受。」⓱徇　謂持其首級巡行示眾。⓲規矩繩墨　皆匠人所用的儀器，規以取圓，矩以取方，繩墨以取直，這裡用以代指各種章程規定。⓳唯王所欲用之　一切都聽憑你的使喚。唯，聽憑；任憑。⓴雖赴水火　即使讓她們赴湯蹈火。雖，即使。㉑王徒好其言二句　《孫子兵法》中有「將在軍，君命有所不受」之語，今孫子用於實踐而王不悅，故孫子稱其「徒好其言，不能用其實」。㉒西破彊楚二句　事在吳王闔廬九年，楚昭王十年，西元前五〇六年，詳見〈伍子胥列傳〉。「郢」是楚國國都，在今湖北荊州江陵西北。㉓北威齊晉　據〈十二諸侯年表〉，吳王夫差曾於其十一年（西元前四八五年）、十二年（西元前四八四年），兩次北上伐齊；十四年（西元前四八二年），夫差又與晉定公爭長於黃池，事亦見於〈吳太伯世家〉。㉔顯名諸侯　意即使吳王的名字顯揚於各諸侯國。㉕孫子與有力焉　按：《左傳》定公四年寫伍子胥率吳兵破楚入郢事，無「孫武」其人，說孫武與伍子胥共同破楚者，實自《史記》始。鍾惺曰：「寫孫武只此試美人一事，是史公好奇處。」按：恐實無材料可寫，非好奇也。

【語　譯】孫子名武，齊國人。因為精通兵法，而去求見吳王闔廬。闔廬說：「你寫的《孫子兵法》十三篇，我都看了，寫得好。但是你能當場為我表演一下實際操練部隊嗎？」孫武說：「可以。」闔廬說：「可以試用在婦人身上嗎？」孫武說：「可以。」於是闔廬把宮中的美女選了一百八十人供孫武調遣。孫武把她們分為兩隊，讓吳王的兩個寵姬當隊長，叫宮女們都手執長戟。孫武問她們：「你們都知道自己的心口、左右手、後背在什麼地方嗎？」宮女說：「知道。」孫武說：「等會我發令向前，你們就朝著你們心口所對的方向前進；我說向左，你們就朝著左手的方向轉；向右，就朝右手的方向轉；向後，就朝後背轉。」宮女都說：「好。」

孫武規定完畢，就把軍中懲辦犯令者的刑具斧、鉞等擺了出來，又把剛才講過的動作要領、行動要求反覆講了幾遍。說罷，孫武擊鼓使之向右，宮女們都只是哄笑而站著不動。孫武說：「這一次沒做好，是我還沒把規定講清楚，沒把軍法要求講明白，這是我的責任。」於是，他把剛才宣布過的又講了幾遍，而後擊鼓使之向左，宮女們仍是嘻笑不動。孫武嚴肅地說：「規定講得不明白，軍法講得不清楚，這是將軍的責任；如果這些都已經講清楚了，而動作不合規定，這就是官兵的責任了。」於是準備處決兩個隊的隊長。這時正在臺上觀看的吳王，一見孫武要斬他的愛姬，大驚失色，趕緊派人下來對孫武說：「我已經知道您善於用兵了。如果沒有這兩位愛姬，我連飯都吃不下去，希望能不處決她們。」孫武說：「我已經接受命令當了您的將軍，將軍在行伍之中，可以不接受君王的命令。」說罷硬是把兩個寵姬殺了，還把她們的人頭拿到隊伍前面巡行示眾。接著，又重新選派了兩個隊長，繼續操練。這次大家都隨著孫武的鼓點，該左、該右、該前、該後、該跪、該起，一切都謹遵規矩，沒人敢再嘻笑了。於是孫武派人去報告吳王說：「隊伍已經操練整齊，大王可以下來看看。現在您怎麼命令她們都可以，就是叫她們赴湯蹈火，也毫無問題了。」吳王不高興地說：「請將軍解散部隊，自行回去休息吧，我不想下去看了。」孫武說：「您就是喜好書面上的文章，而不能把它付之於實踐。」但是通過這一次，闔廬還是知道孫武善於用兵了，後來他終於請孫武做了吳國的大將。吳國西破強楚，攻入了楚國的郢都；又揮師北上，威震齊、晉，吳王闔廬所以能夠顯名於諸侯，成為一代霸主，這裡面孫武是出了力的。

1 孫武既死，後百餘歲有孫臏❶。臏生阿、鄄之間❷，臏亦孫武之後世子孫也。

2 孫臏嘗與龐涓俱學兵法❸。龐涓既事魏❹，得為惠王❺將軍，而自以為能不及孫臏，乃陰使召孫臏。臏至，龐涓恐其賢於己，疾❻之，則以法❼刑斷其兩足而黥⑧之，欲隱勿見⑨。齊使者如梁⑩，孫臏以刑徒陰見⑪，說齊使。齊使以為奇，竊載與之齊⑫，齊將田忌⑬善而客待之。

3 忌數⑭與齊諸公子⑮馳逐重射⑯，孫子見其馬足⑰不甚相遠，馬有上、中、下輩。於是孫子謂田忌曰：「君弟重射⑱，臣能令君勝。」田忌信然⑲之，與王及諸公子逐射千金⑳。及臨質㉑，孫子曰：「今以君之下駟㉒與彼上駟㉓，取君上駟與彼中駟，取君中駟與彼下駟。」既馳三輩畢㉔，而田忌一不勝而再勝，卒得王千金。於是忌進孫子於威王㉕。威王問兵法，遂以為師㉖。

4 其後魏伐趙㉗，趙急，請救於齊。齊威王欲將孫臏，臏辭謝曰：「刑餘之人不可。」於是乃以田忌為將，而孫子為師㉘，居輜車㉙中，坐為計謀。田忌欲引兵之趙，孫子曰：「夫解雜亂紛糾者不控捲㉚，救鬬者不搏撠㉛。批亢擣虛㉜，形格勢禁㉝，則自為解耳。今梁、趙相攻，輕兵銳卒㉞必竭於外㉟，老弱罷於內㊱。君不若引兵疾走大梁㊲，據其街路㊳，衝其方虛㊴，彼必釋趙而自救，是我一舉解趙之圍而收獘㊵於魏也。」田忌從之。魏果去邯鄲㊶，與齊戰於桂陵，大破梁軍㊷。

5 後十三歲㊸，魏與趙攻韓㊹，韓告急於齊。齊使田忌將而往㊺，直走大梁。魏將龐涓聞之㊻，去韓而歸㊼，齊軍既已過而西矣㊽。孫子謂田忌曰：「彼三晉之兵㊾

素悍勇而輕齊，齊號為怯，善戰者因其勢而利導之。兵法：『百里而趣利[50]者蹶上將[51]，五十里而趣利者軍半至[52]。』使齊軍入魏地為十萬竈，明日為五萬竈，又明日為三萬竈。龐涓行三日[53]，大喜，曰：「我固知齊軍怯，入吾地三日，士卒亡者[54]過半矣。」乃弃其步軍，與其輕銳倍日并行[55]逐之。孫子度其行[56]，暮當至馬陵[57]。馬陵道陝[58]，而旁多阻隘，可伏兵。乃斫[59]大樹，白而書之曰「龐涓死于此樹之下」。於是令齊軍善射者萬弩，夾道而伏，期[60]曰：「暮見火舉而俱發。」龐涓果夜至斫木下，見白書，乃鑽火燭之[61]。讀其書未畢，齊軍萬弩俱發，魏軍大亂相失[62]。龐涓自知智窮兵敗，乃自剄[63]，曰：「遂成豎子之名[64]！」齊因乘勝盡破其軍，虜魏太子申[65]以歸。孫臏以此名顯天下，世傳其兵法[66]。

【章旨】以上為第二段，寫孫臏為齊將，兩次挫敗魏將龐涓的史實。

【注釋】❶後百餘歲有孫臏　梁玉繩曰：「武死不知何時，若以吳入郢至齊敗魏馬陵計之，則百六十六年矣。」按：古代稱挖去膝蓋骨的刑罰叫「臏」，孫臏因受此刑，故以「臏」字名之。❷阿鄄之間　阿，也稱東阿，齊縣名，在今山東陽穀東北。鄄，即鄄城，在今山東鄄城北。❸孫臏嘗與龐涓俱學兵法　蓋謂同師而學兵法。後世小說家有曰孫臏與龐涓俱學兵法於鬼谷子，不知何據。❹魏　戰國時諸侯國名，最初都於安邑（今山西夏縣西北），至惠王九年（西元前三六一年）乃遷都大梁（今河南開封），故這以後的魏國也稱「梁國」。❺惠王　武侯之子，名罃，西元前三六九—前三一九年在位。❻疾　憎惡；忌恨。❼以法　謂假借法令以陷害之。❽黥　在犯人臉上刺字的一種刑罰。❾欲隱勿見　想把他埋沒起來，不叫他出頭。見，通「現」。❿如梁　到達魏國的國都大梁。如，往。⓫陰見　暗中求見。⓬之齊　抵達齊國的都城臨淄。⓭田忌　齊國名將，事跡又見於〈孟嘗君列傳〉。⑭數 屢屢。⑮諸公子 除太子以外的國君的其他兒子。⑯馳逐重射 下大賭注地比賽馬拉車奔馳。重射，下大賭注。射，猜押。⑰馬足 馬的奔跑能力。足，足力。⑱弟重射 儘管下大賭注。弟，亦作「第」。但；儘管。⑲信然 二字同義，皆「相信」、「同意」的意思。⑳千金 秦時以一鎰（重二十兩，或曰二十四兩）為一金，漢時以一斤為一金。㉑臨質 輪到比賽開始的時候。《索隱》曰：「質，猶對也，將欲對射之時也。」瀧川曰：「質，射侯也。」即箭靶，此處蓋以賽射比喻賽馬。㉒下駟 下等馬。駟，原指一車四馬，後來也即用以指馬。㉓與彼上駟 和對方的上等馬對抗。與，對付。㉔既馳三輩畢 比試過三場之後。輩，次。㉕威王 名因齊，西元前三五六—前三二〇年在位。㉖以為師 謂尊之若師。或謂以之為軍師。㉗魏伐趙 事在魏惠王十六年，趙成侯二十一年，齊威王三年，西元前三五四年。是年趙伐衛，魏國救衛，並進兵包圍了趙都邯鄲。事見〈趙世家〉，〈魏世家〉的繫年有誤。㉘為師 為軍師。㉙輜車 有篷蓋的車，區別於當時的一般兵車。《漢書・張良傳》師古注：「輜車，衣車也。」㉚解雜亂紛糾者不控捲 《索隱》曰：「謂解雜亂糾紛者當善以手解之，不可控捲以擊之。捲，即拳也。」雜亂紛糾，如亂絲、亂麻之類。控捲，引拳相擊。控，投也。捲，通「拳」。㉛救鬭者不搏撠 《索隱》曰：「救鬭者當善為解之，無以手助相搏擊，則其怒益熾矣。」凌稚隆引余有丁曰：「撠義當為擊，非矛戟也。」救鬭，制止打架。救，止。撠，以手指叉人。㉜批亢擣虛 中井曰：「亢，吭（喉嚨）也。批亢，擊其要處也。擊亢沖虛，并喻走大梁之便。」談允厚曰：「批之為言『撇』也，謂撇而避亢滿之處，擣其虛空無備之所。」瀧川曰：「若解亢為咽喉，則不與『虛』字對，談說為長。」㉝形格勢禁 意即兩方罷休。格，停。禁，止。㉞輕兵銳卒 指精銳部隊。輕，指行動迅疾。㉟竭於外 指消耗在戰場上。竭，力量耗盡。㊱罷於內 指為繳納賦稅、運輸糧草所困乏。罷，通「疲」。㊲疾走大梁 奔襲魏國的國都，攻其必救也。㊳據其街路 占據其交通要道。街路，交通要道。㊴衝其方虛 攻擊其正好空虛的地方。方，剛好。㊵收獘 收拾疲敝之敵。㊶去邯鄲 由邯鄲撤回。㊷戰於桂陵二句 桂陵，魏縣名，在今河南長垣西北。按：銀雀山出土之《孫臏兵法》首章為〈禽龐涓〉，即敘齊軍圍魏救趙，擊梁軍「於桂陵，而禽龐涓」事。〈六國年表〉、〈魏世家〉繫齊、魏桂陵之役於魏惠王十八年，亦即齊威王四年，西元前三五三年。㊸後十三歲 據〈六國年表〉、楊寬〈戰國史表〉，馬陵之役（西元前三四一年）乃在桂陵之役的後十二年；據《竹書紀年》與平勢隆郎、繆文遠等人考據，馬陵之役（西元前三四二年）乃在桂陵之役的後十一年。㊹魏與趙攻韓 時韓國的都城為新鄭（今河南新鄭）。繆文遠曰：「據《紀年》與《國策》，知馬陵之戰實起於魏出兵攻韓（即南梁之難），與趙無涉，其涉及趙國者，乃史公誤與桂陵之役相混故。〈孫吳列傳〉謂起於『魏與趙攻韓』，尤誤之甚者。」㊺齊使田忌將而往 〈六國年表〉謂此役「田忌、田嬰、田盼將，孫子為師」。繆文遠曰：「齊軍主將為田盼，此役田忌并未參加，見《孫臏兵法》。〈陳忌問壘〉篇載田忌問孫臏禽魏太子申之戰，『事已往而形不見，可得聞乎？』可知田忌并未親自參加此役。」㊻魏將龐涓聞之　按：前文桂陵之戰已謂「禽龐涓」矣，今何得又曰「魏將龐涓聞之」？楊寬對此推測說：「可能他被禽之後曾被放回魏國，再度為將，如同春秋時秦將孟明視為晉軍所俘，旋被釋放，仍為秦將一樣。」㊼去韓而歸　謂撤離韓國都城，移軍至魏國東境以阻擊齊軍。㊽齊軍既已過而西矣　錢大昕《考史拾遺》曰：「齊揚言走大梁，及龐涓棄韓而歸，齊軍始入魏地。『過而西』者，過齊境而西也。齊軍初至，(敵)未知虛實，故為減灶之計以誤之。」郭嵩燾曰：「齊之侵魏自東而西；龐涓之去韓而歸，又自西而東，其勢不能繞出齊軍之後。此當為龐涓還救，孫臏因急退師以誘之，而龐涓悉銳追及以謀邀擊也。史公於此尚少一斡旋。」按：錢說符合史公原意，郭氏之分析多為後人所汲取，今之軍事成語亦將此事說成為「退兵減灶」，作為分析實情也許合理，但與史公所敘之原意分明不合；且深人敵境時可以有人開小差，至「向回撤退」時，開小差者尚欲何為？尚可用「減灶」之詐乎？㊾三晉之兵　此處即指魏軍，因魏與韓、趙皆分晉而建國，故時人多稱魏為「三晉」或「晉」。㊿百里而趣利　奔赴百里之外去追求勝利。趣，通「趨」。奔赴。(51)蹶上將　損失上將。極言這種戰爭的有害無利。蹶，曹操注：「猶『挫』也。」《索隱》引劉氏曰：「猶『斃』也。」(52)軍半至　軍隊人數只有一半能到達。極言其減員之多。按：今本《孫子‧軍爭》篇作：「百里而爭利，則擒三將軍，勁者先，罷者後，其法十一而至；五十里而爭利，則蹶上將軍，其法半至。」(53)龐涓行三日　據文意為尾追西進的齊軍；據郭嵩燾等後人之說則為追擊東退的齊軍。(54)亡者　開小差的人。(55)倍日并行　猶言「晝夜兼程」。(56)度其行　估計魏國追兵的行程。(57)馬陵　古地名，在今山東范縣西南。錢穆引《正義》說以為在今河南濮陽北，二說所指的方位大致相近。(58)陜　通「狹」。(59)斫　砍削。(60)期　約定。(61)鑽火燭之　點起火把來照。鑽火，遠古人鑽木取火，這裡即指點火。燭，照。(62)相失　彼此亂奔亂跑。(63)乃自剄　梁玉繩曰：「〈齊策〉言『禽』，此言『自剄』，恐皆非實。〈年表〉、〈世家〉俱云『殺龐涓』，蓋弩射殺之也。」(64)遂成豎子之名　猶言「今天可成就了這個小子的名聲」。悵恨不平之語。遂成，成就。遂，成也。(65)太子申　魏惠王的太子，名申，時為魏國上將軍。(66)世傳其兵法　按：《孫臏兵法》於六朝以來不見於世，人多疑史公此語有誤。一九七二年於山東臨沂銀雀山漢墓中發現此書，一九七五年已公開出版。按：以上孫臏破龐涓於馬陵道事，《戰國策》無詳載，只在〈魏策〉中連帶提及。〈六國年表〉繫之於周顯王二十八年（西元前三四一年），即齊威王十六年、魏惠王二十九年。

【語　譯】孫武死後一百多年，又出了一個孫臏。孫臏生於阿縣、鄄縣之間，是孫武的後代。

2 孫臏曾與龐涓一道學習兵法。後來龐涓在魏國做了魏惠王的將軍，他知道自己的才能比不上孫臏，於是就派人悄悄地把孫臏招到魏國來。孫臏來到大梁後，龐涓忌恨他，怕他超過自己，於是就編造罪名，誣蔑孫臏犯法，砍掉孫臏的兩隻腳，同時在他的臉上刺了字，想以此讓他永無出頭之日。後來，齊國的使者來到了魏國的國都大梁，孫臏就以一個罪犯的身分，悄悄地求見了齊國使者，對齊國使者有所進言。齊國使者覺得孫臏是位奇才，就把他藏在馬車裡，偷偷地帶到了齊國。齊國的大將田忌很喜歡孫臏，待他很好。

3 田忌經常和齊王的公子們下大賭注賽馬。孫臏看田忌家的馬與對方的馬實力差不多，都可以分為上、中、下三等。於是孫臏對田忌說：「下回賽馬，您可以儘管下大賭注，我包您能贏。」田忌相信孫臏，約齊王和諸公子們賽馬，並下了千金的賭注。臨到比賽時，孫臏對田忌說：「您用您的下等馬跟他們的上等馬比賽，用您的上等馬對付他們的中等馬，用您的中等馬對付他們的下等馬。」就這樣，三場比賽過後，田忌一負二勝，贏了齊王的千金。於是，田忌就把孫臏推薦給了齊威王。齊威王和他談論了一回兵法，很佩服，隨即尊孫臏為軍師。

4 後來，魏國出兵攻打趙國，趙國形勢危急，派人到齊國求援。齊威王想派孫臏率軍援趙，孫臏推辭說：「我是受過刑的人，不宜充當主將。」於是齊王就派田忌為主將，而請孫臏給他當軍師，讓他坐在一輛有篷蓋的車裡，為田忌出謀獻策。田忌打算引兵直奔被圍的趙國，孫臏說：「一團亂絲只能慢慢地解，不能亂扯亂揪；給人勸架，只能從旁勸解，不能揮拳掄臂地加到裡頭去摻合。如果給它來個避實就虛，那麼形勢就會立刻發生變化，問題也就自然地迎刃而解了。現在魏國出兵攻打趙國，他們的精銳部隊都到外面去了，國內留下的都是一些老弱病殘。您不如領兵奔襲魏國的國都大梁，占據他們的交通要地，攻擊他們守備空虛的地方，這樣魏軍就必然要撤兵回來自救。這一來，我們便一舉兩得，既為趙國解了圍，又叫魏軍疲於奔命。」田忌採納了這個方略。魏軍果然放棄了趙都邯鄲，回師自救，而田忌在魏國的桂陵截擊魏軍，把魏軍打得落花流水。

5 十三年以後，魏又與趙聯合攻韓，韓國向齊國告急。齊王又讓田忌為將帶兵救韓，田忌率兵直撲大梁。

魏將龐涓聞訊後，急急從韓國撤兵，趕回魏國東境阻擊齊軍，可是這時齊軍已經越過邊境突向魏國腹地了。孫臏對田忌說：「魏國人以剽悍勇猛著稱，他們素來瞧不起齊國人，認為齊兵膽子小。善於作戰的人就是要將計就計，因勢利導，引誘他們輕敵上當。《兵法》上不是說過麼：『每日行軍百里趕去和敵人爭利的，就要折損自己的上將；每日行軍五十里趕去和敵人爭利的，部隊也會減員一半。』」於是命令齊軍進入魏境的頭一天，在營地上安排給十萬人做飯的爐灶，到第二天安排給五萬人做飯的爐灶，第三天只安排給三萬人做飯的爐灶。龐涓在後追趕齊軍一連三天，一方面注意察看齊軍的營地，他高興地說：「我早就知道齊國人是膽小鬼，進入我國境內才三天，開小差的就超過一大半了。」於是，他下令甩掉步兵，只帶著一支輕裝的騎兵晝夜兼程地追趕齊軍。孫臏估算著到天黑時，魏軍可以趕到馬陵。馬陵這個地方的道路狹窄，兩旁地勢險要，可以埋下伏兵。於是孫臏叫人把一棵路邊的大樹削去樹皮，在露出白木頭的地方寫了「龐涓死於此樹下」幾個大字。然後調集了萬餘名善射的齊兵，埋伏在山路兩旁，告訴他們：「天黑以後，只要看見有人點火把，你們就一起放箭。」當天夜裡，龐涓果然帶兵進入了馬陵道，來到這棵大樹下，他見樹上彷彿寫著什麼，於是叫人點起火把來照看，結果樹上的字還沒看完，兩旁埋伏的齊兵就萬箭齊發，魏軍一下子亂成一團。龐涓知道大勢已去，自己沒有任何勝算，只好拔劍自殺了。臨死前他又恨又氣地說：「這下子可成就了孫臏這小子的名聲！」齊軍乘勝追擊，徹底打敗了魏軍，並俘虜了魏國太子申，凱旋而歸。從此孫臏名揚天下，他寫的兵法，也在世上廣為流傳。

1 吳起者，衛❶人也，好用兵❷。嘗學於曾子❸，事魯君❹。齊人攻魯❺，魯欲將吳起，吳起取齊女為妻，而魯疑之。吳起於是欲就名，遂殺其妻，以明不與齊也❻。魯卒以為將，將而攻齊，大破之❼。

2 魯人或惡⑧吳起曰：「起之為人，猜忍⑨人也。其少時，家累千金⑩，游仕⑪不遂，遂破其家。鄉黨⑫笑之，吳起殺其謗己者三十餘人⑬，而東出衛郭門⑭。與其母訣，齧臂⑮而盟曰：『起不為卿相，不復入衛。』遂事曾子⑯。居頃之，其母死，起終不歸。曾子薄之，而與起絕。起乃之魯，學兵法以事魯君。魯君⑰疑之，起殺妻以求將。夫魯小國，而有戰勝之名，則諸侯圖魯矣。且魯、衛，兄弟之國也⑱，而君用起，則是弃衛⑲。」魯君疑之，謝⑳吳起。

3 吳起於是聞魏文侯㉑賢，欲事之。文侯問李克㉒曰：「吳起何如人哉？」李克曰：「起貪㉓而好色，然用兵，司馬穰苴㉔不能過也。」於是魏文侯以為將，擊秦，拔五城㉕。

4 起之為將，與士卒最下者同衣食。臥不設席㉖，行不騎乘㉗，親裹贏糧㉘，與士卒分勞苦。卒有病疽㉙者，起為吮㉚之。卒母聞而哭之。人曰：「子卒也，而將軍自吮其疽，何哭為？」母曰：「非然也，往年吳公吮其父，其父戰不旋踵㉛，遂死於敵。吳公今又吮其子，妾不知其死所矣，是以哭之。」

5 文侯以吳起善用兵，廉平，盡能得士心，乃以為西河守㉜，以拒秦、韓。

6 魏文侯既卒，起事其子武侯㉝。武侯浮西河而下㉞，中流，顧而謂吳起曰：

「美哉乎山河之固，此魏國之寶也！」起對曰：「在德不在險。昔三苗氏[35]左洞庭[36]，右彭蠡[37]，德義不修，禹滅之；夏桀之居[38]，左河、濟[39]，右泰華[40]，伊闕[41]在其南，羊腸[42]在其北，修政不仁，湯放之[43]；殷紂[44]之國，左孟門[45]，右太行[46]，常山[47]在其北，大河[48]經其南，修政不德，武王殺之[49]。由此觀之，在德不在險[50]。若君不修德，舟中之人盡為敵國也[51]。」武侯曰：「善。」

7 吳起為西河守[52]，甚有聲名。魏置相，相田文[53]。吳起不悅，謂田文曰：「請與子論功，可乎？」田文曰：「可。」起曰：「將三軍，使士卒樂死，敵國不敢謀，子孰與起？」文曰：「不如子。」起曰：「治百官，親萬民，實府庫[54]，子孰與起？」文曰：「不如子。」起曰：「守西河而秦兵不敢東鄉[55]，韓、趙賓從[56]，子孰與起？」文曰：「不如子。」起曰：「此三者子皆出吾下，而位加吾上，何也？」文曰：「主少國疑[57]，大臣未附，百姓不信，方是之時，屬[58]之於子乎？屬之於我乎？」起默然良久，曰：「屬之子矣。」文曰：「此乃吾所以居子之上也。」吳起乃自知弗如田文[59]。

8 田文既死，公叔[60]為相，尚魏公主[61]，而害[62]吳起。公叔之僕[63]曰：「起易去[64]也。」公叔曰：「柰何？」其僕曰：「吳起為人節廉而自喜名[65]也。君因先與武侯言曰(66)：『夫吳起，賢人也，而侯之國小，又與彊秦壤界(67)，臣竊恐起之無留心也。』武侯即曰：『柰何？』(68)君因謂武侯曰：『試延以公主(69)，起有留心則必受之；無留心則必辭矣。以此卜之(70)。』君因召吳起而與歸(71)，即令公主怒而輕君(72)。吳起見公主之賤君也，則必辭(73)。」於是吳起見公主之賤魏相，果辭魏武侯(74)，武侯疑之而弗信也。吳起懼得罪，遂去，即之楚。

9 楚悼王(75)素聞起賢，至則相楚。明法審令(76)，捐不急之官(77)，廢公族疏遠者(78)，以撫養戰鬭之士。要在彊兵，破馳說之言從橫者(79)。於是南平百越(80)，北并陳、蔡(81)，卻三晉(82)，西伐秦(83)。諸侯患楚之彊，故楚之貴戚盡欲害吳起(84)。及悼王死(85)，宗室大臣作亂而攻吳起，吳起走之王尸而伏之。擊起之徒因射刺吳起，并中悼王。悼王既葬，太子(86)立，乃使令尹(87)盡誅射吳起而并中王尸者，坐射起而夷宗死者七十餘家(88)。

【章旨】以上為第三段，寫吳起為魯、魏、楚建立功勳，但處處受排擠，以至被楚人所殺事。

【注釋】❶衛　西周初年建立的諸侯國名，始封之君為武王之弟康叔，國都在朝歌（今河南淇縣）。春秋時期曾先後遷到楚丘（今河南滑縣）和帝丘（今河南濮陽西南）。戰國以來逐漸淪為魏國附庸。❷好用兵　意即長於用兵。❸曾子　名申，孔子弟子曾參之子。❹魯君　魯穆公，名顯，西元前四〇七—前三七七年在位。魯國的國都即今山東曲阜。❺齊人攻魯　當時姜姓齊國的諸侯齊康公（西元前四〇四—前三七九年在位）已成為傀儡，齊國的真正執政者乃田和，史稱「太公」，西元前四

○四—前三八四年在位。❻遂殺其妻二句　不與齊，不助齊；不傾向於齊。與，助；交結。按：吳起殺妻事，他書不載。《韓非子・外儲說右上》載有吳起因其妻織布不合尺寸而將其妻休棄事，蓋欲說明其執法不二，自為平民時已如此也。❼將而攻齊二句　按：歷史不載，或妄傳也。此時之魯已近於大國之附庸，尚能「大破」齊國？❽惡　譖也。說人壞話。❾猜忍　殘忍。❿家累千金　家資值數千金。累，意即有多個相累積。⓫游仕　周遊各國找官做。⓬鄉黨　古時基層的居民單位，五百家為一黨，兩萬五千家為一鄉。故「鄉黨」時常用為鄉鄰、鄉親之義。⓭吳起殺其謗己者三十餘人　按：此大約亦惡起者所誇張捏造，不足取信。⓮衛郭門　衛國國都（今河南濮陽西南）外城的城門。郭，外城。⓯齧臂　古人發誓時所做出的一種動作。《淮南子・齊俗》：「胡人彈骨，越人齧臂，中國歃血也，所由各異，其於信一也。」⓰遂事曾子　遂拜曾子為師。⓱學兵法以事魯君二句　董份曰：「『魯人惡之』者，必惡之于君也，不宜用『魯君』字。」何焯曰：「二『魯』字衍。」⓲魯衛二句　魯國是周公姬旦的後代，衛國是康叔姬封的後代，姬旦與姬封是親兄弟，所以稱魯、衛是兄弟之國。⓳弃衛　吳起曾殺衛之「謗己者三十餘人」，於衛為有罪，今魯用之，是得罪衛國，有損於兩國的友好關係。⓴謝　辭退。㉑魏文侯　名斯，戰國初期的魏國國君，西元前四四五—前三九六年在位。㉒李克　即李悝，魏國名臣，曾協助魏文侯實行了許多新的經濟政策，使魏國得以富強。〈平準書〉云：「魏用李克，盡地力，為強君。」〈魏世家〉中有其事跡。㉓貪　按：此所謂「貪」者，貪於榮名也，指其家累千金，破產求仕，又母死不歸，以及殺妻殺將諸節。若謂其貪於財貨，則與後文之「廉平」、「節廉」矛盾。㉔司馬穰苴　春秋後期齊國的名將，景公時人，事跡見〈司馬穰苴列傳〉，《晏子春秋》亦載有其事。㉕擊秦二句　歷史不載。㉖席　指茵褥之類。㉗騎乘　騎馬乘車。㉘親裹贏糧　親自包裹，親自背糧。贏，背負。㉙疽　癰瘡。多發於頸部、背部和臀部，治療不及時有生命危險。㉚吮　用嘴吸。此謂吸瘡之膿使出。㉛不旋踵　猶言「不回身」。謂一直向前。踵，腳跟。㉜西河守　西河郡的郡守。「西河」也稱「河西」，約當今陝西東部之黃河西岸地區，當時屬魏。㉝武侯　名擊，文侯之子，西元前三九五—前三七〇年在位。㉞浮西河而下　乘船在西河中順流而下。西河，此稱今山西與陝西交界的那段黃河。㉟三苗氏　古代傳說中的南方部族。㊱洞庭　指洞庭湖，在今湖南省北部。㊲彭蠡　彭蠡澤，即今江西省北部的鄱陽湖。古人通常稱西邊為右，東邊為左，此以人之南向而言。今三苗北向以抗舜、禹，故稱三苗「左（西）洞庭，右（東）彭蠡」。㊳夏桀之居　夏桀是夏朝的末代帝王，都於原（今河南濟源西北）。㊴河濟　黃河、濟水。此指今河南溫縣東，其地為黃河與濟水的分流處。㊵泰華　即華山，在今陝西華陰南。㊶伊闕　山名，又名龍門山，在今河南洛陽南。因兩山相對如門，伊水流經其間，故名。㊷羊腸　指羊腸坂，太行山上的通道，以其縈曲如羊腸，故名。在今山西晉城南。㊸湯放之　謂夏桀被商湯打敗後，逃於鳴條（今河南封丘東）而死，事見〈夏本紀〉、〈殷本紀〉。㊹殷紂　商朝的末代帝王，都於朝歌（今河南淇縣）。後被周武王打敗，自焚而死。㊺孟門　山名，在今河南輝縣西。㊻太行　山名，盤踞於今山西省東南部與河南、河北交界處。按：孟門、太行皆在朝歌之西（右），強言「左」、「右」者，為對舉整齊，於實際不合。㊼常山　即恆山，在今河北曲陽西北與山西接壤處。㊽大河　即黃河。㊾武王殺之　殷紂被周武王打敗後逃往鹿臺自焚事，見〈殷本紀〉、〈周本紀〉。㊿在德不在險　瀧川曰：「《左傳》昭公四年，司馬侯對晉侯曰：『四嶽、三涂、陽城、太室、荊山、中南，九州之險也，是不一姓；冀之北土，馬之所生，無興國焉。恃險與馬，不可以為固也，自古已然，是以先王務修德音，以寧神人，不聞務險與馬也。』吳起之對蓋本於此。」(51)若君不修德二句　按：以上吳起論在德不在險，見《戰國策・魏策一》。《左傳紀事本末》引《尸子》謂范獻子滅欒氏後，遊於河，問諸人欒氏是否尚有後裔，舟人清涓謂范獻子曰：「善修晉國之政，內得大夫，外不失百姓，雖欒氏子，其若君何？若不修晉國之政，內不得大夫，而外失百姓，則舟中之人皆欒氏子也。」與吳起對武侯語相同。(52)吳起為西河守　金陵本作「即封吳起為西河守」，梁玉繩《史記志疑》云：「為西河守不可言封，且起於文侯時已守西河矣，何俟武侯封之耶？『即封』二字衍。」今據刪。(53)相田文　以田文為相。按：此田文為魏國貴族，《呂氏春秋》作「商文」，與後來齊國的孟嘗君田文非一人。(54)實府庫　使府庫充實，指理財而言。實，充滿；裝滿。(55)東鄉　向東。鄉，通「向」。(56)韓趙賓從　使韓、趙二國服從魏國。賓，服也。(57)主少國疑　謂臣民對國君、對朝政有疑慮、不信任。(58)屬　矚目；眼睛盯著。言其一身繫天下之重。郭嵩燾曰：「武侯之立，年十四耳，此言置相當在武侯初立時，故有『主少國疑』之言。然文侯在位日久，內有魏成子、翟璜，外有西門豹、李克之屬，吳起為將在文侯時，則亦老臣矣，不得復云『大臣未附，百姓不信』也。」(59)乃自知弗如田文　按：以上吳起不平田文為相事，見《呂氏春秋・執一》。(60)公叔　韓國貴族，時居魏為相。有曰即魏國的將領公叔痤者，王駿圖曰：「痤亦魏之公族，不應復尚公主。」(61)尚魏公主　娶魏國的公主為妻。尚，上配。對娶帝王之女的敬稱。(62)害　忌恨。以其存在為己之病。(63)僕　車夫。或謂即指僕人。(64)易去　不難將其排擠走。(65)自喜名　重視自己的名譽。(66)君因先與武侯言曰　梁玉繩曰：「此及下三稱『武侯』，誤，《史詮》謂俱當作『魏侯』。」(67)侯之國小二句　壤界，猶言「接壤」。謂國土相連。按：當時秦未變法，國力未強；而魏國之文侯、武侯時代，國力為天下第一，今乃謂其「國小」，皆與實情不合，顯為後人編造。(68)武侯即曰二句　武侯如果問你該怎麼辦。即，若；倘若。柰何，怎麼辦。(69)延以公主　以給公主招親的辦法來吸引他。延，請；吸引。(70)以此卜之　用這個辦法來試探他。卜，占卜；算卦。這裡用為「測試」的意思。(71)因召吳起而與歸　意即將吳起邀到相府。(72)令公主怒而輕君　讓你的妻子故意做出一種驕氣凌人的樣子。(73)則必辭謂辭絕武侯「延以公主」之事。(74)果辭魏武侯　按：以上公叔設陷阱以傾害吳起事，見《呂氏春秋・先見》，然害吳起者為「王錯」，非「公叔」。(75)楚悼王　名疑，西元前四〇一—前三八一年在位。(76)明法審令　使法律嚴明，使令出必行。審，確也；必也。(77)捐不急之官　即今所謂「精簡機構」。捐，撤除。不急，不急需的；沒有用的。(78)廢公族疏遠者　褫奪那些遠門的國王宗族的爵祿，使其降為平民。公族，國君的同族。(79)破馳說之言從橫者　馳說，到處奔走遊說。從橫，同「縱橫」。中井曰：「吳起相楚先蘇秦說趙五十年，秦孝未出，商鞅未用，何有言『從橫』者！」(80)百越　也作「百粵」。統稱當時居住在今福建、廣東、廣西一帶的少數民族，因其種族繁多，故稱「百越」。(81)陳蔡　西周以來的諸侯國名。「陳」國的始封之君為舜的後代胡公滿，都於宛丘（今河南淮陽），西元前四七八年被楚所滅。「蔡」國的始封之君為武王之弟叔度，都於上蔡（今河南上蔡）。春秋時期受楚侵逼，曾先後遷都於新蔡（今河南新蔡）、州來（今安徽壽縣西北），西元前四四七年被楚所滅。事見〈陳世家〉、〈管蔡世家〉。(82)卻三晉　卻，打退；打敗。三晉，指韓、趙、魏三國，因為它們都是分晉建立的國家。這裡實指韓、魏，因為趙國居北，不與楚國為鄰。(83)西伐秦　吳起在楚時的秦國諸侯為秦獻公，西元前三八四—前三六二年在位，國都櫟陽（今西安市臨潼東北，渭南市之西北）。按：以上吳起佐悼王強楚諸事多與事實不合，梁玉繩曰：「陳滅於楚惠王十一年（西元前四七八年），蔡滅於惠王四十二年（西元前四七七年），何待悼王時始并之？此與〈蔡澤傳〉同妄，而實誤仍（沿襲）〈秦策〉也。」(84)故楚之貴戚盡欲害吳起　因吳起「捐不急之官，廢公族疏遠者」，觸及此等利益故也。水澤利忠曰：「高、毛本無『欲』字。」按：無「欲」字者義長。害，嫉恨。(85)悼王死　事在西元前三八一年。(86)太子　名臧，即楚肅王，西元前三八〇—前三七〇年在位。(87)令尹　楚官名，職同北方諸國之丞相。(88)坐射起而夷宗死者七十餘家　坐，因。因事遭罪。夷宗，滅族。夷，平；滅。按：以上吳起變法強楚及其死於楚事，見《韓非子・和氏》與《戰國策・秦策三》之蔡澤語。吳起臨死設謀為自己復仇事，《戰國策》不載，《韓非子》但謂吳起被「肢解」，而略見於《呂氏春秋・貴卒》。梁玉繩曰：「《呂氏春秋》言『起拔矢而走，伏尸插矢』，謂拔人所射之矢插王尸也。與此小異。」郭嵩燾曰：「如此則亦楚大變矣，〈楚世家〉顧不一載，何也？」按：史公每寫及復仇事，必感情飽滿，繪形繪聲。此吳起臨死設謀為自己復仇事，與蘇秦臨死之為自己設謀復仇思路相同。

【語　譯】吳起是衛國人，擅長用兵。曾跟著曾子求學，後來又在魯國做官。有一次，齊國起兵攻魯，魯君想讓吳起為將，但由於吳起的妻子是齊國人，所以魯國人又對他有疑心。吳起為了追求功名，不願意錯過這次機會，於是就回家把妻子殺了，以此來表明自己不會倒向齊國。魯君終於讓他當了大將，派他率兵迎敵，最後打敗了齊軍。

2 魯國有人忌恨吳起，就散布吳起的壞話說：「吳起為人太殘忍了。他年輕時家裡是很富裕的，就是為了到處奔走找官做，竟把全部的家產都敗散光了。鄉親們有人笑他，他竟為此殺了三十多人，然後從衛的東郭門離開了。在他與他的母親告別時，他咬破了手臂發誓說：『我這一去要是當不上卿相，就絕不再回來！』於是他就去跟隨曾子求學。不久，他母親死了，吳起因為自己還沒有做官所以也不回家為母親辦喪事。曾子為此很看不起他，和他斷絕了關係。這以後吳起就到了魯國，學了些兵法在魯國做官。當魯國被攻，國君懷疑他跟齊國有干係時，他為了換取信任得到大將的官職，竟回家殺了自己的妻子。魯國是個小國，小國有了個打敗大國的虛名，就會引起其他國家的不安，就會招來一系列的麻煩。何況魯、衛又是兄弟之國，吳起在衛國犯了罪，而我們國君卻重用他，這肯定又要得罪衛國。」魯君聽了這些話，也懷疑吳起，不久就把他辭退了。

3 吳起聽說魏文侯是個賢明的國君，於是來到了魏國，請求為魏國做事。魏文侯問李克說：「吳起這人怎麼樣？」李克說：「吳起貪名而好女色，但要說到用兵打仗，就是司馬穰苴也比不過他。」於是魏文侯就任用吳起為將，吳起帶兵攻秦，一連奪取了秦國的五座城池。

4 吳起當將軍時，和最下等的士兵吃一樣的飯，穿一樣的衣裳。睡覺不鋪褥子，行軍時不僅不騎馬坐車，而且還親自背糧食，與士兵同甘共苦。有一個士兵長了癰瘡，吳起親自用嘴把他瘡裡的膿吸了出來。這個士兵的母親聽說後，不由得哭了起來。旁人問她：「你的兒子是個小兵，人家將軍親自為他吮瘡吸膿，你哭什麼呢？」這位母親說：「你不知道，以前吳將軍也這樣替孩子他爹吸過膿，因此孩子他爹就感動得勇往直前，連頭都不回地戰死在沙場上。如今吳將軍又替我們孩子吸膿了，我不知道這孩子將來又會戰死在什麼地方，所以我才哭了。」

5 魏文侯因為吳起善用兵，而且又不愛錢財，待人公平，能夠得到士兵們的真心擁戴，於是就任命他為西河地區的長官，以防備秦、韓兩國的入侵。

6　魏文侯死後，吳起又接著為魏武侯做事。一次，魏武侯與吳起等人一同乘船，沿著黃河順水漂流而下，中途，魏武侯環顧著四周對吳起說：「多麼壯麗險要的山川形勢啊！這可是我們魏國最可寶貴的啊！」吳起對武侯說：「國家的強固是在於實行德政，而不在於地勢的險要。昔日三苗氏的立國，西倚洞庭湖，東靠鄱陽湖，可是由於他們不講德義，結果讓大禹把它滅了；夏桀的都城，東有黃河、濟水，西有華山，南有伊闕山，北有太行山的羊腸坂，但是由於他為政不仁，結果還是被商湯打敗，自己也被流放了；商紂王的國都，東有孟門山，西有太行山，北有恆山，南有黃河，可是由於他不實行德政，最後還是被周武王給殺了。由此看來，國家的鞏固，是在於德政而不在天險。如果您不實行德政，這船上坐的都將變成您的敵人。」魏武侯聽了，敬佩地說：「說得好！」

7　吳起在擔任西河長官的時期裡，聲望很高，而魏國設立丞相，卻是選用了貴族田文。吳起很不服氣，他對田文說：「咱倆比比，看誰的功勞大，行嗎？」田文說：「可以。」吳起說：「統帥三軍，能讓士兵捨生忘死，使敵人不敢打我們的主意，這一條咱倆誰強？」田文說：「我不如你。」吳起說：「管理文武官員，安撫黎民百姓，充實國家府庫，這一條咱倆誰強？」田文說：「我不如你。」吳起說：「鎮守西河，使秦軍不敢向東進犯，韓、趙兩國也都老老實實地靠攏我們，這一條咱倆誰強？」田文又說：「我不如你。」吳起說：「這三方面你既然都不如我，可是官位卻比我大，這是憑什麼？」田文說：「當君主年少，國內疑慮不安，大臣不能歸心王室，百姓也不信任朝廷的這個時候，全國上下眼睛是盯著你呢？還是盯著我呢？」吳起沉默了一會兒，說：「大家的眼睛還是盯著你。」田文說：「這就是我的職位要比你高的原因。」這時吳起才明白自己是比不上田文的。

8　田文死後，公叔接任為相，公叔娶的是魏國的公主，他一向忌恨吳起。公叔的僕從對公叔說：「要想攆走吳起是很容易的。」公叔問：「你有什麼辦法呢？」僕從說：「吳起是個有氣性、有稜角、愛名聲的人。您可以先去對武侯說：『吳起是一個能人，而您的國家是比較小的，又緊挨著強大的秦國，我擔心吳起不會長久地留在魏國。』這時武侯如果問您：『那怎麼辦呢？』您就對武侯說：『可以用給公主招親的辦法來試試他，他要是想長期留在魏國，他就會接受這門親事；要是他不打算長期留下來，他就一定會推辭，這樣您就可以試探出他的想法了。』您跟武侯這樣說過後，立刻就請吳起到您家裡作客，您要讓您們家的公主當著吳起的面對您發脾氣，藐視您。這樣使吳起一見娶公主是件受氣的事，他就必然會拒絕武侯的提親了。」果然，吳起一見公叔之妻對公叔的蔑視，就委婉地謝絕了魏武侯的招親。而魏武侯從此也對吳起有了疑心，不再信任他了。吳起害怕這樣下去遲早要倒霉，於是就離開魏國到楚國去了。

9 楚悼王早就知道吳起的才幹，所以吳起一到，就讓他當了楚國的丞相。吳起執政後，制訂了明確的法令，而且切實地付諸實行，他裁減了無關緊要的官員，廢除了那些與王室疏遠的家族的特權，把節省下來的錢財用於提高士兵的生活待遇。他的主要宗旨是在於加強軍事實力，而堅決排斥那些到處奔走遊說，大講合縱連橫的人。於是楚國的實力大增，向南平定了百越；向北兼併了陳、蔡，打退了韓、魏等國的侵擾；還幾次出兵西進伐秦。各國都對楚國的強大感到不安，因而楚國的舊貴族們都恨吳起，把他視為眼中釘、肉中刺。等到楚悼王一死，這些人便趁機發動叛亂，他們追殺吳起，吳起逃到了楚悼王停屍的地方，趴在楚悼王的屍體旁。這幫追殺吳起的人在刺射吳起的時候，楚悼王的屍體上也中了不少箭。等到安葬完楚悼王，太子立為新君後，他命令令尹把追殺吳起時連帶傷害了悼王屍體的叛亂分子一齊斬首，為此前後被牽連滅族的計有七十多家。

太史公曰：世俗所稱師旅❶，皆道孫子十三篇、吳起兵法❷，世多有，故弗論，論其行事所施設❸者。語曰❹：「能行之者未必能言，能言之者未必能行。」孫子籌策龐涓❺明矣，然不能蚤救患於被刑❻；吳起說武侯以形勢不如德，然行之於楚，以刻暴少恩亡其軀❼，悲夫！

【章旨】以上為第四段，是作者的論贊，表現了司馬遷對這些軍事家、法家人物不同程度的不滿與批評。

【注釋】❶師旅　都是軍隊編制的名稱，後遂用以代指軍隊。這裡指行兵打仗的權謀。❷吳起兵法　《漢書・藝文志》載有「《吳起》四十八篇」。❸所施設　猶言「所作所為」。❹語曰　即今之所謂「俗話說」。❺籌策龐涓　籌謀劃策破殺龐涓。籌、策，原是計算用的小竹棍兒，後用作動詞，即「謀劃」。❻蚤救患於被刑　指避免受龐涓的殘害。蚤，通「早」。預先。❼以刻暴少恩亡其軀　按：史公不喜法家人物，其指責多有不合理者，其〈商君列傳〉指責商鞅「天資刻薄」、「少恩」；其〈袁盎鼂錯列傳〉指責鼂錯「擅權，多所變更」，以及「變古亂常」云云，用詞幾乎相同。

【語譯】太史公說：人們在談到行兵打仗的理論時，總要提到《孫子》十三篇和《吳起兵法》，這兩種書社會上流傳很多，所以我就不評論了，這裡我只敘述他們平生的所作所為。俗話說：「能做的人未必能說，能說的人又未必能做。」孫臏在籌謀劃策破殺龐涓時是多麼英明啊，可是他卻不能及早地使自己避免斷足的災難。吳起勸說武侯治理國家不能靠天險，而要靠施仁政，這多麼中肯呀，可是他在楚國執政時，卻因苛刻殘暴，結果連自己的性命也賠進去了。這不是很可悲嗎？

【研析】〈孫子吳起列傳〉應當注意的問題有如下幾個方面：

一、作品歌頌了孫武、孫臏、吳起三個人的本領才幹，高度評價了他們的歷史功績，充分肯定了他們的人生價值。吳王闔廬由於任用孫武，結果「西破強楚，入郢，北威齊晉，顯名諸侯」；齊威王由於任孫臏為軍師，結果大破魏軍於馬陵道，殺死其大將龐涓；吳起在為魏國鎮守西河時，「秦兵不敢東鄉，韓趙賓從」；後來在楚國實行變法，結果「南平百越，北并陳蔡，卻三晉，西伐秦」；而他們自己也因此博得「名顯天下，世傳其兵法」。這一方面表現了司馬遷對奇人奇才的欣賞和讚美，同時也是他自身的人生觀、價值觀的一種體現。

二、讚頌了一種不怕挫折、忍辱奮鬥，終於報仇雪恥、功成名遂的英雄氣概，一種重建自己高尚人格的大義行為，這點特別體現在孫臏身上。司馬遷在〈太史公自序〉與〈報任安書〉中反覆提到「孫子臏腳，而論兵法」的事，亦足見其傾心讚賞之情。

三、表現了司馬遷從感情上對法家人物的厭惡，這一點主要表現在對待吳起上。吳起是戰國時期著名的軍事家，也是當時傑出的政治家，但司馬遷不喜歡他，便在他的事跡中寫入了他「殺妻求將」，「殺謗己者三十餘人」等事，又在「太史公曰」中說他「刻暴少恩」等等，其偏頗與說商鞅「天資刻薄」，說鼂錯「變古亂常」相同，這是司馬遷議論歷史人物最不公平的事例之一。

四、表現了司馬遷對吳起悲劇命運的同情，和對那些妒才忌能、售奸進讒者的憎惡。司馬遷儘管對吳起的為人不大滿意，但是他的到處受排擠、受迫害，乃至最後被殺，卻是無辜的，是令人同情的；而那些施奸計、進讒言的小人卻是無處不存在的，這也是司馬遷在《史記》中所憤怒、所著力批判的社會問題之一。

這篇作品在藝術上極富於「戲劇性」和「小說性」，如孫武練女兵和馬陵道之戰，其情節與場面的描寫都十分精彩，引人入勝。

卷六十六

伍子胥列傳第六

【題解】本文記述了伍子胥的父親、哥哥被楚平王無辜殺害，伍子胥逃到吳國，在吳國協助吳王闔廬奪得王位後，興兵伐楚，為父兄報仇，幾乎將楚國滅掉；後來在吳、越對抗中，又忠心耿耿，力勸吳王滅越，竟被昏庸的吳王夫差所殺的經過。作品的材料基本來自《左傳》和《國語》，但某些方面也明顯有司馬遷的個人發揮。

1 伍子胥者，楚人也，名員。員父曰伍奢，員兄曰伍尚。其先曰伍舉，以直諫事楚莊王❶，有顯❷，故其後世有名於楚。

2 楚平王❸有太子名曰建，使伍奢為太傅❹，費無忌❺為少傅❻。無忌不忠於太子建。平王使無忌為太子取婦於秦❼，秦女好，無忌馳歸報平王曰：「秦女絕美，王可自取，而更為太子取婦。」平王遂自取秦女，而絕愛幸之，生子軫❽。更為太子取婦。

3 無忌既以秦女自媚於平王，因去太子❾而事平王。恐一旦平王卒而太子立，殺己，乃因讒太子建。建母，蔡女[10]也，無寵於平王[11]。平王稍益疏建[12]，使建守城父[13]，備邊兵。

4 頃之，無忌又日夜言太子短於王曰：「太子以秦女之故，不能無怨望[14]，願王少[15]自備也。自太子居城父，將兵，外交諸侯，且欲[16]入為亂矣。」平王乃召其太傅伍奢考問之。伍奢知無忌讒太子於平王，因曰：「王獨柰何以讒賊小臣[17]，疏骨肉之親乎？」無忌曰：「王今不制，其事成矣。王且見禽。」於是平王怒，囚伍奢，而使城父司馬奮揚[18]往殺太子。行未至[19]，奮揚使人先告太子：「太子急去，不然將誅。」太子建亡奔宋[20]。

5 無忌言於平王曰：「伍奢有二子，皆賢[21]，不誅，且為楚憂。可以其父質而召之[22]，不然，且為楚患。」王使使謂伍奢曰：「能致[23]汝二子則生，不能則死。」伍奢[24]曰：「尚為人仁，呼必來；員為人剛戾[25]忍訽[26]，能成大事，彼見來之并禽，其勢必不來。」王不聽，使人召二子，曰：「來，吾生汝父[27]；不來，今[28]殺奢也。」伍尚欲往，員曰：「楚之召我兄弟，非欲以生我父也，恐有脫者，後生患，故以父為質，詐召二子。二子到，則父子俱死，何益父之死？往而令讎不得報耳。不如奔他國，借力以雪父之恥，俱滅，無為[29]也。」伍尚曰：「我知往終不能全父命，然恨父召我以求生而不往，後不能雪恥，終為天下笑耳。」謂員：「可去矣！汝能報殺父之讎，我將歸死。」尚既就執㉚，使者捕伍胥。伍胥貫弓執矢㉛，嚮使者。使者不敢進，伍胥遂亡。聞太子建之在宋，往從之㉜。奢聞子胥之亡也，曰：「楚國君臣且苦兵矣㉝。」伍尚至楚，楚并殺奢與尚也。

6 伍胥既至宋，宋有華氏之亂㉞，乃與太子建俱奔於鄭㉟，鄭人甚善之。太子建又適晉㊱，晉頃公㊲曰：「太子既善鄭，鄭信太子。太子能為我內應，而我攻其外，滅鄭必矣。滅鄭而封太子。」太子乃還鄭。事未會㊳，會自私欲殺其從者，從者知其謀，乃告之於鄭。鄭定公與子產誅殺太子建㊴。建有子名勝，伍胥懼，乃與勝俱奔吳㊵。到昭關㊶，昭關欲執之㊷。伍胥遂與勝獨身步走，幾不得脫。追者在後，至江，江上有一漁父乘船，知伍胥之急，乃渡伍胥。伍胥既渡，解其劍曰：「此劍直㊸百金，以與父。」父曰：「楚國之法，得伍胥者賜粟五萬石，爵執珪㊹，豈徒百金劍邪！」不受。伍胥未至吳而疾，止中道，乞食㊺。至於吳，吳王僚方用事，公子光為將㊻，伍胥乃因公子光以求見吳王㊼。

7 久之，楚平王以其邊邑鍾離㊽與吳邊邑卑梁㊾氏俱蠶，兩女子爭桑相攻，乃大怒，至於兩國舉兵相伐。吳使公子光伐楚，拔其鍾離、居巢而歸㊿。伍子胥說吳王僚曰：「楚可破也，願復遣公子光。」公子光謂吳王曰：「彼伍胥父兄為戮於楚，而勸王伐楚者，欲以自報其讎耳。伐楚未可破也。」伍胥知公子光有內志51，欲殺王而自立，未可說以外事。乃進專諸52於公子光，退而與太子建之子勝耕於野53。

【章旨】以上為第一段，寫伍子胥的父兄被害，伍子胥輾轉入吳的過程。

【注釋】❶其先曰伍舉二句　凌稚隆引余有丁曰：「按《左傳》，伍舉當康王、靈王時，其父伍參乃事莊王，伍奢其孫也。」梁玉繩曰：「伍參之子是舉，伍舉之子是奢。事莊王者參，事靈王者舉，安得伍舉諫莊王？疑此處『莊』乃『靈』之錯文。」瀧川曰：「『伍舉』當作『伍參』，史之錯文。」楚莊王，名侶，春秋時期楚國最有名的國君，西元前六一三—前五九一年在位，為通常所說的「五霸」之一。關於伍舉（參？）「以直諫事楚莊王」事，〈楚世家〉云：「莊王即位三年，不出號令，日夜為樂，令國中曰：『有敢諫者死無赦！』伍舉入諫。莊王左抱鄭姬，右抱越女，坐鍾鼓之間。伍舉曰：『願有隱進。』曰：『有鳥在於阜，三年不蜚不鳴，是何鳥也？』莊王曰：『三年不蜚，蜚將沖天；三年不鳴，鳴將驚人。舉退矣，吾知之矣。』於是乃罷淫樂，聽政，所誅者數百人，所進者數百人，任伍舉、蘇從以政，國人大悅。」按：此故事又見於〈滑稽列傳〉，為淳于髡說齊威王語，蓋皆傳說影附者云，《左傳》無此事。❷有顯　瀧川曰：「楓山、三條本『顯』下有『名』字。」❸楚平王　名居，西元前五二八—前五一六年在位，是楚莊王後的第五個國君。❹太傅　這裡指太子太傅，官名，主管對太子的教導訓育工作。❺費無忌　《索隱》曰：「《左傳》作『費無極』。」❻少傅　這裡指太子少傅，官名，也是主管對太子的教導訓育工作。按：據《左傳》，伍奢為「太子師」，費無極為「太子少師」，「師」「傅」的職任大體相似。❼取婦於秦　取，通「娶」。此時秦國在位的國君為秦哀公，西元前五三六—前五〇一年在位。❽生子軫　此名「軫」者即日後的楚昭王。❾去太子　謂費無忌離開太子。❿蔡女　蔡國國君之女。在這段時間裡蔡國的國君先是蔡平侯，西元前五三〇—前五二一年在位；後來是蔡悼侯，西元前五二〇—前五一八年在位，國都在今河南上蔡西南。⓫無寵於平王　蔡平侯死，蔡國政變，平侯之黨失勢，故其女在楚亦不被平王所寵。⓬稍益疏建　漸漸地與太子建越來越疏遠。稍，漸。⓭城父　古邑名，在今河南寶豐東，春秋前期屬陳，後被楚國所占，居楚之北境。今安徽亳縣東南亦有城父，平王時楚之東北境似未至此。⓮怨望　猶言「怨恨」。望，亦怨也。⓯少　稍微。⓰且欲　將要。且，將。⓱讒賊小臣　以說壞話害人的奴才。賊，害也。⓲城父司馬奮揚　城父駐軍的司馬，名奮揚。司馬，官名，主管軍中的糾察、司法等事。⓳行未至　謂奮揚在行進途中時。⓴亡奔宋　亡，逃。宋，西周初年建立的諸侯國名，始封之君為紂王之兄微子啟，國都商丘，在今河南商丘南。事見〈宋微子世家〉。現時的宋國國君為宋元公，平公之子，西元前五三一—前五一六年在位。㉑賢　此處主要指有本領、有才幹。㉒可以其父質而召之　質，為人質。按：此語似應作「可以質其父而召之」。㉓致　招來。㉔伍奢　金陵本作「伍奮」，誤植，逕改。㉕剛戾　強硬兇狠。㉖忍詢　能忍受恥辱。詢，辱也。㉗生汝父　饒爾父之命。㉘今　將。㉙無為　無謂；沒意義。㉚就執　自動受縛。㉛貫弓執矢　張弓搭箭。貫，彎。「彎弓」即「弓上弦」，準備戰鬥。㉜聞太子建之在宋二句　按：《左傳》此處但曰「員如吳」，無從太子於宋事；《國語》未載伍員家難及奔吳過程；《呂氏春秋》有伍員「登太行而望鄭」與「去鄭之許」、由許入吳事，亦未言與太子建有任何聯繫。㉝且苦兵矣　將要嘗到戰爭的苦頭啦。㉞華氏之亂　詳見《左傳》昭公二十年。事情大致是：宋元公（西元前五三一—前五一七年在位）多私而無信，厭惡國之大族華氏、向氏，華氏、向氏因懼而謀反，拘執了宋太子及諸公子，宋元公出兵攻之，華氏、向氏敗，逃於陳、吳。㉟與太子建俱奔於鄭　鄭，西周後期建立的諸侯國名，始封之君為宣王之弟姬友，都於南鄭（今陝西華縣）。犬戎之難後，鄭隨周平王一同東遷，都於新鄭（今河南新鄭）。事見〈鄭世家〉。按：據《左傳》，伍子胥無奔鄭事。㊱晉　西周初期建立的諸侯國名，始封之君為成王之弟叔虞，都於翼（今山西翼城東南）。晉獻公（西元前六七六—前六五一年在位）時遷都於絳（今山西侯馬西南）。事見〈晉世家〉。㊲晉頃公　名棄疾，昭公之子，西元前五二五—前五一二年在位。㊳未會　未集；未成。㊴鄭定公與子產誅殺太子建　鄭定公，名甯，簡公之子，西元前五二九—前五一四年在位。子產，即公孫僑，鄭國貴族，春秋後期著名的政治家，能在晉、楚兩大國的夾縫中，支撐鄭國的局面數十年。梁玉繩曰：「鄭殺建，不知何時，而子產卒於定之八年（西元前五二二年），即建奔鄭之歲，恐未是子產誅之。」㊵乃與勝俱奔吳　吳，殷朝末期建立的諸侯國名，開國之君為太王之子太伯、仲雍（皆文王之伯父），都於吳（今江蘇蘇州），事見〈吳太伯世家〉。梁玉繩曰：「子胥『亡楚至吳』而已，乃此言其歷宋、鄭、晉而與太子俱，不知何據。」按《吳越春秋》所敘子胥逃難事，與本文同，蓋後起之書，就史公所云更發揮之也。㊶昭關　舊址在今安徽含山縣北小峴山上，當時位於楚國東境，是吳、楚兩國間的交通要衝。㊷昭關欲執之　瀧川曰：「『關』下疑脫『吏』字」。郭嵩燾曰：「當時追者及漁父之渡之，正為楚捕之急，人皆指目之耳；若從太子建居鄭數年，又與建子勝奔吳，前事久已寢矣，追者何自來也？〈十二諸侯年表〉敘伍員奔吳在昭公二十年，敘鄭殺太子建在昭公二十三年，亦與伍員傳不合。」㊸直　通「值」。㊹執珪　楚爵名，功臣賜以珪，謂之「執珪」，位同有領地的封君。㊺止中道二句　《吳越春秋》謂子胥向洗衣女子乞食於溧陽，吳之西部邑也。㊻吳王僚方用事二句　吳王僚，吳王餘眛之子，西元前五二六—前五一五年在位。用事，主事。執掌吳政。按：「用事」一詞通常用於丞相等執政大臣，今用之於國君，殊不合習慣，故瀧川曰：「猶曰『好事』也。」「好事」即所謂「好戰」，窮兵黷武。也有曰此句應與下句連讀而衍「事」字。公子光，即後日的吳王闔廬，吳王諸樊（西元前五六〇—前五四八年在位）之子，吳王僚的堂兄。㊼因公子光以求見吳王　因，通過。按：伍子胥至吳，在吳王僚五年，西元前五二二年。㊽鍾離　古邑名，在今安徽蚌埠東，當時屬楚。㊾卑梁　古邑名，在今安徽鳳陽附近，當時屬吳。按：此與〈楚太伯世家〉、〈十二諸侯年表〉同；而〈吳太伯世家〉作「楚邊邑卑梁氏之處女與吳邊邑之女爭桑」，與《呂氏春秋》說合，《史記》自相歧異。㊿拔其鍾離居巢而歸　事在吳王僚九年，楚平王十一年，西元前五一八年。居巢，古邑名，在今安徽巢縣東北。(51)內志　想在國內搞政變奪權的心思。(52)專諸　《左傳》作「專設諸」，當時有名的刺客。(53)退而與太子建之子勝耕於野　凌稚隆引茅坤曰：「子胥入吳且久，不事吳王僚而退耕於野，以僚不足與也。然方公子光之弒吳王也，何不引身為公子光畫臣而特進專諸？蓋其國內方亂，事未可知也。」按：以上伍子胥父兄之因讒被害與伍子胥逃奔入吳事，分別見於《左傳》之昭王十九年、二十年與《呂氏春秋》之〈慎行〉與〈異寶〉。

【語譯】伍子胥是楚國人，名員。他的父親叫伍奢，哥哥叫伍尚。他的先人有個叫伍舉的，曾經以直諫聞名，在楚莊王駕前做過事，功業顯達，所以他們的後代在楚國便成了一個有名望的家族。

2 楚平王的太子名建，楚平王讓伍奢做太子的太傅，讓費無忌做少傅，一起在太子身邊服務。但費無忌對太子建不忠。楚平王讓費無忌到秦國去給太子迎親，費無忌看到這位秦國女子長得好，於是趕緊跑回來向楚平王報告說：「秦國女子長得太美了，您可以自己留下，而給太子另找一個。」於是楚平王果然就自己要了這個秦國女子，對她特別寵愛，和她生了一個兒子，名軫。而給太子另娶了一個媳婦。

3 費無忌通過娶秦女這件事討好了楚平王，於是也就離開了太子，到楚平王身邊去做事了。但是他擔心一旦平王去世，太子立為楚王，自己會被殺頭，於是他就在平王面前說太子的壞話。太子建的母親是蔡國國君之女，平王不喜歡她。待至又聽了費無忌說的壞話，於是也就對太子建越來越疏遠了，讓他帶兵去鎮守北部的城父要塞，保衛楚國的邊防。

4 過沒多久，費無忌又不分晝夜地在平王面前給太子編造壞話說：「太子沒有娶到秦國女子，他的心裡不可能沒有怨恨，希望您要有所防備。太子自從鎮守城父以來，領兵在外，廣交諸侯，他就要帶兵殺回來造反了。」平王一聽，就派人把太子的太傅伍奢叫了回來，向他盤問。伍奢知道這是費無忌在平王面前說太子壞話的緣故，就氣憤地回答說：「大王為什麼要相信小人的挑撥，而疏遠自己的親骨肉呢？」費無忌則慫恿平王說：「大王現在要再不先發制人，他們的叛亂就可能要成功了。到那時您就會被他們所擒拿。」於是平王大怒，立即囚起了伍奢，而派城父守軍的司馬奮揚去捕殺太子。奮揚知道太子冤枉，在前去途中就派人通知太子說：「太子快逃跑，不然就要被砍頭了。」太子建得訊，出逃到了宋國。

5 這時費無忌又跟楚平王說：「伍奢有兩個兒子，都很能幹，不殺了他們，將來都是楚國的禍害。我們可以用他們的父親作人質，把他們也騙來一起殺掉，不然，後患無窮。」於是楚平王就派人去對伍奢說：「能把你的兩個兒子叫來就饒了你，叫不來就把你殺掉。」伍奢說：「伍尚秉性仁慈，我叫他，他一定來；伍員則個性強硬兇狠，忍受得了恥辱，能成大事，他知道來了會一起被殺，他是肯定不會來的。」平王不信，派人去對伍氏兄弟說：「如果你們來了，我就放了你們的父親；如果你們不來，我就立刻把你們的父親殺掉。」伍尚一聽馬上想前去。伍員說：「楚王之所以叫我們回去，並不是想給我們父親留下活命，而是怕我們跑了，以後給他們鬧亂子，所以才用父親作人質，來騙我們。我們一旦回去，就只有父子三人一起被殺。這對於父親的死又有什麼好處呢？白白地落得沒有人給父親報仇。還不如我們一起逃奔到別的國家，借別國的力量來給父親報仇。回去和父親一塊死，毫無意義。」伍尚說：「我也知道回去救不了父親，但我怕的是，今天父親叫我回去我沒有回去，日後我也沒有給父親報什麼仇，結果落得被天下人恥笑。」他對伍員說：「你可以逃走！因為你日後肯定能報這場殺父之仇，我準備回去和父親一道死。」說罷伍尚遂束手被擒了。來人又想逮捕伍子胥。伍子胥彎弓搭箭，對準來人。來人不敢靠近，伍子胥乘勢逃走了。他聽說太子建這時正逃亡在宋國，於是他也就去跟隨他。伍奢聽說伍子胥逃跑了，感歎地說：「楚國的君臣們將來要吃兵火之苦了。」伍尚被押到郢都後，楚王就把伍奢和伍尚都殺掉了。

6 伍子胥逃到宋國後，正趕上華亥等人發動叛亂，於是伍子胥就和太子建一起離開了宋國轉到鄭國，鄭國人對他們很好。後來太子建到晉國訪問，晉頃公對太子建說：「你和鄭國的關係好，鄭國人相信你，如果你能為我作內應，我從外面往裡打，就一定可以滅掉鄭國。滅鄭國以後，我就把那塊地盤封給你，立你為君。」太子答應後返回了鄭國。事情還沒辦，恰巧趕上太子想殺他的一個侍從，而這個侍從知道太子勾結晉國企圖滅鄭的陰謀，於是就逃出來把事情報告了鄭國。鄭定公和大夫子產一聽立刻就把太子建抓起來殺掉了。太子建有個兒子名勝，伍子胥害怕受牽連，就和太子的兒子勝一起逃到了吳國。中途經過楚、吳交界的昭關時，昭關的守吏想逮捕他們，伍子胥和太子的兒子勝只好丟棄了車馬從人，單身步行，差點被人家逮住。追兵一直在後邊跟著，伍子胥逃到江邊，見江上有一個漁父搖船，漁父知道伍子胥正急著避難，於是就把他渡過江去。伍子胥過江後，解下了身上的佩劍，對漁父說：「這把寶劍價值百金，我把它送給你吧。」漁父說：「楚國早有懸賞，誰能抓到伍子胥，賞給他糧食五萬石，賜爵為『執珪』，那些難道只值百金嗎？」漁父沒有接受伍子胥的酬謝。伍子胥還沒到達吳國首都就病倒了，半路上只好停下來，以乞討為生。後來伍子胥終於到達了吳國首都，吳國當時正是王僚執政，公子光為將軍。於是，伍子胥就通過公子光見到了吳王。

7 過了很長一段時間，楚平王由於楚國邊境鍾離縣的女子和鄰境吳國卑梁邑的女子因為養蠶採桑發生了衝突，大為生氣，進而發展成了楚、吳兩個國家的邊境戰爭。吳國派公子光率兵伐楚，攻占了楚國的鍾離、居巢兩座縣城。這時伍子胥對吳王僚說：「看此情形，可以打敗楚國。大王可以派公子光再次出兵。」公子光回答吳王說：「伍子胥的父親、哥哥都是被楚王殺的，他勸大王伐楚，是為了給他的家人報仇。楚國現在是難以打敗的。」伍子胥一聽明白了公子光的個人企圖，他是想殺掉吳王而自立，在這種情況下，不可能勸他對外用兵，於是伍子胥就找來了一個勇士專諸，把他推薦給公子光，而後自己就和太子建的兒子勝去隱居農耕，徐以待變了。

1 五年而楚平王卒❶。初，平王所奪太子建秦女生子軫，及平王卒，軫竟立為後，是為昭王❷。吳王僚因楚喪，使二公子❸將兵往襲楚。楚發兵絕吳兵之後，不得歸。吳國內空，而公子光乃令專諸襲刺吳王僚而自立❹，是為吳王闔廬。闔廬既立❺，得志，乃召伍員以為行人，而與謀國事❻。

2 楚誅其大臣郤宛、伯州犁❼，伯州犁之孫伯嚭❽亡奔吳，吳亦以嚭為大夫。前王僚所遣二公子將兵伐楚者，道絕不得歸。後聞闔廬弒王僚自立，遂以其兵降楚，楚封之於舒❾。闔廬立三年❿，乃興師與伍胥、伯嚭伐楚，拔舒，遂禽故吳反二將軍⓫。因欲至郢⓬，將軍孫武⓭曰：「民勞，未可，且待之。」乃歸。

3 四年⓮，吳伐楚，取六⓯與灊⓰。五年⓱，伐越，敗之⓲。六年⓳，楚昭王使公子囊瓦⓴將兵伐吳。吳使伍員迎擊，大破楚軍於豫章㉑，取楚之居巢㉒。

4 九年㉓，吳王闔廬謂子胥、孫武曰：「始子言郢未可入，今果何如？」二子對曰：「楚將囊瓦貪，而唐、蔡皆怨之㉔。王必欲大伐之，必先得唐、蔡乃可㉕。」闔廬聽之，悉興師與唐、蔡伐楚，與楚夾漢水而陳㉖。吳王之弟夫概將兵請從㉗，王不聽，遂以其屬五千人擊楚將子常㉘。子常敗走，奔鄭。於是吳乘勝而前，五戰，遂至郢㉙。己卯㉚，楚昭王出奔。庚辰㉛，吳王入郢。

5 昭王出亡，入雲夢㉜。盜擊王，王走鄖㉝。鄖公弟懷㉞曰：「平王殺我父㉟，我殺其子，不亦可乎！」鄖公恐其弟殺王㊱，與王奔隨㊲。吳兵圍隨，謂隨人曰：「周之子孫在漢川者，楚盡滅之㊳。」隨人欲殺王，王子綦㊴匿王，己自為王以當之㊵。隨人卜與王於吳，不吉，乃謝吳，不與王㊶。

6 始伍員與申包胥為交，員之亡也，謂包胥曰：「我必覆㊷楚。」包胥曰：「我必存之。」及吳兵入郢，伍子胥求㊸昭王。既不得，乃掘楚平王墓，出其尸，鞭之三百然後已㊹。申包胥亡於山中，使人謂子胥曰：「子之報讎，其以甚乎㊺！吾聞之，人眾者勝天，天定亦能破人㊻。今子故平王之臣，親北面而事之。今至於僇㊼死人，此豈其無天道之極乎！」伍子胥曰：「為我謝申包胥曰，吾日莫途遠，吾故倒行而逆施之㊽。」於是申包胥走秦㊾告急，求救於秦。秦不許，包胥立於秦廷，晝夜哭，七日七夜不絕其聲㊿。秦哀公(51)憐之，曰：「楚雖無道，有臣若是，可無存乎？」乃遣車五百乘(52)救楚擊吳。六月(53)，敗吳兵於稷(54)。會吳王久留楚求昭王，而闔廬弟夫概乃亡歸，自立為王(55)。闔廬聞之，乃釋楚而歸，擊其弟夫概。夫概敗走，遂奔楚。楚昭王見吳有內亂，乃復入郢(56)。封夫概於堂谿(57)，為堂谿氏(58)。楚復與吳戰，敗吳，吳王乃歸(59)。

7 後二歲[60]，闔廬使太子夫差將兵伐楚，取番[61]。楚懼吳復大來，乃去郢，徙於鄀[62]。當是時，吳以伍子胥、孫武之謀，西破彊楚，北威齊、晉，南服越人[63]。

【章　旨】以上為第二段，寫伍子胥引吳兵破楚報仇，並佐闔廬稱霸。

【注　釋】❶五年而楚平王卒　梁玉繩曰：「『五年』乃『三年』之誤。自吳滅巢至是時三年也；若自子胥奔吳數之，則七年矣。」按：楚平王死於吳王僚十一年，西元前五一六年，上距鍾離、居巢之役相隔一年。❷是為昭王　楚昭王元年即吳王僚十二年，西元前五一五年。❸二公子　指公子掩餘、公子燭庸，皆吳王僚之弟。❹公子光乃令專諸襲刺吳王僚而自立　事在吳王僚十二年，楚昭王元年，西元前五一五年，過程詳見《左傳》昭公二十七年與〈刺客列傳〉。❺闔廬既立　闔廬元年即楚昭王二年，西元前五一四年。❻乃召伍員以為行人二句　行人，官名，掌朝覲聘問之事，約當今之外交部長。袁黃曰：「『員退耕於野，待專諸之事』，蓋以吳市光也。專諸弒僚，光代立為王，德員，舉國委之。遂伐楚入郢，鞭平王之尸。予謂員己之志則酬矣，其如吳王僚何？禮無毀人以自成也，員之毀人亦大矣。使僚有子如員，員之尸將能免乎？是尋刃之道也，惡得賢？」❼郤宛伯州犂　《集解》引徐廣曰：「伯州犂之子曰郤宛，郤宛之子曰伯嚭。」按：照徐說，「伯州犂」三字應在「郤宛」之前，此說恐非。梁玉繩曰：「郤宛見殺，在魯昭公二十七年；州犂為楚靈王所殺，遠在昭元年也。定四年《傳》云：『楚殺郤宛，伯氏之族出。』伯氏乃郤宛之黨，非同族也。」❽伯州犂之孫伯嚭　伯嚭可能是伯州犂之孫，然定非郤宛之子。❾舒　原為古國名，後被楚所滅，其都在今安徽廬江西南。❿闔廬立三年　即楚昭王四年，西元前五一二年。⓫故吳反二將軍　即王僚之弟掩餘、燭庸。⓬郢　楚國都城，在今湖北荊州江陵西北。⓭孫武　古代著名軍事家，事跡詳見〈孫子吳起列傳〉，但《左傳》中無孫武其人。⓮四年　闔廬四年，楚昭王五年，西元前五一一年。⓯六　古邑名，在今安徽六安北。⓰灊　古邑名，在今安徽霍山東北。⓱五年　闔廬五年，楚昭王六年，西元前五一〇年。⓲伐越二句　越，小國名，國都會稽，即今浙江紹興。當時的越王為句踐之父，名允常，事見〈越王句踐世家〉。⓳六年　闔廬六年，楚昭王七年，西元前五〇九年。⓴公子囊瓦　《集解》曰：「《左傳》楚公子貞，字子囊；其孫名瓦，字子常。此言『公子』，又兼稱『囊瓦』，誤也。」淩稚隆引陳仁錫曰：「『公子』當作『公孫』。子囊之孫稱『囊瓦』者，孫以祖父字為氏也。」中井曰：「『公子』二字當削。」㉑豫章古地區名，說法不一。杜預以為在「江北、淮水南」；又說是「漢東江北地名」；也有說即指今安徽合肥、壽縣一帶。㉒取楚之居巢　按：上文已言「拔其鍾離、居巢而歸」，後未言居巢復被楚占，則今似不得又言「取楚之居巢」。《左傳》定公二年作：「遂圍巢，克之。」巢，古邑名，在今安徽巢縣東北。㉓九年　闔廬九年，楚昭王十年，魯定公四年，西元前五〇六年。㉔楚將囊瓦貪二句　唐，周初分封的諸侯國名，姬姓，其都城即今湖北隨縣西北的唐城鎮。蔡，周初分封的諸侯國名，姬姓。最早都於上蔡，因受楚逼，後來遷到新蔡，昭侯（西元前五一八—前四九一年在位）時又遷於州來（今安徽壽縣西北）。楚昭王九年（西元前五〇七年），蔡昭侯、唐成公皆朝楚。蔡昭侯有二佩，獻昭王一，而自用其一。囊瓦欲得之，蔡昭侯不與，遂將蔡昭侯留楚三年；唐成公有二善馬，囊瓦欲得之，唐成公不與，亦留之三年。最後二侯終於獻出寶物，始得歸國。因此心恨囊瓦，必欲倚大國以伐之。事見《左傳》定公三年。㉕必先得唐蔡乃可　茅坤曰：「聯其讎而後攻之，則彼力分而屈。」㉖夾漢水而陳　謂吳與唐、蔡列陣於漢水東，楚軍列陣於漢水西也。按：據《左傳》定公四年，吳、楚此戰發生於柏舉（今湖北麻城東北），而柏舉至漢水尚有五、六百里。陳，通「陣」。㉗從　出擊。㉘遂以其屬五千人擊楚將子常　「遂以」上應增「夫概」二字讀。其屬，其部下。子常，即囊瓦。㉙吳乘勝而前三句　據《左傳》，夫概先破楚軍於柏舉，又追破楚軍於清發（水名，在今湖北安陸），「楚人為食，吳人及之，奔，食而從之，敗諸雍澨，五戰，及郢。」文氣之妙，勢如破竹。㉚己卯　陰曆十一月二十八。瀧川曰：「『己卯』上奪『十一月』三字。」㉛庚辰　「己卯」之次日，十一月二十九。㉜雲夢　古藪澤名，約當今湖北之武漢以西，荊州以東，應城以南，以及湖南之洞庭湖一帶地區。㉝盜擊王二句　《左傳》云：「楚子涉睢，濟江，入於雲中。王寢，盜攻之，以戈擊王，王孫由於以背受之，中肩。王奔鄖。」鄖，古國名，國都在今湖北安陸，一說在湖北鄖縣，春秋時被楚所滅。㉞鄖公弟懷　姓鬬名懷，鄖公之弟。鄖公，楚國國內的封君，名鬬辛，蔓成然之子。㉟平王殺我父　鄖公之父蔓成然原為楚平王令尹，為人不知禮度而又貪求無厭，被楚平王所殺。因為蔓成然對楚平王曾有佐立之功，故楚平王又封蔓成然之子鬬辛為鄖公。事見《左傳》昭公十四年。㊱鄖公恐其弟殺王　據《左傳》，鄖公之弟將弒王，鄖公曰：「君討臣，誰敢仇之？君命，天也。若死天命，將誰仇？」乃伴王奔隨。史公刪此「禮教」語。㊲隨　西周初年分封的諸侯國名，姬姓，其都城在今湖北隨縣南，此時已成為楚之附庸。㊳周之子孫在漢川者二句　楊伯峻曰：「僖二十八年《傳》云：『漢陽諸姬，楚實盡之。』吳、隨皆姬姓，故作此語。」又曰：「〈楚世家〉謂楚武王三十五年伐隨，始開濮地而有之；文王六王伐蔡，楚強，陵江、漢間小國，皆畏之；十一年，楚亦始大，成王時楚地千里云云，則皆吞併之事。」㊴王子綦　《左傳》作「子期」，杜預注：「昭王兄公子結也。」㊵己自為王以當之　自己化裝為楚王挺身而出。㊶乃謝吳二句　謝絕吳國，未將楚王交出。據《左傳》，隨人謂吳人云：「以隨之辟小，而密邇於楚，楚實存之。世有盟誓，至於今未改。若難而棄之，何以事君？執事之患不唯一人，若鳩楚竟，敢不聽命？」吳人乃退。㊷覆　顛覆；消滅。㊸求　尋找；捉拿。㊹掘楚平王墓三句　按：此次吳軍入郢，殘暴異常，《左傳》、《公羊》、《穀梁》皆有所謂「以班處宮」，即《吳越春秋》之所謂「令闔廬妻昭王夫人，伍胥、孫武、伯嚭亦妻子常、司馬成之妻，以辱楚之君臣也」。吳之君臣如此，部下將士之活動可知。史公為回護伍子胥而刪棄此情節不錄，而誇張其復個人之仇的掘墓鞭屍。而掘墓鞭屍事《左傳》、《國語》皆無，《穀梁》與《呂氏春秋・首時》、《淮南子・泰族》皆謂「撻平王之墓」，〈楚世家〉與〈十二諸侯年表〉、〈季布欒布列傳〉亦但曰「鞭平王之墓」，蓋尚稍文明；不似此文之所謂「出其尸，鞭之三百然後已」也。而後出之《吳越春秋》又發揮為「左足踐腹，右手抉其目，誚之曰：『誰使汝用讒諛之口殺我父兄，豈不冤哉？』」尤顯荒唐。凌約言曰：「子胥所當仇者費無忌也，楚既為之殺費無忌，滅其家，昭王又使人謝先王之過而勉之歸，則子胥亦可矣。而至鞭平王屍，其亦甚哉！」中井曰：「平王死經十有餘年，縱令掘之，朽骨而已，非有可鞭之屍。」㊺其以甚乎　也太過分了點吧。其，將。以，通「已」。㊻人眾者勝天二句　《正義》曰：「人眾者雖一時兇暴勝天，及天降其兇，亦破於強暴之人。」瀧川曰：「《詩・小雅・正月》：『視天夢夢，既克有定，靡人弗勝。』包胥所本。」㊼僇　辱也。㊽吾日莫途遠二句　莫，通「暮」。《索隱》曰：「子胥言志在復仇，常恐且死不遂本心，今幸而報，豈論理乎？譬如人行，前途尚遠而日勢已暮，其在顛倒急行，逆理施事，何得責吾順理乎？」岡白駒曰：「伍員意謂立白公勝為楚後，而身相之，則恩怨皆可報，吾非不知出於此也；今求昭王既不得，則事之成否未可知，常恐且死，不遂本志，故喻以日暮途遠云爾。」瀧川曰：「《漢書・主父偃傳》偃曰：『吾日暮，故倒行逆施之。』蓋述子胥語。」㊾秦　東周初正式受封的諸侯國名，春秋時期都於雍，在今陝西鳳翔東南。㊿七日七夜不絕其聲　按《左傳》於此曰：「倚於庭墻而哭，日夜不絕聲，勺飲不入口七日。」51秦哀公　景公之子，西元前五三六－前五〇一年在位。52五百乘　五百輛兵車。一輛車上有甲士三人，車後有步卒七十二人。53六月　梁玉繩曰：「『六月』上，缺書『十年』二字。」按：吳王闔廬十年即楚昭王十一年，秦哀公三十二年，西元前五〇五年。54敗吳兵於稷　按：《左傳》於此謂秦將「使楚人先與吳人戰，而自稷會之，大敗夫概王於沂（楊伯峻以為在今河南正陽縣境）。」稷，杜預注：「稷丘，地名，在（郢都）郊外。」楊伯峻以為「稷」在今河南桐柏縣境；錢穆以為「稷」即今湖北隨縣城北之歷山。55夫概乃亡歸二句　事在吳王闔廬十年九月。杜預注：「自立為吳王，稱『夫概王』。」56昭王見吳有內亂二句　事在吳王闔廬十年，楚昭王十一年十月。57堂谿　也作「棠谿」。楚邑名，在今河南遂平西北。58為堂谿氏　以「堂谿」為其家族的姓氏。59楚復與吳戰三句　據《左傳》定公五年，秦軍敗吳軍於稷後，又破之雍澨，楚將子期又焚吳軍於麇，又戰於公婿之溪，吳師大敗，吳王乃歸。[60]後二歲　梁玉繩曰：「『二歲』當作『一歲』。」即闔廬十一年，西元前五〇四年。[61]使太子夫差將兵伐楚二句　事在闔廬十一年，楚昭王十二年四月。梁玉繩曰：「『夫差』當作『終纍』。」按：《左傳》作「吳太子終纍敗楚舟師」。杜預注：「終纍，闔廬子，夫差兄。」番，楚邑名，即今江西鄱陽。[62]徙於鄀　鄀，古國名，後被楚滅，其邑在今湖北宜城東南。按：此次楚之遷都於鄀時間不長，於昭王時又遷回於郢。[63]西破彊楚三句　凌稚隆引茅坤曰：「伍子胥之入吳也，以報父仇。一番事業已了，特著一總按。」按：以上伍子胥助闔廬殺王僚奪位，並佐其破楚稱霸事，見《左傳》昭公二十七年、昭公三十年、昭公三十一年、定公三年、定公四年、定公五年。

【語譯】五年後，楚平王死了。當初楚平王所奪的那個應該屬於太子建的秦女，生了個兒子名軫，平王死後，其子軫就繼承了王位，這就是楚昭王。這時吳王看到楚國正忙於辦理喪事，就趁機派他的兩個弟弟率兵伐楚。不想這支吳軍被楚軍截斷了退路，回不來了。吳國內部空虛，這時公子光就趁機派專諸刺殺了吳王僚，而自立為王，這就是吳王闔廬。闔廬當了吳王，心滿意足，就召來伍子胥，任命他為行人，讓他參與國家大事的決策。

2　這時楚國又殺了他的大臣郤宛和伯州犁，伯州犁的孫子伯嚭就逃到吳國，吳王闔廬任命他為大夫。而當初吳王僚所派出的率軍伐楚而退路被截斷不能回來的那兩位公子，聽說闔廬殺了王僚自立，於是就率兵投降了楚國，楚王把他們封在了舒縣。闔廬自立後的第三年，便與伍子胥、伯嚭等人一起出兵伐楚，攻克了舒縣，俘虜了投降楚國的那兩位吳國公子。當時闔廬就想一鼓作氣乘勝進攻楚國的郢都。將軍孫武說：「士民已經很疲憊了，不能再打，我們應該暫時等一等。」於是吳軍回師。

3　闔廬四年，吳又興兵伐楚，占領了六、灊兩縣。闔廬五年，吳國起兵伐越，擊敗了越國。闔廬六年，楚昭王派囊瓦率軍伐吳。吳派伍子胥率軍迎擊，大敗楚軍於豫章，又重新占領了楚國的居巢。

4　闔廬九年，吳王闔廬對伍子胥與孫武說：「過去你們總說不能進攻楚國的郢都，現在怎麼樣啦？」兩個人回答說：「楚國的大將囊瓦生性貪婪，唐國、蔡國都恨他。您如果一定想要伐楚，應該先取得唐國和蔡國的配合。」闔廬同意，於是就發動了全國的軍隊，和唐國、蔡國一起進攻楚國，雙方隔著漢水對陣。這時闔廬的弟弟夫概請求率軍出擊，闔廬不允許，於是夫概便偷偷地帶著自己的部下五千人突然出動，猛攻楚將囊瓦，囊瓦大敗，逃到鄭國去了。吳王見夫概獲勝，於是全軍乘勝進擊，沿途又經過五場大戰，遂到達了郢都城下。己卯這一天，楚昭王離城出逃。第二天，吳王遂進入了郢都。

5 楚昭王逃出郢都後，進入了雲夢澤，後來遭到盜賊的襲擊，只好又逃到了他們的附庸鄖國。鄖公的弟弟鬬懷說：「楚平王當初殺了我們的父親，現在我們殺他的兒子，這不是很合理嗎？」鄖公怕他的弟弟殺害楚昭王，便親自陪著昭王逃到了隨國。吳軍緊跟著也包圍了隨國，並對隨人說：「周朝子孫被封在漢水流域的國家，幾乎都被楚國滅掉了，你們隨國為什麼還幫助楚國呢？」隨人聽了就想殺死楚昭王，這時楚昭王的哥哥王子綦把楚昭王藏了起來，自己冒稱楚昭王，準備替昭王死。後來隨人占卜，占卜的結果是把楚王交給吳國不吉利，於是就回絕了吳國，沒有把楚王交出去。

6 起初伍子胥和申包胥兩人是朋友，當伍子胥被害逃離楚國時，對申包胥說：「我將來一定要滅掉楚國。」申包胥說：「那我一定要保住楚國。」後來吳軍攻入郢都，伍子胥就到處搜捕楚昭王，但沒有找到，於是他就掘開了楚平王的墓，把楚平王的屍體拉出來抽了三百鞭子，才算完事。這時申包胥正逃到了荒山之中，他派人去對伍子胥說：「你的這種報仇也太過分啦！人們常說，人有時可以勝天，但是天終究還是要勝人。你原先也是楚平王的臣子，曾在他駕前做過事，可是今天你竟至於鞭打他的屍體，這不是違背天道達到極點了嗎？」伍子胥對來人說：「你回去替我告訴申包胥，我是一個日暮途遠的人，因此我也只能倒行逆施了。」於是申包胥就跑到了秦國告急，請求秦國出兵拯救楚國。秦國一開始不答應，申包胥就站在秦宮殿前的院子裡，日夜嚎哭，七天七夜聲音沒停過。秦哀公聽著覺得可憐，說：「楚王雖然殘暴無道，但是能有這樣忠心的臣子，這樣的國家難道不該得到拯救嗎？」於是派出了戰車五百輛攻吳救楚。六月，大破吳軍於稷丘。這時正好由於吳王長時間地留在楚國搜捕楚昭王，而吳王的弟弟夫概偷偷地回到吳國，自立為王。闔廬聽到國內有變，趕緊扔下楚國率兵回吳，去打他的弟弟夫概。結果夫概失敗，逃到了楚國。楚昭王見吳國發生內亂，於是又回到了郢都。他接受了夫概的投降，把夫概封在了堂谿，稱他的家族為堂谿氏。接著楚國又出兵與吳軍交戰，吳軍又被打敗，吳王從此也只好死了滅楚的心，收兵回吳去了。

7 過了兩年，闔廬又派太子夫差率軍伐楚，占領了鄱陽。而楚國也害怕吳軍再次大舉進攻，於是把國都從郢向北遷到了鄀。這個時候，吳國靠著伍子胥、孫武等人，向西打敗了強大的楚國，向北威震著齊國和晉國，向南收服了越國。

1 其後四年❶，孔子相魯❷。

2 後五年❸，伐越❹。越王句踐迎擊，敗吳於姑蘇❺，傷闔廬指❻，軍卻。闔廬病創❼，將死，謂太子夫差❽曰：「爾忘句踐殺爾父乎？」夫差對曰：「不敢忘。」❾是夕，闔廬死。夫差既立為王，以伯嚭為太宰❿，習戰射。二年後伐越⓫，敗越於夫湫⓬。越王句踐乃以餘兵五千人棲於會稽之上⓭，使大夫種⓮厚幣⓯遺吳太宰嚭以請和，求委國為臣妾⓰。吳王將許之，伍子胥諫曰：「越王為人能辛苦，今王不滅，後必悔之⓱。」吳王不聽，用太宰嚭計，與越平⓲。

3 其後五年⓳，而吳王聞齊景公死⓴而大臣爭寵，新君弱㉑，乃興師北伐齊㉒。伍子胥諫曰：「句踐食不重味㉓，弔死問疾，且欲有所用之也。此人不死，必為吳患。今吳之有越，猶人之有腹心疾也。而王不先越而乃務齊，不亦謬乎？」吳王不聽，伐齊，大敗齊師於艾陵[24]，遂威鄒、魯之君以歸[25]。益疏子胥之謀。

4 其後四年[26]，吳王將北伐齊，越王句踐用子貢之謀，乃率其眾以助吳[27]，而重寶以獻遺太宰嚭。太宰嚭既數受越賂，其愛信越殊甚，日夜為言於吳王，吳王信用嚭之計。伍子胥諫曰：「夫越，腹心之病，今信其浮辭詐偽而貪齊。破齊，譬猶石田[28]，無所用之。且盤庚之誥[29]曰：『有顛越不恭，劓殄滅之，俾無遺育，無使易種于茲邑[30]。』此商之所以興。願王釋齊而先越，若不然，後將悔之無及[31]。」而吳王不聽，使子胥於齊[32]。子胥臨行，謂其子曰：「吾數諫王，王不用，吾今見吳之亡矣。汝與吳俱亡，無益也。」乃屬其子於齊鮑牧[33]，而還報吳。

5 吳太宰嚭既與子胥有隙，因讒曰：「子胥為人剛暴少恩，猜賊[34]，其怨望恐為深禍也[35]。前日王欲伐齊，子胥以為不可，王卒伐之而有大功[36]。子胥恥其計謀不用，乃反怨望。而今王又復伐齊[37]，子胥專愎[38]彊諫，沮毀[39]用事，徒幸吳之敗，以自勝其計謀[40]耳。今王自行，悉國中武力以伐齊，而子胥諫不用，因輟謝[41]，詳[42]病不行。王不可不備，此起禍不難。且嚭使人微伺[43]之，其使於齊也，乃屬其子於齊之鮑氏。夫為人臣，內不得意，外倚諸侯[44]，自以為先王之謀臣，今不見用，常鞅鞅[45]怨望。願王早圖之。」吳王曰：「微子之言，吾亦疑之。」乃使使賜伍子胥屬鏤[46]之劍，曰：「子以此死。」伍子胥仰天歎曰：「嗟乎！讒臣嚭為亂矣，王乃反誅我。我令若[47]父霸，自若未立時，諸公子爭立，我以死爭之於先王，幾不得立[48]。若既得立，欲分吳國予我，我顧不敢望[49]也。然今若聽諛臣言以殺長者[50]。」乃告其舍人[51]曰：「必樹吾墓上以梓[52]，令可以為器[53]；而抉吾眼縣吳東門之上[54]，以觀越寇之入滅吳也[55]。」乃自剄死。吳王聞之，大怒，乃取子胥尸，盛以鴟夷革，浮之江中[56]。吳人憐之，為立祠於江上，因命曰胥山[57]。

6　吳王既誅伍子胥，遂伐齊[58]。齊鮑氏殺其君悼公，而立陽生[59]。吳王欲討其賊，不勝而去[60]。其後二年[61]，吳王召魯、衛之君，會之橐皋[62]。其明年[63]，因北大會諸侯於黃池[64]，以令周室[65]。越王句踐襲殺吳太子，破吳兵[66]。吳王聞之，乃歸，使使厚幣與越平[67]。後九年[68]，越王句踐遂滅吳，殺王夫差[69]，而誅太宰嚭[70]，以不忠於其君，而外受重賂，與己比周[71]也。

【章旨】以上為第三段，寫伍子胥因反對吳王夫差忽視句踐北上伐齊，被夫差殺害事。

【注釋】❶其後四年　吳王闔廬十五年，魯定公十年，西元前五〇〇年。❷孔子相魯　趙翼《陔餘叢考》曰：「列傳與孔子毫無相涉者，亦書『孔子相魯』，以其繫天下之輕重也。」按：梁玉繩以為孔子是年為「儐相」陪魯定公與齊景公會於夾谷，非「宰相」也，此史公誤解，魯之宰相自是季氏。參見〈孔子世家〉。❸後五年　梁玉繩曰：「『五年』當作『四年』。」即吳王闔廬十九年，越王句踐元年，西元前四九六年。❹伐越　是時越王允常新死，句踐剛即位，闔廬乃乘其釁而伐之。❺敗吳

於姑蘇 《正義》曰：「姑蘇，當作『檇李』，乃文誤也。」按：《正義》說是，《左傳》定公十四年與〈越王句踐世家〉書此事皆曰「吳師敗於檇李」。檇李，古邑名，在今浙江嘉興西南。❻傷闔廬指 《左傳》曰：「闔廬傷將指。」杜預注：「其足大指見斬。」❼創 刀劍槍械之傷。❽太子夫差 闔廬原來的太子為「終纍」，見《左傳》定公六年；此時改為「夫差」者，伍子胥之力也，見後文伍子胥語。❾夫差對曰二句 按：《左傳》於此云：「夫差使人立於庭，苟出入，必謂己曰：『夫差，而忘越王之殺而父乎？』則對曰：『唯，不敢忘。』」較此更為生動。❿太宰 官名，即後世之丞相。⓫二年後伐越 即夫差二年，句踐三年也，西元前四九四年。⓬敗越於夫湫 梁玉繩曰：「吳、越兩世家作『夫椒』，此作『湫』，蓋古通用。」夫椒，山名，在今江蘇省太湖中。⓭棲於會稽之上 謂句踐率殘兵敗將躲入會稽山上。會稽，山名，在今浙江省中部的紹興、嵊縣、諸暨、東陽間。⓮大夫種 即文種，越國的重要謀臣。⓯厚幣 厚禮。幣，禮品，古代常用璧、帛等。⓰委國為臣妾 將國家交出，聽憑調遣，而國君與夫人亦為其充當奴婢。按：有關句踐求和的過程，詳見〈越王句踐世家〉。⓱今王不滅二句 按：子胥勸說夫差勿許越和的大段說辭，詳見《左傳》哀公元年、《國語・吳語》、〈吳太伯世家〉、〈越王句踐世家〉。⓲用太宰嚭計二句 平，講和。有關伯嚭受賄勸說夫差與越講和事，詳見《國語・越語下》及〈越王句踐世家〉。⓳其後五年 即吳王夫差七年，齊晏孺子元年，西元前四八九年。⓴齊景公死 事在吳王夫差六年，西元前四九〇年。齊景公，名杵臼，西元前五四七－前四九〇年在位。㉑大臣爭寵二句 齊景公死後，其少子晏孺子立，高昭子、國惠子為相。晏孺子元年六月，齊國權臣田乞與高昭子逐國惠子。十月，田乞又殺晏孺子，而另立公子陽生為君（即齊悼公），齊國政權從此落入田氏手中，事見〈齊世家〉。㉒興師北伐齊 據〈十二諸侯年表〉，是年吳曾伐陳，無伐齊事，此與〈吳太伯世家〉皆誤。梁玉繩曰：「是年無伐齊事，伐齊在魯哀公十年，其事去齊景公之卒已四年矣；而即以此為艾陵之役則更誤。」㉓食不重味 飯桌上只有一種菜。極言其儉樸。㉔大敗齊師於艾陵 按：艾陵之役應在魯哀公十一年（西元前四八四年），史公繫之於此，誤也。艾陵，齊邑名，在今山東萊蕪東北。一說在今山東泰安東南。㉕威鄒魯之君以歸 威，威脅；恫嚇。鄒，也作「邾」。春秋時小國名，國都在今山東鄒縣東南。魯，西周以來的諸侯國名，國都即今山東曲阜。據〈十二諸侯年表〉，吳王夫差曾於其七年伐陳（國都即今河南淮陽）；八年與魯君會於繒，向魯君徵百牢；九年伐魯等等。按：凌本、殿本於此作「滅鄒魯之君以歸」，於是盧文弨、錢大昕遂斷句為「滅鄒，魯（虜）其君以歸」，於義亦得。㉖其後四年 吳王夫差十一年，齊悼公四年，西元前四八五年。㉗句踐用子貢之謀二句 按：據《左傳》，夫差十一年，吳與魯伐齊，適齊國政變，齊悼公被弒，吳遂未戰而還。夫差十二年，齊簡公元年，吳又聯魯伐齊，「越子率其眾以朝焉，王及列士皆有饋賂」，蓋即本文所謂「率其眾以助吳」也。所謂「句踐用子貢之謀」，事見〈仲尼弟子列傳〉，其大致情況是：齊侵魯，為解魯國之難，子貢往說吳王使救魯伐齊；而吳畏越襲其後，故子貢又往說越王，使越出兵以助吳也。此子貢多方遊說事，《左傳》不載，前人多疑為後人附會，史公誤取。㉘石田　不能耕種的石頭地。㉙盤庚之誥　即指《尚書》中的〈盤庚〉篇，分上、中、下，這是殷代帝王盤庚告諭臣下的訓辭。大意是，盤庚即位後，欲率領殷民搬遷，殷民皆咨嗟埋怨而不願意，盤庚遂作此以訓告之。㉚有顛越不恭四句　四句見〈盤庚〉中篇。大意說：誰敢悖謬不聽命令，我就割他殺他，不叫他留下後代，不叫他在這裡再延續種姓。顛越，猶言顛倒；悖謬。不恭，不承；不奉行。劓，割。殄，絕滅。俾，使。易種，延續種姓。易，通「施」。延也。㉛後將悔之無及　凌稚隆引王維楨曰：「伍員借吳力得報父仇，故盡忠謀如此。」按：《吳越春秋》云：「子胥曰：『臣聞狼子有野心，仇讎之人不可親。夫虎不可餧以食，蝮蛇不恣其意。今大王捐國家之福，以饒無益之讎；棄忠臣之言，而順敵人之欲，臣必見越之破吳，豕鹿游於姑蘇之臺，荊榛蔓於宮闕。』」《吳越春秋》為晚出之書，其事多不足取，惟此語極其有名，故錄之。㉜使子胥於齊　凌稚隆引楊循吉曰：「出謀臣於外，太宰嚭以計疏遠之，而陰欲以罪誅之也。」㉝屬其子於齊鮑牧　屬，託。託人照看。鮑牧，齊國貴族，鮑叔牙的後人。按：其時鮑牧已死，此語有誤，《左傳》但曰「屬其子於鮑氏」。茅坤曰：「子胥處君驕臣讒之間，而屬其子於他國，非明哲之道。」凌稚隆引穆文熙曰：「子胥屬子，蓋誓以死諫，且不欲絕先人之後也。或謂屬鏤之劍乃所自招，不知其心矣。」㉞猜賊　殘忍。㉟其怨望恐為深禍也　他的怨恨不滿，恐將成為吳國的大災難。怨望，怨恨。望，怨。㊱王卒伐之而有大功　據《左傳》，此即前文誤說之「艾陵之戰」，事在夫差十二年，齊簡公元年，西元前四八四年五月。是役吳與魯「大敗齊師，獲國書、公孫夏、閭丘明、陳書、東郭書，革車八百乘，甲首三千」。㊲今王又復伐齊　指夫差十二年之聯魯伐齊，蓋史公誤繫子胥被殺於夫差十一年故也。㊳專愎　專斷；自以為是。愎，不聽人勸。㊴沮毀　指發表阻撓、破壞的言論。㊵自勝其計謀　以顯示他自己的謀劃正確。㊶輟謝　尋找理由不肯從行。輟，停止；中斷。㊷詳　通「佯」。假裝。㊸微伺　暗中偵視。㊹外倚諸侯　勾結別的國家。㊺鞅鞅　怨恨不滿的樣子。㊻屬鏤　杜預注：「劍名。」楊伯峻引章炳麟說，以為「屬鏤」即「獨鹿」，山名，在涿郡，其地出劍，因以為劍名。並以《淮南子．氾論》有「大夫種身伏屬鏤而死」，故謂「屬鏤非一劍之名可知」。㊼若　你；你的。㊽諸公子爭立三句　按：闔廬諸子相爭事，各處均無詳載，唯《左傳》定公六年載有「吳太子終累」其人，至於後來如何換成了「夫差」，過程不得而知。依情理推斷，蓋伍子胥助夫差以傾倒故太子也。此伍子胥責夫差忘恩負義諸語，不見於《左傳》、《國語》，僅見於本文與〈越王句踐世家〉，不知史公取材於何處。㊾我顧不敢望　我根本就不想要。顧，通「固」。根本；本來。㊿今若聽諛臣言以殺長者　諛臣，讒臣；佞臣。長者，猶今之所謂「好人」、「忠厚人」。李笠曰：「『若』下當依《說苑・正諫》篇補『之何』二字，以『若』訓『汝』則語無結束矣。」按：二解皆可，李氏說語氣更好。(51)舍人　貴族身邊的親信人員。《漢書・高帝紀》師古注：「親近左右之通稱也。」(52)梓　喬木名。(53)今可以為器　器，指棺材。意謂讓它將來給吳王做棺材用。《正義》曰：「器謂棺也，以吳必亡也。」《左傳》云：「樹吾墓檟，檟可材也，吳其亡乎！」(54)抉吾眼縣吳東門之上　抉，摳；挖。縣，通「懸」。(55)以觀越寇之入滅吳也　柳宗元曰：「伍子胥者，非吳之昵親也，其始交闔廬以道，故由其計。今于嗣君已不合，言見進則讒者勝，國無可救者，於是為去之可也。出則以孥累於人，而又入以即死，固非吾之所知也，然則員者果勇士也與！」茅坤曰：「子胥忿恚如是，則其在當時，處君臣上下之間必多不當於道矣，此讒之所由興也。」瀧川曰：「太宰嚭之讒，子胥之歎，史公以意敷衍。」(56)盛以鴟夷革二句　《國語・吳語》：「王慍曰：『孤不使大夫得有見也。』乃使取申胥之屍，盛以鴟夷，而投之江。」鴟夷，即皮製的囊袋。瀧川曰：「此『革』字疑衍。」按：此所謂「江」者指吳淞江，今亦名蘇州河。(57)胥山　《集解》引張晏曰：「胥山在太湖邊，去江不遠百里故云『江上』。」梁玉繩引顧炎武《日知錄・三十一》，詳辯今太湖之「胥山」與蘇州之「胥門」皆與伍子胥無涉，其說可信。按：以上伍子胥反對夫差忽視越王句踐而一味用兵中原，致被夫差害，吳亦迅即被越所滅事，見《左傳》定公十四年、哀公元年、六年、七年、八年、九年、十年、十一年，與《國語》之〈吳語〉、〈越語上〉、〈越語下〉。(58)吳王既誅伍子胥二句　據《左傳》，伍子胥被殺於夫差十二年吳、魯破齊於艾陵後；而史公乃誤書於夫差十一年之吳、魯伐齊前，故下文有「齊鮑氏殺其君悼公」云云。(59)齊鮑氏殺其君悼公二句　梁玉繩曰：「疑（此句）當在前『益疏子胥之謀』句上，庶與《左傳》情事相協。此及〈吳世家〉敘伐齊事多倒亂失實。而『悼公』即『陽生』，此又誤說，當是殺其君悼公而立『王』也。」按：所謂「王」者，即齊簡公。(60)吳王欲討其賊二句　〈吳太伯世家〉云：「齊鮑氏弒齊悼公。吳王聞之，哭於軍門外三日，乃從海上攻齊，齊人敗吳，吳王乃引兵歸。」(61)其後二年　吳王夫差十三年，西元前四八三年。(62)召魯衛之君二句　魯、衛之君，指魯哀公（名將，西元前四九四—前四六六年在位）與衛出公（名輒，西元前四九二—前四八一年在位）。槖皋，古邑名，即今安徽巢縣西北之拓皋鎮。按：據《左傳》，此次與吳相會者只有魯國，無衛國。而吳、魯相會的目的是重申舊日的盟約。(63)其明年　吳王夫差十四年，西元前四八二年。(64)大會諸侯於黃池　按：此次會吳王於黃池者只有魯哀公與晉定公，會盟的目的是吳王夫差想壓倒當時處於盟主地位的晉國，而自己取得霸主地位。黃池，古邑名，在今河南封丘西南。(65)以令周室　蓋謂號令諸侯以尊周室也。此語殊欠明曉。(66)越王句踐襲殺吳太子二句　〈越王句踐世家〉云：「吳王北會諸侯於黃池，吳國精兵從王，惟獨老弱與太子留守。句踐乃發習流二千人，教士四萬人，君子六千人，諸御千人，伐吳。吳師敗，遂殺吳太子。」(67)厚幣與越平　厚幣，厚禮。幣，禮品，古代常以璧、帛等為之。平，講和。(68)後九年　吳王夫差二十三年，越王句踐二十四年，西元前四七三年。(69)越王句踐遂滅吳二句　〈越王句踐世家〉云：「其後四年，越復伐吳。吳士民罷弊，輕銳盡死於齊、晉。而越大破吳，因而留圍之三年。吳師敗，越遂復棲吳王於姑蘇之山。（吳王求和，范蠡不許。）句踐乃使人謂吳王曰：『吾置王甬東，君百家。』吳王謝曰：『吾老矣，不能事君王！』遂自殺。乃蔽其面，曰：『吾無面以見子胥也！』」按：史著吳亡於此，見子胥繫吳國之重。(70)誅太宰嚭　〈吳太伯世家〉云：「越王滅吳，誅太宰嚭，以為不忠而歸。」〈越王句踐世家〉亦曰：「乃葬吳王而誅太宰嚭。」劉恕曰：「《左傳》哀二十四年閏月，『哀公如越，使因太宰嚭而納賄焉』，在吳亡後二年也。如左氏之說，則嚭入越亦用事，安得吳亡即誅哉？」竹添光鴻曰：「越之誅嚭，當在季孫納賄之後，史公特因滅吳而牽連書之耳。」按：史公痛疾賣主賣友之輩，故著伯嚭之誅於此，亦猶〈季布欒布列傳〉之著劉邦誅丁公，《新五代史》載耶律德光之殺張彥澤也。《越絕書》亦有句踐誅伯嚭語，蓋隨《史記》而推衍。(71)與己比周　謂與越王句踐相勾結。比周，互相依附遷就。猶今之所謂「狼狽為奸」。

【語譯】 在此以後的第四年，孔子做了魯國的丞相。

2 第五年，吳國起兵伐越。越王句踐出兵迎擊，在檇李大破吳軍，闔廬的腳指受傷，吳軍退卻。闔廬的傷勢發作，臨死前，他對太子夫差說：「你會忘掉句踐殺了你父親嗎？」夫差說：「我至死也不會忘記。」當天夜裡闔廬就死去了。夫差即位為王後，任命伯嚭為太宰，並開始加緊訓練軍隊。二年後起兵伐越，大破越軍於夫湫。越王句踐於是帶著他的殘兵五千人逃到了會稽山上，他派大夫文種送厚禮給吳國的太宰伯嚭，通過他向吳王夫差求和，說句踐願把國家交給吳王管轄，連自己夫妻本人也情願給吳王作奴作婢。吳王心軟想答應，伍子胥勸阻說：「句踐能忍受辛苦圖強發憤。現在不消滅他，日後一定要後悔的。」但吳王不聽伍子胥的勸阻，最後還是採納了伯嚭的主張與越國講和了。

3 又過了五年，吳王聽說齊景公死了，齊國的大臣正爭權奪勢，新即位的國君軟弱，無法駕馭他們，於是想趁勢興兵北伐。伍子胥又勸阻說：「句踐現在飯桌上不擺兩個菜，經常去弔問死者，撫恤傷病，可以看出他是為了取得國人的擁戴，日後要使用他們。這個人只要不死，日後肯定要成為吳國的大患。越國的存在對於吳國來說，是心腹之中的大病。您不首先解決越國而去對付齊國，這不是很錯誤的嗎？」吳王不採信，出兵伐齊，大敗齊軍於艾陵，同時威震鄒、魯兩國而後搬師回吳。這一來吳王對伍子胥的話就更不聽了。

4 又過了四年，吳王又要北伐齊國，這時越王句踐聽從子貢的計謀，自動地率領軍隊幫助吳國，同時還獻給了伯嚭許多寶物。而伯嚭已經多次地接受越國的賄賂了，他對於越國分外愛護信任，於是就日夜不停地在吳王面前說越國的好話，吳王對這些全都信以為真。伍子胥對吳王說：「越國是我們真正的心腹之患，可是我們卻相信他們的花言巧語而醉心於北伐齊國。即使我們占有了齊國，那也只如得到一片石頭地，沒有任何用處。《尚書．盤庚》裡曾說：『凡是橫行無法不服管教的，就要徹底消滅它，不要讓它留下根子，不能讓他們再滋長起來。』商朝所以興旺，就因為他們有果斷的措施。希望大王能夠放棄齊國先消滅越國，否則我們將後悔莫及。」吳王還是不聽信，並且打發伍子胥去齊國出使。伍子胥臨走時，對他的兒子說：「我幾次勸說吳王，吳王都不聽，我看吳國很快就要滅亡了。你留在這裡跟著吳國一起滅亡，是沒有意義的。」於是，就把他的兒子帶到了齊國，把他託付給了齊國的鮑氏，而後單獨一人回來。

5 太宰伯嚭與伍子胥之間本來就有間隙，於是就在吳王面前說：「伍子胥生性剛暴，狠毒殘忍，他的怨恨不滿，恐將成為吳國的大災難。前次大王伐齊，他就說不行，結果大王獲得了全勝。但伍子胥並不因此認錯，而是相反地更恨大王不聽他的話了。如今大王又要伐齊，伍子胥又硬是攔阻，詆毀破壞，希望吳國打敗仗，以證實他有先見之明。現在大王統率著全國的兵力親自出征齊國，伍子胥因為您沒聽他的話，就故意裝病推辭不去。大王不能不防備他，看來恐怕他很快就要造反了。另外我還派人暗中盯過他的梢，他在出使齊國的時候，已經把他的兒子託付給了齊國的鮑氏。作為一個臣子，在國內稍微有點不痛快，就去勾結國外的諸侯，自己仗恃著是先王的老臣，因為今天一時的不被信任，就心懷不滿。對於這樣的人希望大王早作處置。」吳王夫差說：「即使你不說這些話，我自己也早就懷疑他了。」於是就派人給伍子胥送去一把名叫「屬鏤」的寶劍，說：「你就用這把劍自盡吧。」伍子胥接過劍仰天長歎說：「唉！本來是奸臣伯嚭誤國作亂，可是大王卻反而殺我。我曾經輔助你的父親在諸侯中稱霸，在你還沒有即位的時候，許多弟兄都爭奪過這個王位，是我在先王面前誓死保你，才讓你勉強繼承王位。你當了吳王之後，想把吳國分一半給我，我都沒有要。沒想到今天你聽信小人的壞話，反而來殺我。」於是回頭告訴他手下的人們說：「你們要在我的墓前種幾棵梓樹，讓它長大了可以作棺材，還要把我的眼珠挖下來掛在吳國國都的東門，我要看著有朝一日越國人從這裡進來滅掉吳國。」說完就自刎而死了。吳王聽到了伍子胥臨死前的這段話，非常生氣，他叫人把伍子胥的屍體裝進了一條皮袋，把它扔進了江裡。吳國人可憐伍子胥的遭遇，便在江邊給伍子胥立了一座廟，並把附近的一座小山稱為胥山。

6 吳王殺掉了伍子胥之後，遂北上伐齊。這時正好齊國的鮑氏殺了齊悼公，而另立公子陽生為君。吳國想打抱不平地討伐鮑氏，結果沒能取勝，只好退兵了。又過了兩年，吳國召集魯國、衛國的國君，在橐皋會盟。隔年，吳王又率兵北上，大會各國諸侯於黃池，並號令諸侯以尊周王室。不料想越王句踐這時乘虛帶兵襲擊吳國，攻破了吳國國都，殺死了吳國的太子。吳王夫差聞訊後，只好由黃池趕回，並派人帶著厚禮去與越國求和。又過了九年，越王句踐終於滅掉了吳國，殺死了吳王夫差，同時也殺掉了吳國的太宰伯嚭，因為他不忠於自己的國君，而接受外人的賄賂，與自己狼狽為奸。

1 伍子胥初所與俱亡故楚太子建之子勝者，在於吳。吳王夫差之時，楚惠王❶欲召勝歸楚❷。葉公❸諫曰：「勝好勇而陰求死士❹，殆有私乎❺！」惠王不聽，遂召勝，使居楚之邊邑鄢❻，號為白公❼。白公歸楚三年而吳誅子胥。

2 白公勝既歸楚，怨鄭之殺其父，乃陰養死士求報鄭。歸楚五年❽，請伐鄭，楚令尹子西❾許❿之。兵未發而晉伐鄭，鄭請救於楚⓫。楚使子西往救，與盟而還⓬。

白公勝怒曰：「非鄭之仇，乃子西也⑬。」勝自礪⑭劍，人問曰：「何以為？」勝曰：「欲以殺子西。」子西聞之，笑曰：「勝如卵耳，何能為也⑮？」

3 其後四歲⑯，白公勝與石乞⑰襲殺楚令尹子西、司馬子綦於朝⑱。石乞曰：「不殺王，不可⑲。」乃劫王如高府⑳。石乞從者屈固負楚惠王亡走昭夫人之宮㉑。葉公聞白公為亂，率其國人㉒攻白公。白公之徒敗，亡走山中，自殺㉓。而虜石乞，而問白公尸處，不言將亨㉔。石乞曰：「事成為卿，不成而亨，固其職也㉕。」終不肯告其尸處㉖。遂亨石乞，而求惠王復立之㉗。

【章旨】以上為第四段，寫白公勝為父報仇的故事，為伍子胥的報仇作餘波。

【注釋】❶楚惠王　名章，昭王之子，西元前四八八—前四三二年在位。❷欲召勝歸楚　按：平王信費無極之讒，致使太子建流亡死於外；昭王即位後，執政子西即順眾意而誅費無極。至惠王二年（西元前四八七年），子西遂更召故太子建之子勝歸國。郭嵩燾曰：「伍員之奔吳，志在復仇耳，太子建非可恃以成事者。」若從太子建奔宋、奔鄭，又從建子勝奔吳，則是伍員始終繫心楚國，不應與白公勝同在吳而無一語及之。疑白公勝奔吳未久，子西亦聞其勇而憂其為楚患也故召之，與伍員奔吳兩不相涉。❸葉公　楚國名臣沈尹戌之子，字高，因其封地在葉（今河南葉縣西南），故稱「葉公」。❹陰求死士　暗中物色亡命之徒。❺殆有私乎　怕是懷有不可告人的目的吧。殆，近；大概。私，陰私；陰謀。❻鄢　古邑名，《集解》以為在今河南鄢陵西北。其地原屬鄭國，後被楚占，為楚之北境邊邑。《正義》以為「鄢」同「郾」，在今河南郾城南。其地有「白亭」，又有「白公故城」。❼號為白公　〈楚世家〉於此作「召平王故太子建之子勝於吳，以為巢大夫，號曰『白公』」。《集解》曰：「楚邑大夫皆稱『公』。」❽歸楚五年　史公以為在惠王七年，西元前四八二年。梁玉繩曰：「晉伐鄭在魯哀十五年（西元前四八〇年），乃白公歸楚八年，非五年也。」❾楚令尹子西　令尹，楚官名，略同於他國之宰相。子西，楚平王之弟，曾長期掌握楚國政權。❿許　應允。⓫晉伐鄭二句　《左傳》哀公十五年之經文有所謂「晉侯伐鄭」，傳文無，具體原因不詳。⓬楚使子西往救二句　謂退晉兵後與鄭結盟而還。按：〈楚世家〉云：「楚使子西救鄭，受賂而去。」是子西因得鄭賂而未踐與白公之約也。⓭非鄭之仇二句　我的仇敵現在已經不是鄭國，而是子西。《左傳》於此云：「勝怒曰：『鄭人在此，仇不遠矣。』」⓮礪　磨。⓯勝如卵耳二句　言其如卵之尚未孵化。極喻其小弱不足成事。按：《左傳》於此作「勝如卵，余翼而長之，楚國第我死，令尹、司馬，非勝而誰」。蓋謂子西自恃對勝有恩，且謂勝不愁日後在楚無權，無須作亂以殺己。史公之行文與《左傳》不同，應各隨文而解。⓰其後四歲　梁玉繩曰：「『四』當作『二』，晉伐鄭之明年，白公作亂也。」按：史公前文曰「歸楚五年」，少說三年；此又曰「其後四歲」，多說三年，遂正與梁玉繩所說之年代相同，即楚惠王十年，吳王夫差十七年，西元前四七九年。⓱石乞　白勝所養的「死士」之一。⓲襲殺楚令尹子西司馬子綦於朝　事在惠王十年七月。司馬，官名，執掌全國軍事。子綦，《左傳》作「子期」，已見於前文之救昭王。⓳不殺王二句　石乞之意以為必須除掉惠王，白公勝才有可能取得王位。《左傳》於此云：「石乞曰：『焚庫，弒王，不然不濟。』白公曰：『不可。弒王不祥，焚庫無聚，將何以守矣？』乞曰：『有楚國而治其民，以敬事神，可以得祥，且有聚矣，何患？』弗從。」⓴乃劫王如高府　此句金陵本原作「乃劫之王如高府」，王念孫曰：「『劫』下本無『之』字，哀十六年《左傳》曰『白公以王如高府』，〈楚世家〉曰『因劫惠王置之高府』，此曰『乃劫王如高府』，其義一也。『劫』下不當有『之』字。」今據刪。高府，杜預注：「楚之別府也。」㉑石乞從者句　按：《集解》引徐廣曰：「一作『惠王從者屈固』。」〈楚世家〉亦作「惠王從者屈固」。《左傳》於此作「石乞尹門，圉公陽（杜注：楚大夫）穴宮，負王以如昭夫人之宮」。然則此句作「石乞」者誤。昭夫人，昭王之夫人，惠王之母也。㉒率其國人　率領其封地葉邑的人。㉓亡走山中二句　按：「亡走」上應增「白公」二字讀。㉔亨　通「烹」。㉕固其職也　猶言「分當如此」。職，職分；義務。或曰，職，常也。常情。凌稚隆引凌約言曰：「白公為父報仇，石乞為主盡忠，其于子胥，皆類例也。太史公附此一段，正以例見子胥之長耳。」㉖終不肯告其尸處　按：此處突出了石乞的士為知己者死，亦突出了白公勝的能得人，皆為史公所欣賞。㉗而求惠王復立之　按：以上白公勝作亂於楚被削平事，見《左傳》哀公十六年。

【語　譯】當初和伍子胥一起逃出來的原楚國太子建的兒子勝，也一直住在吳國。當吳王夫差在位時，楚惠王曾想叫他回去。但葉公勸諫說：「勝這個人勇敢好鬥，而且還收養了許多亡命之徒，他別是有什麼個人打算吧！」楚惠王不聽信，終於還是把他叫回來了，讓他住在楚的邊城鄢邑，號為白公。白公歸楚的第三年，吳王殺害了伍子胥。

2 白公勝歸楚以後，怨恨鄭國殺了他的父親太子建，於是就開始豢養敢死隊尋機報仇。白公勝回國後的第五年，他請求國家出兵伐鄭，楚國的令尹子西答應了他的請求。誰知楚軍還沒派出而晉國已經出兵伐鄭了，鄭國派人向楚國求救。結果楚王又派子西前去救鄭，子西救鄭後與鄭國結盟而回。白公勝見此情景心中大怒，說：「如今我的仇人已經不是鄭國，而是子西了。」於是他就自己霍霍磨劍，有人問他：「你磨劍幹什麼？」白公勝說：「殺子西。」子西聽了笑著說：「白公勝像個雞蛋，一碰就破，他能幹什麼？」

3 四年後的一天，白公勝和石乞乘著上朝的機會發動襲擊，一舉殺死了楚國的令尹子西與司馬子綦。石乞對白公勝說：「不把楚王一起殺掉，恐怕不行。」於是就劫持著楚惠王一起向高府轉移。不想石乞的隨從屈固，偷偷地背著楚惠王逃到惠王的母親昭王夫人的宮中去了。外面的葉公聽說白公在朝內發動了叛亂，便率領著他的屬下討伐白公，白公被打敗，逃到山中自殺了。石乞被葉公俘虜，葉公問石乞白公的屍體現在何處，並說如果他不說，就要用鼎把他烹了。石乞說：「事成了當卿，事敗了受烹，本來就理當如此。」到末了他也沒有說出白公的屍首在什麼地方。於是葉公下令烹了石乞，而後又找出了楚惠王讓他恢復了王位。

太史公曰：怨毒❶之於人甚矣哉！王者尚不能行之於臣下，況同列❷乎！向令伍子胥從奢俱死，何異螻蟻？弃小義，雪大恥，名垂於後世❸，悲❹夫！方子胥窘於江上，道乞食，志豈嘗須臾❺忘郢❻邪？故隱忍就功名❼，非烈丈夫孰能致此哉？白公如不自立為君❽者，其功謀❾亦不可勝道者哉！

【章　旨】以上為第五段，是作者的論贊，作者盛讚了伍子胥棄小義、雪大恥，隱忍以就功名的壯烈行為，寄寓了個人身世的無限感慨。

【注　釋】❶怨毒　猶言「狠毒」。指設計害人而言。❷同列　同僚。費無忌與伍奢同為太子官，是同列也。❸弃小義三句　凌稚隆引王維楨曰：「太史公蓋以自見也。」❹悲　悲壯；慘烈。❺須臾　片刻；頃刻。❻忘郢　忘記楚國對他的殺父、殺兄之仇。❼隱忍就功名　司馬遷的價值觀，也是《史記》中的重要主題之一。❽如不自立為君　據前面所引《左傳》哀公十六年文，石乞固欲「焚庫、弒王」矣，而白公堅持不從；又稱其欲立平王之子「子閭」為王，蓋未見其有自立為王之意也。而〈楚世家〉則云：「白公勝怒，乃遂與勇力死士石乞等襲殺令尹子西、子綦於朝，因劫惠王，置之高府，欲弒之。惠王從者屈固負王亡走昭王夫人宮，白公自立為王。」是則歸一切壞事於白公勝矣，與《左傳》所云蓋異。❾功謀　功業、謀略。

【語　譯】太史公說：手段毒辣，設計害人，這種行為也實在太過分了。做君主的都不能隨便殺害臣下，何況是同僚呢？想當初如果伍子胥跟著他的父親一塊死了，那跟死一隻螻蟻有什麼區別？而伍子胥能夠不顧眼前的小義，終於報了大仇，又揚名於後世，這是多麼悲壯啊！當伍子胥在江上受困，在路邊乞食的時候，他何嘗有一分一秒忘掉滅楚報仇呢？所以他忍辱發憤終於功成名就，要不是一個堅強剛烈的大丈夫哪能做出這番事業呢？白公如果不圖謀自立為王，他的功業恐怕也是稱道不完的。

【研　析】〈伍子胥列傳〉的意義有以下幾點：

一、作品歌頌了伍子胥的復仇精神，表現了司馬遷的民主意識。伍子胥歷盡艱辛逃到吳國，取得吳國信任後舉兵伐楚，攻入郢都，「掘楚平王墓，出其尸，鞭之三百然後已」。他的這種忍辱復仇，把復仇之火直接燒向自己君主的行為，歷來不為傳統的衛道者所容忍，而司馬遷竟毫無保留地加以讚揚，稱之為「烈丈夫」。在司馬遷看來，任何人都要為自己的罪惡行徑負責，都理所當然地要受到相應的報復，即使是帝王，也不例外。《孟子》中說：「君視臣如手足，臣視君如腹心；君視臣如草芥，臣視君如寇仇。」「聞誅一夫紂也，不聞弒君也。」〈伍子胥列傳〉表達的正是這種思想，這也就是司馬遷的民主意識之所在。

二、作品歌頌了伍子胥「棄小義，雪大恥」，忍辱奮鬥的生死觀、價值觀。《史記》裡歌頌了許多保存生命、忍辱奮鬥的人，如孫臏、張儀、范雎、韓信、季布以及本篇的伍子胥等；《史記》裡也歌頌了許多在關鍵時刻能豁出去，不惜生命的人，如屈原、侯嬴、田光、豫讓、項羽、李廣等。既讚揚「忍辱」，又讚揚「舍生」，二者之間的標準是什麼呢？答案就在〈伍子胥列傳〉裡。當伍尚、伍子胥兄弟面對楚王使者的時候，伍尚對伍子胥說：「我知往終不能全父命，然恨父召我以求生而不往，後不能雪恥，終為天下笑耳。」「可去矣！汝能報殺父之讎，我將歸死。」於是兄弟二人各自選擇了對自己最好的價值取向。也就是說，有才幹，日後能有更大作為的，留下生命爭取以後；估計日後難得再有更大作為，或者目前又的確關係到自己一生大節的，就犧牲性命以取當前。各有得失，二者權衡取其大。這是司馬遷一貫的思想，唯本篇表述得最為明白，最為突出。

三、歌頌了伍子胥有遠見，敢直言，為堅持真理而不惜犧牲生命的豪邁精神。這是司馬遷理想中大臣所應具有的品質之一。伍子胥深知越國對吳國的威脅，故而一再向吳王陳明利害，結果反被吳王殺害。他在臨死前悲憤地說：「必樹吾墓以梓，令可以為器；而抉吾眼縣吳東門之上，以觀越寇之入滅吳也。」這是多麼沉痛的呼號！這不是在詛咒吳國的滅亡，而是痛苦於國君的昏庸，而自己的忠心與卓見不被理解。

四、本篇同樣表現了司馬遷對奸讒小人害賢誤國、君昏臣佞、政治黑暗的無比憤怒。篇末，作者寫道：「後九年，越王句踐遂滅吳，殺王夫差，而誅太宰嚭。」誅殺伯嚭，史無考證，這裡不過是表現了作者對此類人物的一種憎恨與憤慨而已。

此外，本篇以伍子胥為中心，還寫了許多忍辱復仇的人物與事件，使其集中於一傳，以突出中心人物的品質氣節。這一點，和〈刺客列傳〉關於荊軻的寫法相似，紅花綠葉，相映相托，遂使中心人物的性格更覺豐滿。

卷六十七

仲尼弟子列傳第七

【題解】作品依照「德行」、「政事」、「言語」、「文學」孔門四科的順序，首先一一記述了名列四科的弟子顏回、子路等人；接著又記述了子張、曾參等事跡見於先秦古籍的弟子三十五人；最後記述了只載於《孔子家語》，不見於其他書傳的弟子四十二人。諸書記此多有參差出入，略知其大概可也。此文應與〈孔子世家〉合觀，由這兩篇作品可以看出司馬遷對孔子、對先秦儒家學派的尊崇與景仰。這兩篇作品的資料來源也大體相同，主要都是依據《論語》，此外也參考了一些其他的資料。這兩篇傳記是我國古代學術史上有關孔子與其門派的最早而又影響巨大的研究成果，對後代儒家學說的傳播有重要意義。

1 孔子曰「受業身通者七十有七人」❶，皆異能之士也。德行：顏淵、閔子騫、冉伯牛、仲弓；政事：冉有、季路；言語：宰我、子貢；文學❷：子游、子夏。師也辟❸，參也魯❹，柴也愚❺，由也喭❻，回也屢空❼。賜不受命❽而貨殖❾焉，億則屢中❿。

2 孔子之所嚴事⓫：於周則老子⓬；於衛，蘧伯玉⓭；於齊，晏平仲⓮；於楚，老萊子⑮；於鄭，子產⑯；於魯，孟公綽⑰。數稱⑱臧文仲⑲、柳下惠⑳、銅鞮伯華㉑、介山子然㉒，孔子皆後之㉓，不並世㉔。

【章旨】以上為第一段，是篇前的小序，概述了孔子弟子的總體情況與孔子的大致交遊。

【注釋】❶孔子曰受業身通者七十有七人　瀧川曰：「孔子蓋無此語，『曰』字宜改為『弟子』。」蔣建侯曰：「所謂『身通』，當即『身通六藝』。但省『六藝』二字，絕似縮腳絕後語，豈有脫文耶？」瀧川引鄭環曰：「宋大觀四年議禮局言《史記・弟子傳》曰『受業身通六藝者七十有七人』，據此，今本脫『六藝』二字。」七十有七人，梁玉繩曰：「弟子之數，有作『七十人』者：《孟子》云『七十子』，《呂氏春秋・遇合》篇『達徒七十人』，《淮南子・泰族》及〈要略訓〉俱言『七十』，《漢書・藝文志序》、〈楚元王傳〉所稱『七十子喪而大義乖』是已。有作『七十二人』者：〈孔子世家〉、文翁〈禮殿圖〉、《後書・蔡邕傳》、《鴻都畫像》、《水經注》八、〈漢魯峻冢壁像〉、《魏書・李平傳》、〈學堂圖〉皆『七十二人』，《顏氏家訓・誡兵》篇所稱『仲尼門徒升堂者七十二』是已。有作『七十七人』者：此傳及《漢書・地理志》是已。《孔子家語・七十二弟子解》實『七十七人』，今本脫顏何，止七十六。其數無定，難以臆斷。」崔適曰：「此傳不載而見於《論語》者一人，牢也；見於〈世家〉者二人，孟懿子、顏濁鄒也。孟懿子似非弟子，牢與顏濁鄒究為此傳所遺，合之為七十九人。」❷文學　按：孔門高足分作「德行」、「政事」、「言語」、「文學」四類，見《論語・先進》，但次序與此不同。《論語》的次序為一「德行」，二「言語」，三「政事」，四「文學」。朱熹曰：「弟子因孔子之言記此十人，而並目其所長。孔子教人各因其材，於此可見。」文學，學術。這裡指對儒家思想、理論的學習。❸師也辟　師，即子張，名師。《集解》引馬融曰：「子張才過人，失於邪辟文過。」辟，王觀國曰：「偏也，言才高而失於偏辟也，非邪辟義。蓋偏則僅於失中，邪則涉於奸枉矣。」楊伯峻說同，辟猶今之所謂「片面」。❹參也魯　參，即曾子，名參。《集解》引孔安國曰：「魯，鈍也。曾子遲鈍。」❺柴也愚　柴，高柴。愚，笨拙。❻由也喭　由，即子路，名由。喭，王弼曰：「剛猛也。」楊伯峻曰：「鹵莽。」按：以上四句見《論語・先進》，次序亦有不同。❼回也屢空　回，即顏淵，名回。屢空，屢屢窮得一無所有。❽賜不受命　賜，即子貢，名賜。不受命，楊伯峻解釋為「不安分」，即不受「天命」的束縛。他認為絕不能解釋為「不聽老師的教導」。❾貨殖　做買賣。❿億則屢中猜測行情，每每猜對。億，猜測。按：以上三句見《論語・先進》。⑪嚴事　恭敬地對待。⑫於周則老子　孔子「嚴事」老子事，詳見〈老子韓非列傳〉、〈孔子世家〉亦略言及，然其事則大體為後之為老子說者所編造。⑬蘧伯玉　據〈孔子世家〉，孔子到衛國時，曾住在蘧伯玉家。據《論語・衛靈公》孔子曾稱道說：「君子哉蘧伯玉，邦有道則仕，邦無道則卷而懷之。」蘧伯玉，春秋後期衛國（國都楚丘，在今河南濮陽西南）人。《集解》引《大戴禮記・衛將軍文子》云：「外寬而內直，自娛於隱括之中，直己而不直人，汲汲於仁，以善存亡，蓋蘧伯玉之行也。」按：梁玉繩、崔述、錢穆等皆以為蘧伯玉年齒過高，恐與孔子不相及，孔子適衛「主蘧伯玉」說恐不可信，參看〈孔子世家〉注。⑭晏平仲　即晏嬰，春秋後期齊國（國都臨淄）名臣，事跡見《左傳》、〈齊太公世家〉、〈管晏列傳〉。《論語・公冶長》載孔子稱道晏嬰說：「晏平仲善與人交，久而敬之。」《集解》引《大戴禮記・衛將軍文子》曰：「君擇臣而使之，臣擇君而事之，有道順命，無道衡命，蓋晏平仲之行也。」⑮老萊子　春秋末期楚人，〈老子韓非列傳〉之《正義》引《列仙傳》稱其「耕於蒙山之陽」，楚王迎其為吏，遂又逃至江南。至於孔子與老萊子有何關涉，史無明載。《索隱》引《大戴禮記・衛將軍文子》曰：「德恭而行信，終日言不在悔尤之內，貧而樂也，蓋老萊子之行也。」⑯子產　名僑，春秋後期鄭國（國都即今河南新鄭）宰相，事跡見《左傳》與〈鄭世家〉、〈循吏列傳〉亦有其逸事。瀧川曰：「昭二十年《左傳》，子產卒，仲尼聞之出涕曰：『古之遺愛也。』《論語》亦屢言子產，而未聞其『嚴事』之。」⑰孟公綽　春秋後期魯國大夫。梁玉繩引張孝廉曰：「以公綽為孔子所『嚴事』，恐未然。」按：《論語・憲問》中孔子有所謂「孟公綽為趙、魏老則優，不可以為滕、薛大夫」，未聞孔子對其「嚴事」。以上老子、蘧伯玉、晏嬰、老萊子、子產、孟公綽，皆孔子同時代人。⑱數稱　屢屢稱道。⑲臧文仲　名辰，春秋前期魯國大夫，歷仕莊公、閔公、僖公、文公四朝。梁玉繩曰：「孔子屢貶文仲，何嘗稱之？不當與柳下惠並舉。」按：《論語・公冶長》有云：「臧文仲居蔡，山節藻梲，何如其智也？」又〈衛靈公〉：「臧文仲其竊位者與！知柳下惠之賢而不與位也。」此梁氏所指。⑳柳下惠　即展禽，魯國大夫，其著名事跡為教導展喜巧妙應對齊國入侵者，見《左傳》僖公二十六年。《索隱》引《大戴禮記・衛將軍文子》曰：「孝恭慈仁，允德圖義，約貨去怨，蓋柳下惠之行。」㉑銅鞮伯華　即羊舌赤，銅鞮（今山西沁縣南）人，字伯華，春秋中期晉國大夫，仕於悼公、平公時代，無顯要事跡。《集解》引《大戴禮記・衛將軍文子》曰：「國家有道，其言足以興；國家無道，其默足以容，蓋銅鞮伯華之所行。」㉒介山子然　即介子推。《大戴禮記》作「介山子推」。注：「晉大夫介之推也。」原是晉文公的功臣，後隱入介山，事跡見《左傳》與〈晉世家〉。《集解》引《大戴禮記・衛將軍文子》曰：「觀於四方，不忘其親，苟思其親，不盡其樂，蓋介山子然之行也。」㉓孔子皆後之　意謂上述臧文仲、柳下惠、銅鞮伯華、介之推，都是孔子以前的人。㉔不竝世　不生活在同一個時代。吳見思曰：「平空先添出許多人，以為映襯。」

【語　譯】 孔子說他的學生中，「接受教育，精通六藝的有七十七人」，他們都是一些不同尋常的能人。其中德行突出的有：顏淵、閔子騫、冉伯牛、仲弓；長於治政的有：冉有、季路；能言善辯的有：宰我、子貢；擅文博學的有：子游、子夏。顓孫師偏激；曾參遲鈍；高柴愚笨；仲由粗魯；顏回的境遇不佳，常陷窮困；端木賜則不安天命，好營商以為利，預測行情，所料必中。

2　孔子畢生所尊崇敬重的，有周都的老聃、衛國的蘧伯玉、齊國的晏子、楚國的老萊子，還有鄭國的子產和魯國的孟公綽。此外，他經常提到並加稱讚的有：臧文仲、柳下惠、銅鞮伯華和介子推。孔子比他們出生晚，不是同一時代的人。

1　顏回者，魯人也❶，字子淵❷，少孔子三十歲❸。

2　顏淵問仁，孔子曰：「克己復禮，天下歸仁焉❹。」

3　孔子曰：「賢哉回也！一簞食，一瓢飲❺，在陋巷，人不堪其憂，回也不改其樂❻。」「回也如愚；退而省其私，亦足以發，回也不愚❼。」「用之則行，捨之則藏，唯我與爾有是夫❽！」

4　回年二十九，髮盡白，蚤死❾。孔子哭之慟❿，曰：「自吾有回，門人益親⓫。」魯哀公⓬問：「弟子孰為好學？」孔子對曰：「有顏回者好學，不遷怒，不貳過⓭。不幸短命死矣，今也則亡⓮。」

5 閔損⑮字子騫，少孔子十五歲。

6 孔子曰：「孝哉閔子騫！人不間於其父母昆弟之言⑯。」不仕大夫，不食汙君之祿⑰。「如有復我者，必在汶上矣⑱。」

7 冉耕⑲字伯牛，孔子以為有德行。

8 伯牛有惡疾⑳，孔子往問㉑之，自牖執其手㉒，曰：「命也夫！斯人也而有斯疾，命也夫㉓！」

9 冉雍㉔字仲弓。

10 仲弓問政㉕，孔子曰：「出門如見大賓㉖，使民如承大祭㉗。在邦無怨，在家無怨㉘。」

11 孔子以仲弓為有德行，曰：「雍也可使南面㉙。」

12 仲弓父，賤人。孔子曰：「犂牛之子騂且角㉚，雖欲勿用，山川其舍諸㉛？」

【章旨】以上為第二段，寫顏回、閔損、冉耕、冉雍，也就是以「德行」著稱之弟子的生平事跡。

【注釋】❶顏回者二句　崔述曰：「顏氏之名著於魯者多矣，《春秋傳》有顏高、顏羽、顏息，《呂覽》亦有顏闔，則顏子為魯人信也。」錢穆引林春曰：「〈仲尼弟子列傳〉顏氏居其八，顏路、顏回、顏幸、顏高、顏祖、顏之僕、顏噲、顏何，皆魯人。」顏之推曰：「仲尼母族。」魯，西周初年建立的諸侯國名，始封之君為武王之弟周公，國都即今山東曲阜。❷字子淵　瀧川曰：「古人『名』『字』相因，『淵』，『回水』也，故顏回字子淵。」❸少孔子三十歲　依史公之說，則顏回生於魯昭公二十一年，西元前五二一年。錢穆從此說，而崔適則以為應作「少孔子四十歲」。依此則顏回生於魯昭公三十一年，西元前五一一年。瀧川引閻若璩《四書釋地》以為應作「少孔子三十七歲」，而楓山、三條本「歲」上皆有「七」字。依此則顏回生於魯定公二十八年，西元前五一四年。梁玉繩曰：「弟子先後之次，當依《論語》或以齒為序，如『子路、曾皙、冉有、公西華侍坐』是也；或以德為序，如『顏淵、季路侍』是也。《史》殊錯雜，惟『德行』四賢無改耳。」❹克己復禮二句　語見《論語・顏淵》。楊伯峻曰：「抑制自己，使言語行動都合於禮，一旦這樣做到了，天下的人都會稱許你是仁人。」歸仁，以「仁者」之號歸之。❺一簞食二句　一筐飯，一瓢湯。極言其生活條件之儉約、貧寒。簞，圓形竹器。❻回也不改其樂　按：以上六句見《論語・雍也》。蘇轍曰：「古之觀人也，必於其小焉觀之其大者，孰知簞食瓢飲不為哲人之大者乎？」❼回也如愚四句　回也如愚，言其聽課時沒有反應，像個傻子。退而省其私二句，朱熹認為這句話的主語是孔子，意謂孔子事後細察顏回的思想、實踐，發現他也能夠發揮闡釋自己所講的東西。楊伯峻曰：「等他退回去自己研究，卻也能發揮。」二者理解不同。按：以上四句見《論語・為政》。❽用之則行三句　用之則行二句，《集解》引欒肇曰：「不假隱以自高，不屈道以要名。」楊伯峻曰：「用我呢，就幹起來；不用呢，就藏起來。」主語都指當政者。按：以上三句見《論語・述而》。❾回年二十九三句　蚤，通「早」。梁玉繩曰：「《史》不書回死之年，《索隱》及《文選・辨命論》注引《家語》並作『三十二』。」梁玉繩從閻若璩說以為顏回死於魯哀公十二年，是時孔子六十九歲。郭嵩燾曰：「孔子十九生伯魚，伯魚年五十卒，則孔子當六十九。顏淵之卒尚在伯魚後，其年當及四十。」錢穆認為顏回死於魯哀公十四年，卒年四十一，是時孔子七十一歲。蔣建侯認為顏回二十九歲即死，其年為魯哀公二年，孔子年五十九。按：顏回墓在曲阜城東二十里，防山之陽。宋代以顏回、曾子、子思、孟子四人配享孔廟，人稱「四配」。明代嘉靖時顏回被追稱為「復聖」，今曲阜城內亦有顏子廟。❿慟　極度哀傷的樣子。⓫自吾有回二句　瀧川引《尚書大傳》云：「文王得胥附、奔湊、先後、禦侮，謂之『四鄰』，以免牖里之難。懿子曰：『夫子亦有四鄰乎？』孔子曰：『文王得四臣，丘亦得四友焉：自吾得回也，門人加親，是非胥附邪？自吾得賜也，遠方之士日至，是非奔湊邪？自吾得師也，前有光，後有輝，是非先後邪？自吾得由也，惡言不至於耳，是非禦侮邪？』」⓬魯哀公　春秋末期魯國國君，名將，西元前四九四—前四六八年在位。⓭不貳過　不重犯已經犯過的錯誤。⓮今也則亡　現在已經沒有了。亡，同「無」。以上魯哀公問「孰為好學」見《論語・雍也》。崔述曰：「顏子非諸弟子可及。顏子之造詣已深，假之以年，聖道不患其不昌明於世；不幸早沒，故孔子以為『喪予』，孟子以為『無有』也。」⓯閔損　《集解》引鄭玄曰：「魯人。」《家語》同。⓰人不間於其父母昆弟之言　《集解》引陳群曰：「言子騫上事父母，下順兄弟，動靜盡善，故人不得有非間之言。」胡安國曰：「父母兄弟稱其孝友，人皆信之，無異詞者。」今人楊伯峻《論語譯注》取後說。昆弟，兄弟。按：孔子稱道閔子騫語見《論語・先進》。⑰不仕大夫二句　皆指不應魯國權臣季氏之請而言。不仕大夫，不為大夫做事。季孫氏為魯國大夫，世代執掌魯政。汙君，即指季氏。⑱如有復我者二句　按：二句見《論語・雍也》。原文為：「季氏使閔子騫為費宰，閔子騫曰：『善為我辭焉，如有復我者，我必在汶上矣。』」費宰，費邑（季氏的都城）的行政官。復我，再來叫我。必在汶上矣，《集解》引孔安國曰：「去之汶水上，欲北如齊。」汶水，發源於今山東萊蕪北，西經曲阜北，再西流入巨野澤。梁玉繩曰：「此閔子辭費宰，一時拒使者之言，非事實也。疑此句上脫『故曰』二字。」洪邁曰：「《論語》所記孔子與人語，及門弟子對人問答皆斥其名，未有稱字者，唯至閔子獨稱『子騫』，終此書無『損』名。」崔述曰：「孔子之稱閔子不一而足，而出處之節尤人所難能。」錢穆曰：「閔子於孔門為前輩，曾子、有子皆後進，閔子在當時豈自以年德見尊異與？」⑲冉耕　《集解》引鄭玄曰：「魯人。」《家語》同。蔣建侯據《闕里廣志》、《聖門志》以為冉耕少孔子七歲。如此則冉耕生於魯襄公二十九年，西元前五四四年。⑳惡疾　《淮南子・精神》謂：「伯牛為厲。」蔣建侯以為「厲」即「癩」，今所謂「痲瘋」。㉑問　慰問。㉒自牖執其手　牖，窗口。《集解》引包氏曰：「牛有惡疾，不欲見人，孔子從牖執其手。」㉓命也夫　包氏曰：「再言之者，痛之甚也。」按：以上孔子慨歎冉耕事，見《論語・雍也》。㉔冉雍　《集解》引鄭玄曰：「魯人。」《索隱》引《家語》曰：「伯牛之宗族，少孔子二十九歲。」據此則冉雍生於魯昭公二十年，西元前五二二年。蔣伯潛據《論衡・自紀》之論父子不相似有「伯牛有疾，仲弓潔全」語，以為冉雍即冉耕之子。按：據後文有所謂「仲弓父賤人」，則似乎不宜指伯牛，存疑。㉕問政　問如何從政。㉖出門如見大賓　楊伯峻曰：「出門工作好像接待貴賓。」㉗使民如承大祭　楊伯峻曰：「役使百姓好像去承當大祀典。」㉘在邦無怨二句　意謂只要嚴格恭敬從事，那就不論在哪裡工作，都不會遭人怨恨了。皇侃曰：「在邦，謂仕諸侯；在家，謂仕卿大夫。」按：以上孔子答仲弓問政見《論語・顏淵》。㉙可使南面　可任一邦之君主。《集解》引包氏曰：「任諸侯之治。」朱熹曰：「言仲弓寬洪簡重，有人君之度也。」按：以上孔子稱仲弓語見《論語・雍也》。㉚犂牛之子騂且角　猶今俗話之「雞窩裡出了鳳凰」。犂牛，毛色駁雜的牛。騂且角，《集解》引何晏曰：「騂，赤色也。角者，角周正。」指適合於充犧牲，做供品。㉛雖欲勿用二句　何晏曰：「雖欲以其所生犂而不用，山川寧肯舍之乎？」意謂被祭祀的神靈喜歡牠。

【語　譯】顏回是魯國人，字子淵，比孔子小三十歲。

2 顏淵向孔子請教什麼是「仁」，孔子說：「克制自己，使言行都符合禮儀的要求。這樣天下人就會稱讚你是個『仁』人了。」

3 孔子說：「顏回是個有賢德的人啊！清茶淡飯，身居陋巷，別人受不了這種窮困憂患，而顏回卻自得其樂，不改其志。」「顏回上課時一言不發，貌似愚笨，但課後觀察他的言談，發現他對所學的東西，頗能發揮。顏回其實並不愚笨。」「為世所用便努力去做，不為所用便藏而不露。這種態度，只有我和你能做到啊！」

4 顏回二十九歲，頭髮全白了。他英年早逝。孔子哭得很傷心，說：「自從我有了顏回，弟子們都很親密團結。」魯哀公問：「弟子中誰最好學？」孔子說：「有個叫顏回的非常好學，他從不把怒氣遷移到別人身上，也不會犯重複的錯誤。可是他不幸短命，過早地死去了。現在就再也沒有像他那樣的學生了。」

5 閔損，字子騫，比孔子小十五歲。

6 孔子說：「閔子騫真是個講孝道的人啊！難怪人們對於他父母兄弟對他的讚揚，從來都沒有過非議。」他不肯為有權勢的人服務，也不接受昏君的俸祿。他曾說過：「如果再有人來召我去做官，我一定會逃到汶水之北的地方去。」

7 冉耕，字伯牛。孔子認為他很有德行。

8 伯牛得了一種難治之症，孔子去探望他，從窗口握住他的手，說：「這是命啊！這樣好的人得了這種病，難道是命運的安排嗎？」

9 冉雍，字仲弓。

10 仲弓向孔子請教治理政務的方法，孔子說：「出門辦事要像接見貴賓一樣恭敬認真，使喚百姓要像舉辦隆重祭祀一樣謹慎虔誠。無論是在朝廷做事，與諸侯交往，還是在地方工作，為大夫服務，都不會招來怨恨了。」

11 孔子認為仲弓品德很好，他說：「冉雍是可以讓他坐北朝南，任一邦之君的。」

12 仲弓的父親是個地位低下的人。孔子說：「雜色牛生的幼犢長著一身純紅色的毛，兩角端正，即使不想用牲來做祭品，山川之神會同意不要嗎？」

1 冉求❶字子有，少孔子二十九歲❷，為季氏宰❸。

2 季康子❹問孔子曰：「冉求仁乎？」曰：「千室之邑❺，百乘之家❻，求也可使治其賦❼，仁則吾不知也❽。」復問：「子路仁乎？」孔子對曰：「如求❾。」

3 求問曰：「聞斯行諸❿？」子曰：「行之。」子路問：「聞斯行諸？」子曰：「有父兄在，如之何其聞斯行之⓫！」子華⓬怪之：「敢問問同而答異？」孔子曰：「求也退，故進之⓭；由也兼人⓮，故退之⓯。」

4 仲由字子路，卞⓰人也，少孔子九歲⓱。

5 子路性鄙⓲，好勇力，志伉直，冠雄雞⓳，佩豭豚⓴，陵暴孔子。孔子設禮稍誘㉑子路，子路後儒服委質㉒，因門人請為弟子。

6 子路問政，孔子曰：「先之，勞之㉓。」請益㉔，曰：「無倦㉕。」

7 子路問：「君子尚勇乎？」孔子曰：「義之為上。君子好勇而無義則亂㉖，小人好勇而無義則盜㉗。」

8 子路有聞，未之能行，唯恐有聞㉘。

9 孔子曰：「片言可以折獄者，其由也與[29]！」「由也好勇過我，無所取材[30]。」「若由也，不得其死然[31]。」「衣敝縕袍[32]與衣狐貉[33]者立而不恥者，其由也與[34]！」「由也升堂矣，未入於室也[35]。」

10 季康子問：「仲由仁乎？」孔子曰：「千乘之國[36]，可使治其賦，不知其仁[37]。」

11 子路喜從游[38]，遇長沮、桀溺[39]、荷蓧丈人[40]。

12 子路為季氏宰[41]，季孫[42]問曰：「子路可謂大臣與？」孔子曰：「可謂具臣[43]矣。」

13 子路為蒲大夫[44]，辭孔子。孔子曰：「蒲多壯士，又難治。然吾語汝：恭以敬，可以執勇[45]；寬以正，可以比眾[46]；恭正以靜，可以報上[47]。」

14 初，衛靈公[48]有寵姬[49]曰南子。靈公太子蕢聵得過南子，懼誅出奔[50]。及靈公卒[51]，而夫人欲立公子郢[52]。郢不肯，曰：「亡人[53]太子之子輒在。」於是衛立輒為君，是為出公[54]。出公立十二年[55]，其父蕢聵居外，不得入。子路為衛大夫孔悝之邑宰[56]。蕢聵乃與孔悝作亂[57]，謀入孔悝家[58]，遂與其徒襲攻出公。出公奔魯[59]，而蕢聵入立，是為莊公[60]。方孔悝作亂[61]，子路在外，聞之而馳往[62]。遇子羔[63]出衛城門，謂子路曰：「出公[64]去矣，而門已閉。子可還矣，毋空受其禍。」子路曰：「食其食者不避其難[65]。」子羔卒去。有使者入城，城門開，子路隨而入[66]。造蕢聵[67]，蕢聵與孔悝登臺[68]。子路曰：「君焉用孔悝？請得而殺之[69]。」蕢聵弗聽。於是子路欲燔臺，蕢聵懼，乃下石乞、壺黶[70]攻子路，擊斷子路之纓[71]。子路曰：「君子死而冠不免[72]。」遂結纓而死[73]。

孔子聞衛亂，曰：「嗟乎，由死矣！」已而果死[74]。故孔子曰：「自吾得由，惡言不聞於耳[75]。」是時子貢為魯使於齊[76]。

【章旨】以上為第三段，寫冉有、子路，也就是以「政事」著稱之弟子的生平事跡。

【注釋】❶冉求　《集解》引鄭玄曰：「魯人。」❷少孔子二十九歲　據此則冉有生於魯昭公二十年，西元前五二二年。❸為季氏宰　為魯國的權臣季孫氏當管家。宰，主管。蔣建侯曰：「冉有為季氏宰在季康子時，孔子已反魯。」❹季康子　當時季孫氏家族的頭領，季桓子之子，魯國正卿，名肥，「康」字是後來的謚。❺千室之邑　千家居住的大城鎮。❻百乘之家　具有百輛兵車的大家族，指大夫。季康子本應屬於這一類，但實際上他們要比「百乘」強大得多了。❼可使治其賦　可以讓他去管理那裡的軍事、經濟。賦，兵賦，也指田賦。因為魯國當時早已實行「稅畝」制度，且孔子又說過「季氏富於周公，而求也為之聚斂」云云。❽仁則吾不知也　「仁」在孔子心目中是一種至高無上的道德準則，所以不輕易以之許人。❾復問四句　張文虎《札記》：「此文不備，且見下子路傳為詳，疑此衍。」如求，也是「仁則吾不知也」。以上孔子答季康子問冉求、子路事見《論語．公冶長》，然問者乃「孟武伯」，非「季康子」。孟武伯，名彘，孟懿子之子，魯國貴族孟孫氏的頭領。❿聞斯行諸　聽說有該做的事就立刻做嗎。斯，則。⓫有父兄在二句　《集解》引孔安國曰：「當白父兄，不可自專。」⓬子華　即公西赤，字子華，其人之詳情見後。⓭求也退二句　冉求生性謙退，所以要鼓勵他。⓮兼人　爭強好勝，敢想敢為。《集解》引鄭玄解之為「務在勝尚人」；楊伯峻解釋作「勇為」。⓯故退之　退，抑制。按：以上孔子之「問同答異」見《論語・先進》，現代教育學稱孔子這種做法為「因材施教」。崔述曰：「冉有政事之略亦聖門卓卓者，然晝退輒見責於師，『鳴鼓之攻』尤非尋常小過可比。」⑯卞　春秋時代的魯邑名，在今山東泗水縣東。⑰少孔子九歲　據此則子路生於魯襄公三十一年，西元前五四二年。⑱性鄙　性情粗魯、淺陋。⑲冠雄雞　戴著狀如雄雞的帽子。⑳佩豭豚　瀧川引洪頤煊曰：「取豭豚之皮以為劍飾。」《集解》曰：「二物皆勇，子路好勇，故冠帶之。」㉑稍誘　逐漸地加以誘導。稍，逐漸。㉒委質　《索隱》引服虔曰：「古者始仕，必先署其名於策，委死之質於君。」即寫保證書。或曰，質，同「贄」。初次拜見人所送的見面禮。又或曰，「委質」猶言「委身」，委身受人支配。王充曰：「斯蓋變性使惡為善之明效矣。」鍾惺曰：「聖門無子路，不見孔子手段。『孔子稍設禮誘之，子路儒服委質，因門人請為弟子』，是何等悟性！真大勇人也。聖人不得中行，最喜此一種人。佛家所謂『廣額屠兒放下屠刀立地成佛』，正取其剛耳。」㉓先之二句　朱熹引蘇氏曰：「凡民之行，以身先之，則不令而行；凡民之事，以身勞之，則雖勤不怨。」或曰，勞，慰問。《集解》引孔安國曰：「《易》曰：『悅以使民，民忘其勞。』」㉔請益　請再多講一些。㉕無倦　指行「先之」「勞之」兩條永無倦怠。按：以上孔子答子路問政見《論語・子路》。㉖好勇而無義則亂　《集解》引李充曰：「既稱君子，不職為亂階也。若君親失道，國家昏亂，其於赴患致命而不知正顧義者，則亦陷乎為亂而受不義之責也。」㉗好勇而無義則盜　盜，成為匪盜。按：以上回答子路問勇事見《論語・陽貨》。㉘唯恐有聞　有，通「又」。《集解》引孔安國曰：「前所聞未及行，故恐復有聞，不得並行。」按：「子路有聞」三句見《論語・公冶長》。㉙片言可以折獄者二句　朱熹引程子曰：「片言，半言。折，斷也。子路忠信明決，故言出而人信服之，不待其辭之畢也。」《集解》引孔安國曰：「片猶偏也，聽訟必須兩辭以定是非，偏信一言折獄者，唯子路可也。」按：孔子對子路的此一考評見《論語・顏淵》。依前解為稱頌子路之明決，依後解則是諷刺子路的主觀武斷。㉚無所取材　有人以為主語是子路，朱熹引程子曰：「夫子美其勇，而譏其不能裁度事理以適于義也。」或曰主語為孔子，孔子以為子路的這種過分好勇是不可取的。材，通「裁」。楊伯峻讀「材」曰「哉」，語氣詞，意思與第二解略同。按：孔子對子路的此一考評見《論語・公冶長》。㉛若由也二句　《集解》引孔安國曰：「不得以壽終也。」楊伯峻曰：「『得死』，當時俗語，謂得善終。『然』，語氣詞，用法同『焉』。」按：此孔子預言子路語見《論語・先進》。㉜敝緼袍　用舊絮做的破袍子。㉝狐貉　兩種穴居動物，其皮皆甚名貴，可製衣裘。㉞其由也與　按：此孔子對子路的讚賞見《論語・子罕》。崔述曰：「世傳子路事親嘗食藜藿，負米百里之外，則子路少年之貧固當有之。」㉟由也升堂矣二句　已經進入了堂屋（正廳），但還沒進內室。以比喻學生已有相當成就，但還沒有最貼近老師，沒有得到老師的真傳。以上兩句見《論語・先進》。㊱千乘之國　指春秋時代的大諸侯國。千乘，指千輛兵車。㊲不知其

仁　不知他能否稱得上「仁」。按：孔子評說子路的這段話見《論語・公冶長》，然發問者為「孟武伯」，非「季康子」。㊳喜從游　喜歡跟著孔子周遊諸國。㊴長沮桀溺　當時居於蔡國（今河南新蔡）以耕田為業的兩個隱士，他們不贊成孔子的到處奔走講道，勸子路跟著他們避世隱居。㊵荷蓧丈人　當時的蔡地隱者，曾指責孔子「四體不勤，五穀不分」。蓧，除草用的工具。按：子路遇長沮、桀溺、荷蓧丈人事，見《論語・微子》與〈孔子世家〉。㊶子路為季氏宰　為季孫氏做管家。按：此職在當時的魯國地位甚高，權力甚大。蔣建侯曰：「子路為季氏宰在季桓子時，孔子方仕魯。」㊷季孫　就司馬遷的原意，此處似應指季桓子，名斯，季孫氏家族的頭領。但據《論語》向孔子提此問題的是「季子然」，季氏家族的子弟。㊸具臣　勉強充數的家臣。孔子認為作為「大臣」的標準是「以道事君，不可則止」，而子路還達不到這個水平。以上孔子對子路的評價見《論語・先進》。㊹為蒲大夫　將應聘到衛國（國都楚丘，在今河南濮陽西南）任蒲邑的行政長官。蒲邑，即今河南長垣，處衛都之西南，為衛國重鎮。㊺恭以敬二句　以，意思同「而」。執，把握；抑制。《集解》曰：「言謹謙敬，勇猛不能害。」瀧川曰：「執，攝也，使畏攝己也。《說苑・政理》襲此文改『執』作『攝』。」㊻比眾　使眾人親附。比，貼近。㊼恭正以靜二句　瀧川曰：「恭正行政，士民安靜，此邑宰所以報上也。」按：結合上文「恭以敬」「寬以正」的句子看，此「恭正以靜」的「靜」字亦當指執政者，蓋謂不煩苛、不擾民也。以上孔子教導子路治蒲事，《論語》、《左傳》皆不載；《韓詩外傳》載子路治蒲之成效深受孔子讚揚事，頗近小說，崔述以為「必非孔子之言」。㊽衛靈公　春秋末期衛國諸侯，名元，西元前五三四－前四九三年在位。㊾寵姬　梁玉繩曰：「南子是『夫人』，非『寵姬』也。」㊿蕢聵得過南子二句　蕢聵，《左傳》作「蒯聵」，此文似誤。南子與靈公之男寵私通，國人編為歌謠以諷。蒯聵欲殺南子，被南子發覺。蒯聵怕被靈公所誅，遂逃奔宋。事見《左傳》定公十四年及〈衛康叔世家〉。51靈公卒　事在靈公四十二年，西元前四九三年。52公子郢　衛靈公的少子。53亡人　逃亡者。指蒯聵。54出公　西元前四九二－前四八一年在位，因其後來國內政變而被逐出，故史稱「出公」。55出公立十二年　據《左傳》，衛蒯聵之變乃在出公十三年（西元前四八〇年）。56子路為衛大夫孔悝之邑宰　按：此子路為「蒲大夫」以後之事。孔悝，孔文子之子，衛出公在位時的衛國大夫，其母為太子蒯聵之姐。57蕢聵乃與孔悝作亂　據〈衛康叔世家〉，孔悝之母與其家奴渾良夫私通，太子蒯聵與其姐（即孔悝之母）及渾良夫三人圖謀政變，蒯聵許諾為君後允許渾良夫娶其主母。58謀入孔悝家　意即先使逃離在外的蒯聵混入衛都，潛藏在孔悝家。59出公奔魯　按：出公輒在魯寄居四年後，其父蒯聵死，衛國亂，出公遂又回國復辟，此是後話。60蕢聵入立二句　事在出公十三年，西元前四八〇年。61方孔悝作亂　據《左傳》與〈衛康叔世家〉，此次乃蒯聵勾結孔悝之母共同劫持孔悝以作亂，非出於孔悝本心。62子路在外二句　謂由孔氏之邑馳往衛都以救出公與孔悝。63子羔　即孔子之弟子高柴，時為衛大夫。64出公　陳仁錫曰：「『出公』當作『衛君』。」65食其食者不避其難　子路為孔悝邑宰，聞孔悝被劫，故欲捨死往救。66城門開二句　據《左傳》，子路所入者乃孔氏家族之門，與此小異。67造蕢聵　前進至叛亂集團的聚集處。造，到達。68蕢聵與孔悝登臺　瀧川曰：「劫孔悝登臺也。」69君焉用孔悝二句　《左傳》於此云：「太子焉用孔悝，雖殺之，必或繼之（還會有別人接著與你作對）。」陳子龍曰：「季子救悝而來，豈應出此語？固知《左氏》為當矣。」瀧川曰：「言『殺之』者，權辭，而陰救之也。」按：瀧川說是。70石乞壺黶　蒯聵黨人。壺黶，《左傳》與〈衛康叔世家〉作「盂黶」。71纓　冠帶，以繫於下顎。72君子死而冠不免　君子死時不能讓帽子掉下來。楊伯峻曰：「《禮記・曲禮上》云：『冠毋免。』蓋本此。」73結纓而死　當子路繫冠帶的時候被敵人殺死了。74已而果死　按：以上子路死於蒯聵之亂事，見《左傳》哀公十五年與〈衛康叔世家〉。錢穆曰：「蒯聵之難，子路死之，年六十三。」75自吾得由二句　《集解》引王肅曰：「子路為孔子侍衛，故侮慢之人不敢有所言。」崔述曰：「子路於及門弟子中年最長，而孔子亦屢稱之，雖時有所督責而貶之，固不如褒者之多也。『升堂入室』，孔子有定論矣。」蔣建侯曰：「孔子弟子除顏路外，殆以子路為最長。《論語》記孔子讚子路之言凡五見，貶子路之言凡四見，足徵其瑕不掩瑜矣。子路雖未入室，但已升堂，則亦孔門之高第，較之彼『不得其門而入』者其相去又奚啻逕庭哉？」76是時子貢為魯使於齊　陳仁錫曰：「九字當刪。」張文虎曰：「此與上下皆不相涉，疑今本錯簡。」

【語譯】冉求，字子有，比孔子小二十九歲，做過季孫氏的總管家。

2 季康子問孔子：「冉求算有仁德嗎？」孔子說：「千戶人家的城邑，百輛戰車的封地，冉求可以管理好那裡的賦稅。至於算不算有仁德，我就不知道了。」季康子又問：「子路稱得上有仁德嗎？」孔子回答說：「同冉求一樣。」

3 冉求問道：「一聽說有事該做就應該立即行動嗎？」孔子說：「立即行動。」子路問道：「一聽說有事該做就應該立即行動嗎？」孔子說：「父兄健在，哪能立即行動呢！」子華對此感到奇怪，說：「我冒昧地問一句，為什麼問題相同而回答卻不一樣呢？」孔子說：「冉求遇事猶豫退縮，所以我要激勵他；仲由膽大好勝，所以我要抑制他。」

4 仲由，字子路，卞邑人，比孔子小九歲。

5 子路生性粗魯，好逞勇鬥力，志氣剛強爽直，頭戴雞冠式的帽子，身佩豬皮裝飾的劍。他曾經憑藉勇力，欺侮過孔子。孔子用禮儀慢慢地誘導他。後來子路改穿儒服，帶著拜師的禮物，通過孔子的門人弟子，請求做了孔子的學生。

6 子路向孔子請教怎樣管理政事，孔子說：「要以身作則，行動在百姓之先；身體力行，吃苦在百姓之前。」子路請孔子多說一點，孔子說：「要不倦怠，持之以恆。」

7 子路問道：「君子崇尚勇武嗎？」孔子說：「君子所崇尚的，首先是義。君子好勇而不尚義，就會作亂；小人好勇而不尚義，就會偷盜。」

8 子路習慣於專注地做某一件事，最怕是此事未完成，又來他事。

9 孔子說：「根據一言半語就可以判案的，大概只有仲由吧！」「仲由總是勇字當頭，這方面他比我強，但不可取。」「像仲由那樣，是難得善終的。」「穿著破袍舊襖和穿狐皮貴服的人並肩站立而不以為恥的，恐怕只有仲由吧！」「仲由已到了『登堂』的地步，卻還沒有到達『入室』的境界。」

10 季康子問道：「仲由稱得上有仁德嗎？」孔子說：「有一千輛戰車那樣的大國，可以讓他去管理那裡的軍務財務，但仁德與否，我就不知道了。」

11 子路喜歡跟隨孔子周遊諸國，曾經遇到過長沮、桀溺和背著鋤具的老人。

12 子路做了季孫氏的總管，季孫氏問孔子道：「子路可算是個大臣了嗎？」孔子說：「算是個勉強充數的臣子。」

13 子路將出任蒲邑大夫，向孔子辭行，孔子說：「蒲邑多壯漢勇士，很難治理。但我告訴你：恭敬謙謹，可以駕馭勇士；寬厚中正，可以安撫民眾；恭謹中正都做到了，可以使社會安定，你也就可以上報國君了。」

14 當初，衛靈公有個寵姬叫南子。靈公的太子蒯聵得罪過南子，怕被殺，逃到國外。靈公死後，夫人想讓公子郢繼位。公子郢不同意，說：「逃亡太子的兒子輒還在國內。」於是衛國立輒做了國君，這就是衛出公。

出公繼位十二年，他的父親蒯聵一直流亡在外，沒能回國。子路做了衛國大夫孔悝采邑的長官。蒯聵脅迫孔悝合謀作亂，他們先藏在孔悝家，然後和黨徒一起襲擊出公。出公逃往魯國，蒯聵入宮繼位，這就是衛莊公。正當孔悝作亂之時，子路在外地，聽到消息後趕忙回去，恰好碰上子羔從衛國的城門出來，子羔對子路說：「衛君已經逃走了，城門也已經關閉了。你回去吧，不要白白地捲入這場災難。」子路說：「我接受了人家的俸祿，就不能躲開人家的災難。」子羔走了。正好有使者入城，城門開了，子路跟了進去。他來到蒯聵處，蒯聵正劫持孔悝在樓臺之上。子路說：「君主怎麼能任用孔悝呢？讓我把他殺了吧！」蒯聵不聽從，於是子路準備放火焚燒樓臺。蒯聵恐懼，就讓石乞、壺黶下來攻打子路，砍斷了子路的帽帶。子路說：「君子即便死了，帽子也不能掉落。」於是在結帽帶的時候被敵人殺死了。

15 孔子聽說衛國發生叛亂，說：「唉，仲由準得死了。」不久，果然得到了他的死訊。孔子不無懷念地說：「自從我有了仲由，那些惡言惡語再也傳不到我的耳邊來了。」這時子貢正替魯國出使到了齊國。

1 宰予❶字子我，利口辯辭❷。既受業，問：「三年之喪❸不已久乎？君子三年不為禮，禮必壞；三年不為樂，樂必崩。舊穀既沒，新穀既升❹，鑽燧改火❺，期❻可已矣。」子曰：「於汝安乎？」曰：「安。」「汝安則為之。君子居喪，食旨不甘❼，聞樂不樂，故弗為也。」宰我出，子曰：「予之不仁也！子生三年，然後免於父母之懷❽。夫三年之喪，天下之通義也❾。」

2 宰予晝寢❿，子曰：「朽木不可雕也，糞土之牆不可圬⓫也。」

3 宰我問五帝⓬之德，子曰：「予非其人⓭也。」

4 宰我為臨菑大夫[14]，與田常作亂，以夷其族[15]，孔子恥之。

5 端沐賜[16]，衛人[17]，字子貢[18]，少孔子三十一歲[19]。

6 子貢利口巧辭[20]，孔子常黜其辯[21]。問曰：「汝與回也孰愈？」對曰：「賜也何敢望回！回也聞一以知十，賜也聞一以知二[22]。」

7 子貢既已受業，問曰：「賜何人[23]也？」孔子曰：「汝器[24]也。」曰：「何器也？」曰：「瑚璉[25]也。」

8 陳子禽[26]問子貢曰：「仲尼焉學[27]？」子貢曰：「文、武之道[28]未墜於地，在人，賢者識其大者，不賢者識其小者，莫不有文、武之道。夫子焉不學[29]，而亦何常師之有[30]！」又問曰：「孔子適是國必聞其政[31]。求之與？抑與之與[32]？」子貢曰：「夫子溫良恭儉讓以得之[33]。夫子之求之也，其諸異乎人之求之也[34]。」

9 子貢問曰：「富而無驕，貧而無諂，何如？」孔子曰：「可也；不如貧而樂道[35]，富而好禮。」

10 田常欲作亂於齊，憚高、國、鮑、晏[36]，故移其兵欲以伐魯[37]。孔子聞之，謂門弟子曰：「夫魯，墳墓所處，父母之國。國危如此，二三子[38]何為莫出？」子路請出，孔子止之。子張、子石請行[39]，孔子弗許。子貢請行，孔子許之。

11 遂行，至齊，說田常曰：「君之伐魯，過矣。夫魯，難伐之國。其城薄以卑[40]，其地狹以泄[41]，其君愚而不仁，大臣偽而無用，其士民又惡甲兵之事，此不可與戰。君不如伐吳。夫吳，城高以厚，地廣以深[42]，甲堅以新，士選以飽[43]，重器[44]精兵盡在其中[45]，又使明大夫守之，此易伐也。」田常忿然作色曰：「子之所難，人之所易；子之所易，人之所難。而以教常，何也？」子貢曰：「臣聞之，憂在內者攻彊[46]，憂在外者攻弱。今君憂在內。吾聞君三封而三不成[47]者，大臣有不聽者也。今君破魯以廣齊，戰勝以驕主[48]，破國以尊臣[49]，而君之功不與[50]焉，則交日疏於主[51]。是君上驕主心，下恣羣臣，求以成大事，難矣。夫上驕則恣[52]，臣驕則爭，是君上與主有郤[53]，下與大臣交爭也。如此，則君之立於齊危矣。故曰不如伐吳。伐吳不勝，民人外死，大臣內空。是君上無彊臣之敵，下無民人之過[54]。孤主制齊[55]者唯君也。」田常曰：「善。雖然，吾兵業已加魯矣，去而之吳[56]，大臣疑我，柰何？」子貢曰：「君按兵無伐，臣請往使吳王[57]，令之救魯而伐齊，君因以兵迎之。」田常許之[58]，使子貢南見吳王。

12 說曰：「臣聞之，王者不絕世[59]，霸者無彊敵。千鈞之重，加銖兩而移[60]。今以萬乘之齊[61]而私[62]千乘之魯，與吳爭彊[63]，竊為王危之。且夫救魯，顯名[64]也；

伐齊，大利也。以撫泗上諸侯[65]，誅暴齊以服彊晉，利莫大焉。名存亡魯[66]，實困彊齊，智者不疑也。」吳王曰：「善。雖然，吾嘗與越戰，棲之會稽[67]。越王苦身[68]養士，有報我心。子待我伐越而聽子[69]。」子貢曰：「越之勁不過魯，吳之彊不過齊，王置齊而伐越，則齊已平魯矣。且王方以存亡繼絕[70]為名，夫伐小越而畏彊齊，非勇也。夫勇者不避難，仁者不窮約[71]，智者不失時，王者不絕世，以立其義。今存越[72]示諸侯以仁，救魯伐齊，威加晉國，諸侯必相率而朝吳，霸業成矣。且王必惡[73]越，臣請東見越王，令出兵以從，此實空越[74]，名從諸侯以伐[75]也。」吳王大說，乃使子貢之越。

13 越王除道[76]郊迎，身御至舍[77]而問曰：「此蠻夷之國，大夫何以儼然[78]辱而臨之[79]？」子貢曰：「今者吾說吳王以救魯伐齊，其志欲之而畏越，曰：『待我伐越乃可。』如此，破越必矣。且夫無報人[80]之志而令人疑之，拙也；有報人之志使人知之，殆[81]也；事未發而先聞[82]，危也。三者舉事之大患。」句踐頓首再拜曰：「孤嘗不料力[83]，乃與吳戰，困於會稽，痛入於骨髓，日夜焦脣乾舌，徒欲與吳王接踵而死[84]，孤之願也。」遂問子貢。子貢曰：「吳王為人猛暴，羣臣不堪[85]；國家敝於數戰[86]，士卒弗忍；百姓怨上，大臣內變；子胥以諫死[87]，太宰嚭[88]

用事，順君之過以安其私[89]：是殘國之治[90]也。今王誠發士卒佐之以徼其志[91]，重寶以說其心，卑辭以尊其禮，其伐齊必也。彼戰不勝，王之福矣。戰勝，必以兵臨晉[92]，臣請北見晉君，令共攻之[93]，弱吳必矣。其銳兵盡於齊，重甲困於晉[94]，而王制其敝[95]，此滅吳必矣。」越王大說，許諾。送子貢金百鎰[96]、劍一、良矛二。子貢不受，遂行。

14 報吳王曰：「臣敬以大王之言告越王，越王大恐，曰：『孤不幸，少失先人，內不自量，抵罪[97]於吳，軍敗身辱，棲于會稽，國為虛莽[98]。賴大王之賜，使得奉俎豆而修祭祀[99]，死不敢忘，何謀之敢慮！』」後五日，越使大夫種[100]頓首言於吳王曰：「東海役臣[101]孤句踐使者臣種，敢修下吏[102]問於左右[103]。今竊聞大王將興大義，誅彊救弱，困暴齊而撫周室[104]，請悉起境內士卒三千人，孤請自被堅執銳[105]，以先受矢石[106]。因[107]越賤臣種奉先人藏器[108]，甲二十領、鈇屈盧之矛[109]、步光之劍，以賀軍吏[110]。」吳王大說，以告子貢曰：「越王欲身從寡人伐齊，可乎？」子貢曰：「不可。夫空人之國，悉人之眾，又從其君[111]，不義。君受其幣[112]，許其師[113]，而辭其君[114]。」吳王許諾，乃謝越王。於是吳王乃遂發九郡兵伐齊[115]。

15 子貢因去之晉，謂晉君曰：「臣聞之，慮不先定不可以應卒[116]，兵不先辨[117]

不可以勝敵。今夫齊與吳將戰，彼戰而不勝，越亂之必矣；與齊戰而勝，必以其兵臨晉。」晉君大恐，曰：「為之柰何？」子貢曰：「修兵[118]休卒[119]以待之。」晉君許諾。

16 子貢去而之魯。吳王果與齊人戰於艾陵[120]，大破齊師，獲七將軍之兵而不歸[121]，果以兵臨晉，與晉人相遇黃池之上[122]。吳、晉爭彊[123]，晉人擊之，大敗吳師[124]。越王聞之，涉江襲吳[125]，去城七里而軍。吳王聞之，去晉而歸，與越戰於五湖[126]。三戰不勝，城門不守，越遂圍王宮，殺夫差而戮其相[127]。破吳三年，東向而霸[128]。

17 故子貢一出，存魯、亂齊、破吳，彊晉而霸越。子貢一使，使勢相破[129]，十年之中，五國各有變[130]。

18 子貢好廢舉[131]，與時轉貨貲[132]。喜揚人之美，不能匿人之過[133]。常相魯、衛[134]，家累千金[135]，卒終于齊。

【章旨】以上為第四段，寫宰予、端木賜，也就是以「言語」著稱之弟子的生平事跡。

【注釋】❶宰予 《集解》引鄭玄曰：「魯人。」《家語》同，生年不詳。❷利口辯辭 即口利辭辯。辯，雄辯；話說得好、來得快。按：宰我與子貢同被列入「言語門」。❸三年之喪 指子女為父母、臣子為君主所服的喪期，在此期間須不婚娶、不聽樂、不辦筵席等等。❹舊穀既沒二句 去年的舊糧食已經吃完，今年的新糧食已經吃到嘴。指整整一周年。❺鑽燧改火 謂鑽木取火已經更換了一遍木頭。也是指過了一年。《集解》引馬融曰：「《周書·月令》有『更火』之文，春取榆柳之火，夏取棗杏之火，季夏取桑柘之火，秋取柞楢之火，冬取槐檀之火。一年之中鑽火各異木，故曰『改火』。」瀧川引伊藤維楨曰：「本文明是一年一改火，而非四時各變化，不可據《周禮》以解也。」按：馬融的意思似指換過一遍。❻期　一週年。❼食旨不甘　旨，肥美的東西。甘，香甜。❽免於父母之懷　指不再讓父母抱著。❾天下之通義也　歷來都是如此。《集解》引孔安國曰：「自天子達於庶人。」按：以上孔子論三年之喪事，見《論語．陽貨》。❿晝寢　白天睡覺。⓫糞土之牆不可圬　圬，以泥抹牆。按：以上孔子責宰予晝寢事見《論語．公冶長》。⓬五帝　指黃帝、顓頊、帝嚳、堯、舜。⓭予非其人　宰予不是該提這種問題的人。指其沒有資格。按：孔子此語見《大戴禮記．五帝德》。⓮臨菑大夫　齊國都城臨菑（今山東淄博市之臨淄區西北）的行政長官。⓯與田常作亂二句　田常，原名田恆，漢人為避文帝諱而改稱其為「田常」，春秋末期的齊國貴族，於西元前四八一年弒其君齊簡公，另立小傀儡，訓致田氏終於篡奪姜氏之齊國政權。事見《左傳》與〈田敬仲完世家〉。夷，平；滅絕。《索隱》曰：「按《左氏傳》，無宰我與田常作亂之文，然有『闞止』，字子我，而因爭寵遂為陳恆（即田常）所殺。恐字與宰我相涉，因誤云然。」按：〈田敬仲完世家〉明載「闞止」與田常作對被殺事，別無其他「宰予」，是史公非不知齊國「闞止」與魯國「宰予」為不相干之二人也，而此文則又云宰予「與田常作亂」，彼此矛盾。蘇轍《古史》曰：「宰我之賢列於四科，其師友淵源所從來遠矣，雖為不善，不至於從叛逆弒君父也。宰我不幸，平居有晝寢、短喪之過，儒者因遂信之。蓋田恆之亂本與闞止爭政，闞止，字子我也。田恆既殺闞止，而宰我蒙其惡名，豈不哀哉！」⓰端沐賜　他處亦有作「端木賜」。⓱衛人　崔述曰：「艾陵之役，吳子賜叔孫甲，『衛賜進曰』云云，則子貢為衛人無疑。」⓲字子貢　梁玉繩曰：「經、史及諸子中多作『子贛』。」錢大昕曰：「古人『名』『字』必相應，《說文》：『贛，賜也。』則端木子之字當為『子贛』無疑。」⓳少孔子三十一歲　據此子貢生於魯昭公二十二年，西元前五二〇年。⓴子貢利口巧辭　子貢與宰我同被列於「言語」科，見本篇開頭。㉑常黜其辯　常對他的伶牙俐齒加以裁抑。黜，貶退；壓抑。㉒聞一以知二　按：以上數句見《論語．公冶長》。瀧川曰：「此未必受業以前之語。」㉓何人　何種性質的人。㉔器　器物。王駿圖曰：「言汝之品學，皆成器矣。」㉕瑚璉　宗廟裡盛祭品的一種貴重器皿。《集解》引包氏曰：「瑚璉，黍稷器。夏曰瑚，殷曰璉，周曰簠簋，宗廟之貴器。」按：以上問答見《論語．公冶長》。㉖陳子禽　名亢。楊伯峻曰：「從〈子張〉篇所載的事看來，恐怕不是孔子的學生。」按：據《論語》，問「仲尼焉學」的是「衛公孫朝」，非陳子禽。㉗焉學　學什麼。㉘文武之道　文王、武王治國治民的方針原則。儒家稱文王、武王為「聖人」，稱他們的政治為理想中的「王道政治」。㉙夫子焉不學　《集解》引孔安國曰：「文武之道未墜落於地，賢與不賢各有所識，夫子無所不從學。」㉚亦何常師之有　孔安國曰：「無所不從學，故無常師。」按：以上數語見《論語・子張》。㉛聞其政　過問該國的政治狀況。聞，打聽；過問。㉜求之與二句　是孔子向人家請求的呢？還是人家主動向孔子講的呢。抑，轉折語詞。㉝夫子溫良恭儉讓以得之　《集解》引鄭玄曰：「言夫子行此五德而得之，與人求之異，明人君自與之。」㉞其諸異乎人之求之也　其諸，楊伯峻曰：「表示不肯定的語氣，意為『或者』。」按：以上問答見《論語・學而》，問此事者才是「陳子禽」。㉟貧而樂道　《集解》引鄭玄曰：「謂志於道，不以貧為憂苦也。」按：以上問答見《論語・學而》。㊱高國鮑晏　齊國的四家大貴族，這時四家的領袖人物是高昭子、國惠子、鮑牧、晏圉。㊲移其兵欲以伐魯　按：此大體指哀公八年（西元前四八七年）之齊伐魯事，然原因非如史公所說，詳見後面所引之諸家考辨。據《左傳》哀公八年：「齊悼公之來也，季康子以其妹妻之，即位而逆之。季魴侯通焉，女言其情，弗敢與也。齊侯怒，夏五月，齊鮑牧帥師伐我。」㊳二三子　《集解》引孔安國曰：「（稱）從行者。」㊴子張子石請行　子張，顓孫師，詳見後文。子石，公孫龍，孔子弟子，亦見後文，與〈孟子荀卿列傳〉所載之講「堅白」「白馬非馬」之「公孫龍」非一人。請行，請求出使，以抒國難。梁玉繩引《日知錄》曰：「子石少孔子五十三歲，當伐魯之年僅十三四歲耳，而曰『請行』，豈甘羅、外黃舍人兒之比乎？」㊵卑　矮。㊶其地狹以泄　應作「其池狹以淺」。池，護城河。王念孫曰：「《越絕書》與《吳越春秋》並『地』作『池』；『泄』作『淺』。」㊷地廣以深　與上文相對應作「池廣以深」。㊸士選以飽　士兵久經訓練，而且給養充足。選，選拔。這裡指選出的精兵。〈廉頗藺相如列傳〉、〈魏公子列傳〉有所謂「選兵」、「選車」，可資參證。㊹重器　指珍寶。㊺盡在其中　指吳國樣樣都有。㊻憂在內者攻彊　指國內的矛盾尖銳，如此外挑強敵則可使內部矛盾緩和。㊼三封而三不成　三次將要接受齊君的封地，結果都被人破壞掉了。㊽驕主　使自己的國君變得更為驕慢。㊾破國以尊臣　由於戰勝他國而使國內政敵的地位更加提高。《集解》曰：「鮑、晏等帥師，若破國則臣尊矣。」㊿君之功不與　你本人的功勳反而得不到肯定。與，讚賞；肯定。(51)交日疏於主　與齊侯的關係越來越疏遠。(52)上驕則恣　張文虎曰：「『上』疑當作『主』，涉上文而訛。」(53)有郤　有矛盾。郤，通「隙」。隔閡；矛盾。(54)過　指責。(55)孤主制齊　使國君孤立，使己得以專制齊國。(56)去而之吳　撤出魯國，改伐吳國。(57)吳王　吳王夫差，春秋末期吳國國君，西元前四九五－前四七三年在位。國都即今江蘇蘇州。(58)田常許之　史珥曰：「子貢存魯亂齊，觀其說田常開口著一『君』字，已不是當時口吻，無論立言非聖賢意理也。然文之起滅變幻，蓋《國策》之高者。」瀧川曰：「《韓非子・五蠹》云：『齊攻魯，魯使子貢說之。齊人曰：「子言非不辯也，吾所欲者土地也，非斯言之謂也。」遂舉兵伐魯，去門十里以為界。』其言與此傳相反，而亦未必實事。」(59)王者不絕世　一個稱「王」於天下的人，不能眼看著某一個諸侯國被人滅掉而不管。《論語・堯曰》有所謂「興滅國，繼絕世」，即此之謂也。(60)千鈞之重二句　意謂在天平的兩側，儘管都是千鈞之重，那麼不論在哪一邊再加上哪怕是「一銖」、「一兩」，那時被加的一側將立刻超過另一側。銖，一兩的二十四分之一。61萬乘之齊　瀧川曰：「萬乘，古天子之稱。及戰國之世，諸侯強大，有地千里擁萬乘者，故《孟子》『萬乘之國行仁義』，指齊；『以萬乘之國伐萬乘之國』，指齊、燕；但春秋之時諸侯稱『千乘』，《論語》『齊景公有馬千駟』，亦『千乘』之義。子貢不宜有是稱。」62私　此指吞併；占有。63與吳爭彊　在春秋前期、中期，齊、晉兩國先後為中原地區的霸主；春秋末期吳國強大起來，齊、晉仍是吳國的主要競爭對象。64顯名　顯赫的美名。65撫泗上諸侯　撫，安撫；亦指使其歸附、臣服。泗上諸侯，泗水一帶的各諸侯國。指齊、魯以外的滕、薛、鄒等。泗水，上游為洙水，經今山東泗水，西流至曲阜南折，經徐州東南流，入淮河。66存亡魯　使行將滅亡之魯得以存活。67嘗與越戰二句　吳王夫差打敗越王句踐，句踐棲息於會稽山（在今浙江紹興南）事，在吳王夫差二年，魯哀公元年，西元前四九四年，詳見〈吳太伯世家〉、〈越王句踐世家〉。68苦身　使自己吃苦。指臥薪嘗膽，撫慰黎民諸事。按：有關越被吳破以及越王苦身奮鬥事，見〈越王句踐世家〉。瀧川曰：「吳王驕傲，不宜有此言。」69子待我伐越而聽子　按：吳王從來未有如此之計慮，伍子胥乃至死強調這一條。70存亡繼絕　即前注所引之「興滅國，繼絕世」。存亡，使將亡者得以存活。71仁者不窮約　行仁政者不使盟約遭毀。窮，這裡指毀棄盟約，眼看魯亡而不救。72存越　留著越國，不消滅它。73惡　厭惡。這裡指擔心。74空越　使越國內部空虛。75從諸侯以伐　讓越國跟從自己討伐齊國。76除道　清掃道路。77身御至舍　親自為其趕車，送之到賓館。御，趕車。78儼然　莊重的樣子。79辱而臨之　竟然光臨我們這個地方。辱，謙詞。80報人　對人進行報復。81殆　危險。82先聞　消息先傳了出去。83不料力　不量力。料，估量。84接踵而死　意即拚個同歸於盡。接踵，緊跟。85不堪　無法忍受。86國家敝於數戰　敝，疲憊。數戰，連續戰爭。87子胥以諫死　伍子胥為勸諫吳王夫差不要放下越國而用兵強齊，被夫差所殺事，見〈伍子胥列傳〉。梁玉繩曰：「伍子胥死於戰艾陵後，是時尚未賜屬鏤，何云『子胥以諫死』？」88太宰嚭　即伯嚭，原楚人，因其祖被楚平王所殺而逃到吳國，時為吳國宰相。89以安其私　以換取其私心的喜悅。90殘國之治　危害國家的做法。91以徼其志　以順適其好大喜功的想法。徼，求取；順適。《集解》引《孔子家語》王肅注云：「激射其志。」乃改「徼」為「激」也。92晉　西周初期建立的諸侯國名，春秋時期都於絳（今山西侯馬西南）。93令共攻之　謂使晉與越聯合南北夾擊吳。94銳兵盡於齊二句　銳兵，銳利的兵器。重甲，厚重的鎧甲。二者都是代指吳國的精銳部隊。95制其敝　乘其疲憊而制之。96鎰　一鎰等於二十兩，或曰二十四兩。97抵罪　得罪。98國為虛莽　國都變成廢墟，長滿荒草。虛，同「墟」。99使得奉俎豆而修祭祀　指未滅其宗廟社稷，令其繼續主持國事。俎豆，盛放供品的用具。100大夫種　即文種，越王句踐的佐命大臣，事跡見〈越王句踐世家〉。(101)東海役臣　東海邊上的謹供役使之臣，謙指句踐。(102)敢修下吏　向您的下屬官吏結好。敢，謙詞。修，交結。(103)問於左右　問候您左右的侍從人員。所謂「下吏」、「左右」，實際都是敬指吳王。(104)撫周室　撫慰周天子的親族。這裡指魯國。(105)被堅執銳　披堅甲，執利兵。被，通「披」。(106)先受矢石　言願為吳國衝鋒在前。(107)因　藉；通過。(108)先人藏器　祖輩珍藏下來的寶物。(109)鈇屈盧之矛　《索隱》曰：「鈇，斧也。一本無此字。屈盧，矛名。」按：〈商君列傳〉之《集解》有所謂「屈盧之勁矛，干將之雄劍」。瀧川曰：「『鈇』字上當有鈇名，以與『屈盧』、『步光』相對，不則『鈇』字衍文。」(110)以賀軍吏　客氣的說法，意即向您致賀。(111)從其君　使其君從行。(112)幣　禮品；貢品。(113)許其師　允許越國軍隊隨行。(114)辭其君　免除其君句踐的從行。辭，謝免。(115)發九郡兵伐齊　方苞曰：「春秋時郡小於縣，定二年《傳》『上大夫受縣，下大夫受郡』是也。此曰『發九郡兵』，則為後人所設之詞明矣。」瀧川曰：「《家語》編者知其不可通，改作『國內之兵』。」(116)應卒　應付突然事變。卒，通「猝」。(117)先辨　事先做好準備。辨，通「辦」。(118)修兵　準備好武器。修，整治。(119)休卒　休整士兵，以逸待勞。(120)吳王果與齊人戰於艾陵　事在吳王夫差十二年，齊簡公元年，魯哀公十一年，西元前四八四年。艾陵，齊邑名，在今山東萊蕪東北。(121)獲七將軍之兵而不歸　梁玉繩曰：「《左傳》吳獲國書等五人，何云『獲七將軍』？黃池之會距戰艾陵二年，何言『吳王不歸，以兵臨晉』？」(122)與晉人相遇黃池之上　事在吳王夫差十四年（晉定公三十年，魯哀公十三年，西元前四八二年）之七月。(123)吳晉爭彊　諸侯相會於黃池，吳、晉兩國為爭主盟而相持不下事，見《左傳》哀公十三年、《國語・吳語》與〈吳太伯世家〉。(124)晉人擊之二句　按：黃池之會晉、吳兩國爭為盟主，晉曾向吳進行軍事威脅，但雙方並未開戰，自然更無所謂「大敗吳師」。至於雙方爭當盟主的結果，《左傳》曰：「乃先晉人。」〈吳語〉曰：「吳公先歃。」《公羊傳》曰：「吳主會。」說法不一。史公於〈吳太伯世家〉曰：「乃長晉定公。」是晉為盟主；而於〈晉世家〉則謂：「卒長吳。」則是又以夫差為盟主矣，《史記》自相矛盾。(125)涉江襲吳　渡錢塘江北上襲擊吳都（今蘇州）。事在吳王夫差十四年、越王句踐十五年之六月，即黃池之會的一個月之前。過程詳見《左傳》、《國語》、〈吳太伯世家〉、〈越王句踐世家〉。(126)與越戰於五湖　五湖，這裡即指太湖，在蘇州西南。按：《左傳》、〈吳太伯世家〉、〈越王句踐世家〉皆謂吳王自黃池歸後，乃厚禮與越人請平，無戰於五湖事。(127)三戰不勝四句　《索隱》曰：「按《左傳》，越滅吳在哀二十二年，則事並懸隔數年，蓋此文欲終說其事，故其辭相連。」梁玉繩曰：「會黃池，歸與越平，在哀十三年；越滅吳，在哀二十二年，何云會黃池歸與越戰，不勝見殺？」按：越滅吳在夫差二十三年，句踐二十四年，西元前四七三年，過程見《左傳》、《國語》、〈吳太伯世家〉、〈越王句踐世家〉。(128)破吳三年二句　〈越王句踐世家〉云：「句踐已平吳，乃以兵北渡淮，與齊晉諸侯會於徐州，致貢於周。周元王使人賜句踐胙，命為伯。」並謂：「當是時，越兵橫行於江淮東，諸侯畢賀，號稱霸王。」129使勢相破　使固有的形勢發生變化。130十年之中二句　王安石作〈子貢〉曰：「子貢說齊伐魯，說吳以救魯，復說越，復說晉，五國由是交兵，或強或破，或亂或霸，卒以存魯。觀其言，迹其事，乃與夫儀、秦、軫、代無以異也。嗟乎，孔子曰：『己所不欲，勿施於人。』己以墳墓之國而欲全之，則齊、吳之人豈無是心哉？奈何使之亂也？子貢之行雖不能盡當於義，然孔子賢弟子也，固不宜至於此，矧曰孔子使之也！太史公曰：『學者多稱七十子之徒，譽者或過其實，毀者或損其真。』子貢雖好辯，詎至於此哉？亦所謂『毀損其真』者哉！」蘇轍《古史》曰：「齊之伐魯，本於悼公之怒季姬，而非陳恆；吳之伐齊，本怒悼公之反復，而非子貢；吳齊之戰，陳乞猶在，而恆未任事，所記皆非。蓋戰國說客設為子貢之辭，以自托於孔氏，而太史公信之耳。」梁玉繩《史記志疑》曰：「子貢說齊、晉、吳、越一節，《家語・屈節》、《越絕・陳恆傳》、《吳越春秋・夫差內傳》並載之，昔賢歷辨其謬。傾人之邦以存宗國，何以為孔子？縱橫捭闔不顧義理，何以為子貢？即其所言了無一實，而津津道之，〈子胥傳〉亦有『句踐用子貢之謀率眾助吳』等語，豈不誣哉？《墨子・非儒下》篇謂孔子怒晏子沮尼谿之封於景公，適齊欲伐魯，乃遣子貢之齊勸田常伐吳，教高、鮑毋得害田常之亂，遂勸越伐吳，三年之內齊、吳破國。其為六國時之妄談可見，孔鮒《詰墨》辨之矣。或曰：〈弟子傳〉皆短簡不繁，獨子貢傳榛蕪不休，疑是後人闌入，非《史》本文也。」茅坤《史記鈔》曰：「予覽太史公次子貢說吳伐齊救魯止越之言，滾滾如萬丈洪濤，不啻傀儡之掌中矣。」黃震《黃氏日鈔》曰：「謂賜而為之，何足為賜？謂非賜所為，其辯說之辭，雖儀、秦不之及。何物史臣，偽為此書？是當闕疑。」131廢舉　中井曰：「廢，居也；舉，發也。」指商人的「屯積」與「甩賣」。前人有所謂「『廢舉』同『廢居』」，即「屯積」之說，將原指兩面意思的一個詞，改成為單指一面，似乎不可取。132與時轉貨貲　《集解》曰：「與時，謂逐時也。夫物賤則買而停貯，值貴即逐時轉易貨賣，取資利也。」梁玉繩引孫侍講曰：「子貢列『言語』之科，故造為歷說齊、晉、吳、越事，直似儀、秦一流人；又因《論語》有『貨殖』之言，故謂其『好廢舉轉貨』，並列之〈貨殖傳〉，云『子貢廢著鬻財，最為饒益』。《史通・雜說篇》、《困學紀聞・七》並糾之矣。」崔述曰：「古者金粟皆謂之貨，殖猶生也。所謂貨殖云者，不過留心於家人生產，酌盈劑虛，使不至困乏耳，非糶貴販賤若商賈所為也。後人不察，遂以子貢為若商賈者然，謬矣。」蔣伯潛曰：「崔氏徒以孔子弟子必不孳孳為利，故為是臆度耳，非有反證也。」133不能匿人之過　按：孔門的教育講究「隱惡揚善」，今子貢只做到了其中的一個方面。134常相魯衛　曾在魯、衛兩國任過宰相。常，同「嘗」。梁玉繩曰：「此事無考，與稱『孔子相魯』同，蓋子貢仕於魯、衛也。」135家累千金　蔣建侯曰：「子貢之富在同門中似首屈一指。」且曰：「孔子弟子，子貢最富，疑孔子之葬，得力於子貢者最多。築室於場，當亦在初葬時築以居，同門者將去入揖，正以子貢為主人也。」按：〈貨殖列傳〉有云：「使孔子名布揚於天下者，子貢先後之也，此所謂『得勢而益彰』者乎？」史公對子貢於孔門的作用，評價最高。

【語　譯】宰予，字子我。他牙尖嘴利，能言善辯。當了孔子的學生後，他問孔子：「守喪三年，這時間不是太長了嗎？君子三年不行禮儀，對禮儀定會生疏；三年不演奏音樂，演技也會荒廢；陳糧吃盡，新穀入倉，取火之木亦已更替，我看守喪一年也就夠了。」孔子說：「那樣做，你覺得安心嗎？」宰予說：「安心。」孔子說：「你覺得安心你就那樣做。君子在守喪期間，吃了美味的食品不覺得好吃，聽著音樂也不產生喜悅，所以他們不這樣做。」宰予出去後，孔子說：「宰予是個缺乏仁德的人啊！孩子生下來三年，才能離開父母的懷抱，守喪三年是天經地義的啊！」

2 宰予白天睡覺，孔子說：「爛木頭是不能用來雕刻的，糞土一樣的牆壁是無法再粉刷的啊！」

3 宰予問五帝的德行，孔子說：「宰予是不配問這個問題的。」

4 宰予在齊國任大夫，夥同田常一起叛亂，結果被滅族，孔子為此感到十分羞恥。

5 端木賜，衛國人，字子貢，比孔子小三十一歲。

6 子貢口齒伶俐，長於辭令，孔子經常批駁他的狡辯。孔子問：「你和顏回相比，誰強？」子貢答道：「我怎麼敢與顏回比，顏回聞一可以知十，我只知其二。」

7 子貢受業完畢，問道：「我是什麼樣的人呢？」孔子說：「你好比一種器皿。」子貢又問：「什麼器皿？」孔子說：「祭祀時盛放穀物的器皿。」

8 陳子禽問子貢道：「仲尼的學問是從哪學來的？」子貢說：「周文王、周武王的治國治民的方針、原則沒有消失，還在人間流傳，賢能的人能夠掌握它的根本，而一般人只能了解一些微枝末節。文武之道無處不在，先生從哪不能學，何必要有固定的老師呢！」陳子禽又問：「孔子每到一個國家，都能知道那裡的政治情況。這是他找人去問來的，還是人家主動告訴他的呢？」子貢說：「先生是依靠溫良恭儉讓的作風態度來得到他想知道的東西。他的求取方式，大概和別人不一樣吧！」

9 子貢問：「富貴而不驕傲，貧窮而不獻媚，這種人怎麼樣？」孔子說：「不錯，但不如貧窮而樂於求道，富貴而謙恭好禮來的好。」

10 田常想在齊國叛亂，但他害怕掌有實權的高、國、鮑、晏四大家族，因而想調他們的軍隊去攻打魯國。孔子聽說這件事，便對他門下的弟子說：「魯國是咱祖宗墳墓所在地，是父母之邦。國家危險到這個地步，你們為什麼沒有人挺身而出呢？」子路請求出行，孔子制止了他；子張、子石請求前往，孔子沒有同意；子貢請求前往，孔子答應了。

11 子貢於是出行，到達齊國，遊說田常道：「您攻打魯國是個錯誤。魯國這個國家挺難打的。它的城牆又薄又矮，它的護城河又窄又淺，它的國君既愚昧又不仁，它的大臣既虛偽又無能，它的國民又都討厭戰爭之事。這樣的國家是不能與它交戰的，您不如去攻打吳國。吳國的城牆又高又厚，護城河又寬又深，鎧甲堅新精良，兵精糧足，城內珍寶眾多，又由英明的長官守衛。這樣的國家最易攻打。」田常氣得變了臉色，憤怒地說：「你認為難辦的，是別人認為容易的；你認為容易的，是別人認為難辦的。你用這些話來教導我，這是什麼意思？」子貢說：「我聽說，憂患在國內的，要攻打強大的國家；憂患在國外的，要攻打弱小的國家。如今您的憂患是在國內。我聽說您三次封爵都沒有成功，是因為大臣之中有不贊成的。如今您想打敗魯國來擴張齊國的國土，戰勝了，會使齊君驕傲，會使齊國的大臣受到尊寵，而您的功勞卻不在其中。那樣，您與齊王的關係將會日益疏遠。您造成了主上驕傲，群臣放肆的局面，而又想成就大事業，那就難了。國君驕縱就會無所顧忌，群臣驕縱就會爭權奪利。您上與國君心存隔閡，下與群臣明爭暗鬥，這樣一來，您在齊國的處境就危險了。所以說不如攻打吳國的好。攻打吳國，即使不能取勝，人民死於國外，朝廷空虛。這樣，您上無強大的群臣相對抗，下無人民的責備。架空君主而控制齊國的，就只有您了。」田常說：「這個主意固然好，但我的軍隊已經開赴魯國了，如果撤離魯國改赴吳國，大臣們會懷疑我，怎麼辦呢？」子貢說：「那您先按兵不動，讓我前往吳國，勸他救魯而伐齊，您就趁機迎擊他。」田常同意了，並派子貢南下去見吳王。

12 子貢遊說吳王道：「我聽說，實行王道的人不滅絕別人的國家，要想稱霸天下的人不允許存在強大的對手。互相抗衡的千鈞重力在其中一方略加一點，則重心便會轉移。如今擁有萬輛兵車的齊國想悄悄兼併只有千輛兵車的魯國，並借此與吳國爭強，我暗地裡替大王感到不安。況且，援助魯國，可以揚名於天下；攻打齊國，可以獲得大利，而以此安撫泗水以北的諸侯，懲罰暴虐的齊國，鎮服強大的晉國，好處多得很啊！而且，名義上保全了將被滅亡的魯國，而實際上則削弱了強大的齊國，聰明的人是不加猶豫的。」吳王說：「這主意好是好，可是我曾經與越國作戰，把越王困逼在會稽山上。越王臥薪嘗膽，善待士眾，對我常存報復之心。你等我剪除越國之後再按你的說法做吧。」子貢說：「越國的力量比不上魯國，吳國的力量比不上齊國，大王放棄齊國而去攻打越國，那時齊國就已將魯國消滅了。況且大王是以保全即將被滅亡的國家，使其後繼不絕作為旗號，如果去攻打弱小的越國而畏懼強大的齊國，這不是勇敢的表現。勇敢的人不迴避危難，行仁政者不毀棄盟約，聰明人不會錯過時機，行王道的人不把他人之國滅絕，相反地卻是以此來顯示他的仁義。如今您保存越國以便向諸侯顯示您的仁德，援救魯國而討伐齊國，給晉國一點顏色看。這樣，諸侯國便會相繼前來朝賀，您的稱霸大業便成功了。大王如果真的對越國有所顧慮，就請允許我去見越王，讓他出兵相隨，名義上是使越國跟隨您討伐齊國，實際上是使越國國內實力空虛。」吳王非常高興，遂派子貢前往越國。

13 越王清掃道路到郊外迎接，並且親自駕車把子貢送到賓館，向他詢問：「這裡是個偏僻落後的國家，大夫為何如此鄭重其事地屈駕前來呢？」子貢說：「我現在正在勸說吳王去救魯伐齊，他內心很想這樣做，但怕越國乘機報仇，因而說：『等我攻下越國再說。』要是這樣，越國就一定會被攻破了。況且，沒有報復別人的心思，卻被人懷疑，這是最糟糕不過的事；有報復之心而被人看破，這是最危險的事；事情還未發動就先走漏了風聲，這就更險上加險了。這三種情況都是行事之大忌。」句踐伏地叩頭連連敬禮道：「我曾經不自量力與吳國作戰，被困在會稽山上，這分慘痛至今猶刻骨銘心，日夜思慮，只想與吳王拼個你死我活，哪怕和他一道死去，這是我的心願。」於是他向子貢請教該怎麼辦。子貢說：「吳王為人兇猛殘暴，群臣已經不堪忍受；國家由於多次發動戰爭而疲弊，士兵們也忍無可忍；百姓怨恨他們的主上，群臣內訌，伍子胥因進諫而被處死，太宰伯嚭專權，迎合主上過失來鞏固個人的私利，這是危害國家的政治作為啊。如今大王若能發兵相助，投其所好；用珍寶禮物去求得他的歡心；用謙卑的言辭表示對他的尊敬，這樣一來，他就一定會去伐齊了。他打不贏，那是您的福分；要是贏了，他一定會將軍隊開赴晉國，到時請讓我到北方去見晉國的國君，讓晉國和越國共同攻打吳國。那時，吳國就一定被削弱了。他的精銳部隊在齊地被消耗盡，大部分兵力又為晉國所困，而您則趁他疲弊之時去攻打他，那麼吳國的滅亡就是必然的了。」越王十分高興，答應了子貢這般行事，並送給子貢黃金百鎰、寶劍一把、良矛兩支。子貢沒有接受，就走了。

14 子貢回到吳國，向吳王報告說：「我恭敬地把大王的話告訴了越王，越王十分害怕，說：『我很不幸，少年喪父，又不自量力，得罪了吳國，打了敗仗，自取其辱，棲息在會稽山上，國家變成一片廢墟。依賴大王的恩賜，使我能繼續主持國事，這樣的恩德我到死也不能忘記，怎麼敢有別的打算呢！』」過了五天，越王派大夫文種向吳王叩頭上言道：「東海服役之臣孤家句踐派遣使臣文種，向大王致以問候。近來聽說大王將要振興大義，誅伐強暴，援救弱小，圍困殘暴的齊國，安撫周朝王室。請允許我出動全境三千士兵，並親自披堅執銳，衝鋒陷陣。敝王通過下臣文種，奉獻祖先珍藏的寶器，鎧甲二十件，還有屈盧之矛、步光之劍，向貴國軍吏表示祝賀。」吳王非常高興，把文種的話告訴子貢，說：「越王想親自跟隨我去攻打齊國，可以嗎？」子貢說：「不可以。讓人家的國家空虛，調用了人家所有的士兵，又讓人家的國君相隨，這樣做是不道義的。您可以接受他的財物，同意他派遣軍隊而辭謝越國國君。」吳王答應了，辭謝了越王。於是徵發吳國九郡之兵前往攻齊。

15 子貢為此離開吳國去了晉國，對晉國國君說：「我聽說，不事先制定謀略，就不能應付突發的事件；軍隊不事先訓練，就不能戰勝敵人。如今齊國與吳國即將開戰，吳國要是不能取勝，越國必然會跟它搗亂；與齊國的戰爭要是勝了呢，吳國就必定會把它的軍隊開赴晉國。」晉君大為恐慌，說：「這該怎麼辦？」子貢說：「厲兵秣馬，休養生息，等著它來。」晉君答應了。

16 子貢離開晉國前往魯國。吳王果然與齊人在艾陵開戰，大敗齊軍，俘獲了七個將軍的兵馬而仍不班師，果然將軍隊開赴晉國，與晉人相遇在黃池之上。吳、晉雙方爭強鬥勝，晉人出擊吳軍，把吳軍打得大敗。越王得知這個消息，便渡過錢塘江去襲擊吳國，在距離吳國都城七里處駐紮軍隊。吳王知道後，立即離開晉國，返回吳國，在五湖之地與越國開戰。多次交鋒都未能取勝，城門失守，越軍於是包圍了吳國的王宮，殺死了吳王夫差並且誅滅了他的宰相伯嚭。滅了吳國之後三年，越國在東方稱霸。

17 所以說，子貢這次出行，保存了魯國、搞亂了齊國、滅亡了吳國，強大了晉國而使越國得以稱霸。子貢一次出使，就使各國原有的局勢相繼被打破，十年之中，五個國家各自都發生了變化。

18 子貢喜好經營商業，根據時機轉手貨物。他喜歡表彰他人的美德，但不能掩蓋他人的錯誤。他曾經做過魯國、衛國的宰相，家財富有，累達千金，最後死在齊國。

1 言偃，吳人❶，字子游❷，少孔子四十五歲❸。

2 子游既已受業，為武城宰❹。孔子過，聞弦歌之聲。孔子莞爾❺而笑曰：「割雞焉用牛刀❻？」子游曰：「昔者偃聞諸夫子曰『君子學道❼則愛人，小人學道則易使❽』。」孔子曰：「二三子，偃之言是也。前言戲之耳❾。」孔子以為子游習於文學❿。

3 卜商⓫字子夏，少孔子四十四歲⓬。

4 子夏問：「『巧笑倩兮，美目盼兮，素以為絢兮⓭』，何謂也？」子曰：「繪事後素⓮。」曰：「禮後乎⓯？」孔子曰：「商始可與言詩已矣⓰。」

5 子貢問：「師⑰與商孰賢？」子曰：「師也過⑱，商也不及⑲。」「然則師愈與⑳？」曰：「過猶不及㉑。」

6 子謂子夏曰：「汝為君子儒㉒，無為小人儒㉓。」

7 孔子既沒，子夏居西河教授㉔，為魏文侯師㉕。其子死，哭之失明㉖。

【章旨】以上為第五段，寫言偃、卜商，也就是以「文學」著稱之弟子的生平事跡。

【注釋】❶言偃二句　《家語》曰：「魯人。」《索隱》曰：「偃仕魯為武城宰耳，今吳郡有言偃冢，蓋吳郡人為是也。」按：錢穆引崔述考證，以為言偃必魯人，定非吳人。❷字子游　梁玉繩曰：「『偃』，《說文》作『㫃』，旌旗之游也。觀其字『子游』，則名當為『㫃』。今作『偃』者，豈改篆為隸時始因聲借用歟？」❸少孔子四十五歲　據此則子游生於魯定公四年，西元前五〇六年。而《家語》乃謂子游少孔子「三十五歲」，梁玉繩從之，依此則生於魯昭公二十六年，西元前五一六年。❹武城宰　武城縣的行政長官。武城，魯縣名，縣治在今山東費縣西南。❺莞爾　《集解》引何晏曰：「小笑貌。」❻割雞焉用牛刀　言外之意是治一個小縣還用得著「禮樂」嗎。《集解》引孔安國曰：「言治小何須用大道。」瀧川曰：「當時蓋有此俚言。蘇秦云：『寧為雞口，無為牛後。』亦『雞』『牛』對言，皆取譬家畜。」❼道　《集解》引孔安國曰：「道謂禮樂也。」❽易使　《集解》引孔安國曰：「樂以和人，人和則易使。」❾前言戲之耳　戲，玩笑。按：以上孔子讚美子游事見《論語・陽貨》。❿孔子以為子游習於文學　按：《論語・先進》分列弟子才能有所謂「文學：子游、子夏」。先秦兩漢時期的「文學」，相當於今之「學術」，亦即對孔門「六經」的研究與掌握。⓫卜商　《集解》引《家語》曰：「衛人。」鄭玄曰：「溫人。」孔穎達《禮記・檀弓》疏以為「魏人」。今錢穆、蔣建侯等皆依「魏人」說。⓬少孔子四十四歲　據此則子夏生於魯定公三年，西元前五〇七年。⓭巧笑倩兮三句　《集解》引馬融曰：「倩，笑貌。盼，動目貌。絢，文貌。此上二句在〈衛風・碩人〉之二章，其下一句逸詩。」瀧川曰：「盼，目黑白分也。」⓮繪事後素　《集解》引鄭玄曰：「繪，畫文也。凡繪畫，先布眾色，然後以素分布其間，以成其文。喻美女雖有倩盼美質，亦須禮以成也。」⓯禮後乎　《集解》引何晏曰：「子夏聞而解，知以『素』喻『禮』，故曰『禮後乎』。」⑯商始可與言詩已矣　蓋誇獎其悟性好，一點就透。《集解》引包氏曰：「能發明我意。」按：以上孔子讚揚子夏事見《論語・八佾》。⑰師　顓孫師，即子張，事詳下文。⑱過　辦事過頭。⑲不及　辦事不到火候。⑳師愈與　子張稍好一點嗎。愈，優；長。㉑過猶不及　《集解》引孔安國曰：「言俱不得中。」按：孔門最講究「中庸」，所以對「過火」與「不到火候」的思想行為都不滿意。以上對答見《論語・先進》。㉒君子儒　《集解》引何晏曰：「君子之儒將以明道。」㉓小人儒　《集解》引何晏曰：「小人為儒則矜其名。」矜其名，意即以儒為招牌而自我炫耀。按：以上數語見《論語・雍也》。㉔居西河教授　西河，指今河南安陽一帶。當時之黃河經安陽東側流向河北，以此河地處齊、魯之西，故齊、魯人稱這段黃河為「西河」。而《索隱》之所謂「在河東郡之西界，蓋近龍門」，以及《正義》引《括地志》云「隰城（今山西隰縣）北有隱泉山，中有子夏石室」者，恐皆後人附會。㉕為魏文侯師　魏文侯，名斯，戰國初期的魏國國君，西元前四四五—前三九六年在位，國都安邑（今山西夏縣西北）。《正義》曰：「子夏教於西河之上，文侯師事之，咨問國政焉。」按：文侯「師子夏」事，見〈魏世家〉。洪邁以為文侯執政時子夏當在百歲以上，而謂此說可疑。王駿觀曰：「此特史家由後追稱為『文侯』耳，非必為侯始師之也。且三晉之強已歷數世，魏之政令早由己出，不必稱侯始有『國政』可咨詢也。」又按：子夏於孔門弟子中著述最多，洪邁曾稱其「於《易》則有『傳』，於《詩》則有『序』，於《禮》則有《儀禮・喪服》一篇，於《春秋》所云『不能贊一詞』，蓋嘗從事於斯矣。公羊高實受之於子夏；穀梁赤者，《風俗通》亦云『子夏門人』；於《論語》，則鄭康成以為仲弓、子夏所撰定也」。㉖其子死二句　按：子夏哭子失明事見《禮記・檀弓》、《淮南子・精神》。

【語　譯】言偃，吳國人，字子游，比孔子小四十五歲。

2 子游學成之後，做了武城的縣宰。孔子經過武城，聽到有彈琴唱歌的聲音。孔子微微一笑道：「殺雞哪裡用得著宰牛刀？」子游說：「從前我聽先生說過『君子懂禮樂，就懂得關愛他人；百姓懂禮樂，就容易被驅遣』。」孔子說：「弟子們啊，言偃的話是對的。我剛才的話只是開個玩笑罷了。」孔子認為子游深懂儒學。

3 卜商，字子夏，比孔子小四十四歲。

4 子夏問道：「『笑時現出酒窩，美麗的眸子送秋波，素色添加其上，更顯絢麗婀娜。』說的是什麼意思？」孔子說：「畫成之後，需加素色。」子夏說：「天生麗質之外還需教之以禮嗎？」孔子說：「卜商，現在可以和你談論《詩》了。」

5 子貢問：「顓孫師和卜商誰更賢能？」孔子說：「顓孫師做事有些過頭，卜商做事略顯不足。」子貢說：「那就是顓孫師比卜商強囉？」孔子說：「過頭和不足都是一樣的。」

6 孔子對子夏說：「你要做個君子式的儒者，不要做小人式的儒者。」

7 孔子去世後，子夏住在魏國的西河郡設館教學，做過魏文侯的老師。兒子死了，他為此哭瞎了眼睛。

1 顓孫師，陳人❶，字子張，少孔子四十八歲❷。

2 子張問干祿❸，孔子曰：「多聞闕疑❹，慎言其餘，則寡尤❺；多見闕殆❻，慎行其餘，則寡悔❼。言寡尤，行寡悔，祿在其中矣❽。」

3 他日從在陳、蔡間❾，困❿，問行⓫。孔子曰：「言忠信，行篤敬⓬，雖蠻貊⓭之國行也；言不忠信，行不篤敬，雖州里⓮行乎哉！立則見其參於前⓯也，在輿則見其倚於衡⓰，夫然後行⓱。」子張書諸紳⓲。

4 子張問：「士何如斯可謂之達⓳矣？」孔子曰：「何哉，爾所謂達者？」子張對曰：「在國必聞，在家必聞⓴。」孔子曰：「是聞也，非達也。夫達者，質直㉑而好義，察言而觀色，慮以下人㉒，在國及家必達㉓；夫聞也者，色取仁而行違㉔，居之不疑㉕，在國及家必聞㉖。」

5 曾參，南武城[27]人，字子輿，少孔子四十六歲[28]。

6 孔子以為能通孝道[29]，故授之業[30]。作孝經[31]，死於魯[32]。

7 澹臺滅明[33]，武城人[34]，字子羽，少孔子三十九歲[35]。

8 狀貌甚惡。欲事孔子，孔子以為材薄。既已受業，退而修行，行不由徑[36]，非公事不見卿大夫。南游至江[37]，從弟子三百人，設取予去就[38]，名施乎諸侯[39]。孔子聞之，曰：「吾以言取人，失之宰予[40]；以貌取人，失之子羽[41]。」

9 宓不齊[42]字子賤，少孔子三十歲[43]。

10 孔子謂子賤：「君子哉！魯無君子，斯焉取斯[44]？」

11 子賤為單父[45]宰，反命於孔子，曰：「此國有賢不齊者五人[46]，教不齊所以治者。」孔子曰：「惜哉不齊所治者小，所治者大則庶幾矣[47]。」

12 原憲[48]字子思。

13 子思問恥，孔子曰：「國有道，穀[49]；國無道，穀，恥也[50]。」子思曰：「克伐怨欲不行[51]焉，可以為仁乎？」孔子曰：「可以為難矣，仁則吾弗知也[52]。」

14 孔子卒，原憲遂亡在草澤中[53]。子貢相衛[54]，而結駟連騎[55]，排藜藿[56]，入窮閻[57]，過謝[58]原憲。憲攝敝衣冠[59]見子貢。子貢恥之[60]，曰：「夫子豈病乎[61]？」

原憲曰：「吾聞之，無財者謂之貧，學道而不能行者謂之病。若憲，貧也，非病也。」子貢慚，不懌[62]而去，終身恥其言之過[63]也。

15 公冶長，齊人[64]，字子長[65]。

16 孔子曰：「長可妻[66]也。雖在累紲[67]之中，非其罪也。」以其子妻之[68]。

17 南宮括[69]字子容。

18 問孔子曰：「羿善射，奡盪舟[70]，俱不得其死[71]然；禹、稷[72]躬稼[73]而有天下。」孔子弗答[74]。容出，孔子曰：「君子哉若人[75]！上德哉若人[76]！」「國有道，不廢[77]；國無道，免於刑戮[78]。」三復「白珪之玷」[79]。以其兄之子妻之[80]。

19 公晳哀[81]字季次。

20 孔子曰：「天下[82]無行，多為家臣，仕於都[83]。唯季次未嘗仕[84]。」

21 曾蒧[85]字晳。

22 侍孔子，孔子曰：「言爾志。」蒧曰：「春服既成，冠者[86]五六人，童子六七人，浴乎沂[87]，風乎舞雩[88]，詠而歸[89]。」孔子喟爾[90]歎曰：「吾與蒧也[91]！」

23 顏無繇[92]字路。路者，顏回父，父子嘗各異時事孔子。

24 顏回死，顏路貧，請孔子車以葬[93]。孔子曰：「材不材[94]，亦各言其子也[95]。

鯉[96]也死，有棺而無椁[97]，吾不徒行以為之椁[98]，以吾從大夫之後[99]，不可以徒行[100]。」

25 商瞿[101]，魯人，字子木，少孔子二十九歲[102]。

26 孔子傳易於瞿[103]，瞿傳楚人馯臂子弘[104]，弘傳江東人矯子庸疵[105]，疵傳燕人周子家豎[106]，豎傳淳于[107]人光子乘羽[108]，羽傳齊人田子莊何[109]，何傳東武[110]人王子中同[111]，同傳菑川[112]人楊何[113]。何元朔[114]中以治易為漢中大夫[115]。

27 高柴字子羔[116]，少孔子三十歲[117]。

28 子羔長不盈五尺[118]，受業孔子，孔子以為愚[119]。

29 子路使子羔為費、郈宰[120]，孔子曰：「賊夫人之子[121]！」子路曰：「有民人焉，有社稷焉[122]，何必讀書然後為學[123]！」孔子曰：「是故惡夫佞者[124]。」

30 漆彫開字子開[125]。

31 孔子使開仕，對曰：「吾斯之未能信[126]。」孔子說[127]。

32 公伯繚[128]字子周。

33 周愬子路於季孫[129]，子服景伯[130]以告孔子，曰：「夫子固有惑志，繚也，吾力猶能肆諸市朝[131]。」孔子曰：「道之將行，命也；道之將廢，命也。公伯繚其如命何[132]？」

34 司馬耕[133]字子牛。

35 牛多言而躁[134]，問仁於孔子。孔子曰：「仁者其言也訒[135]。」曰：「其言也訒，斯可謂之仁乎？」子曰：「為之難，言之得無訒乎[136]？」

36 問君子，子曰：「君子不憂不懼。」曰：「不憂不懼，斯可謂之君子乎？」子曰：「內省不疚，夫何憂何懼[137]？」

37 樊須[138]字子遲，少孔子三十六歲[139]。

38 樊遲請學稼，孔子曰：「吾不如老農。」請學圃[140]，曰：「吾不如老圃[141]。」樊遲出，孔子曰：「小人[142]哉樊須也！上好禮，則民莫敢不敬；上好義，則民莫敢不服；上好信，則民莫敢不用情[143]。夫如是，則四方之民襁負[144]其子而至矣，焉用稼[145]！」

39 樊遲問仁，子曰：「愛人。」問智，曰：「知人[146]。」

40 有若[147]少孔子四十三歲[148]。

41 有若曰：「禮之用，和為貴[149]，先王之道斯為美。小大由之[150]，有所不行[151]；知和而和，不以禮節之，亦不可行也[152]。」「信近於義，言可復也[153]；恭近於禮，遠恥辱也[154]；因不失其親，亦可宗也[155]。」

42 孔子既沒，弟子思慕，有若狀似孔子，弟子相與共立為師，師之如夫子時也。他日，弟子進問曰：「昔夫子當行，使弟子持雨具，已而果雨。弟子問曰：『夫子何以知之？』夫子曰：『詩不云乎：月離于畢，俾滂沱矣[156]。昨暮月不宿[157]畢乎？』他日，月宿畢，竟不雨。商瞿年長[158]無子，其母為取室[159]。孔子使之齊，瞿母請之[160]。孔子曰：『無憂，瞿年四十後當有五丈夫子[161]。』已而果然，敢問夫子何以知此？」有若默然無以應。弟子起曰：「有子避之，此非子之座也[162]！」

43 公西赤[163]字子華，少孔子四十二歲[164]。

44 子華使於齊，冉有為其母請粟。孔子曰：「與之釜[165]。」請益[166]，曰：「與之庾[167]。」冉子與之粟五秉[168]。孔子曰：「赤之適齊也，乘肥馬，衣輕裘。吾聞君子周急不繼富[169]。」

45 巫馬施字子旗[170]，少孔子三十歲。

46 陳司敗[171]問孔子曰：「魯昭公[172]知禮乎？」孔子曰：「知禮。」退而揖巫馬旗曰[173]：「吾聞君子不黨[174]，君子亦黨乎？魯君娶吳女[175]為夫人，命之為『孟子』。『孟子』姓姬，諱稱同姓[176]，故謂之『孟子』。魯君而[177]知禮，孰不知禮！」施以告孔子，孔子曰：「丘也幸，苟有過，人必知之。臣不可言君親之惡，為諱者，禮也[178]。」

47 梁鱣[179]字叔魚，少孔子二十九歲[180]。

48 顏幸[181]字子柳，少孔子四十六歲[182]。

49 冉孺[183]字子魯，少孔子五十歲[184]。

50 曹卹[185]字子循，少孔子五十歲[186]。

51 伯虔字子析[187]，少孔子五十歲[188]。

52 公孫龍字子石[189]，少孔子五十三歲[190]。

【章旨】以上為第六段，寫「四科」以外見於書傳之弟子的生平事跡。

【注釋】❶顓孫師二句　崔述以為其先人自陳遷魯，蓋子張已為魯人，故《呂氏春秋・尊師》有所謂「子張，魯之鄙家也」。梁玉繩、錢穆等皆無異辭。❷少孔子四十八歲　依此則子張生於西元前五〇三年。❸干祿　《集解》引鄭玄曰：「干，求也；祿，祿位也。」即找官做。前人有以此解為有辱孔門者，因而別出新說。梁玉繩引趙佑曰：「蓋問《詩》『干祿』之義（見〈旱麓〉、〈假樂〉），『問』即是『學』。」中井曰：「《詩・旱麓》篇『豈弟君子，干祿豈弟』；〈假樂〉篇『干祿百福，子孫千億』，子張蓋因《詩》發焉。」俞樾曰：「子張學干祿，猶南容三復白圭。曰『學』、曰『三復』皆於學《詩》研求其義，非學求祿之法也。」按：趙佑、俞樾之說可能符合《論語》原意，但史公引於此處，恐仍以鄭氏之解為當。❹多聞闕疑　多問多聽，不懂的東西一概不說。闕，空著。❺寡尤　少犯錯誤。《集解》引包氏曰：「疑則闕之，其餘不疑猶慎言之，則少過。」❻多見闕殆　遇事多看看，凡有危險的事情一概不做。殆，危險。❼寡悔　減少後悔。❽祿在其中矣　按：孔子回答子張問干祿見《論語・為政》。❾從在陳蔡間　指隨孔子一道被陳、蔡人所圍困。陳、蔡，春秋時期諸侯國名。陳國的國都即今河南淮陽；蔡國的國都當時已經東遷到州來（今安徽壽縣西北）。按：據崔述等考證，當時不可能有陳、蔡糾結以圍孔子事，見〈孔子世家〉注。❿困　指被陳、蔡兩國的軍隊所圍困。⓫問行　問如何為人處世。行，行得通；吃得開。⓬篤敬　厚道、謙恭。⓭蠻貊　古代對南方的少數民族稱「蠻」，對北方的少數民族稱「貊」，這裡泛指不通禮義的生番化外。⓮州里　都是居民編制的基層單位。《集解》引鄭玄曰：「二千五百家為『州』，五家為『鄰』，五鄰為『里』。」這裡即指自己的鄉親之間。⓯參於前　出現在面前。指「言忠信，行篤敬」。參，見；出現。⓰倚於衡　靠在車前套馬的橫軛上。⓱夫然後行　能做到這個樣子，那就到處都吃得開了。⓲書諸紳　寫在自己腰間所繫的大帶上，以便隨時可以看到。紳，大帶。按：以上孔子回答子張「問行」見《論語・衛靈公》。但《論語》只曰：「子張問行。」與「困陳蔡」無關。⓳達　通達。亦即「吃得開」的意思。⓴在國必聞二句　在國，指為諸侯任職。聞，聞名；被人所知。在家，指為大夫做家臣。《集解》引鄭玄曰：「士之所在，必能有名譽。」㉑質直　樸厚正直。㉒慮以下人　常懷謙退之志，總想著居於對方之下。㉓在國及家必達　《集解》引馬融曰：「謙尊而光，卑而不可逾。」按：此種處世哲學與老子相通。㉔色取仁而行違　意即樣子像個仁者，而從來不做仁者應做的事。㉕居之不疑　馬融曰：「安居其偽而自不疑。」㉖在國及家必聞　意即也能鬧得名聲遠布。馬融曰：「佞人黨多。」按：以上孔子論「聞」「達」之別見《論語・顏淵》。瀧川引伊藤維楨曰：「達者，內有其實，名譽自達也；聞者，務飾乎外，以到名聞也。」錢穆曰：「子張卒年五十七。」崔述曰：「子張好高務外，而與游、夏均稱得聖人之一體，蓋亦賢也。」㉗南武城　即前文子游為宰之武城（在今山東費縣西南），在曲阜之東南。㉘少孔子四十六歲　依此則曾子生於魯定公五年，西元前五〇五年。㉙能通孝道　《正義》引《韓詩外傳》云：「曾子曰：『吾嘗仕為吏，祿不過鍾釜，尚猶欣欣而喜者，非以為多也，樂道養親也。親沒之後，吾嘗南游於越，得尊官，堂高九仞，榱提三尺，戾轂百乘，然猶北向而泣者，非為賤也，悲不見吾親也。』」崔述以為其理可信，其事所必無。㉚授之業　意即給曾參講有關「孝」的道理。㉛作孝經　梁玉繩曰：「史公蓋以《孝經》為孔子作，故《漢書・藝文志》云：『《孝經》者，孔子為曾子陳孝道也。』」而《困學紀聞》則以為「當是曾子門弟子類而成書，疑成於子思之手」。按：崔述亦認為《孝經》非曾子所作。㉜死於魯　崔述曰：「曾子於孔門年最少而學最純，故孔子既沒，後學多宗曾子者。聖道之顯多由子貢，聖道之傳多由曾子。子貢之功在當時，曾子之功在後世。」蔣建侯曰：「曾子在孔子弟子中年少而又老壽，故大、小戴《禮記》諸篇關于曾子者甚多。《論語・里仁》篇記孔子語曾子曰：『吾道一以貫之。』曾子告門人曰：『夫子之道忠恕而已矣。』朱子因謂曾子獨得道統之傳，且以《禮記・大學》篇為曾子所述作，定為『四書』

之一云。」㉝澹臺滅明　姓澹臺，名滅明。㉞武城人　即子游作宰之武城，亦即曾參所居之南武城。據《論語・雍也》，子游為武城宰時，孔子問其是否發現人才，子游舉發現澹臺滅明以對。《正義》曰：「澹臺滅明墓在兗州鄒城縣。」㉟少孔子三十九歲　依此則澹臺滅明生於魯昭公三十年，西元前五一二年。㊱行不由徑　從不抄近路、走小道。比喻人品正直。徑，小道。按：此前後數語見《論語・雍也》，原文為：「子游為武城宰，子曰：『女得人焉耳乎？』曰：『有澹臺滅明者，行不由徑，非公事未嘗至於偃之室也。』」史公改此文入史，且云此乃澹臺受孔門之教後的行為，與《論語》原意不同。中井據此懷疑澹臺是否為孔門弟子，然崔述、梁玉繩、錢穆等皆無異辭。㊲南游至江　《索隱》曰：「今吳國東南有澹臺湖，即其遺迹所在。」按：《索隱》所謂「吳國」即今蘇州。㊳設取予去就　在「取予」、「去就」問題上特別注意。瀧川引岡白駒曰：「唯義之從。」設，講究；注意。〈游俠列傳〉有所謂「設取予然諾，千里誦義」；〈報任安書〉有所謂「臨財廉，取予義」；《論語・憲問》有所謂「義然後取，人不厭其取」。講「去就」的話，《論語・泰伯》有所謂「危邦不入，亂邦不居」；《公羊》莊二十四年有所謂「三諫不從遂去之」；《禮記・曲禮》有所謂「三諫不從則逃之」等。㊴名施乎諸侯　亦即名聞諸侯。施，延續；傳播。㊵失之宰予　意即被其伶牙俐齒所動而對之估價過高了。㊶失之子羽　意謂因其容貌不好而對之估價過低了。按：此孔子言「以貌」、「以言」取人事，《論語》不載。梁玉繩曰：「孔子斯言，《大戴禮・五帝德》、《韓子・顯學》、《論衡・骨相》皆有之，史公取入〈留侯世家〉論及此傳。」王若虛曰：「此好事者因《論語》而附會之耳，夫子好惡必察，毀譽必試，賜之辯、師之堂堂，曾不足以欺之；顏子之愚，猶必退省其私，何獨於宰予、子羽而鹵莽如是？」梁玉繩引孫侍御曰：「《家語》無『吾』字，蓋泛論取人之道不在言貌，史公增一『吾』字，失之矣。」按：《論衡》、《家語》皆後起之書，史公之所取裁者唯《韓非子》與《大戴禮記》耳。錢穆曰：「『以言取人，失之宰予』既不足信，則『以貌取人，失之子羽』亦後人之虛造也。」㊷宓不齊　《集解》引孔安國曰：「魯人。」宓，古與「伏」通。《正義》引《顏氏家訓》謂漢代的濟南伏生即宓子賤的後代。㊸少孔子三十歲　依此則宓子賤生於魯昭公二十一年，西元前五二一年。按：黃善夫本作「少孔子四十九歲」，今本《家語》謂「少孔子四十歲」。崔述曰：「孔子稱子賤：『君子哉，若人！魯無君子，斯焉取斯？』則是子賤已成德矣，其親師取友已歷有年矣。而列傳謂其少孔子四十九歲，則當孔子卒時年僅二十五，成德安能如是速乎？」㊹魯無君子二句　《集解》引包氏曰：「如魯無君子，子賤安得此行而學？」按：以上孔子讚美子賤語見《論語・公冶長》。㊺單父　春秋時期魯縣名，即今山東單縣。㊻賢不齊者五人　《索隱》引《家語・辨政》曰：「不齊所父事者三人，所兄事者五人，所友者十一人。」賢不齊，賢於我本人。㊼所治者大則庶幾矣　孔子的意思是遺憾沒能讓子賤做更大的官，沒能更好地發揮其才幹。庶幾，差不多。按：以上孔子稱道子賤的政治才幹不見於《論語》，而與此類似的意思見《呂覽・察賢》、《韓詩外傳》；後出的《孔子家語》對此發揮較多。崔述曰：「孔子以『君子』稱子賤，而傳記亦多載其行事，蓋聖門高第也。」㊽原憲　《集解》引鄭玄曰：「魯人。」《家語》稱其為「宋人」，並謂其「少孔子三十六歲」。依此則原憲生於魯昭公二十六年，西元前五一六年。蔣建侯引金鶚《禮說》懷疑原憲「應少孔子二十六歲，『三』為『二』字之誤」。因孔子為魯司寇時原憲曾為孔子宰，若原憲果「少於孔子三十六歲」，則其為宰時之年齡過小。錢穆說同。㊾國有道二句　國家有道時就出去做官。穀，指做官；拿俸祿。㊿國無道三句　按：以上孔子回答原憲「問恥」見《論語・憲問》。(51)克伐怨欲不行　「克、伐、怨、欲」四種毛病不在自己身上出現。《集解》引馬融曰：「克，好勝人也；伐，自伐其功；怨，忌也；欲，貪也。」(52)仁則吾弗知也　是否能算是「仁」，我就不知道了。按：以上孔子答原憲問見《論語・憲問》。(53)亡在草澤中　《孔子家語》稱其「隱居衛」。亡，避隱。(54)子貢相衛　郭嵩燾曰：「子貢哀公十一年為魯使以釋衛侯，并不聞有『相衛』事。」按：子貢「為相」事，前注中梁玉繩已駁其妄；然子貢於孔子在世時確為弟子中之屢屢遊說、交結諸侯者。(55)結駟連騎　極言其車馬從人之盛。駟，一車四馬。(56)排藜藋　撥開荒草。藋，原指豆類，此處與「藜」俱泛指荒草。(57)窮閻　窮巷。(58)過謝　過訪。(59)攝敝衣冠　攝，整頓；彈抖。此語又見於〈魏公子列傳〉。(60)恥之　替他感到難為情。(61)夫子豈病乎　夫子，敬稱對方。猶如今之所謂「先生」。病，意指其潦倒窘困。(62)不懌　不快。(63)恥其言之過　為剛才說了錯話而感到羞恥、後悔。按：以上子貢見原憲的故事見《莊子・讓王》。崔述曰：「孔子為司寇，以原思為宰，必有可取者在；而狷介之操亦人所難能。」又曰：「『子貢曰：『貧而毋諂，富而毋驕何如？』子曰：『可也。未若貧而樂，富而好禮者也。』」子貢長於理財，先貧後富則有之；若以貧為恥，以富為榮，則子貢斷不至是。此乃戰國貧賤驕人之士設為此說以自高者，以原憲之貧、子貢之富也，故託之耳。《新序》亦載此事而文更繁，蓋後人所衍，皆非事實。」郭嵩燾曰：「此亦稗官家說，而史公過取之。」(64)公冶長二句　按：《家語》稱其為魯人，崔述考證其為魯人，蔣建侯引《論語集注》、《國語注》亦皆稱其為魯人。(65)字子長　《索隱》引范甯語以為「字子芝」；蔣建侯謂《論語釋文》引《家語》作「字子張」；引范甯語作「字子萇」。按：崔述曰：「《史記》雖載之於〈弟子傳〉中，而以《論語》之文考之，長絕無問答之語，未見其必為弟子也者。」(66)可妻　可以讓自己家的女孩子為之做妻。(67)累紲　繩索，這裡指刑具、監獄。(68)以其子妻之　其子，自己的女兒。按：以上孔子以女妻公冶長事見《論語・公冶長》。(69)南宮括　姓南宮，名括。梁玉繩曰：「《論語》作『适』，又稱南容。《家語》作『南宮韜』。」《集解》引孔安國曰：「魯人。」崔述曰：「《史記》雖載之於〈弟子傳〉中，而以《論語》之文考之，适僅有羿奡一問，而亦非質疑問難之比，未見其必為弟子也者。」蔣建侯亦同此說。(70)羿善射二句 《集解》引孔安國曰：「羿，有窮之君，篡夏后位，其徒寒浞殺之，因其室而生奡。奡多力，能陸地行舟，為夏后少康所殺。」按：以上史實〈夏本紀〉不載，見於《左傳》襄公四年與屈原〈離騷〉。羿，也稱「后羿」，以善射聞名，神話中有羿射九日的故事，滅夏后相而取其位。盪舟，蓋謂拖舟陸行，以逞其力大也。楊伯峻引顧炎武說，以為是「用舟師衝鋒陷陣」。(71)不得其死 即未得好死。(72)禹稷 大禹、后稷。都是舜的臣子。禹以治水有功，受舜之禪；稷以發展農業有功，受到舜的封賞，至武王時，遂滅商而有天下，分別見〈夏本紀〉、〈周本紀〉。(73)躬稼 親身致力於農業。《集解》引馬融曰：「禹盡力於溝洫，稷播百穀，故曰『躬稼』。」(74)孔子弗答 《集解》引馬融曰：「括意欲以禹、稷比孔子，孔子謙，故不答。」(75)若人 這個人。(76)上德哉若人 上德，崇尚道德。《集解》引孔安國曰：「賤不義而貴有德，故曰君子。」按：以上孔子讚南宮括見《論語・憲問》。(77)不廢 《集解》引孔安國曰：「言見用。」(78)免於刑戮 指不會被昏君所害。按：以上孔子稱道南宮括見《論語・公冶長》。語後有「以其兄之子妻之。」(79)三復白珪之玷 反覆地誦讀「白珪之玷」這幾句詩。其主語是南宮括。《詩經・大雅・抑》有云：「白圭之玷，尚可磨也；斯言之玷，不可為也。」意謂一旦說了錯話就再無法收回。《集解》引孔安國曰：「南容讀《詩》至此，三反之，是其心敬慎於言。」(80)以其兄之子妻之 楊伯峻曰：「孔子之兄曰孟皮，見〈孔子世家〉《索隱》引《家語》。這時孟皮可能已死，所以孔子為他女兒主婚。」按：南宮括「三復白珪」見《論語・先進》，孔子「以其兄之子妻之」語在《論語》中的確兩次出現。(81)公晳哀 《索隱》引《家語》謂其名「公晳克」。《集解》引《家語》稱其為「齊人」。按：公晳哀之名不見於《論語》。崔述謂孔子弟子凡不見於《論語》者，此傳皆無事可敘；唯此季次與商瞿為名不見《論語》而尚有事可敘者。(82)天下 指天下的許多士人。(83)多為家臣二句 為大夫之家做臣，而開府辦事於諸侯的國都。按：大夫各有領地，家臣不仕於領地而「仕於都」，以見大夫之權勢擴大，諸侯之公室衰微，孔子對這種現象極為不滿。按：此處似不宜理解為孔子一味地批評為大夫當家臣，子路、冉有皆曾為季氏宰，即孔子本人也曾為季氏之「委吏」、「乘田」，豈可皆以「無行」視之？(84)季次未嘗仕 《索隱》引《家語》曰：「未嘗屈節為人臣，故孔子特賞歎之。」按：〈游俠列傳〉云：「季次、原憲，閭巷人也，讀書懷獨行君子之德，義不苟合當世，當世亦笑之，故季次、原憲終身空室蓬戶，褐衣疏食不厭，死而已四百餘年，而弟子志之不倦。」(85)曾蒧 「蒧」字《家語》作「點」。曾參之父。(86)冠者 指過了二十歲的人。古代男子二十而行加冠禮。按：此之「冠者」與下句之「童子」皆指孔子的學生。(87)沂 楊伯峻曰：「水名，但和大沂河以及流入大沂河的小沂河都不同，這沂水源於山東鄒縣東北，西流經曲阜與洙水合，入於泗水。」(88)風乎舞雩 風，吹風。舞雩，指求雨的臺子。古代用於求雨的祭祀叫做「雩祭」，祭祀時伴有歌舞，故稱「舞雩」。(89)詠而歸 《集解》引徐廣曰：「歌詠先王之道，歸于夫子之門。」按：徐說似乎過拘。(90)喟爾　傷心有感的樣子。(91)吾與蒧也　我贊成你的這種說法。與，同意；贊成。按：以上孔子與曾蒧的對答見《論語・先進》。此時之侍坐者尚有子路、冉有、公西華等，諸子各有發言，成為《論語》中比較長而又相當精彩的一段文字。黃震曰：「夫子以行道救世為心，而時不我與，方與二三子相講明於寂寞之濱，而忽聞曾蒧『浴沂』之言，若有獨契其『浮海』『居夷』之志，『曲肱水飲』之樂，故不覺喟然而嘆，蓋其意之所感者深矣。」崔述曰：「孔子方與弟子言而晳鼓瑟自如，不亦遠於禮乎？此章乃學老、莊者之所偽托而後儒誤采之者。朱子謂：『曾點所言有萬物得所之意，故孔子與之。』論雖巧而未必實也。」(92)顏無繇　《索隱》引《家語》曰：「少孔子六歲。」依此則生於魯襄公二十八年，西元前五四五年。(93)請孔子車以葬　《集解》引孔安國曰：「賣以做椁。」(94)材不材　成材或是不成材。(95)亦各言其子也　意謂也畢竟是自己的兒子。(96)鯉　孔鯉，字伯魚，孔子之子，死於魯哀公十二年，卒年五十歲。(97)椁　外棺。(98)吾不徒行以為之椁　意謂我當時並沒有賣掉我的車子為之做槨。(99)從大夫之後　客氣的說法，意即自己身為大夫。(100)不可以徒行　按：以上孔子拒絕顏路請車事見《論語・先進》。瀧川曰：「顏路之請固悖矣，然使路為此請，亦可以見孔子愛弟子之厚也。」(101)商瞿　崔述曰：「不見于《論語》，獨《史記》有之。」(102)少孔子二十九歲　依此則生於魯昭公二十年，西元前五二二年。(103)孔子傳易於瞿　葉夢得曰：「瞿本非門人高第，略無一言見於《論語》，『性與天道』子貢且不得聞，而謂商瞿得之乎？」錢穆曰：「瞿年長於回、賜，其從游當不在後；而孔子晚年喜《易》，瞿得其傳亦當在孔子晚世，則瞿之從學久矣，而顧無一語見於《論語》，又不見於其後群弟子之稱述，則其人尚在若有若無間，遑論傳《易》之事哉？」(104)馯臂子弘　姓馯名臂，字子弘。《索隱》曰：「〈儒林傳〉、《荀卿子》及《漢書》皆云『馯臂子弓』，今此獨作『弘』，蓋誤耳。」(105)矯子庸疵　按：「矯」也作「橋」；疵，亦作「庇」。師古《漢書注》：「橋庇，字子庸。」(106)周子家豎　《正義》曰：「周豎，字子家。《漢書》作『周醜』。」(107)淳于　齊縣名，在今山東安丘東北。(108)光子乘羽　姓光名羽，字子乘。(109)田子莊何　姓田名何，字子莊。梁玉繩曰：「按《漢書・儒林傳》，瞿受《易》孔子，以授魯橋庇子庸，子庸授江東馯臂子弓，子弓授燕周醜子家，子家授東武孫虞子乘，子乘授齊田何子莊。不但里居姓名不同，傳授亦互異，疑史公誤。」陳直曰：「〈太史公自序〉云：『太史公學天官於唐，傳《易》於楊何。』故對《易》之傳授極為詳明，比較《漢書・儒林傳》為可信。」(110)東武　漢縣名，即今山東諸城。(111)王子中同　姓王名同，字子中。《正義》曰：「《漢書》作『王同字子仲』。」(112)菑川　漢諸侯國名，國都在今山東昌樂西北。(113)楊何　《索隱》曰：「《漢書》『何字叔元』。」(114)元朔　漢武帝的第三個年號，為西元前一二八—前一二三年。梁玉繩曰：「《史》《漢》〈儒林傳〉皆作『元光』，此『朔』字誤。」按：「元光」是漢武帝的第二個年號，為西元前一三四—前一二九年。115 中大夫　官名，帝王的侍從官員，上屬郎中令，掌議論。116 高柴字子羔　《集解》引鄭玄曰：「衛人。」《正義》引《家語》曰：「齊人。」錢穆曰：「自來注家俱以子羔為齊敬仲高傒之後，與《正義》引《家語》正合，鄭說或未確。」梁玉繩曰：「《左》哀十七年作『季羔』，〈檀弓〉兩稱『子皋』。」117 少孔子三十歲　依此則子羔生於魯昭公二十一年，西元前五二一年。錢穆曰：「《論語》子路使子羔為費宰，子曰『賊夫人之子』。魯定公十二年，子羔年二十四，故孔子曰『賊夫人之子』矣。哀十五年，衛蒯聵之難，子路死之，子羔則去，時年四十二。」118 長不盈五尺　《索隱》引《國語》作「長不盈六尺」。按：古之六尺亦不到今天的一百五十公分。119 孔子以為愚　《論語・先進》有所謂「柴也愚，參也魯，師也辟」。120 費郈宰　瀧川曰：「《論語》及楓、三本無『郈』字，此衍。」沈濤曰：「《史記》『費』字衍文，蓋古本《論語》作『郈宰』，不作『費宰』，《論衡・藝增》篇正作『郈宰』，可見漢以前本皆如是也。」郈，春秋時期魯邑名，在今山東東平東南。按：子路當時為魯國權臣季孫氏的家臣，故有此權力。121 賊夫人之子　猶今所謂「簡直是坑害人家的孩子」。賊，害。夫人，彼人。「夫人之子」指子羔。孔穎達曰：「子羔學未熟習而使為政，必累其身，所以為賊害也。」122 有民人焉二句　意即在治民與主持祭祀的實踐中鍛鍊提高。社稷，該地區的土神與穀神。123 何必讀書然後為學　孔穎達曰：「有人民焉而治之，有社稷之神焉而事之，治民事神于是而習之，是亦學也，何必讀書然後為學者！」124 惡夫佞者　討厭那種油嘴滑舌、文過飾非的人。佞，口齒伶俐，辭出無窮，用於貶意。按：以上孔子責子路事見《論語・先進》。崔述曰：「子羔僅兩見而皆非美辭，然其事旁見于傳記者不一，其言亦有足多者。蓋子羔年少，其仕魯在孔子卒後，是以不著于《論語》耳。」李光縉曰：「〈檀弓〉云：『成人有其兄死而不為衰者，聞子羔將為成宰，遂為衰。』即此可見子羔之美質矣，抑亦在變化氣質之後乎？」《說苑》中亦有子羔為政廉直的故事，崔述以為乃後世為諷執政者所編造，非事實也。125 漆彫開字子開　《集解》引鄭玄曰：「魯人也。」《索隱》引《家語》曰：「蔡人，字子若，少孔子十一歲。習《尚書》，不樂仕。」李笠引王應麟曰：「蓋名啟字子開，《史記》避景帝諱也。」按：《漢書・古今人表》正作「漆雕啟」。依《家語》說則漆雕啟生於魯昭公二年，西元前五四〇年。126 斯之未能信　對做此事沒有信心。斯，此。127 孔子說　說，通「悅」。《集解》引鄭玄曰：「善其志道深。」按：以上孔子使漆雕啟仕見《論語・公治長》。《韓非子・顯學》云：「漆雕之議，不色撓，不目逃，行曲則違於臧獲，行直則怒於諸侯。」《漢書・藝文志》儒家類有《漆雕子》十二篇。128 公伯繚　《集解》引馬融曰：「魯人。」姓公伯，名繚。《索隱》、《正義》皆以其為「讒愬之人」，而司馬遷將其列入弟子傳，誤也。129 愬子路於季孫　愬，通「訴」。告惡狀；說人壞話。季孫，此指季康子，名肥，季氏家族的首領。此時子路正為季氏做家臣。130 子服景伯　魯大夫，姓子服，名何，「景」字是謚。

131肆諸市朝　在大庭廣眾之下把他擺平。肆，陳列；擺。這裡指陳屍。市朝，市場與朝廷，是眾人聚會的地方。132其如命何　天命已定的事情，公伯繚又能起什麼作用呢。意謂他的搗鬼奈何不了子路的什麼。按：以上孔子與子服景伯的對答見《論語・憲問》，「繚」字作「寮」。梁玉繩曰：「先儒之依《史》者，只馬融一人，其注《論語》曰：『魯人，弟子也。』朱氏考力主其說，謂未可以一眚掩生平。而《索隱》引《古史考》云：『非弟子之流。』後賢皆韙之。然則史公所見弟子籍詎有竄入耶？」蔣伯潛曰：「孔子曾曰：『匡人其如予何？』『桓魋其如予何？』此云：『公伯繚其如予何？』語氣正同。《論語注》及〈弟子傳〉乃均以為弟子，誠百思不得其解矣。」133司馬耕　《集解》引孔安國曰：「宋人。」《索隱》曰：「桓魋之弟，以魋為宋司馬，故牛遂以『司馬』為氏也。」134多言而躁　躁，浮躁。古有「吉人之言寡，小人之言躁」之說，「多言而躁」被人視為沒修養。135其言也訒　意即遇事不輕易表態。訒，說話慎重的樣子。136為之難二句　《集解》引孔安國曰：「行『仁』難，言『仁』亦不得不訒也。」按：以上孔子與司馬牛的對答見《論語・顏淵》，文章只云「司馬牛問仁」，孔子答曰云云，孔安國如此注釋是可以的；而史公於此處增加了「牛多言而躁」五字，於是此文遂又成了孔子「因材施教」的典型，《集解》再引孔安國語，便似乎有些不對碴了。137內省不疚二句　《集解》引包氏曰：「自省無罪惡，無可憂懼。」蓋猶今之所謂「為人不做虧心事，不怕半夜鬼叫門」也。《集解》引孔安國曰：「牛兄桓魋將為亂，牛自宋來學，常憂懼，故孔子解之也。」按：依《集解》說，此亦孔子教學之善於因勢利導者。138樊須　《集解》引鄭玄曰：「齊人。」《索隱》、《正義》皆引《家語》以為魯人。139少孔子三十六歲　依此則樊須生於魯昭公二十七年，西元前五一五年。按：《家語》謂「少孔子四十六歲」，錢穆引《左傳》郎之戰事證之以為然。依此則樊須生於魯定公五年，西元前五〇五年。140圃　菜園。這裡指種菜。141老圃　老菜農。142小人　此指體力勞動者。143用情　以真情相對。144襁負　用小背兜背著。襁，朱熹曰：「織縷為之，以約小兒於背者。」按：孟子謂齊宣王「行仁政者無敵於天下」，即循此邏輯以推衍。145焉用稼　《集解》引包氏曰：「禮、義與信足以成德，何用學稼以教民乎？」蘇轍曰：「樊遲之學為農圃，蓋將與民並耕而食與，此孟子所謂許行之學也。孟子曰：『有大人之事，有小人之事，堯以不得舜為己憂，舜以不得禹、皋陶為己憂。以百畝之不易為己憂者，農夫也。』此孔子謂樊遲『小人』也。」按：以上孔子斥樊須學稼見《論語・子路》。146知人　能分辨人的好壞與其各自的特長。按：以上孔子與樊須的問答見《論語・顏淵》。據《左傳》哀公十一年，齊人伐魯，冉有率師與之戰於郊，於此役中樊須的表現分外突出，於孔門中亦非平庸之輩。147有若　此稱「有若」，《論語》稱「有子」，則「有」似其姓，而《索隱》引《家語》稱其「字子有」。鄭玄曰：「魯人。」148少孔子四十三歲　按：有子少於孔子之年說法不一，金陵本、瀧川本作「少四十三歲」；《正義》引《家語》謂「少三十三歲」，而今本《家語》乃謂「少三十六歲」。梁玉繩曰：「觀弟子欲立為師一事，有若之年與孔子當不甚遠，十三歲是。」依此則有子生於魯昭公四年，西元前五三八年。149禮之用二句　楊伯峻曰：「禮的作用，以遇事都做得恰當為可貴。」和，《禮記・中庸》：「喜怒哀樂之未發謂之中，發而皆中節謂之和。」楊伯峻引楊樹達曰：「和，今言『適合』、言『恰當』、言『恰到好處』。」150小大由之　小事大事都要辦得恰到好處。151有所不行　楊伯峻曰：「如有行不通的地方。」按：「有所不行」四字難讀，邢昺疏將「小大由之，有所不行」八字連在一起，解釋為「每事小大皆用『禮』，而不以『樂』和之，則其政有所不行也」。也不順暢。152知和而和三句　《集解》引馬融曰：「人知禮貴和，而每事從和，不以禮為節，亦不可行也。」楊伯峻解「知和而和」為「為恰當而求恰當」。崔述曰：「有子『務本』之旨，『貴和』之說，咸能發聖人未發之蘊。意其所得有深焉者，是以游、夏有『似聖人』之品目也。」153信近於義二句　《集解》引何晏曰：「義不必信，信非義也，以其言可反復，故曰『近義』。」復。重複，指再講第二遍、第三遍。上文有所謂「三復『白珪之玷』」，「復」字之義同此。楊伯峻曰：「所守的約言符合義，說的話就能兌現。」復，實踐。與此略異。154恭近於禮二句　《集解》引何晏曰：「恭不合禮，非禮也。以其能遠恥辱，故曰近禮。」155因不失其親二句　《集解》引孔安國曰：「因，親也。所親不失其親亦可宗敬。」楊伯峻曰：「因，依靠。依靠關係深的人，也就可靠了。」按：以上有若的兩段話見《論語・學而》。156月離于畢二句　語見《詩經・小雅・漸漸之石》。朱熹曰：「月離畢，將雨之驗也。」離，同「罹」。遭逢。這裡指運行到。畢，星名，二十八宿之一。157宿　停留。這裡也是指運行到。158商瞿年長　《索隱》引《孔子家語》云：「瞿年三十八。」159其母為取室　意謂將為之另娶一妻。160瞿母請之　請孔子勿使其子遠出。161當有五丈夫子　意即當生五個兒子。蘇轍曰：「月宿畢而雨不應，商瞿五十而生五子，此卜祝之事，鄙儒所以謂孔子聖人者，戰國雜說類此者多矣，宋祁曰：『此鄒魯閒野人語耳。』」162此非子之座也　劉知幾《史通》曰：「孔門弟子，聖人品藻優劣已詳，門徒商搉臧否又定，如有若者，名不隸於四科，譽無偕於十哲，逮尼父既沒，方取為師；以不答所問，始令避座，同稱達者，何見事之晚乎？」洪邁曰：「此兩事殆近於星曆卜祝之學，何足以為聖人，而謂孔子言之乎？有若不能知，何所加損，而弟子遽以是斥退之乎？太史公之書於是為失矣。」宋濂曰：「有若狀似孔子，共立為師，此鄒魯閒野人語耳。」梁玉繩曰：「賢如有若，必不僭居師座；弟子亦必不因不答所問即令避座。」按：崔述對此亦有辨。163公西赤　《集解》引鄭玄曰：「魯人。」164少孔子四十二歲　依此則公西赤生於魯定公元年，西元前五〇九年。崔述引《論語》文字以為公西華不應比子路、冉有、子貢等差得太多，錢穆引金鶚考證以為此「四十二」應作「三十二」。165與之釜　《集解》引馬融曰：「六斗四升曰釜。」166請益　請求再多一些。167庾　《集解》引包氏曰：

「十六斗曰庾。」[168]五秉　《集解》引馬融曰：「十六斛曰秉，五秉合八十斛。」按：一「斛」亦即一「釜」，為六斗四升。[169]周急不繼富　周急，救濟有困難、有急需者，即俗所謂雪中送炭。周，通「賙」。不繼富，沒有必要給富人追加財產。按：以上孔子講「周急不繼富」見《論語・雍也》。崔述曰：「子華以應對長才承命出使，亦卓卓者，孔子無貶辭。」[170]巫馬施字子旗　《集解》引鄭玄曰：「魯人。」《索隱》引《家語》曰：「陳人，字子期。」錢穆引《墨子》中巫馬施所謂「我愛魯人於鄒人」證明巫馬施為魯人。[171]陳司敗　陳國大夫，史失其名姓。司敗，陳、楚等國的官名，北方諸國稱「司寇」。[172]魯昭公　春秋後期魯國國君，西元前五四一－前五一〇年在位。[173]退而揖巫馬旗曰　此句的主語為陳司敗。[174]不黨　不黨附於人。《集解》引孔安國曰：「相助匿非曰黨。」[175]吳女　吳國諸侯之女。[176]諱稱同姓　《集解》引孔安國曰：「禮同姓不婚，而君娶之，當稱『吳姬』，諱曰『孟子』。」同姓，魯國是武王之弟周公的後代，吳國是文王伯父吳太伯的後代，兩國都姓姬。[177]而若。[178]為諱者二句　李笠曰：「『臣不可以言君親之惡』二語，不續，疑是旁注闌入。」為諱，意即不言君親之過。按：以上孔子為魯昭公諱見《論語・述而》。[179]梁鱣　《集解》引《家語》曰：「齊人。」[180]少孔子二十九歲　依此則梁鱣生於魯昭公二十年，西元前五二二年。按：梁玉繩曰：「《家語》云：『齊人。』又云：『少孔子三十九歲。』均疑莫能定也。」[181]顏幸　《索隱》引鄭玄曰：「魯人。」《志疑》引宋本《家語》、《宋史・禮記》作「顏辛」。[182]少孔子四十六歲　據此則顏幸生於魯定公五年，西元前五〇五年。按：《索隱》引《家語》謂其「少孔子三十六歲」。[183]冉孺　《索隱》引《家語》曰：「魯人。」[184]少孔子五十歲　據此則冉孺生於魯定公九年，西元前五〇一年。[185]曹卹　梁玉繩曰：「朱氏《弟子考》、《闕里文獻考》據宋封上蔡侯定為蔡人，未知確否。」[186]少孔子五十歲　據此則曹卹生於魯定公九年，西元前五〇一年。[187]伯虔字子析　梁玉繩據《咸淳臨安志》謂其魯人；宋思陵贊云：「有虔子析，全魯之彥。」梁玉繩以為「必有所本」。[188]少孔子五十歲　據此則伯虔生於魯定公九年，西元前五〇一年。[189]公孫龍字子石　龍，《索隱》引《家語》或作「寵」，又作「礱」，並曰：「字『子石』，則『礱』或非謬。」梁玉繩說同。《集解》引鄭玄曰：「楚人。」《家語》曰：「衛人。」按：此與〈孟子荀卿列傳〉所說之「為堅白同異之辯」的「公孫龍」非一人。梁玉繩曰：「趙公孫龍在平原君門，與子思孫孔穿同時。」[190]少孔子五十三歲　據此則公孫龍生於魯定公十二年，西元前四九八年。

【語　譯】顓孫師，陳國人，字子張，比孔子小四十八歲。

2 子張問如何才能進入仕途，獲得官位，孔子說：「多聽，保留有疑問的地方，慎於談論那些人所共知的事情，就可以少犯錯誤；多看，迴避那些有危險的工作，謹慎地去做其他無危險的事情，就可以減少後悔。言論少出錯，行動無後悔，官位也就在其中了。」

3 有一天，子張跟隨孔子出行，在陳國和蔡國之間遭到圍困。子張問孔子，怎樣才能使自己處處通行，不受困擾。孔子說：「說話要誠實，行為要忠厚、恭敬，即使身處異族他邦也能通行無阻。說話不誠實，行為不恭敬，雖在本鄉本土，那樣能行嗎！無論站立行走還是坐在車中，要讓『忠信篤敬』這幾個字時時出現在面前，做到這樣之後，就到處都通行無阻了。」子張把「忠信篤敬」這幾個字寫在腰間的帶子上。

4 子張問：「士人怎樣做才算通達吃得開，名聲好？」孔子說：「你所說的通達指的是什麼呢？」子張答道：「在諸侯國中有聲望，在大夫家中也有聲望。」孔子說：「這是聲望罷了，不是通達。所謂通達，應該質樸正直，好行義事，善於體察別人，對人恭敬有禮，無論在哪，行為準則都一樣；而那些講究聲望的人，表面追求仁義，行動與之相違，以仁義自居，大言不慚，卻可能在國在家都有聲望。」

5 曾參是南武城人，字子輿，比孔子小四十六歲。

6 孔子認為曾子通曉孝道，所以為他講授有關孝的道理。曾子著有《孝經》，死在魯國。

7 澹臺滅明是武城人，字子羽，比孔子小三十九歲。

8 澹臺滅明的相貌生得很醜，他想侍奉孔子，孔子認為他智力低下。他從孔子那裡結業之後，回家修煉德行，從來不做邪門歪道的事，不是公事就不拜見卿大夫。澹臺滅明南下出遊到達長江，跟隨他的弟子有三百多人。澹臺滅明對於人事取捨、行為進退都很有原則，他的聲譽傳遍諸侯各國。孔子知道後，說：「我以言取人，錯看了宰予；以貌取人，錯怪了子羽。」

9 宓不齊，字子賤，比孔子小三十歲。

10 孔子評論子賤道：「子賤是個君子啊！如果魯國沒有君子，那麼他的德行是從哪學來的呢？」

11 子賤做了單父縣的縣官，回去向孔子報告說：「這個地方有五個人比我賢能，他們教給我治政的方法。」孔子說：「可惜啊，不齊治理的地方太小了，要是治理的地方大些，對他來說，那還差不多。」

12 原憲，字子思。

13 子思問什麼叫恥辱，孔子說：「國家政治清明，做官，領受俸祿；國家政治黑暗，也做官，也領受俸祿，這就是恥辱。」子思說：「好勝、自誇、怨恨、貪心，這些缺點都沒有，算得上是『仁』了嗎？」孔子說：「可以說是難能可貴了，至於是否『仁』，我不知道。」

14 孔子死後，原憲便隱居在荒野裡。子貢做了衛國的宰相，坐著四匹馬牽拉的車子，隨從眾多地推開荒草，進入窮巷，去探望原憲。原憲穿著破衣爛衫出來見子貢。子貢為此感到羞恥，說：「難道您真的落魄窘困到這個樣子？」原憲說：「我聽說，沒有錢財的叫做貧窮；學了道理而不去實踐的叫做窘困。像我這樣，是貧窮，不是窘困。」子貢感到慚愧，懷著失意與後悔的心情離開了。此後終身，他都為自己說錯了話而感到羞愧。

15 公治長是齊國人，字子長。

16 孔子說：「公治長是可以將女兒嫁給他的。雖然他在監獄中待過，但那不是他的錯。」於是孔子將女兒嫁給了公治長。

17 南宮括，字子容。

18 他問孔子道：「后羿擅長射箭，奡能於陸地拖舟，但他們都不得善終；大禹和后稷親自耕種莊稼，卻能擁有天下。這是為什麼呢？」孔子沒有回答。南宮括出去之後，孔子說：「這人是個君子啊！是個崇尚道德的人啊！」「國家政治清明，這種人不會被埋沒，國家政治黑暗，也能免遭刑戮。」南宮括經常誦讀「白圭之玷，尚可磨也；斯言之玷，不可為也」的詩句，於是孔子便把兄長的女兒嫁給了他。

19 公晳哀，字季次。

20 孔子說：「天下間的讀書人都不講德行，大多數成了卿大夫的家臣，在都邑裡做官。唯獨季次不曾做官。」

21 曾蒧，字子晳。

22 曾蒧陪侍在孔子身邊，孔子說：「談談你的志向吧。」曾蒧說：「在春暖花開的時節，帶著幾位成年人，還有幾個未成年的，在沂水邊洗洗澡，在舞雩臺上吹吹風，然後一路唱著歌回家。」孔子長歎一聲說：「我贊同曾蒧的志趣啊！」

23 顏無繇，字路。顏路是顏回的父親，父子二人曾在不同時期拜孔子為師。

24 顏回死了，顏路因家窮發不了喪，請求孔子賣掉車子來幫助安葬顏回。孔子說：「不管有沒有才華，對我們來說都是自己的兒子。孔鯉死的時候也是有棺無槨。我不能賣掉車子，從此步行，來為他添置外槨。因為我好歹也當過魯國大夫，是不可以步行的。」

25 商瞿，魯國人，字子木，比孔子小二十九歲。

26 孔子把《周易》傳授給商瞿，商瞿把它傳授給楚國人馯臂子弘，子弘傳授給江東的矯子庸疵，矯疵傳授給燕國人周子家豎，周豎傳授給淳于人光子乘羽，光羽傳授給齊國的田子莊何，田何傳授給東武人王子中同，王同傳授給菑川的楊何。楊何在元朔年間憑著研究《周易》，做了漢朝的中大夫。

27 高柴，字子羔，比孔子小三十歲。

28 子羔身高不到五尺，拜孔子為師，在那裡學習。孔子認為子羔天資愚笨。

29 子路讓子羔擔任費、郈地的長官，孔子說：「這太誤人子弟了。」子路說：「有人民可治理，有祭祀可主持，何必一定要讀書才能算學習呢？」孔子說：「所以我討厭那些花言巧語的人。」

30 漆彫開，字子開。

31 孔子讓子開去做官，子開回答說：「我對這事還缺乏信心。」孔子對子開的回答很滿意。

32 公伯繚，字子周。

33 子周在季孫氏面前說子路的壞話，子服景伯把這事告訴孔子，他說：「看來季孫先生已對子路產生懷疑了。至於公伯繚，我還有能力使他陳屍於市。」孔子說：「大道之能夠實行，是天命決定的；大道之被廢棄，也是天命決定的。公伯繚能把天命怎麼樣？」

34 司馬耕，字子牛。

35 子牛話多而且性情急躁。他問孔子怎樣才算具有仁德。孔子說：「有仁德的人說話十分謹慎。」子牛說：「說話謹慎了，就可以算得上有仁德了嗎？」孔子說：「事情做起來是很難的，說的時候難道不應該謹慎些嗎？」

36 子牛又問怎樣才稱得上君子，孔子說：「君子不憂愁，不畏懼。」子牛說：「不憂愁、不畏懼，就可以稱為君子了嗎？」孔子說：「捫心自問，沒有愧疚，又有什麼可憂可懼的呢！」

37 樊須，字子遲，比孔子小三十六歲。

38 樊遲請教怎樣種莊稼，孔子說：「這方面我不如老農。」請教怎樣種菜，孔子說：「這方面我不如菜農。」樊遲出去後，孔子說：「樊須真是個只知靠體力勞動的小民啊！位尊者講禮儀，百姓們沒有敢不尊敬他；當權者講道義，百姓們沒有敢不服從他；領導者講信用，百姓們沒有敢不用真情來對待他。要能做到這些，百姓們就會拉家帶口地來歸附，哪裡用得著自己去種莊稼！」

39 樊遲問什麼叫仁德，孔子說：「對人有愛心。」又問什麼叫智慧。孔子說：「能辨識人，了解人。」

40 有若，比孔子小四十三歲。

41 有若說：「以禮治國，恰到好處是最重要的，先王治國方針中，這一條應是首選。但若事無大小都按此去做，也有行不通的；為恰當而求恰當，不用禮去節制，也是不行的。」「與人約信必先合乎道義，所說的話就能兌現；恭敬合乎禮節，就能遠離恥辱；依靠關係深的人，行動也就可靠了。」

42 孔子去世後，學生們懷念他。有若的相貌像孔子，大家便擁戴他當老師，像以前對待孔子那樣對待他。有一天，學生們上前問道：「從前先生出行，叫弟子們帶上雨具，後來果然下雨了。弟子們問：『先生怎麼知道會下雨呢？』先生說：『《詩》上不是說過嗎？月亮靠近畢宿，會有滂沱大雨。昨天晚上月亮不是停留在畢宿區嗎？』然而，有一天，月亮停留在畢宿區，卻沒有下雨。商瞿年紀大了卻沒有孩子，他的母親要為他另娶妻室。孔子派商瞿前往齊國，商瞿的母親為此向孔子求情。孔子說：『不必擔心，商瞿四十歲後會有五個兒子。』後來果真如此，請問先生是憑什麼知道的呢？」有若沉默不語，無以回答。學生們站起來，說：

「你讓開吧，這不是你該坐的位置啊！」

43 公西赤，字子華，比孔子小四十二歲。

44 子華出使去了齊國，冉有替子華的母親請求發給糧食。孔子說：「給她一釜。」冉有請求增加一些。孔子說：「給她一庾。」結果冉有給了她五秉糧食。孔子說：「公西赤前往齊國，坐的是肥馬拉的車，穿的是輕軟的皮衣。我聽說君子要周濟的是有急難的窮人，而不是去接濟富人。」

45 巫馬施，字子旗，比孔子小三十歲。

46 陳司敗問孔子道：「魯昭公懂禮嗎？」孔子回答說：「懂禮。」孔子出去後，陳司敗招呼巫馬施道：「我聽說君子不袒護過失，難道君子也包庇同黨的錯誤嗎？魯國國君娶了吳國公主做夫人，給她起名叫孟子。孟子姓姬，因為避諱同姓相稱，所以叫她孟子。如果說魯國國君懂禮，那還有誰不懂禮？」巫馬施把這話告訴孔子，孔子說：「我很幸運啊，但凡有錯，就一定有人知道。作為臣子是不能宣揚君主的過失的，替他們遮醜，這也是禮啊！」

47 梁鱣，字叔魚，比孔子小二十九歲。

48 顏幸，字子柳，比孔子小四十六歲。

49 冉孺，字子魯，比孔子小五十歲。

50 曹卹，字子循，比孔子小五十歲。

51 伯虔，字子析，比孔子小五十歲。

52 公孫龍，字子石，比孔子小五十三歲。

1 自子石已右❶三十五人，顯❷有年名及受業，聞見于書傳❸。其四十有二人無年及不見書傳❹者紀于左：

冉季⑤字子產。

公祖句茲字子之⑥。

秦祖⑦字子南。

漆雕哆⑧字子斂。

顏高⑨字子驕。

漆雕徒父⑩。

壤駟赤字子徒⑪。

商澤⑫。

石作蜀⑬字子明。

任不齊⑭字選。

公良孺⑮字子正。

后處⑯字子里。

秦冉⑰字開。

公夏首⑱字乘。

奚容箴字子皙⑲。

公肩定⑳字子中。

顏祖㉑字襄。

鄡單㉒字子家。

句井疆㉓。

罕父黑字子索㉔。

秦商字子丕㉕。

申黨㉖字周。

顏之僕㉗字叔。

榮旂字子祺㉘。

縣成字子祺㉙。

左人郢㉚字行。

燕伋字思㉛。

鄭國字子徒㉜。

秦非㉝字子之。

施之常㉞字子恆。

32 顏噲㉟字子聲。

33 步叔乘㊱字子車。

34 原亢籍㊲。

35 樂欬㊳字子聲。

36 廉絜字庸㊴。

37 叔仲會㊵字子期。

38 顏何字冉㊶。

39 狄黑㊷字皙。

40 邦巽㊸字子斂。

41 孔忠㊹。

42 公西輿如㊺字子上。

43 公西葴㊻字子上。

【章旨】以上為第七段，登錄了孔子無事跡流傳的弟子四十二人。

【注釋】❶已右　意同「以上」。已，通「以」。❷顯　瀧川曰：「楓、三本『顯』作『頫』。」❸受業二句　瀧川曰：「楓、三本『聞』作『問』，『問難』，義長。」按：「受業問難見于書傳」者，如《論語》、《禮記》等是也。梁玉繩曰：「三十五人中『無年」者十二人，「不見書傳」者五人。」❹其四十有二人句　梁玉繩曰：「四十二人中「有年」及「見書傳」者若顏驕、公良儒、秦商、申棖、叔仲會五人，史公疏也。」❺冉季　《集解》引鄭玄曰：「魯人。」❻公祖句茲字子之　姓公祖，名句之。梁玉繩引《弟子考》與《闕里考》曰：「魯人。」❼秦祖　《集解》引鄭玄曰：「秦人。」❽漆雕哆　《集解》引鄭玄曰：「魯人。」❾顏高　《正義》曰：「孔子在衛，南子招夫子為次乘過市，顏高為御。」《索隱》曰：「《家語》名產。」梁玉繩曰：「〈孔子世家〉、《漢書・人表》及今《家語》並作「顏刻」，而此所書名名「高」似誤。」❿漆雕徒父　姓漆雕，名徒父。《集解》引《家語》曰：「字固。」梁玉繩以為「魯人」，並謂今《家語》稱其「名從，字子文」。⓫壤駟赤字子徒　姓壤駟，名赤。鄭玄曰：「秦人。」陳直曰：「徒犯衣丹，故名赤字子徒。」⓬商澤　《集解》引《家語》曰：「字子季。」梁玉繩引朱氏《弟子考》曰：「魯人。」⓭石作蜀　梁玉繩曰：「石作複姓。宋高宗〈贊〉：『秦人。』」⓮任不齊　《集解》引鄭玄曰：「楚人。」⓯公良孺　《集解》引鄭玄曰：「陳人。」《正義》曰：「孔子周游，常以家車五乘從孔子。〈孔子世家〉亦云：『語在三十五人中。』今在『四十二人』數，恐太史公誤也。」梁玉繩曰：「『公良』複姓。」⓰后處　《集解》引鄭玄曰：「齊人。」⓱秦冉　《正義》曰：「《家語》無此人。」梁玉繩謂宋高宗〈贊〉曰：「蔡人。」⓲公夏首　《集解》引鄭玄曰：「魯人。」⓳奚容箴字子皙　《正義》曰：「衛人。」梁玉繩曰：「『奚容』複姓；『箴』乃『蒧』之譌，即『點』字。而所以譌為『箴』者，因『箴』通作『黬』，遂省借用之。《說文》言『古人名「黬」字「皙」』，奚容子與曾子父同名。」⓴公肩定　梁玉繩曰：「『公肩』複姓也。」今據改。《集解》引鄭玄曰：「魯人。」或曰：「晉人。」㉑顏祖　《正義》曰：「魯人。」梁玉繩曰：「《家語》作『顏相』。」㉒鄡單　《集解》引徐廣曰：「一作『鄡單』。」梁玉繩曰：「疑是晉人。」㉓句井疆　《集解》引鄭玄曰：「衛人。」梁玉繩曰：「《闕里考》謂字『子界』，或云《闕里舊志》字『子野』，《山東志》字『子孟』，恐皆不可信。」㉔罕父黑字子索　梁玉繩曰：「今《家語》作『宰父黑字子索』，『罕』乃『宰』之譌。古人多以官為氏，『宰父』即『宰氏』、『右宰氏』之類。」㉕秦商字子丕　《正義》曰：「魯人，字丕茲。」梁玉繩曰：「即《左傳》秦堇父之子丕茲也。偪陽之役與叔梁紇俱以力聞。」㉖申黨　《正義》曰：「魯人。」梁玉繩曰：「實即《論語》之『申棖』也。」㉗顏之僕　《集解》引鄭玄曰：「魯人。」㉘榮旂字子祺　梁玉繩以為應作「榮祈字子祺」，並引朱氏《弟子考》曰：「魯人。」㉙縣成字子祺　《集解》引鄭玄曰「魯人」。梁玉繩曰：「《索隱》引《家語》作『子謀』，今《家語》作『子橫』。」㉚左人郢　《集解》引鄭玄曰：「魯人。」梁玉繩曰：「『左人』複姓，出魯郡，故鄭云：『魯人。』」㉛燕伋字思　梁玉繩曰：「《索隱》本作『字恩』，謂《家語》同，而今《家語》字『子思』，《闕里考》曰：『魯人。』」㉜鄭國字子徒　《正義》

曰：「《家語》云：『薛邦字徒。』《史記》作『國』者，避高祖諱；『薛』字與『鄭』，字誤耳。」㉝秦非　《集解》引鄭玄曰：「魯人。」㉞施之常　梁玉繩引《弟子考》曰：「魯人。」㉟顏噲　《集解》引鄭玄曰：「魯人。」㊱步叔乘　《集解》引鄭玄曰：「齊人。」梁玉繩引《廣韻注》以為「步叔」應作「少叔」，以為有「太叔」、「仲叔」，即有「少叔」。㊲原亢籍　《集解》引《家語》曰：「名亢，字籍。」梁玉繩曰：「《家語》作『原抗，字子籍』。原子必原思之族，當是魯人。」㊳樂欬　《正義》曰：「魯人。」㊴廉絜字庸　《集解》引鄭玄曰：「衛人。」梁玉繩曰：「《索隱》本作『子庸』，今《家語》作『子曹』，譌也。」㊵叔仲會　《集解》引鄭玄曰：「晉人。」梁玉繩從《索隱》所引《家語》說，以為應作「魯人」，少孔子五十四歲。㊶顏何字冉　《集解》引鄭玄曰：「魯人。」《索隱》引《家語》曰：「字稱。」梁玉繩以為應作「字稱」，作「字冉」者誤。㊷狄黑　梁玉繩引《家語》曰：「衛人。」㊸邦巽　《集解》引鄭玄曰：「魯人。」按：梁玉繩以為「邦」應作「邽」。㊹孔忠　《集解》引《家語》曰：「忠字子蔑，孔子兄之子。」㊺公西輿如　姓公西，名輿如。梁玉繩引《闕里考》曰：「魯人。」㊻公西葴　《集解》引鄭玄曰：「魯人。」梁玉繩曰：「『葴』乃『蒧』之譌，《宋史・志》咸淳詔作『點』也。」

【語譯】自子石以上三十五人，他們的年齡、姓名以及受業情況，文獻都有清楚的記載。其餘四十二人，年齡不可考，也沒有文獻記載，現記在下面：

2 冉季，字子產。

3 公祖句茲，字子之。

4 秦祖，字子南。

5 漆雕哆，字子斂。

6 顏高，字子驕。

7 漆雕徒父。

8 壤駟赤，字子徒。

9 商澤。

10 石作蜀，字子明。

11 任不齊，字選。

12 公良孺，字子正。

13 后處，字子里。

14 秦冉，字開。

15 公夏首，字乘。

16 奚容箴，字子晳。

17 公肩定，字子中。

18 顏祖，字襄。

19 鄡單，字子家。

20 句井疆。

21 罕父黑，字子索。

22 秦商，字子丕。

23 中黨，字周。

24 顏之僕，字叔。

25 榮旂，字子祺。

26 縣成，字子祺。

27 左人郢，字行。

28 燕伋，字思。

29 鄭國，字子徒。

30 秦非，字子之。

31 施之常，字子恆。

32 顏噲，字子聲。

33 步叔乘，字子車。

34 原亢籍。

35 樂欬，字子聲。

36 廉絜，字庸。

37 叔仲會，字子期。

38 顏何，字冉。

39 狄黑，字皙。

40 邦巽，字子斂。

41 孔忠。

42 公西輿如，字子上。

43 公西葴，字子上。

太史公曰：學者多稱七十子之徒，譽者或過其實，毀者或損其真❶，鈞之未覩厥容貌❷。則論言弟子籍❸，出孔氏古文❹近是。余以弟子名姓文字悉取論語弟子問❺，并次❻為篇，疑者闕焉❼。

【章旨】以上為第八段，是作者的論贊，說明了此傳的寫作目的與編寫原則。

【注　釋】❶譽者或過其實二句　錢穆舉後人為子貢編造遊說諸國以誇其能，而宰予則因孔子有「以言取人，失之宰予」之說而受譏，而慨歎道：「一則增美，一則加醜，甚矣，是非傳說之不可憑也！」❷鈞之未覩厥容貌　總之是全都沒有看到他們的本來面貌。王若虛曰：「論人者亦據其行事而已，豈必容貌之睹？」李笠曰：「『未覩厥容貌』，猶云『未見真相』耳，王氏刻舟求劍何其固乎？」按：司馬遷對於自己重視、欣賞之人物每欲觀其畫像，屢見於文，〈留侯世家〉、〈田儋列傳〉等是也；至於此處，則似以李氏之說為當。❸則論言弟子籍　如果要說孔子弟子們的姓名履歷。則，若。❹孔氏古文　即武帝時期魯恭王為擴大宮室而破孔子壁，從中發現的古文字的《論語》、《孝經》、《尚書》、《禮記》等。這裡主要指這些古文圖書所載的有關孔子弟子們的資料。❺悉取論語弟子問　王駿圖曰：「史公此篇慎之至也，觀其自贊所言，凡不見于《論語》者概不敢錄，其四十二人又自為一段，以為疑以傳疑之例。不然諸子事實，旁徵博引，累牘不休，成何體裁耶？」王若虛曰：「遷所引雜說鄙事，有不足信者矣，又豈皆《論語》所載也？」李笠曰：「『弟子問』或亦書名，猶《管子》書〈弟子職〉之比，今佚去耳。且《孔子家語》亦可稱《論語》，或遷時真本《家語》尚存，與《論語》參互依據，豈粘儒所得窺見哉？而王氏以為『鄙事，非《論語》所載』，何其陋乎？」❻次　編排。❼疑者闕焉　凡有弄不清的問題就讓它空著。

【語　譯】太史公說：許多學者都談到孔子的七十弟子，但讚揚的，有的言過其實；批評的，有的又失其真。這都是因為不曾看到他們的全貌就去評論的緣故啊。至於說到孔門弟子的姓名履歷，還是以孔壁發現的用古文書寫的有關資料與事實比較接近。所以我把《論語》弟子問中有關孔門弟子的姓名等文字材料，全都摘錄下來，編排成篇，有疑問的就空缺著。

【研　析】〈仲尼弟子列傳〉的有些地方表現了司馬遷「信則傳信，疑則傳疑」的精神，但也有些地方使人無法相信，例如其中有關子貢的大篇幅描述，把子貢寫成了一個蘇秦、張儀般為救魯國危急而多方搬弄是非，竟至挑起吳、越戰爭，齊、晉糾紛的陰謀家，兩千年來對此相信的幾乎沒有，因為它既不符合歷史事實，也不合乎當時的時代風氣，純粹表現一種唯心主義的歷史觀。司馬遷是喜歡子貢的，但在這裡卻是喜歡得過了頭，以至於將子貢的本事誇大得讓人無法相信。

應該引起我們注意的是司馬遷對這七十多個弟子所持的態度。孔子本人最鍾愛的學生無疑是顏回，但顏回在本傳中也就是點到而已，除引入了《論語》中的幾段話，再無更多的發揮，使人覺得不過是個書呆子、窩囊廢。孔子對子貢是有微詞的，但司馬遷對子貢卻情有獨鍾。本文所敘述的有關子貢的事實儘管不可信，但司馬遷對其才幹卻是極度欣賞的。有人認為這段文字是「後人闌入」，而不是司馬遷的原文，這種說法恐難成立，因為《史記》的其他篇裡還說到一些事情可與本篇互見。除此而外，〈孔子世家〉還特別盛道了子貢為孔子守墓六年的師生情誼；在〈貨殖列傳〉裡不僅又說到了「子貢結駟連騎，束帛之幣以聘享諸侯，所至國君無不分庭與之抗禮」，而且還說「使孔子名布揚於天下者，子貢先後之也」。司馬遷在這裡明顯的與孔子唱反調，突出地表現了他對商業活動的卓絕看法，蘊含著極其深沉的人生感慨，而對孔門那些陳規舊套，以及「君子安貧」等自命清高的囈語表現了一定的嘲弄。班固曾說司馬遷「述貨殖則崇勢利而羞貧賤」，其實是說準了的，只不過是我們與班固的立場不同而已。

比較真實，又比較有性格的是子路。子路敢說、敢做，為官從政也很有成就。遺憾的是在衛出公父子爭權的內亂中，讓子路喪了命。子路與叛亂分子戰鬥時，只是被人擊斷了冠纓。子路說：「君子死而冠不免。」於是在他繫帶子的時候被人殺死了。魯迅曾說：「子路先生確是勇士，但我覺得有點迂，掉了一頂帽子又有何妨呢？卻看得這麼鄭重，實在是上了仲尼先生的當了。子路先生倘若不信他的胡說，披頭散髮地戰起來，也許不至於死的罷！」（〈兩地書〉）

卷六十八

商君列傳第八

【題解】〈商君列傳〉記述了商鞅因在魏國不遇，憤而入秦，協助秦孝公實行變法，從而使秦國由弱變強，以致周天子尊秦孝公為霸主；以及商鞅因變法而觸怒既得利益者，致使秦孝公死後，商鞅的政敵發動政變，殺死商鞅，並汙以「謀反」罪名的全部過程。在《史記》中，司馬遷寫到的變法人物有吳起、商鞅、趙武靈王、鼂錯等，而描寫變法過程最具體、最詳盡的莫過於〈商君列傳〉。司馬遷對商鞅其人的才幹與變法對秦國富強的作用，都如實而毫無偏見的進行了敘述，不愧良史之才。商君被殺後又被汙以「謀反」之名，在戰國與秦漢時代都是臭名昭著的，而司馬遷將其從爛汙中拔出，為之樹碑立傳，更不愧為良史之識。只不過出於切身經歷，司馬遷討厭法家人物，故而說了一些感情偏頗的話，其實就這篇作品的本身而言，是相當客觀、相當優秀的，是《史記》中的名篇之一。

商君❶者，衛之諸庶孽公子❷也。名鞅，姓公孫氏，其祖本姬姓也。鞅少好刑名之學❸，事魏相公叔座❹，為中庶子❺。公叔座知其賢，未及進。會座病，魏惠王❻親往問病，曰：「公叔病有如不可諱❼，將柰社稷何？」公叔曰：「座之中庶子公孫鞅，年雖少，有奇才，願王舉國而聽之。」王嘿❽然。王且去，座屏❾

人言曰：「王即不聽用鞅⑩，必殺之，無令出境。」王許諾而去⑪。公叔座召鞅，謝⑫曰：「今者王問可以為相者，我言若⑬，王色不許我。我方先君後臣，因謂王『即弗用鞅，當殺之』，王許我。汝可疾去⑭矣，且見禽⑮。」鞅曰：「彼王不能用君之言任臣，又安能用君之言殺臣乎？」卒不去。惠王既去，而謂左右曰：「公叔病甚，悲乎！欲令寡人以國聽公孫鞅也，豈不悖⑯哉！」

【章旨】以上為第一段，寫商鞅居魏不受重用的情況。

【注釋】❶商君　公孫鞅的封號，因為他的封地在於（今河南內鄉東）、商（今陝西商州東南），故云。❷衛之諸庶孽公子　衛，西周初年建立的諸侯國名，始封之君為武王之弟康叔姬封，都於朝歌（今河南淇縣）。春秋以來，逐漸降為小國，先後遷都到楚丘（今河南滑縣）、帝丘（今河南濮陽）。戰國以來，淪為魏國附庸。庶孽，古代用以指非正妻所生的孩子。或單稱「庶子」、「孽子」，與此義同。公子，古代稱諸侯的嫡長子叫「太子」或「世子」，其他兒子統稱為「公子」。按：王念孫以為「公」字乃後人所加，此句應作「商君者，衛之諸庶孽子也」。由於公孫鞅是衛國的庶孽子，所以人們也稱之為「衛鞅」。❸刑名之學　即法家學說，因法家主張「循名責實」，以刑法治國，故云。❹公叔座　名座，公叔是其姓氏。座，《戰國策．魏策》及《呂氏春秋．長見》作「痤」。❺中庶子　官名，戰國時之諸侯、太子、宰相身邊皆有此職，為近侍之臣。中井曰：「中庶子，舍人之稍貴者。」❻魏惠王　名罃，武侯之子，戰國中期的魏國國君，西元前三六九－前三一九年在位。❼不可諱　指死。諱，忌諱；避免。❽嘿　同「默」。❾屏　同「摒」。斥退；支開。❿王即不聽用鞅　如果您不聽我的建議任用他。即，倘若。⓫王許諾而去　按：以上文字見《戰國策．魏策一》與《呂氏春秋．長見》。⓬謝　告。⓭我言若　我推薦了你。若，你。⓮疾去　趕緊逃走。疾，急。⓯且見禽　「且」上應增「不者」二字讀。禽，通「擒」。凌稚隆引王元之曰：「凡謂社稷之臣，計安危之事者，在任賢去不肖而已。且鞅果賢也，可固請用之；果不肖也，可固請殺之。用則為國之寶，殺則去國之蠹，烏有始請用，中請殺，而終使逃者得為忠乎？由是知『先君後臣』之說，誠無稽之言也。」⓰悖　乖背；荒謬。按：「惠王既去」以下文字亦採見《戰國策・魏策一》與《呂氏春秋・長見》，而無商鞅出場，蓋此表現商鞅先見之明者，史公以意足之也。

【語　譯】商君是先前衛國國君的遠房後代。名鞅，姓公孫，他的祖先和魏的國君一樣，也是姓姬的。公孫鞅年輕時喜好刑名之學，在魏國丞相公叔座手下，當侍從官中庶子。公叔座知道他有本事，但還沒有來得及向大王推薦，就病倒了。有一天魏惠王親自來公叔座家探問病情，向公叔座說：「您的病萬一有個三長兩短，咱們國家事情該怎麼辦？」公叔座說：「我的侍從公孫鞅雖然年輕，但有奇才，大王可以把國家大事託付給他。」魏惠王聽了沒有說話。等到魏惠王要走了，公叔座支開周圍的人對魏惠王單獨說：「大王如果不願聽我的推薦任用公孫鞅，那就請您把他殺掉，不能讓他到別的國家去。」魏惠王答應了公叔座的請求。魏惠王走後，公叔座立刻派人把公孫鞅找了來，告訴他說：「今天大王向我問起以後誰能作魏國的丞相，我推舉了你。但我看大王的意思是不想聽我的話。我辦事的原則是先忠於國君，而後才是忠於朋友，所以我當時又對大王說『如果您不用公孫鞅，那就立即把他殺掉』。大王已經答應了我。你應該馬上離開魏國，不然就要被他殺掉了。」公孫鞅說：「既然大王不能聽您的話重用我，又怎麼能聽您的話殺我呢？」於是他哪裡也沒去。再說魏惠王，他一離開公叔座家，就對左右的人們說：「公叔座真是病得糊塗了，叫人傷心！他竟然想讓我把國家大事都託付給公孫鞅，這不是荒唐透頂嗎！」

1 公叔既死，公孫鞅聞秦孝公❶下令國中求賢者，將修❷繆公❸之業，東復侵地❹，迺遂西入秦❺，因孝公寵臣景監❻以求見孝公。孝公既見衛鞅，語事良久。孝公時時睡，弗聽。罷而孝公怒景監曰：「子之客妄人❼耳，安足用邪！」景監以讓❽衛鞅，衛鞅曰：「吾說公以帝道❾，其志不開悟矣。後五日，復求見鞅❿。」

鞅復見孝公，益愈⑪，然而未中旨⑫。罷而孝公復讓景監，景監亦讓鞅，鞅曰：「吾說公以王道⑬而未入也，請復見鞅⑭。」鞅復見孝公，孝公善之，而未用也。罷而去，孝公謂景監曰：「汝客善，可與語矣。」鞅曰：「吾說公以霸道⑮，其意欲用之矣。誠復見我，我知之矣⑯。」衛鞅復見孝公。公與語，不自知厀之前於席⑰也。語數日不厭。景監曰：「子何以中⑱吾君？吾君之驩甚也。」鞅曰：「吾說君以帝王之道，比三代⑲，而君⑳曰：『久遠，吾不能待。且賢君者，各及其身顯名天下，安能邑邑㉑待數十百年㉒以成帝王乎？』故吾以彊國之術說君，君大說㉓之耳，然亦難以比德於殷、周㉔矣。」

2 孝公既用衛鞅，鞅欲變法，恐天下議己㉕。衛鞅曰：「疑行無名㉖，疑事無功。且夫有高人之行者，固見非於世㉗；有獨知之慮㉘者，必見敖㉙於民。愚者闇於成事㉚，知㉛者見於未萌㉜。民不可與慮始，而可與樂成㉝。論至德㉞者不和於俗，成大功者不謀於眾。是以聖人苟可以彊國，不法其故㉟；苟可以利民，不循㊱其禮。」孝公曰：「善。」甘龍㊲曰：「不然。聖人不易民㊳而教，知者不變法而治。因民㊴而教，不勞而成功；緣法㊵而治者，吏習而民安之。」衛鞅曰：「龍之所言，世俗之言也。常人安於故俗，學者溺於所聞㊶。以此兩者㊷居官守法可也，非所與論於法之外(43)也。三代不同禮而王，五伯(44)不同法而霸。智者作法，愚者制焉(45)；賢者更禮，不肖(46)者拘(47)焉。」杜摯曰：「利不百，不變法；功不十，不易器(48)。法古無過，循禮無邪。」衛鞅曰：「治世不一道，便國不法古。故湯、武不循古而王，夏、殷(49)不易禮而亡。反古者不可非，而循禮者不足多(50)。」孝公曰：「善。」以衛鞅為左庶長(51)，卒定變法之令(52)。

3 令民為什伍(53)，而相牧司連坐(54)。不告姦(55)者腰斬，告姦者與斬敵首同賞(56)，匿姦(57)者與降敵同罰(58)。民有二男以上不分異者，倍其賦(59)。有軍功者，各以率(60)受上爵(61)；為私鬬者，各以輕重被(62)刑大小。僇力本業(63)，耕織致粟帛多者，復其身(64)；事末利及怠而貧者，舉以為收孥(65)。宗室非有軍功論，不得為屬籍(66)。明尊卑爵秩等級(67)，各以差次名田宅(68)，臣妾衣服以家次(69)。有功者顯榮，無功者雖富，無所芬華(70)。

4 令既具，未布，恐民之不信己(71)，乃立三丈之木於國都市南門(72)，募民有能徙置北門者予十金(73)。民怪之，莫敢徙。復曰：「能徙者予五十金。」有一人徙之，輒(74)予五十金，以明不欺。卒下令。

5 令行於民朞年(75)，秦民之國都(76)言初令(77)之不便者以千數。於是太子犯法，衛鞅曰：「法之不行，自上犯之。」將法太子。太子，君嗣[78]也，不可施刑。刑其傅公子虔，黥其師公孫賈[79]。明日，秦人皆趨令[80]。行之十年[81]，秦民大說，道不拾遺，山無盜賊，家給人足。民勇於公戰，怯於私鬬，鄉邑大治[82]。秦民初言令不便者，有來言令便者，衛鞅曰：「此皆亂化[83]之民也。」盡遷之於邊城。其後民莫敢議令。

6 於是以鞅為大良造[84]，將兵圍魏安邑，降之[85]。居三年[86]，作為築冀闕、宮庭於咸陽[87]，秦自雍徙都之[88]。而令民父子兄弟同室內息[89]者為禁。而集小鄉、邑、聚為縣[90]，置令、丞[91]，凡三十一縣[92]。為田開阡陌封疆[93]，而賦稅平。平斗桶、權衡、丈尺[94]。行之四年[95]，公子虔復犯約，劓之[96]。居五年[97]，秦人富彊，天子致胙[98]於孝公，諸侯畢賀。

7 其明年[99]，齊敗魏兵於馬陵[100]，虜其太子申[101]，殺將軍龐涓[102]。其明年[103]，衛鞅說孝公曰：「秦之與魏，譬若人之有腹心疾[104]，非魏并秦，秦即并魏。何者？魏居領阨之西[105]，都安邑[106]，與秦界河而獨擅山東之利[107]。利[108]則西侵秦，病則東收地[109]。今以君之賢聖，國賴以盛；而魏往年大破於齊，諸侯畔[110]之，可因此時伐魏。魏不支秦，必東徙。東徙，秦據河山[111]之固，東鄉[112]以制諸侯，此帝王之業也。」孝公以為然，使衛鞅將而伐魏，魏使公子卬113將而擊之。軍既相距114，衛鞅遺115魏將公子卬書曰：「吾始與公子驩116，今俱為兩國將，不忍相攻。可與公子面相見，盟，樂飲而罷兵，以安秦、魏。」魏公子卬以為然。會盟已，飲117，而衛鞅伏甲士而襲虜魏公子卬，因攻其軍，盡破之以歸秦118。魏惠王兵數破於齊、秦，國內空，日以削，恐，乃使使割河西之地獻於秦119以和。而魏遂去安邑，徙都大梁120。梁惠王曰：「寡人恨不用公叔座之言也！」衛鞅既破魏還，秦封之於、商十五邑121，號為商君122。

【章旨】以上為第二段，寫商鞅佐秦孝公實行變法，使秦國富強的情形。

【注釋】❶秦孝公　名渠梁，戰國中期秦國國君，西元前三六一－前三三八年在位。❷修　重整；重建。❸繆公　名任好，春秋前期秦國的國君，西元前六五九－前六二一年在位。繆公時，秦國政治修明，曾稱霸西戎，秦繆公也被稱為春秋「五霸」之一。繆，也作「穆」。❹東復侵地　向東收復了被侵占的土地。按：繆公時，秦國曾幾次打敗晉國，把國境向東推進到了今陝西、山西交界的黃河邊上。戰國初期以來，秦國中落，黃河以西的陝西地區又被魏國占領，〈孫子吳起列傳〉所說的「為西河守」即是為魏國管理這一片地區。❺迺遂西入秦　據〈秦本紀〉，商鞅乃於孝公元年（西元前三六一年）入秦。❻因孝公寵臣景監　因，通過；憑藉。景監，姓景的宦者。《索隱》曰：「景姓，楚之族也。」❼妄人　徒作大言而不近實際的人。妄，虛妄；狂妄。❽讓　責備。❾帝道　五帝治國的辦法策略。五帝是儒家推崇的古代聖王，他們是黃帝、顓頊、帝嚳、堯、舜。事跡見〈五帝本紀〉。❿後五日二句　按：注此文者皆謂「復求見鞅」一句的主語為秦孝公，然孝公聽其言已「時時睡」矣，何樂而復求見之哉？蓋此句乃商鞅復求景監語，猶言「五日後，請你再引見我一次」。與下文之「請復見鞅」一語正相合。⓫益愈　稍好了一點，言其效果已不似上次之使孝公「時時睡，弗聽」了。⓬未中旨　猶言「不合意」、「不如意」。⓭王道　三王的治國之道，三王也是儒家推崇的古代聖王，不過比起五帝來要低一等。「三王」是夏禹、商湯、周文王和周武王（武王繼承父業，故與文王合稱一王）。⑭請復見鞅　請你再引見我。⑮霸道　五霸的治國之道。五霸在儒家心目中是不被特別推崇的，《孟子・梁惠王》云：「仲尼之徒，無道桓、文之事者。」五霸指齊桓公、晉文公、楚莊王、吳王闔廬、越王句踐。瀧川曰：「孟子云：『以德行仁者王，以力假仁者霸。』『王』與『霸』，截然有別，不可不知。」⑯我知之矣　我知道該以什麼樣的謀略打動他了。⑰厀之前於席　言由於對對方的話越聽越愛聽，所以兩膝也不由得越來越向前湊近。⑱中　說準了；打動了。⑲比三代　與三代的政治局面相比美。三代，指夏、商、周三朝。⑳而君　你的君主。而，你；你的。㉑邑邑　同「悒悒」。苦悶不安的樣子。㉒數十百年　指八、九十年，近百年。《史記》中屢用此等語，如〈項羽本紀〉中之「數十百人」是也。㉓說同「悅」。㉔難以比德於殷周　難與殷、周的道德功業相媲美。按：儒家鼓吹王、霸之別，如《孟子・公孫丑》有所謂「以力假仁者霸，霸必有大國；以德行仁者王，王不待大。」儒家又宣揚一代不如一代，如《孟子・告子》曾有所謂「五霸者，三王之罪人也；今之諸侯，五霸之罪人也；今之大夫，今之諸侯之罪人也。」司馬遷對於商鞅見秦孝公的這段描寫，顯然是表現了儒家的守舊思想。㉕欲變法二句　「欲」字承上句，主語為「孝公」。然金陵本「欲」上原有「鞅」字。王念孫曰：「『鞅』字因上文而衍。此言孝公欲從鞅之言而變法，恐天下議己，非謂鞅恐天下議己也。」按：王說是。《商君書・更法第一》：「君（孝公）曰：『今吾欲變法以治，恐天下之議我也。』」正同，因削「鞅」字。㉖疑行無名　行動猶豫不決就不可能成名。疑，猶豫；不自信。㉗見非於世　被世俗輿論所責難。世，世人；世俗。㉘獨知之慮　獨到的謀慮。獨知，知人所不知。㉙見敖被詆毀。敖，同「謷」。詆毀。㉚闇於成事　別人都已辦成了事情，他還迷惑不懂。闇，同「暗」。㉛知　同「智」。㉜見於未萌　事情尚未發生，他就預見到了。萌，萌芽；發生。㉝民不可與慮始二句　慮始，謀劃開始。樂成，享受成果。按：這些地方都明顯地表現了法家學派輕視人民群眾，把群眾看成群氓的思想。㉞論至德　論，講究。至德，最高的道德。㉟不法其故　不遵行那些舊的典章制度。㊱循　遵循。㊲甘龍　《索隱》曰：「孝公之臣，甘姓，龍名也。甘氏，出春秋時甘昭公王子帶後。」㊳易民　改變人們舊有的風俗習慣。易，改換。㊴因民　順應人們舊有的習俗。因，順著；按著。㊵緣法　按照舊法。緣，沿襲。㊶學者溺於所聞　書呆子們總是迷信書本的條文。溺，沉醉；拘泥。㊷兩者　指甘龍所講的「因民而教」和「緣法而治」。㊸法之外　舊法以外的事情，指變法而言。㊹五伯　即「五霸」，已見前。伯，通「霸」。㊺智者作法二句　聰明人制訂了法令，愚蠢的人就只知道受制遵行。㊻不肖　沒出息；沒本事。㊼拘　受制。㊽利不百四句　意謂好處不到百倍，不變舊法；功效不到十倍，不改換舊器物。㊾夏殷　指夏、殷的末代帝王桀、紂而言。㊿多　肯定；讚美。(51)以衛鞅為

左庶長　左庶長，秦爵位名，為第十等。秦爵共二十等，自下而上為：一、公士；二、上造；三、簪裊；四、不更；五、大夫；六、官大夫；七、公大夫；八、公乘；九、五大夫；十、左庶長；十一、右庶長；十二、左更；十三、中更；十四、右更；十五、少上造；十六、大上造；十七、駟馬庶長；十八、大庶長；十九、關內侯；二十、徹侯。梁玉繩曰：「按紀，鞅為左庶長在變法後，當孝公五年；此在變法前，則是孝公三年矣，恐非。」

(52)卒定變法之令　按：自「孝公既用衛鞅」至「卒定變法之令」一段，見《商君書．更法第一》。據〈秦本紀〉，商鞅說孝公變法在孝公三年（西元前三五九年）。楊慎曰：「敘商鞅變法備載廷臣論難，與趙武靈王變胡服事同一書法。」瀧川曰：「秦惠王將伐蜀，司馬錯、張儀爭論王前；始皇將郡縣海內，王綰、李斯各上其議，蓋軍國大事付之廷議，秦家法為然。」高亨曰：「商鞅變法的主要理論是：社會是向前發展的，社會的需要是隨著時代而變化，因而社會制度也要適應時代需要而改革。古代帝王霸主均不因襲前規，現代的國君也不可拘守舊制，必須變法，才能強國利民。」（《商君書注譯》）

(53)令民為什伍　把居民五家為一「伍」，十家為一「什」地編制起來。

(54)牧司連坐　牧司，相互監督、窺伺。《索隱》曰：「牧司謂相糾發也。」連坐，一家犯罪，同什伍的其他各家如不告發，就與犯罪者一同受罰。

(55)告姦　告發犯禁者。姦，犯法。

(56)與斬敵首同賞　《索隱》曰：「告姦一人，則得爵一級，故云『與斬敵首同賞』也。」

(57)匿姦　包庇窩藏犯法者。匿，窩藏。

(58)與降敵同罰　《索隱》曰：「案律：降敵者誅其身、沒其家，今匿姦者言當與之同罰也。」

(59)二男以上不分異者二句　男，指丁男，成年男子。分異，指分家。按：此規定的宗旨在於鼓勵發展生產和增加人口。賈誼〈治安策〉云：「秦人家富子壯則出分，家貧子壯則出贅。」即指此事。

(60)以率　按照規定。率，標準；規定。

(61)上爵　提升爵級。上，提升。

(62)被　承受。

(63)僇力本業　努力從事農業勞動。僇力，並力；盡力。本業，指農業。

(64)復其身　免除其自身的勞役負擔。復，免除。

(65)事末利及怠而貧者二句　凡是由於經商和由於懶惰而變窮了的人，一律把他們沒為奴隸。事末利，指經營工商以求利。末，指工商業，與農業對舉而言。舉，盡；全部。收孥，收為奴隸。孥，此處同「奴」。

(66)宗室非有軍功論二句　國君的族人凡是沒有因軍功而得到論敘的人，一律不把他們列入享受特權的名冊。論，論敘；銓評。屬籍，享受特權的親屬名冊。

(67)明尊卑爵秩等級　指嚴格分清尊卑上下的等級界限。爵秩，爵祿的等級。

(68)各以差次名田宅　猶言「各按等級占有田宅」。差次，依等級分別序列。差，等級。名，以自己名義占有。

(69)臣妾衣服以家次　奴婢們的衣服樣式隨著主人家的地位高低而定。家次，家族的等級。

(70)芬華　猶言榮華，貴盛顯耀的意思。

(71)恐民之不信己　「己」字原作「已」，中華本同，且將其斷入下句，遂使下句生澀不順。瀧川本此處作「恐民之不信己」，詞語通暢，今據改。

(72)國都市南門　秦國都城市場的南門。這時秦國的都城在櫟陽（今西安臨潼東北）。古代都邑中的市場有固定區域，外有圍牆，四面有門。73十金　〈平準書〉集解引瓚曰：「秦以一溢為一金。」按：溢，同「鎰」。一鎰為二十四兩，或曰二十兩。74輒就；立即。按：《韓非子．內儲》篇云：「吳起為魏武侯西河之守……乃倚一車轅於北門之外，而令之曰：『有能徙此南門之外者，賜之上田四宅。』人莫之徙也。及有徙之者，還，賜之如令。」商君此事與之相類。75朞年　一週年。76之國都到京城來言於朝廷。77初令　指商鞅新定不久的法令。瀧川曰：「『初』字疑因下文衍。」78君嗣　國君的繼承者、接班人。79刑其傅公子虔二句　傅、師，都是官名，其職責為輔導、教育太子。按：楊寬對此事有疑問，參見後注。80趨令　按命令辦事。趨，歸依，這裡即指服從。81行之十年　中井曰：「據〈秦紀〉，『十年』當作『七年』，是變法七歲，當孝公即位之十年，以鞅為大良造也。」按：孝公十年為西元前三五二年。82鄉邑大治　即指整個國家大治。鄉，鄉村。邑，城鎮。83亂化擾亂國家秩序。化，風俗；風氣，這裡即秩序、治安的意思。84以鞅為大良造　事在孝公十年（西元前三五二年）。大良造，即大上造，秦爵的第十六等。《索隱》曰：「今云『良造』者，或後變其名耳。」85圍魏安邑二句　安邑，魏縣名，在今山西夏縣西北，原為魏國都城，魏惠王九年，亦即秦孝公元年（西元前三六一年），魏國由安邑遷都大梁（今河南開封）。梁玉繩曰：「『安邑』二字乃『固陽』之誤。據表及〈魏世家〉，惠王十九年，築長城塞固陽。二十年，秦商鞅圍固陽，降之，即此事也。」按：魏惠王二十年，即秦孝公十一年（西元前三五一年）。〈秦本紀〉繫之於「十年」，或在十年圍之，十一年乃降之也。86居三年　商鞅為大良造的第三年，即孝公十二年（西元前三五〇年）。87作為築冀闕宮庭於咸陽　意即在咸陽建造城闕宮室。作為築，三字同義而連用，此種形式《史記》中多有，如〈平準書〉：「初先是往十餘歲，河決觀。」劉盼遂曰：「初、先是、往，三者同義。」冀闕，宮庭正門前的雙闕。瀧川曰：「『冀』『魏』通，大也。」88秦自雍徙都之　按：此處敘事有誤。秦國自靈公時由雍徙都涇陽；獻公時又由涇陽徙都於櫟陽；至孝公十二年乃由櫟陽遷都於咸陽。89同室內息　指同住一間屋。禁止父子兄弟同住一間屋是為了鼓勵分家、增殖，同時也是為了整頓風紀。90集小鄉邑聚為縣　集，歸併。鄉、邑、聚，都是當時的基層居民編制。鄉，略同於今之鄉。邑，城鎮。聚，自然村。「鄉」上原有「都」字，王念孫曰：「都大而縣小，不得言集都為縣。『都』即『鄉』字之誤而衍者也。〈秦本紀〉曰『并諸小鄉、聚，集為大縣』，〈六國表〉曰『初聚小邑為三十一縣』皆無『都』字。」據刪。91令丞　縣令與縣丞。縣丞是縣令的副手，如今之「祕書長」、「辦公室主任」。92凡三十一縣　〈秦本紀〉作「四十一縣」，〈六國年表〉作「三十縣」。93開阡陌封疆　開，拆除；廢除，實際是廢除舊的，另設新的。阡陌，兼為地界用的田間小路，南北向的曰阡，東西向的曰陌。封疆，亦指地界。「封」者堆土為之。楊寬曰：「『開阡陌封疆』就是廢除井田制，把原來百步為畝的『阡陌』和每一頃田的『封疆』統統破除，開拓為二百四十步為一畝，開始重新設置『阡陌』和『封疆』。」[94]平斗桶權衡丈尺　平，統一；劃一。斗桶，皆量器，六斗為一桶。桶與斛同。權衡，即指秤。權，秤錘。衡，秤桿。[95]行之四年　按：史文此處敘事欠明晰。楊寬《戰國史》稱孝公三年（西元前三五九年）商鞅所籌備實行者為第一次變法，主要是「頒布法令，制定連坐」、「獎勵軍功，禁止私鬥」、「重農抑商」、「焚燒儒家經典」等；稱孝公十二年（西元前三五〇年）所實行者為第二次變法，主要有「廢除貴族的井田制」、「推行郡縣制」、「遷都咸陽」、「統一度量衡」、「按戶按人口徵收軍賦」、「革除殘留的戎狄風俗」等。此「行之四年」即「商鞅第二次變法」的第四年，即孝公十六年（西元前三四六年）。[96]公子虔復犯約二句　犯約，犯法。約，這裡即指法令。劓，古代刑罰的一種，即割掉鼻子。按：楊寬以為前文所記之「太子犯法」不可信，因「秦孝公即位年二十一歲，秦孝公六年才二十七歲，所生太子不過是個幼童，說太子這年犯法的事不可信。」他認為「太子犯法當在秦孝公十六年，只有一次。孝公去世前五月，趙良見商君說『公子虔杜門不出，已八年矣』，由此上推八年，也正是秦孝公十六年（西元前三四六年）。」[97]居五年　應作「居三年」，即孝公十九年（西元前三四三年）。[98]天子致胙　周天子給秦孝公送來祭肉。古時天子祭祀鬼神後，常把用過的祭肉分送給某個諸侯大臣，以表示對他的格外尊寵。據〈秦本紀〉與〈六國年表〉，周天子「致胙」於秦在孝公二年（西元前三六〇年），而孝公十九年（西元前三四三年）為「天子致伯」。伯，同「霸」。「致伯」即策封秦孝公為諸侯霸主。[99]其明年　孝公二十一年（西元前三四一年）。[100]齊敗魏兵於馬陵　是年魏將龐涓伐韓，齊軍孫臏等救韓而直攻魏都大梁，魏軍回救，被孫臏大破於馬陵道。詳見〈孫子吳起列傳〉。[101]太子申　魏惠王的太子名申，時為魏國上將軍。[102]龐涓　魏將名，事跡詳見〈孫子吳起列傳〉。[103]其明年　孝公二十二年（西元前三四〇年）。[104]腹心疾　以喻兩國緊相靠近，不能兩立之形也。[105]魏居領阨之西　領阨，山嶺險要之地，指今山西省南部之中條山。領，同「嶺」。[106]都安邑　魏之舊都安邑在今夏縣西北。按：據史公文意，似此時魏國尚都安邑，其實非也，魏於惠王九年亦即秦孝公元年（西元前三六一年）已遷都大梁。[107]擅山東之利　擅，專有。山東，此指崤山（在今河南靈寶東南）以東，通常用以泛指東方六國之地，此處似指今之河南、山西一帶地區。[108]利　指攻秦有利時。[109]病則東收地　病，不利，指攻秦不利時。東收地，攻取東方各國的地盤。[110]畔　同「叛」。[111]河山　指黃河與崤山。[112]東鄉　面朝東方。鄉，通「向」。[113]公子卬　魏惠王的兒子，時為魏國大將。[114]相距　對峙。距，通「拒」。對抗。[115]遺　致；給。[116]始與公子驩　指商鞅昔日在魏時事也。驩，友好；相得。[117]會盟已二句　胡三省曰：「盟已而飲也。」盟，訂立盟約。已，完成；過後。[118]盡破之以歸秦　按：以上商鞅襲虜公子卬事採自《呂氏春秋・無義》，在孝公二十二年（西元前三四〇年）。[119]割河西之地獻於秦　梁玉繩曰：「秦惠文王八年（西元前三三〇年），魏入河西地於秦，孝公時安得至西河之外乎？」瀧川曰：

「史將言其功，故併及後事。」[120] 徙都大梁　據〈魏世家〉，魏國遷都於大梁（今河南開封）在魏惠王三十一年，秦孝公二十二年（西元前三四〇年），與此處記載相合，然今研究戰國史者皆依《竹書紀年》繫魏國遷都於秦孝公元年，則與商鞅之功無關矣。[121] 於商十五邑　於、商一帶的十五座城邑，約當今河南省之西峽以及今陝西之商縣一帶。[122] 商君　當時的各諸侯國君主例皆稱「王」，而諸侯國內的封建領主則例皆稱「君」，如「孟嘗君」、「信陵君」是也。

【語　譯】公叔座死了以後，公孫鞅聽說秦孝公下令招賢，以求重新光大秦繆公的事業，向東方收復被三晉奪去的領土，於是他西入秦，通過秦國的寵臣景監見到了秦孝公。公孫鞅對秦孝公談了好久，談得秦孝公直打瞌睡，一點也聽不進去。待公孫鞅走後，秦孝公斥責景監說：「你介紹來的客人是個說話不著邊際的人，這種人怎麼能用呢？」景監出來就用秦孝公的話責備公孫鞅，公孫鞅說：「我當時是拿了五帝治國的辦法來開導他的，看來他對這個還不能領悟。希望你在五天之後，再向孝公引見我。」公孫鞅第二次見到孝公後，情況比上次略好了一點，但還是不能讓他滿意。事情過後秦孝公又斥責景監，景監又去責備公孫鞅，公孫鞅說：「這次我是拿了三王治國的辦法來開導他的，他還是聽不進去，請你再引見我。」於是公孫鞅第三次見到了秦孝公，這次交談之後，秦孝公對他的言論已經有所肯定，有所稱讚了，只是還沒有充分聽取。這次過後，秦孝公對景監說：「你這位客人不錯，我可以和他再談談。」公孫鞅說：「這回我是拿了五霸治理國家的辦法來開導他的，看他的意思是想採用了。如果他能夠再接見我，我知道該進一步和他說什麼了。」於是公孫鞅第四次見到了秦孝公。這一次秦孝公和公孫鞅談話，不知不覺地他的膝蓋總是向著公孫鞅的座位湊攏，一連聽他說了幾天都沒有聽夠。事後景監問公孫鞅說：「你是拿什麼打動了我們的國君？我們的國君和你談話後高興極了。」公孫鞅說：「我先是拿五帝三王治國的辦法開導他，希望他能把秦國治理得可以和夏、商、周三代相比，可是你們的國君說：『用這種辦法太慢了，我等不了了，而且作為一個賢君，應該在當時就能揚名於天下，我怎麼能慢慢吞吞地到幾十年以至上百年後再成帝成王呢？』所以我後來只能用富國強兵的辦法來幫他出主意了，結果這些使他非常喜歡，但是這樣做，秦國也就不可能再達到殷朝、周朝那樣的道德水平了。」

2 秦孝公任用公孫鞅後，想要在秦國實行變法，但害怕天下人議論自己。公孫鞅說：「行動猶豫不定就不能成名，辦事猶豫不定就不能成功。一個人的操行如果出類拔萃，就肯定要遭到一般人的攻擊；一個人的見解如果特別獨到，就必然要受到一般人的詆毀。愚昧的人當別人把事情都辦成了，他還在那裡迷惑不解；而聰明人則不用等問題發生，早就已經預見到了。對於老百姓不能在辦事前和他們一起商量，只能在辦成以後和他們共享成果。講究最高道德的和一般世俗的人是不能合群的，要幹大事業的人不能去徵求那些芸芸眾生的意見。聖人只要是能使國家富強，就不必去效法古代的典章；只要是能使百姓得利，就不必遵循舊時的禮教。」秦孝公說：「講得好。」甘龍說：「不對。聖人在教育人的時候從不改變人們舊有的風俗習慣，聰明人在治理國家的時候從不改變國家原有的法度。按照人們舊有的習俗來進行教化，就能不費勁地獲得成功；遵照原有的制度來治理國家，就不僅能讓官吏們順手，而且百姓們也能夠相安無事。」公孫鞅說：「甘龍所說的這一套，都是些最世俗的話。庸人們總是安於一套舊的習俗，書呆子們總是迷信書本的條文。按照甘龍所說的那兩條原則奉公守法地維持舊有秩序是可以的，但不可能和他討論法制以外的事情。夏、商、周三代都稱王，但他們奉行的禮教是不同的；五伯都是霸主，但執行的法度也不完全相同。法度是聰明人制訂的，而愚蠢的人只知道一味遵行；禮教是有才幹的人改立的，而一些無能的人則只能永遠接受約束。」杜摯說：「見不到百倍的好處，不能變法；看不準十倍的功效，不能更換舊的器物。按古代的章程做，就絕無過失；按舊的禮法走，就沒有差錯。」公孫鞅說：「治理天下的辦法是不一樣的，我們要的是方便有利，而不是為了仿效古人。商湯和周武王都沒有遵循古法而成就了王業，夏桀和殷紂倒是沒有改變舊禮而結果亡國了。可見改變古法的人不能否定，而遵循舊禮的人不值得讚揚。」秦孝公說：「講得好。」於是任命公孫鞅為左庶長，並很快地確定了變法的條令。

3 新法把居民五家編為一「伍」，十家編為一「什」；讓他們互相監督，一家出事，其他各家都要跟著受牽連。知道誰是壞人而不告發的要被腰斬；告發壞人的與殺掉一個敵人首級的獎賞相同，藏匿壞人的與投敵叛變的處罰相同。一家有兩個以上的成年男子而不分開居住的，要加倍地交納賦稅。立有軍功的人，可以根據規定加官進爵；為私仇而打架鬥毆的，要根據情節輕重給以懲罰。新法鼓勵農民好好發展農業，對於那些在耕田織布方面作出了成績的，可以免除他們的勞役；對於從事經商或由於懶惰而變窮的，一律把他們降為奴隸。國君的宗族凡是沒有軍功可以論敘的，一律把他們從貴族譜牒上開除出去。要嚴格地按照爵位的尊卑劃分等級，讓人們按照等級的高低來占有不同的田宅。私家的奴婢穿什麼樣的衣服都要隨著主人的地位而定。有軍功的人才能顯貴榮華，沒有軍功的人即使有錢，也沒有社會地位。

4 新法已經訂好，還沒有公布，公孫鞅擔心百姓們懷疑政府說話是否算數，於是就在國都市場的南門立了一根三丈長的杆子，告訴百姓們誰能把它扛到市場的北門，就賞給他十鎰金子。百姓們剛開始覺得奇怪，沒人敢動。於是公孫鞅又對人們說：「誰能把它扛到北門，賞給他五十鎰金子。」這時出來一個人把它扛到了北門，公孫鞅立即賞給了他五十鎰金子，以表明政府說話是算數的。接著就頒布了新法。

5 在推行新法的第一年裡，秦國有上千的人跑到首都來反映新法不好。這時秦孝公的太子也犯了法，公孫鞅說：「法令之所以行不通，關鍵就在於上頭有人破壞。」於是他準備依法處置太子。但太子是國家未來的繼承人，不能對他施刑。於是就處罰了太子的太傅公子虔，給太子的太師公孫賈臉上刺了字。結果第二天，秦國人就都按著新法辦了。到新法實行後的第十年，秦國的百姓們就變得十分喜歡新法了，這時道上掉了東西沒人撿，山裡頭沒有盜賊，家家戶戶都過得很富裕。人們都勇於為國從軍，而不敢為私仇鬥毆，鄉村城鎮到處是一片太平。過去那些曾經說過新法不好的人，現在又反過來說新法好了。公孫鞅說：「這些都是擾亂國家秩序的刁民。」於是把他們一律都遷到了邊境上。從此百姓們誰也不敢再隨便議論新法了。

6 於是秦孝公封公孫鞅為大良造，派他率兵包圍了魏國的安邑，使安邑投降了秦國。又過了三年，秦國在咸陽建造了高大富麗的城闕、宮殿，把國都從雍縣遷到了咸陽。接著秦國又下令整頓風紀，禁止父子兄弟同住一間屋子。又把若干鄉、邑、聚歸併為縣，各縣裡設置縣令、縣丞，全國共設三十一個縣。又廢除了原有的田埂地界，讓人們重新認領土地，公平地向國家交納賦稅。同時又統一了度量衡。這些新制度實行後第四年，公子虔又犯了法，結果被公孫鞅割掉了鼻子。到第五年，秦國就大大地富強起來了，以至於周天子都派人給秦孝公送來了祭肉，表示承認他是天下的霸主，各國的諸侯們都來向秦國朝拜稱賀。

7 秦國稱霸的第二年，齊國大敗魏兵於馬陵，俘虜了魏國的太子申，殺死了魏國的大將龐涓。次年，公孫鞅對秦孝公說：「秦、魏兩國的對立，就像一個人的心腹裡有病一樣，不是魏國滅了秦，就是秦國滅了魏，二者不能並存。為什麼呢？魏國處在險要的中條山以西，建都安邑，與秦國只隔著一道黃河，實際上它是控制著整個崤山以東的大局。條件有利了，它就西攻秦；條件不利的時候，它可以向東方發展。如今由於您的聖明，咱們秦國強盛起來了。去年魏國被齊國打得大敗，各國諸侯都拋棄了它，如果我們乘此機會進攻魏國。魏國抵擋不住我們，肯定就會向東搬家。魏國一旦搬走，那時我們秦國就可以獨自控制黃河、崤山的險要形勢了，那時我們再出兵東下控制各國諸侯，這不就可以稱帝稱王了嗎？」秦孝公覺得有理，就派公孫鞅率兵伐魏，魏國派公子卬領兵迎擊。兩軍相對後，公孫鞅派人送給公子卬一封信說：「我在魏國時和你是好朋友，今天我們為敵對的兩國領兵，我不忍心互相攻打。我想和你當面訂盟，歡宴撤兵，讓秦、魏兩國都得到安寧。」魏將公子卬信以為真，與公孫鞅見面會盟。會盟後正在歡飲的時候，公孫鞅讓預先埋伏的武士突然逮捕了公子卬，接著又對魏軍發起攻擊，結果魏軍被徹底擊潰。魏惠王見到自己的國家連連被齊國、秦國擊破，國內空虛，國勢越來越弱，心裡害怕，於是只好派遣使臣把黃河以西的土地全部割給了秦國，以此作為求和的條件。而後魏惠王也離開了安邑，將國都東遷到大梁去了。魏惠王說：「我真後悔當時沒有聽公叔座的話殺掉公孫鞅！」公孫鞅破魏後，秦孝公把於、商一帶的十五邑封給了他，稱他為商君。

1 商君相秦十年❶，宗室貴戚多怨望❷者。趙良❸見商君，商君曰：「鞅之得見也，從孟蘭皋❹，今鞅請得交❺，可乎？」趙良曰：「僕弗敢願也。孔丘有言曰：『推賢而戴者進；聚不肖而王者退❻。』僕不肖，故不敢受命❼。僕聞之曰：『非其位而居之曰貪位，非其名而有之曰貪名。』僕聽君之義⑧，則恐僕貪位、貪名也。故不敢聞命。」商君曰：「子不說⑨吾治秦與？」趙良曰：「反聽⑩之謂聰，內視⑪之謂明，自勝⑫之謂彊。虞舜有言曰：『自卑也尚矣⑬。』君不若道虞舜之道⑭，無為問僕⑮矣。」商君曰：「始秦戎、翟之教⑯，父子無別，同室而居。今我更制其教，而為其男女之別⑰，大築冀闕，營如魯、衛⑱矣。子觀我治秦也，孰與五羖大夫⑲賢？」趙良曰：「千羊之皮，不如一狐之掖⑳；千人之諾諾㉑，不如一士之諤諤㉒。武王諤諤以昌㉓，殷紂墨墨以亡㉔。君若不非武王乎，則僕請終日正言而無誅，可乎？」商君曰：「語有之矣：『貌言華也㉕，至言實也㉖，苦言藥也㉗，甘言疾也㉘。』夫子果肯終日正言，鞅之藥也。鞅將事子㉙，子又何辭㉚焉？」趙良曰：「夫五羖大夫，荊之鄙人㉛也。聞秦繆公之賢而願望見，行而無資㉜，自粥㉝於秦客，被褐食牛㉞。期年，繆公知之，舉之牛口之下㉟，而加之百姓之上，秦國莫敢望㊱焉。相秦六、七年㊲，而東伐鄭㊳，三置晉國之君㊴，一救荊國之禍㊵。發教封內㊶，而巴人致貢㊷；施德諸侯，而八戎㊸來服。由余聞之，款關請見㊹。五羖大夫之相秦也，勞不坐乘㊺，暑不張蓋㊻，行於國中㊼，不從車乘㊽，不操干戈㊾，功名藏於府庫㊿，德行施於後世[51]。五羖大夫死，秦國男女流涕，童子不歌謠，舂者不相杵(52)，此五羖大夫之德也。今君之見秦王也，因嬖人景監以為主(53)，非所以為名也(54)。相秦不以百姓為事，而大築冀闕，非所以為功(55)也。刑黥太子之師傅，殘傷民以駿刑(56)，是積怨畜禍也。教之化民也深於命，民之效上也捷於令(57)。今君又左建外易(58)，非所以為教(59)也。君又南面而稱寡人(60)，日繩(61)秦之貴公子。詩曰：『相鼠有體，人而無禮；人而無禮，何不遄死(62)？』以詩觀之，非所以為壽(63)也。公子虔杜門(64)不出，已八年矣。君又殺祝懽(65)而黥公孫賈。詩曰：『得人者興，失人者崩。』(66)此數事者，非所以得人也。君之出也，後車十數，從車載甲(67)，多力而駢脅(68)者為驂乘(69)，持矛而操闟戟(70)者旁車(71)而趨。此一物不具，君固不出(72)。書曰：『恃德者昌，恃力者亡。』(73)君之危若朝露(74)，尚將欲延年益壽乎？則何不歸十五都(75)，灌園於鄙(76)，勸秦王顯巖穴之士(77)，養老存孤(78)，敬父兄，序有功(79)，尊有德，可以少安(80)。君尚將(81)貪商、於之富，寵秦國之教(82)，畜百姓之怨，秦王一旦捐賓客(83)而不立朝，秦國之所以收君(84)者，豈其微哉(85)？亡可翹足而待(86)。」商君弗從。

2 後五月而秦孝公卒(87)，太子立(88)。公子虔之徒告商君欲反(89)，發吏捕商君(90)。商君亡至關下(91)，欲舍客舍。客人(92)不知其是商君也，曰：「商君之法，舍人無驗者坐之(93)。」商君喟然(94)歎曰：「嗟乎，為法之敝一至此哉(95)！」去之魏(96)。魏人怨其欺公子卬而破魏師，弗受(97)。商君欲之他國，魏人曰：「商君，秦之賊。秦彊而賊入魏，弗歸，不可(98)。」遂內秦(99)。商君既復入秦，走商邑，與其徒屬(100)發邑兵(101)北出擊鄭(102)。秦發兵攻商君，殺之於鄭黽池(103)。秦惠王車裂商君以徇(104)，曰：「莫如商鞅反者(105)！」遂滅商君之家。

【章　旨】以上為第三段，寫商鞅不聽趙良之勸，孝公死後秦國政變，商鞅被殺事。

【注　釋】❶相秦十年　楊寬曰：「《戰國策・秦策一》說：『商君治秦，法令至行，孝公行之十八年疾且不起，欲傳商君，辭不受。』從秦孝公六年衛鞅為左庶長，『卒定變法之令』以後，至二十四年孝公去世，首尾十九年，以整年計算正是十八年。」❷怨望　猶怨恨。望，亦怨恨之義。❸趙良　秦國名士，事跡僅見於此。❹從孟蘭皋　《索隱》曰：「孟蘭皋，人姓名也，言鞅前因蘭皋得與趙良相見也。」❺請得交　請求和你交個朋友。❻推賢而戴者進二句　二語不知所出，文義亦不甚明。崔適曰：「王字不可解，疑誤。」王伯祥曰：「『戴』謂『愛民好治』（見《謚法》），『王』則天下歸往之義。『推賢而戴者進』言推薦賢能則『愛民好治』者自進；『聚不肖而王者退』言小人盈庭則言王道者自去也。」其說可從，唯解釋「戴」字略迂曲。張大可曰：「推薦賢能，擁護者自然趨附而進；小人盈庭，胸懷統一天下大道的人便會離去。」❼不敢受命　與上文「弗敢願」意同，意思極其謙恭委曲。❽聽君之義　猶言「聽從您的吩咐」、「接受您的厚誼」，即和你交朋友。❾說　同「悅」。喜歡；贊成。❿反聽　瀧川曰：「楓、三本作『外聽』。」意思相同，皆謂能聽取不同意見。《越絕書》有所謂「內視若盲，反聽若聾」之語。⓫內視　猶言「反省」、「自察」。⓬自勝　能克制自己。瀧川曰：「內視，自省也；自勝，克己也。《韓非子・外儲》篇引申子曰：『獨視者謂明，獨聽者謂聰，能獨斷者可為天下主。』語似而意反。」⓭自卑也尚矣　能謙虛而自處卑下的人，反而身價更高。尚，高也。按：舜在何處說過此話，不詳。⓮道虞舜之道　實行堯舜所用的治國之道。道，行；採用。⓯無為問僕　用不著向我求教。⓰始秦戎翟之教　秦國過去的風化習俗像戎翟一樣。翟，同「狄」。教，教化；風習。

⓱為其男女之別　制定了有關男女風化的教令，如前文所謂「令民父子兄弟同室而息者為禁」等是也。⓲營如魯衛　把秦國治理得像魯國、衛國一樣。魯國是周公姬旦的後代，衛國是康叔姬封的後代，魯國、衛國一向被視為中原地區文教禮樂最昌盛的國家。⓳五羖大夫　指百里奚，春秋時期的虞國大夫，晉獻公欲伐虢，向虞國借道，百里奚諫阻虞君不聽，後虞、虢皆被晉國所滅。百里奚被晉國掠去後，作為晉女的陪嫁奴隸，送給秦國。百里奚恥而逃之，途中被楚人所獲，秦穆公以五張黑羊皮將其換至秦國，委以國政，秦人稱之為「五羖大夫」。後百里奚輔佐秦穆公稱霸西戎。事見〈秦本紀〉。羖，黑羊。⓴一狐之掖　狐掖，狐狸的腋下皮，以之製裘最輕暖。掖，同「腋」。㉑諾諾　即今之所謂「唯唯諾諾」，奉承、順從的樣子。㉒諤諤　直言爭辯的樣子。〈趙世家〉：「趙簡子曰：『吾聞千羊之皮不如一狐之腋。諸大夫朝，徒聞唯唯，不聞周舍之鄂鄂。』」蓋古有此語，而趙良稱之。㉓武王諤諤以昌　意謂武王由於能聽群臣的直言，所以使得周朝昌盛起來。㉔殷紂墨墨以亡　殷紂王由於不能聽取群臣的意見故而被人所滅。墨墨，同「默默」。指緘口不言的樣子。㉕貌言華也　表面好聽的話如同花朵。華，花朵。㉖至言實也　中肯切理的話如同果實。至言，中肯透徹的話，猶如今所謂「至理名言」。㉗苦言藥也　使人聽了感到痛苦的批評是治病的良藥。㉘甘言疾也　討人喜歡的甜言蜜語是害人的疾病。㉙鞅將事子　我將恭敬地侍候您。事，侍奉。㉚何辭　何必拒絕。㉛荊之鄙人　梁玉繩曰：「百里奚，虞人，非荊人。」按：《正義》有所謂「百里奚，南陽宛人，屬楚，故云荊」者，實則是百里奚南逃楚國時，在當時的宛縣（即今之南陽市）被人捉住了。今南陽市城西尚有石碑刻誌其地。鄙人，野人；鄉下人。㉜資　路費。㉝自粥　將自己賣給人。粥，同「鬻」。賣。㉞被褐食牛　被，通「披」。褐，貧者所穿的短襖。食牛，餵牛。食，用如動詞，同「飼」。㉟舉之牛口之下　意謂將其從一個餵牛的奴隸提拔起來。㊱莫敢望　沒有人敢對此加以非毀。望，怨憤。按：關於百里奚入秦為相的經過，各處說法不一，如前文所引〈秦本紀〉之語，是一種說法。此外，《韓詩外傳》、《論衡》並云，秦大夫禽息薦百里奚於穆公；《呂氏春秋・慎人》云：公孫枝以五羊皮買之而獻諸穆公。今趙良又有所謂「被褐食牛」，以及穆公「舉之牛口之下」云云，與齊桓公之得甯戚相似，不知史公根據何書。馬非百曰：「百里奚，姓百里，名視，字孟明。其所以又名為『奚』者，『奚』之本義為隸役，百里奚最初乃一賣身為奴之人，故秦人特稱之曰『奚』。」㊲相秦六七年　梁玉繩曰：「奚之為相未知的（確）在秦穆何年，然以伐鄭、楚，三置晉君言之，則首尾已二十年，何云『六七年』也。」㊳東伐鄭　指穆公三十年（西元前六三〇年）秦助晉伐鄭事。秦與鄭訂立盟約，並派兵屯駐鄭國。這是秦國第一次把勢力伸向東方腹地。事見《左傳》僖公三十年與〈鄭世家〉。鄭，西周晚期建立的諸侯國名，始封之君為宣王之弟名友，國都在今陝西華縣東。西周滅亡後隨平王東遷，都於新鄭（今河南新鄭）。㊴三置晉國之君　晉國自獻公死（西

元前六五一年）後，國內篡亂動盪十幾年。在此期間，秦國於西元前六五〇年，幫助惠公（名夷吾）即位；西元前六三七年，惠公死，其子懷公立；秦人不喜懷公，於是又送重耳入晉，結果懷公被殺，重耳即位，是為文公。懷公之立，非秦意也，此云「三置」，與事理不合。㊵救荊國之禍　此說不詳。錢大昕曰：「秦穆公之時，楚未有禍，秦亦無救楚事。趙良所謂救荊禍者，即指城濮之役也，謂宋有荊禍而秦救之，非謂荊有禍也。」（《考史拾遺》）張大可曰：「解除了一次楚造成的禍害，即指秦國助晉破楚於城濮而言。」㊶發教封內　發教，發布教令，指實行德政。封內，國內。封，疆界。㊷巴人致貢　巴，古國名，其地約當今重慶一帶地區，都城在今重慶西北。此句意謂百里奚在秦國境內施行教化，其毗鄰之蠻夷小國即自動向秦納貢。㊸八戎　指西方的各戎狄之國。八，泛指多數。㊹由余聞之二句　由余原是晉人，後入戎中。戎王聞秦穆公賢，派由余入秦探測。秦穆公欲得由余，故於由余返戎後，離間由余與戎王之關係。由余無法再在戎國立足，遂往歸秦也。事見〈秦本紀〉。款，叩也。㊺勞不坐乘　即使再累，也不在車上坐著，即只乘「立車」，而不坐「安車」，以言其謙恭自卑。胡三省曰：「古者車立乘，唯安車即坐乘耳。」按：今始皇陵「銅車馬坑」出土之一號車即「立車」，又名「高車」「戎車」；二號車即「安車」。㊻暑不張蓋　即使天氣再熱，也從不在車上張傘。蓋，車上所樹的大傘，以遮太陽。㊼行於國中　立車行於首都城內。㊽不從車乘　沒有別的車輛隨從。㊾不操干戈　不用士兵警衛。㊿功名藏於府庫　記載其姓氏功勳的竹帛，藏於國家的府庫之中。(51)德行施於後世　功德操行被後世所傳頌。施，延續；流傳。(52)舂者不相杵　舂，搗米。相杵，哼唱以佐助用力，猶抬木者之「杭育，杭育」然。相，助。杵，搗米用的工具。(53)因嬖人景監以為主　意即先投靠景監，讓景監當引薦人。嬖人，帝王的男寵。主，《孟子》朱熹注：「主，舍於其家，以之為主人也。」(54)非所以為名也　這不是取得聲名的做法，愛名譽的人是不這樣做的。(55)為功　指為國家建立功業。(56)駿刑　嚴刑。駿，通「峻」。(57)教之化民也深於命二句　中井曰：「教者，躬行率先之謂也。謂以躬（身體力行）之教，深於號令；而下民效上人之所為，亦捷於號令也。謂君上之行己，為政之本也。」按：中井說是。《論語・顏淵》云：「君子之德風，小人之德草，草上之風必偃。」即此意。(58)左建外易　中井曰：「『外』字與『左』字相似，『左建』，其所建之事背道理也；『外易』，其所變之法違道理也。」(59)非所以為教　這不是施行教化的正確做法。(60)南面而稱寡人　春秋戰國時期，凡有封地的君主，都可以自稱「寡人」。商鞅封有於、商十五邑，號為商君，故有此稱。(61)繩　用如動詞，指以法律制裁之。(62)相鼠有體四句　見《詩經・相鼠》。意謂看那老鼠都是肢體俱全的，作為一個人卻不講究禮儀；人如果不講究禮儀，那為什麼不早點死？相，視。遄，速；急。按：趙良引此詩以譏商君無「禮」。(63)非所以為壽　不是讓自己長壽的做法。(64)杜門　塞門；閉門。公子虔被處劓刑割鼻，故羞愧憤怒而不出門。(65)祝懽　其人不詳。瀧川曰：「蓋亦太子師傅。」(66)詩曰三句　按：《詩經》無此文，瀧川以為是「逸詩」。牛鴻恩曰：「『詩』當讀為『志』，泛指古書。」(67)從車載甲　甲，指鎧甲兵杖之類，載於後車，隨時準備應急。(68)駢脅　瀧川曰：「肋骨相比如一骨也。晉文公駢脅，見《左傳》。此言肌肉豐滿，不復見肋骨之條痕也。」中井曰：「『駢脅』者多力之相，故以為言，非選擇駢脅人也。」(69)驂乘　同「參乘」。即《左傳》中之所謂「車右」，與國君或主將同乘一車，立於車之右側以充當警衛者。(70)闟戟　短矛。(71)旁車　夾護著（商君所乘的）車子。旁，通「傍」。依傍；緊靠著。(72)此一物不具二句　此，這些。不具，不齊備。凌稚隆引唐順之曰：「出盛車從，明與五羖大夫行于國中相反。」(73)書曰三句　按：今《尚書》無此文，或者亦如牛鴻恩所說之有如「志曰」，蓋泛指「古書」也。(74)危若朝露　胡三省曰：「朝露易晞，言不久也。」(75)歸十五都　將封地退給國家。《正義》曰：「公孫鞅封商、於十五邑，故云十五都。」(76)灌園於鄙　意即辭官為民。鄙，原指邊邑，此處指偏僻之地。(77)顯巖穴之士　尊崇重用那些隱居山林的人。(78)養老存孤　收養無依靠的老人，撫恤無父兄的孤兒。存，恤問。(79)序有功　尊崇、褒獎對國家有功的人。序，排名次，這裡即褒獎、提拔。(80)可以少安　可以稍稍安定一點。少，意思同「稍」。(81)尚將　還要；再要。(82)寵秦國之教　意即以在秦國發號施令為榮。寵，榮也。教，教令；命令。按：《通鑑》改「教」為「政」，胡三省曰：「言以專秦國之政為寵也。」(83)秦王一旦捐賓客　捐賓客，拋下賓客不管，隱指尊者之死。按：孝公當時未稱「王」，趙良稱之「秦王」，作史者失辭。(84)所以收君　所用來逮捕你的罪名。收，捕也。(85)豈其微哉　還會少嗎？胡三省曰：「微，少也。」(86)亡可翹足而待　按：以上趙良說商君語，《戰國策》不載，不知史公取自何處。其言有合理處，亦有極其迂腐而不負責任處，史公皆讚賞之，蓋出於不喜商君其人也。(87)秦孝公卒　事在孝公二十四年（西元前三三八年）。(88)太子立　即史之秦惠文王。(89)告商君欲反　《戰國策・秦策》云：「孝公已死，惠王代後莅政。有頃，商君告歸。人說惠王曰：『大臣太重國危，今秦婦人嬰兒皆言商君之法，莫言大王之法，是商君反為主，大王更為臣也。且夫商君固大王仇讎也，願大王圖之。』商君歸還，惠王車裂之。」可資參考。(90)發吏捕商君　主語為秦惠文王，因其為太子時曾因「犯法」而受商君懲治，故亦銜恨之久也。(91)亡至關下　亡，逃跑。關，似指函谷關，在今河南靈寶縣東北，為秦國東部的關塞。(92)客人　指客舍主人。(93)舍人無驗者坐之　舍人，留人信宿。驗，證，這裡指證件。坐之，因之而獲罪。(94)喟然　傷心的樣子。(95)為法之敝一至此哉　實行法治的弊病，竟然達到了這種地步啊。(96)去之魏　離開秦國，往投魏國。(97)弗受　《呂氏春秋・無義》云：「秦惠王疑公孫鞅，欲加罪，鞅以其私屬與母歸魏。襄疵（馬非百曰：『魏鄴令。』）不受，曰：『以君之反公子卬也。』」(98)弗歸二句　不把他送回去是不行的。歸，送回。(99)內秦　言將商鞅押送回秦國。內，同「納」。(100)徒屬　黨羽部屬。(101)邑兵　商君領地十五邑之兵。[102]北出擊鄭　鄭，秦縣名，即今陝西華縣，西周後期鄭國初建時的國都。其地在商君領地之北，相隔不遠。[103]鄭黽池　鄭縣之彤邑。王伯祥曰：「『黽池』疑為『彤地』之訛。〈六國表〉：『秦孝公二十四年，商鞅反死彤地。』今華縣西面有故彤城。蓋秦兵至鄭，破商邑兵，商君走至彤，乃被擒見殺。」[104]徇　巡行示眾。[105]莫如商鞅反者　不要像商鞅這樣反叛國家。馬非百曰：「既云殺之於『彤地』，又言『車裂以徇』，當是先擒殺，再車裂耳。」

【語　譯】商君在秦國為相十年，秦國的宗室貴戚們有很多人恨他。這時趙良往見商君，商君說：「過去我就曾通過孟蘭皋的介紹，見過你，現在我想和你交個朋友，行嗎？」趙良說：「我不敢高攀。孔子曾經說過：『一個人如果能夠推賢薦士，那麼，善於治國愛民的人們就會來投奔他了；一個人如果他的周圍壞蛋成堆，那麼，講求王道的人就會自然離去。』我沒有什麼出息，所以不能接受您的請求和您作朋友。我聽俗話說：『待在不該待的位子上叫做貪位，享有不該享的名譽叫做貪名。』如果我接受了您的請求和您作了朋友，恐怕就成了『貪位』、『貪名』的人了。所以我不能答應您作您的朋友。」商君說：「難道說你不喜歡我治理秦國嗎？」趙良說：「能夠聽取不同的意見那叫『聰』，能夠不斷地自我反省那叫『明』，能夠克制自己的衝動那叫『強』。虞舜當年曾說過：『能夠自己謙卑的人才是最值得尊重的。』您根本不按照虞舜的話做，所以也就沒有必要再問我了。」商君說：「秦國過去的風俗和戎狄一樣，父子沒有分別，都在一間屋子裡住。如今我移風易俗，讓他們講究男女有別，又建造了高大的宮殿，把秦國治理得和中原地區的魯國、衛國差不多了。你看我治理秦國的成就，與五羖大夫百里奚比起來誰好？」趙良說：「一千張羊皮，頂不上一塊狐腋；一千個隨聲附和，頂不上一個仗義直言。周武王因為有直臣而國家昌盛，商紂王因為無人敢說話而國家滅亡。您如果不反對周武王那種做法，那麼我請求從此整天在您面前說直話而沒有被殺的危險，您能做得到嗎？」商君說：「俗話說：『浮誇不實的話像花朵，切合實際的話才是果實，不好聽的話是治病的良藥，迎合人的甜言蜜語只能是害人的惡疾。』你如果能整天在我面前仗義直言，那你就將成為我的良藥，那我定將拜你為師，這樣你還推辭什麼呢？」趙良說：「五羖大夫百里奚，原是楚國的一個村野之人。他聽說秦繆公賢明就想去秦國見他，但由於沒有路費，於是就把自己賣給了秦國的一個客人，每天穿著粗布短衣替人家餵牛。就這樣過了整整一年，秦繆公知道了他的才能，於是就把他從一個餵牛人提拔起來，放在了治理百姓的職位上，秦國對此沒有一個人敢說閒話。在百里奚任秦國宰相的六、七年內，秦國曾經東出伐鄭，三次幫著晉國樹立國君，又曾一度挽救了楚國的災難。他只是在秦國國內實行教化，但這就使得西南的巴國向他納貢了；又由於他能對各國的諸侯們施行仁德，因而使得西部地區的許多少數民族都歸服了他。由余這位大賢人聽說了百里奚賢能，也來到秦國求見他。百里奚身為秦國的宰相，乘車外出時從來不在車上坐著；夏天即使天氣再熱，也從不在車上張傘，他在京城出出進進，從來沒有車馬跟著，也沒有全副武裝的警衛人員。可是有關他赫赫功業的記載永遠保存在府庫中；他的高尚道德永遠流傳於後世。等到百里奚死時，秦國的男男女女全都為之痛哭流涕，以至於連孩子們也不唱兒歌，舂米的人也不哼唱號子。這就是百里奚的德行。可是您呢，您見秦孝公，是通過了秦孝公的寵臣景監的推薦，珍惜名譽的人是不這樣做的。您做了宰相不是為百姓謀利益，而是去大造宮殿，真正想建功立業的人是不這樣做的。您把太子的師傅用了刑，刺了字，您對百姓們殘酷殺戮，嚴刑峻法，因而給自己積蓄了仇恨，埋下了禍根。以身作則的引導，比單純的下命令更有效果；下頭效法上頭的行為，比聽從命令還來得快。您現在的一切建設一切作為，都是違背常理的，是不能用這一套去教化百姓的。而且您又據有於、商之地，還南面為君，自稱寡人，經常用您所定的法令來管制秦國貴族的子弟。《詩經》裡曾說：『老鼠都還有個完整的肢體，做一個人卻不講究禮儀；做人既然不講禮儀，為什麼還不快點死呢？』從《詩經》講的這些話看來，您的這些所作所為是不能讓您長壽的。公子虔從被割鼻之後，已經關上門八年不出來了。您還殺了祝懽，給公孫賈在臉上刺了字。《詩經》上說：『得人心才能興盛，失人心就要滅亡。』您所做的那幾件事，都不是得人心的。每逢您出門，後面總是跟著大車十幾輛，車上拉著兵器鎧甲，您選了勇猛的大力士在車上給您當保鏢，您讓許多手持武器的士兵夾護著您的車子奔跑。這些保護措施少了一點，您就不出門。《尚書》上說：『依靠仁德的就能昌盛，單憑武力的只能滅亡。』您現在的危險處境就像早晨的露珠，還能夠幻想延年益壽呢？您應該趕緊把您受封的十五城還給國家，自己去找個僻靜的地方耕田為業，勸說國君廣泛地招納隱居山林的賢士，尊養老者，撫恤孤兒，和本族的父兄們搞好關係，對有功的加以褒獎，對有德的予以尊崇，這麼做了您或許還可以略好一點。如果您不這樣，您還想繼續貪戀商、於一帶的富饒，想繼續獨攬秦國的政權以為榮耀，從而讓百姓們進一步地增加對您的仇恨，那麼等到有一天寵愛您的秦王突然死了，到那時，秦國出來收拾您的人您想還會少嗎？您的滅亡簡直是一翹腳就可以看得見了。」但是商君聽不進去。

2 五個月以後，秦孝公死了，太子即位。這時公子虔等人立刻誣告商君想要造反，派人捉拿商君。商君逃到了秦國的邊境，想找客店住宿。客店的主人不知道他就是商君，對他說：「商君的法令規定，凡是留宿沒有證件的客人，店主人是要獲罪的。」商君不由地歎了一口氣說：「唉！變法的危害竟然害到了自己頭上來了！」於是他離開秦國逃到了魏國，魏國人恨他當初欺騙公子卬打敗了魏國軍隊，不肯收留他。商君只好再到別的國家去。這時魏國人說：「商君是秦國的罪犯，秦國強大，它的罪犯逃到了魏國，魏國不把他送回秦國是不行的。」於是魏國人又把商君送進了秦國境內。商君回到秦國後，迅速去到他的封地商邑，與他的部屬一起徵集了他領地上的士兵，向北攻打鄭邑。這時秦國出動大軍攻打商君，在鄭邑附近的黽池把他殺死了。秦惠王還不罷休，進一步把商君車裂示眾了，說：「誰也不要像商鞅那樣反叛國家！」接著又殺光了商君的族人。

太史公曰：商君，其天資刻薄人也❶。跡❷其欲干❸孝公以帝王術，挾持浮說，非其質❹矣。且所因由嬖臣，及得用，刑公子虔，欺魏將卬，不師趙良之言，亦足發明❺商君之少恩矣。余嘗讀商君開塞耕戰書❻，與其人行事相類。卒受惡名❼於秦，有以也夫❽！

【章　旨】以上為第四段，是作者對商鞅為人行事的議論，其立論之偏頗是顯而易見的。

【注　釋】❶其天資刻薄人也　按：史公對法家人物，好用類似詞語。如說吳起曰：「以刻暴少恩亡其軀，悲夫！」說鼂錯曰：「語曰『變古亂常，不死則亡』，豈錯等謂耶？」皆見史公感情之偏頗。❷跡　追蹤；考察。❸干　求見。❹非其質　不是他的真心所在。質，實也。❺發明　表明；證明。❻開塞耕戰書　皆商鞅著作的篇目名，見《商君書》。開塞，「塞」謂國事的混亂衰敗；「開」謂實行嚴刑則可使滯塞得通，國事得治。耕戰，謂獎勵農耕及勇於殺敵。❼卒受惡名　指以「謀反」的罪名被滅族。❽有以也夫　是有原因的呀。以，因；緣由。

【語　譯】太史公說：商君是一個天性殘忍狠毒的人。考察一下他當初之所以要用五帝三王治理國家的辦法來勸說秦孝公，也不過就是說空話而已，那些根本不是出於他的本心。而且他又是通過秦孝公的一個寵幸作引薦，路子不正；等到受重用以後，又處罰了公子虔，欺騙了魏將公子卬，後來又不聽從趙良的勸告，這些事實全都可以表明商君的殘忍少恩。我曾經讀過商君的〈開塞〉、〈耕戰〉等文章，文章的思想風格和他的行事為人大致相同。最後在秦國蒙受惡名而被殺，這是有原因的啊！

【研　析】在《史記》所敘述的變法人物中，司馬遷對商鞅的描寫最為詳細，他充分肯定了商鞅的政治才幹，尤其是描寫商鞅在秦孝公面前勢如破竹地駁斥頑固派的情形，其言辭鋒芒銳利，擲地有聲。作品也充分展現了變法中的艱難曲折，其阻力來自民眾的習慣勢力，更來自宗親貴族的反抗、破壞。商鞅毫不遲疑地處置了故意挑動太子犯法的公子虔與公孫賈，這不僅表現了商鞅的政治魄力，也無聲地表現了秦孝公的英明。作品記述了變法的具體內容，也描寫了變法實行後的具體功效，與中國歷史上任何一次變法相比，商鞅的成功是最輝煌的。司馬遷如實地記錄了這一歷史風雲的面貌，並給予了充分的肯定和讚揚，不能不說是表現了司馬遷獨具慧眼的史家膽識，和超越前人的進步歷史觀。

司馬遷對商鞅的悲劇結局不無感慨。作品說：「秦孝公卒，太子立。公子虔之徒告商君欲反，發吏捕商君。」商鞅的死與吳起、鼂錯等大同小異，這些為國家做了傑出貢獻的才幹之士，到頭來，大都直接或間接地為反動復辟勢力所害，這是令人惋惜的。

作品也客觀地寫出了商鞅變法和法家理論中的一些反面教訓，如他們只相信自己，相信超人，而不相信人民群眾，視人民群眾為群氓；他們只迷信嚴刑酷法，而不重視道德教化、思想灌輸；他們對鄰邦不講信義，狡詐欺騙，只求取勝一時等等，這些都使得商鞅自己越來越孤立，同時也為法家路線日後的失敗埋下了伏線。

商鞅的局限是明顯的，但司馬遷對法家人物的偏見也是明顯的，儘管他在〈商君列傳〉中客觀真實地記述了商鞅及其變法的過程，表現了一個偉大歷史家的求實精神，然而在感情上卻時時流露出個人的偏見，尤其在篇末的論贊中，對商鞅的評述更失公允。

卷六十九

蘇秦列傳第九

【題解】本篇記述了蘇秦自從師學術，至早期遊說不遂，受到家人親友嘲笑；至遊說燕、趙，其說得行，遂進而說服東方六國合縱聯盟，共抑強秦，蘇秦佩六國相印，亦功成名就，報恩報仇；以及後來為燕行反間於齊，被齊人所殺的全過程。文中載有大量說辭，材料來自《戰國策》，亦可謂有據。但近幾十年來研究戰國史與《戰國策》的學者，對《戰國策》所載蘇秦事跡提出了許多辯駁，其說鑿鑿可信，故〈蘇秦列傳〉所敘蘇秦與其弟蘇代、蘇厲之事跡多有不足信者。至於司馬遷就這些事實所發的議論、所表現的思想，以及作品所呈現的藝術性，則仍是有效的。蘇秦兄弟三人「皆游說諸侯以顯名」，這本身就是一種才幹；蘇秦開始時屢戰屢敗，但能奮進不休，終致功成名顯，其人生觀與司馬遷亦非常契合。但從儒家的觀點看來蘇秦是臭名昭著的，而司馬遷卻說：「蘇秦起閭閻，連六國從親，此其智有過人者。吾故列其行事，次其時序，毋令獨蒙惡聲焉。」這顯然是對舊傳統、舊觀念的一種挑戰，是為蘇秦所作的翻案文章。

1 蘇秦❶者，東周雒陽❷人也。東事師於齊❸，而習之於鬼谷先生❹。

2 出游❺數歲，大困而歸❻。兄弟嫂妹妻妾竊皆笑之❼，曰：「周人之俗，治產業，力工商，逐什二以為務❽。今子釋本❾而事口舌，困，不亦宜乎！」蘇秦聞之而慚，自傷，乃閉室不出，出其書徧觀之，曰：「夫士業已屈首受書❿，而不能以取尊榮，雖多亦奚以為⓫！」於是得周書陰符⓬，伏而讀之⓭。期年⓮，以出揣摩⓯，曰：「此可以說當世之君矣⓰。」求說周顯王⓱。顯王左右素習知蘇秦，皆少之⓲，弗信。

3 乃西至秦。秦孝公卒⓳，說惠王曰⓴：「秦四塞㉑之國，被山帶渭㉒，東有關河㉓，西有漢中㉔，南有巴、蜀㉕，北有代、馬㉖，此天府㉗也。以秦士民之眾，兵法之教㉘，可以吞天下，稱帝而治。」秦王曰：「毛羽未成，不可以高蜚㉙；文理㉚未明，不可以并兼。」方誅商鞅㉛，疾辯士㉜，弗用。

4 乃東之趙㉝。趙肅侯令其弟成為相，號奉陽君㉞。奉陽君弗說之。

【章旨】以上為第一段，寫蘇秦前期之遊說不遇的情景。

【注釋】❶蘇秦 《索隱》曰：「字季子，蓋蘇忿生之後，己姓也。譙周曰：『秦兄弟五人，秦最少。兄代，代弟厲及辟、鵠，並為游說之士。』」《正義》曰：「〈藝文志〉云：『《蘇子》三十一篇，在縱橫流。』」按：司馬貞謂蘇秦字「季子」，譙周以為蘇秦「兄弟五人，秦最少」，皆與今之《戰國策》研究者說同。而史公根據《戰國策》中的不可靠資料將蘇秦定為「蘇代」「蘇厲」之兄，蓋誤。又：《正義》所謂《蘇子》者今佚。❷東周雒陽 「東周君」所屬的雒陽（在今河南洛陽東北）。周平王東遷後的周國，到戰國時疆域已極其狹小。至考王（西元前四四〇—前四二六年在位）以後，其國內政權又逐步落入考王之弟桓公的後代之手。至顯王（西元前三六八—前三二一年在位）時，桓公的後代又分裂為東、西兩部分。東部的貴族，即所謂「東周君」，居鞏，轄有鞏縣、雒陽、平陰、偃師四縣。西部的貴族，即所謂「西周君」，居王城（即今洛陽市），轄有王城、緱氏、谷城三邑。成為傀儡的周天子，顯王、慎靚王寄居於東周君籬下；至赧王，又改寄於西周君。牛鴻恩曰：「洛陽博物館編《洛陽名勝古迹》：『蘇秦故里，周時屬陽軒里，今洛陽市東郊漢魏故城東南三里，洛河北岸有一小村名曰張蘇寨，寨內有一冢，傳說即蘇秦冢。』」❸東事師於齊　事師，拜師，認以為師。齊，田氏篡取姜姓而自立的諸侯國名，國都在今山東淄博的臨淄區。❹鬼谷先生　相傳為戰國時隱士，居於鬼谷，遂以地名相稱。《正義佚文》：「《鬼谷子》三卷，樂壹注。」瀧川曰：「今本《鬼谷子》三卷，梁陶弘景注。」關於鬼谷其地，《集解》引徐廣曰：「潁川陽城（今河南登封東）有鬼谷。」《索隱》曰：「扶風池陽（今陝西涇陽西北）、潁川陽城並有鬼谷墟。」按：史云蘇秦「東事師於齊，而習之於鬼谷先生」，而以上有關鬼谷的說法皆不在齊地，而齊國又無所謂「鬼谷」，此不可解。牛鴻恩曰：「鬼谷先生，今人多以其人為戰國時隱士，隱於鬼谷，而以今本《鬼谷子》為偽託。鬼谷子即使有其人，蘇秦、張儀事以為師之說亦不可信。一、鬼谷子其人不見於先秦、漢初之記載，始見於此傳與〈張儀傳〉。〈秦策一〉寫蘇秦說秦失敗而歸，『乃夜發書，陳篋數十，得《太公陰符》之謀，伏而誦之。』此明言蘇秦之成功乃發憤讀書之故，不關學習師說。二、張儀為秦相在秦惠王十年（西元前三二八年），死於秦武王元年（西元前三一〇年）；據《戰國縱橫家書》等資料，蘇秦最早的遊說在秦惠王後元十三年（西元前三一二年），蘇秦為齊相在前二八九年，蘇秦被齊國車裂在前二八四年。蘇秦的時代要晚於張儀二、三十年，他們之間沒有來往，更不可能同時師事鬼谷子。」❺游　謂從事遊說活動。❻大困而歸　《戰國策》作：「黑貂之裘敝，黃金百斤盡，資用乏絕，去秦而歸，羸縢履蹻，負書擔橐，形容枯槁，面目犂黑，狀有歸（愧）色。」❼兄弟嫂妹妻妾竊皆笑之　按：《戰國策》於此作「歸至家，妻不下紝，嫂不為炊，父母不與言。蘇秦喟歎曰：『妻不以我為夫，嫂不以我為叔，父母不以我為子，是皆秦之罪也。』」❽逐什二以為務　即指從事經商。《正義佚文》：「言工商十分之中得二分利。」瀧川曰：「〈貨殖傳〉云：『洛陽東賈齊、魯，南賈梁、楚』。逐什二，謂買賣逐利也。」❾釋本　丟棄本來應該從事的職業。❿業已屈首受書　意即既然已經幹上了這一行。《索隱》曰：「屈首低頭，受書於師也。」⓫而不能以取尊榮二句　按：《論語・子路》有所謂「誦《詩》三百，授之以政，不達；使於四方，不能專對，雖多亦奚以為」，此套用其語。史珥曰：「秦之處心積慮只為榮顯其身，非真有心救世也。至其周悉列國情形，都是以全副精神行之。」⓬周書陰符　《戰國策》作「《太公陰符》」。繆文遠以為即《太公兵法》。鮑彪注：「《漢志》有《陰符經》。」《正義佚文》曰：「《鬼谷子》有《陰符》七術，樂注云：『陰符者，私志於內，物應於外，若今符契，故云陰符。』」諸祖耿引吳敬梓曰：「任章所引《周書》曰：『將欲敗之，必姑輔之；將欲取之，必姑與之。』蕭何引《周書》曰：『天與不取，反受其咎。』疑此即蘇秦所讀之《陰符》老氏之言，范蠡、張良之謀皆出於此。」

⑬伏而讀之　《戰國策》作「乃夜發書，陳篋數十，得《太公陰符》之謀，伏而誦之，簡練以為揣摩。讀書欲睡，引錐自刺其股，血流至足。」⑭期年　一週年。⑮揣摩　鮑彪注：「揣，量；摩，研也。游說之術，或量其情，或研切之。」繆文遠曰：「反復捉摸人主心理，量度時勢而求合也。」⑯此可以說當世之君矣　《戰國策》於此作「安有說人主不能出其金玉錦繡，取卿相之尊者乎？」按：以上蘇秦初出遊說失敗，退而發憤讀書事，見《戰國策．秦策一》，是在蘇秦遊說秦王失敗後。繆文遠曾辨蘇秦說秦王事之荒誕無稽。蓋司馬遷亦知《戰國策》所敘此事之不足據，故將之移於發憤讀書之後也。⑰周顯王　名扁，西元前三六八—前三二一年在位。⑱皆少之　少，輕；瞧不起。梁玉繩曰：「周室微弱，何可為藉？《策》亦無秦說周事，恐妄。」⑲秦孝公卒　事在西元前三三八年。秦孝公，獻公之子，名渠梁，西元前三六一—前三三八年在位。⑳說惠王曰　惠王，也稱「惠文王」，名駟，孝公之子，西元前三三七—前三一一年在位。按：據現代戰國史家研究，蘇秦在東方開始遊說活動，約當於秦惠文王十三年（西元前三二二年），從來未至秦國。《戰國策》載蘇秦之大段說秦王辭於發憤苦讀之前，蓋亦妄也。㉑四塞　四周都有關河要塞。㉒被山帶渭　以大山為外衣，以渭水為腰帶，皆極言其形勢之險要。被，同「披」。渭水自甘肅流來，經關中平原東入黃河。㉓關河　謂函谷關與黃河。函谷關在今河南靈寶東北。㉔西有漢中　漢中指今陝西東南部的漢水上游地區，在秦國的東南部。㉕南有巴蜀　巴、蜀都是今四川境內的古代小國名，巴國的都城在今重慶市北，蜀國都城即今成都市。巴、蜀都在秦國的西南部。梁玉繩曰：「是時諸郡未屬秦，不知蘇子何以稱焉？」按：秦之取巴蜀為郡在惠王後元九年（西元前三一六年）。㉖代馬　代郡、馬邑。代郡約當今之山西省北部和與之相連的河北省西北部地區；馬邑即今山西朔縣。這一帶地區當時屬趙，至秦王政十九年（西元前二二八年）始被秦占。㉗天府　老天爺的大倉庫。鮑彪曰：「言蓄積之富，非人力也。」㉘兵法之教　意謂人人熟習兵法戰陣之事。高誘注：「教，習也。」㉙蜚　通「飛」。㉚文理　指法令。《戰國策》作「文章」，高誘注：「文章，法令也。」㉛方誅商鞅　商鞅佐秦孝公實行變法，孝公死，惠文王即位，變法中受打擊的貴族作亂，商鞅被殺，事在西元前三三八年，詳見〈商君列傳〉。㉜疾辯士　討厭口辯之士。疾，厭惡。按：以上蘇秦說秦王事，見《戰國策．秦策一》，原文甚長，史公僅截取數語以入本傳，而〈秦本紀〉及〈六國年表〉均不載。繆文遠曰：「此章所言秦國形勢，與史實全然不合，乃晚出擬託之作而嫁名蘇秦者。據帛書《戰國縱橫家書》，蘇秦活動的時代在齊閔、燕昭時期，不得早至周顯王時。」㉝趙　戰國初期與韓、魏共同瓜分晉國建立的諸侯國名，國都於邯鄲，即今河北邯鄲。㉞趙肅侯令其弟成為相二句　按：《戰國策》無此二語。趙肅侯，名語，成侯之子，西元前三四九—前三二六年在位。牛鴻恩曰：「趙肅侯死於周顯王四十三年（西元前三二六年），與蘇秦時代不相及。《國策》只含混地說『說趙王』，此則指實

為『趙肅侯』。」其弟成，即公子成。號奉陽君，梁玉繩曰：「公子成封安平君，明載〈趙世家〉，成並不封『奉陽』，奉陽君是李兌。」牛鴻恩曰：「奉陽君即李兌，非公子成，此傳誤。〈燕策一〉有『奉陽君李兌甚不取於蘇秦』章，吳師道注：『奉陽君實李兌，非公子成也。』〈燕策二〉『奉陽君告朱讙與趙足』章，奉陽君自稱其名曰『說』，吳注：『說即兌之訛。』《戰國縱橫家書》十二章自稱其名曰『挩』，『挩』即『兌』也。」

【語　譯】蘇秦是東周洛陽人，到東方的齊國去求師，曾在鬼谷先生那裡學習。

2 在外遊歷了好幾年，非常潦倒地回到家來。他的兄弟、妻妾、嫂子、妹妹等都暗地裡笑話他，說：「周人的風俗，向來是靠做買賣，致力於工商，博取十分之二的利潤為本務。如今你放棄本務而從事口舌之事，活該倒霉！」蘇秦聽了這些話，感到慚愧而且暗自傷心，於是閉門不出，把讀過的書都翻出來重又讀了一遍，說：「我既然埋頭於書本，幹上了這一行。如果不能用它來換取功名富貴，讀得再多又有什麼用呢！」於是他從書堆中找出一本《太公陰符》，伏案苦讀。一年後他終於悟出了揣摩君主心思的方法，他說：「憑著這個，我可以去遊說當代的國君了。」他去遊說周顯王，顯王的近臣平素都熟悉蘇秦，都瞧不起他，不信他那一套。

3 於是蘇秦向西到了秦國。這時秦孝公已死，他便對秦惠王說：「秦是個四面都有關河險塞的國家，群山環抱，渭水貫穿。東面有函谷之關，黃河之險，西面有漢中，南面有巴蜀，北面有代地和馬邑，這是天然的府庫啊。憑著秦國眾多的國民與有素的訓練，足可以吞併各國，稱帝於天下。」秦惠王說：「羽毛沒有長成，鳥是不能高飛的，我們國家的法令尚未修明，現在還談不上兼併別國。」當時秦國剛殺了商鞅，正厭惡遊說之士，所以對蘇秦的遊說不感興趣。

4 蘇秦又向東來到了趙國。當時趙肅侯正用他的弟弟為相國，號奉陽君。奉陽君對蘇秦沒有好感。

1 去游燕❶，歲餘而後得見。說燕文侯❷曰：「燕東有朝鮮、遼東❸，北有林胡❹、樓煩❺，西有雲中❻、九原❼，南有嘑沱❽、易水❾，地方二千餘里，帶甲數十萬，車六百乘，騎六千匹，粟支數年。南有碣石、鴈門之饒⑩，北有棗栗之利，民雖不佃作⑪而足於棗栗矣，此所謂天府者也。夫安樂無事，不見覆軍殺將⑫，無過燕者⑬。大王知其所以然乎⑭？夫燕之所以不犯寇被甲兵⑮者，以趙之為蔽⑯其南也。秦、趙五戰，秦再勝而趙三勝⑰。秦、趙相斃⑱，而王以全燕⑲制其後，此燕之所以不犯寇也。且夫秦之攻燕也，踰雲中、九原，過代、上谷⑳，彌地㉑數千里，雖得燕城，秦計固不能守也。秦之不能害燕亦明矣。今趙之攻燕也㉒，發號出令，不至十日而數十萬之軍軍於東垣㉓矣。渡嘑沱，涉易水，不至四五日而距國都㉔矣。故曰秦之攻燕也，戰於千里之外；趙之攻燕也，戰於百里之內。夫不憂百里之患而重㉕千里之外，計無過於此者㉖。是故願大王與趙從親㉗，天下為一㉘，則燕國必無患矣。」

2 文侯曰：「子言則可，然吾國小，西迫彊趙㉙，南近齊㉚，齊、趙，彊國也。子必欲合從以安燕，寡人請以國從。」於是資蘇秦車馬金帛以至趙㉛。

【章旨】以上為第二段，寫蘇秦說燕國合縱。

【注釋】❶去游燕　離開趙國，前往燕國遊說。當時的燕國都於薊（今北京市）。❷燕文侯　〈燕召公世家〉及〈六國年表〉皆作「燕文公」（西元前三六一—前三三三年在位）。兩處皆繫蘇秦說燕事於文公二十八年（西元前三三四年）。按：《史記》除本傳及〈張儀列傳〉外，敘蘇秦遊說事，只此二處，且即此二處亦誤也。說見後注。❸朝鮮遼東　王駿圖曰：「二國名，朝鮮國，都平壤城，即漢樂浪郡；遼東，即古真番國，漢置為郡者也。蘇秦時，二國正屬於燕。」遼東，約當今之遼寧東部，其地處遼河之東，因以為名。❹林胡　當時的少數民族名，約活動在今內蒙東勝地區。❺樓煩　當時的少數民族名，約活動在今山西北部和與之臨近的內蒙呼和浩特以南地區。❻雲中　趙郡名，約當今內蒙包頭以東，呼和浩特西南一帶地區。這一帶原屬林胡，後被趙國攻占，今乃說其屬燕，於事實不合。❼九原　地區名，約當今內蒙呼和浩特以西，至烏拉特前旗一帶地區，當時亦不屬燕國。❽嘑沱　水名，源於山西，東經河北石家莊、獻縣，東北至天津南入海。❾易水　源於今河北淶源東，東經徐水、霸縣，至天津入海。❿南有碣石鴈門之饒　碣石，山名，在今河北盧龍東。鴈門，山名，在今山西代縣西北。郭嵩燾曰：「碣石、雁門非饒地，謂極東西二界。」瀧川引姚鼐曰：「碣石在燕東，海中之貨自此入河；雁門在西北，沙漠之貨自此入路，皆達燕南，故有其饒也。」⓫佃作　指耕種土地。⓬覆軍殺將　全軍覆滅，將軍被殺。⓭無過燕者　謂任何其他國家都沒有燕國這樣的幸運。⓮大王知其所以然乎　牛鴻恩曰：「〈六國年表〉繫『蘇秦說燕』於燕文公二十八年（西元前三三四年），此年魏惠王與齊威王一起稱王。是時除楚、齊、魏三國稱王外，他國均未稱王。後來公孫衍又發起『五國相王』，時在燕易王十年（西元前三二三年），則燕文公已死十年矣。而〈蘇秦傳〉說燕、趙，說韓、魏、齊、楚，一例稱『大王』，於事實大乖。」⓯不犯寇被甲兵　不被敵寇侵犯，不被敵人的甲兵所攻擊。⓰蔽　屏蔽；遮擋。⓱秦趙五戰二句　再勝，勝兩次。按：〈張儀列傳〉亦言及此事。牛鴻恩曰：「此絕對為戰國末年之事，前二三九年秦攻趙，成蟜降趙；前二三三年李牧敗秦於肥；次年敗秦於番吾，此即所謂『趙三勝』。」（牛氏說詳見〈蘇秦事跡之真偽考〉，載《司馬遷與史記論集》第三輯）⓲秦趙相斃　相互疲弊。斃，《戰國策》作「弊」。⓳全燕　未經任何戰爭削弱的完好燕國。⓴上谷　燕郡名，約當今河北省西北部和與之鄰近的山西、內蒙部分地區。㉑彌地　意同「綿延」、「橫亙」。鮑彪注：「彌，亙。」㉒今趙之攻燕也　今，如；如果。俞敏先生《經傳釋詞札記》以為「『今』就是北京口語的『現在』」。㉓東垣　後改名真定，趙國北部的城名，在今石家莊市東北。㉔距國都　抵達燕國的國都薊城（今北京市）。距，至；達。㉕重　重視；防範。㉖計無過於此者　過，錯；謬誤。凌稚隆引徐孚遠曰：「欲燕親趙，先以趙之威劫之，則其言易入。」㉗從親　指建立合縱聯盟。從，同「縱」。㉘天下為一　指東方六國共同聯合起來。㉙西迫彊趙　迫，挨近。《正義》曰：「貝（州治清河，在今河北清河西北）、冀（州治即今河北冀縣）、深（州治在今河北深縣西南）、趙（州治即今河北趙縣）四州，七國時屬趙，即燕西界。」㉚南近齊　《正義》曰：「博（州治即今山東聊城）、滄（州治在今河北滄州東南）、德（州治在今山東陵縣）三州，齊地北境，與燕相接，隔黃河。」按：當時的黃河流經今山東德州、河北滄州，至滄州東北之黃驊縣入海。㉛資蘇秦車馬金帛以至趙　資，以財物相助。按：以上蘇秦說燕文公事，見《戰國策・燕策一》，〈燕召公世家〉及〈六國年表〉僅分別云「蘇秦始來見」、「蘇秦說燕」二語，無具體說辭。繆文遠曰：「此《策》依託，昔人論之已多。一、周顯王三十五年，正魏、齊會徐州相王之歲，魏、齊方平分霸權，他國莫能與之抗衡，無諸國合縱擯秦之必要；二、秦與燕壤地不接，中隔三晉，燕無事擯秦，亦不得越三晉而事秦。三、三晉及燕、中山五國相王，在顯四十六年，在《史記》所稱蘇秦說燕後十一年，蘇秦何得稱燕文侯為『大王』？此《策》所言不可信以為實。」齊思和云：「此章稱『燕東有朝鮮、遼東，北有林胡、樓煩，西有雲中、九原』。按：雲中、九原皆為趙地，武靈王攘地，西至雲中、九原，非燕所有也。」楊慎曰：「說燕王，誇言燕地廣兵眾富饒也，次言燕不被兵者以趙蔽其南也。秦不能逾趙而攻燕，而趙則能攻之，意謂無趙以蔽之則燕被秦兵矣。此只是唇亡齒寒之喻，但詞氣激昂，竦動人主之聽耳。」凌稚隆引李廷機曰：「前言趙為之蔽，此燕當德趙也；此言趙攻燕易，此燕當患趙也，說得要領，故文公首肯。」

【語譯】蘇秦離開趙國來到燕國，待了一年多才見到燕文侯。他對燕文侯說：「燕國東有朝鮮和遼東，北有林胡和樓煩，西有雲中和九原，南有滹沱河和易水，國土縱橫兩千多里，兵甲數十萬，戰車六百輛，戰馬六千匹，儲存的糧食足夠數年之用。南面可從碣石山、雁門山獲得豐富的物資；北邊盛產棗栗，人們即使不耕種，單靠棗栗的收入也很富足，這就是所謂天然的府庫啊！安居樂業，沒有戰爭，從沒有三軍覆滅、將士死亡的事情發生，這點沒有哪個國家能比得上燕國。大王您知道這是什麼緣故嗎？燕國之所以不遭受侵犯，不受戰爭摧殘，是因為趙國作了它南方的屏障。秦國和趙國打五次仗，秦國勝兩次而趙國勝三次，秦、趙兩國互相消耗，而您卻可以用完好無損的燕國從後面牽制它，這就是燕國之所以不受敵國侵害的原因。而且秦國如要攻打燕國，要越過雲中、九原，經過代郡、上谷，穿行千里，即使能攻下燕城，也是無法固守的。秦國不能加害燕國，這是明擺著的事情。但如果趙國想進攻燕國，只要一道命令下來，不到十日就可以有幾十萬軍隊進駐到東垣一帶。接著，趙軍再渡過滹沱河和易水，不到四五天，便直抵燕國的都城了。所以說，秦國進攻燕國，是到千里之外去作戰；趙國攻打燕國，是在百里之內作戰。不擔心近在百里之內的禍患，而卻看重千里之外的敵人，沒有比這更錯誤的政策了。因而我希望大王能和趙國聯合，待至天下聯為一體，那麼燕國就肯定沒有禍患了。」

2 燕文侯說：「您的話是對的，但我們燕國是個小國，西邊挨著強大的趙國，南邊又緊靠齊國，它們都是大國。您要是能用合縱的方法使我們得到安全，我願舉國相隨。」於是燕文侯為蘇秦提供車馬和財禮，讓他到趙國去遊說。

1 而奉陽君已死❶，即因說趙肅侯曰：「天下卿相人臣及布衣之士，皆高賢君❷之行義，皆願奉教陳忠❸於前之日久矣。雖然，奉陽君妬而君不任事❹，是以賓客游士莫敢自盡❺於前者。今奉陽君捐館舍❻，君乃今復與士民相親也，臣故敢進其愚慮。竊為君計者，莫若安民無事❼，且無庸有事於民❽也。安民之本在於擇交，擇交而得❾則民安，擇交而不得則民終身不安。請言外患：齊、秦為兩敵❿而民不得安，倚秦攻齊而民不得安，倚齊攻秦而民不得安。故夫謀人之主，伐人之國，常苦出辭斷絕人之交也⓫，願君慎勿出於口。請別白黑所以異，陰陽而已矣⓬。君誠能聽臣，燕必致⓭旃裘狗馬之地⓮，齊必致魚鹽之海，楚必致橘柚之園，韓、魏、中山⓯皆可使致湯沐之奉⓰，而貴戚父兄皆可以受封侯⓱。夫割地包利⓲，五伯⓳之所以覆軍禽將而求⓴也；封侯貴戚㉑，湯、武之所以放弒㉒而爭也。今君高拱而兩有之[23]，此臣之所以為君願也。今大王與秦[24]，則秦必弱韓、魏[25]；與齊[26]，則齊必弱楚、魏[27]。魏弱則割河外[28]，韓弱則效宜陽[29]。宜陽效則上郡絕[30]，河外割則道不通[31]，楚弱則無援。此三策[32]者，不可不孰計[33]也。夫秦下軹道，則南陽危[34]；劫韓包周，則趙氏自操兵[35]；據衛取卷[36]，則齊必入朝秦。秦欲已得乎山東[37]，則必舉兵而嚮趙矣。秦甲渡河踰漳[38]，據番吾[39]，則兵必戰於邯鄲之下矣。此臣之所為君患也。當今之時，山東之建國莫彊於趙[40]。趙地方二千餘里，帶甲數十萬，車千乘，騎萬匹，粟支數年。西有常山[41]，南有河、漳，東有清河[42]，北有燕國。燕固弱國，不足畏也。秦之所害[43]於天下者莫如趙，然而秦不敢舉兵伐趙者，何也？畏韓、魏之議其後[44]也。然則韓、魏，趙之南蔽[45]也。秦之攻韓、魏也，無有名山大川之限[46]，稍[47]蠶食之，傅[48]國都而止。韓、魏不能支秦，必入臣於秦。秦無韓、魏之規[49]，則禍必中於趙矣[50]。此臣之所為君患也。臣聞堯無三夫之分[51]，舜無咫尺之地[52]，以有天下；禹無百人之聚[53]，以王諸侯；湯、武之士不過三千，車不過三百乘，卒不過三萬[54]，立為天子：誠得其道也。是故明主外料其敵之彊弱，內度其士卒賢不肖，不待兩軍相當[55]而勝敗存亡之機[56]固已形於胸中[57]矣，豈揜於眾人之言[58]而以冥冥[59]決事哉！臣竊以天下之地圖案[60]之，諸侯之地五倍於秦，料度[61]諸侯之卒十倍於秦，六國為一，并力西鄉[62]而攻秦，秦必破矣[63]。今西面而事之，見臣於秦[64]。夫破人之與破於人[65]也，臣人[66]之與臣於人[67]也，豈可同日而論哉！夫衡人[68]者，皆欲割諸侯之地以予秦。秦成[69]，則高臺榭，美宮室[70]，聽竽瑟之音，前有樓闕[71]軒轅[72]，後有長姣美人[73]，國被秦患而不與其憂[74]。是故夫衡人日夜務以秦權[75]恐愒[76]諸侯以求割地，故願大王孰計之也。臣聞明主[77]絕疑去讒[78]，屏流言之迹[79]，塞朋黨之門[80]，故尊主廣地彊兵之計，臣得陳忠於前矣[81]。故竊為大王計，莫如一韓、魏、齊、楚、燕、趙以從親[82]，以畔秦[83]。令天下之將相[84]會於洹水[85]之上，通質[86]，刳白馬而盟[87]。要約[88]曰：『秦攻楚，齊、魏各出銳師以佐之[89]，韓絕其糧道[90]，趙涉河、漳[91]，燕守常山之北；秦攻韓、魏[92]，則楚絕其後[93]，齊出銳師而佐之[94]，趙涉河、漳[95]，燕守雲中[96]；秦攻齊，則楚絕其後，韓守城皋[97]，魏塞其道[98]，趙涉河、漳、博關[99]，燕出銳師以佐之；秦攻燕，則趙守常山，楚軍武關，齊涉勃海[100]，韓、魏皆出銳師以佐之；秦攻趙，則韓軍宜陽[101]，楚軍武關[102]，魏軍河外[103]，齊涉清河，燕出銳師以佐之。諸侯有不如約[104]者，以五國之兵共伐之。』六國從親以賓秦[105]，則秦甲必不敢出於函谷以害山東[106]矣。如此，則霸王之業成矣[107]。」

2 趙王曰108：「寡人年少，立國日淺109，未嘗得聞社稷之長計也。今上客有意存天下、安諸侯，寡人敬以國從。」乃飾車110百乘，黃金千溢111，白璧百雙，錦繡千純112，以約諸侯113。

【章　旨】以上為第三段，寫蘇秦說趙國合縱。

【注　釋】❶奉陽君已死　繆文遠曰：「奉陽君（指李兌）至趙惠文王時尚健在，此言其肅侯時已死，非。」凌稚隆曰：「應前『奉陽君不說』。」❷高賢君　高，敬佩。賢君，敬稱趙肅侯。❸奉教陳忠　傾聽您的教導，向您表示忠心。❹奉陽君妒而君不任事　《戰國策》作「奉陽君妒，大王不得任事」，尤為明暢。❺自盡　盡所欲言。❻捐館舍　婉稱貴人之死。❼莫若安民無事　郭嵩燾曰：「春秋、戰國並峙稱雄，尤重邦交，無交則無援矣。蘇秦合縱，聯六國之交，允為當時上計。是時秦併六國之端已前見，故交以圖存；即無強秦之患，抑亦保國安民之要義也。」❽無庸有事於民　無庸，不用；沒必要。有事於民，指發動戰爭、大興徭役等。❾擇交而得　選擇同盟國選得合適。❿齊秦為兩敵　指同時與齊、秦兩國為敵。⓫常苦出辭斷絕人之交也　瀧川曰：「言謀人之君、伐人之國，其事極大，說者常難出之於口，其故何也？以其斷絕人之交也。」⓬請別白黑所以異二句　白黑，瀧川曰：「白黑，猶言利害。」陰陽，鮑彪曰：「言事只有兩端，指謂縱橫。」⓭致　交納；獻出。⓮旃裘狗馬之地　出產氈裘狗馬的地區。因燕國地近游牧部落，故有此稱說。旃，通「氈」。⓯韓魏中山　皆戰國時諸侯國名，韓國的國都即今河南新鄭；魏國的都城大梁，即今河南開封；中山前期的國都即今河北定縣，後期的國都在今河北靈壽西北。⓰湯沐之奉　謂割出一塊地盤為人作「湯沐邑」，以其地之所出供作「湯沐」之費。⓱貴戚父兄皆可以受封侯　謂趙王的親戚、父兄皆可接受各國的賄賂，而成為有土封君。⓲割地包利　割他國之地盤，包有其實利。⓳五伯　即五霸，指齊桓公、晉文公、楚莊王、吳王闔廬、越王句踐。⓴覆軍禽將而求　意即為了得到這些而不惜損兵折將。㉑封侯貴戚　通過封侯使自己的親戚得以尊貴。㉒放弒　指湯滅夏，流放桀於鳴條；武王滅商，追得殷紂自焚而死。㉓高拱而兩有之　意即不費吹灰之力而安然享有。高拱，拱手高坐，極言其清閒。㉔與秦　和秦國聯合。與，交好。㉕秦必弱韓魏　韓、魏無趙之援，秦必肆無忌憚以攻之。㉖與齊　謂趙與齊國聯合。㉗齊必弱楚魏　意謂齊得趙援，必將盡力侵削楚魏兩國。《正義》曰：「楚東淮泗之上與齊接境。」張文虎曰：「《正義》不釋魏境，下文亦只云楚弱，疑此『魏』字涉上文『弱韓魏』而衍。」牛鴻恩曰：「秦與韓、魏鄰接，齊與楚、魏鄰接，《正義》亦未釋韓境，蓋不言而喻矣。張說似可不必。」㉘割河外　將河外地區割給秦國。河外，《正義》曰：「同、華等州地也。」繆文遠曰：「今陝西大荔至澄城以北地。」當時屬魏。㉙效宜陽　將宜陽交給秦國。效，交出。宜陽，韓國的西部重鎮，在今河南宜陽西。㉚上郡絕　指韓國都城新鄭與其上黨地區的聯絡斷絕。瀧川曰：「上郡，今陝西膚施縣等地，與宜陽相去遠，疑當作『上黨』。上黨，今山西長治縣等地，與宜陽隔河連近。」㉛道不通　指魏國都城大梁與其上郡一帶的交通被隔斷。㉜三策　指聯齊反秦、聯秦反齊，和同時與齊、秦為敵。㉝孰計　仔細考慮。孰，同「熟」。㉞秦下軹道二句　軹道，即當時咸陽東南（今西安市東北）之「軹道亭」，〈高祖本紀〉中子嬰迎降劉邦處也。南陽，地區名，指今河南溫縣、邢丘、武陟一帶，當時分屬韓、魏，因其地處太行山之南、黃河之北，故稱「南陽」。二句意謂秦兵由軹道經函谷關東出，則韓、魏之南陽地區告急。㉟劫韓包周二句　《正義》曰：「周都洛陽，秦若劫取韓南陽，是包裹周都也，趙邯鄲危，故須起兵自守。」繆文遠引張琦曰：「宜陽、新城在周西，滎陽、成皋在周東，故『劫韓』則『包周』。趙都邯鄲，去韓殊遠，『趙』疑當作『魏』。」蓋謂秦「劫韓包周」則魏都大梁即處於被攻之下。㊱據衛取卷　占據衛都，奪取卷縣。當時的衛國都城在今河南濮陽西南；卷縣在今河南原陽西南，當時屬魏。按：《戰國策》作「據衛取淇」，淇水在衛國舊都朝歌（今河南淇縣）附近，離濮陽近，也離齊國近，故可震動齊國，使之「朝秦」，較之「據衛取卷」似更合理。㊲秦欲已得乎山東　按：「得」下似應有「行」字，《戰國策》作「秦欲已得行於山東」，較此明暢。㊳渡河踰漳　渡過黃河，越過漳水。漳水流經今河北磁縣南，東北流，匯入黃河。㊴番吾　即今河北磁縣，在趙都邯鄲南。㊵山東之建國莫彊於趙　錢穆曰：「趙自成侯時，魏圍邯鄲，國幾亡。及肅侯，幸自保，未嘗敢一出兵與齊、梁爭中原之霸業。而蘇秦乃謂『當今之時，山東之建國莫強於趙』，豈不大謬？趙之強乃在武靈王後。」㊶西有常山　本稱恆山，漢人因避文帝諱而改稱常山，在今河北曲陽西北。繆文遠引張琦曰：「此據趙國都言，若四封，則此時西至河也。」按：當時趙國的西北邊界可直達今內蒙古河套一帶。㊷清河　源於今河南林縣北，東流經安陽北入河北，經大名西，東北流，至今河北泊鎮一帶匯入黃河。㊸害　怕；視以為病。金正煒引《淮南子．修務篇》注：「害，患也。」㊹議其後　在背後打它的主意。繆文遠引《廣雅．釋詁》：「議，謀也。」㊺南蔽　南部的屏障。㊻限　阻隔。㊼稍　逐漸。㊽傳　貼近；一直達到。㊾規　算計，即上文之所謂「議」。㊿禍必中於趙矣　中，對準。鮑彪曰：「猶射中的。」楊慎曰：「此亦唇亡齒寒之意，亦所以申言『交不得』之害也。」(51)三夫之分　何建章引《左傳》襄公二十五年注：「百畝為夫。」井田制一夫受田百畝，「三夫」則三百畝也。亦有曰，「三夫」即三個部伍或三個家奴。52 咫尺之地　咫，八寸，這裡是極言其少。53 百人之聚　聚，村落。《說文》：「邑落曰聚。」段注：「邑落，謂邑中村落。」54 湯武之士不過三千三句　數句中似有訛誤。王念孫曰：「『士』即『卒』也，既云『士不過三千』，不當又云『卒三萬』。蓋《史記》本作『湯武之士不過百里，車不過三百乘，卒不過三千』，與〈趙策〉小異。」按：《戰國策》只云「卒不過三千人，車不過三百乘」。55 相當　相遇；相對陣。56 機　關鍵。57 形於胸中　意即了然於胸。形，呈現。58 揜於眾人之言　被眾人的七嘴八舌所蒙蔽。揜，同「掩」。蒙蔽；哄騙。59 冥冥　糊裡糊塗。60 案　考察。61 料度　估計。62 西鄉　向西。鄉，同「向」。63 秦必破矣　按：《戰國策》作「秦破必矣」，較此尤為有力。64 見臣於秦　被秦國所臣服。65 破於人　被他人所破。66 臣人　收他人以為己之臣。67 臣於人　被他人所臣服。68 衡人　以連橫事秦為說辭的人。69 秦成　與秦國的聯盟一旦建立。70 則高臺榭二句　「高」、「美」皆用如動詞。榭，上面建有室屋的高臺。此謂主張連衡的人一旦其說被東方的君主採用，則其自己立獲無限的富貴尊榮。71 樓闕　指華麗的居室。72 軒轅　瀧川曰：「猶言輿車也。」即高貴的車駕。顧炎武曰：「當作『軒懸』。《周禮》『王宮懸，諸侯軒懸。』」按：金正煒、何建章亦主顧氏說，謂指「曲懸」之樂，然瀧川以「車馬」與「宮室」對舉，亦簡便現成。73 長姣美人　個子又高、面目又好的女子。74 不與其憂　意即不與國家分憂。與，參與。75 秦權　秦國的國力兵威。76 恐愒　恐嚇。愒，《戰國策》作「猲」，鮑彪改之為「喝」。77 明主　敬稱趙肅侯。78 絕疑去讒　排斥一切疑似之言、讒謗之言。79 屏流言之迹　屏，同「摒」。斥除。流言，繆文遠引郭希汾曰：「浮浪不根之言。」80 塞朋黨之門　意即杜絕朋黨左右朝政之路。朋黨，謂拉幫結派共為奸邪者。81 尊主廣地彊兵之計二句　意謂我才能夠進前向您忠心耿耿地陳述「尊主廣地強兵」計了。82 韓魏齊楚燕趙以從親　用合縱的策略把韓、魏、齊、楚、燕、趙諸國聯合起來。83 以畔秦　各國一齊脫離秦國，共同對付秦國。84 天下之將相　即指前述六國之將相。85 洹水　即上文所說的「清河」的上游，發源於今河南林縣北的臨慮山，經安陽市北東流，以下遂稱「清河」。86 通質　謂盟國之間互派人質。《索隱》曰：「通其交質之情。」《正義佚文》：「令六國將相會於洹水之上通洩疑質之嫌，約盟定縱。」皆含渾不清，故仍以互派人質為說。87 刳白馬而盟　刑白馬取其血，令與會者歃血結盟。88 要約　相互約定。89 齊魏各出銳師以佐之　謂佐楚抗秦。90 韓絕其糧道　謂絕秦之糧道。繆文遠引張琦曰：「是時秦未有巴蜀、漢中，伐楚必出武關，韓自宜陽道盧氏而西，可絕其糧道。」牛鴻恩曰：「此即史實為說，而蘇秦說秦惠王開口即謂秦『西有巴蜀、漢中』矣。」91 趙涉河漳　《索隱》曰：「謂趙亦涉河、漳而西，欲與韓作援，以阻秦軍。」92 秦攻韓魏　《正義》曰：「謂道蒲津（今山西永濟西）之東攻之。」按：謂秦出函谷關與武關以攻韓、魏。93 楚絕其後　《索隱》曰：「謂出兵武關，以絕秦兵之後。」94 齊出銳師而佐之　謂佐韓、魏正面抗秦。(95)趙涉河漳　渡河南下以援韓、魏。(96)燕守雲中　防秦攻擊諸國之右翼也。(97)城皋　應作「成皋」，即今河南滎陽西北之汜水鎮，當時屬韓。(98)魏塞其道　《索隱》曰：「即河內之道。」(99)博關　在今山東茌平西，聊城東北，當時屬齊。(100)齊涉勃海　謂從海上出兵援助燕國。《正義》有所謂「齊從滄州渡河至瀛州」，恐與文意不合。(101)韓軍宜陽　威脅攻趙秦軍之右翼。軍，駐紮。(102)楚軍武關　威脅秦國之本土南部。武關，在今陝西丹鳳縣東南，當時屬秦。(103)魏軍河外　以威脅秦軍之右翼。河外，《正義》曰：「謂同、華州。」即今陝西之華陰、大荔一帶，當時屬秦。(104)不如約　不按條約辦事。(105)賓秦　排擊秦國。賓，同「擯」。排擊。(106)害山東　危害東方諸國。山東，崤山（在今河南靈寶縣東南）以東，古代常用以指稱今函谷關以東的廣大地區。(107)霸王之業成矣　意謂如果東方諸國的合縱一旦形成，則趙肅侯定將成為東方諸國的領袖，能率東方諸國以抑強秦，此三王、五霸一樣的功業也。(108)趙王曰　文章起首稱蘇秦「因說趙肅侯」，而結尾處又稱「趙王曰」，史文前後抵牾。(109)寡人年少二句　立國，《戰國策》作「莅國」，即主持國事。牛鴻恩曰：「依此傳，蘇秦說趙在趙肅侯十六年，「年少」、「日淺」之語，均不適用於肅侯。此亦擬作者隨意敷衍之語。」(110)飾車　繆文遠曰：「有文飾之車。」按：疑「飾」通「飭」。整理；備辦。(111)溢　同「鎰」。一鎰為二十四兩，或曰二十兩。(112)錦繡千純　《集解》曰：「純，匹、端名。」古時稱帛的長度單位曰「匹」，稱布的長度單位曰「端」，但也常常互相混用。一純即等於一匹或一端。(113)以約諸侯　按：以上蘇秦以合從說趙肅侯事，見《戰國策・趙策二》，而〈趙世家〉與〈六國年表〉皆不載，《通鑑》隨〈蘇秦列傳〉繫之於周顯王三十六年（即秦惠王五年，趙肅侯十七年，西元前三三三年）。錢穆曰：「蘇秦合從，始起議在燕，主盟者為趙。秦之與趙，當其時壤地不相接，與燕則東海西海，風馬牛不相及也。燕固無事乎擯秦，亦未得越趙、韓、魏三晉而事秦……至趙肅侯二十二年，魏盡納上郡於秦……而秦趙壤地始相接，兵爭始啟也。」繆文遠曰：「此策首尾橫絕，偽證顯著，故諸家均有懷疑之言。此策乃全不曉戰國史事者所為也。趙於武靈王時始稱王，此策乃稱肅侯為『大王』，不合者一；趙自成侯時魏圍邯鄲之後，國勢衰微，肅侯時未嘗一出兵與齊、梁爭雄中原，而此章乃言『當今之時山東之建國莫強於趙』，豈非甚誤？不合者二；據〈六國年表〉，上年乃魏、齊會徐州相王之歲，則此時決無尊趙為六國從長之理。五國相王後，武靈於其國內尚不敢稱王，令國人謂己曰『君』，是自知其力不足與齊、梁相抗衡也，今此章乃言肅侯為山東諸侯之長，不合者三。其餘小處不合者尤多。」楊慎曰：「此篇言合縱與否之利害，為說六王說辭之要領，議論明白透徹可喜。」

【語　譯】這時，奉陽君已死，因而蘇秦能見到趙肅侯。蘇秦說：「當今天下有地位的卿相和無地位的遊士都仰慕您的德行，早就想來聆聽您的教導和向您表示忠心。只是由於奉陽君妒賢忌能而您又不能直接管事，所以這些賓客遊士才沒能在您面前暢所欲言。如今奉陽君死了，您可以和人們親近了，我這才敢於對您說說我的一些想法。我私下為您考慮，最好是使人民的生活得以安定，不要用戰爭傜役之類去破壞他們的安寧。安民的根本之策在於選擇邦交。選擇得當，民生安定；選擇不當，則終身受擾。請容我說說趙國的外患：如果把齊國、秦國當作敵人，則人民生活就無法安定；如果倚仗秦國去進攻齊國，人民生活無法安定；如果倚仗齊國去進攻秦國，人民生活也無法安定。圖謀別國的君主，進攻別的國家，那種斷人斷絕關係的話是很難說出口的，希望您也不要輕易去說。國事的利與害，就在於合縱與連橫兩條；政策取向不同，利害迥然有異。您如能採用我的建議，燕國肯定會獻上它那盛產毛皮狗馬的土地，齊國也會獻上盛產漁鹽的海域，楚國會獻上盛產橘柚的園林，韓、魏、中山也都會獻上部分土地供趙國權貴們作為收取賦稅的私邑。您尊貴的親戚、父兄們也都可以得到封侯之賞。割取別人的土地從而獲得利益，這是五霸寧願損兵折將也要追求的；使自己的貴戚得以封侯，這是成湯與周武王不惜用放逐與弒君的手段去實現的。如今您不費吹灰之力，坐享其成地得到這兩種好處，這就是我要向您道賀的原因。如果您與秦國聯合，秦國一定會削弱韓國和魏國；如果您與齊國結盟，齊國一定會去削弱楚國和魏國。魏國被削弱就會割讓河外，韓國被削弱就會獻出宜陽；獻出宜陽就會使上郡處於絕境，割讓河外也會使通往上郡的道路受阻。楚國削弱將使趙國失去外援。這三種做法的後果，您不能不詳加考慮。秦軍如果攻下軹道，那韓國的南陽便危險了；秦國如劫持韓國，包圍周都洛陽，趙國就得發兵自衛。如果秦軍據有衛地，奪取卷城，那麼齊國一定會去朝拜秦國。秦國的欲望在山東地區得到滿足後，就必然會舉兵指向趙國。秦軍渡黃河、越漳水，占據番吾，就將直搗邯鄲，這是我所替您擔心的啊。當前，山東地區的國家沒有比趙國更強的。趙國的領土縱橫二千多里，軍隊幾十萬，戰車千輛，戰馬萬匹，糧食可以供應好幾年。西有常山，南有黃河、漳河，東有清河，北有燕國。燕國是個弱國，不用害怕。在諸侯國中秦國最怕的就是趙國。但是秦國不敢舉兵攻趙國，為什麼呢？就是怕韓、魏從背後打它的主意。因此，韓、魏可說是趙國南邊的屏障。秦國如進攻韓、魏，那裡沒有高山大河的阻隔，可以逐漸蠶食它們的土地，直到迫近它們的國都。韓、魏不能抵擋秦國，必然向秦國屈服稱臣。秦國沒有韓、魏的制約，戰禍就會落到趙國頭上，這是我最替您擔憂的事情啊。我聽說堯沒有幾個部屬，舜沒有一點土地，但都擁有了天下；大禹不到一百個部眾，卻統治了天下諸侯；商湯、周武王的士兵不過三千，戰車不過三百輛，軍隊不過三萬人，卻能立為天子，這是由於他們懂得治理天下的方法。因此，賢明的君主對外能估計敵人的強弱，對內能衡量自己士兵素質的優劣，不必等到兩軍交鋒，勝負存亡就早已瞭然在胸了，怎麼會被別人七嘴八舌的言論所左右而糊裡糊塗地決定大事呢！我私下查看地圖加以衡量，山東各國的疆土合起來比秦國大五倍，兵力是秦國的十倍。六國聯成一氣，合力向西攻打秦國，秦國非被攻破不可。現在各國反而向西投靠秦國，做秦的臣屬。打敗別人和被別人打敗，使別國臣服和向別國稱臣，這兩者難道可以同日而語嗎？那些主張連橫的人，都想把諸侯的土地割給秦國，他們的主張一旦獲得成功，他們就獲得尊榮富貴，樓臺築得高高的，宮室修得美美的，欣賞著音樂；前有樓閣宮闕，後有姣姣美女。諸侯遭到秦國的侵擾，他們也不用擔憂。所以這些人，時刻都想著怎樣用秦國的威勢來恫嚇諸侯，以求達到割地的目的。為此，我希望大王一定要認真思考。賢明的君主一定要善於決斷疑難，擯棄讒言，堵塞流言蜚語的渠道，杜絕拉幫結派左右朝政的行為。這樣，我才能抱著效忠之心，在您面前陳述如何使國君更尊貴、國土更廣大、兵力更強盛的計畫。我私下為您考慮，最好是使韓、魏、齊、楚、燕、趙等國合縱親善，一起反抗秦國。使各國的將相在洹水上結盟，互相交換人質，宰殺白馬，舉行盟誓。相互約定：『假如秦國攻打楚國，齊國、魏國就派出精銳部隊幫助楚國，韓國斷絕秦國運糧的道路，趙軍渡過黃河、漳水，燕國則守衛常山以北一帶；假如秦國進攻韓國、魏國，那麼楚國就斷絕它的後退之路，齊國派出精銳部隊去幫助韓、魏，趙國派兵渡黃河、漳水以相威脅，燕軍固守雲中以防備；如果秦國進攻齊國，那麼，楚國同樣截斷它的後路，韓國守住成皋，魏國堵住秦軍通道，趙軍越過漳河、博關進行支援，燕國也派精兵助戰；如果秦進攻燕國，那趙國就守住常山，楚國駐軍武關，齊國渡過渤海，韓、魏都出精兵助戰；如果秦國攻打趙國，那麼韓國就駐軍宜陽，楚國駐軍武關，魏國屯軍河外，齊國渡過清河，燕國也派精兵支援。諸侯中有不遵守盟約的，其餘五國便聯軍對之進行討伐。』六國要真能合縱相親，共同抗秦，那麼秦軍一定不敢出函谷關來危害崤山以東的國家了。這樣，您的霸王之業也就成功了。」

2 趙肅侯回答道：「我年紀輕，治理國家的時間很短，從未有人告訴我治國的長遠之計。如今您有意為各國謀生存，使諸侯得以安定，我誠懇地把國家託付給您。」於是調撥了一百輛裝飾華美的車子，帶上黃金一千鎰，白璧百雙，錦繡千匹，讓蘇秦以此去邀請東方各國諸侯參與結盟。

1 是時，周天子❶致文、武之胙於秦惠王❷。惠王使犀首攻魏❸，禽將龍賈，取魏之雕陰❹，且欲東兵❺。蘇秦恐秦兵之至趙也，乃激怒張儀，入之于秦❻。

2 於是說韓宣王❼曰：「韓北有鞏、成皋之固❽，西有宜陽、商阪之塞❾，東有宛、穰、洧水❿，南有陘山⓫，地方九百餘里，帶甲數十萬，天下之彊弓勁弩皆從韓出。谿子、少府時力、距來⓬者，皆射六百步之外。韓卒超足而射⓭，百發不暇止，遠者括蔽洞胸，近者鏑弇心⓮。韓卒之劍戟皆出於冥山⓯、棠谿⓰、墨陽⓱、合賻⓲、鄧師⓳、宛馮⓴、龍淵、太阿㉑，皆陸斷牛馬，水截㉒鵠鴈，當敵則斬；堅甲鐵幕㉓，革抉㕹芮，無不畢具㉔。以韓卒之勇，被㉕堅甲，蹠勁弩㉖，帶利劍，一人當百，不足言也。夫以韓之勁與大王之賢，乃西面事秦，交臂㉗而服，羞社稷㉘而為天下笑，無大於此者矣。是故願大王孰計之。大王事秦，秦必求宜陽、成皋。今茲效之，明年又復求割地。與則無地以給之，不與則弃前功而受後禍。

且大王之地有盡而秦之求無已，以有盡之地而逆無已之求[29]，此所謂市怨結禍[30]者也，不戰而地已削矣[31]。臣聞鄙諺曰：『寧為雞口，無為牛後[32]。』今西面交臂而臣事秦，何異於牛後乎？夫以大王之賢，挾彊韓之兵，而有『牛後』之名，臣竊為大王羞之。」

3 於是韓王勃然作色，攘臂[33]瞋目，按劍仰天太息[34]曰：「寡人雖不肖，必不能事秦。今主君詔以趙王之教[35]，敬奉社稷以從[36]。」

【章　旨】以上為第四段，寫蘇秦說韓王合縱。

【注　釋】❶周天子　趙肅侯時代的周天子為周顯王，西元前三六八—前三二一年在位。❷致文武之胙於秦惠王　文武之胙，周天子祭祀文王、武王用過的供肉。周天子將此祭肉分賜給某諸侯，是表示對他的敬意，承認他是諸侯中的霸主。按：據〈秦本紀〉與〈六國年表〉，周天子致文武胙於秦在惠文王四年（西元前三三四年）。❸犀首攻魏　事在惠文王五年（西元前三三三年）。犀首，即公孫衍，原魏人，是時仕秦為大良造。❹雕陰　魏縣名，在今陝西富縣北、甘泉南。牛鴻恩曰：「秦取魏之雕陰，各處記載不一，〈六國表〉繫於秦惠王五年（西元前三三三年），〈秦本紀〉繫於惠王七年（西元前三三一年），〈魏世家〉繫於魏襄王五年（實為魏惠王後元五年，西元前三三〇年）」。❺東兵　向東方進兵。❻乃激怒張儀二句　故事詳見〈張儀列傳〉，今歷史家已考定其不足信，且謂張儀與蘇秦根本無任何關係。❼韓宣王　昭侯之子，西元前三三二—前三一二年在位。按：《戰國策》作「說韓王」，此則坐實為「韓宣王」。❽北有鞏成皋之固　鞏，周縣名，在今河南鞏縣西南，與韓之成皋鄰近。《索隱》謂鞏縣「本屬東周，後為韓邑」者，誤也。繆文遠引張琦曰：「地屬周，言可恃以為固耳。」❾西有宜陽商阪之塞　商阪，《正義》曰：「即商山。」按：即後世所稱之「商洛山」，在今陝西省商州、丹鳳一帶。按：商阪屬秦，不屬韓，只是與韓之宜陽一帶鄰近而已。❿東有宛穰洧水　繆文遠引張琦曰：「宛、穰在南，云『東』未詳。」宛，即今河南南陽。

穰，即今河南鄧縣。淯水，源於今河南登封東北之浮戲山，東南流經密縣、新鄭、鄢陵，東南匯入潁水。⓫陘山　在今河南漯河東。⓬谿子少府時力距來　都是當時有名的弓弩名，《集解》曰：「韓有谿子弩，又有少府所造二種之弩。案：『時力』者，謂作之得時，力倍於常，故名『時力』也。『距來』者，謂弩勢勁利，足以距來敵也。」王念孫曰：「『距來』當為『距黍』。《廣雅》：『時力、距黍，弓也。』」諸祖耿引《荀子・性惡》、潘岳〈閑居賦〉，以及《文選》李善注皆作「距黍」，司馬貞「足以距來敵」云云乃望文生義。繆文遠曰：「谿子，弓名，南方名叫為『溪子』的少數民族所造的良弓。」少府，官名，其職務是為帝王理財，其下屬機構有專為帝王製造器物者。⓭超足而射　《索隱》曰：「謂超騰用勢，起足蹋之而射也。」《正義》曰：「超足，齊足也。夫欲放弩，皆坐，舉足踏弩，兩手引揍機，然始發之。」⓮括蔽洞胸二句　瀧川曰：「括，當作『銛』，鏃之似鈹者。『蔽洞』不與下『弇』字對，疑衍一字。鏑，亦矢鋒也。」按：瀧川說近是。「括蔽洞胸」應作「銛洞胸」，與下「鏑弇心」對文。銛、鏑，皆指箭鏃。弇，同「掩」。鮑彪注：「掩心，箭中心上。」《戰國策》於此作「遠者達胸，近者掩心」，較此明暢。⓯冥山　也稱「冥塞」、「冥厄」，在今河南信陽南，當時為韓、楚分界。⓰棠谿　古邑名，在今河南西平西。⓱墨陽　古邑名，在今河南淅川北。⓲合賻　也作「合伯」，在今河南舞陽南。⓳鄧師　鄧縣的鑄劍工匠，這裡即指鄧縣。⓴宛馮　《索隱》曰：「滎陽有馮池，謂宛人於馮池鑄劍，故號宛馮。」按：這裡即指滎陽馮池。㉑龍淵太阿　詳此處文意，亦應皆為地名。《索隱》引《太康地記》云：「汝南西平有龍泉水，可以淬刀劍，特堅利，故有龍泉之劍。」惟「太阿」不知其指何處之山阿。上述諸地皆以出產兵器聞名，後世遂以其產地為所產兵器之名，故《太康地記》有所謂：「天下之寶劍韓為眾，一曰棠谿，二曰墨陽，三曰合伯，四曰鄧師，五曰宛馮，六曰龍泉，七曰太阿。」云云，蓋全抄《戰國策》與《史記》此文。㉒截　斬。㉓鐵幕　《集解》引劉氏曰：「以鐵為臂脛之衣。」《正義佚文》：「幕者，為鐵臂衣之屬。」徐孚遠曰：「鐵幕，障面也。」何建章引桂馥《札樸》曰：「幕，謂以鎧覆于衣外也。」㉔革抉㕹芮二句　革，也稱「拾」，也稱「韝」，弓箭手左臂上的皮套袖。抉，也作「決」，以象骨為之，弓箭手套於右手中指，藉以拉弦。《索隱》曰：「㕹，楯也；芮，繫楯之綬也。」按：此處的斷句，也有人斷作「陸斷牛馬，水截鵠雁，當敵則斬，堅甲、鐵幕、革抉、㕹芮無不畢具」，意思亦通。㉕被　同「披」。㉖蹠勁弩　蹠，腳掌，這裡用為動詞，踏。鮑彪曰：「舉跖踏弩。」㉗交臂　瀧川曰：「與『交手』同，謂拱手也。」㉘羞社稷　為自己的國家社稷帶來羞恥。社稷，帝王祭祀的土、穀之神，通常即用以代指國家政權。㉙逆　迎，這裡是「對待」、「應付」的意思。《藝文類聚》二十五引此文作「應」。㉚市　買，這裡的意思即「招取」。㉛不戰而地已削矣　凌稚隆引余有丁曰：「論衡害可謂徹盡，蘇明允〈六國論〉全出於此。」按：《戰國策・魏策三》孫臣謂安釐王有所謂「以地事秦猶抱薪而救火也，薪不盡則火不止。今王之地有盡，而秦之求無窮，是薪火之說也。」《史記・魏世家》蘇代謂安釐王亦有所謂「以地事秦譬猶抱薪救火，薪不盡，火不滅」。蘇洵〈六國論〉曰：「今日割五城，明日割十城，然後得一夕之安寢；起視四境，而秦兵又至矣。然則諸侯之地有限，暴秦之欲無厭，奉之彌繁，侵之愈急，故不戰而強弱勝負已判矣。」㉜寧為雞口二句　《正義》曰：「雞口雖小，猶進食；牛後雖大，乃出糞也。」按：此一說也。《索隱》引《戰國策》作「寧為雞尸，不為牛從。」延篤注云：「尸，雞中主也；從，謂牛子也。言寧為雞中之主，不為牛之從後也。」王念孫引《顏氏家訓・書證》、《文選・為曹公與孫權書》以證實《索隱》說。諸祖耿引朱起鳳曰：「史遷作『雞口』『牛後』，『口』『後』協韻。此古人成語，蘇氏引之。變『口』為『尸』，變『後』為『從』，於義不順，於韻亦不協。此文人好奇之過，仍當作『口』『後』為是。」㉝攘臂　捋起袖子。㉞太息　長歎氣。㉟今主君詔以趙王之教　主君，《索隱》曰：「禮，卿大夫稱主，今嘉蘇子合從諸侯，褒而美之，故稱曰『主』。」諸祖耿引金正煒曰：「《墨子・貴義》篇：『且主君亦嘗聞湯之說乎？』主君，墨子之稱楚臣賀穆也。時趙封蘇秦以武安君，故得稱『主君』。」牛鴻恩曰：「下文魏王亦稱蘇秦為『主君』，《戰國策・齊策一》齊王亦稱蘇秦為『主君』，這些都是史實的影子，即前二八七年蘇秦、李兌合縱五國攻秦，是蘇秦出面為李兌約縱。此段說辭雖為偽託，而仍保有史實烙印，非憑空擬撰也。」詔，告。陳直曰：「秦以前，尊之於卑皆可稱『詔』，秦漢以後始為『制詔』之專稱。」㊱敬奉社稷以從　按：以上蘇秦以合從說韓宣王事，見《戰國策・韓策一》，〈韓世家〉與〈六國年表〉均不載，《通鑑》隨〈蘇秦列傳〉繫之於周顯王三十六年（西元前三三三年），時韓宣王剛即位，尚未改元。繆文遠曰：「齊思和云：『韓雖小國，然是時當昭侯、申子之後，國勢正強，《史記》所謂國治兵強，無侵韓者，正此時也，恐無對秦稱東藩、築帝宮之事。』秦之稱王在顯四十五年，尚在此九年之後，而此乃言『築帝宮』，其為依託無疑。」牛鴻恩曰：「司馬遷用《國策》文而刪去了『稱東藩，築帝宮』四句，可證他亦認為此說不可信。說魏王辭仍有此四句。」楊慎曰：「六國惟韓逼近秦患，說之難為力也。」陳子龍曰：「韓、魏逼秦，地形相錯，非可以險阻自固，須堅意力戰，乃可自立，故季子皆以精兵利器為言，所以鼓其氣也。」

【語　譯】這時候，周天子把祭祀文王、武王的祭肉賜給了秦惠王。秦惠王派犀首進攻魏國，生擒魏將龍賈，攻占了雕陰，並打算繼續向東方用兵。蘇秦擔心秦國軍隊打到趙國破壞合縱，便用計激怒張儀，讓他投奔秦國。

2 於是蘇秦又遊說韓宣王說：「韓國北面有鞏縣、成皋這樣堅固的城池，西面有宜陽、商阪等要塞，東面有宛、穰二縣和洧水，南面有陘山，土地縱橫九百多里，軍隊幾十萬，天下的強弓勁弩都是韓國製造的。像谿子弩，還有少府所造的時力、距黍兩種勁弩，都能射到六百步以外。韓國的士兵舉足踏弩而射，可以不停地射百多次，對遠處敵人可以射穿他的胸膛，近的可以射透他的心窩。韓國的劍戟都出產於冥山、棠谿、墨陽、合賻、鄧師、宛馮、龍淵、太阿等地。用這些劍戟，在陸地可以砍殺牛馬，在水裡可以斬殺天鵝大雁，對戰時則能斬殺敵人；堅固的鎧甲、鐵衣，與皮製的臂衣和盾牌，種種精良的兵器，韓國無不具備。憑著韓國士兵的勇敢，再讓他們披上堅甲，踏著勁弩，佩著利劍，以一個人抵擋一百個是不在話下的。以韓國兵力的強勁和大王的賢明，卻向西投靠秦國，拱手稱臣，使國家蒙受恥辱而被天下所恥笑，沒有比這更丟人的了。所以，我希望大王能認真思考。大王如果向秦國屈服，秦國一定會向您索取宜陽和成皋。今年您把土地獻給它，明年它便會再來向您要地。給它吧，沒有那麼多土地可給；不給吧，就會前功盡棄立刻大難臨頭。大王的土地是有限的，而秦國的要求卻沒有止境。以有限的土地去應付那無止境的要求，這正是通常所說的買下仇恨，種下禍根，不用打仗而土地已落入別人之手了。我聽說有這樣的俗話：『寧作雞口，不作牛後。』如果您拱手屈服於秦，這和作牛後有什麼區別呢！以大王的賢明，又擁有如此強大的軍隊，結果卻落得一個『牛後』的名聲，我實在替大王感到羞愧。」

3 韓王一下子變了臉色，他揮動手臂，怒睜雙眼，按住劍柄，抬頭望天，長歎一口氣說：「我儘管沒有出息，也絕不會向秦國屈服，現在蒙您把趙王的高見轉告我，我願意舉國相隨。」

1 又說魏襄王❶曰：「大王之地，南有鴻溝❷、陳❸、汝南❹、許❺、郾❻、昆陽❼、召陵❽、舞陽❾、新都❿、新郪⓫，東有淮、潁⓬、煮棗⓭、無胥⓮，西有長城之界⓯，北有河外、卷、衍、酸棗⑯，地方千里。地名雖小⑰，然而田舍廬廡之數⑱，曾無所芻牧⑲。人民之眾，車馬之多，日夜行不絕，輷輷殷殷⑳，若有三軍之眾。臣竊量大王之國不下楚㉑。然衡人怵㉒王交彊虎狼之秦以侵天下㉓，卒有秦患㉔，不顧其禍㉕。夫挾㉖彊秦之勢以內劫㉗其主，罪無過此者。魏，天下之彊國也；王，天下之賢王也。今乃有意西面而事秦，稱東藩㉘，築帝宮㉙，受冠帶㉚，祠春秋㉛，臣竊為大王恥之㉜。臣聞越王句踐戰敝卒三千人㉝，禽夫差於干遂㉞；武王卒三千人，革車㉟三百乘，制紂於牧野㊱。豈其士卒眾哉？誠能奮其威也。今竊聞大王之卒，武士二十萬，蒼頭㊲二十萬，奮擊二十萬，廝徒㊳十萬，車六百乘，騎五千匹，此其過越王句踐、武王遠矣。今乃聽於羣臣之說，而欲臣事秦。夫事秦必割地以效實㊴，故兵未用而國已虧矣。凡羣臣之言事秦者，皆姦人，非忠臣也。夫為人臣，割其主之地以求外交，偷㊵取一時之功而不顧其後，破公家㊶而成私門，外挾彊秦之勢以內劫其主，以求割地，願大王孰察之。周書曰：『緜緜不絕，蔓蔓柰何？豪氂不伐，將用斧柯㊷。』前慮不定㊸，後有大患，將柰之何？大王誠能聽臣，六國從親，專心并力壹意，則必無彊秦之患。故敝邑趙王使臣效㊹愚計，奉明約㊺，在大王之詔之㊻。」

2

魏王曰：「寡人不肖，未嘗得聞明教。今主君以趙王之詔詔之㊼，敬以國從㊽。」

【章旨】以上為第五段，寫蘇秦說魏王合縱。

【注釋】❶魏襄王 惠王之子，名嗣，西元前三一八—前二九六年在位。按：〈魏世家〉與〈六國年表〉對魏國諸侯的繫年多有錯誤。其所謂「魏襄王元年」實則應為「魏惠王後元元年」。蘇秦說魏王之年若在西元前三三三年，乃魏惠王後元二年，非魏襄王。牛鴻恩曰：「《戰國策》只曰『說魏王』，史公乃落實為『說魏襄王』。」❷鴻溝 也稱狼湯渠，魏惠王十年開鑿的運河名，西自今河南滎陽北之黃河引出，東流至今河南開封東北，南折流經淮陽，至沉丘入潁水。❸陳 即今河南淮陽。繆文遠引張琦曰：「魏地不至陳，蓋誇言之。」按：當時陳縣屬楚。❹汝南 即指上蔡。上蔡是漢代汝南郡的郡治（今河南上蔡西南）。❺許 在今河南許昌東。❻郾 今河南偃城西南。❼昆陽 即今河南葉縣。❽召陵 今河南漯河東北。❾舞陽 在今河南舞陽西北。❿新都 在今河南新野東。梁玉繩曰：「〈魏策〉無此二字，是也。」按：新都當時屬楚，不屬魏。⓫新郪 在今安徽太和西北。按：當時新郪亦屬楚，不屬魏。⓬淮潁 淮，淮河，源於河南桐柏山，東行經淮濱入安徽，再東行經鳳臺、蚌埠至江蘇入海。潁，潁水，源於河南登封西南，東南行經禹縣、臨潁、商水、沉丘入安徽，再東南行經阜陽，至壽縣西匯入淮河。⓭煑棗 縣名，在今山東東明南。⓮無胥 其地說法不一，有說即宿胥口，在今河南滑縣西南；有說指扶蘇城，在今河南商水東南。⓯西有長城之界 繆文遠引張琦曰：「故卷（今河南原陽西）有長城，韓、魏之界也；自鄭（即今陝西華縣）以北濱洛至固陽（有說應作合陽），秦魏之界也。」按：譚其驤《歷史地圖集》標韓、魏之間的長城，北起卷縣西，東行至今原陽，西南折至今鄭州市南止；標魏、秦之間的長城為，南起華陰西南，北行經澄城、洛川，至甘泉西南止。⓰北有河外卷衍酸棗 卷，縣名，在今河南原陽西南。衍，縣名，在今鄭州市北。酸棗，縣名，在今原陽東北，延津西南。按：此所謂「北有卷、衍、酸棗」，乃指魏之都城大梁而言，上述三縣皆處於當時的黃河之南，大梁之西北，而魏國之北部邊界乃在今河北、河南兩省交界處。⓱地名雖小 表面上看雖然不大。名，名義；表面。⓲田舍廬廡之數 瀧川曰：「廬，田間屋；廡，廊下周室。」這裡即泛指居民屋舍。數，促；密集。⓳無所芻牧 胡三省注：「芻，刈草也；牧，放牧也。言魏居民蕃庶，無刈芻放牧之地也。」⓴輷輷殷殷 車行聲。㉑不下楚 謂其國力不弱於楚也。㉒怵 同「訹」。引誘。㉓交彊虎狼之秦以侵天下 意即為虎作倀地跟著秦國侵略其他國家。按：「交彊虎狼之秦」，似應作「交虎狼之彊秦」。㉔卒有秦患謂魏國一旦遭到秦國的攻擊。卒，同「猝」。㉕不顧其禍　意謂講連衡的人此時則袖手不管。按：《戰國策》於此作「卒有國患，不被其禍」，與此意思不同。㉖挾　借助。㉗劫　脅迫。㉘稱東藩　自稱是秦國東部的藩臣。㉙築帝宮　《索隱》曰：「謂為秦築宮，備其巡狩而舍之。」㉚受冠帶　《索隱》曰：「謂冠帶制度皆受秦法。」按：似應指接受秦國的封贈。中井曰：「受制度者必實賜命服。」㉛祠春秋　《索隱》曰：「言春秋貢奉，以助秦祭祀。」㉜臣竊為大王恥之　錢穆曰：「時秦尚未稱王，何遽築『帝宮』？」牛鴻恩曰：「後此九年（西元前三二四年），秦惠始稱王；後此十年（西元前三二三年），『五國相王』，此時之山東六國，孰有意『西面事秦』？哪個肯『稱東藩，築帝宮』？此乃夢囈之語矣。但這卻是戰國末年擬作此辭時的現實。韓、魏『稱東藩』是前二九三年伊闕之戰後才有的事。」㉝戰敝卒三千人　以殘破之卒三千人與吳國作戰。敝卒，與「精兵」相對而言。按：句踐被吳國打敗時，率五千人棲於會稽山，後乃以此為基礎壯大起來，遂滅吳國，非後來亦僅「五千」人也，今蘇秦乃又少說為「三千」。㉞禽夫差於干遂　干遂，古邑名，在今蘇州市西北的陽山下。《正義》曰：「夫差敗於姑蘇，禽於干遂，相去四十里。」按：句踐破殺夫差事，詳見〈吳太伯世家〉、〈越王句踐世家〉。㉟革車　兵車。㊱制紂於牧野　牧野，在今河南淇縣西南，當時紂王的國都朝歌即今淇縣。武王敗紂王於牧野事，見〈周本紀〉。㊲蒼頭　《索隱》曰：「謂以青巾裹頭，以異於眾。」按：〈項羽本紀〉亦有所謂「異軍蒼頭特起」。㊳廝徒　《索隱》曰：「謂廝養之卒。廝，養馬之賤者，今起之為卒。」王駿圖曰：「即今軍營中火夫、長夫之類，非必養馬之賤人忽起之為卒也。」中井曰：「魏之軍制，當時有武士、蒼頭、廝徒、奮擊之別。武士，即我邦『武士』；蒼頭，蓋賤卒，我邦『足輕』也；廝徒，役夫，供雜役者，我邦『人夫』也；奮擊，蓋選其精銳，以先鋒陷陣。」㊴割地以效實　《索隱》曰：「謂割地獻秦，以效己之誠實。」效，證明。中井曰：「效實，即割地之事。事秦不得用虛名，必用實地。」繆文遠曰：「實，指名器重寶之類。」㊵偷　苟且；只顧眼前。㊶破公家　損害國家。㊷緜緜不絕四句　見《逸周書・和寤》。瀧川引劉伯莊曰：「緜緜，謂細微；蔓蔓，謂長大也。言小時不滅，大則難除也。」豪氂，同「毫毛」。極言初生植物之小。斧柯，斧子柄，這裡即指斧。梁玉繩曰：「《姜子・守土》、《賈子・審微》、《說苑・敬慎》、《家語・觀周》皆與《史》、《策》小異，是為金人之銘，《路史・後紀》據《金匱》謂黃帝所作也。」㊸前慮不定　意即主意不早拿。㊹效　進獻。㊺奉明約　謙言趙國將遵從魏王的約束。㊻在大王之詔之　原作「在大王之詔詔之」，瀧川曰：「楓、三本不重『詔』字，與《策》合，此涉下文衍。」今據改。此句的意思是「一切全聽您的吩咐」。㊼以趙王之詔詔之　前「詔」字猶言「命令」、「旨意」；後「詔」字猶言「告」也。㊽敬以國從　按：以上蘇秦以合從說魏王，見《戰國策・魏策一》，而〈魏世家〉與〈六國年表〉均不載，《通鑑》繫之於周顯王三十六年（魏惠王後元二年，西元前三三三年）。繆文遠曰：「此章所載與史事背謬，乃策士後出擬托之作。」凌稚隆引鄧以瓚曰：「合從惟韓、魏稍不為利，蓋二國近秦，不事秦則受兵最速，故蘇秦於二國但以割地為不利、稱臣為恥，蓋亦詞窮。」楊慎曰：「說魏襄王，大概與說韓王之詞同，蓋韓、魏一體也。其要亦在乎事秦必割地以效實，故『兵未用而國已虧』，與『不戰而地已削』之語正同。中間明衡人及群臣皆不忠，而『公』『私』『內』『外』之言尤為明白。」

【語　譯】於是蘇秦又去遊說魏襄王說：「大王的國土，南有鴻溝、陳、汝南、許、郾、昆陽、召陵、舞陽、新都、新郪，東面有淮水、潁水、煮棗、無胥，西面有長城為界，北面有河外、卷、衍、酸棗，國土縱橫千里，表面上看雖然不大，但居民蕃庶，房舍密集，幾乎連放牧的地方都沒有了。人口稠密，車水馬龍，川流不息，轟隆轟隆的車馬聲，聽起來就好像大軍在行進。我認為大王的國家並不比楚國差。然而那些主張連橫的人卻想引誘您伙同虎狼一樣的秦國去侵犯天下。當您一旦受到秦國的攻擊，是不會有人來救您的。倚仗強秦的聲威來脅迫自己的君主，罪過沒有比這更甚的了。魏國是天下的強國，大王是天下的賢王，如今卻想西向侍奉秦國，自稱是秦國的屬國，為秦國建造巡狩的行宮，接受秦國發給的禮服，春秋兩季祭祀秦國的祖先，我真替您感到羞愧。我聽說越王句踐用三千疲敝的兵士與吳國作戰，在干遂生擒了吳王夫差。武王以三千兵士，三百輛戰車，在牧野之地制服了紂王。難道是他們的兵力眾多嗎？實在是因為他們能發揮兵威啊！我聽說大王的兵力有武士二十萬，蒼頭二十萬，衝擊部隊二十萬，雜役十萬，還有戰車六百輛，戰馬五千匹，這就遠遠超過了越王句踐和周武王。想不到現在您竟聽信群臣的話，打算向秦國臣服。向秦臣服，就必然要以割讓土地來表示您的忠誠，因而不經過戰爭國家就已經蒙受損失了。大體說來群臣中凡主張侍奉秦國的人，都是奸臣，不是忠臣。作為人臣，割讓自己國家的土地來討好外國，只圖眼前苟安而不顧後果，損公肥私，對外依靠強秦的勢力來脅迫自己的國君，以求把土地割讓給秦國。對於這樣的人與這樣的主張，希望大王要提高警惕。《周書》上說：『剷除草木，要在萌芽狀態動手，等到枝葉蔓延就不好辦了。在細小的時候不掐斷，長大後就得用斧頭去砍了。』猶豫不決，必有大患，到時又怎麼辦呢？大王真能聽從我的建議，使六國合縱相親，齊心合力，就一定不會再遭受強秦的侵略了。因此，我們趙王派我來向您講講這種意見，願意遵守與您訂立的盟約，一切全聽您的吩咐。」

2 魏王說：「我沒有出息，以前沒有機會聽取您高明的指教。現在您用趙王的指示來啟示我，我願以魏國相隨。」

1 因東說齊宣王❶曰：「齊南有泰山❷，東有琅邪❸，西有清河，北有勃海，此所謂四塞❹之國也。齊地方二千餘里，帶甲數十萬，粟如丘山。三軍❺之良，五家之兵❻，進如鋒矢❼，戰如雷霆，解如風雨❽。即有軍役，未嘗倍泰山，絕清河，涉勃海也❾。臨菑❿之中七萬戶，臣竊度之，不下戶三男子⓫，三七二十一萬，不待發於遠縣，而臨菑之卒固已二十一萬矣。臨菑甚富而實⓬，其民無不吹竽⓭鼓瑟、彈琴擊筑⓮、鬬雞走狗、六博⓯蹋鞠⓰者。臨菑之塗，車轂擊⓱，人肩摩，連衽成帷⓲，舉袂成幕⓳，揮汗成雨，家殷人足，志高氣揚。夫以大王之賢與齊之彊，天下莫能當。今乃西面而事秦，臣竊為大王羞之。且夫韓、魏之所以重畏秦者，為與秦接境壤界⓴也。兵出而相當㉑，不出十日而戰勝存亡之機決矣㉒。韓、魏戰而勝秦，則兵半折，四境不守；戰而不勝，則國已危亡隨其後。是故韓、魏之所以重與秦戰㉓，而輕為之臣㉔也。今秦之攻齊則不然。倍㉕韓、魏之地，過衛陽晉之道㉖，徑乎亢父之險㉗，車不得方軌㉘，騎不得比行㉙，百人守險，千人不敢過也。秦雖欲深入，則狼顧㉚，恐韓、魏之議其後㉛也。是故恫疑虛喝㉜，驕矜而不敢進㉝，則秦之不能害齊亦明矣。夫不深料秦之無奈齊何，而欲西面而事之，是羣臣之計過也。今無臣事秦之名而有彊國之實㉞，臣是故願大王少留意計之。」

2 齊王曰：「寡人不敏，僻遠守海，窮道東境之國也，未嘗得聞餘教㉟。今足下以趙王詔詔之，敬以國從㊱。」

【章　旨】以上為第六段，寫蘇秦說齊王合縱。

【注　釋】❶齊宣王　威王之子，名辟疆，西元前三一九—前三〇一年在位。按：〈田敬仲完世家〉與〈六國年表〉敘齊國諸侯之世系多有錯誤，依本傳之年代而論，蘇秦之所說者非齊宣王，乃齊威王也，是年為齊威王二十四年（西元前三三三年）。❷泰山　即今之東嶽泰山，在今山東泰安北，齊都臨菑之西南。❸琅邪　山名，在今山東膠南東南，地臨東海。❹四塞　四周都有天然屏障。❺三軍　泛指齊國軍隊。早在春秋時代，大國有三軍，即中軍、上軍、下軍也。❻五家之兵　凌稚隆引王維楨曰：「《國語・齊語》云：『五家為軌，故五人為伍，軌長帥之；十軌為里，故五十人為小戎，里有司帥之；四里為連，故二百人為卒，連長帥之；十連為鄉，故二千人為旅，鄉良人帥之；五鄉為一帥，故萬人為一軍，五鄉之帥帥之。』此曰『三軍』、曰『五家』，皆管仲之制。」牛鴻恩曰：「齊國不設郡而設都，凡五都。都之長官曰『大夫』，如『即墨大夫』、『阿大夫』是也。五都皆駐有常備軍隊，稱『五都之兵』。『大夫』之領地稱『家』，故『五都之兵』亦稱『五家之兵』。」蓋亦即齊國之兵也。❼進如鋒矢　《正義》曰：「若鋒芒之刀，良弓之矢，用之有進而無退。」中井曰：「鋒矢，謂鏃之細尖如鋒芒也。」❽戰如雷霆二句　瀧川曰：「雷霆喻其威力，風雨喻其速捷。」❾未嘗倍泰山三句　《正義》曰：「言臨淄自足也，齊有軍役，不必度河取二部。」瀧川曰：「倍泰山，征山南之兵也。」按：據上文「南有泰山，東有琅邪，西有清河，北有勃海」云云，《正義》與瀧川說似與史文不合，疑此處乃指從來未有外敵越過四境，進入齊國腹地之事。何建章曰：「雖有戰事，敵人從未越過泰山、橫跨清河、游渡勃海。」❿臨菑　也作「臨淄」，齊國都城，在今山東淄博之臨淄區，其地今建有「齊城」。

繆文遠引《臨淄齊國故城勘探紀要》謂「臨淄由大小兩城組成，大城周長十四公里，小城周長七公里。大城為平民活動區，小城為宮殿區。」⑪不下戶三男子　瀧川曰：「『戶』當在『不』字上。」意即每戶不會少於三個男人。《戰國策》於此作「下戶三男子」。⑫富而實　富足、殷實。⑬竽　笙類吹樂，三十六簧。⑭筑　一種竹製的打擊樂器。⑮六博　古代的一種棋戲，六黑六白，兩人對投以較勝負。⑯蹋鞠　踢球，其球以皮為面，內實以毛。⑰車轂擊　車軸相互碰撞，極言行路上車輛之多。⑱連衽成帷　每個人都拉起衣襟，就將成為一道長長的帳幔。⑲舉袂成幕　大家都舉起袖子，就將形成蔽天的大幕。袂，袖子。《說文》：「在旁曰帷」，「帷在上曰幕。」⑳壤界　猶言接界。「壤」字用為動詞，〈孫子吳起列傳〉亦有「與強秦壤界」之語。㉑相當　相遇，即指會戰。㉒戰勝存亡之機決矣　戰勝存亡，似應作「勝負存亡」。胡三省曰：「『勝』下當有『負』字。」瀧川曰：「『戰勝』應作『勝負』。」機，關鍵，也可以指「苗頭」、「趨勢」。㉓重與秦戰　不願輕易與秦國開戰。重，不輕易。㉔輕為之臣　不把對之稱臣看作是嚴重的事情。㉕倍　同「背」。跨越。㉖過衛陽晉之道　意即還要跨越衛國。陽晉，衛國（都城在今河南濮陽西南）縣名，在今山東鄆城西。瀧川曰：「〈張儀傳〉亦云：『秦兵下攻衛陽晉，大關天下之胸。』又云：『劫衛取陽晉，則趙不南。』陽晉之險可知矣。」㉗徑乎亢父之險　徑，小路，這裡用如動詞，穿過。亢父，齊縣名，在今山東濟寧南。㉘方軌　兩輛車並行。㉙比行　並排而行。㉚狼顧　恐懼而回頭張望的樣子。《正義》曰：「狼性怯，走常還顧。」㉛議其後　在背後打他的主意。議，謀。㉜恫疑虛喝　自己恐懼疑慮，不敢進兵；但又虛張聲勢，做出一種要進擊齊國的樣子。中井曰：「秦恫疑不敢逾陽晉、亢父而前，且虛聲喝罵云欲取齊，下文蘇代稱秦王『正告天下』之辭可以為『虛喝』注腳。」㉝驕矜而不敢進　表面做出一種不可一世的姿態，其實不敢對齊國用兵。按：《戰國策》作「高躍而不敢進」，與此大意相同。㉞無臣事秦之名而有彊國之實　即指東方諸國實行合縱。㉟未嘗得聞餘教　意即從未聽到過您這樣的這種教導。餘教，教導他人之所剩餘者，是一種尊敬對方的說法。㊱敬以國從　按：以上蘇秦以合從說齊宣王，見《戰國策・齊策一》，而〈田敬仲完世家〉與〈六國年表〉均不載，《通鑑》繫之於周顯王三十六年（西元前三三三年）。繆文遠曰：「此說辭除本傳外，〈六國表〉及〈田敬仲完世家〉俱不載，可疑一。周顯王三十六年為魏、齊會徐州相王之次年，此當齊威王二十四年，《策》云『齊宣王』，可疑二。馬陵戰後，『三晉之王皆因田嬰朝齊王於博望，盟而去。』（〈田敬仲完世家〉）魏、齊相王，兩國平分霸權，正齊威霸業之頂點，有何必要與諸侯合從抗秦？而此乃云齊王聞蘇秦之言即『敬奉社稷以從』，可疑三。今斷此《策》為依託。」郭嵩燾曰：「秦併六國，范睢『遠交近攻』之一言足以盡其用矣，是以終秦之世未嘗交兵於齊。韓、魏支秦於前，燕、趙延秦於後，韓、魏一有蹉跌，則秦兵旦夕壓齊之境。故當說齊以輔韓、魏，不當說使絕秦而已，此蘇秦之智所以出范雎之下也。」茅坤曰：「齊無患於秦，故特以『事秦』辱之。」吳見思曰：「齊亦只說其民眾，語亦用賦調，而氣勢更好。」陳夢槐曰：「宏麗典雅，可作〈齊賦〉。」

【語譯】於是蘇秦又乘便東去遊說齊宣王說：「齊國南面有泰山，東面有琅邪山，西面有清河，北面有渤海，這可以說是四方都有險塞的國家。齊國的領土縱橫兩千里，軍隊幾十萬，糧食堆積如山，三軍的銳卒和駐守五大都城的精兵，進攻時像箭一樣快速，戰鬥時像雷霆一樣威猛，撤退時像風停雨住。即使發生戰爭，也從未讓敵人翻過泰山，橫跨清河，渡過渤海。臨菑城內有七萬戶人家，我估計，每戶不少於三個男子，三七二十一萬，不必等待徵調遠處的軍隊，單是臨菑的士兵就有二十一萬了。臨菑城非常富有，其中的居民吹竽鼓瑟、彈琴擊筑、鬥雞賽狗，乃至下棋踢球；臨菑城的街道上熱鬧非常，車與車相互碰撞，人與人摩肩接踵，每個人張開衣襟就可成為一道長長的圍帳，舉起袖子就可成為遮蔽太陽的大幕，揮汗落地就如下過大雨一樣，家家殷實富足，人人志氣昂揚。以大王的賢明和齊國的強大，天下沒有誰能比得上。現在您卻要向西去侍奉秦國，我實在為您感到羞愧。韓、魏之所以害怕秦國，是因為它們和秦國的邊界相連接。一旦發生戰爭兩軍相遇，用不了十天，勝敗存亡的大勢就決定了。如果韓、魏戰勝了秦國，那它們的兵力要損失一半，也無法守住自己的邊境；如果戰事失利，國家的危亡就會隨之而來。所以韓、魏不敢輕易與秦國開戰，只好向秦國稱臣。至於秦國要進攻齊國，情形便不一樣了。它必須越過韓、魏的土地，翻過衛國與陽晉的通道，經過亢父的險塞，在那裡，車輛不能並駛，戰馬不能並行，只要用一百人守住險地，一千個人也休想過去。秦國即使想深入侵犯，總是有後顧之憂，怕韓、魏在後面打它的主意。所以它疑慮重重，只是虛張聲勢，做出一副進攻的樣子，表面上擺出一種不可一世的姿態，而實際上卻不敢對齊國用兵。秦國不能加害齊國，這是明擺著的事情。不看準秦國對齊國無可奈何的這種事實，卻想向它屈服，這是臣僚們謀略上的失誤。現在有不向秦國屈服而能使國家強大的辦法，請大王多加考慮。」

2 齊王說：「我很愚鈍，又處在這荒僻的東海邊，過去沒有機會聽您的教誨，現在您用趙王的指示來開導我，我願意奉齊國相追隨。」

1 乃西南說楚威王❶曰：「楚，天下之彊國也；王，天下之賢王也。西有黔中❷、巫郡❸，東有夏州❹、海陽❺，南有洞庭❻、蒼梧❼，北有陘塞❽、郇陽❾。地方五千餘里，帶甲百萬，車千乘，騎萬匹，粟支十年，此霸王之資也。夫以楚之彊與王之賢，天下莫能當也。今乃欲西面而事秦，則諸侯莫不西面而朝於章臺❿之下矣。秦之所害⓫莫如楚，楚彊則秦弱，秦彊則楚弱，其勢不兩立。故為大王計，莫如從親以孤秦⓬。大王不從親⓭，秦必起兩軍，一軍出武關，一軍下黔中，則鄢、郢動矣⓮。臣聞治之其未亂⓯也，為之其未有⓰也，患至而后憂之，則無及已。故願大王蚤⓱孰計之。大王誠能聽臣，臣請令山東之國奉四時之獻⓲，以承大王之明詔⓳，委社稷，奉宗廟⓴，練士厲兵㉑，在大王之所用之。大王誠能用臣之愚計，則韓、魏、齊、燕、趙、衛之妙音美人必充後宮，燕、代槖駝㉒良馬必實外廄㉓。故從合則楚王㉔，衡成則秦帝㉕。今釋霸王之業㉖，而有事人之名，臣竊為大王不取也。夫秦，虎狼之國也，有吞天下之心。秦，天下之仇讎也㉗。衡人皆欲割諸侯之地以事秦，此所謂養仇而奉讎㉘者也。夫為人臣，割其主之地以外交彊虎狼之秦㉙，以侵天下，卒有秦患，不顧其禍。夫外挾彊秦之威以內劫其主，以求割地，大逆不忠，無過此者。故從親則諸侯割地以事楚，衡合則楚割地以事秦㉚，此兩策者相去遠矣，二者大王何居㉛焉？故敝邑趙王使臣效愚計，奉明約，在大王詔之㉜。」

2 楚王曰：「寡人之國西與秦接境，秦有舉巴、蜀㉝并漢中㉞之心。秦，虎狼之國，不可親也。而韓、魏迫於秦患，不可與深謀㉟，與深謀恐反人以入於秦㊱，故謀未發而國已危矣。寡人自料以楚當秦，不見勝也；內與羣臣謀，不足恃也。寡人臥不安席，食不甘味，心搖搖然如縣旌㊲而無所終薄㊳。今主君欲一天下，收諸侯，存危國，寡人謹奉社稷以從㊴。」

3 於是六國從合而并力焉㊵，蘇秦為從約長，并相六國㊶。

【章旨】以上為第七段，寫蘇秦說楚王合縱，使六國合縱之謀終至完成。

【注釋】❶楚威王　名商，懷王之父，西元前三三九—前三二九年在位。❷黔中　楚郡名，因黔山而得名，約當今之湖南西部與貴州之東北部一帶地區。❸巫郡　楚郡名，因巫山而得名，約當今之重慶市東部與湖北西部一帶地區。❹夏州　《集解》曰：「夏口城上數里有洲，名曰夏州。」按：即今武漢市西南大江中之白沙洲。繆文遠曰：「夏州為楚腹心之地，非其東境。」按：此亦謂其在楚國郢都之東而已，非必謂東境。❺海陽　即今江蘇揚州以東直至海濱的長江北岸一帶地區，古稱「海陽」。有謂「海陽」即今江蘇泰州者，則泰州僅為這片地區中的一縣而已。❻洞庭　湖泊名，在今湖南省境內。❼蒼梧

《正義》曰：「蒼梧山，在道州南。」按：即九疑山，在今湖南寧遠南，道縣之東南。❽陘塞　也稱陘山，在今河南漯河東。❾郇陽　在今陝西旬陽東北，地處漢水之北岸。❿章臺　鮑彪注：「秦臺，在咸陽。」按：「章臺」亦稱「章華臺」，此用以代指秦國。⓫害　畏懼；視其為威脅。⓬從親以孤秦　從親，與東方諸國合縱結盟。孤秦，孤立、排擊秦國。⓭大王不從親　原無「親」字，《戰國策》有，今據增。⓮一軍出武關三句　鄢，在今湖北宜城東南，是楚國北部的重鎮。郢，在今湖北荊州之江陵西北，是楚國的國都。《正義》曰：「秦兵出武關，則臨鄢矣；兵下黔中，則臨郢矣。」繆文遠引張琦曰：「『黔中』疑當作『漢中』，時秦未舉巴蜀，無緣至辰、沅也。」⓯治之其未亂　趁其尚未動亂而及早治理。⓰為之其未有　趁問題尚未發生而及早採取措施。兩句都是講防患於未然。⓱蚤　同「早」。⓲奉四時之獻　謂楚國於春、夏、秋、冬祭祀祖先時，東方其他諸國皆貢獻物品以助祭。或謂令其他諸國於四時中皆向楚國貢獻其應時的出產。⓳以承大王之明詔　意即聽從您的指揮。⓴委社稷二句　意即把整個國家交給您指揮。㉑練士厲兵　訓練士卒，打磨刀槍。厲，磨。兵，兵器。㉒槖駝　即駱駝。㉓必實外廄　實，充滿。廄，馬棚。㉔從合則楚王　合從局面一旦形成，則必然是楚國號令天下。王，這裡用如動詞。㉕衡成則秦帝　連橫的局面一旦形成，就必然是秦國稱帝了。㉖釋霸王之業　意即放棄稱霸、稱王，號令天下的機會。㉗秦二句　仇讎，猶今所謂「冤家對頭」。仇，敵。讎，對頭。蔣伯潛曰：「周顯王三十七年（西元前三三二年）以前，秦所侵者唯魏耳，秦所侵之魏地皆在黃河以西。蘇秦時，其他五國皆未被侵。」牛鴻恩曰：「此所謂『虎狼之國』，『天下仇讎』，根本不合於前三三三年之形勢。山東六國真正認識秦國，合縱抗秦呼聲日高，主要是在『長平戰役』之後。」㉘養仇而奉讎　前後的意思相同，都是「供養仇敵」。奉，供養。㉙外交彊虎狼之秦　即「外交虎狼之彊秦」。按：「夫衡人者」以下十幾句，與前文之說魏王者用語相同。㉚從親則諸侯割地以事楚二句　即上文「從合則楚王，衡成則秦帝」之意。㉛何居　選擇哪一面。居，處。這裡指選擇。㉜使臣效愚計三句　按：最後數句亦與前文說魏王語全同。㉝巴蜀　古代小國名，巴國的都城在今重慶市西北；蜀國的都城即今成都市。㉞漢中　楚郡名，約當今陝西漢中、安康和與之鄰近的湖北房縣、竹山等一帶地區。胡三省曰：「巴、蜀非楚地，連言之也。」㉟不可與深謀　意即無法與韓、魏結共同抗秦之盟。㊱與深謀恐反人以入於秦　瀧川引岡白駒曰：「恐有反人以入於秦。」繆文遠以為「人」字衍。並引郭希汾曰：「恐反以楚謀入告於秦。」㊲縣旌　飄在半空的旗子。縣，同「懸」。㊳無所終薄　猶今所謂「沒有個著落」。薄，同「迫」。貼附。㊴謹奉社稷以從　按：以上蘇秦以合從說楚威王事，見《戰國策・楚策一》，〈楚世家〉及〈六國年表〉均不載，《通鑑》繫之於周顯王三十六年，楚威王七年，西元前三三三年。繆文遠曰：「此章言『夫以楚之強與大王之賢，天下莫能當也，今乃欲西面而事秦。』按：上年魏、齊相王，楚威王聞之怒，此年遂伐齊，敗之於徐州。齊勢力方強，而楚威王一戰敗之，足見楚勢正盛，何得有「欲西面而事秦」之說？此章言「從合則楚王，橫成則秦帝」，按：以秦、楚作為爭霸之雙方，通戰國無此形勢。顯三十六年時秦尚未稱王，何來「橫則秦帝」之說？據帛書所載，蘇秦活動時間當齊湣王時。齊湣王時齊、楚之交不善，蘇秦在齊甚久而與楚關係甚疏，凡〈楚策〉所載蘇秦之事，大致均不可信。」楊慎曰：「秦、楚其勢不兩立，『從合則楚王，衡成則秦帝』，說辭之綱也。」劉辰翁曰：「當時山東之國，惟齊楚之強可與秦抗衡，而齊不近秦患，楚則近秦患，故言其強『不當事秦』雖同，而楚則以『勢不兩立』激之，此其異也。」㊵ 於是六國從合而并力焉　鮑彪曰：「五國之聽蘇子也，革面而已，非能深窮橫從之利害也。惟威王雅有難秦之心，然亦深患諸國之不可合，徒稱『從命』者也。」㊶ 蘇秦為從約長二句　按：《戰國策》所載蘇秦遊說六國之辭多為後人擬作，然即使如此亦只言其「乃為趙相」（據楊寬考訂蘇秦還曾為齊相、燕相），而無所謂「為從約長，并相六國」之事。牛鴻恩曰：「此蘇秦助李兌合縱五國攻秦事之誇大。〈秦策三〉『五國罷成皋章』，〈魏策二〉『五國伐秦無功而還章』，即蘇秦、李兌於秦昭王二十年（西元前二八七年）發動的五國（趙、齊、楚、魏、韓）合縱攻秦。燕雖亦派二萬人參加，卻只是『助齊』，故《戰國策》、《戰國縱橫家書》都只說『五國』，而不言『六國』。蘇秦為『縱約長』之事，各篇真實史料均未提及。此當是秦惠王後元七年（西元前三一八年）公孫衍發起的五國合縱攻秦，楚懷王為『縱長』而誤移於此。『并相六國』亦誇張之辭。」「因為燕曾任命他為卿，給他封邑（帛書）；齊『封而相之』（〈燕策二〉）；趙也按燕的規格封他、作用他，他確也有過榮耀的時刻。」

【語　譯】接著，蘇秦又前往西南去遊說楚威王說：「楚國是天下的強國，大王是天下的賢君。楚國西面有黔中、巫郡，東面有夏州、海陽，南面有洞庭、蒼梧，北面有陘塞、郇陽。國土縱橫五千多里，士卒百萬，戰車千輛，戰馬萬匹，糧食儲備夠十年之用，這是稱霸天下的有利條件。以楚國的強大和您的賢明，天下沒有哪個國家能與您相匹敵。但您如今卻打算向西邊的秦國稱臣，您如果一向秦國稱臣，那各國諸侯便都將去拜倒在秦國的章臺之下了。秦國對東方最怕的莫過於楚國，楚強秦國就弱，秦強楚國就弱，秦、楚是勢不兩立的。所以我為大王考慮，不如與東方各國合縱相親，使秦國孤立。大王如果不合縱，秦國必然會出動兩支軍隊，一支從武關出來，一支直下黔中，那麼，楚國的都城鄢、郢就動搖了。處理問題要趕在問題發生之前，要在災難還未降臨時就及早採取行動。如果等到災難臨頭了才去尋找對策，那就來不及了。所以，我希望大王及早計議。大王如能聽我的意見，我可以使山東諸國一年四季向您進貢，接受您的領導，把社稷、宗廟託付給您，做好戰備，聽從您的指揮。大王如能採納我的計策，那韓、魏、齊、燕、趙、衛等國的音樂和美女就會充滿您的後宮，燕、代等地的駱駝良馬就會填滿您的馬廄。所以說，合縱成功，楚國便成霸王之業；連橫勝利，秦國便成天下之主。如今您放棄霸王之業，而接受一個侍奉他人之名，我實在替您惋惜。秦國是個虎狼一樣兇惡的國家，有吞併天下的野心，它是天下諸侯的仇敵。主張連橫的人都想割諸侯的土地去侍奉秦國，這就叫做養仇為患。作為臣子，割讓自己國君的土地，去交結虎狼般的秦國，讓它侵擾天下，到頭來自己的國家也遭進犯，而他們卻毫不顧及這種後果。外藉強秦的威勢以脅迫自己的國君，要求國君割地侍秦，其大逆不忠沒有比這些人更甚的了。合縱相親則諸侯割地侍楚，連橫成功則楚國割地侍秦，這兩種策略相差太遠了，大王究竟站在哪一邊？所以我們趙王派我給您獻上這分謀略，我們將遵從與您訂立的盟約，聽候您的安排。」

2 楚王說：「我的國家西面和秦國接壤，秦國有奪取巴蜀、吞併漢中的野心。秦是虎狼一般兇惡的國家，不能和它親近。韓國、魏國直接受著秦國的威脅，所以不能和它們謀劃對付秦國的事情。和它們謀劃大事，怕它們把消息洩漏給秦國，計畫還沒有實行，國家已處在危難之中了。我自己估計，單靠楚國的力量去對抗秦國，不一定能打贏；在國內和群臣商量，又不可靠。我睡不好覺，吃不好飯，心神不定，不得安寧。現在您打算聯合諸侯，保全處在危亡中的國家，我願竭誠盡力，以整個國家追隨您。」

3 於是六國聯合，力量集中，蘇秦作了合縱盟約的領導人，兼任六國的宰相。

1 北報趙王，乃行過雒陽，車騎輜重❶，諸侯各發使送之甚眾，疑於王者❷。

周顯王聞之恐懼❸，除道❹，使人郊勞❺。蘇秦之昆弟❻妻嫂側目❼不敢仰視，俯伏侍取食❽。蘇秦笑謂其嫂曰：「何前倨❾而後恭也？」嫂委虵蒲服❿，以面掩地而謝曰⓫：「見季子⓬位高金多也。」蘇秦喟然⓭歎曰：「此一人之身，富貴則親戚畏懼之，貧賤則輕易⓮之，況眾人乎！且使我有雒陽負郭田二頃，吾豈能佩六國相印乎⓯？」於是散千金以賜宗族朋友。初，蘇秦之燕，貸人百錢為資，及得富貴，以百金償之。徧報諸所嘗見德⓰者。其從者有一人獨未得報，乃前自言。蘇秦曰：「我非忘子。子之與我至燕，再三欲去我易水之上⓱。方是時，我困，故望⓲子深，是以後子⓳。子今亦得矣⓴。」

2 蘇秦既約六國從親，歸趙，趙肅侯封為武安君，乃投從約書於秦。秦兵不敢闚函谷關十五年㉑。

【章旨】以上為第八段，寫蘇秦功成名就，衣錦還鄉的得意與其報怨報德的情形。

【注釋】❶輜重　車上裝載的各種物資。❷疑於王者　和王者的派頭差不多。疑，同「擬」。❸周顯王聞之恐懼　陳子龍曰：「以前不用蘇子，且嘗致胙於秦也。」❹除道　清掃道路。❺郊勞　至郊外迎接、慰問。《集解》引《儀禮》曰：「賓至近郊，君使卿朝服用束帛勞。」❻昆弟　兄弟。❼側目　不敢正眼相看。❽俯伏侍取食　彎腰跪拜地侍候蘇秦吃飯。❾前倨　即此傳開頭蘇秦遊說失敗回來時之所謂「兄弟嫂妹妻妾竊皆笑之」與《戰國策》所云之「妻不下紝，嫂不為炊」等。倨，傲慢。❿委虵蒲服　委虵，同「逶迤」。彎曲扭動的樣子。蒲服，同「匍匐」。爬行。⓫以面掩地而謝曰　《戰國策》於此作「妻側目而視，傾耳而聽；嫂蛇行匍伏，四拜自跪而謝曰」。⓬季子　譙周曰：「蘇秦字季子。」《索隱》曰：「其嫂呼小叔為『季子』耳，未必即其字。」⓭喟然　傷心的樣子。⓮輕易　輕視；慢待。⓯使我有雒陽負郭田二頃二句　負郭，背靠城郭，即近郊區。按：以上蘇秦衣錦還鄉事，見《戰國策．秦策一》。本傳與《戰國策》之不同處主要有三：一、還鄉的時間，《戰國策》說他是在說服趙國後，將去南方說楚王而經過洛陽的時候；本傳則是在說服楚國之後，將回趙國，中途經過洛陽的時候。二、關於郊迎，《戰國策》說是「父母聞之，清宮除道，張樂設飲，郊迎三十里」；本傳則說是「周顯王聞之恐懼，除道，使人郊勞」，規格大大提高了。三、蘇秦喟歎的內容，《戰國策》是「人生世上，勢位富貴蓋可忽乎哉！」本傳則改為「使我有雒陽負郭田二頃，吾豈能佩六國相印乎！」司馬遷寫入了個人的身世感慨，並突出了其「困厄造英雄」的一貫宗旨。史珥曰：「專為鋪寫俗情，故一一細皴。『位高多金』，閑中指點，此子長哀世之意，可觀可感。」鮑彪曰：「秦之『自刺』可謂有志矣，而志在於金玉卿相，故其所成就適足誇嫂婦耳，此史極口稱頌之，是亦利祿徒耳，惡睹所謂大丈夫事哉？」瀧川曰：「衣錦歸鄉，蘇秦得意可想，與晉文公、漢高祖、范雎、韓信、朱買臣、疏廣諸人，事似意殊。」⑯見德　對自己有過好處。德，恩惠。⑰再三欲去我易水之上　去我，離開我。易水，燕國西南部的河流名，流經今河北省易縣、雄縣南，東流至天津入海。⑱望　怨恨。⑲是以後子　因此把你放在後面。⑳子今亦得矣　瀧川引岡白駒曰：「言子亦得我報矣。」今，即將。按：以上蘇秦報恩、報怨事，《戰國策》不載，蓋史公所補。類似情節亦見於〈范雎蔡澤列傳〉、〈淮陰侯列傳〉、〈平津侯主父列傳〉等篇，乃《史記》中經常顯現之主題。㉑秦兵不敢闚函谷關十五年　《通鑑考異》曰：「《史記．蘇秦傳》『秦兵不敢闚函谷關十五年』，又云『秦使犀首欺齊、魏，與共伐趙』，『蘇秦去趙而從約皆解』，『齊、魏伐趙敗從約』，止在明年耳；〈秦本紀〉惠文王七年，『公子卬與魏戰，虜其將龍賈』，後二年事耳；烏在其『不闚函谷十五年』？此出於遊談之士誇大蘇秦而云爾。」梁玉繩曰：「蘇子初說燕從約，至齊、魏伐趙而從約解，首尾止三年耳，安得『十五年不窺函谷』哉？《通鑑考異》及《古史》謂說客浮語誇大蘇秦而云耳，張儀、范雎傳亦有此語，並妄也。〈秦策〉蘇子言『齊宣王攻函谷，秦十年遠迹』；又言『秦昭王解兵不出，二十九年不相攻』，其妄正類。」

【語　譯】蘇秦北上向趙王覆命，途經洛陽，隨行的車馬輜重以及各國護送的使者極多，就像是國王出巡一樣。周顯王得知這一消息非常害怕，趕忙派人替蘇秦清掃道路，並派人到郊外慰勞。蘇秦的兄弟妻嫂斜著眼睛不敢抬頭正視，俯伏在地上，侍候他進食。蘇秦笑著向他的嫂嫂說：「你怎麼以前對我那樣傲慢，現在變得這麼恭敬了？」嫂嫂匍匐前進，把臉貼在地上請罪說：「那是因為叔叔你現在官大錢多啊！」蘇秦深有感觸地歎息說：「同樣是我這個人，富貴時親戚就怕我，貧賤時就輕視我，親人尚且如此，何況是別的人呢！假如我當初在洛陽城郊有二頃良田，我還能發憤以佩六國相印嗎？」於是他把錢財分賜給族人和朋友。當初，蘇秦去燕國時，曾經向人借了一百個銅錢做盤纏，現在得到富貴，便用一百斤黃金歸還他作為回報。凡對自己有恩的人蘇秦都給予了報答。隨員中只有一個人沒有得到賞賜，這個人向蘇秦詢問原因。蘇秦說：「我並沒有忘記你，只因為當初你和我一起去燕國時，在易水邊上你曾多次想離開我。那時我的處境艱難，記憶極深，所以我把你放在後邊，現在你馬上也就可以得到賞賜了。」

2 蘇秦約定六國合縱相親之後，回到趙國，趙肅侯封他為武安君，於是蘇秦派人把合縱盟約送給秦國，秦國竟十五年沒敢再出函谷關。

1 其後秦使犀首欺齊、魏，與共伐趙，欲敗從約。齊、魏伐趙❶，趙王讓❷蘇秦。蘇秦恐，請使燕❸，必報齊❹。蘇秦去趙而從約皆解❺。

2 秦惠王以其女為燕太子婦❻。是歲❼，文侯卒❽，太子立，是為燕易王❾。易王初立，齊宣王因燕喪伐燕，取十城❿。易王謂蘇秦曰：「往日先生至燕，而先王資先生見趙，遂約六國從。今齊先伐趙，次至燕，以先生之故⓫為天下笑，先生能為燕得侵地⓬乎？」蘇秦大慙，曰：「請為王取之。」

3 蘇秦見齊王⓭，再拜，俯而慶，仰而弔⓮。齊王曰：「是何慶弔相隨之速也？」蘇秦曰：「臣聞飢人所以飢而不食烏喙⓯者，為其愈充腹⓰而與餓死同患也。今燕雖弱小，即秦王之少壻也。大王利其十城，而長與彊秦為仇。今使弱燕為鴈行，而彊秦敝其後⑰，以招天下之精兵⑱，是食烏喙之類也。」齊王愀然⑲變色，曰：「然則柰何？」蘇秦曰：「臣聞古之善制事⑳者，轉禍為福，因敗為功㉑。大王誠能聽臣計，即歸燕之十城。燕無故而得十城，必喜；秦王知以己之故而歸燕之十城，亦必喜。此所謂棄仇讎而得石交㉒者也。夫燕、秦俱事齊，則大王號令天下，莫敢不聽。是王以虛辭附秦㉓，以十城取天下㉔，此霸王之業也。」王曰：「善。」於是乃歸燕之十城㉕。

4 人有毀㉖蘇秦者曰：「左右㉗賣國反覆之臣也，將作亂。」蘇秦恐得罪，歸，而燕王不復官也。蘇秦見燕王，曰：「臣，東周之鄙人㉘也，無有分寸之功，而王親拜之於廟而禮之於廷㉙。今臣為王卻齊之兵而攻㉚得十城，宜以益親。今來而王不官臣者，人必有以『不信』傷臣於王者。臣之『不信』，王之福也。臣聞『忠信』者，所以自為也㉛；『進取㉜』者，所以為人也。且臣之說齊王，曾非欺之也㉝？臣棄老母於東周，固去自為而行進取㉞也。今有孝如曾參㉟，廉如伯夷㊱，信如尾生㊲，得此三人者以事大王，何若？」王曰：「足矣。」蘇秦曰：「孝如曾參，義不離其親一宿於外，王又安能使之步行千里而事弱燕之危王哉？廉如伯夷，義不為孤竹君之嗣㊳，不肯為武王臣㊴，不受封侯，而餓死首陽山下㊵。

有廉如此，王又安能使之步行千里而行進取於齊哉？信如尾生，與女子期於梁下[41]，女子不來，水至不去，抱柱而死。有信如此，王又安能使之步行千里卻齊之彊兵哉？臣所謂以『忠信』得罪於上者也。」燕王曰：「若[42]不忠信耳，豈有以忠信而得罪者乎？」蘇秦曰：「不然。臣聞客有遠為吏而其妻私[43]於人者，其夫將來，其私者憂之。妻曰：『勿憂，吾已作藥酒待之矣。』居三日，其夫果至，妻使妾舉藥酒進之。妾欲言酒之有藥，則恐其逐主母[44]也；欲勿言乎，則恐其殺主父也。於是乎詳僵[45]而弃酒。主父大怒，笞[46]之五十。故妾一僵而覆酒，上存主父，下存主母，然而不免於笞，惡在乎『忠信之無罪』也[47]？夫臣之過，不幸而類是乎？」燕王曰：「先生復就故官。」益厚遇之[48]。

5 易王母，文侯夫人也，與蘇秦私通[49]。燕王知之，而事之加厚。蘇秦恐誅，乃說燕王曰：「臣居燕不能使燕重，而在齊則燕必重[50]。」燕王曰：「唯先生之所為。」於是蘇秦詳為得罪於燕而亡走齊，齊宣王以為客卿[51]。

6 齊宣王卒，湣王即位[52]。說湣王厚葬以明孝，高宮室、大苑囿以明得意，欲破敝齊而為燕[53]。燕易王卒，燕噲立為王[54]。其後齊大夫多與蘇秦爭寵者，而使人刺蘇秦，不死，殊而走[55]。齊王使人求賊，不得。蘇秦且死，乃謂齊王曰：「臣即(56)死，車裂臣以徇(57)於市，曰『蘇秦為燕作亂於齊』，如此則臣之賊必得矣。」於是如其言，而殺蘇秦者果自出，齊王因而誅之。燕聞之，曰：「甚矣，齊之為蘇生報仇也(58)！」

【章旨】以上為第九段，寫蘇秦忠於燕國，最後為燕國行反間死於齊。

【注釋】❶齊魏伐趙　〈趙世家〉與〈六國年表〉均繫此役於趙肅侯十八年，亦即齊威王二十五年，魏惠王後元三年，西元前三三二年。（由於齊、魏兩國之諸侯世系多誤，請參看〈六國年表〉及兩世家之相關注釋）按：齊、魏伐趙之役確實存在，但是否為「秦使犀首欺齊、魏」之所為，史無明文。❷讓　責備。❸請使燕　自請出使燕國。❹報齊　報齊國為秦伐趙以破壞縱約之仇。❺蘇秦去趙而從約皆解　去趙，離開趙國。從約皆解，《集解》引徐廣曰：「自初說燕至此三年。」吳見思曰：「『敗從約』只略說，為蘇秦諱也。心機用盡，功業中毀，兜頭一提，使人浩歎。」又曰：「說六國，一篇數千言；而『從約之解』，一句即了，如冰消瓦解。蓋親昆弟尚有爭財妒忌者，欲六國一心，原為難事也。」按：蘇秦本無此「合從六國」之事，故此所謂解散之快云云，自然亦屬子虛烏有。❻秦惠王以其女為燕太子婦　錢穆曰：「秦惠王元年，當燕文公二十五年，三年，惠王始冠，古禮二十而冠，則其時惠王年不過二十。越二年，燕文公卒，豈秦惠王即有女為燕易王妻哉？惠王十年前，魏未盡納上郡，秦與趙壤地不相接，豈遽遠嫁女為燕婦哉？策士造說者謂蘇秦相燕倡合從，秦畏之，故嫁女以納懽于燕……其實秦在當時猶不足畏，其勢遠不及齊威、宣之盛，而蘇秦合從之說亦烏有，無論秦嫁女事也。」徐中舒曰：「秦昭王原是秦在燕的質子，昭王即位還是燕人送回秦國的。秦、燕相距甚遠，沒有利害衝突，秦為聯燕制齊，既有質子在燕，且與燕締構婚姻。」唐蘭曰：「秦惠王的少婿決不是燕文侯的太子燕易王，而是燕公子職，即燕昭王。」按：徐、唐二氏所說乃二十年以後事，史公誤混於此。❼是歲　秦惠王五年，燕文公二十九年（西元前三三三年）。❽文侯卒　〈燕召公世家〉與〈六國年表〉皆作「文公」。此曰「文侯」，誤。❾燕易王　文公之子，西元前三三二—前三二一年在位。❿齊宣王因燕喪伐燕二句　按：〈燕召公世家〉亦如此說，而〈六國年表〉不載。燕易王元年（西元前三三二年）相當於齊威王二十五年，所謂「齊宣王因燕喪伐燕」云云，乃將十七年後齊宣王六年（西元前三一四年）因燕國子之之亂而興兵伐齊事誤書於此也。錢穆曰：「宣王伐燕在燕噲時，宣王之立尚在其後十三年。」而林春溥、楊寬、徐中舒、繆文遠等又皆以「取燕十城」為後來的「權之戰」。徐中舒曰：「權之難是燕昭王二十年（西元前二九二年）事，昭王即位於子之之亂燕國破滅之後，畢生以報仇雪恥為志，其事頗與越王句踐相似。權之戰，燕再瀕於滅亡，也和越王句踐棲於會稽情況相同。燕在此役後不得不卑辭厚幣屈節事齊。」⑪以先生之故　意謂當初我們就是因為聽信了你所倡導的合縱主張。⑫為燕得侵地　向齊國討還被它們侵占的燕國土地。⑬蘇秦見齊王　依本傳，史公謂蘇秦所見者為「齊宣王」，然而齊國現時的國君乃是齊威王。蓋亦非此時之事也。⑭俯而慶二句　慶，賀，謂賀其得燕十城。弔，悼惜，謂為其得十城而感到遺憾、憂慮。《集解》引劉氏曰：「當時慶弔應有其詞，但史家不錄耳。」⑮烏喙　一種有毒的植物藥材，也叫「烏頭」、「附子」、「天雄」等。《正義》引《廣雅》曰：「一歲為烏喙，三歲為附子，四歲為烏頭，五歲為天雄。」⑯愈充腹　暫時填飽肚子。愈，《戰國策》作「偷」，苟且；只顧暫時。王念孫曰：「『愈』、『偷』通。」《索隱》曰：「暫愈飢而充腹。」⑰使弱燕為鴈行二句　鴈行，其一義謂跟隨在後。瀧川曰：「謂相次而行，如鴈之有行列。」曹操詩有所謂「兵合力不齊，躊躇而雁行」，其意皆此。然本文則謂以燕國為頭雁，而秦國繼其後。牛鴻恩曰：「雁行，即『顏行』。《漢書・嚴助傳》師古注引文穎曰：『顏行，猶雁行，在前行，故曰顏也。』《管子・輕重甲》『士爭前戰為顏行。』」朱起鳳《辭通》以為「雁行」「顏行」「前行」並相通。」敝其後，猶今之所謂「作後盾」。敝，同「蔽」。掩護。⑱招天下之精兵　謂招惹得各國前來攻打。瀧川引岡白駒曰：「秦兵為天下之精兵。」凌稚隆引呂祖謙曰：「蘇秦去年合從，力詆橫人以秦恐喝諸侯，今年乃自為此言，大抵辯士之論皆如此。」⑲愀然　傷心愁苦的樣子。⑳制事　辦事；處理問題。㉑轉禍為福二句　即今所謂因勢利導，變壞事為好事。〈管晏列傳〉有所謂「其為政也，善因禍而為福，轉敗而為功」；下文蘇代遺燕昭王書中亦有此語。㉒弃仇讎而得石交　即今所謂化敵為友。石交，金石之交，極言其關係之牢固，難以改變。㉓附秦　使秦國歸附。㉔以十城取天下　謂以十城予燕，而換得號令天下之權。㉕乃歸燕之十城　按：以上蘇秦說齊王歸燕十城事，見《戰國策・燕策一》。唐蘭曰：「齊宣王伐燕，曾占領一些城邑，由於燕國民眾持久抵抗，所以蘇秦去遊說，就歸還了。帛書第十五章『齊人伐燕，拔故國，殺子之，燕人不割而故國復還』就指此事。」按：唐氏所說乃二十年以後事，史公誤混於此。㉖毀　說人壞話。㉗左右　意謂兩邊討好，以謀私利。〈張儀列傳〉亦有人稱張儀為「左右賣國以取容」。㉘鄙人　鄙陋、淺賤之人。㉙拜之於廟而禮之於廷　古時封拜大臣，為表示嚴肅鄭重，有在宗廟行封拜之儀者。禮之於廷，謂在朝廷之上亦寵禮有加，不以臣僕視之。㉚攻　張文虎曰：「『攻』字疑衍。」㉛忠信者二句　意謂講「忠」講「信」，都只是為了個人的「道德修養」。自為，為了自己。㉜進取　意即為了國家事功而不擇手段。㉝曾非欺之也　難道不是為了我們燕國去欺騙它們嗎。㉞去自為而行進取　去，放棄；拋開。行，採取；實行。㉟曾參　魯國人，孔子的弟子，以孝著稱，見〈仲尼弟子列傳〉。㊱伯夷　商末孤竹君之子，以廉讓著稱，見〈伯夷列傳〉。㊲尾生　傳說中一個以「守信」著稱的人，名高，有人以為即春秋時代的微生高。㊳義不為孤竹君之嗣　孤竹，商代小國名，國都在今河北盧龍東南。嗣，繼承者；接班人。伯夷是孤竹君之長子，其父遺命傳位於三子叔齊，叔齊讓其兄伯夷，伯夷不受，於是與叔齊一同避位而外逃。㊴不肯為武王臣　伯夷、叔齊西行適周，路遇武王伐紂之兵，伯夷攔馬勸阻，被拒絕。㊵餓死首陽山下　武王滅商後，伯夷、叔齊「義不食周粟」，兄弟二人餓死於首陽山。首陽山，有說指今山西永濟附近之雷首山，有說即今河南偃師西北之首陽山，有說其山在今甘肅之隴西縣。其人之身世尚不分明，隱而餓死之地自然更是後人影附。㊶期於梁下　期，約會。梁，橋。按：尾生守「信」抱橋柱而死的故事見《莊子・盜跖》。㊷若　爾；你。㊸私　通姦。㊹恐其逐主母　逐，趕走，此指「休棄」。主母，主人之正妻。古代「妻」「妾」的界限極嚴，「妾」的地位如同奴僕，故稱其夫為「主父」，稱其夫之正妻為「主母」。㊺詳僵　假裝摔倒。詳，同「佯」。僵，仰面摔倒。㊻笞　用棍子、板子打。㊼惡在乎忠信之無罪也　惡在，安在；在哪裡。惡，也寫作「烏」，音同。此句的意思是，所謂講忠信就不會遭罪的證據又在哪裡呢？㊽厚遇之　按：以上蘇秦為自己辯解的故事，見《戰國策・燕策一》，而〈燕策一〉中又載有蘇代在燕昭王面前為自己辯解的故事，情節與此略同。馬王堆出土之《戰國縱橫家書》第五章亦載此事，然均未云講此話者為誰。唐蘭曰：「帛書前十四章都是關於蘇秦的書信和談話，帛書第五章是燕昭王初年蘇秦初歸燕的事，時間約在西元前三〇八年前後。」繆文遠曰：「以帛書第五章校之，應為蘇秦與燕昭王策畫破齊之談論，事在周赧王八年（燕昭王五年，西元前三〇七年）。《史記》及本章《策》文乃傳聞之誤，或經後人妄改所致。」鍾惺曰：「魏無知荐陳平，祖此。」茅坤曰：「此段藥酒之喻，即蒯通說齊王信之故態。」㊾易王母三句　牛鴻恩曰：「《戰國策》無此事，蘇秦於燕昭王時始入燕，安得私通易王之母？此必惡蘇秦而親齊者之造說。」㊿臣居燕不能使燕重二句　按：此蘇秦與燕王謀入齊為間諜事，已接近歷史真實，唯其時間尚早，乃在後之昭王時也。(51)齊宣王以為客卿　《集解》曰：「燕易王十年（西元前三二三年）時。」按：《集解》乃隨文而釋。客卿，他國之人來此國享受卿之待遇，而尚未被任以正式職務者，有如高級參謀。(52)齊宣王卒二句　事在宣王十九年（西元前三〇一年）。按：《史記》於齊國諸侯之紀年大都譜列錯誤，即以此處而論，史公以為燕易王之十年（西元前三二三年），即齊宣王十九年；而事實上燕易王十九年乃齊威王三十四年，齊宣王之即位還在此三年以後。而齊宣王卒，齊湣王立，則相當於燕昭王十一年（西元前三〇一年）。(53)欲破敝齊而為燕　破敝，動詞連讀，謂使其殘破、凋敝也。《論衡・薄葬》：「蘇秦為燕，使齊國之民高大其家，多藏財物，財盡民貧，國空兵弱，燕軍卒至，無以衛國，國破城亡，主出民散。」可與此參證。54燕易王卒二句　事在易王十二年（西元前三二一年）。按：此亦史公誤敘，此時實乃燕昭王之時也。55使人刺蘇秦三句　謂蘇秦被刺而將死，刺客乃逃走也。顧炎武曰：「斷絕分析曰『殊』，謂斷肢體而未及死。〈淮南王列傳〉：『太子即自剄，不殊。』」方苞曰：「殊，分也，絕也。蘇秦將死未絕，而刺客走去也。」56即若；假如。57徇　謂載其屍體巡行示眾。58甚矣二句　蘇生，蘇先生。或曰「生」，或曰「先」，都是對人的尊稱。按：蘇秦臨死預設為自己報仇之謀，與吳起事相類，而《戰國策》不載，不知史公取材於何處。凌稚隆曰：「史魚將卒，以在朝不能進蘧伯玉退彌子瑕，命其子置屍牖下以諫，此以屍行其忠者也。若蘇秦之徇市，正與吳起伏王屍之意同，此以屍行其詐者也。嗚呼，可畏哉！」

【語譯】後來秦國派犀首欺騙齊、魏兩國，要和它們一起攻打趙國，想以此破壞合縱盟約。齊、魏攻打趙國，趙王責備蘇秦。蘇秦害怕，請求出使燕國，說一定要報復齊國。蘇秦離開趙國後，合縱盟約也就隨之瓦解了。

2 秦惠王把自己的女兒嫁給燕太子為妻。這一年，燕文侯去世，太子即位，稱為燕易王。易王剛繼位，齊宣王乘著燕國有喪事，發兵進攻燕國，奪取了十座城。燕易王對蘇秦說：「先前您來到燕國，先王資助您去見趙王，約定六國合縱。現在齊國先進攻趙國，接著又進攻燕國，由於您的緣故讓天下人恥笑我們。您能為燕國討回被侵占的土地嗎？」蘇秦非常慚愧地說道：「請讓我為您把失地討回。」

3 蘇秦去見齊王，行了兩次禮，低頭向他表示慶祝，隨著又抬起頭表示哀悼。齊王說：「為什麼你的慶賀和哀悼相繼來得這麼快？」蘇秦說：「我聽說飢餓的人即使餓極了也不會吃那種有毒的烏頭，因為這種東西雖然能暫時填飽肚子，但卻很快讓人喪命，和餓死沒有區別。燕國雖然弱小，燕王也仍是秦王的女婿。大王為了貪圖燕國十座城，而不惜與強大的秦國結仇。假使秦國讓弱小的燕國做先鋒，它自己跟在後面，並且招引各國的精兵進攻您，這和用烏頭充飢實際上是一回事。」齊王聽後憂慮地變了臉色，說：「那怎麼辦呢？」蘇秦說：「我聽說古來善於處理事情的人，能將禍事變為好事，將失敗變為成功。大王要是能聽從我的建議，就把十城歸還燕國。燕國不費周折地收回十城，必然高興；秦王知道您是因為他的緣故而歸還了燕的十城，也一定高興。這是化敵為友的做法。燕國、秦國都與您相好，那麼大王要號令天下，沒有哪一個敢不聽從。

您只不過表面上做了個依附秦國的姿態，實際上卻是用十城取得了天下。這才是霸王的偉業啊！」齊王說：「好。」於是把十城歸還給了燕國。

4 有人向燕王誹謗蘇秦說：「蘇秦是個左右搖擺，出賣國家，反覆無常的奸臣，他將作亂。」蘇秦害怕獲罪，趕快回到燕國，燕王不再讓他任職。蘇秦求見燕王，說：「我本是東周的一個平民，沒有一點功勞，而您親自在宗廟裡接見我，在朝廷上以禮相待。現在我為您說退了齊國的軍隊而收復了十座城，您對我應該更加親近，可是我回到燕國後，您卻不讓我任職，這必是有人以『言而無信』的罪名在您面前中傷我。我不守信用，乃是您的福分啊！我認為講『忠』與『信』只不過是一種個人的潔身自愛；而為了國家事功的進取，是不擇手段的。我去遊說齊王，不是在欺騙他嗎？我把年老的母親丟在洛陽，這本來就是一種不顧個人名譽，而一心為國進取的行為。如今假定有像曾參那樣孝順、像伯夷那樣廉潔、像尾生那樣守信的三個人來侍奉大王，您覺得怎樣？」燕王說：「好極了。」蘇秦說：「像曾參那樣孝順的人，他連離開父母在外頭住一夜都不幹，您又怎麼能使他步行千里來替弱小的燕國與處在危險中的燕王來效力呢？像伯夷那樣廉潔，他的行為準則是不作孤竹君的繼承人，也不作周武王的臣子，不接受封侯的賞賜，寧願餓死在首陽山下。像這樣廉潔的人，您又怎麼能使他步行千里，到齊國去進行坑騙呢？像尾生那樣守信用的人，和女子約會在橋下，女子沒有來，大水來了也不肯離開，以至於抱著柱子淹死。像這種守信用的人，您又怎麼能夠使他步行千里，去說退齊國的強兵呢？我因為真心對您『忠』『信』，才得罪了您的呀。」燕王說：「您不是真的『忠』『信』，哪有因為『忠』『信』而獲罪的事情呢？」蘇秦說：「事實不是這樣。我聽說有個到遠方做官的人，他的妻子和別人私通。她的丈夫將要回來了，她的姘夫擔心。這個妻子說：『你不用擔心，我已經準備好毒酒等著他了。』過了三天，她丈夫果然回來了，妻子叫侍妾捧著毒酒讓丈夫喝。侍妾想說出酒裡有毒藥，但怕女主人會因此被趕走；不說呢，又怕毒死男主人。於是假裝跌倒而打翻了酒。男主人大怒，打了她五十鞭子。侍妾假裝跌倒潑了毒酒，對上是保護了男主人，對下是保護了女主人，但自己卻不免挨了一頓鞭子，怎麼能說『忠』『信』就不會得罪呢？我的罪過，不幸正和這個故事相同啊！」燕王說：「您還是擔任原來的職位吧。」從此以後便更加優待蘇秦。

5 燕易王的母親是燕文侯的夫人，她和蘇秦私通。燕易王知道了，對蘇秦更加優待。蘇秦害怕被殺，就對燕王說：「我在燕國不能提高燕國的地位；我如到齊國，則肯定能使燕國的地位提高。」燕王說：「您怎麼辦都行。」於是蘇秦假裝得罪了燕國而逃奔到齊，齊宣王讓他充當高級參謀。

6 齊宣王死後，齊湣王繼位，蘇秦勸說湣王隆重地安葬宣王，以表示自己的孝思；高築宮室，擴大苑囿，以顯示自己的得意。他想以此損耗齊國，為燕國提供可乘之機。燕易王死去，燕王噲繼位。後來，齊國的大夫中有人與蘇秦爭寵，派人暗殺蘇秦。蘇秦受了重傷，刺客則逃走了。齊王派人去抓兇手，沒有抓到。蘇秦快要死了，對齊王說：「我如果死了，請您把我車裂後在廣場上示眾，您可以宣布說『蘇秦為了燕國在齊國作亂』，這樣，那暗殺我的兇手就一定能抓到了。」齊王照蘇秦的話辦，兇手果然露面了，齊王就把他捉來處死。燕國人聽到這個消息，說：「齊國用這種辦法替蘇秦報仇，也太過分了。」

1 蘇秦既死，其事大泄❶。齊後聞之，乃恨怒燕，燕甚恐。蘇秦之弟曰代，代弟蘇厲❷，見兄遂，亦皆學❸。及蘇秦死，代乃求見燕王❹，欲襲故事❺。曰：「臣，東周之鄙人也。竊聞大王義甚高，鄙人不敏，釋鉏耨❻而干❼大王。至於邯鄲❽，所見者絀於所聞於東周❾，臣竊負其志❿。及至燕廷，觀王之羣臣下吏，王，天下之明王也。」燕王曰：「子所謂明王者何如也？」對曰：「臣聞明王務聞其過，不欲聞其善，臣請謁⓫王之過。夫齊、趙者，燕之仇讎也⓬；楚、魏者，燕之援國也。今王奉⓭仇讎以伐援國，非所以利燕也。王自慮之，此則計過；無以聞者⓮，非忠臣也。」王曰：「夫齊者固寡人之讎，所欲伐也，直[15]患國敝力不足也。子能以燕伐齊，則寡人舉國委子[16]。」對曰：「凡天下戰國七，燕處弱焉。獨戰則不能，有所附則無不重[17]。南附楚，楚重；西附秦，秦重；中附韓、魏，韓、魏重。且苟所附之國重，此必使王重矣[18]。今夫齊，長主而自用也[19]。南攻楚五年[20]，畜聚竭[21]；西困秦三年[22]，士卒罷敝[23]；北與燕人戰[24]，覆三軍，得二將[25]；然而以其餘兵[26]南面舉五千乘之大宋[27]，而包十二諸侯[28]。此其君欲得[29]，其民力竭，惡足取乎[30]？且臣聞之，數[31]戰則民勞，久師[32]則兵敝矣。」燕王曰：「吾聞齊有清濟[33]、濁河[34]可以為固，長城鉅防[35]足以為塞，誠有之乎？」對曰：「天時不與[36]，雖有清濟、濁河，惡足以為固？民力罷敝，雖有長城鉅防，惡足以為塞？且異日濟西[37]不師[38]，所以備趙也；河北[39]不師，所以備燕也。今濟西、河北盡已役矣[40]，封內[41]敝矣。夫驕君必好利，而亡國之臣必貪於財。王誠能無羞從子母弟以為質[42]，寶珠玉帛以事左右[43]，彼將有德燕[44]而輕亡宋[45]，則齊可亡已[46]。」燕王曰：「吾終以子受命於天矣。」[47]燕乃使一子質於齊[48]。而蘇厲因燕質子而求見齊王。齊王怨蘇秦，欲囚蘇厲。燕質子為謝，已，遂委質為齊臣[49]。

2 燕相子之[50]與蘇代婚[51]，而欲得燕權，乃使蘇代侍質子於齊。齊使代報燕，燕王噲問曰：「齊王其霸乎？」曰：「不能。」曰：「何也？」曰：「不信其臣。」於是燕王專任子之，已而讓位，燕大亂[52]。齊伐燕，殺王噲、子之[53]。燕立昭王[54]，而蘇代、蘇厲遂不敢入燕[55]，皆終歸齊，齊善待之。

3 蘇代過魏，魏為燕執代[56]。齊使人謂魏王[57]曰：「齊請以宋地封涇陽君[58]，秦必不受。秦非不利有齊[59]而得宋地也，不信齊王與蘇子[60]也。今齊、魏不和如此其甚[61]，則齊不欺秦[62]。秦信齊，齊、秦合，涇陽君有宋地，非魏之利也。故王不如東蘇子[63]，秦必疑齊而不信蘇子矣。齊、秦不合，天下無變，伐齊之形成矣。」於是出蘇代。代之宋，宋善待之[64]。

4 齊伐宋[65]，宋急，蘇代乃遺燕昭王書曰[66]：「夫列在萬乘而寄質於齊[67]，名卑而權輕[68]；奉萬乘[69]助齊伐宋，民勞而實費[70]；夫破宋，殘楚淮北[71]，肥大[72]齊，讎彊而國害，此三者皆國之大敗也。然且王行之者，將以取信於齊也。齊加不信於王[73]，而忌燕愈甚，是王之計過矣。夫以宋加之淮北，強萬乘之國也[74]，而齊并之，是益一齊[75]也。北夷[76]方七百里，加之以魯、衛，彊萬乘之國也，而齊并之，是益二齊也。夫一齊之彊，燕猶狼顧[77]而不能支，今以三齊臨燕，其禍必大矣。雖然，智者舉事，因禍為福，轉敗為功。齊紫，敗素也，而賈十倍[78]；越王句踐棲於會稽[79]，復殘彊吳[80]而霸天下，此皆因禍為福，轉敗為功者也。今王若欲因禍為福，轉敗為功，則莫若挑霸齊而尊之[81]，使使盟於周室[82]，焚秦符[83]，曰『其大上計，破秦[84]；其次，必長賓[85]之』。秦挾賓[86]以待破，秦王必患之。秦五世伐諸侯[87]，今為齊下，秦王之志苟得窮[88]齊，不憚以國為功[89]。然則王何不使辯士以此言說秦王曰：『燕、趙破宋肥齊[90]，尊之為之下[91]者，燕、趙非利之也。燕、趙不利而勢為之者，以不信秦王[92]也。然則王何不使可信者接收燕、趙[93]，今涇陽君、高陵君先於燕、趙[94]？秦有變，因以為質[95]，則燕、趙信秦。秦為西帝，燕為北帝，趙為中帝，立三帝以令於天下[96]。韓、魏不聽則秦伐之，齊不聽則燕、趙伐之，天下孰敢不聽？天下服聽，因驅韓、魏以伐齊，曰「必反宋地，歸楚淮北」。反宋地，歸楚淮北，燕、趙之所利也[97]；竝立三帝，燕、趙之所願也。夫實[98]得所利，尊[99]得所願，燕、趙弃齊如脫躧[100]矣。今不收燕、趙，齊霸必成。諸侯贊[101]齊而王不從，是國伐也[102]；諸侯贊齊而王從之，是名卑也。今收燕、趙，國安而名尊；不收燕、趙，國危而名卑。夫去尊安[103]而取危卑，智者不為也。』秦王聞若說[104]，必若刺心[105]，然則王何不使辯士以此若言說秦[106]？秦必取[107]，齊必伐[108]矣。夫取秦，厚交也[109]；伐齊，正利也。尊厚交，務正利，聖王之事也。」

5 燕昭王善其書，曰：「先人嘗有德蘇氏[110]，子之之亂而蘇氏去燕[111]。燕欲報仇於齊，非蘇氏莫可。」乃召蘇代，復善待之，與謀伐齊。竟破齊，湣王出走[112]。

6 久之，秦召燕王[113]。燕王欲往，蘇代約[114]燕王曰：「楚得枳而國亡[115]，齊得宋而國亡[116]，齊、楚不得以有枳、宋而事秦[117]者，何也？則有功者，秦之深讎也。秦取天下，非行義也，暴也。秦之行暴，正告[118]天下：

7 「告楚曰：『蜀地之甲[119]，乘船浮於汶[120]，乘夏水而下江[121]，五日而至郢。漢中[122]之甲，乘船出於巴[123]，乘夏水而下漢，四日而至五渚[124]。寡人積甲宛[125]東下隨[126]，智者不及謀，勇士不及怒，寡人如射隼[127]矣。王乃欲待天下之攻函谷[128]，不亦遠乎[129]！』楚王為是故，十七年[130]事秦。

8 「秦正告韓曰：『我起乎少曲[131]，一日而斷大行[132]。我起乎宜陽而觸平陽[133]，二日而莫不盡繇[134]。我離兩周而觸鄭[135]，五日而國舉[136]。』韓氏以為然，故事秦。

9 「秦正告魏曰：『我舉安邑，塞女戟[137]，韓氏太原卷[138]。我下軹道、南陽、封、冀[139]，包兩周[140]。乘夏水，浮輕舟[141]，彊弩在前，錟[142]戈在後，決滎口[143]，魏無大梁[144]；決白馬之口[145]，魏無外黃[146]、濟陽[147]；決宿胥之口[148]，魏無虛[149]、頓丘[150]。陸攻則擊河內[151]，水攻則滅大梁[152]。』魏氏以為然，故事秦。

10 「秦欲攻安邑，恐齊救之，則以宋委於齊[153]。曰：『宋王[154]無道，為木人以寫寡人[155]，射其面。寡人地絕[156]兵遠，不能攻也。王苟能破宋有之，寡人如自得之。』已得安邑，塞女戟，因以破宋為齊罪。

11 「秦欲攻韓，恐天下救之，則以齊委於天下。曰：『齊王四與寡人約，四欺寡人，必率天下以攻寡人者三[157]。有齊無秦，有秦無齊，必伐之，必亡之[158]。』已得宜陽、少曲，致藺、離石[159]，因以破齊為天下罪。

12 「秦欲攻魏，重楚[160]，則以南陽委於楚[161]。曰：『寡人固與韓且絕矣，殘均陵，塞鄳阸[162]，苟利於楚，寡人如自有之。』魏棄與國而合於秦[163]，因以塞鄳阸為楚罪。

13 「兵困於林中[164]，重燕、趙[165]，以膠東[166]委於燕，以濟西[167]委於趙。已得講於魏[168]，至公子延[169]，因犀首屬行而攻趙[170]。

14 「兵傷於譙石，而遇敗於陽馬[171]，而重魏[172]，則以葉[173]、蔡[174]委於魏。已得講於趙，則劫魏，不為割[175]。困則使太后弟穰侯為和[176]，嬴則兼欺舅與母[177]。

15 「適燕者曰『以膠東』[178]，適趙者曰『以濟西』，適魏者曰『以葉、蔡』，適楚者曰『以塞鄳阸』，適齊者曰『以宋』，此必令言如循環[179]，用兵如刺蜚[180]，母不能制，舅不能約。

16 「龍賈之戰[181]，岸門之戰[182]，封陵之戰[183]，高商之戰[184]，趙莊之戰[185]，秦之所殺三晉[186]之民數百萬，今其生者皆死秦之孤[187]也。西河之外，上雒之地，三川晉國之禍，三晉之半[188]。秦禍如此其大也，而燕、趙之秦者[189]，皆以爭[190]事秦說其主，此臣之所大患也。」

17 燕昭王不行，蘇代復重於燕[191]。

18 燕使約諸侯從親如蘇秦時，或從或不[192]，而天下由此宗蘇氏之從約[193]。代、厲皆以壽死，名顯諸侯。

【章　旨】以上為第十段，寫「蘇代」所從事的縱橫活動。

【注　釋】❶蘇秦既死二句　大泄，指為燕行反間以「破敝齊」的事情暴露。馬雍曰：「《史記》中有關蘇秦的記載錯誤百出，其材料來源多出偽造，可憑信者十無一二。尤其嚴重的是以為蘇秦死於燕王噲之時，早於昭王立。」牛鴻恩曰：「司馬遷誤信蘇秦死於燕噲初立時，故將《國策》中此後之蘇秦行事皆改作蘇代。」❷蘇秦之弟曰代二句　據本傳開頭《索隱》引譙周說，蘇氏兄弟五人，秦為最少；今史公則云代、厲皆秦之弟，蓋誤也。梁玉繩曰：「據〈秦策〉，蘇秦有嫂，而呼為『季子』。上文一則曰『兄弟嫂妹』，一則曰『昆弟妻嫂』，似秦居第四；乃〈燕策〉及《史》又以代、厲為秦弟何也？」唐蘭曰：「蘇代當是兄。蘇代遊說諸侯較早，在前四世紀末期，以往來於魏、燕、齊各國，蘇秦的事跡要晚得多。」❸見兄遂二句　遂，成，謂志願實現。亦皆學，謂亦學縱橫之術。❹求見燕王　據史公原意，此指燕王噲（西元前三二〇—前三一二年在位）。❺襲故事　按「其兄蘇秦」的老章程辦事。按：據現代《戰國策》學者研究，此「蘇代」應作「蘇秦」；此「燕王」應指「燕昭王」，此乃真正蘇秦活動之開始。繆文遠曰：「燕昭王立國於殘破之餘，將招賢以報仇，《說苑・君道》記燕昭王師事郭隗三年後，『蘇子聞之，從周歸燕，果以弱燕并強齊。』」按：《說苑・尊賢》亦有類似記載。❻釋鉏耨　放下鋤頭，停止除草，意即離開平民的家庭。❼干　求見。❽邯鄲　趙國都城，即今河北邯鄲，從蘇氏之家鄉洛陽到燕國都城（今北京市），中間須經過邯鄲。❾所見者絀於所聞於東周　意謂在邯鄲所見的人們對燕王的評價，不如在洛陽所聽到的評價高。絀，同「屈」。被壓低。徐孚遠曰：「代至邯鄲，而所聞不稱，此隱語也。下文云：『趙者，燕之深仇』，則是聞諸邯鄲之言，將以間燕、趙也。」按：《戰國策》於此作「至於邯鄲，所聞於邯鄲者又高於所聞東周」，與此意別，而較此順暢。❿竊負其志　內心感到有些失望。負，虧缺。也有人釋「負」為抱希望。按：依《戰國策》所聞所見的依次升高，解釋為「抱希望」較好；依本傳的中間降低，似解釋為「失望」略好。⓫謁　進見；稟告。⓬夫齊趙者二句　繆文遠曰『「趙」字當衍，下同。」按：齊宣王曾趁燕王噲之亂大舉伐燕，故兩國間有深仇。⓭奉　遵從，這裡指「跟著」、「幫著」。⓮無以聞者　明知不好而不告訴燕王。⓯直　只；只不過。⓰舉國委子　把整個國家委託與你，意即一切唯你是聽。⓱有所附則無不重　意謂燕國靠攏哪個國家，則那個國家的地位就會提高。⓲苟所附之國重二句　《正義》曰：「言附諸國，諸國重燕，而燕尊重。」⓳今夫齊二句　長主，年長、有權威的君主。《索隱》曰：「謂齊王年長也。或作『齊強，故言長主。』」諸祖耿引金正煒曰：「《呂覽・正名》篇：『齊湣王，周室之孟侯也。』注：『孟，長也。長主，亦猶孟侯。』」自用，獨斷專行，自以為是。按：此時的齊王為齊湣王（西元前三〇〇—前二八四年在位）。⓴南攻楚五年　繆文遠曰：「指齊、韓、魏為楚負其從親而伐楚事，見《史記・楚世家》，在周赧王十二年（西元前三〇三年）。兩年後，秦又與齊、韓、魏共伐楚，殺楚將唐昧。又兩年，孟嘗君去齊相秦。攻楚之役，首尾五年。」㉑畜聚竭　指齊國自身的蓄積消耗殆盡。畜，同「蓄」。㉒西困秦三年　繆文遠曰：「指周赧王十七年至十九年（西元前二九八—前二九六年）齊、韓、魏三國攻秦入函谷關事，見《史記・六國年表》。」㉓士卒罷敝　指齊國自己的士卒疲敝。罷，通「疲」。㉔北與燕人戰　梁玉繩曰：「此齊與燕戰事無考。」繆文遠曰：「即周赧王十九年（西元前二九六年）齊、燕權之戰。」㉕覆三軍二句　《集解》曰：「齊覆三軍，而燕失二將。」繆文遠曰：「指燕軍之損失。」按：詳上下文意，似以《集解》說為是。㉖餘兵　繆文遠引金正煒曰：「謂久役之兵。」蓋與通常之所謂「餘勇」、「剩勇」意同。㉗舉五千乘之大宋　楊寬〈戰國大事年表〉於周赧王二十九年（西元前二八六年）云：「齊滅宋，宋王偃死于魏的溫。」舉，拔；攻下。宋，國都原在睢陽（今河南商丘東南），後遷彭城（今江蘇徐州）。所謂「五千乘」者，言其雖非被稱為「萬乘」的「戰國七雄」，但畢竟還是一個有相當實力的國家。㉘包十二諸侯　包，謂圍而取之。十二諸侯，吳師道曰：「即所謂泗上諸侯。」

瀧川曰：「如鄒、魯之屬。」㉙其君欲得　君主的欲望雖然獲得滿足。㉚惡足取乎　有什麼可取的呢？按：《戰國策》於此作「安猶取哉？」意即還能再攻取別的嗎？鮑彪曰：「言齊不可復攻取。」㉛數　密；頻繁。㉜久師　連年用兵。㉝清濟　即濟水，自河南流來，經今濟南市北，東北流，入渤海，與今山東境內黃河的流向大體相近。㉞濁河　即黃河，當時的河道是從今河南西部流來，東北行，經今滑縣、濮陽，再東北行，經今山東德州、河北滄州，東北流入海。這一帶大體為齊國的西北境。㉟長城鉅防　即齊之長城，西起今山東平陰東北，東行經泰山北側，復東行經沂源北，東南折至今膠南縣西南之琅邪，大體為當時齊國之南境。牛鴻恩曰：「張維華引《竹書紀年》『齊築防以為長城』，〈楚世家〉『還蓋長城以為防』。『防』為齊長城之別名，因其初乃由濟水之堤防增築而為城，故仍名防。」㊱天時不與　意即上天不助齊國。與，贊成；佐助。㊲濟西　調濟水以西的齊國地區，如今之山東聊城、陽穀一帶。㊳不師　不徵調那裡的丁男到別處當兵。按：《戰國策》於此作「不役」，較此更為明豁。㊴河北　黃河西北屬於齊國的地區，如今山東之武城、臨清等地。㊵濟西河北盡已役矣　徐孚遠曰：「二境之師不出，專以備燕、趙，今用兵不休，故二境皆發也。」㊶封內　四境之內，猶言整個齊國。封，國界。㊷無羞從子母弟以為質　不以派自己的親屬出去作人質為羞恥。從子，兄弟之子，即姪。按：《戰國策》於此作「寵子」，受寵的親生兒子。「寵子」與「母弟」對文，較「從子」為長。㊸以事左右　調以財貨收買齊王的左右近臣。㊹將有德燕　按：「有」字衍文，《戰國策》於此作「且德燕」，可以為證。「且」即「將」。德，感念燕國的好處。㊺輕亡宋　不把出兵滅宋看作一回事。鮑彪曰：「輕者，易為之。然則前言『舉』，未亡也。」㊻則齊可亡已　瀧川曰：「齊國力益敝，可伐而亡也。」㊼燕王曰二句　意調我一定把你的上述建議看成是老天爺對我的囑託。按：以上「蘇代」說燕王事，見《戰國策・燕策一》，而〈燕召公世家〉及〈六國年表〉均不載。呂祖謙曰：「論齊之亡形，莫詳於此。《戰國策》誤以為說燕王噲，使噲能有志如是，豈至覆國乎！論其世，考其事，皆說昭王之辭也。」繆文遠曰：「此章由兩段蘇秦說辭連綴而成，前段自章首至『委之於子矣』，當為蘇秦自周歸燕，始見燕昭王與之談論報齊之語，事在周赧王七年（西元前三〇八年）；後段為齊滅宋前夕，蘇秦為燕策劃破齊之語。」㊽乃使一子質於齊　梁玉繩曰：「〈燕策〉作『燕王之弟質齊』，疑此誤也。此質子應是王噲之子，昭王之弟。」按：即襄安君，說見後注。㊾遂委質為齊臣　調蘇厲遂委質為齊臣。委質，獻禮以求為人作臣。質，通「贄」。或曰：「委質」即「委身」。按：以上蘇厲因燕質子為臣於齊事，見《戰國策・燕策一》。繆文遠曰：「因燕質子見齊王及侍燕質子於齊均蘇秦事，而此乃以為代、厲，所言均不足信。」㊿子之　燕王噲的宰相，史失其姓。(51)與蘇代婚　〈燕召公世家〉云：「蘇秦之在燕，與其相子之為婚，而蘇代與子之交。」與《戰國策》同，與本傳說異。(52)燕王專任子之三句　據〈燕召公世家〉，是蘇代首先勸燕王噲重任子之，至燕王噲三年（西元前三一八年），說客鹿毛壽又勸燕王噲讓位於子之。而子之「南面行王事」之第四年（西元前三一五年），燕國始大亂。《韓非子・外儲說》與此略同。(53)齊伐燕二句　據〈燕召公世家〉，燕國大亂後，「孟軻謂齊王曰：『今伐燕，此文、武之時，不可失也。』」王因令章子將五都之兵，以因北地之眾以伐燕。士卒不戰，城門不閉，燕君噲死，齊大勝。」其時為齊宣王六年，燕王噲七年，西元前三一四年。其過程與《戰國策・燕策一》說同。(54)燕立昭王　昭王名職，燕王噲之子，太子平之弟。太子平於亂中被殺，於是公子職被立，即燕昭王，其元年為西元前三一一年。(55)蘇代蘇厲遂不敢入燕　牛鴻恩曰：「《韓非子》不言『子之與蘇代婚』，僅言『蘇代為齊使燕』，由此可證蘇代之活動早於蘇秦。王噲讓國既經蘇代調唆，齊又乘亂侵燕，故『燕昭王立，蘇代、蘇厲遂不敢入燕，皆終歸齊』，這種記載符合邏輯。」(56)蘇代過魏二句　執，拘留；逮捕。牛鴻恩曰：「被執者為蘇秦，非蘇代。此事發生在西元前二八六年，齊國乘宋亂攻滅了宋。此事震動各國，魏國首先把安邑與河內獻給秦國，並拘留了蘇秦。此章在〈燕策一〉中與蘇代鼓動燕王寵任子之事相連，上章既有所謂蘇代『不敢入燕』，故此章遂有了『為燕執代』云云，純為想當然。」(57)魏王　魏襄王（西元前三一八—前二九六年在位）。(58)請以宋地封涇陽君　意即以此向秦國討好。涇陽君，名市，秦昭王（西元前三〇六—前二五一年在位）之弟，封地涇陽（今陝西涇陽西北）。(59)有齊　控制齊國。有，占有；控制。(60)不信齊王與蘇子　不相信他們會那麼大方。(61)齊魏不和如此其甚　即上文所謂「魏為燕執代」。(62)則齊不欺秦　意謂由此可以證明齊國的討好秦國可能是出於真心，目的是為了東西夾擊魏國。(63)東蘇子　放蘇代（實應作「蘇秦」）回到東方的齊國去。(64)代之宋二句　按：以上齊國某人脫「蘇代」於魏事，見《戰國策・燕策一》。繆文遠曰：「此〈魏策一〉『蘇秦拘於魏章』與〈燕策一〉『蘇代過魏，魏為燕執代章』同記一事，此章以為『蘇秦』，彼章以為『蘇代』。《史記・蘇秦傳》記此事作『蘇代』，以為燕昭王初立時事。《史記》誤將蘇秦年代提早，並將蘇秦卒年提至燕王噲死時，遂將此後蘇秦事迹皆塗改為『蘇代』或『蘇厲』。」唐蘭曰：「前二八六年（齊湣王十五年），齊、秦聯合，第三次伐宋，由於宋國內亂，齊國攻滅了宋。齊國這一大勝利使各國都震動了，魏國首先把安邑和河內獻給秦國以求和，並把蘇秦拘了。齊國派蘇厲去遊說，才放回齊國。」(65)齊伐宋　事在齊湣王十五年，燕昭王二十六年，西元前二八六年。宋的國都彭城，即今江蘇徐州。(66)蘇代乃遺燕昭王書曰　遺，致；給。繆文遠曰：「此章乃摹擬『蘇秦』口氣而作，所言多與史實不合，《國策》與《史記》均作『蘇代』，非是。」(67)寄質於齊　派人到齊國為質。鮑彪注：「寄，猶委也。」繆文遠曰：「燕昭王曾使其弟襄安君為質於齊。」(68)名卑而權輕　按：據前文，乃「蘇代」勸燕王派質子入齊國，而本文「蘇代」又說燕向齊國派質子是「名卑而權輕」，前後相互抵牾。(69)奉萬乘　意即「拿自己一個萬乘之國」。奉，持。(70)實費　使軍備受消耗。實，軍實；軍備。《左傳》僖公三十三年有所謂「墮軍實而長寇讎」。(71)殘楚淮北　唐蘭曰：「淮北當時是宋地，帛書第一組十四章是當時的真實史料，第八章『欲以殘宋取淮北』，第十四章『宋以淮北與齊講』，均可證。此文以淮北為楚地顯然是錯的。」（《戰國縱橫家書》附）(72)肥大　壯大。(73)齊加不信於王　按：句子不順，疑「加不」二字顛倒。《戰國策》於此作「齊未加信於足下」，可為證明。(74)強萬乘之國也　鮑彪注：「宋，五千乘國也，又加之淮北，則萬乘而強。」繆文遠引金正煒曰：「《爾雅・釋詁》：『強，當也。』言以五千乘之宋加之淮北，足與萬乘之國相當也。」(75)益一齊　給現在的齊國又增加上一個「齊國」。(76)北夷　《索隱》曰：「謂山戎、北狄附齊者。」山戎、北狄乃燕國周邊的少數民族。王念孫曰：「『北夷』當作『九夷』。九夷之地東與十二諸侯接，而魯為十二諸侯之一，故此言齊并九夷與魯衛也。」繆文遠曰：「王說是也，帛書正作『九夷』。九夷之地在淮泗之間，南與楚接，東與泗上十二諸侯接。」(77)狼顧　徬徨、恐懼的樣子。(78)齊紫三句　《正義》曰：「齊君好紫，而齊俗尚之，取惡素帛染為紫，其價十倍貴於餘。」凌稚隆引柯維騏曰：「敗素雖無用，而齊染紫則售重價，智者舉事，轉敗為功，正此類也。」賈，同「價」。(79)棲於會稽　越王句踐被吳王夫差打敗後，曾棲於會稽山（今浙江紹興東南），見〈越王句踐世家〉。(80)殘彊吳　即滅掉吳國。(81)挑霸齊而尊之　意即花言巧語地尊齊為霸主。《正義》曰：「挑，執持也。」《戰國策》作「遙」；《戰國縱橫家書》作「招」，皆生澀難通。按：「挑」疑與「誂」通，以言語引誘、慫恿，猶今之所謂「戴高帽」。(82)使使盟於周室　謂使東方各國都派使臣會聚於周天子處，結約定盟。(83)焚秦符　張照曰：「符者，節信也。『焚秦符』者，絕之也。〈楚世家〉曰：『齊折楚符而合於秦。』」(84)其大上計二句　李笠曰：「〈燕策〉作『夫上計破秦』，疑此『大』字即『夫』字之訛；『其』字涉下『其次』而誤衍也。」牛鴻恩曰：「帛書作『大上』，即『太上』。蓋或作『上計』，或作『太上』，史文誤合之。既作誓辭，不應作『夫』字。」(85)賓　同「擯」。排抑，此指將其扼於西方，使其不得東出。(86)挾賓　瀧川引岡白駒曰：「猶云『被賓』。」(87)秦五世伐諸侯　五世，謂獻公、孝公、惠文王、武王、昭王。伐，《戰國策》作「結」，《戰國縱橫家書》作「伐」。「伐」指對東方諸國進行攻擊；「結」則謂與東方諸國結盟，二者皆可。(88)窮　使其困窘、難堪。(89)不憚以國為功　吳見思曰：「苟得破齊，不憚以國殉之也。」瀧川曰：「賭國求勝也。」(90)燕趙破宋肥齊　指前述燕、趙助齊滅宋，使齊壯大。(91)尊之為之下　即上述「挑霸齊而尊之」云云的一大套活動。(92)不信秦王　不相信秦王能與燕、趙交好，能保護燕、趙。(93)使可信者接收燕趙　可信者，可以讓燕、趙相信的人。接收燕、趙，意即與燕、趙結盟交好。(94)令涇陽君高陵君先於燕趙　意即派涇陽君（名市）、高陵君（名悝）分別出使燕、趙兩國。按：《索隱》於此處稱「高陵君名顯」者，非，可參看〈穰侯列傳〉注。涇陽君、高陵君皆秦昭王之胞弟。(95)秦

有變二句　有變，鮑彪曰：「謂背二國。」按：此處意即讓燕、趙兩國放心。(96)立三帝以令於天下　袁黃曰：「六國惟燕最弱，即令少得志，豈敢與齊、秦並帝哉？此所謂『空言無實』者。」唐蘭曰：「秦昭王稱『帝』才兩月，因齊國西師而被迫取消了，此文作者卻異想天開，要搞三『帝』。況且燕在當時是弱國，如何可以稱『北帝』？」(97)燕趙之所利也　齊國退回宋與淮北之地，則其國力消減，此對燕、趙有利。(98)實　實際；實惠。(99)尊　指名聲、地位。(100)弃齊如脫躧　拋棄齊國如同甩掉一雙破鞋。躧，同「屣」。草鞋。(101)贊　助；擁戴。(102)是國伐也　鮑彪曰：「秦受齊伐。」(103)去尊安　放棄「尊安」不取。(104)若說　這種說法。若，這。(105)必若刺心　瀧川曰：「言其切己。」(106)然則王何不使辯士以此若言說秦　中華本將此句「然」字斷於上句，作「必若刺心然」；《戰國縱橫家書》將「然」字斷於下句，今從《戰國縱橫家書》。此若言，猶言「此言」。王念孫曰：「連言『此若』者，古人自有復語耳，《管子・山田軌篇》曰『此若言何謂也』；〈地數〉篇曰『此若言可得聞乎』；〈輕重丁〉篇曰『此若言曷謂也』；《墨子・尚賢》篇曰『此若言之謂也』，皆并用『此若』字。」(107)秦必取　意謂秦必聽取您的建議，結好燕、趙。(108)齊必伐　齊國必將受到秦國的攻擊。(109)取秦二句　厚交，意義重大的結交。《戰國策》作「上交」，較此明確。(110)先人嘗有德蘇氏　即開頭所謂燕資蘇秦赴趙以倡導合縱事。(111)去燕　離開燕國。(112)乃召蘇代五句　齊被燕國所破事，在燕昭王二十八年，齊湣王十七年，西元前二八四年，詳見〈田敬仲完世家〉、〈樂毅列傳〉。按：以上「蘇代」為宋致書燕王，勸其親秦反齊事，見《戰國策・燕策一》與《戰國縱橫家書・謂燕王章》，而〈燕召公世家〉與〈六國年表〉皆不載。繆文遠曰：「此章乃摹擬蘇秦口氣而作，所言多與事實不合，《國策》及《史記》均作『蘇代』，非是。帛書第二十章與此章大同小異，而無說者姓名。夫助齊攻宋，乃蘇秦為燕敝齊之謀略，此章乃勸燕王毋助齊伐宋，顯見其對歷史無知。淮北宋地，此乃以為楚地；燕本弱國，此乃欲以燕與秦、趙並尊為三帝，均與當時情勢不合。」牛鴻恩曰：「蘇秦為燕入齊作反間，蘇代又被安排重演了一回，好像蘇氏兄弟專門為人作反間，而齊國君臣個個又像是木頭人，可以用同樣手法一騙再騙而不覺悟。只要捅破一層紙，就會看清它們明明是一事的異說而已。為燕昭王作反間的是蘇秦，因為陰差陽錯，他的時代被提前了；而他在燕昭王時代的事又無法濯除，資料又相當多，於是便拉了『蘇代』來替代。」(113)秦召燕王　謂秦昭王（西元前三〇六—前二五一年在位）召燕昭王（西元前三一一—前二七九年在位）。(114)約　鮑彪注：「猶『止』。」(115)楚得枳而國亡　楚由於攻得枳縣，而招致國都丟失。枳，秦縣名，即今四川涪陵。牛鴻恩曰：「前二七九年，楚將莊蹻受頃襄王派遣越過黔中郡一直攻到滇池，枳在長江南，正屬黔中郡。」國亡，瀧川曰：「言失國都。」按：秦昭王二十九，楚頃襄王二十一年（西元前二七八年），秦將白起攻拔楚都郢（今湖北江陵西北），楚被迫遷都陳（今河南淮陽）。(116)齊得宋而國亡　據〈六國年表〉，周赧王二十九年（西元前二八六年）齊滅宋；周赧王三十一年（西元前二八四年），樂毅率五國兵破齊，齊湣王身死。[117]事秦　指到頭來還都得向秦國低頭。[118]正告　公然宣告。《索隱》曰：「謂顯然而告。」繆文遠引金正煒曰：「謂直告之，不委曲也。」[119]蜀地之甲　巴、蜀一帶的秦國軍隊。巴、蜀於秦惠文王後元九年（西元前三一六年）被秦所滅，歸入秦國版圖。[120]乘船浮於汶　謂從汶水順流而下。汶水即長江的支流岷江，因其發源於汶山（也稱岷山），故當時稱汶水。[121]乘夏水而下江　趁夏日水大進入長江。[122]漢中　秦郡名，約當今陝西之東南部與湖北之西北部一帶地區。[123]乘船出於巴　由巴水順流東出。《索隱》曰：「巴，水名，與漢水近。」按：「漢水」附近未聞更有「巴水」，此「巴」字疑應作「漢」。[124]五渚　說法不一，《集解》以為在今湖南洞庭湖一帶；《索隱》以為在「宛、鄧之間，臨漢水」，後說近是。[125]積甲宛　聚集兵力於宛城（今河南南陽）。[126]東下隨　東出攻克隨縣（今屬湖北）。[127]射隼　指打獵，以喻其輕而易舉。隼，一種鷹類的猛禽。[128]王乃欲待天下之攻函谷　王，以稱楚頃襄王，懷王之子，名橫，西元前二九八－前二六三年在位。天下之攻函谷，指東方其他國家的救楚攻秦。函谷，秦國東界的關名，在今河南靈寶東北。[129]不亦遠乎　不顯得太荒唐嗎？遠，不合情理。[130]十七年　牛鴻恩引于鬯《戰國策年表》以為應指從頃襄王四年至二十年（西元前二九五－前二七九年）。[131]起乎少曲　自少曲起兵。少曲，韓地名，在今河南沁源西北。諸祖耿引黃式三曰：「少曲，沁水之曲，沁水一名『少水』。」[132]斷大行　斷絕韓國都城（今河南新鄭）與其上黨地區之間的經由太行山的通道。此通道在當時的「少曲」東北。[133]起乎宜陽而觸平陽　由宜陽出兵渡黃河北攻平陽。宜陽，韓國西部的重鎮名，在今河南宜陽西，西元前三〇八年被秦所占。觸，進擊。平陽，韓縣名，在今山西臨汾西南。[134]莫不盡繇　繇，《索隱》曰：「搖，動也。」謂河東地區的韓國地盤無不為之震動。或曰，「徭，戍也。」全國各地皆為之緊張戍守。二說皆可通。[135]離兩周而觸鄭　謂經由洛陽一帶而進擊韓國都城新鄭。《正義佚文》：「離，歷也。」[136]國舉　謂韓國的都城將被攻克。舉，拔；攻克。[137]舉安邑二句　安邑，魏國舊時的都城，在今山西夏縣西北。女戟，《索隱》曰：「地名，蓋在太行山之西。」[138]韓氏太原卷　按：「太原」乃趙地，不屬韓。《正義》引劉伯莊曰：「『太原』當為『太行』；『卷』猶『斷絕』。」意即韓國太行山以西的地盤將盡被秦國所占有。此外還有一些說法，因皆難以圓通，故不錄。[139]下軹道南陽封冀　謂出兵經由軹道、南陽、封、冀諸地。軹道，亭名，在當時秦都咸陽城之東南（今西安市東北）。南陽，魏地名，指今黃河以北、王屋山以南的今濟源、孟縣一帶地區。封、冀，皆魏邑名。封，封陵，在今山西風陵渡之黃河東岸。冀，即今山西稷山。按：依本文則四地之方位錯雜，文意不清，諸祖耿引張琦曰：「當作『下軹道、封、冀、南陽』。」此說比較簡便明瞭。至於斷句，若斷作「下軹，道封、冀、南陽」，亦可。道，經由。[140]兩周　東周居鞏（今鞏縣西南），西周居王城（今洛陽市）。

(141)浮輕舟　謂乘舟順黃河東下。(142)銛　同「銛」。鋒利。(143)決滎口　在滎口決黃河放水。滎口，在今鄭州市北的黃河邊上。

(144)魏無大梁　言魏國的都城大梁（今開封市）將被河水吞沒。(145)白馬之口　也稱「白馬津」，在今河南滑縣東北的古黃河邊上。

(146)外黃　魏縣名，在今河南蘭考東南。(147)濟陽　魏縣名，在今蘭考東北。(148)宿胥之口　在今河南滑縣西南的古黃河邊上。(149)虛　魏縣名，在今河南延津東，古黃河之南。(150)頓丘　魏邑名，在今河南清豐西。(151)陸攻則擊河內　魏之「河內」指今河南新鄉、淇縣等一帶地區，當時都處於古黃河以北，故稱「河內」。(152)水攻則滅大梁　因決滎口、白馬津、決宿胥口都是放水淹黃河以南的魏國之地，而日後秦國滅魏也果然就是決滎口以灌大梁。(153)以宋委於齊　把宋國拋與齊國，任其討伐。繆文遠曰：「以宋委齊之說乃策士之妄言也。」牛鴻恩曰：「帛書十三章，韓繽（即韓珉）代表秦王說話：『齊取宋，請令楚、梁毋敢有尺地於宋，盡以為齊，秦取梁之上黨。』此即『以宋委齊』，並提出了對應的條件。」(154)宋王　名偃，西元前三二八－前二八六年在位。(155)為木人以寫寡人　用木頭做了一個我的偶像。寫，仿製。〈越語下〉有所謂「以良金寫范蠡之狀」，即此類也。唯「木人」的「人」字似可削。(156)地絕　地勢懸隔，不與之鄰近。(157)齊王四與寡人約三句　齊王，謂齊湣王。至於「四約」、「四欺」以及三率天下以攻秦事，未聞，或說客隨口編造。(158)必伐之二句　謂號召東方國家討伐齊國。(159)已得宜陽少曲二句　謂秦軍攻占宜陽、少曲（今河南沁源西北），韓國又向其割讓藺與離石。藺，縣名，在今山西離石西。離石，即今山西離石縣。按：「石」上原無「離」字，鮑本有，今隨增。「藺」與「離石」當時皆屬趙，非韓地。繆文遠以為「此皆策士不辨地理之言」。

(160)秦欲攻魏二句　《正義》曰：「畏楚救魏。」重，看重；畏，畏憚。(161)以南陽委於楚　把今河南西南部的魯山、葉縣一帶原屬魏國的地區拋給楚國，任其攻占。(162)殘均陵二句　意即攻占了均陵、鄳阸等地區。殘，屠戮。塞，占據。均陵，即今湖北均縣。鄳阸，也稱「冥厄」，「黽塞」，即今河南信陽西南之平靖關。按：均陵、黽厄本為楚地，不屬魏，蓋亦策士妄言也。(163)魏弃與國而合於秦　弃與國，背叛同盟國。與，相與；結交。(164)兵困於林中　指秦伐魏之林中不利。林中，地名，在今河南新鄭東北。牛鴻恩曰：「此指秦昭王二十四年（西元前二八三年）秦攻魏，至大梁，魏相田文北說趙、燕，趙、燕出兵救魏事。參〈秦本紀〉、〈魏策三〉」。(165)重燕趙　害怕燕、趙再乘機攻秦。(166)膠東　膠河以東，即今山東之膠東半島，當時屬齊。「以膠東委燕」，蓋謂令燕國渡渤海以攻齊也。(167)濟西　指今山東聊城、茌平等古濟水以西地區，當時屬齊，西與趙國相鄰。(168)已得講於魏　待至一旦與魏國講和。講，《索隱》曰：「和也，解也。」也有說，講，同「構」、「媾」。(169)至公子延　《索隱》曰：「『至』當為『質』，謂以公子延為質也。」瀧川曰：「楓、三本『至』作『質』。」郭嵩燾以為「公子延」應作「公子繇」，秦昭王之弟。(170)因犀首屬行而攻趙　意謂秦立刻派公孫衍統兵以攻趙。犀首，即公孫衍，先後曾為秦國將軍、大良造，事見

〈張儀列傳〉。屬行，《索隱》曰：「連兵相續。」這裡即指統兵。171兵傷於譙石二句　指伐趙不利。譙石，《戰國策》作「離石」，即上文所說「致藺、離石」者也。陽馬，陽邑（今山西太谷東北）、馬陵（今山西太谷西南），以上諸地當時皆屬趙。172重魏　害怕魏國助趙攻秦。173葉　楚縣名，在今河南葉縣西南。174蔡　楚縣名，在今河南上蔡西南。175則劫魏不為割　詳其文意，當是指又反過來脅迫魏國，不使其占有「葉」與「蔡」。有的本子依〈燕策一〉增「魏」字，作「劫魏，魏不為割」，有的本子譯作「就脅迫魏國，魏國不肯割地」，與上下文不連貫，今不取。金正煒曰：「文以六字為句，謂前以葉、蔡委於魏，今劫魏而不為之割也。」176困則使太后弟穰侯為和　打了敗仗就讓穰侯去向人家求和。穰侯，魏冉，昭王之舅，宣太后之弟，事跡見〈穰侯列傳〉。177嬴則兼欺舅與母　嬴，應作「贏」。戰勝。欺舅與母，秦昭王之所以能夠取得秦國政權，全靠的是宣太后與穰侯魏冉；昭王即位後，魏冉又多有開疆拓土之功。而范雎入秦後，大力排擊魏冉與宣太后，致使魏冉與宣太后的晚年都非常淒涼。詳見〈范雎列傳〉、〈穰侯列傳〉。178適燕者曰以膠東　譴責燕國說是「你侵占了膠東」。適，同「謫」。譴責。下文「適趙」、「適魏」、「適楚」、「適齊」，意思皆與此同。179令言如循環　意謂話說得如同車軲轆轉，總會找到進攻別國的理由。180刺蜚　李光縉曰：「喻易也。蜚，蟲名。」瀧川曰：「楓、三本『蜚』作『韭』。『刺韭』猶言『薙草』。」繆文遠以為當依《戰國策》改作「刺繡」，「刺繡，言易也。」又曰「刺繡必繡成花紋，比喻交錯用兵。」181龍賈之戰　據〈六國年表〉，魏惠王後元二年（西元前三三三年），秦敗魏於雕陰（今陝西甘泉南），擒魏將龍賈。楊寬表繫之於魏惠王後元五年（西元前三三〇年），與《集解》說同。182岸門之戰　韓宣惠王十九年（西元前三一四年），秦敗韓於岸門（今河南許昌市西北）。183封陵之戰　魏襄王十六年（西元前三〇三年），秦攻取魏封陵（今山西風陵渡東）。184高商之戰　《集解》曰：「此戰事不見。」何建章引于鬯說，以為疑是「高安」之誤。「〈趙世家〉『成侯四年，與秦戰高安。』《正義》云：『蓋在河東。』」未審然否。185趙莊之戰　據〈六國年表〉，趙武靈王十三年（西元前三一三年），「秦拔我藺，虜將趙莊。」186三晉　謂韓、趙、魏三國。187死秦之孤　與秦軍作戰而死的東方將士的孤兒。188西河之外四句　按：四句意思不清。西河之外，指今黃河以西的陝西省東部地區，這一帶戰國初期屬魏。上雒之地，指今陝西洛南一帶的洛水上游地區，這一帶戰國初期屬魏。三川，指今河南西部黃河、洛水、伊水三水流域地區，戰國前期這一帶屬韓。晉國之禍，三晉之半，大意為：西河、上洛、三川是三晉與秦國交戰最頻繁、最激烈的地方，單是在這三個地區所犧牲的三晉士兵，就占了全部犧牲者的一半。另一說謂秦國占領以上三個地區，就已經占領了三晉全部國土的一半。吳師道曰：「言秦已得三晉之半也。」189燕趙之秦者　謂東方諸國中的親秦派。「秦」上增「親」字讀，其意始暢。《索隱》曰：「燕、趙之人往秦者，謂游說之士也。」按：《索隱》釋「之」為「往」，與此處文意不合。[190]以爭　似應作「爭以」。[191]蘇代復重於燕　以上蘇代諫燕王親秦的大段說辭，見《戰國策·燕策二》，而〈燕召公世家〉與〈六國年表〉均不載。繆文遠曰：「此《策》為擬託之文，非事實。《策》言『楚得枳而國亡』，而楚亡在秦王政二十四年，已在燕王喜晚年。《策》又言秦『以宋委於齊』，驗之史實，秦從無以宋委齊之事。凡此，均足證此章所言不可信。」牛鴻恩曰：「此篇說辭是否出於蘇代不可必，秦是否召燕昭王亦不可必，亦可能是召燕惠王。這時秦正攻楚，為孤立楚，是年秦昭王與趙惠文王相會於澠池。文末所說『燕昭王不行，蘇代復重於燕』不可信，但這篇說辭所講事實很具體。」陳子龍曰：「秦之情勢皆悉之，此篇非策士之浮辭也。昭王英主，苟非情實之語，豈能動之？」鍾惺曰：「蘇代約燕王一書，比之蘇秦，其說更密更煉。七國情形，胸中、目中、掌中井井然；其筆頭、口頭落落然。『正告』天下數段，言秦之橫；『適燕者』數段，言其譎。雖模寫暴秦罪狀，然秦所以制六國之道，要領作用，不出於此。其文縱橫出沒，奇變莫測，古人規一事，固非逐節而慮之；出而為一文，又豈逐句而成之者哉？」吳闓生推崇它「奇橫突兀，是戰國第一篇文字」。[192]或從或不　有的聽從，有的不聽；有時聽從，有時不聽。不，同「否」。[193]宗蘇氏之從約　尊崇蘇氏兄弟所倡導的合從聯盟。宗，尊崇；繼承。鍾惺曰：「蘇氏兄弟起結皆在燕，雖中間成敗離合稍異，終以燕為著腳。」

【語譯】蘇秦死後，他為燕國削弱齊國的事情完全暴露了。齊國知道後，對燕國非常不滿，燕王極為恐懼。

蘇秦的弟弟蘇代，蘇代的弟弟蘇厲，之前見到兄長這樣得意，也都學習縱橫之術。蘇秦死後，蘇代就去求見燕王，想繼承蘇秦的舊業。說：「我是東周的一個平民，聽說大王的德行高尚，我不惜冒昧，放棄了耕種而來求見大王。我到了趙國的首都邯鄲，所見到的和我在東周所聽到的相差很遠，我內心感到失望。後來到了燕國的宮廷，看到您的群臣和屬吏，方知道大王您真是天下最賢明的君王。」燕王問：「您所說的賢明君主是什麼樣子？」蘇代回答說：「我認為賢明君主總是願意聽取自己的過失，不願只聽別人稱道自己的長處，我願意指出您的哪些地方錯了。齊、趙是燕國的仇敵，楚、魏是燕國的盟國。現在您卻要幫著仇敵來攻打盟國，這是對燕國不利的。請大王自己想想這種策略上的錯誤，如果不告訴您，就不是忠臣。」燕王說：「齊國本來是我的敵人，我一直想要討伐它，只是國家疲敝，力量不足。您要是能以燕國攻打齊國，我願把整個國家託付給您。」蘇代說：「天下有作戰實力的國家共七個，燕國是比較弱小的，單獨作戰，力量不足；倘若依附於某一國，則那一國的地位就可以提高。向南去依附楚國，楚國的聲望會提高；向西去依附秦，秦國的威望便加重；您倒向中原地區的韓國與魏國，則韓、魏的實力增強。再說如果您所依附的國家威望提高，那您的威望自然也就提高了。說到齊國，它的國君權威大而又獨斷專行。向南攻楚五年，積蓄消耗將盡；向西困擾秦國三年，兵士疲敝不堪；北邊和燕國作戰，自己損失了三支軍隊，俘虜了燕國兩員將領；又用它殘餘的兵力，向南攻破擁有五千輛兵車的宋國，囊括了十二個諸侯小國。國君的野心雖已得到相當滿足，民力卻已衰竭了，還能幹什麼呢！而且我聽說，戰爭過於頻繁，百姓就會勞頓；用兵的時間過長，士兵就感疲弊。」燕王說：「我聽說齊國的清濟、黃河，便於固守，有長城鉅防，可以作為要塞，真是這樣嗎？」蘇代說：「天時對它不利，即使它有清濟、黃河，哪能固守？民力已經困乏，即使有長城鉅防，又怎能成為要塞？況且，齊國從前不從濟水以西徵兵，是為了防備趙國；不從河北徵調軍隊，是為了防備燕國。現在濟西、河北全都徵兵了，全國都已經疲敝了。驕橫的君主必然貪利，亡國的臣子一定貪財。您要是不以派姪兒、弟弟送出去作人質為恥，並以珠寶玉帛賄賂齊王的親信，齊國肯定將感激燕國而放心大膽地去吞併宋國。這一來，齊國就可以被我們消滅了。」燕王說：「我一定聽您的話順從上天的安排。」於是燕國就派了一個公子到齊國做人質。而蘇厲就跟著這個燕國的質子一同到了齊國，並通過燕國質子的關係見到了齊王。齊王怨恨蘇秦，想把蘇厲囚禁起來。燕國的質子替他謝罪，隨後蘇厲也就委身作了齊國的臣子。

2 燕國的丞相子之和蘇代結成婚姻關係，他想篡奪燕國的政權，便派蘇代到齊國侍奉質子。齊王派遣蘇代回國覆命，燕王噲問蘇代：「齊王能稱霸嗎？」蘇代說：「不能。」燕王問：「為什麼？」回答說：「因為他不信任自己的臣子。」於是燕王便讓子之掌握了燕國的大權，不久又將王位讓給子之，於是國內大亂。齊國進攻燕國，殺掉了燕王噲和子之。燕國擁立了昭王。蘇代、蘇厲不敢再進入燕國，都歸附了齊國，齊國對他們很優待。

3 蘇代經過魏國，魏國替燕國拘留了蘇代。齊國派人對魏王說：「齊國提出把宋國土地封給秦王的弟弟涇陽君，秦國肯定不會接受。秦國並不是不想拉攏齊國和得到宋國的土地，只是他不相信齊王和蘇代。現在齊、魏不和到了如此嚴重的程度，那麼，齊國就不會欺騙秦國，秦國也會相信齊國。齊、秦一旦聯合起來，涇陽君取得宋國土地，這對魏國很不利，所以您不如讓蘇代東歸齊國，那時秦國就會懷疑齊國而不相信蘇代了。齊、秦不能聯合，天下局勢就不會發生改變，討伐齊國的局面就會逐漸形成了。」於是魏國釋放了蘇代。蘇代到了宋國，宋國對他不錯。

4 齊國進攻宋國，宋國危急，於是蘇代寫信給燕昭王說：「燕國作為一個萬乘大國，卻派出人質到齊國，這使燕國名聲低下而權勢卑微；以整個燕國的力量幫助齊國攻打宋國，定使百姓疲勞而財力損耗；攻破宋國，侵犯楚國的淮北，必使齊國壯大，敵人強大而自己的國家就要受害，這三種情況都對燕國有大不利。然而您還是願意這樣辦，無非是為了取得齊國的信任罷了。但齊國卻更加不相信您，對燕國更加懷恨，這表明您的策略錯了。以宋國的土地再加上淮北，力量超過萬乘大國，齊國把它吞併之後，等於齊國壯大一倍。北夷占地七百多里，加上魯、衛之地，其疆土又比得上一個萬乘之國，齊國再占有了它，就等於再加上一個齊國。以一個齊國的力量，燕國還擔驚受怕而不能應付，現在以三個齊國的力量壓到燕國頭上，那危險就不用說了。話雖如此，但聰明人辦事能夠變禍為福，轉敗為勝。比如齊國的紫絹，本是用舊的白絹染成，它的價錢卻漲了十倍；越王句踐被困在會稽山，後來卻擊破強大的吳國而稱霸天下，這都是變禍為福，轉敗為勝的事例啊！如今大王要想變禍為福，轉敗為勝，最好是推舉齊國為霸主而尊崇它，讓各國派遣使臣在周室結盟，燒掉秦國符節，宣告說：『最好的策略是攻破秦國；其次，是永遠阻止它不使它東向。』秦受到排斥並時刻擔心被人攻破，秦王必然憂心忡忡。秦國接連五代君王都是主動出擊，現在反而屈居齊國之下，他的想法是只要能使齊國陷入困境，就不惜以全國力量相拚。明白這一點，您何不派遣一個說客用以下的話去對秦王說：『燕、趙兩國攻破宋國，使齊國更加強大，尊崇它並屈從它，這對燕、趙並沒有什麼好處。它們之所以這樣做，是出於對秦國的不信任。那您為什麼不派遣一個它們信得過的人與燕、趙交好？讓涇陽君、高陵君前往，告訴燕、趙，如果它們怕秦國變卦，就以此二人作為人質。這樣，燕、趙必然相信秦國。秦國作西帝，燕作北帝，趙作中帝，樹立三帝，向天下發號施令。韓、魏不服從，秦國就討伐它；齊國不服從，燕、趙就討伐它，天下還有誰敢不服從？天下都服從了，就可以驅使韓、魏去討伐齊國，逼著齊國一定要交出宋國的土地，歸還楚國的淮北，這是對燕、趙有利的；樹立三帝，是燕、趙非常願意的。這樣一來，燕、趙兩國既得到實利，又提高了名望，它們就會像甩掉破鞋一樣把齊國拋棄。您如不拉攏燕、趙，齊國的霸業就一定會成功。諸侯擁護齊國而您不服從，秦國就將遭到攻伐；諸侯擁護齊國，如果您也服從，您的名聲就變得卑下了。拉攏燕、趙，會使國家安定而名望崇高；不拉攏燕、趙，會使國家危險而名聲低下。拋棄名尊國安的做法而選取國危名卑的做法，聰明人是不會這樣幹的。』秦王聽了這話，心頭必被刺痛。您為什麼不派說客用這番話去遊說秦國？屆時，秦國定會採取您的建議，齊國也就必定遭到討伐了。爭取秦國，這是重要的外交；討伐齊國，是正當的利益。處理好重要的外交，謀求正當的利益，這是聖王的事業啊！」

5 燕昭王認為蘇代這封信寫得好，說：「先王曾對蘇家有過恩德，後來由於子之的亂事，使得蘇家兄弟離開了燕國。燕國要想向齊國報仇，非用蘇家兄弟不可。」於是召回蘇代，仍然很好地待他，和他商量討伐齊國的大計，終於攻破齊國，使齊湣王逃奔國外。

6 過了很久，秦國邀燕王入秦。燕王想去，蘇代勸阻燕王說：「楚國因攻取了枳縣而使國都丟失；齊國因滅了宋國而使自己國家毀滅。齊、楚不能占有枳、宋而終於向秦國屈服，原因何在呢？那是因為誰獲勝，誰就是秦國的敵人。秦國奪取天下，不是靠行仁義，而是靠使用武力。它的使用武力，是如此公開向天下宣布的：

7 「它警告楚國說：『蜀地的軍隊，乘船浮於岷水之上，隨著夏季的水勢直入長江，五天就能到達楚國的郢都。漢中的軍隊，乘船從巴水出發，趁夏季水勢直入漢水，四天就能到達五渚。我在宛縣以東聚集軍隊，向隨縣進軍，楚國的智士還來不及提出對策，勇士還來不及發揮威力，我就已經像用飛箭射殺鷹隼一樣迅速地把楚國拿下來了，您還等天下的軍隊攻打函谷關，豈不是為時過晚了嗎！』楚王因為這個緣故，向秦國臣服了十七年。

8 「秦國警告韓國說：『我從少曲發兵，一天就可以截斷太行山的通道；我從宜陽發兵，攻擊平陽，兩天就能使韓國全境動搖；我穿越西周、東周去進攻你的國都新鄭，五天就可攻占你整個韓國。』韓王認為確實如此，所以向秦國臣服。

9 「秦國警告魏國說：『我攻下安邑，堵住女戟，韓國通往太行山的道路就被截斷；我從軹縣出發，經過南陽、封、冀，包圍東西兩周。趁著夏季的水勢，乘著輕便的戰船，強弓勁弩在前，利戈在後，掘開滎口，魏國的大梁就不復存在；掘開宿胥渡口，魏國的虛、頓丘就不復存在。從陸上進攻，可以擊破河內；水路進攻，可以毀滅大梁。』魏國認為確實如此，所以向秦國臣服。

10 「秦國想攻取安邑，害怕齊國援救，就把宋地丟給齊國，說：『宋王無道，做了一個像我的木偶，用箭射它的面孔。我的路途阻絕，軍隊遙遠，沒法去攻打他。您如果能攻破宋國並占有它，那就像我自己占有一樣。』在秦國取得安邑，堵塞女戟之後，就反過來把攻破宋國作為齊國的罪過。

11 「秦國想攻打韓國，怕天下諸侯發兵援助，就把齊國丟給天下，說：『齊國曾四次和我訂立盟約，卻四次欺騙了我，它三次下決心要率領天下攻擊我。有齊國就沒有秦國，有秦國就沒有齊國，一定要討伐它，滅亡它。』等到秦國取得了韓國的宜陽、少曲，占領了藺和離石，就反過來把攻破齊國作為天下各國的罪名。

12 「秦國想進攻魏國，害怕楚國出兵援助，就把南陽丟給楚國，說：『我本來就要與韓國絕交了。攻破均陵，堵塞鄳阸，只要有利於楚國，我就會像自己占有這些地方一樣高興。』等到魏國拋棄盟國轉過來和秦國聯合，秦國就反過來把堵塞鄳阸作為楚國的罪過。

13 「秦國的軍隊在林中受困，怕燕、趙乘機攻擊，就把膠東丟給燕國，把濟水以西丟給趙國。等到秦國與魏國講和，並以公子延作為人質之後，便用公孫衍連續攻打趙國。

14 「秦軍在譙石受到挫折，又在陽馬被打敗，怕魏國乘機攻擊，就把葉、蔡丟給魏國。一到秦與趙國講和，就脅迫魏國，不使其占有葉與蔡。當秦國處於困境時，就派太后的弟弟穰侯去講和；待至秦國形勢一好轉，則連舅舅與母親都欺侮。

15 「秦王要責備燕國，便把攻膠東作為罪名；要責備趙國，便以奪取濟西作為罪名；要責備魏國，就把占領葉、蔡作為罪名；要責備楚國，就把堵塞鄳隘作為罪名。它譴責各國，總會找到循環不斷的藉口。它把交錯用兵看得像刺繡一樣容易，母親管不了，舅舅也不能約束。

16 「和龍賈的戰鬥，岸門的戰役，封陵的戰役，高商的戰役，和趙莊的戰鬥，秦國前後殺掉三晉的人口好幾百萬，現在那些活著的，都是被秦國殺死的人的遺孤。西河之外，上雒之地，三川一帶受到秦國的攻擊，秦已占有三晉土地的一半，秦國帶來的災禍已經嚴重到了這種程度，而燕、趙的人卻爭相以侍奉秦國來勸說他的國君，這是我最擔憂的事。」

17 燕昭王因此便不到秦國去了。蘇代又受燕國的重用。

18 燕國派蘇代聯絡諸侯合縱抗秦，像蘇秦在世時一樣。各諸侯國，有的參加，有的不參加，但天下從此都推崇蘇氏兄弟所締結的合縱盟約。蘇代、蘇厲都長壽而死，在諸侯間名聲顯赫。

太史公曰：蘇秦兄弟三人，皆游說諸侯以顯名，其術長於權變。而蘇秦被反間以死❶，天下共笑之，諱學其術❷。然世言蘇秦多異，異時事有類之者皆附之蘇秦❸。夫蘇秦起閭閻❹，連六國從親，此其智有過人者❺。吾故列其行事，次其時序❻，毋令獨蒙惡聲焉❼。

【章　旨】以上為第十一段，是作者的論贊，作者稱頌了蘇秦的政治才幹，對其「獨蒙惡聲」的不幸結局表現了一定的同情。

【注　釋】❶被反間以死　以行反間的罪名被齊國處死。❷諱學其術　以學其術為恥。諱，避忌，不肯說或不願說。❸世言蘇秦多異二句　牛鴻恩曰：「此史公明謂他所看到的蘇秦資料不一致，多矛盾抵牾。而贊成這種不一致的原因是『異時事有類之者皆附之蘇秦』，所言極是。」楊寬曰：「他既信蘇秦遊說辭，把蘇秦的時代提到和張儀同時，反而把《戰國策》中真正蘇秦的事跡改作蘇代、蘇厲，因而使蘇秦的事跡更紊亂了。」❹閭閻　猶言「里巷」，這裡指平民百姓。❺此其智有過人者　見史公重事實、重人才之歷史觀，與漢初之一般輿論大大不同。❻次其時序　為《戰國策》中雜亂無章的材料理出頭緒，排出先後。❼毋令獨蒙惡聲焉　由此可知蘇秦在秦漢之際是臭名昭著的，其原因一是來自人們認識的偏頗，同時也是由於張儀的「振暴其短」。關於後者是由於史公弄錯了史實，關於前者自然是非常正確的。唐蘭曰：「他儘管懷著這番好意，但時序既差，事跡中既有弄錯的，又有造假的，他的〈蘇秦傳〉就等於後世的傳奇小說了。」熊憲光曰：「雖因資料有限，其所列行事失真，但作為一位偉大的歷史家，司馬遷對蘇秦的認識和態度卻是較為客觀的。」

【語譯】太史公說：蘇秦兄弟三人，都通過遊說諸侯獲得顯赫名聲，他們的本領是擅長權變。蘇秦以行反間的罪名而被處死，天下人都恥笑他，不敢公開學習他的遊說之辭；而世間對蘇秦事跡的傳說也很有分歧，後來的事有和他類似的，都附會到他的身上。蘇秦起自民間，聯合六國合縱相親，他的智慧確有超人之處。所以我列出他的事跡，按時間先後加以敘述，是為了不讓他只是蒙受不好的名聲。

【研析】本文提出了一種清新的評判人物的標準。司馬遷肯定了蘇秦的「智有過人」，也就是把慣常的空泛的道德標準換成了其人在歷史過程中所起的作用及其所具的意義。蘇秦的思想不脫縱橫家庸俗的一面，發憤讀書不過是為了「取尊貴」。他是說秦不成才轉而遊說六國的，說明他對「合縱」「連橫」並沒有一定的立場。但他能把六國君主的心理揣摩得那麼透徹，對六國的山川形勢、國力民情及歷史糾葛瞭如指掌，把各國約縱、連橫的利害關係剖析得入情入理，這不能不令人驚歎。當時的秦國經過商鞅變法後，國力強盛，對東方諸國虎視眈眈，蘇秦憑一張利嘴將各懷鬼胎的六國君主捏合成抗秦的同盟，乃至「投從約書於秦，秦兵不敢闚函谷關十五年」。司馬遷對此深為佩服，他稱讚蘇秦「能存諸侯，約從以抑貪強」。此外，司馬遷對道德倫理作了一番反向的思考。當蘇秦被人指責為「左右賣國反覆之臣」，缺乏「忠信」時，蘇秦為自己進行了有力的辯解，他指出了傳統道德的虛偽性。用這種東西去教導基層民眾是可以的，孔子早就講「小人學道則易使」；但若用它來衡量幹大事的人，那就無異於是一種不切實際的枷鎖。司馬遷所察覺的這種道德與功利的矛盾，也正是深深困擾現代思想家的一個根源性的問題，它導致了人的悲劇性生存狀態，司馬遷可謂有「先識」。

這篇翻案文章也翻出了司馬遷的人生觀。當時世卿世祿的制度廢壞，縱橫遊說之風興起，蘇秦能抓住機遇，銳意進取。當他衣錦還鄉時曾自歎說：「使我有雒陽負郭田二頃，吾豈能佩六國相印乎！」也就是說，人生價值只有在逆境的發憤中才能得到最輝煌的體現，這是司馬遷特別強調的。司馬遷也沉痛地慨歎了世態的炎涼：「一人之身，富貴則親戚畏懼之，貧賤則輕易之，況眾人乎！」身佩六國相印的蘇秦路過洛陽家鄉，「蘇秦之昆弟妻嫂側目不敢仰視，俯伏侍取食。蘇秦笑謂其嫂曰：『何前倨而後恭也？』嫂委蛇蒲服，以面掩地而謝曰：『見季子位高金多也。』」坦率得驚人，真可謂撕破了宗法家族中那種溫情脈脈的面紗，對人世間的「市道交」批判得入木三分，這也是《史記》中經常顯現的主題，可參見〈孟嘗君列傳〉、〈廉頗藺相如列傳〉、〈汲鄭列傳〉等篇。

卷七十

張儀列傳第十

【題　解】作品記述了張儀早年學術，開始遊說不遇，後來入秦為相，協助惠文王滅蜀、破魏、破楚，使秦國空前壯大的過程。張儀與蘇秦都是遊說之士的代表人物，司馬遷說他們是師兄弟，入世之初都一連碰壁，受人白眼；後來各自找到了主子，其說得行，一個主張連橫益秦，一個主張合縱抗秦，各自的主張都有其合理性、可行性，故而都分別建立了自己的巨大功動。兩人的不同之處是，蘇秦沒有固定立場，反覆無常；張儀則是始終為秦，為秦國的壯大貢獻了畢生力量。張儀對待東方諸國，奸詐狡猾，言而無信，用盡一切手段，而其根本宗旨則一切都是為了秦國，故而對秦國的發展可謂功動卓著，可謂「大丈夫」。作品中亦載有大量說辭，材料亦皆見於《戰國策》。與張儀的說辭相比，蘇秦的說辭更有文采、更富於變化、更設身處地，入情入理；張儀的說辭則是多有雷同，而且是赤裸裸地武力威脅，嚴辭恫嚇，變化較少。經專家考察，〈張儀列傳〉也有許多地方與實際不合，但作為《史記》整體的一環，在研究司馬遷的思想、藝術時，其價值仍不可滅。

1 張儀者，魏❶人也。始嘗與蘇秦俱事鬼谷先生❷，學術❸，蘇秦自以不及張儀。

2 張儀已學而游說諸侯，嘗從楚相飲❹，已而楚相亡❺璧，門下意❻張儀，曰：「儀貧無行，必此盜相君之璧。」共執張儀，掠笞❼數百，不服，醳❽之。其妻曰：「嘻⑨！子毋讀書游說，安得此辱乎？」張儀謂其妻曰：「視吾舌尚在不⑩？」其妻笑曰：「舌在也。」儀曰：「足矣。」⑪

3 蘇秦已說趙王而得相約從親⑫，然恐秦之攻諸侯，敗約後負⑬，念莫可使用於秦⑭者。乃使人微感⑮張儀曰：「子始與蘇秦善，今秦已當路⑯，子何不往游⑰，以求通子之願⑱？」張儀於是之趙，上謁⑲求見蘇秦。蘇秦乃誡門下人不為通，又使不得去者數日。已而見之，坐之堂下⑳，賜僕妾之食，因而數讓㉑之曰：「以子之材能，乃自令困辱至此。吾寧㉒不能言而富貴子？子不足收㉓也。」謝去之㉔。張儀之來也，自以為故人，求益㉕，反見辱，怒，念諸侯㉖莫可事㉗，獨秦能苦趙㉘，乃遂入秦。

4 蘇秦已而告其舍人㉙曰：「張儀，天下賢士，吾殆㉚弗如也。今吾幸先用，而能用秦柄㉛者，獨張儀可耳；然貧，無因以進㉜。吾恐其樂小利㉝而不遂㉞，故召辱之，以激其意。子為我陰奉之㉟。」乃言趙王，發金幣㊱車馬，使人微隨㊲張儀，與同宿舍㊳，稍稍近就之㊴，奉以車馬金錢，所欲用，為取給㊵，而弗告㊶。張儀遂得以見秦惠王㊷。惠王以為客卿㊸，與謀伐諸侯㊹。

5 蘇秦之舍人乃辭去。張儀曰：「賴子得顯，方且報德，何故去也？」舍人曰：

「臣非知君㊺，知君乃蘇君。蘇君憂秦伐趙敗從約，以為非君莫能得秦柄，故感怒㊻君，使臣陰奉給君資，盡蘇君之計謀。今君已用，請歸報。」張儀曰：「嗟乎！此在吾術中㊼而不悟，吾不及蘇君明矣！吾又新用，安能謀趙乎？為吾謝蘇君，蘇君之時㊽，儀何敢言；且蘇君在，儀寧渠能乎㊾！」張儀既相秦㊿，為文檄告楚相(51)曰：「始吾從若(52)飲，我不盜而(53)璧，若笞我；若善守汝國，我顧且盜而城(54)！」

【章　旨】以上為第一段，寫張儀初入秦。

【注　釋】❶魏　戰國以來的諸侯國名，張儀時的魏國，都大梁（今河南開封）。❷與蘇秦俱事鬼谷先生　關於「鬼谷」與「鬼谷子」的問題參看〈蘇秦列傳〉。❸學術　學縱橫之術。❹從楚相飲　跟楚國宰相一起飲酒。❺亡　丟失。❻意　猜疑；懷疑。❼掠笞　用棍子或板子拷打。❽醳　通「釋」。放。❾嘻　《索隱》引鄭玄曰：「悲恨之聲。」❿不　通「否」。⓫儀曰二句　史珥曰：「痴頑老子行徑，已為謝幼輿前茅矣。」郭嵩燾曰：「蘇秦、張儀並見笑家人妻子，而兩人心境各出一機杼：蘇秦猶有世俗恥心之存；若儀者，斯可謂之頑鈍無恥者矣。」姚苧田曰：「摘為小品，誠不愧雁宕一峰、峨眉片月也。」⓬得相約從親　意謂東方諸國已經相互結約，合縱聯盟。按：此「蘇秦已說趙王，得相約從親」云云，現代戰國史家多以為誤，說見〈蘇秦列傳〉注。⓭敗約後負　破壞東方的合縱聯盟，使自己的經營歸於失敗。⓮使用於秦　使之用事於秦，即在秦國當政。⓯微感　輕輕示意。感，打動。⓰秦已當路　蘇秦已在東方各國間掌握大權。⓱往游　前去拜見。⓲通子之願　向他表白一下你從政的願望。⓳上謁　遞進求見名帖。謁，此處為名詞，即相當於今之名片。⓴坐之堂下　使張儀坐於堂下。㉑數讓　都是「責備」的意思。數，列舉事實以責之。㉒寧　豈；難道。㉓不足收　不值得收留。㉔謝去之　謝絕並打發其離開。㉕求益　原想能得到幫助。㉖諸侯　指東方的韓、魏、齊、楚、燕等國。㉗莫可事　沒有一個值得為其效力。㉘苦趙給趙國苦頭吃。㉙舍人　寄居官僚貴族門下而有一定職事的賓客、食客等。㉚殆　大概；可能。㉛用秦柄　掌握秦國大權。柄，權柄。㉜無因以進　沒有條件進入秦國。因，憑藉。㉝樂小利　滿足於一些小得，指在東方找個官做。㉞不遂　不能實現其大志。遂，完成；實現。㉟陰奉之　暗中供給其一切用度。㊱幣　禮品，不是今天所說的貨幣。㊲微隨　暗中跟隨。㊳與同宿舍　意即和他同行同宿。宿舍，皆用為動詞，都是住宿的意思。㊴稍稍近就之　逐漸地靠近他。㊵所欲用二句　不論他想用多少，都給予充分滿足。㊶弗告　不告訴他這是蘇秦的安排。㊷秦惠王　也稱秦惠文王，名駟，孝公之子，西元前三三七—前三一一年在位。㊸客卿　來自他國而享受列卿待遇的高級參謀人員。㊹與謀伐諸侯　謀劃討伐東方諸國。㊺臣非知君　真正了解你的不是我。知，了解；賞識。㊻感怒　激怒，意即讓你下定決心入秦。㊼此在吾術中　這些都正是我所學過的權謀之術。瀧川曰：「『術』字承上文『學術』。」㊽蘇君之時　謂蘇秦在東方當政之時。㊾寧渠能乎　哪裡就有這種本事？寧，豈。渠，遽；就。凌稚隆曰：「《戰國策》並不載楚相辱張儀，及蘇秦激之入秦事。」瀧川引《呂覽‧報更》篇云：「張儀，魏氏餘子也，將西遊於秦，過東周。昭文君謂之曰：『聞客之秦，寡人之國小，不以留客。雖遊然豈必遇哉？客或不遇，請為寡人而一歸也，國雖小，請與客共之。』張儀還走，北向再拜。張儀行，昭文君送而資之。張儀所德於天下者，無若昭文君。」唐蘭曰：「說蘇秦掛六國相印後才激怒貧困的張儀使他入秦；一直到蘇秦死後張儀才連橫，這顯然是戰國末年把范雎改名為張祿入秦為相的故事誤傳為張儀而寫成小說家言，而司馬遷誤信為真了。」（《戰國縱橫家書》附）錢穆曰：「呂氏賓客尚不知有蘇秦激張儀入秦之說也，考《國策》及韓非、呂不韋書，儀之政敵乃犀首、惠施，非蘇秦。儀入秦而犀首去，儀來魏而惠施去，皆與史公記儀、秦合縱連橫事不符。」（《先秦諸子繫年考辨》）㊿張儀既相秦　意謂待至張儀為秦相之後。梁玉繩曰：「儀為相在惠王十年（西元前三二八年），是時初用於秦，非為相也。」此乃探後而終言其報德報怨之事。(51)為文檄告楚相　發出文告以聲討楚國的宰相。檄，原指聲討罪狀的文書，這裡用如動詞。(52)若　你。下「若」字同。(53)而　你；你的。(54)若善守汝國二句　顧且，反而將要。按：現代之戰國史與《戰國策》研究者亦否認楚相侮辱張儀與蘇秦資助張儀事。事雖子虛烏有，而史公報恩報仇之感情傾向，固與他篇如〈范雎蔡澤列傳〉〈淮陰侯列傳〉等相通。史珥曰：「儀檄告楚相事，類巫臣遺書子反，而立意措詞大有古今之別。」（按：巫臣遺書子反見《左傳》成公七年）楊循吉曰：「此段五句連用『我』『而』字，文法奇崛，與子胥謂夫差『我令而父霸』等數語同。」

【語譯】張儀是魏國人，當初曾與蘇秦一起跟隨鬼谷先生學習遊說之術，蘇秦認為自己所學不及張儀。

2 張儀學成之後便去遊說諸侯。一次，他陪從楚國宰相飲酒。席後，楚相發現身上所佩的玉璧不見了。相府的人都懷疑是張儀所為，他們說：「張儀這個人，又窮又不講德行，準是他偷了相國的玉璧。」於是大家一起捉住張儀，打了他幾百板子。張儀不服，他們只好把他放了。回家後，妻子又可憐又生氣地說：「你如果不去讀書遊說，怎麼會受這分罪呢！」張儀對妻子說：「你看我的舌頭還在嗎？」他的妻子笑著說：「舌頭當然在呀。」張儀說：「這就夠了。」

3 當時，蘇秦已經說服趙王與東方諸國結成了聯盟，但他擔心如果這時遭到秦國進攻，東方的聯盟會因此解散，他正要尋找一個能在秦國受重用、能左右秦國政治的人。於是他派人去悄悄暗示張儀說：「當初你和蘇秦有過交情，如今蘇秦已經當權，你何不去拜訪他，向他表達你從政的願望呢？」於是張儀來到趙國，遞上名帖要求拜見蘇秦。蘇秦事先告誡手下的人不要為他通報，又故意留住他不讓他走，如此數日，才接見他。蘇秦讓張儀坐在大堂之下，賞給他吃的是僕人侍女們所吃的食物，而且一再奚落他說：「以你的才能，卻將自己弄到如此窮困潦倒的地步。我難道不能說句話使你富貴起來嗎？但像你這樣的人是不值得收留的。」蘇秦拒絕了張儀的請求，把他打發走了。張儀這次前來，本以為與蘇秦是舊交，可以得些幫助，沒想到反而遭受一番侮辱，一怒之下，想到東方諸國已經沒有值得去效力的了，只有秦國能給趙國一點苦頭吃，於是便去了秦國。

4 張儀走後，蘇秦對他的門客說：「張儀是天下間的能人，恐怕我也不是他的對手。如今我僥倖先得勢，而能左右秦國的政權的，就只有張儀了；可是他窮，沒有機會接近秦王。我擔心他滿足於在東方做個小官而不思進取，所以把他叫來侮辱一番，以此激勵他的意志。你替我暗地裡關照他。」於是蘇秦把自己的想法告訴了趙王，撥出一些財禮和車馬，派人暗地跟隨著張儀，和他同行同宿，逐漸地靠近他，送給他車馬財禮，無論要用多少，都給予充分滿足，卻沒有告訴他其中的緣由。憑著這些，張儀終於見到了秦惠王。秦惠王任用他做客卿，和他共商攻打諸侯的大計。

5 這時候，蘇秦的門客來向張儀告辭。張儀說：「靠著你的幫助我才得到這顯赫的地位，我正想要報答你，你為什麼要離開呢？」門客說：「不是我對你有知遇之恩，知遇你的是蘇先生。蘇先生擔心秦國進攻趙國而破壞了他的合縱盟約，認為除你之外沒有人能夠掌握秦國的大權，所以故意激怒你，暗地裡派我為你提供一切資助，這全是蘇先生所策劃。如今你已在秦國得勢，我該回去向蘇先生報告了。」張儀說：「唉！這種權術都是我所熟知的啊，但我卻沒有察覺，足以證明我不如蘇先生了！加之我新被任用，怎麼能打趙國的主意呢！請替我多謝蘇先生。蘇先生當政之時，我怎麼敢言及此事；況且蘇先生在，我哪裡有能力同他對抗呢！」張儀當了秦的相國後，寫了一封討伐性的文書警告楚相國道：「當初我跟隨你飲宴，我沒有偷你的玉璧，可是你鞭打了我；好好守住你的國土吧，回頭我要來偷你的城池。」

1 苴、蜀❶相攻擊，各來告急於秦。秦惠王欲發兵以伐蜀，以為道險狹難至，而韓❷又來侵秦。秦惠王欲先伐韓，後伐蜀，恐不利；欲先伐蜀，恐韓襲秦之敝❸，猶豫未能決。司馬錯❹與張儀爭論於惠王之前，司馬錯欲伐蜀，張儀曰：「不如伐韓。」王曰：「請聞其說。」

2 儀曰：「親魏善楚❺，下兵三川❻，塞什谷❼之口，當屯留❽之道，魏絕南陽❾，楚臨南鄭❿，秦攻新城⓫、宜陽⓬，以臨二周之郊⓭，誅周王之罪⓮，侵楚、魏之地⓯。周自知不能救，九鼎⓰寶器必出。據九鼎，案圖籍⓱，挾天子以令於天下，天下莫敢不聽，此王業⓲也。今夫蜀，西僻之國而戎、翟之倫也，敝兵⓳勞眾不足以成名，得其地不足以為利。臣聞爭名者於朝，爭利者於市。今三川、周室，天下之朝市⑳也，而王不爭焉；顧㉑爭於戎、翟，去王業遠矣。」

3 司馬錯曰：「不然。臣聞之：欲富國者務廣其地，欲彊兵者務富其民，欲王者務博其德，三資者備㉒而王㉓隨之矣。今王地小民貧，故臣願先從事於易㉔。夫蜀，西僻之國也，而戎、翟之長㉕也，有桀、紂之亂㉖。以秦攻之，譬如使豺狼逐羣羊。得其地足以廣國，取其財足以富民繕兵㉗，不傷眾而彼已服焉。拔一國而天下不以為暴，利盡西海㉘而天下不以為貪，是我一舉而名實附㉙也，而又有禁暴止亂㉚之名。今攻韓，劫天子，惡名也，而未必利也，又有不義之名㉛，而攻天下所不欲㉜，危矣。臣請謁其故㉝：周，天下之宗室㉞也；齊，韓之與國也㉟。周自知失九鼎，韓自知亡三川，將二國并力合謀，以因㊱乎齊、趙而求解㊲乎楚、魏，以鼎與楚，以地與魏，王弗能止㊳也。此臣之所謂危也，不如伐蜀完㊴。」

4 惠王曰：「善，寡人請聽子。」卒起兵伐蜀。十月，取之，遂定蜀㊵，貶蜀王更號為侯㊶，而使陳莊㊷相蜀。蜀既屬秦，秦以益彊富厚，輕諸侯㊸。

【章旨】以上為第二段，寫秦惠王用司馬錯之議伐滅巴蜀事，張儀開始雖不贊成，但既定之後亦鼎力助之，事遂成功，於秦國之發展關係極大。惟此乃十三年以後事，史公誤敘於此。

【注釋】❶苴蜀　都是今四川境內的古代小國名，苴國的都城葭萌，在今廣元西南；蜀國的都城即今成都市。《正義》引

《華陽國志》云：「昔蜀王封其弟于漢中，號曰苴侯，因命之邑曰葭萌。苴侯與巴王為好，巴與蜀為讎。故蜀王怒，伐苴。苴奔巴，求救於秦。秦遣張儀從子午道伐蜀。王自葭萌禦之，敗績，走至武陽，為秦軍所害。秦遂滅蜀，因取苴與巴焉。」按：巴國都江州，在今重慶市東北部。❷韓　當時韓國的都城即今河南新鄭。❸襲秦之敝　謂乘秦伐蜀之敝而襲之。❹司馬錯　秦國名將，司馬遷的祖輩，又見於〈秦本紀〉、〈太史公自序〉。❺親魏善楚　意即聯合魏、楚兩國。當時的楚國都郢，在今湖北荊州江陵西北。❻下兵三川　謂秦國出兵攻擊今河南洛陽一帶，因其地有黃河、伊水、洛水，故稱「三川」，後來秦朝即在這一帶設立了三川郡。又因為秦國所處的地勢高，故向東方出兵曰「下」。戰國時期周國占據著洛陽及其附近不大的地方，而四周的大片地區則都屬韓國。❼什谷　地名，在今河南溫縣南，鞏縣之東北，其地屬韓。❽屯留　韓縣名，在今山西東南部的屯留南。❾魏絕南陽　魏國出兵南陽，斷絕這一帶與韓國都城新鄭的聯繫。南陽，韓地名，約當今河南濟源、焦作一帶，因其地處太行山之南，故稱南陽。❿楚臨南鄭　南鄭，即韓國都城新鄭，當時也叫南鄭，楚國出兵以威逼之。⓫新城　韓縣名，在今河南伊川西南。⓬宜陽　韓縣名，在今河南宜陽西，韓國前期曾建都於此。⓭臨二周之郊　威逼東周、西周兩個小國的城郊。按：周國至顯王（西元前三六八—前三二一年在位）後，周天子越發成為傀儡，他手下的兩個貴族，一個控制著王城（今洛陽市），稱「西周君」；一個控制著鞏縣，稱「東周君」，所謂「周天子」就寄居在這兩家貴族的屋簷下。詳細情況見〈周本紀〉與〈蘇秦列傳〉注。今《戰國策》中有〈西周策〉、〈東周策〉，就是記述與這兩家貴族有關的事情。⓮誅周王之罪　誅，討伐，以其與韓國聯盟。周王，周慎靚王（西元前三二〇—前三一五年在位）。按：《戰國策》於此作「周主」，蓋指東西二周君，以與上句「臨二周之郊」一致。⓯侵楚魏之地　繆文遠引鍾鳳年曰：「秦安有與周、韓相持之際，而反侵助己者之理？故『楚魏』二字原必作『三川』。」諸祖耿曰：「『疑』『侵』當作『俠』，『俠』與『挾』通；『地』當作『從』。挾楚、魏以臨周，故周自知不救。」按：繆說較順。⓰九鼎　瀧川曰：「夏禹收九州之金鑄為九鼎，遂以為傳國之寶，事詳于宣三年《左傳》及〈周策〉〈周紀〉。」⓱案圖籍　《通鑑》胡注：「天下之圖籍。」蓋即周天子所保存的各諸侯國的地理形勢圖。鮑彪有所謂「土地之圖，人民金穀之籍」，分別言之，說法亦好。⓲王業　帝王一統天下的事業。⓳敝兵　損壞武器。兵，武器。⓴天下之朝市　意即各國所必爭的地方。㉑顧　反；反而。㉒三資者備　三項條件具備。三資，三項資本，即前所謂「地」、「民」、「德」。鮑彪曰：「三者於國，如人之有貨資。」㉓王　王業。㉔先從事於易　鍾惺曰：「一『易』字甚醒，此張儀之所以伏也。伐蜀一事，史不為錯立傳，于張儀傳見之，嘉儀之能為國以從錯；且伐蜀後秦以富強輕天下，為儀連橫地耳。」㉕戎翟之長　當地諸少數民族之大者。㉖有桀紂之亂　有夏桀、殷紂一樣的昏暴之行。桀、紂的昏暴情形見〈夏本紀〉、〈殷本紀〉。㉗繕兵　修治武器裝備。繕，治。㉘利盡西海　意謂所得之利直達蜀國以西的盡頭。其實蜀國以西是什麼情景，當時中原地區的人並不知道，此蓋以「四方盡頭皆有海」而想像之也。㉙一舉而名實附　謂既得美名，又獲實利。《索隱》曰：「名謂傳其德也，實謂土地財貨。」鮑彪曰：「不貪暴，名也；得國，實也。」㉚禁暴止亂　指結束苴、蜀之間的戰爭。瀧川引黃式三曰：「『而又』一句當在『是我』句上。」按：兩句倒過甚順。㉛又有不義之名　鮑彪曰：「韓無罪而伐之，不義也。」㉜攻天下所不欲　周天子儘管早成傀儡，但它畢竟還有各國宗主的名分，各國皆不欲看到它被攻。㉝請謁其故　《索隱》曰：「謁，陳也，告也。謂陳不宜伐之端由也。」㉞天下之宗室　胡三省曰：「周室為天下所宗，故謂之宗室。」宗，尊崇。㉟齊二句　繆文遠引鍾鳳年語以為應作「齊、趙，韓、周之與國也」。下文之「齊趙」二字即承此語而生。與國，同盟國。㊱因　借助；通過。㊲求解　求救。㊳王弗能止　意謂秦王將無法阻止這種形勢的變化。㊴不如伐蜀完　完，完備；完善。鮑彪曰：「不虞傷敗。」李光晉引陸深曰：「司馬錯之策不特忠於秦，且商略事勢又多格言，不類戰國諸人。」又引張洲曰：「司馬錯、張儀各逞雄辯，各有所據，然終不若錯之理正詞順。」又引楊循吉曰：「孔明之先定滇南諸夷而後謀伐魏，即此意。」㊵十月三句　按：事在秦惠王後元九年，西元前三一六年，〈秦本紀〉與〈六國年表〉皆然，唯此〈張儀列傳〉乃敘於惠王前九年張儀為相前，大誤也。㊶貶蜀王更號為侯　意即令原來的蜀王仍治其民，只降之為侯而已。瀧川曰：「紀、表並云『擊蜀，滅之』，與此異。」㊷陳莊　秦將名。㊸秦以益彊富厚二句　按：以上張儀與司馬錯論辯與秦滅巴、蜀事，見《戰國策・秦策一》。諸祖耿引張琦曰：「秦取巴蜀，則據楚之上游，張儀所云『方船積粟，浮江而下，不十日而距扞關』者也。拔焉郢，燒夷陵，必至之勢，楚亡於此矣。」

【語　譯】苴國和蜀國相互攻打，兩國都向秦國告急救援。秦惠王打算派兵攻蜀，又考慮到蜀道險窄，難以通行，而且韓國正準備犯境入侵；想先打韓，後攻蜀，又擔心不能取勝；想先打蜀，又怕韓國乘機偷襲。惠王猶豫再三，拿不定主意。司馬錯與張儀在秦惠王面前展開了爭論，司馬錯主張攻蜀，張儀說不如攻韓。秦惠王說：「讓我聽聽你們各自的理由。」

2　張儀說：「親近魏國，結好楚國，派兵前往三川，阻斷什谷的入口，扼守屯留的路徑，讓魏兵卡斷去韓國南陽的道路，讓楚兵直逼南鄭，我們則攻打新城、宜陽，從而兵臨二周的郊外，聲討周王的罪過，侵占楚、魏的地盤。周君自知局勢無法挽救，必然會獻出九鼎寶器。據有了九鼎寶器，掌握著天下的地圖和戶籍，劫持著天子向天下發號施令，天下諸侯誰敢不聽從？這正是稱王天下的事業啊！而目下的蜀國，不過是西部偏遠的國家，戎、狄的同類，損軍勞民，達不到名顯天下的目的，占有了他們的國土也收不到實際利益。我聽說：爭功名的，應去朝廷；爭實利的，應去市集。現今的三川、周室就正是天下的朝廷和市集啊，大王您不去爭奪；反倒去爭奪戎、狄那樣的落後地區，這距離稱王的事業太遙遠了！」

3 司馬錯說：「不對。我聽說：想要國家富強，必須擴充國土；想要軍隊強大，必須百姓富裕；想要稱王，必須推行德政。這三個條件具備，王業也就隨之而來。目前大王您的國土狹小，百姓貧窮，所以我希望先從容易的地方做起。蜀，是西方偏遠的國家，也是戎、狄的領袖，國君昏聵，局勢混亂。以秦國的軍隊去攻蜀，就好比用豺狼去驅趕群羊一樣。奪得蜀的土地，可以擴展疆土，取得蜀的財富，可使百姓富裕軍備充足，傷耗不多而蜀國即已臣服。滅掉一個蜀國，天下人不會認為我們暴虐；占有了西部的資源，天下人不會認為我們貪婪。這樣不僅一舉名利雙收，而且還可獲得禁暴止亂的美名。現在若是攻打韓國，劫持周天子，蒙了惡名，又不一定能取勝，攻打天下人都不願意攻打的國家，這是很危險的。請允許我陳述原因：周是天下的宗室，齊是韓國的盟國。周王室料到將要失去九鼎，韓國料到將要失去三川，兩國勢必要協力齊心，依賴齊、趙兩國，並求得楚、魏的諒解。周把鼎給與楚國，韓將土地割與魏國，對此您是不能禁止的啊。這就是我所說的危險所在。還不如攻打蜀國更為穩妥。」

4 秦惠王對司馬錯說：「好，我就聽你的吧。」於是起兵攻蜀。這年十月，拿下蜀國。平定蜀國後，把蜀王貶稱為「侯」，並派陳莊擔任蜀的相國。蜀歸秦以後，秦因此更加強大富裕，對各國諸侯也看不起了。

1 秦惠王十年❶，使公子華❷與張儀圍蒲陽❸，降之。儀因言秦復與魏❹，而使公子繇❺質於魏。儀因說魏王曰：「秦王之遇魏甚厚，魏不可以無禮。」魏因入上郡、少梁⑥，謝秦惠王。惠王乃以張儀為相，更名少梁曰夏陽⑦。

2 儀相秦四歲，立惠王為王⑧。居一歲⑨，為秦將，取陝⑩，築上郡塞⑪。

3 其後二年⑫，使與齊、楚之相會齧桑⑬。東還而免相⑭，相魏以為秦⑮，欲令魏先事秦而諸侯效之。魏王不肯聽儀，秦王怒，伐取魏之曲沃⑯、平周⑰，復陰厚張儀益甚。張儀慚，無以歸報。留魏四歲而魏襄王卒，哀王立⑱。張儀復說哀王，哀王不聽⑲。於是張儀陰令秦伐魏，魏與秦戰，敗。

4 明年⑳，齊又來敗魏於觀津㉑。秦復欲攻魏，先敗韓申差軍㉒，斬首八萬，諸侯震恐。而張儀復說魏王曰：

5 「魏地方不至千里，卒不過三十萬。地四平，諸侯四通輻湊㉓，無名山大川之限㉔。從鄭至梁二百餘里㉕，車馳人走，不待力㉖而至。梁南與楚境㉗，西與韓境，北與趙境，東與齊境，卒戍四方㉘，守亭鄣者不下十萬㉙。梁之地勢，固戰場也。梁南與楚㉚而不與齊，則齊攻其東；東與齊而不與趙，則趙攻其北；不合於韓，則韓攻其西；不親於楚，則楚攻其南。此所謂四分五裂之道也。

6 「且夫諸侯之為從㉛者，將以安社稷、尊主、彊兵、顯名也。今從者一天下㉜，約為昆弟㉝，刑白馬㉞以盟洹水之上㉟，以相堅㊱也。而親昆弟同父母，尚有爭錢財，而欲恃詐偽反覆蘇秦之餘謀[37]，其不可成亦明矣。

7 「大王不事秦，秦下兵攻河外[38]，據卷[39]、衍[40]、燕[41]、酸棗[42]，劫衛取陽晉[43]，則趙不南[44]。趙不南而梁不北[45]，梁不北則從道絕[46]，從道絕則大王之國欲毋危不可得也。秦折韓[47]而攻梁，韓怯於秦，秦、韓為一，梁之亡可立而須[48]也。此臣之所為大王患也。

8 「為大王計，莫如事秦。事秦則楚、韓必不敢動；無楚、韓之患，則大王高枕而臥，國必無憂矣。

9 「且夫秦之所欲弱者莫如楚，而能弱楚者莫如梁。楚雖有富大之名而實空虛；其卒雖多，然而輕走易北[49]，不能堅戰。悉梁之兵[50]南面而伐楚，勝之必矣。割楚而益梁[51]，虧楚而適秦[52]，嫁禍安國[53]，此善事也。大王不聽臣，秦下甲士而東伐，雖欲事秦，不可得矣。

10 「且夫從人多奮辭[54]而少可信，說一諸侯而成封侯，是故天下之游談士莫不日夜搤腕瞋目切齒[55]以言從之便，以說人主[56]。人主賢其辯而牽其說[57]，豈得無眩哉[58]！

11 「臣聞之，積羽沉舟，羣輕折軸[59]，眾口鑠金，積毀銷骨[60]。故願大王審定計議(61)，且賜骸骨辟魏(62)。」

12 哀王(63)於是乃倍從約(64)而因儀請成於秦(65)。張儀歸，復相秦(66)。三歲(67)而魏復背秦為從，秦攻魏，取曲沃(68)。明年(69)，魏復事秦。

【章　旨】以上為第三段，寫張儀相魏，說魏國背縱連橫。

【注　釋】❶秦惠王十年　此謂前元十年，西元前三二八年。❷公子華　〈六國年表〉作「公子桑」，也作「公子革」，不詳其為何王之子。❸蒲陽　魏縣名，即今山西隰縣。❹復與魏　又將蒲陽還給魏國。❺公子繇　馬非百曰：「惠文王之子，亦名『通』，或曰『通國』。」❻入上郡少梁　將上郡、少梁二地割與秦國。上郡，今陝西東北部，原來屬魏。少梁，縣名，在今陝西韓城南，原來屬魏。梁玉繩曰：「按〈紀〉、〈表〉及〈魏世家〉，是年『入上郡於秦』，無『少梁』二字。魏之『少梁』已於秦孝公八年取之矣。」❼更名少梁曰夏陽　梁玉繩曰：「按〈秦紀〉，更名在惠王十一年。」❽立惠王為王　事在惠王十三年，西元前三二五年。在此以前的十三年，秦惠王尚一直稱「公」，而從本年起，遂改號稱「王」，而將明年稱作「後元元年」。楊寬〈戰國史表〉謂此年「四月戊午秦惠文君自稱為王。魏惠王會韓宣惠王於巫沙，尊韓惠王為王。」按：在此九年前，西元前三三四年，魏惠王與齊威王相會徐州，已彼此互尊為王。❾居一歲　即惠王後元元年，韓宣惠王九年，西元前三二四年。❿取陝　韓縣名，在今河南三門峽西。⓫築上郡塞　在上郡一帶修築關塞。⓬其後二年　秦惠王後元三年，齊威王三十五年，楚懷王七年，西元前三二二年。⓭與齊楚之相會齧桑　齧桑，宋邑名，在今江蘇沛縣西南。梁玉繩曰：「按〈紀〉、〈表〉及〈魏〉與〈田完世家〉，齧桑之會在取陝之明年，此云『後二年』誤。又但舉齊、楚而不及魏。」按：楊寬〈戰國史表〉繫齧桑之會於秦惠王後元二年(西元前三二三年)。⓮東還而免相　此張儀與秦惠王演戲，故意使惠王罷免自己。⓯相魏以為秦　去魏國為相，目的是當奸細，為秦國謀利益。時當秦惠王後元三年，魏惠王後元十三年也。⓰曲沃　魏縣名，在今河南三門峽西南。瀧川曰：「河南陝縣有曲沃故城，非晉都曲沃。」按：陝縣西南之「曲沃」當時屬韓。⓱平周　魏縣名，在今山西介休西。⓲魏襄王卒二句　梁玉繩曰：「『襄』當作『惠』；『哀』當作『襄』。」按：梁說是，魏惠王（即梁惠王）名罃，西元前三六九—前三一九年在位。魏襄王名嗣，西元前三一八—前二九六年在位。魏惠王之卒與魏襄王之立在秦惠王後元六年，西元前三一九年。《史記・魏世家》與〈六國年表〉書魏君之繫年錯誤極多，請仔細參看兩篇之注釋。⑲張儀復說哀王二句「哀王」都應作「襄王」。⑳明年　秦惠王後元八年，齊宣王三年，魏襄王二年，西元前三一七年。㉑敗魏於觀津　據〈六國年表〉應作「觀澤」。觀澤，魏邑名，在今河南清豐西南。至於「觀津」，在今河北武邑東，當時屬趙。㉒敗韓申差軍　據〈秦本紀〉「七年，韓、趙、魏、燕、齊帥匈奴共攻秦，秦使庶長（樗里）疾與戰修魚（今河南原陽西南），虜其將申差，敗趙公子渴、韓太子奐，斬首八萬二千」。〈六國年表〉與本傳皆繫此役於秦惠王後元八年，是也。㉓四通輻湊　按《戰國策》於此作「諸侯四通，條達輻湊」，較此為順。鮑彪曰：「四方湊之，如輻於轂。」極言來攻之易。㉔限　阻隔。㉕從鄭至梁二百餘里　梁玉繩曰：「《策》作『從鄭至梁，不過百里；從陳至梁，二百餘里』，此有脫誤。」按：梁說極是，「鄭」指韓國都城新鄭，「陳」為楚縣，即今河南淮陽。㉖不待力　不用費勁。《戰國策》作「不待倦」。㉗境　接壤。㉘卒戍四方　意謂四面的邊境都得派兵把守。㉙守亭鄣者不下十萬　意謂剩下可調用的兵力已經不多了。亭鄣，邊防工事。亭，以作瞭望。鄣，城堡。㉚與楚　與楚國聯盟。與，交好。㉛為從　建立合縱聯盟。從，同「縱」。㉜一天下　將天下諸國（實指東方諸國）都聯合起來。㉝約為昆弟　建立一種兄弟般的親密關係。昆弟，兄弟。㉞刑白馬　取其血以作歃血定盟之用，〈平原君虞卿列傳〉結盟時有所謂「取雞狗馬之血來」，劉邦與功臣也有所謂「刑白馬而盟」，古人有此儀式。㉟盟洹水之上　洹水，流經今河南安陽北，東北流，入黃河，這一帶地區當時屬趙國。繆文遠曰：「洹水為東方諸侯會聚之地，周顯王十六年（西元前三五三年），魏攻下趙都邯鄲，齊、楚救趙，擊敗魏國，魏被迫與趙修好，與趙王會於洹水之上。此所云，即據此事擬構而成。」㊱相堅　意即鞏固相互間的聯盟。㊲恃詐偽反覆蘇秦之餘謀　將反覆無常之蘇秦所用過的那套東西視為可靠。餘謀，剩下來的謀略，表示貶意。繆文遠曰：「蘇秦年輩較張儀為晚，張儀死時，蘇秦事跡尚不甚著，此所言，與史實不合。」按：似此等，讀者一方面要注意歷史的真實，但同時也還得注意司馬遷本人固有的思想情感。按司馬遷的認識，蘇秦是在張儀之前的。㊳河外　此指當時黃河以南的今鄭州、延津、濮陽等一帶沿河地區，因古代稱與此隔河相望的黃河以北為「河內」，故稱此黃河南岸為「河外」。㊴卷　魏縣名，在今河南原陽西南。㊵衍　也稱「衍氏」，魏縣名，在今鄭州市北。㊶燕　魏縣名，在今河南延津東北。按：原無「燕」字，《戰國策》有，今據增。㊷酸棗　魏縣名，在今河南原陽東北，延津西南。按：由於後來黃河改道，上述諸縣現在都已到了黃河之北。㊸劫衛取陽晉　衛，當時已近於傀儡的小國名，國都在今河南濮陽西南。陽晉，衛縣名，在今山東鄆城西。㊹趙不南　趙兵不能南下，意即斬斷了魏與趙國的聯絡，蓋上述諸地皆在魏都大梁之北側。㊺趙不南而梁不北　趙兵不能南下，則魏國也就無法再與北面的趙國、燕國聯合。而，則。《戰國策》逕作「則」。㊻從道絕　南北的合縱聯盟被攔腰斬斷。(47)折韓　制服韓國。折，《戰國策》作「挾」，挾制。作「挾」字較暢。(48)立而須　猶言「翹足可待」。須，待。(49)輕走易北　不把敗逃當做一回事。走，逃跑。北，敗。(50)悉梁之兵　調動魏國全部的軍隊。悉，盡。(51)割楚而益梁　割取楚國的地盤以壯大魏國。(52)虧楚而適秦　虧，侵削；削弱。適秦，王念孫曰：「適者，悅也，言攻楚而悅秦也。」(53)嫁禍安國　嫁禍於楚，使自己之國得安。郭嵩燾曰：「前既劫之以事秦，又歆之以伐楚之利，以使自敗其約。」(54)從人多奮辭　從人，倡導合縱的人。奮辭，鮑彪注：「大言也。」(55)搤腕瞋目切齒　形容其激昂慷慨的樣子。(56)以說人主　以討好列國之君。說，同「悅」。(57)牽其說　被其遊說所牽制、所誘惑。(58)豈得無眩哉　眩，迷惑。楊慎曰：「衡之說，大抵與縱之說相反，縱誇其國強，則衡必貶其國弱；縱言事秦與不交與國之害，而衡反以為利，以不事秦之禍恐喝之，以縱不可成離其心，大略如此。」(59)羣輕折軸　將很多分量輕的東西聚積起來也可以壓斷車軸。(60)眾口鑠金二句　極言眾口一詞的誹謗力量之可怕。鑠金，使金子熔化。銷骨，不僅能置人於死，甚至可以連他的骨頭都完全被熔化。按：此語還見於〈魯仲連鄒陽列傳〉。(61)審定計議　仔細考慮好何去何從。審，仔細。(62)賜骸骨辟魏　意即「請放我離開魏國」。賜骸骨，猶今所謂「給我自由」，即請求放行。此語還見於〈項羽本紀〉，此外還有「乞骸骨」云云，與此義同。辟魏，離開魏國。(63)哀王　依前文應作「襄王」。(64)倍從約　背叛與東方諸國的合縱。倍，同「背」。背叛。(65)請成於秦　請求與秦國建立同盟，即所謂「連橫」。成，也稱「平」，即談判結盟。按：以上張儀以連橫說魏襄王，見《戰國策．魏策一》，而《史記．魏世家》不載。繆文遠曰：「此《策》通體背於史實，諸侯『刑白馬以盟於洹水之上』，〈趙策二〉載蘇秦說趙王，僅為虛擬之辭，此章則坐實之，以為實有之事；魏王請『效河外』，然曲沃、平周入秦，乃由秦以武力攻取，非魏王所獻。」牛鴻恩曰：「〈魏策〉魏王答曰：『寡人愚蠢，前計失之，請稱東藩，築帝宮，受冠帶，祠春秋，效河外。』司馬遷削而不錄，只簡述大意曰『哀王於是乃倍從約，而因張儀請成於秦』，是司馬遷已感到『稱東藩，築帝宮』等大乖於史實也。」（〈蘇秦事跡之真偽〉）鮑彪曰：「魏邇秦而無阻固，凡橫人之辭若可聽，唯魏也，故儀先之。魏一搖，而諸國動矣。」吳師道曰：「魏非不知從之利而秦之不可信也，劫於秦之強而患於與國之不一。後三年，魏復背秦合從，其情可見矣。」按：鮑、吳二家皆就文章而論，近於史公文意。(66)張儀歸二句　事在秦惠王後元八年，西元前三一七年。按：前文所敘張儀與司馬錯辯論與秦滅巴、蜀事，應移至此句之下，其事乃在惠王後元九年（西元前三一六年）也。(67)三歲　秦惠王後元十一年（西元前三一四年）。(68)取曲沃　前惠王三年已云「取曲沃、平周」，今又云「取曲沃」，於是瀧川遂謂前述「曲沃」為今河南陝縣之曲沃鎮。三家注於此無說，姑闕疑。(69)明年　秦惠王後元十二年，魏襄王六年，西元前三一三年。

【語　譯】秦惠王十年，惠王派公子華與張儀率兵圍困魏國的蒲陽，守軍投降。張儀提出秦把蒲陽交還魏國，並派公子繇到魏國作人質。張儀因而勸告魏王說：「秦王對魏國如此寬厚，魏國不能無所表示。」魏國於是把上郡、少梁給了秦國作為對惠王的答謝。惠王便任張儀為相國，並將少梁改為夏陽。

2 張儀在秦為相四年，擁戴惠王稱王。又過了一年，張儀為將，領兵攻取了陜縣，並在上郡築塞。

3 這之後兩年，張儀被派到齧桑與齊、楚的相國盟會。回國後，張儀被免掉秦相職位，為了秦國的利益去魏國當了相國，想讓魏國率先歸附秦國，然後讓其他各國仿效；但魏王並不聽從。秦王惱怒之下，派兵攻取了魏國的曲沃、平周兩城，又暗地裡給張儀更豐厚的待遇。張儀感到慚愧，覺得還沒有做出什麼成績以回報秦王。張儀在魏居留了四年後，魏襄王去世，哀王即位。張儀又勸哀王歸順秦國，哀王還是不聽從，於是張儀暗中指使秦國攻魏。魏起兵與秦作戰，被秦打敗。

4 第二年，齊軍犯境，在觀津打敗了魏兵。秦軍又準備攻打魏國，首先戰敗了韓國申差率領的軍隊，斬首八萬，使各國諸侯為之震驚害怕。張儀於是又遊說魏王道：

5 「魏國的土地縱橫不滿一千里，士兵不到三十萬。地勢四面平坦，與各國四通八達，沒有高山大河的阻隔。從新鄭到大梁不過二百多里路，不論戰車或者步兵，都不用花多大力氣就能到達。魏國南與楚國交界，西與韓國接連，北與趙國靠近，東與齊國相連，軍隊戍守四方，守邊的部隊就得占十萬以上。魏國的地勢，自來就是戰場。如果與南邊的楚國交好而不與東邊的齊國交好，那齊國就會從東面進攻；和東方的齊國友好而不和北面的趙國親善，那趙兵就會從北面進攻；與韓國不和，那韓兵就會攻魏的西面；與楚國不親，那楚兵就會入侵魏國的南疆。這正是人們所說的四分五裂的處境啊。

6 「再說各國諸侯之所以合縱結盟，是想求得國家安全、鞏固君王地位、增強軍隊力量、發揚本國聲威。現在各合縱國把天下當做一家，他們彼此結為兄弟，在洹水之濱殺白馬立誓為盟，以堅定彼此的意志。然而同父母的親兄弟，尚且有錢財之爭，合縱各國要想憑藉虛偽的盟約來維持蘇秦那過時的計畫，它的不可能成功不是已明擺著的嗎！

7 「大王您要是不依附秦國，秦就會出兵攻打河外、占據卷、衍、燕、酸棗等地，脅迫衛國，奪取衛國的陽晉，於是趙國不能南下援魏；趙國不能南下，魏國也就不能向北和趙呼應；魏不能連趙，那麼合縱各國的交通就會斷絕；合縱各國的交通一斷絕，那麼大王您的國家要想沒有危險是不可能的了。秦國挾持韓國轉而攻梁，韓國因為害怕秦國，與秦聯為一體，於是梁的滅亡就近在眼前了。這就是我替大王擔心的事情啊。

8 「現在為大王著想，還是不如依附秦國，依附了秦國就必定會使楚國、韓國不敢妄動；沒有了韓、楚侵擾的禍患，大王就可以高枕而臥，國家就沒有什麼可以憂慮的了。

9 「況且，秦最想削弱的國家是楚國，而最能削弱楚國的是魏國。楚國雖然有民富國大的名聲，但實際上卻很空虛；它的軍隊人數雖然多，但臨陣會輕易敗逃，不能打硬仗。我們調集魏國的全部軍隊南下攻打楚國，獲勝是可以肯定的。割裂楚國，有利於魏國；虧損楚國，使秦國高興，轉嫁了災禍，安定了國家，的確是件好事啊。大王如不聽取我的意見，秦出兵攻魏，到那時想要投向秦國，也就不可能了。

10 「再說那些主張合縱的策士們，多數是話講得激昂，而很少有靠得住的，只要說動了一國的國君，就能被封為侯，所以天下從事遊說的人無不整日慷慨陳詞，宣揚合縱的好處，以圖打動一國的君主。君主們欣賞他們的口才便連帶著相信了他們的言論，又怎麼能不被迷惑呢！

11 「我聽說過這樣的話：羽毛堆積多了能把船壓沉，輕的東西聚載多了能把車軸壓斷，眾人的嘴舌能使金屬熔化，眾多的壞話能把好人毀掉。故此我請求大王慎重地決定國家大計，並請讓我離開魏國以保安康。」

12 魏哀王於是背棄合縱盟約，通過張儀，請求與秦國結好。張儀回秦後，仍然做了秦國的相國。三年後，魏又背叛秦國而重新加入合縱。秦因此出兵攻魏，奪取了魏的曲沃城。次年，魏重又歸附秦國。

1 秦欲伐齊❶，齊、楚從親❷，於是張儀往相楚❸。楚懷王❹聞張儀來，虛上舍而自館之❺，曰：「此僻陋之國，子何以教之？」儀說楚王曰：「大王誠能聽臣，閉關絕約於齊❻，臣請獻商、於❼之地六百里，使秦女❽得為大王箕帚之妾❾，秦、楚娶婦嫁女❿，長為兄弟之國，此北弱齊而西益秦也⓫，計無便此者。」楚王大說而許之。羣臣皆賀，陳軫⓬獨弔⓭之。楚王怒曰：「寡人不興師發兵得六百里地，羣臣皆賀，子獨弔，何也？」陳軫對曰：「不然。以臣觀之，商、於之地不可得而齊、秦合⓮，齊、秦合則患必至矣。」楚王曰：「有說乎？」陳軫對曰：「夫秦之所以重楚⓯者，以其有齊也。今閉關絕約於齊，則楚孤。秦奚貪夫孤國⓰，而與之商、於之地六百里？張儀至秦，必負王⓱。是北絕齊交，西生患於秦也，而兩國之兵必俱至。善為王計者，不若陰合而陽絕⓲於齊，使人隨張儀。苟與吾地，絕齊未晚也；不與吾地，陰合謀計也⓳。」楚王曰：「願陳子閉口毋復言，以待寡人得地。」乃以相印授張儀，厚賂之。於是遂閉關絕約於齊，使一將軍隨張儀。

2 張儀至秦，詳失綏墮車⓴，不朝三月。楚王聞之，曰：「儀以寡人絕齊未甚邪？」乃使勇士至宋㉑，借宋之符，北罵齊王㉒。齊王大怒，折節而下秦㉓。秦、齊之交合，張儀乃朝，謂楚使者曰：「臣有奉邑㉔六里，願以獻大王左右㉕。」楚使者曰：「臣受令於王，以商、於之地六百里，不聞六里。」還報楚王。楚王大怒，發兵而攻秦。陳軫曰：「軫可發口[26]言乎？攻之不如割地反以賂秦[27]，與之并兵而攻齊。是我出地於秦，取償於齊也，王國尚可存。」楚王不聽，卒發兵而使將軍屈匄[28]擊秦。秦、齊共攻楚[29]，斬首八萬，殺屈匄，遂取丹陽、漢中之地[30]。楚又復益發兵而襲秦，至藍田[31]，大戰。楚大敗。於是楚割兩城以與秦平[32]。

3 秦要楚[33]欲得黔中[34]地，欲以武關外易之[35]。楚王曰：「不願易[36]地，願得張儀而獻黔中地。」秦王欲遣之，口弗忍言。張儀乃請行。惠王曰：「彼楚王怒子之負[37]以商、於之地，是且甘心於子[38]。」張儀曰：「秦彊楚弱，臣善靳尚[39]，尚得事[40]楚夫人鄭袖，袖所言皆從[41]。且臣奉王之節使楚，楚何敢加誅？假令誅臣而為秦得黔中之地，臣之上願。」遂使楚。楚懷王至則囚張儀[42]，將殺之。靳尚謂鄭袖曰：「子亦知子之賤於王乎[43]？」鄭袖曰：「何也？」靳尚曰：「秦王甚愛張儀而不欲出之[44]，今將以上庸之地[45]六縣賂楚，以美人聘楚[46]，以宮中善歌謳者為媵[47]。楚王重地尊秦[48]，秦女必貴而夫人斥[49]矣。不若為言而出之。」於是鄭袖日夜言懷王曰：「人臣各為其主用。今地未入秦，秦使張儀來，至重王。王未有禮而殺張儀，秦必大怒攻楚。妾請子母俱遷江南，毋為秦所魚肉也[50]。」懷王後悔[51]，赦張儀，厚禮之如故[52]。

4 張儀既出[53]，未去，聞蘇秦死[54]，乃說楚王曰：

5 「秦地半天下，兵敵四國[55]，被險帶河[56]，四塞以為固[57]。虎賁之士[58]百餘萬，車千乘，騎萬匹，積粟如丘山。法令既明，士卒安難樂死[59]。主明以嚴[60]，將智以武，雖無出甲[61]，席卷常山之險[62]，必折天下之脊[63]，天下有後服者先亡。且夫為從者[64]，無以異於驅羣羊而攻猛虎，虎之與羊不格[65]明矣。今王不與猛虎而與[66]羣羊，臣竊以為大王之計過也。

6 「凡天下彊國，非秦而楚，非楚而秦。兩國交爭，其勢不兩立。大王不與秦，秦下甲[67]據宜陽[68]，韓之上地不通[69]。下河東[70]，取成皋[71]，韓必入臣，梁則從風而動[72]。秦攻楚之西，韓、梁攻其北，社稷安得毋危？

7 「且夫從者聚羣弱而攻至彊，不料敵而輕戰，國貧而數[73]舉兵，危亡之術也。臣聞之，兵不如者勿與挑戰[74]，粟不如者勿與持久。夫從人飾辯虛辭[75]，高主之節[76]，言其利不言其害，卒[77]有秦禍，無及為已。是故願大王之孰計之。

8 「秦西有巴、蜀，大船積粟，起於汶山[78]，浮江已下[79]，至楚三千餘里。舫船[80]載卒，一舫載五十人與三月之食，下水而浮，一日行三百餘里。里數雖多，然而不費牛馬之力，不至十日而距[81]扞關[82]。扞關驚，則從境以東[83]盡城守[84]矣，黔中、巫郡非王之有[85]。秦舉甲出武關，南面而伐，則北地[86]絕。秦兵之攻楚也，危難在三月之內；而楚待諸侯之救，在半歲之外，此其勢不相及也。夫待弱國之救[87]，忘彊秦之禍，此臣所以為大王患也。

9 「大王嘗與吳人戰，五戰而三勝[88]，陣卒[89]盡矣；偏守新城[90]，存民[91]苦矣。臣聞功大者易危，而民敝[92]者怨上。夫守易危之功[93]而逆彊秦之心，臣竊為大王危之。

10 「且夫秦之所以不出兵函谷十五年[94]以攻齊、趙者，陰謀有合天下[95]之心。楚嘗與秦構難[96]，戰於漢中，楚人不勝，列侯執珪[97]死者七十餘人，遂亡漢中。楚王大怒[98]，興兵襲秦，戰於藍田，此所謂兩虎相搏者也。夫秦、楚相敝[99]而韓、魏以全[100]制其後，計無危於此者矣。願大王孰計之。

11 「秦下甲攻衛陽晉，必大關天下之匈[101]。大王悉起兵以攻宋，不至數月而宋可舉。舉宋而東指，則泗上十二諸侯[102]盡王之有也。

12 「凡天下而以信約從親相堅者蘇秦[103]，封武安君[104]，相燕，即陰與燕王謀伐破齊而分其地[105]，乃詳有罪出走入齊，齊王因受而相之。居二年而覺，齊王大怒，車裂蘇秦於市[106]。夫以一詐偽之蘇秦，而欲經營天下，混一諸侯，其不可成亦明矣。

13 「今秦與楚接境壤界[107]，固形親[108]之國也。大王誠能聽臣，臣請使秦太子入質於楚，楚太子入質於秦；請以秦女為大王箕帚之妾，效萬室之都以為湯沐之邑[109]，長為昆弟之國，終身無相攻伐。臣以為計無便於此者[110]。」

14 於是[111]楚王已得張儀而重出[112]黔中地與秦，欲許之。屈原[113]曰：「前大王見欺於張儀，張儀至，臣以為大王烹之；今縱弗忍殺之，又聽其邪說，不可[114]。」懷王曰：「許儀[115]而得黔中[116]，美利也；後而倍之[117]，不可。」故卒許張儀，與秦親。

【章旨】以上為第四段，寫張儀說楚王背縱，與秦國連橫。

【注釋】❶秦欲伐齊　當時齊國的在位者為齊宣王，國都臨淄，即今山東淄博之臨淄區。❷從親　因合縱而關係緊密。❸張儀往相楚　事在秦惠王後元十二年，楚懷王十六年，西元前三一三年。瀧川曰：「『相』字疑衍，與下文『乃以相印授張儀』複。」❹楚懷王　名槐，西元前三二八－前二九九年在位。❺自館之　親自為其安頓住宿。中井曰：「謂就館見客也。」可供參考。❻閉關絕約於齊　高誘注：「關，楚北方城之塞也。絕約，絕齊歡合之交也。」❼商於　皆地區名，約當今陝西省之商南、河南內鄉一帶。《索隱》引劉氏曰：「商即今之商州，有古商城；其西二百餘里有古於城。」❽秦女　秦王之女。❾為大王箕帚之妾　謙指嫁於楚王為夫人。箕帚之妾，打掃清潔的使女。❿娶婦嫁女　自己的太子、公子娶對方之女；自己之女嫁給對方的太子、公子。⓫此北弱齊而西益秦也　這樣就可以使齊國削弱，而秦國也就得到了好處。⓬陳軫　當時著名的縱橫家，後文有傳。⓭弔　對其表示憂慮、悲哀。⓮齊秦合　齊與秦國反而聯合起來。⓯重楚　看重、尊重楚國，實際指不敢進犯楚國。⓰秦奚貪夫孤國　瀧川曰：「〈楚世家〉、〈秦策〉『貪』作『重』，義長。」意即秦國為什麼要厚待一個孤立無援的楚國呢？奚，為何。重，厚；厚待。⓱必負王　一定會背叛你。負，背叛。⓲陰合而陽絕　表面上絕交，而暗中加強聯繫。

⑲不與吾地二句　陰合謀計，意即暗中與齊國聯合共同抗秦。鮑彪曰：「軫之策此可謂明矣，而懷王不聽，愚而好自用者也，其死秦宜哉！」徐孚遠曰：「張儀詐而楚王貪，故陳軫為兩可之辭。若楚果絕齊，雖得商於，未為福也。」⑳詳失綏墮車　詳，同「佯」。假裝。失綏，上車時失手沒有拉住繩子。綏，上車時手拉的繩子。㉑宋　當時已經很弱的諸侯國名，原都睢陽（今河南商丘南），時已遷至彭城（今江蘇徐州）。宋自春秋時代就經常依附楚國。㉒借宋之符二句　胡三省曰：「既『閉關絕約』，則齊楚之信使不通，故使借宋符以至齊。」符，兩國間相互往來的通行證。㉓折節而下秦　〈楚世家〉作「折楚符而合於秦」，「符」、「節」義同，意即毀棄了齊楚兩國結盟的信物，掉頭來與秦國聯合了。㉔奉邑　同「俸邑」。此指秦王賜給張儀的領地。㉕獻大王左右　意即獻給楚王，所謂「左右」，猶言「閣下」「殿下」「下執事」云云，都是謙詞。㉖發口　開口。凌稚隆曰：「應上『閉口』。」㉗不如割地反以賂秦　《戰國策》云：「不如因而賂之一名都。」鄧以讚曰：「軫意非真欲賂秦，只是極言攻秦之非計，觀『不如反』及『尚』字可見。」㉘屈匄　楚將名。匄，也作「丐」。㉙秦齊共攻楚　據〈韓世家〉，此次攻楚者還有韓國。㉚遂取丹陽漢中之地　丹陽，楚地區名，約當今河南西峽西，因其地處丹水之北，故稱「丹陽」。漢中，楚郡名，約當今湖北省西北部的房縣、鄖縣與陝西省東南部的旬陽、安康等一帶地區。㉛藍田　秦縣名，在今陝西藍田西，西安市東南。有人以為楚之藍田在今湖北省鍾祥西北，與此文所敘地理形勢不合。按：以上張儀愚弄楚懷王並敗楚於藍田、奪楚漢中事，見《戰國策・秦策二》，事在秦惠王後元十三年，楚懷王十七年，西元前三一二年。〈秦本紀〉、〈楚世家〉、〈六國年表〉皆同，詳情亦見於〈屈原賈生列傳〉。㉜與秦平　與秦國談判講和。平，也稱「成」，談判講和。㉝要楚　要脅楚國。㉞黔中　楚郡名，約當今湖南西部並與之相連的今貴州東部地區。㉟欲以武關外易之　〈楚世家〉稱秦欲「分漢中之半以和楚」。武關，在今陝西丹鳳東南，商南西北，當時屬秦，即前文所說的「商於」地區。㊱易　交換。㊲負　虧待；欺騙。㊳且甘心於子　且，將。甘心，使心裡痛快，意即殺了你以解其恨。㊴靳尚　楚國讒臣，事又見於〈屈原賈生列傳〉。㊵事　侍候；為之做事。㊶袖所言皆從　謂楚王皆從之也。㊷楚懷王至則囚張儀　句子不順，應作「張儀至，楚懷王則囚之」。㊸子亦知子之賤於王乎　按：「賤」上應增「將」字讀，意謂你即將不再受楚王寵愛。㊹秦王甚愛張儀而不欲出之　《索隱》曰：「『不』字當作『必』，時張儀為楚所囚，故必欲出之也。」出之，救其出來。㊺上庸之地　上庸縣及其周圍的一帶地區，上庸縣在今湖北省西北角的竹山西南，屬漢中郡。㊻聘楚　嫁與楚王。㊼媵　陪嫁的男女僕役。㊽楚王重地尊秦　徐孚遠曰：「當言『大王』，言『楚王』誤。」㊾斥　退；疏遠。凌稚隆引焦竑曰：「陳平愚閼氏而解白登之圍，蓋本諸此。」陳平說匈奴閼氏以解劉邦之圍事，見〈陳丞相世家〉。㊿妾請子母俱遷江南二句　遷江南，意即趁早離開楚國都城遠一點。魚肉，以比喻被人宰割，

〈項羽本紀〉有所謂「人方為刀俎，我為魚肉」。按：此鄭袖語與〈晉世家〉之驪姬語聲口相肖，驪姬云：「妾願子母辟之他國，若（或）早自殺，毋徒使母子為太子所魚肉也。」[51]後悔　意即又變了主意。[52]厚禮之如故　按：以上楚王因張儀、放張儀事，見《戰國策・楚策二》，〈楚世家〉繫之於懷王十八年，亦即秦惠王後元十四年，西元前三一一年，其事亦見於〈屈原賈生列傳〉。[53]既出　指被楚王放出。[54]聞蘇秦死　現代戰國史與《戰國策》研究者皆論定蘇秦其人晚於張儀，以為司馬遷是根據《戰國策》中的錯誤資料將蘇秦排在了張儀之前。牛鴻恩曰：「按〈燕世家〉（同〈燕策〉），蘇秦死於燕王噲三年（西元前三一八年）五國合縱攻秦之前；而〈楚世家〉又說懷王十一年（亦即燕王噲三年）『蘇秦約山東六國共攻秦，楚懷王為縱約長』，是司馬遷對於蘇秦究竟何年約縱攻秦與死於何年亦兩存其說。」郭嵩燾考證〈蘇秦列傳〉、〈齊太公世家〉、〈六國年表〉，以為蘇秦已死多年，張儀不應此時「始聞」，並說「史公敘事多有參差」。梁玉繩以為「四字當衍」。按：從史實上考據其蘇秦事不可信是一回事，但史公據其所見材料將其組織成完整文章，並在其中表現了自己的某種觀點是另一回事，此當分別言之。瀧川曰：「此應上文『蘇君之時，儀何敢言』，史文不可無此四字。」茅坤曰：「此前張儀雖相魏與楚，劫之以事秦，而未始公言縱人之失也，蘇秦死而儀之說始昆耀於世矣。」[55]兵敵四國　敵，意謂足以對付。四國，繆文遠曰：「泛指眾諸侯國，《詩》《書》多見。」[56]被險帶河　《戰國策》作「被山帶河」，意同。被，同「披」。依靠。[57]四塞以為固　四方皆有險阻，形勢牢固。[58]虎賁之士　指勇士，言其如猛虎之奔，狀其勇也。[59]安難樂死　即不畏艱難，勇於犧牲。[60]明以嚴　猶言「明而嚴」，下「智以武」同。以，用法同「而」。[61]雖無出甲　王念孫曰：「『雖』讀曰『唯』。」言秦兵唯無出甲，出甲則席卷常山而折天下之脊也。不更言『出甲』者，蒙上而省也。」[62]席卷常山之險　意即翻越恆山，占領趙國。常山，原稱恆山，在今河北曲陽西北，當時屬趙。漢人因避文帝諱，改稱「常山」。[63]折天下之脊　據〈蘇秦列傳〉，趙國是當時東方合縱諸國的首領，其北還有燕國，秦如出兵襲趙，一是打擊其首領，同時也斬斷了合縱諸國的南北聯絡，故云「折天下之脊」。[64]為從者　倡導六國合縱的人。[65]不格　不相當；不成比例。鮑彪曰：「格，猶『敵』。」[66]與　相與；結交。[67]下甲　出兵，因秦所居之地勢高，故曰「下」。[68]宜陽　韓縣名，在今河南宜陽西，曾是韓國的都城。[69]上地不通　上地，諸祖耿引吳師道、黃丕烈、程恩澤諸家語以為指「上黨之地」。上黨即今山西東南部的長治一帶地區。不通，指韓之上黨地區與其國都新鄭斷絕聯絡。[70]河東　指今山西省西南部的臨汾、運城一帶，當時屬魏，再往東就是韓地。[71]成皋　韓邑名，在今河南滎陽西北之汜水鎮西。[72]梁則從風而動　指亦將隨著投靠秦國。[73]數　頻繁。[74]兵不如者勿與挑戰　意謂兵力不如人家，就不要向人家尋釁鬧事。[75]飾辯虛辭　意即故意編造一些好聽的話。[76]高主之節　瀧川曰：「高不事秦之節也。」[77]卒　同「猝」。突然。[78]汶

山　即岷山，在今四川松潘北。(79)浮江已下　猶言「浮江而下」。已，同「以」。謂從岷山可以由岷江入長江，順流至楚也。(80)舫船　兩船相併。(81)距　抵達。(82)扞關　在今湖北宜昌西。扞，同「捍」。(83)從境以東　《戰國策》作「從竟陵以東」。竟陵，楚縣名，在今湖北潛江西北。(84)城守　指開始築城，準備防守。(85)黔中巫郡非王之有　巫郡，楚郡名，約當今重慶東部的巫山、奉節一帶，當時屬楚。按：秦兵若抵扞關，則巫郡已被其越過，黔中已落其右後方，故曰兩地「非王之有」。陳子龍曰：「秦得蜀而楚勢弱，浮江之說，王濬之下吳也；武關之勢，西魏之下梁也，此亦有當情勢之言。」(86)北地　胡三省注：「楚北境之地，陳、蔡、汝、潁是也。」(87)待弱國之救　《戰國策》作「恃弱國之救」。王念孫曰：「『待』當作『恃』。」按：其實不改亦可，今仍保持作「待」。(88)大王嘗與吳人戰二句　徐孚遠曰：「懷王時，吳之屬楚久矣，安得與吳人五戰？此言誤。」牛鴻恩曰：「《國策》作『五戰三勝而亡之』，吳早滅於越，楚又於前三〇六年滅越。此楚『與吳人戰』蓋即楚滅越之戰也。張儀連衡之辭多用戰國中晚期事，此即其一。」(89)陣卒　猶言「戰士」。(90)偏守新城　偏守，猶言「遠守」，遠離楚國腹地之防守。新城，《索隱》曰：「當在吳楚之間。」《正義》曰：「新攻得之城，未詳所在。」(91)存民　殘存之民。《戰國策》作「居民」。(92)敝　疲憊。(93)守易危之功　意即因一些虛假的小勝而自以為強。(94)不出兵函谷十五年　吳師道曰：「前二年、五年、六年，皆有攻趙之事。」繆文遠曰：「蘇秦本無合縱六國抗秦事，則秦十五年不出函谷之說，其妄顯然。」錢穆曰：「據〈六國表〉，蘇秦初說燕後十五年，適燕噲元年，蘇秦死。『十五年』之說本此。原辭的造作者是說在蘇秦生前，張儀未行連衡之事。」按：此史公誤採《戰國策》中之假材料而修改彌縫之。(95)合天下　統一天下。合，吞併。《戰國策》逕作「吞」。(96)構難　指兩國開戰。(97)列侯執珪　皆指國家的高等權貴。列侯，有功勳列於王室而被封侯，故稱列侯。執珪，楚國的高級爵位名，其「上執珪」略同宰相。(98)楚王大怒　瀧川曰：「當言『大王』。」(99)相敝　相互消耗。(100)全　指完好無損的兵力與軍備。(101)攻衛陽晉二句　《索隱》曰：「以言秦兵據陽晉（今山東鄆城西），是大關天下之胸，則他國不得動也。」蓋其地是秦、晉、齊、楚之交道也。匈，同「胸」。(102)泗上十二諸侯　《索隱》曰：「謂邊近泗水之側，當戰國時有十二諸侯，宋、魯、邾、莒之比也。」泗水，源於今山東泗水東，經曲阜、兗州南流入江蘇，再經徐州東南流，匯入淮河。(103)凡天下而以信約從親相堅者蘇秦　按：句子不順，《戰國策》作「凡天下所信約從親堅者蘇秦」，亦生澀難通。其大意蓋謂「天下各國之所以相信合縱必能成功，就是因為蘇秦」。(104)封武安君　繆文遠引鍾鳳年曰：「據〈趙策〉張儀說趙王之語，此上當脫『恃蘇秦之計』五字。」按：有「恃蘇秦之計」五字亦仍是不順。(105)相燕二句　史公據錯誤材料在〈燕召公世家〉中繫蘇秦為燕國人齊行反間於燕易王（西元前三三二—前三二一年在位）時，而實際乃在數十年之後的燕昭王（西元前三一一—前二七九年在位）時代。

(106)車裂蘇秦於市　據〈蘇秦列傳〉，蘇秦乃被人所刺。蘇秦臨死前與齊王謀劃假意裂己之屍以捕在逃之刺客，事後齊乃覺之為反間。據今之戰國史與《戰國策》研究者考訂，蘇秦終生為燕，為燕昭王報復齊國而入齊行反間，直到樂毅進兵前始被齊湣王發覺，將其車裂。而張儀此節說楚王背縱與秦連橫語乃出於後人偽造，故繆文遠曰：「蘇秦之死在周赧王三十一年（西元前二八四年），張儀死於周赧王五年（西元前三〇九年），下距蘇秦之死凡二十六年，不知何從預知蘇秦車裂？」(107)接境壤界　壤，用如動詞，也是「接」的意思。「壤界」一語又見於〈孫子吳起列傳〉。(108)形親　鮑彪曰：「其勢當親。」(109)效萬室之都以為湯沐之邑　意即割給楚王一座萬家之都作為他的私人領地。瀧川曰：「以其地之賦稅，共湯沐之具。」黃洪憲曰：「說諸侯皆曰『事秦』，獨楚曰『入質』、『效地』，亦以楚之強足以敵秦云爾。」(110)計無便於此者　按：以上張儀說楚王連橫事，見《戰國策・楚策一》，而〈楚世家〉不載。繆文遠曰：「此策之不合史實處甚多，實為『依託』文字中下乘之作。」(111)於是　此時。(112)重出　不願意拿出。重，不輕易。此與前文楚王之所謂「願得張儀而獻黔中地」相對而言。(113)屈原　楚國宗室，曾為左徒、三閭大夫等職，事見〈屈原賈生列傳〉。(114)又聽其邪說二句　郭嵩燾曰：「按〈屈原傳〉，屈原使而還，張儀已去楚矣，與此所敘不同，似〈屈原傳〉為得其實。」按：戰國時舊籍均無屈原其人，〈屈原賈生列傳〉與此文所述之屈原事跡，不知史公取自何處。(115)許儀　答應張儀的連橫之說。(116)得黔中　其實是「保住黔中」的意思。(117)後而倍之　已答應了人，事後又反悔。倍，同「背」。

【語譯】秦國想攻打齊國，而齊與楚都參加合縱，兩國關係密切，秦王於是派遣張儀前往楚國。楚懷王聽說張儀來楚便親自接待，並安排他住在上等館舍，問道：「楚國是個偏僻鄙陋的國家，您來這，是有什麼指教嗎？」張儀說：「大王如果能夠聽取我的意見，關閉邊關與齊國斷絕來往，我願請求獻上商、於地區六百里的土地給楚國，使秦王的女兒成為大王的妻子，秦、楚兩國娶婦嫁女，永遠成為兄弟之邦。這將北面削弱齊國，西面有利於秦國，這是再好不過的計策了。」懷王非常高興地採納了張儀的意見。群臣都為此向懷王道賀，唯有陳軫憂心忡忡。懷王怒道：「我不用派兵便得到六百里土地，大臣們都來慶賀，唯有你表示憂傷，這是為什麼？」陳軫答道：「事情沒有這麼簡單。依我的看法，商、於之地既不可能得到，齊、秦兩國還會由此聯合起來，齊、秦一聯合，那楚國的災難就肯定會降臨了。」懷王問道：「有什麼根據嗎？」陳軫回答說：「秦國之所以看重楚國，是因為楚國背後有齊國。現在楚國關閉邊界與齊國絕交，那麼楚國就會孤立無援。秦國怎會重視一個孤立的國家，而奉送它六百里商、於之地呢？張儀回到秦國後，必定會背叛大王。這樣，楚國北與齊絕交，西面從秦國引來禍患，那他們兩國之兵就必來犯境了。替大王考慮的妥善之法，不如暗中與齊修好，而表面上與齊絕交，派人隨同張儀到秦。給了我們土地，再與齊絕交也不晚；不給我們土地，我們就與齊國暗中聯合，再作主張。」懷王說：「你就閉上嘴不要再說了，等著看我得到秦的土地吧。」於是懷王將楚國的相印授與張儀，並給了他許多東西。他下令關閉與齊國的邊界，與齊國斷交，同時派出了一位將軍隨同張儀前往秦國。

2 張儀到達秦國後，假裝上車時沒有拉穩繩子而失足墜地，為此，養傷三個月沒有上朝。楚懷王聽說此事，心想：「張儀大概是嫌我與齊國絕交還絕得不徹底吧？」於是便派勇士前往宋國，借宋國的符節進入齊境，大罵齊王。齊王大怒，立即毀棄與楚國的盟約而轉身投靠了秦國。秦與齊國恢復邦交後，張儀立刻上朝，對楚國的使臣說：「我有六里的土地，願獻給你們大王。」使臣說道：「我受楚王之命，來接受商、於之地六百里，沒有聽說是六里。」使臣回國報告楚懷王，懷王大怒，發兵攻秦。陳軫說：「我可以開口講話了嗎？攻打秦國，不如反過來割地賄賂秦國，再與秦國聯合攻齊。這樣我們向秦國割出的土地，可從齊國取得補償，大王的國土還可以保存。」懷王不聽從，終於發兵派將軍屈匄攻打秦國。秦國與齊國共同攻打楚國，殺掉楚兵八萬，殺了屈匄，接著攻取了楚國的丹陽、漢中等地。楚國重又增兵襲擊秦國，在藍田與秦軍大戰。楚軍大敗。楚國於是割讓兩城與秦國議和，戰事才得平息。

3 秦國逼脅楚國，想用武關以外的土地換取楚國的黔中。楚王說：「我不希望換地，希望在得到張儀之後，奉獻黔中地給秦王。」秦王想派張儀赴楚，但不忍說出口來。張儀自己請求到楚國去。秦惠王說：「楚王恨你背棄了給商、於之地的諾言，肯定會殺了你來洩恨。」張儀說：「秦強楚弱，我與楚國的靳尚相好，靳尚有機會接近楚王的夫人鄭袖，而鄭袖說的話楚王句句聽從。況且我是拿著大王您的符節出使，楚國怎敢殺害我呢？即便殺了我，為秦得到黔中之地，也正是我最好的願望啊。」張儀於是出使楚國。楚懷王待張儀一到，就把他囚禁起來準備殺掉。靳尚對鄭袖說：「您知道您也會被楚王拋棄嗎？」鄭袖問道：「為什麼呢？」靳尚說：「秦王很看重張儀，一定要救他出來。打算用上庸所屬的六縣送給楚國，把美女嫁到楚國，用秦宮中善於唱歌的女子作為陪嫁。楚王看重土地，尊敬秦國，秦國的美女肯定會得寵，而夫人您就會受到冷落了。還不如說情釋放張儀。」鄭袖於是日夜向懷王進言說：「做臣子的各自為他的君主效勞。現在我們的土地還沒有交給秦國，秦國就派遣張儀前來，這表明對您非常尊重。大王不以禮相待，反而要殺掉張儀，秦必然會在大怒之下進攻楚國。請讓妾母子二人遷居到江南去，以免被秦兵所殘害。」懷王改變了主意，赦免了張儀，仍像過去那樣隆重地接待他。

4 張儀獲釋後，還沒有離開楚國，聽說蘇秦已死，便向楚王進言道：

5 「秦國的土地占天下的一半，兵力足以抵擋周圍的國家，背靠險要，有黃河圍繞，四周都有要塞可以堅守。擁有雄兵百萬，戰車千輛，戰馬萬匹，儲糧堆積如山。法令嚴明，士卒又甘願臨難赴死，國君明智威嚴，將帥有謀有勇，不出兵則已，一出兵就會占據險峻的常山，折斷天下的脊梁。天下凡是歸順太遲的國家必然先遭滅亡。主張合縱的人，無異於趕著群羊去與虎鬥，虎與羊之間力量的懸殊是再明白不過的了。現在大王不結交猛虎卻結交群羊，臣私下認為大王的謀慮錯了。

6 「總計天下的強國，不是秦就是楚，不是楚就是秦。兩國爭鬥，其勢不兩立。大王不結交秦，秦發兵占據宜陽，韓國上郡的地方就不能通行。秦再攻下河東，奪取成皋，韓國必定投降稱臣，魏國也會跟著投靠秦國。秦攻楚國的西面，韓、魏攻楚國的北面，國家哪能不危險呢？

7 「再說合縱盟約是聚集一群弱國攻打最強的國家，不估量對方便輕率作戰，國家貧窮卻要頻繁發起戰事，這是一種自我滅亡的做法。我聽說過，兵力不如對方強，就不要向對方挑起戰端；糧食不比對方多，就不要同對方長期作戰。那些談合縱的人講的都是好聽而不切實際的言辭，吹捧主上不事秦的節操，只說合縱的好處不說它的壞處，突然招來秦兵的戰禍，那時挽救就來不及了！為此請大王要認真考慮。

8 「秦國西面擁有巴、蜀之地，用大船裝載糧食，從汶山出發，順長江而下，到楚國三千餘里。兩船相併運載兵士，每船能載五十人和三個月的糧食，船順著江水漂流而下，一天可行三百餘里，雖然走了這麼多里的行程，但並不費牛馬牽引的勞力，不到十天便可抵達楚國的扞關。扞關一旦震動，竟陵以東的城邑就都要趕忙加強戰備，黔中、巫郡就不再是大王所有了。秦再揮師從武關出發，從南面進攻，那麼楚國的北部地區就被隔斷。秦兵進攻楚國，不出三個月，楚國就會面臨危難；然而楚國等待各國諸侯發兵相救，卻要在半年之後，這種形勢，當然是來不及了。等待弱國的救援，忘記強秦的禍患，這就是我替大王擔心的啊！

9 「大王曾經與吳國人作戰，五次交鋒勝了三次，臨陣的士兵死得差不多了；為了守衛新攻占的城邑，活下來的百姓也吃夠苦了。我聽說好大喜功，容易招災；人民窮困，君主遭怨。為了一些虛假的小勝強自支撐而違背強秦的意願，我私下替大王感到不安。

10 「秦國之所以十五年不從函谷關出兵攻打齊、趙諸國，是因為它暗中訂下了吞併天下的計畫。楚國曾經與秦國發生衝突，雙方在漢中交戰，楚國人沒有打勝，具有高爵位的將士，死了七十多人，楚國的漢中之地便由此失去。大王在震怒之下，發兵襲擊秦國，兩軍在藍田交戰，這就是常說的兩虎相爭啊。秦、楚兩國相互削弱而使韓、魏兩國以其完整無損的兵力來牽制他們的後方，沒有比這更加失策的了。請大王認真考慮。

11 「秦發兵攻取衛的陽晉以後，必定會使天下的交通要道斷絕。大王調集全部兵力進攻宋國，不到數月就可攻下。攻占宋國再揮師東向，那麼泗水之側的十二個諸侯國就會全部屬於大王所有了啊。

12 「天下各國之所以相信合縱必能成功，就是因為蘇秦，他被封為武安君，擔任燕國的相國後，就暗中與燕王策劃攻齊國並且瓜分齊國的土地；蘇秦便裝作有罪逃離燕國到達齊國，齊王收留他，讓他做了相國；兩年後事情暴露，齊王大怒，把蘇秦車裂於刑場。像這樣用一個狡詐虛偽的蘇秦，卻想要控制天下，把各國諸侯連成一氣，這種做法之不可能成功也是顯而易見的。

13 「現在秦國與楚國國土相接，形勢上，本來就是親密的國家。大王真能聽從我的話，我可以請秦王派太子到楚國來作人質，大王也派太子到秦國去作人質；我並請把秦王的女兒作為大王您的妻子，再奉上擁有萬戶人家的大城，收取賦稅作為大王的沐浴費用，秦與楚長期成為兄弟國家，永世不互相攻打。我認為沒有比這更好的策略了。」

14 這時，楚懷王已經得到了張儀而又不願割棄黔中給秦國，便想同意張儀的意見。屈原對楚王說：「前次大王受了張儀的欺騙，這次張儀來楚，臣認為大王會烹殺他；現在即使不忍心殺他也就算了，卻還要聽信他的胡言亂語，不能這樣做啊！」楚懷王說：「答應了張儀可以保有黔中之地，這是很有利的事啊；已經答應了，過後又違約，不好。」因而終於答應了張儀，與秦國結好。

1 張儀去楚，因遂之韓，說韓王❶曰：「韓地險惡山居❷，五穀所生，非菽而麥❸。民之食大抵飯菽藿羹❹。一歲不收，民不饜糟糠❺。地不過九百里，無二歲之食。料大王之卒，悉之不過三十萬，而廝徒負養❻在其中矣。除守徼亭鄣塞❼，見卒❽不過二十萬而已矣。秦帶甲百餘萬，車千乘，騎萬匹，虎賁之士跿跔科頭❾、貫頤❿奮戟者，至不可勝計。秦馬之良，戎兵之眾⓫，探前趹後⓬，蹄間三尋⓭騰者，不可勝數。山東之士⓮被甲蒙胄⓯以會戰，秦人捐甲徒裼⓰以趨敵，左挈⓱人頭，右挾生虜。夫秦卒與山東之卒，猶孟賁之與怯夫；以重力相壓，猶烏獲⓲之與嬰兒。夫戰，孟賁、烏獲之士⓳以攻不服之弱國，無異垂千鈞之重於鳥卵之上，必無幸⓴矣。

2 「夫羣臣諸侯㉑不料地之寡，而聽從人之甘言好辭，比周㉒以相飾也，皆奮曰『聽吾計可以彊霸天下』。夫不顧社稷之長利而聽須臾之說㉓，詿誤㉔人主，無過此者。

3 「大王不事秦，秦下甲據宜陽，斷韓之上地，東取成皋、滎陽㉕，則鴻臺之宮、桑林之苑㉖非王之有也。夫塞成皋，絕上地，則王之國分㉗矣。先事秦則安，不事秦則危。夫造禍而求其福報，計淺而怨深，逆秦而順楚，雖欲毋亡，不可得也。

4 「故為大王計，莫如為秦㉘。秦之所欲莫如弱楚，而能弱楚者莫如韓。非以韓能彊於楚也，其地勢然也。今王西面而事秦以攻楚，秦王必喜。夫攻楚以利其地㉙，轉禍而說秦㉚，計無便於此者㉛。」韓王聽儀計。

【章旨】以上為第五段，寫張儀說韓王背縱，與秦國連橫。

【注釋】❶韓王　韓襄王，名倉，西元前三一一—前二九六年在位。❷險惡山居　胡三省注：「韓有宜陽、成皋，南盡魯陽，皆山險之地。」❸非菽而麥　不是菽就是麥。而，猶「則」。❹飯菽藿羹　以菽為飯，以藿為羹。菽，豆類的統稱。藿，豆葉。王念孫曰：「『飯菽』當作『菽飯』，『菽飯藿羹』相對成文。」按：古人文章中之「錯落成文」者，亦在所多有，固不必多事。此仍保持不動。❺不饜糟糠　連糟糠都得不到滿足。❻廝徒負養　《索隱》曰：「廝，音斯，謂襍役之賤者。負養，謂負檐以給養公家，亦賤人也。」繆文遠引《公羊傳》宣公十二年何休注：「艾草為防者曰廝，汲水漿者曰役，養馬者曰扈，炊烹者曰養。」王駿圖曰：「即今軍營中之長夫、火夫、餘丁、馬夫是也，亦有定額，非給養公家賤人忽起之為卒者。」❼徼亭鄣塞　泛指邊境上的防禦工事。徼亭，邊界上的瞭望臺。鄣塞，城堡。❽見卒　可調用的現有士兵。見，同「現」。❾踶跔

科頭　跿跔，《集解》曰：「跳躍也。」又曰「單腳跳躍」。諸祖耿引金正煒曰：「即『徒跣』之訛，與『科頭』為對文。」陳直曰：「本文與《戰國策》皆作『跿跔』，知非誤字。疑為『徒絇』二字之假借，謂赤足不履，與『科頭』義相對舉。」按：「徒跣」即光腳；「科頭」即光著腦袋（不戴頭盔），皆以此示勇。今始皇墓之兵馬俑即不戴頭盔，博物館之說明即用本文之「科頭」以為說。❿貫頤　王念孫引王引之曰：「『貫』，讀為『彎弓』之『彎』；頤，弓名。『彎弓』與下文『奮戟』對文。」⓫戎兵之眾　張文虎曰：「上下皆言馬，『戎兵之眾』一句雜出，且上文已言之矣，疑衍。」繆文遠曰：「《春秋後語》殘卷作『乘馬之良，戎馬之眾』。」⓬探前趹後　《索隱》曰：「謂馬前足探向前，後足趹於後。趹謂後足抉地，言馬之走勢疾也。」⓭蹄間三尋　《索隱》曰：「七尺謂尋，言馬走之疾，前後蹄間一擲過三尋也。」⓮山東之士　指東方六國的士兵。⓯被甲蒙胄　身披鎧甲，戴著鐵盔。「被」同「披」。⓰捐甲徒裼　拋掉鎧甲，赤著腳，光著膀子。繆文遠曰：「據今秦始皇陵兵馬俑坑所見，秦各類兵種身著不同之甲，甲胄精良，令人讚嘆，何曾有『捐甲徒裼以趨敵』之事！」⓱挈　提。⓲烏獲　與前之「孟賁」皆古代之勇士名。⓳夫戰二句　驅孟賁、烏獲一類的勇士使之戰。⓴無幸　無法倖免。鄧以瓚曰：「語甚壯，有氣，亦有色象、有風度。」吳見思曰：「說韓、秦不敵處，字句奇俊濃郁。」㉑羣臣諸侯　按：《戰國策》無「羣臣」二字，此疑衍。㉒比周　猶今之所謂「狼狽為奸」，相互幫襯，其主語是「從（縱）人」。㉓須臾之說　暫時聽著順耳的話。㉔詿誤以壞主意耽誤人。㉕滎陽　韓縣名，在今河南滎陽東北。㉖鴻臺之宮桑林之苑　《索隱》曰：「皆韓之宮苑。」㉗王之國分指被分割成幾塊。㉘為秦　《戰國策》作「事秦」，較此順暢。㉙攻楚以利其地　意謂取其地以為自己之利。㉚轉禍而說秦改被秦攻之禍為讓秦國喜歡。㉛計無便於此者　按：以上張儀說韓王連橫事，見《戰國策・韓策一》，而〈韓世家〉不載。繆文遠曰：「〈張儀傳〉繫此於赧王四年（即秦惠王十四年，韓襄王元年，西元前三一一年），《通鑑》以下諸家並從之。《策》言韓王『請比郡縣，築帝宮，祠春秋，稱東藩，效宜陽』，俱非事實，此《策》依託。」按：繆氏所引韓王「請比郡縣，築帝宮，祠春秋」云云，在《戰國策》的此文之末，司馬遷對此刪去不錄，似亦看到了其矛盾處。唯所錄之主體部分亦多有不合情理者，故繆氏稱其為「依託」，蓋是。

【語　譯】張儀離開楚國，便前往韓國，對韓王說：「韓國地勢險惡，生活在山陵之中，生長的五穀，不是豆類就是麥子。老百姓大都吃的是豆子，喝的是豆葉湯。一年沒有收成，人們連糟糠都吃不飽。韓國縱橫不到九百里，沒有隔年的存糧。估計大王手下的軍隊，全數不足三十萬，這其中還包括著許多雜役人員。除去守衛邊界亭堡的兵士外，現成可供調動的最多不過二十萬。秦國的軍隊有一百多萬，戰車千輛，戰馬萬匹，勇猛的兵士光著腳不戴頭盔，彎弓射敵，持戟衝鋒的，多得數不清。秦軍戰馬的精良，馬蹄飛奔，一躍三尋的，數不勝數。山東六國的軍隊盔甲齊整地與秦軍會戰，秦軍脫掉盔甲袒臂赤足來迎敵，個個左手提人頭，右手挾俘虜。秦兵與山東六國的兵相比猶如勇士孟賁之與懦夫；兩軍相接，猶如力士烏獲之與嬰孩。戰事上，用孟賁、烏獲那樣的軍隊，攻打不肯降服的弱國，就如同把千鈞重力直接壓在鳥卵之上，山東六國肯定是一個也無法倖免了。

2 「各國的君臣們不考慮自己國土的狹小，卻去聽信宣傳合縱的人的甜言蜜語，那些人結成朋黨，互相吹噓，個個慷慨激昂地說『聽了我的主意便可以在天下稱強稱霸』。像這樣不顧國家的長遠利益而聽信一時的謬論，誤國害己，錯誤沒有比這更大的了。

3 「大王不歸附秦國，秦就會發兵占據宜陽，截斷韓國的上黨地區，再東取成皋、滎陽，那麼鴻臺之宮、桑林之苑就不再屬於大王所有了。要是阻塞了成皋，截斷了上黨地區的通道，那大王的國土就要被分割了。早歸附秦國就安全，不歸附秦國就危險。如果製造的是禍端卻要想得到福報，謀慮粗淺而結怨甚深，違背秦國而順從楚國，要想國家不亡，那是不可能的啊。

4 「所以為大王著想，還不如替秦國效勞。秦最大的希望是削弱楚國，而最能削弱楚國的就是韓國。不是因為韓國比楚國強大，而是由韓的地勢所決定的。現在大王向西臣事秦國，進攻楚國，秦王必然高興。攻打楚國有利於韓國擴大領土，轉移了禍患，取悅了秦國，沒有比這主意更好的了。」韓王聽從了張儀的主意。

1 張儀歸報，秦惠王封儀五邑，號曰武信君。使張儀東說齊湣王❶曰：「天下彊國無過齊者，大臣父兄殷眾富樂❷。然而為大王計者，皆為一時之說，不顧百世之利。從人說大王者，必曰：『齊西有彊趙，南有韓與梁。齊，負海❸之國也，地廣民眾，兵彊士勇，雖有百秦，將無奈齊何。』大王賢其說而不計其實。夫從人朋黨比周❹，莫不以從為可。臣聞之，齊與魯三戰而魯三勝❺，國以危亡隨其後。雖有戰勝之名，而有亡國之實。是何也？齊大而魯小也。今秦之與齊也❻，猶齊之與魯也。秦、趙戰於河、漳之上❼，再戰而趙再勝秦；戰於番吾之下❽，再戰又勝秦。四戰之後，趙之亡卒數十萬，邯鄲僅存。雖有戰勝之名，而國已破矣。是何也？秦彊而趙弱。

2 「今秦、楚嫁女娶婦，為昆弟之國；韓獻宜陽❾；梁效河外❿；趙入朝澠池⓫，割河間以事秦⓬。大王不事秦，秦驅韓、梁攻齊之南地，悉⓭趙兵渡清河⓮，指博關⓯，臨菑⓰、即墨⓱非王之有也。國一日⓲見攻，雖欲事秦，不可得也。是故願大王孰計之也。」

3 齊王曰：「齊僻陋，隱居東海之上，未嘗聞社稷之長利也。」乃許張儀⓳。

【章旨】以上為第六段，寫張儀說齊王與秦國連橫。

【注釋】❶東說齊湣王　諸祖耿引錢穆曰：「《史記》謂是『湣王』，張儀之說齊在周赧四年，其時當齊宣王九年（西元前三一一年），又十年，湣王始立。」按：《戰國策》只曰「張儀為秦連橫齊王」，未云是「湣王」，史公乃誤增「湣」字。此處應作「齊宣王」。齊湣王，名地，宣王之子，西元前三〇〇年始即位。❷大臣父兄殷眾富樂意謂齊國的貴族大臣，人人皆習安於自己的富貴享樂。瀧川曰：「父兄，同姓老臣也。」殷眾，謂其家財富厚，僮僕眾多。❸負海　背靠大海。❹朋黨比周　拉幫結派，狼狽為奸。比周，不講原則地相互曲從，相互支持。❺齊與魯三戰而魯三勝　鮑彪注：「魯戰勝齊，史書不傳。」吳師道曰：「此取譬之說，猶《孟子》言『鄒人與楚人戰』，與下文不同。」梁玉繩曰：「魯三勝事，史無所見，吳師道以為取譬之說，或當然也。」魯，此時已近於附庸的諸侯國名，國都即今山東曲阜。❻今秦之與齊也　按：鄧以瓚、梁玉繩、瀧川等皆以為應作「今秦之與趙也」，應是。《戰國策》作「趙之與秦也」，下數句皆言秦、趙之間事。❼秦趙戰於河漳之上　河漳，黃河、漳水。當時的黃河流經趙國東側，在今河北滄州東北之黃驊縣入海。漳水經趙國南境，東北流匯入黃河。有稱「河漳」即指漳水者，恐非。考當時歷史，秦趙間無此戰事。❽戰於番吾之下　當時趙國有兩個番吾，一在今河北石家莊西北，靈壽西南；一即今河北磁縣。〈蘇秦列傳〉有所謂「秦甲涉河踰漳，據番吾，則兵必戰於邯鄲之下」；此傳後文有所謂「願渡河踰漳，據番吾，會邯鄲之下」，應皆指今磁縣之番吾。梁玉繩曰：「趙卻秦番吾，實有其事，在王遷四年（西元前二三二年），豈作《策》者誤以後事為前事歟？」繆文遠曰：「〈趙世家〉趙王遷四年，『秦攻番吾，李牧與之戰，卻之』，梁氏所言即此。於此亦可見《策》文之晚出，所言事，多隨手摭拾而成。」❾韓獻宜陽　梁玉繩曰：「秦取宜陽之時，儀死四年矣。」秦將甘茂伐取韓宜陽在秦武王三年（西元前三〇八年），非韓獻也，詳見〈樗里子甘茂列傳〉。❿梁效河外　效，獻；交出。胡三省曰：「秦以河東為『河外』，梁以河西為『河外』，張儀以秦言之也。」繆文遠曰：「魏襄王十三年，秦取曲沃、平周，則河外入秦，亦由攻取，非魏『效』地。」按：此「河外」乃對「河內」而言，指今河南省的黃河以南地區。見前文說梁王注。⓫趙入朝澠池　趙王到澠池朝見秦王。澠池，縣名，在今河南澠池西，原屬韓，今云「入朝澠池」，則應已屬秦矣。⓬割河間以事秦　河間，《索隱》曰：「謂河、漳之間邑。」《正義》曰：「瀛州縣。」按：當時「瀛州」的「河間」在今河北獻縣東南。梁玉繩曰：「（趙）朝黽池時，無割河間事，且黽池之會，儀死三十年矣。」牛鴻恩曰：「『效河間以事秦』事不詳，據帛書二十五章文及注，前二四九─前二四四年之間，燕『以河間十城封秦相文信侯』，不知是否此辭作者弄錯了。」按：「趙朝澠池」即〈廉頗藺相如列傳〉所寫之澠池會，在趙惠文王二十年，秦昭王二十八年，西元前二七九年。⓭悉　盡。此指全部出動。⓮清河　上游稱「洹水」，流經今河南安陽北，東北流經今河北省東南部，至今山東德州南匯入黃河，當時齊、趙之邊界大體即在此清河一線。⓯博關　也稱博陵，齊國西部縣名，在今山東茌平西，聊城市東北。⓰臨菑　齊國都城，即今山東淄博之臨淄區。⓱即墨　齊國東部的縣名，在今山東平度東南。按：戰國時期即墨是齊國最重要的都市之一，故此處以之與臨淄代指齊國。⑱一日　即今所謂「一旦」。⑲乃許張儀　按：以上張儀說齊王連橫事，見《戰國策・齊策一》，文末尚有「獻魚鹽之地三百里於秦」，〈田敬仲完世家〉完全不載此事。繆文遠曰：「其時齊宣王破燕未久，齊國勢方盛，何得張儀一說而即『獻魚鹽之地三百里於秦』？此策亦為依託。」司馬遷蓋已發現其不合情理，故捨棄了某些字句，但從主體上他還認為是真的，故錄入儀傳。

【語　譯】張儀回到秦國向惠王報告，秦惠王賜給張儀五座城邑，並封他為武信君，派他出使齊國。張儀對齊湣王說：「天下的強國都沒有能超過齊國的，齊國的貴族大臣，人人皆習安於自己的富貴享樂。但是替大王出謀劃策的人，全都只顧一時之安，而不顧及百世的利益。主張合縱的人遊說大王時，必定會說：『齊國西面有強盛的趙國，南面有韓國與魏國。齊國是個濱海的國家，地廣人多，軍強兵勇，即使有一百個秦國，也將拿齊國無可奈何。』大王認為他說得對，但卻沒有考慮它的實際。主張合縱的人拉幫結派，無不吹噓合縱的好處。我聽說，齊國與魯國三次交戰，魯國三次獲勝，但隨後卻是魯國的滅亡。雖有戰勝的名聲，帶來的是亡國的現實。這是為什麼呢？是因為齊國強大而魯國弱小啊。現在的秦國對於趙國，就好比齊國對於魯國。秦、趙兩國在黃河、漳水之濱交戰，趙軍兩戰兩勝；在番吾城下交戰，趙軍又兩次勝過秦軍。這四戰之後，趙國陣亡的兵士有好幾十萬，只剩下首都邯鄲還得倖存。雖然趙國有戰勝的名聲，然而國家已殘破了。這是為什麼原因呢？秦國強而趙國弱啊。

2 「現在秦、楚兩國之間嫁女娶婦，成了兄弟國家；韓國獻出宜陽；魏國獻出河外；趙王到澠池朝見秦王，割讓河間來臣事秦國。大王如不歸附秦國，秦驅使韓、魏兩國進攻齊國南部地帶，讓趙國的全部軍隊渡過清河直奔博關，臨菑、即墨兩城就不會屬於大王所有了。齊國一旦被攻，那時想要歸附秦國，已經不可能了。為此，希望大王認真考慮。」

3 齊王說：「齊國地方偏僻，處在與世隔絕的東海邊上，從來沒有聽到過有關國家長遠利益的主意啊。」於是答應了張儀的建議。

1 張儀去，西說趙王❶曰：「敝邑秦王使使臣效愚計於大王。大王收率天下以賓❷秦，秦兵不敢出函谷關十五年❸。大王之威行於山東❹，敝邑恐懼懾伏，繕甲厲兵❺，飾車騎❻，習馳射，力田積粟，守四封❼之內，愁居懾處❽，不敢動搖，唯大王有意督過之也❾。

2 「今以大王之力❿，舉巴、蜀，并漢中，包兩周，遷九鼎⓫，守白馬之津⓬。秦雖僻遠，然而心忿含怒⓭之日久矣。今秦有敝甲凋兵，軍於澠池⓮，願渡河踰漳，據番吾⓯，會邯鄲之下，願以甲子合戰，以正殷紂之事⓰，敬使使臣先聞左右⓱。

3 「凡大王之所信為從者恃蘇秦⓲。蘇秦熒惑⓳諸侯，以是為非，以非為是，欲反齊國，而自令車裂於市⓴。夫天下之不可一㉑亦明矣。今楚與秦為昆弟之國，而韓、梁稱為東藩之臣㉒，齊獻魚鹽之地㉓，此斷趙之右臂也。夫斷右臂而與人鬭，失其黨而孤居，求欲毋危，豈可得乎？

4 「今秦發三將軍：其一軍塞午道㉔，告齊使興師渡清河，軍於邯鄲之東；一軍軍成皋，驅韓、梁軍於河外㉕；一軍軍於澠池。約四國為一以攻趙，趙破，必四分其地㉖。是故不敢匿意隱情，先以聞於左右。臣竊為大王計，莫如與秦王遇㉗

於澠池，面相見而口相結，請案兵無攻㉘。願大王之定計。」

趙王曰：「先王㉙之時，奉陽君㉚專權擅勢，蔽欺先王，獨擅綰事㉛，寡人居屬師傅㉜，不與㉝國謀計。先王弃群臣㉞，寡人年幼，奉祀㉟之日新，心固竊疑焉，以為一從不事秦㊱，非國之長利也。乃且願變心易慮㊲，割地謝前過以事秦。方將約車趨行㊳，適聞使者之明詔。」趙王許張儀，張儀乃去㊴。

【章旨】以上為第七段，寫張儀說趙王與秦國連橫。

【注釋】❶趙王　趙武靈王，名雍，西元前三二五—前二九九年在位。❷賓　同「擯」。排斥；排擠。❸秦兵不敢出函谷關十五年　繆文遠曰：「此策士妄談，秦惠王時無此事。」按：後面〈魏公子列傳〉有「諸侯以公子賢多客，不敢加兵謀魏十餘年」云云，皆此類虛言也。❹山東　此指崤山（在今三門峽市東南）以東，泛稱東方諸國。❺繕甲厲兵　修治鎧甲，打磨兵器。❻飾車騎　整頓戰車、戰馬。飾，同「飭」。收拾；整理。❼四封　四方邊境。封，邊界。❽愁居懾處　憂愁苦悶，戰戰兢兢地生活著。❾唯大王有意督過之也　中井曰：「『唯』下疑脫『恐』字。『過』亦責之也。」按：「督過」二字連讀，猶〈李斯列傳〉之「督責」。❿今以大王之力　瀧川曰：「猶曰『賴大王神靈』。」按：此句調侃，主語為「秦」，意即「我們托您的福」，並一直下貫「舉巴蜀，并漢中」云云。《戰國策》逕作「今秦以大王之力」。⓫包兩周二句　梁玉繩曰：「此不過大言之耳，『收取兩周』非惠王，『遷鼎』亦無其事。」按：秦滅西周在昭王五十一年（西元前二五六年），滅東周在莊襄王元年（西元前二四九年），時張儀已死六十一年。⓬守白馬之津　意即秦兵已經控制到東方諸國的中心地帶。白馬津，當時的黃河渡口名，在今河南滑縣東北，當時屬衛。⓭心忿含怒　楊慎曰：「遣蘇秦為縱者趙王也，趙王為宗盟之主，故言秦王之積怒含忿於趙。」⓮敝甲凋兵二句　胡三省曰：「『敝甲凋兵』，謙其詞；言『軍於澠池』，則張其勢以臨趙矣。」⓯渡河踰漳二句　胡三省曰：「言欲自澠池北渡河，又自此東逾漳水而進據番吾，此亦張聲勢以臨趙也。」⓰以甲子合戰二句　意謂秦國將像當年周武王於甲子日討伐殷紂一樣地討伐趙國。周武王甲子日於牧野大破殷紂事，見《尚書・牧誓》與〈周本紀〉。正，即「正法」、「正典刑」之「正」，治其罪也。⑰先聞左右　意謂先來將此事通知你。聞，使之聞，即告知。左右，謙詞，意思與「執事」、「閣下」等相同。⑱大王之所信為從者恃蘇秦　您之所以相信「合縱」這一套是因為相信蘇秦。⑲熒惑　炫惑；迷惑。⑳欲反齊國二句　事見〈蘇秦列傳〉與前文說楚王注，幾處所說的過程先後不同，更重要的是張儀本來就不可能說這一類的話。㉑天下之不可一　指六國合縱的主張根本無法實現。㉒韓梁稱為東藩之臣　藩，藩籬；屏障。繆文遠曰：「據〈秦本紀〉，『韓王入朝，魏委國聽命』在秦昭襄王五十三年（西元前二五四年），時張儀已死五十五年。又據〈始皇本紀〉，韓稱臣於秦在始皇十三年（西元前二三四年），去張儀之卒已七十五年。」㉓齊獻魚鹽之地　胡三省曰：「此時齊未嘗獻地於秦，張儀駕說以恐動趙耳。」繆文遠曰：「據《孟子．梁惠王上》所載，齊宣王嘗問齊桓、晉文之事於孟子，又欲『闢土地，朝秦楚，蒞中國而撫四夷』，何來獻地於秦之事？」㉔午道　《索隱》曰：「當在趙之東，齊之西也。鄭玄云：『一縱一橫謂之午』，謂交道也。」「交道」即四通八達之道。㉕河外　黃河以南。《正義》曰：「謂鄭滑州，北臨河。」㉖趙破二句　原作「趙服，必四分其地」，王念孫曰：「『服』字義不可解，當『破』字之誤。」《戰國策》作「破趙而四分其地」，今據改。㉗遇　會見。㉘請案兵無攻　請求秦國把軍隊停下來，別再進攻。㉙先王　指趙肅侯，名語，西元前三四九—前三二六年在位。㉚奉陽君　即趙國的權臣李兌，其事跡見於〈趙世家〉。中井曰：「據是文，似奉陽君聽蘇秦為合縱者，然按〈蘇秦傳〉，奉陽君不悅秦，而秦之合縱在奉陽君死之後，是等或記載之誤耳。」繆文遠曰：「趙惠文王年少即位，奉陽君李兌始得為相擅權，今《策》文以趙惠文王時事移於武靈王『先王之時』，與史實違戾甚矣。且肅侯並未稱王，亦不得稱為『先王』。」㉛獨擅綰事　《戰國策》作「獨制官事」，較此明晰。瀧川曰：「『擅』與上文復，《策》為長。」㉜居屬師傅　謂自己身為太子，一心只在接受師、傅官的教導。㉝與　參與；過問。㉞弃羣臣　婉稱先王之死。㉟奉祀　主持祭祀，這裡即指即位為王。㊱一從不事秦　一個心眼地奉行合縱擯秦。㊲乃且願變心易慮　正在考慮著要改變主意。㊳方將約車趨行　正準備收拾車馬，迅即赴秦。約車，瀧川曰：「約，束也。結馬於車也。」李笠曰：「趨，同『促』。」㊴趙王許張儀二句　按：以上張儀說趙王連橫事，見《戰國策．趙策二》，而〈趙世家〉不載。繆文遠曰：「《史》所載蘇、張縱橫之辭俱不可信，而此《策》之不合事實者尤多。」楊慎曰：「說趙王之詞又與說齊、楚者異矣，蓋遣蘇秦為縱者趙王也。趙王為宗盟之主，故言秦王之『積忿含怒於趙』，而以『合兵請戰』之詞脅之於前，又以『面見相結』之計怵之於後，故趙王懼而割地謝過也。」鍾惺曰：「教六國攻秦者難於弱，蘇秦之於韓是也；教六國事秦者難於強，張儀之於趙武靈王是也。觀儀之說趙，抑揚吞吐，機鋒甚妙甚苦，所謂『恫疑虛喝驕矜』六字，俱於此見之。」郭嵩燾曰：「張儀說趙王挾制尤力者，以蘇秦之合從始於趙也，此亦針鋒兩兩相對處。」吳見思曰：「竟是一篇戰書，合天下之縱者在趙，散天下之縱者亦在趙，故於此加意焉。」按：楊慎以下諸家皆就文章而論，至於史實，則無有也。

【語譯】張儀離開齊國，轉而向西，來到趙國對趙王說：「秦國的國君派我作為使臣向大王進獻一條計策。大王聯合諸侯排斥秦國，使秦兵不敢出函谷關達十五年之久。大王的聲威遍播於山東。我們秦國恐懼屈服，整治武器和兵車戰馬，練習騎射，勤力耕作，積蓄糧食，閉關守國，戰戰兢兢，不敢輕舉妄動，唯恐大王您有意和我們過不去。

2 「現在我們託您的福，秦國已攻占巴、蜀，吞併漢中，囊括兩周，遷移九鼎，據守白馬津渡。秦國雖然偏僻邊遠，然而內心憤怒已有很長時間了。如今秦國有一支殘餘部隊駐守在澠池，準備渡過黃河、漳水，進占番吾，與趙軍在邯鄲城下相會，希望在甲子那天會戰，以此來重演周武王伐紂的舊事，特地派我作為使臣先來稟告。

3 「總的說來，大王之所以相信締結合縱盟約的原因是因為仗著有蘇秦。蘇秦顛倒是非，迷惑諸侯，企圖傾覆齊國，結果使自己在刑場上被車裂。如此看來，天下不能聯合為一也就顯而易見了。如今楚國與秦國結成兄弟之國，韓國與魏國成為秦國東邊的藩屬，齊國向秦獻出盛產魚鹽的領土，這就斷了趙國的右臂。一個斷掉了右臂的人與別人爭鬥，失去了朋友，孤居獨處，想要沒有危險，怎麼可能呢？

4 「現在秦王派出三個將軍：其中一支軍隊截斷午道，通知齊國派兵渡過清河，駐紮在邯鄲的東面；一支軍隊駐紮在成皋，驅使韓國和魏國的軍隊駐紮在河外；一支軍隊駐紮在澠池。這四國結為一體來進攻趙國，趙國被攻破後，它的國土必定會被四國瓜分。為此，我不敢隱瞞這種意圖，先給大王通個口信。我替大王著想，你不如與秦王在澠池相會，面對面親口約定，請他按兵不動，不要進攻。希望大王拿定主意。」

5 趙王說：「先王在時，奉陽君專權擅勢，矇騙先王，獨斷一切政務，我的生活歸師傅安排，沒有參與國家的大計。先王去世時，我年齡幼小，作主治國的時間才剛剛開始，內心本來就暗自懷疑，認為一意投入合縱盟約而不依附秦國，不是趙國的長遠利益。所以我準備改變主意，割讓國土彌補以前的過錯，歸附秦國。正待安排車馬趕快啟程時，恰好聽到了您的英明指示。」趙王答應了張儀後，張儀便離開了趙國。

1 北之燕，說燕昭王❶曰：「大王之所親莫如趙。昔趙襄子❷嘗以其姊為代王妻，欲并代，約與代王遇於句注之塞❸。乃令工人作為金斗❹，長其尾❺，令可以擊人。與代王飲，陰告廚人曰：『即酒酣樂❻，進熱啜❼，反斗以擊之。』於是酒酣樂，進熱啜，廚人進斟❽，因反斗以擊代王，殺之，王腦塗地。其姊聞之，因摩笄❾以自刺，故至今有摩笄之山❿。代王之亡，天下莫不聞。

2 「夫趙王之很戾⓫無親，大王之所明見，且⓬以趙王為可親乎？趙興兵攻燕，再圍燕都而劫大王⓭，大王割十城以謝。今趙王已入朝澠池，效河間以事秦⓮。今大王不事秦，秦下甲雲中⓯、九原⓰，驅趙而攻燕，則易水⓱、長城⓲非大王之有也。

3 「且今時趙之於秦，猶郡縣也⓳，不敢妄舉師以攻伐。今王事秦，秦王必喜，趙不敢妄動，是西有彊秦之援，而南無齊、趙之患，是故願大王孰計之。」

4 燕王曰：「寡人蠻夷僻處，雖大男子⓴裁㉑如嬰兒，言不足以采正計㉒。今上客幸教之，請西面而事秦，獻恆山之尾五城㉓。」燕王聽儀。

【章　旨】以上為第八段，寫張儀說燕王與秦國連橫。

【注　釋】❶燕昭王　名職，燕王噲之子，西元前三一一—前二七九年在位。❷趙襄子　趙國初建時的國君，名毋恤，西元前四七五—前四二五年在位。❸句注之塞　句注山的險要之處，句注山在今山西代縣西北。❹金斗　金製大勺。❺長其尾　勺柄做得很長。❻即酒酣樂　趁著開懷暢飲的時候。❼熱啜　熱湯。繆文遠引孫以讓曰：「羹宜熱而啜，故曰『熱啜』。」❽進斟　上前為代王倒湯。中井曰：「自斗傾出為斟。」❾摩笄　將簪子磨鋒利。笄，簪子。摩，同「磨」。❿摩笄之山　在今河北蔚縣東南。按：趙襄子嫁姐以殺代王事，詳見〈趙世家〉，代王的姓字家世不詳。吳見思曰：「燕、代亦接壤，故引代事明之。」⓫很戾　兇狠殘暴。很，同「狠」。⓬且　尚；還要。⓭再圍燕都而劫大王　再圍，兩次圍困。燕都，即今北京市，當時稱作薊。牛鴻恩曰：「據〈燕世家〉、〈趙世家〉，趙孝成王十五年（西元前二五一年）至十七年（西元前二四九年）趙軍兩次包圍燕都。」按：據楊寬〈戰國史表〉趙國乃三次進圍燕都。唯其事皆在張儀之後，非儀在世時事也。凌稚隆引鄧以瓚曰：「燕所恃者趙，故即以趙恐喝之。」⓮趙王已入朝澠池二句　已見前文說齊王語，皆非張儀時事也。⓯雲中　趙郡名，其地約當今內蒙包頭以東，呼和浩特西南一帶地區。⓰九原　趙縣名，在今內蒙包頭西。⓱易水　流經今河北易縣南，東流匯入寇水（約當今之大清河）。⓲長城　自今河北易縣東南行，經徐水、雄縣至大城南，是燕與趙之分界，其地有燕長城。又，今易縣南當時有城曰「武陽」，是當時有名的「燕下都」。瀧川曰：「張儀說楚王曰『黔中、巫郡非王有』，說韓王曰『鴻臺之宮、桑林之苑非王有』，說齊王曰『臨淄、即墨非王之有也』，說燕王曰『易水、長城非大王之有也』，皆以威喝之，以勢制之。儀之術，止於此。」⓳趙之於秦二句　牛鴻恩曰：「此只能是戰國末期的情形。」⓴大男子　陳直曰：「『大男』為漢晉人通稱，《居延漢簡釋文》有『大男薋市』之記載。」㉑裁　同「才」。僅僅。㉒言不足以采正計　句子不順，《戰國策》原文作「言不足以求正，謀不足以決事」，較此為順。就現有的文字只能大致理解為沒有分辨是非、聽取正確意見的能力。㉓獻恆山之尾五城　《正義佚文》：「謂常山之東五城，今易州界。」胡三省曰：「常山，北嶽恆山也，其尾則燕之西南界。」按：以上張儀說燕王與秦連衡事，見《戰國策．燕策一》。繆文遠曰：「儀、秦以縱橫說各國之辭俱非事實，此章偽跡之彰者：一，稱襄子為趙王，而不知趙稱王在武靈之世，且襄子之世，代未稱王。二，趙武靈王興兵再圍燕都，燕割十城予趙，此事於他書絕無痕跡可考，顯為臆說（按：繆氏此語失當）。三，此《策》云『今趙王已入朝澠池，效河間以事秦』，梁氏《志疑》云：『朝澠池時無割河間事，且澠池之會，儀死三十年矣。』此《策》不可信。」全祖望《經史答問》云：「秦所取六國之地，韓、魏最先，次之者楚，其後及趙。然所取，必其為秦之界上。今《策》言張儀一出，趙以『河間』為獻，燕以『常山之尾五城』為獻，齊以『魚鹽之地三百里』為獻，非不識地理之言乎？河間、常山，秦亦何從得而有之？況齊人海右魚鹽之地乎？以秦之察，豈受此愚？吾不知作《策》者何以東西南北之不諳，而為此謬語也。」

【語譯】張儀北行到燕國，對燕昭王說：「大王最親近的沒有比得過趙國吧。過去趙襄子曾經讓他姐姐嫁給代王作妻，想要併吞代國，邀請代王在句注山的要塞相會。他讓工匠製作一把大勺，把勺柄做得很長，可以用來擊人。趙襄子在與代王飲酒時，悄悄吩咐廚子說：『趁著酒飲得高興時，你送來熱湯，然後掉轉勺頭襲擊代王。』於是在酒飲到酣暢之時，上熱湯了，廚子為代王倒湯，隨即掉轉勺頭打死了代王，代王的腦漿流了一地。趙襄子的姐姐聽到這個消息，便磨尖頭上的金簪自刺而死，所以現在就有了摩笄山這個名稱。代王死亡的故事，天下人沒有不知道的。

2 「趙王如此狠毒，連親戚都不放過，大王您是清楚地看到的，又怎能把趙王當成是可以親近的人呢？趙國起兵進攻燕國，兩次圍困了燕的都城要挾大王，迫使大王割讓了十座城池來謝罪。現在趙王已經到澠池朝見秦王，獻上河間一帶來事奉秦國。大王如不歸附秦國，秦就會發兵到雲中、九原，驅使趙國進攻燕國，這樣一來，易水、長城就不再屬於大王所有了。

3 「況且現在的趙國對於秦國來說，就好比是秦的一個郡縣，絕對不敢妄自興兵打仗。如果大王依附了秦國，秦王必定高興，趙又不敢輕舉妄動，這樣燕國西面有強大的秦國為援，南面又不會有齊、趙的侵犯，為此希望大王認真考慮。」

4 燕王說：「我像蠻夷一樣處在偏僻的地區，雖然是個大男子，卻好像一個嬰兒，沒有分辨是非、聽取正確意見的能力。今天有幸得到您的指教，我願意西向依附秦國，並獻上恆山東端的五座城池。」燕王聽從了張儀的意見。

1 儀歸報，未至咸陽而秦惠王卒❶，武王❷立。武王自為太子時不說張儀，及即位，群臣多讒張儀曰：「無信，左右賣國以取容❸。秦必復用之，恐為天下笑。」諸侯聞張儀有郤武王❹，皆畔衡，復合從❺。

2 秦武王元年❻，羣臣日夜惡❼張儀未已，而齊讓❽又至。張儀懼誅，乃因謂秦武王曰：「儀有愚計，願效之。」王曰：「柰何？」對曰：「為秦社稷計者，東方有大變，然後王可以多割得地也。今聞齊王甚憎儀，儀之所在，必興師伐之。故儀願乞其不肖之身❾之梁，齊必興師而伐梁。梁、齊之兵連於城下而不能相去❿，王以其間⓫伐韓，入三川⓬；出兵函谷⓭而毋伐⓮，以臨周⓯，祭器⓰必出⓱。挾天子，按圖籍⓲，此王業也。」秦王以為然，乃具革車⓳三十乘，入儀之梁。齊果興師伐之。梁哀王⓴恐。張儀曰：「王勿患也，請令罷齊兵㉑。」乃使其舍人馮喜之楚，借使之齊㉒，謂齊王㉓曰：「王甚憎張儀，雖然㉔，亦厚矣王之託儀於秦也㉕！」齊王曰：「寡人憎儀，儀之所在，必興師伐之，何以託儀？」對曰：「是乃王之託儀也。夫儀之出也，固與秦王約曰：『為王計者，東方有大變，然後王可以多割得地。今齊王甚憎儀，儀之所在，必興師伐之。故儀願乞其不肖之身之梁，齊必興師伐之。齊、梁之兵連於城下而不能相去，王以其間伐韓，入三川；

出兵函谷而無伐，以臨周，祭器必出。挾天子，案圖籍，此王業也。』秦王以為然，故具革車三十乘而入之梁也。今儀入梁，王果伐之，是王內罷國而外伐與國㉖，廣鄰敵以內自臨㉗，而信儀於秦王㉘也。此臣之所謂『託儀』也。」齊王曰：「善！」乃使解兵㉙。

3 張儀相魏一歲，卒於魏也㉚。

【章旨】以上為第九段，寫張儀在新主執政後之受排擠，死於魏。

【注釋】❶秦惠王卒　事在惠王後元十四年，西元前三一一年。❷武王　名駟。惠王之子。❸左右賣國以取容　左右，猶言反覆無常。取容，討主子的喜歡。❹有郤武王　與武王有矛盾。郤，同「隙」。隔閡。❺皆畔衡二句　吳見思曰：「說完六國儀歸，不知如何尊重，乃積如丘山，消如冰雪，可為一嘆。」按：吳氏亦只就文章所寫之張儀而論也。❻秦武王元年　西元前三一〇年。❼惡　說人壞話。❽齊讓　瀧川曰：「讓，責也，齊王又遣使責秦用張儀也。」❾不肖之身　猶言「輕賤之軀」。不肖，胡三省曰：「謙言無所肖似也。」即所謂「不才」、「沒出息」。❿不能相去　胡三省曰：「言兵交不解，各欲去而不能也。」⓫間　空隙；時機。⓬三川　韓國地區名，約當今河南省之登封、伊川、宜陽等一帶地區，因其地有黃河、伊水、洛水，故稱「三川」。後來秦國在這一帶設三川郡。⓭函谷　關名，在今河南靈寶東北，秦之東境。⓮毋伐　意即不要大張旗鼓，只悄悄地幹。諸祖耿引金正煒曰：「《左傳》莊公二十九年『凡師有鐘鼓曰伐。』《疏》引《釋例》『鳴鐘鼓以聲其過曰伐。』出兵臨周，不得同於聲討，故曰『毋伐』。」⓯周　高誘注：「西周王城也，天子所都。」按：「王城」舊址在今洛陽市內。⓰祭器　《索隱》曰：「凡王者大祭祀，必陳設文物軒車彝器等，因謂此等為『祭器』也。」中井曰：「祭器，專指彝器，鐘鼎之類是也。」按：古代視此為傳國之寶。⓱必出　謂出之以賂秦。⓲挾天子二句　瀧川曰：「於當時為大策，故儀屢言之。」按：前文已見於張儀與司馬錯之論辯。⓳革車　高誘注：「兵車也。」⓴梁哀王　應作梁襄王，梁惠王之子。是時為秦武王元年，梁襄王九年。㉑請令罷齊兵　似應作「請令齊罷兵」。王念孫曰：「『令』當作『今』，言請即令齊罷兵也。」

據高誘注此句之《戰國策》原文或逕作「今」。㉒借使之齊　胡三省曰：「之，往也。不敢逕遣人使齊，而往楚借使。借使，言借楚人以為使。」即以楚國使者的名義出使齊國。㉓齊王　齊宣王。㉔雖然　儘管如此。㉕亦厚矣王之託儀於秦也　倒裝句，即「王之託儀於秦亦厚矣」。託儀於秦，鞏固張儀在秦國的地位。託，寄託；安置。㉖內罷國而外伐與國　罷國，消耗、疲憊自己的國家。與國，同盟國。㉗廣鄰敵以內自臨　《戰國策》作「廣鄰敵以自臨」。繆文遠曰：「此句文意難通，『臨』殆『孤』字之訛。」牛鴻恩曰：「〈西周策〉高誘注：『臨，猶伐也。』」按：意即在自己國家的周圍廣泛樹敵，使之來打自己。㉘信儀於秦王　給秦王證明了張儀的話的確可信。郭嵩燾曰：「張儀言之於秦，馮喜復述之於齊，累累數十言，一字不易，而不厭其煩，《戰國策》多此等文法，後人不能效也。」吳見思曰：「重說一遍，以祕計而明出之，又是一樣色澤，故不嫌其復。」㉙乃使解兵　按：以上文字見《戰國策‧齊策二》。繆文遠曰：「〈魏策一‧張儀以秦相魏章〉載『張儀以秦相魏，齊、楚怒而欲攻魏』，雍沮為之說齊、楚云云，與此章略同。此章及〈魏策〉之文皆策士造作擬託之語，而史公不察，將其誤取入〈儀傳〉中耳。」鮑彪評此文云：「彪謂此計之必售，策之必行者也。儀之所謀，時有妾婦之所羞，市人之所不為者，若譽南后以取金，欺商於以賣楚，皆可鄙也，唯此為文無害。儀亦明年死矣，宜其言之善矣。」㉚相魏一歲二句　瀧川曰：「〈年表〉：『魏哀（應作「襄」）王十年，張儀死。』即赧王六年，秦武二年（西元前三〇九年）也。」按：今錢穆、楊寬等皆以為張儀乃卒於魏襄王九年，秦武王元年，西元前三一〇年。梁玉繩曰：「儀特自秦入魏耳，未必復相魏也。蓋因楚昭魚有『恐儀相魏』之語而誤。」

【語譯】張儀返回秦國報告，還沒有走到咸陽，秦惠王便已去世。秦武王即位。武王還在當太子的時候就不喜歡張儀，即位以後，群臣中許多人說張儀的壞話道：「他沒有信用，行為反覆，出賣國家利益來取得君主的歡心。我們秦國如果再重用他，恐怕會遭天下人的恥笑。」各國諸侯聽說張儀與秦武王有隔閡，都背叛了連橫，又恢復了合縱。

2 秦武王元年，大臣們日日夜夜誹謗張儀的事還沒有平息，齊國又派使臣責備張儀。張儀害怕被殺，便趁機對秦武王說：「我有一條計策，願意獻給大王。」武王問道：「什麼樣的計策？」張儀說：「為秦的利益著想，要東方有了大變，然後大王才可以多割得土地。現在聽說齊王非常恨我，我所在的地方，齊王必定會發兵攻打它。因此我希望讓我這個不才之人前往梁國，齊就一定會興師伐梁。梁和齊的軍隊糾纏在大梁城下不能脫身，大王便利用這個時候攻打韓國，進入三川；出兵函谷關但並不進攻，用來威脅周室，這樣周室必定會向大王獻出祭器。挾持周天子，掌握天下的地圖和戶籍，這是稱王的大業啊。」秦武王認為張儀說得對，就準備了三十乘兵車，把張儀送往梁國。齊國果然興師伐梁。梁哀王害怕了。張儀說：「大王不要擔憂，請讓我退掉齊兵。」張儀派門客馮喜前往楚國，借用楚國的使者前往齊國，對齊王說：「大王很恨張儀，儘管這樣，但大王卻使秦國更加信賴張儀。」齊王說：「我非常痛恨張儀，只要張儀走到哪裡，我就要興兵討伐到哪裡，怎麼說使他更受器重呢？」使者回答說：「這正是使張儀更受信任的做法啊。張儀離開秦國時，本來就與秦王談好，說：『為秦王著想，要東方有了大變，然後才可以割得更多的地方。現在齊王非常恨我，凡我所在之處，齊王必定興兵討伐。因此我希望讓我這不才的人前往梁國，齊王必定會興兵伐梁。齊、梁兩軍糾纏在城下不能脫身，大王利用這個機會攻打韓國，進軍三川；出兵函谷關卻並不進攻，以此來威脅周室，周室必定會獻出祭器。挾持周天子，掌握天下的地圖和戶籍，這是稱王的大業啊。』秦王認為他說得對，所以準備了三十乘兵車載他入梁，現在張儀到了梁國，大王果然出兵攻梁，對內消耗國力，對外攻打盟邦，多樹敵人，面臨危難，這不是使張儀更加受到秦王信任嗎！」齊王說：「你說得對。」就下令撤軍。

3　張儀在魏做了一年相國，死於魏國。

1　陳軫❶者，游說之士。與張儀俱事秦惠王，皆貴重，爭寵。張儀惡陳軫於秦王曰：「軫重幣輕使❷秦、楚之間，將為國交❸也。今楚不加善於秦❹而善軫者，軫自為厚❺而為王薄也。且軫欲去秦而之楚❻，王胡不聽❼乎？」王謂陳軫曰：「吾聞子欲去秦之楚，有之乎？」軫曰：「然。」王曰：「儀之言果信矣。」軫曰：

「非獨儀知之也，行道之士盡知之矣。昔子胥忠於其君❽而天下爭以為臣❾，曾參❿孝於其親而天下願以為子⓫。故賣僕妾⓬不出閭巷⓭而售者，良僕妾也；出婦⓮嫁於鄉曲⓯者，良婦也。今軫不忠其君⓰，楚亦何以軫為忠乎？忠且見弃，軫不之楚何歸乎？」王以其言為然，遂善待之⓱。

2 居秦期年⓲，秦惠王終相張儀⓳，而陳軫奔楚。楚未之重也，而使陳軫使於秦。過梁，欲見犀首⓴。犀首謝弗見。軫曰：「吾為事來㉑，公不見軫，軫將行，不得待異日。」犀首見之。陳軫曰：「公何好飲也？」犀首曰：「無事㉒也。」曰：「吾請令公厭事㉓可乎？」曰：「柰何？」曰：「田需㉔約諸侯從親㉕，楚王疑之，未信也。公謂於王曰：『臣與燕、趙之王有故㉖，數使人來，曰：無事何不相見。願謁行㉗於王。』王雖許公，公請毋多車，以車三十乘，可陳之於庭，明言之燕、趙㉘。」燕、趙客聞之，馳車告其王，使人迎犀首。楚王聞之大怒，曰：「田需與寡人約，而犀首之燕、趙，是欺我也㉙。」怒而不聽其事㉚。齊聞犀首之北，使人以事委焉㉛。犀首遂行，三國相事㉜皆斷於犀首㉝。軫遂至秦。

3 韓、魏相攻，期年不解㉞。秦惠王欲救之㉟，問於左右。左右或曰救之便，或曰勿救便，惠王未能為之決。陳軫適至秦，惠王曰：「子去寡人之楚，亦思寡人不？」陳軫對曰：「王聞夫越人莊舄㊱乎？」王曰：「不聞。」曰：「越人莊舄仕楚執珪㊲，有頃而病。楚王曰：『舄故越之鄙細人㊳也，今仕楚執珪，貴富矣，亦思越不？』中謝㊴對曰：『凡人之思故，在其病也。彼思越則越聲，不思越則楚聲。』使人往聽之，猶尚越聲也。今臣雖弃逐之楚，豈能無秦聲哉！」惠王曰：「善！今韓、魏相攻，期年不解，或謂寡人救之便，或曰勿救便，寡人不能決，願子為子主計之餘，為寡人計之㊵。」陳軫對曰：「亦嘗有以夫㊶卞莊子㊷刺虎聞㊸於王者乎？莊子欲刺虎，館豎子㊹止之，曰：『兩虎方且食牛，食甘必爭，爭則必鬬，鬬則大者傷，小者死。從㊺傷而刺之，一舉必有雙虎之名。』卞莊子以為然，立須之㊻。有頃，兩虎果鬬，大者傷，小者死。莊子從傷者而刺之，一舉果有雙虎之功。今韓、魏相攻，期年不解，是必大國傷，小國亡，從傷而伐之，一舉必有兩實。此猶莊子刺虎之類也。臣主與王何異也㊼？」惠王曰：「善！」卒弗救。大國果傷，小國亡㊽，秦興兵而伐，大剋之㊾。此陳軫之計也㊿。

【章旨】以上為第十段，寫陳軫的三個機警辯智故事。

【注釋】❶陳軫　凌稚隆曰：「起首不敘邑里，而直曰『游說之士』，與敘虞卿、廉頗、李牧諸傳首句同。」瀧川曰：「〈張儀傳〉一篇文字，非別為陳軫、犀首立傳也。陳軫蓋齊人，其在楚見上文，此敘在秦，下文又曰『奔楚過梁至秦』，史公所以為「游說之士」。〈秦策〉秦惠王謂陳軫曰「子秦人也」，言其仕秦也。」❷重幣輕使　意即帶著厚禮在各國之間穿行。幣，禮品。郭嵩燾曰：「輕，疾也。輕使，猶言頻數往使也。」按：《戰國策》於此作「馳秦楚之間」。❸為國交　為國家辦理外交。❹楚不加善於秦　楚國並沒有對秦國表現出有多好。❺自為厚　為自己謀利益多。❻欲去秦而之楚　想離開秦國到楚國去任職。❼胡不聽　為什麼不讓他走呢。胡，為何。❽子胥忠於其君　伍子胥忠心耿耿，一心效力於吳王夫差事，見〈吳太伯世家〉、〈伍子胥列傳〉。❾天下爭以為臣　各國的君主都想讓他來給自己為臣。❿曾參　孔子的弟子，以孝聞名，事跡見〈仲尼弟子列傳〉。⓫天下願以為子　都希望他成為自己的兒子。⓬僕妾　男奴女奴。⓭不出閭巷　意即迅速被左鄰右舍買走。⓮出婦　婦女被夫家休逐。⓯嫁於鄉曲　意即被本鄉本土的男家所娶。鄉曲，都是基層編制名，這裡意同「鄉里」，與上「閭巷」對文。⓰今軫不忠其君　如果我真是對秦君不好。今，倘若。⓱遂善待之　按：以上陳軫巧妙地解消張儀對自己的譖毀，事見《戰國策・秦策一》，《戰國策》研究者繫此事於張儀相秦的前一年，即秦惠王九年（西元前三二九年）。鮑彪曰：「軫之辯類捷給，而其所稱譬皆當於人心，不詭于正論。周衰，辯士未有若軫之絕倫離群者也。」繆文遠曰：「陳軫以忠臣自命，其自解之辭使秦王無以難之，可謂善為說辭矣。」⓲期年　一週年。⓳秦惠王終相張儀　事在秦惠王十年（西元前三二八年）⓴犀首　《集解》引司馬彪曰：「魏官名，若今虎牙將軍。」按：其人名公孫衍。㉑吾為事來　《索隱》曰：「言我故來，欲有教汝之事，何不相見。」㉒無事　無事可做。按：當時田需為魏相，犀首失意，故飲酒澆愁。㉓吾請令公厭事　意謂「我可以讓你忙起來」。《索隱》曰：「厭者，飽也，謂欲令其多事也。」㉔田需　《索隱》曰：「時為魏相也。」按：《戰國策》作「李從」。㉕約諸侯從親　此處實際指楚魏之間的聯合。㉖有故　有舊交。㉗謁行　猶今所謂「告辭」、「辭行」。㉘明言之燕趙　放出話去，說是要去燕、趙兩國。之，往。㉙田需與寡人約三句　意謂田需讓我與梁國交好，可是現在燕、趙卻來迎犀首北去，充分表明田需聯楚的說法是騙人的。徐孚遠曰：「梁、楚相約，欲絕燕、趙；而犀首自梁之燕、趙，將以賣楚，故楚王怒云『是欺我也』。」㉚不聽其事　不聽田需倡導的聯楚。按：陳軫給犀首出此主意的目的即破壞楚魏聯盟，兼報其在楚不被用之怨。㉛以事委焉　將建立齊魏聯盟的事情求託於犀首門下。㉜三國相事　指齊、趙、燕三國都爭相討好魏國。㉝皆斷於犀首　《戰國策》作「犀首遂主天下之事，復相魏。」按：以上陳軫助犀首相魏事，見《戰國策・魏策一》。諸祖耿曰：「《策》此章言軫為秦使齊過魏，《史記》言軫為楚於秦過梁，一異也；《策》此章云『魏王使李從以車百乘使於楚』，《史記》則謂『田需約諸侯從親，楚王疑之』，李從之與田需，二異也；《策》此章云『犀首遂主天下之事』，《史記》則謂『三國相事皆斷於犀首』，三異也。蓋一事而傳聞異也。」繆文遠曰：「此章《策》文應為晚出擬作，但憑若干影響模糊之傳說而加以結撰。其不合者有以下數事：公孫衍支配數國之事，唯主持『五國相王』（以對抗齊、秦、楚三國之逼）事足以當之。『五國相王』既係針對齊、秦、楚三國，則不當有此《策》所云齊、楚二國『以事屬犀首』之事發生，此其一；『五國相王』後，旋即有楚、魏襄陵之戰，足證於時楚、魏邦交方惡，豈有魏王命李從（田需）『以車百乘使楚』及楚王『以事因犀首』之事乎？此其二；於斯時也，陳軫不論如《策》文所云『為秦使齊』，抑或如《史記》本傳所云為自楚使秦，何必過魏求見犀首為之畫策？畫策而使犀首『主天下之事』，此與陳軫及其使命何涉？俱略無理致可說，此其三。」㉞韓魏相攻二句　吳師道曰：「秦惠十三年，韓舉、趙護與魏戰敗績，去楚絕齊時遠甚，他不見韓魏相攻事。」繆文遠曰：「《水經・濟水注》引《紀年》云：『魏襄王七年，韓明率師伐襄丘』，當即《史記》所云韓魏相攻事。」㉟欲救之　欲將其分開。救，止。㊱越人莊舄　後人也稱之為「越舄」。越，春秋末、戰國初的諸侯國名，國都即今浙江紹興，後被楚國所滅，詳見〈越王句踐世家〉。㊲執珪　楚國的高級爵位名，其「上執珪」為爵位的最高者。㊳鄙細人　小人；賤人。㊴中謝　也作「中射」，帝王身邊的侍從人員，與「中郎」「郎中」等相似。㊵子為子主計之餘二句　《索隱》曰：「子，指陳軫也；子主，謂楚王。」董份曰：「謙言先其君而後及秦也。」㊶夫　彼。㊷卞莊子　春秋時魯國大夫，下述其智刺兩虎的故事見《論語・憲問》。㊸聞　告知。㊹館豎子　客館裡的佣人。楊慎曰：「館豎子，未必有其人，設言自好。」㊺從　向；對準。㊻立須之　站在一旁看著兩虎相鬥。須，等待。㊼臣主與王何異也　也，同「耶」。《索隱》曰：「臣主，為軫之主，楚王也；王，秦惠王。以言我主與王俱宜待韓、魏之弊而擊之，亦無以異也。」李笠曰：「上云『子為子主計之餘為寡人計之』，此語正應前語。」徐孚遠曰：「軫言己之為秦王計，不後於楚王也。《索隱》非。」王駿圖取《索隱》說，以為若陳軫「自言亦忠於秦王，則近於齷齪獻媚」，「失遊說家立言之身分口氣。」吳見思曰：「先出一莊舄，以譬喻起；又出一卞莊子，以譬喻結，隱隱相對，文章之妙。」熊憲光曰：「出於遊說的需要，戰國策士大都善於運用生動形象的寓言故事，以增強說辭的感染力和說服力，陳軫無疑是其中最為出色的一個。」㊽小國亡　中井曰：「不必實滅也，謂破敗之甚。」㊾大剋之　剋，同「克」。㊿此陳軫之計也　瀧川曰：「敘事中插議論，以收陳軫。」按：以上陳軫為秦畫策事，見《戰國策・秦策二》，但兩文的出入甚大，〈秦策二〉作「齊、楚」相攻。繆文遠引黃少荃語以為應從《史記》作「韓魏相攻」。戰國史研究者繫此事於秦惠王後元十三年（西元前三一二年）。

【語　譯】陳軫也是一個遊說策士。他和張儀同時為秦惠王服務，都很尊貴而受到重用，因而常常爭寵。張儀向秦惠王講陳軫的壞話說：「陳軫攜帶大量錢財經常出使於秦、楚之間，本應做好兩國的邦交。現在楚國並沒有對秦國更親善，卻對陳軫很好，這是因為陳軫替自己打算多而替大王想得少的緣故啊。而且陳軫想要離開秦國投奔楚國，大王為何不讓他離開呢？」惠王問陳軫道：「我聽說你想要離開秦國投奔楚國，有這回事嗎？」陳軫答道：「有。」惠王說：「張儀的話果然被證實了。」陳軫說：「這件事不單是張儀知道，連路上的行人也盡都知道。過去伍子胥對他的國君忠心，因而各國諸侯爭相拉他到本國任大臣；曾參對他的雙親孝敬，因而各家父母都希望讓他作為自己的兒子。所以被賣的僕妾不用走出家門街巷便被買去的，就是好僕妾；被丈夫拋棄的婦女能再嫁在本鄉本里的，那是好婦人。現在如果我對我的國君不忠心，楚王又怎麼會拿我做忠臣看待呢？忠心尚且被拋棄，我不投奔楚又去哪裡呢？」秦惠王感到陳軫的話說得對，於是便很好地對待他。

2 陳軫在秦國住了一年，秦惠王終究任用了張儀為相國，於是陳軫投奔了楚國。楚國並沒有重用他，卻派他出使秦國。陳軫路過魏國時，想要看望犀首。犀首推辭不見。陳軫說：「我是為要事而來，你不見我，我就要走了，等不到明天。」犀首便會見了陳軫。陳軫問：「你怎麼喜歡上喝酒了呢？」犀首答說：「無事可做啊。」陳軫說：「請讓我使你的事情多起來，行嗎？」犀首問道：「該怎麼做？」陳軫說：「魏相田需約請各國諸侯合縱結好，楚王持懷疑態度而不相信他。你去對魏王說：『我與燕、趙兩國的國君有舊交，他們多次派人來對我說「你閒著沒事怎麼不來見見面」，我希望到他們那裡去拜望一下。』魏王即使同意你，你也不必多要車輛，只需把三十輛車子擺在庭院內，公開說要到燕、趙兩國去。」燕、趙兩國在魏國客居的人聽到這個消息，忙飛車稟告各自的國君，兩國都派人到魏迎接犀首。楚王聞知此事大怒，說：「魏相田需來與我結約，而他們的犀首卻前往燕、趙兩國，這分明是欺騙我啊！」楚王憤怒之下，不理會田需的建議，齊王聽說犀首去北方，也派人把國事託付給他。犀首於是啟程，燕、趙、齊三國的相國事務都歸犀首決定。陳軫於是到了秦國。

3 韓、魏兩國互相攻打，持續了一年還沒有結束。秦惠王想去調停干預，徵求大臣們的意見。大臣們有的說援助好，有的說不好，秦惠王未能作出決定。恰逢陳軫到達秦國，秦惠王便問他說：「你離開我去了楚國，還想不想念我呢？」陳軫答道：「大王聽說過越國的莊舄嗎？」惠王說：「沒有聽說過。」陳軫說：「越國人莊舄在楚國擔任了執珪，不久得了病。楚王問：『莊舄在越國是個地位低賤的人，如今在楚國做官，已經富貴了，還思不思念越國呢？』一位侍御答道：『大凡一個人懷念過去，是在他得病的時候。莊舄如果思念越國，呻吟就會是越國的口音；不思念越國，就會是楚國的口音。』楚王派人到莊舄那裡偷聽，他的呻吟聲仍然還是越國的口音啊。現在我雖然被拋棄而去到楚國，怎麼可能不發出秦國的口音呢！」秦惠王說：「你說得好！現在韓、魏兩國互相進攻，一年了還沒有解決，有人說出面調解好，有人說不好，我未能決定，希望你在替你的楚國君主考慮的餘暇，也為我考慮一下這件事情。」陳軫說：「有人把那卞莊子刺虎的事講給大王聽嗎？莊子準備刺殺老虎，店小二勸阻他說：『兩隻老虎正要吃牛，吃到味道好的地方必然會爭奪，一爭奪就必然會格鬥，格鬥就會使大虎受傷，小虎死亡。這時你再去刺那受傷的老虎，就可以一舉殺死兩隻老虎了。』卞莊子認為說得對，站著等待時機。過了一會，兩隻老虎果然爭鬥起來，大的傷了，小的死了。莊子向受傷的老虎刺去，果然獲得了一舉殺死二虎的功效。如今韓、魏兩國相攻，一年得不到解決，這就必然會使大國受損，小國殘破，對受損的國家興兵攻打，這一舉動必定會有擊破兩國的實效。這就和莊子刺虎是一類的事情啊。我替楚王策劃和替大王您出主意有什麼兩樣呢。」秦惠王說：「你說得好！」終於沒有去制止韓魏兩國的鬥爭。結果大國果然受了損傷，小國面臨滅亡，這時秦王興兵討伐，取得大勝。這正是陳軫的計謀啊。

1 犀首者，魏之陰晉❶人也，名衍，姓公孫氏❷。與張儀不善。

2 張儀為秦之魏，魏王相張儀❸。犀首弗利❹，故令人謂韓公叔❺曰：「張儀已合秦、魏矣，其言曰：『魏攻南陽，秦攻三川。』魏王所以貴張子者，欲得韓地也。且韓之南陽已舉矣，子何不少委焉以為衍功❻，則秦、魏之交可錯❼矣。然則❽魏必圖秦而弃儀❾，收韓❿而相衍。」公叔以為便，因委之犀首以為功⓫。果相魏，張儀去⓬。

3 義渠君⓭朝於魏。犀首聞張儀復相秦，害之⓮。犀首乃謂義渠君曰：「道遠不得復過⓯，請謁⓰事情。」曰：「中國無事⓱，秦得燒掇焚杅⓲君之國；有事⓳，秦將輕使重幣事君之國⓴。」其後五國伐秦㉑，會陳軫謂秦王曰：「義渠君者，蠻夷之賢君也，不如賂之以撫其志㉒。」秦王曰：「善。」乃以文繡千純㉓，婦女百人遺㉔義渠君。義渠君致㉕羣臣而謀曰：「此公孫衍所謂邪㉖？」乃起兵襲秦，大敗秦人李伯之下㉗。

4 張儀已卒之後，犀首入相秦㉘。嘗佩五國之相印，為約長㉙。

【章　旨】以上為第十一段，寫犀首其人與其傾軋張儀的一些活動。

【注　釋】❶陰晉　縣名，在今陝西華陰東，舊曾屬魏，後屬秦。❷名衍二句　蓋魏國之宗室也。❸張儀為秦之魏二句　事在秦惠王後元三年，魏襄王十三年，西元前三二二年，見前文。❹犀首弗利　犀首時在魏，在魏國無計可施，故借助韓國勢力以傾張儀。❺韓公叔　〈東周策〉鮑彪注：「韓公族。」瀧川曰：「〈韓世家〉有公叔伯嬰，此曰『公叔』，疑伯嬰。」按：公叔時為韓相，為親楚派。❻何不少委焉以為衍功　意即你們可以找我，通過我來處理韓魏之間的一些事情。鮑彪曰：「請以事委衍。」少，同「稍」。❼秦魏之交可錯　意即他將從中破壞、阻撓張儀倡導的秦魏聯盟。錯，置；停頓。❽然則　這樣一來。❾魏必圖秦而弃儀　圖秦，算計秦國；與秦國為敵。弃儀，拋棄張儀。❿收韓　聯合韓國。⓫委之犀首以為功　辦事通過犀首，為犀首增功。⓬果相魏二句　瀧川曰：「『果』上添『犀首』二字看。」繆文遠曰：「魏惠王於張儀蓋未深信其言，故公孫衍得收韓而相魏也。」又曰：「〈衍傳〉稱『果相魏，張儀去』則不然，以〈儀傳〉考之，儀慚無以報，留魏，四歲而魏王卒，復說其嗣君，久之始去魏而復相秦耳。」按：錢穆以為張儀離魏即在魏惠王去世，魏襄王即位之年。按：以上犀首玩弄手段排擠張儀出魏事，見《戰國策・魏策一》。⓭義渠君　義渠是當時活動在今陝西西北部及與之鄰近的內蒙、寧夏一帶的少數民族名，〈匈奴列傳〉稱其君主曰「義渠戎王」。⓮犀首聞張儀復相秦二句　害之，以其為相為己病。按：據〈秦本紀〉、〈六國年表〉，張儀復相秦在秦惠王後元八年，魏襄（〈魏世家〉誤作「哀」）王二年，西元前三一七年，在五國伐秦之後，今乃敘之於前，並與五國伐秦相因果，誤也。犀首與張儀有宿怨，張儀在秦，犀首即欲破秦以傾張儀，非必須聞其為相也。諸祖耿曰：「豈儀去魏之秦，犀首知其必相而害之與？」⓯道遠不得復過　《索隱》曰：「言義渠道遠，今日以後不復得更過相見。」過，過訪，主語為犀首。繆文遠引金正煒曰：「『過』字疑當為『遇』。」⓰謁　拜見；進告。⓱中國無事　《正義》曰：「中國，謂關東六國；無事，不共攻秦。」⓲燒掇焚杅　《索隱》曰：「掇，謂焚燒而侵掠；焚杅，焚揉而牽制也。」《正義》曰：「掇，判也；杅，割也，言攻伐侵略也。」⓳有事　《正義》曰：「謂六國攻秦。」⓴輕使重幣事君之國　《正義》曰：「事義渠之國，欲令相助。」輕使，迅即派出使臣。鮑彪曰：「輕，言其行疾。」重幣，厚禮。瀧川曰：「犀首此言，令義渠君勿援秦也。」㉑其後五國伐秦　《索隱》曰：「按〈表〉，秦惠王後元七年，楚、魏、齊（應作『燕』）、韓、趙五國共伐秦，是其事也。」錢穆曰：「張儀於惠王死即去魏，故明年而魏即約五國攻秦也。」按：事在秦惠王後元七年，魏襄王元年，西元前三一八年。㉒賂之以撫其志　撫，安撫，這裡即收買、利用之意。㉓文繡千純　文繡，織有各種圖案的綢緞。純，《索隱》曰：「一段為一純。」按：一純即一匹，《戰國策》逕作「匹」。㉔遺　給。㉕致　招集。㉖此公孫衍所謂邪　凌稚隆曰：「應前『重幣輕使事君之國』。」㉗大敗秦人李伯之下　李伯，《戰國策》作「李帛」。繆文遠引楊守敬曰：「疑即《水經注》之伯陽城。」鄒興鉅云：「伯陽城在今甘肅天水東八十里。」（《戰國地理今釋》）按：以上犀首挑撥義渠與秦關係事，見《戰國策・秦策二》。義渠敗秦於李伯，應在五國伐秦之年，即秦惠王後元七年（西元前三一八年）；而犀首挑動義渠君則應在惠王後元七年之前也。㉘張儀已卒之後二句　〈秦本紀〉繫張儀之死於秦武王二年，錢穆等以為在武王元年（西元前三一〇年）。犀首入相秦，梁玉繩曰：「繼張儀而為秦相者，樗里疾、甘茂、薛文、樓緩、魏冉，不聞公孫衍相秦之事。考《國策》：『秦王愛公孫衍，欲以為相，甘茂入賀，王怒其泄而逐之』，蓋因此誤傳。」錢穆曰：「秦惠王五年，〈本紀〉、

〈年表〉均書陰晉人犀首為大良造，疑其時秦之大良造即當相職，非別有相位一級也。至惠文王十年張儀相，秦官始有相稱。儀之入秦，而奪犀首之位。」㉙嘗佩五國之相印二句 《索隱》曰：「犀首後相五國，或縱或橫，常為約長。」中井曰：「佩五國之相印，是一時佩五顆也，蓋相秦時事，非後來次第為相。」梁玉繩曰：「即〈陳軫傳〉相三國事而誇大也。」楊寬曰：「說公孫衍曾繼張儀為秦相固然不足信，說公孫衍曾『佩五國之相印，為約長』也是誇大之辭，但公孫衍曾約五國合縱伐秦，當是事實。」

【語譯】 犀首是魏國陰晉人，名衍，姓公孫氏。他與張儀關係不好。

2 張儀為了秦國的事前往魏國，魏王拜張儀為相國。犀首認為於己不利，因此派人對韓國的公叔說：「張儀已經使秦、魏兩國聯合了，他主張說：『魏攻取韓國的南陽，秦攻取韓國的三川。』魏王之所以看重張儀，是想要得到韓國的土地。而且韓國的南陽即將被攻下，你何不通過我來處理韓魏之間的一些事情，那麼秦、魏兩國的關係就會中斷。這樣一來，魏國必定會打秦國的主意從而拋棄張儀，拉攏韓國並拜公孫衍為相。」公叔認為這個主意好，辦事都通過犀首，做為他的功勞。犀首果真做了魏國的相國，張儀只好離開魏國。

3 義渠族的首領到魏國朝拜。犀首聽說張儀重新當了秦相，對此感到憂心。犀首於是對義渠君說：「路途遙遠，您不可能再來這裡相見了，請讓我把秦國的情況告訴您。」犀首接著說：「中原各國如果沒有事變，秦國將會燒殺侵略您的國家；如果有事變，秦國將會立即派出使臣用厚禮事奉您的國家。」這以後，楚、魏、齊、韓、趙五國共同進攻秦國。正好陳軫對秦王說：「義渠君是蠻夷中賢能的國君，不如送他厚禮以求穩住他的心。」秦王說：「好。」於是用錦繡千匹、婦女百名送給義渠君。義渠君召集群臣商量說：「這就是公孫衍給我說過的那回事吧？」於是發兵偷襲秦國，在李伯這個地方大敗秦兵。

4 張儀死後，犀首到秦國做了相國。他曾經佩帶五國的相印，當過五國盟約的約長。

太史公曰：三晉❶多權變❷之士，夫言從衡彊秦❸者大抵皆三晉之人❹也。夫張儀之行事甚於蘇秦❺，然世惡蘇秦者，以其先死，而儀振暴其短以扶其說，成其衡道❻。要之❼，此兩人真傾危之士❽哉！

【章　旨】以上為第十二段，是作者的論贊，作者稱蘇秦、張儀都是「傾危之士」，但相比之下更同情蘇秦。

【注　釋】❶三晉　指韓、趙、魏三國，以其為三分晉國而成，故云「三晉」。❷權變　以陰謀詭詐之術應付各種變故。權，隨機應變。❸言從衡彊秦　倡導縱衡之說，以使秦國強大起來。郭嵩燾曰：「合縱以拒秦，連衡以事秦，用術各別，而史公並謂其『言從衡強秦』，蓋秦之勢日趨於強，言從衡者其究皆秦之利也。」也有人以為「從衡」在這裡是複詞偏義，實際即指「衡」。❹大抵皆三晉之人　前後如張儀、犀首、樓緩、范雎等。❺張儀之行事甚於蘇秦　意即張儀的行為表現比蘇秦還要惡劣。❻世惡蘇秦者四句　振暴，猶今之所謂「抖摟」、「暴露」。以扶其說，《索隱》曰：「謂說彼之非，成我之是。」扶，使之成立。意謂張儀是通過貶低、醜化蘇秦，來提高、美化自己的學說，從而實現了他的連衡主張。按：《戰國策》中本有兩種材料，有言蘇秦之活動在先，並先死者；也有寫蘇秦活動於燕昭王時代者。史公相信前者，而將後來的「蘇秦」全都改成了「蘇代」，實則蘇秦乃在張儀之後，詳見〈蘇秦列傳〉注。牛鴻恩撰有〈蘇秦事跡之真偽〉（載《司馬遷與史記論集》第三輯）詳盡考辨此事。❼要之　總之；重要的是。❽傾危之士　危險人物，因其陰謀狡詐足以傾人家國。

【語　譯】太史公說：三晉這塊地方有許多善於權變的人，倡導合縱連橫，使秦國強大的，多數是三晉人。張儀的行為比蘇秦更壞，但世人討厭蘇秦的原因，是因為他死在張儀之前，而張儀又誇張地揭露他的短處，以此來顯示自己說法的正確，完成連橫的策略。總之，他們兩個真的是傾邦覆國的危險人物啊！

【研　析】司馬遷在〈太史公自序〉中說：「六國既從親，而張儀能明其說，復散解諸侯。」作品明確肯定了張儀在秦國發展中所起的巨大作用。張儀為秦國制訂與推行了「遠交近攻」的策略，為秦國的統一事業立下了汗馬功勞，特別是他拆散了齊、楚兩個強國的聯盟，削弱了楚國的力量，打通了秦國東進的戰略要道，給秦國幫了大忙。

司馬遷討厭張儀，描寫了張儀的陰險可鄙。張儀嫉恨蘇秦的才能，因而在連橫活動中不遺餘力地對蘇秦加以醜化、詆毀，司馬遷作〈蘇秦列傳〉就是想為蘇秦洗刷冤垢。此外，張儀在遊說諸侯的過程中所表現出來的仗勢壓人、威逼利誘、出爾反爾、奸狡欺詐等種種毫無信義的流氓行為，都為司馬遷所不齒，所以他借秦武王群臣之口，指出張儀是個「無信」的、「左右賣國以取容」的饒舌之徒。

作品描寫了戰國時期自私自利的社會風氣，無論是蘇秦與張儀之間的互相攻擊，張儀與陳軫、犀首之間的相互傾軋，還是楚王之輕信謊言而導致喪師失地，以及鄭袖之勸楚王放走張儀等，無不出於一個「貪」字和「私」字，自私與貪婪使人變得冷酷、無恥和昏庸，無怪乎司馬遷在〈孟子荀卿列傳〉中深懷感慨地說：「利誠亂之原也！」這話其實也是針對漢代的現實政治而言。

〈張儀列傳〉還附有陳軫、犀首（公孫衍）的傳記，這兩人都是與張儀同時的著名策士，犀首還「嘗佩五國之相印，為約長」。司馬遷主要是寫了他們的才幹。陳軫在替楚國出使秦國的途中，略施小計，使齊、燕、趙「三國相事皆斷於犀首」；他又使秦國在韓、魏相攻時從中漁利，充分體現了戰國士人縱橫捭闔的驚人手段。

據考察，張儀與蘇秦並無同學關係，張儀的活動早於蘇秦二十多年，而司馬遷將張儀寫成蘇秦的同學，將張儀的活動寫在蘇秦之後，前後顛倒，錯誤非常明顯。

卷七十一

樗里子甘茂列傳第十一

【題　解】樗里子是秦國的宗室子弟，甘茂是來自楚國的策士，兩人的出身不同，司馬遷之所以把他們合寫在一篇列傳中，是因為他們同時在秦國為左、右丞相，在秦與東方六國的角逐中立有重要功績。司馬遷在〈太史公自序〉中說：「秦所以東攘諸侯，樗里子、甘茂之策，作〈樗里子甘茂傳〉」，表達的就是這種意思。其中描寫甘茂取宜陽一節，尤為精彩絕倫。作品的最後又附錄了甘茂之孫甘羅的一段故事，其事雖不免誇大，但流傳甚廣，也很符合司馬遷「愛奇」的審美觀。

1 樗里子❶者，名疾，秦惠王❷之弟也，與惠王異母。母，韓女也❸。樗里子滑稽❹多智，秦人號曰「智囊」。

2 秦惠王八年❺，爵樗里子右更❻，使將而伐曲沃❼，盡出其人❽，取其城，地入秦。秦惠王二十五年❾，使樗里子為將伐趙，虜趙將軍莊豹❿，拔藺⓫。明年⓬，助魏章⓭攻楚，敗楚將屈丐⓮，取漢中⓯地。秦封樗里子，號為嚴君⓰。

3 秦惠王卒，太子武王立⓱，逐張儀、魏章⓲，而以樗里子、甘茂為左右丞相⓳。

秦使甘茂攻韓，拔宜陽[20]。使樗里子以車百乘入周[21]，周以卒迎之[22]，意甚敬。楚王[23]怒，讓[24]周，以其重秦客[25]。游騰[26]為周說楚王曰：「知伯[27]之伐仇猶[28]，遺之廣車[29]，因隨之以兵，仇猶遂亡[30]。何則？無備故也。齊桓公伐蔡[31]，號曰誅楚，其實襲蔡[32]。今秦，虎狼之國，使樗里子以車百乘入周，周以仇猶、蔡觀焉[33]。故使長戟居前，彊弩在後，名曰衛疾，而實囚之。且夫周豈能無憂其社稷哉？恐一旦亡國以憂大王[34]。」楚王乃悅[35]。

4 秦武王卒[36]，昭王立[37]，樗里子又益尊重。

5 昭王元年[38]，樗里子將伐蒲[39]。蒲守恐，請胡衍[40]。胡衍為蒲謂樗里子曰：「公之攻蒲，為秦乎？為魏[41]乎？為魏則善矣，為秦則不為賴[42]矣。夫衛之所以為衛[43]者，以蒲也[44]。今伐蒲入於魏，衛必折而從之[45]。魏亡西河之外[46]而無以取[47]者，兵弱也。今并衛於魏，魏必彊。魏彊之日，西河之外必危[48]矣。且秦王將觀公之事，害秦而利魏，王必罪公。」樗里子曰：「柰何[49]？」胡衍曰：「公釋蒲勿攻，臣試為公入言之[50]，以德衛君[51]。」樗里子曰：「善。」胡衍入蒲，謂其守曰：「樗里子知蒲之病矣[52]，其言曰『必拔蒲[53]』。衍能令釋蒲勿攻。」蒲守恐，因再拜曰：「願以請[54]。」因效金[55]三百斤，曰：「秦兵苟退，請必言子於衛君，使子為南面56。」故胡衍受金於蒲以自貴於衛。於是遂解蒲而去57。還擊皮氏58，皮氏未降，又去。

6 昭王七年59，樗里子卒，葬于渭南章臺60之東。曰：「後百歲，是當有天子之宮夾我墓。」樗里子疾室61在於昭王廟西渭南陰鄉62樗里，故俗謂之「樗里子」。至漢興，長樂宮63在其東64，未央宮65在其西，武庫66正直其墓67。秦人諺曰：「力則任鄙68，智則樗里。」

【章　旨】以上為第一段，寫樗里子其人與其在惠王、武王與昭王初期對發展秦國所做的歷史貢獻。

【注　釋】❶樗里子　姓嬴，名疾，以其所居之地為號。中井曰：「里有樗，故名『樗里』；居『樗里』之人，因稱『樗里子』。」❷秦惠王　也稱秦惠文王，孝公之子，名駟。西元前三三七—前三一一年在位。❸母二句　韓國國君之女。較秦惠文王略早的韓國國君為韓昭侯（西元前三六二—前三三三年在位），國都新鄭。余有丁曰：「為〈甘茂傳〉挾韓而議張本。」❹滑稽　《索隱》曰：「鄒誕解云：『滑，亂也；稽，同也，謂辨捷之人言非若是，言是若非，謂能亂同異也。』一云：『滑稽，酒器，可轉注吐酒不已，以言俳優之人出口成章，詞不窮竭，如滑稽之吐酒不已也。』」《正義》曰：「滑，水流自出；稽，計也。言其智計宣吐如泉，流出無盡。……師古曰：『滑稽，轉利之稱也。滑，亂也；稽，礙也，其變無留也。』一說，稽，考也，言其滑亂不可考較。」此外還有其他說法，此不錄。錢鍾書曰：「鄒誕之釋『滑稽』，意蘊精深。『滑稽』之訓『多智』，復訓『俳諧』，雖義之轉乎，亦理之通耳。」❺秦惠王八年　相當於魏惠王十六年，西元前三三〇年。❻右更　秦爵二十級之第十四級。秦爵二十級詳見〈商君列傳〉注。❼曲沃　魏邑名，在今河南三門峽西南。《索隱》曰：「年表云：『十一年，拔魏曲沃，歸其人。』又〈秦本紀〉：『惠文王後元八年，五國共圍秦，使庶長疾與戰脩魚，斬首八萬。十一年，樗里疾攻魏焦，降之。』則焦與曲沃同在十一年明矣。而傳云『八年拔之』，不同。」梁玉繩曰：「〈秦紀〉屢稱『庶長疾』，似未嘗為『右更」。「八年」當作二十四年，乃後元十一年（西元前三一四年），此誤也。而「曲沃」亦「焦」之誤。」按：〈六國年表〉繫秦取魏曲沃於秦惠王八年，與此傳同；唯於魏王之繫年多誤。今之戰國史研究者多不取《索隱》與梁氏之說，仍繫此事於西元前三三〇年。參見〈六國年表〉注。❽盡出其人　將曲沃的居民全部逐出，趕回魏國。❾秦惠王二十五年　即後元十二年，相當於趙武靈王十三年，西元前三一三年。❿虜趙將軍莊豹　梁玉繩曰：「一作『趙莊』。」瀧川曰：「〈秦紀〉作『趙將莊』；〈趙世家〉、〈年表〉作『趙莊』。」沈家本曰：「疑『豹』字衍。」⓫藺　趙邑名，在今山西離石西。⓬明年　秦惠王後元十三年，楚懷王十七年，西元前三一二年。⓭魏章　原魏人，後為秦將。⓮楚將屈丐　其人又見於〈楚世家〉、〈屈原賈生列傳〉。⓯漢中　楚郡名，約當今湖北省西北部和與之鄰近的陝西省東南部的漢水上游地區。馬非百曰：「魏章再敗楚軍，遂取楚漢中地區，置漢中郡，其對於弱楚之貢獻，實不在司馬錯攻定巴蜀之下。若魏章者，可謂張儀外交最有力之後盾矣。」⓰號為嚴君　《索隱》曰：「嚴君是爵邑之號，當是封之嚴道。」嚴道，秦邑名，即今四川成都西南的滎經縣。⓱太子武王立　武王名蕩，西元前三一〇—前三〇七年在位。⓲逐張儀魏章　〈秦本紀〉與〈六國年表〉皆繫之於武王元年。張儀，原魏人，惠王時為秦相，對秦國的發展起有重要作用。事跡詳見〈張儀列傳〉。馬非百曰：「張儀在惠王一代，對於秦國統一運動，所貢獻者實不只一端。張儀初為秦相魏，破壞魏、齊同盟，使魏去齊而慝秦；後又相楚，破壞楚、齊同盟，使楚去齊而慝秦。雖以屈原、惠施群起反對，而張儀終能運用其靈活性之外交手腕以戰勝之。李斯所謂『散六國之從，使之西面而事秦者』，此二事殆其最彰明較著者矣。張儀外交政策之主要核心厥為弱楚，而弱楚之謀之得以成功，又由於巴、蜀、漢中之兼併。蓋此南進政策之得以順利進行，實蘇秦之合從運動有以無意中助成之也。而張儀之善於利用形勢，亦誠不可及哉！」又曰：「大抵當日秦國情形，每一執政當國時，必有其自己所最親信之人為之將，如魏冉為相，則任舉白起為將；范雎為相，亦任舉鄭安平為將。而將相之進退，又往往相互為轉移，故范雎既說昭王罷穰侯，不久即殺白起；鄭安平戰敗降敵，而范雎亦隨之去位。張儀與魏章間之關係，殆亦全與此同。」⓳以樗里子甘茂為左右丞相　〈秦本紀〉與〈六國年表〉皆繫之於武王二年（西元前三〇九年）。李光縉曰：「《戰國策》云：『秦惠王死，公孫衍欲窮張儀，李讎謂衍曰：不如召甘茂於魏，召公孫顯於韓，起樗里子於國，三人者，皆張儀之仇也，公用之，則諸侯必見張儀之無秦矣。』此云『逐張儀而以樗里子、甘茂為左右丞相』，從李讎之言也。」⓴拔宜陽　〈秦本紀〉與〈六國年表〉皆繫之於秦武王四年，相當於韓襄王五年，西元前三〇七年。宜陽，韓縣名，在今河南宜陽西，曾為韓國都城。㉑樗里子以車百乘入周　將伐宜陽的戰利品兵車百輛送給寄居於王城的周赧王，目的是收買與炫耀武力，且為秦武王之親抵洛陽做準備。蓋王城（即今河南洛陽）即在宜陽東北，相距不遠也。瀧川曰：「秦拔宜陽，故樗里子得入周。」按：周天子自戰國以來，日益形同傀儡，至赧王（西元前三一四—前二五六年在位）時，其僅有的洛陽、鞏縣等一小塊地盤又被其屬下的貴族所分制，其居於王城者稱「西周君」，居於鞏縣者稱「東周君」，而周赧王則一無所有，寄於西周君之籬下。㉒周以卒迎之　據《戰國策》此「周」字指西周君。繆文遠曰：「高注：『百人為卒。』按：卒，衛隊之類，不必指『百人』也。」按：據前後文意，此「以卒迎之」定是一種重大儀式，如今之檢閱儀仗隊等是也，故引起楚國不滿。㉓楚王　此指楚懷王，名槐，西元前三二八—前二九九年在位。㉔讓　責備。㉕重秦客　指周對樗里子優禮相待。㉖游騰　姓游名騰，西周君屬下的說客。㉗知伯　春秋末期晉國最強大的貴族首領，名瑤。曾與韓氏、趙氏、魏氏結伙滅掉了范氏、中行氏，後來被趙氏、韓氏、魏氏三家所滅。詳見〈晉世家〉。㉘仇猶　少數民族部落名，其地約當今山西陽泉之盂縣。㉙遺之廣車　遺，給；贈送。廣車，《集解》引鄭玄曰：「橫陣之車。」即兵車。諸祖耿引高誘注：「廣，大車也，仇由貪大鐘之賂，開道至晉以受鐘，智伯遂入兵伐而取之也。」㉚仇猶遂亡　《韓非子・說林下》：「知伯將伐仇由，而道難不通，乃鑄大鐘遺仇由之君。仇由之君大悅，除道將內之。赤章曼枝曰：『不可，此小之所以事大也，而今也大以來，卒必隨之，不可內也。』仇由之君不聽，遂內之。赤章曼枝因斷轂而驅，至於齊七月，而仇由亡矣。」按：類似故事亦見於《呂氏春秋・權勳》。㉛齊桓公伐蔡　事見《左傳》僖公四年與〈齊世家〉。齊桓公，名小白，春秋時代的第一位霸主，西元前六八五—前六四三年在位。蔡，諸侯國名，國都先後在今河南上蔡、新蔡，其地南鄰楚國。㉜號曰誅楚二句　齊桓公所以伐蔡，是因為蔡國改嫁了齊桓公遣回蔡國的姬妾；齊之所以伐楚，是其破蔡後的一種連貫性舉動。如果說齊之伐蔡，實際是為了襲楚，這大有可能；現在游騰將其改說為「號曰誅楚，其實襲蔡」，則與事實完全不合。由此可見當時的說客為說某種「道理」而不惜歪曲、篡改，以至編造事實的一貫技倆。㉝以仇猶蔡觀焉　意謂周國是將秦的「朝周」與知伯、齊桓的企圖襲取仇猶與蔡同等看待的。觀，看待。㉞以憂大王　給大王帶來麻煩、憂慮。因當時周與楚有聯盟關係，故游騰措辭如此。鮑彪曰：「恐秦亡之，為楚王憂。」㉟楚王乃悅　按：以上游騰為周說楚王事，見《戰國策・西周策》，事在周赧王八年，楚懷王二十二年，西元前三〇七年。繆文遠曰：「周之敬樗里疾，屈於秦之勢也，以此觸怒楚，非始願所及。游騰之說楚王，強為之辭耳，所謂『楚王乃悅』，不過借此收場。」王符曾曰「尋常意思，經其咳吐，便如露滾綠荷，戰國第一妙舌也。」《古文小品咀華》㊱秦武王卒　在洛陽因戲舉周鼎而絕臏身死也，詳情見後文。㊲昭王立　昭王名則，惠王之子，武王之異母弟。武王無子，故武王死後諸公子爭立，昭王乃靠其母宣太后與其舅穰侯之力打敗對手，得即王位，事見〈穰侯列傳〉。㊳昭王元年　西元前三〇六年。㊴蒲　衛邑名，又名「蒲阪」，在衛國都城濮陽的西南方。今河南長垣東北。㊵胡衍　曾在《戰國策》之〈韓策二〉與〈衛策〉中各出現一次，繆文遠曰：「其人無考，蓋假托人物也。」(41)魏　當時的魏國建都大梁（今河南開封），秦昭王元年相當於魏襄王十三年。(42)不為賴　不算有利。《集解》曰：「賴，利也。」(43)衛之所以為衛　意謂衛國之所以還能作為一個國家存在到今天。(44)以蒲也　是由於有蒲給它做屏障。《正義》曰：「蒲是衛國之鄣衛。」蒲在衛都濮陽的西南。(45)今伐蒲入於魏二句　語句不順。《索隱》曰：「《戰國策》云：『今蒲入於秦，衛必折而入於魏。』與此文相反。」中井曰：「竟其理，《國策》似長。」按：今本《戰國策》作「今蒲入於魏，衛必折於魏」。王念孫曰：「作『蒲入於秦』者是也。據高注云：『衛知必失蒲，必自入於魏以求救』，則正文作『今蒲入於秦，衛必折而入於魏』明矣。」(46)魏亡西河之外　據〈秦本紀〉，秦惠文王八年（西元前三三〇年），「魏納河西地」；秦惠文王十年（西元前三二八年），「魏納上郡十五縣。」西河之外，《正義》曰：「謂同、華等州。」即今陝西省東部鄰近黃河西岸的一帶地區，原來屬魏。(47)無以取　無法收回。(48)西河之外必危　謂魏國一旦強大，必將重新奪回河西舊地。(49)柰何　那將怎麼辦好呢？瀧川曰：「問其道也。」(50)入言之　《戰國策》作「請為公入戒蒲守」，即入蒲向其守將講明停止進攻之意。(51)以德衛君　意謂這樣可以讓衛君感謝你對他的好處。(52)知蒲之病矣　明白蒲邑當前的困難。病，指處境艱難。(53)其言曰必拔蒲　他聲明一定要把蒲邑攻下來。(54)願以請　希望你能請求他不要攻蒲。(55)效金　拿出金子給胡衍。(56)使子為南面　意即讓你得到領地，能為封君。(57)遂解蒲而去　按：以上胡衍說樗里子停止攻蒲事，見《戰國策・衛策》。梁玉繩曰：「樗里子亦得三百金而歸，見《國策》，《史》略不言樗里。」郭嵩燾曰：「胡衍說樗里子釋蒲以德衛君，『入言』者，入告蒲守，以使衛君德樗里子之釋蒲也；及語蒲守，則自以為德，戰國策士詭辯如此。樗里子之智能及百歲之後，而不能咫尺窺知策士之心，此所以可畏哉！」凌稚隆引王維楨曰：「樗里子聽胡衍而釋蒲勿攻，衍以德衛受金而貴，傳稱樗里『滑稽多智』，衍又其尤哉！」吳見思曰：「遠能見泰山而近不能見眉睫，智亦何足恃哉？」(58)皮氏　魏邑名，即今山西河津。吳見思曰：「攻蒲被詐，擊皮氏又未降，索興為『智囊』掃興一番。」(59)昭王七年　西元前三〇〇年。(60)渭南章臺　章臺，秦代的臺觀名，因當時的秦都咸陽（今陝西咸陽東北）在渭水北岸，而章臺建於渭水南岸，亦即日後漢代的長安城裡，故特標曰「渭南章臺」。(61)室　即今所謂「家」。(62)陰鄉　古鄉名，在今陝西西安西。(63)長樂宮　也稱東宮，西漢時為太后所居，建成於高祖七年（西元前二〇〇年）。(64)在其東　在樗里子的墳墓東側。(65)未央宮　西漢時為皇帝所居，建成於高祖八年（西元前一九九年）。長樂宮、未央宮都在古長安（今西安市北）城內。(66)武庫　國家的武器倉庫。(67)正直其墓　正好建在他的墳墓之上。王韋曰：「樗里子之占墓，智見百歲後，不虞胡衍須臾見欺。」按：樗里子預言「後百歲當有天子宮夾我墓」云云，顯為後世之風水先生所編造，史公亦採於此，殊覺無謂。〈呂不韋列傳〉寫夏太后囑葬於杜，又有「東望吾子，西望吾夫，後百年當有萬家邑」云云，與此類似。68任鄙　秦國勇士，武王時人，與烏獲、孟說並稱。〈秦本紀〉有「武王有力好戲，力士任鄙、烏獲、孟說等皆至大官」之語。

【語　譯】樗里子名疾，是秦惠王的弟弟，但不是同一個母親生的。樗里子的母親是韓國人。樗里子為人滑稽幽默，又富有智謀，所以秦國人就給他起了個綽號，叫做「智囊」。

2 秦惠王八年，樗里子被任為右更。秦王派他率兵去攻打魏國的曲沃，他把曲沃那一帶的魏國軍民全部趕走，而占領了那裡的土地和城市。秦惠王二十五年，秦王又派樗里子率軍伐趙，活捉了趙國的將領莊豹，奪取了藺縣。第二年，又協助魏章一起伐楚，打敗了楚國的大將屈丐，占領了原屬楚國的漢中地區。由於功大，樗里子被封為嚴君。

3 秦惠王死後，太子武王即位，由於群臣挑撥，秦武王趕走了張儀和魏章，而任命樗里子、甘茂為左、右丞相。接著秦王派甘茂率軍伐韓，奪取了宜陽。然後又派樗里子帶著一百輛車去朝見周天子。周天子派士兵列隊迎接，表現得非常恭敬。這樣一來，楚王很不高興了，他對周天子提出了責備，問他為什麼對秦國的使臣這麼尊寵。這時游騰就自告奮勇去楚國對楚王解釋說：「當初知伯為了要打仇猶那個小國，故意先送給他們好幾輛大車，接著派去了軍隊，仇猶就是這麼滅亡的。為什麼呢？就是因為解除了他們的防備。齊桓公目的是伐蔡，而口頭上卻說去討伐楚國，結果把蔡國偷襲了。今天的秦國，簡直像虎狼一樣的兇狠，他們派樗里子帶了這麼多車輛到周國來，周天子是以仇猶、蔡國的教訓來看待，所以派了許多手持長矛、硬弩的士兵前護後擁著他，這麼做表面上說是保衛樗里子，實際上是把他囚禁了起來。再說，難道周國自己就不考慮自己國家的安危嗎？我們也是怕萬一國家出了什麼事情給您添麻煩！」這麼一說，楚王也就高興了。

4 秦武王死後，昭王即位，樗里子比過去更受尊敬了。

5 昭王元年，樗里子準備率兵攻取衛國的蒲城。蒲城的守將很害怕，請胡衍給他出主意，於是胡衍就去對樗里子說：「您準備攻打蒲城，這是為了秦國呢？還是為了魏國呢？如果是為了魏國，這當然是不錯的；如果要是為了秦國，恐怕那就沒有什麼好處了。今天衛國之所以還能存在，就是因為它還有蒲城。如今您攻打蒲城，蒲城一旦歸入秦國，那麼整個衛國必定倒向魏國以求保護。魏國當初丟失了西河以外的土地而一直奪不回來，不就是因為兵力弱嗎？現在您把衛國併給了它，它的勢力立刻就強大了起來。魏國一強大，您們原先占領的西河以外就很難保得住了。再說您們秦王也時時刻刻地在那裡看著您，如果您做的事情對秦國有害而對魏有利，那他肯定是不會饒過您的。」樗里子說：「那你看怎麼辦呢？」胡衍說：「您應該放棄攻打蒲城的計畫，我可以替您到衛國去說說，讓您能在衛君的面前獲得好感。」樗里子說：「好吧！」於是胡衍進了蒲城，對蒲城的守將說：「樗里子已經知道你們蒲城的困境了，他說他非要打下蒲城不可。可是我卻能讓他饒過你們不打。」蒲城的守將一聽很害怕，一再地向他行禮說：「無論如何請您幫忙。」並拿出了三百斤金子給胡衍，說：「如果您能讓秦兵撤退，我一定把您推薦給衛君，讓衛君也分給您一塊領地。」最後這件事情的結果是使得胡衍既在蒲城得到了黃金，又在衛國得到了顯貴。樗里子的軍隊從蒲城撤走了，回去的途中又打了一下魏國的皮氏，結果也沒有打下來，樗里子只好空手回去了。

6 昭王七年，樗里子去世，葬在了渭水南岸的章臺東面。臨死前他說：「我死後一百年，將會有天子的宮殿在我的墳墓兩旁矗立起來。」當時樗里子的住處是在昭王廟西，渭水南岸的陰鄉樗里，所以人們稱他為樗里子。待至漢朝建國後，果然長樂宮建在了他墳墓的東面，未央宮建在了他墳墓的西面，儲藏兵器的倉庫正好建在了他墳墓的上面。於是當時秦地的人們有句諺語說：「力氣大的數任鄙，智謀高的數樗里。」

1 甘茂者，下蔡❶人也。事下蔡史舉❷先生，學百家之術❸。因張儀、樗里子而求見秦惠王。王見而說之，使將而佐魏章略定漢中地❹。

2 惠王卒，武王立，張儀、魏章去，東之魏❺。蜀侯煇、相壯反❻，秦使甘茂定蜀。還，而以甘茂為左丞相⑦，以樗里子為右丞相。

3 秦武王三年⑧，謂甘茂曰：「寡人欲容車通三川⑨，以窺⑩周室，而寡人死不朽矣⑪。」甘茂曰：「請之魏，約以伐韓⑫，而令向壽輔行⑬。」甘茂至⑭，謂向壽曰：「子歸，言之於王曰：『魏聽臣矣，然願王勿伐⑮。』事成，盡以為子功。」向壽歸，以告王。王迎甘茂於息壤⑯。甘茂至，王問其故。對曰：「宜陽，大縣也，上黨、南陽積之久矣⑰。名曰縣，其實郡也⑱。今王倍數險⑲，行千里攻之，難。昔曾參⑳之處費㉑，魯人有與曾參同姓名者殺人。人告其母曰『曾參殺人』，其母織自若㉒也；頃之㉓，一人又告之曰『曾參殺人』，其母尚織自若也；頃又一人告之曰『曾參殺人』，其母投杼下機，踰牆而走㉔。夫以曾參之賢，與其母信之也㉕，三人疑之㉖，其母懼焉。今臣之賢不若曾參，王之信臣又不如曾參之母信曾參也，疑臣者非特三人㉗，臣恐大王之投杼也㉘。始張儀西并巴、蜀之地㉙，北開西河之外㉚，南取上庸㉛，天下不以多㉜張子而以賢先王。魏文侯㉝令樂羊㉞將而攻中山㉟，三年而拔之㊱。樂羊返而論功，文侯示之謗書一篋㊲。樂羊再拜稽首曰：『此非臣之功也，主君之力也㊳！』今臣，羈旅㊴之臣也。樗里子、公孫奭㊵二人者挾韓而議之㊶，王必聽之。是王欺㊷魏王而臣受公仲侈之怨㊸也。」王曰：「寡人不聽也，請與子盟[44]。」卒使丞相甘茂將兵伐宜陽。五月而不拔，樗里子、公孫奭果爭[45]之。武王召甘茂，欲罷兵。甘茂曰：「息壤在彼[46]！」王曰：「有之。」因大悉起兵[47]，使甘茂擊之，斬首六萬，遂拔宜陽[48]。韓襄王[49]使公仲侈入謝[50]，與秦平[51]。

4 武王竟至周[52]，而卒於周[53]。其弟立，為昭王。王母宣太后，楚女也[54]。楚懷王[55]怨前秦敗楚於丹陽[56]而韓不救，乃以兵圍韓雍氏[57]。韓使公仲侈告急於秦。秦昭王新立，太后楚人，不肯救[58]。公仲因[59]甘茂，茂為韓言於秦昭王曰：「公仲方有得秦救，故敢扞楚也[60]。今雍氏圍，秦師不下殽[61]，公仲且仰首而不朝[62]，公叔且以國南合於楚[63]。楚、韓為一，魏氏不敢不聽，然則伐秦之形成矣。不識坐而待伐孰與伐人之利？」秦王曰：「善。」乃下師於殽以救韓，楚兵去[64]。

5 秦使向壽平宜陽[65]，而使樗里子、甘茂伐魏皮氏[66]。向壽者，宣太后外族[67]也，而與昭王少相長[68]，故任用[69]。向壽如楚[70]，楚聞秦之貴向壽，而厚事[71]向壽。向壽為秦守宜陽，將以伐韓[72]。韓公仲使蘇代[73]謂向壽曰：「禽困覆車[74]。公破韓，辱公仲[75]，公仲收國復事秦，自以為必可以封[76]。今公與楚解口[77]地，封小令尹[78]以杜陽[79]。秦、楚合，復攻韓，韓必亡。韓亡，公仲且躬率[80]其私徒以閼於秦[81]。

願公孰[82]慮之也。」向壽曰：「吾合秦、楚非以當[83]韓也，子為壽謁之公仲[84]，曰『秦、韓之交可合[85]也』。」蘇代對曰：「願有謁於公[86]。人曰『貴其所以貴者貴[87]』。王之愛習[88]公也，不如公孫奭；其智能[89]公也，不如甘茂。今二人者皆不得親於秦事[90]，而公獨與王主斷於國者何？彼有以失之也。公孫奭黨於韓[91]，而甘茂黨於魏，故王不信也。今秦、楚爭彊，而公黨於楚。是與公孫奭、甘茂同道[92]也。公何以異之？人皆言楚之善變[93]也，而公必亡之[94]，是自為責也[95]。公不如與王謀其變[96]也，善韓以備楚[97]，如此則無患矣。韓氏必先以國從公孫奭[98]，而後委國於甘茂[99]。韓，公之讎也[100]。今公言善韓以備楚，是外舉不僻讎[101]也。」向壽曰：「然。吾甚欲韓合[102]。」對曰：「甘茂許公仲以武遂[103]，反宜陽之民[104]。今公徒收之，甚難[105]。」向壽曰：「然則柰何？武遂終不可得也[106]？」對曰：「公奚不以秦為韓求潁川於楚[107]？此韓之寄地[108]也。公求而得之，是令行於楚而以其地德韓[109]也。公求而不得，是韓、楚之怨不解而交走秦[110]也。秦、楚爭彊，而公徐過楚以收韓[111]，此利於秦。」向壽曰：「柰何[112]？」對曰：「此善事也[113]。甘茂欲以魏取齊[114]，公孫奭欲以韓取齊。今公取宜陽以為功[115]，收楚、韓以安之[116]，而誅齊、魏之罪[117]，是以公孫奭、甘茂無事[118]也。」

6 甘茂竟[119]言秦昭王，以武遂復歸之韓。向壽、公孫奭爭[120]之，不能得。向壽、公孫奭由此怨，讒甘茂。茂懼，輟伐魏蒲阪[121]，亡去。樗里子與魏講，罷兵[122]。

7 甘茂之亡秦奔齊[123]，逢蘇代。代為齊使於秦。甘茂曰：「臣得罪於秦，懼而遯逃，無所容跡[124]。臣聞貧人女與富人女會績[125]，貧人女曰：『我無以買燭，而子之燭光幸有餘，子可分我餘光，無損子明而得一斯便[126]焉。』今臣困，而君方使秦而當路[127]矣。茂之妻子在焉，願君以餘光振[128]之。」蘇代許諾，遂致使[129]於秦。已[130]，因說秦王曰：「甘茂，非常士也。其居於秦，累世[131]重矣。自殽塞及至鬼谷[132]，其地形險易皆明知之。彼以齊約韓、魏反以圖秦，非秦之利也。」秦王曰：「然則柰何？」蘇代曰：「王不若重其贄[133]、厚其祿[134]以迎之，使彼來[135]則置之鬼谷[136]，終身勿出[137]。」秦王曰：「善。」即賜之上卿[138]，以相印迎之於齊。甘茂不往。蘇代謂齊湣王[139]曰：「夫甘茂，賢人也。今秦賜之上卿，以相印迎之。甘茂德王之賜，好為王臣，故辭而不往。今王何以禮之？」齊王曰：「善。」即位之上卿而處之[140]。秦因復甘茂之家[141]，以市於齊[142]。

8 齊使甘茂於楚，楚懷王新與秦合婚而驩[143]。而秦聞甘茂在楚，使人謂楚王曰：「願送甘茂於秦[144]。」楚王問於范蜎[145]曰：「寡人欲置相於秦[146]，孰可？」對曰：

「臣不足以識之。」楚王曰：「寡人欲相甘茂[147]，可乎？」對曰：「不可。夫史舉，下蔡之監門也。大不為事君[148]，小不為家室[149]，以苟賤不廉[150]聞於世，甘茂事之順[151]焉。故惠王之明，武王之察[152]，張儀之辯，而甘茂事之，取十官而無罪[153]。茂誠賢者也，然不可相於秦。夫秦之有賢相，非楚國之利也。且王前嘗用召滑於越[154]，而內行章義之難。越國亂[155]，故楚南塞厲門[156]而郡江東[157]。計王之功所以能如此者，越國亂而楚治也。今王知用諸越而忘用諸秦，臣以王為鉅過[158]矣。然則王若欲置相於秦，則莫若向壽者可。夫向壽之於秦王，親也。少與之同衣，長與之同車，以聽事[159]。王必相向壽於秦，則楚國之利也。」於是使使請秦相向壽於秦。秦卒相向壽[160]，而甘茂竟不得復入秦，卒於魏。

9 甘茂有孫曰甘羅。

【章　旨】以上為第二段，寫甘茂對秦國發展所做的歷史貢獻，及其離秦後的種種遭遇。

【注　釋】❶下蔡　古邑名，即春秋楚邑州來。秦置下蔡縣，漢因之。縣治即今安徽鳳台。❷史舉　戰國中期的著名學者，《戰國策・楚策》與《韓非子・內儲說》皆言其為上蔡（今河南上蔡城西南）監門，蓋隱者也。❸學百家之術　「百家之術」究指何家？或可理解為兼收並蓄，蓋雜家也。❹略定漢中地　甘茂與樗里子共同佐助魏章取楚漢中，置為秦郡，事在惠王後元十三年（西元前三一二年）。❺張儀魏章去二句　據〈張儀列傳〉，武王元年，群臣日夜惡張儀未已，於是張儀向武王請求去魏，一年後死於魏。魏章不知所終。❻蜀侯煇相壯反　據〈秦本紀〉，惠王後元十四年（西元前三一一年），「蜀相壯殺蜀侯來降」；武王元年（西元前三一〇年），「殺蜀相壯」。蜀侯煇，《索隱》曰：「秦之公子，封蜀也。」按：秦之滅蜀，在惠王後元九年（西元前三一六年）。十一年，惠王封其子通於蜀。梁玉繩曰：「『煇』字誤，依〈本紀〉當作『通』。」相壯，《索隱》引《華陽國志》云：「秦惠王封子通為蜀侯，以陳莊為相。」中井曰：「據〈張儀傳〉，惠王之時伐取蜀，貶蜀王為侯，使陳莊相蜀。然則『蜀侯煇』，蓋原蜀王，或當其子。〈本紀〉則有『公子通封于蜀』之文，事相淆亂。」按：二者難以判斷。❼以甘茂為左丞相　馬非百《秦集史》繫之於武王二年（西元前三〇九年）。❽秦武王三年　西元前三〇八年。❾容車通三川　三川，指今河南洛陽一帶，因其地有伊水、洛水、黃河三條河流而言。關於「容車」的講法大體有三，一是極言道路之窄，僅能通過一輛車子。瀧川曰：「欲容車之廣，通三川之路也，不必須廣。」意思是只要打開一條能通過一輛車子的窄路即可，是向東方開拓的一種婉轉說法。張家英曰：「《後漢書・祭遵傳》李賢注：『容車，容飾之車，象生時也。』『容車』是喪葬時運載死者衣冠及畫像的車。」照此，其意蓋謂「即使我死了，我也想能到三川的周都去看一看，只有這樣我才瞑目」。這是一種表示其決心的說法。以上二說皆可。此外《釋名・釋車》云：「容車，婦人所載小車也，其蓋施帷，所以隱蔽其形容也。」此與本文所云無關。❿窺　偷看。李光縉曰：「將欲取之，而不正言，故曰『窺』。」⓫死不朽矣　猶言死亦甘心、死亦瞑目。《左傳》僖公三十三年「寡君之以為戮，死且不朽」；《國語・楚語》「若得歸於楚，死且不朽」，蓋當時習用語。⓬約以伐韓　謂約魏隨秦共同伐韓。因韓與周相鄰，破韓之後，秦車即能暢通三川矣。⓭令向壽輔行　讓向壽伴隨我一道前去。向壽，秦人，宣太后的親信。中井曰：「甘茂與向壽不相善，然率之而行者，恐其在中作讒構也。」瀧川曰：「武王亦欲使向壽監視。」⓮甘茂至　謂甘茂與向壽到達魏國後。⓯魏聽臣矣二句　魏國答應配合我們共同伐韓了，但我希望我們還是不要伐韓的好。⓰王迎甘茂於息壤　意謂武王將甘茂召回至息壤。息壤，《正義》以為「秦邑名」，方位不詳，從用「迎」字看，當在咸陽之東。諸祖耿引程恩澤、顧遁園語謂「息壤」即「地長」，蓋即地面自行突起也，漢代之臨淮徐縣、無鹽，唐代之江陵都有過這種現象。顧頡剛《息壤考》曰：「咸陽地處渭河峽谷，常有地下水位增高和地下水流增大的現象，使地表突然隆起，即所謂『息壤』。」其地蓋亦在咸陽東。⓱上黨南陽積之久矣　上黨，地區名，約當今山西省之長治、高平一帶。南陽，地區名，約當今河南省之孟縣、濟源一帶，因其地處太行山之南、黃河之北而得名。以上二地皆屬韓，而與宜陽所處之三川郡相鄰近。繆文遠以為此「南陽」即今河南省之南陽地區，蓋亦與三川相鄰近者。積之久矣，《正義》曰：「韓之北三（似應作「二」）郡積貯在河南宜陽縣之日久矣。」積，積貯，謂屯積糧草，積極備戰。⓲名曰縣二句　杜佑曰：「春秋時列國相滅，多以其地為縣，則縣大而郡小。故趙鞅曰：『上大夫受縣，下大夫受郡。』至於戰國，則郡大而縣小矣。故甘茂曰：

「宜陽大縣，其實郡也。」」⑲倍數險　跨越許多險要之處。《正義》曰：「謂函谷及三（似應作「二」）崤、五谷。」倍，同「背」。跨越。⑳曾參　孔子的弟子，以孝聞名，事跡詳見〈仲尼弟子列傳〉。㉑處費　居住於費。費，魯邑名，在今山東費縣西北。㉒自若　依然如故，像沒有聽到任何事情一樣。㉓頃之　過了一會兒。㉔投杼下機二句　極言其慌張、恐懼之狀。投杼，扔下梭子。杼，織機上的梭子，用以穿緯線。踰牆，越牆。㉕以曾參之賢二句　李笠曰：「此句『賢』『信』二字並舉，『信之』誤倒，當據〈秦策〉乙。」按：〈秦策〉作「以曾參之賢，與母之信也」。㉖三人疑之　三個人向他傳假話。疑，哄騙。鮑彪注：「使其母疑。」㉗疑臣者非特三人　疑臣，在君主面前散布懷疑我的言論，亦即攻擊、誹謗。非特，不止。㉘臣恐大王之投杼也　意即害怕武王日後對己起疑心。李笠曰：「『昔曾參之處費』至『臣恐大王之投杼也』一段，〈秦策〉在下文『寡人不聽也』上，疑《史記》錯簡。」李光縉引胡時化曰：「譬喻是古人文章一大機括，始於『元首』『股肱』之歌，溢於『舟楫』『鹽梅』之命，波瀾於《詩》之比體，下及孟、荀、莊、列，文章奇特處亦多譬喻，而戰國此策，尤其善用者也。」㉙張儀西并巴蜀之地　據〈秦本紀〉惠王後元九年（西元前三一六年），「司馬錯伐蜀，滅之」；據〈張儀列傳〉，當時司馬錯主張伐蜀，張儀堅決反對，尚與錯反覆辯難，今乃云「張儀西并巴蜀之地」，兩處說法不同。梁玉繩曰：「《水經注》三十三云惠王使『儀、錯等滅蜀』；《華陽國志》云『使儀、錯伐蜀，滅之』，是二人同往也。」按：梁說可從。㉚北開西河之外　據〈秦本紀〉，惠王十年（西元前三二八年），「張儀相秦，魏納上郡十五縣」。上郡即今陝西綏德、米脂、榆林一帶，正「西河」之地也。㉛南取上庸　〈秦本紀〉惠王後元十三年（西元前三一二年）「攻楚漢中，取地六百里」。其時張儀尚為秦相。上庸，漢中郡之要地，在今湖北竹山西南。㉜多　讚美。㉝魏文侯　名斯，戰國初期魏國國君，西元前四四五—前三九六年在位。㉞樂羊　魏將，事跡又敘於〈樂毅列傳〉。㉟中山　戰國前期鮮虞人建立的諸侯國名，據〈趙世家〉，獻侯十年（西元前四一四年），「中山武公初立」。《索隱》曰：「武公居顧（今河北定縣）。」時當魏文侯三十二年。按：《史記‧六國年表》繫魏國國君之紀年多有錯亂，今已詳加訂正，可參考。㊱三年而拔之　魏攻中山在文侯三十八年（西元前四〇八年），滅中山在文侯四十年（西元前四〇六年）。㊲謗書一篋　謗書，群臣誹謗、中傷樂羊子的上奏。篋，竹箱。㊳非臣之功也二句　意謂全仗著您的堅信不移，不為群臣所惑。㊴羈旅　寄居客中，即今所謂「旅客」。甘茂原為楚人，仕於秦，故自稱「羈旅」。㊵公孫奭　秦國貴族，《戰國策》也作「公孫郝」、「公孫赫」，深為秦王所親幸。也有人說即「公孫衍」。㊶挾韓而議之　抓著伐韓的事情進行非毀。挾，持。王念孫曰：「〈秦策〉及《新序‧雜事篇》無『之』字，此涉下文而衍。」㊷欺　騙；說好了的事情又反悔。㊸臣受公仲侈之怨　意即我要遭到韓國群臣的痛恨。公仲侈，韓國宰相。梁玉繩曰：「即《國策》韓之『公仲朋』

也。」按：「侈」為「倗」字之訛。《戰國縱橫家書》作「倗」。瀧川曰：「負約，故曰『欺魏王』；為伐韓之計，故曰『受公仲侈之怨』。」㊹請與子盟　意即當著神靈明誓，立下一個契約。㊺爭　提出相反意見，即反對伐韓。㊻息壤在彼　王駿圖曰：「言息壤之盟，猶在彼也。」凌約言曰：「只『息壤在彼』一句，秦王之疑頓釋矣，筆力萬鈞。」㊼因大悉起兵　按：「大」「悉」二字重疊使用並不常見，疑「大」字衍，《戰國策》作「因悉起兵」。㊽遂拔宜陽　事在秦武王三年，韓襄王四年，西元前三〇八年。㊾韓襄王　名倉，西元前三一一－前二九六年在位。㊿入謝　入秦求和。謝，請罪。(51)與秦平　與秦國協議罷兵。平，講和；結約。按：以上甘茂為秦伐韓拔宜陽事，見《戰國策・秦策二》。繆文遠曰：「此章言甘茂預見宜陽難拔，迭用譬喻以說秦王，與秦王盟於息壤，卒竟全功。旨在言甘茂不僅習於軍事，亦長於智計也。」牛鴻恩曰：「甘茂估計到自己在主客觀方面的不利條件，擔心會因反對派的讒毀而失敗，為此他首先設法得到武王的保證，與之盟於息壤，從而排除了障礙，終於攻下宜陽。君臣定盟，是中國歷史上少有的現象，這在秦漢以後是不可能想像的。同時也說明善識人材，任人專一，是事情成功的必要條件。甘茂引用『曾參殺人』的故事說明他的處境，貼切自然，形象生動。」(52)竟至周　終於進入了周都王城（今河南洛陽）。(53)卒於周　據〈秦本紀〉：「武王有力，好戲，力士任鄙、烏獲、孟說皆至大官，王與孟說舉鼎絕臏，八月，武王死。」未云在何處舉鼎；結合此文，蓋即入洛陽見周鼎，因戲舉而絕臏死也。《通鑑》胡三省注，與此說同。凌稚隆曰：「著武王卒於周，以終前『窺周室死不恨』之語。」(54)王母宣太后二句　昭王之母原為惠王的姬妾，楚人，姓羋，在秦宮位號「八子」。武王死後，昭王靠著其母與其舅穰侯的力量取得王位，即位後，尊其母為太后，「宣」字是謚。(55)楚懷王　名槐，西元前三二八－前二九九年在位。(56)秦敗楚於丹陽　事在秦惠王後元十三年，楚懷王十七年，西元前三一二年。丹陽，地區名，在今河南淅川、西峽二縣西，因其地處丹水之北而得名。(57)圍韓雍氏　研究者對此事諸說不一，黃式三引馬氏《繹史》曰：「楚圍雍氏有三，其一則秦惠王後元十三年，秦韓敗楚屈匄於丹陽，楚王怨韓而圍雍氏；其二則秦武王死，昭王新立，《戰國策》『韓令使者求救於秦』與〈甘茂傳〉所言，即此役也；其三則韓襄王十二年，公子咎與蟣虱爭國，遂令楚圍雍氏。」事難細考，他說不錄。雍氏，韓邑名，在韓舊都陽翟（今河南禹縣）之東北。(58)不肯救　秦昭王剛即位時，大權皆在宣太后之手，而太后原為楚人，故昭王不敢救韓以開罪於楚也。(59)因　通過；借助。(60)公仲方有得秦救二句　語略不順。《戰國策》於此作「公仲柄得秦師，故敢捍楚」。鮑彪注：「柄，持也。」吳師道曰：「《史記》『枋有秦師』。」是「方」同「枋」。金正煒引陸佃云：「枋，柄也。」則「方」在這裡即「持」、「仗恃」之意。扞楚，抵抗楚國。扞，同「捍」。抵抗。按：「有得」二字似應削其一。(61)不下殽　不東出殽塞。殽塞在今河南澠池西，三門峽市東南，是當時秦與東方諸國間的天然屏障。又因西方地勢高，故用「下」字。(62)公仲且仰首而不朝　金正煒曰：「言韓將輕秦。」中井曰：「仰首，失措不知所出之狀。」不朝，不再朝於秦。按：《戰國策》於此作「抑首」。似以中井說為好，因在韓臣中公仲侈為親秦派。(63)公叔且以國南合於楚　瀧川曰：「公叔，韓公子。」蓋韓臣中的親楚派。(64)楚兵去　按：以上甘茂為韓說秦王出兵事，見《戰國策・韓策二》，梁玉繩以為事在秦昭王元年（西元前三〇六年）。《戰國策》原文較此長而生動，其中韓使張翠謂甘茂語之精彩，不亞於《左傳》中之呂甥對秦（僖十五年）與展喜對齊（僖二十六年），可比較參看。(65)平宜陽　陳仁錫曰：「平者，正其疆界，和其人民也。」意即穩定新占領區的社會秩序。(66)皮氏　魏邑名，即今山西河津。(67)外族　娘家方面的親屬，蓋楚人也。(68)少相長　小時候一起長大。(69)任用　受寵愛、受信任。(70)向壽如楚　中井曰：「述前事也。」瀧川曰：「『向壽』下添『嘗』字看。」按：依瀧川說，則向壽之「如楚」非現時事也。(71)厚事　花重金以結好之。(72)向壽為秦守宜陽二句　瀧川曰：「『向壽為秦』上添『及』字看。」(73)蘇代　〈蘇秦列傳〉以為是蘇秦之弟，實際應該是蘇秦之兄，史公誤也，詳見〈蘇秦列傳〉注。(74)禽困覆車　《集解》曰：「譬禽獸得困極，猶能抵觸，傾覆人車。」禽，《說文》云：「走獸總名。」(75)公破韓二句　指前拔宜陽等事而言。(76)自以為必可以封　以為必可得秦國之封賞。瀧川曰：「『可以封』下添『而未得』三字看。」(77)解口　《索隱》曰：「秦地名，近韓。」(78)小令尹　楚官名，倉修良以為即當時楚國之縣令。按：倉氏說尚待旁證。有人說是低於「令尹」的高級官員，亦推測之辭。具體所指之人不詳。(79)杜陽　秦邑名，方位不詳。有以為在今陝西麟游西北者，恐非。按：以上二事皆言向壽之親楚，欲聯楚以伐韓。(80)躬率　親自率領。(81)以鬬於秦　以與秦國相拼。鬬，制；抗爭。按：〈韓策〉於此作「以鬥於秦」。凌稚隆曰：「『躬率私徒以鬬於秦』，正前『禽困覆車』。文種行成於吳，而謂『以五千敢死之士，當十萬久疲之兵』，語意類此。」按：以上意謂公仲侈將收合餘燼以與秦國相拼。而鮑彪則曰：「謂且賊（刺殺）壽於秦。」依鮑說，則「鬬」字同「扼」，謂劫而殺之也。鮑說似更切實際，以弊韓與強秦相拼會有何結果？(82)孰　同「熟」。(83)當　針對；對付。(84)子為壽謁之公仲　請代我向公仲說明白。謁，求見。(85)可合　可以達成。(86)有謁於公　有些事情想和你說說。(87)貴其所以貴者貴　瀧川引安井衡曰：「言自貴己所以貴者，長不失其貴。」意即能發揮自己長處的人就能立於不敗之地。(88)愛習　親近；熟悉。(89)智能　用如動詞，即對其智能的估計、評價。(90)親於秦事　過問、決斷秦國的大事。親，靠近。(91)黨於韓　與韓國結黨，即秦臣中的親韓派。(92)與公孫奭甘茂同道　謂與公孫奭、甘茂相同，都和外面的一個國家相勾結，不是一心一意地效忠秦國。(93)善變　反覆無常，不守信約。(94)公必亡之　你替楚國打保證，說它不會反覆無常。亡，同「無」。(95)自為責也　這就把日後出問題的責任攬到自己身上來了。(96)謀其變　考慮到它日後的變化。(97)善韓以備楚　《正義》曰：「令秦親韓而備楚之變改。」[98]必先以國從公孫奭　因為公孫奭在秦臣中是早已公開的親韓派。從，投靠；聽其指揮。[99]而後委國於甘茂　甘茂是親魏派，也與韓國的關係較近。[100]韓二句　因向壽過去一貫對韓作戰。[101]外舉不僻讎　意謂可以表現出一種大公無私。「外舉不僻讎」語出《左傳》襄公三年，原指晉國祁奚大公無私，舉其讎解狐代己為中軍尉事。[102]甚欲韓合　語略不順。「欲」下似應有「與」字，意即很想與韓國結成聯盟。[103]許公仲以武遂　答應公仲把武遂還給韓國。武遂，韓邑名，在今山西垣曲東南，前此被秦占領。[104]反宜陽之民　徐孚遠曰：「欲秦歸宜陽俘民於韓，非并以宜陽地歸韓也。後言『竟以武遂歸韓』，亦不言宜陽也。」按：即前文樗里子傳所謂「盡出其人，取其城，地入秦」是也。[105]今公徒收之二句　意謂別人想與韓國聯盟都答應過條件，而今你卻想憑空得到，那是很困難的。徒，白白地；簡單地。[106]武遂終不可得也　難道秦國就非得犧牲武遂不可嗎？[107]以秦為韓求潁川於楚　以秦國的身分向楚國請求把潁川還給韓國。潁川，韓郡名，相當於今河南許昌一帶地區，當時已被楚國占領。[108]寄地　凌稚隆曰：「潁川本韓地，楚取之，故云『寄地』。」[109]以其地德韓　為韓討回潁川，令韓感謝秦國、感謝向壽。[110]交走秦　都趨附秦國，企圖借秦國勢力以對付對方。[111]徐過楚以收韓　《正義》曰：「二國皆事秦，公則漸說楚之過失以收韓。」過，用如動詞，講說它的過失。[112]奈何　中井曰：「又言『奈何』者，沉吟之意也，非詰問。」[113]此善事也　這是好事，容易辦的事。[114]欲以魏取齊　想借用魏國的力量達到制齊的目的。[115]取宜陽以為功　即指鞏固秦對宜陽的占領而言。[116]收楚韓以安之　凌稚隆曰：「楚歸潁川，楚韓講，故曰『安』。」意即與楚、韓兩國都保持一種聯盟狀態。[117]誅齊魏之罪　謂向壽穩定了韓、楚與秦的關係後，就可以集中力量來對付魏與齊了。誅，討。[118]無事　什麼事也做不成了。[119]竟　終於；果然。[120]爭　反對；諫阻。[121]輟伐魏蒲阪　梁玉繩曰：「『蒲阪』乃『皮氏』之誤。」沈家本曰：「以〈樗里子傳〉證之，茂此時與樗里同伐蒲，茂亡去，樗里亦釋蒲而還擊皮氏也。然則擊皮氏者樗里，故下云『樗里與魏講罷兵』。」按：此與前文謂樗里子「遂解蒲而去。還擊皮氏，皮氏未降，又去」云云相呼應。此所謂「蒲阪」即前之所謂「蒲」也。[122]樗里子與魏講二句　講，《索隱》曰：「讀曰『媾』。媾，猶『和』也。」按：以上蘇代為韓說向壽罷兵事，在秦昭王元年，韓襄王六年，西元前三〇六年，見《戰國策・韓策一》。而《戰國策》只說是韓公仲派人往說向壽，並未說是派「蘇代」，此段開頭的「使蘇代」三字，為史公所增。繆文遠曰：「宜陽之役以後，公仲使人說向壽善韓，蓋已懼秦復攻，己之位將不保也。」[123]亡秦奔齊　逃出秦國，奔往齊國。[124]無所容跡　無處立腳；無處容身。跡，足跡。[125]會績　聚在一起搓麻繩。[126]得一斯便　得以共享這種方便。瀧川曰：「一，猶『共』也。」按：楓山、三條本「便」作「使」。得一斯使，得到一個勤雜工使喚，即貧女可為富女做些臨時性的服務工作。斯，僕役。劉知幾曰：「此並戰國之時，游說之士寓言設理以相比興，及劉向之著書（指《古列女傳》）也，乃用蘇氏之說為二婦人立傳，定其邦國，加其姓氏，以彼烏有，特為指實，何其妄哉！」[127]當路 陳直曰：「與後來之稱『當道』相同。」謂處於關鍵地位，說話有分量。按：「當路」一詞又見於〈張儀列傳〉，詞義與此相同。[128]振 同「賑」。救濟；救助。[129]致使 向秦王轉達了齊王的意旨，即完成了使者的任務後。[130]已完畢，謂說完有關出使的公事之後。[131]累世 連續數世。李光縉曰：「甘茂事惠、武、昭三王，故云『累世』。」[132]鬼谷 地名，也稱槐谷，亦稱「清水谷」。在今陝西淳化東，三原縣之西北。也有人認為指今河南登封東南之鬼谷。按：登封東南者恐非蘇代所指。[133]重其贄 拿出厚厚的聘禮。贄，聘禮。[134]祿 俸祿，這裡也兼指官位。[135]使彼來 假如他真的回來了。[136]置之鬼谷 觀此句，益知說登封之鬼谷者非。《正義》曰：「陽城鬼谷時屬韓，秦不得言『置之』。」[137]終身勿出 意即將其軟禁起來。吳見思曰：「句句若不為甘茂者，蓋甘茂所托者妻子，而甘茂意不在秦，故不妨過激也。」[138]上卿 春秋、戰國時代人臣的最上爵位。參閱〈廉頗藺相如列傳〉、〈平原君虞卿列傳〉等可知。[139]齊湣王 名地，宣王之子，西元前三〇〇—前二八四年在位。[140]位之上卿而處之 處，《索隱》曰：「猶『留』也。」按：語略不順，《戰國策》作「賜之上卿，命而處之」，亦不順暢。[141]復甘茂之家 免除甘茂家的一切賦稅徭役。[142]以市於齊 市，做交易，意即免得甘茂挑動齊國做不利於秦的事。瀧川曰：「市以貨喻，言秦禮甘茂，欲不使為齊有也。」凌稚隆曰：「『秦因復甘茂之家』句，足前『餘光振之』之意。」陳仁錫曰：「即馮諼（為孟嘗君官復原職）之策耳。」按：以上蘇代以「餘光」救助甘茂事，見《戰國策・秦策二》，惟《戰國策》中做此事者為「蘇秦」。繆文遠曰：「此章所記甘茂奔齊為事實，其與蘇子問答則為擬託之辭。」牛鴻恩說：「『江上處女』這則寓言，用餘明照四壁來比方有益於人而無損於己的舉動，以此作為求人相助之辭，從容而又懇切，為後世所稱許。」[143]新與秦合婚而驩 據〈楚世家〉：懷王二十四年（秦昭王二年），「秦昭王初立，乃厚賂於楚，楚往迎婦」。而《正義》乃云「昭王二年時，迎婦於楚」，二說不同，性質則一。驩，同「歡」。關係友好。[144]願送甘茂於秦 其意蓋欲用甘茂為秦相。[145]范蜎 按：〈楚策〉作「范環」，楚人。[146]置相於秦 派人到秦國去做宰相。[147]欲相甘茂 意即送甘茂入秦為相。[148]大不為事君 不服務於君長，即甘心當隱士。[149]小不為家室 不為家庭積聚錢財。[150]苟賤不廉 苟且於貧賤，又不廉潔。以上三句極言史舉之性情乖張。[151]事之順 在其面前很謹慎，使其挑不出毛病。「順」、「慎」二字古多通用，〈報任安書〉有「順於接物」，「順」即「慎」也。[152]察 明細，即好吹毛求疵。[153]取十官而無罪 言其能應付一切局面，處好各種關係。[154]用召滑於越 派召滑到越國任職。越，春秋末、戰國前期的諸侯國名，國都即今浙江紹興。[155]內行章義之難二句 瀧川曰：「使召滑啟章義作難於越也。章義，蓋越人。」按：以上是《史記》本文的意思，而召滑、章義亂越的具體事實不詳，文字亦難於索解。

《戰國策》於此作「用滑於越而納勾章，昧之難，越亂」，洪亮吉曰：「勾章，地名，屬會稽。昧，楚將唐昧。謂懷王二十八年，齊秦韓魏共攻楚殺唐昧也。」梁玉繩曰：「言納召滑於勾章之地，楚雖有唐昧之難，而能得越地，以滑亂之也。」瀧川曰：「《史》《策》異義，洪、梁二氏，依《策》作說。」156南塞厲門　南以厲門為塞，指將楚國領土擴展到了南嶺。厲門，《正義》曰：「度嶺南之要路。」有說在今廣西平樂西南。《戰國策》作「塞瀨湖」，方位不詳。157郡江東　將舊屬吳、越的江東之地滅為楚有，並在其地設郡。158鉅過　大過。鉅，同「巨」。159以聽事　意即使之任職決事。《戰國策》作「被王衣以聽事」，諸祖耿引俞樾說以為「王衣」當作「玉衣」，大意與《史記》相同。按：「少與之同衣，長與之同車，以聽事」云云，蓋謂秦之用向壽蓋以「親」，非以「賢」也。160卒相向壽　按：以上范蜎沮甘茂入秦一段，見《戰國策・楚策一》，亦見於《韓非子・內儲說》。繆文遠曰：「向壽為秦所委任及甘茂奔齊，俱在秦昭王元年（西元前三〇六年），鄰國有賢人，己國之憂也，范環之說殆深明乎此。」按：范蜎或為向壽之黨。

【語　譯】甘茂是下蔡人，曾經跟著下蔡的史舉先生學習諸子百家的學說。後來在張儀和樗里子的引見下，見到了秦惠王。秦惠王很喜歡他，讓他做了秦國的將軍，協助著魏章一起平定了漢中地區。

2 惠王死後，武王即位，張儀、魏章都相繼離開了秦國，到魏國去了。這時正遇上蜀侯煇和蜀相壯發動叛亂，於是秦王就派甘茂前去穩定局勢。事成回來後，甘茂被任為左丞相，右丞相由樗里子擔任。

3 秦武王三年，秦王對甘茂說：「什麼時候我能坐著車子到三川一帶去看看周國的形勢，那時我就死也瞑目了。」甘茂說：「請讓我去魏國，約他們一起去伐韓。請您叫向壽陪我一道去。」甘茂剛到魏國後，就對向壽說：「您現在就回去對秦王說：『魏國已經聽從甘茂的話了，但是甘茂希望大王不要再發兵攻打韓國。』您就這樣去說，將來事情辦成後，功勞全歸您。」向壽回到秦國，把甘茂的話轉告給了秦王。秦王一聽立即親自來到了息壤讓甘茂前來相見。甘茂來到後，秦王問他為什麼變卦，甘茂說：「我們想要攻打的韓國宜陽，可是個大縣城，上黨和南陽的物資長期以來都貯藏在那裡，那裡名義上是個縣城，實際上相當於一個郡城。現在您想跨過許多險要的地段，千里跋涉地打它，那是很難的。當初曾參家在費縣，魯國有個和曾參同名的人殺了人，有人跑來對曾參的母親說『你兒子曾參殺人了』，他母親聽了繼續織布不止，根本不相信；過了一會兒，又有一個人來對她說『你兒子曾參殺人了』，她還是照常織布，不理他；過了一會兒，又有一個人來對她說『你兒子曾參殺人了』，曾參的母親一聽扔下了梭子，跳牆就跑。有曾參那樣的賢能，有母親對兒子的信任，結果三個人的謠言，還把他的母親嚇成了那樣。現在我的賢能比不上曾參，大王相信我的程度也比不上曾參母親對她兒子的信任，而懷疑我給我造謠言的人又絕不止三個，我是害怕有朝一日您也會像曾參母親那樣聽信謠言，嚇得扔掉織梭跳牆就跑。再比如說，當初張儀為我們向西吞併了巴、蜀，向北開拓了西河以外，向南奪取了上庸，當時普天下的人們主要的不是稱讚張儀的才幹而是歌頌先王的英明。魏文侯派樂羊帶兵攻打中山國，三年後把中山滅掉了。當樂羊勝利回朝論功行賞的時候，魏文侯拿出了一箱子毀謗他的書信給他看。樂羊一看深有感慨地對文侯說：『由此看來，能夠滅掉中山這不是我的功勞，而是全靠大王的大力支持了！』我現在只不過是一個飄泊異鄉的客人。如果樗里子和公孫奭這兩個人站在韓國的立場上一發議論，您肯定就會聽信他們而改變主意。這樣一來您就欺騙了魏王，而我也將要受到韓相公仲侈的怨恨。」秦王說：「我絕不會聽他們的話，我可以和你立下誓約！」就這樣，秦王最終還是派甘茂領兵去攻打韓國的宜陽了。待至連續攻了五個月還沒有攻下來，這時樗里子和公孫奭果然出來攔阻了。秦武王召見甘茂，想叫他撤兵。甘茂說：「當初我們在息壤立下的誓辭還在那裡放著呢！」秦王醒悟了，說：「是的。」於是就增派大兵，讓甘茂領著去攻打宜陽。結果大獲全勝，殺死韓軍六萬人，宜陽也被秦國占領了。韓襄王無奈只好派宰相公仲侈到秦國請罪，與秦國訂立了條約。

4　秦武王終於踏上了周國的地面，而且還是死在了周國的首都王城。秦武王的弟弟繼承了王位，這就是秦昭王。昭王的母親宣太后，是楚國人。而楚懷王由於記恨著當年楚國在丹陽被秦國打敗而韓國不發兵援救的事，因而發兵包圍了韓國的雍氏。韓國派宰相公仲侈到秦國求救。當時秦昭王剛剛即位，太后又是楚國人，所以不肯出兵救韓。公仲侈靈機一動就去找甘茂，於是甘茂對秦昭王說：「公仲侈是因為估量著能夠得到秦國的援助，所以才敢抵抗楚國。現在雍氏被楚國包圍了，而秦兵卻不願東出殽山去救援，這樣就會使得公仲不知如何是好而不再朝拜秦國，韓國的公叔將會帶著他的國家南去歸附楚國。而楚國和韓國一聯合，魏國也就不敢不聽從它們，這樣，東方各國聯合伐秦的形勢就形成了。不知道等著日後被人所伐和今天去主動伐人這兩種辦法哪一種好？」秦王說：「你說得對。」於是立刻派兵東出殽山救援韓國。楚國一見秦國出兵，就自動把圍困雍氏的軍隊撤回去了。

5 接著秦王一方面派向壽東去宜陽進一步穩定那裡的局面，同時又派樗里子和甘茂去攻打魏國的皮氏。向壽是宣太后娘家的人，從小和秦昭王一起長大，所以在秦國很受重用。向壽曾經去過楚國，楚國聽說向壽在秦國受寵，就千方百計地拉攏他。待至這次向壽東出駐守宜陽，並準備出兵伐韓時，韓國宰相公仲侈就派蘇代來對向壽說：「一隻野獸被逼急了還能夠弄翻人的車子。過去您曾經破了韓國，侮辱了公仲侈，使得公仲侈不得不收拾國土投靠了秦國，當時他本來想到了秦國肯定是可以得到一塊封地的，結果什麼也沒有得到。現在您又把解口給了楚國，把杜陽給了楚國的小令尹，準備再和楚國聯合起來攻打韓國，那時韓國肯定就要滅亡了。如果韓國一定要滅亡，那麼公仲侈肯定就會親自帶著他的一群死黨來和你們作最後的一拼。希望您仔細考慮一下。」向壽說：「我讓秦國和楚國聯合不是為了對付韓國，請你去和公仲侈替我說說，就說韓國和秦國的聯盟是可以建立的。」蘇代說：「我還有話要和您講。常言說『一個人能夠自我寶貴他受尊崇的所在，才能長保尊貴』。論受秦王的喜歡，您比不上公孫奭；論個人才能的評價，您比不上甘茂。可是他們兩個人卻都不能參與秦國的決策，只有您能和秦王決定國家的一切，這是為什麼呢？就是因為他們都有失策之處。比如公孫奭是親韓的，甘茂是親魏的，所以秦王都不信任他們。眼下秦國正和楚國爭強，而您卻表現了一種親楚的傾向。這不是和公孫奭、甘茂走上同一條路。您和他們還有什麼區別呢？現在大家都說楚國是一個變化莫測的國家，而您卻認為沒有這回事，您這就是自己在找罪受了？您不如改過來，也和秦王一道籌劃對付楚國萬一有變的辦法，也改為拉攏韓國以防備楚國，這樣一來您就沒有什麼危險了。再說韓國要想親秦一定是先找公孫奭，而後是找甘茂。韓國是您的仇敵，現在您居然提出親韓防楚的方案，就可以落一個像古人所說的『外舉不避仇』的美名啦！」向壽說：「好。我也的確是想和韓國搞好關係。」蘇代說：「可是甘茂已經答應公仲侈把武遂退給韓國，讓被驅逐的宜陽居民返回宜陽居住。今天您又派人去把它要回來，這可是很難辦的事。」向壽說：「那怎麼辦，難道武遂就要不回來了嗎？」蘇代說：「您何不以秦國的名義替韓國向楚國要潁川呢？潁川本來就是韓國的地盤讓楚國占了。現在如果通過您的講情而要了回來，那就既說明了您的話楚國不敢不聽，同時又讓韓國因要回土地而心存感激。如果您說了楚國不給，那麼韓國和楚國的矛盾將會由此加深，就會都來爭著投奔秦國。在這秦、楚兩國爭強的關鍵時刻，您稍微責備一下楚國而親近一點韓國，這對秦國是有好處的。」向壽說：「為什麼呢？」蘇代說：「當然這是好事。因為甘茂是想依靠魏國來攻取齊國，公孫奭想依靠韓國來攻取齊國，而您現在有穩定宜陽的功勞，又能聯絡韓國、楚國以加固您宜陽的偉績，而反過來再去討伐齊國和魏國的罪過，這樣一來，公孫奭和甘茂就不可能再有什麼作為了。」

6 最終甘茂還是勸著秦昭王把武遂還給了韓國，向壽和公孫奭反對了半天，也沒有起作用。從此向壽和公孫奭就開始忌恨甘茂，千方百計地詆毀他，甘茂害怕了，於是便停止了對魏國蒲阪的攻擊，而離開了秦國。接著樗里子就去魏國講和，兩國罷兵了。

7 甘茂離開秦國後，急急往齊國逃奔，路上碰到了蘇代。蘇代是作為齊國的使者正要去秦國的。甘茂說：「我剛剛得罪了秦國，因為害怕而逃了出來，現在連個安身之處也沒有了。我聽說過這樣一個故事：一個貧家女子和一個富家女子在一起紡線，貧家女子說：『我們家沒有錢買蠟燭，而你們家蠟燭又能照亮好大一片地方，你們借給我一點光，對你們沒有任何妨礙，而給我卻提供了很大方便。』眼下我就正是陷於困境，而您正好要去秦國，並在秦國說話有分量。現在我的老婆孩子還在秦國，希望您能順便幫她們一把。」蘇代答應了，到了秦國，辦完了使臣的公事後，趁便對秦王說：「甘茂不是個一般的人，他在秦國曾一連受過好幾代國君的重用。從殽山到鬼谷的這一帶地形哪裡險要哪裡平坦，他都知道得很清楚。假如他讓齊國聯合上韓國、魏國來一道打秦國，這對秦國來說恐怕不是件好事。」秦王說：「那怎麼辦呢？」蘇代說：「大王不如派人帶著厚禮去看他，想法子用高官厚祿去騙他回來，如果他一旦回來，就把他安置軟禁在鬼谷，叫他一輩子也別再出來。」秦王說：「好！」馬上封甘茂為上卿，並派人帶著秦國的相印，到齊國去接他。但是甘茂不回去。這時蘇代又去對齊湣王說：「甘茂可是個大能人！現在秦王給了他上卿的爵位，並派人帶著相印來請他回去，甘茂是出於感激您的恩德，願意為您做事，所以才不願回去。您準備用什麼禮節對待他呢？」齊王說：「好！」立刻也給了他上卿的爵位，讓他安定了下來。秦國一見如此，也在秦國免除了甘茂家屬的一切勞役賦稅，以表示不差於齊國。

8 後來齊王派甘茂出使楚國，這時楚懷王剛剛與秦聯婚，兩國的關係正好。秦國聽說甘茂在楚國，就派人去對楚懷王說：「希望您把甘茂送到秦國來。」楚王問范蜎說：「我準備推薦一個人到秦國去當宰相，你看誰合適？」范蜎說：「我沒有能力判別這件事。」楚王說：「我想推薦甘茂去，你看行嗎？」范蜎說：「不行！過去史舉只是下蔡一個看守城門的人。古怪得在大的方面不服務君長，甘做隱士；小的方面不為家庭積聚錢財，以苟且於貧賤、為人不廉潔聞名於世，可是甘茂對待他恭恭敬敬。像秦惠王那麼明辨，像秦武王那麼苛察，像張儀那麼會說，而甘茂在他們面前，連續為官十幾任而能夠不招致一點麻煩。這些都說明甘茂確實是一個能人，但是不能讓他做秦國的丞相。因為秦國有了好宰相，對於楚國是不利的。當初您曾派了召滑到越國去執政，結果他在越國引起了章義的叛變。越國混亂，楚國正是趁著這個時機一方面控制了南部的厲門，一方面出兵江東把那裡變成了自己的郡縣。您當時所以能取得這種勝利，就是因為越國混亂而楚國團結統一。現在您只知道把這種辦法用到越國而不知道把它用到秦國，我認為這是您的大錯誤。您要是想給秦國推薦宰相，我看沒有比向壽更合適的了。向壽和秦王，有親屬關係。小時候兩人不分彼此，衣裳混著穿，長大後兩人合坐一輛車，秦王和大臣們商量事情，向壽都在一旁跟著聽。因此要是向壽在秦國做了宰相，那肯定是對楚有利的。」於是楚王派人去向秦王請求任用向壽為相，秦國同意了，而甘茂竟因此沒有再能回到秦國，最後死在了魏國。

9 甘茂有個孫子名叫甘羅。

1 甘羅者，甘茂孫也。茂既死後，甘羅年十二，事秦相文信侯呂不韋❶。

2 秦始皇帝❷使剛成君蔡澤於燕❸，三年而燕王喜❹使太子丹入質於秦❺。秦使張唐❻往相燕，欲與燕共伐趙，以廣河間之地❼。張唐謂文信侯曰：「臣嘗為秦昭王伐趙❽，趙怨臣，曰：『得唐者與百里之地。』今之燕❾，必經趙，臣不可以行。」文信侯不快，未有以彊❿也。甘羅曰：「君侯何不快之甚也？」文信侯曰：「吾令剛成君蔡澤事燕三年，燕太子丹已入質矣。吾自請張卿⓫相燕而不肯行。」甘羅曰：「臣請行之⓬。」文信侯叱曰：「去！我身自請之而不肯，女⓭焉能行之？」甘羅曰：「大項橐⓮生七歲為孔子師，今臣生十二歲於茲矣。君其試臣，何遽叱乎⓯？」於是甘羅見張卿曰：「卿之功孰與武安君⓰？」卿曰：「武安君南挫彊楚，北威燕、趙⓱，戰勝攻取，破城墮邑，不知其數，臣之功不如也。」甘羅曰：「應侯⓲之用於秦⓳也，孰與文信侯專⓴？」張卿曰：「應侯不如文信侯專。」甘羅曰：「卿明知㉑其不如文信侯專與？」曰：「知之。」甘羅曰：「應侯欲攻趙㉒，武安君難之㉓，去咸陽七里而立死於杜郵㉔。今文信侯自請卿相燕而不肯行，臣不知卿所死處矣。」張唐曰：「請因孺子行㉕。」令裝治行㉖。

3 行有日，甘羅謂文信侯曰：「借臣車五乘㉗，請為張唐先報趙㉘。」文信侯乃入言之於始皇曰：「昔甘茂之孫甘羅，年少耳，然名家之子孫，諸侯皆聞之。

今者張唐欲稱疾不肯行，甘羅說而行之。今願先報趙，請許遣之。」始皇召見，使甘羅於趙。趙襄王㉙郊迎甘羅。甘羅說趙王曰：「王聞燕太子丹入質秦歟？」曰：「聞之。」曰：「聞張唐相燕歟？」曰：「聞之。」「燕太子丹入秦者，燕不欺秦也；張唐相燕者，秦不欺燕也。燕、秦不相欺者，伐趙，危矣。燕、秦不相欺無異故㉚，欲攻趙而廣河間。王不如齎臣五城㉛以廣河間，請歸燕太子，與彊趙攻弱燕㉜。」趙王立自割五城以廣河間，秦歸燕太子。趙攻燕，得上谷三十城㉝，令秦有十一㉞。

4 甘羅還報秦，乃封甘羅以為上卿㉟，復以始甘茂田宅賜之。

【章　旨】以上為第三段，寫甘茂之孫甘羅的神奇遊說活動。

【注　釋】❶事秦相文信侯呂不韋　按：據《戰國策》，當時甘羅在呂不韋手下任「庶子」（官名，侍從之職）。呂不韋，原為衛國商人，因佐助莊襄王入立，得為秦相，封文信侯，事跡詳見〈呂不韋列傳〉。❷秦始皇帝　名政，西元前二四六年繼位為秦王，西元前二二一年統一六國，改號為皇帝。❸使剛成君蔡澤於燕　即派蔡澤入燕任職。蔡澤，原燕人，後入秦繼范睢為相，號剛成君。據〈范睢蔡澤列傳〉，蔡澤在昭王五十二年（西元前二五五年）代范睢為相，為相僅幾個月即謝病辭職。此後在秦優哉游哉，至始皇時乃受命使燕。據《戰國策》，則是「文信侯欲攻趙以廣河間，使剛成君蔡澤事燕」。具體年代不詳。❹燕王喜　孝王之子，名喜，西元前二五四—前二二二年在位。❺太子丹入質於秦　太子丹，燕王喜之子，名丹，事跡詳見〈刺客列傳〉與〈燕召公世家〉。按：太子丹先曾在趙國為質；至蔡澤入燕，又勸說燕王喜派太子丹入秦為質，具體年份，史無明書。❻張唐　秦國將領，事跡見於〈秦本紀〉。❼欲與燕共伐趙二句　河間，當時趙國巨鹿郡的郡治所在地，在今河北獻縣東南。瀧川曰：「時秦已取榆次三十七城，置太原郡，欲遂取太行以東，以至河也。」繆文遠曰：「據文意，似秦已取河間以封呂不韋，故不韋欲攻趙以廣之。」按：《戰國縱橫家書》二十五章有燕「以河間十城封文信侯」云云，其事約在莊襄王在位或秦王政初即位的前三年，即西元前二四九－前二四四年之間。❽嘗為秦昭王伐趙　繆文遠曰：「昭王五十二年，將兵拔鄭，攻汾，拔寧新中，趙軍死者二萬餘人。」按：據〈秦本紀〉，事在秦昭王五十年（西元前二五七年），且未云破殺者為趙軍。❾之燕　前往燕國。❿未有以彊　沒有當面勉強他去。彊，勉強；強迫。⓫張卿　對張唐的敬稱。〈刺客列傳〉之《索隱》曰：「卿者，時人尊重之號。」此文之《索隱》以為是張唐之字，恐非。⓬臣請行之　讓我去打發他去。行，使之前去。⓭女　同「汝」。⓮大項橐　項橐，人名，《淮南子‧修務》：「項橐七歲為孔子師。」崔適曰：「此亦寓言也，甘歲自以十二不為小，故假託是說以相形，非真有項橐其人也。」《索隱》曰：「尊其道德，故曰『大項橐』。」按：《戰國策》於此作「夫」，順理成章，作「大」者勉強，李笠曰：「小司馬因誤本曲為之說。」⓯何遽叱乎　怎麼能不問青紅皂白，就立刻加以斥責呢？遽，立即。⓰武安君　白起，秦國名將，以功封武安君，事跡詳見〈白起王翦列傳〉。⓱南挫彊楚二句　秦昭王二十八年（西元前二七九年），白起曾攻占楚國之鄢、鄧、西陵；二十九年（西元前二七八年），又攻拔楚國郢都，焚燒夷陵，逼得楚國東遷到陳（今河南淮陽）；四十七年（西元前二六〇年），白起又大破趙軍於長平，坑趙卒四十五萬，此其甚大者，其餘破韓破魏尚未提及。⓲應侯　范雎，原魏人，後入秦為相，被封為應侯，事跡詳見〈范雎蔡澤列傳〉。⓳用於秦　在秦國執政。⓴專　指大權獨攬。㉑明知　猶今所謂「真的知道」。㉒應侯欲攻趙　指范雎為相，欲令武安君白起攻趙邯鄲事，在昭王四十九年（西元前二五八年）。㉓武安君難之　武安君分析當時形勢，以為在那種情況下，攻邯鄲難以取勝，推辭不往。㉔立死於杜郵　秦王命白起為將攻趙，白起不聽；秦王又命范雎催促之，白起仍不聽。於是秦王免白起為士伍，遷之陰密。出咸陽西門十里，至杜郵（亭驛名），賜劍令其自裁。事情詳見〈白起王翦列傳〉。㉕因孺子行　憑著你的這些話，我去了。孺子，小孩子。㉖令裝治行　派人收拾行裝，準備起行。司馬光曰：「甘羅以稚子名顯於世，非有他奇略，正以勢力恐張唐耳。雖云慧敏，然君子治世，無所取焉。」㉗借臣車五乘　意即請給我提供五輛車。借，討要的委婉說法，〈木蘭詩〉有所謂「願借明駝千里足」，用法相同。乘，一車四馬，通常即指一輛。㉘先報趙　先去通知趙國。㉙趙襄王　名偃，孝成王之子，西元前二四四－前二三六年在位。㉚無異故　沒有別的原因；不是為了別的。㉛齎臣五城　給我五城，讓我把這個消息帶回去。齎，送；攜帶。㉜請歸燕太子二句　意即我回去可以讓秦王打發燕太子歸國，（秦也不必再派張唐入燕為相），而讓秦國與趙國聯合起來一同攻打燕國。㉝趙攻燕二句　上谷，燕郡名，相當於今河北宣化、懷來等一帶地區。㉞令秦有十一　趙國將攻燕所得的地盤給了秦國十分之一。梁玉繩曰：「燕太子丹自秦逃歸，非秦歸之。秦連歲攻趙，救亡不暇，安能攻燕？始皇十九年趙滅後，代王與燕合兵軍上谷，是時為始皇二十五年，何云得上谷三十城？皆非事實。」㉟乃封甘羅以為上卿　按：以上有關甘羅的這段活動，見《戰國策・秦策五》。梁玉繩曰：「甘羅十二為丞相，此世俗妄談，乃《儀禮・喪服》傳、疏已有『甘羅十二相秦』之語，豈非誤讀《國策》、《史記》乎？」郭嵩燾曰：「戰國策士多因事設辭，無事實，史公取以為〈甘羅傳〉，誤也。」繆文遠曰：「此章所言全與事實不合，蓋策士晚出擬託之作也。」馬非百曰：「甘羅以髫齡之年，竟能使于四方不辱君命，而秦庭君臣亦居然信任之而不疑，未免近於神話。」按：甘羅之為，本緣張唐而起，而事情結束時不言及張唐，亦行文之疏也。

【語譯】甘羅是甘茂的孫子，甘茂死的時候，甘羅才十二歲，在秦國丞相文信侯呂不韋門下做事。

2 三年前，秦始皇派了剛成君蔡澤去燕國當宰相，三年後，燕王喜終於把燕太子丹派到秦國來做人質了。這時秦國又打算派張唐到燕國去做宰相，以便和燕國共同伐趙，以擴大秦國在河間一帶的地盤。張唐對呂不韋說：「我在昭王時代曾率兵打過趙國，所以趙國特別恨我，他們說：『誰要是能抓到張唐，就賞給誰百里見方的領地。』從秦國去燕國，必須經過趙國，所以我不能去。」呂不韋一聽心裡不高興，但又不好硬是勉強他。這時甘羅見了，他問呂不韋：「您為什麼這樣不高興呢？」呂不韋說：「我們讓蔡澤到燕國去做宰相到今天已經三年了，燕太子丹也已經來到了我們這裡當人質。現在我想換張唐到燕國去做宰相，他不肯去。」甘羅說：「讓我來打發他去。」呂不韋認為他是瞎吹，就喝了一聲：「去！我自己請他都不行，你怎麼能讓他去？」甘羅說：「過去項橐七歲時就能做孔子的老師，我現在都已經十二歲了，您可以讓我去試試，幹嘛一聽就喝叱我呢？」於是甘羅就去找到了張唐，說：「您的功勞和武安君白起比誰大？」張唐說：「武安君曾經向南打敗了強楚，向北威震燕、趙，他戰必勝，攻必取，一生不知屠滅了多少城邑，我的功勞當然不如他。」甘羅又問：「過去的應侯范雎，和今天的文信侯呂不韋比，誰在秦國更專權？」張唐說：「應侯趕不上文信侯！」甘羅說：「您真的知道應侯比不過文信侯更有權力了嗎？」張唐說：「知道。」甘羅說：「應侯想要攻打趙國，武安君認為難以取勝不願前往，結果剛離開咸陽七里路就在杜郵被賜死了。今天文信侯親自請您去做燕國的宰相而您居然不願去，我不知道您明天將死在什麼地方了。」張唐一聽嚇得立刻說：「衝著你這話，我一定去。」於是叫人趕緊收拾行裝準備出發。

3 待至張唐出發的日期一定，甘羅對呂不韋說：「請讓我帶著五輛車，先去替張唐對趙國說一下。」於是呂不韋就進宮對秦始皇說：「甘茂有個孫子叫甘羅，年紀雖然不大，但卻不愧是個名家的子弟，各國諸侯也都知道他。前幾天張唐想藉口生病不肯到燕國去，結果被甘羅一說他就去了。現在甘羅想先去向趙國說一聲，請您答應他。」秦始皇一聽立即召見了甘羅，並正式派他出使趙國。趙襄王一聽秦國的使者來了，就趕緊親自到郊外迎接。甘羅對趙王說：「您聽說燕太子丹到秦國做人質這件事了嗎？」趙王說：「已經聽說了。」甘羅說：「您也聽說張唐要去燕國做宰相這個消息了嗎？」趙王說：「也聽到了。」甘羅說：「燕太子丹到秦國做人質，這表明了燕國不欺騙秦國。張唐去燕國做宰相，這又表明秦國不欺騙燕國。燕國和秦國這麼互相信任，如果一旦聯合起來攻打趙國，那趙國不就危險了嗎？燕國和秦國不互相欺騙不為別的，目的就是為了打趙國以擴大河間一帶的地盤。您不如主動地答應我給秦國五座城，讓秦國在河間的地盤有所擴大，而我回去請秦王把燕太子丹放回去，而後讓秦國和趙國聯合起來一起去攻打弱小的燕國。」趙王一聽立刻割給了秦國五座城，而秦國也隨即放回了燕太子。接著趙國攻打燕國，奪得了上谷一帶的三十多座城池，給了秦國十分之一。

4 甘羅回來向秦王報告了這件事，秦王就封甘羅為上卿，並把原先甘茂的那些土地宅舍也都賜給了甘羅。

太史公曰：樗里子以骨肉重❶，固其理；而秦人稱其智，故頗采焉❷。甘茂起下蔡閭閻❸，顯名諸侯，重彊齊、楚❹。甘羅年少，然出一奇計，聲稱後世。雖非篤行❺之君子，然亦戰國之策士❻也。方秦之彊時，天下尤趨❼謀詐哉！

【章　旨】以上為第四段，是作者的論贊，作者稱道了樗里子、甘茂以及甘羅的突出才智，與其為秦國發展所做出的歷史貢獻。

【注　釋】❶以骨肉重　靠著親緣關係受到重用，指樗里子為秦惠王之弟。❷故頗采焉　主語為寫史者。❸閭閻　猶言里巷，指一般平民。❹重彊齊楚　《正義》曰：「甘茂為強齊、楚所重。」《集解》曰：「此當云『見重強齊』。」❺篤行　行徑淳厚。❻策士　說長道短，以幫人籌謀劃策為務的人。❼趨　時興；重視；講究。

【語　譯】太史公說：樗里子由於親屬關係受到秦國重用，這是可以理解的；但更重要的是他有一種被人們稱讚的智謀，所以我寫下了他的一些事情。甘茂出身於一個下蔡的平民，後來竟在各國諸侯中很有名氣，受到了強大的齊國和楚國的重視。甘羅年紀不大，但由於出了一條奇計，結果使自己名揚後世。這些人雖然都說不上有多麼行徑淳厚，但他們也都是戰國時代的著名策士。當時秦國正在日益強盛，所以天下各國都重視搞陰謀詭計的人啊！

【研　析】作品展示了策士對秦國發展的重要作用。樗里子號稱「智囊」，又善於論辯，歷經秦惠文王、武王、昭王三代而益受尊寵，不但為秦國伐曲沃、擊趙、攻楚建立了累累戰功；且能權衡得失，釋蒲而使秦軍免受無益之勞。從他身上可以看到秦國本土策士對秦做出的貢獻。甘茂起於下蔡閭閻，博學多才。他為秦國定漢中、平蜀亂、拔宜陽，聲震諸侯。在關鍵時刻，他勸秦昭王聯韓拒楚，使楚無可乘之機。樗里子、甘茂為相的時期，是秦滅六國的準備期。秦國廣開召賢納士之門，多方羅致人才，從而使自己在軍事、外交等方面取得節節勝利，為後來的統一奠定了基礎。

作品記述了為秦國服務的策士們之間的矛盾鬥爭。樗里子因為是秦國宗室子弟而被秦王信任，所以受排擠、受迫害相對少一些；甘茂的情況則不同，他在為秦武王攻宜陽之前就料到此事會有反覆，因而先在息壤與武王會談，取得了武王的承諾。果然，「五月而不拔，樗里子、公孫奭果爭之」。這時，甘茂以「息壤在彼」一句話，堅定了武王的信念，最後才取得了「遂拔宜陽」之功。但後來，甘茂還是因為向壽和公孫奭的讒言而被迫逃離秦國。

造成策士之間矛盾鬥爭的主要原因是他們各懷私利。作品刻劃了他們自私自利的特點，並指出這是時代的產物。作品說秦國的策士們都不是「篤行君子」，他們往往借重秦國，拉攏東方國家以從中漁利。不僅外來的甘茂、公孫奭如此，即使本土的樗里子也有親韓的傾向，文中說「樗里子、公孫奭二人者挾韓而議之」便是證明。秦國的策士與外國勾結，既可以獲得外國的賄賂，又可以為自己留條後路，一旦被秦國拋棄，便可以到他國避難，甘茂被罷相之後便是如此，這也是當時的形勢所決定的。

本篇在描寫人物能抓住特點，如寫樗里子，緊緊圍繞一個「智」字；篇末附帶時錄的甘羅小傳則突出一個「奇」字，年僅十二歲的甘羅，其伶俐的口才和過人的謀略實在令人歎服，令人激賞。

卷七十二

穰侯列傳第十二

【題解】作品記述了穰侯魏冉在秦武王猝死，朝廷動蕩之際，與其姐宣太后果斷出擊，翦除反對派，擁立秦昭王；與穰侯為相，白起為將，將相合力協助秦昭王大肆向東方擴張的歷史功勳；以及穰侯專政日久，受到昭王忌恨，范雎乘隙進讒，穰侯遂被棄逐的悲劇結局。司馬遷對穰侯的功業是充滿敬意，對穰侯的結局是無限感慨的，他說：「穰侯，昭王親舅也。而秦所以東益地，弱諸侯，嘗稱帝於天下，天下皆西鄉稽首者，穰侯之功也。及其貴極富溢，一夫開說，身折勢奪而以憂死，況於羈旅之臣乎！」悲慨淋漓，為千古英雄灑同情之淚。

1 穰侯魏冉❶者，秦昭王❷母宣太后弟❸也。其先楚人，姓芈氏❹。

2 秦武王❺卒，無子，立其弟為昭王。昭王母故號為芈八子❻。及昭王即位，芈八子號為宣太后❼。宣太后非武王母。武王母號曰惠文后❽，先武王死❾。宣太后二弟：其異父長弟曰穰侯，姓魏氏，名冉；同父弟曰芈戎❿，為華陽君⓫。而昭王同母弟⓬曰高陵君、涇陽君⓭。而魏冉最賢，自惠王、武王時任職用事。武王卒，諸弟爭立⑭，唯魏冉力為能立昭王⑮。昭王即位，以冉為將軍，衛咸陽⑯，誅季君之亂⑰，而逐武王后，出之魏⑱，昭王諸兄弟不善者⑲皆滅之，威振秦國。昭王少，宣太后自治⑳，任魏冉為政㉑。

【章旨】以上為第一段，寫穰侯以協助昭王奪權即位之功執掌秦政。

【注釋】❶穰侯魏冉　秦昭王之舅，封地穰，即今河南鄧縣，原屬楚，此時已屬秦。❷秦昭王　名則，惠王之子，武王之異母弟，西元前三〇六—前二五一年在位。❸宣太后弟　《索隱》曰：「宣太后之異父長弟也。」宣太后，秦惠王（西元前三三七—前三一一年在位）之妃。❹其先楚人二句　此謂宣太后原為楚人，姓羋。❺秦武王　名蕩，惠王之子，昭王的異母兄，西元前三一〇—前三〇七年在位。秦武王與勇士校力舉鼎，被壓斷腿而死，事見〈秦本紀〉。❻故號為羋八子　在被昭王尊為「太后」前，一直被人稱為「羋八子」。八子，妃嬪的封號名，陳仁錫曰：「『夫人』以下之稱，其爵第四等。」按：《漢書・外戚傳》：「漢興，因秦之稱號，嫡稱皇后，妾皆稱夫人。又有美人、良人、八子、七子、長使、少使之號焉。」❼號為宣太后　按：「宣」字是謚，非生前所稱也，此處之行文似有語病。❽惠文后　惠文王之后，史失其姓。❾先武王死　梁玉繩曰：「〈秦紀〉昭王二年，『庶長壯與大臣、諸侯、公子為逆，皆誅，及惠文后皆不得良死』，即下文『季君之亂』也，此言『先武王死』，誤。」❿同父弟曰羋戎　尋繹數句語意，似謂宣太后母之前夫姓羋，生宣太后；後夫姓魏，生魏冉。宣太后之父又娶妻，乃生羋戎。所謂「同父弟」，以示其非同母也。⓫華陽君　封地華陽，在今河南密縣東南。按：華陽君又稱「新城君」、「葉陽君」。⓬同母弟　此指最親近的同胞兄弟，既同母，又同父。⓭高陵君涇陽君　《索隱》曰：「高陵君名顯，涇陽君名悝。」按：「高陵君顯」乃秦楚時人，見〈項羽本紀〉；據〈秦本紀〉之《索隱》，涇陽君名「市」，則名「悝」者為「高陵君」。茅坤曰：「敘華陽君三人者，發篇末范雎說悟昭王案。」⓮武王卒二句　視下文，先取得王位者為公子壯，後又起而擠奪之者即昭王也。⓯唯魏冉力為能立昭王　徐孚遠曰：「宣太后為八子時，魏冉已用事，能援立昭王，是冉以才進，非緣戚屬也。」⓰咸陽　秦國都城，在今咸陽市東北。⓱季君之亂　《索隱》曰：「季君即公子壯（惠文王子，武王之弟），僭立而號曰『季君』。穰侯力能立昭王，為將軍衛咸陽，誅季君及惠文后，故〈本紀〉言『伏誅』，又云『及惠文后皆不得良死』。

蓋謂惠文后時黨公子壯，欲立之；及壯誅，而太后憂死，故云『不得良死』，亦史諱之也。」⓲逐武王后二句 據〈秦本紀〉，武王后原是魏女，今逐其回國。《索隱》曰：「逐武王后出之魏，亦事勢然也。」蓋武王后亦非贊同昭王繼位者。⓳諸兄弟不善者 實即凡與昭王作對的人。⓴宣太后自治 自己掌權，治理國家。柯維琪曰：「漢唐以來之女主臨朝專制，自羋太后始也。」㉑為政 意即掌握國家實權。

【語譯】穰侯魏冉，是秦昭王母親宣太后的弟弟。他的祖先是楚國人，姓羋。

2 秦武王死時，因為沒有兒子，所以立了他的弟弟為秦昭王。昭王母親原先的封號是八子。等到昭王一即位，羋八子就被尊為宣太后了。宣太后並不是武王的親生母親，武王的親生母親是惠文后，她死在武王之前。宣太后有兩個弟弟，大的與宣太后同母異父，這就是穰侯魏冉；小的與宣太后同父同母，這就是華陽君羋戎。昭王也有兩個同胞的弟弟，一個是高陵君，一個是涇陽君。在這些最親近的貴族中，魏冉最為賢能，他早從惠王、武王時就擔任要職受到重用。等到武王死後，武王的弟弟們爭奪王位，這時是靠著魏冉的力量才立了昭王。昭王即位後，任命魏冉為將軍，率兵保衛咸陽，這時又是靠著魏冉才平息了季君公子壯之亂，接著又把武王的王后驅逐到了魏國，又把昭王的那些弟兄們凡是行為不端的通通消滅，從此穰侯威震全國。當時昭王年紀還小，由宣太后自己掌權，於是宣太后就把國家大事全部交給魏冉去處理。

1 昭王七年❶，樗里子❷死，而使涇陽君質於齊❸。趙人樓緩❹來相秦❺。趙不利，乃使仇液❻之秦，請以魏冉為秦相。仇液將行，其客宋公❼謂液曰：「秦不聽公，樓緩必怨公❽。公不若謂樓緩曰『請為公毋急秦❾』。秦王見趙請相魏冉之不急，且不聽公❿。公言而事不成，以德樓子⓫；事成，魏冉故德公矣⓬。」於是仇液從之。而秦果免樓緩而魏冉相秦⓭。欲誅呂禮⓮，禮出奔齊⓯。

2 昭王十四年⑯，魏冉舉白起⑰，使代向壽⑱將而攻韓、魏。敗之伊闕⑲，斬首二十四萬，虜魏將公孫喜。明年⑳，又取楚之宛、葉㉑。魏冉謝病免相，以客卿壽燭㉒為相。其明年㉓，燭免，復相冉。乃封魏冉於穰，復益封陶㉔，號曰穰侯。穰侯封四歲㉕，為秦將攻魏，魏獻河東方四百里㉖。拔魏之河內，取城大小六十餘㉗。

3 昭王十九年㉘，秦稱西帝，齊稱東帝㉙。月餘，呂禮來，而齊、秦各復歸帝為王㉚。魏冉復相秦，六歲而免㉛。免二歲，復相秦㉜。四歲㉝，而使白起拔楚之郢㉞，秦置南郡㉟。乃封白起為武安君㊱。白起者，穰侯之所任舉也㊲，相善。於是穰侯之富，富於王室㊳。

4 昭王三十二年㊴，穰侯為相國㊵，將兵攻魏。走芒卯㊶，入北宅㊷，遂圍大梁㊸。梁大夫須賈說穰侯曰㊹：「臣聞魏之長吏謂魏王曰：『昔梁惠王㊺伐趙，戰勝三梁㊻，拔邯鄲㊼；趙氏不割，而邯鄲復歸㊽。齊人攻衛，拔故國，殺子良㊾；衛人不割，而故地復反。衛、趙之所以國全兵勁㊿而地不并於諸侯者，以其能忍難而重出地(51)也。宋(52)、中山(53)數伐割地(54)，而國隨以亡。臣以為衛、趙可法(55)，而宋、中山可為戒也。秦，貪戾(56)之國也，而毋親(57)。蠶食魏氏，又盡晉國(58)，戰勝暴子，割八縣[59]，地未畢入[60]，兵復出矣。夫秦何猒之有哉[61]！今又走芒卯，入北宅，此非敢攻梁[62]也，且劫王[63]以求多割地，王必勿聽也。今王背楚、趙而講秦[64]，楚、趙怒而去王，與王爭事秦，秦必受之。秦挾楚、趙之兵以復攻梁，則國求無亡不可得也。願王之必無講也。王若欲講，少割而有質[65]；不然，必見欺。」此臣之所聞於魏也[66]，願君之以是慮事也[67]。周書曰：『惟命不于常[68]。』此言幸之不可數[69]也。夫戰勝暴子，割八縣，此非兵力之精也，又非計之工也，天幸為多矣。今又走芒卯，入北宅，以攻大梁，是以天幸自為常[70]也。智者不然。

「臣聞魏氏悉其百縣[71]勝甲[72]以上戍大梁，臣以為不下三十萬。以三十萬之眾守梁七仞[73]之城，臣以為湯、武[74]復生，不易攻也。夫輕背楚、趙之兵[75]，陵[76]七仞之城，戰三十萬之眾，而志必舉[77]之，臣以為自天地始分以至于今，未嘗有者也。攻而不拔，秦兵必罷[78]，陶邑必亡[79]，則前功必弃矣。今魏氏方疑[80]，可以少割收[81]也。願君逮[82]楚、趙之兵未至於梁，亟[83]以少割收魏。魏方疑而得以少割為利，必欲之[84]，則君得所欲[85]矣。楚、趙怒於魏之先己[86]也，必爭事秦。從以此散[87]，而君後擇[88]焉。且君之得地豈必以兵哉？割晉國，秦兵不攻[89]，而魏必效絳、安邑[90]。又為陶開兩道[91]，幾盡故宋[92]，衛必效單父[93]。秦兵可全[94]，而君制之，何索而不得，何為而不成！願君熟慮之而無行危[95]。」穰侯曰：「善。」乃罷梁圍[96]。

6 明年[97]，魏背秦，與齊從親[98]。秦使穰侯伐魏，斬首四萬，走魏將暴鳶[99]，得魏三縣。穰侯益封。

7 明年[100]，穰侯與白起客卿胡陽[101]復攻趙、韓、魏[102]，破芒卯於華陽[103]下，斬首十萬，取魏之卷[104]、蔡陽[105]、長社[106]，趙氏觀津[107]。且與趙觀津[108]，益趙以兵，伐齊。齊襄王[109]懼，使蘇代[110]為齊陰遺穰侯書曰：「臣聞往來者[111]言曰『秦將益趙甲四萬以伐齊』。臣竊必之敝邑之王曰[112]：『秦王明而熟於計，穰侯智而習於事，必不益趙甲四萬以伐齊。』是何也？夫三晉[113]之相與[114]也，秦之深讎也[115]。百相背也，百相欺也[116]，不為不信，不為無行[117]。今破齊以肥趙。趙，秦之深讎，不利於秦。此一也。秦之謀者必曰：『破齊，弊晉、楚[118]，而後制晉、楚之勝[119]。』夫齊，罷國[120]也。以天下攻齊，如以千鈞之弩決潰[121]癰也，必死，安能弊晉、楚[122]？此二也。秦少出兵，則晉、楚不信也；多出兵，則晉、楚為制於秦[123]。齊恐，不走秦，必走晉、楚[124]。此三也。秦割齊以啖晉、楚[125]，晉、楚案之以兵[126]，秦反受敵[127]。此四也。是晉、楚以秦謀齊，以齊謀秦也[128]，何晉、楚之智而秦、齊之愚？

此五也。故得安邑以善事之，亦必無患矣(129)。秦有安邑，韓氏必無上黨矣(130)。取天下之腸胃(131)，與出兵而懼其不反也，孰利？臣故曰：『秦王明而熟於計，穰侯智而習於事，必不益趙甲四萬以伐齊矣。』」於是穰侯不行(132)，引兵而歸。

【章　旨】以上為第二段，寫穰侯在其執政期間與白起大破東方諸國，使秦國空前強大的歷史功勳。

【注　釋】❶昭王七年　西元前三〇〇年。❷樗里子　名疾，秦惠文王的異母弟，昭王之叔。在武王及昭王初年為秦國丞相，事見〈樗里子甘茂列傳〉。按：據馬非百《秦集史》，是年樗里子死，魏冉繼之為秦相。❸使涇陽君質於齊　戰國時國與國間聯盟，為了取信，常派國君的兒子或兄弟到盟國作人質。❹樓緩　趙國貴族，當時著名的說客，事跡還見於〈平原君虞卿列傳〉。❺來相秦　蓋謂秦王有請其來任秦相之議。❻仇液　《索隱》曰：「《戰國策》作『仇郝』，蓋是一人而記別也。」按：仇液，今本《戰國策》作「机郝」。❼宋公　《索隱》曰：「《戰國策》作『宋交』。」瀧川曰：「今本《策》作『宋突』。」❽秦不聽公二句　意即如果你的進說不成，樓緩照樣當了秦丞相，那你就白白地得罪了樓緩。❾為公毋急秦　不緊催著秦國任用魏冉為相。❿且不聽公　意謂將不任用魏冉為相。且，將。⓫公言而事不成二句　意指由於仇液雖已傳達趙國使命但未緊催，致使秦國未任魏冉，而任用了樓緩，那你就向樓緩討了好。⓬事成二句　因為畢竟是你向秦王提出了任命魏冉的建議。⓭秦果免樓緩而魏冉相秦　事在昭王十三年（西元前二九四年）。按：以上趙使仇液（仇郝）入秦請相魏冉事，採自《戰國策・趙策三》。繆文遠曰：「宋突之說，乃左右取巧之計，秦昭王卒免樓緩而相魏冉，是仇郝出使，秦如其所請也。」⓮欲誅呂禮　主語為「秦王」。呂禮，秦將，爵為五大夫。後輾轉用事於齊、魏、秦諸國間。⓯禮出奔齊　事在昭王十三年，據楊寬〈戰國史表〉，是年齊國大臣作亂，齊相孟嘗君外走，呂禮遂繼之為相。⓰昭王十四年　相當於韓釐王三年，魏昭王三年，西元前二九三年。⓱魏冉舉白起　梁玉繩曰：「起於十三年已為左庶長，將兵攻韓新城，則非十四年始舉之也。」按：梁氏蓋謂白起於昭王十四年之前已為秦將。⓲向壽　宣太后娘家的族人，自幼與昭王一同長大，頗受寵幸，為秦將。事見〈樗里子甘茂列傳〉。⓳伊闕　山口名，也稱龍門，在當時的洛陽西南，今洛陽市城南。⓴明年　昭王十五年，相當於楚頃襄王七年，西元前二九二年。㉑宛葉　皆楚縣名。宛縣的縣治即今河南南陽；葉縣的縣治在今河南葉縣西南。㉒客

卿壽燭　客卿，他國人居此國而享受列卿待遇的參謀、顧問人員。壽燭，姓壽名燭，出處始末不詳。㉓其明年　昭王十六年（西元前二九一年）。㉔乃封魏冉於穰二句　除將穰縣（今河南鄧縣）封給魏冉外，還把陶縣（今山東定陶西北）加封給他。梁玉繩曰：「按〈紀〉，『冉始相，已封穰；再相，益封陶』，是也。此言『復相，乃封穰』，與『益陶』同時，誤矣。穰為韓地，昭王六年取之；陶為宋地，取陶歲月無考。」按：楊寬〈戰國史表〉繫秦取陶以封魏冉於昭王二十六年（西元前二八一年）。㉕穰侯封四歲　亦即穰侯二次為秦相的第四年。梁玉繩曰：「『四歲』當是『三歲』之誤，若是『四歲』，則為昭王十九年，何以下又云『昭王十九年』乎？」㉖魏獻河東方四百里　據〈魏世家〉，魏昭王六年（秦昭王十七年），西元前二九〇年，「予秦河東地方四百里」。河東，即今山西省南部臨近黃河的一帶地區。㉗拔魏之河內二句　據〈魏世家〉，魏昭王七年（秦昭王十八年），西元前二八九年，「秦拔我城大小六十一」，而未云「拔河內」事。梁玉繩曰：「取城固是白起，與穰侯無涉，或因其為相以功歸之歟？至謂穰侯『拔河內』，尤誤，秦取河內定當昭王四十四、五、六年間，而非全得河內之地也。」牛鴻恩曰：「睡虎地秦簡《編年紀》載昭王十七年『攻垣、枳（軹）』。垣在今山西垣曲東南；軹在今河南濟源東南，即河內地。〈秦紀〉、〈白起傳〉、〈六國表〉均載此事。惟應據《編年紀》提前一年，時魏冉為相。梁說誤。」河內，指今河南省黃河以北的濟源、沁陽、武陟等一帶地區。㉘昭王十九年　即齊湣王十三年，西元前二八八年。㉙秦稱西帝二句　在當時並立的七國中秦、齊最強，故秦昭王與齊湣王不甘心再與其他諸侯一樣稱「王」，而改號稱「帝」。㉚呂禮來二句　同年十二月，齊湣王聽蘇秦計，自動取消帝號，合縱擯秦；秦昭王無奈也只得又取消了「帝」號，照舊稱「王」。馬非百曰：「『魏冉為相，欲誅呂禮，禮乃奔齊』，是魏冉與呂禮私交甚惡。齊、秦稱『帝』乃魏冉之主張；『歸帝為王』，與呂禮之歸秦實有極密切之關係。竊意齊王聽蘇代（應作『蘇秦』）之言，故特遣其歸秦，轉致『歸帝為王』之意。此時呂禮亦居於齊王使者身份，故穰雖惡之亦無可如何。而秦王亦只得封之為侯，以示褒寵。及其反齊，齊亦重其不辱君命而用之為相。」㉛魏冉復相秦二句　〈六國年表〉記述不清，據馬非百《秦集史》則以為穰侯於昭王十九年（西元前二八八年）復相，至二十四年（西元前二八三年）始免也。㉜免二歲二句　昭王二十四年穰侯免相，二十六年（西元前二八一年）復為秦相。㉝四歲　穰侯復相秦的第四年，即昭王二十九年（西元前二七八年）。㉞拔楚之郢　此「郢」指楚國前期的國都江陵（今湖北荊州江陵西北）。㉟南郡　秦郡名，郡治即楚的舊都江陵。㊱封白起為武安君　大約只有封號，並無封地。崔適曰：「趙有兩『武安君』，始蘇秦，終李牧；而秦亦以此名封白起，亦但有名號耳。」㊲白起者二句　任舉，擔保；舉薦。凌稚隆曰：「前既言『魏冉舉白起攻韓魏，取楚之宛、葉』矣，此又言『冉使白起拔楚之郢』，而結之曰『白起者，穰侯之所任舉也』，總見得白起之功皆本於穰侯耳。」

㊳穰侯之富二句　〈范雎蔡澤列傳〉稱穰侯之罷相就國時，「縣官給車牛以徙，千乘有餘。到關，關閱其寶器，寶器珍怪多於王室。」㊴昭王三十二年　亦即魏安釐王二年，西元前二七五年。㊵穰侯為相國　蓋第四次出任相國也。㊶走芒卯　打跑了魏將芒卯。陳直曰：「芒卯，《戰國策》作『孟卯』，作『孟卯』是也。」㊷北宅　亦稱宅陽，在今河南滎陽東北。瀧川曰：「《策》作『秦敗魏於華，走芒卯而圍大梁。』」梁玉繩曰：「是年乃『破暴鳶，走開封』耳。」㊸大梁　即今河南開封，當時魏國的首都。㊹梁大夫須賈說穰侯曰　梁大夫，即魏大夫。魏自遷都到大梁後，有時也被人們稱做「梁」國。須賈，姓須，名賈，其事跡又見於〈范雎蔡澤列傳〉。梁玉繩曰：「賈之說，當在秦昭三十四年破芒卯後，此誤在三十二年。」㊺梁惠王　魏安釐王的曾祖父，名罃，西元前三六九—前三一九年在位。㊻戰勝三梁　謂戰勝趙兵於三梁。《索隱》曰：「三梁，即南梁也。」瀧川曰：「《桃源抄》引《太康地記》云：『戰國時謂南梁者，別之於大梁、小梁也，古蠻子邑也。』」關於「三梁」的方位，諸說不一，其與邯鄲相近者，有說即今河北永年東南之古曲梁；《水經・滱水注》則謂即今河北望都東南之三梁亭。㊼拔邯鄲　攻下了趙國的都城邯鄲（即今河北邯鄲）。㊽趙氏不割二句　意謂由於趙國堅持不向魏國割地求和，最終邯鄲又回到了趙國人手裡。按：〈趙世家〉云，趙成侯二十二年（梁惠王十七年，西元前三五三年），魏拔邯鄲；二十四年，魏歸我邯鄲；〈魏世家〉亦云，惠王十八年拔邯鄲，二十年歸趙邯鄲；此外〈田敬仲完世家〉、〈六國年表〉亦與此大體一致。梁玉繩曰：「一『拔』一『歸』皆妄，其誤實自〈齊策〉來，〈孫臏傳〉言『齊據大梁之沖，而魏去邯鄲』，則此時邯鄲不降不拔明矣。」瀧川曰：「邯鄲，趙國都也。國都既失，則其君託迹何所？《呂氏春秋・淫辭》敘魏惠王事云：『圍邯鄲三年而弗能取，士卒罷路，國家空虛。』蓋得其實矣。」按：現代戰國史研究者多相信魏有攻入邯鄲之事。㊾齊人攻衛三句　《索隱》曰：「衛之故國，蓋楚丘（今河南滑縣東）也。《戰國策》『衛』字皆作『燕』，『子良』作『子之』，恐非也。」梁玉繩曰：「未知孰是，《索隱》以〈魏策〉為非，何所見乎？」牛鴻恩曰：「《戰國縱橫家書》第十五章同《國策》文作『燕』『子之』。《索隱》誤說。」瀧川曰：「故國，猶言『故都』。」按：齊伐衛，殺子良事，〈衛康叔世家〉不載；齊伐燕，殺子之，幾乎滅燕事，在燕王噲七年（西元前三一四年），後燕昭王即位，使國家重歸穩定，詳見〈燕召公世家〉。㊿兵勁　兵強。㊑重出地　不輕易把土地割給別人。㊒宋　西周初期建立的諸侯國名，其始封國君為紂兄微子，國都在今河南商丘南。春秋以來逐漸衰弱，西元前二八六年被齊湣王所滅，事見〈宋微子世家〉。㊓中山　戰國前期鮮虞人建立的諸侯國名，國都顧（今河北定縣），西元前四〇六年被魏文侯所滅，事見〈魏世家〉、〈樂毅列傳〉。後來中山又復國，都於靈壽（今河北靈壽西北），西元前二九六年被趙惠文王所滅，事見〈趙世家〉。㊔數伐割地　屢次受人攻伐，屢次給人割地。㊕可法　可以被當作楷模。法，仿效。

56貪戾 貪婪兇狠。57毋親 從來不講恩德、親善。毋，無。58蠶食魏氏二句 按：用語彆扭，「晉」亦時人對「魏」之稱。《索隱》曰：「河東、河西、河內，竝是魏地，即故晉國。今言秦蠶食魏氏，盡晉國之地也。」59戰勝暴子二句 梁玉繩曰：「秦拔魏二縣，魏與秦溫，共三縣耳，『八縣』誤。」暴子，姓暴，名鳶，韓國將領。據〈六國年表〉，秦昭王三十二年（西元前二七五年），韓國派暴鳶率兵救魏，被秦國打敗，退走開封。60地未畢入 該割的地盤尚未交割完畢。61何猒之有哉 哪裡會有個滿足呢！猒，通「厭」，也作「饜」。飽；滿足。董份曰：「此亦可明不當割地之效，而六國皆坐此以困矣。」按：蘇洵〈六國論〉即本此以為說，甚至連語氣都相同。62非敢攻梁 意謂不是真想攻梁而滅之。63劫王 要脅魏王。劫，要脅。64背楚趙而講秦 背叛與楚、趙的友好，而與秦國結盟。講，通「構」、「媾」。媾和；結盟。65少割而有質 割給秦國的地盤要盡量少，而且還必須讓秦國派出人質。按：《戰國縱橫家書》作「必少割而有質」，行文有力，但與後文「不然，必見欺」之「必」字重複。66此臣之所聞於魏也 鄧以瓚曰：「說穰侯，而故用說魏之辭以劫之，亦是一體。」67願君之以是慮事也 希望你把以上情況作為考慮問題的基礎。君，原作「君王」。張文虎曰：「君指穰侯，下文屢稱『君』可證，『王』字衍。」今據刪。68惟命不于常 天命是不專注於一家的。此語見《尚書》中的〈周書・康誥〉。惟，發語詞。69幸之不可數 僥倖的事情是不可能連續發生的。數，屢。70以天幸自為常 以為僥倖的事情會經常降臨到自己頭上。71百縣 代指魏國的全部疆域。72勝甲 剛能穿起鎧甲的孩子。73七仞 《戰國策》作「十仞」，皆極言其城牆之高。舊稱一仞八尺，也有說一仞七尺。74湯武 商湯、周武王，都被後代稱為道德、才幹絕倫的大聖人。75輕背楚趙之兵 指不顧楚、趙這兩個魏國的同盟者的存在。輕，不重視。背，置之於背後不顧。76陵 攻擊；侵犯。77舉 拔；攻克。78罷 通「疲」。79陶邑必亡 《正義》曰：「定陶近大梁，穰侯攻梁兵疲，定陶必為魏伐。」80方疑 何去何從，尚在猶豫間。81以少割收 以少割地為誘，收之為同盟國。82逮 趁著。83亟 迅速。84魏方疑而得以少割為利二句 瀧川曰：「楓山本『利』作『和』，與《策》同。」按：《戰國縱橫家書》亦作「和」，作「和」字更順。85君得所欲 你的願望也就實現了。86先己 謂先己投靠秦國。87從以此散 東方國家的聯盟將由此瓦解。從，通「縱」。合縱。裘錫圭以為「此」字衍，原文應作「從以散」，與《戰國縱橫家書》「從已散」同，與下文連讀。88而君後擇 而後你再相機選擇你想採取的方略。89割晉國二句 即上文所說的「以少割收魏」，這裡的「晉國」即指魏。90魏必效絳安邑 效，獻出。絳，魏邑名，在今山西曲沃東北。安邑，魏國前期的國都，在今山西夏縣西北。瀧川曰：「效絳、安邑，既往之事，『必』字疑衍，《策》無。」按：《史記》中有關戰國部分的記事，多有舛誤，此處只能勉強隨文而解。91為陶開兩道 謂穰侯由秦至其封地定陶，從此有兩條路可通。《正義》曰：「穰故封定陶，故宋及單父是陶之南道也；魏之安邑及絳是陶之北道。」[92]幾盡故宋　舊時的宋地，今後將盡為秦有。《正義》曰：「宋時已為齊滅。」[93]單父　衛邑名，即今山東單縣。按：以上六句邏輯次序不順。[94]秦兵可全　按：《戰國縱橫家書》作「秦兵苟全」，作「苟」字行文更順。[95]無行危　《索隱》曰：「言莫行圍梁之危事。」[96]乃罷梁圍　按：以上須賈說穰侯罷梁圍事，在秦昭王三十四年，魏安釐王四年，西元前二七三年，見《戰國策・魏策三》，但末段文字出入較大。《正義》曰：「魏安釐王二年，秦軍（攻）大梁城，韓來救，與秦溫以和也。」梁玉繩曰：「梁圍之罷，因獻南陽，何曾是須賈說穰侯而罷乎？」鮑彪曰：「賈之說，不足以已秦也。其為魏也過深，而說秦者不切。夫以秦為『天幸』，而欲其無『行危』也，秦豈信之哉？秦行是何危之有？且其為魏之過深也，適足以疑秦，豈沮于是哉！梁圍之解，將別有故，非賈力也。」繆文遠曰：「此次大梁之圍，以魏獻南陽（今河南沁縣一帶）而解，《策》文言須賈進說之後穰侯稱善，秦軍即解而去，其誇大遊說作用明矣。」凌稚隆曰：「須賈剖析利害處，如指諸掌，雖為梁說客，實為穰侯謀也。以故竟罷梁圍。」按：須賈說辭明確為魏，然亦確實對穰侯有利，故穰侯能聽之，正如《戰國策・齊策四》陳軫之用「畫蛇添足」的故事以止楚將昭陽之以兵伐齊也。至其誇大遊說之作用，二者亦相同。[97]明年　昭王三十三年（西元前二七四年）。瀧川引沈家本曰：「〈魏世家〉及表，在安釐三年，為秦昭王三十三年，與此合；〈秦紀〉及〈韓世家〉、韓表，在昭王三十二年，與此不同。」[98]從親　結盟、親近。從，通「縱」。[99]走魏將暴鳶　梁玉繩曰：「『魏將』乃『韓將』之誤。又事在秦昭三十二年，此誤敘於三十三年。」[100]明年　昭王三十四年（西元前二七三年）。[101]客卿胡陽　胡陽，也作「胡傷」、「胡易」。原衛人，今為秦將。其人還見於〈秦本紀〉、〈趙策三〉。[102]復攻趙韓魏　梁玉繩曰：「是時秦救韓而伐趙、魏，何云攻韓？當衍『韓』字。」[103]華陽　韓邑名，在今河南新鄭北。[104]卷　魏邑名，在今河南原陽西南。[105]蔡陽　魏邑名，在今河南上蔡東北。[106]長社　魏邑名，在今河南長葛東北。[107]趙氏觀津　趙國的觀津縣，縣治在今河北武邑東。[108]與趙觀津　將觀津歸還給趙國。徐孚遠曰：「得趙觀津而復還之者，本欲伐齊以廣陶封，志不在得趙地也。」[109]齊襄王　齊湣王之子，名法章，西元前二八三—前二六五年在位。[110]蘇代　司馬遷以為是蘇秦之弟，實應為蘇秦之兄，當時有名的縱橫家，事跡見〈蘇秦列傳〉注。[111]往來者　此指從秦國來的人。[112]臣竊必之敝邑之王曰　我對我們的國王打保證說。必，肯定；打保證。[113]三晉　指韓、趙、魏三國。[114]相與　親附。這裡即指聯合。[115]秦之深讎也　是秦國最不願意、最深惡痛絕的。[116]百相背也二句　指韓、趙、魏三國出爾反爾，屢屢對秦國失信、背叛。[117]不為不信二句　而他們自己卻不覺得是不守信用，沒有操行。[118]破齊二句　《正義》曰：「今晉、楚伐齊，晉、楚之國亦弊敗。」[119]而後制晉楚之勝　當晉、楚戰勝齊國，自身也被削弱後，秦國再來趁機制服晉、楚。中井曰：「前文無『楚』，而代書中連稱『晉楚』，是以是役為秦率晉楚伐齊者也。皆臆度之言，勿泥前文作疑。」〔120〕罷國　衰弱之國。罷，疲憊；衰弱。〔121〕潰　潰爛的膿瘡。〔122〕必死二句　瀧川曰：「《策》無『必死』二字，義長。」〔123〕晉楚為制於秦　意謂晉、楚兩國被秦國所控制，其內心必對秦不滿。〔124〕齊恐三句　齊國一害怕，就不會歸附秦國，而是去歸附晉、楚了。走，投奔；投靠。〔125〕秦割齊以啖晉楚　意謂秦率晉、楚伐齊，原是為了自己得利，結果卻是讓齊國割地餵了晉、楚。啖，餵。〔126〕晉楚案之以兵　謂晉、楚以其兵把守住齊國給他們的割地。案，通「按」。〔127〕秦反受敵　瀧川曰：「楓山、三條本『敵』作『弊』，義長。」按：此即《左傳》僖公三十年燭之武之所謂「亡鄭以陪鄰，鄰之厚，君之薄也」。又，《戰國策》於此作「齊割地以實晉、楚，則晉、楚安；齊舉兵為之頓劍，則秦反受兵」。〔128〕以秦謀齊二句　借用秦國以算計齊國，又借用齊國以算計秦國。〔129〕故得安邑以善事之二句　按：二語生澀，《戰國策》作「秦得安邑，善齊以安之，亦必無患矣」，較此明暢。〔130〕秦有安邑二句　意謂秦國一旦占據安邑，則韓國的上黨一帶便將不保。上黨，韓郡名，相當於今之山西長治地區，其西界鄰近安邑。〔131〕取天下之腸胃　此以「腸胃」比喻上黨所處地勢之重要。吳見思曰：「五層，一層緊一層，一層深一層，如入螺房，轉轉入勝。」〔132〕於是穰侯不行　不再施行「益趙伐齊」的計畫。按：以上蘇代為齊遺穰侯書，見《戰國策・秦策二》。唐蘭曰：「蘇代為齊獻書穰侯的信裡說到『今破齊以肥趙』和『秦得安邑，善齊以安之』等話，《史記・穰侯傳》把此事放在穰侯和白起等破芒卯於華陽下之後。華陽在今河南密縣，在鄭州西南，不知與『陘山』何涉？陘山屬太行山脈，當指前二八五年樂毅以趙相國名義伐齊取靈丘一事。如果是破芒卯以後，那就在前二七三年，齊閔王已死了十一年，怎麼能有這兩個人物呢？『破齊肥趙』正是五國攻齊時的話，齊滅宋之後，魏國就向秦國獻安邑，那麼獻書穰侯當在前二八五年無疑。『蘇代』當是『蘇秦』。」繆文遠亦以此蘇代（應作「蘇秦」）致書穰侯應為周赧王三十年（西元前二八五年）樂毅以趙國名義約五國伐齊前夕事，蓋史公誤置也。

【語譯】秦昭王七年，樗里子死了，秦國派涇陽君到齊國作人質。這時趙國的樓緩有可能來秦國做丞相。趙國人感到對他們不利，於是就派仇液到秦國活動，請求秦國讓魏冉做丞相。仇液臨行前，他的門客宋公對他說：「您這一去，假如秦國不採納您的話，那麼您將白白地得罪樓緩。您不如先去告訴樓緩，就說『我準備勸秦王不要急於用魏冉為相』。這樣，假如秦王看到趙國不急於想讓魏冉為相，因而不採納您的話，您辦的事情不成功，那麼樓緩肯定會感激您的；假如事情辦成了，秦國讓魏冉做了丞相，那麼魏冉終歸還是感激您的。」仇液就按著門客的主意辦了，秦王果然免掉了樓緩，而讓魏冉做了丞相。後來，秦國想殺呂禮，呂禮逃到了齊國。

2 秦昭王十四年，魏冉推薦白起代替向壽為將率軍進攻韓國和魏國，在伊闕大破韓、魏聯軍，斬獲敵人首級二十四萬，俘虜了魏將公孫喜。第二年，又攻占了楚國的宛縣和葉縣。這一年，魏冉因病辭去了丞相，客卿壽燭接替了他的職位。第二年，壽燭免職，魏冉重新被起用。這時，秦昭王把穰縣封給了魏冉作領地，不久又把定陶也給了魏冉，稱魏冉為穰侯。穰侯受封後的第四年，作為秦將率兵攻魏，打得魏國獻出了黃河以東縱橫四百里的地盤。接著又攻取了魏國的河內地區，共取得大小城池六十多座。

3 秦昭王十九年，自稱為西帝，當時，齊湣王同時稱為東帝。過了一個來月，呂禮從齊國來秦，齊國和秦國又同時取消了帝號，而重新稱王。魏冉這次為秦相是做了六年而後被免掉的。免相後二年，又第三次被起用為相。為相後的第四年，他派白起率兵攻下了楚國的郢都，在那裡設立了南郡。於是白起被封為武安君。由於白起是被穰侯推薦起來的，所以他們關係很好。這時穰侯家裡的財富之多，可以超過王室。

4 秦昭王三十二年，穰侯以相國的身分率兵攻魏。打敗了芒卯，奪取了北宅，接著大軍包圍了魏都大梁。這時梁國的大夫須賈對穰侯說：「我聽到魏國的大臣們對魏王說：『過去梁惠王攻打趙國，已經占領了南梁和邯鄲，而趙國堅持不肯割地，邯鄲最後還是被收回去了。齊國進攻衛國，占領了國都楚丘，殺掉了大臣子良，但是衛國也堅持不肯割地，楚丘終於還是歸還了衛國。衛國和趙國所以能保全國家、保持兵力而不被諸侯所吞併，原因就在於它們能夠忍受苦難而不輕易割讓土地。而宋國和中山國就因為一受到攻擊就給人家割地，於是國家也就緊跟著完蛋了。我認為衛國和趙國的做法是應該學習的，而宋國和中山國的做法則應該引以為戒。秦國是一個既貪婪又兇狠的國家，從來不講恩德、親善。它逐漸地蠶食魏國，已經把河東地區全部占去了，接著又打敗了韓國的將領暴鳶，逼著韓國割給它八個縣。這八個縣的割讓手續還沒有辦完，秦國的侵略軍已經又出來了。秦國哪裡有滿足的時候呢！現在它打敗了芒卯，奪取了北宅，從目前的情況看，它還不是想占領魏都大梁，它們是想威脅您，讓您多給它們割讓土地，您千萬不要聽從它們。如今您如果背叛了與楚國、趙國的聯盟而與秦國講和，那麼楚國、趙國必然恨您、離開您，也爭著去和秦國講和，秦國也一定會接受它們。到那時秦國領著楚國、趙國的軍隊一起來打大梁，那時魏國要想不滅亡就不可能了。所以我希望您一定不要與秦國媾和。如果一定要媾和的話，也一定要少割土地，而且還要讓秦國給魏國派出人質，否則就會受秦國的欺騙。』這是我從魏國得來的消息，希望您考慮問題時注意這一點。〈周書〉說：『天命不是一成不變的。』它的意思是說僥倖的事是不可能連續發生的。您戰勝了暴鳶，割取了韓國八個縣，這並不是因為您兵力強大，也不是因為您計謀多麼好，而是僥倖占主要成分。如今您又打敗了芒卯，占領了北宅，包圍了大梁，這就表明您認為僥倖的事可能連續成功了。我看聰明人是不該這麼想的。

5 「我聽說現在魏王已經把全國凡能拿起武器的人都調集了來守衛大梁，我估計不會少於三十萬人。用三十萬人來守衛七仞高的城牆，我想就是讓商湯、周武王再生，他們也打不進去。而您居然還敢把楚國、趙國這兩個魏國的盟友放在身後不管，貿然領兵來攻打這座七仞的高城，來與這三十萬人作戰，而且還想要攻克它，我認為這種事是從開天闢地以來所沒有過的。如果攻了半天攻不勝，秦兵就要疲勞喪氣，到那時您的封地定陶就會丟掉，您以前的所有努力也就都將化為烏有了。現在魏王還正處在猶豫之中，可以用少讓他割讓點土地的辦法來收服他。我希望您趁著楚、趙兩國的援兵還沒有到達大梁的機會，趕緊用少割點地的甜頭來收服魏國。而目前正在猶豫之中的魏王見到少割地對自己有利，一定也會樂於答應，這樣您的願望就達到了。楚國、趙國一見魏國先與秦國媾和了，必然要生氣，必然也會爭著向秦國討好。這樣一來，它們之間的合縱聯盟就瓦解了，那以後您就可以想怎麼做就怎麼做了。而且話又說回來，要想得到地盤，難道非得使用武力嗎？您可以逼著魏國進一步割讓河東地區的地盤，這樣不僅秦兵不用打仗就可以得到絳和安邑兩個縣，而且還可以為您從秦國去定陶多開闢出一條通路。不僅昔日宋國的地盤全部歸了您，而且衛國還將向您交出單父。秦兵沒受一點損失，到那時您指揮著他們，還有什麼東西得不到，還有什麼事情做不成呢！希望您仔細考慮一下而不要去做那種冒風險的事。」穰侯一聽，說：「好！」於是解除了對大梁的包圍。

6 第二年，魏國又背叛了秦國，與齊國結了盟。秦王派穰侯率兵伐魏，斬殺魏兵四萬人，魏將暴鳶被打敗逃走了，穰侯奪得了魏國三個縣，因此又得了一些封賞。

7 又過了一年，穰侯和白起以及客卿胡陽一起率兵進攻趙、韓、魏三國，在華陽大破魏將芒卯，斬敵十多萬，占領了魏國的卷縣、蔡陽、長社和趙國的觀津。這時秦國準備把觀津還給趙國，以換得趙國派兵跟著自己一道伐齊。齊襄王聽說後很害怕，於是派蘇代暗中給穰侯寫了一封信，信中說：「我聽到從秦國來的人說『秦國將給趙國添上四萬人讓它攻打齊國』。我卻在私下對齊王保證說：『秦王英明而又善於算計，穰侯有智謀而又辦事幹練，他們一定不會給趙國添四萬人來伐齊的。』這是為什麼呢？因為三晉的聯合，是秦國所最討厭的，它們無數次地背叛秦國，欺騙秦國，可是它們自己還不以為是不講信義，不以為是行為可恥。現在如果打敗了齊國那就壯大了趙國。而趙國是秦國的敵人，對秦國顯然是不利的。這是第一點。秦國的謀士們一定在說：『攻打齊國是為了消耗晉國和楚國，然後趁著疲憊以制服它們。』其實這是不可能的。齊國現在已經精疲力盡了。您現在再讓許多國家聯合起來打它，這就好像用千鈞的強弩去射一個長滿了膿瘡的病人，他將必死無疑，怎麼能達到消耗晉、楚兩國的目的呢？這是第二點。再說，秦國如果出兵太少，那麼晉國、楚國不會相信你們；如果秦國出兵多了，則晉、楚將明顯地被秦國所控制，到那時齊王一害怕，就不會歸附秦國，而是去歸附晉、楚了。這是第三點。結果落一個秦國割了齊國的土地來送給晉國和楚國，到那時晉國、楚國再和您兵戎相見，你們可就有苦頭吃了。這是第四點。可見這麼做的結果是晉國、楚國一道用秦國來算計齊國，同時又用齊國來算計秦國，為什麼晉國、楚國就這麼聰明而秦國、齊國就這麼傻呢？這是第五點。我認為你們得到了安邑後要設法把它治理好，不要再打齊國的主意，那你們就不會有什麼問題了。秦國有了安邑，韓國的上黨就保不住了。這樣你們就占住了天下的中心地帶，這和他們所說的冒險伐齊的無法估計後果相比，哪一種要有利呢？所以我說：『英明而又善於算計的秦王和有智謀而辦事幹練的穰侯，是一定不會給趙國添上四萬人而讓它們來打齊國的。』」於是穰侯就下令把軍隊撤回去了。

1 昭王三十六年❶，相國穰侯言客卿竈❷，欲伐齊取剛、壽❸，以廣其陶邑。於是魏人范雎❹，自謂張祿先生，譏穰侯之伐齊，乃越三晉以攻齊也❺，以此時❻奸說❼秦昭王。昭王於是用范雎。范雎言宣太后專制，穰侯擅權於諸侯❽，涇陽君、高陵君之屬太侈，富於王室。於是秦昭王悟，乃免相國❾，令涇陽之屬❿皆出關，就封邑⓫。穰侯出關，輜車千乘有餘⓬。

2 穰侯卒於陶，而因葬焉。秦復收陶為郡⓭。

【章　旨】以上為第三段，寫穰侯以權大為昭王所忌，范雎乘機進讒，穰侯被罷斥而懷憂以死。

【注　釋】❶昭王三十六年　西元前二七一年。❷穰侯言客卿竈　言，向秦王舉薦。客卿竈，客卿名竈，史失其姓。❸伐齊取剛壽　梁玉繩曰：「事在昭王三十七年，此誤敘于三十六年。」剛壽，二邑名。剛在今山東寧陽東北；壽在今山東東平西南。❹范雎　原魏人，在魏國受害後，改名張祿，被秦國使臣帶入秦國，事跡詳見〈范雎蔡澤列傳〉。❺譏穰侯之伐齊二句　意謂越數國以伐敵，乃穰侯圖謀私利，對秦國無好處。說辭詳見〈范雎蔡澤列傳〉。吳見思曰：「范雎之說已有范傳極佳，故此只用略序。」❻以此時　抓住了這個有利時機。❼奸說　求見進說。奸，通「干」。求見。凌稚隆曰：「前云『益封陶』矣，此復云『以廣其陶邑』，見范雎可乘間而讒也，故太史公特下『於是』字，又下『以此時奸說』數字。」❽擅權於諸侯　不通過秦王，而擅自對其他國家發號施令。❾乃免相國　穰侯因讒免相，在昭王四十一年（西元前二六六年）。❿涇陽之屬　指涇陽君公子市、高陵君公子悝、華陽君芈戎。⓫皆出關二句　東出函谷關，到各自的封地上去。穰侯的封地在陶（今山東定陶西北），公子市的關外封地在宛城（今河南南陽），公子悝的關外封地在鄧（今河南孟縣西），芈戎的關外封地在華陽（今河南密縣東北）。按：以上范雎聳動秦昭王，令其罷斥穰侯等事，詳見〈范雎蔡澤列傳〉。⓬穰侯出關二句　輜車，能載重之車。〈范雎蔡澤列傳〉稱穰侯就國時，「縣官給車牛以徙，千乘有餘。到關，關閱其寶器，寶器珍怪多於王室」。⓭收陶為郡　將陶邑收回，設以為陶郡。楊寬曰：「魏冉死後，設立為郡，公元前二五四年陶郡為魏所攻取，秦滅魏後，未再設郡。」

【語譯】秦昭王三十六年，穰侯向秦王舉薦客卿竈，想讓他攻打齊國的剛、壽兩縣以擴大自己在定陶的封地。這時魏國的范雎化裝改稱「張祿先生」來到了秦國，他指出穰侯這種越過韓、趙、魏三國的伐齊，對秦國是沒有任何好處的。他在秦昭王面前大肆地批判這種做法，於是秦昭王開始重用范雎。接著，范雎又批評宣太后的專制、穰侯的專權，以及涇陽君、高陵君等人的富比王室，秦昭王醒悟了過來，於是免去了穰侯的丞相職位，命令涇陽君等人都離開關內，到自己的封地去。穰侯東出函谷關的時候，拉財產的車子有一千多輛。
2
最後穰侯就死在了定陶，葬在了那裡。穰侯死後，秦國就收回定陶，在那裡設立了一個郡。

太史公曰：穰侯，昭王親舅也。而秦所以東益地，弱諸侯，嘗稱帝於天下，天下皆西鄉稽首❶者，穰侯之功也。及其貴極、富溢，一夫開說❷，身折勢奪而以憂死，況於羈旅之臣乎❸！

【章旨】以上為第四段，是作者的論贊，作者盛讚穰侯之歷史功勳，對穰侯的悲劇結局表現了深深感慨。

【注釋】❶西鄉稽首　謂臣服於秦。鄉，通「向」。稽首，叩頭。❷一夫開說　指范雎向秦昭王進言。開說，瀧川曰：「楓山、三條本作『關說』，可從，〈梁孝王世家〉、〈佞幸列傳〉亦有『關說』字。」按：「開說」、「關說」，後世皆有用者，意思相同。❸況於羈旅之臣乎　羈旅，寄寓異國異鄉為客的人，如當時之「客卿」即此。趙恒曰：「此以『貴極富溢』為戒也。言親而有功且不免於讒，況羈旅之人乎？」子義曰：「『人主之子也，猶不能恃無功之尊，無勞之寵，而況人臣乎？』文字一唱三嘆處相類。」

【語譯】太史公說：穰侯是秦昭王的親舅舅。秦國所以能夠向東擴展領土，削弱東方的諸侯，以至於使秦昭王曾經一度稱為西帝，讓各個國家都屈服於秦國，這都是穰侯的功勞。可是當他富貴到了極點，一個匹夫的鼓嘴搖舌，就弄得他權勢被剝奪，人也憂懼而死。至親有功，尚且如此，更何況那些寄寓異國的客卿呢？

【研析】本篇寫魏冉，主要突出了他的兩個特點：一是功大；二是賢能。作品從其擁立昭王寫起，先是平定國內的「季君之亂」，消滅了君位的覬覦者，「昭王諸兄弟不善者皆滅之」，手段是極其嚴厲的。國內形勢穩定後，又致力於與東方六國一爭短長，穰侯或親統大軍，或用白起為將，攻打韓、趙、魏、楚等國，大大地擴展了秦國的版圖，威震天下。故太史公贊曰：「秦所以東益地，弱諸侯，嘗稱帝於天下，天下皆西鄉稽首者，穰侯之功也。」文中收入了須賈說魏冉和蘇代為齊致書魏冉兩件事，須賈的說辭和蘇代的書信都縱論了天下形勢，勸止穰侯勿逞一時之強輕舉妄動，魏冉虛心地採納了他們的意見，從而使秦避免了急功近利的冒進，這說明魏冉能審時度勢，頭腦冷靜。穰侯向秦王推舉白起為將，白起在戰場上屢建奇功，這又說明魏冉有知人善任的才能。魏冉的賢能正是他建大功、立大業的基礎，因此，從「賢」和「功」這兩個角度來刻劃魏冉，內外結合，人物形象近乎完美。

出於主旨的需要，本文只用簡略的筆觸，點出穰侯日漸富貴驕溢的情況，至於其他方面的欠缺，若結合〈范雎蔡澤列傳〉看，便可以明白穰侯對於外國來秦的策士持有偏見，總是排擠他們。這反映了秦國本土貴族與外來策士之間的深刻矛盾。穰侯在處理這種關係時，過於計較個人利益，心胸不夠開闊。

司馬遷對魏冉晚年憂鬱而死的悲劇結局寄予了很大的同情，他在論贊中指出，像穰侯這樣的身分和地位都不能自免其難，更何況那些勢單力薄、形同匆匆旅人的其他大臣呢？這是對秦國統治者刻暴少恩的批評。秦國如此，漢朝又何嘗不如此呢？杜甫〈詠懷古跡〉云：「悵望千秋一灑淚，蕭條異代不同時。」痛乎，其言之也！

卷七十三

白起王翦列傳第十三

【題　解】白起和王翦都是秦國歷史上著名的將領，兩人有許多相同之處：其一，都是善於用兵的軍事家，都一生與沙場結下不解之緣，榮辱生死都與「兵」字相關。其二，都戰功累累，都在不同歷史階段為秦國取得了決定性的勝利。白起的破楚取郢與對趙國的長平之戰形成了秦對東方諸國的高屋建瓴之勢；王翦的滅楚之戰，是秦始皇統一六國前夕的最後的一場艱苦戰爭。秦國大將不勝枚數，而白起、王翦居其首位。其三，他們都曾與秦國統治者鬧過矛盾，稱病不出，其做法也極為相似。所不同的是白起善於勝敵而不善謀身，故以悲劇結局；王翦則既能勝敵，又善謀身，在古今名將中最為翹楚，此中學問良多，為將者不可不知也。

1 白起者，郿❶人也。善用兵，事秦昭王❷。昭王十三年❸，而白起為左庶長❹，將而擊韓之新城❺。是歲，穰侯相秦❻，舉任鄙❼以為漢中守❽。其明年❾，白起為左更❿，攻韓、魏於伊闕⓫，斬首二十四萬，又虜其將公孫喜，拔五城⓬。起遷為國尉⓭。涉河⓮取韓安邑以東，到乾河⓯。明年⓰，白起為大良造⓱。攻魏，拔之⓲，取城小大六十一⓳。明年⓴，起與客卿錯攻垣城㉑，拔之。後五年㉒，白起攻趙，拔光狼城㉓。後七年㉔，白起攻楚，拔鄢、鄧五城㉕。其明年㉖，攻楚，拔郢㉗，燒夷陵㉘，遂東至竟陵㉙。楚王亡去郢㉚，東走徙陳㉛。秦以郢為南郡，白起遷為武安君㉜。武安君因取楚㉝，定巫㉞、黔中郡㉟。

2 昭王三十四年㊱，白起攻魏，拔華陽，走芒卯㊲，而虜三晉將㊳，斬首十三萬㊴。與趙將賈偃戰，沉其卒二萬人於河中。昭王四十三年㊵，白起攻韓陘城㊶，拔五城㊷，斬首五萬。四十四年㊸，白起攻南陽太行道㊹，絕之㊺。

【章旨】以上為第一段，寫白起前期在與韓、魏、趙、楚作戰中建立的豐功偉績。

【注釋】❶郿　秦縣名，縣治在今陝西眉縣東北。❷事秦昭王　按：〈穰侯列傳〉云：「白起者，穰侯之所任舉也，相善。」秦昭王，名則，惠文王之子，武王之弟，西元前三〇六—二五一年在位。❸昭王十三年　西元前二九四年。❹左庶長　秦爵位名，為第十級。按：秦爵共分二十級，其自下而上為：一，公士；二，上造；三，簪裊；四，不更；五，大夫；六，公大夫；七，官大夫；八，公乘；九，五大夫；十，左庶長；十一，右庶長；十二，左更；十三，中更；十四，右更；十五，少上造；十六，大上造；十七，駟馬庶長；十八，大庶長；十九，關內侯；二十，徹侯。瀧川曰：「〈秦紀〉作『左更』，疑〈紀〉誤。」❺新城　韓縣名，縣治在今河南伊川西南。❻穰侯相秦　此穰侯之首次為秦相。穰侯，即魏冄，昭王之舅，事跡見〈穰侯列傳〉。❼任鄙　秦將，曾以勇力得寵於武王，秦人有「力則任鄙，智則樗里」之稱，參見〈秦本紀〉。❽漢中守　漢中郡的太守。秦時漢中郡的郡治南鄭，即今陝西漢中。❾其明年　昭王十四年（西元前二九三年）。❿左更　秦爵二十級的第十二級。⓫伊闕　山名，也稱龍門，在今河南洛陽南。⓬虜其將公孫喜二句　上文既言「攻韓、魏」，則此處「公孫喜」與「五城」之所屬實不分明。梁玉繩考證〈秦本紀〉云：「上文言『魏使公孫喜攻楚』，則喜是魏將也，故〈穰侯傳〉稱『虜魏將公孫喜』。乃此紀及〈白起傳〉不言喜為何國之將，而〈六國表〉書『虜喜』於韓表中，〈韓世家〉謂『使公孫喜攻秦，秦虜喜』，似喜又為韓將矣。蓋伊闕之役，韓為主兵，而實使魏之公孫喜將之，故所書不同。」⑬國尉　即後來之「太尉」，國家的最高軍事長官。〈秦始皇本紀〉書尉繚為「秦國尉」，《正義》曰：「若漢太尉、大將軍之比也。」陳直曰：「以相國秦時作『相邦』例之，則亦當稱為『邦尉』。」⑭涉河　渡過黃河。⑮取韓安邑以東二句　按：此句行文欠明暢，其意蓋謂取安邑以東之韓地，至於乾河也。安邑，原是魏國的都城，在今山西夏縣西北。梁惠王六年（西元前三六四年），為了加強對自己東部地區的控制，而將都城東遷到了大梁（〈魏世家〉繫魏國遷都於惠王三十一年，大誤）；梁惠王十八年，亦即秦孝公十年（西元前三五二年）秦兵攻占安邑，從此安邑遂歸於秦，見〈秦本紀〉。乾河，也稱教水，在今山西垣曲東，自北向南流入黃河。《索隱》曰：「魏以安邑入秦，然安邑以東至乾河，皆韓故地，故云『取韓安邑』。」⑯明年　昭王十五年（西元前二九二年）。⑰大良造　即「大上造」，秦爵的第十六級。〈商君列傳〉之《索隱》曰：「今云『良造』者，或後變其名耳。」⑱攻魏二句　按：不言拔何地，殊不分明。據〈秦本紀〉，此年「白起攻魏，取垣（在今山西垣曲東南），復予之。」⑲取城小大六十一　瀧川引沈家本曰：「〈魏世家〉及〈六國表〉，『取城大小六十一』事皆在昭王十八年，言客卿錯，非白起。」⑳明年　昭王十六年（西元前二九一年）。㉑與客卿錯攻垣城　客卿錯，即司馬錯，秦國名將，司馬遷的祖先，為秦國取蜀有大功，事跡參見〈張儀列傳〉。客卿，他國人居此國享受列卿待遇的參謀人員。據〈六國年表〉，此年秦拔韓宛城（今河南南陽）。據〈秦本紀〉，此年「左更錯取軹及鄧」。所謂「攻垣城」者，乃上年事也。垣城，魏邑名，在今山西垣曲東南。㉒後五年　秦昭王二十一年，趙惠文王十三年，西元前二八六年。㉓光狼城　在今山西高平西。按：據〈秦本紀〉，白起取光狼城在昭王二十七年。㉔後七年　秦昭王二十八年，楚頃襄王二十年，西元前二七九年。㉕拔鄢鄧五城　鄢，楚邑名，在今湖北宜城東南。鄧，楚邑名，在今湖北襄樊北。㉖其明年　秦昭王二十九年，楚頃襄王二十一年，西元前二七八年。㉗拔郢　郢，楚國都城，在今湖北荊州江陵西北。㉘夷陵　楚縣名，是楚國先王陵墓的所在地，在今湖北宜昌東南。㉙竟陵　楚邑名，在今湖北潛江西北。㉚亡去郢　逃離郢都。㉛徙陳　將國都遷到了陳縣。陳，今河南淮陽。㉜武安君　白起的封號。崔適曰：「七國時或有封邑而別為名號，如以尉文封廉頗為信平君，封樂毅于觀津號曰望諸君，秦相呂不韋封為文信侯，食河南洛陽十萬戶。或有封號而無封邑，如秦相蔡澤為剛成君，趙賜趙奢為馬服君，漢初封劉敬為奉春君，叔孫通為稷嗣君，則位下于列侯，〈始皇本紀〉謂之『倫侯』，漢曰『關內侯』，即名號侯之類也。趙有兩『武安君』，始蘇秦，終李牧，而秦亦以此名封白起，亦但有名號耳。」㉝因取楚　趁勢平定了楚地。㉞巫　楚郡名，郡治在今重慶市巫山縣北。㉟黔中郡　楚郡名，郡治臨沅，即今湖南常德。按：據〈秦本紀〉，取楚之巫郡、黔中郡在昭王三十年（西元前二七七年），任其事者為「蜀守若」，非白起；〈春申君列傳〉與〈白起王翦列傳〉同。梁玉繩曰：「豈伐巫之役，起與若共之與？」㊱昭王三十四年　亦即魏安釐王四年，西元前二七三年。㊲白起攻魏三句　華陽，韓邑名，在今河南密縣東北。芒卯，《戰國策》作「孟卯」，魏將。梁玉繩曰：「是役也穰侯、白起、胡陽同帥師，不當專言「起」；華陽乃韓地，不可言「魏」，蓋破魏于華陽耳。」㊳虜三晉將　據〈韓世家〉，此役的興起乃由於趙、魏兩國伐韓，秦起兵救韓，乃破趙、魏聯軍於華陽。此所謂「虜三晉將」，即指虜魏將。此處的「三晉」與《孟子》「晉國天下莫強焉」的「晉國」意思相同，即單指魏國，試看下文另說秦與趙國的戰況可知。㊴斬首十三萬　按：〈秦本紀〉與〈六國年表〉皆說此役「斬首十五萬」，正是合趙、魏兩國被破殺的總數而言。㊵昭王四十三年　韓桓惠王九年，西元前二六四年。㊶陘城　韓縣名，縣治在今山西曲沃東北。㊷拔五城　梁玉繩曰：「『五城』二字誤，當作『拔之』。」㊸四十四年　西元前二六三年。㊹南陽太行道　魏國南陽地區的翻越太行山的通道。南陽，地區名，相當於今河南北部王屋山以南，黃河以北的部分地區。太行道，指今山西上黨地區翻越太行山與今河南鄭州一帶相通的山道，即「羊腸坂」。㊺絕之　將此山道占領，將魏國東西兩方的聯繫斬斷。

【語　譯】白起是陝西郿縣人。他很會用兵，在秦昭王駕下供職。昭王十三年，白起為左庶長，曾帶兵攻打韓國的新城。這一年，正好是穰侯魏冉做秦國的宰相，他推薦任鄙做了漢中的郡守。第二年，白起升為左更，率兵攻打伊闕，與韓、魏聯軍作戰，殺死了敵兵二十四萬，活捉了魏將公孫喜，占領了五座城池。白起因功又被升為國尉。接著他又指揮秦軍渡過黃河，奪取了安邑以東直到乾河一帶的韓國的大片土地。轉過年來，白起做了大良造。領兵進攻魏國，攻克了大小城邑六十一個。第二年，白起又和客卿司馬錯一起打下了垣城。五年後，白起又攻打趙國，奪取了趙國的光狼城。又過了七年，白起攻打楚國，又攻下了鄢、鄧等五座城池。第二年，又再次攻楚，占領了楚國的郢都，燒毀了楚國祖先的陵墓，並長驅東下，一直打到了竟陵。楚王被迫離開郢都，向東逃難，把國都也遷到了陳縣。而秦國就把郢都變成了它的南郡，白起因此被封為武安君。接著白起又連續作戰，占領了楚國西部的巫和黔中兩個郡。

2　昭王三十四年，白起伐魏，攻克了華陽，趕走了芒卯，俘虜了魏國的一些將領，殺死敵兵十三萬。接著又打敗了趙將賈偃，把趙國的兩萬多降兵扔在了黃河裡。昭王四十三年，白起首先進攻韓國的陘城，接著一連奪取了韓國的五座城鎮，殺死敵兵五萬人。四十四年，白起攻占了韓國南陽的太行山路，截斷了太行山的交通。

1 四十五年❶，伐韓之野王❷。野王降秦，上黨道絕❸。其守馮亭❹與民謀曰：「鄭道❺已絕，韓必不可得為民❻。秦兵日進，韓不能應❼，不如以上黨歸趙❽。趙若受我，秦怒，必攻趙。趙被兵，必親韓。韓、趙為一，則可以當秦❾。」因使人報趙。趙孝成王❿與平陽君⓫、平原君⓬計之。平陽君曰：「不如勿受。受之，禍大於所得。」平原君曰：「無故得一郡，受之便。」趙受之，因封馮亭為華陽君⓭。

2 四十六年⓮，秦攻韓緱氏⓯、藺⓰，拔之。

3 四十七年⓱，秦使左庶長王齕⓲攻韓，取上黨。上黨民走趙。趙軍長平⓳，以按據⓴上黨民。四月，齕因攻趙。趙使廉頗㉑將。趙軍士卒犯秦斥兵㉒，秦斥兵斬趙裨將茄㉓。六月，陷趙軍，取二鄣㉔、四尉㉕。七月，趙軍築壘壁而守之。秦又攻其壘，取二尉，敗其陣，奪西壘壁㉖。廉頗堅壁以待秦。秦數挑戰，趙兵不出。趙王數以為讓㉗。而秦相應侯㉘又使人行千金於趙為反間，曰：「秦之所惡㉙，獨畏馬服子㉚趙括將耳。廉頗易與㉛，且降矣。」趙王既怒廉頗軍多失亡，軍數敗，又反堅壁不敢戰，而又聞秦反間之言，因使趙括代廉頗將以擊秦。秦聞馬服子將，乃陰使武安君白起為上將軍，而王齕為尉裨將㉜，令軍中有敢泄武安君將者斬㉝。趙括至，則出兵擊秦軍。秦軍詳敗㉞而走，張二奇兵以劫之㉟。趙軍逐勝，追造秦壁㊱，壁堅，拒不得入。而秦奇兵二萬五千人絕趙軍後㊲，又一軍五千騎絕趙壁間㊳，趙軍分而為二，糧道絕。而秦出輕兵㊴擊之，趙戰不利，因築壁堅守㊵，以待救至。秦王聞趙食道絕，王自之河內㊶，賜民爵各一級㊷，發年十五以上悉詣長平㊸，遮絕㊹趙救及糧食。

4 至九月，趙卒不得食四十六日，皆內陰相殺食。來攻秦壘，欲出。為四隊㊺，四五復之㊻，不能出。其將軍趙括出銳卒自搏戰，秦軍射殺趙括㊼。括軍敗，卒四十萬人降武安君。武安君計㊽曰：「前秦已拔上黨，上黨民不樂為秦而歸趙；趙卒反覆，非盡殺之，恐為亂。」乃挾詐㊾而盡阬殺之，遺其小者二百四十人歸趙。前後斬首虜四十五萬人㊿，趙人大震(51)。

【章旨】以上為第二段，寫白起最輝煌的長平之戰，這是白起一生軍事活動的巔峰。

【注　釋】❶四十五年　西元前二六二年。❷野王　韓縣名，即今之河南沁陽。❸上黨道絕　韓國的上黨郡與韓國首都新鄭的聯絡被斬斷。胡三省曰：「自上黨趣鄭，由野王渡河。」❹其守馮亭　上黨郡的郡守馮亭。❺鄭道　聯絡新鄭的通道，即經由野王縣的太行坂。❻韓必不可得為民　瀧川曰：「不可得為韓之民也。」按：原文用字不順。❼韓不能應　謂韓國無法援救上黨。應，支應；救援。❽不如以上黨歸趙　上黨地區東與趙國為鄰，其東北不遠即趙國的都城邯鄲。❾韓趙為一二句　按：馮亭處於被拋棄的局勢下，降趙仍不失為韓，用心未嘗不善也。❿趙孝成王　趙惠文王之子，名丹，西元前二六五－前二四五年在位。⓫平陽君　趙豹，惠文王之弟，孝成王之叔。封地平陽，在今山西臨汾西南。瀧川引《戰國策》曰：「平陽君，惠文王母弟也。」⓬平原君　趙勝，惠文王的同父異母弟，孝成王之叔，事跡詳見〈平原君列傳〉。⓭封馮亭為華陽君　《正義》曰：「常山，一名華陽。」按：趙之「常山」在今石家莊市東北。瀧川曰：「〈趙策〉云『馮亭辭封入韓』，與此異。」按：馮亭率上黨歸趙事，詳見〈趙世家〉。⓮四十六年　西元前二六一年。⓯緱氏　韓縣名，縣治在今河南偃師東南。⓰藺　《正義》以為「既攻緱氏、藺，二邑合相近」，而潁川一帶無稱「藺」之地，於是以為「藺」字應作「綸」，在緱氏東南。⓱四十七年　趙孝成王六年，西元前二六〇年。⓲王齕　秦將，事跡又見於〈秦本紀〉、〈范雎蔡澤列傳〉。⓳長平　韓縣名，縣治在今山西高平西北。⓴按據　中井曰：「猶言『鎮撫』也。乃是鎮撫其走民，不使散亡也。」㉑廉頗　趙國名將，事跡詳見〈廉頗藺相如列傳〉。㉒斥兵　也稱斥候，即偵察兵。㉓裨將茄　裨將趙茄。陳直曰：「《說文》：『茄，荷也。』趙裨將取名於此，非指今之紫茄也。」裨將，副將；偏將。㉔二鄣　兩個城堡。中井曰：「鄣似城而小，猶砦也。」㉕四尉　四個尉官。尉，都尉、校尉，都是將軍部下分統各部士伍的軍官，猶如今之師、團校官。胡三省曰：「秦漢之制，行軍亦自有『都尉』。」㉖西壘壁　西部前沿的防禦工事。《正義》曰：「在澤州高平縣北六里。」㉗數以為讓　多次地指責廉頗畏懼退縮。讓，指責。㉘應侯　即范雎，當時為秦國丞相，事跡詳見〈范雎蔡澤列傳〉。㉙秦之所惡　秦國所最感棘手的。㉚馬服子　馬服君趙奢的兒子。趙奢是趙國名將，曾大破秦兵於閼與，因功被封為「馬服君」。事跡見〈廉頗藺相如列傳〉。或謂「馬服」既是趙奢的封號，也是趙括的封號，「子」是對人的敬稱，「馬服子」在這裡即稱趙括。㉛易與　容易對付。與，打交道。㉜王齕為尉裨將　意思是將王齕降為白起的助手，作為白起的副將。但這裡的「尉」字似不應理解為將軍部下的「都尉」、「校尉」之職，而應該是管理全軍司法的「軍尉」、「中尉」之類。鍾惺曰：「陰使武安君為上將，而王齕副之，齕亦安焉，與起共事，兩無嫌怨，而卒以成功，此亦後世人臣所難。」㉝有敢泄武安君將者斬　陳子龍曰：「敵將怯者，虛聲以下之；敵將輕者，藏形以誘之。趙括輕銳之士，故秦不泄武安君也，亦可見武安君名震于諸侯矣。」㉞詳敗　詳，通「佯」。假裝。㉟張二奇兵

以劫之　左右翼埋伏下兩支軍隊準備截斷他的退路。㊱追造秦壁　追造，一直追到。造，到；抵達。秦壁，《正義》曰：「一名『秦壘』，今亦名『秦長壘』。」㊲絕趙軍後　斷絕了趙軍的退路。㊳絕趙壁間　將趙軍的營壘一下子切割成了兩塊。李笠將「間」字屬下句讀，作「絕趙壁，間趙軍分而為二」。謂「此亦『祝聃衷戎師』，與『鬥廉衡陳其師于巴師之中』之故智也。或以『間』字連上讀，非。」大致意思相同。李氏所引二事，分別見於《左傳》之隱公九年與桓公九年。㊴輕兵　《正義佚存訂補》曰：「人馬不帶甲為輕兵。」按：此處似指小股部隊。㊵築壁堅守　《正義》曰：「趙壁，今名『趙東壘』，亦名『趙東長壘』，在澤州高平縣北五里，即趙括築壁敗處。」㊶自之河內　秦昭王親自到達臨近長平的河內地區，即前文所說野王一帶，後來秦國在這一帶設立了河內郡。㊷賜民爵各一級　給河內地區的每個百姓都長一級。秦漢時代一般的平民也可以有級，即按照前面所說二十級進行累計，這種「級」多了，可以做官，可以享受特權，可以用以贖罪，甚至可以買賣。㊸發年十五以上悉詣長平　意思是讓河內地區十五歲以上的男人一律開赴前線。古代規定，男人二十三歲（有時也規定為二十歲）算是「成丁」，開始為國家當兵、服徭役；至於戰爭年代，就全憑掌權者的需要了，這裡是徵調「年十五」以上的。悉詣，全部到達；全部送到。㊹遮絕　攔斷。㊺為四隊　謂趙括將趙軍分為四批，輪番向外突圍。㊻四五復之　意即向外突圍四五次。㊼秦軍射殺趙括　陳子龍曰：「廉頗僅支王齕，而括安能敵白起？然趙軍既分為二，括猶築壁堅守至四五十日而後敗，括亦良將也。特以視秦太輕，墮秦之誘耳。」按：有關趙括之敗，可參看〈廉頗藺相如列傳〉。㊽計　心裡盤算。㊾挾詐　使用欺騙手段。㊿前後斬首虜四十五萬人　首虜，原指斬敵之首與捉得俘虜，有時也單指「首級」或俘虜，此處意謂在戰場上斬殺與俘獲、投降後活埋共四十五萬人。《水經注》曰：「長平城西有秦壘，秦坑趙卒，收頭顱築臺于壘中，迄今猶號『白起臺』。」《括地志》曰：「頭顱山在縣西五里，白起臺在其上。」又曰：「冤谷，在今高平城西二十里，舊稱『殺谷』。唐玄宗到潞州，路過致祭，又名『省冤谷』。」(51)趙人大震　何晏曰：「白起之降趙卒，詐而坑其四十萬，豈徒酷暴之謂乎，後亦難以重得志矣。向使眾人皆豫知降之必死，則張虛拳猶可畏也，況于四十萬被堅執銳哉！天下見降秦之將頭顱似山，歸秦之眾積尸成丘，則後日之戰，死當死耳，何眾肯服，何城肯下乎？其所以終不敢復加兵于邯鄲者，非但憂平原君之補袓、患諸侯之救至也，徒諱之而不言耳。」

【語譯】四十五年，白起攻打韓國的野王郡，野王投降了秦國，從而使得韓國的上黨地區與其本國斷絕了聯繫。這時上黨郡的郡守馮亭和當地的人們商量說：「現在我們與國都新鄭的交通已被掐斷，韓國已經不能再管我們了。秦兵現在一天天逼進，韓國無法接應我們，我想我們不如帶著整個上黨地區投奔趙國。趙國假如接納了我們，秦國一定會發怒伐趙。趙國受到攻擊，一定會和韓國聯合。到那時韓國和趙國團結一致，就可以抵抗秦國了。」議罷就趕緊派人向趙國報告了這個意向。趙孝成王與平陽君、平原君一起商討。平陽君說：「還是不要接受的好，如果接受了，恐怕大禍臨頭得不償失。」平原君說：「白白地得到一個郡，還是接受為好！」於是趙王決定接受了，封馮亭為華陽君。

2 昭王四十六年，秦國又攻下了韓國的緱氏和藺縣。

3 四十七年，秦王派左庶長王齕進攻韓國，占領了上黨。上黨的軍民都向趙國逃跑。這時趙國的軍隊駐紮在長平，成為上黨軍民的依靠。四月，王齕向趙國展開進攻，當時趙國是派廉頗在指揮長平的軍隊。趙軍和秦國的偵察部隊一交鋒，就被秦國的偵察部隊殺掉了副將趙茄。六月，秦軍攻破了趙國的防線，奪去了兩個城堡，抓去了四個校尉。七月，趙軍在加築工事堅守防線的過程中，又遭到了秦軍的攻擊，被捉去了兩個校尉，陣線又被攻破，西部的一部分堡壘被秦兵占領。於是廉頗遂命令趙軍堅守陣地，不再出戰，以等待時機。秦軍多次挑戰，趙軍都一概不應。這時趙王沉不住氣了，他多次地派人指責廉頗。而秦國宰相應侯范睢也趁機派人帶著千金到趙國來行使反間計，他們說：「秦國人最怕的，就是趙奢的兒子趙括一個。至於廉頗，那是容易對付的，他馬上就要投降了。」這時趙王本來就對廉頗的損兵折將，屢次失敗，以及他堅壁固守不敢出戰的情形而生氣，現在又聽到秦國散布的流言後，便立刻派了趙括去代替廉頗。秦國一聽趙括做了趙軍的主帥，於是就暗中換了武安君白起來做上將軍，而讓王齕改任副將，並命令全軍誰敢洩漏白起為主將的消息，誰就要被殺頭。再說趙括他一到長平，就立即出兵與秦軍作戰。而秦國的軍隊故意假裝失敗逃跑，暗中卻派了兩支奇兵準備著要截斷趙軍的後路。這時趙軍乘勝猛追，一直追到了秦軍的工事前面。秦軍的工事非常堅固，趙軍攻不進去。趁這時秦國預先埋伏的兩萬五千人已經截斷了趙軍的退路，另一支五千人的騎兵又插入了趙軍的營壘，把趙軍截為兩段，趙國的糧道也不通了。接著秦軍就派小部隊對趙軍不斷出擊，趙軍連連失利，最後無法，只好堅守工事，等待救兵了。秦王一聽到趙軍的運輸線已經斷絕，於是自己就親臨河內，下令給秦國的百姓們每人提高一級，徵調國內所有十五歲以上男子全去長平，以斷絕趙國對長平的一切援救和糧草供應。

4 到九月時，趙國的軍營裡已經絕糧四十六天了，士兵們以至於到了暗中互相殘殺吃人肉的地步。他們實在無法再等了，只好又改為對秦軍出擊，想要突圍。趙括把趙卒分為四隊，輪番向外突圍了四五回，結果都被打了回去。最後趙括帶著一部分精銳部隊親自出戰，結果被秦軍射死了，於是趙軍大敗，四十多萬人都投降了白起。白起考慮道：「以前秦軍奪取上黨時，上黨的軍民們就不願意歸順秦國而歸了趙國，趙國人也是反覆無常的，要不全部殺了他們，恐怕日後還要鬧亂子。」於是就設計把他們全都活埋了，只留下了其中的二百四十個小孩子讓他們回去向趙國報訊。這一仗前後共殺死趙人四十五萬，使趙國舉國為之震驚。

1 四十八年❶，十月❷，秦復定上黨郡❸。秦分軍為二❹：王齕攻皮牢❺，拔之；司馬梗定太原❻。韓、趙恐，使蘇代❼厚幣❽說秦相應侯曰：「武安君禽馬服子乎❾？」曰：「然。」又曰：「即圍邯鄲乎❿？」曰：「然。」「趙亡則秦王王矣⓫，武安君為三公⓬。武安君所為秦戰勝攻取者七十餘城，南定鄢、郢、漢中⓭，北禽趙括之軍。雖周、召、呂望之功，不益於此⓮矣。今趙亡，秦王王，則武安君必為三公，君能為之下乎？雖無欲為之下，固不得已矣。秦嘗攻韓，圍邢丘⓯，困上黨，上黨之民皆反為趙，天下不樂為秦民之日久矣。今亡趙，北地入燕，東地入齊，南地入韓、魏⓰，則君之所得民亡幾何人⓱。故不如因而割之⓲，無以為武安君功⑲也。」於是應侯言於秦王曰：「秦兵勞，請許韓、趙之割地以和，且休士卒。」王聽之，割韓垣雍⑳、趙六城以和。正月，皆罷兵㉑。武安君聞之，由是與應侯有隙㉒。

2 其九月，秦復發兵，使五大夫王陵㉓攻趙邯鄲。是時武安君病，不任行㉔。四十九年㉕正月，陵攻邯鄲，少利，秦益發兵佐陵。陵兵亡五校㉖。武安君病愈，秦王欲使武安君代陵將。武安君言曰：「邯鄲實未易攻也。且諸侯救日至，彼諸侯怨秦之日久矣。今秦雖破長平軍，而秦卒死者過半，國內空。遠絕㉗河山而爭人國都，趙應其內，諸侯攻其外，破秦軍必矣㉘。不可。」秦王自命，不行；乃使應侯請之，武安君終辭不肯行，遂稱病。

3 秦王使王齕代陵將，八九月圍邯鄲㉙，不能拔。楚使春申君㉚及魏公子㉛將兵數十萬攻秦軍，秦軍多失亡。武安君言曰：「秦不聽臣計，今如何矣㉜！」秦王聞之，怒，彊起武安君㉝，武安君遂稱病篤㉞。應侯請之，不起。於是免武安君為士伍㉟，遷之陰密㊱。武安君病，未能行。居三月，諸侯攻秦軍急，秦軍數卻㊲，使者日至㊳。秦王乃使人遣白起，不得留咸陽中。武安君既行，出咸陽西門十里，至杜郵㊴。秦昭王與應侯、羣臣議曰：「白起之遷，其意尚怏怏㊵不服，有餘言㊶。」

秦王乃使使者賜之劍，自裁㊷。武安君引劍將自剄，曰：「我何罪于天而至此哉？」良久，曰：「我固當死。長平之戰，趙卒降者數十萬人，我詐而盡阬之，是足以死㊸。」遂自殺。武安君之死也，以秦昭王五十年十一月㊹。死而非其罪，秦人憐之，鄉邑皆祭祀焉㊺。

【章　旨】以上為第三段，寫白起的悲慘結局。

【注　釋】❶四十八年　西元前二五九年。❷十月　梁玉繩曰：「『十月』二字衍。時秦尚未以『十月』為歲首，不應先書『十月』。」王叔岷以為應作「七月」。❸復定上黨郡　《索隱》曰：「前攻趙，已破上黨，今迴兵復定其郡，其餘城猶屬趙也。」按：上黨地區原已於三年前降秦，後由於馮亭降趙，生出枝節，今已破趙軍，重得上黨，故曰「復」。❹秦分軍為二　梁玉繩曰：「〈秦紀〉云『分軍為三』，此只言王齕、司馬梗二軍者，不數武安君先歸之一軍也。」按：《資治通鑑》亦「去分軍為三」。❺皮牢　韓縣名，縣治在今山西翼城東北。❻太原　指晉陽（今山西太原西南）一帶地區，當時屬趙。後來秦國在這一帶設立太原郡，郡治晉陽。此以後來之地理形勢言之。❼蘇代　戰國後期有名的辯士，〈蘇秦列傳〉以為是蘇秦之弟，實應是蘇秦之兄，詳見〈蘇秦列傳〉注。❽厚幣　厚禮，一般用璧、帛、馬匹等物充之。❾武安君禽馬服子乎　武安君不是已經消滅趙括的軍隊了嗎？❿即圍邯鄲乎　武安君不是即將進而包圍邯鄲嗎？即，行將。⓫趙亡則秦王王矣　趙國一被消滅，則秦王即將稱王於天下。胡三省曰：「秦之稱王，自王其國耳；今破趙，則將王天下也。」中井曰：「下『王』字，疑當作『帝』。」⓬武安君為三公　三公，指丞相、太尉、御史大夫，此借指人臣中之權位最高者。⓭南定鄢郢漢中　白起破楚取鄢、郢，事已見前；至於秦取楚漢中郡（今陝西省東南角和湖北省西北角一帶地區），乃在秦惠文王後元十三年（西元前三一二年），據〈秦本紀〉，其將領為「庶長章」，非白起。⓮雖周召呂望二句　周，指周公姬旦，周武王之弟；召，指召公姬奭，亦武王之弟；呂望，即姜太公。以上三人都是協助周武王滅紂，建立西周王朝的開國功臣，事跡分別見於〈魯周公世家〉、〈燕召公世家〉、〈齊太公世家〉及〈周本紀〉。⓯圍邢丘　梁玉繩曰：「鮑、吳〈秦策〉注云此當作『郅』，即韓桓惠王九年『秦拔韓陘』事。」王念孫曰：「『丘』字當衍。」此即前文「昭王四十三年，白起攻韓陘城，拔五城」事。⑯南地入韓魏　梁玉繩曰：「『韓』字誤，〈秦策〉作『楚』，是。」後人注《史記》多有從之者。繆文遠引鍾鳳年曰：「趙不與楚鄰，作『韓、魏』是。」⑰所得民亡幾何人　亡幾何，猶言「沒有多少」。按：前四國皆言「地」，於秦不應獨言「人」，「人」字似衍。〈秦策〉於此作「則秦所得無幾何」，較此為長。⑱因而割之　趁著機會逼著趙國割地求和。⑲無以為武安君功　沒有必要幫著白起建立功勳。按：以上蘇代說范雎沮白起事，見《戰國策・秦策三》，但《戰國策》未云說范雎者為誰。繆文遠曰：「《史記》以為蘇代語，未足據。」凌稚隆引徐中行曰：「蘇代揣知應侯是個忌刻底人，故先言武安之貴以動其忌心，然後言民不樂為秦，以動其阻心，勢如破竹矣。」⑳垣雍　韓縣名，縣治在今河南原陽西。㉑正月二句　胡三省曰：「觀此則用『十月』為歲首，蓋因〈秦紀〉而書之也。」按：下文書「四十九年」而先言「正月」，似此時秦尚未以「十月」為歲首也。此處之「正月，皆罷兵」，應是雙方協議所訂，謂以下年之「正月」為撤兵之期也。㉒由是與應侯有隙　徐孚遠曰：「武安君，穰侯所任。應侯代穰侯相，二人故有隙，不待韓、趙之間也。」胡三省曰：「為秦殺白起張本。」㉓五大夫王陵　五大夫，秦爵二十級中的第九級。㉔不任行　不能率師出征。《正義》曰：「任，堪也。」長平之勝後，白起原欲立即進攻邯鄲，而范雎因忌妒白起之功，勸說昭王罷兵；至次年，昭王又欲攻趙，以命白起，白起遂憤而稱病。㉕四十九年　趙孝成王八年，西元前二五八年。㉖亡五校　損失了五個師團的人馬。校，軍隊編制名，約當今之師、團，其部隊長即校尉。一個將軍統率若干校。㉗絕　橫越；跨越。㉘破秦軍必矣　史珥曰：「極切情事，然武安君之意似並不在勝負。」中井曰：「『未易攻』者，白起不欲行之詞，非其情也。『死者過半』，亦甚言之，不必事實。不然，當初受命圍邯鄲而不辭，其謂之何？」㉙八九月圍邯鄲　意即將邯鄲包圍了八、九個月。《戰國策・中山策》作「圍邯鄲八九月」。㉚春申君　楚國大臣黃歇的封號，黃歇的事跡見〈春申君列傳〉。㉛魏公子　即信陵君，名無忌，魏安釐王之弟。按：有關春申君與魏公子救趙的過程，詳見〈平原君虞卿列傳〉、〈魏公子列傳〉。㉜秦不聽臣計二句　徐孚遠曰：「武安君不宜有後言，疑應侯為之蜚語也。」㉝彊起武安君　硬是逼著武安君出來為將。㉞病篤　病重。按：以上秦使白起為將，白起拒不應命事，見《戰國策・中山策》，其文載白起與昭王、與范雎之往復對答甚詳。㉟免武安君為士伍　免去白起的一切官爵，將其降到普通士兵的地位。士伍，士兵五人為一「伍」，此處即指普通士兵。㊱陰密　秦縣名，縣治在今甘肅靈台西南。㊲諸侯攻秦軍急二句　關於此次邯鄲之得以解圍，秦軍之所以罷退，應參看〈魯仲連鄒陽列傳〉、〈平原君虞卿列傳〉、〈魏公子列傳〉等數篇。㊳使者日至　來自前方報告軍情緊急的使者接連不斷。㊴杜郵　亭驛名，在當時的咸陽城西南，今咸陽市之東北。㊵怏怏　失意不滿的樣子。㊶有餘言　有無盡的怨言。㊷秦王乃使使者賜之劍二句梁玉繩曰：「《國策》甘羅述武安君之死也，曰『去咸陽七里絞而殺之』，與此不同。」㊸是足以死　凌稚隆曰：「太史公述武安自言，以結武安『罪』案，與〈蒙恬傳〉末語意同。」中井曰：「自居死罪者，乃所以明其無罪，與蒙恬同。」㊹武安君之死也二句　昭王五十年，西元前二五七年。梁玉繩曰：「按〈紀〉是十二月，此誤。」㊺死而非其罪三句　慕中岳《中國戰爭史》曰：「一代叱咤風雲的名將，每每馳騁於百萬敵軍之中，敵人無奈他何，然而卻常常被一句流言蜚語毀於一旦，或被逼而死，使錚錚忠骨含恨於九泉之下。長平大戰後，廉頗的老死楚鄉，白起被賜劍自刎，再度重現了這種不公平的歷史結局。」

【語　譯】四十八年，十月，秦軍再次平定了上黨郡，然後分兵兩路：王齕率軍西下攻克了皮牢；司馬梗率軍北上攻下了太原。韓國、趙國都感到害怕了，於是就派蘇代帶著重禮到秦國來賄賂其宰相范雎說：「武安君不是消滅趙括了嗎？」范雎說：「是的。」蘇代又說：「秦軍不是馬上就要包圍邯鄲了嗎？」范雎說：「是的。」蘇代說：「趙國一旦滅亡，秦王就可以稱帝了，那時武安君必將成為國家的三公。他為秦國打敗敵人奪取了七十多個城池，他向南平定了鄢、郢、漢中，向北消滅了趙括的軍隊。就是古代周公、召公、呂望的功勞，恐怕也不會比這個更多了。假如趙國真的滅亡，秦國一稱帝，武安君真的成了三公，您能甘願屈居於他之下嗎？到那時恐怕您不想屈居於他之下，也不行了吧。當初秦國攻韓，包圍了邢丘，控制了上黨的時候，上黨的軍民都去投奔了趙國，這說明普天下的人早就不樂意做秦國的臣民。現在您即使消滅了趙國，趙國北部地區的人會逃到燕國，東部地區的人會逃到齊國，南部地區的人會逃到韓國和魏國，這樣一來你們自己根本得不到多少人。所以我覺得您應該叫趙國割地求和，而不要滅趙再給武安君增功。」范雎一聽就去對秦王說：「秦國的士兵已經很疲勞了，請允許韓國和趙國割地求和，讓我們的士兵們休整一下吧。」秦王同意了，於是韓國割出了垣雍縣，趙國也割出了六座城，都與秦國講和了。正月，秦軍全部撤回。武安君聽說了這是范雎的主意，從此就和范雎有了矛盾。

2 同年九月，秦國又派五大夫王陵率兵攻打趙國的邯鄲。這時正趕上白起有病，不能擔當任務。四十九年正月，王陵在攻打邯鄲時進展不太順利，於是秦王又增派了一些部隊支援王陵，但王陵還是失敗了，損失了五個校尉的人馬。這時白起的病已經好了，秦王就想讓他去代替王陵為將。白起推辭說：「邯鄲實在是不易攻克的。而且其他各國的救兵也很快就要到了，各個國家都是很早以來就對秦國不滿。現在我們雖然在長平消滅了趙國的軍隊，但是我們自己的士兵也死傷過半，國內空虛。現在再跨山涉水地去打人家的國都，這樣，趙國的軍隊從裡向外打，各國的軍隊從外向裡打，那時，秦軍是一定要被打敗的。還是不要打了吧！」秦王一看自己說的白起不聽，就又派范睢去請他，武安君始終推辭不去，後來就又說自己病了。

3　秦王無法，只好改派王齕去替代了王陵。王齕率軍將邯鄲圍困了九個月，也沒能攻下來。這時楚國的春申君和魏國的魏公子率領著幾十萬大軍救趙攻秦，秦軍傷亡很大。這時武安君在私下議論說：「秦王當初不聽從我的話，現在事實怎麼樣呢？」秦王一聽很生氣，就硬是催促武安君赴前線就任。武安君推說病重，范睢也再次去請他，白起還是不幹。於是秦王一怒免掉了白起武安君的封號，將他削為了平民，下令把他發配到陰密去住。白起因為有病，暫時沒有動身。又過了三個月，這時各國的軍隊對秦軍攻逼得很厲害，秦軍連續敗退，告急的使者每天都有。面對這種局勢，秦王就派人打發白起立刻動身，不准再住在咸陽。白起只好出發了，當他出了咸陽西門，走到離城十里地的杜郵時，秦昭王與范睢和眾臣商量說：「白起對於這次流放，他是耿耿於懷的，他還憋著一肚子對朝廷不滿的話。」於是就派人給他送去了一把劍，叫他自殺。白起接過劍來恨恨地說：「我究竟有什麼罪過而落到這個地步？」過了好一會，他自己又說：「我是該死的。在長平之戰中，趙國的幾十萬人投降了我，我卻使詐把他們都活埋了，有這一條，我早就該死了。」說罷遂橫劍自殺。白起是死在秦昭王五十年十一月。因為他是無罪被殺，所以秦國人都很同情他，許多鄉村城鎮都給他上供。

1　王翦者，頻陽❶東鄉人也。少而好兵，事秦始皇❷。始皇十一年❸，翦將攻趙閼與❹，破之，拔九城❺。十八年❻，翦將攻趙。歲餘，遂拔趙，趙王降❼，盡定趙地為郡❽。明年❾，燕使荊軻為賊於秦❿。秦王使王翦攻燕。燕王喜走遼東，翦遂定燕薊而還⓫。秦使翦子王賁擊荊⓬，荊兵敗。還擊魏，魏王降，遂定魏地⓭。

2 秦始皇既滅三晉⓮，走燕王，而數破荊師。秦將李信⓯者，年少壯勇，嘗以兵數千，逐燕太子丹至於衍水中，卒破得丹⓰，始皇以為賢勇。於是始皇問李信：「吾欲攻取荊，於將軍度用⓱幾何人而足？」李信曰：「不過用二十萬人。」始皇問王翦，王翦曰：「非六十萬人不可。」始皇曰：「王將軍老矣，何怯也！李將軍果勢壯勇⓲，其言是也。」遂使李信及蒙恬⓳將二十萬南伐荊。王翦言不用，因謝病，歸老於頻陽⓴。李信攻平與㉑，蒙恬攻寢㉒，大破荊軍。信又攻鄢、郢，破之㉓。於是引兵而西，與蒙恬會城父㉔。荊人因隨之，三日三夜不頓舍㉕，大破李信軍㉖，入兩壁，殺七都尉，秦軍走。

3 始皇聞之，大怒，自馳如頻陽，見謝王翦曰：「寡人以不用將軍計，李信果辱秦軍。今聞荊兵日進而西，將軍雖病，獨忍弃寡人乎？」王翦謝曰：「老臣罷病悖亂㉗，唯大王更擇賢將。」始皇謝曰：「已矣，將軍勿復言！」王翦曰：「大王必不得已用臣，非六十萬人不可。」始皇曰：「為聽將軍計耳㉘。」於是王翦將兵六十萬人，始皇自送至灞上㉙。王翦行，請美田宅園池甚眾。始皇曰：「將軍行矣，何憂貧乎？」王翦曰：「為大王將，有功終不得封侯㉚。故及大王之嚮㉛臣，臣亦及時以請園池為子孫業耳。」始皇大笑。王翦既至關㉜，使使還請善田者五輩㉝。或曰：「將軍之乞貸，亦已甚矣！」王翦曰：「不然。夫秦王怚而不信人㉞。今空秦國甲士而專委於我，我不多請田宅為子孫業以自堅㉟，顧令秦王坐而疑我邪？」

4 王翦果代李信擊荊。荊聞王翦益軍而來，乃悉國中兵以拒秦。王翦至，堅壁而守之，不肯戰。荊兵數出挑戰，終不出㊱。王翦日休士洗沐，而善飲食撫循㊲之，親與士卒同食。久之，王翦使人問：「軍中戲乎？」對曰：「方投石、超距㊳。」於是王翦曰：「士卒可用矣。」荊數挑戰而秦不出，乃引而東。翦因舉兵追之，令壯士擊，大破荊軍。至蘄南㊴，殺其將軍項燕㊵。荊兵遂敗走，秦因乘勝略定荊地城邑。歲餘，虜荊王負芻㊶，竟平荊地為郡縣㊷，因南征百越之君㊸。而王翦子王賁與李信破定燕、齊地㊹。

5 秦始皇二十六年，盡并天下㊺，王氏、蒙氏功為多，名施於後世㊻。

6 秦二世㊼之時，王翦及其子賁皆已死，而又滅蒙氏㊽。陳勝之反秦㊾，秦使王翦之孫王離擊趙，圍趙王及張耳鉅鹿城㊿。或曰：「王離，秦之名將也。今將彊秦之兵，攻新造之趙[51]，舉之必矣。」客曰：「不然。夫為將三世者必敗[52]。必敗者何也？必其所殺伐多矣，其後受其不祥。今王離已三世將[53]矣。」居無何[54]，項羽救趙，擊秦軍，果虜王離[55]。王離軍遂降諸侯。

【章　旨】以上為第四段，寫王翦在輔佐秦始皇統一六國中所建立的歷史功勳。

【注　釋】❶頻陽　秦縣名，縣治在今陝西銅川東南。❷秦始皇　名政，莊襄王之子，西元前二四六年繼位為秦王，西元前二二一年統一全國稱皇帝。事跡詳見〈秦始皇本紀〉。❸始皇十一年　趙悼襄王九年，西元前二三六年。按：此時秦未統一六國，只合稱「秦王政十一年」。❹閼與　趙縣名，縣治即今山西和順，其地前曾屬韓。❺拔九城　指閼與、鄴城、安陽等。❻十八年　西元前二二九年。❼趙王降　這時的趙王，名遷，在位八年（西元前二三五—前二二八年）。據〈秦始皇本紀〉王翦於秦王政十八年圍邯鄲，十九年（西元前二二八年）始攻克邯鄲，得趙王。❽盡定趙地為郡　趙王遷以邯鄲降秦後，趙人又在北部的代縣（今河北蔚縣東北）擁立趙嘉為代王，六年後（西元前二二二年），始被秦國所滅。史公於此處行文不清，可參看〈燕召公世家〉。❾明年　指秦滅趙的第二年，秦王政二十年，燕王喜二十八年（西元前二二七年）。❿燕使荊軻為賊於秦　荊軻入秦行刺失敗事，詳見〈刺客列傳〉。⓫燕王喜走遼東二句　燕王喜，燕國的末代國君，太子丹之父，在位三十三年（西元前二五四—前二二二年）。遼東，燕郡名，郡治襄平（今遼寧遼陽）。燕薊，燕國的首都薊城，即今北京市。據〈秦始皇本紀〉、〈燕召公世家〉，王翦破燕軍、下薊城，燕王喜走保遼東在秦王政二十一年，燕王喜二十九年，西元前二二六年。至秦王政二十五年，燕王喜三十三年，西元前二二二年，王翦之子王賁始攻遼東，捉燕王喜而定其郡。⓬秦使翦子王賁擊荊　事在秦王政二十一年，楚王負芻二年，西元前二二六年。荊，即指楚。《集解》引徐廣曰：「秦諱『楚』，故云『荊』也。」按：秦始皇的父親名叫「子楚」，但楚國之所以稱「荊」則由來甚早，非至始皇時始然也。或謂楚國最初建國於「荊山」附近，故稱曰「荊」。《左傳》稱楚人有所謂「昔我先王熊繹僻在荊山，篳路藍縷以處草莽」。⓭還擊魏三句　事在秦王政二十二年，魏王假三年，西元前二二五年。〈秦始皇本紀〉云：「王賁攻魏，引河溝灌大梁，大梁城壞，其王請降，盡取其地。」⓮既滅三晉　滅趙、滅魏事前文已及。秦滅韓乃在秦王政十七年（西元前二三〇年），〈秦始皇本紀〉云：「十七年，內史騰攻韓，得韓王安，盡納其地，以其地為郡，命曰潁川。」⑮李信　漢將李廣的先人。〈李將軍列傳〉云：「其先曰李信，秦時為將，逐得燕太子丹者也。」⑯逐燕太子丹至於衍水中二句　事在秦王政二十一年，燕王喜二十九年，西元前二二六年。衍水，即今流經本溪、遼陽一帶的太子河。據〈刺客列傳〉、〈燕召公世家〉，其事為「李信追丹，丹匿衍水中，燕王乃使使斬太子丹」以獻秦，此謂「卒破得丹」，似太子丹乃被李信生俘者，殆誤。⑰度用　估計需要。度，忖度；估計。⑱果勢壯勇　《集解》引徐廣曰：「勢，一作『新』。」張文虎曰：「《御覽》引『勢』作『斷』，義長。『新』與『斷』同從『斤』而誤。」⑲蒙恬　秦將蒙驁之孫，蒙武之子，事跡詳見〈蒙恬列傳〉。⑳歸老於頻陽　退休返回了頻陽老家。老，古時也稱「致仕」，即退休。㉑平與　《通鑑》作「平輿」。梁玉繩曰：「『與』乃『輿』之譌。」平輿，楚縣名，縣治在今河南平輿西北。㉒寢　也叫寢丘，古邑名，在今河南沈丘東南。㉓信又攻鄢郢二句　中井曰：「先是白起既『拔鄢郢』矣，不聞楚復之，此乃云『攻鄢郢』何也？蓋考烈王東徙，命壽春曰『郢』，唯『鄢』未審所謂。」梁玉繩曰：「『信又攻鄢、郢破之』，七字衍。《大事記》曰：『鄢郢，白起取以置南郡，是時不屬楚久矣，傳之誤也。』」㉔與蒙恬會城父　城父，楚縣名，縣治在今安徽亳縣東南。梁玉繩曰：「此前後三稱『蒙恬』，考〈六國表〉及〈蒙恬傳〉，是時恬未為將，當是『蒙武』之誤。」按：現代戰國史研究者皆同意為蒙武。㉕頓舍　停頓，息宿。《漢書‧李廣傳》有「就善水草頓舍」語，師古注：「頓，止也；舍，息也。」㉖大破李信軍　事在秦王政二十二年，楚王負芻三年，西元前二二五年。㉗罷病悖亂　罷病指身體不好，悖亂指精神不好。罷，通「疲」。㉘為聽將軍計耳　為，《冊府元龜》卷一九九引正作「唯」，意即一切都聽從你的。㉙始皇自送至灞上　灞上，也作「霸上」。即日後劉邦進關駐兵之處也，在當時咸陽城東南，今西安市東的霸水西側。㉚有功終不得封侯　按：秦國之功臣將相，能封侯者向來較少，王翦之前豐功偉績如張儀、司馬錯、白起；王翦後立有殊勳之李斯、蒙恬，皆未聞封侯也。㉛嚮　親近；寵用。㉜既至關　出行至函谷關，在今河南靈寶東北。㉝五輩　五批。㉞怚而不信人　粗暴且又多疑。怚，同「粗」。㉟自堅　使其對自己堅信不疑。黃震曰：「王翦為始皇伐楚，而請美田宅，既行，使使請美田者五輩，後有勸蕭何田宅自汙者，其計無乃出於此與？」馬非百曰：「《陝西通志》及《富平通志》均載王翦尚華陽公主事，略謂始皇二十三年，李信伐楚敗歸，時王翦謝病家居。始皇疾駕入頻陽，手以上將軍印佩翦身，授命二十萬。後三日，翦發頻陽，始皇降華陽公主，簡宮中麗色百人為媵，北迎翦於途，詔即遇處成婚。翦行五十里相遇，列兵為城，中間設錦幄，行合巹禮。信宿，公主隨翦入都，詔頻陽別開公主第。今名相遇處為『華陽』。其事不知所出，而兩書皆言之鑿鑿。然則翦之多請美田宅園池為子孫業者，殆亦利用獨生女情深以為自堅之地耶？」㊱荊兵數出挑戰二句　李光縉曰：「曰『不肯戰』，曰『終不出』，曰『數挑戰而秦不出』，兵法所謂『懈然後擊之』者，翦蓋得此。」何焯曰：「『王翦至，堅壁而守之』，亞夫祖之破吳楚，即高祖之於黥布亦然也。」按：李牧之破匈奴，與此尤其相似，見〈廉頗藺相如列傳〉。㊲撫循　安撫；體恤。㊳投石超距　軍中之素質訓練名。投石，練習投得遠、投得準。超距，即跳躍、跳遠。《漢書・甘延壽傳》有所謂「投石拔距」，張晏以為「拔距」意同「超距」。應劭以為「拔距」殆如武俠之飛簷走壁。今人陳直曰：「謂軍中以遠距離投石為戲也。」乃以「投石超距」為一個動作。㊴蘄南　蘄縣南。蘄，楚縣名，縣治在今安徽宿縣南。㊵殺其將軍項燕　事在秦王政二十三年，楚王負芻四年，西元前二二四年。項燕，楚國的最後一員名將，項羽的祖父。按：〈楚世家〉、〈項羽本紀〉皆謂項燕是被秦兵所殺，與此傳同；唯〈秦本紀〉乃謂「項燕遂自殺」，且書之於秦王政二十四年，殆誤。㊶歲餘二句　事在秦王政二十四年，楚王負芻五年，西元前二二三年。㊷平荊地為郡縣　《集解》引孫檢曰：「滅去楚名，以楚地為三郡。」㊸南征百越之君　百越，今浙江溫州一帶當時有「甌越」，今福建福州一帶當時有「閩越」，今廣東、廣西以及湖南南部、越南北部一帶有「南越」，因其種類繁多，故稱「百越」，詳見〈東越列傳〉、〈南越列傳〉。按：秦平百越以為郡縣事，具體過程《史記》諸篇皆語焉不詳，只於〈秦本紀〉云「王翦遂定荊江南地，降越君，置會稽郡。」事在秦王政二十五年，西元前二二二年。㊹王翦子王賁句　秦王政二十五年，秦將王賁取遼東，虜燕王喜，滅掉燕國；秦王政二十六年，齊王建四十四年，西元前二二一年，「秦使將軍王賁從燕南攻齊，得齊王建。」事見〈秦本紀〉。〈田敬仲完世家〉云：「齊王建聽相后勝計，不戰，以兵降秦。秦虜王建，遷之共，遂滅齊為郡。」㊺盡并天下　秦王政於二十六年統一天下，遂改號稱皇帝，事情詳見〈秦始皇本紀〉、〈李斯列傳〉。㊻王氏蒙氏功為多二句　施，延伸；流傳。〈秦始皇本紀〉二十六年〈琅琊台銘〉中載王氏為侯者有「列侯武成侯王離、列侯通武侯王賁」。王世貞《委宛餘篇》云：「以位次差之，王離在季父賁前，翦一子一孫，為功臣之首。又當時列侯二人，倫侯三人，凡封侯者僅五人，而李斯、蒙恬與李信不與焉。」按：「倫侯」，如同漢之「關內侯」，僅有名號而無封地；尊貴的「列侯」僅二人，都在王氏一門，可謂盛極矣。㊼秦二世　名胡亥，秦始皇的第十八子，伙同趙高、李斯殺其兄扶蘇，篡取皇位，在位三年（西元前二〇九—前二〇七年），被趙高所殺，詳見〈秦始皇本紀〉、〈李斯列傳〉。㊽滅蒙氏　指殺蒙恬、蒙毅，事見〈蒙恬列傳〉、〈李斯列傳〉。㊾陳勝之反秦　陳勝以戍卒起義反秦，在秦二世元年（西元前二〇九年）七月。詳見〈陳涉世家〉。㊿圍趙王及張耳鉅鹿城　事在秦二世二年（西元前二〇八年）後九月。鉅鹿，秦郡名，郡治在今河北平鄉西南。(51)新造之趙　指張耳、陳餘輔佐趙歇剛建立九個月的趙國政權。新造，新建立。陳涉於秦二世元年七月起義後，八月派武臣略趙地，武臣到邯鄲後，自立為趙王。兩個月後，武臣被叛將李良所殺。一個月後，李良死，張耳、陳餘遂佐趙歇為趙王。九個月後，趙歇等被王離軍圍困於邯鄲。

事情詳見〈張耳陳餘列傳〉。52為將三世者必敗　道家的一種看法，帶有宿命色彩，但表現了古人的一種反戰思想，故兩千年來一直流傳在人們口頭。53王離已三世將　前有祖父王翦，父王賁，至王離，已三世為將。54居無何　沒過多久。55果虜王離　事在秦二世三年（西元前二〇七年）一月，詳見〈項羽本紀〉。茅坤曰：「此于傳末敘其後世之報，而以『或曰』、『客曰』問答發明之，敘事兼議論，亦一例也。」按：此處表現了司馬遷對於戰爭、殺伐的一種看法。

【語譯】王翦是頻陽東鄉人，從小就喜歡兵法，是秦始皇手下的大將。始皇十一年，王翦領兵攻克了趙國的閼與，接著又一連奪得了九座城池。十八年，王翦又率兵伐趙，經過一年多，攻下了趙國的首都邯鄲，趙王宣告投降，趙地被全部平定，成了秦國的郡縣。第二年，燕國派荊軻入秦行刺。秦王大怒，派王翦立刻起兵攻燕。燕王喜逃到了遼東，燕國的首都薊城一帶被王翦全部平定。這時秦王又派了王翦的兒子王賁率兵攻楚，打敗了楚兵後，又回兵攻魏，魏王宣告投降，魏國被全部平定。

2 秦始皇消滅了韓、趙、魏三國，又趕走了燕王喜，又一連氣地打敗了楚國的軍隊，這時秦國的將領中有一個叫李信的，此人年輕勇敢，曾帶領著幾千人到遼東的衍水捉來了燕太子丹，秦始皇很喜歡他的勇敢能幹。於是始皇問李信說：「我想消滅楚國，你估計得用多少人？」李信說：「頂多二十萬。」始皇又問王翦，王翦說：「沒有六十萬人是不行的。」始皇說：「王將軍大概是因為老了，不然為什麼這麼膽小呢？李將軍確實勇敢，看來他的話是對的。」於是遂派李信和蒙恬領著二十萬人前往伐楚。王翦則因為自己的意見不被採納，於是就以有病為藉口，回老家頻陽休養去了。再說那邊，李信率軍攻平與，蒙恬率軍攻寢丘，都打敗了楚軍。接著李信又攻破了鄢、郢，而後引兵西下，準備去城父與蒙恬會師。這時楚軍尾隨在後，一口氣不休息地追了三天三夜，最後大破李信軍，攻入了李信的兩座大營，殺死了他的七個都尉，打得秦軍大敗而回。

3 秦始皇一聽李信失敗的消息，非常生氣，立刻自己乘車趕到了頻陽，向王翦道歉說：「我後悔當初沒有採用您的意見，結果教李信毀了我們的軍隊。現在楚兵正一天天地向西逼進，您儘管身體不好，但是能夠忍心撇開我們不管嗎？」王翦說：「我現在是又病又糊塗，幹不了啦，大王還是另請高明吧！」秦始皇誠懇地說：「好了，將軍不要再推辭了。」王翦說：「如果大王一定非要我去，那就還是非得六十萬人不可！」秦始皇說：「一切都聽從您的。」於是王翦領著六十萬人出發了，秦始皇親自送他到灞上。王翦出發前一連向秦始皇要了許多好田地、好房子和好園林。秦始皇說：「將軍趕快出發吧！難道今後您還擔心受窮嗎？」王翦說：「做大王的將領，即使立了功也不能封侯。所以還是及早趁著大王信任的時候，多為子孫後代要一點東西。」說得秦始皇哈哈大笑。從出咸陽到函谷關，這期間王翦又一連五次派人回去向秦始皇要好地。於是就有人勸道：「您這種無止無休地討要，也太過分了！」王翦說：「不是這個意思。咱們這大王又粗暴又好懷疑人，現在他把全國的軍隊都交給了我，我要是不說為子孫向他要房子要地，那豈不讓他擔心、懷疑我嗎？」

4 於是王翦就去代替了李信，和楚國作戰了。楚國聽說王翦又帶著更多的秦軍來了，於是就發動了國家的全部力量來進行抵抗。王翦與楚軍相遇後，只顧堅守工事，不與楚兵交戰。楚軍一連幾次地向秦軍挑戰，王翦始終不應。他每天都讓大家休息、洗澡，吃好喝好地安撫他們，王翦本人也和士兵們一同進餐。就這樣一直過了好久，有一天王翦派人去詢問說：「士兵們在做什麼遊戲？」去的人回來說：「正在練扔石頭、跳遠的訓練。」王翦說：「這些士兵可以投入戰鬥了。」再說楚國人，他們見經過多次挑戰，而秦軍死活不應，於是就領著這支軍隊向東方轉移了。王翦一看立即發兵追趕，同時選派了軍中的一部分勇士首先衝入了敵陣，結果楚軍大敗。接著王翦又乘勝追到了蘄縣城南，殺死了楚國的名將項燕，打得楚軍望風而逃。王翦則趁著勝利形勢繼續平定楚國的地盤，一年後，活捉了楚王負芻，把整個楚國都變成了秦國的郡縣。接著又揮兵南下討伐南方的少數民族。這時王翦的兒子王賁也和李信一道平定了燕國和齊國。

5 秦始皇二十六年，天下統一，在秦國統一天下的過程中，王翦父子和蒙恬兄弟的功勞最大，所以他們的名聲一直留傳於後代。

6 到秦二世的時候，王翦和他的兒子王賁都已經死了，秦二世又滅掉了蒙氏一家。到陳勝起兵反秦時，秦二世派王翦的孫子王離去打趙國，把趙王歇和張耳圍在了鉅鹿城內。當時一般人都說：「王離是秦朝的名將，又領著一支強大的秦兵，去攻打一個剛剛建立的趙國，那是肯定能夠取勝的。」可是也有人不這麼看，他說：「不一定。凡是世襲為將的，到了第三代就肯定要失敗。為什麼呢？因為他們的先輩殺人太多了，他的後代就要承擔這種壞報應。現在的王離，就已經是王家的第三代為將了。」沒有多久，項羽率兵救趙，果然打敗了秦軍，俘虜了王離。王離的軍隊也都投降了項羽。

太史公曰：鄙語❶云：「尺有所短，寸有所長❷。」白起料敵合變❸，出奇無窮，聲震天下，然不能救患於應侯❹。王翦為秦將，夷❺六國。當是時，翦為宿將❻，始皇師之❼，然不能輔秦建德，固其根本，偷合取容，以至圽身❽。及孫王離為項羽所虜，不亦宜乎！彼各有所短也。

【章　旨】以上為第五段，是作者的論贊，表現了作者對兩位名將生平功業的深沉感慨與悵惘遺憾之情。

【注　釋】❶鄙語　諺語；俗話。瀧川曰：「鄙語，古諺也。」❷尺有所短二句　猶今所謂「小有小的好處，大有大的難處」。《楚辭・卜居》云：「夫尺有所短，寸有所長，物有所不足，智有所不明。」❸料敵合變　即臨事制宜，隨機應變。❹不能救患於應侯　意思是沒能事先防備范睢對自己的讒害。按：〈孫子吳起列傳〉云：「語曰：『能行之者未必能言，能言之者未必能行。』孫子籌策龐涓明矣，然不能蚤救患於被刑。」行文蓋與此相似。❺夷　削平；鏟平。❻宿將　年高望重的老將。❼始皇師之　意謂始皇對之非常敬重，即前所謂「自馳如頻陽」以請王翦是也。❽不能輔秦建德四句　偷合，苟合，不講原則地與他人搞在一起。取容，猶今之所謂「保官保命」。圽身，亡身。圽，同「歿」。中井曰：「王翦一武人耳，始皇師之，亦就學兵事而已。翦無學術，又無治國之才，若仁義道德之說，未嘗經心也，乃欲以『建國固本』望之乎？又受命討伐，其立勳大矣，可謂能舉職奉公耳，曾無偷合取容之事，此等立論，竝太史公之錯處。」按：史公以正直敢言，能協助其主明德向善為肱股大臣之理想，如大禹、皋陶，以及張釋之、汲黯等人是也；而疾惡苟合取容，讒佞以逢君惡者，如李斯、公孫弘之類是也。〈蒙恬列傳〉云：「夫秦之初滅諸侯，天下之心未定，痍傷者未瘳，而恬為名將，不以此時彊諫，振百姓之急，養老存孤，務修眾庶之和，而阿意興功，此其兄弟遇誅，不亦宜乎？」蓋與本文立意相同。

【語　譯】太史公說：俗話說：「尺有尺的短處，寸有寸的長處。」白起分析敵情，掌握變化，出奇制勝，天下無敵，可是卻逃不脫范雎對他的陷害。王翦為秦國將領，滅掉了六國。在當時，王翦是年高望重的老將，連秦始皇都要向他請教，但是他卻不能幫著秦國實行德政，穩定國家的根本，而只是苟且隨和，一直到死。等傳到他的孫子王離時，就被項羽活捉了，這難道不是命中注定的事嗎！他們也的確是各有所短哪！

【研　析】〈白起王翦列傳〉的思想意義主要有以下兩點：

一、作者在表現白起、王翦烜赫戰功的同時，表達了自己反對濫用武力、大肆屠戮的態度。白起、王翦在戰場上都「料敵合變，出奇無窮，聲震天下」，但都不能以自己的才能造福天下蒼生，白白地引起了君主的猜忌和大臣的嫉妒。白起被讒言所害，落得個「自裁」的可悲結局；王翦則戰戰兢兢，惟恐秦始皇加害於己，惶惶不可終日。司馬遷理想中的軍事家應該是謹慎用兵，不濫殺無辜，把軍事與美政結合起來，救民於水火之中，而白起、王翦都不是這樣的人，他們只會打仗，使生靈塗炭。司馬遷認為這樣的戰爭不僅有害於別人，同時也有害於自己。他在論贊中說白起「不能救患於應侯」，說王翦「不能輔秦建德，固其根本」，就是這個意思。傳中寫白起臨死前後悔自己坑殺趙國降卒；王翦傳末附帶交代了王翦之孫王離被項羽打敗，並提出「為將三世者必敗」等帶有宿命色彩的觀點，用意即在引起後世警戒。

二、作品描寫了秦國統治者的殘暴，揭示了專制統治下君主與大臣之間的緊張關係。戰國末年，秦國的殘暴引起了各國人民的恐慌，文中指出「天下不樂為秦民之日久矣」，被秦國包圍的韓國上黨軍民寧可投降趙國，也不願為秦國所驅使，就是一個例證。白起的功勞越來越大，秦昭王對他的猜忌也越來越大，直到最後逼他自殺。當秦國尚未消滅六國時，秦王還「禮賢下士」，還有容人之量；但隨著形勢的變化，秦國統治者也就變得越來越殘暴。王翦正是看清了這種君臣關係的險惡，所以在出征前多請封良田美宅，以消除秦王對他的懷疑。〈白起王翦列傳〉所展示的帝王與功臣的險惡關係是具有典型性的，《史記》中描寫漢初功臣的列傳如〈淮陰侯列傳〉、〈魏豹彭越列傳〉、〈黥布列傳〉等等，情況與此大體相同，司馬遷在這裡的感慨是很深的。

本文在寫作上善於同中求異，清代吳見思說：「〈白起傳〉逐節寫來，以頓挫法勝；〈王翦傳〉兩兩抑揚，以反襯法勝，又各有一妙。」（《史記論文》）兩人同是「稱病」，白起是以病要脅秦王，與秦王鬥氣，批人主之逆鱗，最後被逼自殺；王翦則知難而退，不與人爭，最後得了良田美宅。司馬遷通過這種對比、映襯的手法，展示了人物的不同氣質與不同的內心世界。

卷七十四

孟子荀卿列傳第十四

【題解】這是繼〈老子韓非列傳〉之後的又一篇學術列傳，作品雖以孟軻、荀況標名，實際上還寫了騶衍、淳于髡，並連帶提到了慎到、田駢、騶奭、接子、環淵，以及公孫龍、李悝、墨翟等人，可謂包容甚廣。有趣的是作品的標題首提孟軻，在篇前的小序中也深為孟軻的反對言利而興歎，但作品中實寫孟軻的事跡並不多，只有寥寥的幾行字。寫荀子也是如此。相反寫騶衍的篇幅很長，相當於孟軻的三倍。而騶衍的學說固然也有發人深思之處，但他大力張揚迷信唯心的陰陽五行，對秦、漢社會的影響極其惡劣。淳于髡的事跡已見於〈滑稽列傳〉，這裡又寫了他「承意觀色」的一個故事，仍是跡近「滑稽」，而與「學術」無涉。作品所以出現這種現象，一方面說明了司馬遷崇敬先秦儒學，能從芸芸諸子中特別甄拔出孟軻、荀況予以鼓吹，顯示出獨具慧眼；另一方面也說明了孟軻、荀況在司馬遷的心目中也還遠遠不像宋代以後被人們所稱揚的那樣高。

太史公曰❶：余讀孟子書❷，至梁惠王❸問「何以利吾國❹」，未嘗不廢書而歎也❺。曰：嗟乎，利誠亂之始也❻！夫子罕言利❼者，常防其原❽也。故曰：「放於利而行，多怨❾。」自天子至於庶人，好利之弊❿何以異哉！

【章　旨】以上為第一段，是作者篇前的小序，慨歎了「好利」給社會人生帶來的不安寧。

【注　釋】❶太史公曰　司馬遷寫《史記》以「太史公曰」領起發議論，多數置於篇尾，但也有一部分置於篇頭，如〈儒林列傳〉、〈貨殖列傳〉與本篇是也；也有開頭有小序，而篇末仍有「太史公曰」以發言論者，如〈循吏列傳〉、〈酷吏列傳〉、〈游俠列傳〉等是也，總之是視需要而定。❷孟子書　即今所謂《孟子》，戰國時鄒人孟軻著，全書共七篇，以講「仁政」，反「霸道」；講「仁義」，反「利欲」為中心，是儒家學派的經典著作之一。❸梁惠王　即魏惠王，名罃，西元前三六九－前三一九年在位。因魏國後來遷都大梁（今河南開封），故也稱梁國，魏惠王也稱「梁惠王」。❹問何以利吾國　見《孟子・梁惠王上》，王問孟子：「叟不遠千里而來，亦將有以利吾國乎？」孟子回答：「王何必曰利，亦有仁義而已矣。」❺未嘗不廢書而歎也　按：〈十二諸侯年表〉有所謂「太史公讀《春秋曆譜牒》至周厲王，未嘗不廢書而歎也」；〈樂毅列傳〉有所謂「始齊之蒯通及主父偃讀樂毅之〈報燕王書〉，未嘗不廢書而泣也」云云，皆與此口氣相同。❻利誠亂之始也　好利是一切禍亂的根源。❼夫子罕言利　《論語・子罕》：「子罕言利，與命與仁。」夫子，以稱孔子。罕，少。❽防其原　從源頭上予以防止。原，通「源」。根源。按：以上諸「利」字，有的似指「財貨」之利，有的似指「利害」之利，孟軻不加區分而籠統予以否定，王充《論衡・刺孟》曾對之進行了攻駁。❾放於利而行二句　語見《論語・里仁》。放於利而行，依據利己的原則辦事。放，依據。❿弊　弊病；危害。

【語　譯】太史公說：我讀《孟子》中的文章，每當讀到梁惠王問「怎樣才能有利於我的國家」的時候，沒有一次不是中途放下書感歎地說：唉，利這個東西可真是一切禍亂的根源！孔子之所以不願意談利，大概就是想從根本上堵塞這種產生禍亂的根源吧。《論語》上說：「假如一切事情都要考慮是否對自己有利，那就肯定會招得許多人怨恨他。」可是事實上上從天子下到一般的黎民百姓，好利的弊病又有什麼不同呢？

孟軻❶，騶❷人也。受業子思之門人❸。道既通，游事齊宣王❹，宣王不能用。適梁❺，梁惠王不果所言❻，則見以為迂遠❼而闊於事情❽。當是之時，秦用商君❾，富國彊兵；楚、魏用吳起⑩，戰勝弱敵⑪；齊威王⑫、宣王⑬用孫子⑭、田忌之徒，而諸侯東面朝齊⑮。天下方務於合從連衡⑯，以攻伐為賢⑰，而孟軻乃述唐、虞、三代之德⑱，是以所如者不合⑲。退而與萬章之徒⑳序詩、書㉑，述仲尼之意㉒，作孟子七篇㉓。其後有騶子之屬。

【章旨】以上為第二段，寫孟軻的簡單事跡。

【注釋】❶孟軻　據《傳子》、《荀子．非十二子》楊注均云字「子輿」；《孔叢子．雜訓》謂字「子車」，「輿」、「車」二字古常混用。也有曰字「子居」者，蓋與「子車」音近而訛。（說詳梁玉繩《史記志疑》）❷騶　魯邑名，原名邾，後改稱騶，也作「鄒」，在今山東鄒縣東南。蔣伯潛《諸子通考》以為孟軻生於周烈王四年（西元前三七二年），卒於周赧王二十六年（西元前二八九年）。❸受業子思之門人　《索隱》曰：「王劭以『人』為衍字，則以為軻受業孔伋之門也。今言『門人』者，乃受業於子思之弟子也。」梁玉繩曰：「《孟子題辭》曰『長師孔子之孫子思』；《漢書．藝文志》云『子思弟子』；《孔叢．雜訓》云『孟子車請見，子思甚說其志』。然考伯魚先夫子歿五載，子思當不甚幼。子思八十二卒，姑以夫子歿時十歲計之，則卒于威烈王十八年（西元前四〇八年）。而赧王元年（西元前三一四年）齊伐燕，孟子猶及見之，其去子思之卒九十五年。孟子壽百餘歲，方與子思相接，恐孟子未必如此長年，則安得登子思之門，而親為授受哉？」中井曰：「自孔子卒至齊宣王百五十年，子思壽百歲，亦不得遭孟子誕期。」按：今講《孟子》者，皆取「受業於子思之門人」說。❹齊宣王　字辟彊，威王之子，西元前三一九—前三〇一年在位。《通鑑》繫孟軻至齊於宣王初年，蓋先至梁，至惠王去世後，始離梁至齊也。與本傳所敘之次序不同。按：錢穆《先秦諸子繫年》、蔣伯潛《諸子通考》等皆謂孟子先曾於齊威王時到過齊國。錢氏謂：「孟子書，其初在齊，乃值威王世；去而至宋、滕諸國；及至梁，見惠王、襄王；又重返齊，乃值宣王也。」蔣氏謂孟子離齊後，「嘗游宋，遇滕世子。後世子嗣立，是為文公。文公聘孟子，孟子由騶至滕。尋去滕之梁，見梁惠王。」今講《孟子》者，以為孟軻的行蹤大體如此。史公於此所書之時代、順序皆有錯誤。❺適梁　按：《通鑑》繫孟軻至梁於周顯王三十三年（西元前三三六年）；錢穆以為應在周慎靚王元年（西元前三二〇年），蔣伯潛說同，今學界皆取錢氏說，蓋《史記》譜列齊國、魏國之紀年有重大錯誤，《通鑑》亦相沿而誤也。❻不果所言　不兌現自己對孟子所答應的諾言，即空口稱讚孟子的學說而不採納施行。❼迂遠　大而無當。❽闊於事情　不切合實際。梁玉繩曰：「孟子游歷，《史》言先齊後梁，趙岐《孟子注》《風俗通・窮通》竝同，《古史》從之。然年數不合，當從《通鑑》始游梁、繼仕齊為是。《通鑑》蓋據《列女傳・母儀》篇也。孫奕《示兒編》曰：『七篇之書，以梁惠王冠首，以齊宣王之問繼其後，則先後有序可見矣，故列傳為難信。』」瀧川曰：「孟子游梁在惠王後十五年，即周慎靚王元年（西元前三二〇年）。明年惠王卒，襄王嗣位，孟子知其不足與為，去梁游齊。顧炎武《日知錄》、王懋竑《白田草堂集》、任兆麟《孟子考》、江慎修《群經補義》、施樸齋《孟子年譜》、黃式三《周季編略》諸書論之詳矣。」❾秦用商君　商君名鞅，原衛人，入秦佐孝公（西元前三六一—前三三八年在位）變法，秦國富強，過程詳見〈商君列傳〉與〈秦本紀〉。❿楚魏用吳起　吳起原是衛人，曾入魏為文侯（西元前四四五—前三九六年在位）、武侯（西元前三九五—前三七〇年在位）將，西破強秦；後又入楚佐悼王（西元前四〇一—前三八一年在位）變法，使楚國強盛一時，過程詳見〈孫子吳起列傳〉。按：此敘吳起於商君後，其實吳起的活動乃在商君前數十年，在孫子、田忌前百餘年，而此處史公用「當是之時」一語將其拉至與孟子同時，其毛病與〈過秦論〉同。⓫戰勝弱敵　戰而勝之，使敵削弱。⓬齊威王　名因齊，西元前三五六—前三二〇年在位。⓭宣王　威王之子，名辟彊，西元前三一九—前三〇一年在位。⓮孫子　孫子名臏，與田忌都是齊國傑出的軍事家。先在威王四年（西元前三五三年）大破魏軍於桂陵；後又在威王十六年（西元前三四一年）大破魏軍於馬陵，過程詳見〈孫子吳起列傳〉。⓯諸侯東面朝齊　戰國初、前期的百餘年間，最強大的是魏國，在文侯、武侯與惠王之前期，魏國天下無敵。齊國自威王開始強大，兩次打敗魏國後，魏國一蹶不振，齊國遂取代了魏國的霸主地位，從此一直至齊湣王被燕、趙等五國聯軍打敗之前，這是戰國田齊最輝煌的五十年。⓰天下方務於合從連衡　合從，即「合縱」。從，通「縱」。合從是組織東方諸國聯合抗秦的一種學說，其代表人物是蘇秦，具體情況見〈蘇秦列傳〉。連衡，也寫作「連橫」。是分化東方聯盟，使東方諸侯與秦國媾和，從而有利秦國各個擊破的學說，其代表人物是張儀，詳情見〈張儀列傳〉。按：齊威王、齊宣王以及孟軻、孫臏、田忌之時，正是合從、連衡鬥爭劇烈的時期；至於「楚、魏用吳起」，則年代靠前，秦國僻弱，東方尚無「合從連衡」之事。⓱以攻伐為賢　誰會打仗誰就吃得開。⓲述唐虞三代之德　儒家的代表人物孔丘、孟軻都是歌頌唐堯、虞舜之「禪讓」與夏、商、周三代的「仁政」，以之作為自己的理想追求，而反對當時諸國間的相互攻殺。他說：「五霸者，三王之罪人也；今之諸侯，又五霸之罪人也。」他認為當時的局面是「爭地以戰，殺人盈野；爭城以戰，殺人盈城」。他認為這些「率土地而食人肉」者「罪不容於誅」。⑲所如者不合　走到哪裡都與那裡的統治者無法合作。如，往；到。蔣伯潛《諸子通考》曰：「孔子以布衣率弟子周游列國，在春秋末，實為創舉；至孟子時，則游說之風已大盛矣，孟子之周游極似孔子。但孔子周游時，畏於匡、厄於宋、絕糧於陳，常受譏訕；孟子則『後車數十乘，從者數百人，傳食諸侯，不以為泰』。此其不同，蓋時事然也。」⑳萬章之徒　猶言「萬章等人」。萬章是孟子學生中的優秀者，今《孟子》中有〈萬章〉篇，記載了萬章向孟子問學的情況。蔣伯潛曰：「按本書所記，或舉姓名（如萬章、公孫丑）；或稱子（如『樂正子』、『公都子』）；或互見（如陳臻，又稱陳子）；餘如『曹交』則不許其留而受業；『高子』稱『高叟』；『告子』則為同時而年輩較長之學者，皆非孟子之弟子也。」㉑序詩書　對《詩經》、《尚書》進行敘述、闡釋。梁玉繩曰：「孟子無（專門）序《詩》、《書》之事，然七篇中言《書》凡二十九，援《詩》凡三十五。」趙岐亦云：「孟子言五經，尤長于《詩》、《書》。」㉒述仲尼之意　闡釋、發揮孔子的思想、學說。㉓孟子七篇　其篇目為：〈梁惠王〉、〈公孫丑〉、〈滕文公〉、〈離婁〉、〈萬章〉、〈告子〉、〈盡心〉。蔣伯潛曰：「《漢志》儒家有『《孟子》十一篇。』趙注本僅七篇，與今本同。據《史記》本傳及趙岐〈題辭〉，似七篇為孟子自注；其實為弟子所記述。自孔子弟子纂輯《論語》而後，墨子弟子亦纂輯其言以成《墨子》；至孟子時，已相習成風矣。」

【語　譯】孟軻是魯國鄒縣人，曾經跟著子思的弟子學習。當他學通了儒家之道後，先是去遊說齊宣王，齊宣王沒有採納他的主張。於是他又到了梁國，梁惠王也不愛聽他那一套理論，認為他的思想大而無當，於事無補。那個時候，秦國任用商鞅實行變法，使得國富兵強；楚國和魏國也先後任用過吳起，打敗了敵人，削弱了對手；齊威王和齊宣王任用了孫臏、田忌等人，也打得各國諸侯都來服從齊國。當時整個天下都正熱衷於合縱或連橫，誰會打仗誰就是最有本領的人，而孟軻卻在那裡大談唐堯、虞舜以及夏、商、周三代的德政，因此他走到哪兒也沒人要。最後無法只好回到家裡和他的學生萬章等人一道研究《詩經》和《尚書》，他們為了闡發孔子的思想，寫出了《孟子》一書共七篇。孟子以後，又出了騶子等人。

1 齊有三騶子❶。其前騶忌❷，以鼓琴干威王❸，因及國政❹，封為成侯而受相印❺，先孟子❻。

2 其次騶衍❼，後孟子。騶衍睹有國者益淫侈，不能尚德❽，若大雅❾「整之於身，施及黎庶❿」矣。乃深觀陰陽消息⓫，而作怪迂⓬之變，終始、大聖⓭之篇十餘萬言。其語閎大不經⓮，必先驗小物，推而大之，至於無垠⓯。先序今以上至黃帝⓰，學者所共術⓱，大並世盛衰⓲，因載其禨祥度制⓳，推而遠之，至天地未生，窈冥⓴不可考而原㉑也。先列中國名山大川，通谷禽獸，水土所殖㉒，物類所珍㉓，因而推之，及海外人之所不能睹。稱引天地剖判㉔以來，五德轉移㉕，治各有宜㉖，而符應若茲㉗。以為儒者所謂中國者，於天下乃八十一分居其一分㉘耳。中國名曰赤縣神州。赤縣神州內自有九州，禹之序九州㉙是也，不得為州數㉚。中國外如赤縣神州者九，乃所謂九州也㉛。於是㉜有裨海㉝環之，人民禽獸莫能相通㉞者，如一區中者，乃為一州。如此者九，乃有大瀛海環其外，天地之際焉㉟。其術皆此類也㊱。然要其歸㊲，必止乎仁義節儉，君臣上下、六親之施㊳，始也濫耳㊴。王公大人初見其術，懼然顧化㊵，其後不能行之㊶。

3 是以騶子重於齊。適梁，惠王郊迎，執賓主之禮㊷。適趙㊸，平原君㊹側行㊺撇席㊻。如燕㊼，昭王㊽擁彗先驅㊾，請列弟子之座而受業，築碣石宮㊿，身親往師之。作主運(51)。其游諸侯見尊禮如此，豈與仲尼菜色陳、蔡(52)，孟軻困於齊、梁(53)同乎哉！故武王以仁義伐紂而王，伯夷餓不食周粟(54)；衛靈公問陳，而孔子不答(55)；梁惠王謀欲攻趙，孟軻稱大王去邠(56)。此豈有意阿世俗、苟合而已哉(57)！持方枘(58)欲內圜鑿(59)，其能入乎？或曰：伊尹負鼎而勉湯以王(60)，百里奚飯牛車下而繆公用霸(61)，作先合(62)，然後引之大道(63)。騶衍其言雖不軌(64)，儻(65)亦有牛鼎之意(66)乎？

4　自騶衍與齊之稷下先生(67)，如淳于髡(68)、慎到(69)、環淵(70)、接子、田駢(71)、騶奭(72)之徒，各著書言治亂之事，以干世主，豈可勝道哉！

【章　旨】以上為第三段，寫陰陽學家騶衍的行跡與學說。

【注　釋】❶三騶子　指騶忌、騶衍、騶奭。❷騶忌　也作「鄒忌」。曾為齊威王相，其最有名的故事是「諷齊王納諫」，見《戰國策‧齊策一》。❸以鼓琴干威王　干，求見。鄒忌以彈琴的道理求見齊威王的故事，見〈田敬仲完世家〉。❹因及國政　由鼓琴之理說到治國安民之理。❺封為成侯而受相印　〈田敬仲完世家〉曰：「騶忌子見〈齊威王〉三月而受相印。居朞年，封以下邳，號曰成侯。」❻先孟子　由於鄒忌的活動在孟子之前，而其身分又是政客，與本文之主要寫學者不同，故此處從略。❼騶衍　戰國時期的陰陽學家，由於其言論「閎大不經」，故被人稱之為「談天衍」。錢穆《先秦諸子繫年》曰：「其生當在齊宣王（西元前三一九－前三〇一年在位）之晚年也。」❽不能尚德　不能崇尚德治。尚，尊崇。❾大雅　《詩經》中的部類名，共有作品三十一篇，多是對周朝祖先的頌歌，也有部分作品批評到了西周末期的昏庸帝王。❿整之於身二句　舊說古代帝王的聽詩聽樂，都是為了自己從中受到教育，提高道德，而後再將這種道德發展、推廣到黎民百姓中去。施，推廣；

延申。〈大雅・思齊〉云：「刑于寡妻，至于兄弟，以御于家邦。」就是「整之於身，施及黎庶」的意思。⑪陰陽消息　陰陽二氣的彼此消長起伏。⑫怪迂　怪誕。迂，大而無當。⑬終始大聖　都是鄒衍著作中的篇名。《漢書・藝文志》「陰陽」家中有《鄒子》四十九篇，《鄒子終始》五十六篇，今皆不存。⑭不經　不合常規；不合儒家經典的說法。⑮無垠　無邊。⑯黃帝　司馬遷心目中的中國各族人民的始祖，其〈五帝本紀〉即從黃帝寫起。⑰學者所共術　學者共同所講的東西。術，瀧川曰：「『術』，『述』通。」⑱大竝世盛衰　《索隱》曰：「言其大體隨世盛衰，觀時而說事。」竝世，當今之世。方苞曰：「『大』當作『及』，傳寫誤也。蓋先序戰國，以上至黃帝事，為學者所共稱述者，然後及竝世盛衰也。」張大可以為「大竝世盛衰」，即「大體依朝代興亡而說其盛衰」。⑲機祥度制　即陰陽先生所講有關吉凶禍福的推斷。機祥，由鬼神導致的人世吉凶。機，通「吉」。⑳窈冥　昏暗不明，此指荒遠不可知的事物，如天地是怎樣形成的，萬物是怎樣產生的。㉑不可考而原　無可考察；無法解釋。㉒水土所殖　水土上生長的東西。殖，生。㉓物類所珍　人類所珍視的各種東西。物類，這裡即指人類。㉔天地剖判　即開天闢地。古稱天地合在一起，渾沌不分，後來由於某種力量才上下分開了。㉕五德轉移　五德也稱「五行」，本指金、木、水、火、土五種元素。後來鄒衍等將這五種元素的相生相剋與人類社會的吉凶變化聯繫起來，即有了所謂「五德轉移」或「五德終始」說，從此形成了一套玄虛的理論，影響中國古代社會兩千多年。《史記》中涉及這方面內容的有〈秦始皇本紀〉、〈孝文本紀〉、〈張丞相列傳〉等多篇。㉖治各有宜　與「五德」中的某一「德」相對應的社會（如夏朝是「木德」，商朝是「金德」，周朝是「火德」等），都必須有自己特殊的一套禮法制度。㉗符應若茲　意謂人類社會有什麼問題，上天就要表現出與之相應的祥瑞與災異，二者之間像符契一樣地準確無誤。㉘八十一分居其一分　中國的神州大地不過是全宇宙的八十一分之一。㉙禹之序九州　大禹治水後所劃分的九州，據《尚書・禹貢》為：冀州、青州、兗州、徐州、揚州、荊州、豫州、梁州、雍州，其實乃戰國時人的說法。㉚不得為州數　這不是鄒衍所說的「大九州」的州數。㉛如赤縣神州者九二句　這才是真正的「九州」。㉜於是　在這裡，指每一個州。㉝裨海　小海。古人認為中國的四周都有海。《索隱》曰：「九州之外更有大瀛海，故知此『裨』是小海也。」㉞莫能相通　如中國（赤縣神州）的人民、禽獸不能與其他八州相同、相通。㉟大瀛海環其外二句　在「大九州」的周圍，有更大的海環繞著，那才是天與地的分界哪。㊱其術皆此類也　《索隱》曰：「桓寬、王充並以衍之所言迂怪虛妄，干惑六國之君，因納其異說，所謂『匹夫而熒惑諸侯』者是也。」黃式三曰：「桓寬《鹽鐵論・論鄒篇》、王充《論衡・談天篇》皆駁鄒衍之說。然今地球圓說，天下之大過於鄒衍論，儒者未可毀所不見也。」按：騶衍講「陰陽」、講「五德終始」，看來雖怪誕無稽；但其想像宇宙之廣闊，卻令人心闊神怡，後代的地理學、天文學幾乎恰好證實了這種思路。㊲要其歸　考察其最根本的思想。要，關鍵；根本。這裡用如動詞。歸，旨歸。㊳君臣上下六親之施　即奴隸社會、封建社會裡的各種人際等級關係準則。六親，有說指父、母、兄、弟、妻、子，他說不錄。㊴始也濫耳　乍聽起來虛無縹緲，荒誕不經。顧炎武曰：「濫者，泛而無節之謂，猶莊子之『汪洋自恣』也。」錢大昕曰：「衍之說始雖泛濫，而要歸於仁義節儉耳。〈司馬相如傳〉云：『相如雖多虛辭濫說，然其要歸引之節儉。』語意正相類。」㊵懼然顧化　驚奇的注意其說法，為其說法所打動。顧，正視；關注。《索隱》曰：「謂衍之術皆動人心，見者莫不懼然駐想，又內心留顧而已化之，謂欲從其術也。」㊶其後不能行之　因其說「必止乎仁義節儉」，這些要求讓富貴之人無法接受。㊷執賓主之禮　意即將其視為平等的客人，不將其視為臣子。錢穆曰：「衍至趙見平原君，在信陵破秦存趙之後，事見〈平原君列傳〉，其時梁惠王死已七十二年。」㊸適趙　到達趙都邯鄲（今河北邯鄲）。㊹平原君　趙勝，趙惠文王之弟，為趙國之相，以養士聞名，事跡見〈平原君虞卿列傳〉。㊺側行　側身引路，以表示對客人的敬重。〈刺客列傳〉寫太子丹迎荊軻有所謂「卻行為導」；〈高祖本紀〉寫劉邦父迎劉邦有所謂「迎門卻行」，皆與此同義。㊻撇席　〈刺客列傳〉作「蔽席」，以袖子揮撣坐席。「撇」、「蔽」皆通「拂」。按：鄒衍至趙事，又見於〈平原君虞卿列傳〉。錢穆曰：「鄒衍自齊赴趙，當齊王建（西元前二六四—前二二一年在位）時，在平原君晚節。」㊼如燕　到達燕都薊縣（即今北京市）。如，去；往。㊽昭王　名職，燕王噲之子，西元前三一一—前二七九年在位。為報齊宣王入侵之仇，招賢納士，發憤圖強，詳情見〈燕召公世家〉。㊾擁彗先驅　抱著掃帚在前引路。〈高祖本紀〉寫劉邦之父迎劉邦有所謂「擁彗迎門卻行」；〈魏公子列傳〉寫平原君迎魏公子有所謂「平原君負韊矢為公子先引」，皆與此略同。彗，掃帚。㊿碣石宮　《正義》曰：「在幽州薊縣（即今北京市）西三十里，寧臺之東。」(51)主運　《索隱》曰：「劉向《別錄》云：『《鄒子》書有〈主運〉篇。』」錢穆曰：「據韓非書，則鄒衍乃與劇辛同僚耳，自趙往燕，則仕燕王喜（西元前二五四—前二二二年在位），絕不與齊宣、燕昭相涉。〈燕世家〉又云：『昭王卑身厚幣以招賢者，樂毅自魏往，鄒衍自齊往，劇辛自趙往，士爭趨燕。』〈燕策〉亦云然。其說殊誤，時僅有一樂毅耳，鄒衍、劇辛皆在後。《史》、《策》為盛言『士爭趨燕』，遂誤攀後來者以為說，非情實也。」又曰：「史公云云者，蓋誤於燕、齊方士之說耳。方士以神仙遇秦始皇，乃引燕昭王、齊威、宣王以為重。若僅言齊王建、燕王喜，亡國之君，不足以歆動始皇之心也。」(52)菜色陳蔡　指孔子率徒欲往楚國，行至陳、蔡之間，被陳、蔡兩國圍困絕糧數日事，詳見〈孔子世家〉。菜色，飢餓的面色。陳，春秋時的諸侯國名，國都陳縣（今河南淮陽）。蔡，春秋時期的諸侯國名，國都上蔡（今河南上蔡西南）。(53)孟軻困於齊梁　指孟軻遊齊、梁多年，而始終未被齊宣王、梁惠王任用事。《索隱》曰：「仲尼、孟子法先王之道，行仁義之化，且菜色困窮；而鄒衍執詭怪，營惑諸侯，其見禮重如此，可為長太息哉！」[54]伯夷餓不食周粟　武王興兵伐紂，伯夷、叔齊以其為「不仁」；武王君臨天下後，伯夷、叔齊不食周粟餓死首陽山事，見〈伯夷列傳〉。[55]衛靈公問陳二句　《論語・衛靈公》：「衛靈公問陳於孔子，孔子對曰：『俎豆之事，則嘗學之矣；軍旅之事，未之學也。』」事亦見於〈孔子世家〉。衛靈公，春秋後期衛國國君，名元，西元前五三四－前四九三年在位。陳，通「陣」。指軍旅之事。[56]孟軻稱大王去邠　孟軻之講說太王為躲避狄人侵擾而率眾離邠遷居岐山事，見《孟子・梁惠王》，然並非因回答梁惠王問侵趙事而及，乃對滕文公語也。大王，即周文王之祖父古公亶父，原居於邠（也作「豳」，今陝西彬縣東北），後遷於岐山（今陝西岐山東北）。大，通「太」。[57]此豈有意阿世俗苟合而已哉　阿世俗，迎合、討好世俗。阿，順應；曲從。史公此處深刻揭示了孔丘、孟軻一生碰壁不遇時的原因。其一是他們的政治理想、政治主張不被當時的統治者所歡迎；其二是他們那種不降低理論水準，不向任何人苟合取容的人生態度。史公敬佩孔丘、孟軻，而討厭漢代叔孫通、公孫弘等之情緒自不待言。[58]方枘　方形的榫子。[59]圜鑿　圓形的孔槽。圜，通「圓」。宋玉〈九辯〉云：「圜鑿而方枘兮，吾固知其鉏鋙而難入。」《索隱》曰：「謂戰國之時，仲尼、孟軻以仁義干世主，猶方枘圓鑿然。」按：史公此段議論，與〈伯夷列傳〉、〈游俠列傳〉韻味相同，蓋同情仲尼、孟軻，亦深發自己悲世不遇之感慨。[60]伊尹負鼎而勉湯以王　伊尹是商湯的大臣，開始時欲見湯無由，「乃為有莘氏媵臣，負鼎俎，以滋味說湯」，最後輔佐湯滅夏而王天下。事見〈殷本紀〉。負鼎俎，背著炊具。[61]百里奚飯牛車下而繆公用霸　百里奚原是春秋時期虞國人，曾為人養牛。晉滅虞後，將百里奚作為媵臣送給秦國。百里奚中途逃跑，被楚人所俘，秦穆公以五張羊皮將其換到秦國，任以為大臣。後來百里奚為秦穆公的稱霸做出了貢獻。事見〈秦本紀〉。繆，通「穆」。用，因；因而。以上兩句的意思是，伊尹、百里奚與商湯、秦穆公遇會的過程，看起來有些低三下四。[62]作先合　先合起來一道共事。李笠曰：「作，通『詐』，先以詐術求合。」可供參考。[63]引之大道　再設法引導其君主走上古代聖賢所倡導的仁義之道。[64]不軌　不合大道。[65]儻　通「倘」。或者；或許。[66]牛鼎之意　百里奚飯牛、伊尹負鼎那樣的求見方式。《正義佚文》曰：「太史公見鄒衍之說怪迂詭辯而合時君，疑衍若伊尹、百里奚先作牛、鼎之意。」按：史公對騶衍的這套東西做如此估價，帶有時代烙印。〈封禪書〉云：「騶子之徒著終始五德之運，及秦帝，而齊人奏之，故始皇採用之。」又曰：「騶衍以陰陽主運顯於諸侯，而燕、齊之海上方士傳其術，不能通，然則怪迂訶諛苟合之徒自此興，不可勝數也。」這些東西泛濫、流毒於秦漢數百年，至今仍未徹底清除。[67]稷下先生　《索隱》曰：「稷下，齊之城門也，謂齊之學士集於稷門之下。」《索隱》又引虞喜曰：「齊有稷山，立館其下，以待游士。」按：若曰「稷山」，則與後文之「開第康莊之衢」不合，作城門解略好。[68]淳于髠　詳見下文。[69]慎到　趙人，郭嵩燾曰：「《漢書・藝文志》《慎子》四十二篇入之名家，班固謂其先于申韓，申韓嘗稱之。此宜列于〈申韓列傳〉，列之〈孟荀傳〉中義無所取。」(70)環淵　《漢書・藝文志》云：「楚人，老子弟子。」(71)接子田駢　《正義》曰：「《接子》二篇；《田子》二十五篇，齊人，游稷下，號『天口』。接、田二人，道家。」瀧川曰：「《文選・宣德皇后令》注引《七略》云：『齊田駢好談論，故齊人為語曰天口駢』。」荀況〈非十二子〉曰：「尚法而無法，下修而好作，上則取聽于上，下則取從于俗，終日言成文典，及紃察之，則倜然無所歸宿，不可以經國定分。然其持之有故，其言之成理，足以欺世惑眾，是慎到、田駢也。」

(72)騶奭　齊人，陰陽家。

【語　譯】齊國一共有三個騶子。最早的叫騶忌，他曾經以彈琴為藉口求見過齊威王，從彈琴的道理向齊宣王講了治理國家的訣竅，結果被封為成侯，做了宰相，他的時代在孟子之前。

2 其次的一個叫騶衍，時代在孟子之後。他看到當時的統治者都越來越荒淫奢侈，不再崇尚道德，不再像〈大雅・思齊〉所說的那樣「先自己作好榜樣，而後推廣到家庭，再擴大到整個黎民百姓」了。所以他就從注意觀察陰陽的消長變化入手，而提出了一種非常怪誕的學說，他撰寫了〈終始〉、〈大聖〉等文章共有十多萬字。他的理論都是宏大而不著邊際的，他常常在一些小的事物上作實驗，然後把它推而廣之，一直推到無限大。他的文章一般都從眼前說起，向上追溯到黃帝時代，利用各個時期的學者們所共同講述過的東西，大體隨著各個朝代的興衰，加進去一些有關吉凶禍福的判斷；按著這種方法，他可以一直推衍到開天闢地以前，給人們講說了許多渺茫的根本無法考查的東西。他記載了中國境內的名山、大川、飛禽、走獸，凡是水中地上所長的各種奇珍異物，無所不有，並又就此推而廣之地講到了誰也沒有看見過的海外世界。他說從開天闢地以來，各朝各代都是按著金木水火土五種德性的推移變化而發展下來的，不同的時代只有按著與它相應的那種德性來治理國家才能治好，而天上和人間又有一種預示徵兆、互相感應的關係。他認為儒生們通常所說的中國，只不過是整個天下的八十一分之一。中國叫赤縣神州，神州之內又分成九個州，這就是〈禹貢〉記載的被大禹劃分的那九個。但這不是全部的州數，他說像中國赤縣神州這樣的州，一共有九個，這才叫九州。每個州的四圍都有小海環繞著，各個州的居民、禽獸都不能互相往來，像一個獨立地區似的，這才僅是一個州。這樣的州總共九個，在這九州的四圍又有大海環繞著，在那裡就是天地的盡頭，天地互相聯接的地方了。騶衍講的東西大約都是這一套。但考查一下他的根本，也還是回到仁義節儉上來，他所強調的也仍是君臣上下以及六親之間的和睦，只不過是開頭講得過於不著邊際而已。許多王公貴族剛一聽到他的學說，往往感到驚奇，因而有心想學，可是等到後來發現誰也做不到。

3 騶衍曾受到過齊國的重視。後來他去梁國時，梁惠王還曾親自到郊外去歡迎，把他當作貴賓接待。後來他又去過趙國，平原君給他側著身子引路，還曾用袖子給他撣坐席。當他到了燕國的時候，燕昭王為他抱著掃帚在前引路，還請求作他的學生跟他學習，並特意建造了一座碣石宮，親自到那裡去跟騶衍受業。也就是在那裡，騶衍寫出了他的〈主運〉篇。騶衍周遊各國時受到了這樣的尊寵，這和孔子當初被圍困在陳、蔡之間餓得面如菜色，以及孟子在齊國、梁國所受的冷落待遇，又怎能同日而語呢！所以周武王儘管是靠著仁義打敗了殷紂稱王的，但也還是有伯夷寧肯餓死也不願吃周朝的糧食；衛靈公就是向孔子詢問了一下如何布陣的問題，孔子竟避而不答；梁惠王與孟子商量準備攻打趙國，而孟子卻故意給梁惠王講了一個當年太王為躲避夷狄而自動離邠南遷的故事。這些人哪裡有一點阿諛逢迎、希求苟合的樣子呢？這就像是拿著一個方榫往圓槽裡插，那怎麼會插得進去呢？也有人說：伊尹曾背著飯鍋去求見湯，結果輔佐湯統一了天下；百里奚也曾以在車下餵牛的辦法接近了秦穆公，後來幫著秦穆公成就了霸業，都是先設法接近，而後再慢慢地引導國君走上正道。騶衍學說的這種不合常軌，也許也有伊尹負鼎、百里奚飯牛的那種意思吧！

4 自從騶衍和齊國稷下的淳于髡、慎到、環淵、接子、田駢、騶奭等人著書立說，探討治亂興亡，以此求得國君的賞識以來，這樣的人就越來越多，實在說不完了。

1 淳于髡❶，齊人也。博聞彊記，學無所主❷。其諫說，慕晏嬰❸之為人也，然而承意觀色為務❹。客有見髡❺於梁惠王，惠王屏❻左右，獨坐而再見❼之，終無言也。惠王怪之，以讓⑧客曰：「子之稱淳于先生，管、晏⑨不及；及見寡人，寡人未有得⑩也。豈寡人不足為言⑪邪？何故哉？」客以謂髡。髡曰：「固也⑫。吾前見王⑬，王志在驅逐⑭；後復見王⑮，王志在音聲⑯。吾是以默然。」客具以報王。王大駭，曰：「嗟乎，淳于先生誠聖人也⑰！前淳于先生之來，人有獻善馬者，寡人未及視，會先生至⑱；後先生之來，人有獻謳者⑲，未及試，亦會先生來。寡人雖屏人⑳，然私心在彼㉑，有之㉒。」後淳于髡見，壹語連三日三夜無倦。惠王欲以卿相位待之，髡因謝去。於是送以安車駕駟㉓，束帛加璧㉔，黃金百鎰㉕。終身不仕㉖。

2 慎到，趙人。田駢、接子，齊人。環淵，楚人。皆學黃、老道德之術㉗，因發明序其指意。故慎到著十二論㉘，環淵著上下篇㉙，而田駢、接子皆有所論焉。

3 騶奭者，齊諸騶子㉚，亦頗采騶衍之術以紀文㉛。

4 於是齊王嘉之㉜，自如淳于髡以下，皆命曰「列大夫㉝」，為開第㉞康莊之衢㉟，高門大屋，尊寵之。覽天下諸侯賓客㊱，言齊能致天下賢士也。

【章旨】以上為第四段，寫淳于髡的善於察言觀色，以及諸稷下先生的事跡，以表現齊國招攬賢士之盛況。

【注釋】❶淳于髡　齊人，以滑稽著稱，其故事又見〈田敬仲完世家〉、〈滑稽列傳〉。錢穆曰：「髡在威王初年即已知名於齊，後去而之梁，惠王欲以卿相位待髡，髡因謝去，終身不仕。蓋髡亦田駢之流，皆以不仕為名高者。故與孟子辨出處，深譏孟子之進退無義。蓋孟子固主孔子所謂『不仕無義』者也。其後在齊，當宣王世。〈齊策〉『淳于髡一日而見七士于宣王』是也。髡最為稷下前輩，當威王初年已顯名，威王在位三十八年，至宣王八年，孟子去齊，其時髡當尚在。若謂威王初年髡年近三十，則其壽殆踰七十矣。」❷學無所主　作學問沒有一個中心，也可以說不屬於某一派，是個雜家。❸晏嬰　春秋後期齊景公的宰相，以善諫著稱，事跡見《左傳》與〈管晏列傳〉。有人說今尚流傳的《晏子春秋》即晏嬰所作，我們覺得可以視之為戰國時期人編撰的一部晏嬰故事集，更像是小說。❹承意觀色為務　指善於察言觀色、順著統治者的意思進行諫說。這與史公在〈管晏列傳〉裡所讚頌晏嬰的那種「至其諫說，犯君之顏」是有巨大差別的。❺見髡　向梁惠王推薦淳于髡。❻屏同「摒」。摒退。❼再見　兩次接見。❽讓　責怪。❾管晏　管仲、晏嬰。管仲是春秋前期齊桓公的宰相，事跡見《左傳》、〈齊太公世家〉、〈管晏列傳〉。❿未有得　沒有從他那裡得到什麼。⓫不足為言　不值得為我廢口舌；我不配聽他講話。⓬固也　猶今所謂「本來嘛」、「當然啦」，意即我當時所以不說話是有原因的。⓭前見王　第一次見到梁王。⓮志在驅逐　心裡想著馳騁打獵。⓯後復見王　第二次見到梁王。⓰志在音聲　心裡想著音樂。淩稚隆曰：「此正『承意觀色』處。」⓱誠聖人也　可實在是個「聖人」。⓲未及視二句　還未來得及去親自看看，這時淳于先生就來了。意思即我那時心裡還在轉著「善馬」的念頭。⓳謳者　歌唱家。⓴雖屏人　雖然已將來報送馬、送歌者來人遣退。㉑私心在彼　我心裡其實還在想著那些事，指馬與謳者。私，暗中。㉒有之　的確有淳于髡所指責的「志在驅逐」與「志在音聲」的事。按：王充《論衡・知實篇》曾有文說及此事。㉓安車駕駟　四匹馬所拉的平穩舒適的車子。㉔束帛加璧　十匹帛捲為一束，再加一塊璧玉。㉕黃金百鎰　也可以簡稱「百金」。鎰，重量單位，一鎰等於二十四兩，或曰二十兩。戰國時期稱黃金一鎰曰「一金」，漢時稱黃金一斤曰「一金」。㉖終身不仕　梁玉繩曰：「淳于髡豈『終身不仕』者？」沈家本曰：「與下文『自淳于髡以下皆命曰列大夫』相抵牾。」㉗黃老道德之術　即西漢初期所經常講的「黃老思想」，道家學派的一個分支，該學派尊黃帝、老子為其祖師，而學說則是講「道」講「德」，講「清靜無為」，而欲達到「無不為」，是一種典型的將老子哲學用於官場、戰場的攻防術，其代表作為《黃帝四經》，其人物標本即《國語・越世家下》裡的范蠡與《史記》當中的張良。㉘慎到著十二論　《集解》引徐廣曰：「今《慎子》，劉向所定，有四十一篇。」㉙環淵著上下篇　《漢書・藝文志》稱其著「《蜎子》十三篇。」㉚齊諸騶子　齊國騶氏名家中的一個。㉛紀文　寫作文章。紀，梳理。郭嵩燾曰：「前言齊有三騶子，騶奭亦其一也。《漢書・藝文志》入之陰陽家，殆亦騶衍『終始』之流。」㉜嘉之　稱道稷下的這些學人。㉝列大夫　列於大夫，即享受「大夫」的待遇。㉞開第　建造府第。㉟康莊之衢　《集解》引《爾雅》曰：「四達謂之『衢』，五達謂之『康』，六達謂之『莊』。」即四通八達的大街。㊱覽天下諸侯賓客　展示給各諸侯國的君主與賓客們看。覽，示；展示。

【語　譯】淳于髡是齊國人，見識多記性好，學東西不專注於一家。愛給國君提意見，仰慕並且努力學習晏嬰的做事和為人，所不同的是，他特別注意察言觀色，尋找適當的時機向國君諫說。有人把他引見給了梁惠王，梁惠王支開了身邊的人，兩次單獨地接見了他。結果他都一言未發。梁惠王覺得很奇怪，就責備引見的那個人說：「你曾向我稱讚淳于髡，說連管仲、晏嬰都比不上他；可是淳于髡見過了我，我卻一無所獲。難道是我不配和他說話嗎？他為什麼見了我一言不發呢？」這個人回去把梁惠王的話轉告給了淳于髡。淳于髡說：「我的確沒說話。那是因為我第一次見到你們大王時，他正想著馳騁打獵；第二次我見到他時，他正想著美妙的音樂。所以我只好不說話了。」這個人回去又把淳于髡的話報告了梁惠王。梁惠王一聽大吃一驚，說：「啊呀！淳于先生可真是個聖人啊！頭一次他來見我之前，有人送給我一匹好馬，我還沒有來得及去看，正好這時淳于先生來了；第二次淳于先生來之前，又正好有人獻給我一名歌女，我還沒有來得及去試聽，也剛好這時淳于先生來了；那時我雖打發開了身邊的人，但我心裡的確還是在想著那些事，這是實情。」後來淳于髡又見到了梁惠王，這次和梁惠王一口氣談了三天三夜，兩人都不覺得疲倦。梁惠王想讓淳于髡在齊國充任公卿宰相，淳于髡不願接受，要求回家。於是梁惠王便給他安排了一輛很舒適的四匹馬拉的車子，送給了他十匹縉帛外加璧玉的禮品，還有黃金百鎰。淳于髡一輩子沒有做過官。

2　慎到是趙國人，田駢、接子是齊國人，環淵則是楚國人。他們都是學習黃帝、老子的道德之學，為了闡述發揮黃帝老子的學說。慎到著有《慎子》十二論，環淵著有《蜎子》上下篇，其他如田駢、接子等也都有著述。

3　騶奭也是齊國騶姓的一個名人，他在很多方面是採用了騶衍的理論來進行著述的。

4　齊王很賞識稷下的這些賓客，從淳于髡以下這些人，都受齊王賞賜，享受著大夫的級別、待遇。齊王還專門為他們開闢了一條寬闊豪華的大街，高門大屋夾街林立，讓這些人不論從精神上、物質上都得到了無比的尊寵。齊王所以這樣做的目的，就是為了給其他國家看，藉以說明齊國是最能招納天下賢人的。

1 荀卿❶，趙人。年五十始來游學於齊❷。騶衍之術迂大而閎辯；奭也文具難施❸；淳于髡久與處，時有得善言❹。故齊人頌曰：「談天衍，雕龍奭❺，炙轂過髡❻。」田駢之屬皆已死。齊襄王❼時，而荀卿最為老師❽。齊尚脩列大夫之缺❾，而荀卿三為祭酒❿焉。齊人或讒荀卿，荀卿乃適楚⓫，而春申君⓬以為蘭陵⓭令。春申君死⓮而荀卿廢⓯，因家蘭陵。李斯⓰嘗為弟子，已而相秦⓱。荀卿嫉濁世之政，亡國亂君相屬⓲，不遂大道⓳而營於巫祝⓴，信禨祥；鄙儒㉑小拘㉒，如莊周㉓等又滑稽亂俗㉔，於是推儒、墨、道德之行事興壞㉕，序列著數萬言㉖而卒。因葬蘭陵㉗。

2 而趙亦有公孫龍為堅白同異之辯，劇子之言；魏有李悝，盡地力之教；楚有尸子、長盧；阿之吁子焉。自如孟子至于吁子，世多有其書，故不論其傳云。

3 蓋墨翟，宋之大夫。善守禦，為節用。或曰竝孔子時，或曰在其後。

【章旨】以上為第五段，寫荀子及其它諸子的學術活動。

【注釋】❶荀卿　《索隱》曰：「名況，「卿」者，時人相尊而號為卿也。仕齊為祭酒，仕楚為蘭陵令，後亦謂之「孫卿子」者，避漢宣帝諱改也。」郭嵩燾曰：「『卿』者，荀況之字，《荀子》書中亦有稱『卿』者，猶『虞卿』、『荊卿』然。」陳直曰：「《荀子》書中亦稱『孫卿』，蓋當時因『荀』『孫』音相近，故可相通。」❷年五十始來游學於齊　此言荀卿五十歲始來齊，至襄王時「最為老師」，而未言其始至齊在何年代。《風俗通・窮通篇》有「齊威、宣之時，孫卿有秀才，年十五，始來游學」之語，據此梁玉繩以為《史記》之「五十」應作「十五」，否則至襄王時年歲太大。瀧川引桃源藏曰：「曰『五十』始游者，以見宿學之精熟也；若『十五』，則『始』字不通。」按：《風俗通》云威、宣時荀卿來齊，其時年十五；而《史記》則稱其五十始來齊，各有所見。然《風俗通》中「始」字使用無理，或者仍因襲用《史記》而忘其前面已出「威、宣之時」也。❸文具難施　文章寫得頭頭是道，但是難以施行。❹久與處二句　與之相處得時間長了，偶爾有時也能聽到一兩句好話。❺談天衍二句　《集解》引劉向《別錄》曰：「騶衍之所言五德終始，天地廣大，盡言天事，故曰『談天』；騶奭脩衍之文，飾若雕鏤龍文，故曰『雕龍奭』。」中井曰：「衍之術一味迂闊，蕩蕩茫茫，如談天也。『談天』亦是比喻，非以其書言天事而稱也。奭之『雕龍』，亦謂其不中用也。太史公既下語曰『迂大』、曰『難施』，何勞別解。」按：中井說是。❻炙轂過髡　意謂淳于髡像個給車軸上油的瓶子。炙轂過，給車軸上油的油瓶。《索隱》引劉向《別錄》曰：「『過』字作『輠』，車之盛膏器也。炙之雖盡，猶有餘津，言髡智不盡，如炙輠也。」❼齊襄王　名法章，湣王之子，西元前二八三—前二六五年在位，事跡見〈田敬仲完世家〉、〈田單列傳〉。❽最為老師　謂在齊國稷下學者中年紀最長，學問最大。❾脩列大夫之缺　享受「列大夫」待遇的學者一旦出現空缺，就立即進行增補。脩，完善；增補。❿祭酒　官名，各部門、各地區都有此職，此指荀卿在稷下學者中任祭酒（酒筵開始前，先代表大家將一杯酒澆在地上祭神）。《索隱》曰：「按禮，食必祭先，飲酒亦然，必以席中之尊者一人當祭耳，後因以為官名，故吳王濞為劉氏祭酒是也。而卿三為祭酒者，謂荀卿出入前後三度處列大夫康莊之位，而皆為其所尊，故云三為祭酒也。」⓫楚　西周以來的諸侯國名，春秋時期的都城郢在今湖北荊州江陵西北的紀南城；至戰國後期之西元前二七八年，郢都被秦國攻占，楚國被迫東遷到陳（今河南淮陽）；至西元前二四一年，楚國又再次被迫東遷到壽春（今安徽壽縣）。⓬春申君　黃歇，楚考烈王（西元前二六二—前二三八年在位）時為楚相，以養士聞名，事見〈春申君列傳〉。⓭蘭陵　楚縣名，縣治在今山東蒼山西南。按：荀卿為蘭陵令在考烈王八年（西元前二五五年）。⓮春申君死　春申君被楚國的陰謀家李園所殺，事在考烈王二十五年（西元前二三八年），過程詳見〈春申君列傳〉。⓯荀卿廢　梁玉繩曰：「按〈楚策〉、《韓詩外傳・四》、劉向〈荀子序〉、《風俗通・窮通》篇並言春申君因客之說使人謝荀卿，遂去之趙，為上卿；

春申君又因客之說使人請于趙，荀卿謝之以書，後不得已，復為蘭陵令。《史》不書其之趙，甚疏。至所謂「春申君死而荀卿廢」者，指復為蘭陵令時也。」⑯李斯　原楚人，為荀卿弟子，後入秦為秦王政客卿，在協助秦王政統一六國的過程中，李斯功勳卓著。⑰已而相秦　李斯入秦後先為呂不韋舍人，後為秦國客卿；消滅六國後，李斯升任御史大夫，始皇晚年李斯任丞相，事見〈李斯列傳〉。《荀子・議兵篇》中有李斯與荀卿的相互問答語。⑱相屬　連續不斷。⑲不遂大道　不按儒家講的「大道」而行。⑳營於巫祝　指被鬼神邪說所迷惑。營，通「熒」。巫祝，溝通人與鬼神的神職人員。㉑鄙儒　淺陋的書生。蔣伯潛曰：「『儒』字本有二義，其一為『學者』之通稱，蓋凡有學識道術者皆曰『儒』，故〈孟荀列傳〉曰『鄙儒小拘如莊周等』；《論語》子謂子夏曰『汝為君子儒，毋為小人儒』。其二謂有學識道術，又能教人者，謂之『儒』，猶今言『教育家』耳。私人聚眾講學始於孔子，其弟子如子游、子夏、曾子等皆嘗設教，故稱之曰『儒』，其後沿襲，遂成學派名稱。」㉒小拘　拘泥於細枝末節，即不懂孔、孟治國平天下的「大道」。㉓莊周　楚人，道家學派的傑出代表，著有《莊子》，事見〈老子韓非列傳〉。㉔滑稽亂俗　指《莊子》中的人物、故事、語言多荒誕奇特，出人意表，與儒、墨等家的論述現實事務不同；尤其是莊周所講的大至安邦濟世，小至處世為人的思想原則與儒家背道而馳，故史公稱其「滑稽亂俗」。㉕推儒墨道德之行事興壞　對儒家、墨家、道家的思想學說，以及這些學說在被用於實踐後對社會發展所產生的好壞影響，進行分析研究。按：荀子例來被稱為「儒家」，但其思想學說實際上已與孔丘、孟軻有了很大不同，他吸收各家各派之優長，而具有了一種突出的綜合性。㉖序列著數萬言　梁玉繩曰：「《荀子》三十二篇，〈漢志〉譌為三十三也。」㉗因葬蘭陵　瀧川曰：「荀卿之卒，不知何年，《荀子・堯問篇》云：『孫卿迫于亂世，鰌于嚴刑，上無賢主，下遇暴秦。』《鹽鐵論・毀學篇》云：『方李斯之相秦也，始皇任之，人臣無二心，然荀卿為之不食，睹其罹不測之禍也。』」

【語譯】荀卿是趙國人，五十歲的時候來到齊國講學。在當時的學者中，騶衍的學說迂闊宏大而又富於詭辯性；騶奭的理論有文采而難以實行；淳于髡則是在與人長久的打交道中，有時能讓人聽到幾句精彩話，所以齊國人說他們是：「談天說地的騶衍，雕鏤花紋的騶奭，潤車油瓶子的淳于髡。」當時田駢等人都已經死了，因此在齊襄王這個時代，荀卿在齊國是年齡最大、學問最好的學者。這時的齊國仍然還有給學者們以大夫級別、待遇的規定，所以荀卿曾經先後三次在齊國做過祭酒的官。後來齊國有人向齊王說荀卿的壞話，於是荀卿離開齊國又去了楚國。當時春申君在楚國當政，他任命荀卿為蘭陵縣令。後來春申君死了，荀卿也相繼被免職。但他從此也就在蘭陵定居了。李斯曾經做過他的學生，後來當上了秦朝的丞相。荀卿痛恨當時世道黑暗，政治腐敗，國破君昏的事情不斷出現，當時的執政者們不行聖人之道，而專門搞一些荒唐迷信的東西，而一些淺陋的書生，如莊周之流更是以滑稽幽默為手段來蠱惑人心，於是荀卿就總結評論了儒、墨、道三家理論與實踐的成敗得失，寫下了幾萬字的著作。荀卿死後就葬在了蘭陵。

2 當時趙國有個公孫龍，創立了「堅石」、「白馬」的學說，還有劇孟、劇辛等也有一些著述。魏國有個李悝，專門研究了充分利用土地發展生產的問題；這時楚國有尸子、長盧；齊國的東阿還有個吁子。從孟子到吁子，這些人的著作社會上容易見到，所以不再論列，只敘述他們的傳記。

3 至於墨翟，他是宋國的大夫。在軍事上長於守衛，在思想上主張儉樸節用。有人說他與孔子同時，也有人說他比孔子晚。

【研析】孟子的名聲自漢以後始大，自南宋以後始無異辭，而駸駸乎近於「聖」矣，這是隨著封建統治者的尊儒與《孟子》書被欽定為科舉考試的讀本而日益確定下來的。今日讀《孟子》，看其氣大聲宏，走到哪裡辯到哪裡，不論什麼人，都被他辯得落荒而走；但為什麼在孟子活著的時候，和在他去世後的幾十年內，竟無人更多地提起孟子呢？甚至戰國末期的《韓非子》、《呂氏春秋》，其中涉及歷史人物那麼多，居然也隻字不及孟子，這就不得不令人做出別的結論了。大概可以這樣說：孟子在他活著的時候影響並不大，其書的流傳也未必廣，許多人似乎還並不把他看成有資格被批判的一個論敵。荀子在他的〈非十二子〉中說孟軻「材劇志大，聞見雜博，案往舊造說，謂之『五行』，其僻違而無類，幽隱而無說，閉約而無解，案飾其辭，而祇敬之曰：『此真先君子之言也。』子思唱之，孟軻和之，世俗之溝猶瞀儒歡歡然不知其所非也，遂受而傳之，以為仲尼、子游為茲厚於後世。是則子思、孟軻之罪也」，並將其與魏牟、田駢、墨翟等一道被視作必須徹底「息滅」的十二種聲音之一。可這已經是戰國末期的事了，而且這位提出者卻又恰恰也是「聖門」中人，同室操戈得相當嚴厲。自秦火至劉邦建漢，再至武帝尊儒的百餘年間，朝野上下又是沒有一個人提及孟子。而在這時，能不藉任何勢力的依託，全憑司馬遷孤心獨運的從歷來不受歡迎的先秦儒家人物中甄拔出孟子，並為之立傳，這實在可以說得上是聳人聽聞。司馬遷能從被世人咒罵的政治家中甄拔出商鞅；能從歷來無人提起而被賈誼偶爾說出的故事中甄拔出屈原；再加上這位孟軻，這都是司馬遷寫中國古代史的重大發現。孟軻等如果地下有靈，也的確應該感謝這位異代的知音，異代的伯樂，儘管這篇名為「孟子荀卿列傳」的作品中真正說到孟子的話也不過就是幾句而已。司馬遷之後，能再次讚頌孟軻，並以自比孟軻為榮的是揚雄，他在《法言・淵騫》中盛稱孟軻之勇，說孟軻「勇於義而果於德，不以貧富貴賤動其心」；在《法言・吾子》中揚雄說：「揚墨塞路，孟子辭而辟之，廓如也。後之塞路有矣，竊自比於孟子。」這種高度的評價比司馬遷又前進了一步。但由於揚雄的《法言》流傳不廣，而其自身的為人又有爭議，而且不久孟軻又被王充在《論衡》中挖苦了一回，於是遂又再度歸於沉寂。孟子的第三次被中國社會所重視，並逐漸確定了其不可動搖的地位，這力量全在於唐代的韓愈，與宋代的王安石與朱熹。

卷七十五

孟嘗君列傳第十五

【題　解】 孟嘗君是田嬰之子，名文，齊湣王時曾為齊國宰相，其人之功業無聞，唯以「善於養士」著稱。孟嘗君與當時趙國的平原君、楚國的春申君、魏國的信陵君皆以養士聞名，合稱善於養士的「戰國四公子」。〈孟嘗君列傳〉的精彩之處在於孟嘗君少年時為自己辯護生的權利，與文章後面所附的「馮諼客孟嘗君」一節。而「雞鳴」、「狗盜」幫助孟嘗君逃出函谷關的故事，則表現了司馬遷對下層人物的高度重視與讚揚。

孟嘗君[1]名文，姓田氏。文之父曰靖郭君[2]田嬰。田嬰者，齊威王[3]少子，而齊宣王[4]庶弟[5]也。田嬰自威王時任職用事[6]，與成侯[7]鄒忌及田忌[8]將而救韓伐魏[9]。成侯與田忌爭寵，成侯賣田忌[10]。田忌懼，襲齊之邊邑，不勝，亡走[11]。會威王卒，宣王立[12]，知成侯賣田忌，乃復召田忌以為將。宣王二年[13]，田忌與孫臏[14]、田嬰俱伐魏，敗之馬陵[15]，虜魏太子申而殺魏將龐涓[16]。宣王七年[17]，田嬰使於韓、魏[18]，韓、魏服於齊。嬰與韓昭侯、魏惠王會齊宣王東阿南[19]，盟而去。明年[20]，復與梁惠王會甄[21]。是歲，梁惠王卒[22]。宣王九年[23]，田嬰相齊，齊宣王與魏襄王會徐州而相王也㉔。楚威王㉕聞之，怒田嬰㉖。明年㉗，楚伐，敗齊師於徐州，而使人逐田嬰㉘。田嬰使張丑說楚威王㉙，威王乃止。田嬰相齊十一年。宣王卒，湣王即位㉚。即位三年，而封田嬰於薛㉛。

【章旨】以上為第一段，寫孟嘗君家族的來源，與其父田嬰受封之開始。

【注釋】❶孟嘗君　田文的封號。中井曰：「『孟嘗』蓋封邑之名，其地不獲者，記載不傳耳。」❷靖郭君　田嬰的封號名，繆文遠引雷學琪曰：「『郭』乃近漷水邑名，田嬰封薛之時，去郭邑最近，故曰『靖郭君』。」陳直曰：「《齊魯封泥集存》有『請郭邑丞』封泥，『靖郭』疑即『請郭』之假借。」❸齊威王　名因齊，西元前三五六－前三二〇年在位，是戰國時期最有作為的國君之一。❹齊宣王　名辟疆，威王之子，西元前三一九－前三〇一年在位。❺庶弟　庶，姬妾所生的子女。《索隱》曰：「《戰國策》及諸書竝無此言，蓋諸田之別子也，故《戰國策》每稱『嬰子』『盼子』。高誘注云：『田盼，田嬰也。』」王劭又按：《戰國策》云：『齊豹辯謂齊宣王曰：王方為太子時，辯謂靖郭君不若廢太子更立郊師，靖郭君不忍。宣王太息曰：寡人少，殊不知。』以此言之，嬰非宣王弟明也。」❻用事　執政；管理國事。❼成侯　即「諷齊王納諫」之鄒忌，曾為齊相，封成侯。❽田忌　齊國的名將。❾救韓伐魏　梁玉繩曰：「此指桂陵之役，是救趙，非救韓也。且成侯不與田忌同將，《田完世家》甚明，當是田嬰與田忌將而救趙伐魏耳，此誤。」按：事在威王四年（西元前三五三年），此次出兵孫臏為齊國的軍師，詳見《孫子吳起列傳》。❿成侯賣田忌　賣，欺騙，這裡指誣陷。按：鄒忌與公孫閈合謀慫恿齊王派田忌伐魏，欲借刀殺人；後田忌大勝，鄒忌與公孫閈又栽贓誣陷田忌謀反事，詳見《戰國策・齊策一》與《田敬仲完世家》。⓫田忌懼四句　亡走，逃走。按：《田敬仲完世家》謂：「田忌聞之，因率其徒襲攻臨淄，求（索）成侯，不勝而犇。」而《戰國策》但云「田忌遂走」，無「襲攻臨淄」或「襲齊邊邑」事。梁玉繩曰：「田忌之亡在宣王二年，不在威王時，亦無『襲齊』『復召』之事。」錢穆曰：「『襲齊之事或無。』」⓬威王卒二句　依此處文意與《六國年表》，史公以為「威王卒，宣王立」是在周顯王二十六年（西元前三四三年）；而依《竹書紀年》「威王卒，宣王立」乃在周慎靚王元年（西元前三二〇年），今之戰國史家皆依《竹書紀年》為說，於是《史記》中《田敬仲完世家》與《六國年表》之齊國諸侯繫年遂皆錯誤，詳見各篇之相應注釋。

⑬宣王二年　應作威王十六年，亦即魏惠王二十九年，西元前三四一年。⑭孫臏　齊國軍事家，著有《孫臏兵法》，事跡詳見〈孫子吳起列傳〉。⑮馬陵　古地名，在今河南范縣西南。也有說在今河北大名東南者，可供參考。至於有說在今山東郯城者，似絕無可能。⑯龐涓　魏國將領。田嬰、田忌、孫臏等破殺龐涓於馬陵事詳見〈孫子吳起列傳〉。⑰宣王七年　應作威王二十一年，亦即韓昭侯二十七年，魏惠王三十四年，西元前三三六年。⑱田嬰使於韓魏　韓國的都城即今河南新鄭，魏國的都城即今河南開封。⑲嬰與韓昭侯魏惠王會齊宣王東阿南　韓昭侯，懿侯之子，西元前三六二—前三三三年在位。魏惠王，名罃，西元前三六九—前三一九年在位。東阿南，梁玉繩曰：「案〈表〉及〈魏〉、〈田完世家〉，『會平阿南』，非『東阿』也。《索隱》引《紀年》亦作『平阿』。而平阿之會只魏、齊二王，無韓昭侯，此皆誤。」平阿，齊邑名，在今安徽懷遠西南。至於「東阿」，則在今山東東阿西南。⑳明年　齊威王二十二年，魏惠王三十五年，西元前三三五年。㉑與梁惠王會甄　梁惠王，即魏惠王，因當時魏國都於大梁（今河南開封），故也稱「梁惠王」。甄，通「鄄」。齊邑名，在今山東鄄城北。㉒是歲二句　按：應作「梁惠王改元」。梁惠王於明年改稱「後元元年」，今作「梁惠王卒」，大誤，且〈魏世家〉與〈六國年表〉所書之魏國諸侯紀年遂一連數十年錯誤。㉓宣王九年　應作威王二十三年，西元前三三四年。㉔齊宣王與魏襄王會徐州而相王也　齊宣王，應作「齊威王」。魏襄王，應作「魏惠王」，是年為魏惠王後元元年。徐州，也作「舒州」，即當時之所謂「薛」，在今山東滕州東南，當時屬齊。相王，相互推尊為王。按周王朝的規定，只有周天子稱「王」，其他諸侯只能稱「公」、「侯」、「伯」，春秋時代尚如此。戰國以來，周天子名存實亡，七國諸侯的勢力強大，因此他們也逐漸改變舊號相繼各自稱「王」。㉕楚威王名商，西元前三三九—前三二九年在位。㉖怒田嬰　〈楚世家〉謂「齊孟嘗君父田嬰欺楚，楚威王伐齊，敗之於徐州。」《集解》引徐廣曰：「時楚已來越而伐齊也。齊說越，令攻楚，故云『齊欺楚』。」梁玉繩曰：「此語不可解，將謂聞田嬰『相齊』而怒乎？抑聞『相王』而怒乎？考是時，齊說越令攻楚，故威王怒而伐齊。〈楚世家〉所云『齊欺楚』也，則不必專怒嬰子。又〈齊策〉載有『齊將封嬰于薛，楚懷王聞之大怒，將伐齊，公孫閈說之而罷』，乃後此十四年事，則不得稱『威王怒』。」㉗明年　齊威王二十四年，楚威王七年，西元前三三三年。㉘使人逐田嬰　意謂楚國派人入齊，威迫齊王使其罷逐田嬰。㉙田嬰使張丑說楚威王　事見《戰國策・齊策一》，亦見於〈楚世家〉。大意是張丑騙楚威王說：楚國所以能勝齊，是因為齊國的賢臣田盼子不被用，而田盼子是受田嬰排擠的。如果齊王一旦罷免了田嬰，則田盼子一定被起用，那反而不利於楚。㉚宣王卒二句　《索隱》曰：「《紀年》以為梁惠王後元十三年四月，齊威王封田嬰于薛，十月齊城薛；十四年，薛子嬰來朝；十五年，齊威王薨，嬰初封彭城。皆與此文異也。」按：依〈六國年表〉，史公繫「宣王卒，湣王立」於周顯王四十五年，即西元

前三二四年；依《竹書紀年》及今戰國史家確定，周顯王四十五年為齊威王三十三年，魏惠王後元十一年。㉛即位三年二句按：史公所認為的「湣王即位三年」，依《竹書紀年》與今戰國史家考訂，實為齊威王三十六年，西元前三二一年。薛，古國名，後被齊所滅，其都城在今山東滕州東南，亦即上文所說的「徐州」。又按：今《戰國策・齊策四》有靖郭君將城薛，客以「海」、「大」、「魚」三字相諫者，文甚精彩滑稽。

【語譯】孟嘗君姓田名文，他的父親是靖郭君田嬰。田嬰是齊威王的小兒子，齊宣王的異母弟，他早從齊威王在世的時候就在朝裡做官掌權，他曾經與成侯鄒忌以及田忌一起帶兵伐魏救韓。後來鄒忌與田忌爭寵，鄒忌在齊王面前陷害田忌，田忌害怕，於是鋌而走險地率兵襲擊齊國，結果失敗，逃走了。後來威王去世，宣王即位後，他知道當時是鄒忌讒害了田忌，於是就把田忌重新招了回來仍舊叫他做將軍。齊宣王二年，田忌和孫臏、田嬰一起領兵伐魏，在馬陵道打敗了魏軍，活捉了魏國的太子申，殺掉了魏國的大將龐涓。齊宣王七年，田嬰先後到韓國和魏國出使，使得韓國和魏國都服從了齊國。田嬰還帶著韓昭侯和魏惠王到齊國東阿的南面來和齊宣王會見，簽訂了盟約。第二年，又和梁惠王在齊國的甄縣舉行了會談。同一年，梁惠王去世。齊宣王九年，田嬰做了齊國的宰相，也就在這一年，齊宣王和魏襄王在徐州會晤達成協議，互相承認對方為王。楚威王聽到這個消息，對田嬰很不滿，於是第二年，楚國出兵，大破齊軍於徐州，並且派人威迫齊王，讓他罷逐田嬰，直到田嬰請張丑去說服楚威王，楚威王才作罷。田嬰做了十一年的齊國宰相。齊宣王去世了，湣王繼承了王位，齊湣王三年，把薛縣封給了田嬰。

1 初，田嬰有子四十餘人。其賤妾有子名文，文以五月五日生。嬰告其母曰：「勿舉也❶。」其母竊舉生之。及長，其母因兄弟❷而見其子文於田嬰。田嬰怒其母曰：「吾令若❸去❹此子，而敢生之❺，何也？」文頓首，因曰❻：「君所以不舉五月子者，何故？」嬰曰：「五月子者，長與戶齊，將不利其父母❼。」文曰：「人生受命於天乎？將❽受命於戶邪？」嬰默然。文曰：「必受命於天，君何憂焉？必受命於戶，則可高其戶❾耳，誰能至者❿！」嬰曰：「子休矣⓫。」

2
久之，文承閒⓬問其父嬰曰：「子之子為何？」曰：「為孫。」「孫之孫為何？」曰：「為玄孫。」「玄孫之孫為何？」曰：「不能知也。」文曰：「君用事相齊，至今三王⓭矣，齊不加廣⓮而君私家富累萬金⓯，門下不見一賢者。文聞『將門必有將，相門必有相』。今君後宮⓰蹈綺縠⓱而士不得短褐⓲，僕妾餘粱肉而士不厭糟穅⓳。今君又尚厚積餘藏⓴，欲以遺所不知何人㉑，而忘公家之事日損㉒，文竊怪之。」於是嬰迺禮文，使主家待賓客。賓客日進，名聲聞於諸侯。諸侯皆使人請薛公田嬰以文為太子，嬰許之㉓。嬰卒，謚為靖郭君㉔。而文果代立於薛，是為孟嘗君。

【章旨】以上為第二段，寫孟嘗君的少年不凡，以能力才幹得以繼其父為有土封君。

【注釋】❶勿舉也　舉，古代為初生兒舉行的一種洗沐禮，通常即用為「養育」之義。此處的「勿舉」即不要養活他。按：「舉」為古代對新生兒的洗沐禮，不見於《辭源》、《辭海》，惟《史記索隱》於此條下有「『舉』謂浴而乳之」一語，彌足珍貴。漢樂府有「生男慎勿舉，生女哺用脯」；《通鑑》記唐太宗在位時，太子得子，太宗親臨新生兒之洗沐禮，謂諸宮人曰：「爾等有幸，一時見三朝天子！」可見古時對此禮頗為重視。❷因兄弟　讓田文跟著他的那些「合法」的兄弟。郭嵩燾曰：

「與其諸母兄弟四十餘人同謁見也。」❸若　爾；你。❹去　拋棄；扔掉。❺而敢生之　你竟敢養活他。而，同上文「若」，你。❻文頓首二句　按：史公於此處設身處地，揣摩情理，用心極細。家長嚴責其母，其母位卑，不敢分說，處境尷尬；此時有子女出面代為分說，極為合適，《紅樓夢》中探春代王夫人向賈母申訴委屈即此理也。❼長與戶齊二句　《索隱》引《風俗通》曰：「俗說五月五日生子，男害父，女害母。」長與戶齊，長到像門口那樣高。❽將　抑；還是。轉折語詞。❾高其戶　把門口修得高高地。❿誰能至者　意即誰還能夠長得「與戶齊」呢？⓫子休矣　猶言「你不用說啦」。休，停止；算啦。姚苧田曰：「《戰國策》載薛公田文語數篇，真得縱橫之精者。乃知孟嘗之機鋒銛利，自細已然。」按：以上孟嘗君為自己辯護生存權利事，《戰國策》不載，然通過早期一言一事以預示此人日後之不凡，乃《史記》之常用手法。⓬承間　趁機；趁空隙。⓭三王　指威王、宣王、湣王。⓮齊不加廣　齊國的疆域沒有擴大。⓯富累萬金　家資之富，值幾萬斤金。累，重；幾。⓰後宮　指姬妾使女。⓱蹈綺縠　即指穿綾羅綢緞。蹈，踐踏。言其衣飾之長大，亦言其不珍惜。綺縠，指精美的絲織品。⓲短褐　粗布短衣。王駿圖曰：「言士之貧，雖求短小粗布之衣亦不可得也。」瀧川曰：「褐，小襦也。」⓳不厭糟糠　連吃糟糧都不能滿足。厭，通「饜」。飽；足。⓴尚厚積餘藏　追求大量地屯積家財。尚，喜歡；追求。㉑欲以遺所不知何人　瀧川曰：「承上文『不能知』。」鍾惺曰：「透悟之言，喚醒一世貪痴，此達生學問，不獨通于『好客』而已。」㉒而忘公家之事日損　公家，指國家。凌稚隆引王鏊曰：「此論似聞道者。」陳仁錫曰：「本傳唯此二段議論可喜，至于叛齊、伐齊，人道絕矣，好客何益！」姚苧田曰：「人當蕭寂之時，偏多道眼；一入繁華之會，頓適迷途。今觀文之說父，以為厚積餘藏遺所不知何人，可謂明矣；然當三窟計成，封殖無厭，聽雍門之歌而滋泗橫流者，又何其戚也？夫患常生于多欲，而感每切于窮時，文之相齊，蓋亦忘公家之事，而便其身圖者也。」㉓請薛公田嬰以文為太子二句　太子，先秦與西漢初期，帝王與其他有土封君的嫡長子都稱「太子」，後來才專稱皇帝的嫡長子。姚苧田曰：「以賤妾所生，不欲舉之子，而獨得繼統，談何容易！」㉔謚為靖郭君　《索隱》曰：「『靖郭』或封邑號，故漢齊王舅父駟鈞封『靖郭侯』是也。」崔適曰：「謚，猶號也，『謚為靖郭君』、『謚為孟嘗君』，猶『號為綱成君』、『號為馬服君』之比。」

【語　譯】當初，田嬰一共有四十多個兒子，其中有一個叫田文，是一個不受寵的小老婆生的。田文生於五月初五，當時田嬰就對田文的母親說：「不要養活這個孩子。」但他的母親還是偷偷地把他養活了下來。等他長大後，他母親才叫他跟著他的那些兄弟們一起去見田嬰。田嬰一見，生氣地對田文的母親說：「我當時就叫你扔掉這個孩子，你為什麼還要把他養活了下來？」這時田文過去叩了一個頭，替他的母親回答說：「您為什麼不養活五月出生的孩子呢？」田嬰說：「五月裡出生的孩子，長到像門口那樣高時，就會對他的父母不利。」田文說：「一個人的命運好壞是決定於老天爺呢？還是決定於門口呢？」田嬰回答不出來。田文又說：「如果是決定於老天爺，那您還操什麼心呢？如果是決定於門口，那麼我們可以把門口修得高高地，誰還能長得和門口一樣高呢！」田嬰說：「你不要說啦！」

2 過了很長時間，田文找了個機會問他的父親說：「兒子的兒子是什麼？」田嬰說：「是孫子。」田文又說：「孫子的孫子是什麼？」田嬰說：「是玄孫。」田文又說：「玄孫的孫子是什麼？」田嬰說：「那就不知道怎麼說了。」田文說：「您在齊國當宰相，到今天已經歷了三代君王了，而齊國的土地並沒有因為您而得到擴展，而您自己家裡倒是積攢了黃金萬斤，可是您的門下卻見不到一個有本事的人。我聽說『將門出將，相門出相』。現在您的妻妾使女穿的都是綾羅綢緞，而外面的士人連個粗布短衣也穿不上；您的男女傭人都有吃不完的好飯好菜，而外面的士人卻連糟糠也吃不飽。可是您還在這裡一個勁地積攢東西，想留給您所不能確知的後人，而不關心整個國家的局勢一天不如一天，這真叫我感到奇怪。」從此田嬰開始看重田文了，叫他主持家務，接待往來的客人。從此賓客們到田嬰家來的也日益增多，田文的名聲也漸漸地傳遍了各個諸侯國。各國的諸侯們都派人來請薛公田嬰立田文為太子，田嬰答應了。田嬰死後，諡號是靖郭君。而田文也果然在薛縣繼承了父親的爵位，這就是孟嘗君。

1 孟嘗君在薛，招致諸侯賓客及亡人有罪者，皆歸孟嘗君❶。孟嘗君舍業厚遇之❷，以故傾天下之士❸。食客數千人，無貴賤一與文等❹。孟嘗君待客坐語，而屏風後常有侍史❺，主記君所與客語，問親戚居處。客去，孟嘗君已使使存問❻，獻遺⑦其親戚。孟嘗君曾待客夜食，有一人蔽火光⑧。客怒，以飯不等，輟⑨食辭去。孟嘗君起，自持其飯比之。客慚，自剄。士以此多歸孟嘗君。孟嘗君客無所擇，皆善遇之，人人各自以為孟嘗君親己。

2 秦昭王⑩聞其賢，乃先使涇陽君⑪為質於齊，以求見孟嘗君⑫。孟嘗君將入秦，賓客莫欲其行，諫，不聽。蘇代⑬謂曰：「今旦代從外來，見木禺⑭人與土禺⑮人相與語。木禺人曰：『天雨，子將敗⑯矣。』土禺人曰：『我生於土，敗則歸土。今天雨，流⑰子而行，未知所止息也。』今秦，虎狼之國也，而君欲往。如有不得還，君得無為土禺人所笑乎⑱？」孟嘗君乃止。

3 齊湣王二十五年⑲，復卒使孟嘗君入秦，昭王即以孟嘗君為秦相。人或說秦昭王曰：「孟嘗君賢，而又齊族⑳也，今相秦，必先齊而後秦，秦其危矣。」於是秦昭王乃止。囚孟嘗君，謀欲殺之。孟嘗君使人抵㉑昭王幸姬求解㉒。幸姬曰：「妾願得君狐白裘。」此時孟嘗君有一狐白裘，直㉓千金，天下無雙，入秦獻之昭王，更無他裘。孟嘗君患之，偏問客，莫能對。最下坐有能為狗盜者，曰：「臣能得狐白裘。」乃夜為狗，以入秦宮臧㉔中，取所獻狐白裘至，以獻秦王幸姬。幸姬為言昭王，昭王釋孟嘗君。孟嘗君得出，即馳去，更封傳㉕，變名姓以出關。

夜半，至函谷關㉖。秦昭王後悔出孟嘗君，求之，已去，即使人馳傳逐之㉗。孟嘗君至關，關法㉘：雞鳴而出客。孟嘗君恐追至，客之居下坐者有能為雞鳴，而雞齊鳴，遂發傳㉙出。出如食頃，秦追果至關，已後孟嘗君出㉚，乃還。始孟嘗君列此二人於賓客，賓客盡羞之；及孟嘗君有秦難，卒此二人拔之。自是之後，客皆服㉛。

4 孟嘗君過趙㉜，趙平原君㉝客之㉞。趙人聞孟嘗君賢，出觀之，皆笑曰：「始以薛公為魁然也㉟，今視之，乃眇小㊱丈夫耳。」孟嘗君聞之，怒。客與俱者㊲下㊳，斫擊殺數百人，遂滅一縣以去㊴。

【章旨】以上為第三段，寫孟嘗君養客，及諸客為之效力的情形。

【注釋】❶孟嘗君在薛三句　按：三句詞語不順，應削去「招致」二字，或削去「皆歸孟嘗君」五字，二者不能並存，然《史記》此類句子非一。亡人，逃犯。❷舍業厚遇之　《索隱》曰：「捨棄其家產業，而厚事賓客也。」❸傾天下之士　意即使天下士皆來歸己。傾，以天平為喻，己處一低，則他處之物皆傾向於己也。❹無貴賤一與文等　王念孫曰：「『文』應作『之』，『之』字指食客言。上文曰『文果代立於薛，是為孟嘗君』，自此以下皆稱『孟嘗君』，此句獨稱『文』，與上下文不合。」陳子龍曰：「觀馮諼有『幸舍』之遷，則孟嘗君之待客本不等，何得云『無貴賤』？」郭嵩燾曰：「其初欲以取士聲勢傾天下，一意羅致而已，當委心結納之，不能有厚薄也；其後士歸者日眾，不能不量其才力為輕重，而其接待之等不能不示區分，此又勢之所趨然也，其情事兩不相妨。」按：史文敘事矛盾，郭氏之說近乎巧為之辭。❺侍史　猶今之所謂書記官。❻存問　慰問。存，省視；慰問。❼獻遺　贈送。❽蔽火光　背著火光，意謂躲在黑影裡吃。❾輟　停止；中斷。❿秦昭王　名則，惠文王之子，武王之弟，西元前三〇六—前二五一年在位，是秦國最有作為的國君之一，為日後秦的統一六國奠定了堅實基礎。⑪涇陽君 名市，昭王之弟，因其封地在涇陽（今陝西涇陽西北），故稱「涇陽君」，事跡參見〈穰侯列傳〉、〈范睢蔡澤列傳〉。⑫求見孟嘗君 意即請孟嘗君入秦。⑬蘇代 史公認為是蘇秦之弟，事跡見〈蘇秦列傳〉。據戰國史家考據，蘇秦排行第四，蘇代應是蘇秦之兄。參見〈蘇秦列傳〉之相應注釋。⑭木禺 同「木偶」。⑮土禺 同「土偶」。泥胎。⑯敗 爛；散解。⑰流 被水沖著走。⑱得無為土禺人所笑乎 得無，豈不；難道不。王駿圖曰：「蘇代設譬以喻孟嘗君，言在齊則得守本土，入秦則不知漂泊何所。」牛鴻恩曰：「即事結撰，獨出心裁，譬喻十分貼切形象。」按：以上蘇代勸止孟嘗君入秦事，見《戰國策·齊策三》，而說話者為「蘇秦」。繆文遠曰：「據《史記·六國年表》、〈田完世家〉、〈穰侯列傳〉，事在周赧王十五年。」按：周赧王十五年，相當於秦昭王七年，齊湣王元年，西元前三〇〇年。〈六國年表〉所列之「齊湣王二十四年」應作「齊湣王元年」。⑲齊湣王二十五年 應作「齊湣王二年」，即秦昭王八年，西元前二九九年。⑳齊族 齊國國君的宗族。㉑抵 到；向。㉒求解 求救。㉓直 通「值」。㉔宮臧 宮廷裡的倉庫。㉕更封傳 改換了通行證上的名字。封傳，即今之通行證。古代也稱「繻」，也稱「過所」。㉖函谷關 秦國東境的關塞名，在今河南靈寶東北。㉗馳傳逐之 乘驛車飛速追趕。傳，驛車。㉘關法 守關的規定。㉙發傳 出示通行證。發，打開。㉚已後孟嘗君出 意即當追兵趕到函谷關時，孟嘗君已經出關了。㉛自是之後二句 按：以上雞鳴狗盜拔孟嘗君出函谷關事，《戰國策》不載，然於此等處足見史公之重視、歌頌下層人物。㉜孟嘗君過趙 趙國的都城邯鄲，即今河北邯鄲；現時趙國的國君為武靈王（西元前三二五—前二九九年在位）。㉝平原君 趙勝，趙惠文王之弟，時為趙相，事跡詳見〈平原君虞卿列傳〉。㉞客之 以之為客，即接待了他。㉟始以薛公為魁然也 薛公，薛邑的封君。孟嘗君的封邑在薛，故以此相稱。魁然，身軀高大的樣子。㊱眇小 矮小。㊲客與俱者 即「與俱之客」，跟隨孟嘗君的賓客侍從。㊳下 指從車上下來。㊴滅一縣以去 按：此言誇大不足信。凌稚隆引徐中行曰：「晏嬰長不滿六尺，而身相齊國，名揚諸侯，則『眇小』奚足以醜薛公？而薛公奚以怒『眇小丈夫』之誚也？一言之失，即滅一縣之人，民何慘哉！其後齊、魏滅薛，孟嘗絕嗣無後，有以也。」梁玉繩引邵泰衢曰：「『孟嘗聲聞諸侯，傾天下士，『眇小』一語，何至殺人滅縣乎？即曰客也，文獨不禁之乎？且以齊嘗而滅趙縣乎？」

【語譯】孟嘗君在薛縣的時候，招攬了許多來自各國的賓客以及各種犯罪逃亡的人。因為他能夠拿出自己的家產來好好地招待這些人，所以使得天下各地的人都跑來歸附他。在他家裡吃飯的人經常有好幾千，孟嘗君對待他們都不分貴賤，大家一律平等。孟嘗君在接待客人談話的時候，屏風後面經常有個人在那裡記錄，負責記下他們的談話內容，以及這些客人們的家有何人，住在何處。因而每當客人剛剛離開，孟嘗君就已經派人到他們家裡去進行慰問，給他們的親屬送去東西了。有一次，孟嘗君在夜間招待客人吃飯，其中有一個人背著火光躲在黑影裡吃，另外一個客人就生氣了，他懷疑大家吃的東西不一樣，便推碗而去。孟嘗君立刻站起來，端著自己手裡的飯碗去和他比，這位客人看了之後覺得慚愧，立刻自殺了。從此士人來投孟嘗君的就更多了。而孟嘗君則不分好歹，對他們一律好好接待，這些被接待的人們，誰都認為孟嘗君對他特別好。

2 秦昭王聽說孟嘗君有才幹，就派了涇陽君來到齊國做人質，他是想用這個辦法騙得孟嘗君也到秦國去。孟嘗君果然動心要去了。他手下的那些賓客們都不願讓他去，大家紛紛勸阻，孟嘗君執意不聽從。這時蘇代過來對他說：「今天早上我從外面回來，看到了一個木偶和一個土偶在那裡談話。木偶對土偶說：『天快下雨了，天一下雨你就得癱掉。』土偶對木偶說：『我是泥做的，癱掉之後仍是回到泥裡。可是你呢？天一下雨，雨水就要把你沖走，那你就不知道要被沖到哪裡去了。』如今的秦國，像虎狼一樣凶狠，可是您還非要到他們那裡去。萬一回不來，您豈不被土偶所譏笑嗎？」孟嘗君一聽，這才決定不去了。

3 到齊湣王二年，齊國還是派孟嘗君去了秦國，秦昭王一見，立即任命他做了秦國的宰相。這時有人對秦昭王說：「孟嘗君有才幹，又是齊王的親族，今天您讓他當秦國的宰相，肯定他是先為齊國打算然後才為秦國打算的，這樣一來，秦國就有危險了。」秦昭王一聽，就改變了主意，把孟嘗君關了起來，準備殺死他。孟嘗君只好派人到秦昭王的一個寵姬那裡去求救。這個寵姬說：「我希望得到您那件白狐狸毛皮做的大衣。」當時孟嘗君的確有一件白狐狸毛皮做的大衣，價值千金，普天下找不出第二件，可是他一到秦國就已經把它送給了秦昭王，現在手上再沒有什麼可送了。孟嘗君很為此事傷腦筋，他問遍了身邊的賓客，沒有一個能想得出什麼辦法。這時一個坐在最下位的專會偷雞摸狗的賓客出來說：「我有辦法弄到白狐狸毛皮大衣。」於是他在夜間像狗一樣地鑽進了秦國宮中的倉庫，偷回了孟嘗君送給秦昭王的那件毛皮大衣，讓孟嘗君又把它送給了秦昭王的寵姬。這樣，寵姬在秦昭王面前替孟嘗君一說好話，秦昭王就把孟嘗君釋放了。孟嘗君一被釋放，就趕緊逃走，他們自己偽造了通行證，改名換姓，準備混出關去。半夜時分，他們來到了函谷關，這時秦昭王已經後悔放孟嘗君走了，當他再派人去找，發現孟嘗君已經走了，於是秦昭王又馬上派人坐著驛車去追。孟嘗君來到函谷關下，按照守關的規定：雞叫才能開門放行。孟嘗君害怕追兵到來，這時他的下等客人中有一個會學雞叫的，他這麼學著雞一叫，頓時周圍的雞也都叫了起來，城門大開，孟嘗君等交驗了通行證，而後就被放出關去了。等到他們過關後大約一頓飯的工夫，秦昭王派的人果然追到了關下。但是他們已經太晚，只好空手回去了。當初孟嘗君收留這兩個雞鳴狗盜的客人時，其他賓客們都覺得和他們在一起是一種恥辱，等到孟嘗君這次在秦國遇到了危險，全是靠著這兩個人救了他，這以後，賓客們才都對他們服氣了。

4 孟嘗君路過趙國時，趙國的平原君接待了他。趙國人聽說孟嘗君有本事，都出來站著看。結果一看，大家都笑了，說：「起先我們還都以為薛公是個高大個子，現在一看，才知道原來是個小矮人。」孟嘗君一聽，勃然大怒。讓他的那些賓客、侍從們下車去一陣亂殺亂砍，殺死了幾百人，滅掉了一個縣，而後才離去。

1 齊湣王不自得❶，以其遣孟嘗君。孟嘗君至，則以為齊相❷，任政。

2 孟嘗君怨秦，將以齊為韓、魏攻楚，因與韓、魏攻秦❸，而借兵食於西周❹。

蘇代為西周謂曰❺：「君以齊為韓、魏攻楚九年❻，取宛、葉❼以北以彊韓、魏❽，今復攻秦以益之❾。韓、魏南無楚憂，西無秦患，則齊危矣。韓、魏必輕齊畏秦，臣為君危之。君不如令敝邑❿深合⓫於秦，而君無攻，又無借兵食。君臨函谷而無攻，令敝邑以君之情謂秦昭王曰：『薛公必不破秦以彊韓、魏。其攻秦也，欲王之令楚王割東國以與齊⓬，而秦出楚懷王以為和⓭。』君令敝邑以此惠秦，秦得無破而以東國自免也，秦必欲之。楚王得出，必德齊。齊得東國益彊，而薛世世無患矣。秦不大弱，而處三晉⑭之西，三晉必重齊⑮。」薛公曰：「善。」因令韓、魏賀秦⑯，使三國無攻，而不借兵食於西周矣。是時，楚懷王入秦，秦留之，故欲必出之。秦不果出楚懷王⑰。

3 孟嘗君相齊，其舍人⑱魏子⑲為孟嘗君收邑入⑳，三反而不致一入㉑。孟嘗君問之，對曰：「有賢者，竊假與之㉒，以故不致入㉓。」孟嘗君怒而退魏子。居數年，人或毀㉔孟嘗君於齊湣王曰：「孟嘗君將為亂。」及田甲劫湣王㉕，湣王意疑㉖孟嘗君，孟嘗君迺奔㉗。魏子所與粟賢者聞之，乃上書言孟嘗君不作亂，請以身為盟㉘，遂自剄宮門以明孟嘗君。湣王乃驚，而蹤跡驗問㉙，孟嘗君果無反謀，乃復召孟嘗君㉚。孟嘗君因謝病㉛，歸老於薛㉜，湣王許之。

4 其後，秦亡將呂禮相齊㉝，欲困蘇代㉞。代乃謂孟嘗君曰：「周最於齊，至厚也㉟，而齊王逐之，而聽親弗㊱相呂禮者，欲取秦㊲也。齊、秦合，則親弗與呂禮重矣，有用，齊、秦必輕君㊳。君不如急北兵㊴，趨趙以和秦、魏㊵，收周最以厚行㊶，且反齊王之信㊷，又禁天下之變㊸。齊無秦，則天下集齊㊹，親弗必走，則齊王孰與為其國也㊺？」於是孟嘗君從其計，而呂禮嫉害於孟嘗君㊻。

5 孟嘗君懼，乃遺秦相穰侯魏冉[47]書曰：「吾聞秦欲以呂禮收齊。齊，天下之彊國也，子必輕矣[48]。齊、秦相取以臨三晉[49]，呂禮必并相[50]矣。是子通齊[51]以重呂禮也。若齊免於天下之兵，其讎子必深矣[52]。子不如勸秦王伐齊[53]。齊破，吾請以所得封子[54]。齊破，秦畏晉之彊[55]，秦必重子以取晉[56]。晉國敝於齊[57]而畏秦，晉必重子以取秦[58]。是子破齊以為功[59]，挾晉以為重[60]；是子破齊定封[61]，秦、晉交[62]重子。若齊不破，呂禮復用[63]，子必大窮。」於是穰侯言於秦昭王伐齊[64]，而呂禮亡[65]。

6 後齊湣王滅宋[66]，益驕，欲去孟嘗君。孟嘗君恐，迺如魏。魏昭王以為相[67]，西合於秦、趙，與燕共伐破齊[68]。齊湣王亡在莒，遂死焉[69]。齊襄王[70]立，而孟嘗君中立於諸侯[71]，無所屬。齊襄王新立，畏孟嘗君，與連和，復親薛公。文卒，謚為孟嘗君[72]。諸子爭立，而齊、魏共滅薛[73]，孟嘗絕嗣無後也。

【章旨】以上為第四段，寫孟嘗君為齊相，及離齊為魏相時期的事跡。

【注釋】❶不自得　即心不安、心有慚愧。以其派孟嘗君入秦，而孟嘗君幾不得歸也。❷孟嘗君至二句　事在齊湣王三年（西元前二九八年）。❸以齊為韓魏攻楚二句　意謂齊國因曾經幫著韓、魏打過楚國，所以現在齊國要求韓、魏幫著自己打秦國。按：據〈六國年表〉，韓、魏、齊、秦曾於楚懷王二十八年（西元前三〇一年）聯合伐楚；今楊寬〈戰國史表〉則只謂齊、韓、魏三國伐楚。史公認為其時為「齊湣王二十三年」，實際應為「齊宣王十九年」。❹借兵食於西周　意即讓西周君出兵出糧。西周，周國至顯王（西元前三六八—前三二一年在位）時，周天子已經逐漸完全成為傀儡，其僅有的一小片領地又被其手下的兩家貴族所分別占有。其居於鞏縣（今河南鞏縣西南）者，稱「東周君」；其居於王城（今洛陽市）者，稱「西周君」，而周赧王當時寄居於「西周君」籬下。❺蘇代為西周謂曰　《索隱》曰：「《戰國策》作『韓慶為西周謂薛公』。」❻君以齊為韓魏攻楚九年　梁玉繩曰：「齊於前三年共秦、韓、魏攻楚，於前五年與韓、魏伐楚，則言『九年』非也。」牛鴻恩曰：「『九』為『五』字之訛。〈燕策〉『蘇秦死章』說：『今夫齊王，長主也，而自用也，南攻楚五年，蓄積散。』總計從前三〇三年開始攻楚，至前二九八年薛公相齊，只有五年。」❼宛葉　楚縣名，宛即今河南南陽；葉在今河南葉縣西南。❽以彊韓魏　因韓、魏南與楚國為鄰，齊國不可能「越國以鄙遠」，因此戰勝得地後只有歸韓、魏所有，使韓、魏變強。❾今復攻秦以益之　韓、魏西與秦國為鄰，齊助之伐秦，得地後仍然只能歸於韓、魏，使韓、魏的國力更強。❿敝邑　謙指西周。⓫深合　緊密結交。⓬令楚王割東國以與齊　楚王，指楚頃襄王，名橫，懷王之子，西元前二九八—前二六三年在位。東國，鮑彪曰：「楚之東地。」《正義》曰：「楚徐夷。」按：「徐夷」是當時居住在今江蘇泗洪南的少數民族名，這一帶地區當時屬楚國東部邊境，靠近齊國。⓭秦出楚懷王以為和　出，放回。楚懷王於秦昭王八年（西元前二九九年）被騙入秦國，扣為人質，詳見〈楚世家〉。陳仁錫曰：「秦昭王『昭』字，楚懷王『懷』字，當削。」⓮三晉　指韓、趙、魏三國，因其為三分晉國而成。⓯必重齊　因為西有秦國的威脅，韓、魏不得不交好齊國，藉以加強自己。重，倚重；借重。⓰因令韓魏賀秦　按：《戰國策》於此作「因令韓慶入秦」。梁玉繩曰：「『韓賀』二字誤，《策》作『韓慶入秦』，是也。時三國伐秦，不攻已幸，尚何『賀』哉？」⓱秦不果出楚懷王　不果出，最終沒有將人放出。徐孚遠曰：「三國兵已罷，秦人失信，欲留楚王以制楚人。」按：以上「蘇代」為西周說孟嘗君事，見《戰國策・西周策》，而說話人為「韓慶」。楊寬〈年表〉繫此事於秦昭王十年，齊湣王四年，西元前二九七年。繆文遠曰：「韓慶說薛公之語，既使三國不借兵乞食于西周，又離間三國而利于秦，是亦為秦而游說者也。」吳師道引蘇轍云：「秦昭王欺楚懷王，要之割地，諸侯熟視，無敢一言問秦者。唯田文怨秦，借楚為名，與韓、魏伐秦。自山東難秦，未有若此其壯者也。惜其聽蘇代之計，臨函谷而無攻，以求楚東國，而名義索然以盡。」諸祖耿引黃式三曰：「秦之強，未有能抑之者，孟嘗君有此豪舉，非他人所能及也。舊史或譏其至函谷而遽反，豈知秦之強，函谷未易入哉！」⓲舍人　王公貴族身邊的親近用人。《漢書・高帝紀》師古注：「親近左右之通稱也。」有時亦指賓客、食客。⓳魏子　史失其名。⓴收邑入　《索隱》曰：「收其國（封地）之租稅也。」㉑三反而不致一入　去了三次而未給孟嘗君帶回一點收入。㉒竊假與之　我自己作主借給了他。假，借。㉓不致入　沒有給你帶來進項。㉔毀　說人壞話。㉕田甲劫湣王　按：

此事〈田敬仲完世家〉不載，過程不詳。〈六國年表〉繫之於周赧王二十一年（西元前二九四年），書云：「田甲劫王，相薛文出走」。史公認為此年是齊湣王三十年，實為湣王七年。㉖意疑　猜疑。意，臆測；猜測。王念孫曰：「『意』下本無『疑』字，後人不知『意』即訓『疑』，故又加『疑』字耳。」㉗奔　逃出國外。㉘身為盟　意謂願以自己的生命發誓願、做保證。㉙蹤跡驗問　即今所謂「調查了解」。蹤跡，沿足跡追尋。㉚乃復召孟嘗君　按：以上「魏子」與某「賢者」的故事《戰國策》不載。凌稚隆引唐順之曰：「魏子、馮諼，豈一事而傳聞異耶？」張照曰：「《晏子》北郭騷事，亦大同小異，蓋戰國時習如此，則流言亦如此，舉不足信也。」㉛謝病　推說有病以辭去官職。㉜歸老於薛　按：「歸老於薛」上似應增「請」字讀。㉝秦亡將呂禮相齊　瀧川曰：「〈穰侯傳〉：『魏冉相秦，欲誅呂禮，呂禮走齊。』據〈秦紀〉，事在秦昭十二年（西元前二九五年）。」按：此事〈六國年表〉不載，楊寬繫此事於秦昭王十三年，齊湣王七年，即上述田甲劫齊湣王，孟嘗君被誣出走之年。呂禮，秦國將領，曾為五大夫。據後文「秦欲以呂禮收齊」，則呂禮至齊為相，似為秦國所派遣。㉞欲困蘇代　據〈蘇秦列傳〉說，蘇代前在燕國助燕相子之為亂，燕昭王即位後，蘇代與蘇厲逃到齊國，受到齊國善待。後人已辨證其不足信。此處所寫的蘇代與呂禮的鬥爭，即當時合縱與連橫兩種策略鬥爭的表現。㉟周最於齊二句　周最，周國的公子，前曾任職於齊。按：周最，也作「周聚」。周最「厚」齊是東方各國間聯盟的一種表現。㊱親弗　人名，《戰國策》作「祝弗」，齊湣王的信臣，親秦派。㊲取秦　與秦國結盟交好。㊳有用二句　意謂親弗與呂禮一旦在齊國掌權用事。按：「有用」二字不順。瀧川曰：「『有用』上下疑有脫誤。《策》作『周』，亦不可解。」繆文遠曰：「有，如也，言二子用事于齊，則齊、秦皆將輕田文也。」㊴北兵　向北方進兵，即威脅趙國。㊵趨趙以和秦魏　促使趙國與秦、魏聯合。趨，通「促」。繆文遠曰：「『趨』即『趣』、『促』也。謂不如急北方之兵促趙之應秦、魏，而相與以攻齊也。」㊶收周最以厚行　陳抗曰：「收留周最以提高您的聲譽。」㊷反齊王之信　吳師道曰：「齊用呂禮以合秦取信，今反之，使不合也。」陳抗曰：「使齊王失信于秦。」《全注全譯史記》㊸禁天下之變　《索隱》曰：「『變』謂齊、秦合則親弗、呂禮用，用則齊、秦輕孟嘗也。」㊹齊無秦二句　無秦，指不與秦國聯盟。集齊，指靠攏齊國。《正義佚文》曰：「親弗相呂禮，欲合齊、秦。若齊、秦不合，天下之從，集歸於齊，親弗必走去齊。」㊺齊王孰與為其國也　意即除了您，齊王還能依靠誰呢？為，治；治理。蘇代這段話表面上是為孟嘗君著想，實際上是為了維護自己，並維護他所倡導的合縱路線。㊻呂禮嫉害於孟嘗君　嫉害，嫉恨。按：以上「蘇代」謂孟嘗君語，見《戰國策·東周策》，而〈東周策〉未云說話者為誰。㊼魏冉　秦昭王之舅，因功被封穰侯，時為秦相。事跡詳見〈穰侯列傳〉。㊽輕矣　意謂倘若齊、秦聯合，則呂禮權重，甚而將並相齊、秦，那時穰侯的地位必將下落。徐孚遠曰：「呂禮亡秦，必與穰侯有隙，若見用于齊，亦穰侯所嫉也。」㊾齊秦相取以臨三晉　謂齊、秦聯合，以兵力威脅韓、趙、魏三國。

㊿并相　謂並相齊、秦兩國。(51)通齊　《戰國策》作「收齊」，指齊、秦聯合。(52)若齊免於天下之兵二句　吳師道曰：「齊無兵患則可以肆志于冉，與『秦得天下則伐齊深』意同。」鮑彪注：「齊讎冉也，欲得陶故。」岡白駒曰：「齊得秦援而免於天下之兵，則呂禮之功多矣。呂禮與子有隙，得志於齊，必惡子於齊，故齊讎子深矣。」(53)勸秦王伐齊　謂勸秦王率韓、魏以伐齊。(54)吾請以所得封子　我為你向秦王請求，把秦國此次伐齊之所得全部獎賞給你，蓋即所謂「以廣陶封」也。(55)秦畏晉之彊　晉，此處指韓、魏，韓魏隨秦伐齊，破齊後，韓、魏獲得實惠，其國力變強。(56)重子以取晉　仰仗你以加強與韓、魏的友好關係。(57)敝於齊　在伐齊戰爭中被消耗。敝，疲憊；損耗。(58)必重子以取秦　按：前云「齊破，秦畏晉之彊」，此又云「晉國敝於齊而畏秦」，以見說客之隨意轉圜，不顧自相矛盾。(59)功　指獲得秦國封賞，得到戰爭實惠。(60)挾晉以為重　指伐齊後又能得到晉國的親附。(61)定封　指擴大領地，即上文之所謂「請以所得封子」。(62)交　爭相；一齊。(63)復用　再次受到秦國的重視，即前所謂「并相」。(64)言於秦昭王伐齊　據〈秦本紀〉，秦伐齊在昭王二十二年，齊湣王十六年，西元前二八五年。(65)呂禮亡　呂禮逃回秦國。繆文遠曰：「呂禮去秦之齊，本由秦授意，故其使命失敗後復反秦國。」梁玉繩曰：「呂禮歸秦在昭王十九年，此言秦伐齊而呂禮亡，蓋仍遺秦相書之妄，而不自知其戾也。」按：以上孟嘗君遺穰侯書，見《戰國策・秦策三》。史珥曰：「爭寵而召敵仇伐其父母之邦，此平原、信陵之罪人，世猶以『四君』並稱何哉？」梁玉繩曰：「〈秦策〉作『薛公為魏謂魏冉』，則非嫉呂禮而遺書也。但孟嘗號賢公子，豈有召虎狼之秦反兵內嚮，屠滅宗邦哉？此必因孟嘗有奔魏事，遂搆為此言，乃《國策》之妄，史公誤信之耳。」繆文遠曰：「傳謂『呂禮嫉害孟嘗君，孟嘗君懼，乃遺秦相穰侯魏冉書』云云。據《策》文則孟嘗君時方在魏。若如《史記》所言，以孟嘗遺書在如魏之前，殊不合。以湣王之驕橫，孟嘗若未去齊，豈敢召秦兵攻齊乎？故知《史記》所言必誤。薛公為齊湣王所遣，謀破齊報仇，故說魏冉勿與齊合。」(66)後齊湣王滅宋　事在秦昭王二十一年，見〈六國年表〉。史公以為是齊湣王三十八年，實際應是齊湣王十五年。宋，西周以來的諸侯國名，國都原在睢陽（今河南商丘西南），此時已遷到彭城（今江蘇徐州）。其末代國君名「偃」，過程詳見〈宋微子世家〉。

(67)魏昭王以為相　魏昭王，襄王之子，名遬，西元前二九五—前二七七年在位。關於孟嘗君離齊入魏，以及魏王任以為相的時間，諸家說法不同：史公以為在齊湣王滅宋後；繆文遠認為前孟嘗君之策動秦國伐齊時，孟嘗君已在魏國；唐蘭以為在齊湣王十年，魏昭王五年，西元前二九一年；楊寬則更以為遠在齊湣王七年，魏昭王二年，西元前二九四年，即「田甲劫齊湣王，孟嘗君之出走」後。梁玉繩曾力辯孟嘗君「奔魏有之，若相魏，是妄也」云云，今人皆不取其說。(68)西合於秦趙二句此即樂毅為燕昭王率六國破齊事，在燕昭王二十八年，齊湣王十七年，西元前二八四年，過程詳見〈燕召公世家〉、〈樂毅列傳〉。❻❾齊湣王亡在莒二句　亡，逃。莒，即今山東莒縣，當時為齊國重要都會。關於齊湣王被楚國援齊將領淖齒殺害於莒縣事，見〈田敬仲完世家〉。凌稚隆引凌登第曰：「信陵存魏，孟嘗伐齊，兩人相去遠矣。」吳見思曰：「為呂禮，而使秦伐齊；怨湣王，而與燕伐齊，為私計殘宗國，孟嘗殊非人類。」❼⓪齊襄王　名法章，湣王之子，西元前二八三—前二六五年在位。法章被立為齊王的過程見〈田單列傳〉。❼❶中立於諸侯　謂孟嘗君占據其薛縣，而獨立於諸國之間也。❼❷謚為孟嘗君　即「號為孟嘗君」。梁玉繩曰：「謚者，號也。」餘參看本傳開頭「謚為靖郭君」注。❼❸齊魏共滅薛　具體時間不詳。

【語　譯】齊湣王為這次派孟嘗君去秦國差點遇害而心裡感到不安，所以孟嘗君一回來，就讓他當了齊國的宰相，管理國家大事。

2　孟嘗君怨恨秦國，於是就以齊國曾經幫著韓國和魏國打過楚國為理由，要求韓國和魏國這回幫著自己攻打秦國。同時向西周「借」糧食和武器。這時蘇代為了西周的利益對孟嘗君說：「您叫齊國幫著韓國、魏國打楚國，打了九年，奪取了楚國的宛縣、葉縣，加強了韓國、魏國的力量，如今您又要攻打秦國，再給韓國、魏國增加好處。如果讓韓國和魏國南邊沒有楚國的威脅，西邊沒有秦國的威脅，那您齊國就要危險了。到那時韓國和魏國必然會輕視齊國而害怕秦國，這事我很為您感到危險。您不如讓西周和秦國搞好關係，您不要去打它，也不要去向它借糧食借武器。您只要把軍隊開到函谷關，而不要和秦國開戰，您可以讓西周去對秦王這樣說：『孟嘗君是肯定不會攻打秦國而讓韓國、魏國得到好處的。他之所以擺出一個進攻秦國的樣子，是想要秦王迫使楚襄王把他們東方的一部分地區割讓給齊國，而希望您也放回被扣在秦國的楚懷王來作為與楚國和解的條件。』您讓西周把這個好意告訴秦王，秦國能夠因為楚國割讓他們東方的一部分領土而解除了齊國的進攻，它是一定會同意的。而楚國則會因為懷王被釋，也來感激您的好處。齊國得到了楚國的東部地區也會變得更強大，而您的封地薛縣也就會世世代代沒有危險了。秦國沒有受到太大的削弱，它處在三晉的西邊，三晉怕秦，勢必永遠依靠齊國。」孟嘗君說：「你說得對。」於是他讓韓國和魏國去向秦國表示友好，讓齊國、韓國、魏國都不再攻打秦國，也不再去向西周「借」糧食和武器了。當時，楚國正因為楚懷王入秦而被秦國扣留了，所以他們急於想讓秦國放了他，但是秦國始終沒有放。

3 在孟嘗君當齊國宰相的時候，他的一個姓魏的門客到薛縣去替他徵收租稅，去了三次都沒有帶回來一點東西。孟嘗君問他，他回答說：「我遇到了一個賢人，就自我作主把討回來的錢財借給他用了，所以沒能交給您。」孟嘗君很生氣地打發他下去了。幾年以後，有人在齊湣王跟前毀謗孟嘗君說：「孟嘗君想要造反。」等到後來田甲造反劫持了齊湣王的時候，齊湣王懷疑是孟嘗君幹的。孟嘗君無法，只好逃到了國外。這時魏先生借給他錢的那位賢人知道了，就到朝廷門口來給齊王上書，證明孟嘗君不造反，並說願以自己的生命作證明，說罷就在王宮的門前自殺了。齊湣王大吃了一驚，經過調查了解後，知道孟嘗君的確沒有謀反的打算，於是就把他重新招了回來。而孟嘗君則稱說有病，要求辭去職務，回自己的封地養老，齊湣王同意了。

4 後來，從秦國逃亡出來的呂禮在齊國做了宰相，他想給蘇代一些苦頭吃。蘇代就對孟嘗君說：「周最在齊國時，對齊國是非常好的，可是後來齊王把他趕走了。齊王聽信親弗的話而讓呂禮做了宰相，其目的是討好秦國！如果齊國真的和秦國關係好起來，那麼親弗和呂禮可就要受寵了，而一旦他們倆被重用，齊國和秦國就一定會輕視您。因此您不如趕緊向北方出兵，驅使趙國去和秦國、魏國結好，勸齊王重新招回周最，並加倍地厚待他。這樣既可以改變齊王想同秦國結好的念頭，又可以防止其他國家產生一系列的變化。只要齊國不與秦國聯盟，那麼東方各國就一定都會向齊國靠攏，那時親弗就必然會自己離去，到那時，除了您，齊王還能和誰一起來治理國家呢？」於是孟嘗君就照蘇代說的去做了，結果使得呂禮對孟嘗君非常痛恨。

5 孟嘗君為此也很恐懼，於是就給秦國的丞相穰侯寫了一封信說：「我聽說秦國正想通過呂禮來結交齊國。而齊國可是一個強大的國家，假如這件事讓呂禮辦成了，那您在秦國的地位可就下降了。到那時如果齊國和秦國聯合起來一道去威脅韓、趙、魏三國，那麼呂禮就有可能一個人兼任幾個國家的宰相。這樣一來，您交好齊國的結果，只落了個抬高呂禮，讓他得了好處。如果齊國因此局勢穩定，各國不敢再動它，那麼呂禮就會挑動著齊國更加憎恨您。您現在不如勸說秦王來攻打齊國。齊國一旦被打敗，我幫您向秦王請求，把秦國占領的地盤都給您做封邑。齊國一旦被打敗，那麼能夠對秦國構成威脅的就只有魏國了，那時秦王就必然要重用您去結好魏國。魏國在伐齊戰爭中被消耗，而且也怕秦國，這樣它們就必然會來求著您交好秦國。到那時，您既有打敗齊國的功勞，又有拉攏魏國的作用。這樣一來，您就會又立功，又受賞，還叫秦國、魏國都看重您，這有多好呢？如果不打敗齊國，讓呂禮繼續在齊國掌權，那您今後的日子將會很難過。」穰侯一聽，立即勸秦昭王出兵伐齊，搞得呂禮只好離開了齊國。

6 後來齊湣王消滅了宋國，就變得越來越驕傲了，他一心只想把孟嘗君趕走。孟嘗君也很害怕，就去了魏國。魏昭王很高興，立即讓他做了魏國的宰相，於是孟嘗君就向西聯合了秦國、趙國，跟著燕國一起打敗了齊國。搞得齊湣王逃到了莒縣，死在那裡。齊襄王剛剛即位的時候，孟嘗君在各國之間保持中立，哪個國家也不歸附。齊襄王很怕他，於是就主動地去與他聯合，重新和他保持親近。田文死後，被諡為孟嘗君。當他的兒子們正為了繼承權而爭持不下時，齊國和魏國聯合起來滅掉了薛縣，使得孟嘗君家從此連根都絕了。

1 初，馮驩❶聞孟嘗君好客，躡蹻❷而見之。孟嘗君曰：「先生遠辱❸，何以教文也？」馮驩曰：「聞君好士，以貧，身歸於君。」孟嘗君置傳舍❹。十日，孟嘗君問傳舍長❺曰：「客何所為？」答曰：「馮先生甚貧，猶有一劍耳，又蒯緱❻。彈其劍而歌曰：『長鋏歸來乎，食無魚❼。』」孟嘗君遷之幸舍❽，食有魚矣。五日，又問傳舍長。答曰：「客復彈劍而歌曰：『長鋏歸來乎，出無輿。』」孟嘗君遷之代舍❾，出入乘輿車矣。五日，孟嘗君復問傳舍長，舍長答曰：「先生又嘗彈劍而歌曰：『長鋏歸來乎，無以為家。』」孟嘗君不悅❿。

2 居朞年[11]，馮驩無所言。孟嘗君時相齊，封萬戶於薛。其食客三千人，邑入不足以奉客，使人出錢於薛[12]。歲餘不入[13]，貸錢者多不能與其息，客奉[14]將不給[15]。孟嘗君憂之，問左右：「何人可使收債於薛者？」傳舍長曰：「代舍客馮公形容狀貌甚辯[16]，長者[17]，無他伎能，宜可令收債。」孟嘗君乃進馮驩而請之曰[18]：「賓客不知文不肖[19]，幸臨文者三千餘人。邑入不足以奉賓客，故出息錢[20]於薛。薛歲不入[21]，民頗不與其息。今客食恐不給，願先生責[22]之。」馮驩曰：「諾。」辭行，至薛。召取孟嘗君錢者皆會，得息錢十萬。迺多釀酒，買肥牛，召諸取錢者，能與息者皆來，不能與息者亦來，皆持取錢之券書[23]合[24]之。齊為會[25]，日[26]殺牛置酒。酒酣，乃持券如前合之，能與息者，與為期[27]；貧不能與息者，取其券而燒之。曰：「孟嘗君所以貸錢者，為民之無者以為本業[28]也；所以求息者，為無以奉客也。今富給[29]者以要期[30]，貧窮者燔券書以捐之[31]。諸君彊飲食[32]，有君如此，豈可負[33]哉！」坐者皆起，再拜。

3 孟嘗君聞馮驩燒券書，怒而使使召驩。驩至，孟嘗君曰：「文食客三千人，故貸錢於薛。文奉邑[34]少，而民尚多不以時與其息，客食恐不足，故請先生收責[35]之。聞先生得錢，即以多具牛酒而燒券書，何？」馮驩曰：「然。不多具牛酒即不能畢會[36]，無以知其有餘、不足。有餘者，為要期；不足者，雖守[37]而責之十年，息愈多，急，即以逃亡自捐之[38]。若急，終無以償[39]，上則為君好利不愛士民，下則有離上抵負[40]之名，非所以厲士民[41]、彰君聲[42]也。焚無用虛債[43]之券，捐不可得之虛計[44]，令薛民親君而彰君之善聲也，君有[45]何疑焉！」孟嘗君乃拊手[46]而謝之。

4 齊王惑於秦、楚之毀[47]，以為孟嘗君名高其主而擅齊國之權，遂廢孟嘗君[48]。諸客見孟嘗君廢，皆去[49]。馮驩曰：「借臣車一乘[50]可以入秦者，必令君重於國而奉邑益廣，可乎？」孟嘗君乃約車幣[51]而遣之。馮驩乃西說秦王[52]曰：「天下之游士馮軾結靷[53]西入秦者，無不欲彊秦而弱齊；馮軾結靷東入齊者，無不欲彊齊而弱秦。此雄雌之國也，勢不兩立為雄，雄者得天下矣[54]。」秦王跽[55]而問之曰：「何以使秦無為雌而可？」馮驩曰：「王亦知齊之廢孟嘗君乎？」秦王曰：「聞之。」馮驩曰：「使齊重於天下者，孟嘗君也。今齊王以毀廢之，其心怨，必背齊；背齊入秦，則齊國之情[56]、人事之誠[57]，盡委之秦[58]，齊地可得也，豈直[59]為雄也！君急使使載幣[60]陰迎[61]孟嘗君，不可失時也。如有齊覺悟，復用孟嘗君，則雌雄之所在未可知也。」秦王大悅，迺遣車十乘黃金百鎰[62]以迎孟嘗君。馮驩辭以先行。至齊，說齊王曰[63]：「天下之游士馮軾結靷東入齊者，無不欲彊齊而弱秦者；馮軾結靷西入秦者，無不欲彊秦而弱齊者[64]。夫秦、齊雄雌之國，秦彊則齊弱矣，此勢不兩雄。今臣竊聞秦遣使車十乘，載黃金百鎰以迎孟嘗君。孟嘗君不西則已，西入相秦則天下歸之，秦為雄而齊為雌，雌則臨淄[65]、即墨[66]危矣。王何不先秦使之未到，復孟嘗君[67]，而益與之邑[68]以謝之？孟嘗君必喜而受之。秦雖彊國，豈可以請人相而迎之哉！折秦之謀，而絕其霸彊之略。」齊王曰：「善。」乃使人至境候秦使[69]。秦使車適入齊境，使還馳告之[70]，王召孟嘗君而復其相位，而與其故邑之地，又益以千戶。秦之使者聞孟嘗君復相齊，還車而去矣[71]。

自齊王毀廢孟嘗君[72]，諸客皆去。後召而復之，馮驩迎之。未到[73]，孟嘗君太息歎曰：「文常好客，遇客無所敢失，食客三千有餘人，先生所知也。客見文一日廢，皆背文而去，莫顧文者。今賴先生得復其位，客亦有何面目復見文乎？如復見文者，必唾其面而大辱之。」馮驩結轡下拜[74]。孟嘗君下車接之，曰：「先生為客謝乎[75]？」馮驩曰：「非為客謝也，為君之言失。夫物有必至，事有固然，君知之乎？」孟嘗君曰：「愚不知所謂也。」曰：「生者必有死，物之必至也；

富貴多士，貧賤寡友，事之固然也。君獨不見夫朝趣市(76)者乎？明旦(77)，側肩爭門而入(78)；日暮之後，過市朝者掉臂而不顧(79)。非好朝而惡暮，所期物忘其中(80)。今君失位，賓客皆去，不足以怨士(81)而徒絕賓客之路。願君遇客如故。」孟嘗君再拜曰：「敬從命矣。聞先生之言，敢不奉教焉(82)。」

【章旨】以上為第五段，補敘馮驩客孟嘗君的一段異文，類似寫法亦見於〈酈生陸賈列傳〉。

【注釋】❶馮驩　亦作「馮諼」。❷躡蹻　穿著草鞋，貧窮落魄的樣子。茅坤曰：「以下食客之事，與前所敘不相屬，故別為疏于後。」❸遠辱　謙詞，猶言「大老遠地來到我這裡，讓你蒙受屈辱」。❹傳舍　猶言「客館」，既稱驛站上的客館，也稱都城中或貴族私家的客館。與下文之「代舍」、「幸舍」相對，這裡用以稱下等客館。❺傳舍長　孟嘗君家客館的總管，由下文知其亦管「幸舍」、「代舍」之事。陳直曰：「『傳舍』為先秦兩漢人稱客舍之習俗語，傳舍有『名』，管理傳舍有『長』，見本傳文；有吏見〈平原君傳〉。」❻蒯緱　蒯，草繩。緱，劍柄。《集解》曰：「蒯，茅之類，可為繩。緱，亦作『候』，謂把劍之處。言其劍把無物可裝以小繩纏之也。」❼長鋏歸來乎二句　猶言「長劍啊，咱還是走吧，這裡沒有魚吃！」鋏，劍。來，助詞。無義。❽幸舍　這裡指中等客館。❾代舍　這裡指上等客館。《索隱》曰：「傳舍、幸舍及代舍，並當上、中、下三等之客所舍之名耳。」凌登第曰：「此與前文『無貴賤皆與文等』句，自相矛盾。」❿孟嘗君不悅　凌稚隆曰：「《國策》『無以為家』下云：『左右皆惡之，以為貪而不知足。孟嘗君問：馮公有親乎？對曰：有老母。孟嘗君使人給其食用，無使乏。於是馮諼不復歌。』《史記》以『左右惡之』為『孟嘗君不悅』，似誤。」徐孚遠曰：「《國策》較為工，此似待客不足。」⓫朞年　一週年。⓬出錢於薛　放債給薛邑的百姓。⓭不入　指收不上錢來。⓮客奉　養客之資。⓯不給　接不上了。⓰辯　指眉目分明，偉麗出眾的樣子。或曰：「辯」指心路，謂聰慧、有才幹。⓱長者　猶言「厚道人」。⓲乃進馮驩而請之曰　進，召之前來。請，謙詞，即對他說。⓳不肖　不類其父，即通常所謂「沒出息」、「不成才」。⓴出息錢　即放債，以收其利息者也。(21)歲不入　年景不好，沒有收成。歲，年成。(22)責　討；收帳。(23)取錢之券書　借錢時所立的契約。(24)合　對證；當面驗看。[25]齊為會　召集借債者全部到會。[26]日　當天；整天。[27]與為期　和他商定一個交錢的日子。[28]為民之無者以為本業　給無以為生的人提供一點謀生的本錢。淩稚隆曰：「文之貸錢，本為奉客計，而諼曰『為民之無者以為本業』，其為文種德增名多矣。諼亦賢哉！」鍾惺曰：「對民言正宜如此，當機轉境，可悟處事立言之法。」[29]富給　富足。[30]要期　指約定日期還債。要，通「約」。[31]燔券書以捐之　捐，謂將其欠債豁免。[32]彊飲食　猶今所謂「多保重」，漢、魏古詩中有所謂「努力加餐飯」，與此意同。[33]負　辜負；背叛。[34]奉邑　也稱「食邑」，國家封給的領地。[35]收責　收取；討要。[36]畢會　全部到會。[37]守　把持，指把持著債券。[38]自捐之　意指一逃了事。吳見思曰：「『自捐之』妙，逃亡則不得不『捐』矣。」又曰：「未與論理，先與論勢，說得極明晰，極有理，令人無詞。」[39]若急二句　瀧川曰：「『若急』二字疑衍。」按：若依瀧川說將「若急」二字視為衍文，則「終無以償」四字應連上句讀，作「急，即以逃亡自捐之，終無以償。」[40]離上抵負　猶言「叛離君上，犯有罪責」。抵，觸；犯。中井曰：「負，謂罪累。」[41]厲士民　提高下屬士民的思想道德。厲，磨鍊；激勵。[42]彰君聲　顯揚治民者的名聲。[43]虛債　猶今所謂「呆帳」、「死帳」，徒有其名，實際無法收回的債務。[44]虛計　同「虛債」。計，簿記；債券。[45]有　通「又」。[46]拊手　拍手，醒悟讚賞的樣子。[47]毀　誹謗；說人壞話。[48]遂廢孟嘗君　淩稚隆曰：「《戰國策》馮諼焚薛債券後期年，孟嘗君免相，就國于薛，未至百里，民扶老攜幼以迎，太史公不載，似缺始末。」[49]諸客見孟嘗君廢二句　按：此種世態炎涼之感慨，《史記》中屢屢出現，如〈廉頗藺相如列傳〉、〈汲鄭列傳〉、〈魏其武安侯列傳〉是也。淩稚隆引徐中行曰：「唐李適之罷相，作詩曰：『避賢初罷相，樂聖且銜杯。為問門前客，今朝幾個來？』蓋炎而附，寒而棄，人情然矣。」[50]借臣車一乘　借，討要的委婉說法。一乘，猶言一輛，古稱一車四馬為一乘。[51]約車幣　整備車馬禮物。約，整頓；收拾。幣，指禮品，如璧、帛等。[52]西說秦王　按：《戰國策》於此作「西遊於梁，謂惠王曰」，蓋魏襄王（西元前三一八—前二九六年在位）或魏昭王（西元前二九五—前二七七年在位）。若一定謂「秦王」，則只能是秦昭王（西元前三〇六—前二五一年在位）。[53]馮軾結靷　即指驅車、乘車。馮，通「憑」。馮軾，雙手放在車廂前面的橫木上，這是一種恭敬的乘車姿態。結靷，猶今之所謂「拴車」。靷，車套；拉車的引繩。[54]勢不兩立為雄二句　王念孫《雜志》：「顧子明曰：『為雄下衍一雄字，為雄二字屬下讀。』」[55]跽　長跪。古人之所謂「坐」，即跪在席上，身子壓著小腿；當遇有緊急或表示鄭重，便挺起上身，成為「長跪」，即「跽」。[56]情　真實情況，此指國家的機密。[57]人事之誠　齊國吏民的真實情況。[58]盡委之秦　意即將隨著孟嘗君一齊帶入秦國。[59]豈直　豈只。[60]載幣　拉著聘請人用的禮品。[61]陰迎　暗暗地前去迎接。[62]鎰　一鎰等於二十四兩，或曰等於二十兩。[63]說齊王曰　按：此指說齊湣王。[64]馮軾結靷東入齊者四句　依前文，此「弱秦」下「者」

字與「弱齊」下「者」字，似皆應削。65臨淄　當時齊國的都城，即今山東淄博之臨淄區。66即墨　當時齊國東部的名城，在今山東平度東南。67復孟嘗君　謂復孟嘗君之官職。68益與之邑　更多地給他一些封地。69至境候秦使　候，探測；覘視。凌稚隆引董份曰：「未信馮諼之言，欲驗其實也。」70使還馳告之　此謂齊使將探得結果還報齊王。71還車而去矣　按：以上馮驩客孟嘗君事，見《戰國策．齊策四》，兩文多有不同，而互有長短。梁玉繩曰：「湣王召復孟嘗君于田甲亂齊後，孟嘗遂歸老于薛；殆湣王又欲去孟嘗，乃如魏。馮公此計，必在召復之時，所謂復相位者，恐非其實。《國策》云『為相數十年』，尤不足信。」繆文遠曰：「孟嘗君被廢反薛，于是遂有馮諼之歷說。《史記》言其至秦，《戰國策》謂其至魏。據《水經注．濟水注》引《竹書紀年》：『魏襄王十九年，薛侯來會王于釜邱』，此適當齊閔王元年（西元前三〇〇年），孟嘗君曾相魏，其見逐于齊閔王，使馮諼先為之說魏王，而與魏王會，情事恰符。」凌稚隆曰：「馮諼一說秦、齊，而孟嘗君之黃金封邑逾于平時，正與蘇代振甘茂之事同。」72齊王毀廢孟嘗君　謂齊王因聽信秦、楚之毀而廢孟嘗君。73未到　指返程中未達齊都臨淄之前。74結轡下拜　結轡，盤起韁繩。因當時馮驩正為孟嘗君趕車，現將下車行禮，故須放下手中的韁繩。75為客謝乎　為那些賓客賠禮說情嗎？謝，道歉；請罪。76朝趣市　清早起來上市場。趣，通「趨」。王念孫謂：「朝趨市當作趨市朝。」77明旦　天剛一亮。按：瀧川本作「平明」。「平明」較「明旦」為長。78側肩爭門而入　門，指市門。古代都城之市場劃有特定地區，四周設有門牆。79日暮之後二句　市朝，即市場。《正義》曰：「市之行位，有如朝列，故言『朝』。」中井曰：「『市朝』之『朝』，只是帶說，猶言『緩急』、『長短』之類。」掉臂，搖臂。此指搖臂而行，一種旁無所視的樣子。不顧，不回頭。瀧川曰：「楓山、三條本無『朝』字，各本衍。」80所期物忘其中　所期物，期望要買的東西。忘，通「亡」。無。《索隱》曰：「日暮物盡，故掉臂不顧也。」81不足以怨士　不值得怨恨他們。82敢不奉教焉　按：以上馮驩勸孟嘗君無須介意世俗之反覆無常事，見《戰國策．齊策四》，而說話人為「譚拾子」，史公對《策》文的改動亦頗多。方苞曰：「馮驩事見《戰國策》而語則異，蓋秦漢間論戰國權變者非一家，史公所錄，與今傳本異耳。」梁玉繩曰：「《國策》『驩』作『煖』，所說馮事亦異。如無家之歌，『左右惡之』耳，而此以為『孟嘗不悅』，削去給馮老母一段，則無以見孟嘗待客之周，一也；煖矯令燒券，反齊求見，而此以為得息錢，大會，不能與息者，燒券，孟嘗君聞之，怒而召驩，情節全乖，二也；孟嘗去相，煖說梁得復位，而此以為說秦，又說齊，三也；孟嘗復用，欲殺齊士大夫，譚拾子有趨市之喻，而此以為客背孟嘗，驩為客謝語，四也。其為倣撰無疑。」繆文遠評《策》文云：「此章言齊士大夫於孟嘗君得意時則就之，失意時則去之，人情世態固如此矣。然其謂孟嘗君欲因此而怨齊士大夫，至以殺之為快，則殊有出於情理之外者。《史記》載此事而餘韻悠揚，不似此章文意迫促淺露，史公之文，信天下之至文也。」錢穆曰：「馮驩之事，徒以其文采斐亹，為世傳頌。至於『魏子』、『譚拾子』云云，則早已在若存若亡之間，孰信孰偽，無可深論。而傳說之興，亦有其因，雖其人姓名不必盡確，其事始末未必盡實，而其語時有可採以證史跡之真者。則馮驩事之傳說，要本於宣王末、湣王初，孟嘗離齊中立，而自附於秦、魏以為重之際，固甚彰彰也。」

【語　譯】起初時候，馮驩聽說孟嘗君好客，於是就穿著一雙草鞋去見他了。孟嘗君說：「先生大老遠地來到這裡，準備給我什麼指教呢？」馮驩說：「就是因為聽說您好客，而自己又窮困，所以就來了。」於是孟嘗君就把他安置在了一個普通的客館裡。過了十天，孟嘗君問客館的總管說：「馮驩在做些什麼？」總管說：「馮驩非常窮，只有一把劍，劍柄纏著一些草繩子。他每天在彈著劍唱歌，說：『長劍哪，我們還是走吧，這裡連魚都沒得吃！』」孟嘗君聽罷就讓總管把馮驩升到了中等的客館裡，讓他每頓飯都有了魚吃。又過了五天，孟嘗君又向總管問馮驩的情況，總管說：「馮驩還在那裡彈著劍唱歌，說：『長劍哪，我們還是走吧，這裡出門連個車也沒有！』」孟嘗君聽罷就讓總管把他安置到了上等的客館裡，讓他進進出出的都有了車子坐。又過了五天，孟嘗君又問總管，總管說：「馮驩還在那裡彈著劍唱歌，說：『長劍哪，我們還是走吧，住在這裡連個養家的錢也沒有！』」孟嘗君聽了心裡不大高興。

2　過了一年，在這一年裡馮驩什麼動靜也沒有。這時孟嘗君正是齊國的宰相，齊王把一個有著萬戶人家的薛縣給了他作封地。孟嘗君當時有門客三千人，光靠這塊封地的稅收是養活不了這些人的。於是他就讓人替他在薛縣放了許多債，可是一年過去了，什麼也沒有得到，借錢的都不肯交利息，養客的費用眼看就要接不上了。孟嘗君很著急，他問身邊的人們說：「誰可以幫我到薛縣去收債呢？」客館總管說：「上等客館裡的那個馮先生相貌出眾，而且像個厚道人，這個人沒有什麼別的本事，讓他去收債我看還是可以的。」於是孟嘗君就把馮驩找了來，對他說：「諸位客人不嫌我沒出息，到我這裡來的有三千多人，我封地上的那點收入不夠奉養這些賓客，所以我在薛縣放了一些債。可是近年來薛縣的收成不好，百姓們不少人都不交利息。現在賓客們的吃用眼看要接不上了，所以我想請你幫著去那裡催討一下。」馮驩說：「好的。」於是他辭別了孟嘗君，很快地來到了薛縣。馮驩召集凡是借了孟嘗君家錢的人都來開會，一共得到了十萬錢的利息。隨後馮驩又買來了許多美酒、肥牛，然後告訴那些借錢的人們，能還利息的人們要來，不能還利息的也要來，大家都要帶著借券來當場核對一下。等到大家到齊後，就殺牛擺了酒，請大家開懷暢飲。在大家正喝得起勁時，馮驩拿出借券和大家一一地進行了核對，能夠交利息的，和他約定一個交錢的時期；貧窮無力交息的，就乾脆把他們的借券要回來燒掉了。馮驩說：「孟嘗君之所以要放這些債，是為了給無法生活的人提供一點謀生的本錢；他之所以要大家交一點利息，那是因為他缺少奉養賓客的用度。現在凡是家庭富裕的都約定了還錢的日期，家裡貧窮無力償還的，我都已經燒了他們的借據。請大家多保重。有這麼好的主子，難道我們還忍心背叛他嗎？」於是席上的人們都站了起來，一再地叩頭致謝。

3 孟嘗君聽了馮驩燒借據的消息，立刻生氣地派人去把馮驩叫了回來。馮驩一到，孟嘗君就說：「因為我家裡有三千客人要吃飯，所以我才到薛縣去放債。我封地的收入不多，借錢的人們又不按時交利息，我連養客的伙食都怕開不出來了，所以才請你去討要。可是我聽說你收了債以後，買了許多牛、酒，還把一些債券都燒了，你這麼做是為什麼呢？」馮驩說：「不錯。不多準備一些牛、酒，他們就不會都來，也就沒有辦法知道他們誰是富裕的、誰是窮困的。對於那些富裕的，可以和他們定一個交利息的日期；對於那些窮困的，即使你拿著債券向他討要十年也仍是要不到東西。利息越滾越多，逼急了，他們來個一逃了事，還是教您什麼也得不到。這樣，從上頭來說您要落個只知道貪圖私利而不知道愛護百姓的名聲，從下頭來說也讓百姓們落個背叛主子逃避債務的罪名，這麼做恐怕不是提高子民道德思想、給自己揚名的好辦法。現在我們燒掉那些有名無實的債券，送掉那些無法收上來的徒有虛名的錢財，使薛縣的百姓們忠於您，給您揚名，這有什麼不好呢！」孟嘗君一聽，拍手稱絕，立即向馮驩表示感謝。

4 後來齊王聽信了秦國和楚國的挑撥，認為孟嘗君的名聲比自己還大，而且又獨攬著齊國的大權，於是就罷掉了孟嘗君的職務和沒收了孟嘗君的封地。孟嘗君門下那些賓客們一見孟嘗君被廢，很快地都紛紛離他而去。這時馮驩對孟嘗君說：「您給我一輛車子讓我到秦國去，我一定想法子讓您重新受到齊國的重視並且還能讓您的封地增加，您看好不好？」孟嘗君一聽，立即給他套好了車子，讓他帶上了禮物，出發了。馮驩到了秦國對秦王說：「所有說客凡是急急忙忙坐著車子趕到秦國來的，沒有一個不是想叫秦國強大而使齊國削弱；凡是急急忙忙坐著車子跑到齊國去的，沒有一個不是想讓齊國強大而使秦國削弱。秦國和齊國是兩個難分雌雄、不能並立的國家，誰要是稱了雄，誰就可以擁有天下。」秦王一聽，立即跪起來問道：「您有什麼辦法能夠使秦國成為雄而不成為雌呢？」馮驩說：「大王聽說齊國罷免孟嘗君的事了嗎？」秦王說：「已經聽說了。」馮驩說：「能使齊國受到各國尊重的，關鍵是有孟嘗君。可是現在齊王聽信挑撥，把孟嘗君罷免了，孟嘗君心裡不高興，一定想離開齊國；如果他能離開齊國到秦國來，那麼齊國的國家形勢、軍民的真實情況也就跟著一齊帶到秦國來了，到那時連各國的土地都可以奪過來，豈只是稱雄呢！您應該趕快派人拉著聘禮去悄悄地接他，不要錯過這個大好時機。否則齊王一覺悟，一恢復孟嘗君的原職，那麼今後誰雌誰雄就又沒辦法預料了。」秦王一聽很高興，立刻派出了十輛車子帶著黃金百鎰去迎接孟嘗君。馮驩向秦王請求自己先走一步。他趕緊回到了齊國，對齊王說：「所有說客坐著車子跑到齊國來的，沒有一個不是想叫齊國強大而叫秦國削弱；所有說客坐著車子到秦國去的，沒有一個不是想叫秦國強大而叫齊國削弱。秦國和齊國是兩個難分雌雄的國家，如果秦國一強大，那齊國就肯定要衰弱，這是不可能並立稱雄的。現在我聽說秦國已經派了十輛車子，載著黃金百鎰來迎接孟嘗君了。孟嘗君不去秦國則已，如果他一去秦國，就肯定會當秦國的宰相，天下各國也就會都去歸附秦國，到那時，秦國就稱了雄，而我們也就降成了雌，一旦我們成了雌，那臨淄、即墨就危險了。您為什麼不趁著秦國的使者還未到，趕緊把孟嘗君官復原職，再多封給他一些領地，向他表示歉意呢？您如果這麼做，孟嘗君肯定就會高興地接受了。秦國即使強大，難道還能把人家的宰相請了去嗎？只有這樣才能挫敗秦國的陰謀，打掉它稱霸天下的計畫。」齊王說：「好。」於是就派人到西部邊境上去探聽是不是真有秦國的使者到來，結果正碰上秦國的使者剛剛入境，齊國使者趕緊跑回臨淄向齊王報告，齊王於是趕緊請回了孟嘗君，給他恢復了宰相的職務，而且除了還給他舊有的封地以外，又多給他增加了一千戶。秦國的使者聽說孟嘗君又官復了原職，只好掉轉車頭回去了。

自從齊王聽信挑撥廢掉了孟嘗君，孟嘗君原有的那些門客就全都一哄而散了。等到齊王又下令請孟嘗君回來時，這時只有馮驩一個人去接他。當他們快要回到齊國京城的時候，孟嘗君深有感慨地說：「我平生一貫好客，我對待客人從來不敢有什麼失禮，我門下的食客最多的時候達到三千人，這是你所知道的。可是他們一旦看到我被廢，就全都拋棄我而走了，沒有一個人顧戀我。現在我完全是靠著你才得以官復原職，他們那些人還有什麼臉面來見我呢？如果他們誰要再來找我，我一定要向他們的臉上吐唾沫，好好地羞辱他們一下。」馮驩一聽，立即盤好轡繩，下車來給孟嘗君磕了一個頭。孟嘗君趕緊下車攔住，說：「你是為那些傢伙求情嗎？」馮驩說：「不是，是因為您剛才的話說錯了，世界上的萬事萬物為什麼會成為這樣，都有它一定的道理，您明白嗎？」孟嘗君說：「我不知道你說的是什麼意思。」馮驩說：「凡是有生命的東西最後都得死掉，這是必然的。一個人，富貴的時候朋友多，貧賤的時候朋友少，這也是一定的。您沒有見過那些趕集的人嗎？早晨天剛亮時，大家都側著膀子往市門裡擠；等到日落天黑，在市場門口路過的人們甩著膀子走過連頭都不回，這並不是因為他們喜歡早晨而討厭傍晚，而是因為他們想買的東西那裡已經沒有了。由此可見，在您失掉了宰相職位的時候，賓客們都一哄而去，那是很自然的，沒有必要怨恨他們，否則會白白得罪一些人。希望您還是像過去一樣地對待他們。」孟嘗君聽罷，遂向馮驩致謝說：「願意遵命。聽了你的這番話，我還怎敢不照辦呢！」

太史公曰：吾嘗過薛，其俗閭里❶率❷多暴桀❸子弟，與鄒、魯❹殊。問其故，曰：「孟嘗君招致天下任俠姦人❺入薛中，蓋六萬餘家矣。」世之傳孟嘗君好客自喜❻，名不虛矣。

【章　旨】以上為第六段，是作者的論贊，寫孟嘗君養客對當地風俗的影響。

【注　釋】❶閭里　猶今所謂「街道」、「里巷」，泛指民間、基層。❷率　大概；大都是。❸暴桀　剛猛桀傲，不馴順。❹鄒魯　春秋時代的諸侯國名，鄒也稱「邾」，國都鄒，在今山東鄒縣東南；魯國的都城即今山東曲阜。鄒是孟子的故鄉，魯是孔子的故鄉，兩國都以知書達禮、溫文爾雅著稱。❺任俠姦人　即今之所謂「流氓無產者」。任俠，以俠義行為自任，即好打抱不平、能急人之難等等。姦人，好觸犯法紀的人。姦，干；犯。❻好客自喜　以養客為樂。凌稚隆引陳仁子曰：「史遷于田文也斷之曰『自喜』，夫固斥其為一己之私好，非天下之公好焉。」董份曰：「此贊其好客，美刺並顯。」

【語　譯】太史公說：我曾經到過薛縣，那裡一些平民百姓家的子弟有許多都是很蠻橫、很粗暴的，那裡的風俗和鄒、魯兩國完全兩樣。我問當地人這是什麼原因，他們告訴我說：「當年孟嘗君曾經從天下各地把那些好打抱不平、好觸犯法紀的人們招攬到薛縣來，大概有六萬多家。」看起來人們傳說的孟嘗君好客，的確是一點也不假。

【研　析】本篇作品的首要意義是寫孟嘗君的「好客喜士」，而孟嘗君的好客又首先表現在他接納客人時的「無所擇」，不論貴賤賢不肖，「皆善遇之」。他待客一視同仁，自己也和客人們吃一樣的飯食，從不擺貴族架子；他待客盡心盡力，不僅「舍業厚遇」客人，還探視、饋贈他們的親友，以致把自己弄到「邑入不足以奉賓客」的地步。與此同時，作品也描述了士人們想為知己者用，願為知己者死的許多生動事例，表現了作者的一種理想的道德準則。正是由於孟嘗君待客的盡心盡力，從而使得客人們都「人人各自以為孟嘗君親己」，因而不惜犧牲一切地報效孟嘗君，而孟嘗君也正是在他們的幫助下度過了一個個的難關。

作品也強烈地批判了忘恩負義之輩，批判了世態炎涼。孟嘗君官復原職之後，馮驩與孟嘗君的一段對話，便是對此類社會現象的深深感慨。作者的這種思想，在〈廉頗藺相如列傳〉、〈魏其武安侯列傳〉、〈汲鄭列傳〉等篇中也有所表現。

歌頌下層人物，嘲諷那些眼睛只顧向上看的人，是《史記》的一貫思想。作品在描寫了雞鳴、狗盜幫助孟嘗君脫險的故事之後，司馬遷議論說：「始孟嘗君列此二人於賓客，賓客盡羞之；及孟嘗君有秦難，卒此二人拔之。自是之後，客皆服。」其遭遇與〈平原君虞卿列傳〉中的毛遂相同。他們平時不僅被貴族主子瞧不起，也被別的賓客瞧不起，但真正到了關鍵時刻，一鳴驚人的卻是他們。對此，司馬遷也是有無限感慨的。

作品對孟嘗君也有所批評，一是他的貴族習氣：當他出使趙國，趙人笑他是「眇小丈夫」，說他其貌不揚時，他竟然怒殺了幾百人，滅了人家的一個縣；在對待魏子與馮驩到薛邑討債的問題上，他又一再發怒，這些都表現了他的任性、短視，甚至殘暴。二是他的養士完全是為了個人私利，這一點，只要和魏公子比較一下就異常分明了。魏公子的養士和他手下所有士人的活動，都關乎著魏國的安危；而孟嘗君的養士，卻只是效忠於他個人。孟嘗君為了鞏固自己的地位，甚至不惜勾結敵國來攻打自己的國家，這種差別是我們必須區分清楚的。

卷七十六

平原君虞卿列傳第十六

【題解】本篇是平原君趙勝與虞卿的合傳，平原君在邯鄲被圍的時刻請來楚、魏的救兵，挽救了趙國的危急；虞卿駁斥了趙郝、樓緩蠱惑趙王親秦的謬論，忠心維護趙國利益。這兩個人都是為保衛趙國起了重要作用的人物，故司馬遷把他們合寫在一篇。本文的最精彩之處是「毛遂自薦」，表現了下層人物的無比光輝；其次是虞卿料事的先見之明與其謀略的無比卓越，可惜趙王未能聽從。

1 平原君趙勝❶者，趙之諸公子❷也。諸子中勝最賢，喜賓客，賓客蓋❸至者數千人。平原君相趙惠文王❹及孝成王❺，三去相❻，三復位，封於東武城❼。

2 平原君家樓臨❽民家。民家有躄❾者，槃散❿行汲⓫。平原君美人居樓上，臨見，大笑之。明日，躄者至平原君門，請曰：「臣聞君之喜士，士不遠千里而至者，以君能貴士而賤妾也。臣不幸有罷癃⓬之病，而君之後宮臨而笑臣，臣願得笑臣者頭。」平原君笑應曰：「諾。」躄者去，平原君笑曰：「觀此豎子⓭，乃欲以一笑之故殺吾美人，不亦甚乎！」終不殺。居歲餘，賓客⓮門下舍人⓯稍稍⓰

引去者過半。平原君怪之，曰：「勝所以待諸君者未嘗敢失禮，而去者何多也？」門下一人前對曰：「以君之不殺笑躄者，以君為愛色而賤士，士即去耳。」於是平原君乃斬笑躄者美人頭，自造門進躄者⑰，因謝焉。其後，門下乃復稍稍來。是時，齊有孟嘗⑱，魏有信陵⑲，楚有春申⑳，故爭相傾以待士㉑。

【章旨】以上為第一段，寫平原君平日養士的情形。

【注釋】❶平原君趙勝　趙武靈王之子，趙惠文王之弟。因其最早的封地在平原（今山東平原縣西南），故稱之為平原君。❷諸公子　除太子以外的國王的其他兒子。❸蓋　約略；差不多。❹趙惠文王　名何，武靈王之子，西元前二九八—前二六六年在位。❺孝成王　名丹，惠文王之子，西元前二六五—前二四五年在位。❻去相　免去相權。去，離開；被罷免。❼東武城　趙邑名，在今山東武城縣西北。❽臨　下臨；俯視。❾躄　跛；腿瘸。❿槃散　也寫作「盤姍」，行路一拐一拐的樣子。⓫汲　從井裡向上提水。⓬罷癃　《索隱》曰：「謂背疾，言腰曲而背隆高也。」依小司馬之意，蓋謂駝背，猶如柳宗元所謂「種樹郭橐駝者」是也。段玉裁曰：「『罷』者，廢置之意。凡廢置不能事事曰『罷癃』。」依段氏意蓋謂「殘疾」、「廢疾」。罷，通「疲」。王駿圖曰：「『罷』音同『跛』，病足之名，即上文之『躄』也；『癃』者背曲隆高之病，此人自言足跛而背曲耳。」⓭豎子　猶言「這小子」，對人輕蔑的稱呼。⓮賓客　按客禮接待的寄食者。⓯舍人　食客之為其主子所任使，為其操持家務的人。⓰稍稍　猶言「漸漸」、「逐漸」。⓱斬笑躄者美人頭二句　造門，登門。造，至。瀧川引中井曰：「以一笑殺美人，戰國之習已然，使賢者當是事，雖不殺，亦必有處置矣。」洪亮吉《四史發伏》曰：「在躄者不過欲先制人，冀得一飽；即門下『愛色賤士』之對，亦不過在為黨援耳，乃以借美人頭沽名一時，竟不慮貽笑千古，悲夫！」王伯祥曰：「正因為故意相競，平原君乃做此矯情殺人的舉動，來駭人聽聞，邀取聲譽。」李光縉曰：「《穀梁傳》曰：『季孫行父禿，晉郤克眇，衛孫良夫跛，曹公子午僂，同時而聘齊，蕭同叔子處臺上而笑之，客不悅而去，齊師敗績。』噫！此郭汾陽（子儀）所以見盧杞而屏婦人也。」⓲孟嘗　孟嘗君田文，齊國貴族，曾為齊湣王相，以養士見稱，事詳〈孟嘗君列傳〉。

⑲信陵　信陵君魏公子無忌，魏安釐王之弟，以養士見稱，事詳〈魏公子列傳〉。⑳春申　春申君黃歇，楚國貴族，以養士見稱，事詳〈春申君列傳〉。㉑故爭相傾以待士　故，故意；故作姿態。相傾，猶言「互相競賽」、「互相爭奪」。傾，倒；使之歸己。中井曰：「四君子中，孟嘗尤為先輩，蓋與三君不竝世，今駢稱者，襲賈生〈過秦〉也。按〈信陵君傳〉云：『安釐王即位，封為信陵君。』安釐王即位，在田單復齊之後三年，則孟嘗中立於薛，既死矣。又，黃歇未封，以辯士使於秦，在范雎相秦之後，范雎相秦是安釐王三十一年矣。後三年，歇相楚，封春申君。」瀧川曰：「〈呂不韋傳〉亦云：『當是時，魏有信陵君，楚有春申君，趙有平原君，齊有孟嘗君，皆下士喜賓客以相傾。』不韋相秦，孟嘗死後二十餘年，史公以概說周末卿相氣習耳。」

【語　譯】平原君趙勝，是趙武靈王的兒子。在武靈王的兒子中，以趙勝為最能幹，他喜歡結交賓客，到過他門下的賓客先後可以達到幾千人。平原君相繼做過趙惠文王和趙孝成王的宰相，曾經三次被免官，又三次被重新起用，他的封地在東武城。

2　平原君家的高樓和一家普通百姓的房子挨著。這家有個瘸子，每天一拐一拐地到井邊去打水。有一天，平原君的一個美人在樓上看到了這種情景，她不由得大聲笑了出來。第二天，這個瘸子就來到平原君家向平原君請求說：「我聽說您是喜歡養士的，並且聽說士人們所以千里迢迢地來投奔您，就是因為您能夠重人才而不重女色。我從小不幸得了這種殘疾，而您的美人竟然公開地恥笑我，我希望得到那個笑話我的女人的人頭。」平原君笑著答應說：「好吧！」瘸子走後，平原君對左右的人說：「看這個小子，居然就因為笑了他一聲，他就來要我殺我的美人，這不也太過分了嗎？」說罷也就擱下完事了。過了一年多，他發現門下的賓客和侍役的人們漸漸走掉了一半以上。平原君覺得很奇怪，他問人們：「我對待他們沒有一點失禮的地方，可是離開的人為什麼越來越多呢？」這時有一個門下的客人過來說：「就因為您沒有殺那個嘲笑瘸子的美人，大家都認為您是重女色而不重人才，所以大家都走了。」平原君一聽，趕緊殺了那個笑話瘸子的女人，提著她的人頭親自到那個瘸子家去登門道歉。這以後，那些走了的人們才又慢慢地回來了。當時，齊國有孟嘗君，魏國有信陵君，楚國有春申君，他們都故作姿態為招納賓客而互相競爭。

1 秦之圍邯鄲❶，趙使平原君求救，合從❷於楚，約與食客門下有勇力文武備具者二十人偕❸。平原君曰：「使文能取勝，則善矣；文不能取勝，則歃血於華屋之下❹，必得定從❺而還。士不外索，取於食客門下足矣。」得十九人，餘無可取者，無以滿二十人❻。門下有毛遂者，前，自贊❼於平原君曰：「遂聞君將合從於楚，約與食客門下二十人偕，不外索。今少一人，願君即以遂備員而行矣❽。」平原君曰：「先生處勝之門下幾年於此矣？」毛遂曰：「三年於此矣。」平原君曰：「夫賢士之處世也，譬若錐之處囊中，其末立見❾。今先生處勝之門下三年於此矣，左右未有所稱誦，勝未有所聞，是先生無所有也。先生不能，先生留❿。」毛遂曰：「臣乃今日請處囊中耳。使遂蚤⓫得處囊中，乃穎脫而出⓬，非特⓭其末見而已。」平原君竟⓮與毛遂偕。十九人相與目笑之而未廢⓯也。

2 毛遂比至楚⓰，與十九人論議，十九人皆服。平原君與楚合從⓱，言其利害。日出而言之，日中不決。十九人謂毛遂曰：「先生上。」⓲毛遂按劍歷階⓳而上，謂平原君曰：「從之利害，兩言而決耳。今日出而言從，日中不決，何也⓴？」楚王㉑謂平原君曰：「客何為者也？」平原君曰：「是勝之舍人也。」楚王叱曰：「胡不下！吾乃與而君言，汝何為者也！」毛遂按劍而前曰㉒：「王之所以叱遂者，以楚國之眾也。今十步之內，王不得恃楚國之眾也。王之命縣於遂手[23]。吾君在前，叱者何也[24]？且遂聞湯以七十里之地王天下，文王以百里之壤而臣諸侯，豈其士卒眾多哉？誠能據其勢而奮其威[25]。今楚地方五千里，持戟百萬，此霸王之資也。以楚之彊，天下弗能當[26]。白起[27]，小豎子[28]耳，率數萬之眾，興師以與楚戰，一戰而舉鄢、郢，再戰而燒夷陵，三戰而辱王之先人[29]。此百世之怨而趙之所羞，而王弗知惡焉。合從者為楚，非為趙也。吾君在前，叱者何也？」楚王曰：「唯唯，誠若先生之言，謹奉社稷而以從[30]。」毛遂曰：「從定乎[31]？」楚王曰：「定矣。」毛遂謂楚王之左右曰：「取雞狗馬之血來[32]。」毛遂奉銅槃[33]而跪進之楚王，曰：「王當歃血而定從，次者吾君，次者遂[34]。」遂定從於殿上。毛遂左手持槃血而右手招十九人，曰：「公相與歃此血於堂下。公等錄錄，所謂因人成事者也[35]。」

3 平原君已定從而歸，歸至於趙，曰：「勝不敢復相士。勝相士多者千人，寡者百數，自以為不失[36]，天下之士，今乃於毛先生而失之也。毛先生一至楚，而使趙重於九鼎大呂[37]。毛先生以三寸之舌，彊於百萬之師。勝不敢復相士[38]。」遂以為上客[39]。

【章　旨】以上為第二段，寫毛遂佐助平原君使楚結盟的經過。

【注　釋】❶秦之圍邯鄲　事在趙孝成王九年（西元前二五七年）。三年前趙括敗於長平，損趙兵四十餘萬。次年秦兵繼續進攻，遂圍邯鄲。過程參見〈廉頗藺相如列傳〉、〈白起王翦列傳〉。邯鄲，在今河北邯鄲西南，當時為趙國都城。❷合從　指東方六國間的聯合。從，同「縱」。❸偕　同；一道。❹則歃血於華屋之下　按：上句既云「使文能取勝，則善矣。文不能取勝」，下句應云「則必以武歃血於華屋之下」，今缺「以武」字樣，語氣欠完整。歃血，古人盟誓時的一種儀式，宰殺牲畜，盛血以盤，盟誓者以口沾吮之。歃，同「唼」。吮吸。華屋，指殿堂、朝會之所。瀧川引岡白駒曰：「欲以武劫盟。」❺定從　訂好盟約。❻無以滿二十人　凌稚隆引顧璘曰：「食客數千人，求二十人而不足；及十九人，又不能有為，當時之士可知已，四君徒相傾以取勝耳。」❼自贊　即自薦。贊，告。❽願君即以遂備員而行矣　備員，猶言「充數」。按：此語雖措辭委婉，但充滿自信，且似不容商量。❾其末立見　錐子尖立刻就會露出來。見，同「現」。❿先生不能二句　瀧川曰：「疊用四『先生』字，平原君聲音狀貌，千載如生。」按：數語邏輯推理，滾滾而下，亦不容人商量。⓫蚤　同「早」。⓬穎脫而出　整個錐子頭甚至連桯子都得出來。《正義》於此處有所謂：「穎，禾穗也。『穎脫而出』，言特出眾穗之上。」似與本文不相合。穎，原指禾穗之芒，這裡即指錐子尖。⓭非特　不止；豈只。⓮竟　終於；不得已也。⓯相與目笑之而未廢　《集解》引鄭氏曰：「皆目視而輕笑之，未能即廢棄之也。」《正義》曰：「言十九人相與目視之竊笑，未敢發聲也。」王念孫曰：「『廢』即『發』之借字，謂目笑之而未發於口也。」⓰比至楚　意謂在從趙至楚的一路上。比，及；等到。⓱與楚合從　此指與楚王談判，講說合縱抗秦的事情。⓲十九人謂毛遂曰二句　姚苧田曰：「是皆服後之語，非姑以調之也，此時何時，猶可戲謔乎？」⓳按劍歷階　按劍，此用字極有斟酌，既為下文之示武做鋪墊，亦唯有「按劍」之從容乃得進入也。試比較〈項羽本紀〉中樊噲於鴻門之「持盾按劍」。歷階，一步一磴臺階。按：根據當時上臺階的禮節，每上一磴要併一下腳，然後再上第二磴。現因事情緊急，故毛遂不顧禮法歷階而上。按：「歷階」二字又見於〈孔子世家〉之寫夾谷之會，情境略同。⓴今日出而言從三句　林雲銘《古文析義》曰：「實是問楚王，卻向平原君說，妙。」㉑楚王　指楚考烈王，名完，西元前二六二—前二三八年在位。此時的楚國已被秦國逼迫，將都城東遷到陳（今河南淮陽）。㉒毛遂按劍而前曰　姚苧田曰：「兩『按劍』字寫得奕奕，與前文『文不能取勝』意相應，此時本不恃武，然必以此折報之，所以揚其氣也，不然便開口不得。」㉓縣於遂手　縣，通「懸」。姚苧田曰：「楚王叱遂，何至遂以『命懸遂手』辱之？妙在兩提『吾君在前』句，便見叱舍人便是辱平原，則主辱臣死之義亦胡能更忍？古人立言周匝有體，絕不專恃一朝之氣也。」㉔吾君在前二句　意謂當著我們主子的面，你怎麼能這樣地叱責我？因為叱責隨員，也就是對人家主子的無禮。㉕湯以七十里之地王天下四句　《孟子・公孫丑上》：「以德行仁者王，王不待眾。湯以七十里，文王以百里。」此化用其意。湯，商朝的開國帝王，其滅夏稱王事，見〈殷本紀〉。文王，姓姬名昌，商朝末年為西方諸侯的霸主。姬昌死後，其子武王以父親的名義起兵伐商，滅紂稱王，過程見〈周本紀〉。㉖以楚之彊二句　意謂楚國既然如此強大，按理說它應該是天下無敵才對。㉗白起　秦國名將，曾多次破楚，三年前又破趙卒四十餘萬於長平。事見〈白起王翦列傳〉。㉘小豎子　猶如後世罵人的「小奴才」。瀧川曰：「言庸劣無知，如童豎然。」㉙一戰而舉鄢郢三句　據〈白起王翦列傳〉云：「後七年（昭王二十九年），白起攻楚，拔鄢、鄧五城。其明年，攻楚，拔郢，燒夷陵，遂東至竟陵，楚王亡去郢，東走徙陳。秦以郢為南郡。」鄢，戰國時楚邑名，在今湖北宜城東南。郢，楚國都城，在今湖北荊州之江陵西北。夷陵，楚邑名，在今湖北宜昌東南，有楚國先王的墳墓埋在這裡。辱王之先人，胡三省曰：「謂焚夷楚之陵廟也。」按：這裡實際是兩次戰役，而毛遂分之曰：「一戰」、「二戰」、「三戰」者，乃為加重氣勢而然。姚苧田曰：「邯鄲之圍方急，秦明告諸侯『有敢救趙者，已拔趙，必移兵先擊之』，以故諸侯觀望不前。不知今日以此孤趙，他日復以此孤他國，則有任其蠶食而盡焉耳。無奈諸侯畏葸性成，惟顧目前，故不說到發冢燒屍極傷心無地處，必不能激發。毛遂一氣趕出一戰、再戰、三戰等句，便楚王更無地縫可入，正與魯仲連『烹醢梁王』之語同一作用，當時之風氣選懦亦可知矣。」㉚謹奉社稷而以從　按：「而以從」三字不順，疑「而」字為衍文。「謹奉社稷以從」，猶言願交出整個國家來聽候你的使喚。《通鑑》正是如此。有人說，「而以從」的「從」讀為「縱」，指「訂立合縱聯盟」，顯得勉強。林雲銘曰：「果兩言而決。」㉛從定乎　史珥曰：「『從定乎』一語，情致如生。」郭嵩燾曰：「此復問『縱定乎』，是頰上添毫法，史公於此等逸事常加倍渲染，寫得十分精彩。」㉜取雞狗馬之血來　《索隱》曰：「盟之所用牲，貴賤不同，天子用牛及馬，諸侯用犬及豭（豬），大夫以下用雞。」王駿圖曰：「因需三等之血，故令取來耳。楚僭稱王，毛遂故以天子之禮尊之。」㉝奉銅槃　捧著盛血的銅盤子。奉，捧。槃，通「盤」。㉞次者吾君二句　林雲銘曰：「把自己插入，占了多少地步。」㉟公等錄錄二句　錄錄，即今之所謂「庸庸碌碌」，無所作為的樣子。錄，今皆寫作「碌」。按：使無此二句，毛遂之英風偉概何等誘人！史公好寫復仇報怨，常常有損正面形象，如李廣、韓安國等皆然，此於毛遂亦是也。㊱失　漏掉；看錯。㊲九鼎大呂　指傳國的寶器，九鼎據說是夏禹所鑄，經夏、商、周三代，一直被奉為傳國之寶。大呂，《正義》曰：「周廟大鐘。」㊳勝不敢復相士　姚苧田曰：「平原語，處處肖其為人。嘖嘖連翩，文有畫意。」按：平原君一段自責語，見其胸襟坦蕩，大公無私，情景感人。此等境界，魏公子亦不及也。〈廉頗藺相如列傳〉又寫其不計趙奢殺其九個管家，而出以公心地舉薦趙奢事，皆人情之所難者。㊴遂以為上客　按：毛遂事跡不見於《戰國策》，其他諸子書亦少有道及者。梁啟超曰：「毛遂一小藺相如也，其智勇略似之，其德不逮（及），要亦人傑也矣。」史珥曰：「游客極奇之事，子長層次寫來，字字欲活。惜『王之命縣於遂手』，及『公等錄錄』、『因人成事』三語，露出本色耳。使無三語，則夾谷後僅事耳，藺生不逮也。」按：孔子佐魯定公會齊景公於夾谷事，見〈孔子世家〉；藺相如佐趙惠文王會秦昭王於澠池事，見〈廉頗藺相如列傳〉。

【語　譯】當秦國軍隊包圍了趙國首都邯鄲的時候，趙王派平原君去楚國求救，去與楚國建立共同抗秦的聯盟。平原君想從自己的門客中挑選二十個文武兼備的人作為隨員。他說：「如果能用和平的方式完成任務，當然是最好不過了；萬一不能用和平的方式解決問題，那也一定要用武力強迫楚王在朝廷上與我們簽訂盟約，總之是一定要完成任務才能回來。這些隨員用不著到別處去找，我門下的賓客就足夠用了。」結果挑了半天只挑到了十九個，其餘的都不行，沒有辦法湊滿二十個。這時，有個叫毛遂的自己走出來對平原君說：「我聽說您要去和楚國訂立盟約，想從您的門下賓客中挑選二十個隨員，不再向外面去找，而現在還缺一個，那我希望您就把我添在裡頭，人數一夠，咱們就馬上出發了。」平原君說：「您在我這裡住了幾年了？」毛遂說：「三年了。」平原君說：「大凡一個有本事的人活在世界上，那就好像一把錐子裝在口袋裡，錐子尖總是立刻就會露出來。您在我這裡都已經三年了，大家居然都沒有對您說過一句讚美的話，我也沒有聽到過您有什麼才幹的傳聞，那就說明您的確沒有什麼本領。您不能去，您還是留在家裡吧！」毛遂說：「我是今天才請求您把我這把『錐子』裝進口袋！如果您要是早就把我裝進了口袋，那我必然連整個錐子頭都會露出來，豈只是露出一個錐子尖呢？」平原君無法，只好同意，帶著他一起出發了。其餘的十九個人都用一種鄙夷的眼光互相看著偷笑，只是沒有笑出聲罷了。

2　等毛遂一行人到達了楚國，經過一路上他與十九個人不斷地談論，他們對毛遂已經心服了。輪到平原君與楚王談判結盟的事情了，平原君反覆向楚王申說楚、趙聯盟的好處。從太陽剛出來就說，一直說到正午楚王仍未接受。這時那十九個人就對毛遂說：「你去！」於是毛遂就手按劍柄一步一級地迅速走上了大殿，向平原君說：「合縱抗秦的必要性是兩句話就可以說清的，今天從早上說起，到現在已經中午了還定不了，這是為什麼呢？」楚王轉頭問平原君：「這個人是幹什麼的？」平原君說：「他是我的一個門客。」楚王一聽勃然大怒，說：「你還不給我滾下去！我是在和你的主人講話，你來幹什麼！」毛遂手按劍柄跨前一步說：「大王所以敢於這麼呵叱我，是仗恃著楚國的人多。可是現在您在這十步之內，是倚靠不上楚國的人多的。您的命就繫在我的手裡。我的主人就在跟前，您怎麼能這麼不顧禮節的呵叱我呢？再說，當初商湯憑著七十里的地盤，就滅了夏桀統一了天下；周文王當初憑著百數里的地盤，就滅掉了殷紂使普天下的諸侯們臣服，他們是靠的人多嗎？他們實際上都是由於能夠很好地把握住了當時的形勢，而趁機發揮了他們的威力。現在楚國有五千里見方的地盤，有上百萬的軍隊，這本來是可以成為霸主的資本。像楚國目前這種強大的形勢，按理說它應該是天下無敵的，可是誰知道就憑白起這麼個小子，領著幾萬人來和楚國作戰，居然一戰就攻克了鄢陵、郢都，再戰又燒毀了夷陵，三戰連楚國的先王都受到了侮辱。這是一百輩子也報不完的仇，是連我們趙國都為你們感到羞恥的，可是您自己卻居然不知道痛恨。聯盟抗秦，更主要的是為了您們楚國，而不是為了我們趙國。我的主人就在跟前，您呵叱我做什麼？」楚王趕緊說：「好，好，實在就像你說的那樣，我願意以我們整個國家的名義來和你們建立聯盟。」毛遂說：「您決定了嗎？」楚王說：「決定了。」毛遂立即招呼楚王身邊的人說：「趕緊拿雞、狗、馬的血來。」毛遂雙手捧著盛著雞、狗、馬血的銅盤子先是跪送到了楚王面前，說：「請大王第一個歃血，其次是我的主人，再次是我。」於是訂盟的儀式就這樣在大殿上進行。而後毛遂左手端著銅盤子，右手招呼下面的那十九個人說：「你們也都在下面歃血，算是參加訂盟。你們這些平庸透頂，專門靠著別人吃現成飯的傢伙！」

3 平原君完成了與楚國訂盟的任務回到趙國後，他對人們說：「我再也不敢說我能夠識別人了。我識別過的人多者上千，少說也得有幾百，我總以為我不會漏掉有本事的人了，誰料想這回卻漏掉了毛先生。毛先生這回一到楚國，使我們趙國的地位比九鼎、大呂都還要尊貴。毛先生的舌頭比百萬軍隊還要厲害。我再也不敢說我能識別人了。」從此毛遂就成了平原君門下的貴客。

1 平原君既返趙，楚使春申君將兵赴救趙❶，魏信陵君亦矯奪晉鄙軍❷往救趙，皆未至❸。秦急圍邯鄲，邯鄲急，且降，平原君甚患之。邯鄲傳舍吏❹子李同❺說平原君曰：「君不憂趙亡邪？」平原君曰：「趙亡則勝為虜，何為不憂乎？」李同曰：「邯鄲之民，炊骨易子而食❻，可謂急矣。而君之後宮❼以百數，婢妾被綺縠❽，餘粱肉❾，而民褐衣不完❿，糟糠不厭⓫。民困兵⓬盡，或剡木為矛矢⓭，而君器物鍾磬⓮自若⓯。使秦破趙，君安得有此？使趙得全，君何患無有？今君誠能令夫人以下編於士卒之間，分功而作⓰，家之所有盡散以饗⓱士，士方其危苦之時，易德⓲耳。」於是平原君從之。得敢死之士三千人。李同遂與三千人赴秦軍⓳，秦軍為之卻三十里。亦會⓴楚、魏救至，秦兵遂罷㉑，邯鄲復存。李同戰死，封其父為李侯㉒。

2 虞卿欲以信陵君之存邯鄲為平原君請封㉓。公孫龍㉔聞之，夜駕見平原君曰：「龍聞虞卿欲以信陵君之存邯鄲為君請封，有之乎？」平原君曰：「然。」龍曰：「此甚不可。且㉕王舉君而相趙者，非以君之智能為趙國無有也；割東武城而封君者，非以君為有功也，而以國人無勳㉖，乃以君為親戚故也。君受相印不辭無能，割地不言無功㉗者，亦自以為親戚故也。今信陵君存邯鄲而請封，是親戚受城而國人計功㉘也。此甚不可。且虞卿操其兩權㉙，事成，操右券以責㉚；事不成，以虛名德君。君必勿聽也㉛。」平原君遂不聽虞卿㉜。

3 平原君以趙孝成王十五年㉝卒。子孫代㉞，後竟與趙俱亡㉟。

4 平原君厚待公孫龍。公孫龍善為堅白之辯㊱。及鄒衍過趙，言至道，乃絀公孫龍㊲。

【章旨】以上為第三段，寫平原君聽取李同、公孫龍建議所做的對趙國有利的事情。

【注釋】❶楚使春申君將兵赴救趙　事在楚考烈王六年，趙孝成王九年，西元前二五七年。參見〈春申君列傳〉。❷矯奪晉鄙軍　信陵君竊兵符，假傳王命奪取了晉鄙所統率的軍隊，帶以救趙事，詳見〈魏公子列傳〉。矯，詐；假傳上命。晉鄙，人名，魏國將領。❸皆未至　都還在路上，尚未到達。❹傳舍吏　管理招待所的官吏。傳舍，古代公家為過往官吏歇宿而準備的館舍，猶今之招待所。在都城以外驛路旁邊的也叫驛站。❺李同　即李談。司馬遷為避父諱而寫作李同。《說苑》作「李談」。❻炊骨易子而食　《左傳》宣公十五年：「華元曰：『敝邑易子而食，析骸以爨。』」此處即用其語。炊骨，謂以骨為柴。易子而食，人不忍自食其子，故與人交換而食之。極言圍城中的山窮水盡之狀。❼後宮　此指姬妾美人之類。❽被綺縠　指穿綾羅綢緞。被，同「披」。綺，細綾。縠，縐紗。❾餘粱肉　意即好東西吃不完。粱，黃小米，當時糧食中的較好者。❿褐衣不完　連件完整的粗布短衣都穿不上。⓫糟穅不厭　連吃糟糠都不能滿足。厭，同「饜」。飽；足。中井曰：「『褐衣不完』二句疑錯文，宜在上文『炊骨』之上，『而民』二字衍文。」⓬兵　指武器。⓭剡木為矛矢　削尖木棍當兵器用。剡，砍削。⓮鍾磬　皆樂器名。⓯自若　照常；和從前一樣。⓰分功而作　意謂也和別人一樣領一分任務，一同勞動。功，勞動任務。⓱饗　同「餉」。犒賞；慰勞。按：〈田單列傳〉云：「田單知士卒之可用，乃身操版插，與士卒分功，妻妾編於行伍之間，盡散飲食饗士。」做法蓋與此全同。⓲易德　容易取得別人對自己的感謝。瀧川引中井曰：「危苦，故小惠微恩足以結之。」⓳李同遂與三千人赴秦軍　赴，撲向；衝擊。李贄曰：「邯鄲之故主灰飛，咸陽宮闕烟滅久矣，而李同至今猶在世也。讀史至李同戰死，遂為三嘆。」（《藏書》）史珥曰：「李同戰死，為功甚大，非此力戰恐亦不能待楚、魏之救。」⑳會　正好碰上。㉑秦兵遂罷　據〈秦本紀〉、〈范雎蔡澤列傳〉，此役秦將王齕敗走，鄭安平率部降趙。㉒李侯　封邑在李（今河南溫縣西南故李城），故稱李侯。按：李同事跡不見於《戰國策》，其見於劉向《說苑・復恩》者，文字與《史記》同，疑抄自《史記》也。㉓虞卿欲以信陵君之存邯鄲為平原君請封　信陵君是平原君的親戚，信陵君的軍隊又是平原君請來的，所以邯鄲得救，平原君也有其功。鮑彪曰：「平原失計馮亭以挑秦禍，幾喪趙國之半，馴致邯鄲之圍，何功之足論哉？然因人成事，亦有桑榆之收，不可忘也。虞卿之請，帝王懋賞之舉；公孫龍之辭，明哲讓功之誼，皆君子之善言也。」㉔公孫龍　趙人，是當時以講形式邏輯與詭辯著稱的學者，《漢書・藝文志》載有《公孫龍子》十四篇，屬名家類。㉕且　發語詞，用在這裡大致與「夫」字相同，說見《經傳釋詞》、《詞詮》。㉖非以君為有功也二句　顧炎武曰：「當作一句讀，言非國人無功而不封，君獨有功而封也。」按：二句文字不順，應作「非以君為有功而國人無勳也」。㉗割地不言無功　割地，指接受封地。不言無功，意即不說推辭的話。㉘親戚受城而國人計功　憑著親戚的身分接受封地，又以普通人的身分計算功勞來向國家討價還價。㉙操其兩權　意即把著兩邊，兩頭都吃著。權，柄；把柄。㉚操右券以責　像債主一樣地手持契約向你討取報酬。券，指契約。古代的契約都是中分為二，債權人持其右半，稱為右券，可以持之向借貸者討錢。㉛君必勿聽也　史珥曰：「公孫龍所見甚大，『操其兩權』一語，尤中說客心腸。」㉜平原君遂不聽虞卿　按：以上公孫龍勸平原君勿恃功受封事，見《戰國策・趙策三》。繆文遠曰：「虞卿為平原君請封及公孫龍諫止之事，俱在邯鄲解圍、秦兵罷去之後，時當周赧王五十八年（西元前二五七年）。公孫龍之說合于明哲讓功之誼，故平原君聽其說而辭封。」㉝趙孝成王十五年　西元前二五一年。《索隱》曰：「〈六國年表〉及世家竝云『十四年卒』，與此不同。」㉞子孫代　後世子孫相繼為平原君。㉟竟與趙俱亡　意即直到趙國亡國時，平原君的封地才跟著一同被取消。趙國滅亡在代王嘉六年（西元前二二二年），上距平原君死相隔三十年。俱亡，共存亡。史珥曰：「寫得生色，所以明平原君在三君上，視『絕無後』（指孟嘗君）與死於李園者（指春申君）相去豈上下床哉！」㊱堅白之辯　分辯「堅」與「白」的區別，他說一塊白石頭，就眼睛來看，只能得到「白」的概念；用手來摸，只能得到「堅」的概念，所以「堅」和「白」是兩個概念，不能合而為一。見《公孫龍子・堅白篇》。其〈白馬篇〉云：「白馬非馬，『馬』者所以命形也。『白』者所以命色也，命色者非命形也。」㊲鄒衍過趙言至道三句　鄒衍，齊人，戰國時期有名的陰陽學家，也非常善於辯論，人稱之為「談天衍」。《漢書・藝文志》陰陽家類列有《鄒子》四十九篇，《鄒子終始》五十六篇。其過趙言至道事，《集解》引劉向《別錄》云：鄒衍過趙，公孫龍正與其徒綦毋子等暢言「白馬非馬」之論。鄒衍聞之，責其「煩文以相假，飾辭以相惇，巧譬以相移」，認為這種東西是「害大道」、「害君子」的。於是座皆稱善。至道，大道；最高級的道理。絀，同「黜」。斥退。

【語　譯】平原君回到趙國後，楚國就派了春申君帶領軍隊來援救趙國，魏國的信陵君也假傳王命奪取了晉鄙所統率的軍隊趕來救助趙國，但是他們都還沒有到達。這時秦國的軍隊對邯鄲加緊攻擊，邯鄲像是很快就要失守了，平原君很著急。這時邯鄲驛館小吏的兒子李同對平原君說：「您不擔心趙國滅亡嗎？」平原君說：「趙國滅亡我就會成為俘虜，我怎麼不擔心呢？」李同說：「現在邯鄲的老百姓已經艱難到了拿人骨頭當柴燒，和互相交換著吃小孩的地步，已經是山窮水盡了。可是您的家裡光是婦女姬妾就有上百人，您家裡的丫頭僕人都穿著綾羅綢緞，都有吃不完的好菜好飯，而百姓們卻連件完整的粗布短衣都沒有，連糟糠都吃不上。現在士兵們連個武器都沒有，只好拿著刀削的棍子作戰，可是您家中各種寶物各種樂器卻仍然和從前一樣，件件不缺。如果讓秦國滅了趙國，您還能夠擁有這些東西嗎？反之，如果趙國得到了保全，您還用擔心缺少這些東西嗎？現在您要是能把您夫人以下的全家人都編入軍隊，讓他們與別人一樣地分擔各種勞務，把您家裡的全部財產都拿出來犒賞軍隊，處在危難關頭的人們，是最容易取得他們的感戴的。」於是平原君立刻按李同的意見辦了。他們組成了一支三千人的敢死隊，李同就帶著這三千人猛烈地攻擊秦軍，秦軍被迫後退了三十里，就在這時楚國和魏國的救兵也到了。秦軍只好撤兵而去，邯鄲得到了保全。李同在戰鬥中犧牲了，他的父親被趙國封為李侯。

2 虞卿想因為平原君請信陵君救趙這件事情，替平原君向趙王請求封賞。公孫龍聽說後，連夜乘車來見平原君說：「我聽說虞卿想因為信陵君救了邯鄲這件事為您請封，有這件事嗎？」平原君說：「有。」公孫龍說：「這絕對不行。當初趙王讓您做宰相，並不是因為您的智慧才能在趙國獨一無二；當初把東武城封給您當領地，也不是因為您有什麼別人所沒有的功勞，歸根到底，就因為您是趙王的親戚。而當您接受相印的時候並沒有推說自己無能，當您接受封地的時候也沒有推說自己無功，從您來說不也就是因為您是趙王的親戚嗎？現在您如果因為信陵君解救了邯鄲而請求封賞，那您就是既要憑著親戚的身分受職受地，又要以普通人的身分去和國家計算功勞。這是絕對不行的。現在虞卿讓您這麼做，他是想左右逢源。如果您果真受到了封賞，他就會以此居功，向您索取報酬；如果您沒有受到封賞，他也可以撈到一個為您著想的虛名，讓您念著他的好處。您千萬別聽信他那一套！」於是平原君拒絕了虞卿的建議。

3 平原君死於趙孝成王十五年。他的後世相繼為平原君，一直到最後趙國滅亡時平原君的封地才跟著一同被取消。

4 平原君很優待公孫龍，公孫龍是一個以分辯「堅」、「白」聞名的學者。後來鄒衍經過趙國時，面對著公孫龍發了一番有關「大道」的高論，從此，公孫龍才被冷淡了。

1 虞卿者，游說之士也。躡蹻❶檐簦❷說趙孝成王。一見，賜黃金百鎰❸，白璧一雙；再見，為趙上卿❹，故號為虞卿❺。

2 秦、趙戰於長平❻，趙不勝，亡一都尉❼。趙王召樓昌❽與虞卿曰：「軍戰不勝，尉復死，寡人使束甲而趨之❾，何如？」樓昌曰：「無益也，不如發重使❿為媾⓫。」虞卿曰：「昌言媾者，以為不媾軍必破⓬也。而制媾⓭者在秦。且王之論秦⓮也，欲破趙之軍乎，不邪？」王曰：「秦不遺餘力矣，必且欲破趙軍。」虞卿曰：「王聽臣，發使出重寶以附楚、魏⓯，楚、魏欲得王之重寶，必內吾使⓰。趙使入楚、魏，秦必疑天下之合從，且必恐。如此，則媾乃可為也。」趙王不聽。

與平陽君為媾⑰，發鄭朱入秦⑱。秦內之。趙王召虞卿曰：「寡人使平陽君為媾於秦，秦已內鄭朱矣，卿以為奚如⑲？」虞卿對曰：「王不得媾⑳，軍必破矣㉑。天下賀戰勝者皆在秦矣。鄭朱，貴人也，入秦，秦王㉒與應侯㉓必顯重以示天下㉔。楚、魏以趙為媾㉕，必不救王。秦知天下不救王，則媾不可得成㉖也。」應侯果顯鄭朱以示天下賀戰勝者，終不肯媾。長平大敗㉗，遂圍邯鄲，為天下笑。

3 秦既解邯鄲圍㉘，而趙王入朝㉙，使趙郝㉚約事於秦㉛，割六縣而媾㉜。虞卿謂趙王曰：「秦之攻王也，倦而歸㉝乎？王以其力尚能進，愛王而弗攻乎？」王曰：「秦之攻我也，不遺餘力矣，必以倦而歸也。」虞卿曰：「秦以其力攻其所不能取，倦而歸；王又以其力之所不能取以送之，是助秦自攻也。來年秦復攻王，王無救矣。」王以虞卿之言告趙郝，趙郝曰：「虞卿誠能盡秦力之所至乎㉞？誠知秦力之所不能進，此彈丸之地弗予；令秦來年復攻王，王得無割其內而媾乎㉟？」王曰：「請聽子割矣，子能必使來年秦之不復攻我乎？」趙郝對曰：「此非臣之所敢任㊱也。他日三晉之交於秦，相善也㊲。今秦善韓、魏而攻王，王之所以事秦必不如韓、魏也。今臣為足下解負親之攻㊳，開關通幣㊴，齊交韓、魏㊵，至來年而王獨取攻於秦㊶，此王之所以事秦必在韓、魏之後㊷也。此非臣之所敢任也。」

4 王以告虞卿。虞卿對曰：「郝言『不媾，來年秦復攻王，王得無割其內而媾乎』；今媾，郝又以不能必秦之不復攻也。今雖割六城，何益？來年復攻，又割其力之所不能取而媾，此自盡之術也，不如無媾。秦雖善攻，不能取六縣；趙雖不能守，終不失六城。秦倦而歸，兵必罷[43]。我以六城收天下[44]以攻罷秦，是我失之於天下而取償於秦也，吾國尚利[45]。孰與坐而割地[46]，自弱以彊秦[47]哉？今郝曰『秦善韓、魏而攻趙者，必王之事秦不如韓、魏也[48]』，是使王歲以六城事秦也，即坐而城盡[49]。來年秦復求割地，王將與之乎？弗與，是弃前功而挑秦禍也；與之，則無地而給之[50]。語曰：『彊者善攻，弱者不能守。』今坐而聽秦[51]，秦兵不獘而多得地[52]，是彊秦而弱趙[53]也。以益彊之秦而割愈弱之趙，其計故不止矣[54]。且王之地有盡而秦之求無已，以有盡之地而給無已之求，其勢必無趙矣[55]。」

5 趙王計未定，樓緩[56]從秦來。趙王與樓緩計之，曰：「予秦地如毋予，孰吉[57]？」樓緩辭讓曰：「此非臣之所能知也。」王曰：「雖然，試言公之私[58]。」樓緩對曰：「王亦聞夫公甫文伯母[59]乎？公甫文伯仕於魯，病死，女子[60]為自殺[61]於房中者二人。其母聞之，弗哭也。其相室[62]曰：『焉有子死而弗哭者乎？』其母曰：『孔子，賢人也，逐於魯[63]，而是人不隨[64]也。今死而婦人為之自殺者二人，若是者，必其於長者薄[65]而於婦人厚也。』故從母言之，是為賢母；從妻言之[66]，是必不免為妒妻。故其言一也，言者異則人心變矣[67]。今臣新從秦來而言勿予，則非計也[68]；言予之，恐王以臣為為秦也，故不敢對。使臣得為大王計，不如予之。」王曰：「諾。」

6 虞卿聞之，入見王曰：「此飾說[69]也，王昚勿予[70]！」樓緩聞之，往見王。王又以虞卿之言告樓緩。樓緩對曰：「不然。虞卿得其一，不得其二。夫秦、趙構難[71]而天下皆說，何也？曰『吾且因彊而乘弱[72]矣』。今趙兵困於秦，天下之賀戰勝者則必盡在於秦矣。故不如亟[73]割地為和，以疑天下[74]而慰秦[75]之心。不然，天下將因秦之彊怒，乘趙之獘，瓜分之[76]。趙且亡，何秦之圖乎[77]？故曰『虞卿得其一，不得其二』。願王以此決之，勿復計也。」

7 虞卿聞之，往見王曰：「危哉樓子之所以為秦者[78]！是愈疑天下[79]，而何慰秦之心[80]哉？獨不言其示天下弱[81]乎？且臣言勿予者，非固勿予而已也[82]。秦索六城於王，而王以六城賂齊。齊，秦之深讎也[83]，得王之六城，并力西擊秦，齊之聽王，不待辭之畢[84]也。則是王失之於齊而取償於秦[85]也。而齊、趙之深讎可以報矣，而示天下有能為[86]也。王以此發聲[87]，兵未窺於境[88]，臣見秦之重賂至趙而反媾於王[89]也。從秦為媾[90]，韓、魏聞之，必盡重王；重王，必出重寶以先於王[91]。則是王一舉而結三國之親[92]，而與秦易道[93]也。」趙王曰：「善。」則使虞卿東見齊王[94]，與之謀秦。虞卿未返，秦使者[95]已在趙矣。樓緩聞之，亡去[96]。趙於是封虞卿以一城。

8 居頃之，而魏請為從[97]。趙孝成王召虞卿謀，過平原君[98]。平原君曰：「願卿之論從[99]也。」虞卿入見王。王曰：「魏請為從。」對曰：「魏過[100]。」王曰：「寡人固未之許。」對曰：「王過。」王曰：「魏請從，卿曰魏過；寡人未之許，又曰寡人過，然則從終不可乎[101]？」對曰：「臣聞小國之與大國從事[102]也，有利則大國受其福，有敗則小國受其禍。今魏以小國請其禍，而王以大國辭其福，臣故曰王過，魏亦過。竊以為從便[103]。」王曰：「善。」乃合魏為從[104]。

9 虞卿既以魏齊之故，不重萬戶侯卿相之印，與魏齊間行，卒去趙，困於梁[105]。魏齊已死，不得意，乃著書[106]，上採春秋，下觀近世，曰節義、稱號、揣摩、政謀，凡八篇[107]。以刺譏國家得失[108]，世傳之曰虞氏春秋。

【章　旨】以上為第四段，寫虞卿堅守合縱抗秦，為維護趙國利益所做的貢獻。

【注　釋】❶蹻蹻　穿著草鞋。蹻，草鞋。❷檐簦　猶今之所謂「打著傘」。檐，同「擔」。打著。簦，長柄笠，即傘。❸百鎰　也稱「百金」。先秦時期稱黃金一鎰曰「一金」。鎰，也寫作「溢」。當時的一鎰相當於二十四兩，也有說相當於二十兩。❹上卿　大臣的最高爵級，相當於宰相的地位。❺號為虞卿　《集解》引譙周曰：「食邑於虞。」瀧川曰：「虞，其氏，故命其書曰《虞氏春秋》；卿，蓋其字，猶荀卿、荊卿之類，未必為上卿之故。」❻秦趙戰於長平　事在趙孝成王六年（西元前二六〇年）。長平，古邑名，在今山西高平西北。❼亡一都尉　都尉，軍官名，低於將軍，略當於校尉。郭嵩燾曰：「廉頗與秦相距長平，所失尉多矣，亦不止『亡一都尉』也。」按：詳情見〈白起王翦列傳〉。❽樓昌　時為趙將，亦見於《戰國策・趙策三》。❾使束甲而趨之　謂使長平趙軍進攻秦軍，與之決戰。束甲，猶言「捲甲」。為奔襲敵人，故捲甲而行以求速。❿重使　規格高的使臣。⓫為媾　意即求和。媾，結交。⓬不媾軍必破　如果不與秦方媾合，則趙國軍隊必敗。⓭制媾　在談判講和的過程中起決定作用。制，控制；決定。⓮論秦　分析、判斷秦國的心態。論，這裡是「分析」、「判斷」的意思。⓯附楚魏　猶言聯合楚魏。附，依附；聯合。這裡是使動用法。⓰必內吾使　肯定會接納我們的使者。內，同「納」。接納。⓱與平陽君為媾　與平陽君一道研究與秦媾和的辦法。平陽君，即趙豹，惠文王之胞弟，孝成王之叔。為媾，研究如何求和。按：據此所謂「趙王不聽，與平陽君為媾」云云，則似平陽君趙豹非常昏庸；然據〈趙世家〉，其「利令智昏」者為平原君趙勝，趙豹乃有好見解而未被用者，兩篇的說法矛盾。⓲發鄭朱入秦　打發鄭朱入秦求和，並留秦為質。發，打發；派遣。鄭朱，趙國的貴族與趙王的親信。⓳奚如　何如。奚，何；怎麼樣。⓴王不得媾　你達不到講和的目的。㉑軍必破矣　趙國前方的部隊肯定要被秦國消滅。㉒秦王　指秦昭王，名則，西元前三〇六—前二五一年在位，是為秦王政奠定統一東方基礎的秦國國君。㉓應侯　指范雎，當時為秦相，因其封地在應（今河南魯山東），故稱應侯。事跡詳見〈范雎蔡澤列傳〉。㉔顯重以示天下　謂假意尊寵鄭朱，以離間東方他國與趙國的關係，從而孤立趙國。㉕楚魏以趙為媾　以為趙國已向秦國求和。㉖媾不可得成　謂秦國不會答應趙國的求和，而必然要乘機消滅趙國。㉗長平大敗　趙王被秦王所愚弄，撤掉廉頗，改用趙括；趙括被秦將白起大破於長平，坑趙卒四十餘萬，在秦昭王四十七年，趙孝成王六年，西元前二六〇年，詳見〈廉頗藺相如列傳〉、〈白起王翦列傳〉。按：以上趙王不聽虞卿而聽樓昌之言，致使趙軍大敗於長平事，見《戰國策・趙策三》。㉘秦既解邯鄲圍　邯鄲得以解圍的因素很多，一是趙人的堅決抗爭，二是魏、楚諸國的外力援助，三是秦國內部的勾心鬥角，白起被范雎所害。

可參看〈魏公子列傳〉、〈魯仲連鄒陽列傳〉、〈白起王翦列傳〉、〈范睢蔡澤列傳〉等篇。㉙入朝　入秦以朝見秦王。㉚趙郝　趙國貴族之親秦者。㉛約事於秦　約定好從此服從秦國。事，侍奉；服從。㉜割六縣而媾　割給秦國六個縣，以達成講和目的。梁玉繩曰：「〈趙策〉謂秦破趙長平，歸使人索六城於趙而講。」鮑彪注：「史書此事在邯鄲解圍後，邯鄲之圍非秦德趙而解，趙賴魏之力爾，何事朝秦而媾以六城？《策》以長平破懼而賂之，是也。」㉝倦而歸　自己打不下去了，因而撤回。倦，疲憊，不能再打了。㉞誠能盡秦力之所至乎　真的能估計到秦國力量最大程度能到什麼地步嗎？㉟誠知秦力之所不能進四句　按：數句關係不清，似應作「誠知秦力之所不能進，則可矣；不者，此彈丸之地弗予，令秦來年復攻王，王得無割其內而媾乎？」割其內，謂不止割此六縣，還要割更靠後的地盤給秦國。㊱任　負責任；作擔保。㊲他日三晉之交於秦二句　大意為，過去韓、趙、魏三國和秦國的關係，都是好的。按：此處的行文略不順，《新序》記此事作「他日三晉之交與秦，相若也」。謂三國過去與秦國的關係，都差不多。語意比較明晰。㊳解負親之攻　解除因背叛盟國而招來的攻擊。負親，背叛親交，指接受韓國的上黨地區，而舉兵抵抗秦軍事，這是長平之戰的起因，詳見〈廉頗藺相如列傳〉。李笠曰：「『負親』者即謂趙之事秦不如韓魏耳，趙郝自謂為趙王解釋其背負親睦之攻耳。」大體不錯，但欠明豁；《索隱》所謂「為足下解其負擔而親自攻之」，莫知所云。鮑彪曰：「趙嘗親秦而負之，故秦來攻。」㊴開關通幣　開放趙與秦鄰的邊關，派使者互相往來。幣，指幣帛，使者往來所持的禮物。㊵齊交韓魏　讓趙國與秦國的關係能夠和韓、魏與秦國的關係相同。㊶取攻於秦　招來秦國的攻擊。㊷王之所以事秦必在韓魏之後　意即你的「孝順」秦國肯定不如韓、魏。㊸罷　同「疲」。疲憊。㊹以六城收天下　豁出六個城去，用以收買拉攏東方的各個國家。㊺吾國尚利　意謂賄賂東方各國，聯合之以西破強秦，則對趙有利。㊻坐而割地　眼巴巴地向秦國割地。㊼自弱以彊秦　削弱自己以壯大秦國。㊽必王之事秦不如韓魏也　按：「必」下原有「以為韓魏不救趙也，而王之軍必孤，有以」十六字，雜亂不可卒讀。王念孫以為此處應是「必王之事秦不如韓、魏也」為一句，「不當有『以為韓魏』云云十六字，此不知何處錯簡。」據刪。㊾即坐而城盡　言這樣下去，不用動彈，國土就被割送淨了。㊿無地而給之　言已經沒有地盤再繼續給他。而，同「以」。(51)坐而聽秦　意即不抵抗，對秦國唯命是聽。(52)秦兵不獘而多得地　秦兵不受任何消耗，就能得到大片地盤。(53)彊秦而弱趙　使秦國越來越強，使趙國越來越弱。(54)其計故不止矣　他們（秦國）的打算就會更加沒完沒了啦。故，同「固」。勢必。(55)以有盡之地而給無已之求二句　按：《戰國策・魏策三》有所謂「以地事秦，譬猶抱薪而救火也，薪不盡則火不止」；〈魏世家〉亦有所謂「以地事秦，譬猶抱薪救火，薪不盡，火不滅」。蘇洵〈六國論〉有所謂「諸侯之地有限，暴秦之欲無厭，奉之彌繁，侵之愈急，故不戰而強弱已判矣。」意思皆與此同。李光緒引穆文熙曰：「虞卿論媾之害宛轉明切，而趙王終不悟者，蓋緣長平一戰，落膽于秦，故苟圖目前之安，至于自盡而不顧耳。」郭嵩燾曰：「六國割地事秦，並當時策士設為之辭，非事實。綜六國時事見之『世家』者，惟楚襄王十九年，秦伐楚，割上庸、漢北地與秦；考烈王元年，納州于秦以平；魏安釐王二年，秦軍大梁，與秦溫以和；四年，秦攻魏，殺十五萬人，魏與秦南陽以和；及燕王喜二十七年，獻督亢地圖與秦而已。並乘戰勝之勢，挾以割地。策士之言，假割地之名以申其說，而論者遂謂六國之禍，弊在賂秦，不一詳考其事實。故嘗以為戰國策士之術行，顛倒反復以議論相勝，而天下之禍乃愈烈。」按：郭氏之說一反尋常，錄以備考。以上趙郝勸趙王割地予秦，虞卿尖銳駁斥趙郝事，見《戰國策・趙策三》，唯倡此議者，不作「趙郝」，乃樓緩也。且此兩節文字乃在下文「王曰『諾』」字下。(56)樓緩　當時有名的親秦派辯士。(57)予秦地如毋予二句　猶言割地給秦國與不割地給秦國哪個好？如，與；和。按：「如」上原有「何」字，王念孫以為後人妄增，據刪。(58)試言公之私　猶言試談一下你個人的想法。私，私見；個人意見。(59)公甫文伯母　公甫文伯之母。公甫文伯，名歜，春秋末期魯國的大貴族，季康子之堂兄弟。(60)女子　指姬妾之類。(61)自殺　言甘心為其殉葬。(62)相室　協助處理家事者，如師傅、保姆之類。相，佐助。(63)逐於魯　被魯國棄逐，到別國流浪。(64)是人不隨　謂公甫文伯沒有跟著孔子一道外出。(65)於長者薄　對德高望重的人不盡心。(66)從妻言之　如果是其妻子說這種話。(67)言者異則人心變矣　說話的人不同，別人對他們的這些話也就看法不同了。人心，指別人的想法、看法。(68)言勿予二句　如果我說不向秦國割地，那實際上不是好辦法。(69)飾說　猶言「巧辯」、「詭辯」。飾，妝點；假造。(70)眘勿予　意即千萬不要給他。眘，通「慎」。(71)構難　結怨；造成禍端，指長平之戰事。(72)因彊而乘弱　趁著趙國被秦國打敗之機而追隨秦國侵凌趙國。乘，凌駕；侵襲。(73)亟　迅速。(74)疑天下　使東方諸國以為趙與秦國友好，從而不敢侵趙。(75)慰秦　通過割地使秦國得到安慰，亦不再侵趙。(76)因秦之彊怒三句　「彊怒」二字，諸家說法不一：王念孫引《廣雅》「怒，健也」之文，以為「彊怒」二字連文，都是強大的意思；瀧川引楓山本、三條本「怒」作「而」，以為此處應為「因秦之彊，而乘趙之弊，瓜分之」；中井積德以為「怒」字疑衍文；今中華本則以「彊」字為衍文。按：疑此「因秦之彊怒」應作「因彊秦之怒」，王氏說較勉強，中華本刪「彊」字亦不如移「彊」字於「秦」字前更為合理。瓜分，鮑彪注：「分其地如破瓜然。」(77)何秦之圖乎　還能談什麼算計秦國呢？(78)危哉樓子之所以為秦者　樓緩為了秦國利益給咱們出的這個主意可真夠狠毒的。危，險惡；歹毒。按：王念孫以為此處之「危」字應讀如「詭詐」之「詭」，姑備參考。(79)愈疑天下　胡三省注：「趙與秦和，則天下愈疑而不肯親趙也。」(80)何慰秦之心　又怎能安慰住秦國的侵略之心呢？(81)示天下弱　把趙國的衰弱暴露於各國之前。史珥曰：「『示天下』一語是大作用，所謂『國勢』也。南宋君臣昧于此義，故屈辱日至，卒無以自立。」(82)非固勿予而已也　並不是簡單的不向他割地就完了。固，同「故」。只是。(83)齊二句　胡三省注：「齊自宣、湣以來親楚而仇秦，孟嘗君嘗率諸侯伐秦至函谷。」(84)不待辭之畢　不用等到你的話說完，極言其聽命之快。(85)取償於秦　胡三省注：「趙失地于賂齊，而能攻秦，取其地以償所失。」(86)示天下有能為　讓各國看到趙國還是能夠有所作為的。(87)以此發聲　以此聯齊抗秦之說昭告天下。(88)兵未窺於境　等不到齊、趙之兵接近秦國的邊境。(89)反媾於王　（秦國）將反過來向您求和。(90)從秦為媾　答應秦國，和他講和。(91)必出重寶以先於王　必定獻出重寶爭先地結好於您。(92)結三國之親　指與齊、韓、魏三國結好。(93)與秦易道　易道，猶言「易地」，互相更換了主動與被動的地位。鮑彪注：「趙割地與秦，三國賀秦而趙孤；趙割地與齊，則三國助趙而秦孤，故曰『與秦易道』。」(94)齊王　指齊王建，西元前二六四—前二二一年在位。(95)秦使者　秦國派來與趙國求和的使者。陳子龍曰：「虞卿非終不欲媾秦，欲使和議發于秦，則彼輕而我重，易于媾成耳，此千古款虜之法。」(96)樓緩聞之二句　亡，逃。按：以上虞卿駁斥樓緩，使其逃走事，見《戰國策・趙策三》。據此則似趙王用虞卿之議，賂齊聯齊以抗秦矣；然據〈白起王翦列傳〉，則仍曰「割韓垣雍、趙六城以和」，恐史公所取之《戰國策》文不足信也。此段寫樓昌、趙郝、樓緩之竭力為秦，寫虞卿之忠心為趙，而趙王昏聵，依違於諸人之間的情景，絕類小說。(97)魏請為從　魏國向趙國請求建立聯盟。從，通「縱」。聯合。(98)過平原君　主語為虞卿。言其往見趙王之前先往見平原君也。(99)願卿之論從　意謂當你往見趙王時，請多說說合縱的好處，即勸趙王與魏聯合。(100)魏過　魏國做錯了。(101)從終不可乎　合縱難道是無論如何都不能講的嗎？終，竟；無論如何。(102)從事　打交道，此指兩國聯合。(103)竊以為從便　我個人覺得還是以與魏國聯合為好。竊，謙詞，以稱自己的看法、想法。李光縉引焦竑曰：「虞卿此言，乃不辯之辯，不為之為，蓋深於長短之術者。然縱之利害正爾，雖微平原之託，亦必云然。」(104)乃合魏為從　按：以上虞卿勸趙王合從於魏事見《戰國策・趙策三》。繆文遠曰：「虞卿素主合從拒秦，故以趙王不聽魏合從之良為過。」郭嵩燾曰：「秦、漢以下對君之詞，必務張大其國之勢，而高其主之賢，其源固出於虞卿也。是時趙地不廣於魏，其強弱之勢亦無以加於魏。始皇十九年滅趙虜趙王遷，二十二年滅魏虜魏王假，魏之亡又後四年。以趙與秦接，其禍尤烈於魏也。虞卿之導諛，實開秦、漢以後二千年之風尚矣。」(105)以魏齊之故五句　魏齊，魏安釐王之相，曾毒打過范雎。范雎逃入秦國為相後，向魏國索取魏齊。魏齊逃至趙國投平原君，秦國又向趙國索取。趙王懼，欲捕之以獻。虞卿時為趙相，諫趙王不聽，於是棄相印伴魏齊一同奔魏投信陵君。信陵君遲疑未見，魏齊遂羞憤自殺，虞卿亦留居、窮困於大梁。事情詳見〈范雎蔡澤列傳〉。萬戶侯，享有萬戶封邑的領主。按：〈范雎蔡澤列傳〉敘侯嬴語有所謂「（虞卿）一見趙王，賜白璧一雙，黃金百鎰；再見，拜為上卿；三見，卒受相印，封萬戶侯」。間行，潛行，化裝抄小路而行。梁，魏國開始都於安邑（今山西夏縣西北），後來魏惠王將都城東遷大梁（今河南開封），故世人遂亦稱魏國曰「梁國」。(106) 不得意二句　全祖望《經史問答》曰：「〈范雎傳〉魏齊之亡在秦昭王四十二年，其時虞卿已相趙，棄印與俱亡，而困於大梁。〈虞卿傳〉謂其自此不得意，乃著書以消窮愁，是棄印之後虞卿遂不復出也。乃長平之役在昭王四十七年。史公所謂虞卿料事揣情為趙畫策者，反在棄印五年之後，則虞卿嘗再相趙矣，何嘗窮愁以老？而史公序長平之策於前，序大梁之困於後，顛倒其事，竟忘年數之參錯，豈非一大怪事也？」梁玉繩曰：「虞卿嘗再相趙，則其著書非窮愁之故，史誤言之也。」按：崔適以為虞卿相趙只在惠文王時，因而〈虞卿傳〉中所提之「孝成王」俱應改作「惠文王」，而「長平之戰」亦應改為「華陽之戰」。說見《史記探源》。然《戰國策》原記虞卿為趙設謀事於長平之戰前後，故史公取之；今戰國史研究家對虞卿之此項活動亦多無異議，故仍以虞卿兩次居趙為宜。(107) 凡八篇　《正義》引《漢書・藝文志》曰：「十五篇。」按：〈十二諸侯年表序〉有所謂「趙孝成王時，其相虞卿上採《春秋》，下觀近勢，亦著八篇，為《虞氏春秋》」，說法與此相同。(108) 以刺譏國家得失　按：史公自己著書著重「刺譏」，而讀古人書亦重視其「刺譏」意義，如《詩經》、《楚辭》、司馬相如賦等是也，今於虞卿著書亦然。而且在有關虞卿末路的整個敘述中皆包含著史公個人的深沉感慨。

【語　譯】虞卿是一個善於言辭的辯士。他穿著草鞋打著雨傘去見趙孝成王。頭一次見面，趙王就賜給了他黃金百鎰，白璧一對；第二次見面，趙王竟封他做了趙國的上卿，所以人們都叫他虞卿。

2　秦國和趙國在長平打了一場小仗，趙國失敗了，死了一名都尉。趙王把樓昌和虞卿叫來說：「長平的軍隊在初次交鋒中被秦國打敗了，我們還死了一個都尉，我打算集中長平的軍隊再次突襲秦軍，你們看怎麼樣？」樓昌說：「沒有什麼用處，不如派一個規格較高的使團去向秦國求和。」虞卿說：「樓昌所以主張馬上求和，是因為他認為如果我們不求和就要大敗。可是這麼一來在和與不和的問題上就讓秦國掌握主動權了。大王您分析一下秦國，它是想打敗我們呢，還是不想呢？」趙王說：「秦國已經是全力以赴，當然是想要打敗我們了。」虞卿說：「那麼大王您聽從我的建議，您可以派使者帶著珍貴寶物去結好楚國和魏國。楚國和魏國想得到咱們的寶貝，就一定會接納咱們的使者。趙國的使者一進入楚國和魏國，秦國勢必就會懷疑山東六國又聯合起來了，它肯定會害怕。到那時我們再求和才能成功。」趙王不聽採虞卿的話。而與平陽君趙豹決定立即派鄭朱入秦向秦國求和，秦國接納了鄭朱。於是趙王召見虞卿說：「我讓平陽君派人去向秦國求和，秦國已經接納鄭朱了，您看怎麼樣？」虞卿說：「大王的求和不會成功，我們的軍隊也肯定要被秦軍打敗，天下諸侯很快就將去向秦國祝賀勝利了。因為鄭朱是我國的一位顯貴人物，他到了秦國，秦王和應侯范雎一定會在各國諸侯面前假意作出一種尊重鄭朱的樣子，這樣，楚國和魏國覺得趙國已經向秦國求和了，就不可能再來支援我們。當秦國知道大家都不會再來支援我們時，也就不會再答應我們的求和了。」應侯范雎果然開始時很尊重鄭朱，把他介紹給各國前來向秦國祝賀勝利的人們，而最後果然沒有答應趙國的求和，以至於趙軍在長平大敗，邯鄲也被秦軍所圍，整個趙國被天下人所恥笑。

3 待至秦國解除了對邯鄲的包圍後，趙王準備去秦國朝見秦王，派趙郝去和秦國談判，說是願意割給秦國六個縣，從此兩國講和。這時虞卿對趙王說：「秦國這次的退兵，是因為他們自己疲憊無力再戰而回去的呢？還是有力量再戰，只是出於愛您才回去的呢？」趙王說：「秦國攻打我們，已經是用盡了全力，這是他們自己不能再戰了才撤回去的。」虞卿說：「秦國用盡力氣來奪他們想要得到的東西，結果沒有得到，疲勞不堪地回去了。而大王您現在卻想把他們用了力氣都得不到的東西送給他們，這不是幫著秦國來打自己嗎？這樣下去，到明年秦國再來打您，您恐怕就沒救啦。」趙王把虞卿的話告訴了趙郝。趙郝說：「虞卿能準確地判斷秦國的力量最大程度可到什麼地步嗎？如果他能準確判斷秦國已經沒有力量再來打我們那當然好了，假如不能，我們今天心疼這塊小小的地盤不給秦國；而秦國明年再來打我們，那時大王是不是不止割這六個縣，而是還要割更靠後的地盤給秦國才能求和呢？」趙王說：「那就聽你的話把土地割讓給秦國吧，但這樣做之後，你能保證明年秦國就不會再來打我們了嗎？」趙郝說：「這不是我敢擔保的。過去韓、趙、魏三國和秦國的關係，都是好的。現在秦國和韓、魏友好而專門來打大王，那說明您對秦國恭敬服從的程度趕不上韓、魏兩國。我現在只能做到為您解除由於您過去對秦國的背叛而招來的攻擊，並為您打開兩國的邊關，互相通使，讓趙國與秦國的關係能夠和韓、魏與秦國的關係一樣；如果到明年您又惹得秦國來攻了，那就說明您對秦國恭敬侍候的程度肯定是又比韓、魏兩國差了。所以我對此負不了責任。」

4 趙王又把趙郝的話告訴了虞卿。虞卿說：「趙郝說『如果我們不求和，明年秦國就會再來攻大王，大王就得割更多的土地才能夠求和』；可是現在求和了，趙郝又不敢保證明年秦國不再來打我們。那我們現在白白送掉這六個縣，又有什麼用？明年秦國再來攻，我們再割給它一些秦國用戰爭也得不到的東西來求和，這樣下去完全是自取滅亡，還不如不求和。秦國即使善戰，它也不能輕易地奪得我們的六個縣；趙國雖然不善守，我們也不會輕易地丟掉六個城。秦軍所以自己回去，那是因為他們太疲憊不堪了。如果我們豁出這六個城，用它們去收買拉攏東方的國家來一起攻打疲憊的秦國，這些為收買東方各國所付出的代價就一定可以從秦國那裡得回來。這對於我們說不定還有一定好處，我們怎麼能夠平白無故地去甘心給人家割地，來削弱自己以擴大秦國的勢力呢？趙郝說秦國之所以和韓國、魏國友好而只攻趙國，那是因為大王對秦國恭敬侍候的程度不如韓、魏，他這是想叫大王每年都拿六個城去送給秦國，這樣不用動彈很快就把國土割送完了。等過幾年秦國再來要求割地，您還能拿什麼給它呢？不給，那就前功盡棄，秦國就又有了打我們的理由；想給，可是我們已經沒有土地可割了。俗話說：『強者善於進攻，弱者就無法防守。』如果我們坐在那裡聽任秦國擺布，秦國不費一點勁，就可以得到越來越多的土地，那就讓秦國越來越強，而我們趙國也就越來越弱。讓越來越強的秦國來宰割越來越弱的趙國，那它的心思就永遠不會有個滿足啦。再說您的土地是有限的，而秦國的欲望是無邊的，以有限的土地去填它無限的貪求，這樣下去，趙國肯定就完蛋了。」

5 趙王的主意還沒有拿定，剛好樓緩從秦國來了。於是趙王就和樓緩商量說：「我究竟是割不割地給秦國，你看哪個好？」樓緩推辭說：「這不是我所應該回答的。」趙王說：「儘管如此，你還是談一下你個人的意見。」樓緩說：「大王聽說過春秋時代公甫文伯母親的事情嗎？公甫文伯在魯國做官，後來生病死了。他一死，他屋裡的兩個姬妾隨即跟著他自殺了。他的母親一見如此，就再也沒有哭她的兒子。她家的保姆說：『哪裡有兒子死了母親不哭的呢？』公甫文伯的母親說：『孔子是個大賢人，當他被魯國驅逐出境時，我的兒子沒有跟著孔子去一道流亡。現在他死了，卻有兩個女子為他自殺，這說明他肯定是對賢人無情無義而在女人身上倒是肯下功夫的。』這個話出於當母親的嘴裡，可以說是個良母；倘若出在當妻子的嘴裡，恐怕就肯定會被人們說是妒嫉了。所以同樣的一句話，隨著說話的人地位不同，別人的看法也就不一樣了。如今我剛從秦國來，如果我要說不給它，那不是好辦法；如果我說給它，我又怕大王會認為我是在替秦國說話，所以我開始不敢回答。如果真要是為大王考慮，我看還是不如給它為好。」趙王說：「好。」

6 虞卿聽說這件事，立刻去見趙王說：「樓緩說的這些都是騙人的，大王千萬不要向秦國割地！」樓緩聽說虞卿攔阻，就又去見趙王。趙王又把虞卿的話告訴了樓緩。樓緩說：「不對！虞卿只知其一，不知其二。現在秦國和趙國發生衝突，其他各國都高興，這是為什麼呢？因為許多人都說這樣一來，我們就可以趁機順著強大的秦國來一道收拾軟弱的趙國了。如今趙國的軍隊經與秦國一戰已經困乏，各國諸侯早都派人到秦國去祝賀勝利了，所以我們不如趕緊割地求和，這樣可以讓東方各國疑心趙國已經與秦國和好了，同時也可以讓秦國得到安慰。不然的話，東方各國就會趁著秦國發怒，趙國疲憊的時機，而瓜分趙國。趙國馬上就要滅亡了，還能談到什麼算計秦國呢？所以說虞卿只知其一，不知其二。希望大王就這麼決定，不要再考慮了。」

7 虞卿聽說後，又去見趙王說：「樓緩為秦國打算，他給您出的這個主意可真夠毒啊！這麼做就將更加引起東方各國對趙國的懷疑，又哪裡能安慰秦國呢？他讓您這麼做，難道就不怕在各國面前暴露趙國的虛弱嗎？再說，我說不要給秦國土地，也並不是簡單地不給秦國就完了。秦國向大王要六個縣城，大王您就拿這六個縣城去賄賂齊國。齊國是秦國的死對頭，他們既能夠得到趙國的六個縣城，又能夠和趙國協力共同抗秦，這是他們求之不得的。他們對您的請求，不等您說完就會表示同意。這樣您在齊國丟失的東西就可以在秦國撈回來。齊國和趙國對秦國的深仇大恨也就可以報了，同時還可以在各國面前表明我們趙國是有作為的。大王您只要把這個消息一放出去，那就不用等到我們出兵接近秦國的邊境，我就可以看到秦國人帶著重禮到我們趙國來向我們求和了。到那時，我們再答應秦國的求和，那麼韓國和魏國也就會看重您；他們看重大王，也就一定會帶著重寶來爭著向您討好，這樣您一下子就結交了三個國家，到那時您和秦國的關係地位就和現在完全倒過來了。」趙王說：「好！」於是立即派了虞卿去見齊王，和齊王商量共同抗秦的事。虞卿還沒有回到趙國，秦國派來向趙國求和的使者就已經來到趙國了。樓緩聽說後，趕緊悄悄逃走了。趙王於是把一座城賞給了虞卿。

8 過了些日子，魏國請求與趙國聯合，趙孝成王就召虞卿來商量。虞卿先去拜訪了平原君，平原君說：「希望你多講講合縱的好處。」虞卿見到趙王後，趙王說：「魏國請求和我們聯合。」虞卿說：「魏國錯了。」趙王說：「我沒有立即答應他。」虞卿又說：「大王也錯了。」趙王說：「魏國請求聯合，你說他錯了；我沒有答應他，你又說我錯了，難道合縱是無論如何都不能講的嗎？」虞卿說：「小國與大國打交道，有了好處是大國得，有了倒霉的事則是小國擔。現在魏以一個小國來與我們聯合而自甘受禍，大王作為一個大國之君居然拒絕聯合而不願享福，所以我說大王錯了，魏國也錯了。就事情本身來講，我當然認為兩國聯合是好的。」趙王說：「好。」於是就和魏國聯合了。

9 後來虞卿為了幫助魏齊，竟拋棄了萬戶侯的封賞和宰相的地位，陪著魏齊一道偷偷地離開了趙國，去了大梁。後來就窮愁潦倒被困在了那裡。魏齊死後，虞卿越來越不得志，於是就開始寫書。他上採《春秋》，下考近代，寫了〈節義〉、〈稱號〉、〈揣摩〉、〈政謀〉等共八篇。用以譏刺國家政治的得失，流傳於世，人們稱之為《虞氏春秋》。

太史公曰：平原君，翩翩❶濁世❷之佳公子也，然未睹大體❸。鄙語❹曰「利令智昏」，平原君貪馮亭邪說❺，使趙陷長平兵四十餘萬眾，邯鄲幾亡❻。虞卿料事揣❼情，為趙畫策，何其工❽也！及不忍魏齊，卒困於大梁❾。庸夫且知其不可，況賢人乎？然虞卿非窮愁，亦不能著書以自見於後世❿云。

【章　旨】以上為第五段，是作者的論贊。作者對平原君的識見短淺予以批評，對虞卿的品質、才幹給予了高度評價，對其窮愁著書表現了深沉感慨。

【注釋】❶翩翩 鳥飛輕捷的樣子，以喻人的才情相貌出眾。❷濁世 亂世，指戰國時代。❸未睹大體 不識大局。❹鄙語 猶言「俗話」，百姓們口頭常說的一些經驗之談。❺貪馮亭邪說 趙孝成王四年（西元前二六二年），秦國攻韓，韓王割其上黨地區（今山西省之長治地區）歸秦。上黨守馮亭不欲降秦，而願以上黨地區歸趙，遂派使者致意趙王云：「韓不能守上黨，入之於秦；其吏民皆安為趙，不欲為秦。有城市邑十七，願再拜入之趙；財，王所以賜吏民。」時平陽君趙豹反對，而平原君趙勝貪得其利，遂勸趙王接受了馮亭的投降，於是引起了秦趙之間的長平之戰。徐孚遠曰：「傳中不載馮亭納土事，而見之於論贊，為平原君諱也。」按：有關馮亭降趙的過程見〈趙世家〉、〈白起王翦列傳〉。❻使趙陷長平兵四十餘萬眾二句 過程詳見〈趙世家〉、〈白起王翦列傳〉、〈廉頗藺相如列傳〉。瀧川曰：「楓山、三條本無『兵』字、『眾』字。」幾亡，差點兒滅亡。《集解》引譙周曰：「長平之陷，乃趙王信間易將之咎，何怨平原受馮亭哉！」袁黃引袁俊德曰：「使受降而不用趙括，不易廉頗，秦雖見伐，勝負猶未可知也。既棄趙豹之言，又受應侯之愚，有不喪師辱國之理乎？」淩稚隆引吳鼎曰：「信間易將，固自趙王，而貪利啟釁，實由平原始謀之不臧也。」❼揣 揣摩；預計。❽工 精確；巧妙。❾及不忍魏齊二句 瀧川曰：「史公暗以魏齊比李陵，以虞卿自居。」❿然虞卿非窮愁二句 淩稚隆曰：「太史公亦因以自見云。」楊慎曰：「『虞卿不窮愁，亦不能著書以自見於後世』，韓子〈柳子厚墓誌銘〉用此意。」林雲銘曰：「贊中以『未睹大體』一語為平原君寫照，是平日之喜賓客皆成末節可知。至論虞卿則揚而又抑，抑而又揚，以能著書于後世，雖卿相之榮不與易，則二人之軒輊自見。先輩以為太史公自寄其意，良然。」

【語譯】太史公說：平原君是亂世中一位風雅的貴族子弟，但是不太識大局。俗話有所謂「利令智昏」，平原君就因為聽信馮亭的邪說，貪得上黨地區的人口地盤，結果使趙國四十多萬士兵被消滅在長平，幾乎鬧得連首都邯鄲都差點兒丟掉。虞卿分析形勢，估計敵情，為趙國出謀劃策，是多麼巧妙、準確啊！後來因為不忍心看著魏齊獨自落難，才使得自己後半生落了個窮愁潦倒於大梁。當時即使是一般人也都看得出陪著魏齊出走是不會有好結果的，更何況聰明的人呢？但是話又說回來，虞卿若不是窮愁潦倒的話，也就不可能著書立說使自己的名字流傳於後代了。

【研　析】本篇作品中平原君大體有兩方面：其一是他的平庸，他的養士既不同於孟嘗君的出於一己之利，也不同於信陵君的為了國家，而是帶有很大的盲目性。他可以殺掉寵姬以謝被訕笑的躄者，但在邯鄲被圍的危急時刻，卻未見被禮遇的躄者有任何作為，亦未見因此而廣羅到天下之賢士；他的門客多達數千，但在赴楚談判時卻無法從中選夠二十個「文武雙全」的隨行人員，而且在關鍵時刻，這中選的十九人也都是一籌莫展的庸才。如果說有功於孟嘗君的雞鳴、狗盜平時還曾被孟嘗君列為賓客；為他營造「三窟」的馮驩還曾受到他食有魚、出有車的待遇的話，那麼在緊急關頭助平原君為救趙國而立有大功的毛遂和李同，則平時根本沒有被平原君所看重；被魏公子傾慕已久的毛公、薛公，更為平原君所不屑一顧。所以在養士問題上魏公子說平原君「徒豪舉耳，不求士也」，可謂一針見血。此外，在幾件關係到趙國安危的大事上，如要不要接受上黨之降，如何阻止趙王任趙括為將，以及如何去解邯鄲之圍等等，都不曾見他有過良好的主意。作為宰相的平原君，也只不過是個平庸無能的貴族公子而已。

但作品也寫了平原君極其難得的另一方面，這就是他的從諫如流，知錯必改。當毛遂自薦要求隨行赴楚國時，平原君倨尊氣傲地說：「先生處勝之門下三年」而「勝未有所聞，是先生無所有也」；後來當毛遂有智有勇地折服楚王，約縱而歸時，他能對毛遂大加稱讚，而且還自我批評地說「自以為不失天下之士，今乃於毛先生而失之也」，「勝不敢復相士」；〈廉頗藺相如列傳〉中寫趙奢為國掌稅，執法無私，殺了平原君家九個抗稅的管家，平原君大怒，後來明白了道理，不但不怪罪趙奢，反而推薦他做了更大的官，這都說明平原君在這方面的確有很好的品質。尤其難得的是他能夠犧牲自己家族的利益，以殉國家之急。當邯鄲形勢危急而各國救兵未到之時，他採納了李同的建議，將自己的家財全部拿出來犒軍，將夫人以下的全家人都編入隊伍，和士兵一同守城。從這些地方可以看出，平原君又是一個通達事理、忠於國家的貴公子。

作品體現了司馬遷歌頌下層人物的主旨，如同〈孟嘗君列傳〉歌頌馮驩，〈魏公子列傳〉歌頌侯嬴、朱亥一樣，本篇中作者歌頌了毛遂和李同。可以說，孟嘗君、平原君、魏公子的一切活動、一切貢獻，都是靠這些下層人物做出來的，沒有這些人，那些貴族公子們就將一事無成。這是《史記》中的重要主題，也是司馬遷重要的思想表現之一。

虞卿的言辭鋒利，很像蘇秦、張儀一類的策士，所不同於他們的是：虞卿有一定的立場、操守，他在政治上始終忠於趙國，主張合縱而堅決不與秦國連橫。虞卿為了救助魏齊，竟捨棄了卿相之印，離開趙國，受困於梁。魏齊死後，他更不得志，於是開始寫書。蘇轍對他的行為表示讚賞，說他是「俠義之士，非說客也」。

卷七十七

魏公子列傳第十七

【題解】魏公子無忌是魏昭王的少子，安釐王的異母弟，被封為信陵君。本篇記述了魏公子禮賢下士，在諸賢士的協助下竊取兵符，矯奪晉鄙兵以破秦救趙的事跡。魏公子是司馬遷精心刻劃的歷史人物，在這個人物身上寄託著作者重要的社會理想。本篇也是《史記》中最生動、最感人的篇章之一，其中所描寫的人物，除信陵君外，其他如侯嬴、朱亥、毛公、薛公等，雖著墨不多，但都凜凜有生氣。

1 魏公子無忌者，魏昭王❶少子而魏安釐王❷異母弟也。昭王薨，安釐王即位，封公子為信陵君❸。是時，范睢亡魏相秦❹，以怨魏齊故，秦兵圍大梁❺，破魏華陽❻下軍，走芒卯❼。魏王及公子患之。

2 公子為人仁而下士，士無賢、不肖皆謙而禮交之，不敢以其富貴驕士。士以此方數千里爭往歸之，致食客三千人。當是時，諸侯以公子賢，多客，不敢加兵謀魏十餘年❽。

3 公子與魏王博❾，而北境傳舉烽，言「趙寇至，且入界」。魏王釋博，欲召大臣謀。公子止王曰：「趙王田獵耳，非為寇也。」復博如故。王恐，心不在博⑩。居頃，復從北方來傳言曰：「趙王獵耳，非為寇也。」魏王大驚，曰：「公子何以知之？」公子曰：「臣之客有能深⑪得趙王陰事者。趙王所為，客輒⑫以報臣，臣以此知之。」是後魏王畏公子之賢能，不敢任公子以國政。

4 魏有隱士曰侯嬴，年七十，家貧，為大梁夷門監者⑬。公子聞之，往請，欲厚遺⑭之。不肯受，曰：「臣脩身絜行⑮數十年，終⑯不以監門困故而受公子財。」公子於是乃置酒，大會賓客。坐定，公子從車騎，虛左⑰，自迎夷門侯生。侯生攝⑱敝衣冠，直上載公子上坐，不讓，欲以觀公子。公子執轡愈恭。侯生又謂公子曰：「臣有客在市屠中，願枉⑲車騎過之。」公子引車入市，侯生下見其客朱亥，俾倪⑳，故久立，與其客語，微察公子。公子顏色愈和。當是時，魏將相宗室賓客㉑滿堂，待公子舉酒。市人皆觀公子執轡，從騎皆竊罵侯生。侯生視公子色終不變，乃謝客就車㉒。至家，公子引侯生坐上坐，徧贊賓客㉓，賓客皆驚。酒酣，公子起，為壽㉔侯生前。侯生因謂公子曰：「今日嬴之為公子亦足矣。嬴乃夷門抱關㉕者也，而公子親枉車騎，自迎嬴於眾人廣坐之中。不宜有所過㉖，今公子故過之。然嬴欲就公子之名，故久立公子車騎市中。過客以觀公子，公子愈恭。市人皆以嬴為小人，而以公子為長者㉗，能下士也。」於是罷酒，侯生遂為上客。

侯生謂公子曰：「臣所過屠者朱亥，此子賢者，世莫能知，故隱屠間耳。」公子往數請之，朱亥故不復謝，公子怪之。

【章旨】以上為第一段，寫信陵君養士，尤其著重寫其謙請侯嬴的情景。

【注釋】❶魏昭王　名遬，西元前二九五—前二七七年在位。❷魏安釐王　名圉，西元前二七六—前二四三年在位。釐，也寫作「僖」。❸信陵君　魏公子的封號名，封地信陵。信陵，古邑名，在今河南寧陵西。❹范雎亡魏相秦　范雎，字叔，原魏人，因遭須賈誣陷，幾被魏齊（時為魏相）打死。後來逃到秦國，改名張祿，為秦昭王相。詳見〈范雎蔡澤列傳〉。亡魏，逃離魏國。❺大梁　即今河南開封，當時為魏國都城。❻華陽　地名，在今河南新鄭北，當時屬魏。❼走芒卯　走，趕跑。芒卯，魏將。按：秦圍大梁事在魏安釐王二年（西元前二七五年）。破魏華陽下軍、走芒卯事，在魏安釐王四年（西元前二七三年），是役秦將白起擊殺趙、魏聯軍十五萬人。梁玉繩曰：「雎相在秦昭四十二年，秦圍大梁及破魏華陽二事在昭王三十二、四兩年，其時穰侯相秦也，安得謂因雎怨魏齊而興兵乎？誤矣。」❽諸侯以公子賢三句　郭嵩燾曰：「按〈魏世家〉，安釐王元年，秦拔魏兩城；二年，又拔二城；三年，拔四城；四年，秦破魏，予秦南陽以和；九年，秦拔魏懷；十一年，秦拔魏邢丘；齊楚攻魏，秦救之，魏王因欲伐韓求故地，信陵君諫；二十年，秦圍邯鄲，信陵君矯奪晉鄙軍救趙。蓋自魏安釐王立，無歲不有秦兵。是時秦益強，六國日益弱，而趙將樓昌攻魏幾，廉頗攻魏房子，又攻安陽。所謂『諸侯不敢加兵謀魏十餘年』，是史公極意描寫之筆，無事實也。」❾博　古代類似擲骰子的一種遊戲。❿心不在博　吳見思曰：「『釋博』、『復博』、『心不在博』，點染妙。」⓫深　按：「深」字有本作「探」。⓬輒　就；隨即。⓭夷門監者　夷門的守門人。夷門，魏都大梁的東門。⓮厚遺　重重饋贈。⓯脩身絜行　保持自己的清白品格。絜，同「潔」。此處用如動詞。⓰終　無論如何。⓱虛左　空著左邊的座位。當時以左為尊。⓲攝　整理。⓳枉　繞彎；繞遠。謙辭。⓴俾倪　通「睥睨」。斜視；用餘光偷看人。㉑將

相宗室賓客　國家的將相和國王的宗室這樣身分的賓客。〈魏其武安侯列傳〉有「灌夫家居雖富，然失勢，卿相侍中賓客益衰」，「卿相侍中賓客」句式與此相同。㉒乃謝客就車　謝，辭別。吳見思曰：「『愈恭』、『愈和』、『色終不變』，三番搖曳；『將相』『賓客』『市人』『從騎』，四面照應，遂令一時神采，千古如生。」㉓徧贊賓客　把賓客一個個地向侯生做了介紹，極力尊敬侯生。㉔為壽　祝酒；敬酒。㉕抱關　守門。關，門栓。㉖不宜有所過　不應該去那種地方。指去市場。過，經由。這裡意即前往。㉗長者　君子；厚道人。

【語　譯】魏公子無忌，是魏昭王的小兒子，魏安釐王的同父異母兄弟。魏昭王去世後，魏安釐王繼位，封魏公子為信陵君。當時，魏國的逃臣范雎正在秦國當丞相，因為他怨恨魏國的丞相魏齊，因而曾派兵包圍了魏國的大梁，接著又擊敗了駐守在華陽的魏國軍隊，打跑了魏將芒卯。魏王和魏公子對這種形勢很感憂慮。

2 魏公子為人厚道而又謙虛，無論是有才幹的還是沒才幹的，只要到他門下他都以禮相待，從不因自己的地位高貴而待人傲慢。因此方圓幾千里以內的遊士們都爭先恐後地去投奔他，歸到他門下的食客有三千多人。當時，就因為魏公子賢明，而且門下又有很多能幹的食客，所以各國諸侯十幾年都不敢出兵來侵犯魏國。

3 有一次，魏公子正和魏王博戲，突然北部邊境傳來報警烽火，說是「趙國向我們進攻了，敵軍很快就要進入我們的國境」。魏王趕緊停止博戲，要召集大臣們開會商議。魏公子勸止魏王說：「那是趙王出來打獵罷了，不是侵犯我國。」說完又接著玩。但魏王心裡害怕，心思不在博上。過不多時，又從北邊傳來消息說：「是趙王打獵，不是侵犯我國。」魏王很驚訝，問魏公子說：「你怎麼事先就知道呢？」魏公子說：「我的賓客中有人能掌握趙王的祕密。趙王有什麼活動，我的賓客都能及時向我報告，因此我對趙王的活動很清楚。」從這件事情以後，魏王開始害怕魏公子的才能，不敢把國家大事交給魏公子辦了。

4 魏國有個隱士叫侯嬴，已經七十歲了，家境貧窮，在大梁的夷門看城門。魏公子聽說這個人後，就親自去拜訪他，想要送給他一些東西。但侯嬴不要，他說：「我保持清高廉潔已經幾十年了，絕不能因為看城門受窮而接受您的東西。」魏公子一看不行，於是就舉辦了一個盛大的宴會。等客人們都就座以後，魏公子就帶著車馬隨從，空著車子左邊的上座，親自到夷門去接侯嬴。侯嬴整理了一下自己的破衣冠，徑直地上去就坐了車子左邊的尊位，一點也不謙讓，他想看看魏公子的態度如何。只見魏公子抓著轡繩，舉止更加謙虛。侯嬴又對魏公子說：「我有一個朋友在市場上的肉店裡，麻煩你的車子繞個彎，帶我過去看看他。」魏公子二話不說，趕著車子就來到了市場。侯嬴從車上下來找到了他的朋友朱亥，兩人故意地說個不休，同時侯嬴也斜著眼睛觀察著魏公子。只見魏公子的神態比剛才還要平靜溫和。當時，在魏公子的家裡，滿堂將相宗室一流的貴賓，都在等著公子回來，開始宴會。市場上的人們卻正驚奇地看著魏公子在為一個什麼人牽著轡繩，而魏公子的那些隨從們則早已經在偷偷地大罵侯嬴了。侯嬴見魏公子的態度始終沒有變化，這才辭別了朱亥上車。來到魏公子府中，魏公子請侯嬴坐到上座，把賓客們一一地向侯嬴作了介紹，賓客們見狀都很吃驚。當大家飲酒飲到了正痛快的時候，魏公子又站起身來，恭恭敬敬地到侯嬴面前敬酒。侯嬴這時對魏公子說：「今天我也夠難為公子了。我不過是夷門的一個守門人，而公子竟能屈尊地趕著車子，把我接到了這大庭廣眾裡來；有些地方不是公子該去的，可是公子居然也去了。我當時是為了成就公子的好名聲，所以才故意地讓公子帶著車馬在市場上罰站。當時來來往往的人都看著公子，而公子顯得越來越謙遜。這樣就可以讓整個市場的人們都罵我是小人，而稱讚公子為人厚道，禮賢下士。」於是大家盡歡而散，侯嬴從此成了魏公子家裡的上賓。

5 侯嬴對魏公子說：「我所拜訪的那個屠戶朱亥，是個賢人，因為沒有人了解他，所以他才隱居在屠戶裡。」魏公子聽說後一連幾次地去拜訪他，而朱亥卻故意地一次也不回拜，魏公子感到很奇怪。

1 魏安釐王二十年❶，秦昭王❷已破趙長平軍❸，又進兵圍邯鄲❹。公子姊為趙惠文王弟平原君❺夫人，數遺魏王及公子書，請救於魏。魏王使將軍晉鄙將十萬眾救趙。秦王使使者告魏王曰：「吾攻趙旦暮且下，而諸侯敢救者，已拔趙，必移兵先擊之！」魏王恐，使人止晉鄙，留軍壁鄴❻，名為救趙，實持兩端以觀望。平原君使者冠蓋相屬❼於魏，讓❽魏公子曰：「勝所以自附為婚姻者，以公子之高義，為能急人之困。今邯鄲旦暮降秦，而魏救不至，安在公子能急人之困也？且公子縱輕勝，弃之降秦，獨不憐公子姊邪？」公子患之，數請魏王，及賓客辯士說王萬端。魏王畏秦，終不聽公子。公子自度終不能得之於王，計不獨生而令趙亡，乃請賓客，約❾車騎百餘乘，欲以客往赴❿秦軍，與趙俱死。

2 行過夷門，見侯生，具告所以欲死秦軍狀。辭決⓫而行，侯生曰：「公子勉之矣，老臣不能從。」公子行數里，心不快，曰：「吾所以待侯生者備矣，天下莫不聞。今吾且死，而侯生曾無一言半辭送我，我豈有所失哉？」復引車還，問侯生。侯生笑曰：「臣固知公子之還也⓬。」曰：「公子喜士，名聞天下。今有難，無他端⓭而欲赴秦軍，譬若以肉投餒虎⓮，何功之有哉？尚安事客⓯？然公子遇臣厚，公子往而臣不送，以是知公子恨之復返也。」公子再拜，因問。侯生乃屏人間語⓰，曰：「嬴聞晉鄙之兵符⓱常在王臥內⓲，而如姬最幸，出入王臥內，力能竊之。嬴聞如姬父為人所殺，如姬資⓳之三年，自王以下⓴欲求報其父仇，莫能得。如姬為公子泣，公子使客斬其仇頭，敬進如姬。如姬之欲為公子死，無所辭，顧㉑未有路耳。公子誠一開口請如姬，如姬必許諾。則得虎符奪晉鄙軍，北救趙而西卻秦，此五霸之伐㉒也。」公子從其計。請如姬，如姬果盜晉鄙兵符與公子㉓。

3 公子行，侯生曰：「將在外，主令有所不受㉔，以便國家。公子即合符，而晉鄙不授公子兵而復請之，事必危矣。臣客屠者朱亥可與俱，此人力士。晉鄙聽，大善；不聽，可使擊之。」於是公子泣。侯生曰：「公子畏死邪？何泣也？」公子曰：「晉鄙嚄唶宿將㉕，往恐不聽，必當殺之，是以泣耳，豈畏死哉？」於是公子請朱亥。朱亥笑曰：「臣迺市井鼓刀屠者，而公子親數存㉖之。所以不報謝者，以為小禮無所用。今公子有急，此乃臣效命之秋也。」遂與公子俱。公子過謝侯生。侯生曰：「臣宜從，老不能。請數公子行日，以至晉鄙軍之日，北鄉自剄，以送公子㉗。」公子遂行。

4 至鄴，矯魏王令代晉鄙。晉鄙合符，疑之，舉手㉘視公子曰：「今吾擁十萬之眾，屯於境上，國之重任。今單車㉙來代之，何如哉？」欲無聽。朱亥袖四十斤鐵椎，椎殺晉鄙，公子遂將晉鄙軍。勒兵㉚，下令軍中曰：「父子俱在軍中，父歸；兄弟俱在軍中，兄歸；獨子無兄弟，歸養。」得選兵㉛八萬人，進兵擊秦軍。秦軍解去，遂救邯鄲，存趙。趙王及平原君自迎公子於界，平原君負韊矢㉜為公子先引。趙王再拜曰：「自古賢人未有及公子者也。」當此之時，平原君不敢自比於人。公子與侯生決，至軍，侯生果北鄉自剄。

魏王怒公子之盜其兵符、矯殺晉鄙，公子亦自知也。已卻秦存趙，使將將其軍歸魏，而公子獨與客留趙。趙孝成王㉝德公子之矯奪晉鄙兵而存趙，乃與平原君計，以五城封公子。公子聞之，意驕矜而有自功之色。客有說公子曰：「物有不可忘，或有不可不忘。夫人有德於公子，公子不可忘也；公子有德於人，願公子忘之也。且矯魏王令，奪晉鄙兵以救趙，於趙則有功矣，於魏則未為忠臣也。公子乃自驕而功之，竊為公子不取也。」於是公子立自責，似若無所容㉞者。趙王埽除自迎，執主人之禮，引公子就西階㉟。公子側行辭讓，從東階上。自言辠過，以負於魏，無功於趙。趙王侍酒至暮，口不忍獻五城，以公子退讓也。公子竟留趙。趙王以鄗為公子湯沐邑㊱，魏亦復以信陵奉公子。公子留趙。

【章旨】以上為第二段，寫信陵君在侯嬴、朱亥等人協助下完成竊符救趙這一歷史壯舉的經過。

【注釋】❶魏安釐王二十年　西元前二五七年。❷秦昭王　名則，西元前三〇六—前二五一年在位。❸破趙長平軍　事在西元前二六〇年，是役秦將白起大敗趙將趙括，坑殺趙卒四十餘萬。詳見〈廉頗藺相如列傳〉、〈白起王翦列傳〉。長平，在今山西高平西北。❹進兵圍邯鄲　事在西元前二五九—前二五七年。❺趙惠文王弟平原君　趙惠文王，名何，武靈王之子，西元前二九八—前二六六年在位。平原君，趙勝的封號。平原，趙縣名，在今山東平原縣西南。平原君時為趙相。❻留軍壁鄴　在鄴縣止軍築壘。鄴，魏縣名，在今河北磁縣南。梁玉繩曰：「〈魯仲連傳〉本《國策》云『止於蕩陰』，不曰『鄴』。」按：鄴與蕩陰相隔不遠，十萬人之駐紮，前軍後軍之間耳。❼冠蓋相屬　極言派出求救的使者之多，一批接一批，絡繹不絕。冠蓋，冠冕、車蓋。屬，連。❽讓　責備。❾約　準備；收拾。❿赴　衝入；撲向。⓫辭決　辭別。決，通「訣」。別。⓬臣固知公子之還也　凌稚隆引黃洪憲曰：「敘侯生與公子語，宛然在眉睫間，蓋生初欲為公子畫計，恐不從，故於其復還而盡之，所以堅其志耳！」按：侯生之設謀，事關重大，且又處人骨肉之間，不到時候，勢難開口。《三國志・蜀書・諸葛亮傳》云：「劉表長子琦，亦深器亮。表受後妻之言，愛少子琮，不悅於琦。琦每欲與亮謀自安之術，亮輒拒塞，未與處畫。琦乃將亮游觀後園，共上高樓，飲宴之間，令人去梯，因謂亮曰：『今日上不至天，下不至地，言出子口，入於吾耳，可以言未？』亮答曰：『君不見申生在內而危，重耳在外而安乎？』」諸葛亮的做法，有助於我們理解侯嬴。此外，孔子云：「不憤不啟，不悱不發。」經過如此一番周折，話更易入，黃氏之說是。⓭他端　其他辦法。端，頭緒；辦法。⓮餒虎　餓虎。⓯尚安事客　還要養客做什麼。⓰屏人間語　支開眾人，兩人密談。屏，同「摒」。間語，私語；密語。⓱兵符　古代調兵所用的符信，一半為大將所持，一半存於國君。國君有令，則命使者持符前往，以合符為信。⓲常在王臥內　姚苧田曰：「天下有心人當其窮賤閑廢之時，無事不留心採察。侯生作用，極似唐之虬髯客、古押衙一流人，謂之『大俠』，不虛也。看其兩個『聞』字，包卻許多機事。」李贄曰：「抱關人偏知宮禁祕密事，奇哉！」按：此等描寫即類小說。⓳資　蓄積；存在心裡。一說：資，給；購求。⓴自王以下　意即上至魏王，下至各色人等，遍求而無所得。㉑顧　轉折詞，其意為「關鍵是」、「問題是」。㉒五霸之伐　春秋五霸一樣的功業。五霸，指齊桓公、晉文公、楚莊王、吳王闔廬、越王句踐。伐，功業。此處或解作「討伐」，亦通。㉓如姬果盜晉鄙兵符與公子　晉鄙兵符，指存於魏王處可與晉鄙所持合符的另一半兵符。郭沫若曰：「如姬的父親被人殺了，她蓄著報仇的志向三年，終於不惜向信陵君哭泣，請求援助，足見她是篤於天倫的人。她分明知道魏王妒忌信陵君，而她偏偏要甘冒死罪為他盜虎符，這怕是不能由純粹的報恩感德來說明的。他們還應該有一種思想上的共鳴，便是她也贊成信陵君合縱抗秦的主張。」（〈「虎符」寫作緣起〉）㉔將在外二句　《孫子・九變篇》：「將受命於君，合軍聚眾……君命有所不受。」此外，〈司馬穰苴列傳〉、〈絳侯周勃世家〉亦有類似說法。㉕嚄唶宿將　叱咤風雲的老將。嚄唶，聲音雄武貌。用以形容勇士的威猛。〈淮陰侯列傳〉：「項王喑噁叱咤，千人皆廢。」「喑噁叱咤」即此「嚄唶」之意。宿將，老將；素習於兵者。㉖存恤　問。㉗北鄉自剄二句　淩稚隆引徐中行曰：「或謂：『侯生自剄過乎？』余曰：『否，否，剄殆有說也。侯生度為公子竊符，計必殺晉鄙，鄙何辜哉？心必有不忍而不自安者，乃以死謝之耳。不然，報公子即死耳，何必數公子行至晉鄙軍之日而後自剄耶？故程嬰之死，世謂報宣孟，余謂謝杵臼也；侯生之死，世謂報公子，余謂謝晉鄙也。奚過哉？』」按：徐說不為無理，但非關大節。侯生自剄乃為堅定魏公子殺晉鄙以奪兵權之志耳。公子「為人仁愛」，晉鄙則「嚄唶宿將」，且又無辜。侯生初言之時，公子即已流淚，此危險之徵兆也。倘見面後心稍一軟，大事去矣，故侯生預告之曰：「此我侯嬴自剄之時也！」〈刺客列傳〉寫田光之死曰「欲以此激之」，蓋侯嬴之死與田光之死相同，都是以自己之死以堅定魏公子與荊軻這種當事人的信念與決心，這是佐成信陵君竊符救趙這一歷史壯舉不可少的因素之一。這樣解釋才符合司馬遷所讚揚的生死觀。㉘舉手　表示一種緊張、急迫的樣子。按：古今注本於此皆無說，〈孔子世家〉寫孔子佐魯定公赴夾谷之會，齊人欲用樂工劫魯君，這時「孔子趨而進，歷階而登，不盡一等，舉袂而言曰」云云，此「舉袂」與晉鄙之「舉手」意思相同。《後漢書·班超傳》寫班超在鄯善背著大使郭恂殺了匈奴使者後，「明日乃還告郭恂，恂大驚，既而色動，超知其意，舉手曰」云云，此乃范曄之學《史記》者也。㉙單車　古今注本於此皆無說，但此處似絕不能理解為只有一輛車子，因為信陵君當時帶著「車騎百餘乘」。凡國君在戰場更換大將，似應同時派出兩個人物，一個是前往接任的將軍，一個是前往下達詔書的特使。〈陳丞相世家〉寫劉邦懷疑討伐盧綰的樊噲謀反，於是派出了周勃與陳平，周勃的任務是往「代噲將」，陳平的任務是「至軍中即斬噲頭」，而不是讓周勃自己兼幹其事。王維詩〈使至塞上〉有「單車欲問邊」，與此涵義相同，可理解為謙稱自己的品級不高，恐亦不能解釋為只有一輛車子。㉚勒兵　整理部隊。勒，整飭；約束。㉛選兵　猶言「精兵」。經過挑選的士兵。〈廉頗藺相如列傳〉有所謂「選車」、「選騎」，與此意同。鍾惺曰：「戰國用兵，此一令絕響矣。」淩稚隆引王世貞曰：「公子雖竊符以有魏師，而其人者，皆嚄唶宿將之所教，而恫脅不振之餘也。又縱其父兄獨子以歸者二萬人，外若削弱其形，而內實有以一八萬人之心而振其氣，此其乘堅而為瑕，轉弱而為勁者。愚以為善為兵者，固無如公子者矣。」董份曰：「《國語》述越王伐吳所以遣恤軍士者亦此意，但彼用數十百言，此惟三句盡之，而遒勁不遺，所以難也。」㉜負韊矢　韊矢，裝著箭的箭囊。韊，箭囊。替人背著箭囊在前引路，表示最大的感謝與最高的敬意。㉝趙孝成王　名丹，趙惠文王之子，平原君之姪，西元前二六五—前二四五年在位。㉞無所容　即今所謂無地自容。按：以上客勸信陵君勿居功自得事，見《戰國策·魏策四》，說話人為「唐雎」。唐雎，魏人，尚有為安陵君說秦王事，亦見於〈魏策四〉。淩稚隆引楊慎曰：「客說公子，其慮甚長者，而公子能聽之，至使趙王不忍言獻城，此是公子美處。」㉟引公子就西階　《禮記·曲禮上》：「主人就東階，客就西階，客若降等，則就主人之階。」㊱以鄗為公子湯沐邑　鄗，地名，在今河北高邑東。湯沐邑，古代諸侯因要按時往朝天子，故天子在京郊附近賜給諸侯一塊領地，以供他們「齋戒沐浴」的開銷之用，此地稱為湯沐邑。後來王后、王子、公主等也都有湯沐邑，它的意義就變成了供給其生活所需，或者是純粹美立名目另占一塊地盤。

【語譯】魏安釐王二十年，秦昭王在長平大破趙軍後，又進兵包圍了趙國的首都邯鄲。魏公子的姐姐是趙惠文王的弟弟平原君的夫人，平原君一連幾次地給魏王和魏公子寫信，向魏國求救。開始時魏王也派出了將軍晉鄙率兵十萬前往援救趙國。但後來秦王派使者來威脅魏王說：「邯鄲很快就要被我們攻下來了，哪個國家如果膽敢援救趙國，等我們攻下邯鄲後，就首先移兵攻打它！」魏王聽了害怕，於是就派人讓晉鄙把軍隊停在了鄴縣，名義上是要救趙，實際上是觀望動靜，腳踩兩隻船。這時平原君告急的使者，一批批絡繹不絕，平原君責備魏公子說：「我當初之所以和你結為姻親，純粹是看在了你為人高尚，能救助別人的困難。如今邯鄲很快就得投降秦國了，而魏國的救兵卻遲遲不到，你的救人急難表現在哪兒呢？再說，你即使不把我看在眼裡，可以讓我去給秦國當奴隸，難道你就不可憐你的姐姐嗎？」魏公子聽了很焦急，他多次去向魏王請求，他周圍的賓客辯士們也千方百計地對魏王進行勸說。但魏王由於害怕秦國，無論如何都不答應。魏公子心想怎麼做也不能說服魏王了，而自己又不能眼看著趙國滅亡而自己活著，於是他就邀集了他的賓客家丁等，湊了一百多輛車，準備率領他們去跟秦軍拚命，和趙國共存亡。

2 當他臨走時特意地到夷門來見侯嬴，把自己如何準備去跟秦軍拚命的想法向侯嬴說了一遍。說罷就告別要走，侯嬴說：「公子好自為之吧，我不能隨您去啦。」魏公子走出了幾里地後，心裡很不痛快，心想：「我對待侯嬴應該說是不錯了，天下沒人不知道，可是今天輪到我去拚命，侯嬴竟然連一言半語的好話都沒有對我說，難道是我有什麼事情做得不對嗎？」於是又帶著車馬回來了。當魏公子再問侯嬴的時候，侯嬴笑著說：「我就知道您會回來的。」接著說：「您喜歡招賢納士，天下無人不知。如今遇到困難了，您不想別的辦法而只顧自己去跟秦軍拚命，這樣做如同拿著肥肉朝餓虎扔，哪會有什麼好處呢？照這樣，那還養客做什麼？不過您待我是天高地厚，您剛才說走而我不送您，我知道您心裡會起疑問而再回來的。」魏公子向侯嬴拜了兩拜，接著向他請教辦法。侯嬴支開了眾人，和魏公子悄悄地說：「我聽說晉鄙的兵符就放在魏王的臥室內，在魏王的周圍只有如姬最受寵幸，她可以自由地在魏王的臥室出出進進，她可以把這塊兵符偷出來。我聽說如姬的父親是被人殺害的，當初如姬積恨三年，到處找人替她報仇而辦不到。最後如姬來向您哭訴，是您派了一個人去取來了她仇人的人頭，交給了如姬。如姬想報答您的恩情，是死也不怕的，只是沒有機會罷了。現在您只要一開口拜託如姬，如姬肯定會答應。這樣我們就可以拿到虎符，奪得晉鄙的兵權，而後率兵北救趙，西破秦，這儼然是春秋五霸一樣的功業啊！」魏公子接受了侯嬴的意見。請求如姬幫他盜取兵符，如姬果然把兵符偷了出來。

3 魏公子拿到兵符後，馬上又要出發了，侯嬴說：「大將帶兵在外，君主的命令有時可以不接受，總的是以對國家有利為原則。您到晉鄙那裡，即使兵符合上了，但如果晉鄙不把兵權交給您，卻再請示魏王，那事態就危險了。我的朋友屠戶朱亥可以跟您一起去，他是個大力士。到時候晉鄙聽話便罷，如果不聽話，就讓朱亥當場把他殺掉。」魏公子一聽這話，不由得落下了眼淚。侯嬴說：「公子是怕死嗎？為什麼哭啦？」魏公子說：「晉鄙是一員叱咤風雲的老將，我怕到時候他不答應，那時我們就得殺掉他，所以我落了淚，哪裡是因為怕死呢？」於是魏公子就去邀請朱亥。朱亥一聽，欣然答應，說：「我是集市上一個操刀賣肉的，而公子竟能夠多次地來探望我。以前我之所以不回拜，那是由於我認為講這些小禮節沒有用處。如今公子有了緊急需要，這正是我獻身報效的時機。」於是跟著魏公子一同去了。魏公子最後來向侯嬴辭行，侯嬴說：「我也是應該跟著您一道去的，但由於年紀太大，去不了啦。我會計算著您的行程，當您到達晉鄙軍隊的那一天，我就向著北方自刎，以此來報答公子。」魏公子於是出發了。

4 魏公子到達鄴縣後，假傳魏王的命令，要接管晉鄙的兵權。晉鄙與魏公子對證了兵符後，心中存有疑問，他惶惑地舉著手看魏公子說：「我領著十萬大兵駐紮在這邊界線上，這是國家重任。現在你就這麼簡單地來接替我，這究竟是怎麼回事呢？」說著就想拒絕魏公子的命令。這時朱亥袖子裡正藏著一支重四十斤的大鐵椎，他冷不防一下就結果了晉鄙的性命，於是魏公子遂奪取了晉鄙的兵權。接著魏公子集合部隊，下命令說：

「父子兩個都在軍中的，父親可以回去；兄弟兩個都在軍中的，兄長可以回去；獨生子沒有兄弟的，可以回去奉養父母。」這樣整編後還剩下精兵八萬人，於是前進攻擊秦軍。秦軍被迫撤退，於是邯鄲之圍解除，趙國得到了保全。趙王和平原君親自到國境上來迎接魏公子，平原君還親自替魏公子背著箭袋，在前頭引路。趙王對公子拜了兩拜，感激地說：「自古以來的賢人沒有一個能比得上公子您。」到這時，平原君再也不敢和魏公子相比了。再說侯嬴，等魏公子走後，當他估計著魏公子已經到達晉鄙軍隊的時候，果然向著北方自殺了。

5 魏王對魏公子盜竊兵符、假傳命令殺死晉鄙的事情很生氣，魏公子當然也很清楚這一點。所以等他擊退了秦兵，保全了趙國之後，立刻就讓別的將領帶著軍隊回了魏國，他自己和他的那些賓客們就在趙國留了下來。趙孝成王很感謝魏公子假傳命令奪了晉鄙的軍隊救了趙國，於是就和平原君商量，想要封給魏公子五座城。魏公子聽說後，心裡也很得意，覺得是理所當然的。這時有位賓客就去勸他說：「有些事情我們不能忘掉它，也有些事情我們不能不忘掉它。凡是別人對您有德，您是不應該忘記的；如果是您對別人有德，那您就應該把它忘掉。更何況假傳命令、奪取兵權以解救趙國，這對於趙國當然是有功的，但對於魏國而言就不能算是忠臣了。可是您現在還自以為有功而得意洋洋，我認為這是不可取的。」魏公子一聽立刻反躬自責，愧悔得好像無地自容了。當趙王灑掃街道，以主人身分親自把魏公子接到了王宮時，趙王請魏公子從表示尊敬的西邊的臺階上殿。魏公子推辭不敢，而謙虛地側著身子從東邊的臺階走了上去。魏公子說自己有罪，因為自己對魏國來說是一種背叛，而對於趙國也沒有什麼功勞。趙王陪著公子喝酒，一直喝到晚上，由於魏公子的謙虛退讓，使得趙王竟沒法再開口說要獻給魏公子五座城的事情。從此以後，魏公子就在趙國留了下來。趙王把鄗邑給了魏公子，以供給他日常生活的開銷，而魏國也把信陵又給了魏公子。魏公子就繼續留在了趙國。

1 公子聞趙有處士❶毛公藏於博徒，薛公藏於賣漿家，公子欲見兩人，兩人自匿不肯見公子。公子聞所在，乃閒步❷往從此兩人游，甚歡。平原君聞之，謂其夫人曰：「始吾聞夫人弟公子天下無雙，今吾聞之，乃妄從博徒、賣漿者游，公子妄人❸耳。」夫人以告公子。公子乃謝夫人去，曰：「始吾聞平原君賢，故負魏王❹而救趙，以稱平原君❺。平原君之游，徒豪舉❻耳，不求士也。無忌自在大梁時，常聞此兩人賢，至趙，恐不得見。以無忌從之游，尚恐其不我欲也；今平原君乃以為羞，其不足從游。」乃裝❼為去。夫人具以語平原君。平原君乃免冠謝❽，固留公子。平原君門下聞之，半去平原君歸公子，天下士復往歸公子，公子傾平原君客❾。

2 公子留趙，十年不歸。秦聞公子在趙，日夜出兵東伐魏。魏王患之，使使往請公子。公子恐其怒之，乃誡門下：「有敢為魏王使通者，死❿。」賓客皆背魏之趙，莫敢勸公子歸。毛公、薛公兩人往見公子，曰：「公子所以重於趙，名聞諸侯者，徒以有魏也。今秦攻魏，魏急而公子不恤，使秦破大梁而夷⓫先王之宗廟，公子當何面目立天下乎？」語未及卒，公子立變色，告車趣駕⓬，歸救魏。

【章　旨】以上為第三段，寫信陵君禮交毛、薛二公，並在二人的勸導下返魏救國的經過。

【注　釋】❶處士　有才德而隱居不仕的人。❷間步　改形容變服步行。間，悄悄地。❸妄人　任性胡來的人。妄，胡亂；荒誕。❹負魏王　對不起魏王。負，背叛；對不起。❺以稱平原君　以求讓平原君滿意。稱，稱心；合意。❻徒豪舉　只圖虛名、裝門面。豪舉，聲勢顯赫的舉動。❼裝　收拾行裝。❽免冠謝　摘了帽子賠禮道歉。❾傾平原君客　意即勝過了平原君。傾，以天平為喻。吳見思曰：「非必抑平原，借客形主之法也。」❿有敢為魏王使通者二句　通，指通報；稟報。郭沫若曰：「信陵君救趙以後，儘管是打了勝仗，魏王對他這位異母弟的處置一定也相當嚴厲，我們看到信陵君留在趙國一直過了十年的亡命生活都不肯回去，也就可以知道。而在十年之後魏國受秦壓迫日急，魏王被逼得沒法才派人去請信陵君的時候，信陵君還在『恐其怒之，乃誡門下有敢為魏王通者死』，害怕得那樣厲害，戒備得那樣決絕，不正說明著史書上還遺漏了一段很大的痛史嗎？」（〈「虎符」寫作緣起〉）⓫夷　鏟平。⓬告車趣駕　告訴管車馬的人迅即安排車駕。趣，同「促」。迅速。凌稚隆引蘇轍曰：「無忌之名，發於侯生，而全於毛、薛。侯生之奇，毛、薛之正，廢一不可，而正之所以全者多矣。」鍾惺曰：「微二公，非惟魏不魏，而公子且不得為公子矣。其責公子數語，鑿鑿綱常名教，非戰國人之言也。」

【語　譯】魏公子聽說趙國有位才德高尚而潔身不仕的毛公混跡於一群賭徒之中，還有一位薛公混跡在一家酒店裡，魏公子想見這兩個人，這兩人都故意地躲著不見。於是魏公子打聽好了他們的住處後，自己就換了衣服悄悄地步行去找他們了，和他們在一起過得很開心。平原君聽說了這件事，對他的夫人說：「從前我聽人說你的弟弟天下無人比得上，可是如今我聽說他竟然去跟一些賭徒和賣酒的鬼混，原來他是個荒唐人。」平原君夫人把這些話告訴了魏公子，魏公子就向他姐姐告辭要離開趙國，他說：「原先我是因為聽說平原君賢能，所以才寧可背叛魏王也要來救趙國，為的是讓平原君滿意。可是現在看來平原君的所謂結交賢士，只不過是圖虛名罷了，並不是真正地要得到人才。我早在大梁的時候，就聽說這裡的毛公、薛公是兩個人才，到了趙國以後，我還唯恐見不到他們。我去跟人家交朋友，我還總擔心人家不願意，可是平原君卻居然認為是羞恥，看來平原君真是不值得一交。」說罷收拾行裝就準備上路。平原君夫人趕緊把魏公子的這些話去告訴了平原君，平原君一聽趕緊摘去了帽子來向魏公子賠禮道歉，堅決挽留魏公子，請求魏公子不要走。平原君門下的賓客們知道了這件事，差不多有一半的人離開了平原君而去投奔魏公子，而其他國家的人來投奔魏公子的也越來越多，因而魏公子門客的人數大大地超過了平原君。

2 魏公子在趙國一住十年。秦國聽說魏公子還在趙國，於是就趁機不斷地出兵東攻魏國。這使魏王很頭疼，最後只好派人到趙國請魏公子回去。魏公子怕魏王記舊恨，不願回去，就對門下人說：「誰要是再敢為魏王的來人通報，我就處死他。」魏公子原來的門客們也都是跟著公子背叛魏國到趙國來的，所以也沒人勸公子回去。這時毛公、薛公兩人出來對魏公子，說：「你之所以在趙國受尊重，所以能名揚諸侯，就是因為有魏國的存在。如今秦國攻打魏國，魏國情況緊急而您不關心它，萬一要是秦兵攻破了大梁，鏟平了魏國先王的宗廟，到那時您有何面目立於天地之間呢？」話還沒有說完，魏公子的臉色突然大變，他吩咐人趕緊收拾車馬起程，歸救魏國。

1 魏王見公子，相與泣，而以上將軍印授公子，公子遂將。魏安釐王三十年❶，公子使使遍告諸侯。諸侯聞公子將，各遣將將兵救魏。公子率五國❷之兵破秦軍於河外❸，走蒙驁❹。遂乘勝逐秦軍至函谷關❺，抑秦兵，秦兵不敢出。當是時，公子威振天下，諸侯之客進兵法，公子皆名之❻，故世俗稱魏公子兵法❼。

2 秦王患之，乃行金萬斤於魏，求晉鄙客，令毀❽公子於魏王曰：「公子亡在外十年矣，今為魏將，諸侯將皆屬。諸侯徒聞魏公子，不聞魏王。公子亦欲因此時定南面而王，諸侯畏公子之威，方欲共立之。」秦數使反間，偽賀公子得立為魏王未也❾。魏王日聞其毀，不能不信，後果使人代公子將。公子自知再以毀廢，乃謝病不朝，與賓客為長夜飲，飲醇酒❿，多近婦女。日夜為樂飲者四歲，竟病酒而卒⓫。其歲，魏安釐王亦薨。

3 秦聞公子死，使蒙驁攻魏，拔二十城，初置東郡⓬。其後秦稍蠶食魏，十八歲⓭而虜魏王⓮，屠大梁⓯。

4 高祖始微少時⓰，數聞⓱公子賢。及即天子位，每過大梁，常祠公子。高祖十二年⓲，從擊黥布還⓳，為公子置守冢五家⓴，世世歲以四時奉祠公子。

【章旨】以上為第四段，寫信陵君歸國後大破秦軍及悲憤結局。

【注釋】❶魏安釐王三十年　西元前二四七年。❷五國　指魏、韓、趙、楚、燕。❸河外　即今河南省滎陽、鄭州、原陽等當時黃河以南的地區。當時稱對岸的黃河以北為「河內」，稱黃河以南為「河外」。❹走蒙驁　打跑了蒙驁。蒙驁，秦將，蒙恬的祖父，時為秦國上卿。❺函谷關　秦國東境的關塞名，舊址在今河南靈寶東北。❻公子皆名之　總的署名為《魏公子》。按：古代召集許多人集體著書，以召集者的名字命名，是常有的事，如《呂氏春秋》、《淮南子》等都是，不能以今天的觀點視為剽掠。❼魏公子兵法　按：《漢書・藝文志・兵家類》有《魏公子》二十一篇，是班固尚及見此書也。凌稚隆引王世貞曰：「或曰：『公子非善知兵者，公子之客善之。』是不然。公子歿而未聞其客能西抗秦者也。且客善兵，亦唯公子善用之。韓淮陰之驅市人戰也，高帝之將將也，公子亦庶幾矣。其『每過之而令民奉祠不絕』，有以也。」❽毀　編造謠言、壞話以陷害人。❾偽賀公子得立為魏王未也　假做聽說公子已當了魏王，故來祝賀，來後方知尚未當魏王。手段與漢陳平之間范增相似。〈項羽本紀〉云：「項王使者來，為太牢具，舉欲進之。見使者，詳驚愕曰：『吾以為亞父使者，乃反項王使者。』更持去，以惡食食項王使者。」❿醇酒　濃度高的酒。⓫竟病酒而卒　郭沫若曰：「信陵君回國後，二次受讒，竟不得不以醇酒婦女自戕，這與其說是由於信陵君的悲觀失望而至於消極，倒寧可說是由於魏王的猜忌殘忍，而使他不得不韜光隱晦的吧！」（〈「虎符」寫作緣起〉）凌稚隆引王世貞曰：「公子不死則魏幾不亡，萬金入而晉鄙客之間行，公子知飲酒近婦女之足以傷生，不欲以生為秦虜耳。愚哉，魏王之為秦亡魏也。」按：魏公子卒於魏安釐王三十四年（西元前二四三年）。⑫東郡　約當今之河南省東北部、河北省東南部和山東省西部一帶地區，郡治濮陽（今河南濮陽西南）。⑬十八歲　魏公子死後十八年，即秦王政二十二年，西元前二二五年。⑭虜魏王　此時的魏王名假，安釐王之孫，景湣王之子。在位三年（西元前二二七—前二二五年），被秦所虜。⑮屠大梁　據〈秦始皇本紀〉，是年「王賁攻魏，引河溝灌大梁，大梁城壞，其王請降」。唐順之曰：「以魏亡繫〈信陵傳〉，見信陵繫國之存亡。」司馬光曰：「無忌去而魏輕，還而魏重，安釐王猶以為疑，無忌死而魏亡，賢者之於國何如哉！」按：〈廉頗藺相如列傳〉、〈屈原賈生列傳〉之寫李牧、屈原死，亦與此同。⑯微少時　年少而為平民的時候。⑰數聞　屢次聽說。⑱高祖十二年　西元前一九五年。⑲從擊黥布還　從打敗黥布的前線回來。黥布，原名英布，因秦時曾受黥刑，故時人亦稱之為「黥布」。漢初名將，始從項羽，後歸劉邦，以功封淮南王。因「謀反」，高祖十二年被討平，詳見〈黥布列傳〉。⑳為公子置守冢五家　〈高祖本紀〉云：「十一月，高祖自布軍至長安。十二月，高祖曰：『秦始皇帝、楚隱王、陳涉、魏安釐王、齊湣王、趙悼襄王，皆絕無後，予守冢各十家，秦皇帝二十家，魏公子五家。』」

【語譯】 魏王見到了魏公子，兄弟面對面地哭了一回。魏王把大將軍的大印授給了魏公子，魏公子重又統帥了魏國的軍隊。魏安釐王三十年，魏公子派人把自己親任魏國統帥的消息通告給了各國諸侯。各國諸侯聽說魏公子當了統帥，於是都派人領兵來救魏國。魏公子率領著東方五國的軍隊在黃河以南大破秦軍，秦國的大將蒙驁被打得大敗而逃。東方的軍隊乘勝追到了函谷關下，堵住了秦兵，使秦兵再也不敢出來了。這時候，魏公子威震天下，各國的謀士們有人給魏公子寫了一些有關兵法的文章，魏公子把它們搜集整理，最後以自己的名字給這部書命名，這就是人們通常所說的《魏公子兵法》。

2 秦王把魏公子看成了心腹之患，於是就拿出了黃金萬斤到魏國去進行反間活動，他們找到了晉鄙的門客，讓他們在魏王面前給魏公子編造壞話說：「公子在國外逃亡了十年，如今當了魏國的統帥，現在其他各個國家的將領也都聽從他的調遣。以至於各個國家只知道魏國有個魏公子，不知道魏國還有魏王。而公子他也正想乘這個時機自己南面為王，各國諸侯害怕公子的威力，也正準備一起擁立他。」在編造謠言的同時，秦國又一連幾次地派人來使反間，他們先是假裝聽說公子已當了魏王，以來祝賀，來後才知尚未當魏王。就這樣，魏王每天都聽到對魏公子的毀謗，漸漸地也就不能不信了，最後果真派人接管了魏公子的兵權。魏公子知道這第二次被毀棄，是不可能再出頭了，於是就以病為名不再上朝，常常和賓客們通宵達旦地飲酒作樂，以酒澆愁，沉淪於女子聲色之中。就這樣一連四年，最後中酒毒而死。這一年，魏安釐王也死了。

3 秦國聽說魏公子死了，立即派蒙驁攻打魏國，攻下了二十座城，建立了直屬秦國的東郡。接著又慢慢地向東蠶食魏國其餘的領土，到魏公子死後十八年，秦國終於俘虜了魏國的國王，血洗了魏國的國都。

4 漢高祖年少的時候，就多次地聽說過魏公子的賢能。等到做了皇帝後，每當經過大梁，都要祭祀魏公子。高祖十二年，他打敗了黥布從前線回京路過大梁的時候，他下令撥了五戶人家專門給魏公子守墳，讓他們世世代代地一年四季按時祭祀魏公子。

太史公曰：吾過大梁之墟，求問其所謂夷門。夷門者，城之東門也❶。天下諸公子亦有喜士❷者矣，然信陵君之接❸巖穴隱者，不恥下交，有以也❹。名冠諸侯，不虛耳。高祖每過之，而令民奉祠❺不絕也。

【章旨】以上為第五段，是作者的論贊，表現了作者對信陵君的無限敬仰之情。

【注釋】❶夷門者二句　吳見思曰：「只就夷門點綴，徘徊憑弔，如見其人，令我慨然。」❷喜士　愛士；喜歡招納士人。❸接　交結。❹有以也　有原因。張文虎《札記》：「疑衍『也』字，『有以』二字錯簡，當在末『奉祠不絕』下。」❺奉祠　祭祀。

【語　譯】太史公說：我曾到過大梁古城，去打聽過人們所說的夷門。夷門原來就是大梁城的東門。當時那些貴公子們好養士的人多的是，但能像信陵君這樣真心實意地去訪求山林隱者的人卻不多。他能夠不以結交下等人為恥辱，因此許多人忠於他，這就是有原因的了。信陵君的聲名滿天下，絕不是吠形吠聲的虛傳。漢高祖每次經過大梁，都要去祭祀他，而且還要派專人給他按時上供，這些都不是偶然的。

【研　析】本篇作品的思想意義主要有以下幾點：

一、歌頌了信陵君的禮賢下士。作品一開頭就說：「公子為人仁而下士，士無賢、不肖皆謙而禮交之，不敢以其富貴驕士。」接著就描寫了他的謙請侯嬴，經受了侯嬴的一連串考驗；他把滿堂「將相賓客」一一向侯嬴介紹，以至於使得滿堂「賓客皆驚」。這樣的「禮賢下士」真可以說是做到家了，但更重要的是他能夠真正地信用他們，聽取他們的意見以發揮他們的作用。魏公子虛心地向侯嬴討教救趙的方法；接受毛公、薛公的規勸，立即「告車趣駕，歸救魏」。這些事例說明，作為賓客的侯嬴、毛公、薛公等都是大義凜然，一語千鈞；而魏公子則是聞過即改，從諫如流。

二、歌頌了侯嬴等人的「士為知己者死」。作品中受魏公子禮遇的主要人物有侯嬴、朱亥、毛公、薛公，其中尤以侯嬴為最重要。侯嬴不同於當時那種朝秦暮楚的食客，他不依附於王公權貴以圖個人的功名利祿，而是隱居於市井之中，甚至魏公子送禮物給他都不接受。後來，當他確信魏公子對他的誠意時，才接受了邀請。當魏公子救趙無策而虛心向他討教時，他給魏公子出了竊符的主意，又推薦了力士朱亥。他生怕魏公子不忍殺晉鄙，又以自己的死來激發與堅定魏公子行大事的決心。這一系列行動說明了侯嬴一旦把魏公子看成知己，便準備為他獻出一切。這也是司馬遷傾心歌頌的人物，他寄託著司馬遷理想的為人處世的道德觀念。

三、歌頌了魏公子與侯嬴等相扶以義，共同以國家利益為重的準則。「禮賢下士」和「為知己者死」都只是一種道德觀念，而其實踐活動與社會效果才是衡量它是否有積極意義的準繩。魏公子與侯嬴等一切行動的歸宿都集中在破秦救趙的事情上，魏國和趙國是脣齒相依的鄰邦，脣亡則齒寒，因此救趙與否，實際上關係著魏國自己的存亡。由於信陵君等果斷地採取了竊符救趙的行動，挫退了秦兵，挽救了趙國，也救了魏國自己，暫時穩定了東方六國的危急局面，其意義是重大的，是其他三公子以及他們所養的士們所不能比擬的，因此他們的活動都帶有鮮明的政治性。

本文的寫作特點，正如李景星所說：「通篇以『客』起，以『客』結，中間所敘之客如侯生、如朱亥、如毛公、薛公，固卓卓可稱；餘如探趙陰事者、萬端說魏王者、與百乘赴秦軍者、斬如姬仇頭者、說公子忘德者、背魏之趙者、進兵法者，皆隨事見奇，相映成姿。蓋魏公子一生大節在救趙卻秦；而成救趙卻秦之功，全賴乎客；而所以得客之力，實本於公子之好客。故以好客為主，隨路用客穿插，便成一篇絕妙佳文。寫侯生處，筆筆如繪，乃又為好客作頰上毫也。傳中稱『公子』者凡一百四十七處，因其欽佩公子者深，故低回縈繞，特於繁複處作不盡之致。」（《四史評議》）

卷七十八

春申君列傳第十八

【題解】春申君姓黃名歇，是楚國的大貴族，能言善辯，先後在楚國為相二十五年。本傳記述了黃歇在頃襄王時期上書秦昭王以緩解秦軍攻楚，和暗送在秦為質的楚太子歸國繼位，自己留秦善後的義勇行為，這些都是值得歌頌的。但〈春申君列傳〉中的黃歇是個前後極不統一的人，他的後半生卻又像秦國的呂不韋一樣，將一個懷了孕的小妾送給楚王，希圖日後讓自己的兒子篡取楚國王位，結果被陰謀家李園所殺。黃歇居然做出如此昏妄的勾當，其可悲結局也可說是咎由自取了。

1 春申君❶者，楚人也，名歇，姓黃氏❷。游學博聞，事楚頃襄王❸。頃襄王以歇為辯，使於秦。秦昭王❹使白起❺攻韓、魏，敗之於華陽，禽魏將芒卯❻，韓、魏服而事秦。秦昭王方令白起與韓、魏共伐楚，未行，而楚使黃歇適至於秦，聞秦之計。當是之時，秦已前使白起攻楚，取巫、黔中之郡❼，拔鄢、郢❽，東至竟陵❾，楚頃襄王東徙治於陳縣❿。黃歇見楚懷王⓫之為秦所誘而入朝，遂見欺，留死於秦⓬。頃襄王，其子也，秦輕之，恐壹舉兵而滅楚。歇乃上書⓭說秦昭王曰：

2 「天下莫彊於秦、楚。今聞大王欲伐楚，此猶兩虎相與鬭。兩虎相與鬭而駑犬受其斃⑭，不如善楚。臣請言其說：臣聞物至則反⑮，冬夏是也；致至則危，累棊是也⑯。今大國⑰之地，偏天下有其二垂⑱，此從生民已來，萬乘⑲之地未嘗有也。先帝文王、莊王之身⑳，三世不妄接地於齊㉑，以絕從親之要㉒。今王使盛橋㉓守事於韓㉔，盛橋以其地入秦㉕，是王不用甲，不信威㉖，而得百里之地。王可謂能矣！王又舉甲而攻魏，杜大梁之門㉗，舉河內㉘，拔燕㉙、酸棗㉚、虛㉛、桃人㉜，邢、魏之兵雲翔而不敢捄㉝。王之功亦多矣。王休甲息眾，二年而後復之㉞；又并蒲、衍、首垣㉟，以臨仁㊱、平丘㊲，黃、濟陽嬰城㊳，而魏氏服；王又割濮、磿之北㊴，注齊、秦之要㊵，絕楚、趙之脊㊶，天下五合六聚㊷而不敢救。王之威亦單㊸矣！

3 「王若能持功守威㊹，絀㊺攻取之心，而肥仁義之地㊻，使無後患，三王不足四，五伯不足六㊼也。王若負㊽人徒之眾，仗兵革之彊，乘毀魏之威，而欲以力臣天下之主，臣恐其有後患也。詩曰：『靡不有初，鮮克有終㊾。』易曰：『狐涉水，濡其尾㊿。』此言始之易，終之難也。何以知其然也？昔智氏見伐趙之利而不知榆次之禍[51]，吳見伐齊之便而不知干隧之敗[52]。此二國者，非無大功也，沒利於前而易患於後也[53]。吳之信越也，從而伐齊[54]，既勝齊人於艾陵[55]，還為越王禽三渚之浦[56]；智氏之信韓、魏也，從而伐趙，攻晉陽城，勝有日矣，韓、魏叛之，殺智伯瑤於鑿臺之下。今王妒楚之不毀也，而忘毀楚之彊韓、魏[57]也，臣為王慮而不取也。

4 「詩曰：『大武遠宅而不涉。』[58]從此觀之，楚國，援也；鄰國[59]，敵也。詩云：『趯趯毚兔，遇犬獲之。他人有心，余忖度之[60]。』今王中道[61]而信韓、魏之善王也，此正吳之信越也。臣聞之：敵不可假[62]，時不可失。臣恐韓、魏卑辭除患[63]，而實欲欺大國也。何則？王無重世[64]之德於韓、魏，而有累世之怨焉。夫韓、魏父子兄弟接踵[65]而死於秦者將十世[66]矣。本國殘[67]，社稷壞，宗廟毀。刳[68]腹絕腸，折頸摺頤[69]，首身分離，暴骸骨於草澤，頭顱僵仆[70]，相望於境，父子老弱係脰束手[71]為羣虜者相及於路。鬼神[72]孤傷[73]，無所血食[74]。人民不聊生，族類[75]離散，流亡為僕妾[76]者盈滿海內矣[77]。故韓、魏之不亡，秦社稷之憂也[78]。今王資[79]之與攻楚，不亦過乎！

5 「且王攻楚將惡出兵[80]？王將借路於仇讎[81]之韓、魏乎？兵出之日而王憂其不返也。是王以兵資於仇讎之韓、魏也。王若不借路於仇讎之韓、魏，必攻隨水右壤[82]。隨水右壤，此皆廣川大水、山林谿谷，不食之地[83]也。王雖有之，不為得地。是王有毀楚之名，而無得地之實也。

6 「且王攻楚之日，四國必悉起兵以應王[84]。秦、楚之兵構而不離[85]，魏氏將出而攻留[86]、方與[87]、銍[88]、湖陵[89]、碭[90]、蕭[91]、相[92]，故宋[93]必盡。齊人南面攻楚，泗上[94]必舉。此皆平原四達，膏腴之地，而使獨攻[95]。王破楚以肥韓、魏於中國而勁齊[96]。韓、魏之彊，足以校[97]於秦。齊南以泗水為境，東負海[98]，北倚河[99]，而無後患。天下之國莫彊於齊、魏，齊、魏得地葆利而詳事下吏[100]，一年之後，為帝未能，其於禁王之為帝[101]有餘矣。

7 「夫以王壤土之博，人徒之眾，兵革之彊，壹舉事而樹怨於楚，遲令韓、魏歸帝重於齊[102]，是王失計也。臣為王慮，莫若善楚。秦、楚合而為一以臨韓，韓必斂手[103]。王施以東山之險[104]，帶以曲河之利[105]，韓必為關內之侯[106]。若是[107]，而王以十萬戍鄭[108]，梁氏[109]寒心，許、鄢陵[110]嬰城，而上蔡、召陵不往來[111]也，如此而魏亦關內侯矣。王壹善楚，而關內兩萬乘之主[112]，注地於齊[113]，齊右壤[114]可拱手而取也。王之地一經兩海[115]，要約[116]天下，是燕、趙無齊、楚，齊、楚無燕、趙也[117]。然後危動燕、趙，直搖齊、楚，此四國者不待痛而服[118]矣。」

8 昭王曰：「善。」於是乃止白起而謝[119]韓、魏，發使賂楚，約為與國[120]。

【章旨】以上為第一段，寫春申君止秦聯韓、魏攻楚事。

【注釋】❶春申君　黃歇的封號。黃歇前被封以淮北，後被封以吳（今蘇州一帶），故今上海市稱「申」。《三國志・吳書・三嗣主傳》云：「建興二年，有大鳥五見於春申。」《集解》引趙一清曰：「春申本以蘄春、申、息得名，至徙江東，城故吳墟，則今蘇州也。松江之黃浦，一名春申浦，蓋亦以歇得名。」❷姓黃氏　陳直曰：「春申君疑為黃國之後，《左傳》所謂：『漢陽諸姬，楚實盡之。』滅國以後歸於楚，故稱為楚人。」按：金正緯、錢穆、楊寬等都以為春申君乃楚頃襄王之弟，其說可信。❸楚頃襄王　名橫，懷王之子，西元前二九八—前二六三年在位。❹秦昭王　名則，惠文王之子，武王之弟，西元前三〇六—前二五一年在位。❺白起　秦國名將，曾為秦大破楚、趙、韓、魏等國，以功封武安君，事見〈白起王翦列傳〉。❻攻韓魏三句　事在秦昭王三十四年，韓釐王二十三年，魏安釐王四年，西元前二七三年。華陽，韓邑名，在今河南新鄭西北。梁玉繩曰：「華陽之役，秦攻趙、魏以救韓，非攻韓也，且帥師不止白起。又《策》、《史》皆云『走芒卯』，此言『禽之』亦非。」按：白起破韓、魏於華陽事，參見〈白起王翦列傳〉、〈魏世家〉。❼取巫黔中之郡　據〈秦本紀〉，昭王三十年（西元前二七七年），「蜀守若伐楚，取巫郡，及江南為黔中郡。」巫郡，約當今重慶市之奉節、巫山和湖北省清江中上游一帶地區。黔中郡，約當今之湖南西部與貴州東北部一帶地區。❽拔鄢郢　據〈秦本紀〉，白起於昭王二十八年（西元前二七九年）拔鄢、鄧；二十九年（西元前二七八年）取郢。鄢，在今湖北宜城東南。郢，在今湖北荊州之江陵西北，當時為楚國都城。❾竟陵　楚邑名，在今湖北潛江西北。❿東徙治於陳縣　事在頃襄王二十一年（西元前二七八年）。陳縣，即今河南淮陽。⓫楚懷王　名槐，西元前三二八—前二九九年在位。⓬留死於秦　懷王三十年（西元前二九九年），秦昭王以會盟為名，將楚懷王騙入秦國，將其扣留；頃襄王三年（西元前二九六年），楚懷王死於秦，事見〈楚世家〉。⓭上書　按：此書文字原見《戰國策・秦策四》，但今本開頭的所謂「頃襄王二十年」，以及「楚人黃歇說昭王曰」云云，舊本《國策》皆無，今本《戰國策》這段文字的開頭幾行乃後人據《春秋後語》補入。⓮駑犬受其弊　駑犬，劣等狗。凌稚隆曰：「駑犬指韓、魏。」《索隱》引劉氏曰：「受，猶『承』也。」按：意謂兩虎相鬥而疲敝，駑犬將乘勢而制之。⑮物至則反　胡三省曰：「至，極也，物極則反也，冬至陰之極，而陽生焉。」⑯致至則危二句　顏師古《漢書・酷吏傳》注：「致，積累之也。」〈外戚傳〉注：「致，謂累也。」鮑彪《戰國策》注：「致，言取物置之物上。」基，陳直曰：「《楚辭・招魂》：『篦蔽象棋，有六博些。』」本文蓋指博箸之棋。」瀧川引俞樾曰：「黃歇曰：『臣聞物至則反，冬夏是也；致至則危，累棋是也。』蔡澤曰：『日中則移，月滿則虧，物盛則衰，天地之常數也。』趙高曰：『秋霜降者草花落，水搖動者萬物作。』此皆黃老之說，戰國楚漢之際相傳不絕。」⑰大國　指秦國。⑱二垂　猶言二極。兩個方向的盡頭。胡三省曰：「秦國之地，有天下西、北之二垂也。」按：胡氏說是，《正義》所謂「極東西」者非。⑲萬乘　萬輛兵車。此指稱王稱霸的大國。⑳先帝文王莊王之身　《戰國策》於此作「文王、莊王、王之身」，當依之增「王」字。文王，指孝文王，始皇之祖父，名柱，西元前二五〇年在位。莊王，即莊襄王，始皇之父，名楚，西元前二四九—前二四七年在位。王，即日後之秦始皇，名政，西元前二四六年繼位為秦王，西元前二二一年統一六國稱皇帝。㉑接地於齊　謂將秦國的國境向東推展，直到與齊境連接進來。㉒絕從親之要　《索隱》曰：「要，音『腰』。」意謂吞併韓、魏，地接齊國，則是將東方的合縱聯盟攔腰斬斷。牛鴻恩曰：「王政五年（西元前二四二年），蒙驁取魏東等二十城，初置東郡，故曰『絕從親之要』。」瀧川曰：「言累世常欲取韓、魏，接地於齊，以絕山東縱親之約。要，約也。」意思雖亦可通，但前說簡便現成。㉓盛橋　也作「成橋」、「盛蟜」，秦王政之弟，被封為長安君。㉔守事於韓　派駐韓國以監督之。《索隱》曰：「亦如楚使召滑相趙然也。」中井曰：「守，謂坐而促之，〈孟嘗君傳〉『守而責之十年』是也。」㉕以其地入秦　意即併韓地以為秦。㉖不信威　不必展示威力。信，通「伸」。㉗杜大梁之門　杜，堵塞；斷絕。大梁，即今河南開封，當時魏國的國都。㉘舉河內　舉，攻下。河內，地區名，指今河南新鄉、汲縣、浚縣一帶，當時屬魏。㉙燕　魏縣名，在今河南延津東北。㉚酸棗　魏縣名，在今延津西南。㉛虛　魏縣名，在今延津東。㉜桃人　魏縣名，在今河南長垣西北。按：「人」字原作「入」，今中華本連下句，斷作「入邢」；《戰國策》作「桃人」，且其地有「桃人縣」，今據改。㉝邢魏之兵雲翔而不敢捄　黃丕烈曰：「邢，應作『荊』。」即指楚國。雲翔，遲疑、徘徊的樣子。捄，通「救」。《集解》引徐廣曰：「秦始皇五年，取酸棗、燕、虛。」㉞二年而後復之　諸祖耿引金正煒曰：「復之，疑當作『復出』，〈蘇秦至章〉『多之則害於秦』，亦當作『多出』。『之』『出』篆文相似，易以致誤。」㉟又并蒲衍首垣　蒲，魏縣名，即今河南長垣。衍，魏縣名，在今河南鄭州北。首垣，魏縣名，在今長垣東北。㊱仁　繆文遠引程恩澤以為「即今歸德府寧陵縣」，似過於偏南。㊲平丘　魏縣名，在今長垣西南。㊳黃濟陽嬰城　黃，也稱小黃，魏縣名，在今開封市東。濟陽，魏縣名，在今河南蘭考東北。嬰城，環城，這裡指閉門防守。㊴割濮磿之北　意即占據了今河南濮陽與山東鄄城等一帶地區。濮，濮水，流經今河南濮陽南至山東鄄城東南入巨野澤。磿，歷山，在今山東鄄城南。㊵注齊秦之要　將兵力投放在齊與秦國的中分地帶。注，集中投放，意即加強秦與齊的連絡。高誘曰：「注，屬。」㊶絕楚趙之脊　打斷了楚、趙連接的脊梁。㊷五合六聚　指多次聯盟、合兵。㊸單　通「殫」。盡，意即發揮到了頂點。《索隱》曰：「單，盡也，言王之威盡行矣。」㊹持功守威　保持現有的功業與威勢。㊺絀　通「黜」。去掉。㊻肥仁義之地　即廣行仁義之舉。肥，增加。鮑彪曰：「肥，猶『厚』；地，猶『道』也。」㊼三王不足四二句　意即不難於和「三王」並列，合稱「四王」；不難於和「五伯」並列，合稱「六伯」。不足，不難；不必費力。㊽負　仗恃。㊾靡不有初二句　語出《詩經・大雅・蕩》，意謂辦事情能善始很容易，但很少能善終。初，開頭。鮮，少。㊿狐涉水二句　語出《易・未濟》彖辭，《正義》曰：「言狐惜其尾，每涉水，舉尾不令溼，比及極困，則濡之。」51昔智氏見伐趙之利句　春秋末期晉國貴族智瑤勢大驕橫，率韓、魏二家伐趙氏於晉陽（今山西太原西南），結果趙氏誘使韓、魏二家倒戈，三家遂共滅智氏，過程詳見〈趙世家〉。榆次，在當時的晉陽東南，相傳智伯被三家打敗後，身死於榆次城南的鑿臺之下。52吳見伐齊之便句　春秋末期吳王夫差倚仗國力強盛，多次出兵北伐齊，而不提防南鄰的越國，結果乘吳王北與齊國爭勝之際，越國出兵襲吳，吳兵慘敗，吳王自殺。過程詳見〈吳太伯世家〉、〈越王句踐世家〉。干隧，在今蘇州西北，相傳吳王夫差自殺於此。53沒利於前而易患於後也　沒利，被眼前的利益所障蔽。沒，沉溺；掩蔽。易患，輕視潛藏的禍患。易，輕視。54從而伐齊　讓越國出兵跟著吳國一道北伐齊。當時越國曾故意做出這種姿態以迷惑吳國，使吳國放鬆對越國的警惕。55艾陵　齊邑名，在今山東萊蕪東北。據〈吳太伯世家〉，吳敗齊於艾陵在夫差七年（西元前四八九年），而〈十二諸侯年表〉則繫之於夫差十二年（西元前四八四年）。56還為越王禽三渚之浦　按：此誇張言之，據〈十二諸侯年表〉，夫差十二年敗齊；十四年與晉會於黃池，越兵乘機襲吳，吳與越平；十八年，越復伐吳，敗之；二十三年，越破吳，吳王自殺，吳滅。自艾陵之役至吳滅，中間尚隔十一年。三渚之浦，《戰國策》作「三江之浦」。三江，指婁江、松江、東江，都離當時的吳國都城（今蘇州）不遠。57彊韓魏　使韓、魏於隨秦破楚中變得強大。58詩曰二句　大武遠宅而不涉，《正義》曰：「言大軍不遠跋涉攻伐。」遠宅，向遠處擴展地盤。按：此句出於《逸周書・大武》，原文作「大武遠宅不薄」。瀧川曰：「薄，迫也。『不迫』與『不涉』義相近。」孫詒讓曰：「古書引《書》，或通作《詩》。」牛鴻恩曰：「『詩』即『志』字。志，記也，前代的記事之書，《左傳》中有所謂『前志』、『軍志』云云，即此類也。此指《逸周書》。」59鄉國　指韓、魏。60趯趯毚兔四句　語出《詩經・小雅・巧言》，原文作：「他人有心，予忖度之。趯趯毚兔，遇犬獲之。」趯趯，跳疾貌。趯，通「躍」。

毚兔，狡兔。朱熹《詩集傳》：「以見讒人之心，我皆得之，不能隱其情也。」(61)中道　半路上。言改變了原來攻打韓、魏的做法。(62)假　寬容；放鬆。(63)除患　不露任何憂慮戒備。張文虎《札記》：「『除』疑『悆』之誤。《說文》，悆，緩也。《策》作『慮』。」(64)重世　意同下文之「累世」。一連幾代。(65)接踵　一個接一個，極言其密。踵，腳後跟。(66)十世　謂三百年。古稱三十年為一「世」。按：此誇張言之，自韓、趙、魏分晉建國，至秦王政時亦僅二百來年。(67)本國殘　諸祖耿引黃式三曰：「本國，國之本根重地也。」(68)刳　挖；刺破。(69)摺頤　劃破臉面。摺，劃破。頤，面頰。(70)頭顱僵仆　意即頭顱遍地，屍骨縱橫。顱，頭骨。僵，仰面倒地。仆，俯身倒地。(71)係脰束手　繫著脖子，捆著雙手。脰，脖子。(72)鬼神　指戰死者的祖宗先人。(73)孤傷　孤苦悲傷。(74)無所血食　指無人祭祀。因祭祀須殺牲，故稱享受祭祀曰「血食」。(75)族類　同一家族的人。(76)流亡為僕妾　指給人家當奴隸，男為僕，女為婢。(77)盈滿海內矣　梁玉繩曰：「『盈』字當諱。」瀧川曰：「『盈』字當衍。」(78)韓魏之不亡二句　凌稚隆引董份曰：「慨切激蕩，詞旨悲惋，不容聽者不入也。」鄧以讚曰：「談兵禍之慘，深切詳至，讀之令人惻怛悲哀，賈捐之〈罷珠崖對〉、李華〈弔古戰場文〉所自出。」按：應曰出自《戰國策》的該段原文。(79)資　助。胡三省曰：「謂資之以兵也。」(80)將惡出兵　準備從何路出兵。惡，同「烏」。何。(81)仇讎　冤家對頭。讎，對頭。(82)隨水右壤　隨水以西，指今河南西南部與湖北西北部地區，當時屬楚。隨水，也稱溠水，今稱涓水，源於桐柏山，向南流經湖北隨縣、安陸入漢水。《正義》曰：「楚都陳，而隨故國在西南，是楚之左壤。」(83)不食之地　瀧川曰：「謂不可墾耕。」(84)四國必悉起兵以應王　鮑彪曰：「四國，齊、趙、韓、魏也。言以兵從之，蓋躡秦也。」(85)構而不離　指打得不可開交。構，指交兵。(86)留　縣名，在今江蘇沛縣東南。(87)方與　縣名，在今山東魚台西。(88)銍　縣名，在今安徽宿縣。(89)湖陵　也作「胡陵」，在今山東魚台東南。(90)碭　縣名，在今河南永城東北。(91)蕭　縣名，在今安徽蕭縣西北。(92)相　縣名，在今安徽濉溪西北。以上地區戰國中期以前屬宋，後被齊滅，後又被楚國占領。(93)故宋　昔日的宋國地區。(94)泗上　泗水流域，指今山東曲阜、鄒縣、滕縣一帶，戰國中期以前屬魯，後來被楚國占領。泗水，源於今山東泗水東，西流經曲阜南折，經江蘇徐州南流入淮水。(95)而使獨攻　《索隱》曰：「魏盡故宋，齊取泗上，是使齊、魏獨攻伐而得其利也。」(96)王破楚以肥韓魏於中國而勁齊　意謂破楚的結果是在中原地區肥了韓、魏，在東方壯大了齊國。中國，指中原地區。勁齊，使齊國強勁。(97)校　較量；對抗。(98)負海　背靠大海。(99)北倚河　北靠黃河。當時的黃河經今三門峽、洛陽東流，經今滑縣、濮陽，東北折經今山東德州、河北滄州東行入海。(100)天下之國莫彊於齊魏二句　中井曰：「兩『齊魏』之『魏』字，疑並衍。」葆，通「保」。詳事下吏，假裝服從秦王。詳，通「佯」。下吏，猶言「執事」，以尊稱對方。(101)禁王之為帝　意即抑制秦國稱帝。(102)遲令韓魏

歸帝重於齊　乃令韓、魏將帝號之尊歸之於齊。《索隱》曰：「遲，音值。值，猶乃也。」帝重，稱帝之重。指國家的形勢、地位而言。《集解》引徐廣曰：「遲，一作『還』。」還，反也。反而。徐孚遠曰：「於義『還』字為長。」103 斂手　縮手；束手。指畏懼、老實。104 施以東山之險　意即加強東山一帶的防禦力量。東山，指華山、崤山等秦國東境諸山。105 帶以曲河之利　意即強化今風陵渡一帶那段黃河的有利防務。曲河，即今風陵渡一帶自北流來而到此向東轉彎的那段黃河。106 韓必為關內之侯　意謂韓國將成為秦國國內的小封君，不再是獨立國家。關內之侯，秦爵二十級的第十九級，其封君只有封號，而無封地。107 若是　若此。指上述使韓成為秦之關內侯事。108 戍鄭　派秦兵駐守新鄭（今河南新鄭，當時韓國的國都）。109 梁氏　指魏國。因其建都大梁（今河南開封），故也稱梁國。110 許鄢陵　許，魏縣名，在今河南許昌東。鄢陵，也稱安陵，魏縣名，在今河南鄢陵北。111 上蔡召陵不往來　指楚國北境與魏都大梁的聯繫也隨即斷絕。上蔡，楚縣名，在今河南上蔡西南。召陵，楚縣名，在今河南漯河東北。112 關內兩萬乘之主　使兩個萬乘之主成為了秦國的關內侯。關內，用如動詞。113 注地於齊　將秦國國界東推至與齊地相連。按：中井曰：「注，猶接也，謂秦之壤直接之齊也。」可參考。114 齊右壤　齊國的西部地區。115 一經兩海　經，橫穿。《正義》曰：「言橫度中國東西也。」按：古說中國四面環海，秦居西方，倘得再占據齊地，則是貫穿東、西兩海也。116 要約　瀧川曰：「要約，猶管束也。」117 燕趙無齊楚二句　言東方的合縱諸國彼此斷絕聯絡，無法呼應。118 不待痛而服　不等痛擊而自然臣服。按：以上「黃歇」上秦王書，見《戰國策・秦策四》、〈秦本紀〉、〈楚世家〉俱不載。凌稚隆曰：「此書議論千翻百轉，其要歸只在『莫若善楚』一句。」鄧以瓚曰：「此即『遠交近攻』之論。」陳子龍曰：「歇之說雖欲後楚之亡，然為秦取天下之計亦未嘗不善，卒之韓、魏先亡，而六國不能自立矣。」史珥曰：「剴切明暢，是當時樸直文字，然一氣呼應，舒捲自如，正自高老。」有井範平曰：「一篇書辭，變化有不可琢磨處，逸蕩有不可羈束處，而雄健之氣自貫注於其中，是〈諫逐客〉先鞭。」諸祖耿引馬驌曰：「昭然利害，敷陳愷切，春申君生平唯此可觀。」牛鴻恩曰：「這篇為楚說秦王的說辭，時間約在秦王政十二年（西元前二三五年）。文中稱文王、莊王為『先王』，又歷述秦王政五年、九年的戰事，顯係說秦王政之辭。秦王政十二年，秦『發四郡兵助魏擊楚』，見〈六國年表〉，本文所說『今王之攻楚』當是指此而言。而春申君已於秦王政九年（西元前二三八年）死去。」繆文遠曰：「《通鑑》、《大事紀》均書黃歇說秦昭王於赧四十二年（西元前二七三年），皆與此章說辭不合。《策》文言『秦取魏蒲、衍、首垣』，當即始皇九年『秦拔魏垣、蒲陽、衍』之訛；《策》文又以『毋毀楚強魏』為言，據〈六國表〉，始皇十二年『秦發四郡兵助魏擊楚』，此章疑即此時事。說秦者已失其名，惟黃歇已死數年，斷非黃歇之說也。」119 謝　辭絕。120 與國　同盟國。

【語　譯】 春申君是楚國人，姓黃名歇。曾到許多地方求過學，因此知識豐富，在楚頃襄王手下做事。楚頃襄王因為黃歇能說會道，派他出使到了秦國。在此以前，秦昭王曾命令白起進攻韓、魏兩國，在華陽打敗了韓、魏聯軍，活捉了魏將芒卯，韓、魏兩國無法，只好屈服於秦國。秦昭王正要派白起去聯合韓、魏兩國一道伐楚，還沒有出發，這時黃歇正好到了秦國，聽說了秦國的這個計畫。早在五六年前，秦國就曾派白起攻打過楚國，奪取了巫郡、黔中郡，攻克了鄢和郢，並一直向東打到了竟陵，楚頃襄王無奈，只好把國都東遷到了陳縣。黃歇還想到當初楚懷王被騙到了秦國，並一直被扣留到死。頃襄王，是楚懷王的兒子，秦國根本瞧不起他，黃歇擔心秦國這次出兵會一舉把楚國消滅掉。因此黃歇上書秦昭王說：

2 「天下沒有比秦國、楚國更強的國家了。今天我聽說大王想要出兵伐楚，這就好像兩隻老虎互相爭鬥，其結果只能是讓那些在一邊冷眼旁觀的孬狗得到好處。依我看來，秦國不如和楚國搞好關係。我可以給您說說它的道理：俗話說物極必反，冬冷夏熱的變化就是這樣的；又說什麼東西太高了就要發生危險，比如累棋子就是這樣的。今天您們秦國的地盤已經據有天下西、北二個方向的盡頭，從有人類以來，還沒有哪個帝王的國家能像您們這麼大。秦國早從文王、莊王到大王您，三代國君都曾想要把自己的國土和齊國邊接起來，以從中斬斷東方六國南北的合縱聯盟。如今您派了盛橋去監督韓國，盛橋就把韓國的大片土地劃給了秦國，這裡沒費您的一兵一卒，也不用您去施加威力，秦國就得到了一百多里的國土。您可真說得上能幹了！您又派兵伐魏，堵住了魏都大梁的要道，奪取了河內，占領了燕縣、酸棗、虛縣、桃人縣，嚇得楚國、魏國的軍隊只在一旁遲疑徘徊而不敢前去增援。您的功勞也真夠多了。您讓部隊進行了休整，兩年後又繼續出戰，您一舉吞併了魏國的蒲鄉、衍縣和首垣，接著又向前打到了仁縣和平丘，嚇得黃城、濟陽的守將堅閉不出，魏國只能向您求和；您又割取了濮水和歷山以北的地區，從而把齊國和秦國連接了起來，斬斷了楚國和趙國的聯繫，東方各國也曾幾次地聯合起來，但誰都不敢派兵來救。您的聲威也算是發揮到極點了。

3 「您如果能夠保持住原有的功業和威勢，今後不再從事武力擴張而轉為廣施仁義，使秦國永無後患，那麼您在歷史上就可以和三王五霸並稱了。假如您繼續倚仗著人口眾多，武力強盛，想乘著剛剛打敗了魏國的威風，用武力消滅天下各國，那我就不得不擔心您們的後患了。《詩經》上說過：『辦事情往往是開頭不錯，而真正能貫徹始終的沒有幾個。』《易經》上也說：『狐狸過河，儘管牠小心，最後還總是弄溼了尾巴。』這些都是說開始時容易，要保持到最後就難了。怎麼知道的呢？當初智伯只看到了進攻趙國的好處，而沒有料到他會在榆次被人所殺；吳王夫差當時只看到了攻打齊國的好處，而沒有料到他會被人打敗死在干隧。這兩個國家，並不是沒有建立過大功，問題就出在他們只看見了眼前的利益，而忽視了跟著而來的災難。吳國當時相信了越國的馴服，就讓他們跟著一起去打齊國了，結果剛剛在艾陵打敗了齊人，在回來的路上，剛走到三渚的水邊就被越人活捉了；智伯當時相信了韓、魏兩國，就讓他們跟著去一同伐趙，他們圍攻趙國的晉陽，眼看就要勝利了，這時韓國和魏國突然發動了叛變，把智伯殺在了鑿臺之下。現在您因為楚國還沒有被您打敗所以不滿足，卻忘了打敗楚國只會使韓國、魏國變得更強。要是讓我幫您考慮，我是絕不這麼做的。

4 「《詩經》上說：『不能派兵到千里迢迢之外去攻打敵人。』由此看來，楚國，應該是您的幫手；而您的鄰國，才真正是您的敵人。《詩經》上又說：『狡兔跑得再快，一遇到獵狗就無法再逃；別人有什麼心思，我一揣摩就能知道。』今天您改變做法而相信韓、魏兩國對您的友好，這正和當年的吳王相信越國一樣。臣聽說：對於敵人不能寬容，對於時機必須抓緊。我真擔心韓國、魏國今天的謙卑，是為了欺騙您而故意裝出來的。為什麼呢？您過去對韓、魏兩國並沒有什麼累世恩德，相反倒是世世代代都有仇恨。韓、魏兩國的黎民百姓前赴後繼地被秦國所殺，已經快有十代了。他們的國家根本被您們殘害，他們的社稷宗廟被您們毀壞。他們的人被您們剖腹、殺頭，身首異處，屍橫遍野，到處都是；那些被俘虜去的大人孩子，被您們用繩子串著，正成群結隊地在路上押送，他們的祖先也在地下傷心今後沒有人再祭祀他們了。剩下來的人們也無法生活，只好到處流浪，逃到其他國家給人家當奴隸。對於這兩個國家，如果不把它們徹底消滅，那才將是您們秦國的大患。可是您今天卻供應著它們來進攻楚國，這不是很大的失策嗎？

5 「再說，您要是攻打楚國，您準備從哪條路上出兵呢？您是想經過您仇敵的韓、魏兩國的國土嗎？如果那樣，您們的軍隊一出發您就可能要擔心他們再也回不來了。這樣您等於把軍隊送給了仇敵的韓、魏兩國。

您如果不路過韓、魏的國土，那就必須去進攻隨水西岸。而隨水西岸到處都是叢山、河網、山林溪谷，沒有一點可以耕種的土地，您即使占領了它，也談不上真有什麼收穫。如此一來您只得到一個進攻了楚國的壞名聲，而沒有真正得到任何好處啊。

6 「還有，您一旦發兵攻楚，那麼韓、趙、魏、齊四個國家都一定會起兵響應。到那時，趁著楚國和秦國正打得難解難分，魏國就會趁機攻取留縣、方與、銍縣、湖陵、碭縣、蕭縣、相縣，把過去宋國的這些地盤全部占有。齊國的軍隊南出攻楚，肯定就會奪取泗水流域。而這些地方都是四通八達的平原，土地肥沃，結果您讓他們都占了去。這就是說您打了半天楚國，最後只是讓韓、魏兩國在中原獲得利益，也讓齊國變得更強了。光是韓、魏兩國強起來，就已經足以和秦國相抗衡。再加上那時齊國將以泗水為西境，東面靠著大海，北面靠著黃河，一點後患也沒有。到那時，天下的國家就沒有比齊國更強的了。齊國得到了土地實利，還假裝著對您恭恭敬敬，這樣一年之後，即使它自己還一時不能稱帝，但對於禁止您稱帝，那是綽綽有餘的了。

7 「您有這麼廣博的土地，有這麼眾多的人口，又有這麼強大的兵力，結果發動一次軍事行動之後，不僅白白地得罪楚國，還將使韓、魏兩國把帝號之尊送給了齊國，這不是您的失策嗎？所以我為您考慮，最好還是和楚國搞好關係。秦國和楚國一旦聯合起來對付韓國，韓國立刻就會乖乖就範。然後您控制住東部山地的險要地勢，占據著河曲一帶的有利地形，到那時韓國就要降為您國內的一個小侯了。如果，您進一步再派十萬大軍駐紮新鄭，那時魏國立刻就會緊張起來，許縣、鄢陵不敢出戰，只能閉門堅守，上蔡、召陵和魏國的聯絡就被斬斷了，這樣一來，魏國也成了秦國國內的一個小侯。您一旦和楚國搞好關係，立刻就有兩個萬乘之國變成了您的關內侯，而且還把您的地界東推到和齊國相連結，這樣，齊國的西部地區您就可以毫不費力地奪過來了。到那時您的國土從西海一直通到東海，整個天下都被您所控制，燕國、趙國就再也不能與齊國、楚國聯繫，齊國、楚國也不可能與燕國、趙國聯繫了。然後您再向北威脅燕、趙，向東向南恫嚇齊、楚，那麼這四個國家也就不用您動手就被您降服了。」

8 秦昭王說：「好吧！」於是就命令白起停止向楚國進兵，同時也把這個意思告訴了韓、魏兩國。接著又派人送禮去拉攏楚國，和楚國建立了聯盟。

黃歇受約歸楚，楚使歇與太子完[1]入質於秦，秦留之數年。楚頃襄王病，太子不得歸。而楚太子與秦相應侯[2]善，於是黃歇乃說應侯曰：「相國[3]誠善楚太子乎？」應侯曰：「然。」歇曰：「今楚王恐不起疾[4]，秦不如歸其太子。太子得立，其事秦必重[5]而德相國[6]無窮，是親與國而得儲萬乘[7]也。若不歸，則咸陽一布衣耳；楚更立太子，必不事秦。夫失與國而絕萬乘之和[8]，非計也，願相國孰[9]慮之。」應侯以聞秦王。秦王曰：「令楚太子之傅[10]先往問楚王之疾，返而後圖之。」黃歇為楚太子計曰：「秦之留太子也，欲以求利也。今太子力未能有以利秦也，歇憂之甚。而陽文君[11]子二人在中[12]，王若卒大命[13]，太子不在，陽文君子必立為後，太子不得奉宗廟[14]矣。不如亡秦[15]，與使者[16]俱出。臣請止，以死當之[17]。」楚太子因變衣服為楚使者御[18]以出關[19]，而黃歇守舍，常為謝病[20]。度[21]太子已遠，秦不能追，歇乃自言秦昭王曰：「楚太子已歸，出遠矣。歇當死，願賜死。」昭王大怒，欲聽其自殺也。應侯曰：「歇為人臣，出身[22]以徇[23]其主，太子立，必用歇，故不如無罪[24]而歸之，以親楚。」秦因遣黃歇[25]。

【章　旨】以上為第二段，寫春申君捨身脫楚太子於難。

【注　釋】❶太子完　即日後的楚考烈王。❷秦相應侯　即范睢，原魏人，後為秦昭王相，封應侯，事跡詳見〈范睢蔡澤列傳〉。❸相國　職務同丞相，但較丞相位尊而權專，丞相多設左右二人，而相國則只有一人。❹恐不起疾　句子不順，《通鑑》改之為「疾恐不起」，是也。❺重　厚。❻德相國　感念相國您的恩德。❼儲萬乘　儲存著一個未來的萬乘之君。❽絕萬乘之和　斷絕了和楚國這樣一個萬乘之國的友好關係。❾孰　通「熟」。❿太子之傅　即太子太傅，太子的訓導官。⓫陽文君　楚頃襄王的兄弟，其名與事跡不詳。⓬在中　在宮中。即在君王的身邊。⓭卒大命　猶言「盡天年」。即死。卒，盡。大命，生來所秉的年限。⓮不得奉宗廟　指不能繼位為王。因為只有帝王才能主持祭祀皇族的宗廟。⓯亡秦　從秦國逃走。⓰使者　岡白駒曰：「即使先往問楚王之疾者。」⓱臣請止二句　止，留。留下來處理善後事宜。按：春申君事跡之尚可信且尤光輝者，僅此而已，蓋不亞於「完璧歸趙」之藺相如與「鴻門宴」之張良也。⓲為楚使者御　扮成歸楚使者的車夫。御，車夫。⓳出關　指出函谷關（在今河南靈寶東北）。當時的楚國都城在陳（今河南淮陽）。⓴常為謝病　稱說太子有病，不能見秦人。㉑度　忖度；估量。㉒出身　猶言「獻身」。㉓徇　為某種目的而貢獻自己的一切。㉔無罪　不要怪罪。㉕秦因遣黃歇　按：以上黃歇脫楚太子於秦事，今本《戰國策》不載。春申君當時之所以名滿天下者，或以此也。

【語　譯】黃歇和秦國締結了盟約後回到了楚國，楚國又派他和太子完一起到秦國做人質，在秦國住了好幾年。後來楚頃襄王得了病，太子完在秦國回不來。但由於太子完和秦國宰相范睢關係好，於是黃歇就去對范睢說：「您是真的和楚太子好嗎？」范睢說：「是的。」黃歇說：「現在楚王的病恐怕好不了啦，秦國不如趕快放他的太子回去。這樣等太子即位後，就一定會很好的對待秦國，而且會永遠感謝您的恩德，這就等於您加強了與同盟國的關係，而且儲存了一個未來的萬乘之君。如果您不讓他回去，他在咸陽只不過是一個小老百姓，楚國萬一另立別的太子，那他即位之後就不會聽秦國的話了。這反過來又等於失掉了一個同盟國，斷絕了一個大國之君對您的友好感情，這不是一個好辦法。希望您仔細考慮。」范睢把黃歇的這些話告訴了秦王。秦王說：「叫楚太子的老師先回去看看楚王的病情，等他回來以後我們再作商議。」黃歇一聽，給太子完出主意說：「現在秦國所以扣留您，就是想得到更多的好處。而您現在又沒有辦法給他們提供什麼好處，所以我非常擔心。現在楚王的兄弟陽文君有兩個兒子在君王的身邊，我怕楚王萬一去世，您又不在，那時陽文君的兒子就會被立為接班人，這樣一來您就不能做國君了。所以我看您不如逃跑，和回楚國的使者一塊走。我留在這裡，豁出命去頂著它。」太子完於是就換了衣服，扮成楚國使者的車夫混出了秦國，而黃歇留在客館裡，一直推說太子有病不見人。等估計著太子完已經走遠，秦國追不上了，黃歇就自己去對秦昭王說：「楚太子已經回國，現在早就走遠了。我知道有罪，現在來向您請死！」秦昭王大怒，想要叫他自殺。這時范雎說：「黃歇作為一個臣子，能捨出性命來救自己的主人，這是難得的。如果楚太子日後做了楚王，他一定會重用黃歇，所以不如放了他讓他回去，藉以加強與楚國的友好關係。」於是秦王就打發黃歇回國了。

1 歇至楚三月，楚頃襄王卒❶，太子完立，是為考烈王。考烈王元年❷，以黃歇為相，封為春申君，賜淮北❸地十二縣。後十五歲❹，黃歇言之楚王曰：「淮北地邊齊❺，其事急，請以為郡便❻。」因并獻淮北十二縣，請封於江東❼。考烈王許之。春申君因城故吳墟❽，以自為都邑。

2 春申君既相楚，是時齊有孟嘗君❾，趙有平原君❿，魏有信陵君⓫，方爭下士⓬，招致賓客，以相傾奪，輔國持權⓭。

3 春申君為楚相四年⓮，秦破趙之長平軍四十餘萬⓯。五年，圍邯鄲⓰，邯鄲告急於楚⓱。楚使春申君將兵往救之⓲，秦兵亦去，春申君歸。春申君相楚八年⓳，為楚北伐滅魯⓴，以荀卿為蘭陵令㉑。當是時，楚復彊㉒。

4 趙平原君使人於春申君，春申君舍之於上舍。趙使欲夸楚㉓，為瑇瑁簪㉔，刀劍室㉕以珠玉飾之，請命㉖春申君客。春申君客三千餘人，其上客皆躡㉗珠履以見趙使，趙使大慙㉘。

5 春申君相十四年㉙，秦莊襄王㉚立，以呂不韋㉛為相，封為文信侯。取東周㉜。

6 春申君相二十二年㉝，諸侯患秦攻伐無已時，乃相與合從㉞，西伐秦，而楚王為從長㉟，春申君用事㊱。至函谷關，秦出兵攻，諸侯兵皆敗走㊲。楚考烈王以咎春申君，春申君以此益疏。

7 客有觀津㊳人朱英㊴，謂春申君曰：「人皆以楚為彊而君用之弱㊵，其於英不然㊶。先君時善秦二十年而不攻楚㊷，何也？秦踰黽隘之塞而攻楚㊸，不便；假道於兩周，背韓、魏而攻楚㊹，不可㊺。今則不然：魏旦暮亡，不能愛許、鄢陵㊻，其許魏割以與秦㊼。秦兵去陳百六十里㊽，臣之所觀者，見秦、楚之日鬬㊾也。」楚於是去陳徙壽春㊿；而秦徙衛野王，作置東郡(51)。春申君由此就封於吳(52)，行相事(53)。

【章旨】以上為第三段，寫黃歇為楚相時的一些事跡。

【注　釋】❶頃襄王卒　事在頃襄王三十六年（西元前二六三年）。❷考烈王元年　西元前二六二年。❸淮北　指今江蘇、安徽的淮河以北地區。❹後十五歲　考烈王十六年（西元前二四七年）。❺邊齊　靠近齊國。❻為郡便　意謂設以為郡，受國家直接管理，有緊急便於處置。❼江東　指今無錫、蘇州、上海等一帶地區。❽故吳墟　春秋末期吳王闔廬、吳王夫差的都城，即今蘇州。瀧川曰：「《楚策》虞卿謂春申君曰：『臣聞之，於安思危，危則慮安。今楚王春秋高矣，而君之封地不可不早定也。為主君慮封者，莫如遠楚。』春申君蓋從其計也。」按：「後十五歲」數句，乃探後事以補明黃歇何以稱為「春申君」，以下方是按時代順序敘事。❾孟嘗君　即田文，曾為齊湣王相，事見〈孟嘗君列傳〉。❿平原君　即趙勝，曾為趙惠文王、趙孝成王相，事見〈平原君虞卿列傳〉。⓫信陵君　名無忌，魏安釐王之弟，事見〈魏公子列傳〉。⓬爭下士　競相禮賢下士。⓭輔國持權　輔佐君主，把持大權。⓮為楚相四年　即考烈王四年（西元前二五九年）。⓯秦破趙之長平軍四十餘萬　考烈王三年，趙孝成王六年，秦昭王四十七年，西元前二六〇年，秦將白起大破趙軍於長平（今山西高平西北），坑趙卒四十萬，事見〈白起王翦列傳〉、〈廉頗藺相如列傳〉。⓰五年二句　梁玉繩曰：「長平之戰在春申為相之三年，救邯鄲在六年，此皆誤。」按：秦兵進圍趙都邯鄲，在趙孝成王七年，秦昭王四十八年，西元前二五九年。⓱邯鄲告急於楚　平原君與毛遂等赴楚求救事，詳見〈平原君虞卿列傳〉。⓲春申君將兵往救之　事在考烈王六年，趙孝成王九年，秦昭王五十年，西元前二五七年。⓳相楚八年　考烈王八年（西元前二五五年）。⓴為楚北伐滅魯　《索隱》曰：「按〈年表〉云，八年取魯，封魯君於莒（今山東莒縣），十四年而滅也。」梁玉繩曰：「是歲楚取魯，封魯君於莒，此言『滅』誤。」按：楊寬〈戰國史年表〉繫魯被楚滅於考烈王七年（西元前二五六年）。魯，西周初年建立的諸侯國，始封之君為周公之子魯公伯禽，國都在今山東曲阜。魯國在春秋初期尚為大國，以後逐漸衰落，至此遂被楚所滅。㉑以荀卿為蘭陵令　荀卿，名況。「卿」為當時對人的敬稱，如呼荊軻之為「荊卿」然也。原趙人，是孔子、孟子以後的最著名的儒學大師，著有《荀子》，事跡見〈孟子荀卿列傳〉。蘭陵，楚縣名，縣治在今山東蒼山西南。瀧川曰：「〈春申君傳〉特載荀卿事，猶〈魏世家〉敘孟子事，見史公尊儒之意。」㉒當是時二句　郭嵩燾曰：「〈楚世家〉於考烈王之世云『是時楚益弱』，一出兵救趙，一與諸侯共伐秦，不利而去，遂徙都壽春。此云『楚復彊』，亦第為春申君作聲勢而已。」㉓夸楚　向楚人誇耀自己的闊氣。㉔瑇瑁簪　飾以玳瑁的髮簪。瑇瑁，同「玳瑁」。㉕刀劍室　刀鞘、劍鞘。張文虎《札記》疑「室」下脫「悉」字。㉖請命　求見。實即故意前往炫耀。㉗躡　趿拉著鞋。這裡即指穿。㉘趙使大慙　按：以上平原之客與春申之客相互鬥富事，頗類《世說新語》，足見平原、春申之無聊。㉙相十四年　考烈王十四年，西元前二四九年。㉚秦莊襄王　名楚，秦始皇之父，西元前二四九－前二四七年在位。㉛呂不韋原為衛國商人，後因擁立子楚為秦王（即莊襄王），被任為丞相，封文信侯，事跡詳見〈呂不韋列傳〉。㉜取東周　周天子自春秋以來逐漸成為傀儡，至周顯王（西元前三六八—前三二一年在位）時，僅存的一小塊領地又被其屬下的兩個貴族所瓜分，一個居於鞏縣（今河南鞏縣西南），稱「東周君」；一個居於王城（今洛陽市），稱「西周君」。周赧王自己已無立錐之地，只好借居在王城。西元前二五六年，周赧王死，秦昭王派兵滅西周，收洛陽歸秦；至莊襄王元年（西元前二四九年），秦又派兵滅東周，收鞏縣歸秦，從此周武王所建立的綿延八百餘年的周王朝遂徹底滅亡。㉝相二十二年　考烈王二十二年，當秦王政六年（西元前二四一年）。㉞合從　同「合縱」。指東方六國間的南北向聯合。㉟楚王為從長　為諸國聯軍的總指揮。牛鴻恩曰：「此即由趙將龐煖所組織的最後一次東方合縱，趙、楚、魏、燕、韓五國聯軍攻秦至蕞（今陝西臨潼北），被秦軍擊退。」按：事見楊寬《戰國史表》。㊱用事　執政；掌權。㊲至函谷關三句　函谷關在今河南靈寶東北，為秦國東部的要塞。依楊寬、牛鴻恩等說，則此次東方聯軍實已進入函谷關，並已達到離咸陽不遠之臨潼城北，非敗於函谷關之東也。㊳觀津　趙縣名，在今河北武邑東。㊴朱英　《戰國策》作「魏鞅」，實為誤字。疑其初「朱英」有誤為「未英」者，「未」又改為「魏」；「英」與「央」同聲，又轉變為「鞅」。㊵君用之弱　謂在你執政期間使國家變弱了。㊶其於英不然　在我朱英看來不是如此。㊷先君時善秦二十年而不攻楚　瀧川曰：「楓山、三條本無『善』字，與《策》合，各本誤衍。」㊸秦踰黽隘之塞而攻楚　黽隘之塞，也叫黽塞，在今河南信陽南，是今河南與湖北兩省間的天然屏障，其地有平靖關、武勝關等諸險。按：秦自昭王二十九年（楚頃襄王二十一年，西元前二七八年）攻占楚國舊都郢，在其地設立南郡，楚國被迫遷都於陳。在此以後，秦如從南郡出兵攻陳，則須翻越黽隘之塞。㊹假道於兩周二句　指秦兵由函谷關東出，直奔楚之新都陳。假道，借道。兩周，指鞏縣的東周與王城的西周。背韓魏，越過韓、魏兩國之地。㊺不可　謂當時的韓、魏尚強，恐其聯合兩周以斷絕秦兵之退路也。㊻不能愛許鄢陵　愛，吝惜。許、鄢陵皆魏之縣名。㊼其許魏割以與秦　按：語句不順，似有訛誤。「其許」，《會注考證》作「其計」。瀧川曰：「『計』，各本作『許』，蓋涉上文而誤，今從楓山、三條本。」「魏」字疑衍。其計割以與秦，意即定將「許」與「鄢陵」割與秦國。㊽秦兵去陳百六十里　意謂秦兵占據許與鄢陵後，東距楚都陳縣就只有一百六十里了。㊾秦楚之日鬭　意謂楚與秦國的戰鬥從此將日夜不息。按：以上朱英謂春申君語，見《戰國策・韓策一》。繆文遠引鍾鳳年曰：「細繹說者之辭，雖若陽為楚謀，而陰則意在令春申君顧及魏危則楚將有唇亡齒寒之虞，故實不啻為魏計。」㊿楚於是去陳徙壽春　壽春，即今安徽壽縣。按：楚由陳遷都壽春事，在秦王政六年，楚考烈王二十二年（西元前二四一年）。(51)而秦徙衛野王二句　將衛國的末代國君（衛元君）遷之於野王（今河南沁陽），並將衛國原來的那一帶地區設立為「東郡」。衛是西周初期建立的諸侯國，春秋以來逐漸衰落，至戰國後期，便只剩了一個國都濮陽（今河南濮陽西南），而衛國的諸侯也由稱「公」而下落為稱「君」。秦王政五年（西元前二四二年），秦兵攻占了魏國北部的大片地區，在那裡設置了東郡，郡治便在濮陽。秦王政六年，衛元君與其整個家族被逐出濮陽，遷居野王。(52)就封於吳　到自己的領地吳縣去作封君。(53)行相事　還兼任著楚國的丞相。

【語　譯】黃歇歸楚後三個月，頃襄王病故，太子完繼承了王位，這就是楚考烈王。考烈王元年，任命黃歇為宰相，封之為春申君，賜給了他淮河以北的十二個縣作為領地。過了十五年，黃歇對楚王說：「淮河以北的地區離齊國太近，常有緊急情況發生，還是把那裡改為郡縣比較方便。」於是黃歇就把淮河以北的十二個縣還給了朝廷，請求改封在江東，考烈王同意了。於是春申君就在當年吳國首都的舊址上，築起了自己的都城。

2　在春申君做楚國宰相的時候，這時齊國有孟嘗君，趙國有平原君，魏國有信陵君，大家都爭著禮賢下士，招攬賓客，以此來爭強鬥勝，他們都分別掌握著各自國家的政權。

3　春申君做楚國宰相的第四年，秦國在長平消滅了趙國軍隊四十多萬。第五年，秦軍包圍了邯鄲，邯鄲向楚國告急。楚國派春申君帶兵前往援救，這時秦軍自己撤走了，於是春申君順利而回。春申君做楚國宰相的第八年，率軍北伐，滅掉了魯國。又任命荀卿做了蘭陵縣令。一時之間，楚國又強大起來了。

4　有一次平原君派人來到了春申君家裡，春申君把他們安置在最好的賓館裡住。這時趙國的使者想在楚國誇耀自己的富貴，就故意在頭髮上都插著玳瑁簪，刀劍鞘都用珠玉作裝飾，得意洋洋地來見春申君的門客。這時春申君的門客有三千多人，出來接見趙國使者的那些上等客人腳下都穿著用珠玉裝飾的鞋子，趙國使者一看頓時感到慚愧得無地自容。

5　春申君做楚國宰相的第十四年，秦國的莊襄王即位。這時呂不韋做了秦國的宰相，並封為文信侯。同一年秦國滅掉了東周。

6　春申君做楚國宰相的第二十二年，東方各國害怕秦國對它們的攻伐沒完沒了，於是就聯合起來，共同伐秦，考烈王為盟軍的最高首腦，春申君負責具體事務。六國聯軍前進到函谷關，秦國出兵迎戰時，各國的軍隊都一哄而散，逃走了，考烈王指責春申君，春申君從此漸漸被楚王疏遠。

7 這時春申君門下有個觀津來的客人名叫朱英，他對春申君說：「大家都認為楚國是強大的，只是由於您才把它給弄弱了，我卻認為不是這樣。先王在世時，楚國和秦國友好了二十年，沒有受到秦國的攻打，當時為什麼能那樣呢？那是因為秦國當時要越過黽隘那樣險要的關塞來攻打楚國，很不方便；如果它想向東、西兩周借路來攻打我們，那它就還得跨過韓、魏兩國，這也是不行的。而現在卻不同了：魏國已經朝不保夕，它連許縣和鄢陵都顧不上了，聽說他們已經答應把這兩個地方割給秦國。這一來秦國軍隊離著我們的首都陳縣就只有一百六十里地，今後我們每天所看到的，就是秦國和楚國的戰鬥了。」於是楚國只好離開陳縣，把國都又遷到了壽春。而秦國則強制衛國從濮陽遷到了野王，而在濮陽設立了東郡。春申君從此正式被封在吳地，仍代行宰相的職權。

1 楚考烈王無子，春申君患之，求婦人宜子者進之，甚眾，卒無子❶。趙人李園持其女弟，欲進之楚王，聞其不宜子，恐久毋寵。李園求事春申君為舍人❷，已而謁歸❸，故失期❹。還謁❺，春申君問之狀❻，對曰：「齊王使使求臣之女弟，與其使者飲，故失期。」春申君曰：「娉❼入乎？」對曰：「未也。」春申君曰：「可得見乎？」曰：「可。」於是李園乃進其女弟，即幸於春申君。知其有身❽，李園乃與其女弟謀❾。園女弟承間❿以說春申君曰：「楚王之貴幸君，雖兄弟不如也。今君相楚二十餘年，而王無子，即⓫百歲後⓬將更立兄弟⓭。則楚更立君後，亦各貴其故所親，君又安得長有寵乎？非徒然也，君貴用事久，多失禮於王兄弟，兄弟誠立，禍且及身，何以保相印、江東之封乎？今妾自知有身矣，而人莫知。妾幸君未久，誠以君之重而進妾於楚王，王必幸妾；妾賴天有子男，則是君之子為王也，楚國盡可得，孰與身臨不測之罪乎？」春申君大然之，乃出[14]李園女弟謹舍[15]，而言之楚王。楚王召入幸之，遂生子男，立為太子，以李園女弟為王后。楚王貴李園，園用事。

2 李園既入其女弟，立為王后，子為太子，恐春申君語泄而益驕[16]，陰養死士[17]，欲殺春申君以滅口，而國人頗有知之者。

3 春申君相二十五年[18]，楚考烈王病。朱英謂春申君曰：「世有毋望之福[19]，又有毋望之禍。今君處毋望之世[20]，事毋望之主[21]，安可以無毋望之人[22]乎？」春申君曰：「何謂毋望之福？」曰：「君相楚二十餘年矣，雖名相國，實楚王也[23]。今楚王病，旦暮且卒，而君相少主，因而代立當國[24]，如伊尹[25]、周公[26]，王長而反政；不即遂南面稱孤而有楚國[27]。此所謂毋望之福也。」春申君曰：「何謂毋望之禍？」曰：「李園不治國而君之仇也[28]，不為兵而養死士[29]之日久矣。楚王卒，李園必先入據權[30]而殺君以滅口。此所謂毋望之禍也。」春申君曰：「何謂毋望之人？」對曰：「君置臣郎中[31]，楚王卒，李園必先入，臣為君殺李園。此所謂毋望之人也。」春申君曰：「足下置之㉜。李園，弱人也，僕又善之，且又何至此㉝！」朱英知言不用，恐禍及身，乃亡去。

4 後十七日，楚考烈王卒，李園果先入，伏死士於棘門㉞之內。春申君入棘門，園死士俠刺㉟春申君，斬其頭，投之棘門外。於是遂使吏盡滅春申君之家。而李園女弟初幸春申君有身而入之王所生子者遂立，是為楚幽王㊱。

5 是歲㊲也，秦始皇帝立九年矣，嫪毐㊳亦為亂於秦，覺，夷其三族㊴，而呂不韋廢㊵。

【章旨】以上為第四段，寫春申君陰謀竊楚的可恥結局。

【注釋】❶卒無子　謂直到此時尚無子嗣。郭嵩燾曰：「〈楚世家〉：『幽王十年卒，同母弟猶代立，是為哀王；哀王立二月，庶兄負芻之徒襲殺哀王而立負芻為王。』而此云考烈王『卒無子』，與〈世家〉乖異，此不可曉。」按：「負芻」與「猶」皆幽王之弟。❷舍人　王公貴族身邊的佣人、門客之有職事者。❸謁歸　請假回家。❹故失期　故意地超過了假期。胡三省曰：「欲以發春申君之問也。」❺還謁　回來後拜見春申君。謁，進見。❻問之狀　問其所以過期晚回的原因。❼娉　通「聘」。古代男家給女家的定親禮品。❽有身　指懷孕。❾與其女弟謀　所謀即下文園女弟說春申君語。❿承間　找空隙；趁機會。⓫即　倘若。⓬百歲後　指考烈王死。⓭將更立兄弟　將改立考烈王的其他兄弟為王。⓮出　令其出居於外。⓯謹舍　胡三省曰：「別為館舍以居之，奉衛甚謹也。」⓰恐春申君語泄而益驕　繆文遠引金正煒曰：「『而益驕』三字當在上文『李園用事』句下，誤淆次於後也。」⓱死士　猶今之所謂「亡命徒」。不怕死的殺手。⓲相二十五年　考烈王二十五年，當秦王政九年，西元前二三八年。⓳毋望之福　意想不到的洪福。毋望，意想不到。《正義》曰：「謂不望而忽至也。」⓴毋望之世　《正義》曰：「謂生死無常。」按：此句似指楚國政治形勢的變化無常。㉑毋望之主　《正義》曰：「謂喜怒不節也。」按：此句似指病中的楚王生死莫測。㉒毋望之人　意想不到而忽然降臨的貴人，蓋朱英自指。中井曰：「『毋望之世』謂禍福不可常也，『毋望之主』謂寵幸不可恃也，『毋望之人』謂排難脫厄之人不求而至也。」㉓雖名相國二句　極言其權力之大。㉔代立當國　代少主立於君位，以掌國家政事。㉕伊尹　商朝宰相。帝太甲暴虐亂德，不遵湯法，伊尹放之於桐宮，自己攝行國家政事。三年後太甲悔改，伊尹遂還政太甲而退為人臣。事見〈殷本紀〉。㉖周公　武王之弟。武王死後，成王年幼，周公乃攝行政事。七年後，成王長大，周公乃還政於成王。事見〈周本紀〉。㉗不即遂南面稱孤而有楚國　否則就乾脆自己正式做了楚國的國王。㉘李園不治國而君之仇也　李園雖然不掌國政，但他是楚王的舅子。不治國，指不為宰相。君之仇，梁玉繩曰：「《策》作『王之舅』，是，此因聲近而誤。言李園為王舅也。下文春申云『僕善李園』，則不以為仇明矣。」㉙不為兵而養死士　雖然不掌握軍隊，但卻養了不少亡命徒。不為兵，指不為將軍。㉚先人據權　搶先入宮，把持政權。㉛置臣郎中　將我安插在楚王的衛隊裡。郎，帝王的侍從警衛人員。凌稚隆引茅瓚曰：「朱英之言深矣，然未聞道也。春申之納女，前日事耳，英不能以時匡之以大義，而以殺園自任，雖多言亦何救於亂耶？」㉜置之　猶言「收起」、「不要提啦」。㉝何至此　哪裡會到這一步。㉞棘門　《正義》曰：「壽州城門。」或曰，棘，通「戟」。棘門，即宮門，立戟為衛。㉟俠刺　兩側夾持而刺。胡三省曰：「俠，讀為『夾』。」凌稚隆引《郁離子》曰：「楚太子以梧桐之實養梟，而冀其鳳鳴焉。春申君曰：『是梟也，生而殊性，不可易也，食何與焉！』朱英聞之，謂春申君曰：『君知梟之不可以食易其性而為鳳矣，而君之門下無非狗偷鼠竊，亡賴之人也，而君寵榮之，食之以玉食，薦之以珠履，將望之國士之報。以臣觀之，亦何異乎以梧桐之養梟鳥而冀其鳳鳴也？』春申君不悟，卒為李園所殺，而門下之士無一人還報者。」㊱楚幽王　名悍，西元前二三七—前二二八年在位。㊲是歲　考烈王二十五年，秦王政九年，西元前二三八年。㊳嫪毐　據〈呂不韋列傳〉，嫪毐原為呂不韋舍人，呂不韋將其送入秦宮，與秦王政母私通，後又企圖謀殺秦王政，被秦王政誅滅。㊴夷其三族　夷，滅。三族，有曰指父族、母族、妻族；有曰指父母、兄弟、妻子；尚有他說不錄。㊵呂不韋廢　據〈呂不韋列傳〉，呂不韋將其懷孕的姬妾送給子楚（即日後的莊襄王），生秦王政，呂不韋在莊襄王與秦王政時多年為相國，後因嫪毐事件牽連，被流放自殺。按：以上春申君進李園妹進宮與春申君被李園所殺事，見《戰國策・楚策四》。繆文遠曰：「蓋好事者所為，而史公不察，又誤采之也。」黃式三曰：「《越絕書》十四云：『烈王娶李園妹，十月產子男。』則《策》、《史》之說非矣。夫春申君果知娠而出諸謹舍，言諸王而入幸之，則事非一月，安必其十月後生子乎？生而果男乎？行不可知之詭計，春申君何愚？此必後負芻謀哀王猶之誣言也。」關於呂不韋獻姬於子楚的問題，馬非百等曾有辨正；關於黃歇入姬於楚王的問題，也在「莫須有」之間，但歷史考辨是一回事，作史者的態度又是一回事，二者都須看清。董份曰：「傳後復結不韋事，見一時事偶相同，嘆之也。文之妙，正在此處。」郭嵩燾曰：「六國唯秦、楚最久遠，秦未併楚而楚之傳已中絕；絕而復續，終滅於秦；秦之傳亦於是時而絕，史公於此俱有微旨。」陳仁錫曰：「歇之立楚王在不韋前，歇之陰盜國在不韋後，兩人互相師。」

【語譯】考烈王一直還沒有兒子，春申君很為此著急，於是就找了不少適合生育的女子送給他，結果都還是不行。這時趙國的李園帶著他的妹妹來了，想把她送給楚王。後來聽說楚王不能生孩子，他怕他的妹妹日後失寵，於是他就去請求做春申君的門客。有一次他請假回家，故意晚回來了幾天。回來後去見春申君，春申君問他為什麼晚回來，李園說：「齊王派人來向我的妹妹求婚，我陪著齊王的使者喝酒，所以來晚了。」春申君說：「齊王下聘禮了嗎？」李園說：「還沒有。」春申君說：「我可以見見你妹妹嗎？」李園說：「可以。」於是李園就把他的妹妹獻給了春申君，結果很快地就受到了春申君的寵愛。後來李園知道他的妹妹已經懷孕，就和她商量了一個計策。而後李園的妹妹就找機會對春申君說：「楚王對您的親近，就連他的親兄弟也比不上。現在您做楚國宰相已經做了二十幾年，而楚王沒有兒子，等到有朝一日楚王去世，就只能另立他的其他弟兄。等到新國君即位後，他必然要重用他那些原有的親信，到那時您又怎麼能夠長久地維持您今天的地位呢？這還不算，您做楚國的宰相已經很久了，在這期間您對楚王的那些兄弟們也多有得罪，等到楚王哪個兄弟一即位，您恐怕立刻就要大禍臨頭，您還怎麼保得住宰相的職位和您江東的封地呢？現在我懷孕了，別人還都不知道。我在您這裡待得時間還不長，如果憑著您的地位把我進給楚王，楚王一定會喜歡我；如果蒙老天爺保佑日後我生個兒子，那以後不就是您的兒子做楚王了嗎？到那時整個楚國都成了您的，這不比您現在這麼坐以待斃強得多嗎？」春申君一聽覺得很對，於是就讓李園的妹妹搬出去住在一個安全的地方，自己進宮向楚王推薦了這個女子。楚王把李園的妹妹召進宮中，對她很是寵愛，不久就生了個男孩，楚王把他立為太子，而李園的妹妹也被封為王后。同時楚王也開始重用李園，讓李園參與國家大事。

2 再說李園，他已經把他妹妹送進了宮，當了王后，她生的兒子也當了太子，這時他開始擔心春申君洩露祕密，同時也怕他由此更加驕矜，於是就暗中養了一伙亡命徒，想殺掉春申君滅口，這時楚國國內也有些人知道這件事了。

3 春申君做楚國宰相的第二十五年，考烈王得病了。這時朱英對春申君說：「世界上往往有想不到的福，也往往有想不到的禍。您現在又是處在一個想不到的時代，而侍候著一個想不到的國王，在這種情況下您怎麼能夠沒有一個想不到的人物來給您幫忙呢？」春申君說：「什麼叫『想不到的福』？」朱英說：「您做楚國宰相已經二十多年了，名義上您雖然是宰相，而實際上您就是楚王。現在楚王得病，馬上就要死了，您日後輔佐一個小國君，代替他行使一切國家大權。到那時您就能夠像古代的伊尹、周公那樣，等小國王長大把政權還給他也行；不然您就乾脆自己當了楚王也行。總之這都是想不到的福。」春申君又說：「什麼是『想不到的禍』呢？」朱英說：「李園現在不是宰相，但他是楚王的舅子；他現在雖然不領兵，但他家裡卻長期以來養著許多亡命徒。等楚王一死，李園一定會搶先入宮掌權，並把您殺掉以滅口。這就是我所說的想不到的禍。」春申君說：「誰是『想不到而能幫助我的人』呢？」朱英說：「您先把我安排到宮中去做郎中，等到楚王一死，李園搶先進入宮中時，我就替您殺了他。這就是我所說的『想不到而能幫助您的人』。」春申君說：「您不要再提啦！李園是個軟弱無能的人，我又對他很好，他哪至於會這麼做！」朱英知道自己的話春申君聽不進去，害怕自己日後大禍臨頭，於是就及早逃離了楚國。

4 過了十七天，考烈王死了，李園果然搶先入宮，並把一群亡命徒埋伏在了國都的棘門裡面。等春申君由他的封地來到棘門時，那些埋伏的人們立即衝出來殺死了春申君，並把他的人頭扔到了棘門以外。接著李園就派人把春申君的一家全都殺光了。李園的妹妹當初在春申君那裡懷孕而後來進宮所生的兒子也繼位做了楚王，這就是楚幽王。

5 這一年，正好是秦始皇即位後的第九年，嫪毐也在秦國作亂，被秦始皇發覺後，滅了他的三族，呂不韋也同時被廢。

太史公曰：吾適楚，觀春申君故城❶，宮室盛矣哉！初，春申君之說秦昭王，及出身遣楚太子歸，何其智之明也❷！後制於李園，旄❸矣。語曰❹：「當斷不斷，反受其亂❺。」春申君失朱英❻之謂邪？

【章　旨】以上為第五段，是作者的論贊，作者對春申君的前半生英明、後半生昏悖，表現了深深的感慨。

【注　釋】❶春申君故城　據前文「城故吳墟」云云，則其故城乃在今蘇州市。❷何其智之明也　郭嵩燾曰：「春申君所以說秦昭王，即范睢遠交近攻之旨也，而是時，韓、魏之亡亟矣。楚徙都壽春而秦禍日逼，不與秦和亡，與秦和亦亡。和秦以存楚，可也；導秦以併韓、魏，不可也。去國都咫尺而皆為秦地，猶託辭『隨水右壤』以僻遠誑秦，而訹以韓、魏之為秦利病，以急遂其兼併天下之謀，春申君之為秦計亦深矣，其視信陵君所以說安釐王者哉？史公乃言其為『何智之明也』，吾弗敢知矣。」❸旄　通「耄」。昏聵。❹語曰　俗話說。❺當斷不斷二句　按：〈齊悼惠王世家〉稱此為「道家言」。牛鴻恩曰：「馬王堆漢墓帛書《老子》乙本卷前的古佚書，《十六經》的《觀》和《兵容》中均有此言。」亂，指禍患。❻失朱英　謂不用朱英之言。梁玉繩曰：「此論非也，英不告春申以持盈遠禍之道，而徒自任為刺客，勸其殺園，淺矣。萬一不克，其能免棘門之慘乎？余有丁曰：『歇不在於失朱英，而在於惑園妹。』諒哉！」

【語　譯】太史公說：我曾到過楚國，參觀過春申君的故城，那裡的宮殿建築可真夠壯觀豪華的。想最初春申君勸說秦昭王不要攻打楚國，後來又不怕犧牲自己地掩護了楚太子回國，當時是多麼高明啊！誰想後來卻被李園所制，真是糊塗極了。俗話說：「應決斷的時候不決斷，反過來自己倒霉。」春申君不聽朱英的話，結果鬧得自己被殺，大概就是這種情況吧。

【研　析】〈春申君列傳〉所記述的黃歇的三件事情有兩件存在爭議：首先，給秦昭王上書，勸秦昭王不要攻楚的這篇文章原見於《戰國策・秦策四》，但其開頭的所謂「頃襄王二十年」，以及「楚人黃歇說昭王曰」云云，舊本《國策》皆無，今本《戰國策》乃後人據《史記・春申君列傳》給《戰國策》的這段文字加了一個開頭。《戰國策》舊本只有「說秦王」的這段文字，而並未說講這段話的是誰，也沒說聽這段話的是哪個「秦王」（見鮑本《國策》、黃丕烈札記、何建章《戰國策注釋》）。自從司馬遷把它落實為春申君說秦昭王，於是後代的許多書也就跟著這麼寫了。司馬光修《資治通鑑》，發現此中有問題，故而改繫此事於楚頃襄王二十六年（秦昭王三十四年），但與說辭中所涉及的事實還有許多不合，現代《戰國策》與戰國史的研究者們根據書中所敘事實，繫此事於秦王政十二年（楚幽王三年，西元前二三五年），而上書者亦斷非黃歇，因黃歇已死於秦王政九年。

其次，關於送孕妾給楚王的問題，司馬遷論之曰：「春申君之說秦昭王，及出身遣楚太子歸，何其智之明也！後制於李園，旄矣。」這話一點不假。春申君曾經有過類似於藺相如與張良那樣的大智大勇，使在秦為人質的楚太子得以回國繼位。但他又是類似於呂不韋那樣的盜國亂賊，他聽信李園的計策進行亂國之事，結果招來殺身之禍，難怪後人說他吃的是「利令智昏」與「心術不正」的苦果。但這段故事太像小說，經研究者考證，作為史實似乎不能令人信服；但作為司馬遷的「一家之言」，還是有其研究價值的。

此外，春申君亦有「養士」之名，但比之其他三公子，他的行為是最低劣的。原因之一是他賢佞不分，拒納忠言。他身邊號稱賓客三千，而記有姓名的只有兩個，一個是給他帶來意想不到的禍殃的李園，一個是準備給他帶來意想不到的幫助的朱英。可是他偏把李園視為親信，而把朱英的忠告當做耳邊風，最後鬧得死無葬身之地。春申君「養士」的第二個問題表現在他那種庸俗的貴族習氣，只是為了沽名釣譽，譁眾取寵。他為了與趙國的使者比闊，竟使「其上客皆躡珠履以見趙使」，但在生死關頭，這些賓客居然沒見有一個肯為他出力分憂。「養客」者的結局如此，豈不可哀也哉！

卷七十九

范雎蔡澤列傳第十九

【題解】范雎、蔡澤同是戰國時代的辯士，他們先後來到秦國，憑著他們的口辯，趁秦王與前任執政大臣產生矛盾之時，把握時機地扳倒前任，自己撈得拜相封侯。范雎、蔡澤的行徑，與前輩功勳卓著的張儀、甘茂、穰侯、白起等不同，范雎、蔡澤都是投機分子，他們對秦國的發展貢獻不是很大，更擅長的是為個人攫取功名利祿；范雎趁昭王與穰侯有隙，推倒穰侯，當上了宰相；蔡澤又趁昭王與范雎有隙，一舉推倒范雎，撈得拜相封侯。真可謂螳螂捕蟬，黃雀在後，官場上的鬥爭歷來就是這麼無情，這麼變化莫測的。

1 范雎❶者，魏❷人也，字叔。游說諸侯，欲事魏王，家貧無以自資❸，乃先事魏中大夫須賈❹。

2 須賈為魏昭王❺使於齊，范雎從。留數月，未得報❻。齊襄王❼聞雎辯口❽，乃使人賜雎金十斤及牛酒，雎辭謝不敢受。須賈知之，大怒，以為雎持魏國陰事告齊，故得此饋。今雎受其牛酒，還其金。既歸，心怒雎，以告魏相❾。魏相，魏之諸公子❿，曰魏齊⓫。魏齊大怒，使舍人笞⓬擊雎，折脅⓭摺齒⓮。雎詳⓯死，即卷以簀⑯，置廁中。賓客飲者醉，更溺睢⑰，故⑱僇辱⑲以懲後，令無妄言⑳者。睢從簀中謂守者曰：「公能出我，我必厚謝公。」守者乃請出弃簀中死人㉑。魏齊醉，曰：「可矣。」范睢得出。後魏齊悔，復召求之。魏人鄭安平㉒聞之，乃遂操范睢亡㉓，伏匿，更名姓曰張祿。

3 當此時，秦昭王㉔使謁者㉕王稽於魏。鄭安平詐為卒㉖，侍王稽㉗。王稽問：「魏有賢人可與俱西游者乎？」鄭安平曰：「臣里中有張祿先生，欲見君，言天下事。其人有仇，不敢晝見。」王稽曰：「夜與俱來。」鄭安平夜與張祿見王稽。語未究㉘，王稽知范睢賢，謂曰：「先生待我於三亭之南㉙。」與私約而去。

4 王稽辭魏去，過㉚載范睢入秦。至湖㉛，望見車騎從西來。范睢曰：「彼來者為誰？」王稽曰：「秦相穰侯㉜東行縣邑㉝。」范睢曰：「吾聞穰侯專秦權，惡內諸侯客㉞。此恐辱我，我寧且匿車中。」有頃，穰侯果至，勞王稽㉟，因立車㊱而語曰：「關東㊲有何變？」曰：「無有。」又謂王稽曰：「謁君㊳得無㊴與諸侯客子㊵俱來乎？無益，徒亂人國㊶耳。」王稽曰：「不敢。」即別去。范睢曰：「吾聞穰侯智士也。其見事遲㊷，鄉者㊸疑車中有人，忘索㊹之。」於是范睢下車走，曰：「此必悔之㊺。」行十餘里，果使騎還索車中㊻，無客，乃已。王稽遂與范雎入咸陽㊼。

5 已報使㊽，因言曰：「魏有張祿先生，天下辯士也。曰『秦王之國危於累卵，得臣則安。然不可以書傳㊾也』。臣故載來。」秦王弗信，使舍，食草具㊿，待命歲餘。

6 當是時，昭王已立三十六年(51)。南拔楚之鄢、郢(52)，楚懷王幽死於秦(53)。秦東破齊(54)，湣王嘗稱帝，後去之(55)。數困三晉(56)。厭天下辯士，無所信。

【章旨】以上為第一段，寫范雎的早年不遇，與其輾轉入秦的過程。

【注釋】❶范雎　「雎」原作「睢」，瀧川曰：「武梁祠畫像有『范且』，錢氏跋尾云：『戰國秦漢人多以「且」為名，如穰且、豫且、夏無且、龍且，皆是。且旁或加「隹」，如范雎、唐雎。文殊而音不殊也。』然則作『睢』者誤。」按：其說是也，今據改。❷魏　戰國時諸侯國名。范雎時代的魏國都城為大梁，今河南開封。❸無以自資　無法為自己籌劃活動經費。❹中大夫須賈　中大夫，帝王身邊的侍從官員，掌議論。須賈，姓須名賈，事跡又見於〈穰侯列傳〉。❺魏昭王　名遫，襄王之子，西元前二九五—前二七七年在位。❻未得報　得不到齊國執政者的回音。❼齊襄王　名法章，湣王之子，西元前二八三—前二六五年在位，事跡參見〈田單列傳〉。❽聞雎辯口　辯口，善說；有口才。瀧川曰：「古鈔本、楓山、三條本『雎』上有『范』字；『辯』下有『有』字。」王念孫曰：「『辯口』本作『辯有口』，〈朱建傳〉曰『為人辯有口』；〈田蚡傳〉曰『蚡辯有口』，皆其證。」按：無「有」字亦自通。❾心怒雎二句　凌稚隆引穆文熙曰：「按此，則須賈之讎當深於魏齊矣，奈何獨報齊乎？」按：〈穰侯列傳〉載有須賈致書穰侯，止秦罷兵攻梁事，其人品、才幹均非無足數者，此處其與范雎矛盾之產生必有由。❿諸公子　太子的諸兄弟。⓫魏齊　事跡又見〈平原君虞卿列傳〉。⓬笞　用棍棒或用板子打人。⓭折脅　打斷了肋骨。⓮摺齒　打掉了牙齒。摺，擊毀。⓯詳　通「佯」。假裝。⓰卷以簀　用席捲起來。簀，竹篾或蘆葦編織的席。

⓱更溺睢　交替著向范睢身上撒尿。更，輪番；交相。⓲故　故意。⓳僇辱　侮辱。僇，同「戮」。辱也。⓴妄言　指隨意向國外走漏消息。㉑守者乃請出弃簀中死人　李光縉引黃洪憲曰：「守者出睢，其恩較鄭安平、王稽更宏矣，後竟不說起，豈睢之忘恩耶？抑太史公之略耶？」㉒鄭安平　事跡見後文。㉓操范睢亡　帶著范睢一道潛逃。亡，潛逃。㉔秦昭王　名則，惠文王之子，武王之弟，西元前三〇六－前二五一年在位。㉕謁者　官名，帝王的侍從官員，為帝王主管收發傳達。㉖詐為卒　化裝成一個小卒。㉗侍王稽　意即前往求見王稽。侍，侍立。㉘語未究　話還沒有說得很充分。未究，未竟；未完。㉙三亭之南　三亭，魏邑名，在今河南尉氏西南，當時魏都大梁（今開封市）的西南方。也有說「三亭之南」應作「三亭之岡」，《正義》曰：「《括地志》云：『三亭岡在汴州尉氏縣西南三十七里。』蓋『岡』字誤為『南』。」㉚過　謂路過三亭。㉛至湖　西行到達湖縣。湖縣的縣治在今河南靈寶西北，當時屬秦。按：張文虎引王念孫說以為「各本『湖』下衍『關』字」㉜秦相穰侯　魏冉，秦昭王之舅，時為秦相，封穰侯。昭王之得為秦王，多仗此人。事跡詳見〈穰侯列傳〉。㉝東行縣邑　到東方來視察郡縣。行，巡視；視察。㉞惡內諸侯客　不願接納來自東方諸國的人。內，通「納」。㉟勞王稽　問候王稽東行的辛苦。勞，慰問。㊱立車　停車。㊲關東　謂函谷關（在今河南靈寶東北）以東。此指東方諸國。㊳謁君　對時為「謁者」的王稽的敬稱。㊴得無　難道沒有。㊵諸侯客子　東方諸國的士子欲來秦國為客者。㊶徒亂人國　白為我們的國家添亂。徒，只是；白白地。茅坤曰：「穰侯禍胎從此，范睢乘間亦從此。」㊷見事遲　遇事反應慢。㊸鄉者　方才。鄉，通「向」。㊹索　搜查。㊺此必悔之　謂後悔剛才沒有搜查而重新回來。㊻果使騎還索車中　凌稚隆引董玘曰：「古之英雄智略相當，其所以為勝負無他，正如弈棋，特爭先法耳。」按：范睢未當大遇時，先寫一小事，以見其日後之不凡者非偶然也，筆法與寫項羽、高祖、陳勝、陳平、孟嘗君等相同。㊼咸陽　當時秦國的都城，在今陝西咸陽東北，西安市之西北。㊽已報使　向秦王彙報完有關出使的事情之後。㊾不可以書傳　意謂必須當面講。㊿使舍二句　《索隱》曰：「謂亦舍之，而食以下客之具。然『草具』，謂粗食草萊之饌具。」意謂雖然對其口出大言不相信，但也還是讓他住了下來，不過給予的生活待遇不高。草具，粗劣的飯食。(51)昭王已立三十六年　秦昭王三十六年（西元前二七一年），相當於楚頃襄王二十八年，齊襄王十三年。(52)南拔楚之鄢郢　據〈秦本紀〉，秦將白起取楚鄢、鄧在昭王二十八年（西元前二七九年），取楚郢都在昭王二十九年（西元前二七八年）。鄢，楚縣名，在今湖北宜城東南。郢，楚國都城，在今湖北荊州江陵西北。(53)楚懷王幽死於秦　據〈秦本紀〉，昭王十年（應作八年，西元前二九九年），楚懷王（名槐，西元前三二八－前二九九年在位）入秦，被扣留；十一年，楚懷王死於秦。詳見〈楚世家〉。(54)秦東破齊　據〈秦本紀〉，昭王二十二年（西元前二八五年）秦將蒙武曾率兵伐齊；二十三年（西元前二八四

年）秦又隨燕將樂毅伐齊，破齊兵於濟西。(55)湣王嘗稱帝二句　據〈秦本紀〉，昭王十九年（西元前二八八年），齊、秦兩個大國不甘心再與其他諸侯一樣稱「王」，於是秦昭王改稱「西帝」，齊湣王改稱「東帝」。後來齊湣王聽蘇秦之說取消了「帝」號，仍恢復稱「王」，秦昭王遂也作罷。湣王，名地，齊宣王之子，西元前三〇〇—前二八四年在位。(56)數困三晉　多次打敗韓、趙、魏三國，使之受困。僅據〈秦本紀〉所記，即有昭王十四年（西元前二九三年）秦將白起攻韓、魏於伊闕，斬首二十四萬；十五年（西元前二九二年）白起攻魏，取垣；二十一年（西元前二八六年）司馬錯攻魏河內；二十四年（西元前二八三年）秦取魏安城，至大梁；二十五年（西元前二八二年）拔趙二城；二十七年（西元前二八〇年）白起攻趙，取代、光狼城；三十一年（西元前二七六年）白起伐魏，取兩城；三十二年（西元前二七五年），穰侯攻魏，至大梁，斬首四萬；三十三年（西元前二七四年），胡陽攻取魏卷、蔡陽、長社，又擊芒卯、華陽，斬首十五萬，如此等等。

【語　譯】范睢是魏國人，字叔。他遊說諸侯，想要事奉魏王，但因家中貧困無法為自己籌劃經費，就先事奉魏國的中大夫須賈。

2　須賈為魏昭王出使齊國，范睢隨從他一起出使。他們在齊國留居了幾個月，仍沒有得到齊國的回音。齊襄王聽說范睢能言善辯，就派人賜給他金十斤以及牛和酒，范睢辭謝不敢接受。須賈知道後，大怒，認為范睢把魏國的祕密洩露給了齊國，因此才得到了這些餽贈。令范睢接受齊人的牛和酒，歸還贈金。回到魏國後，須賈心中惱恨范睢，就把這件事告訴了魏國的相國。魏國的相國是魏國的宗室公子，名叫魏齊。魏齊大怒，命舍人痛打范睢，打斷了他的筋骨，牙齒也掉了。范睢假裝已死，他們就用席子把他捲起來，扔在廁所裡。賓客喝醉了，輪流往范睢身上撒尿，故意侮辱他以懲戒後人，使人們不敢亂說話。范睢從席子中對看守的人說：「您如果能把我放出去，我一定會厚謝您。」看守的人於是就請求扔掉席子中的死人。魏齊喝醉了，就說：「可以。」范睢這才逃了出來。後來魏齊後悔了，又派人去找他。魏國人鄭安平聽說了，就帶著范睢逃跑，藏匿起來，改名換姓叫做張祿。

3　正在這個時候，秦昭王派謁者王稽出使魏國。鄭安平假扮為差役服侍王稽。王稽問：「魏國有可以和我一起去西方（秦國）的賢人嗎？」鄭安平說：「臣鄉里有張祿先生，想見您，說說天下的大事。這個人有仇家，不敢白天來見您。」王稽說：「晚上讓他和你一起來。」鄭安平晚上與張祿一起拜見王稽。話還沒有說完，王稽就知道范睢確實是賢人，對他說：「請先生在三亭南面等我。」范睢私下裡與他定約才離開。

4 王稽辭別魏王離去，經過三亭，就用車載著范睢到了秦國。到了湖縣，望見有車馬從西方來。范睢說：「那邊來的是誰？」王稽說：「是秦的相國穰侯到東邊來巡察縣邑。」范睢說：「我聽說穰侯把持秦國大權，討厭接納其他諸侯門客。他恐怕要侮辱我，我寧願暫時藏在車裡。」過了一會兒，穰侯果然來了，慰勞王稽，順便停住車馬說：「關東有什麼變化？」王稽說：「沒有。」穰侯又對王稽說：「您沒有和諸侯門客一起來吧？他們沒有用，只能擾亂國家罷了。」王稽說：「不敢。」穰侯隨即別去。范睢說：「我聽說穰侯是聰明人。但他遇事反應遲緩，剛才懷疑車中有人，卻忘了搜索。」於是范睢下車跑了，說：「他一定會後悔。」走了十幾里，穰侯果然派人騎馬來搜查車子，見沒有人才罷了。王稽於是就與范睢進入了咸陽。

5 王稽彙報完出使情況，接著說：「魏國有張祿先生，是天下一流的能言善辯之士。他說：『秦王的國家比堆累雞蛋還危險，得到我就會轉危為安。但不能憑書信來表達。』因此我用車把他帶來了。」秦王不相信，讓范睢住在客舍中，給他吃粗劣的食物，等待了一年多。

6 在這個時候，秦昭王已經繼位三十六年了。秦向南攻下了楚國的鄢和郢，楚懷王也被幽禁而死。秦向東打敗了齊國。齊湣王曾經稱帝，後來放棄了帝號。秦還數次圍困三晉。昭王厭煩了天下言辯之士，誰也不相信。

1 穰侯、華陽君❶，昭王母宣太后之弟也❷；而涇陽君❸、高陵君❹，皆昭王同母弟也。穰侯相❺，三人者更將❻，有封邑，以太后故，私家富重於王室。及穰侯為秦將，且欲越韓、魏❼而伐齊綱、壽❽，欲以廣其陶封❾。范睢乃上書曰：

2 「臣聞明主立政⑩，有功者不得不賞，有能者不得不官⑪，勞大者其祿厚，功多者其爵尊，能治眾者其官大。故無能者不敢當職⑫焉，有能者亦不得蔽隱⑬。使以臣之言為可，願行而益利其道⑭；以臣之言為不可，久留臣無為⑮也。語曰：『庸主賞所愛而罰所惡。明主則不然，賞必加於有功，而刑必斷於有罪。』今臣之胸不足以當椹質，而要不足以待斧鉞⑯，豈敢以疑事⑰嘗試於王哉？雖⑱以臣為賤人而輕辱⑲，獨不重⑳任臣者㉑之無反復㉒於王邪？

3 「且臣聞周有砥砨，宋有結綠，梁有縣藜，楚有和朴㉓。此四寶者，土之所生，良工之所失也㉔，而為天下名器。然則聖王之所棄者㉕，獨不足以厚國家乎㉖？

4 「臣聞善厚家㉗者取之於國，善厚國㉘者取之於諸侯。天下有明主則諸侯不得擅厚㉙者，何也？為其割榮㉚也。良醫知病人之死生，而聖主明於成敗之事，利則行之，害則舍之，疑則少嘗之㉛，雖舜、禹㉜復生，弗能改已㉝。語之至者㉞，臣不敢載之於書㉟，其淺者又不足聽也。意者㊱臣愚而不概於王心㊲邪？亡其㊳言臣者㊴賤而不可用乎？自非然者㊵，臣願得少賜游觀之間㊶，望見顏色㊷。一語無效，請伏斧質㊸。」

5 於是秦昭王大說，乃謝王稽㊹，使以傳車召范睢㊺。

6 於是范睢乃得見於離宮[46]，詳[47]為不知永巷[48]而入其中。王來而宦者怒，逐之，曰：「王至！」范睢繆為曰[49]：「秦安得王[50]？秦獨有太后、穰侯耳。」欲以感怒[51]昭王。昭王至，聞其與宦者爭言，遂延迎[52]，謝曰：「寡人宜以身受命[53]久矣，會義渠之事[54]急，寡人日暮自請太后[55]；今義渠之事已[56]，寡人乃得受命。竊閔然不敏[57]，敬執賓主之禮[58]。」范睢辭讓。是日觀范睢之見者，羣臣莫不洒然[59]變色易容[60]者。

7 秦王屏左右[61]，宮中虛無人。秦王跽而請[62]曰：「先生何以幸教[63]寡人？」范睢曰：「唯唯[64]。」有間[65]，秦王復跽而請曰：「先生何以幸教寡人？」范睢曰：「唯唯。」若是者三[66]。秦王跽曰：「先生卒[67]不幸教寡人邪？」范睢曰：「非敢然也。臣聞昔者呂尚[68]之遇文王[69]也，身為漁父而釣於渭濱[70]耳。若是者，交疏也。已說而立為太師，載與俱歸者[71]，其言深[72]也。故文王遂收功於呂尚，而卒王天下[73]。鄉使[74]文王疏呂尚而不與深言，是周無天子之德[75]，而文、武無與成其王業[76]也。今臣羈旅[77]之臣也，交疏於王，而所願陳者皆匡君[78]之事，處人骨肉之間[79]，願效愚忠而未知王之心也。此所以王三問而不敢對者也。臣非有畏而不敢言也，臣知今日言之於前而明日伏誅於後，然臣不敢避也。大王信行[80]臣之言，死不足以為臣患，亡[81]不足以為臣憂，漆身為厲[82]、被髮為狂[83]不足以為臣恥。且以五帝[84]之聖焉而死，三王[85]之仁焉而死，五伯[86]之賢焉而死，烏獲、任鄙[87]之力焉而死，成荊、孟賁[88]、王慶忌[89]、夏育[90]之勇焉而死。死者，人之所必不免也。處必然之勢[91]，可以少有補於秦[92]，此臣之所大願也，臣又何患哉！伍子胥[93]橐載而出昭關[94]，夜行晝伏，至於陵水[95]，無以餬其口[96]，厀行蒲伏[97]，稽首[98]肉袒[99]，鼓腹吹篪[100]，乞食於吳市[101]，卒興吳國，闔閭為伯[102]。使臣得盡謀[103]如伍子胥，加之以幽囚[104]，終身不復見[105]，是臣之說行[106]也，臣又何憂？箕子、接輿漆身為厲，被髮為狂[107]，無益於主。假使臣得同行於箕子[108]，可以有補於所賢之主[109]，是臣之大榮也，臣有何恥[110]？臣之所恐者，獨恐臣死之後，天下見臣之盡忠而身死，因以是杜口[111]裹足[112]，莫肯鄉[113]秦耳。足下[114]上畏太后之嚴[115]，下惑於姦臣之態[116]，居深宮之中，不離阿保[117]之手，終身迷惑，無與昭姦[118]。大者宗廟滅覆[119]，小者身以孤危，此臣之所恐耳。若夫窮辱之事，死亡之患，臣不敢畏也。臣死而秦治[120]，是臣死賢於生。」秦王跽曰：「先生是何言也！夫秦國辟遠[121]，寡人愚不肖[122]，先生乃幸辱[123]至於此，是天以寡人慁[124]先生而存[125]先王之宗廟也。寡人得受命於先生，是天所以幸先王[126]，而不弃其孤[127]也。先生柰何而言若是！事無小大，上及太后[128]，下至大臣，願先生悉以教寡人，無疑寡人也。」范睢拜，秦王亦拜。

8 范睢曰：「大王之國，四塞[129]以為固，北有甘泉[130]、谷口[131]，南帶涇、渭[132]，右隴、蜀[133]，左關、阪[134]，奮擊[135]百萬，戰車千乘[136]，利則出攻，不利則入守，此王者[137]之地也；民怯於私鬭而勇於公戰[138]，此王者之民也。王并此二者而有之。夫以秦卒之勇，車騎之眾，以治諸侯[139]，譬若施韓盧而搏蹇兔[140]也，霸王之業[141]可致也。而羣臣莫當其位[142]，至今閉關十五年[143]，不敢窺兵於山東者，是穰侯為秦謀不忠，而大王之計有所失也。」秦王跽曰：「寡人願聞失計。」

9 然左右多竊聽者，范睢恐，未敢言內，先言外事，以觀秦王之俯仰[144]。因進曰：「夫穰侯越韓、魏而攻齊綱、壽，非計也。少出師則不足以傷齊，多出師則害於秦。臣意王之計[145]，欲少出師而悉韓、魏之兵[146]也，則不義[147]矣。今見與國之不親也[148]，越人之國而攻，可乎？其於計疏[149]矣。且昔齊湣王南攻楚[150]，破軍殺將，再辟地千里[151]，而齊尺寸之地無得焉者，豈不欲得地哉，形勢不能有也[152]。諸侯見齊之罷獘[153]，君臣之不和[154]也，興兵而伐齊，大破之[155]。士辱兵頓[156]，皆咎其王[157]，曰：『誰為此計者乎？』王曰：『文子[158]為之。』大臣作亂，文子出走[159]。故齊所以大破者，以其伐楚而肥韓、魏[160]也。此所謂借賊兵而齎盜糧[161]者也。王不如遠交而近攻[162]，得寸則王之寸也，得尺亦王之尺也。今釋此而遠攻，不亦繆[163]乎？且昔者中山之國[164]地方五百里，趙獨吞之[165]，功成名立而利附焉，天下莫之能害[166]也。今夫韓、魏，中國之處[167]而天下之樞[168]也。王其欲霸，必親中國[169]以為天下樞[170]，以威楚、趙[171]。楚彊則附趙，趙彊則附楚[172]，楚、趙皆附[173]，齊必懼矣。齊懼，必卑辭重幣[174]以事秦。齊附而韓、魏因可虜也[175]。」昭王曰：「吾欲親魏久矣，而魏多變[176]之國也，寡人不能親。請問親魏柰何[177]？」對曰：「王卑詞重幣以事之；不可，則割地而賂之；不可，因舉兵而伐之[178]。」王曰：「寡人敬聞命矣。」乃拜范雎為客卿[179]，謀兵事。卒聽范雎謀，使五大夫綰[180]伐魏，拔懷[181]。後二歲[182]，拔邢丘[183]。

客卿范雎復說昭王曰：「秦、韓之地形，相錯如繡[184]。秦之有韓也，譬如木之有蠹[185]也，人之有心腹之病也。天下無變則已，天下有變，其為秦患者孰大於韓乎？王不如收韓[186]。」昭王曰：「吾固欲收韓，韓不聽，為之柰何？」對曰：「韓安得無聽乎？王下兵而攻滎陽[187]，則鞏、成皋之道不通[188]；北斷太行之道[189]，則上黨之師[190]不下[191]。王一興兵而攻滎陽，則其國斷而為三[192]。夫韓見必亡，安得不聽乎？若韓聽，而霸事[193]因可慮矣。」王曰：「善。」且欲發使於韓。

11

范雎日益親，復說用[194]數年矣，因請閒[195]，說曰：「臣居山東時[196]，聞齊之有田文[197]，不聞其有王也；聞秦之有太后、穰侯、華陽、高陵、涇陽，不聞其有王也。夫擅國[198]之謂王，能利害之謂王[199]，制殺生之威[200]之謂王。今太后擅行不顧[201]，穰侯出使不報[202]，華陽、涇陽等擊斷無諱[203]，高陵進退不請[204]。『四貴』備而國不危者，未之有也。為此『四貴』者下[205]，乃所謂無王也。然則權安得不傾[206]，令安得從王出乎？臣聞善治國者，乃內固其威而外重其權[207]。穰侯使者[208]操王之重[209]，決制於諸侯[210]，剖符於天下[211]，政適伐國[212]，莫敢不聽。戰勝攻取[213]，則利歸於陶國[214]，弊御於諸侯[215]；戰敗，則結怨於百姓，而禍歸於社稷。詩曰[216]：『木實繁者披其枝[217]，披其枝者傷其心[218]；大其都者危其國[219]，尊其臣者卑其主[220]。』崔杼、淖齒管齊[221]，射王股[222]，擢王筋，縣之於廟梁，宿昔而死[223]；李兌[224]管趙，囚主父於沙丘[225]，百日而餓死。今臣聞[226]秦太后、穰侯用事[227]，高陵、華陽、涇陽佐之，卒無秦王[228]，此亦淖齒、李兌之類也。且夫三代[229]所以亡國者，君專授政[230]，縱酒馳騁弋獵[231]，不聽政事。其所授者[232]，妒賢嫉能，御下蔽上[233]，以成其私，不為主計。而主不覺悟，故失其國。今自有秩[234]以上至諸大吏，下及王左右[235]，無非相國[236]之人者。見王獨立於朝[237]，臣竊為王恐[238]。萬世之後[239]，有秦國者非王子孫也。」

12 昭王聞之大懼，曰：「善。」於是廢太后(240)，逐穰侯、高陵、華陽、涇陽君於關外(241)。秦王乃拜范雎為相，收穰侯之印(242)，使歸陶。因使縣官給車牛以徙(243)，千乘有餘(244)。到關(245)，關閱其寶器(246)，寶器珍怪多於王室(247)。

13 秦封范雎以應(248)，號為應侯。當是時，秦昭王四十一年也(249)。

【章旨】以上為第二段，寫范雎進說，傾倒穰侯、取得秦相的過程，是本文的中心部分。

【注釋】❶華陽君　也稱新城君，姓羋名戎，原楚人。❷宣太后之弟也　華陽君羋戎是宣太后的同父異母弟，穰侯魏冉是宣太后的同母異父弟。宣太后是秦惠王之妃，原楚人，昭王即位後，尊之為「太后」。❸涇陽君　名市。❹高陵君　名悝。有關此二人的事跡，可參見〈穰侯列傳〉。❺穰侯相　穰侯為秦國宰相。❻三人者更將　謂羋戎與公子市、公子悝三人輪番地為秦國統帥。❼越韓魏　越過秦與齊國之間的韓、魏兩國。當時韓國都新鄭（今河南新鄭），魏國都大梁（今河南開封）。❽綱壽　齊國二邑名。綱，也作「剛」。在今山東寧陽東北。壽，在今山東東平西南。❾廣其陶封　擴大其固有的封地陶邑的地盤。陶，縣名，在今山東定陶北。據〈穰侯列傳〉，昭王十六年「乃封冉於穰，復益封陶」。楊寬〈戰國史年表〉繫穰侯封陶於昭王二十六年。〈秦本紀〉云：昭王三十六年，「客卿灶攻齊，取剛、壽，予穰侯。」〈六國年表〉繫秦攻取齊剛、壽於昭王三十七年，楊寬表同。❿立政　《索隱》曰：「《戰國策》『立』作『蒞』。」蒞政，臨朝執政。⓫官　封官。⓬當職　居位任職。⓭不得蔽隱　即不會被埋沒。⓮行而益利其道　採納實行以期更有利於治國。⓯無為　沒意義；沒必要。⓰胸不足以當椹質二句　意即我也不是不怕被按在砧板上腰斬的。不足，經不住。當，對；伏。椹質，殺人用的砧板。椹，今通作「砧」。要，通「腰」。⓱疑事　不能肯定、沒有把握的事情。⓲雖　即使。⓳輕辱　不怕受侮辱。輕，不看重。⓴重　重視；相信。㉑任臣者　指王稽。任，保任；推薦人時為之做擔保。即下文所謂「任人而所任不善者，各以其罪罪之」。㉒無反復　不會出爾反爾；不會做沒有把握的事。㉓周有砥砨四句　砥砨、結綠、縣藜、和朴，都是美玉名。縣，通「懸」。㉔良工之所失也　都曾被有名的工匠錯誤地判斷為石頭。按：和朴（即和氏璧）被錯誤地當成石頭，事見《韓非子・和氏》，其他三者被錯認事，不見出處。㉕聖王之所弃者　瀧川引岡白駒曰：「聖王，稱秦王；所棄，睢自謂也。」㉖獨不足以厚國家乎　難道就不能對國家有些用處嗎。厚，鮑彪注：「使之重。」㉗厚家　使本家族的財富、權勢擴大。㉘厚國　使自己國家的財富、領土擴大。㉙擅厚　專有其富厚。㉚割榮　分去了「明主」所應該獨擅的尊榮。中井曰：「惡其割榮，故不使其擅厚。」牛鴻恩曰：「『割』疑即『害』字。『害榮』即有害於榮權。《春秋後語》作『害榮』。」按：「割榮」「害榮」，實際意思相近，然以「害榮」為順。㉛疑則少嘗之　對把握不大而又必須做的事情可以先稍稍嘗試一下。少，意思同「稍」。㉜舜禹　以代指古代能洞察一切的大聖人。舜事見〈五帝本紀〉；禹事見〈五帝本紀〉、〈夏本紀〉。㉝弗能改已　意即也只能這麼辦。㉞語之至者　隱指太后、穰侯等人的事情。至，極；最。㉟不敢載之於書　其意仍是請求面談。㊱意者　莫非；莫不是。㊲不概於王心　不能使你的心裡感到滿意。《集解》引徐廣曰：「概，一作『溉』。」李笠曰：「『概』與『溉』音同字通，『溉』與『沃』同義。『溉於王心』者，亦即《尚書・說命》『啟乃心，沃朕心』之義也。」沃，潤澤；慰藉。《索隱》曰：「《戰國策》作『關』，謂關涉於王心也。」按：今本《戰國策》作「闔」，亦「關合」、「關涉」之意也。㊳亡其　轉折語詞，猶言「還是」。㊴言臣者　指王稽。言，推薦。㊵自非然者　如果不是這樣。㊶少賜游觀之間　給我一點你遊樂剩餘的空隙。間，縫隙。㊷望見顏色　意即讓我見你一面。㊸請伏斧質　意即甘願讓你將我處決。淩稚隆引董份曰：「睢此書，淺言之，則不足以感王；深言之，則立僨事，故其心最苦。」劉勰《文心雕龍・論說》曰：「夫說貴撫會，弛張相隨，不專緩頰，亦在刀筆，范睢之言事，李斯之止逐客，并煩情入機，動言中務，雖批逆鱗，而功成計合，此上書之善說也。」㊹謝王稽　向王稽表示歉意。㊺使以傳車召范睢　傳車，驛站上使用的車馬。按：當時范睢就在咸陽，似無須使用「傳車」。《戰國策》作「使人持車召之」，疑是也。以上范睢上書求見秦昭王事，在秦昭王三十六年（西元前二七一年），見《戰國策・秦策三》。㊻離宮　京城以外的宮殿，以供帝王遊樂、外出之所用者。關於秦昭王接見范睢的這所「離宮」，《正義》曰：「長安故城本秦離宮，在雍州長安北十三里也。」㊼詳　通「佯」。假裝。㊽永巷　《正義》云：「宮中獄也。」郭嵩燾曰：「永巷，通內宮之路。范睢進入內宮之道，而秦王適自宮出，是以宦者呵逐之；范睢是時待見秦王，何為佯入獄中耶？」按：「永巷」有時是指宮中監獄，也叫「掖庭」，但此處之所謂「永巷」則與監獄無關，應從郭氏說，乃通向深宮的長巷。㊾繆為曰　故意地往錯處說。繆，通「謬」。王念孫曰：「『為』猶『謂』也。『為』『謂』一聲之轉。」按：王說似過於穿鑿。㊿秦安得王　秦國哪裡有國王。淩稚隆引董份曰：「動昭王處，唯此言最深，所謂危以激之也。」淩約言曰：「秦王國事之非在尊太后、穰侯，范睢說秦之要在廢太后、穰侯，故未見秦王而先設此計以感之，預為進言地耳。」(51)感怒　激之使怒。(52)延迎　延請；迎接。按：《戰國策》作「庭迎」，謂迎之於庭也。(53)以身受命　當面聽從你的教導。(54)義渠之事　義渠，當時活動在今陝西西北部和與之鄰近的內蒙、寧夏一帶的少數民族名。據〈匈奴列傳〉，「秦昭王時，義渠戎王與宣太后亂，有二子。宣太后詐而殺義渠戎王於甘泉，遂起兵伐殘義渠。」(55)旦暮自請太后　謂隨時得與太后商量。(56)今義渠之事已　有關義渠的問題現已料理停當。據《後漢書·西羌傳》，秦滅義渠在昭王三十五年（西元前二七二年）。(57)竊閔然不敏　深感自己冥頑不靈。竊，謙詞。閔然，《索隱》曰：「閔，猶昏暗也。」(58)敬執賓主之禮　請允許我恭敬地把你當做貴客接待。(59)灑然　《索隱》引鄭玄曰：「肅敬之貌也。」凌稚隆引余有丁曰：「灑然，非但敬肅，兼有恐懼意。」(60)變色易容　臉色改變。言其氣氛之緊張。(61)屏左右　讓身邊的人走開。屏，通「摒」。使之退去。(62)跽而請　跽，長跪；挺直了身子地跪著。瀧川引顧炎武曰：「古人之坐，皆以兩膝著席，有所敬，引身而起，則為長跪。」請，謂請其賜教。(63)幸教　賜教；指教。幸，表示客氣的副詞。意即你的賜教將使我感到幸運。(64)唯唯　只應聲而不說話的樣子。(65)有間　過了一會兒。(66)若是者三　凌稚隆引王維楨曰：「三跪請而不言，以嘗試其意耳。」茅坤曰：「雎為欲言不言，且餂昭王之情，於以深入而固要之，可謂破天關手，而太史公與《國策》盡能摹寫。」(67)卒　到底；終究。(68)呂尚　即姜尚，也稱姜太公，周朝的開國元勳。(69)文王　周文王，姓姬名昌，商朝末年西部地區的諸侯之長。武王滅商後，追謚之為「文王」。(70)渭濱　渭水河邊。渭水自甘肅流來，經天水、寶雞、咸陽，東入黃河。《正義佚文》引〈地志〉：「茲泉水，源出岐州岐山縣西南凡谷，北流十二里，注於渭，太公釣此，所謂磻溪。」(71)已說而立為太師二句　〈齊太公世家〉曰：「周西伯獵，果遇太公於渭之陽，與語大說，載與俱歸，立為師。」說，通「悅」。太師，古官名，與太傅、太保合稱「三公」，都是被王者尊為師長，與之共謀國事的人。其中「已說」二字略澀，《戰國策》作「已一說」，金正煒曰：「『已』與『以』通。」意即就憑著一高興。繆文遠以為：「『已』猶『已而』，表與上事相去不久。」按：此文之「已說」意即「一說」。(72)言深　談得深入；談得投機。(73)卒王天下　其實周文王只是為武王的滅商奠定了基礎，而後代儒生則編出了一套「文王受命」的說法。(74)鄉使　同「向使」。當初假使。(75)周無天子之德　周朝就不可能滅商稱帝。(76)無與成其王業　無人與之共同創建周朝的天下。有井範平曰：「以呂尚自許，以文王望秦王，說得正大，甚占地步，韓文公〈上宰相書〉似祖此。」(77)羈旅　寄居為客。(78)匡君　扶佐帝王。匡，正。扶危使正。(79)處人骨肉之間　意即要議論人家骨肉至親之間的關係。凌稚隆曰：「暗伏太后、穰侯。」(80)信行　聽信而採納施行。(81)亡　逃亡；流亡。瀧川曰：「『死』、『亡』伏伍子胥。」(82)漆身為厲　以漆塗身，使自己成為完全變形的癩瘡患者。《正義》以為指豫讓，豫讓事見〈刺客列傳〉。《索隱》曰：「凡漆有毒，近之多患瘡腫，若賴病然。」厲，此處通「癩」。瀧川曰：「『漆身』、『被髮』伏箕子、接輿，《正義》說非。」83被髮為狂　為躲避迫害而披散著頭髮裝瘋。此指殷紂王的叔父箕子，事見〈殷本紀〉。被，通「披」。84五帝　說法不一，司馬遷認為是指黃帝、顓頊、帝嚳、堯、舜。85三王　指夏禹、商湯、周文王（兼括武王）。86五伯　先秦人通常指齊桓公、晉文公、楚莊王、吳王闔閭、越王句踐；漢以後始有指齊桓公、晉文公、秦穆公、宋襄公、楚莊王者。伯，通「霸」。87烏獲任鄙　都是秦國的大力士，見〈秦本紀〉。88成荊孟賁　《集解》曰：「成荊，古勇士；孟賁，衛人。」陳直以為成荊即「成慶」，《漢書．景十三王傳》曾提及之。89王慶忌　春秋末期吳王僚之子，以勇著稱。按：慶忌事不見於《左傳》，見於東漢人寫的《吳越春秋》。又，慶忌未曾稱王，此處似應稱「王子慶忌」。90夏育　《集解》引《漢書音義》曰：「或曰衛人，力舉千鈞。」91處必然之勢　意謂為了某種形勢的需要。或曰「必然之勢」即指死。92少有補於秦　能對秦國略有一點好處。少，意思同「稍」。93伍子胥　原楚人，父兄為楚平王所殺，伍子胥逃出楚國，奔至吳國，佐闔閭奪位稱王後，率吳兵破楚。事跡詳見〈伍子胥列傳〉。94橐載而出昭關　鑽在口袋裡，讓車拉著混出了昭關。昭關，楚關名，在今安徽含山西北，當時鄰近吳國。按：據〈伍子胥列傳〉：「到昭關，昭關欲執之。伍子胥遂與勝（太子建之子）獨身步走，幾不得脫。」與此說法不同。95陵水　即今溧水，源於安徽蕪湖，東流入江蘇之太湖。96無以餬其口　沒有任何東西吃。餬，粥。指最低劣稀薄的食物。這裡用如動詞。97蒲伏　同「匍匐」。爬行。98稽首　叩頭。99肉袒　裸露上身，做出一種乞求的姿態。100篪　狀似笛、簫的一種竹製管樂器。101乞食於吳市　據〈伍子胥列傳〉之《集解》引張勃《吳錄》曰：「子胥乞食處在丹陽溧陽縣。」《吳越春秋》亦曰：「伍子胥奔吳，至溧陽，女子擊漂瀨水之上，子胥過而乞一餐。」按：舊時溧陽縣治在今江蘇溧陽西北，其地當時屬吳。102闔閭為伯　使闔閭成為了當時的霸主。闔閭，名光，春秋末期吳國的國君，西元前五一四—前四九六年在位。103盡謀　全部地施展了自己的謀略。104加之以幽囚　牛鴻恩以為此五字與伍子胥無關，應是說箕子之語誤淆於此。105終身不復見　伍子胥佐闔閭稱霸，又佐吳王夫差大破越王句踐，後與夫差政見分歧，被夫差所殺。此語隱指其事。106臣之說行　我的主張得到了採納、實行。107箕子接輿漆身為厲二句　接輿是春秋末期楚國的「狂人」，事見《論語》，而未聞有「漆身為厲」事。《戰國策》敘此，文字大致相同。牛鴻恩以為此處之「接輿」應作「豫讓」。108同行於箕子　行為和箕子相同。指「被髮為狂」。109所賢之主　指自己認為好，而願為之效力的帝王。110臣有何恥　瀧川曰：「《策》作『臣又何恥乎』，『有』讀作『又』。」111杜口　閉口不言。杜，堵塞。112裹足　瀧川曰：「謂足如有所裹而不前也。」113鄉　通「向」。114足下　戰國時士人也可以用以稱國君，如蘇代〈遺燕昭王書〉、樂毅〈遺燕惠王書〉、蘇秦〈遺燕易王書〉等，皆見《戰國策》。115嚴　威。權威。116下惑於姦臣之態　意即被奸臣的巧言令色所迷惑。或曰，態，通「慝」。王念孫曰：「讀為『奸慝』之『慝』。」慝，邪惡。(117)阿保　鮑彪注：「女保女傅，非大臣也。」蓋指負責侍應生活起居的人員，如傅母（即今所謂保母）之類。(118)無與昭姦　《正義》曰：「昭，明也，無與明其奸惡。」(119)宗廟滅覆　王室的宗廟覆滅，當然也就是國家的滅亡。(120)治　指國家太平穩定。(121)辟遠　偏僻，遙遠。指與華夏的中心地區相比而言。辟，通「僻」。(122)不肖　不類其父。意即不成材、沒出息。(123)幸辱　都是謙詞。意謂使我幸運，使你蒙辱。(124)慁　《索隱》曰：「猶『汩亂』之意。」猶今之所謂「打擾」、「麻煩」。這裡也是謙詞。(125)存　鞏固；保全。(126)幸先王　對秦國的先王施恩。(127)不弃其孤　意謂老天爺為了不遺棄秦國先王的孤兒，所以才讓你降臨在我身邊。其孤，昭王自指。(128)上及太后　淩約言曰：「此時昭王之心唯恐范雎不言，秦國不保，故上及太后，且欲為之甘心，又何有於大臣哉！此其說得行，而相印終歸之也。」中井曰：「昭王素厭苦於太后，故讒間易入，『上及太后』句可觀焉。不然，非人子所宜言。」(129)四塞　四面都有關塞，形勢險要。(130)甘泉　山名，在今陝西淳化西北，其地有秦國帝王的離宮。(131)谷口　也稱瓠口。在淳化西南，乾縣東北。(132)南帶涇渭　涇、渭二水在秦國南部流過，形勢如帶。涇水，自寧夏流來，在咸陽東匯入渭水。渭水，自甘肅流來，東經咸陽，至華陰東匯入黃河。(133)右隴蜀　西側有隴山、蜀山。隴山，在今陝西與甘肅交界處。蜀山，指今陝西南部與四川鄰接的大山。(134)左關阪　東側有函谷關、商阪。函谷關，在今河南靈寶東北，是秦國東出的門戶。商阪，繆文遠引張琦曰：「即今商州之商洛山，秦、楚之險塞。」(135)奮擊　指敢於作戰的勇士。陳直曰：「〈蘇秦傳〉云：『魏有武士二十萬，蒼頭二十萬，奮擊二十萬，廝徒二十萬。』此僅云『奮擊』，則為秦兵概括之稱。」(136)千乘　千輛兵車。古稱一車四馬曰「乘」。(137)王者　稱「王」於天下的人。即統一天下的人。(138)民怯於私鬬而勇於公戰　早在商鞅變法時，秦法就已規定：「有軍功者，各以率受上爵；為私鬬者，各以輕重被刑。」（〈商君列傳〉）從此成為風氣。(139)以治諸侯　治，整治；征伐。《戰國策》作「以當諸侯」。當，對付。諸祖耿引《太平御覽》卷四六〇作「以赴諸侯」。赴，往擊。(140)施韓盧而搏蹇兔　讓最迅猛的獵狗追瘸腿的兔子。施，放出，《戰國策》逕作「放」。韓盧，韓國出產的迅猛的獵狗。蹇，瘸腿。(141)霸王之業　稱霸稱王的事業。指號令天下；統一天下。(142)莫當其位　即不稱其職。當，對；相稱。(143)閉關十五年　錢大昕曰：「范雎說秦，在昭王三十六年，是時秦用白起破趙、魏及楚者屢矣，而穰侯方出兵攻綱、壽，安有『閉關十五年』之事？」牛鴻恩曰：「《戰國策》無『十五年』三字，甚是。此乃史公據後人擬作之張儀說辭而誤加。」(144)俯仰　低頭抬頭，以見其對范雎所言的聽取與否定。(145)臣意王之計　我估計你的打算。意，估計；猜想。(146)欲少出師而悉韓魏之兵　想自己少出兵，而讓韓、魏發傾國之兵。(147)不義　不仗義。(148)今見與國之不親也　今見，馬上就將看到。今，將。與國，同盟國，指韓、魏。不親，不親附。(149)疏　疏漏；不合理。(150)昔齊湣王南攻楚　繆文遠曰：「此當指齊湣王十五年（西元前二八六年）齊滅宋，舉楚淮北而言。」牛鴻恩認為此不當指齊湣王時事，《戰國策》作「齊人伐楚」，實乃宣王十九年（西元前三○一年）齊與韓、魏攻楚也。〈六國年表〉之齊國年世此處亦誤。楊寬〈戰國史年表〉於齊宣王十九年下繫之云：「齊派匡章，魏派公孫喜，韓派暴鳶共攻楚方城，殺楚將唐昧，韓、魏取得宛、葉以北地。」(151)再辟地千里　繆文遠曰：「滅宋之役，辟地千里，取楚淮北，是『再辟地千里』也。」再，兩次；兩度。辟，開拓。(152)形勢不能有也　客觀形勢決定了它不可能占有楚國的領土，因為相隔懸遠。(153)罷弊　同「疲敝」。(154)君臣之不和　大臣疲損國家，而君主不能得利，故不和，如下文之齊王歸罪文子者是也。(155)興兵而伐齊二句　此即樂毅率領的五國之師共伐齊，事在齊湣王十七年（西元前二八四年），詳見〈樂毅列傳〉、〈田單列傳〉。(156)士辱兵頓　將士戰敗蒙辱，軍備遭到毀廢。兵，軍械。頓，毀廢。按：《戰國策》於此作「主辱軍破」，蓋齊湣王被五國之師大破於濟西後，不久即被淖齒所殺也。(157)皆咎其王　都怪罪齊王。咎，怪罪；埋怨。(158)文子　《索隱》曰：「謂田文，即孟嘗君也。」猶《戰國策》謂田盼、田嬰為『盼子』、『嬰子』然也。」牛鴻恩曰：「齊宣王聯合韓、魏伐楚時，孟嘗君正為齊相。《戰國策》亦稱孟嘗君為齊相時『伐楚五歲，攻秦三年』。」(159)大臣作亂二句　此即〈孟嘗君列傳〉所載之田甲劫齊湣王事，楊寬等以為田甲乃孟嘗君所指使，事敗後孟嘗君出走於魏。事在齊湣王七年（西元前二九四年），〈六國年表〉原誤作湣王三十年。按：此二句按時間順序應移至「諸侯見齊之罷弊，君臣之不和也，興兵而伐齊，大破之」諸句之上，則情事既完全吻合，而諸侯所見之齊國「君臣不和」亦有著落矣。此文前後錯落，疑史公失書，《戰國策》無此八字。(160)伐楚而肥韓魏　宣王十九年齊與韓、魏伐楚，齊國徒勞往返，而韓、魏則坐得「宛、葉以北地」。(161)借賊兵而齎盜糧　給盜賊提供兵器與食糧，使其來打自己。借，給予。齎，資助。瀧川曰：「《荀子‧大略篇》：『非其人而教之，齎盜糧而借賊兵也。』」李斯〈諫逐客〉：「此所謂借寇兵而齎盜糧也。」蓋古有此語，諸人引之。」(162)遠交而近攻　吳師道曰：「『遠交近攻』，秦卒用此術破諸侯，併天下。」茅坤曰：「秦之伯業，定於『遠交近攻』之一言。」瀧川引林少穎曰：「秦之所以得天下，不外『遠交近攻』之策。是策出於司馬錯，成於范雎。秦取六國，謂之『蠶食』，蠶之食葉，自近及遠。」郭嵩燾曰：「范雎『遠交近攻』一語，實為秦併天下之基，而穰侯於是時專屬意於齊，是以范雎之言入而穰侯遂罷，亦適會其時之足以相傾也。」(163)繆　通「謬」。荒謬。(164)中山之國　戰國中期鮮虞人建立的小國，前期的國都顧，即今河北定縣；後期的國都靈壽，在今河北靈壽西北。(165)趙獨吞之　後期建都靈壽的中山，於趙惠文王三年（西元前二九六年）被趙所滅。事見〈趙世家〉。(166)天下莫之能害　因為趙與中山相鄰，滅歸己有，其他國家無可奈何。按：范雎用以上齊之失敗與趙之成功正反兩方面的經驗以證明「遠交近攻」方略之正確。(167)中國之處謂其處於華夏諸國的中心。之，此處其義同「是」。[168]天下之樞　天下各國的樞紐之處。樞，門軸。胡三省曰：「以門戶為喻，門戶之開合，皆由於樞。」鮑彪曰：「言出入來往所由。」[169]親中國　先與地處各國中心的韓、魏建立友好關係。茅坤曰：「始而親韓、魏者，陽予之以為聯屬楚、趙之地，因以招齊也。」[170]以為天下樞　以韓、魏作為控制其他諸國的關鍵。李光縉引王應麟曰：「晉、楚之爭霸在鄭，秦之爭天下在韓、魏，林少穎謂『六國卒併於秦，出於范雎遠交近攻之策』，蓋謂取韓、魏以執天下之樞也。」[171]以威楚趙　意即先使韓、魏親附後，再向外擴展，使南方之楚、北方之趙親附秦國。[172]楚彊則附趙二句　意謂視南北的形勢而定，先設法收服其較弱的一方。胡三省曰：「強者未易柔服，故先親附弱者。」附，使之親附、歸附。[173]楚趙皆附　謂楚、趙兩國一旦都親附於秦。[174]重幣　指獻厚禮。幣，禮品。[175]齊附而韓魏因可虜也　齊國這種遠方大國一旦親附於秦，則秦國即可對鄰近的韓、魏實行吞併了。虜，謂虜其王而滅其國。按：觀此數句，范雎「遠交」之策在於使齊國親附；而為使齊國親附，則必須先使楚、趙親附；為使楚、趙親附，則必須先使韓、魏親附。於是所謂「近攻」乃又必須先從「近親」開始。「近親」是手段，是權宜之計；「近攻」才是終極目的。吳見思曰：「論事明白，文氣俊利，終秦之併天下，計不出此，范雎固秦策士之第一人也。」[176]多變　指時戰時和，反覆無常。[177]親魏柰何　即如何親魏。柰何，如何。[178]因舉兵而伐之　鮑彪曰：「『遠交近攻』，雎之策當矣，語未卒而復欲親之；既親之，又欲伐之，立談之間，矯亂如此，使人主何適從乎？若曰某策為上，某次之，其可也。」按：此小伐也，仍是為了達到使其暫時親附的目的。[179]客卿　他國人居此國未任正式官職，而為帝王之高級參謀者，因其享受列卿待遇，故稱「客卿」，日後李斯仕秦之次第亦復如此。凌稚隆引凌登第曰：「太史公敘范雎見秦王一段始末，光景曲折，至今令人想像，宛然在目，當入畫家神品。」[180]五大夫綰　五大夫，秦爵二十級中的第九級。綰，人名，史失其姓。[181]伐魏二句　楊寬《戰國史年表》繫之於秦昭王三十九年（西元前二六八年）。懷，魏縣名，在今河南武陟西南。[182]後二歲　秦昭王四十一年（西元前二六六年）。[183]拔邢丘　邢丘，魏縣名，在今河南溫縣東北。據《魏世家》，安釐王九年（秦昭王三十九年），秦拔魏懷縣；安釐王十一年（秦昭王四十一年），秦拔魏郪丘（今山東東阿境內）。據《秦本紀》，秦拔魏懷縣、邢丘，都在昭王四十一年。按：以上范雎見秦王與說「遠交近攻」事，見《戰國策・秦策三》，且《戰國策》此段之結語作「邢丘拔而魏附」。觀下段乃專說「收韓」事，則此處之「魏附」二字實不可少。繆文遠曰：「范雎言己願效忠秦王，不避死亡之患，以此取得秦王信任，可謂善於揣摩人主心理。」牛鴻恩說：「范雎開始走上秦的政治舞臺時，面臨著一個以穰侯為首、宣太后為後臺的強有力的政治集團，即所謂『四貴』。范雎以一個羈旅之臣，要達到自己的政治目的絕非易事。所以他在說出自己的主張之前，首先說出自己的疑慮，而且反復表明他對秦王的一片忠心。說得委曲周密，懇切動人，終於贏得了昭王的信任。這篇說辭確是『煩情入機，動言中務』（《文心雕龍・論說》），是戰國策士善於論說的一例。」(184)相錯如繡　領土犬牙交錯，如同錦繡上的花紋交叉。(185)蠹　蛀蟲。(186)收韓　使韓國親附。上段通過伐取懷縣、邢丘，使魏親附，故今再議收韓。(187)滎陽　韓縣名，縣治在今河南滎陽東北。(188)鞏成皋之道不通　意謂韓國都城新鄭與其西部地區、與周國的聯絡將被斷絕。鞏，周縣名，在今河南鞏縣西南。成皋，韓縣名，在今滎陽西北。(189)太行之道　此指晉東南長治地區與河南新鄭之間的太行山上的通道，即羊腸坂，在今山西晉城一帶。中井曰：「斷太行，亦因滎陽之師而為之，故此雖對說，而下文曰『一興斷三』也。」(190)上黨之師　韓國駐紮在上黨（今山西長治地區）的軍隊。(191)不下　不能再回到新鄭。因上黨一帶地勢高，故稱其南歸曰「下」。(192)其國斷而為三　《正義》曰：「新鄭以南，一；宜陽，二；澤、潞，三。」按：宜陽（今河南宜陽西）原為韓地，但已於四十年前被秦所取，此處似不應再說，而應說「新城」（今河南伊川）一帶。澤、潞，即指上黨。(193)霸事　稱霸於天下的宏偉計畫。按：以上范雎說昭王伐韓滎陽事，見《戰國策・秦策三》。原與前面之大段論「遠交近攻」、論「親魏」事相連，注《戰國策》者亦以為「非同時之言」，以為應從《史記》分兩段說。(194)說用　進說被採用。(195)請間　請求給個說話的空隙。(196)居山東時　指其原在魏國。山東，崤山以東，當時習慣以稱東方諸國。(197)聞齊之有田文　田文，即孟嘗君。按：《戰國策》作「聞齊之內有田單」。鮑彪曰：「《史》云『田文』，非也。田文去齊已十餘年，不得近捨單，遠論文也。」瀧川曰：「祕閣、楓山、三條本『田文』作『田單』，與《策》合。」王念孫曰：「張載注〈魏都賦〉引《史記》作『田單』。」田單，齊國名將，以火牛陣大破燕軍，再造齊國，齊襄王（西元前二八三—前二六五年在位）封之為安平君，事跡詳見〈田單列傳〉。梁玉繩曰：「舉齊事言，不必一時。」蓋謂即作「田文」亦自通也。(198)擅國　獨攬國家的一切威權。(199)能利害之謂王　能利害，能給人利，也能給人害。即通常之所謂作威作福。牛鴻恩曰：「《戰國策》作『能專利害之為王』，此句應有『專』字，蓋『擅國』、『專利害』、『制殺生』句式相同也。」(200)制殺生之威　掌握著讓人生死的威權。(201)擅行不顧　自己獨斷專行，從來不管昭王有何想法。(202)出使不報　使前不請示，使後不彙報。(203)擊斷無諱　隨意殺人而無顧忌。擊斷，鮑彪曰：「謂刑人。」《索隱》曰：「無諱，猶無畏也。」也有謂「擊斷」即「專斷」、「決斷」。何建章曰：「擊，通決。」(204)進退不請　提拔人、貶斥人不向昭王請示。進退，瀧川引橫田惟孝曰：「進退人也。」(205)為此四貴者下　屈居於「四貴」的專權跋扈之下。(206)傾　旁落；歸於他人。(207)內固其威而外重其權　意即必須將裡裡外外的一切威權通通收歸帝王一人所有。瀧川引關修齡曰：「言是人主之事，而太后、穰侯自擅威權，與『善治國者』相反。」(208)穰侯使者　穰侯派到其他諸侯國去的使者。(209)操王之重　打著秦王的旗號，行使秦王的無上權威。(210)決制於諸侯　對各諸侯國發號施令。決制，決斷；決定重大問題。[211]剖符於天下　繆文遠引橫田惟孝曰：「言冉之使者分兵符於諸侯，徵發其兵，以征伐敵國，而諸侯皆從其令也。」剖，分發。符，指兵符。[212]政適伐國　征伐敵國。適，通「敵」。《戰國策》直作「敵」。[213]攻取　指占領到地盤。[214]利歸於陶國　謂好處歸穰侯所有。[215]弊御於諸侯　御，通「卸」。意即有了弊病則推卸給其他國家。金正煒曰：「下章『戰勝攻取，利盡歸於陶；國之幣帛，竭入太后之家』，則此文『弊』即『幣』也。御，進也。諸侯，謂華陽、涇陽之屬。」繆文遠曰：「此言戰勝則四貴得其利也，與下文言戰敗則國家受其禍相對。」也有人將這兩句斷為「戰勝攻取，則利歸於陶，國弊御於諸侯」。意即好處歸穰侯所有，而國家為戰爭所疲弊，結果被其他諸侯所制。御，制。[216]詩曰　大致見於《逸周書・周祝篇》，其文云：「葉之美也解其柯，柯之美也解其枝，枝之美也致其本。」孫詒讓曰：「古書引《書》，或通稱《詩》。《戰國策》四、《史記・春申君傳》引《詩》云「大武遠宅不涉」，即《周書・大武篇》之「遠宅不薄」，是其證也。」牛鴻恩曰：「『詩』同『志』，泛指古代的記事之書。《呂氏春秋・原亂》：『詩曰：無過亂門。』『詩』即通『志』也。」[217]木實繁者披其枝　樹木結果太多，樹枝就將被壓斷。木實，樹木的果實。披，裂下；折斷。[218]披其枝者傷其心　樹枝披下，樹心就將受傷。[219]大其都者危其國　國內封君的都城過大，就將構成對國家首都的威脅。《左傳》隱公元年有所謂「都城過百雉，國之害也」，即此。國，指國家首都。[220]尊其臣者卑其主　做大臣的如果太尊貴，其帝王也就變得卑賤了。[221]崔杼淖齒管齊　崔杼，春秋中後期的齊國貴族。淖齒，戰國後期楚國的將領。管齊，執齊國之政。[222]射王股　齊莊公（西元前五五三—前五四八年在位）與崔杼的妻子私通，被崔杼堵在家裡。莊公越牆逃跑，被崔杼射了下來，遂殺之。事見《左傳》襄公二十五年與〈齊太公世家〉。[223]擢王筋三句　據〈田敬仲完世家〉，燕將樂毅伐齊，破臨淄，齊湣王逃至莒縣（今山東南部縣名）。楚派淖齒救齊，因任齊相。淖齒欲與燕勾結共分齊國，遂將齊湣王殺死。所謂「擢王筋，縣之於廟梁，宿昔而死」云云，亦范雎肆意誇大之說。擢，抽。縣，通「懸」。宿昔，同「夙夕」。早晚，此極言時間之短，很快就死了。《索隱》曰：「言『射王股』誤也，崔杼射莊公之股。」張文虎曰：「兩『王』字皆『主』之訛。」瀧川曰：「楓山、三條本無『崔杼』二字，與《策》合，可從。『崔杼』、『淖齒』，古今不類，下文亦不言『淖齒』，二字後人依《索隱》誤增。」[224]李兌　戰國中後期趙國大臣。[225]囚主父於沙丘　主父即趙武靈王，名雍，西元前三二五—前二九九年在位。據〈趙世家〉，武靈王提前退位，自稱「主父」，傳其國於少子何，即惠文王。長子章作亂，兵敗，逃依武靈王於沙丘宮（在今河北平鄉東北）。趙臣李兌遂圍困沙丘宮，公子章被殺，武靈王被餓死。[226]今臣聞　中井曰：「《策》無『臣聞』二字，此疑衍文。」按：無二字為好。[227]用事　主持國政。[228]卒無秦王　其心目中根本沒有秦王。卒，終；根本。[229]三代　指夏、商、周三朝。[230]君專授政　國君專一地把政權交給某大臣掌管。(231)弋獵　射獵。弋，射。(232)其所授者　接受王命執掌政權的人。(233)御下蔽上　控制下屬群臣，壅蔽矇騙君上。御，駕馭；控制。(234)有秩　鄉官名。此指最低級的官吏。陳直曰：「《漢書・百官公卿表》敘縣制：『大率十里一亭，亭有長；十亭一鄉，鄉有三老、有秩、嗇夫、游徼，皆秦制也。』」蓋戰國末期秦已有此制度。(235)下及王左右　按：「下」字用得無理，應刪。《戰國策》云：「今邑中自斗食以上，至尉內史，及王左右，有非相國之人者乎？」亦無「下」字。(236)相國　指穰侯。(237)見王獨立於朝　《戰國策》作「臣今見王獨立於廟朝矣」。獨立，孤立無援。(238)竊為王恐　瀧川曰：「祕閣本、楓山、三條本，『恐』下重『恐』字，與《策》合。」按：下句開頭應重出「恐」字，然《史記》行文常有當重出而未重出者。(239)萬世之後　婉言秦王身死之後。(240)廢太后　吳師道曰：「睢相在昭王四十一年，〈秦紀〉：『明年太后薨，葬芷陽驪山。九月穰侯出之陶。』是太后初未嘗廢，穰侯雖免相，而未就國。太后葬後，始出之陶。此辯士增飾，非實之辭。」梁玉繩引《大事紀》曰：「〈本紀〉宣太后之沒書『薨』書『葬』，初未嘗廢。魏公子無忌諫魏王親秦之辭，止曰『太后母也，而以憂死』，亦未嘗言其廢。穰侯雖免相，猶以太后之故未就國，及太后既葬之後始出之陶耳。〈范睢傳〉所載特辯士增飾之辭，欲誇范睢之事，而不知甚昭王之惡也。」又引《經史問答》曰：「『太后憂死是實，未必顯有黜退之舉。觀穰侯尚得之國於陶，無甚大譴，其所謂『逐』者如此，則所謂『廢』者亦只奪其權也。是時昭王年長，而宣太后尚事事親裁，便是不善處嫌疑之際；一旦昭王置之高閣，安得不憂死？故人以為『廢』。」(241)逐穰侯高陵華陽涇陽君於關外　讓魏冉、公子悝、芈戎、公子市四人都離開京城，到各自的封地上去。關外，函谷關以外。按：魏冉的封地在穰（今河南鄧縣）與陶（今山東定陶西北），芈戎的封地在華陽（今河南密縣東北），公子悝與公子市的封地原在高陵（今陝西高陵）與涇陽（今陝西涇陽西北），後又封之以鄧（今河南孟縣西）與宛城（今河南南陽），蓋後封者都在「關外」也。按：穰侯出關之陶在昭王四十二年（西元前二六五年）；公子悝之鄧在昭王四十五年（西元前二六二年）。(242)拜范睢為相二句　中井曰：「是奪穰封也，使唯有陶邑。」按：據馬非百《秦集史・丞相表》，范睢乃繼穰侯為相者，則此所謂「收印」，謂收回其丞相印也。凌稚隆曰：「范睢欲得相位，必傾太后、穰侯，但骨肉之間不能直指，故方未見王時即『感怒』之，以植其根；及其既見，則欲言不言，反復宛轉，以待其自悟；至王自言『上至太后，下至大臣』可以直指矣，卻又先言外事，以待數年，始及其內，漸漬不驟如此，聽者自不覺入於肝鬲矣。睢其深於術哉！」陳子龍曰：「昭王之傾心於范睢者，急在欲謀內事，而外事其次也。然不先立功效以自重，而欲傾國之權貴，豈易拔乎？睢所以須之數年之後也。後世人主有與羈旅之士驟謀大臣，每至於敗者，坐國人之未信，根本之未立也。」邱少華說：「『四貴』和宣太后勾結在一起，擅行不顧，目無昭王，危害到昭王的利益和秦國的發展。范睢冒著極大的風險，指出問題的嚴重性，建議昭王剷除『四貴』，使昭王『內固其威，外重其權』，是頗有膽識的。後來李斯對此作了很高的評價：『昭王得范睢，廢穰侯，逐華陽，強公室，杜私門，蠶食諸侯，使秦成帝業。』」(243) 縣官給車牛以徙　意即由公家出車牛幫著他們搬家。縣官，指國家、公家，有時也指帝王本人。(244) 千乘有餘　此極言穰侯私家之富，蓋受人讒謗，非無因也。(245) 到關　調行抵函谷關。(246) 關閱其寶器　守關者檢查其所載的珍寶。閱，檢查；清點。(247) 寶器珍怪多於王室　徐孚遠曰：「罷相就國，秦歸其貲財，猶有舊恩也。」(248) 應　秦縣名，縣治在今河南魯山東北。(249) 當是時二句　西元前二六六年。按：以上范睢說秦昭王罷黜穰侯，自己取得宰相事，見《戰國策·秦策三》。

【語　譯】 穰侯、華陽君，是秦昭王的母親宣太后的弟弟；而涇陽君、高陵君，都是昭王同母弟弟。穰侯做秦國的丞相，其他三人交替為將，有自己的封邑，因為太后的緣故，他們私家的財富比王室還多。等到穰侯為秦將時，更想越過韓、魏去攻伐齊國的綱、壽，想以此擴大他的封邑陶。范睢於是上書說：

2 「我聽說聖明的君主掌握政權，有功勞的不能不賞賜，有能力的不能不讓他做官，功勞大的，他的俸祿就優厚，功勞多的，他的爵位就尊寵，能治理民眾的，他的官就大。所以沒有能力的人就不能做官，有能力的人也不能隱藏起來。假如認為我的話是對的，希望能讓我有所作為；如果認為臣的話不對，讓我繼續在這裡停留下去也沒用。俗話說：『昏庸的君主獎賞他寵愛的人而懲罰他討厭的人。聖明的人則不這樣，獎賞必定要給那些有功的人，而刑罰也必定針對那些有罪的人。』我也不是不怕死，怎麼敢用沒有把握的事情在大王面前隨便嘗試呢？您即使認為我是低賤的人不把失敗受辱當成一回事，難道您就不相信推薦我的人是不會那麼隨隨便便那麼辦事不負責任的嗎？

3 「而且我聽說周有寶玉砥砨，宋有寶玉結綠，梁有寶玉縣藜，楚有寶玉和朴。這四塊寶玉，是土中所生，卻被好工匠忽略了，最終卻成了天下最有名的寶貝。那麼聖王遺棄的，難道就不足以使國家富強嗎？

4 「我聽說善於使家族富足的人取自國家，善於使國家富足的人取自諸侯。天下如果有明主，諸侯就不能獨自富足，這是為什麼呢？是因為他能分割諸侯的權力。良醫可以預知病人的死生，聖明的君主明察事情的成敗，有利的就做，不利的就放棄，有懷疑就稍稍嘗試一下，即使是舜、禹復生，也只能這麼辦。最深的話，我不敢寫在紙上，太淺的，又不足以說給您聽。莫非是我愚笨而不合您的心意？還是推薦我的人地位低下不可信用？如果不是這樣，我希望得到您的一點遊玩之餘的空檔，見您一面。如果我說的有一句沒用，情願伏罪領死。」

5 於是秦昭王非常高興，就向王稽道歉，派人用傳車去召見范雎。

6 於是范雎才得以到離宮進見秦王，他假裝不認得內宮的路而闖了進去。秦王來了，宦官發怒了，驅逐著他說：「大王來了！」范雎故意隨便亂說道：「秦哪有王？秦只有太后、穰侯罷了。」想以此觸動激怒昭王。昭王到了，聽到他和宦官在爭吵，就迎接他，道歉說：「寡人早就應該親自來接受您的教誨了，正好趕上義渠的事很緊急，寡人我早晚親自向太后請命；現在義渠的事已經結束了，寡人才得以接受您的教誨。我愚昧遲鈍，請允許我把您當做貴客接待。」范雎推辭。這天觀看范雎進見秦王的大臣們，沒有不肅然變色的。

7 秦王讓左右的人都迴避出去，宮中再沒有別人。秦王長跪請求說：「先生有什麼要指教寡人的？」范雎說：「是是。」過了一會，秦王又跪著請求說：「先生有什麼要指教寡人呢？」范雎還是「嗯嗯」地應著，這樣一連三次，秦王長跪說：「先生是不肯指教寡人嗎？」范雎說：「不敢啊。我聽說過去呂尚遇見周文王時，自己作漁翁在渭水邊釣魚。這種樣子，是說明他們的交情疏遠。但在一番談話之後呂尚就被立為太師，與文王同車而歸，這是因為他說得投機透徹。所以文王最終能夠因為任用呂尚成就大功，成為天下共主。假如文王當時疏遠呂尚而不與他深入交談，那麼周朝就沒有天子的德行，文王、武王也就無法成就王業了。現在我是寄居在這裡的外國人，與大王沒什麼交情，但我想說的卻是匡正君王的事，處在人家骨肉之間，想效愚忠卻不知道大王的真正心思。這就是為什麼大王三問而我不敢對答的原因。我並不是害怕才不回答，我知道今天在您面前一說完明天可能就要被殺掉，但是我不敢逃避。大王如果能真的採納施行我的話，即使是死也不會讓我顧慮，流亡也不足以讓我擔憂，身上塗漆長滿癩瘡，披散頭髮變成瘋子也不足以讓我感到羞恥。況且五帝那樣的聖人也得死，三王那樣的仁人也得死，五霸那樣的賢能也得死，烏獲、任鄙那樣力大無窮也得死，成荊、孟賁、王慶忌、夏育那樣勇敢也得死。死是人無論如何也免不了的。既然死是必然的，如果對秦國能有一點助益，這就是我最大的願望了，我又怕什麼呢？伍子胥被裝在袋子裡才出了昭關，晚上趕路，白天躲起來，到了陵水時，沒有吃的，在地上爬行，光著身子磕頭，鼓起肚子吹篪，在吳國的集市上討飯，最終卻能夠振興吳國，讓闔閭做了霸主。假如能讓我像伍子胥一樣用盡我的謀略，即使把我關起來，終身不再見我，但我的言論能夠實行了，我又憂慮什麼呢？箕子、接輿身上塗漆，滿身癩瘡，披散頭髮作瘋子，對於君主沒有用。假如我的下場與箕子一樣，而結果能對賢明的君主有所助益，這是我的最大的光榮，我又有什麼可羞恥的？我唯獨害怕的是在我死之後，天下人見我盡忠而身死，因而都閉緊嘴，收住腳，不敢再到秦國來了。您上畏太后的威嚴，下惑於奸臣的姿態，住在深宮裡，不離左右近侍，終身被迷惑，沒辦法看清奸佞。嚴重的會亡國，輕微的也會威脅到自己的生命，這是我害怕的事。至於困窘恥辱這些事，死亡流亡這些憂患，我並不畏懼。我死而秦國得到治理，我死了也勝於活著。」秦王長跪說：「先生說的是什麼話！秦國地處偏僻，離中原遙遠，寡人愚昧不肖，幸好先生屈尊到了這裡，這是上天把寡人託付給先生來保存秦國。寡人我能接受先生的指教，是上天恩寵先王，不遺棄他的孤兒。先生怎麼能這樣說呢？事不分大小，上及太后，下至重要的大臣，希望先生全都能指點寡人，不要懷疑寡人。」范雎拜謝秦王，秦王也回拜范雎。

8 范雎說：「大王的國家，四方邊塞堅固，北面有甘泉山、谷口，南面有涇水、渭水，西面有隴山、蜀山，東面有函谷關、商坂山，有數百萬勇猛的士兵，數千乘戰車，對我方有利時可以出擊，不利時可以入守，這是帝王的土地。人民不敢為私事相鬥但對於為公家出戰很勇敢，這是帝王的百姓。大王二者兼有。憑秦國士兵的勇猛，戰車與騎兵的眾多，用來征伐諸侯，就像放出韓盧來追瘸腿的兔子一樣，霸王的功業一定可以確立。只是群臣不稱職，至今閉關十五年，不敢窺伺出兵山東諸國，是因為穰侯不忠心為秦國出謀畫策，大王的計畫有失誤。」秦王長跪說：「寡人希望聽聽失誤之處。」

9 但是左右有很多竊聽的人，范雎害怕，不敢說內事，先說外事，以此來觀察秦王的態度。於是進言道：「穰侯越過韓、魏而攻齊國的綱、壽二城，不是好計策。出兵少不足以傷害齊國，出兵多就會傷害到秦國。我猜測大王的計畫，是想少出兵而讓韓、魏出全部兵力，這是不義之舉。馬上就將看到同盟國與我們並不親善，怎麼能越過人家的國家去進攻？從計謀來說太粗疏了。過去齊湣王向南攻擊楚國，打敗楚軍，殺了楚將，兩次開闢了千里土地，而齊國一尺一寸的地盤也沒得到，難道它不想得到地盤嗎，形勢不允許它得到。諸侯見到齊國疲憊破敗，君臣不和，舉兵伐齊，大破齊國。齊國將士戰敗蒙辱軍備大受損耗，人們都歸咎於齊王，說：『誰出的這個主意？』齊王說：『是文子。』於是大臣們作亂，文子逃亡國外。齊國大敗的原因是伐楚而使韓、魏得了便宜。這就是所謂把兵借給賊而把糧食送給強盜。大王不如結交遠方國家，攻打鄰近國家，得到一寸土地也是大王的土地，得到一尺土地就是大王的土地。現在不這樣卻去攻擊遠方諸侯，不是太離譜了嗎？況且過去中山國方圓五百里，趙國將其獨吞，成就了功業，樹立了威名，也得到了實際利益，其他諸侯卻無可奈何。現在韓、魏地處中原，是中原的門戶。大王想要稱霸，一定要先與地處各國中心的韓、魏建立友好的關係，以此作為控制其他國家的關鍵，進而威脅楚、趙。楚國強大就先親附趙國，趙國強大就先親附楚國，楚、趙都親附秦國，齊國一定會害怕；齊國一害怕，一定會言辭低下帶著豐厚的禮品來事奉秦國。齊國一旦歸附，韓、魏也就唾手可得了。」昭王說：「我想親近魏國已經很久了，但魏是多變的國家，寡人不能去親近它。請問怎樣才能親近它呢？」范睢回答說：「大王用謙遜的言辭與豐厚的禮物去事奉它；它不答應，就割裂土地去賄賂它；它不答應，就趁勢出兵攻伐它。」秦王說：「寡人恭敬地聽從您的命令。」於是就拜范睢為客卿，謀劃軍事。秦最終聽取了范睢的計策，派五大夫綰討伐魏國，攻下懷邑。又過了兩年，攻下了邢丘。

10 客卿范睢又遊說秦昭王說：「秦、韓兩國的地形，像刺繡一樣互相交錯。秦有韓作鄰國，就如樹裡長了蠹蟲，人的心腹生了病。天下沒有變動則罷了，天下一旦有變動，還有誰比韓國對秦國的危害更大？大王不如收服韓國。」昭王說：「我早就想收服韓國。韓國不聽話，怎麼辦呢？」范睢回答說：「韓國怎麼能不聽話？大王南下攻滎陽，那麼鞏、成皋道路就不通；向北切斷太行山的道路，上黨的軍隊就過不來。大王一旦舉兵攻打滎陽，韓國就被切成三段。韓看到這種一定會滅亡的形勢，怎能不聽話呢？若韓聽話，就可以順勢考慮稱霸的事了。」昭王說：「很好。」並且要派遣使者前往韓國。

11 范睢越來越得到親信，被重用好幾年了，於是找機會單獨遊說昭王說：「我住在山東時，只聽說齊國有田文，沒聽說還有齊王；只聽說秦國有太后、穰侯、華陽君、高陵君、涇陽君，沒聽說過有大王。能夠獨掌國家大權才叫王，能獨掌利害大權才叫王，能獨掌生殺大權才叫王。現在太后獨斷專行不顧一切，穰侯出使不彙報，華陽君、涇陽君隨意殺人毫不忌諱，高陵君用人也不向大王請示。這四種尊貴的人存在而國家不危亡的，還沒有過。在這四位尊貴的人物之下，就稱不上王了。這樣權力怎麼能不傾覆，大王又怎麼能發布命令呢？我聽說善於治理國家的人，對內要鞏固他的威信，對外要確立他的權威。穰侯的使者打著大王的旗號，決定諸侯間的事務，與天下各國結盟，征伐敵人侵伐他國，沒有人敢不聽。打了勝仗，占了地盤，好處就都給了陶邑，有了弊病則推卸給其他國家；打敗了，老百姓就怨聲載道，災禍就要國家來承擔。古詩說：『樹上果實多了就會壓斷樹枝，壓斷了樹枝就會傷到樹心；都邑大了就會危害到國家，臣子太尊貴了君主就會變得卑賤。』齊國的崔杼射傷齊莊公的大腿，淖齒抽了齊湣王的筋，把他吊在祖廟的房梁上，不一會就死掉了。趙國的李兌掌了權，把主父圍困在沙丘宮，將他餓了一百多天，活活餓死。現在我聽說秦國太后、穰侯掌權，高陵君、華陽君、涇陽君輔助他們，不把秦王您放在眼裡，這也是淖齒、李兌一類人物啊。夏商周三代亡國的原因，就是由於君主把權力交給臣下，自己放縱喝酒打獵，不聽國政。掌權的大臣，妒賢嫉能，收服下屬，蒙蔽君主，培植私人力量，不為君主考慮。而君主還不覺悟，所以就失掉了國家。現在從下屬官吏到重要大臣，以至大王左右近侍，沒有不是相國的人。看到大王在朝廷上孤立無援，我私下裡為大王擔心。恐怕萬世之後，享有秦國的就不是大王的子孫了。」

12 昭王聽後非常害怕，說：「您說的很對。」於是就廢了太后，把穰侯、高陵君、華陽君、涇陽君驅逐到關外。秦王拜范睢為相。收回穰侯的相印，讓他回陶邑去，派公家供給他車和牛用來遷居，用了一千多輛車。到了函谷關，守關者檢察他的寶器，珍貴稀奇的寶器比王室還多。

13 秦把應地封給范睢，號應侯。這時是秦昭王四十一年。

1 范雎既相秦，秦號曰張祿❶，而魏不知，以為范雎已死久矣。魏聞秦且東伐韓、魏，魏使須賈於秦。范雎聞之，為微行❷，敝衣間步之邸❸，見須賈。須賈見之而驚曰：「范叔固無恙乎❹！」范雎曰：「然。」須賈笑曰：「范叔有說於秦邪❺？」曰：「不也。雎前日得過於魏相❻，故亡逃至此，安敢說乎！」須賈曰：「今叔何事❼？」范雎曰：「臣為人庸賃❽。」須賈意哀之，留與坐飲食。曰：「范叔一寒如此❾哉！」乃取其一綈袍❿以賜之。須賈因問曰：「秦相張君，公知之乎？吾聞幸於王，天下之事皆決於相君。今吾事之去留⓫在張君，孺子⓬豈有客習於相君者哉⓭？」范雎曰：「主人翁⓮習知之，唯雎亦得謁⓯，雎請為見君於張君⓰。」須賈曰：「吾馬病，車軸折，非大車駟馬⓱，吾固不出。」范雎曰：「願為君借大車駟馬於主人翁。」

2 范雎歸取大車駟馬，為須賈御⓲之，入秦相府。府中⓳望見，有識者皆避匿⓴。須賈怪之。至相舍門㉑，謂須賈曰：「待我，我為君先入通於相君。」須賈待門下，持車㉒良久，問門下曰：「范叔不出，何也？」門下曰：「無范叔。」須賈曰：「鄉㉓者與我載而入者。」門下曰：「乃吾相張君也。」須賈大驚，自知見賣㉔，乃肉袒郗行，因門下人㉕謝罪。於是范雎盛帷帳，侍者甚眾，見之。須賈頓首言死罪，曰：「賈不意㉖君能自致於青雲之上㉗，賈不敢復讀天下之書，不敢復與㉘天下之事。賈有湯鑊之罪㉙，請自屏於胡貉之地㉚，唯君死生之㉛！」范睢曰：「汝罪有幾？」曰：「擢賈之髮以續賈之罪，尚未足㉜。」范睢曰：「汝罪有三耳。昔者楚昭王㉝時而申包胥為楚卻吳軍㉞，楚王封之以荊五千戶㉟，包胥辭不受，為丘墓之寄於荊也㊱。今睢之先人丘墓亦在魏，公前以睢為有外心於齊而惡睢於魏齊㊲，公之罪一也。當魏齊辱我於廁中，公不止，罪二也。更醉而溺我，公其何忍乎？罪三矣。然公之所以得無死者㊳，以綈袍戀戀㊴，有故人之意，故釋公。」乃謝罷。入言之昭王，罷歸須賈㊵。

3 須賈辭於范睢，范睢大供具㊶，盡請諸侯使，與坐堂上，食飲甚設㊷。而坐須賈於堂下，置莝豆㊸其前，令兩黥徒夾而馬食之㊹。數㊺曰：「為我告魏王，急持魏齊頭來！不然者，我且屠㊻大梁。」須賈歸，以告魏齊。魏齊恐，亡走趙，匿平原君所㊼。

4 范睢既相，王稽謂范睢曰：「事有不可知者三，有不可柰何㊽者亦三。宮車一日晏駕㊾，是事之不可知者一也；君卒然捐館舍㊿，是事之不可知者二也；使臣卒然填溝壑(51)，是事之不可知者三也。宮車一日晏駕，君雖恨於臣(52)，無可柰何。君卒然捐館舍，君雖恨於臣，亦無可柰何。使臣卒然填溝壑，君雖恨於臣，亦無可柰何。」范睢不懌[53]，乃入言於王曰：「非王稽之忠，莫能內臣於函谷關[54]；非大王之賢聖，莫能貴臣。今臣官至於相，爵在列侯，王稽之官尚止於謁者，非其內臣之意也。」昭王召王稽，拜為河東守[55]，三歲不上計[56]。又任鄭安平[57]，昭王以為將軍。范睢於是散家財物，盡以報所嘗困戹者[58]。一飯之德[59]必償，睚眥之怨[60]必報。

5 范睢相秦二年，秦昭王之四十二年[61]，東伐韓少曲[62]、高平[63]，拔之。

6 秦昭王聞魏齊在平原君所，欲為范睢必報其仇，乃詳為好書[64]遺平原君曰：「寡人聞君之高義，願與君為布衣之友[65]。君幸過寡人[66]，寡人願與君為十日之飲。」平原君畏秦，且以為然[67]，而入秦見昭王。昭王與平原君飲數日，昭王謂平原君曰：「昔周文王得呂尚以為太公[68]，齊桓公得管夷吾以為仲父[69]，今范君亦寡人之叔父[70]也。范君之仇在君之家，願使人歸取其頭來；不然，吾不出君於關。」平原君曰：「貴而為交者，為賤也；富而為交者，為貧也[71]。夫魏齊者，勝之友也，在，固不出也，今又不在臣所[72]。」昭王乃遺趙王[73]書曰：「王之弟[74]在秦，范君之仇魏齊在平原君之家。王使人疾持其頭來；不然，吾舉兵而伐趙，又不出王之弟於關。」趙孝成王乃發卒圍平原君家，急，魏齊夜亡出[75]，見趙相虞卿[76]。虞卿度趙王終不可說，乃解其相印[77]，與魏齊亡，間行[78]。念諸侯莫可以急抵[79]者，乃復走大梁，欲因信陵君以走楚[80]。信陵君聞之，畏秦，猶豫未肯見[81]，曰：「虞卿何如人也？」時侯嬴[82]在旁，曰：「人固未易知[83]，知人亦未易也[84]。夫虞卿躡屩[85]檐簦[86]，一見趙王，賜白璧一雙，黃金百鎰[87]；再見，拜為上卿[88]；三見，卒受相印，封萬戶侯。當此之時，天下爭知之[89]。夫魏齊窮困過虞卿，虞卿不敢重[90]爵祿之尊，解相印，捐萬戶侯而間行。急士之窮[91]而歸公子，公子曰『何如人』。人固不易知，知人亦未易也！」信陵君大慚，駕如野[92]迎之。魏齊聞信陵君之初難見之[93]，怒而自剄。趙王聞之，卒取其頭予秦。秦昭王乃出平原君歸趙。

7 昭王四十三年[94]，秦攻韓汾、陘[95]，拔之，因[96]城河上廣武[97]。

8 後五年[98]，昭王用應侯謀，縱反間賣趙[99]，趙以其故，令馬服子[100]代廉頗將。秦大破趙於長平[101]，遂圍邯鄲[102]。已而與武安君白起有隙，言而殺之[103]。任鄭安平，使擊趙[104]。鄭安平為趙所圍，急，以兵二萬人降趙[105]。應侯席稾請罪[106]。秦之法，任人而所任不善者，各以其罪罪之。於是應侯罪當收三族[107]。秦昭王恐傷應侯之意108，乃下令國中：「有敢言鄭安平事者，以其罪罪之。」而加賜相國應侯食物日益厚，以順適其意。後二歲109，王稽為河東守，與諸侯通110，坐法誅111。而應侯日益以不懌。

9 昭王臨朝歎息，應侯進曰：「臣聞『主憂臣辱，主辱臣死112』。今大王中朝113而憂，臣敢請其罪114。」昭王曰：「吾聞楚之鐵劍利而倡優115拙。夫鐵劍利則士勇，倡優拙則思慮遠116。夫以遠思慮而御117勇士，吾恐楚之圖秦也。夫物不素具118，不可以應卒119。今武安君既死，而鄭安平等畔120，內無良將而外多敵國，吾是以憂121。」欲以激勵122應侯。應侯懼，不知所出。蔡澤聞之，往入秦也。

【章　旨】以上為第三段，寫范雎得勢後的報恩報仇，及而後的衰落失勢。

【注　釋】❶秦號曰張祿　牛鴻恩曰：「《編年紀》昭王五十二年載『王稽、張祿死』，可知秦一直稱范雎為『張祿』。」❷微行　變服出行。❸間步之邸　間步，私下步行。瀧川引劉伯莊曰：「謂獨行。」又引盧藏用曰：「從小路也。」邸，《正義》曰：「諸國客館。」各國為其使臣居住在客地所修的館舍，即於今之駐外辦事處。❹固無恙乎　一直都安好嗎。固，本來；原來。❺有說於秦邪　又對秦王進行遊說了嗎。有，通「又」。說，遊說；進言。❻得過於魏相　得過，得罪。魏相，魏國的宰相魏齊。❼何事　從事何種工作。❽為人庸賃　給人做長工、短工。❾一寒如此　竟寒苦到如此地步。❿綈袍　粗絲織品所做的袍子。綈，厚絲織品。吳見思曰：「轉折絮語，如親見之。」鍾惺曰：「絕妙小說。」⓫去留　指事情辦得成與辦不成。⓬孺子　原為老者對青少年的不客氣稱呼，今則為身分高對身分低者的不客氣之稱。⓭豈有客習於相君者哉　你有什麼人認識張相君嗎。習，熟悉；認識。⓮主人翁　自己受雇的那家的主人。⓯唯睢亦得謁　連我也能夠去拜見他。唯，連；即使。謁，拜見。⑯見君於張君　把您引見給張丞相。⑰駟馬　此處同「四馬」。駟，四匹馬拉的車子，在古代是比較氣派的。⑱御　趕車。⑲府中　此指丞相府的工作人員。⑳避匿　指為貴人讓路。㉑相舍門　此指相府內宅的門。前已云「入秦相府」，「府中望見，有識者皆避匿」矣，故知此門乃在相府之內。㉒持車　守著車子。持，看守。有井範平曰：「『持車』四字，敘來平易，乃入神品妙絕。」㉓鄉　剛才；方才。㉔見賣　被騙；上當。㉕因門下人　讓門下人領著。㉖不意　想不到。㉗青雲之上　此處指官位之高。瀧川曰：「『青雲』有數義，〈伯夷傳〉『閭巷之人欲砥行立名者，非附青雲之士，惡能施於後世哉』，此有德而負盛名者也；〈范睢傳〉『不意君能自致於青雲之上』，此喻在高位也；又喻隱逸者，如《南史》之所謂『形入紫闥，而意在青雲』是也。」㉘與　參與；過問。㉙湯鑊之罪　即死罪。湯鑊，以開水烹煮的刑罰。鑊，大鍋。㉚自屏於胡貉之地　意謂情願被發配到異族邊荒之區，永不出頭。屏，通「摒」。這裡謂退避。胡貉，古代中原地區對北方與東北方少數民族的稱呼。貉，此處同「貊」。吳見思曰：「數語總是一意，而心忙口急，說得雜亂無文，真化工筆。」㉛唯君死生之　請您對我的生死做出判決。㉜擢賈之髮以續賈之罪二句　梁玉繩引方氏《補正》曰：「北音『續』、『數』相近而誤。或曰擢髮而續之，尚不足以比其罪之長也。」按：依前說，「續」應讀為「數」，即後世「擢髮難數」典故之來源。後說雖亦可通，但與現實生活相隔稍遠，好處是不用改字。史珥曰：「寫出急迫情景，酷肖頓首而言之狀。」吳見思曰：「一邊面有驕色，一邊心如死灰，純是乞命之聲，寫來神妙。」㉝楚昭王　春秋末期楚國國君，平王之子，名珍，西元前五一五—前四八九年在位。㉞申包胥為楚卻吳軍　申包胥是楚國大臣，楚昭王十年（西元前五〇六年），伍子胥為報父兄之仇，率吳軍破楚入郢，申包胥向秦國求救，藉秦兵趕走了吳軍，重新穩定了楚國。事見《左傳》、〈楚世家〉、〈伍子胥列傳〉。㉟荊五千戶　即楚民五千戶。當時楚國也稱「荊國」。㊱包胥辭不受二句　丘墓，指先人的墳墓。瀧川引岡白駒曰：「卻吳軍者，本為己之先人丘墓寄於荊也，不必為楚，故不以為功。」㊲惡睢於魏齊　在魏齊面前說我的壞話。㊳公之所以得無死者　意即我所以還能饒你一命。㊴戀戀　有同情心的樣子。㊵罷歸須賈　意即辦理完須賈來秦要辦的事情，讓其回國。有井範平引鍾惺曰：「絕妙小說。」吳見思曰：「寫得有姿致，轉折絮語，如親見之。」凌稚隆引茅坤曰：「專要摹寫睢之辱於魏齊，顯於秦，因以報復於魏，故於恩怨處盡力婀娜。」按：〈穰侯列傳〉載須賈事，忠心、才幹皆有可觀，不如是文須賈之「乏」也。兩篇對看，益見此文史公個人感情之濃烈。㊶大供具　大排筵席。㊷甚設　很豐盛。設，完備。㊸莝豆　餵牲口的草料。莝，鍘碎的草。㊹令兩黥徒夾而馬食之　黥徒，受刑後而為奴隸者。夾而馬食之，一邊一個奴隸押著他，讓他像馬吃草似地吃那些「莝豆」。㊺數　責罵。㊻且屠　且，將。屠，血洗；殺光全城。㊼匿平原君所　躲藏在平原君家。平原君，名趙勝，趙惠文王之弟，時為趙相，以養士聞名，事跡詳見〈平原君虞卿列傳〉。所，處。㊽不可柰何　無計可施；無法補償。㊾宮車一日晏駕　婉指昭王突然死去。晏駕，不能按時乘車出來。晏，晚。㊿君卒然捐館舍　婉指范睢突然死去。卒，通「猝」。捐館舍，拋下館舍而去，婉指達官貴人的死。(51)使臣卒然填溝壑　假如我突然死了。使，假使。瀧川曰：「王稽謁者，故稱『使臣』。」按：「謁者」恐亦難稱「使臣」。填溝壑，死後無人殯葬，只有扔在溝裡，指貧賤人的死，此王稽謙指自己。(52)君雖恨於臣　你即使對我的未被任用而深感遺憾。恨，遺憾。凌稚隆曰：「恨其不及用也。」(53)不懌　不高興。按：范睢有仇不忘復，前辱須賈是矣；別人對之有恩，卻遲遲不報，當人自語之，尚「不懌」，此何心哉？或者范睢已看出王稽無任大事之才，而王稽力求大任，故「不懌」乎？穆文熙曰：「二子之德既不可忘，而其才又不可任將，故終累范睢，人之酬恩難哉！」(54)內臣於函谷關　讓我進入函谷關。內，意思同「納」。(55)河東守　河東郡的郡守。河東郡的郡治安邑，在今山西夏縣西北。(56)三歲不上計　言其為郡守無政績，不稱職。上計，指地方官按時向朝廷交納賦稅錢糧，同時也報告自己在任的治績。《集解》引司馬彪曰：「凡郡掌治民、進賢、勸功、決訟、檢奸，常以春行所治縣，勸民農桑，振救乏絕；秋冬遣無害吏按訊問諸囚，平其罪法，論其殿最，歲盡遣吏上計。」(57)又任鄭安平　又保任鄭安平為官。任，舉薦；擔保。有罪過時要負其責、任其咎。(58)盡以報所嘗困戹者　瀧川曰：「『嘗』下，祕閣本有『與』字；楓山、三條本有『共』字。」即與范睢一同遭受過磨難的人。(59)德　恩。(60)睚眦之怨　以喻極其微小的舊矛盾。睚眦，瞪眼；怒目而視。按：以上范睢報復須賈事，今本《戰國策》無。(61)秦昭王之四十二年　西元前二六五年。(62)少曲　地區名，在今河南濟源西北，當時的少水轉彎處。(63)高平　也稱作「向」，在今河南濟源南。梁玉繩曰：「上文方敘睢償德報怨，便當接入報魏齊仇一段，何得橫插伐韓事？疑此二十三字當衍。」崔適曰：「二十三字當移至下文『秦昭王乃出平原君歸趙』下。」(64)詳為好書　詳，通「佯」。假裝。好書，表示友好的書信。(65)布衣之友　平等而重交情的朋友。布衣，指平民。(66)幸過寡人　希望你到我這裡來一趟。幸，謙詞。(67)以為然　信其話以為真。(68)周文王得呂尚以為太公　梁玉繩曰：「『太公』當作『太師』。」瀧川曰：「太公，猶言祖父也，與『仲父』對言。」按：未聞文王或武王有稱呂望為「祖父」者，瀧川之說新奇。崔適以為此句應作「文王得呂尚以為尚父」，蓋「『仲父』『叔父』與『尚父』語意相應。得呂尚者文王也，以為『尚父』者武王也。」(69)齊桓公得管夷吾以為仲父　齊桓公，名小白，春秋五霸之一，西元前六八五—前六四三年在位，事跡見〈齊太公世家〉。管夷吾，字仲，齊桓公的謀臣，事跡詳見〈管晏列傳〉。仲父，《荀子・仲尼篇》楊倞注：「仲者，夷吾之字，父者，事之如父。」後世遂用為帝王對權貴者的尊稱，如始皇之稱呂不韋是也；而〈項羽本紀〉中又有所謂「亞父」，亦與此略似。(70)叔父　金正煒曰：「叔，睢之字也。」蓋與楊倞之解釋「仲父」者同。(71)貴而為

交者四句　意謂一個富貴人之所以與人交朋友，是防備自己日後有貧賤之時，不可忘之也。」中井曰：「預慮後日之意。」(72)夫魏齊者五句　固，絕對。不出，不會把他交給你。凌稚隆引王維楨曰：「平原君固不出魏齊，此所以得士。」姚苧田曰：「唐人咏史有『買絲綉出平原君』；又『未知肝膽向誰是，令人卻憶平原君』，蓋其附見于〈范睢傳〉中者平原之肝膽可以矢天地而泣鬼神也。」按：此處寫平原君之重交情，大可人意，可補〈平原君虞卿列傳〉之不足。(73)趙王　指趙孝成王，名丹，惠文王之子，西元前二六五—前二四五年在位。(74)王之弟　按：「王之弟」應作「王之叔」。平原君乃惠文王之弟，趙孝成王之叔。(75)夜亡出　夜間潛逃出來。(76)趙相虞卿　姓虞，史失其名，因其第二次見趙王即被封為上卿，所以人們稱之「虞卿」。事跡詳見〈平原君虞卿列傳〉。(77)解其相印　意即拋掉宰相不做了。(78)間行　抄小路而行。史珥曰：「非唯厚士，亦以齊之在魏猶己之在趙，唯棄相偕亡，庶全友誼而紓國難。」(79)以急抵　在困窮無路的情況下去投奔他。(80)欲因信陵君以走楚　想通過信陵君的關係南逃楚國。信陵君，名無忌，魏安釐王之弟，事跡詳見〈魏公子列傳〉。(81)畏秦二句　徐孚遠曰：「魏齊，魏相；信陵君，魏公子。魏齊急，不歸信陵而歸平原，疑其當國時與信陵不合，故不敢以情告。及後復投信陵，信陵難見之，益可知也。」陳子龍曰：「迹信陵所為，欲以實事勝秦，非專尚意氣者，故不輕納魏齊也。」陳仁錫曰：「信陵君畏秦，社稷計重；侯生不畏秦，急士念重，兩人實非畏秦者。」(82)侯嬴　魏公子敬重的貧士，事跡見〈魏公子列傳〉。(83)人固未易知　岡白駒曰：「未易被知，此以虞卿言。」(84)知人亦未易也　瀧川曰：「以信陵君言。」(85)躡屩　穿著草鞋。(86)檐簦　打著雨傘。檐，此處同「擔」。扛著；打著。(87)鎰　重量單位名，一鎰等於二十四兩。也有說等於二十兩。(88)上卿　戰國時大臣能享有的最高爵位。(89)爭知之　爭著與之結交。知，相知；相交。(90)重　看重；貪戀。(91)急士之窮　把別人的困厄視為自己的當務之急。(92)駕如野　駕著車子到郊外去迎接。(93)初難見之　原本不想和他見面。(94)昭王四十三年　西元前二六四年。(95)汾陘　汾城和陘城，在韓國西界。(96)因　順便。(97)城河上廣武　在黃河邊上的廣武（今河南滎陽東北）築城。(98)後五年　梁玉繩曰：「秦拔韓陘後四年敗趙長平，言『五年』誤。」後四年即秦昭王四十七年，西元前二六〇年。(99)縱反間賣趙　指秦用反間計挑動趙國，使其撤掉了廉頗，而任趙括為將，以鎮守長平。(100)馬服子　指趙括。其所以稱「馬服子」，有曰因其父趙奢曾被封為「馬服君」，故稱其子為「馬服子」，凌稚隆所謂「馬服君之子」者是也；《索隱》則曰：「馬服子，趙括之號也。」瀧川亦曰：「〈蔡澤傳〉『白起攻強趙，北坑馬服』；《韓非子・顯學篇》『趙任馬服之辯而有長平之禍』，皆不言『馬服子』，蓋括襲父號也。子，男子之稱，非『父子』之『子』。」(101)秦大破趙於長平　長平，在今山西高平西北。其地原屬韓，後由韓將帶之降趙。按：范睢施行反間計，挑動趙國任用趙括，致使趙兵四十五萬被秦將白起大破、活埋事，詳見〈廉頗藺相如列傳〉、〈白起王翦列傳〉。102遂圍邯鄲　事在秦昭王四十八年（西元前二五九年），從此邯鄲被圍前後近三年之久。邯鄲，趙國都城，即今河北邯鄲。103與武安君白起有隙二句　長平之戰後，白起原欲立刻進攻邯鄲，而范睢忌恨白起功大，遂力主接受趙國求和，白起憤而稱病辭職。第二年，秦昭王令秦兵進攻邯鄲，形勢不利。昭王令白起為將，白起不從；昭王令范睢催促白起前去，白起仍不從，於是白起遂在范睢的讒毀下被秦昭王殺害。事在昭王五十年（西元前二五七年），詳見〈白起王翦列傳〉。104任鄭安平二句　謂范睢保任鄭安平為將也，使其率兵進攻邯鄲，事在昭王四十九年（西元前二五八年）。105鄭安平為趙所圍三句　〈六國年表〉不載，楊寬表繫之於昭王五十年（西元前二五七年）。時信陵君、春申君等率軍救趙，遂破秦軍，而解邯鄲之圍。106應侯席稾請罪　因鄭安平乃范睢所保任也。席稾，跪在草席上，這是古人聽候治罪的一種姿態。馬非百曰：「大抵當日秦國情形，每一執政當國時，必有其自己所最親信之人為之將，如魏冉為相，則任舉白起為將；范睢為相，亦任舉鄭安平為將。而將相之進退，又往往相互為轉移，故范睢既說昭王罷穰侯，不久即殺白起；鄭安平戰敗降敵，而范睢亦隨之去位。張儀與魏章間之關係，殆亦全與此同。」107當收三族　當收其三族而滅之。三族，父族、母族、妻族；或曰父母、兄弟、妻子。108恐傷應侯之意　怕范睢為此事傷心。109後二歲　昭王五十二年（西元前二五五年）。110與諸侯通　與東方諸國相勾結。111坐法誅　因犯法被殺。112主憂臣辱二句　瀧川曰：「《國語・周語》：『君憂臣勞，君辱臣死。』〈越世家〉同。此『臣』下『辱』字當作『勞』。」按：當時俗語，不必盡同。113中朝　在臨朝的過程中。114敢請其罪　意即請問歎息的緣故。115倡優　帝王身邊的演藝人員。116思慮遠　意謂帝王不被聲色所誘惑，則其注意力就能集中到考慮國家大事上來。117御　駕御；驅使。118素具　平時準備齊全。119應卒　應付突然事變。卒，通「猝」。突發。120畔　通「叛」。指其戰敗降趙。121吾是以憂　史珥曰：「閑中起許大議論，橫絕。」122激勵　此「激勵」乃「諷譏」之意，與今表示「鼓勵」者不同，故范睢聞之而「懼」也。

【語　譯】范睢做了秦國相國，秦人叫他張祿，而魏國不知道，以為范睢已經死了很久了。魏國聽說秦國要東伐韓、魏，派須賈出使秦國，范睢聽說了，私行出府，穿著破衣服從小路走到館舍，拜見須賈。須賈見到他吃驚道：「范叔還安然無恙嗎？」范睢說：「是啊。」須賈笑著說：「范叔又對秦王進行遊說了嗎？」范睢說：「沒有。范睢過去得罪了魏相，所以逃亡到這裡，哪還敢遊說呢？」須賈說：「現在你做什麼？」范睢說：「我為人做幫傭。」須賈心裡可憐他，留他坐下來一起吃飯，說：「范叔竟然這麼貧寒啊！」於是取了一件綈袍送給他。須賈順便問道：「秦相國張君，你認識嗎？我聽說他特別得秦王寵愛，天下的事都聽他決定。現在我的事情成敗都在張君，你認識不認識熟悉相國大人的人呢？」范睢說：「我的主人熟悉他。就是我也能見到他，就讓我將您引見給張君吧。」須賈說：「我的馬病了，車軸也斷了，不是大車駟馬，我一向不出門的。」范睢說：「我願意為您向主人借大車駟馬。」

2 范睢回去取來大車駟馬，為須賈趕著車，進入秦國相府。相府中的人老遠看見，凡是認識范睢的都趕緊讓道。須賈感到奇怪。到相府內宅門口，范睢對須賈說：「等我一下，我先進去為您通報一聲。」須賈在門口等著，等了很長時間，就問門房說：「范叔還不出來，是怎麼回事？」門房說：「這兒沒有范叔。」須賈說：「就是剛才和我一起乘車來的。」門房說：「那是我們的相國張君。」須賈大吃一驚，知道自己被耍了，於是就脫了上衣光著背，用膝蓋跪行，請門房領著他去謝罪。於是范睢擺出豪華的儀仗、眾多的侍者，接見須賈。須賈磕頭連稱死罪，說：「我沒想到您能憑自己的力量使自己達到這樣高的地位，我不敢再讀天下的書，不敢再參與天下的政務。我的罪過足以讓您把我扔進湯鍋煮了，我情願被放逐到異族邊荒的地方，是生是死全憑您發落。」范睢說：「你有幾條罪狀？」須賈說：「就是把我的頭髮全拔下來，一根頭髮算一項罪狀也還不夠。」范睢說：「你只有三條罪狀。過去楚昭王的時候，申包胥為楚國擊退吳兵，楚王把荊地五千戶封給他，他推辭不肯接受，是因為先人的墳墓在荊地。現在我的祖墳也在魏國，你過去以為我有外心於齊而向魏齊誣陷我，這是你的第一大罪狀；當魏齊把我丟到廁所裡侮辱我，你不制止，這是第二大罪狀；更有恨的是他們喝醉了輪番往我身上撒尿，你怎麼就能忍心不管呢？這是你的第三大罪狀。但是你能夠免除死罪，是因為你還能可憐我，贈給我綈袍，有老相識的情義，所以我放了你。」於是讓須賈回了旅舍。范睢進宮告訴秦王，讓須賈辦完了事情回國。

3 須賈向范睢辭行，范睢擺上豐盛的酒筵，把各諸侯國的使者都請了來，和他們一起坐在正堂上，食物非常豐美。卻讓須賈坐在堂下，在他面前擺上馬料，讓兩個奴隸像餵馬一樣對待他，訓斥他說：「你替我告訴魏王，讓他趕快把魏齊的人頭送來！要不然，我就屠大梁城。」須賈回到魏國，把一切都告訴魏齊。魏齊非常害怕，逃到趙國，藏在平原君家裡。

4 范雎已經做了相國，王稽對范雎說：「事情有三種不可知的情況，有三種無可奈何的情況。大王說不準哪天去世了，這是第一種不可知的情況；您說不準哪天死了，這是第二種不可知的情況；我說不準哪天死了，這是第三種不可知的情況。大王一旦死了，您覺得有對不住我的地方，也無可奈何了；您一旦死了，您覺得有對不住我的地方，也無可奈何了；我一旦死了，您覺得有對不住我的地方，也無可奈何了。」范雎心中不快，於是進宮見昭王說：「如果不是王稽忠心，就不能讓我進函谷關；如果不是大王賢明，就不能使臣尊貴。現在我的官做到了相國，爵位到了列侯，王稽官位還只是個謁者，這不是他把我帶來的原意啊。」昭王召見王稽，拜他為河東守，結果王稽三年沒有按時向朝廷繳納賦稅及報告在任的治績。范雎又推薦鄭安平，昭王讓他做了將軍。范雎於是散出了家裡的財物，都用來回報過去一同遭受困厄的人。一頓飯的恩情也一定報答，一點點的仇怨也要報復。

5 范雎做秦相的第二年，秦昭王四十二年，東向攻打韓國的少曲、高平，都攻了下來。

6 秦昭王聽說魏齊在平原君那裡，想為范雎報仇，於是給平原君寫了一封假裝友好的書信說：「寡人聽說您重義氣，希望能與您結為布衣之友。您能不能屈尊到我這裡來，我希望能和您一起喝上十天。」平原君害怕秦國，又把這事當成了真的，就入秦進見昭王。昭王與平原君喝了幾天酒，對平原君說：「過去周文王得到了呂尚把他尊為太公，齊桓公得到了管夷吾把他尊為仲父，現在范叔也是寡人的叔父。范君的仇人在您家，希望您能派人回去取他的頭來，不然，我不讓你出關。」平原君說：「位尊時與人交友是為了失勢時得人關照；富足時與人交友是為了貧困時得人接濟。魏齊是我的朋友，即使他在我家，我也不會交出他，何況他並不在我家。」昭王於是寫給趙王一封信說：「您的兄弟在秦國，范雎的仇人魏齊在平原君家。大王派人趕緊把魏齊的頭送來；不然，我就出兵攻打趙國，並且不放您的兄弟出關。」趙孝成王於是發兵包圍了平原君家，事態緊急，魏齊夜裡逃出，去見趙相虞卿。虞卿估計無法說服趙王，就解下相印，與魏齊一起從小路逃跑了。後來想到沒有合適的諸侯國可以投奔，於是又回到了大梁，想藉信陵君的關係逃到楚國去。信陵君聽說後，害怕秦國，猶猶豫豫地不肯見他們，說：「虞卿是怎樣一個人？」當時侯嬴在他身邊，說：「人確實不容易了解，了解人也真不容易。虞卿穿著草鞋，打著雨傘，第一次見趙王，趙王就賜他白璧一雙，黃金百鎰；第二次見趙王，趙王就拜他為上卿；第三次見趙王，趙王就交給他相印，封他為萬戶侯。在這時候，全天下的人都爭著結識他。魏齊因為困窘去見他，他能不看重尊貴的爵祿，解下相印，放棄了萬戶侯而陪著魏齊從小路逃走。虞卿是把別人的困厄視為自己的當務之急來投奔您，您卻問虞卿『是怎樣的人』。人確實不容易了解，了解人也真不容易啊！」信陵君非常慚愧，趕緊駕著車到郊外去迎接他們。魏齊聽說信陵君起初不願見他，發怒自刎而死。趙王聽說後，最終還是取來他的頭給了秦王，秦昭王才放平原君出關回趙國。

7 秦昭王四十三年，秦攻下了韓國的汾城、陘城，順勢在黃河邊上的廣武築了城。

8 五年後，昭王又用應侯的計謀，行反間計欺騙趙國，趙國中計，派馬服君趙奢之子趙括代替廉頗為將。秦在長平大敗趙軍，於是圍困了邯鄲。不久范雎與武安君白起發生了矛盾，於是他就對秦王說白起的壞話，最終迫使白起被殺。范雎舉薦鄭安平，派他攻擊趙國。鄭安平被趙軍圍困，情況緊急，就帶著兩萬士兵投降了趙國。應侯跪在草墊子上請罪。秦國的法律，舉薦人而被舉薦的人犯了罪的，被舉薦的人犯了什麼罪，舉薦者也要被判這種罪。這樣應侯的罪應當被誅殺三族。秦昭王怕傷了應侯的心，就在全國下令：「有誰敢說鄭安平的事，就按鄭安平的罪判他的罪。」同時賞賜相國應侯的飲食物品日益豐富，以此來安慰他。兩年後，王稽作河東守時與諸侯私下往來，犯法被殺。因此應侯越來越不安心了。

9 昭王在朝堂上歎息，應侯上前說：「我聽說：『君主憂慮，臣子就將感到恥辱；君主受辱，臣子就得死。』現在大王上朝時感到憂慮，我想請問主上嘆息的緣故。」昭王說：「我聽說楚國的鐵劍很鋒利而歌舞藝人卻很差。鐵劍鋒利將士就勇猛，歌舞藝人差則君主的思慮就長遠。用深謀遠慮來駕馭勇猛的將士，我擔心楚國會打秦國的主意。事物平時不準備好，就沒辦法應付突然發生的情況。現在武安君已經死了，而鄭安平等又叛變了，國內沒有良將而國外卻有很多敵國，我因此而憂慮啊。」想以此諷刺應侯。應侯害怕了，不知該怎麼辦。蔡澤聽說了，就在這時來到秦國。

1 蔡澤者，燕❶人也。游學干❷諸侯小大甚眾❸，不遇。而從唐舉相❹，曰：「吾聞先生相李兌，曰『百日之內持國秉❺』，有之乎？」曰：「有之。」曰：「若臣者何如？」唐舉孰視❻而笑曰：「先生曷鼻❼，巨肩❽，魋顏❾，蹙齃❿，膝攣⓫。吾聞聖人不相⓬，殆先生乎⓭？」蔡澤知唐舉戲之，乃曰：「富貴吾所自有⓮，吾所不知者壽也，願聞之。」唐舉曰：「先生之壽，從今以往者四十三歲。」蔡澤笑謝而去，謂其御者⓯曰：「吾持粱齧肥⓰，躍馬疾驅，懷黃金之印，結紫綬於要⓱，揖讓人主之前⓲，食肉富貴⓳，四十三年足矣。」去，之趙，見逐⓴。之韓、魏，遇奪釜鬲於塗㉑。聞應侯任鄭安平、王稽皆負重罪於秦，應侯內慚，蔡澤乃西入秦。

2 將見昭王，使人宣言㉒以感怒㉓應侯曰：「燕客蔡澤，天下雄俊弘辯智士也。彼一見秦王，秦王必困君，而奪君之位。」應侯聞，曰：「五帝㉔三代㉕之事，百家之說㉖，吾既知之；眾口之辯㉗，吾皆摧之，是惡能困我㉘而奪我位乎？」使人召蔡澤㉙。蔡澤入，則揖應侯。應侯固不快，及見之，又倨㉚，應侯因讓㉛之曰：「子嘗宣言欲代我相秦，寧㉜有之乎？」對曰：「然。」㉝應侯曰：「請聞其說。」蔡澤曰：「吁，君何見之晚也！夫四時之序，成功者去㉞。夫人生百體㉟堅彊，手足便利，耳目聰明而心聖智，豈非士之願與？」應侯曰：「然。」蔡澤曰：「質仁秉義(36)，行道施德，得志於天下，天下懷樂(37)敬愛而尊慕之，皆願以為君王(38)，豈不辯智之期與(39)？」應侯曰：「然。」蔡澤復曰：「富貴顯榮，成理(40)萬物，使各得其所；性命壽長，終其天年而不夭傷；天下繼其統，守其業，傳之無窮；名實純粹(41)，澤流千里，世世稱之而無絕(42)，與天地終始(43)；豈非道德之符(44)而聖人所謂吉祥善事者與？」應侯曰：「然。」

3 蔡澤曰：「若夫秦之商君(45)，楚之吳起(46)，越之大夫種(47)，其卒然亦可願與(48)？」應侯知蔡澤之欲困己以說(49)，復謬曰(50)：「何為不可？夫公孫鞅(51)之事孝公(52)也，極身(53)無貳慮，盡公而不顧私；設刀鋸以禁姦邪，信賞罰以致治(54)；披腹心，示情素(55)，蒙怨咎(56)，欺舊友，奪魏公子卬(57)，安秦社稷，利百姓，卒為秦禽將破敵，攘地千里。吳起之事悼王(58)也，使私不得害公，讒不得蔽忠，言不取苟合(59)，行不取苟容(60)，不為危易行(61)，行義不辟難(62)，然為霸主強國(63)，不辭禍凶。大夫種之事越王(64)也，主雖困辱(65)，悉忠而不解(66)；主雖絕亡(67)，盡能而弗離(68)，成功而弗矜(69)，貴富而不驕怠。若此三子者，固義之至(70)也，忠之節(71)也。是故(72)君子以義死難，視死如歸；生而辱，不如死而榮。士固有殺身以成名，唯義之所在，雖死無所恨。何為不可哉？」

4 蔡澤曰：「主聖臣賢，天下之盛福也；君明臣直，國之福也；父慈子孝，夫信妻貞，家之福也。故比干忠而不能存殷[73]，子胥智而不能完吳[74]，申生孝而晉國亂[75]。是皆有忠臣孝子而國家滅亂者，何也？無明君賢父以聽之，故天下以其君父為僇辱[76]而憐其臣子。今商君、吳起、大夫種之為人臣，是也；其君，非也。故世稱三子『致功[77]而不見德[78]』，豈慕不遇世死乎？夫待死而後可以立忠成名[79]，是微子[80]不足仁，孔子[81]不足聖，管仲[82]不足大[83]也。夫人之立功，豈不期於成全[84]邪？身與名俱全者，上也；名可法[85]而身死者，其次也；名在僇辱而身全者，下也。」於是應侯稱善。

5 蔡澤少得間[86]，因曰：「夫商君、吳起、大夫種，其為人臣盡忠致功則可願矣，閎夭[87]事文王，周公輔成王[88]也，豈不亦忠聖[89]乎？以君臣論之[90]，商君、吳起、大夫種[91]，其可願[92]孰與閎夭、周公哉？」應侯曰：「商君、吳起、大夫種弗若也。」蔡澤曰：「然則君之主[93]慈仁任忠，惇厚舊故[94]，其賢智與有道之士為膠漆[95]，義不倍功臣[96]，孰與秦孝公、楚悼王、越王乎？」應侯曰：「未知何如也。」蔡澤曰：「今主親忠臣[97]，不過[98]秦孝公、楚悼王、越王，君之設智[99]，能為主安危[100]修政，治亂彊兵，批患折難[101]，廣地殖穀，富國足家，彊主，尊社稷，顯宗廟，天下莫敢欺犯其主，主之威蓋震海內[102]，功彰萬里之外，聲名光輝傳於千世，君孰與商君、吳起、大夫種？」應侯曰：「不若。」蔡澤曰：「今主之親忠臣不忘舊故不若孝公、悼王、句踐；而君之功績愛信[103]親幸又不若商君、吳起、大夫種，然而君之祿位貴盛，私家之富過於三子，而身不退者，恐患之甚於三子[104]，竊為君危之。語曰『日中則移，月滿則虧[105]』。物盛則衰，天地之常數也[106]；進退盈縮，與時變化[107]，聖人之常道也。故『國有道則仕，國無道則隱[108]』。聖人曰『飛龍在天，利見大人[109]』，『不義而富且貴，於我如浮雲[110]』。今君之怨已讎[111]而德[112]已報，意欲至矣[113]，而無變計[114]，竊為君不取也。且夫翠、鵠、犀、象[115]，其處勢非不遠死也，而所以死者，惑於餌也。蘇秦[116]、智伯[117]之智，非不足以辟辱遠死也，而所以死者，惑於貪利不止也。是以聖人[118]制禮節欲，取於民有度，使之以時，用之有止，故志不溢，行不驕，常與道俱而不失[119]，故天下承[120]而不絕。昔者齊桓公九合諸侯[121]，一匡天下[122]，至於葵丘之會，有驕矜之志，畔者九國[123]。吳王夫差[124]兵無敵於天下，勇彊以輕諸侯，陵齊、晉[125]，故遂以殺身亡國。夏育、太史噭[126]叱呼駭三軍，然而身死於庸夫[127]。此皆乘至盛而不返道理[128]，不居卑退處儉約[129]之患也。夫商君為秦孝公明法令，禁姦本[130]，尊爵必賞[131]，有罪必罰。平權衡[132]，正度量[133]，調輕重[134]，決裂阡陌[135]，以靜生民之業[136]而一其俗[137]。勸民耕農利土[138]，一室無二事[139]，力田稸積，習戰陳之事[140]。是以兵動而地廣，兵休而國富，故秦無敵於天下，立威諸侯，成秦國之業。功已成矣，而遂以車裂[141]。楚地方數千里，持戟百萬，白起率數萬之師以與楚戰，一戰舉鄢、郢以燒夷陵[142]，再戰南并蜀、漢[143]。又越韓、魏而攻彊趙，北阬馬服[144]，誅屠四十餘萬之眾，盡之于長平之下，流血成川，沸聲若雷，遂入圍邯鄲[145]，使秦有帝業[146]。楚、趙，天下之彊國而秦之仇敵也。自是之後，楚、趙皆懾伏不敢攻秦者，白起之勢也。身所服者七十餘城。功已成矣，而遂賜劍死於杜郵[147]。吳起為楚悼王立法，卑減大臣之威重，罷無能，廢無用，損不急之官，塞私門之請，一楚國之俗，禁游客之民，精[148]耕戰之士，南收楊越[149]，北并陳、蔡[150]，破橫散從，使馳說之士無所開其口[151]，禁朋黨以勵百姓，定楚國之政，兵震天下，威服諸侯。功已成矣，而卒枝解[152]。大夫種為越王深謀遠計，免會稽之危[153]，以亡為存，因辱為榮，墾草入邑[154]，辟地殖穀，率四方之士，專上下之力[155]，輔句踐之賢，報夫差之讎，卒擒勁吳，令越成霸[156]。功已彰而信矣，句踐終負而殺之[157]。此四子者，功成不去，禍至於此。此所謂信而不能詘[158]，往而不能返者也。范蠡[159]知之，超然辟世，長為陶朱公[160]。君獨不觀夫博[161]者乎？或欲大投[162]，或欲分功[163]，此皆君之所明知也。今君相秦，計不下席，謀不出廊廟[164]，坐制諸侯，利施三川，以實宜陽[165]，決羊腸之險，塞太行之道[166]；又斬范、中行之塗[167]，六國不得合從[168]；棧道[169]千里，通於蜀、漢[170]，使天下皆畏秦。秦之欲得矣，君之功極矣，此亦秦之分功之時也[171]。如是而不退，則商君、白公[172]、吳起、大夫種是也。吾聞之，『鑒於水者見面之容，鑒於人者知吉與凶[173]』。書曰：『成功之下，不可久處。』[174]四子之禍，君何居焉[175]？君何不以此時歸相印，讓賢者而授之，退而巖居川觀[176]，必有伯夷[177]之廉，長為應侯，世世稱孤[178]，而有許由[179]、延陵季子[180]之讓，喬、松[181]之壽，孰與以禍終哉？即君何居焉[182]？忍不能自離[183]，疑不能自決，必有四子之禍矣。易曰：『亢龍有悔。』[184]此言上而不能下，信而不能詘，往而不能自返者也。願君孰[185]計之！」

應侯曰：「善。吾聞『欲而不知止，失其所以欲；有而不知足，失其所以有[186]』。先生幸教，睢敬受命。」於是乃延入坐，為上客。

6 後數日，入朝，言於秦昭王曰：「客新有從山東[187]來者曰蔡澤，其人辯士，明於三王[188]之事、五伯之業、世俗之變[189]，足以寄[190]秦國之政。臣之見人甚眾，莫及，臣不如也。臣敢以聞。」秦昭王召見，與語，大說之，拜為客卿。應侯因謝病請歸相印。昭王彊起[191]應侯，應侯遂稱病篤[192]。范睢免相[193]，昭王新說蔡澤計畫，遂拜為秦相[194]，東收周室[195]。

7 蔡澤相秦數月，人或惡之[196]。懼誅，乃謝病，歸相印[197]，號為綱成君[198]。居秦十餘年[199]，事昭王、孝文王[200]、莊襄王[201]。卒事始皇帝[202]，為秦使於燕[203]。三年，而燕使太子丹入質於秦[204]。

【章旨】以上為第四段，寫蔡澤以口辯說倒范睢，取其相位而代之。

【注釋】❶燕　西周以來的諸侯國名，是召公姬奭的後代。國都薊，即今北京市的西南部。❷干　謁；求見。❸小大甚眾　意謂大小不同的國家去過不少。❹從唐舉相　找唐舉看相。唐舉，當時有名的看相人，《荀子．非相篇》中曾提及之。❺持國秉　掌握國家大權。秉，通「柄」。權柄。❻孰視　仔細看了一會兒。孰，通「熟」。❼曷鼻　《索隱》曰：「鼻如蠍蟲也。」《正義佚文》：「鼻有橫文，若蠍蟲也。」王念孫曰：「『曷』讀為『遏』，『遏鼻』者，仰鼻也。」❽巨肩　王駿圖曰：「蓋言其肩之寬大，異於常人也。」陳直以為「巨」指「巨虛」，一種動物名，「巨肩」與「蠍鼻」對文。❾魋顏　《索隱》曰：「謂顏貌魋回，若魋梧然也。」蓋謂上額凸出。❿蹙齃　鼻樑塌陷。蹙，縮。齃，鼻樑。⓫膝攣　膝關節伸不直。⓬聖人不相　聖人往往沒有好相貌。⓭殆先生乎　大概你就是這種狀況吧。殆，大概；莫非。《正義佚文》曰：「蔡澤實不醜，而唐舉戲之。」⓮吾所自有　意即我自己知道，我自己可以把握。⓯御者　車夫。⓰持粱齧肥　原作「持粱刺齒肥」。《索隱》曰：「持粱，謂做粱米飯而持其器以食也。『刺齒』二字誤，當作『齧』字也。『齧肥』，謂食肥肉也。」據改。齧，同「嚙」。咬；啃。⓱結紫綬於要　紫綬，紫色的綬帶。陳直曰：「《漢書．百官公卿表》：『相國、丞相皆秦官，金印紫綬。』」要，通「腰」。⓲揖讓人主之前　指受到帝王的尊敬與禮讓。⓳食肉富貴　中井曰：「『食肉』與上文『齧肥』重複，疑其一屬衍。」⓴去

三句　離開燕國去趙國，被趙人驅逐。㉑之韓魏二句　又去韓、魏，結果在半道上飯鍋被人給搶走了。遇奪，瀧川引岡白駒曰：「為所奪也。」釜、鬲，都是煮飯用的炊具。釜，鍋。鬲，曲腳鼎。塗，通「途」。㉒宣言　揚言；放話出去。㉓感怒激之使怒。凌稚隆引董份曰：「范雎以亡囚而欲間骨肉，蔡澤以羈旅欲代相，行而無媒，犯天下所至難，其勢非危言則不能以聳動，故澤之宣言困雎者，即雎之謬言『無王』也，皆危而激之之辭。」㉔五帝　依司馬遷的說法是黃帝、顓頊、帝嚳、堯、舜，見〈五帝本紀〉。㉕三代　指夏、商、周三朝。㉖百家之說　儒、墨、道、法等各家學說。㉗眾口之辯　各個長於口辯的人。㉘是惡能困我　是，此；此人，指蔡澤。惡能，如何能夠。㉙使人召蔡澤　史珥曰：「原是欲見無由，致人之術耳。一使人召，則墮其術中矣。」㉚倨　傲慢無禮。㉛讓　責備。㉜寧　難道；莫非。㉝對曰二句　董份曰：「唯直答『然』字最妙，詞少緩、氣少歉即挫矣。」㉞四時之序二句　春、夏、秋、冬，輪迴交替，自己的任務一完成就自動離去。凌約言曰：「『四時之序，成功者去』，此一篇主意。後反復議論，要不外此。」㉟百體　指整個身體。瀧川曰：「楓、三本作『四體』。」㊱質仁秉義　質仁，以仁為行事之本。秉義，堅持道義。㊲懷樂　心懷其德，樂生其世。㊳願以為君王　願其長為自己的君王。㊴豈不辯智之期與　這不是明智人的期望嗎。㊵成理　安排；治理。㊶名實純粹　聲名與業績都絕對美好。㊷澤流千里二句　梁玉繩曰：「『千里』之澤何足言之？徐廣謂一本無『里』字，《策》云：『澤流千世，稱之而毋絕。』或是也。」㊸與天地終始　謂與天地同終始。㊹豈非道德之符　豈不是符合大道的事情嗎。按：此處原無「非」字，梁玉繩曰：「《策》作『豈非』，此脫『非』字。」瀧川曰：「祕閣本、楓、三本及〈秦策〉『豈』下有『非』字，當依補。」今據增「非」字。㊺商君　即商鞅，佐孝公變法，使秦富強，孝公死後，被反對派殺害。事見〈商君列傳〉。㊻吳起　戰國前期政治家，曾佐楚悼王實行變法，使楚國富強。悼王死後，被反對派殺害。事見〈孫子吳起列傳〉。㊼大夫種　即文種，春秋末期越國大臣，曾佐助越王句踐滅吳稱霸，事成後被句踐所殺。事見〈越王句踐世家〉。㊽其卒然亦可願與　他們的死也是人們所樂意的嗎。瀧川曰：「〈秦策〉無『然』字，《史》『然』字衍。」按：裴學海《古書虛字集釋》謂此「然」字同「也」；牛鴻恩謂此「然」字同「焉」，表示句中停頓。㊾欲困己以說　想以辯辭將自己置於被動局面。㊿復謬曰　還是故意地說。謬，假裝；故意強詞奪理。(51)公孫鞅　即商鞅。「公孫」是以其出身稱，「商」是以其封地稱。(52)孝公　名渠梁，獻公之子，西元前三六一—前三二八年在位。(53)極身　竭盡自己的一切才智。(54)信賞罰以致治　信賞罰，即有功必賞，有罪必罰，這是法家治國的核心理論之一。信，說到做到。致治，使秦國得到大治。(55)披腹心二句　猶今所謂「披肝瀝膽」。指一心為了秦國。素，通「愫」。誠也。(56)蒙怨咎　冒著受人怨恨而不顧。蒙，冒；頂著。鮑彪曰：「鞅嘗刑太子之傅，知必見怨咎，猶冒為之。」(57)欺舊友二

句　指商鞅在戰場上假意約魏公子卬敘舊，而乘機將其襲捕事。奪，〈秦策〉作「虜」，似應作「虜」。按：以上商君協助孝公變法，一心為秦事，詳見〈商君列傳〉。58悼王　指楚悼王，戰國初期的楚國國君，西元前四〇一－前三八一年在位。59言不取苟合　即不取苟合之言。苟合，不講原則地苟且迎合。60苟容　不講原則地求得容身。61易行　改變固有的行為。62行義不辟難　行義，做應該做的事情。辟，通「避」。63然為霸主強國　為了使自己的國君稱霸，使自己的國家富強。「然」字於此略澀，《戰國策》「然為」二字作「必有」。霸主，使自己的君主稱霸。按：以上吳起在楚國實行變法事，見〈孫子吳起列傳〉。64越王　指越王句踐，春秋末期的越國國君，西元前四九六－前四六五年在位。65主雖困辱　指句踐被吳國打敗，忍辱求存事。66悉忠而不解　悉忠，盡忠。不解，不懈。解，通「懈」。67主雖絕亡　《戰國策》作「主雖亡絕」。金正煒曰：「『主』字疑當用『國』。」蓋謂越國當時已近於被吳國所滅也。68弗離　不離開越國。69弗矜　不因有功而驕矜。70至　頂點；極點。71節　瀧川曰：「猶『期』也，極也。」牛鴻恩曰：「節，與上文『至』同義，作『至極』解。《易傳・說卦》：『節，止也。』」何建章引《荀子・成相篇》楊倞注，以為「節，法度」，則似為「標準」、「楷模」意。72是故　因此。73比干忠而不能存殷　比干是殷末的直臣，因勸諫殷紂，被剖心而死，後來殷被周滅。事見〈殷本紀〉。74子胥智而不能完吳　伍子胥從一開始就視越王句踐為吳國的心腹之患，多次勸吳王夫差提高警惕，結果子胥被吳王夫差所殺，後來吳被越滅。事見《左傳》、〈吳太伯世家〉、〈伍子胥列傳〉。75申生孝而晉國亂　申生是春秋時晉獻公的太子，為孝順其父而不揭露其父寵妾驪姬的陰謀，結果自己被殺，晉國大亂數世。事見《左傳》、〈晉世家〉。76為僇辱　中井曰：「『為僇辱』，以為汙辱羞恥也，鄙賤之意。」僇辱，猶今所謂「可恥」、「可恨」。僇，同「戮」。辱。77致功　為國家建立了功勳。78不見德　不被人所感念。79夫待死而後可以立忠成名　如果非得犧牲了生命才能顯示忠心、揚名於世的話。80微子　殷紂王之兄，見殷紂昏亂不可勸，遂逃離了殷國。而微子與比干、箕子被後來的孔子稱為殷之「三仁」。事見《論語・微子》。81孔子　一生周遊多國，當其生命安全受到威脅時，即率弟子離此國而去，見〈孔子世家〉。但孔子卻被後代稱為「聖人」。82管仲　原先效力於公子糾，佐助公子糾與小白（即日後之齊桓公）爭位，結果公子糾被齊桓公打敗，管仲被囚。後來在鮑叔牙的建議下，齊桓公任管仲為宰相，而管仲則佐助齊桓公成為了當時有名的霸主。事見〈齊太公世家〉、〈管晏列傳〉。83大　讚美；稱頌。84成全　事業成功，人身完好。85可法　能被世人視為榜樣、法則。86少得閒　抓到了一點空隙。87閎夭　周文王的佐命大臣，與散宜生等齊名，事跡見〈周本紀〉。88周公輔成王　成王是武王之子，即位時年幼，由其叔周公輔佐，使國家出現了「盛世」局面。事見〈周本紀〉、〈魯周公世家〉。閎夭與文王、周公與成王都被人稱為聖君賢臣彼此相得的典範。89忠聖　既忠且聖。張照曰：「一本無

『聖』字。」按：《戰國策》無「聖」字。無「聖」字更順。[90]以君臣論之　按君臣關係之優劣而言。瀧川曰：「祕閣本、楓、三本『君』下無『臣』字，為是。」按：若依瀧川說，則此句意即「依你看來」。瀧川說義長。[91]商君吳起大夫種　此指商君、吳起、大夫種與其各自君主的關係。若依瀧川說上句無「臣」字，則此句即直指商鞅等三人之事。[92]其可願　其讓人羨慕的程度。[93]君之主　指秦昭王。[94]惇厚舊故　對待舊臣厚道。[95]其賢智與有道之士為膠漆　按：語略不順。大意謂其人賢智，能夠與有道之士相處如膠漆；或謂其能夠與賢智、有道之士相處如膠漆。[96]義不倍功臣　能做到絕不背叛功臣。倍，通「背」。背叛。[97]今主親忠臣　今天你的君主對忠臣的信任。[98]不過　不能超過。[99]君之設智　你的施展謀略、才能。設，施展。[100]安危　使危險得以安定。[101]批患折難　即排除患難。批、折，在這裡都是排除的意思。[102]主之威蓋震海內　蓋震，覆蓋；震懾。按：《戰國策》作「威蓋海內」，牛鴻恩以為「蓋」「震」二字，應衍其一。[103]愛信　指受秦王的寵愛信任。[104]恐患之甚於三子　我擔心你的災禍將比商鞅、吳起、大夫種還要嚴重。患，災禍。[105]日中則移二句　瀧川曰：「《易・彖傳》：『日中則昃，月盈則食。』蔡澤或讀《易傳》乎？」[106]物盛則衰二句　帛書《經法・四度》：「極而反，盛而衰，天地之道也。」常數，一貫規律。以上數句暗喻范雎應適可而止，見好就收。[107]進退盈縮二句　意即隨客觀形勢之變而變。盈縮，曲伸。二句蓋老子之旨。[108]國有道則仕二句　《論語・泰伯》：「天下有道則仕，無道則隱。」以上數句隱喻范雎應看清形勢，急流勇退。[109]飛龍在天二句　見《易・乾卦》。意思是這樣的卦象有利於求見當權者。[110]不義而富且貴二句　見《論語・述而》。以上四句蓋謂利於進則進，不利於進則絕不勉強。[111]怨已讎　猶言仇已報。讎，報；取得相等之償。[112]德　恩。[113]意欲至矣　凡是想做的事情都已經做到啦。[114]而無變計　還不另做別的打算。[115]翠鵠犀象　翠鳥、鴻鵠、犀牛、大象，四種珍禽貴獸。[116]蘇秦　戰國後期的縱橫家，為燕國行反間於齊，事洩被齊人所殺。今〈蘇秦列傳〉有所謂蘇秦遊說六國，佩六國相印云云，多不可信，見〈蘇秦列傳〉注。[117]智伯　春秋末期晉國的六卿之一，先滅了范氏、中行氏兩家，又欲滅趙氏，結果被趙與韓、魏三家聯合所滅。詳見〈趙世家〉。[118]聖人　瀧川曰：「『聖人』，楓、三本作『聖王』，祕閣本作『聖主』。」[119]常與道俱而不失　一切遵大道而行。即明白上述的「物盛則衰」，按上述「進退盈縮，與時變化」的宗旨行事。[120]承　擁戴；遵從。[121]九合諸侯　即〈齊太公世家〉之所謂「兵車之會三，乘車之會六」，共九次召集諸侯會盟也。乘車，調和平狀態下所御之車。亦有謂「九」為多數，即多次地召集各國諸侯會盟。[122]一匡天下　〈齊太公世家〉之《正義》曰：「謂定襄王為太子之位也。」楊伯峻則以為指「使天下的一切得到匡正」。按：似以前說為好。[123]葵丘之會三句　事在齊桓公三十五年（西元前六五一年）。葵丘，地名，在今河南蘭考東。桓公於葵丘之會有驕色，諸侯有叛者事，見〈齊太公世家〉。此謂「九國」，蓋蔡澤誇大之辭。

梁玉繩曰：「『九』者，極言之。」[124]吳王夫差　春秋末期吳國國君，打敗越王句踐後，驕傲輕敵，輕忽句踐而北上與齊、晉爭霸，結果被句踐襲擊，亡國身死。詳見〈吳太伯世家〉。[125]陵齊晉　指吳之數次伐齊和與晉爭長於黃池等事。[126]夏育太史噭　都是古代有名的勇士。夏育是戰國時衛國人，能舉千斤鼎，《索隱》引高誘注說他後來「為田搏所殺」。太史噭事跡不詳，諒非〈田單列傳〉中之太史嬓也，《戰國策》作「太史啟」。諸祖耿曰：「《策》文先舉齊桓公，次舉吳王夫差，再舉夏育，均應以一人為說，不應連及太史啟或太史噭。」[127]身死於庸夫　具體不詳，不知高誘之所謂「田搏」者是否即「庸夫」。[128]乘至盛而不返道理　已經達到鼎盛還不見好就收。道理，即「物盛則衰」之理。不返，不退回。《戰國策》作「不及」，即「未達」、「不懂」。[129]居卑退處儉約　謙謹、收斂之意。[130]禁姦本　剷除奸邪滋生的本源。[131]尊爵必賞　語略不順，大意謂在耕戰中有功該獲尊爵者，則必賞之。[132]平權衡　統一全國的秤。權，秤砣。衡，秤桿。[133]正度量　統一全國的丈尺與升斗。[134]調輕重　牛鴻恩曰：「調整賦稅的輕重，如〈商君列傳〉『民有二男以上不分異者倍其賦』等等。」[135]決裂阡陌　指廢除舊有的井田制度，實行新的土地政策。[136]靜生民之業　穩定黎民各自應從事的職業，不得隨意遊動、跳槽。靜，安定；穩定。[137]一其俗　統一民間的風俗。[138]勸民耕農利土　語略不順，大意謂鼓勵農民耕種，充分發揮地力。利土，瀧川引慶長本標記引陸氏云：「盡土宜之利也。」[139]一室無二事　一個家庭不准從事兩種職業。[140]力田稸積二句　此即法家所鼓勵之「耕」「戰」也。陳，通「陣」。[141]車裂　〈商君列傳〉：「秦發兵攻商君，殺之於鄭黽池。秦惠王車裂商君以徇。」[142]一戰舉鄢郢以燒夷陵　事在秦昭王二十九年（西元前二七八年）。鄢，楚邑名，在今湖北宜城東南。郢，楚都名，在今湖北荊州江陵西北。夷陵，楚邑名，在今湖北宜昌市東南，楚王先人的墳墓在此。[143]再戰南并蜀漢　梁玉繩曰：「『并蜀漢』是張儀、司馬錯，不關白起，後二十二年起始出也。且事在秦惠更元之九年，而敘於昭王二十九年拔鄢、郢之後，若以為起之第二戰功，豈非誤乎？《策》作『一戰舉鄢、郢，再戰燒夷陵』，是矣。」牛鴻恩曰：「滅蜀取楚漢中，誠不關白起，然此『漢』非僅指漢中，實指全漢流域。據〈秦本紀〉、〈六國表〉、〈楚世家〉與睡虎地秦墓竹簡《編年紀》所載，昭王二十七年秦攻鄧，楚割上庸、漢北予秦。依當時情勢，攻鄧者必是白起；二十八年，白起攻楚鄢、鄧、西陵；二十九年，拔郢，燒夷陵，東攻至竟陵、安陸，秦設南郡。全漢流域始與巴蜀連為一片。」[144]北阬馬服　即前文所敘白起破趙將「馬服子」趙括軍四十五萬於長平事。[145]遂入圍邯鄲　圍邯鄲者乃王齕、王陵等，白起因不奉命，故被昭王所殺。今將圍邯鄲事歸之白起，誤也。[146]使秦有帝業　意即為秦之日後稱帝奠定了基礎。[147]賜劍死於杜郵　昭王受范雎之讒，將白起發配陰密（今陝西隴縣東北），行至杜郵（當時的咸陽城西，今咸陽市東北），又賜劍令其自裁。事見〈白起王翦列傳〉。淩稚隆引陳沂曰：「前言商君、吳起、大夫種，此特增一白起，不惟激以事，而且動其心尤切也。」[148]精　礪；鼓勵。[149]楊越　即今福建、廣東、廣西一帶的百越地區，因其舊屬古之楊州，故稱「楊越」。[150]北并陳蔡　梁玉繩曰：「陳滅於楚惠王十一年，蔡滅於惠王四十二年，何待悼王始併之？實誤仍〈秦策〉也。」按：〈孫子吳起列傳〉云：「於是南平百越，北并陳蔡。」蓋與此用語同。[151]破橫散從二句　瀧川曰：「吳起之時，從橫之說未行。」從，同「縱」。按：〈孫子吳起列傳〉云：「要在彊兵，破馳說之言從橫者。」蓋兩處亦用語相同也。[152]枝解　梁玉繩曰：「吳起以射死，此言『支解』，仍〈秦策〉之誤，猶《韓詩外傳》一及高誘《呂覽・執一》注言起『車裂』也。《韓子》〈難言〉、〈問田〉二篇亦云是『支解』。」[153]免會稽之危　越被吳國打敗後，越王句踐曾一度棲居於會稽山上。後經文種、范蠡等與吳國談判，句踐始得回其都城。句踐的都城會稽，即今浙江紹興。會稽山在紹興城南。[154]墾草入邑　除草始能進入城邑，極言其城市的一片荒蕪。〈秦策〉於此作「墾草創邑」，即在一片荒蕪中重建都城，二者意思略近。《索隱》引劉氏曰：「入猶充也，謂招攜離散，充滿城邑也。」語言生澀。[155]專上下之力　集中全國上下的一切力量。專，集中。[156]卒擒勁吳二句　〈越王句踐世家〉云：「句踐已平吳，乃以兵北渡淮，與齊、晉諸侯會於徐州，致貢於周。周元王使人賜句踐胙，命為伯。當是時，越兵橫行於江、淮東，諸侯畢賀，號稱霸王。」[157]句踐終負而殺之　〈越王句踐世家〉云：「人或讒種且作亂，越王乃賜種劍曰：『子教寡人伐吳七術，寡人用其三而敗吳，其四在子，子為我從先王試之。』種遂自殺。」[158]信而不能詘　意即不懂張弛之道，不曉謙退守成之理。信，通「伸」。詘，通「屈」。[159]范蠡　春秋末期越國的大臣，佐助句踐滅吳後，遂離開越國，到陶邑（今山東定陶西北）經商，發了大財，人稱陶朱公。事跡見〈越王句踐世家〉。[160]長為陶朱公　凌約言曰：「歷敘四子不善居功以致奇禍，而陶朱公獨以見幾令終，一去一不去，得失判然，反復劇論，要不外『成功者退』一語。」[161]博　古代的一種遊戲。[162]大投　下大賭注，猶今所謂「孤注一擲」。[163]分功　錢多而下小注，慢慢來。中井曰：「大投，蓋孤注之類；分功，小勝，不求大勝也。大投每在輸者，氣急也；分功每在贏者，氣泰也。」[164]計不下席二句　即今所謂「運籌帷幄」。不必離席，從容地決策於朝堂之上。[165]利施三川二句　詞語略澀，大意謂揚威於三川地區，以加強自己宜陽一帶的實力。三川，指今河南洛陽一帶地區，因其地有黃河、伊水、洛水而言，當時這裡屬周國。宜陽，在今河南宜陽西，原來屬韓，五十年前已被秦國攻取。瀧川曰：「祕閣本、楓、三本無『利』字，無者是。〈韓世家〉云：『施三川而歸。』〈田完世家〉云：『王以施三川。』」中井曰：「施，揚威也。」[166]決羊腸之險二句　決，斬斷。羊腸之險，即羊腸坂，在今山西晉城南的太行山上，是河南中部到山西東南部的交通要道。塞，斷絕。[167]斬范中行之塗　瀧川引劉伯莊曰：「蓋當齊、晉之要路也。」按：大約指朝歌（今河南淇縣）一帶。范氏、中行氏是春秋末期晉國的兩家大貴族，因與智氏、趙氏、韓氏、魏氏鬧矛盾被驅逐，先是逃到了朝歌，後又東逃到齊國。事見〈趙世家〉。[168]合從　同「合縱」。指東方六國間的聯合。[169]棧道　山嶺之間的空中通道。[170]蜀漢　蜀郡與漢中。蜀郡的首府為成都，漢中的首府為南鄭（即今漢中市）。[171]此亦秦之分功之時也　意謂對秦國來說，現在該是大贏家下小賭注，該「悠著一點」的時候了。[172]白公　即白起。[173]鑒於水者見面之容二句　瀧川曰：「《墨子・非攻中》：『君子不鏡於水，而鏡於人。鏡於水者，見面之容；鏡於人，則知吉凶。』」[174]書曰三句　按：以上二語今《尚書》與《逸周書》皆無。瀧川曰：「《書》，逸《書》。」[175]四子之禍二句　意即你為什麼還要坐等商鞅、吳起等所遭的那種大禍呢。居，處；承當。[176]巖居川觀　退居山林，閒觀流水。指過隱士生活。[177]伯夷　殷末時孤竹君之子，其父死，傳位於三子叔齊，叔齊不受，讓於長兄伯夷，伯夷亦不受，兄弟遂相攜而去，見〈伯夷列傳〉。伯夷、叔齊被後人稱為廉讓的典型。[178]稱孤　古代的帝王與有土封君常自謙稱「孤」或「寡人」，「孤」「寡」都是謙稱少德的意思。[179]許由　相傳為堯時隱士，堯以天下讓許由，許由不受。事見《莊子・讓王》。[180]延陵季子　即季札，吳王壽夢之第四子，其父欲傳吳國於季札，季札不受。其長兄、次兄、三兄又三次以吳國相傳，季札始終未受。事見〈吳太伯世家〉。[181]喬松　王子喬、赤松子，都是傳說中的神仙。[182]即君何居焉　那麼你打算選擇哪種結局呢。即，則。按：此句「何居焉」三字疑涉上文而衍。若削此「何居焉」三字，「即君」二字與下文「忍而不能離」連讀，則轉折有力，又免下句起語平弱之病。即，若；假如。[183]忍不能自離知其不可而猶自堅持。[184]易曰二句　《周易・乾卦》文，孔穎達疏：「聖人有龍德，上居天位，久而亢極，物極則反，故有悔也。」亢，居高而驕。[185]孰　通「熟」。[186]欲而不知止四句　欲而不知止，即貪得無厭。劉盼遂曰：「『足』『欲』一韵，『止』『有』一韵。應作『欲而不知足，失其所以欲；有而不知止，失其所以有』。」按：因原文意思本通，且又多本如此，故維持不變。[187]山東　崤山以東。此指東方六國。[188]三王　指夏禹、商湯、周文王（並含周武王）。[189]世俗之變　人間萬事以及世態人情的變化。[190]寄　委託；託付。[191]彊起　盡量敦促其起來任職。[192]篤　沉重。按：范雎之死，傳無交代，馬非百引《戰國策・秦策三》而後曰：「雎之死，當在雎推薦蔡澤自代稱病免相之時，而其死法則不是明正典刑，而是請藥賜死。且其事進行甚祕，不為外人所知。」[193]范雎免相　《秦集史・丞相表》繫之於秦昭王五十二年（西元前二五五年）。淩稚隆引王應麟曰：「蔡澤雖以辯智奪范雎之位，然竟免范於難，其有益於范亦大矣。」[194]拜為秦相　亦在昭王五十二年。[195]東收周室　據〈周本紀〉，秦昭王五十一年（西元前二五六年），周赧王卒，秦昭王遂滅西周君；據〈秦本紀〉，秦滅西周君則在秦昭王五十二年（西元前二五五年）。至後七年，秦莊襄王元年（西元前二四九年），秦又滅東周君，周室始徹底完結。今但曰「東收周室」，似嫌籠統，事欠明晰。[196]人或惡之　有人說他的壞話。[197]乃謝病二句　李光縉引張洲曰：「蔡澤不難於奪雎之位，而難於數月去位，蓋始終守『成功者去』之一言也。」鍾惺曰：「戰國之士取相位有餘，而救死不足者甚多。若澤者，能釋人於死，而又不代人處死地，亦可謂有謖矣。蓋『成功者去』一語，澤以之責應侯，而又能以之自處。」[198]號為綱成君　意即秦王封之為綱成君。綱成，古邑名，有謂在今河南許昌東北者，錢穆以為非是，其地不詳。陳子龍曰：「秦之相國，雖罷而有封號，即漢丞相封侯之始矣。」[199]居秦十餘年　梁玉繩曰：「『十』字必『廿』字，《史》仍《策》誤。蔡澤代相在昭王五十二年，至始皇五年燕太子質時，凡二十四年，澤為秦使燕，何云『十餘年』乎？」按：《戰國策》於此亦同誤。鮑彪曰：「周衰，辯士皆矜材角智，趣於利而已，唯澤為近道德，明明哲保身之策，故其得位不數月引去，優遊於秦，以封君令終，美哉！『非苟知之，亦允蹈之』，澤之謂乎？」吳師道曰：「澤知范雎內慚，故西入秦，志在奪相，揚雄所謂『扼其喉，抗其氣，拊其背，而奪其位』，乃矜材、角智、趣利之尤者。相秦數月，懼誅歸印，亦智巧之尤。無功而退，既無當於道德之旨；『明哲保身』之義，彼何足以知之哉！」茅坤曰：「〈蔡澤傳〉，不詳他事業，只了當范雎事。」[200]孝文王　名柱，昭王庶子，即〈呂不韋列傳〉之所謂「安國君」，西元前二五〇年在位，只一年。[201]莊襄王　名子楚，即〈呂不韋列傳〉之被視為「奇貨可居」者，西元前二四九—前二四七年在位。[202]始皇帝　名政，莊襄王之子，西元前二四六年即位為秦王，西元前二二一年統一六國稱皇帝。[203]為秦使於燕　按：〈樗里子甘茂列傳〉亦言及蔡澤人燕事，而使燕的具體年分皆不詳。[204]三年二句　〈六國年表〉但載燕太子丹於秦王政十五年自秦逃回燕國，而未載何年入秦為質。梁玉繩以為在秦王政五年（西元前二四二年），不知確否。按：以上蔡澤說范雎辭相與自己居秦任職事，見《戰國策．秦策三》。邱少華曰：「蔡澤入秦說范雎，志在乘人之危，奪取相位；但精明機敏、本身就是以遊說起家的范雎卻被打動了。這一方面是由於范雎正處於困境之中，另一方面是由於蔡澤的說辭確有特色，它以確鑿的歷史教訓提出了一個在封建社會君臣關係中帶有普遍性的問題，迫使范雎作出抉擇：是功成身退，還是貪位招禍？而且蔡澤反復對比，層層剖析，語氣平緩委婉，增強了說詞的說服力。」

【語　譯】蔡澤是燕國人。遊說了大大小小許多諸侯，都不如意。他於是就找唐舉看相，說：「我聽說先生給李兌看相，說『一百天內就能把持國政』，有這回事嗎？」唐舉說：「有啊。」蔡澤說：「你看我怎麼樣？」唐舉仔細端詳他後笑說：「先生鼻子朝天，肩膀高聳，大臉盤，凹鼻樑，羅圈腿。我聽說聖人是不可貌相的，說的就是先生吧？」蔡澤知道唐舉在開他的玩笑，就說：「富貴是我自己可以把握的，我只是不知道我的壽命，想聽聽你的說法。」唐舉說：「先生的壽命，從現在算還有四十三年。」蔡澤笑著謝了他就走了。他對給他駕車的人說：「我要吃米飯咬肥肉，躍馬飛奔，懷揣黃金印，腰繫紫綬帶，受到人主的尊重，吃肉富貴，四十三年足夠了。」他離開燕國到趙國，被趙人趕了出來。到韓國、魏國，在路上被人搶走了飯鍋。他聽說應侯舉薦的鄭安平、王稽都犯了重罪，應侯內心很慚愧，於是就西行進入秦國。

2 蔡澤見秦王前，派人放出話來觸怒應侯說：「燕國來的客人蔡澤，是天下雄俊弘辯的聰明人。他一見到秦王，秦王肯定會使應侯困窘，而奪去應侯的相位。」應侯聽到後說：「五帝三代的事情，百家的學說，我都了解；眾人的辯論，都被我挫敗了，這個蔡澤怎麼能使我困窘，奪去我的相位呢？」派人召來蔡澤。蔡澤進來後，只是向應侯拱了拱手。應侯本來就不高興，到召見他時，見他態度又如此傲慢，就責備蔡澤說：「你說要取代我作秦國的丞相，有這回事嗎？」蔡澤回答說：「有。」應侯說：「想聽聽你的說法。」蔡澤說：「唉，您的頭腦怎麼這麼遲鈍呢！按照自然規律，任務完成了就要離開。人的一生中身體健康，手腳靈便，耳朵聽得清，眼睛看得準，心中明白事，這不就是士人的願望嗎？」應侯說：「是啊。」蔡澤說：「以仁為原則，以義為方針，行道施德，能將自己的志向實現於天下，天下的人喜歡他、敬愛他、尊敬他，都希望他能做自己的君王，這不是雄辯聰明的人的希望嗎？」應侯說：「是啊。」蔡澤又說：「有錢有勢名聞天下，治理萬物，使所有的事物都能各得其所；長壽安康，能享盡天年而不短命夭折；天下能繼承他的統緒，守住他的基業，無止境地傳下去；名副其實，恩澤遠及千里之外，世世代代不斷地稱頌他，與天地共始終；這豈不是符合大道，是聖人所說的吉祥善事嗎？」應侯說：「是啊。」

3 蔡澤說：「像秦國的商鞅，楚國的吳起，越國的大夫種，他們的死法也是可羨慕的嗎？」應侯知道蔡澤想用話把他繞進去，就故意反著說：「有什麼不可以？商鞅事奉孝公，終身沒有二心，一心顧著公家而不顧自家；設立了刀鋸等刑具用來禁止奸邪，申明賞罰制度用來達到治理的目標；推心置腹，坦露真誠，忍受怨恨，欺騙老友，俘虜了魏公子卬，安定了秦國的社稷，使百姓得到了實利，最後為秦國破敵擒將，擴大千里土地。吳起事奉楚悼王，使私事不能妨害公務，讒佞不能損害忠良，不聽取隨聲附和的言論，不採取兩可的行為，不因為危險而改變行動，實行正義之事不逃避困難，為君主稱霸，為國家富強，不逃避災禍和凶險。

大夫種事奉越王句踐，君主即使困窘受辱，他也盡忠而不鬆懈；君主即使絕望而快要亡國，他也用盡自己的才能而不離去，成功而不驕傲，富貴而不怠惰。像這三個人，本來就是道義的榜樣，忠誠的表率。因此君子因道義而死，視死如歸；活著而受辱，不如死了而享受光榮。士人本來就有以殺身來成就名聲的傳統，道義在哪裡，士人就在哪裡，即使死了也不遺憾。有什麼不可以呢？」

4 蔡澤說：「君主聖明臣子賢能，這是天下最大的福氣；君主明智臣子正直，這是國家的福氣；父親慈愛兒子孝順，丈夫誠信妻子忠貞，這是家庭的福氣。因此比干雖然忠誠卻無法保存殷的社稷，子胥雖然聰明卻不能保全吳國，申生雖然孝順卻使晉國發生大亂。這些都是忠臣孝子而國家與家庭卻不是滅亡就是變亂，這是為什麼呢？因為沒有明智的君主和賢明的父親聽他的，所以天下人都認為那作君作父的是可恥的，而憐憫那作臣作子的。現在商鞅、吳起、大夫種作為人臣，沒有錯；但作君主的卻不對。所以世人都說這三人有大功卻沒有受到君主的感念，難道還羨慕他們沒遇到明主而死嗎？如果等到死後才可以建立忠心的名聲，那麼微子也不足以稱為仁愛，孔子也不足以稱為聖賢，管仲也不足以稱為偉大。人立功難道不希望十全十美嗎？性命與名聲都能保全是最好的，其次才是光有了名聲而丟了性命，壞了名聲而只保全性命的是最下等。」於是應侯點頭稱對。

5 蔡澤稍稍抓到一點空檔，接著說：「商君、吳起、大夫種，他們作為人臣盡忠致功當然值得羨慕，閎夭事奉文王，周公輔佐成王，不也是忠誠聖明嗎？從君臣關係來說，商君、吳起、大夫種，與閎夭、周公相比，誰更值得羨慕呢？」應侯說：「商君、吳起、大夫種比不上。」蔡澤說：「然而今天您們君主的慈愛仁厚信任忠臣，他的戀念故舊，交好賢德，不棄忠臣，與秦孝公、楚悼王、越王句踐比起來怎麼樣？」應侯說：「不知道從何比較。」蔡澤說：「您現在君主的親近忠臣不超過孝公、楚悼王和越王句踐，您出謀畫策，能為君主安定危局，修明政治，治理混亂，強化軍事，排除禍患，消滅災難，擴大土地，增加糧食，使國家富強，百姓富足，加強君主的權威，尊崇國家地位，顯榮宗廟，使天下不敢欺侮冒犯君主，使君主的威望震驚海內，功業顯明至萬里之外，聲名光輝傳到千代，您與商君、吳起、大夫種相比怎麼樣？」應侯說：「我比不上他們。」蔡澤說：「現在秦王親近忠臣不忘舊情不如孝公、悼王、句踐，而您的功績寵愛親信又比不上商君、吳起、大夫種，但您的爵祿地位的高貴、私人家產的富有都超過了這三人，如果您還不退位，恐怕災禍會超過這三個人，我私下裡真為您擔心。話說『日中則移，月滿則虧』。物盛則衰，這是天地間的自然規律；進或退、盈或縮，與時變化，這是聖人應遵循的規律。因此說『國家有道就出仕，國家無道就退隱』。聖人說『飛龍出現在天上，利於見到大人』，『不講道義而得到的錢財與地位，對於我就像浮雲一樣無意義』。現在您的仇怨已經報復了，恩德也已經報答了，願望都實現了，但還不作別的打算，我私下裡認為您做得不對。像翠、鵠、犀、象，牠們離死的處境並不是不遠，而造成死亡的原因是誘餌的誘惑。蘇秦、智伯的智力，不是不足以躲開侮辱、遠離死亡，而造成死亡的原因是迷惑於利益而不知適可而止。因此聖人制訂了禮法節制欲望，徵取人民的財富要有限度，役使民力要不違時節，要適可而止。所以志向不要太驕溢，舉動不要太驕傲，符合大道不要偏離，這樣天下就能一直傳承而不斷絕。從前齊桓公九合諸侯，一匡天下，到葵丘會盟時，產生了驕傲自大的情緒，很多國家因此而背叛了他。吳王夫差的軍隊天下無敵，憑藉他們的勇猛強大輕視諸侯，欺凌齊國和晉國，因此身死國亡。夏育、太史噭呼喊一聲就能嚇倒大軍，但他們卻死在毫不出色的人手上。這些都是因為達到最盛卻不願意抽身而退，不願意處於低位節儉約束而造成的禍患啊！商君為秦孝公彰明法令，禁絕奸邪的根源，有功必賞，有罪必罰，統一權衡，校正度量器具，調整賦稅的輕重，消除田間的界限，以此使百姓生活安定，統一了人民的習俗，鼓勵農耕，用盡土地的效益，一個家庭不准從事兩種職業，努力種田，積蓄糧食，熟悉臨陣作戰。因此秦一出兵就能擴張地盤，不出兵國家就會富足，所以秦天下無敵，在諸侯中樹立威名，成就秦國的基業。功業已經完成，商鞅就被車裂處死。楚國方圓數千里，作戰的士卒有數百萬，白起率領幾萬人的軍隊與楚國交戰，第一仗就攻下了鄢陵、郢都，燒毀了夷陵，第二仗就向南吞併了巴蜀、漢中。又越過韓、魏去攻打強大的趙國，在北方坑殺馬服君趙括，屠殺了四十餘萬人於長平，血流成河，喧譁的聲音像打雷，接著進而包圍了邯鄲，使秦有了稱帝的資本。楚和趙，是天下的強國，也是秦的仇敵。從此之後，楚、趙都畏懼屈服不敢攻秦，就是因為有白起的威勢。白起親自征服了七十多個城邑。大功告成之後，卻被賜劍而在杜郵自盡。吳起為楚悼王訂立法律，削減大臣的權威，罷免沒有才能的官員，廢除無用的官職，削減不急需的官職，堵塞徇私的請託，統一了楚國的風俗，禁止百姓遊手好閒，鼓勵耕戰的士兵，向南收復了楊越，向北吞併了陳、蔡，粉碎了縱橫家的遊說，使說客們沒法開口，他禁止結黨營私，以此鼓勵百姓，穩定了楚國的政局，兵震天下，靠武力使諸侯屈服。功業已經完成，最終被肢解而死。大夫種為越王深謀遠慮，解除了會稽的危難，轉亡為存，轉辱為榮，在一片荒蕪中重建都城，開闢田地來種殖五穀，率領四方的人才，團結全國人民的力量，輔佐賢明的句踐，向夫差復仇，終於打敗了強大的吳國，使越國稱霸天下。功勞是這樣明顯而確實，句踐終究忘恩負義地殺了他。這四個人，都是大功告成後而不離去，最後才大禍臨頭。這就是所謂能伸而不能屈，能往而不能返。范蠡明白這個道理，所以他超然離開塵世，心甘情願地做了個陶朱公。您沒見過賭博的人嗎？有時下大注，有時下小注，這些都是您所知道的。現在您做秦相，出謀劃策不用離開坐席，不用走出朝廷，坐在那裡就可以制服諸侯；開拓三川之利來充實宜陽；截斷羊腸的天險，堵住太行的道路；又切斷了當年范、中行氏曾經占據的通道，使六國不能合縱；修築了千里棧道，通向巴蜀、漢中，使天下都畏懼秦國。秦國的欲望也達到了，您的功業也成就了，這也是秦國應該下小注的時候了。這時您如果還不退隱，其下場就是商君、白公、吳起、大夫種。我聽說『用水作鏡子可以看見面容，用人作鏡子可以知道吉凶』。《尚書》說：『成功之下，不可久處。』這四個人的災禍，您為什麼還不引以為戒呢？您為什麼不在現在歸還相印，讓位給賢者，退隱到山中，那您一定會有伯夷廉讓的美名，永遠作應侯，世代稱孤，有許由、延陵季子讓賢的名聲，又有王子喬、赤松子一樣的高壽，這與以災禍為結局相比哪個好？您又選擇哪一樣呢？下不了決心自己離開，猶豫著不能決定，就一定會有那四個人的禍患。《周易》說：『亢龍有悔。』這說的是能上不能下，能伸不能屈，能往而不能自己返回的人。希望您好好考慮。」應侯說：「說得好。我聽說『有欲望而不知道節制，就會失去想要的東西；占有而不知滿足，就會失去占有的東西』。幸而先生指教，范睢我恭敬地接受您的教誨。」於是就把蔡澤請入上座，作為上等賓客。

6 幾天後，范睢入朝，對秦昭王說：「有位新從崤山東面來的客人名叫蔡澤，這個人是雄辯之士，明白三王之事、五霸的功業、世俗的變化，足以託付秦國的國政。臣識人很多，沒有趕得上他的，我不如他。我斗膽推薦他。」秦昭王召見了他，與蔡澤談話，非常喜歡他，就拜他為客卿。應侯於是就稱病請求歸還相印。秦昭王堅持要挽留范雎，范雎於是就自稱病重。范雎不再做相國，昭王正喜歡蔡澤的計畫，就拜蔡澤為相國，向東滅了周。

7 蔡澤做秦相國幾個月，有人說他的壞話。蔡澤害怕被殺，就稱病歸還相印，被封為綱成君。蔡澤在秦國十多年，事奉過秦昭王、孝文王、莊襄王。最後他事奉秦始皇，為秦出使燕國。三年後，燕派太子丹入秦為人質。

太史公曰：韓子稱「長袖善舞，多錢善賈❶」，信哉是言也！范雎、蔡澤，世所謂一切辯士❷，然游說諸侯至白首無所遇者，非計策之拙，所為說力少❸也。及二人羈旅入秦❹，繼踵❺取卿相，垂功於天下者，固彊弱之勢異也❻。然士亦有偶合❼，賢者多如此二子，不得盡意❽，豈可勝道哉❾！然二子不困厄，惡能激乎❿？

【章　旨】以上為第五段，是作者的論贊，就范雎、蔡澤二人的奇特經歷抒發了自己的深沉感慨。

【注　釋】❶長袖善舞二句　二語見《韓非子・五蠹》。此比喻秦國的勢力強大，為秦國辦事易見功效。❷一切辯士　張大可曰：「即出類拔萃的辯士。」按：此說雖於訓詁上難於說通，但放在上下文中其意思無疑是正確的。多有人按習慣將「一切」解為「一般」，則於此處文意不合。竊以為「一切」在這裡可以引申為「一時」，即一時中的佼佼者。❸所為說力少　所遊說的對象都國力不強。❹羈旅入秦　以一個旅客的身分來到秦國。❺繼踵　前後緊跟著。❻固彊弱之勢異也　《韓非子・

五蠹》云：「鄙諺曰：『長袖善舞，多錢善賈。』此言多資之易為工也。故治強易為謀，弱亂難為計，故用於秦者十變而謀希失，用於燕者一變而計希得。非用於秦者必智，用於燕者必愚也，蓋治亂之資異也。」瀧川曰：「史公全襲此意。」❼偶合　碰巧趕上了機會。❽不得盡意　不能充分展現自己的才智。❾豈可勝道哉　瀧川曰：「此史公晤言其得罪於武帝。」❿二子不困戹二句　惡能激，如何能激發起奮鬥之志。按：〈太史公自序〉、〈報任安書〉皆有「文王拘而演《周易》，仲尼戹而作《春秋》」云云；〈蘇秦列傳〉有「使我有洛陽負郭田二頃，吾豈能佩六國相印乎」；〈平原君虞卿列傳〉有「然虞卿非窮愁，亦不能著書以自見於後世云」，皆史公結合古人以抒發個人感慨。瀧川曰：「此史公暗言其罹刑著史。」中井曰：「范雎有罪而無功，蔡澤雖無罪，亦未見其功。太史公假題目以自洩其憤，而不自覺違其事實也。」凌稚隆引趙恆曰：「太史公贊意有三節，言二子入秦取卿相，垂功於天下，乃因強秦之勢，亦如長袖之善舞，多錢之善賈也；然士亦有偶合，命為之也，不然賢如二子亦多矣，而不得盡意者又何限也？然二子之功亦激而成，其初之困戹亦甚矣，士之處困可不自力乎？三個『然』字為轉折語，當看。」

【語　譯】太史公說：韓非子說「衣袖長的便於舞蹈，金錢多的便於經商」，這話說得真對啊。范雎和蔡澤，都是世人所說的傑出辯士，但在東方遊說諸侯都是直到頭髮白了還沒得到機會，這不是由於計策拙劣，而是他們所遊說的國家力量不夠。當這兩個人旅居到秦國，相繼作卿相，建功於天下，這是由於強弱的形勢不同。但士的遭遇也有偶然性，像這兩個人一樣有才幹，而未能得以發揮的，哪能數得盡呢！但這兩個人如果不是陷於困境，又怎能奮發圖強呢？

【研　析】〈范雎蔡澤列傳〉的思想意義，主要表現在以下幾方面：

一、歌頌了一種忍辱奮鬥的精神。范雎、蔡澤都是歷經種種困辱挫折，堅持奮進，最後獲得成功，得以揚眉吐氣。范雎原是魏國的小吏，跟隨大夫須賈使齊，須賈忌其才，回國後向宰相魏齊誣告范雎私通齊國。魏齊大怒，把范雎打得齒落肋折，扔在廁所裡。范雎裝死，買通看守者將其搬出，而後逃到秦國，化名張祿，經過許多曲折奮鬥之後，當上了秦國宰相。蔡澤是燕國人，曾「游學干諸侯小大甚眾」，但始終不遇，甚至連相面先生也嘲笑他的醜陋。他到過趙國，被趙國趕了出來；又到韓國、魏國，半道上連他吃飯的鍋碗都被人給搶了。但蔡澤毫不灰心，始終相信自己能爬上高位，最後果然也當上了秦國的宰相。在本文的論贊中，司馬遷在稱道了范雎、蔡澤的成功後說：「然二子不困戹，惡能激乎？」把艱苦挫折看作激勵人辦大事、成大功的一種動力，這是《史記》中經常出現的重要主題之一。

二、表現了一種強烈的復仇情緒。范雎在秦國化名為相後，魏國不知，當須賈出使到秦國時，范雎先是化裝成一副窮困潦倒的樣子將他戲弄了一回；而後將他騙入相府，聲討了他的三條大罪；最後「盡請諸侯使，與坐堂上，食飲甚設。而坐須賈於堂下，置莝豆其前，令兩黥徒夾而馬食之。數曰：『為我告魏王，急持魏齊頭來！不然者，我且屠大梁。』」就這樣，逼得魏齊走投無路，只好自殺了。「范雎於是散家財物，盡以報所嘗困戹者。一飯之德必償，睚眦之怨必報」。這些做法，在不同程度上都受到了司馬遷的讚賞。類似的情景又見於〈蘇秦列傳〉、〈張儀列傳〉、〈淮陰侯列傳〉、〈平津侯主父列傳〉等篇。

三、司馬遷寫了范雎、蔡澤的能力才幹，但對他們的人品並不讚賞。范雎明確地為秦國提出了「遠交近攻」的策略，秦王用范雎之謀，伐韓、伐魏、攻趙都取得了勝利；蔡澤拜為秦相後，「東收周室」，他「為秦使於燕，三年，而燕使太子丹入質於秦」。他們的歷史功績不能抹殺，但司馬遷對這兩個人都沒有好感，認為他們心術不正。他們都是趁前任宰相與秦王產生矛盾之機，趁勢推倒前任，自己取而代之。司馬遷認為，這種人之所以能建立某些「功業」，並不是因為他們自身的能力特別卓越，而多半是由於他們趕巧碰上了時機，或者是跟對了人的緣故。司馬遷寫漢代功臣也常用類似筆法，如〈曹相國世家〉、〈陳丞相世家〉、〈平津侯主父列傳〉等就頗有這種色彩。

卷八十

樂毅列傳第二十

【題解】作品記述了樂毅因企慕燕昭王的禮賢下士而來到燕國，君臣契合，如魚得水；樂毅為報燕昭王的知遇之恩，率五國聯軍大破強齊，燕軍橫掃齊境，齊湣王遇害身死，整個齊國幾乎被樂毅滅掉；後因燕昭王謝世，燕惠王罷斥樂毅，致使樂毅功敗垂成，客死趙國的悲涼過程。樂毅是司馬遷筆下的理想人物，其功業、其人品都使司馬遷傾慕欽敬之至。作品載入了樂毅〈報燕惠王書〉的全文，這也是傳誦千古的好文章，連諸葛亮的〈出師表〉都明顯的受了它的影響。

1 樂毅者，其先祖曰樂羊❶。樂羊為魏文侯❷將，伐取中山❸。魏文侯封樂羊以靈壽❹。樂羊死，葬於靈壽，其後子孫因家焉。中山復國❺，至趙武靈王❻時復滅中山❼，而樂氏後有樂毅。

2 樂毅賢，好兵，趙人舉之❽。及武靈王有沙丘之亂❾，乃去趙適魏❿。聞燕昭王⓫以子之之亂⓬而齊大敗燕，燕昭王怨齊，未嘗一日而忘報齊也。燕國小，辟遠⓭，力不能制⓮，於是屈身下士，先禮郭隗，以招賢者⓯。樂毅於是為魏昭王使於燕，燕王以客禮待之⑯。樂毅辭讓，遂委質⑰為臣。燕昭王以為亞卿⑱，久之。

【章　旨】以上為第一段，寫樂毅的出身及其到達燕國的始末。

【注　釋】❶樂羊　戰國初期魏文侯的將領，事跡見〈魏世家〉、〈樗里子甘茂列傳〉。❷魏文侯　名斯，戰國初期魏國的國君，西元前四四五—前三九六年在位。按：《史記》之〈魏世家〉與〈六國年表〉所載魏國諸侯之繫年錯亂極甚，詳見各處之相關注釋。❸伐取中山　魏伐中山在文侯三十八年（西元前四〇八年），至文侯四十年（西元前四〇六年）滅而取之。〈魏世家〉與〈六國年表〉之繫年誤。中山，戰國前期鮮虞人所建立的小國名，都於顧（今河北定州）。❹靈壽　古邑名，在今河北平山東北。譚其驤《歷史地圖集》標為今靈壽西北者誤。❺中山復國　復國的時間和具體過程不詳。〈趙世家〉趙敬侯十年（西元前三七七年）「與中山戰於房子」，可知中山復國至遲應在西元前三七七年之前。蒙文通定於西元前三七八年，楊寬定於西元前三八〇年（並見呂蘇生說），而平勢隆郎定於敬侯元年（西元前三八六年）。❻趙武靈王　名雍，肅侯之子，戰國時期趙國最有作為的國君，西元前三二五—前二九九年在位。❼復滅中山　據〈趙世家〉，趙滅中山在惠文王三年（西元前二九六年）；據〈六國年表〉、〈田敬仲完世家〉，則事在惠文王四年（西元前二九五年）；而此文則云「趙武靈王時復滅中山」，《史記》諸篇間的說法不一。❽舉之　謂舉以為吏也。舉，推薦。❾沙丘之亂　沙丘，地名，在今河北廣宗西北大平臺，時趙國在此築有離宮。趙武靈王晚年，傳位於其少子趙何，是為惠文王，武靈王自稱主父。惠文王四年（西元前二九五年），主父與惠文王同遊沙丘，各住一宮。主父的長子趙章作亂，以兵攻惠文王，趙臣李兌等率兵救王擊敗公子章。公子章逃入主父宮，主父納而護之，李兌等遂圍主父宮。最後公子章被殺，主父被圍困餓死。事見〈趙世家〉。❿去趙適魏　當時魏國的統治者為魏昭王，襄王之子，西元前二九五—前二七六年在位，都於大梁（今河南開封）。⓫燕昭王　燕王噲之子，名職，於燕國的敗亂之後即位，在位三十三年（西元前三一一—前二七九年），是燕國最有作為的國君。⓬子之之亂　子之是燕王噲的相。燕王噲三年，聽從子之的黨羽蘇代、鹿毛壽的勸誘，為圖「禪讓」之美名把王位讓給了子之，自己退位為臣，於是燕國大亂。燕王噲六年（西元前三一二年），齊國舉兵伐燕，燕人不戰，齊國大勝，燕王噲及子之皆死，燕國差點滅亡。事見〈燕召公世家〉。中井曰：「『昭王』二字疑衍。」⓭辟遠　偏僻荒遠。辟，通「僻」。⓮力不能制　指不能制服齊國。⓯先禮郭隗二句　燕昭王即位後，發憤圖強，向其國人郭隗謀求招賢之道，郭隗曰：「王必欲致士，先從隗始，況賢於隗者，豈遠千里哉！」

於是燕昭王為隗改築宮而師事之。諸國聞知，士爭趨燕，事見《燕召公世家》，《戰國策・燕策一》敘之尤詳。⑯燕王以客禮待之　意即不視之為臣，極意尊敬之也。⑰委質　猶言「委身」，即今所謂「委身投靠」。或謂「委質」指交保證書與見面禮。⑱亞卿　猶言「次卿」，僅次於正卿的爵位。茅坤曰：「毅仕魏，為魏使於燕，燕以客遇之，不及報命，而遽留燕委質焉，可乎？」凌稚隆曰：「太史公詳敘樂毅入燕始末，蓋為毅他日遺燕惠王書張本。」

【語譯】樂毅，他的先輩中有一位名叫樂羊。樂羊在魏文侯駕前當將軍，為魏國伐取了中山國。因為有功，魏文侯把靈壽縣封給了他。樂羊死後，葬在了靈壽，他的子孫後代也就在那裡住了下來。後來中山國又重新建立了國家，待至趙武靈王時，才第二次又把中山滅掉了。在樂家的後代裡出了一個樂毅。

2 樂毅很能幹，喜好兵法，趙國人曾提拔他做了官。等到趙國發生了沙丘宮事變，武靈王被活活餓死後，樂毅遂離開了趙國到了魏國。樂毅在魏國聽說了燕國因為子之的篡亂，而被齊國打得大敗。待至燕昭王即位後，他痛恨齊國，從沒有一天忘記要向齊國報仇。但是由於燕國太小，而又地處偏僻，沒有辦法制服齊國，於是燕昭王謙恭地禮賢下士，首先特殊地優待了郭隗，以此來招攬各方的賢士。不久樂毅就以魏昭王使者的身分到燕國來了，燕昭王用接待貴客的禮節接待了他。樂毅表示不敢當，但也就留下來為燕國效力了。燕昭王封他為亞卿，一直過了好久。

1 當是時，齊湣王彊，南敗楚相唐眛於重丘❶，西摧三晉於觀津❷，遂與三晉擊秦❸，助趙滅中山❹，破宋，廣地千餘里❺，與秦昭王爭重為帝，已而復歸之❻。諸侯皆欲背秦而服於齊。湣王自矜，百姓弗堪。於是燕昭王問伐齊之事。樂毅對曰：「齊，霸國之餘業❼也。地大人眾，未易獨攻也。王必欲伐之，莫如與趙及楚、魏❽。」於是使樂毅約趙惠文王❾，別使❿連楚、魏，令趙嚪說⓫秦以伐齊之利。諸侯害⑫齊湣王之驕暴，皆爭合從⑬與燕伐齊。樂毅還報，燕昭王悉起兵，使樂毅為上將軍⑭。趙惠文王以相國⑮印授樂毅。樂毅於是并護趙、楚、韓、魏、燕之兵以伐齊⑯，破之濟西⑰。諸侯兵罷歸⑱，而燕軍樂毅獨追，至于臨菑⑲。齊湣王之敗濟西，亡走保於莒⑳。樂毅獨留徇齊㉑，齊皆城守㉒。樂毅攻入臨菑，盡取齊寶財物，祭器輸之燕㉓。燕昭王大說，親至濟上㉔勞軍，行賞饗士㉕，封樂毅於昌國㉖，號為昌國君。於是燕昭王收齊鹵獲㉗以歸，而使樂毅復以兵平齊城之不下者。

2 樂毅留徇齊五歲，下齊七十餘城，皆為郡縣以屬燕。唯獨莒、即墨㉘未服。會燕昭王死，子立為燕惠王㉙。惠王自為太子時，嘗㉚不快於樂毅。及即位，齊之田單㉛聞之，乃縱反間㉜於燕，曰：「齊城不下者，兩城耳。然所以不早拔㉝者，聞樂毅與燕新王有隙㉞，欲連兵且留齊㉟，南面而王齊。齊之所患，唯恐他將之來。」於是㊱燕惠王固㊲已疑樂毅，得齊反間，乃使騎劫代將㊳，而召樂毅㊴。樂毅知燕惠王之不善代之㊵，畏誅，遂西降趙。趙封樂毅於觀津㊶，號曰望諸君㊷。尊寵樂毅，以警動㊸於燕、齊。

3 齊田單後與騎劫戰，果設詐誑燕軍，遂破騎劫於即墨下㊹。而轉戰逐燕㊺，北至河上㊻，盡復得齊城。而迎襄王㊼於莒，入于臨菑。

【章旨】以上為第二段，寫樂毅為燕昭王大破強齊，以及因燕惠王罷免樂毅致使燕國前功盡棄的過程。

【注釋】❶齊湣王彊二句　事在齊宣王十九年，楚懷王二十八年，西元前三〇一年。〈楚世家〉作「秦乃與齊、韓、魏共攻楚，殺楚將唐眜」。齊蓋與秦、韓、魏聯合破楚也。齊湣王，名地，宣王之子，西元前三〇〇—前二八四年在位。唐眜，也作「唐蔑」，其人亦見於〈楚世家〉。重丘，地名，在今河南泌陽東北。❷西摧三晉於觀津　三晉，指韓、趙、魏三國，因為他們都是由瓜分晉國而建立的國家。觀津，〈六國年表〉作「觀澤」。觀澤，地名，在今河南清豐西南。按：此次被齊軍打敗於觀澤的只有趙、魏兩國，而無韓國。事在宣王三年（西元前三一七年），非湣王時事。❸與三晉擊秦　事在齊湣王三年，秦昭王九年，西元前二九八年。是役齊與韓、魏共攻秦，至函谷關。❹助趙滅中山　事在齊湣王五年，趙惠文王三年，西元前二九六年。❺破宋二句　事在齊湣王十五年，西元前二八六年。宋，西周初年建立的諸侯國，始封之君為紂王之兄微子啟，都於商丘（今河南商丘西南）。戰國時被韓、魏所逼，遷都彭城（今江蘇徐州）。西元前二八六年被齊所滅。其末代國君曰宋王偃，詳見〈宋微子世家〉。❻與秦昭王爭重為帝二句　事在秦昭王十九年，齊湣王十三年，西元前二八八年。秦昭王依仗秦國之強，不甘心再與其他諸國並列稱「王」，於其十九年自稱為「西帝」。為了「遠交近攻」的聯合齊國，以共同討伐韓、趙、魏，於是遂派人尊齊湣王為「東帝」。齊湣王開始也很欣然，後因接受蘇秦聯合韓、趙、魏共同抗秦的主張，而自動取消了「帝」號。秦昭王見此光景，遂也放棄了「西帝」之稱。凌稚隆引董份曰：「言齊強以見樂毅之功大。」秦昭王，名則，惠文王之子，武王之弟，西元前三〇六—前二五一年在位。爭重，比高；誇權。復歸，退回了「帝」號，仍舊稱「王」。❼霸國之餘業　猶言「霸國的後代」。餘業，遺留的業績，這裡即指「後代」。齊國遠自春秋時代的齊桓公，近自戰國以來的齊威王、齊宣王，都是威震天下的人物，所以樂毅稱齊國是「霸國之餘業」。❽與趙及楚魏　聯合趙、魏、楚三國。與，聯合；交結。❾趙惠文王　名何，武靈王之子，西元前二九八—前二六六年在位。❿別使　另外派人。⓫啗說　利誘勸說。啗，以食物餵人，引申為「利誘」。⓬害　嫉恨；以之為病。⓭合從　同「合縱」。這裡即指聯合。⓮上將軍　國家的最高統帥。胡三省曰：「上將軍，猶春秋之元帥。」⓯相國　與後來之「丞相」職務相同，但比「丞相」位尊而權專。丞相多設左右二人，而「相國」則只有一人。視秦、漢時之情景可知。⓰并護趙楚韓魏燕之兵以伐齊　梁玉繩曰：「六國破齊，此失書秦。」按：據〈秦本紀〉、

〈趙世家〉，此次聯合伐齊者為燕、趙、韓、魏、秦五國，無楚國。今戰國史家無異說。〈燕召公世家〉亦稱有楚，蓋誤。并護，猶言「總領」、「總統」。⑰破之濟西　五國聯軍破齊在燕昭王二十八年，秦昭王二十三年，趙惠文王十五年，齊湣王十七年，西元前二八四年。濟西，古濟水之西，即今山東省之聊城、茌平、高唐一帶，當時為齊國的西部地區。茅坤曰：「毅能以羈旅入燕，而連五國之兵卒以破齊者，固其計審，抑亦齊故嘗以兵凌五國，而乘瑕蹈釁故也。」按：主要由其滅宋，招致諸國之嫉恨。⑱諸侯兵罷歸　罷歸，猶言「撤回」。按：諸侯之所以中途「罷歸」者，以其深知齊被燕滅非諸國之利。⑲臨菑　齊國國都，在今山東淄博之臨菑北。⑳亡走保於莒　「亡」「走」「保」三動詞連用，意謂逃到莒城，依莒城而固守。亡走，逃跑。保，依據；憑藉；固守。莒，齊國南部的重要都邑，即今山東莒縣。按：《史記》中三個動詞連用的情況很多，如〈殷本紀〉云：「紂兵敗，紂走入登鹿臺，衣其寶玉衣，赴火而死。」〈高祖本紀〉云：「雍兵敗還，走止戰好畤，又復敗，走廢丘。」皆與此處的句式相同。有本斷句為「齊湣王之敗濟西，亡走，保於莒」者，恐非。㉑徇齊　以兵巡行攻擊齊地之不服者。袁黃曰：「兩下『獨』字，見其功大而專。」㉒城守　修城以守。㉓盡取齊寶財物二句　輸，運送。穆文熙曰：「伐齊誠為有功，然遷齊之重器於燕，則非仁義之師矣。」按：《通鑑》謂樂毅占領齊國後，「禁止侵掠，寬其賦斂，除其暴令」；又有「祀桓公、管仲於郊，表賢者之閭，封王蠋之墓」云云，楊寬以為「所有這些，都是後人為誇飾樂毅為『王者之師』而虛構的」。㉔濟上　濟水邊上。當時的濟水在今河南滎陽北從黃河分出，東流入山東，經今定陶、梁山、東阿、歷城、博興等地入渤海。㉕饗士　犒賞士卒。㉖昌國　齊邑名，亦稱昌城，在今山東淄博東南，當時被燕人占領。㉗鹵獲　擄掠繳獲的東西。鹵，通「擄」。抄掠。㉘即墨　齊國東部的重要都邑，在今山東平度東南。㉙燕昭王死二句　事在燕昭王三十三年（西元前二七九年）。燕惠王，西元前二七八－前二七二年在位。㉚嘗　此處通「常」。㉛田單　齊國名將，時在即墨堅守抗燕，事跡詳見〈田單列傳〉。㉜反間　用假情報迷惑敵人，以引起敵人內部的互相猜疑、互相鬥爭。《孫子兵法》：「反間者，因其敵間而用之。」杜牧注：「敵有間來窺我，我必先知之，或厚賂以誘之，反為我用；或佯為不覺，示以偽情，則敵人之間反為我用也。」㉝拔　拔取；攻下。㉞有隙　有裂痕；有矛盾。㉟欲連兵且留齊　連兵，建立軍事聯盟。〈田單列傳〉作「實欲連兵南面而王齊」。㊱於是　此時；當時。㊲固　本來；早已。㊳使騎劫代將　騎劫，燕將，姓騎名劫。代將，代替樂毅統兵。㊴召樂毅　調樂毅回國。㊵燕惠王之不善代之　意即因自己與燕惠王的關係不好而被取代。㊶觀津　趙縣名，在今河北武邑東南。㊷望諸君　《索隱》曰：「望諸，澤名，在齊，蓋趙有之，故號焉。」《正義佚文》曰：「諸，之也。言王起望君之日久矣，故號『望諸君』也。〈太公世家〉：『吾望子久矣，故號曰太公望。』」㊸警動　警告震動。言己得此名將，使國力增強。㊹設詐誑燕軍二句　誑，欺騙。田單施反間計屢誤燕軍，最後用火牛陣大破騎劫於即墨事，在齊襄王五年（西元前二七九年），時燕惠王剛繼位，尚未改元，過程詳見〈田單列傳〉。㊺逐燕　追擊燕國敗軍。㊻河上　黃河邊上。當時的黃河從今河南濮陽、南樂流來，在冠縣入山東，北流經德州入河北省，再北流，經滄州，在今黃驊縣入海。所謂「北至河上」，即指追擊到今德州、滄州一帶，當時為齊國的西北境。㊼襄王　名法章，齊湣王之子，西元前二八三—前二六五年在位。關於齊湣王之死，以及法章得立為王的過程，詳見〈田單列傳〉。

【語　譯】這時在齊國正是齊湣王當權，國家很強大，他曾經向南在重丘打敗了楚國的宰相唐眛，向西在觀津摧毀了三晉的軍隊，接著又聯合韓、魏兩國進攻秦國，又幫著趙國滅掉了中山，又滅掉了宋國，以至於使齊國的地盤擴大了一千多里，接著齊湣王又和秦昭王比高低，各自改王稱帝，後來由於某種原因又退下來仍是稱王。這時東方各國都準備脫離秦國而歸附於齊國。但是齊湣王很驕傲自大，齊國的百姓們都無法忍受他的統治。這時候燕昭王就問樂毅能不能趁勢攻打齊國。樂毅說：「今天的齊國是昔日做過霸主的一個大國的後代。它土地廣闊，人口眾多，靠我們一個燕國單獨地去攻打他，那是不可能的。您如果一定想要伐齊，最好是和趙國、楚國、魏國聯合起來。」於是燕昭王就派樂毅去聯合趙惠文王，同時又派了別的使臣分別到楚國和魏國去，接著又讓趙國用聯合伐齊的好處去勸說秦國也參加聯盟。由於當時各個國家都無法忍受齊湣王的驕橫暴虐，所以都迅速地和燕國聯合了起來準備攻打齊國。樂毅回國向燕昭王報告了情況後，燕昭王立即動員了全國的軍隊，任命樂毅為上將軍。這時趙惠文王把趙國的相印也授予了樂毅。於是樂毅一併統領著趙國、楚國、韓國、魏國、燕國五國的軍隊討伐齊國，結果在濟水以西打敗了齊軍的主力。之後其他幾國的軍隊都相繼撤回去了，而樂毅帶領的燕軍則渡過濟水單獨向東追殺。他們一直打到了齊國的首都臨菑。齊湣王在濟水以西失敗後，率眾逃到了莒城固守。樂毅這時仍在齊國指揮燕軍繼續攻占那些還沒有被占領的地盤，齊國的許多守軍都只好逃進城去，堅守城池。而樂毅攻下了臨菑以後，則把齊國的珍寶財物以及齊王祭祀用的禮器等大車小車地往燕國拉。燕昭王十分高興，他親自到濟水邊上來慰勞部隊，犒賞士兵，並把昌國封給樂毅作領地，稱樂毅為昌國君。而後燕昭王就帶著那些從齊國擄掠繳獲的東西回燕國去了，讓樂毅留下來繼續派兵去攻取齊國那些還沒有被攻下來的城池。

2 樂毅留在齊國繼續作戰一共五年，攻下的城池共有七十多座，在這些攻下來的地方都設立了郡縣，直接歸燕國統轄。這時沒有被攻下來的就剩下莒和即墨兩座城池了。剛好這時燕昭王死了，他的兒子燕惠王繼位。燕惠王在他還是太子的時候，就對樂毅經常不滿。等到他即位後，齊國的田單知道了他們之間的這種關係，於是就派人到燕國來施行反間計，挑撥說：「齊國現在就剩下兩座城池沒有被攻打下來了。為什麼這兩座城池不能及早地攻下來呢？聽說是由於樂毅和燕國的新國王有嫌隙，樂毅是故意留著這兩個城池，以保持兩軍仍在作戰的局面，從而使他有理由繼續留在齊國，好等待機會做齊國的國王。齊國現在所擔心的就是怕燕國改派別的將領來。」當時燕惠王本來就已經懷疑樂毅了，再聽到了齊國的這種挑撥，於是就派了騎劫前去替換樂毅，而召樂毅回國。樂毅知道這是由於自己與燕惠王的關係不好而被撤換的，他怕回國會被殺，於是就西行投奔了趙國。趙國把觀津縣封給了樂毅，稱他為望諸君。趙國所以如此地尊敬寵愛樂毅，是為了藉著樂毅的威名以威懾燕國和齊國。

3 齊國的田單後來在與騎劫的交戰中，使用詐謀欺瞞燕軍，結果在即墨城外把騎劫打得大敗。接著又輾轉追擊，一直追到了齊國西北的黃河邊上，完全收復了齊國的領土。最後，又把齊襄王從莒城迎回了臨菑。

1 燕惠王後悔使騎劫代樂毅，以故破軍亡將❶失齊❷；又怨樂毅之降趙，恐趙用樂毅而乘燕之獘❸以伐燕。燕惠王乃使人讓❹樂毅，且謝❺之曰：「先王舉國而委將軍，將軍為燕破齊，報先王之讎，天下莫不震動。寡人豈敢一日而忘將軍之功哉！會先王弃羣臣❻，寡人新即位，左右誤❼寡人。寡人之使騎劫代將軍，為將軍久暴露⑧於外，故召將軍且休，計事⑨。將軍過聽⑩，以與寡人有隙，遂捐燕歸趙。將軍自為計⑪則可矣，而亦何以報先王之所以遇將軍之意乎⑫？」

2 樂毅報遺⑬燕惠王書曰：「臣不佞⑭，不能奉承王命⑮，以順左右之心。恐傷先王之明，有害足下之義⑯，故遁逃走趙。今足下使人數之以罪⑰，臣恐侍御者⑱不察先王之所以畜幸臣之理⑲，又不白⑳臣之所以事先王之心，故敢㉑以書對。

3 「臣聞賢聖之君不以祿私親㉒，其功多者賞之；其能當㉓者處之。故察能而授官者，成功之君也；論行而結交㉔者，立名之士㉕也。臣竊觀先王之舉㉖也，見有高世主之心㉗，故假節於魏，以身得察於燕㉘。先王過舉㉙，廁之賓客之中㉚，立之羣臣之上，不謀父兄㉛，以為亞卿。臣竊不自知㉜，自以為奉令承教，可幸無罪㉝，故受令而不辭。

4 「先王命之曰：『我有積怨深怒於齊，不量輕弱，而欲以齊為事㉞。』臣曰：『夫齊，霸國之餘業，而最勝之遺事㉟也。練於兵甲㊱，習於戰攻。王若欲伐之，必與天下圖之。與天下圖之，莫若結於趙。且又淮北、宋地，楚、魏之所欲也㊲。趙若許而約四國攻之㊳，齊可大破也。』先王以為然，具符節㊴，南使臣於趙。顧反命㊵，起兵擊齊。以天之道㊶，先王之靈㊷，河北之地隨先王而舉之濟上㊸。

濟上之軍受命擊齊(44)，大敗齊人，輕卒銳兵，長驅至國(45)。齊王遁而走莒，僅以身免(46)；珠玉財寶、車甲珍器，盡收入于燕。齊器設於寧臺(47)；大呂陳於元英(48)；故鼎反乎磿室(49)；薊丘之植，植於汶篁(50)。自五伯(51)已來，功未有及先王者也。先王以為慊於志(52)，故裂地而封之(53)，使得比小國諸侯(54)。臣竊不自知，自以為奉命承教，可幸無罪(55)，是以受命不辭。

5 「臣聞賢聖之君，功立而不廢(56)，故著於春秋(57)；蚤知之士(58)，名成而不毀，故稱於後世。若先王之報怨雪恥，夷萬乘之彊國(59)，收八百歲之蓄積(60)，及至棄群臣之日，餘教未衰。執政任事之臣，脩法令，慎庶孽，施及乎萌隸，皆可以教後世(61)。

6 「臣聞之，善作者不必善成，善始者不必善終(62)。昔伍子胥說聽於闔閭(63)，而吳王遠迹至郢(64)；夫差弗是(65)也，賜之鴟夷而浮之江(66)。吳王不寤先論(67)之可以立功，故沉(68)子胥而不悔；子胥不蚤見主之不同量(69)，是以至於入江而不化(70)。夫免身立功(71)，以明先王之迹(72)，臣之上計(73)也；離毀辱之誹謗(74)，墮先王之名(75)，臣之所大恐(76)也；臨不測之罪(77)，以幸為利(78)，義之所不敢出也(79)。

7 「臣聞古之君子交絕，不出惡聲(80)；忠臣去國，不絜其名(81)。臣雖不佞，數奉教於君子矣[82]。恐侍御者之親左右之說[83]，不察疏遠[84]之行，故敢獻書以聞。唯君王之留意焉[85]。」

8 於是燕王復以樂毅子樂間為昌國君。而樂毅往來復通燕[86]，燕、趙以為客卿[87]。樂毅卒於趙。

【章旨】以上為第三段，寫樂毅覆書燕惠王，回答了他對自己的無理指責，暢敘了自己與燕昭王的君臣之義，表明了自己的磊落胸襟。文章披肝瀝膽，慷慨淋漓，是全傳的中心之所在。

【注釋】❶亡將　損失統帥。指騎劫被田單破殺於即墨。❷失齊　丟掉了曾經占領過的齊國土地。❸獘　通「敝」。困頓；疲敝。❹讓　責備。❺謝　道歉。❻弃羣臣　隱指帝王之死。猶稱官僚之死曰「捐館舍」。❼誤　欺騙；蒙蔽。❽暴露　指日曬雨淋，泛指軍中的辛苦勞累。❾且休二句　暫且休息一下，商量商量今後的大事。❿過聽　錯聽。猶今之所謂「誤解」。⓫自為計　為個人打算。⓬亦何以報先王之所以遇將軍之意乎　遇，對待。凌稚隆引袁黃曰：「數句內寫悔、怨、恐三意，惠王之心事如見。」楊慎曰：「樂毅報君書善矣，惠王書亦自委曲懇至，足以飾前非而動眾志。」⓭報遺　即指回答；回報。遺，給。⓮不佞　猶言「不敏」、「不肖」，謙辭。⓯奉承王命　奉承，奉行；遵行。王命，指惠王召樂毅回國之命。⓰恐傷先王之明二句　有，王念孫曰：「讀為『又』。」足下，恭稱對方，言不敢稱「你」，但指對方足下之地而言之。亦猶「閣下」、「陛下」之稱。按：所謂「傷先王之明，有害足下之義」，乃指倘若自己歸國被加罪殺害，則是既說明先王無知人之明，且將陷惠王於殺先王大臣之不義，語極委婉。⓱數之以罪　列舉罪行而譴責之。⓲侍御者　侍候您的人員，謙辭，這裡即指燕惠王。⓳不察先王之所以畜幸臣之理　不察，不明白；不了解。畜幸，畜養寵用。⓴不白　不明白；不了解。㉑敢　猶言「大膽地」，謙辭。㉒不以祿私親　不偏心地把國家的爵祿給他的個人親信。私，偏心；偏向。這裡用如動詞。㉓能當　能力足以當得起那種爵位。㉔論行而結交　根據對方的操行優劣而確定是否與之結交。㉕立名之士　能樹立好名聲的人。㉖舉　舉動；舉措。瀧川曰：「楓、三本『舉』下有『錯』字，與《策》合，當依補。」按：錯，同「措」。㉗見有高世主之心　李笠曰：

「既云『竊觀』，不應復出『見』字也，『也』下『見』字衍。」高世主，謂高出於當世的其他諸國君主。㉘故假節於魏二句 意謂因此我藉著替魏國出使的機會，到燕國來親身察看一下。假節，憑藉著使臣的符節。鮑彪曰：「時諸侯不通，出關，則以節傳之。」㉙過舉 不適當地提拔，這裡是謙辭。㉚廁之賓客之中 即前文之「燕王以客禮待之」。廁，次；列入。㉛不謀父兄 不與父兄輩的親族老人商議。極言自己做主的決心之大。㉜竊不自知 謙詞，意即相信自己。竊，私下。不自知，猶言「不自量力」、「沒有自知之明」。㉝自以為奉令承教二句 意即相信自己可以完成任務，不會有什麼過錯。奉令承教，奉行命令，接受任務。教，亦「令」也。㉞以齊為事 把向齊國報仇看做是自己的目的任務。㉟最勝之遺事 猶言「常勝國家的後代」。最，《國策》作「驟」。王念孫曰：「『最』，當為『取』字之誤。『取』與『驟』同。驟勝者，數勝也。」㊱練於兵甲 與下句「習於戰攻」意同。練，熟練；熟習。兵甲，兵器鎧甲，這裡即指軍隊。㊲淮北宋地二句 鮑彪曰：「楚欲得淮北，魏欲得宋，時皆屬齊。」淮北，淮河以北，指當時屬於齊國的今江蘇漣水、沭陽等一帶地區，這些地區靠近楚國。宋地，原來宋國的地盤，即今河南商丘、江蘇徐州、安徽宿州等一帶地區，這些地區鄰近楚國、魏國，於西元前二八六年被齊國吞併。㊳趙若許而約四國攻之 中井曰：「此稱趙、楚、魏，而下稱『四國』，蓋漏韓一條也，且云楚、魏所欲，而無予楚、魏之語，皆脫文耳。」金正煒曰：「四國者，并燕而計也。」㊴具符節 具，準備；安排。符節，使者奉命所持的信物。㊵顧反命 即歸來覆命。「顧」、「反」二字同義，亦常連用，如〈屈原賈生列傳〉：「使齊，顧反，諫懷王。」〈古詩十九首〉：「浮雲蔽白日，游子不顧反。」㊶以天之道 猶言「託天之福」。㊷靈 威靈；威風。㊸河北之地隨先王而舉之濟上 按：句子不順，《新序》無「之濟上」三字。《戰國策》作「舉而有之於濟上」，牛鴻恩、繆文遠皆以「於濟上」三字為衍文。隨先王而舉之，因為樂毅的說話藝術是歸功於「先王」，而燕昭王又的確曾親到濟上勞軍，故婉轉如此說。又楊寬以為，「觀此句之意，似乎是樂毅先攻克齊與燕接境的河北，接著攻占濟上，其實燕師並未直接南下攻齊之河北，而是追隨趙軍經趙東邊南下，會合五國之師大敗齊的主力於濟西。」此處所說不合事實。㊹濟上之軍受命擊齊 即上文所說五國破齊於濟西後，「諸侯兵罷歸，而燕軍樂毅獨追，至于臨菑」。㊺國 國都，指齊都臨淄。㊻僅以身免 意即差點兒被活捉。㊼齊器設於寧臺 齊器，齊國的宗廟祭器。寧臺，《索隱》曰：「燕臺也。」《正義》曰：「在幽州薊縣（今北京城的西南部）西四里。」㊽大呂陳於元英 大呂，鐘名，代指齊國廟堂的樂器。元英，燕國的宮殿名，在寧臺附近。㊾故鼎反乎磿室 故鼎，燕國故有的鼎，子之之亂時被齊國掠去。磿室，亦作「曆室」，燕宮名，亦在寧臺附近。《正義》引《括地志》云：「元英、磿室，皆燕宮，在幽州薊縣西四里寧臺之下。」㊿薊丘之植二句 《索隱》曰：「言燕之薊丘所植，皆植齊王汶上之竹也。」楊述達《詞詮》

引此二句謂「於」與「以」同義。薊丘，即燕國國都薊城，在今北京市西南部。《正義》以為其城之「西北隅有丘」，故稱薊丘。汶，齊水名，源於今山東萊蕪東北，流經泰安、東平南，至梁山附近入濟水。篁，竹之通稱。吳師道曰：「此言燕薊丘之所植，移植於汶上之竹田。」繆文遠引陳寅恪曰：「此言樂毅留齊五年，薊丘之植隨留齊之燕軍而移植於汶篁。篁字應依《說文》訓為竹田。」按：前後二說皆可通，後說較現成。51五伯　即「五霸」，春秋時期的五個霸主，指齊桓公、晉文公、楚莊王、吳王闔廬、越王句踐。凌稚隆曰：「毅不歸功於己，而託之以『天道』、『先王之靈』，最是宛曲處。」52慊於志　猶今之所謂「滿意」。慊，音義皆與「愜」同。53裂地而封之　即前所謂「封樂毅於昌國，號為昌國君」。54比小國諸侯　大國的卿相與大國國內的封君，相當於小國的諸侯，自春秋以來一直如此。比，相當。55可幸無罪　凌稚隆引董份曰：「兩言『可幸無罪』，其詞雖謙，而意難奪。」56功立而不廢　與惠王之易將喪師，使破齊之功毀於一旦相對而言。57春秋　泛指歷史書。58蚤知之士　有預見、有遠見的人。蚤，通「早」。59夷萬乘之彊國　指打敗強齊。夷，鏟平。萬乘，萬輛兵車，戰國用以稱呼大國。60收八百歲之蓄積　指將齊國長期積累的財富掠往燕國。八百歲，齊國建立於西周初年（約西元前一〇四六年），至齊湣王濟西之敗（西元前二八四年），中間大約有八百年。61及至弃羣臣之日七句　按：此數句文字不順，《戰國策・燕策》作「及至棄群臣之日，餘令詔後嗣之遺義，執政任事之臣，所以能循法令、順庶孽者，施及萌隸皆可以教於後世」。亦生澀難通。參合兩段文字，其大意是說，先王去世時，他的餘風遺德，以及當時執政大臣們所推行的種種章程辦法，都可以流傳後世，作為後世的榜樣。慎庶孽，謹慎地做好王室諸公子的工作，使他們不要內部生亂。庶孽，姬妾所生的孩子。施及乎萌隸，意謂國家的恩澤和執政者的表率作用，都能推廣到下層人民。施，延續；推廣。萌隸，平民百姓。萌，通「氓」。民也。董份曰：「見先王之政可以世守，不宜初死而遂背之，易將更令，以取敗也。」62善作者不必善成二句　意即能有好開端的人不一定能有好收場。作，開始興作。不必，不一定，這裡是「不一定能」的意思。金聖歎〈批才子古文〉曰：「謂是調笑可，謂是慟哭可，謂是憤辭可，謂是至理可。」63伍子胥說聽於闔閭　伍子胥，春秋末期楚國人，其父兄被楚平王所殺，伍子胥逃入吳國，佐吳王闔閭大破強楚，稱霸一時。闔閭死，夫差立，子胥因為勸夫差滅越，勸阻夫差耀武中原，結果被夫差所殺。說聽，主張被採納。闔閭，名光，西元前五一四－前四九六年在位，是春秋末期最有作為的君主之一。64遠迹至郢　足跡遠達郢都。指吳王闔閭九年（西元前五〇六年），吳軍破楚入郢事。郢，楚國國都，在今湖北荊州之江陵西北。65夫差弗是　夫差，闔閭之子，西元前四九五－前四七三年在位。初即位時，曾大破越國，後來轉向北方進兵，與齊、晉爭勝，結果被重新崛起的越國所襲，夫差自殺。弗是，不以（伍子胥的意見）為對。66賜之鴟夷而浮之江　指將伍子胥殺害後裝入皮口袋扔在江裡。鴟夷，皮口袋。按：以上吳王闔閭用伍子胥之謀破楚入郢，吳王夫差不僅不聽伍子胥之謀，反而將其殺害事，皆詳見於《左傳》與〈吳太伯世家〉、〈伍子胥列傳〉、〈越王句踐世家〉。67先論　指伍子胥生前的見解，即力主滅越與反對耀兵中原與齊、晉爭衡事。68沉　投之入水。69主之不同量　指吳王闔閭與吳王夫差二人的才德、度量大不相同。70不化　不變；不改其初衷。如堅持認為越為吳的心腹之患等。71免身立功　既能使自身不受災禍，又能為燕國建立大功。72明先王之迹　證明先王的偉大、能知人。迹，心跡；心意。指信任樂毅事。73上計　上策。猶今所謂「最高理想」。74離毀辱之誹謗　意即遭受誣陷而被殺。離，通「罹」。陷入；遭受。75墮先王之名　意即讓先王落一個「錯用人」的名聲。墮，同「隳」。敗壞；毀損。76大恐　最可怕、最不希望出現的事情。三句意謂當時如果奉詔回燕，蒙罪被殺，則是既「離毀辱之誹謗」，又「墮先王之名」。77臨不測之罪　面對著無法預料的大罪。即指現時的處境而言。78以幸為利　以僥倖的舉動為個人謀求私利。指燕惠王所擔心的「趙用樂毅而乘燕之弊以伐燕」。79義之所不敢出也　意謂「這是我絕對不會做的」。義，用如「義不帝秦」、「義無反顧」之「義」。不敢，不能；不會。其所以用「不敢」，是表示自謙。出，行；採取。80君子交絕二句　交絕，友情絕裂。不出惡聲，不說對方的壞話。81忠臣去國二句　去國，指被貶斥；流放出京城。不絜其名，不洗白自己的冤屈；不歸咎於君上。《索隱》曰：「不自潔其名云己無罪。」82臣雖不佞二句　數，多次。奉教於君子，接受君子的教誨。〈報任安書〉有所謂「僕雖罷駑，亦嘗側聞長者之遺風矣」，與此意思相同。83親左右之說　聽信你身邊小人對我的攻擊誹謗。親，聽信。84疏遠　疏遠者。樂毅自指。85唯君王之留意焉　唯，語氣詞，這裡有祈請之意。按：以上樂毅〈報燕惠王書〉，見《戰國策・燕策二》。繆文遠繫之於燕惠王元年（西元前二七八年）。凌稚隆引樓昉曰：「此書可見燕昭王、樂毅君臣相與之際，略似蜀昭烈、諸葛武侯。書詞明白，洞見肺腑。」金聖歎曰：「善讀此文者，必知其為諸葛〈出師〉之藍本也。其起首、結尾，比〈出師〉更自勝無數倍。」葉玉麟引姚鼐曰：「凡十四引『先王』，與諸葛武侯〈前出師表〉十三引『先帝』相同，皆欲因此以感動嗣主耳。」瀧川曰：「六國將相有儒生氣象者，唯望諸君一人。其〈答燕王書〉理義明正，當世第一文字。諸葛孔明以管、樂自比，而其〈出師表〉實得力於此文尤多。樂書曰『恐抵斧質之罪，以傷先帝之明，又害於足下之義』；諸葛則云『受命以來，夙夜憂嘆，恐付託不效，以傷先帝之明』。樂書曰『先王過舉，擢之乎賓客之中，而立之乎群臣之上，使臣為亞卿。臣自以為奉令承教，可幸無罪矣，故受命而不辭』；諸葛則云『先帝不以臣卑鄙，猥自枉屈，三顧臣於草廬之中，由是感激，遂許先帝以馳驅』。樂書曰『免身全功，以明先王之迹者，臣之上計也』；諸葛則云『庶竭駑鈍，攘除奸凶，興復漢室，還於舊都，此臣所以報先帝而忠陛下之職分也』。彼此對看，必知其風貌氣骨有相通者。」繆文遠曰：「樂毅之報書，理明義正，反復言與昭王之相得，故受命兩不辭，成破齊之功。其對燕惠王之責讓，惟在表明心迹，不以惡聲相加，委婉曲折，感人至深，故蒯通及主父偃讀之無不廢書而泣也。」(86)往來復通燕　又和燕王通好，往來於燕、趙二國之間。(87)燕趙以為客卿　燕、趙兩國都任樂毅為客卿。客卿，他國人而在此國享受列卿待遇的高級參謀人員。

【語　譯】燕惠王後悔派騎劫代替了樂毅，以至於鬧得損兵折將，並丟掉了曾經一度占領過的齊國；但是他又埋怨樂毅不應該投奔趙國，他擔心趙國重用樂毅讓樂毅趁著燕國困頓不堪的時機領兵來進攻燕國。於是他就派人去趙國一方面責備樂毅，一方面又向樂毅道歉，他說：「當初先王把整個的國家都委託給了您，您替燕國打敗了齊國，為先王報了大仇，使得整個天下都為之震動。我哪裡敢有一時一刻忘記您的功勞呢？當時正碰上先王過世了，我剛剛即位，一時受了左右的蒙蔽。因而派騎劫替下了您，我當時也是覺得您在外面頂風冒雨地好幾年了，想叫您回來暫時休息一下，好好商量商量事情。不料您誤解了我的意思，從而和我產生了隔閡，於是您就拋棄燕國投奔了趙國。為您個人打算，這麼做當然是可以的，但是您又拿什麼來報答先王當時對待您的那分厚意呢？」

2 樂毅一聽，就給燕惠王寫了一封回信說：「我沒有出息，當時的確是沒能接受您要我回國的命令，也沒能順從您周圍人們的心願。我當時所以那麼做，是擔心回國後被胡裡胡塗地殺掉，這樣既有損於先王的知人之明，也會使您落一個殺大臣的汙點，所以我逃到了趙國。現在您派人來指責我的罪過，我怕您不了解先王為什麼要寵用我，也不明白我是怎麼對待先王的，所以我大膽地給您寫這封信。

3 「我聽說真正賢明的君王是不會偏心地把國家的爵祿給他的個人親信，他必然是誰的功勞多就讓誰受賞；誰的能力適合就讓誰任職。凡是能夠根據能力來授人官職的，都是能夠獲得成功的君主；凡是能夠根據對方的操行來決定是否和他交朋友的，都是能夠立身揚名的人。就因為我看著先王的一舉一動，不是一般的君主所可比擬的，所以我才藉著替魏國出使的機會，到燕國來親自察看一下。感謝先王的錯愛，他把我從一個普通的人一下子提到群臣之首，他竟然不和宗室的長輩們商量，就一下子封我做了亞卿。我當時也沒有見外，我相信我完全能夠完成先王交給我的任務，不會有什麼過錯，所以我當時毫不推辭地接受了任命。

4 「先王當時對我說：『我對齊國有深仇大恨，我不自量力，想把打敗齊國作為自己的奮鬥目標。』我說：『今天的齊國是一個曾經稱過霸的大國的後代，它曾經打過數不清的勝仗。他們的軍隊訓練有素，能攻能守。您如果一定想要攻打它，就必須和其他國家聯合起來。而要想與各國聯合，其中最首要的又是趙國。再加上淮河以北和宋國一帶，那是楚國和魏國很想得到的。如果趙國答應了，然後再聯合上四個國家一起進攻，那麼齊國就肯定可以打敗了。』先王認為我說得不錯，就讓我帶著符節出使趙國了。回來覆命之後，緊跟著就起兵討伐齊國。靠著老天爺福祐和先王的威靈，黃河以北的地區很快地都順著先王的意旨被占領了，燕國的軍隊一直向前推到了濟水邊上。接著，駐紮在濟水邊上的燕國軍隊又接受命令繼續向前進攻，於是我們又一連串地大破齊軍，我們的精銳部隊，長驅直入，很快地占領了齊國的首都臨菑。齊湣王狼狽地逃到了莒城，差點被捉住；齊國的金玉珠寶、車輛兵器，全被繳獲運回了燕國。齊國的宗廟祭器被放到了燕國的寧臺；齊國廟堂的樂器被陳列在薊城的元英殿裡；過去我們被齊國搶去的大鼎又放回我們的磿室宮；燕國薊丘的植物都種到了齊國汶上的竹田。自從春秋五霸以來，幾百年間還沒有一個人能比得上先王的功勞。先王也因此感到很滿意，於是就割了一塊土地封給我，讓我和一個小國的諸侯地位相同。我當時也沒有見外，我相信我完全可以完成先王交給我的任務，不至於有什麼過錯，所以我在接受這些賞賜時也沒有什麼推辭。

5 「我聽說一個聖明的君主，應該能夠保護他所建立的功勳，而不至於被人給毀掉，這樣他才能夠永垂青史；一個有遠見的人，應該能夠保護他的威名，而不至於被人所廢棄，這樣他才能被後世所傳揚。像先王那樣既報了自己的深仇大恨，又幾乎滅掉了一個強大的國家，又把它積攢了八百多年的財富都收了過來。像這樣一位人物，在他離開群臣而去的時候，他的餘風遺德是不會一下子衰落下來的。當時的執政大臣們一切都是按照舊有的法令章程辦事，他們當時對王室公子們所做的種種約束，對黎民百姓們所採取的種種辦法，這些都可以傳做後世治國的榜樣。

6 「但是我又明白：開始興作很順利的不一定就能做得成功，有好的開端不一定就有好的收束。過去伍子胥的主張都被闔閭所採納，所以闔閭的足跡就踏進了楚國的郢都；而後來的吳王夫差不相信伍子胥，殺害伍子胥後，居然用一口皮袋把伍子胥裝起來拋到江裡去了。就因為夫差不相信按照伍子胥的話辦可以建立功勳，所以他把伍子胥扔進江裡一點都不後悔；而伍子胥則因為沒能及早地認識到這兩個國君的器量不同，因而直到自己被扔進江裡也沒有改變態度。能夠一生無禍地為國家立功，並能以此證明先王的知人善用，這是我的最高理想；使自己遭受汙辱誹謗，同時又敗壞了先王的知人之明，這是我最怕出現的局面；而面對著無法說清的大罪，以僥倖的舉動來謀求私利，這是我絕對不會做的。

7 「我聽說古代的君子即使他們和朋友絕交了，也絕不說對方的壞話；一個真正的忠臣即使他被迫離開了朝廷，他也絕不洗白自己，說自己沒有過錯。我雖然沒出息，但我還是多次接受過君子們的教誨的。我是怕您聽信您左右親信們的話，不了解我的行為，所以我才大膽地給您寫了這封信。希望您留心細察呀！」

8 燕惠王看信後就讓樂毅的兒子樂間做了昌國君，而樂毅從此就往來於燕、趙兩國之間，燕、趙兩國都封樂毅為客卿。最後樂毅死在了趙國。

1 樂間居燕三十餘年[1]，燕王喜[2]用其相栗腹之計，欲攻趙，而問昌國君樂間。樂間曰：「趙，四戰之國[3]也。其民習兵，伐之不可。」燕王不聽，遂伐趙。趙使廉頗[4]擊之，大破栗腹之軍於鄗[5]，禽栗腹、樂乘[6]。樂乘者，樂間之宗也[7]。於是樂間奔趙[8]。趙遂圍燕[9]。燕重[10]割地以與趙和，趙乃解而去。

2 燕王恨[11]不用樂間，樂間既在趙，乃遺樂間書曰：「紂[12]之時，箕子不用[13]，犯諫不怠[14]，以冀[15]其聽；商容不達[16]，身祇辱[17]焉，以冀其變[18]。及民志不入，獄囚自出[19]，然後二子退隱。故紂負桀暴之累[20]，二子不失忠聖之名。何者？其憂患之盡矣㉑。今寡人雖愚，不若紂之暴也；燕民雖亂，不若殷民之甚也。室有語，不相盡，以告鄰里㉒。二者㉓，寡人不為君取㉔也。」

3 樂間、樂乘怨燕不聽其計㉕，二人卒留趙。趙封樂乘為武襄君。

4 其明年，樂乘、廉頗為趙圍燕。燕重禮以和，乃解㉖。後五歲，趙孝成王卒㉗，襄王㉘使樂乘代廉頗。廉頗攻樂乘，樂乘走，廉頗亡入魏㉙。其後十六年㉚而秦滅趙㉛。

5 其後二十餘年，高帝過趙㉜，問：「樂毅有後世乎？」對曰：「有樂叔。」高帝封之樂卿㉝，號曰華成君。華成君，樂毅之孫也。而樂氏之族有樂瑕公、樂臣公㉞，趙且㉟為秦所滅，亡之齊高密㊱。樂臣公善修黃帝、老子之言㊲，顯聞於齊，稱賢師。

【章　旨】以上為第四段，寫樂毅後代的事跡。

【注　釋】❶樂間居燕三十餘年　梁玉繩曰：「樂間繼封昌國，在燕惠王元年（西元前二七八年）以後，則至栗腹攻趙時，安得三十餘年哉？當作『二十餘年』。」❷燕王喜　燕國的末代國君，西元前二五四—前二二二年在位，最後被秦所滅。❸四戰之國　中井曰：「四戰以形言，四方受敵也。」《正義》曰：「東鄰燕、齊，西邊秦、樓煩，南界韓、魏，北迫匈奴。」按：以其四面受敵，故英勇善戰。❹廉頗　戰國後期的趙國名將，事跡詳見〈廉頗藺相如列傳〉。❺大破栗腹之軍於鄗　事在趙孝成王十五年，燕王喜四年，西元前二五一年。鄗，趙邑名，在今河北高邑東南。❻禽栗腹樂乘　禽，通「擒」。梁玉繩曰：「『樂乘』當是『卿秦』之誤，〈趙世家〉云『廥秦』是也。」按：〈廉頗藺相如列傳〉作「大破燕軍於鄗，殺栗腹」。❼樂乘者二句　宗，族；族人。梁玉繩曰：「此八字當在後文『趙封樂乘為武襄君』之下，錯簡也。」按：樂乘事跡還見於〈廉頗藺相如列傳〉。❽樂閒奔趙　因恨燕王喜之不用其言而奔趙。❾趙遂圍燕　〈廉頗藺相如列傳〉謂：「大破燕軍於鄗，殺栗腹，遂圍燕。」❿重　多；大量。⓫恨　憾；後悔。⓬紂　殷朝的末代帝王，被周武王所滅，事見〈殷本紀〉。⓭箕子不用　謂箕子的勸告不被紂王聽取。箕子，紂王之叔。紂王無道，箕子勸諫不聽，遂佯狂為奴。⓮犯諫不怠　意謂不顧殷紂王的發怒而進諫不止。《正義》引《括地志》云：「箕子狂，乃嘆曰：『主過不諫，非忠也；畏死不言，非勇也。過則諫，不用則死，忠之至也。』進諫不去者三日。」犯諫，犯顏直諫。「犯顏」即不顧其變色、發怒。⓯冀　期望。⓰商容不達　商容，殷紂時的賢臣，因進諫而被廢，遂隱不出。不達，不通顯，指被廢免而言。⓱身祇辱　自身遭受困辱。祇，馬瑞辰以為「祇」通「疷」，病困。⓲變　改悔。⓳民志不入二句　《索隱》曰：「民志不入，謂國亂而人離心向外；又獄囚自出，是政亂士師不為守法也。」瀧川曰：「民志不達於上，罪囚自囹圄脫出，政無綱紀至此，然後二子退隱。」民志，民意。⓴桀暴之累　桀暴，猶言「殘暴」、「橫暴」。累，罪名；壞名聲。㉑其憂患之盡矣　言其憂國憂民的義務算是盡到了。之，語詞，無義。㉒室有語三句　意謂夫妻之間有什麼紛爭，不在家裡說清，而出去對鄰居講。李笠曰：「〈燕策〉云：『室不能相和，出語鄰家，未為通計也。』較《史》文更為顯明。」王駿圖曰：「室有分爭，不於室內盡其言，乃以告之鄰里，是謂家醜外揚。」㉓二者　指樂閒未能力諍強諫，不似箕子、商容之所為；又離燕奔趙，以彰君過，似室有語而出告鄰家。㉔不為君取　客氣婉轉的說法，意即指責對方「你這種做法是不對的」。按：此燕王喜致樂閒書，見《戰國策・燕策三》。因此書與前燕惠王致樂毅書辭令相同，故吳師道、顧炎武，皆謂二者乃是一章，即燕惠王遺樂毅書，傳者誤以為二。今人繆文遠等亦主此說。梁玉繩辨之，以為本是兩章，「蓋《國策》不載遺閒書，止載遺毅書，而誤分為兩章。《史》又止載前半，截去『寡人不佞』以下，其實書辭條暢婉麗，不可刪也。此百餘字，當是喜遺閒書。但文雖別，而意則同，豈古之視草者亦襲舊詔乎！」按：梁說似覺牽強。㉕樂閒樂乘怨燕不聽其計　梁玉繩曰：「樂閒諫王不聽，其怨燕宜也；若乘者，身為趙將，未嘗入燕，何為亦怨燕王乎？『樂乘』字、『二人』字衍。」㉖樂乘廉頗為趙圍燕三句　瀧川引沈家本曰：「上文云『趙遂圍燕，燕重割地以與趙和，趙乃解而去』，此文復出而未刪正者也。〈燕世家〉與〈廉頗傳〉燕與趙和止一事。」㉗趙孝成王卒　趙孝成王，名丹，惠文王之子，西元前二六五—前二四五年在位。卒於燕王喜十年（西元前二四五年）。㉘襄王　應作「悼襄王」，名偃，西元前二四四—前二三六年在位。㉙廉頗攻樂乘三句　按：〈廉頗藺相如列傳〉行文與此同，謂廉頗遂奔大梁也。㉚其後十六年　趙王遷八年，秦王政十九年，西元前二二八年。㉛秦滅趙　是年秦將王翦攻破邯鄲，虜趙王遷，滅趙國。參見〈趙世家〉、〈白起王翦列傳〉。㉜其後二十餘年二句　高帝七年（西元前二〇〇年）二月，北征韓王信，回來時曾經路過趙都邯鄲。此時的趙王乃高帝功臣張耳之子張敖。㉝封之樂卿　《正義》引《地理志》云：「信都有樂卿縣。」按：信都即今河北冀縣。茅坤曰：「漢高帝心所嚴（敬）事者，孔子而下，信陵、樂毅兩人而已。」㉞樂臣公　《集解》曰：「一作巨公。」梁玉繩曰：「『巨』字是。〈田叔傳〉作『巨公』，《漢書》作『鉅』，可證。」瀧川曰：「『巨公』是得道之名，猶墨家有『巨子』，非名字也。下文四『臣公』皆當作『巨公』。」㉟且　將。㊱亡之齊高密　亡之，猶言「逃往」。高密，齊邑名，在今山東高密西。㊲黃帝老子之言　即道家的理論學說。黃帝、老子被道家學派奉為祖師，故亦稱道家學派為黃老學派。西元一九七三年馬王堆出土的黃老帛書被定名為《黃帝四經》者，疑即此派之所研習也。

【語譯】樂間在燕國住了三十多年，後來燕王喜採用了宰相栗腹的計畫，準備進攻趙國，事先他問樂間此舉如何。樂間說：「趙國四面受敵，是個英勇善戰的國家。它的人民都熟悉軍事，恐怕不能攻打它。」燕王喜不聽從，硬是派栗腹統兵去伐趙了。結果趙國派廉頗率軍迎戰，在鄗縣大破燕軍，並且活捉了栗腹和樂乘。因為樂乘和樂間是同族，所以樂間也投奔了趙國。而趙國則趁勢進兵包圍了燕國首都。燕國只好割出大片土地向趙國求和，趙國才撤兵而去。

2　燕王後悔當初沒有聽樂間的話。現在樂間既然已經到了趙國，於是就寫了一封信給樂間說：「當初殷紂王的時候，箕子儘管不受重用，但他卻仍是不顧殷紂王的發怒而繼續進諫不止，希望著殷紂王能夠有所採用；商容也是不受重用的，而且還受到了侮辱，但他還是希望著殷紂王能夠有所改變。直到人心徹底離散，整個國家亂得連犯人都可自由地從監獄裡出來，然後這兩個人才隱居不出。所以在後來的歷史上殷紂王有殘酷暴虐的罪名，他們兩個人也沒有埋沒忠貞賢聖的美名。為什麼呢？因為他們把憂國憂君的義務盡到了。現在我雖然愚蠢，但還沒有像殷紂王那麼殘暴；燕國的民心雖亂，但也還沒有亂到昔日殷紂王時的那種程度。俗話說，自己家裡有了什麼紛爭，不在家裡說清楚，就出去對著鄰居們講，這合適嗎？以上兩條，我認為你做得都不對。」

3 但樂間、樂乘都怨恨燕王喜當初不聽他們的話，兩個人到底都還是留在了趙國。趙國封樂乘為武襄君。4 第二年，樂乘和廉頗又率領趙軍包圍了燕國首都。燕王只得又出厚禮求和，趙軍才撤了回去。又過了五年，趙孝成王死了，趙襄王派樂乘代替廉頗為將。廉頗不服，揮兵攻擊樂乘，樂乘被趕跑了，廉頗也離開趙軍，逃到了魏國。再過了十六年，趙國就被秦國消滅了。

5 趙國滅亡後的二十多年，漢高祖經過趙地時，問當地的人們說：「樂毅還有後人嗎？」有人回答說：「還有一個叫樂叔的。」於是漢高祖就把樂卿縣封給了樂叔，並稱之為華成君。華成君是樂毅的孫子。樂氏的家族中還有樂瑕公、樂臣公二人，他們是在趙國將被秦國消滅之前，逃到了齊國的高密。樂臣公精通黃帝、老子的學說，在齊國以學術聞名，被人稱為良師。

太史公曰：始齊之蒯通❶及主父偃❷讀樂毅之報燕王書，未嘗不廢書而泣❸也。樂臣公學黃帝、老子，其本師❹號曰河上丈人❺，不知其所出。河上丈人教安期生❻，安期生教毛翕公，毛翕公教樂瑕公，樂瑕公教樂臣公，樂臣公教蓋公❼。蓋公教於齊高密、膠西❽，為曹相國師❾。

【章　旨】以上為第五段，是作者的論贊，突出了樂毅人格對後世的影響，和樂毅的後代在傳播黃老學說中的地位與作用。

【注　釋】❶蒯通　本名蒯徹，漢人為避武帝諱而稱之為「蒯通」。秦楚之際的辯士，事跡見〈張耳陳餘列傳〉與〈淮陰侯列傳〉，《漢書》有〈蒯通傳〉。❷主父偃　姓主父，名偃，武帝時人，亦屬於縱橫家流，《漢書・藝文志》記有「《主父偃》二十八篇」，事跡見〈平津侯主父列傳〉。❸廢書而泣　激動得讀不下去了，放下書本哭泣。廢，停止；放下。❹本師　猶言「宗師」，有嫡系師承關係的祖師。❺河上丈人　亦稱「河上公」，不知其名，據說他曾經注過《老子》。❻安期生　後來被附會為神仙之流，見〈封禪書〉。❼蓋公　漢初人，不知其名，為當時道家學派的著名人物，曾授學於膠西，深受相國曹參的推崇。❽膠西　漢代諸侯國名，國都高密（今山東高密西南）。❾為曹相國師　〈曹相國世家〉云：「孝惠帝元年，以參為齊丞相。（參）聞膠西有蓋公，善治黃老言，使人厚幣請之。既見蓋公，蓋公為言治道貴清靜而民自定，推此類具言之。參於是避正堂，舍蓋公焉。」

【語　譯】太史公說：當初齊國的蒯通和後來的主父偃每當讀到樂毅的〈報燕惠王書〉時，都激動得中途停頓下來淚流不已。樂臣公是學黃帝、老子的學說，他的老祖師人稱河上公，不知道他是哪裡人。河上公教了安期生，安期生教了毛翕公，毛翕公教了樂瑕公，樂瑕公教了樂臣公，樂臣公又教了蓋公，蓋公曾在齊國的高密、膠西教過學，被相國曹參尊為老師。

【研　析】〈樂毅列傳〉的思想意義主要有以下兩點：

一、歌頌了燕昭王的禮賢下士、知人善任，以及樂毅的忠於知己、為知己不惜貢獻一切的精神。在這兩個人物身上，寄託著作者所理想的一種君臣關係。燕昭王為報齊國入侵之仇，招賢納士，樂毅為魏昭王使於燕，燕王以客禮待之，樂毅接受了，並「委質為臣」；燕昭王以之為亞卿，並且聽從他的建議，派他出使，聯合了趙、楚、韓、魏四個國家，由樂毅率領五國聯軍，大舉伐齊，差點把整個齊國滅掉。燕昭王親自勞軍，封樂毅於昌國，號昌國君。樂毅認為，能像燕昭王那樣「不以祿私親」，功多者賞，用人不疑，能察而授官者，乃「成功之君」也，所以自己忠心耿耿地為之效力。正因為他們君臣之間是如此的推心置腹，肝膽相照，所以才創造了彪炳青史的功業。宋代樓鑰說：「燕昭王、樂毅君臣相與之際，略似蜀昭烈與諸葛武侯，書辭明白，洞見肺腑。」這無疑是司馬遷寫作此文的會心所在。

二、斥責了燕惠王的妒賢忌能，致使樂毅功敗垂成的歷史罪責，而推崇樂毅受到無辜打擊後仍忠於知己，為報燕昭王的知遇之恩而終不為他國所用。燕惠王早與樂毅有隙，燕昭王去世後，齊國利用他們之間的矛盾，施用反間計，使燕惠王罷免了樂毅，導致樂毅創下的功業全部喪失。燕惠王對此不但不反躬自省，反而指責樂毅，表現出一種既昏庸又狡詐的小人之態。但樂毅卻遵循著「君子交絕，不出惡聲；忠臣去國，不絜其名」的做人準則，雖逃居趙國，卻不效戰國策士之反覆，發誓絕不做有損燕國的事情。所以近代李景星《四史評議》說：「樂毅在戰國中是另一流人物，絕不染當時習氣，太史公愛其品，重其人，是以慎言其事。」樂毅的這種思想品格，在戰國時代只有廉頗、屈原可以與之相提並論。

本篇在寫作上也很有特色。清代吳見思《史記論文》說：「此文於樂毅伐齊等事俱不實寫，只就書詞以摶捖前後，而將實事作點綴，如書詞注腳，是史傳之另一格也。」李景星說：「樂毅出處本末盡在〈報燕惠王〉一書，故太史公之傳樂毅，即以此書為主。前半敘事，步步為此書伏根；後半敘事，處處與此書照應。贊語引蒯通、主父偃事，又遙為此書證明。意命最高，章法亦嚴，誠佳傳也。」兩家的說法，當然是很對的，但最主要的怕是由於戰國時代留下來的有關樂毅的史材不多，所以司馬遷也只好採用這種寫作的辦法了。

卷八十一

廉頗藺相如列傳第二十一

【題解】這是廉頗、藺相如、趙奢、李牧四個人的合傳，因為這四個人都有才幹，忠心耿耿，關係著趙國的興亡，所以司馬遷把他們寫在一起。明代茅坤說：「兩人為一傳，中復附趙奢，已而復綴以李牧為四人傳，須詳太史公次四人線索，才知趙之興亡矣。」（《史記鈔》）所以這篇作品既是廉頗、藺相如、趙奢、李牧四人的英烈傳，同時也可看作是趙國的興亡史。作者的感情濃烈，興寄遙深。其中最精彩的部分無疑是有關藺相如的「完璧歸趙」、「澠池會」、「將相和」，在這裡既表現了藺相如顧全國家大局，不計個人得失的崇高精神；又表現了司馬遷的人生觀與生死觀，應該深入體會。

1 廉頗者，趙之良將也。趙惠文王十六年❶，廉頗為趙將伐齊❷，大破之，取陽晉❸，拜為上卿❹，以勇氣聞於諸侯。藺相如者，趙人也，為趙宦者令❺繆賢舍人❻。

2 趙惠文王時，得楚和氏璧❼。秦昭王❽聞之，使人遺❾趙王書，願以十五城請易❿璧。趙王與大將軍⓫廉頗諸大臣謀：欲予秦，秦城恐不可得，徒見欺⓬；欲勿予，即⑬患秦兵之來。計未定，求人可使報秦⑭者，未得。宦者令繆賢曰：「臣舍人藺相如可使。」王問：「何以知之？」對曰：「臣嘗有罪，竊計欲亡走燕⑮，臣舍人相如止臣，曰：『君何以知燕王？』臣語曰臣嘗從大王與燕王會境上，燕王私握臣手，曰『願結友⑯』。以此知之，故欲往。相如謂臣曰：『夫趙彊而燕弱，而君幸於趙王，故燕王欲結於君。今君乃亡趙走燕，燕畏趙，其勢必不敢留君，而束君歸趙矣。君不如肉袒⑰伏斧質⑱請罪，則幸得脫矣。』臣從其計，大王亦幸赦臣。臣竊以為其人勇士，有智謀，宜可使⑲。」於是王召見，問藺相如曰：「秦王以十五城請易寡人之璧，可予不⑳？」相如曰：「秦彊而趙弱，不可不許。」王曰：「取吾璧，不予我城，柰何？」相如曰：「秦以城求璧而趙不許，曲在趙；趙予璧而秦不予趙城，曲在秦。均㉑之二策，寧許以負秦曲㉒。」王曰：「誰可使者？」相如曰：「王必無人，臣願奉璧往使。城入趙，而璧留秦；城不入，臣請完璧歸趙㉓。」趙王於是遂遣相如奉璧西入秦。

3 秦王坐章臺㉔見相如，相如奉璧奏㉕秦王。秦王大喜，傳以示美人及左右。左右皆呼萬歲。相如視秦王無意償趙城，乃前曰：「璧有瑕㉖，請指示㉗王。」王授璧，相如因持璧，卻立，倚柱，怒髮上衝冠㉘，謂秦王曰：「大王欲得璧，使人發書至趙王。趙王悉召羣臣議，皆曰『秦貪，負其彊㉙，以空言求璧，償城恐不可得』。議不欲予秦璧。臣以為布衣之交㉚尚不相欺，況大國乎！且以一璧之故逆㉛彊秦之驩，不可。於是趙王乃齋戒㉜五日，使臣奉璧，拜送書於庭㉝。何者？嚴㉞大國之威以修敬㉟也。今臣至，大王見臣列觀㊱，禮節甚倨㊲；得璧，傳之美人，以戲弄臣。臣觀大王無意償趙王城邑，故臣復取璧。大王必欲急㊳臣，臣頭今㊴與璧俱碎於柱矣！」相如持其璧睨柱㊵，欲以擊柱。秦王恐其破璧㊶，乃辭謝固請，召有司㊷案圖㊸，指從此以往十五都予趙。相如度㊹秦王特㊺以詐詳㊻為予趙城，實不可得，乃謂秦王曰：「和氏璧，天下所共傳寶也。趙王恐，不敢不獻。趙王送璧時，齋戒五日，今大王亦宜齋戒五日，設九賓於廷㊼，臣乃敢上璧。」秦王度之，終不可彊奪，遂許齋五日，舍相如廣成傳㊽。相如度秦王雖齋，決負約不償城，乃使其從者衣褐㊾，懷其璧，從徑道亡，歸璧于趙㊿。

4 秦王齋五日後，乃設九賓禮於廷，引趙使者藺相如。相如至，謂秦王曰：「秦自繆公以來二十餘君(51)，未嘗有堅明約束者也(52)。臣誠恐見欺於王而負趙(53)，故令人持璧歸，間(54)至趙矣。且秦彊而趙弱，大王遣一介之使(55)至趙，趙立奉璧來。今以秦之彊而先割十五都予趙，趙豈敢留璧而得罪於大王乎？臣知欺大王之罪當誅，臣請就湯鑊[56]。唯大王與群臣孰計議之[57]。」秦王與群臣相視而嘻[58]。左右或欲引相如去[59]，秦王因曰：「今殺相如，終不能得璧也，而絕秦、趙之驩，不如因而厚遇之，使歸趙。趙王豈以一璧之故欺秦邪[60]！」卒廷見相如[61]，畢禮而歸之[62]。

5 相如既歸，趙王以為賢大夫，使不辱於諸侯[63]，拜相如為上大夫[64]。秦亦不以城予趙，趙亦終不予秦璧。

6 其後秦伐趙，拔石城[65]。明年[66]，復攻趙，殺二萬人[67]。

7 秦王使使者告趙王[68]，欲與王為好會[69]於西河外澠池[70]。趙王畏秦，欲毋行。廉頗、藺相如計曰：「王不行，示趙弱且怯也。」趙王遂行，相如從。廉頗送至境，與王訣[71]曰：「王行，度道里會遇之禮畢，還，不過三十日[72]。三十日不還，則請立太子為王，以絕秦望[73]。」王許之，遂與秦王會澠池。秦王飲酒酣[74]，曰：「寡人竊聞趙王好音[75]，請奏瑟[76]。」趙王鼓瑟。秦御史[77]前書曰：「某年月日，秦王與趙王會飲，令趙王鼓瑟[78]。」藺相如前曰：「趙王竊聞秦王善為秦聲，請奏盆缻秦王[79]，以相娛樂。」秦王怒，不許。於是相如前進缻，因跪請秦王。秦王不肯擊缻。相如曰：「五步之內，相如請得以頸血濺大王矣[80]！」左右欲刃相如，相如張目叱之，左右皆靡[81]。於是秦王不懌[82]，為一擊缻[83]。相如顧召[84]趙御史書曰：「某年月日，秦王為趙王擊缻。」秦之羣臣曰：「請以趙十五城為秦王壽。」藺相如亦曰：「請以秦之咸陽為趙王壽[85]。」秦王竟酒[86]，終不能加勝於趙。趙亦盛設兵以待秦，秦不敢動[87]。

8 既罷歸國，以相如功大，拜為上卿，位在廉頗之右[88]。廉頗曰：「我為趙將，有攻城野戰之大功，而藺相如徒以口舌為勞，而位居我上；且相如素賤人[89]，吾羞，不忍為之下。」宣言曰：「我見相如，必辱之。」相如聞，不肯與會[90]。相如每朝時，常稱病，不欲與廉頗爭列[91]。已而相如出，望見廉頗，相如引車避匿。於是舍人相與諫曰：「臣所以去親戚而事君者，徒[92]慕君之高義也。今君與廉頗[93]同列，廉君宣惡言，而君畏匿之，恐懼殊甚。且庸人尚羞之，況於將相乎！臣等不肖[94]，請辭去。」藺相如固止之，曰：「公之視廉將軍孰與秦王[95]？」曰：「不若也。」相如曰：「夫以秦王之威，而相如廷叱之，辱其羣臣。相如雖駑[96]，獨畏廉將軍哉？顧吾念之，彊秦之所以不敢加兵於趙者，徒以吾兩人在也[97]。今兩虎共鬭，其勢不俱生。吾所以為此者，以先國家之急而後私讎也。」廉頗聞之，肉袒負荊[98]，因賓客[99]至藺相如門謝罪。曰：「鄙賤之人，不知將軍寬之至此也！」

卒相與驩，為刎頸之交[100]。

9 是歲[101]，廉頗東攻齊，破其一軍[102]。居二年[103]，廉頗復伐齊幾[104]，拔之。後三年[105]，廉頗攻魏之防陵[106]、安陽[107]，拔之。後四年[108]，藺相如將而攻齊，至平邑[109]而罷。其明年[110]，趙奢破秦軍閼與[111]下。

【章旨】以上為第一段，通過「完璧歸趙」、「澠池會」、「將相和」三個故事，歌頌了藺相如在對敵鬥爭中的大智大勇和廉頗勇於認錯的磊落精神。

【注釋】❶趙惠文王十六年　西元前二八三年。趙惠文王，名何，武靈王之子，西元前二九八—前二六六年在位。趙國的都城邯鄲（今河北邯鄲）。❷伐齊　當時的齊國諸侯為齊襄王（名法章，西元前二八三—前二六五年在位），國都臨淄（今山東淄博臨淄區北）。❸陽晉　古邑名，在今山東菏澤西北。《索隱》曰：「衛地，後屬齊，今趙取之。」❹上卿　當時諸侯國大臣的最高爵位，其地位略同於丞相或大將軍。❺宦者令　宦官的頭領。陳直曰：「《漢書・百官公卿表》：少府屬官有宦者令，漢因秦制，秦則兼采六國時官制。又宦者令為六百石官吏。」❻舍人　寄食於官僚貴族門下而為之役使者。❼和氏璧　由楚人和氏所得的玉璞中理出的玉璧。《韓非子・和氏》云：「楚人和氏得玉璞山中，奉而獻之厲王。厲王使玉人相之，玉人曰『石也』。王以和為誑，而刖其左足。及厲王薨，武王即位，和又奉其璞而獻之武王。武王使玉人相之，又曰『石也』。王又以和為誑，而刖其右足。武王薨，文王即位，和乃抱其璞而哭於楚山之下，三日三夜，泣盡而繼之以血。王聞之，……乃使玉人理其璞而得寶焉，遂命曰『和氏之璧』。」❽秦昭王　名則，秦惠王之子，秦武王之弟，西元前三〇六—前二五一年在位。秦國的都城咸陽，在今陝西咸陽東北。❾遺　給；致。❿易　交換。⓫大將軍　國家的最高軍事長官。⓬徒見欺　白白地受欺騙。徒，空；白白地。⓭即　則。⓮報秦　給秦國回話，即出使秦國。⓯亡走燕　向燕國潛逃。亡，潛逃。燕，西周以來的諸侯國名，國都薊（即今北京市）。當時的燕國諸侯為燕昭王（西元前三一一—前二七八年在位）。⓰願結友　王念孫曰：「『友』，『交』之誤。《文選・恨賦》《御覽・治道部》引竝作『交』。」⓱肉袒　《索隱》曰：「謂袒衣而露肉也。」《正義佚文》曰：「肉袒，露膊。」⑱斧質　刀斧和砧板，殺人的工具。⑲宜可使　徐孚遠曰：「繆賢以薦人之故，不隱其奔燕之謀，使人主疑其有外心，蓋亦人情所難及。」瀧川曰：「（繆賢）不隱舊惡，卻見真情。」⑳不　通「否」。㉑均　比較；衡量。㉒寧許以負秦曲　意即豁著受騙，叫秦國把理曲的「包袱」背起來。負，背；承擔。姚苧田曰：「諸大臣但計利害，相如提出『曲』、『直』來，此便得養勇根本，兩言而決，真為善謀。」㉓完璧歸趙　將完好無損的和氏璧帶回趙國。姚苧田曰：「料得破，把得定，行得徹，說得快，大奇，大奇。」㉔章臺　也叫章華臺，秦離宮中的臺觀名，在當時的咸陽城西南，今西安市西北的長安故城。按：不在朝廷，而在離宮中接見別國來使，有對該國輕視的意思。㉕奏　進呈。㉖璧有瑕　瑕，玉上的小斑點。玉以純白為貴，有瑕即是缺陷。㉗指示　謂指（其瑕）以示之。㉘卻立倚柱二句　卻，退行。退行倚柱後始「怒髮上衝冠」，以防身後有人擊之也，史公設身處地，文心甚細。㉙負其彊　仗恃著它的國力強盛。㉚布衣之交　平民之間的買賣交易。㉛逆　不順從；故意得罪。㉜齋戒　古人為對某事表示虔敬而做出的一種姿態，通常指沐浴、獨居、吃素等。㉝拜送書於庭　「拜送」上應增「趙王」二字讀，主語不是藺相如。〈刺客列傳〉云：「（燕王）謹斬樊於期之頭，及獻燕督亢之地圖，函封，燕王拜送于庭，使使以聞大王，惟大王命之。」事情正與此同。「齋戒」與「拜送書於庭」皆說趙王本人對於此事的鄭重。㉞嚴　敬畏，用如動詞。㉟修敬　表示虔敬之意。㊱列觀　一般的臺觀，與朝廷對比而言。㊲倨　傲慢。㊳急　逼迫。㊴今　將。㊵睨柱　睨，斜視；瞥視。李光縉曰：「『睨柱』二字，其模寫情狀如見。」㊶秦王恐其破璧　史珥曰：「『恐其破璧』四字寫照秦王，即是補出相如所以能完璧之故。蓋秦王此心相如未使時策之已審，上邊一『視』字，下文連用三『度』字，兩邊情態如生。」㊷有司　負責該項事務的官吏。㊸案圖　查看地圖。㊹度　揣摩；估量。㊺特　只不過。㊻詳　通「佯」。假裝。㊼設九賓於廷　按：「設九賓」又見於〈刺客列傳〉，其制度不見於經傳，不知究竟云何。《集解》引韋昭語以為即《周禮》之「九儀」；《索隱》以為「九賓」即「九服之賓客」；《正義》引劉伯莊以為「九賓」為「周王之備禮，天子臨軒，九服同會」；中井曰：「賓，儐也。儐九人立廷，以禮使者也。」瀧川云：「九賓，猶言『具大禮』，不必援古書為證。」㊽廣成傳　《索隱》曰：「『廣成』是傳舍之名。」傳，傳舍，即今所謂賓館、招待所。㊾衣褐　身穿下層人所穿的小襖。褐，粗布小襖。㊿從徑道亡二句　抄小路潛行，將璧送回趙國。姚苧田曰：「相如前既云『寧許以負秦曲』，今秦齋宿案圖，而趙已懷璧私逝，玩弄大國於掌股之上，曲仍在趙，不在秦也。」(51)秦自繆公以來二十餘君　繆公，也作「穆公」，名任好，西元前六五九—前六二一年在位，是春秋時期秦國最有為的國君。據〈秦始皇本紀〉，自秦穆公至秦昭王，共二十一代。(52)未嘗有堅明約束者也　堅明約束，信守條約。「堅明」在這裡用如動詞，即堅定明確地遵守。史珥曰：「直指先世之詐而刺其隱，氣懾秦廷，相如得全，正在於此。」(53)負趙　對不起趙國。(54)間　間行；潛行。(55)遣一介之使　讓一個人來說一聲。「一介之使」極言使者的身分之低，和派出者所使用的禮數之簡。瀧川曰：「『介』『个』通。《左傳》襄八年『一介行李，告于寡君』。」(56)湯鑊　大開水鍋，古代烹人的刑具。(57)孰計議之　仔細地盤算盤算。孰，通「熟」。(58)相視而嘻　《正義佚文》曰：「嘻，恨怒之聲。」中井曰：「『嘻』只是驚怪之聲，不必有怒意。」姚苧田曰：「想此時，真是哭不得，笑不得，只一『嘻』字，傳神極矣。」(59)引相如去　拉藺相如去就刑。(60)趙王豈以一璧之故欺秦邪　秦王以此圓場，為自己下臺做收束。(61)廷見相如　重新在朝廷上接見了藺相如。(62)畢禮而歸之　畢禮，按應有的禮數。姚苧田曰：「人臣謀國，只是『致身』二字，看得明白則智勇皆從此生，天下無難處之事矣。玩相如『完璧歸趙』一語，當奉使時已自分璧完而身碎，璧歸趙而身不與之俱歸矣。此時隻身廷見若有絲毫冀倖之情，即一字說不出。看其侃侃數言，有倫有脊，故知明於『致身』之義者也。」(63)趙王以為賢大夫二句　李笠曰：「『大夫』二字涉下文誤衍，時相如未為大夫。」(64)上大夫　爵位名，是大夫中的最高一級，次於卿。(65)秦伐趙二句　事在趙惠文王十八年，西元前二八一年。石城，趙縣名，在今河南林縣西南。(66)明年　趙惠文王十九年，秦昭王二十七年，西元前二八〇年。(67)殺二萬人　梁玉繩曰：「表作三萬。」據〈秦本紀〉、〈六國年表〉，是年秦將白起攻取趙之光狼城。(68)秦王使使者告趙王　梁玉繩曰：「『秦王』上疑缺『明年』二字。」按：梁說是，下文所敘之澠池會，在趙惠文王二十年，秦昭王二十八年，西元前二七九年。(69)好會　友好的會見。(70)西河外澠池　戰國時人習慣地稱今河南省的黃河以南為「河外」，稱黃河以北為「河內」。「西河外」即指今河南省西部的黃河以南。澠池，縣名，縣治在今河南澠池西，原屬韓，此時已為秦國所有。(71)訣　別；告別。(72)度道里會遇之禮畢三句　估計會議以及往來路途所用的時間，不會超過三十天。(73)三十日不還三句　按：於此足見廉頗的大將風概，深謀遠慮，忠於趙國。有此一舉，則秦國扣留趙王為人質以要脅趙國的陰謀遂不得行。史珥曰：「唯趙氏君臣坦白無猜，乃能如此。」姚苧田曰：「相如二事皆爭勝於口舌之間，而於〈相如傳〉中特將『立太子，以絕秦望』一議屬之廉頗，則廉將軍之為社稷臣加於相如一等明矣。」(74)飲酒酣　喝酒喝到興頭上。(75)好音　愛好（精通）音樂。(76)請奏瑟　請允許我進給您一張瑟，意即請您演奏一曲。奏，進呈。(77)御史　戰國時掌管圖書文籍的官員，有如後代的史官，與秦代職掌糾彈的官員不同。(78)某年月日三句　按：於此事見秦國君臣之極度傲慢，以一個小小御史竟公然侮辱一個國家的元首。(79)請奏盆缻秦王　奏，進。盆缻，盛水的盆罐之屬。《風俗通義》曰：「缻者瓦器，所以盛酒漿，秦人鼓之以節歌也。」按：李斯〈諫逐客書〉云：「夫擊甕扣缶彈箏搏髀，而歌呼嗚嗚快耳目者，真秦之聲也。」楊惲〈報孫會宗書〉云：「家本秦也，能為秦聲，仰天擊缶，而呼嗚嗚。」(80)五步之內二句　即「要和大王您同歸於盡」的婉轉說法，〈平原君虞卿列傳〉毛遂有所謂「今五步之內，王不能恃楚國之眾」，與此意同。(81)靡　隨風倒伏的樣子。(82)不懌不樂。(83)為一擊缻　極寫秦王無可奈何之狀。(84)顧召　回頭招呼。二字見趙國君臣畏怯呆木之狀，反襯藺相如之勇敢無畏，從容指揮。(85)請以秦之咸陽為趙王壽　壽，祝福人健康長壽。瀧川曰：「《左傳》定十年夾谷之會，齊魯將盟。齊人加於載書曰：『齊師出竟，不以甲車三百乘從我者，有如此盟。』孔丘使茲無還揖對曰：『而不返我汶陽之田，吾以共命者，亦如之。』藺相如折衝之語，自此等處得來。」(86)竟酒　直到酒筵結束。(87)趙亦盛設兵以待秦二句　秦能襲執楚懷王，而不敢襲執趙惠文王，並不敢對藺相如用強者，正以廉頗「盛設兵」於後，且有「三十日不還，則請立太子為王」之預約也。陳子龍曰：「相如以趙有備，故以氣陵秦；秦王亦知趙尚強，故因善相如也。」(88)右　這裡指上位。先秦時期究竟以左為上，還是以右為上，各國各時期並不一致，如〈魏公子列傳〉寫魏公子迎侯嬴時即有所謂「虛左」之語。(89)相如素賤人　指其為宦者令繆賢舍人而言。素，平素；往日。(90)不肯與會　不願與之碰面。(91)爭列　爭行列位置之高低。(92)徒　就是。(93)廉頗　王念孫曰：「『廉頗』當作『廉君』，下文作『廉君』即其證。《文選》盧諶〈覽古詩〉注、曹攄〈感舊詩〉注引此並作『廉君』。」(94)不肖　不類其父，通常用以稱「不成材」、「沒出息」，這裡含諷譏意味，似謂「我們沒有您的修養好、肚量大」。(95)公之視廉將軍孰與秦王　你看廉將軍與秦王哪個更厲害？(96)相如雖駑　我藺相如即使再差。駑，劣馬，這裡以比人的材質拙劣。(97)彊秦之所以不敢加兵於趙者二句　郭嵩燾曰：「戰國人才以藺相如為首，其讓廉頗可謂遠矣，庶幾與聞君子之道者也。」李景星曰：「太史公以廉藺合傳，即本斯旨。」(98)肉袒負荊　袒露肩背，背著荊條，意為承認錯誤，願受責罰。(99)因賓客　讓身邊的幕僚領著。因，憑藉。(100)刎頸之交　能以生死相託的朋友。《索隱》引崔浩曰：「言要齊生死，而刎頸無悔也。」中井曰：「謂患難相為死也。」(101)是歲　趙惠文王二十年，齊襄王五年，西元前二七九年。(102)東攻齊二句　瀧川曰：「是時燕軍攻齊，趙使廉頗助之，又見〈趙世家〉。」(103)居二年　應作「居三年」，即趙惠文王二十三年，西元前二七六年。(104)復伐齊幾　幾，古邑名，在今河北大名東南。梁玉繩曰：「幾是魏邑。〈趙世家〉言『頗攻魏幾，取之。』〈秦策〉亦云『秦敗閼與，反攻魏幾，廉頗救幾。』此作『齊幾』，誤。裴駰謂『或屬齊』，非也。先是樓昌攻幾不能取，故云『復伐』。」(105)後三年　梁玉繩曰：「當作後一年，乃惠文王二十四年事也。」西元前二七五年。(106)防陵　魏縣名，在今河南安陽西南，因防水而得名。(107)安陽　魏縣名，在今河南安陽西南。(108)後四年　趙惠文王二十八年，齊襄王十三年，西元前二七一年。(109)平邑　齊縣名，在今河南南樂東北。(110)其明年　趙惠文王二十九年，秦昭王三十七年，西元前二七〇年。(111)閼與　趙縣名，即今山西和順。

【語　譯】廉頗是趙國的傑出將領。趙惠文王十六年，廉頗為趙國率兵伐齊，大破齊軍，奪取了齊國的陽晉縣，回國後被封為上卿，憑著勇敢聞名天下。藺相如也是趙國人，是趙國太監總管繆賢家裡的門客。

2　趙惠文王在位的時候，得到了一塊楚國的和氏璧。秦昭王聞說後，就派人給趙王送來了一封信，說是希望用自己的十五座城來交換趙國的這塊璧。趙王和廉頗等人一道商量：給秦國吧，又怕得不到秦國的城，自己白白受騙；不給秦國吧，又怕秦國派兵來打。主意定不下來，於是就想找一個合適的人去出使秦國，但找不到。這時太監總管繆賢說：「可以讓我那個門客藺相如去。」趙王問道：「你怎麼知道呢？」繆賢說：「有一次我犯了罪，當時我曾想往燕國跑，這時我的門客藺相如勸我說：『您怎麼知道燕王會收留您呢？』我說有一次我跟隨大王和燕王在邊境上會晤時，燕王曾在底下握著我的手說『我希望和你成為朋友』。由此我知道燕王會收留我，所以我打算去投靠他。相如對我說：『當時趙國強大燕國弱小，而您又正是趙王的紅人，所以燕王才想和您拉關係。現在您是從趙國逃到燕國，燕國害怕趙國，在這種情況下他肯定不敢收留您，而是立即就會捆起您把您送回趙國來了。您不如光著背，背著斧子板子去向大王請罪，那還說不定可以得到倖免。』於是我就依了他的主意，而幸好大王您也開恩免了我的罪。所以我認為藺相如是勇士，而且有智謀，估計他可以完成任務。」趙王一聽，立即召見藺相如，問他說：「秦王請求用十五座城來換我的和氏璧，你看可不可以給他？」藺相如說：「秦國強大，趙國弱小，不給不行。」趙王說：「如果秦王要走了我們的和氏璧，而不給我們城，那又怎麼辦呢？」藺相如說：「秦王用城來換我們的璧，如果我們不答應，那理虧的是我們；如果我們給了他璧而他們不給我們城，那時理虧的就是他們了。比較這兩種局面，我們寧可答應他落個被騙，也要叫他們把理虧的包袱背起來。」趙王說：「好的，那誰可以去出使呢？」藺相如說：「大王如果確實找不到更合適的人選時，我可以帶著璧前去。到那時他給我們城，我就給他們璧；他們不給我們城，我保證把和氏璧完好無損地帶回來。」趙王一聽，就派藺相如帶著和氏璧到秦國去了。

3　秦王在章臺接見藺相如，藺相如雙手捧著和氏璧進給了秦王。秦王非常高興，他自己看完之後，又傳給他的侍女以及左右親信們觀看。大家都高呼萬歲，向他祝賀。藺相如等了半天，看著秦王沒有給趙國城的意思，於是就走上前去對秦王說：「大王沒注意，璧上還有一個斑點，讓我指給您看。」秦王一聽，就把璧遞給了藺相如，藺相如接過璧來，後退了幾步，背靠著一根柱子，他怒髮衝冠地對著秦王說：「您寫信給我們的趙王，想要我們的和氏璧。趙王召集大臣們商量給不給，大家都說『秦國貪婪得很，他是依恃著自己強大，想用空話來騙我們的璧，他所說的十五座城恐怕是絕對得不到的』。大家都商量著不給您。但是我卻覺得連平民百姓之間的買賣交易都不能用欺騙的手段，更何況是一個大國呢？再說因為一塊小小的和氏璧鬧得讓一個大國不高興，這是不好的。於是趙王先親自沐浴齋戒了五天，然後派我前來送璧，臨行時走下殿來，親自把我送到了院子裡並向我行禮。為什麼這樣呢？不就是尊重您是個大國，向您表示敬意嗎？可是我到了秦國之後，您只在一個普普通通的殿臺上接見我，表現得很傲慢；等您接到和氏璧後，又傳給一群女人看，故意地耍弄我。我看您的意思是根本不打算給趙國城，所以我就想法把璧又騙了回來。現在您要再逼我，我就連頭帶璧一塊都碎在這根柱子上！」說著，他就舉起璧來眼睛斜視著柱子，想往柱子上摔。秦王怕他真的把璧摔壞，於是就連聲地向他表示歉意請他千萬不要摔，並趕緊讓有關的負責人查看地圖，秦王指著地圖上的一片地區說，就從這裡到這裡劃十五座城給趙國吧。但藺相如心裡明白秦王這只不過是做出來的一種樣子，實際上他是不會給的。於是就對秦王說：「和氏璧是天下公認的寶貝。由於趙王害怕秦國，所以才不敢不送給您。趙王送我帶和氏璧來的時候，曾經齋戒了五天，現在我請求大王也齋戒五天，然後設九賓之禮於朝廷，那時我才可以正式把璧獻給您。」秦王心裡明白，這時要想硬奪是絕對不行的，於是就答應了也齋戒五天，他安排藺相如在廣成賓館住了下來。藺相如心想秦王現在儘管答應齋戒了，但最後他仍是肯定要違背盟約，不會給趙國城的，於是就派他的隨從穿著小襖，揣著和氏璧，抄小路，把璧送回了趙國。

4 秦王齋戒了五天以後，舉行隆重的接待儀式，在大殿上設置了九賓之禮，而後使人帶領著藺相如進入了大殿。藺相如進殿後，對秦王說：「秦國自繆公以來的二十多個國君，都沒有堅定明確地遵守過盟約。我實在是怕被您所騙而辜負了趙國，所以我已經派人帶著和氏璧先走了，估計現在已經回到了趙國。話又說回來，秦國強大，趙國弱小，大王只要派一個小小的使臣到趙國，趙國立刻就會把璧送過來。憑著您們這樣的強大，如果您能夠先把十五座城割讓給趙國，趙國它敢不給您璧而故意得罪您嗎？我知道我欺騙大王是罪該萬死的，我現在甘願下湯鍋。請您和您的大臣們仔細考慮。」秦王和大臣們一聽都驚得叫了起來。武士們過來就想把藺相如拉去行刑，倒是秦王明智地說道：「現在即使殺了藺相如，也是得不到璧了，反倒弄壞了秦國和趙國的關係，不如還是好好地對待他，讓他回到趙國。難道趙王還會因為一塊和氏璧而欺騙我們秦國嗎？」於是就在大殿上按照禮節接見了藺相如，典禮結束後就讓藺相如回國了。

5 藺相如回國後，趙王認為他表現出色，在出使秦國的過程中維護了國家的尊嚴，因而封藺相如為上大夫。結果事後，秦國也沒有給趙國城，趙國也沒有給秦國璧，就這麼不了了之了。

6 後來秦國進攻趙國，占領了趙國的石城。第二年，再次進攻趙國，又殺了趙國的兩萬多人。

7 接著秦王派人告訴趙王，想和趙王在西河外的澠池舉行和平會談。趙王害怕秦國，不想前去。廉頗和藺相如商量說：「大王如果不去，這就越發表現了我們的弱小怯懦。」趙王無奈只好去了，藺相如跟著一道同行。廉頗送他們到國境線上，和趙王分別的時候說：「大王此去，我估計連開會和路上的耽擱加起來，總共不會超過三十天。如果您三十天還回不來，那我就請求擁立太子為趙王，以斷絕秦國扣留您當人質的幻想。」趙王同意了，於是西行和秦王在澠池進行了會晤。這天，秦王在宴會上正喝得起勁時對趙王說：「我聽說閣下擅長音樂，請允許我進給您一張瑟。」趙王無法只好彈了一曲。這時秦國的史官就走出來侮辱性地一面念著一面在竹簡上寫道：「某年某月某日，秦王和趙王一道飲酒時，秦王命令趙王鼓瑟。」藺相如一聽也立刻走出來說：「我們趙王也早就聽說秦王精通秦國的音樂，現在請允許我給您進上一只缶，來為大家樂一樂。」秦王生氣了，不答應。這時藺相如就從旁邊的樂隊裡拿過一只缶，雙手捧到了秦王面前，跪著請秦王敲。秦王還是不敲。藺相如說道：「咱倆現在離著不出五步，您要是再不敲，我這一腔熱血立刻就要噴您一身。」這時秦王左右的衛士們也想對藺相如下手，只見藺相如圓瞪著雙眼，大喝了一聲，嚇得秦王的衛士們都不敢動了。秦王無法只好勉強地敲了一下。這時藺相如立刻回頭招呼著趙國的史官說：「某年某月某日，秦王為趙王擊缶。」這時秦國的大臣們一齊喊道：「請趙王用十五座城來為秦王作進賀之禮吧！」藺相如也說：「請秦王把你們的首都咸陽也拿來給趙王進賀。」結果一來一往，直到宴會結束，秦王始終沒能壓倒趙王。而這時趙國也因為後面有廉頗的大兵嚴陣以待，所以秦國始終沒敢再動。

8 從澠池回來後，藺相如因為功勞大，被封為上卿，地位在廉頗之上。廉頗在背後說：「我是趙國的大將，有攻城野戰的大功，而藺相如只不過是靠著耍嘴皮，現在居然弄得位置在我之上；而且藺相如又是個出身低賤的人，我實在感到羞恥，沒辦法處在這種地位。」於是公開對人宣揚說：「什麼時候我見了藺相如，一定要好好地羞辱他一頓。」藺相如聽到廉頗這麼說，就故意地躲著他，不願和他見面。每到該去上朝的時候，藺相如總是推說有病，不去和廉頗爭位次的高低。後來藺相如出門時，半路上遇見了廉頗，藺相如一見就立即趕著車子躲開了。這樣一來，藺相如的門客們都很不高興，他們對藺相如說：「我們之所以離開家庭來侍候您，就是因為仰慕您的高尚人品。您和廉頗的職位是同一個等級，廉頗背後揚言要侮辱您，而您居然就躲了起來，怕得要命。這種事是連個普通人也都感到羞恥的，更何況是位居將相的人呢！我們沒有出息，不得不請求離開您了。」藺相如一聽就攔住他們說：「你們認為廉將軍比秦王更厲害嗎？」門客們說：「當然比不上秦王厲害。」藺相如說：「可是儘管秦王有那樣的威嚴，我還敢在朝廷之上當眾喝斥他，並羞辱他的那班大臣。我藺相如即使沒出息，難道竟會害怕一個廉將軍嗎？我所考慮的問題是，強秦之所以不敢進攻我們趙國，關鍵就因為有我們兩個人在。現在如果我們兩個人爭執起來，那就如同二虎相爭，肯定不能兩全。我之所以對廉頗一再忍讓，就是因為我要把國家利益放在前頭，而把個人恩怨放在其次。」廉頗一聽說這個話，立刻袒露起肩背，背著荊條，讓身邊的幕僚領著來到藺相如的家裡當面認錯，廉頗說：「我是個狹隘淺陋的人，實在不了解您的胸懷竟然寬廣到了這樣的地步！」從此兩個人相處得非常友好，以至於成了生死之交。

9 也就在這一年裡，廉頗率軍伐齊，消滅了齊國的一支軍隊。又過了兩年，廉頗出兵攻打齊國的幾縣，幾縣被攻克。又過了三年，廉頗率軍進攻魏國的防陵、安陽，二城都被攻克了。又過了四年，藺相如率兵伐齊，一直打到了平邑，才收兵回來。第二年，趙奢在閼與大破秦軍。

1 趙奢❶者，趙之田部吏❷也。收租稅，而平原君❸家不肯出租，奢以法治之，殺平原君用事者九人❹。平原君怒，將殺奢。奢因說曰：「君於趙為貴公子，今縱君家而不奉公則法削❺，法削則國弱，國弱則諸侯加兵，諸侯加兵是無趙也。君安得有此富乎？以君之貴，奉公如法❻則上下平❼，上下平則國彊，國彊則趙固。而君為貴戚，豈輕於天下邪❽？」平原君以為賢，言之於王。王用之治國賦❾，國賦大平，民富而府庫實❿。

2 秦伐韓，軍於閼與⓫。王召廉頗而問曰：「可救不？」對曰：「道遠險狹⓬，難救。」又召樂乘⓭而問焉，樂乘對如廉頗言。又召問趙奢，奢對曰：「其道遠險狹，譬之猶兩鼠鬭於穴中，將勇者勝⓮。」王乃令趙奢將，救之。

3 兵去邯鄲三十里⓯，而令軍中曰：「有以軍事諫⓰者死。」秦軍軍武安西⓱，秦軍鼓譟勒兵⓲，武安屋瓦盡振。軍中候⓳有一人言急救武安，趙奢立斬之。堅壁⓴，留二十八日不行，復益增壘㉑。秦間㉒來入，趙奢善食而遣之㉓。間以報秦將，秦將大喜曰：「夫去國三十里㉔而軍不行，乃增壘，閼與非趙地也㉕。」趙奢既已遣秦間，乃卷甲而趨㉖之，二日一夜至，令善射者去㉗閼與五十里而軍。軍壘㉘成，秦人聞之，悉甲而至。軍士許歷請以軍事諫㉙，趙奢曰：「內之㉚。」

許歷曰：「秦人不意趙師至此，其來氣盛，將軍必厚集其陣以待之㉛。不然，必敗。」趙奢曰：「請受令㉜。」許歷曰：「請就鈇質之誅㉝。」趙奢曰：「胥後令邯鄲㉞。」許歷復請諫，曰：「先據北山上者勝，後至者敗。」趙奢許諾，即發萬人趨㉟之。秦兵後至，爭山不得上㊱。趙奢縱兵擊之，大破秦軍。秦軍解而走，遂解閼與之圍㊲而歸。

4 趙惠文王賜奢號為馬服君㊳，以許歷為國尉㊴。趙奢於是與廉頗、藺相如同位。

5 後四年㊵，趙惠文王卒，子孝成王立。七年㊶，秦與趙兵相距長平㊷。時趙奢已死㊸，而藺相如病篤㊹，趙使廉頗將攻秦㊺。秦數敗趙軍，趙軍固壁不戰。秦數挑戰，廉頗不肯。趙王信秦之間㊻。秦之間言曰：「秦之所惡㊼，獨畏馬服君趙奢之子趙括為將耳㊽。」趙王因以括為將，代廉頗。藺相如曰：「王以名使括，若膠柱而鼓瑟㊾耳。括徒能讀其父書傳，不知合變㊿也。」趙王不聽，遂將之。

6 趙括自少時學兵法，言兵事，以天下莫能當。嘗與其父奢言兵事，奢不能難(51)，然不謂善。括母問奢其故，奢曰：「兵，死地也(52)，而括易言之(53)。使趙不將括即已(54)，若必將之，破趙軍(55)者必括也。」及括將行，其母上書言於王曰：「括不可使將。」王曰：「何以？」對曰：「始妾事其父，時為將，身所奉飯飲而進食[56]者以十數，所友者[57]以百數；大王及宗室所賞賜者，盡以予軍吏士大夫[58]；受命之日，不問家事[59]。今括一旦為將，東向而朝[60]，軍吏無敢仰視之者；王所賜金帛，歸藏於家，而日視便利田宅可買者買之[61]。王以為何如其父？父子異心，願王勿遣[62]。」王曰：「母置之[63]，吾已決矣。」括母因曰：「王終遣之，即有如不稱[64]，妾得無隨坐[65]乎？」王許諾。

7 趙括既代廉頗，悉更約束[66]，易置軍吏[67]。秦將白起聞之[68]，縱奇兵，詳[69]敗走，而絕其糧道，分斷其軍為二[70]，士卒離心。四十餘日，軍餓，趙括出銳卒自博戰，秦軍射殺趙括。括軍敗，數十萬之眾遂降秦，秦悉阬之[71]。趙前後所亡凡四十五萬。明年[72]，秦兵遂圍邯鄲[73]，歲餘，幾不得脫。賴楚、魏諸侯來救，迺得解邯鄲之圍[74]。趙王亦以括母先言，竟不誅也。

8 自邯鄲圍解五年[75]，而燕用栗腹[76]之謀，曰「趙壯者盡於長平，其孤[77]未壯」，舉兵擊趙[78]。趙使廉頗將，擊，大破燕軍於鄗[79]，殺栗腹，遂圍燕。燕割五城請和，乃聽之[80]。趙以尉文[81]封廉頗為信平君[82]，為假相國[83]。

9 廉頗之免長平歸也，失勢之時，故客盡去。及復用為將，客又復至。廉頗曰：

「客退矣！」客曰：「吁！君何見之晚(84)也？夫天下以市道交(85)，君有勢，我則從君；君無勢，則去。此固其理也，有何怨乎(86)？」居六年(87)，趙使廉頗伐魏之繁陽(88)，拔之。

10 趙孝成王卒，子悼襄王立(89)，使樂乘代廉頗。廉頗怒，攻樂乘(90)，樂乘走。廉頗遂奔魏之大梁(91)。其明年(92)，趙乃以李牧為將而攻燕，拔武遂、方城。

11 廉頗居梁久之，魏不能信用。趙以數困於秦兵，趙王思復得廉頗，廉頗亦思復用於趙。趙王使使者視廉頗尚可用否。廉頗之仇郭開(93)多與使者金，令毀(94)之。趙使者既見廉頗，廉頗為之一飯斗米，肉十斤(95)，被甲上馬，以示尚可用(96)。趙使還報王曰：「廉將軍雖老，尚善飯。然與臣坐，頃之(97)三遺矢(98)矣。」趙王以為老，遂不召。

12 楚聞廉頗在魏(99)，陰使人迎之。廉頗一為楚將(100)，無功(101)，曰：「我思用趙人(102)。」廉頗卒死于壽春(103)。

【章旨】以上為第二段，寫趙奢、趙括父子為趙統兵的不同經歷，與廉頗晚年的悲劇結局。

【注釋】❶趙奢　梁玉繩引《唐書·世系表》稱其為「趙王子」，不知為何代趙王之子。❷田部吏　徵收田賦的官吏。❸平原君　趙勝，趙武靈王之子，趙惠文王之弟，時為趙相，「平原君」是其封號，事跡見〈平原君虞卿列傳〉。❹殺平原君用事

者九人　平原君用事者，平原君家的管事人。郭嵩燾曰：「平原君，趙公子；趙奢，一田部吏耳，何遽殺其用事者九人？此由史公好奇，取諸傳奇之詞甚言之。」❺今縱君家而不奉公則法削　縱，放任不管。不奉公，不照章程辦事。法削，法制削弱，不能實行。❻如法　按法律條文辦事。❼上下平　舉國上下都心平氣和。❽豈輕於天下邪　史珥曰：「趙奢說平原君，理明詞達，段太尉責郭晞全本此。」按❾段太尉責郭晞事見柳宗元〈段太尉逸事狀〉。❾治國賦　主管全國的賦稅。❿府庫實　府庫充實。⓫秦伐韓二句　《史記會注考證》：「《御覽》引《國策》作『秦師伐韓圍閼與』，今本《國策》無。今本〈趙策〉作『伐趙』，與此異，說在〈趙世家〉。徐孚遠曰：『閼與，本趙地。伐韓而軍閼與，假道也，亦以脅趙。』」〈趙世家〉、〈六國年表〉皆繫之於趙惠文王二十九年，秦昭王三十七年，西元前二七〇年；而〈秦本紀〉則繫之於秦昭王三十八年，西元前二六九年，楊寬〈戰國史表〉、繆文遠《戰國史繫年輯證》皆從後者。閼與乃趙地。據〈秦本紀〉，此次率兵之秦將為胡陽。⓬道遠險狹　由趙都邯鄲出兵，西北行往救閼與（今山西和順），須翻越太行山，故曰「道遠險狹」。⓭樂乘　樂毅的族人，先為燕將，伐趙，被廉頗所擒，後遂為趙將，可參看〈樂毅列傳〉。⓮譬之猶兩鼠鬭於穴中二句　今軍事理論有所謂「狹路相逢，將勇者勝」，《孫子兵法》無，蓋源於此傳也。⓯兵去邯鄲三十里　意為趙軍剛離開邯鄲三十里，就停了下來。⓰有以軍事諫　誰敢對此次行動提不同意見。茅坤曰：「不欲人諫者，絕軍中譁言也。」⓱秦軍軍武安西　意謂前來阻擊趙奢部隊的秦軍，駐紮在武安縣西。武安，趙縣名，在今河北武安西南，趙都邯鄲之西北，在邯鄲去閼與的通路上。⓲鼓譟勒兵　指操練軍隊，三軍吶喊，以此向趙人示威。⓳軍中候　軍中主管刺探敵情的官員。⓴堅壁　堅守營壘。堅，加固。㉑復益增壘　越發地增修營壁。壘，壁壘。㉒秦間　秦國的間諜。㉓善食而遣之　佯作不知，如周瑜之利用蔣幹誤傳假情報。㉔去國三十里　剛離開邯鄲三十里。國，古人用以稱都城。㉕閼與非趙地也　意即閼與必將為秦所攻克。㉖卷甲而趨　脫下鎧甲，捲持著輕捷地奔襲敵人。郭嵩燾曰：「所以留軍不行而誅諫者，蓄謀在此。」㉗去　距離。㉘軍壘　軍陣、壁壘，即今所謂「防禦工事」。㉙請以軍事諫　請求提出有關軍事方面的意見。㉚內之　讓他進來。內，通「納」。㉛厚集其陣以待之　意即加強防守，不要出戰。㉜請受令　猶言「願聽從您的意見」。請，謙辭。㉝請就鈇質之誅　意即「願接受你的懲罰」，應前文之「有以軍事諫者死」。鈇質，同前文之「斧質」，殺人的刑具。鈇，通「斧」。㉞胥後令邯鄲　請等待日後邯鄲（國君處）來的命令，意即暫時不殺。梁玉繩引錢大昕曰：「趙都邯鄲，謂當待趙王之令也。」胥，通「須」。等待。按《索隱》以「胥後令」為一句，並謂「『邯鄲』字當為『欲戰』，謂臨戰之時，許歷復諫也。」中井積德以為「邯鄲」二字應作「將戰」。聯繫上下文，作「欲戰」、「將戰」意思較順。㉟趨　奔赴，謂搶占北山。㊱秦兵後至二句　郭嵩燾曰：「秦軍久至而不知據此山者，由趙奢留軍不行，先示怯，是以秦軍易之。直見趙軍據此山，乃始與爭利，此其所以敗也。」按：《索隱》引王粲詩以贊許歷云：「許歷為完士，一言猶敗秦。」蓋許歷曾受髡刑（剃髮），故曰「完士」。㊲遂解閼與之圍　武國卿、慕中岳曰：「趙奢在閼與之戰中製造了種種假象，嚴密地隱蔽了奔襲閼與的企圖，迷惑了秦軍，偃旗息鼓，晝夜急馳，突然逼近敵人，一舉解了閼與之圍，其中巧妙地示敵以『佯』，起了很重要的作用。」馬非百曰：「閼與戰爭後，國際間所生影響實甚巨大。信陵君說魏王曰：『夫越山踰河，絕韓之上黨，而攻彊趙，是復閼與之事也，秦必不為也。』當日秦在閼與戰爭所受創傷之深，蓋可想見。又〈秦策〉言：『天下之士合從相聚於趙，而欲攻秦。』然則自閼與戰爭後，趙之邯鄲且一躍為合從謀秦之國際政治中心矣。李斯有云：『秦四世有勝，兵強海內，威行諸侯，獨閼與戰爭為趙所敗。』」㊳賜奢號為馬服君　以「馬服君」為趙奢的封號。㊴國尉　按：此「國尉」似略當於後世之「都尉」、「校尉」，低於「將軍」之軍官，而與〈秦始皇本紀〉之任尉繚為「國尉」（略當於太尉）者不同。馬服，山名，在邯鄲西北。㊵後四年　趙惠文王三十三年，西元前二六六年。是年趙惠文王何死，趙孝成王丹立。㊶七年　據〈六國年表〉，秦、趙之相拒於長平乃從趙孝成王五年（西元前二六一年）始，至趙孝成王六年，亦即秦昭王四十七年，西元前二六〇年，趙乃有長平之敗。㊷秦與趙兵相距長平　據〈秦本紀〉、〈六國年表〉，趙孝成王四年（西元前二六二年），秦兵攻韓野王（今河南沁陽），拔之。韓國之上黨郡（今山西省東南部）與韓國都城新鄭的聯繫被切斷。韓國的上黨守將馮亭率部降趙，趙封之為華陽君。秦派將軍王齕攻上黨，拔之。復進兵，遂與趙軍對壘於長平。長平，縣名，在今山西高平西北，原屬韓，後歸趙。㊸趙奢已死　《集解》引張華曰：「趙奢冢在邯鄲界西山上，謂之馬服山。」㊹病篤　病重。篤，深重；沉實。《正義佚文》曰：「藺相如墓在邯鄲西南六里。」㊺攻秦　按：「攻秦」實際應作「拒秦」。㊻信秦之間　聽了秦國間諜的話。㊼所惡　所討厭；所恐懼。㊽獨畏馬服君趙奢之子趙括為將耳　按：此挑撥趙國撤掉廉頗改用趙括之謀，乃出於秦相范雎，其設計過程見〈范雎蔡澤列傳〉。㊾膠柱而鼓瑟　以比喻人的死守教條，遇事不知變通。此句乃指趙括而言，行文不明，易使人誤認為是說趙王。膠柱，把柱膠死，不能再調整絃的鬆緊。柱，琴、瑟上繫絃的轉軸。㊿合變　根據情況應合變通。(51)不能難　猶今所謂「問不倒」。(52)兵二句　《孫子・始計》：「兵者，國之大事，死生之地。」死地，關係人生死的地方。(53)易言之　談起來不當一回事。易，輕；不當一回事。(54)不將括即已　不使趙括為將還則罷了。(55)破趙軍　使趙軍敗亡。(56)身所奉飯飲而進食　意即把對方視為尊長。身所奉，親自捧著。奉，捧。(57)所友者　把對方看作平等的朋友。(58)軍吏士大夫　指其屬下的各級軍官。有謂「軍吏」指軍官，「士大夫」指幕僚者似過拘。(59)受命之日二句　自受命為將之日起，便不再關心家裡的事情。〈司馬穰苴列傳〉：「將受命之日則忘其家，臨軍約束則忘其親，援枹鼓之急則忘其身。」(60)東向而朝　面朝東坐著接受部下的參見，以言其妄自尊大之狀。按：先秦以至漢初，除正式的坐殿、升堂仍是以南向為尊外，一般的集會、筵席，都是以東向為尊，見〈項羽本紀〉、〈魏其武安侯列傳〉等。(61)日視便利田宅可買者買之　按：本文以趙括如此行徑為短，而〈白起王翦列傳〉寫王翦故意以如此行徑安定秦王之意，用意不同也。(62)父子異心二句　異心，指思想作風不同。鍾惺曰：「括母上書言括不可將，不單述括父之言，卻將括臨事舉動占其成敗，而以『父子異心』自發一片議論。有母如此，亦可將也。」(63)母置之　猶今所謂「老太太，你就別管啦」。置，任其存在，不再過問。(64)不稱　指事情結果與趙王的預想不符，謂趙軍破敗。(65)無隨坐　不要讓我受牽連。隨坐，因別人犯罪而牽連受懲罰。(66)悉更約束　完全改變了廉頗舊有的一切條令章程。(67)易置軍吏　撤換了廉頗舊任的軍官。(68)秦將白起聞之　按：廉頗為將時的秦國將軍為王齕，趙國改任趙括後，秦乃祕密換成了名將武安君白起，事見〈白起王翦列傳〉。(69)詳　通「佯」。假裝。(70)分斷其軍為二　〈白起王翦列傳〉云：「趙括至，則出兵擊秦軍。秦軍詳敗而走，張二奇兵以劫之。趙軍逐勝，追造秦壁，壁堅拒不得入。而秦奇兵二萬五千人絕趙軍後，又一軍五千騎絕趙壁間，趙軍分而為二。」(71)秦悉阬之　〈白起王翦列傳〉曰：「括軍敗，卒四十萬人降武安君。武安君計曰：『前秦已拔上黨，上黨民不樂為秦而歸趙；趙卒反覆，非盡殺之，恐為亂。』乃挾詐而盡阬殺之，遺其小者二百四十人歸趙。」《水經注》曰：「長平城西有秦壘，秦坑趙卒，收頭顱築臺於壘中，迄今猶號『白起臺』。」《括地志》曰：「頭顱山在縣西五里，白起臺在其上。」又曰：「冤谷，在今高平城西二十里，舊稱『殺谷』。唐玄宗到潞州，路過致祭，又名『省冤谷』。」(72)明年　趙孝成王七年，秦昭王四十八年，西元前二五九年。(73)秦兵遂圍邯鄲　長平之戰後，白起原欲立即進攻邯鄲，因秦相范雎妒嫉白起之功，從中破壞，未能成行，白起遂憤而稱病，離開軍隊。至次年，秦昭王又派王陵率軍圍邯鄲。(74)賴楚魏諸侯來救二句　秦圍邯鄲至趙孝成王九年（西元前二五七年），魏公子竊符奪晉鄙兵來救，春申君率楚兵來救，共同擊破秦軍，秦將鄭安平率軍降趙，邯鄲之圍乃解。事情參見〈魏公子列傳〉、〈平原君虞卿列傳〉、〈魯仲連鄒陽列傳〉。(75)邯鄲圍解五年　據〈趙世家〉、〈六國年表〉，燕將栗腹率軍擊趙被廉頗大敗事，在趙孝成王十五年，燕王喜四年，西元前二五一年，乃在邯鄲解圍之第六年也。(76)栗腹　時為燕相。(77)其孤　死者的孤兒。(78)舉兵擊趙　栗腹鼓動燕王喜乘危伐趙事，參見〈趙世家〉、〈燕召公世家〉。(79)鄗　趙邑，在今河北高邑東南。(80)燕割五城請和二句　按：〈燕召公世家〉曰：「廉頗逐之五百餘里，圍其國。燕人請和，趙人不許，必令將渠處和。燕相將渠以處和。趙聽將渠，解燕圍。」與此不同。將渠，燕臣之反對燕王攻趙者也。(81)尉文　地名，不詳所在。王駿圖以為「在趙之西北境，蔚州屬邑」。(82)信平君　廉頗的封號。(83)假相國　代理相國。假，攝理；暫代。漢代韓信、樊噲等皆有此稱，唐代有所謂「使相」，亦此也。(84)見之晚猶今所謂「看不透」。(85)以市道交　以做買賣的原則來處理朋友關係，意即隨利害而改變。(86)有何怨乎　按：司馬遷對此等世態炎涼深惡痛絕，於〈孟嘗君列傳〉、〈魏其武安侯列傳〉、〈汲鄭列傳〉、〈平津侯主父列傳〉等篇皆屢屢言之。柯維騏曰：「『市道交』即馮諼所論『趨市』者也。孟嘗唾面而翟公勒門，長平之吏移於冠軍，魏其之客移於武安，汲鄭廢而其門益落，任昉逝而其後莫恤，古今交態盡然，不獨廉頗也。」(87)居六年　趙孝成王二十一年，魏安釐王三十二年，西元前二四五年。(88)繁陽　魏縣名，在今河南內黃西北。(89)趙孝成王卒二句　事在孝成王二十一年，時當秦王政二年，西元前二四五年。悼襄王，名偃，西元前二四四—前二三六年在位。(90)廉頗怒二句　王應麟曰：「『趙使樂乘代廉頗，廉頗怒，攻樂乘』；『趙使趙蔥、顏聚代李牧，牧不受命』，此非為將之法，頗、牧特戰國之將耳。」(91)大梁　即今河南開封，當時為魏國都城。(92)其明年　梁玉繩曰：「當作『後二年』。蓋廉頗奔魏在孝成卒年，李牧攻燕在悼襄二年也。」按：〈六國年表〉繫李牧攻燕，拔武遂、方城於趙悼襄王二年，西元前二四三年，詳見後注。(93)郭開　趙悼襄王的寵臣，此人除害廉頗外，尚有受秦金讒害李牧事，見下文。(94)毀　誹謗；說人壞話。(95)一飯斗米二句　按：戰國時的一斗約當現在的二升，戰國時的一斤約當現在半市斤。(96)被甲上馬二句　被，通「披」。凌稚隆曰：「馬援『據鞍矍鑠』，李靖『雖老，猶堪一行』，與廉頗意同。」按：馬援事見《後漢書・馬援傳》，李靖事見《新唐書・李靖傳》。(97)頃之　時間不長。(98)三遺矢　《索隱》曰：「謂數起便也。」遺矢，排大便。矢，通「屎」。中井曰：「是坐而不覺矢也，非『起』。」照中井說，蓋即大便失禁。意思較好。(99)楚聞廉頗在魏　當時的楚王為考烈王，頃襄王之子，西元前二六二—前二三八年在位。(100)一為楚將　既為楚將之後。一，既已。(101)無功　沒有成效。郭嵩燾曰：「廉頗入楚。在考烈王東遷壽春之後，其勢亦不足以有為矣。」(102)思用趙人　願統領指揮趙國的士兵。姚苧田曰：「鍾儀既縶，猶鼓南音；范叔西遊，無忘丘墓，廉將軍於此遐哉不可及矣，而惜乎趙之不終其用也。」(103)死于壽春　壽春，楚縣名，即今安徽壽縣，當時為楚國都城。《正義》曰：「廉頗墓在壽春縣北四里。」

【語　譯】趙奢原是趙國的一個徵收田賦的官吏。有一次他徵收租稅時，平原君的家裡不肯交租，於是趙奢就按照國家法律一連殺掉了平原君家的九個管家。平原君大怒，想要殺趙奢。趙奢對平原君說：「您是趙國的貴公子，現在我要是對您家的人放任不管，不按照國家的法令辦事，那國家的法令就要失效，國家的實力就要衰落。而國家實力一旦衰落，那麼各個國家就要來打我們，我們趙國也就要覆滅。那時您家的富貴還保得住嗎？假如反過來，像您這樣地位高貴的人，能帶頭奉公守法，那麼全國上下也就都會奉公守法，大家都奉公守法，那麼國家就會變得強大，國家一強大，趙王的地位也就安穩了。那時您作為趙王的親屬，難道還怕被人輕視嗎？」平原君一聽，覺得趙奢很能幹，遂把他推薦給了趙王。趙王任命他主管全國的賦稅，結果整個國家的賦稅工作都做得很好，百姓們都很富足，國家的倉庫也充實了起來。

2 秦國進攻韓國，軍隊駐紮在閼與。趙王找來廉頗問他：「我們能不能救閼與？」廉頗說：「路又遠，道又狹，難得援救。」趙王又問樂乘，樂乘的回答和廉頗一樣。趙王又問趙奢，趙奢說：「路遠道狹，在這種地方作戰就如同兩隻老鼠在洞裡打鬥，哪方的主將勇敢哪方就能勝利。」於是趙王立即任命趙奢為統帥，率兵往救閼與。

3 趙軍離開邯鄲走了三十里就停了下來，趙奢對全軍宣布說：「誰敢給將軍亂出主意，誰就將被處死。」這時秦國的軍隊近在武安縣的城西，秦軍列好陣式，齊聲吶喊的聲音之大，以至於連武安城裡屋頂上的瓦都隨之震動。這時趙奢部下有一個主管刺探敵情的軍官勸趙奢趕緊移兵救援武安，趙奢馬上把這個人殺掉了。接著趙奢增修工事，一直在那裡駐紮了二十八天，沒有前進一步，而且還在繼續加固工事。有一個秦國的奸細混進趙奢的軍營裡來了，趙奢就故意地好好招待他並放他回去。這個奸細回去向秦將報告了情況後，秦將大喜，說：「趙奢的軍隊剛離開邯鄲三十里就不敢往前走了，只顧在那裡加強工事，可以斷定，閼與不會再屬於趙國了。」再說趙奢，他在打發走了秦國的奸細後，就立刻命令全軍把鎧甲脫下來背著，急行軍直奔閼與，結果只用了兩天一夜就趕到了，趙奢抽調了一支善於射箭的隊伍前進到離閼與五十里的地方紮下營寨，營盤剛剛紮好，秦軍就知道了，他們立即全軍猛撲過來。這時趙奢手下有一個名叫許歷的出來請求發表一點有關作戰的意見，趙奢說：「讓他進來。」許歷說：「秦軍本來沒有料到趙軍會這麼快地到達這裡，現在它全軍撲來，氣勢兇猛，您應該集中力量堅守陣地，不然的話，就會失敗。」趙奢說：「願意接受你的意見。」許歷說：「我願意接受您的懲罰。」趙奢說：「此事日後回到邯鄲再議。」接著許歷又提出建議說：「誰能夠先占領北山誰就能獲得勝利，誰遲到誰就要失敗。」趙奢同意，馬上派出了一萬人去搶占北山。不一會兒，秦國的軍隊也來了，因為這時山頭已經被趙軍占領，秦國軍隊衝不上去。這時趙奢便下令對秦軍猛烈出擊，秦軍抵抗不住，只好撤走了。趙奢遂解除了閼與之圍勝利而回。

4 趙惠文王封趙奢為馬服君，命許歷為國尉。趙奢在國內的地位和廉頗、藺相如在同一個等級。

5 過了四年，趙惠文王死了，他的兒子孝成王即位。趙孝成王七年，秦國的軍隊和趙國的軍隊在長平對峙。這時趙奢已經死了，藺相如也正好病得很重，於是趙國派廉頗率軍抗秦。秦軍已經多次打敗了趙國的軍隊，廉頗率領的趙軍只好堅守不戰。秦軍多次挑戰，廉頗只是不應。正在這個時候，趙王聽信了秦國的謠言。當時秦國的謠言說：「秦國最擔心、最害怕的是趙國改派馬服君趙奢的兒子趙括為統帥。」趙王信以為真，就真讓趙括代替了廉頗。藺相如勸阻說：「大王只是憑著虛名就任用了趙括，其實趙括的為人，就如同一個鼓瑟的，都用膠把繫絃的柱子黏死再也無法轉動了。這個人只會讀他父親留下來的書本，根本不懂得隨機應變。」趙王不聽，硬是派趙括去指揮軍隊了。

6 趙括從小就學習兵法，喜歡談論軍事，認為天下沒有一個人能比得過自己。他曾經與他的父親趙奢一起爭論戰略戰術問題，趙奢也說不過他，但趙奢卻不認為他的兒子真有本領。趙括的母親問趙奢這是為什麼，趙奢說：「戰爭，是生死攸關的事情，而趙括卻隨隨便便地對待它。如果趙國不讓趙括帶兵還好，一旦讓他帶兵，那時使趙國吃敗仗的肯定就是他。」等到這次趙括被任命為將軍就要出發了，他的母親上書給趙王說：「不能任用趙括為將軍。」趙王說：「為什麼？」趙括的母親回答說：「過去我侍候他父親的時候，他父親正做趙國的將軍，那時他每天親自給人家端飯端湯恭敬對待的有幾十人，他友好平等地像朋友一樣接待的有幾百個，當時大王和王室貴族們所賞賜給他的一切財物，他都拿出來分給手下的軍官和士兵，每當他接受了軍事任務，就顧不得再過問家裡的事情。可是今天趙括剛做了將軍，就傲慢地朝東坐著接受部下的參見，那些手下的軍官們誰都不敢仰著臉看他，您所賞給他的金玉布帛，他都拿回家裡藏起來，每天在觀察哪裡有好的良田美宅，一旦發現就把它買下來。您認為他的這種不同表現，和他父親比起來，究竟怎麼樣？父子兩個完全不同，請您不要委派他。」趙王說：「老人家別說了，我已經決定這樣做了。」趙括的母親無奈只好請求說：「您既然非要派他，假如他日後不稱職打敗仗，我可以不受牽連嗎？」趙王答應了。

7 再說趙括代替了廉頗後，就立即改變了廉頗舊有的一切規定，撤換了軍隊裡大批的軍官。秦將白起聽說這些情況後，就派了一支部隊讓他們假裝失敗逃走，當趙軍出動追擊時，白起派另一支部隊切斷了趙軍的運輸線，把趙軍截成了兩段，於是趙軍很快地就人心渙散了。待至被困四十多天後，軍中已經沒有糧食吃，趙括無法只好選出了一部分精兵，親自帶著突圍，結果趙括被秦軍射死了。於是整個趙軍大敗，幾十萬人被迫都投降了秦國，被秦軍通通活埋了。這一仗，趙國前後損失了四十五萬人。第二年，秦軍就繼續推進包圍了邯鄲。邯鄲被圍困了一年多，差點兒就完蛋了。幸虧這時有楚國和魏國派兵前來援救，才解除了邯鄲的危機。趙王也因為趙括的母親有言在先，所以沒有殺她。

8 邯鄲解圍後的第五年，燕國採納了栗腹的意見，栗腹說「趙國的青壯年都在長平死光了，剩下的孩子們都還沒有長大」，於是趁機發兵進攻趙國。趙國派廉頗率兵迎戰，在鄗縣大破燕軍，殺死了栗腹，接著進兵包圍了燕國的首都。燕國無法只好割讓了五座城來向趙國求和，趙國答應了。趙國把尉文縣封給了廉頗作領地，稱廉頗為信平君，並讓他代理國家的宰相。

9 當初廉頗在長平被免職回來，失去了權勢的時候，他家裡的那些門客一下子就全部都走光了。等到廉頗重新又被任命為將軍後，那些門客們很快地又都回來了。廉頗說：「你們還是走吧！」這時有個門客出來說：「您這看問題怎麼老是不夠靈敏呢？現在的交朋友都是像做買賣一樣，您有了權勢，我們就來投奔您；您失去了權勢，我們就離開您。這是很自然的事情，又有什麼好埋怨的呢？」過了六年，趙國又派廉頗伐魏，占領了魏國的繁陽。

10 趙孝成王死後，他的兒子悼襄王即位，這時他派了樂乘去代替廉頗。廉頗很生氣，揮兵攻打樂乘，樂乘被趕走了。廉頗無奈，只好離開趙國投奔魏國來到了大梁。第二年，趙國派李牧率軍伐燕，奪取了燕國的武遂和方城二縣。

11 廉頗在大梁住了很久，魏國也沒有相信任用他。這時趙國由於經常受到秦國的打擊，所以趙王很希望再起用廉頗，而廉頗也希望被趙國所用。於是趙王就派了使者到大梁來看看廉頗的身體如何，還能不能為將，這時廉頗的仇人郭開就花錢賄賂了這位使者，叫他設法破壞這件事。趙國的使者見到廉頗後，廉頗在使者面前一頓飯就吃了一斗米，十斤肉，然後穿上鎧甲跨上戰馬，表示自己身體健康，完全可以勝任為將。但是這個使者回去卻對趙王說：「廉頗將軍已經老了，雖然他的胃口還挺好。但在他和我談話的那點工夫，就一連上了三次廁所。」趙王一聽以為廉頗確實不行了，就沒有再請他回來。

12 楚國聽說廉頗住在魏國，就悄悄地派人把他接到了楚國。廉頗在楚國做了一段時間的將軍，沒有什麼功效。他自己說：「我還是願意統領指揮趙國的士兵。」廉頗後來死在了當時楚國的國都壽春。

1 李牧者，趙之北邊良將也。常居代、鴈門❶，備匈奴❷。以便宜置吏❸，市租皆輸入莫府，為士卒費❹。日擊數牛饗士❺，習射騎，謹烽火，多間諜，厚遇❻戰士。為約曰❼：「匈奴即入盜❽，急入收保❾，有敢捕虜者斬。」匈奴每入，烽火謹，輒入收保，不敢戰。如是數歲，亦不亡失。然匈奴以李牧為怯，雖趙邊兵亦以為吾將怯。趙王讓❿李牧，李牧如故。趙王怒，召之，使他人代將。

2 歲餘，匈奴每來，出戰。出戰，數不利，失亡多，邊不得田畜⓫。復請李牧。牧杜門⓬不出，固稱疾。趙王乃復彊起使將兵。牧曰：「王必用臣，臣如前，乃敢奉令。」王許之。

3 李牧至，如故約。匈奴數歲無所得，終以為怯。邊士日得賞賜而不用，皆願一戰。於是乃具⑬選車⑭得千三百乘，選騎得萬三千匹，百金之士⑮五萬人，彀者⑯十萬人，悉勒習戰⑰。大縱畜牧，人民滿野⑱。匈奴小入⑲，詳北⑳不勝，以數千人委之㉑。單于㉒聞之，大率眾來入。李牧多為奇陳㉓，張左右翼擊之，大破殺匈奴十餘萬騎㉔。滅襜襤㉕，破東胡㉖，降林胡㉗，單于奔走㉘。其後十餘歲，匈奴不敢近趙邊城。

4 趙悼襄王元年㉙，廉頗既亡入魏㉚，趙使李牧攻燕，拔武遂、方城㉛。居二年㉜，龐煖㉝破燕軍，殺劇辛㉞。後七年㉟，秦破殺趙將扈輒於武城㊱，斬首十萬。趙乃以李牧為大將軍㊲，擊秦軍於宜安㊳，大破秦軍，走㊴秦將桓齮。封李牧為武安君㊵。居三年㊶，秦攻番吾㊷，李牧擊破秦軍，南距韓、魏㊸。

5 趙王遷七年㊹，秦使王翦㊺攻趙，趙使李牧、司馬尚禦之。秦多與趙王寵臣郭開㊻金，為反間㊼，言李牧、司馬尚欲反。趙王乃使趙蔥㊽及齊將顏聚㊾代李牧。李牧不受命，趙使人微捕得李牧，斬之㊿。廢司馬尚。後三月(51)，王翦因急擊趙，大破殺趙蔥，虜趙王遷及其將顏聚，遂滅趙(52)。

【章　旨】以上為第三段，寫趙國最後一位名將李牧的為國立功與其因讒被殺，而趙國也隨之滅亡的悲慘事實。

【注　釋】❶代鴈門　趙國北部的兩個郡名，代郡約當今大同以東的山西省北部與河北省的西北部地區，首府為代（今河北蔚縣東北）。鴈門郡約當今大同以西的山西北部地區，首府善無（即今山西右玉東南）。《正義》有所謂「今雁門縣在代地，故云『代雁門』」者，似非。❷匈奴　戰國後期強大起來的北部少數民族名，活動在今內蒙與蒙古國南部一帶地區，詳見〈匈奴列傳〉。❸以便宜置吏　根據實際需要，任命屬下的官員，這是一種受王者特許才能行使的權力。便宜，與固有的章程規定相對而言。❹市租皆輸入莫府二句　市租，指從軍中市場和當地百姓市場上所收得之稅。莫府，同「幕府」，將軍辦公的篷帳，後用以代指將軍的辦事機構。〈張釋之馮唐列傳〉：「李牧為趙將居邊，軍市之租皆自用饗士。」可與此互證。❺日擊數牛饗士　擊牛，殺牛，古時殺牛多用椎棒擊死，故也稱「椎牛」。饗士，犒賞士兵。❻厚遇　優待。❼為約曰　給部下人規定說。❽匈奴即入盜　如果有匈奴人來攻邊塞。即，若。❾急入收保　迅速退入工事，謹守城堡。❿趙王　趙王，趙孝成王。讓，責備。⓫不得田畜　不能耕田、放牧。⓬杜門　閉門。⓭具　安排；籌備。⓮選車　經過挑選的戰車。下文有「選騎」，〈魏公子列傳〉有「選兵」，皆與此義同。⓯百金之士　曾獲過百金之賞的勇士。裴駰引《管子》：「能破敵擒將者賞百金。」⓰彀者　能拉硬弓的射手。《正義佚文》：「彀，滿弓張也，言能滿弦而射。」⓱悉勒習戰　組織起來進行戰鬥訓練。勒，部勒；組織。⓲大縱畜牧二句　把大批的牛羊、百姓趕到田野上去，以吸引敵人。⓳匈奴小入　當一支匈奴的小部隊試探性的入侵時。⓴詳北　「詳北」上應增「牧」字讀。詳，通「佯」。假裝。㉑以數千人委之　《索隱》曰：「『委』謂棄之，恣其殺虜也。」㉒單于　匈奴族的首領。㉓多為奇陳　布下了許多疑兵。陳，通「陣」。㉔大破殺匈奴十餘萬騎　凌約言曰：「李牧日擊數牛饗士，而不敢用，雖王讓之如故。及使他人代之，再至亦如故約。兵法云：『守如處女，距如脫兔』，牧其庶幾。」㉕襜襤　當時活動在代郡以北的少數民族。㉖東胡　當時活動在今遼寧西部、內蒙東部一帶地區的少數民族，大約與後來的烏桓、鮮卑同一種姓。㉗林胡　當時活動在今內蒙東勝一帶地區的少數民族。㉘單于奔走　謂匈奴單于從此逃得遠遠地。按：李牧「滅襜襤，破東胡，降林胡」並使「單于奔走」事，據文意似在趙孝成王末年，而〈趙世家〉、〈六國年表〉均不載，疑有誇大。《通鑑》繫之於秦王政三年，即趙悼襄王元年（西元前二四四年），繆文遠《戰國史繫年輯證》從之，似與史公本文略不合。㉙趙悼襄王元年　梁玉繩曰：「當作『二年』。」西元前二四三年。㉚廉頗既亡入魏　即前文之趙悼襄王「使樂乘代廉頗。廉頗怒，攻樂乘，樂乘走。廉頗遂奔魏之大梁」也。㉛拔武遂方城　武遂，燕縣名，即今河北徐水西之遂城鎮。方城，燕縣名，在今河北固安南。按：〈趙世家〉、〈六國年表〉皆繫李牧拔燕武遂、方城於悼襄王二年（西元前二四三年）。㉜居二年　梁玉繩曰：「『二』當作『一』。」即趙悼襄王三年，燕王喜十三年，西元前二四二年。㉝龐煖　趙將，事跡詳見〈趙世家〉。㉞破燕軍二句　〈燕召公世家〉云：「劇辛故居趙，與龐煖善，已而亡走燕。燕見趙數困于秦，而廉頗去，令龐煖將也，欲因趙獘攻之。問劇辛，辛曰：『龐煖易與耳。』」結果燕軍喪師二萬，劇辛被殺。㉟後七年　梁玉繩曰：「應作『後八年』。」即趙王遷三年，秦王政十四年，西元前二三三年。㊱秦破殺趙將扈輒於武城　扈輒，趙將名。《索隱》曰：「漢張耳時，別有扈輒。」武城，原作「武遂」。錢大昕《考異》卷五曰：「〈趙世家〉作『武城』。『武遂』在燕、趙之交，秦兵未得至其地。」今據改。武城，在今河北磁縣西南。據〈秦始皇本紀〉，此殺扈輒，破趙兵十萬之秦將，即下文被李牧「破走」之「桓齮」。㊲大將軍　國家的最高軍事長官。㊳宜安　趙縣名，在今河北藁城西南。㊴走　打跑。㊵武安君　封號名，當時各國功臣多以此為封號者，如秦封白起為武安君、趙封蘇秦為武安君等，皆是。㊶居三年　梁玉繩曰：「當作『居一年』。」即趙王遷四年，秦王政十五年，西元前二三二年。㊷番吾　趙縣名，在今河北平山東南。㊸南距韓魏　按：時當韓王安七年、魏景湣王十一年。史珥曰：「二年之間兩紀戰功，嘉牧也，亦惜牧也，言外有無限痛趙自毀長城意。」㊹趙王遷七年　時當秦王政十八年，西元前二二九年。趙王遷，趙悼襄王之子，西元前二三五—前二二八年在位。㊺王翦　秦國名將，協助秦始皇統一全國有大功，事跡詳見〈白起王翦列傳〉。㊻趙王寵臣郭開　此人前已受收買害過廉頗，使廉頗被棄置至死。㊼為反間　幫著秦國在趙國君臣之間製造矛盾。按：據《戰國策・秦策五》，讒害李牧者為韓倉，非郭開也，疑史公誤記。郭嵩燾曰：「郭開一夫之讒，能顛倒輕重之，將非用兵久而權勢盛，犯人主之忌者多哉？」㊽趙蔥　一作「趙怱」。趙將名，趙王的族人。㊾顏聚　原為齊將，後歸趙國。㊿李牧不受命三句　微捕，暗中伺機而襲捕之。方苞曰：「曰『欲反』，則無實迹可知；曰『使人微捕』，則非謀反迹見，此史遷之微指也。」按：據《戰國策・秦策五》，乃李牧歸朝後，韓倉誣李牧謀反，李牧「北面再拜」，「銜劍征之於柱以自刺」而死，無「不受命」事，或亦史公誤記也。梁玉繩曰：「牧之死，《策》言其『北面再拜，銜劍自刺』；《史》言其『不受命，捕斬之』，二說迥異。《通鑑》主《史》，《大事記》主《策》，鮑、吳注並以《史》為誤也。史公於〈趙世家〉、〈馮唐傳〉俱言『王遷信郭開，誅李牧』，乃此以為『不受命』，豈非矛盾？蓋郭開、韓倉比共陷牧，而《列女傳》又謂遷母譖牧，使王誅之也。」陳仁錫曰：「秦、胡數十萬人殺頗、牧而不足；一郭開，殺頗、牧而有餘。」(51)後三月　梁玉繩曰：「《策》作『後五月』。」據〈趙世家〉「八年十月，邯鄲為秦」，趙王遷八年，即秦王政十九年，西元前二二八年。按：〈秦策五〉司空馬預言趙若能用李牧則可支秦一年，若殺李牧，則半年內滅亡，今趙殺李牧乃三月而滅。(52)遂滅趙　淩稚隆引余有丁曰：「此傳敘趙之存亡繫相如、頗、牧之去留死生，故言李牧誅及王遷虜以終之。」陳仁錫曰：「紀秦滅趙在斬牧之後，與紀魏亡在信陵死後一例。」

【語　譯】李牧，是趙國防守北部邊疆的名將。曾長期地領兵駐守在代縣、雁門一帶，防備匈奴人的進攻。他在軍隊裡常常是根據實際需要來任命自己手下的官員，從市場上收來的稅金，全歸軍部所有，作為士兵們的生活費用。他幾乎每天都要殺幾頭牛來犒勞士兵，他訓練士兵們騎馬射箭，注意烽火的通訊聯絡，選派了許多偵察人員去探聽敵情，對士兵們非常愛護。李牧對全軍宣布說：「如果一旦有匈奴人來侵犯，我們就趕快退入我們的城堡工事，誰要是敢出去捉敵人，就把誰砍頭。」結果匈奴人每次來進犯時，由於有烽火臺及時報警，部隊能迅速地撤入城堡固守，絕不出去迎戰，所以在好幾年內，趙軍沒有受到任何損失。但匈奴人認為李牧是膽小鬼，而且即使連趙國自己的那些邊防部隊也都認為自己的將軍是膽小鬼。於是趙王就派人去責備李牧，但李牧不管，還是像過去一樣。趙王很生氣，他派了別人去代替李牧，而讓李牧回來了。

2 在這後來的一年裡，匈奴人每次入侵，趙軍總是要出去和它作戰。而在作戰的過程中，又總是失敗的次數多，傷亡很大，以至於弄得在邊疆地區都不能耕田放牧了。趙王無法，只好再請李牧出山，李牧關起大門不出來，推說自己有病。但趙王還是一再地極力請他，李牧說：「您如果非要任用我，就必須允許我還使用以前的老辦法，只有這樣我才能接受任命。」趙王答應了。

3 李牧到達邊疆後，又把各種制度都恢復了過去的老樣子，使得匈奴人一連好幾年沒有得到什麼好處，但他們還認為李牧是膽小鬼。李牧手下的士兵每天都能得到賞賜，但卻無所事事，大家都希望打一仗。於是李牧精心挑選了一千三百輛戰車，挑選了一萬三千名騎兵，還有獲過百金之賞的勇士五萬人，能拉硬弓的射手十萬人。他把他們組織起來經過訓練之後，就故意地讓人們出去放牧，弄得漫山遍野都是人。這時有小股的匈奴人來了，李牧就故意假裝失敗，扔給了他們幾千人。單于一見如此，就率領著大隊人馬前來進犯了。這時李牧布置了許多靈活多變的陣式以迷惑敵人，而後派了兩支部隊從左右兩翼包抄了過去，結果大破匈奴，殺死了匈奴人十多萬。接著又滅掉了襜襤，打敗了東胡，降服了林胡，匈奴單于也遠遠地逃走了。從此以後的十多年裡，匈奴人再也不敢靠近趙國的邊城。

4 趙悼襄王元年，廉頗被迫逃向了魏國後，趙國派李牧率軍伐燕，奪取了燕國的武遂、方城二縣。又過了兩年，趙將龐煖又打敗了燕國的軍隊，殺死了燕將劇辛。又過了七年，秦國在武城大破趙軍，殺死了趙將扈輒，殺死了趙國士兵十多萬。趙王一看趕緊任命李牧為大將率軍進攻宜安，結果大破秦軍，趕跑了秦將桓齮。李牧因此被封為武安君。三年後，秦軍進攻趙國的番吾，被李牧擊退，同時韓、魏兩國從南面來的威脅，也被李牧解除了。

5 趙王遷七年，秦國派王翦進攻趙國，趙國派了李牧和司馬尚前去迎敵。這時秦國派人給趙王的寵臣郭開送去了大批黃金，讓他散布謠言，說李牧和司馬尚想要造反。趙王信以為真，就派了趙蔥和齊國來的顏聚去代替李牧。李牧不接受，於是趙王遷就派人去偷偷地抓住了李牧，把李牧殺掉了。同時罷免了司馬尚。三個月後，王翦遂出兵猛攻趙國，大破趙軍，殺死了趙蔥，活捉了趙王遷及其將領顏聚，趙國遂被消滅了。

太史公曰：知死必勇，非死者難也，處死者難❶。方藺相如引璧睨柱，及叱秦王左右，勢不過誅，然士或怯懦而不敢發。相如一奮其氣，威信❷敵國；退而讓頗，名重太山❸。其處智勇❹，可謂兼之矣！

【章　旨】以上為第四段，是作者的論贊，作者結合藺相如的卓舉行為抒發了有關生死問題的深沉感慨。

【注　釋】❶非死者難也二句　處死，如何處理、如何對待「死」這件事情，亦即在生死關頭如何作出最有價值的抉擇。按：司馬遷曾多次抒發有關「處死」問題的感慨，〈報任安書〉云：「勇者不必死節，怯夫慕義，何處不勉焉」；〈陳涉世家〉云：「壯士不死即已，死即舉大名耳，王侯將相寧有種乎」；〈季布欒布列傳〉云：「賢者誠重其死。夫婢妾賤人感慨而自殺者，非能勇也，其計畫無復之耳。欒布哭彭越，趣湯如歸者，彼誠知所處，不自重其死。雖往古烈士，何以加哉！」❷信　通「伸」。伸張，引申為威壓、震懾。❸太山　同「泰山」。❹其處智勇　對智勇如何運用。處，對待；運用。

【語　譯】太史公說：一個人如果知道自己已經到了非死不可的地步，那他就會勇敢起來，所以一個人能豁出死去並沒有什麼難處，難的是如何處理好要不要死這件事。當藺相如舉著璧眼睛斜看著柱子，和他厲聲喝叱秦王左右的時候，那時頂多也不過就是一個死，可是有些膽小懦弱的人就不敢這樣做。藺相如憑著他一股正氣的勃然奮發，使自己的威勢完全壓住了敵國；可是轉到對待廉頗的問題上，卻又變得非常謙虛退讓，因而使自己的名聲比泰山還要高。藺相如在如何使用「明智」與如何使用「勇氣」上，可以說是兩者都做得恰到好處了。

【研　析】〈廉頗藺相如列傳〉是《史記》中高度的思想性與高度文學性完美結合的典範之作，從其思想意義上說，作品首先是描寫和歌頌了一批明顯帶有作者社會理想的人物。這些人物才情卓越，品質崇高，忠心耿耿，無私無畏地把自己貢獻給了保衛國家的豪邁事業，其中尤以藺相如最為作者所欣賞。文中首先通過「完璧歸趙」和「澠池會」突出地表現了藺相如在對敵鬥爭中的英勇機智，威伸敵國。但僅憑這方面還不足以表明藺相如是個有風度的政治家。更感人的是，當他兩次為國立功，政治地位超出功勳卓著的老將廉頗，而廉頗不服氣，屢屢向他尋釁的時候，他能一反過去對敵鬥爭的勇敢強硬，而一再退避忍讓。他說：「彊秦之所以不敢加兵於趙者，徒以吾兩人在也。今兩虎共鬬，其勢不俱生。吾所以為此者，以先國家之急而後私讎也。」這種先公後私的精神不僅感動了負氣爭勝的廉頗，而且也使虎狼般的強秦為之卻步。明代李贄對藺相如的這種表現無比敬佩，他說：「言有重於泰山，相如是也。相如真丈夫，真男子，真大聖人，真大阿羅漢，真佛祖，真令人千載如見也。」（《藏書》）

其次，作品歌頌了廉頗的知過必改，光明正大。作品對於廉頗的軍功正面著筆較少，只在開頭時說他「為趙將伐齊，大破之，取陽晉，拜為上卿，以勇氣聞於諸侯」。後面又寫了他鎮守長平時「秦數敗趙軍，趙軍固壁不戰。秦數挑戰，廉頗不肯」，表現了他的老成持重。最能表現他的精神氣質和大將風度的，是送趙王與藺相如去澠池與秦王會談時的臨別之言，他說：「王行，度道里會遇之禮畢，還，不過三十日。三十日不還，則請立太子為王，以絕秦望。」這是多麼有頭腦、有政治目光的大將風度啊，難怪明代凌登第說：「廉將軍與趙王臨訣數語，真有古大臣風，所謂社稷為重者也。」廉頗先是對相如不服氣，後來一旦省悟，立即負荊請罪。這種知過必改，肝膽照人的品格，更成了千古佳話。

其三，作品抒發了一種得賢者昌，失賢者亡，人才之得失關係邦國興亡的無限感慨。趙惠文王在位時，趙國雖小卻相當強盛，其關鍵在於他能上繼武靈王的事業，任賢使能。廉頗有攻城野戰之功，自不待言。藺相如雖為繆賢舍人，因其有才，便用以為使者。相如出使不辱使命，一次歸來即拜為上大夫，二次歸來便拜為上卿。這種論功行賞，大膽提拔，破格任用，是歷來所少有的。趙奢本是趙國的田部吏，「平原君以為賢，言之於王」，趙王遂「用之治國賦」。後來秦攻趙軍於閼與，情勢危急，廉頗、樂乘都說不可救，而趙惠文王卻採納了趙奢的意見，並用以為將，結果大破秦軍。正因為趙惠文王能用人，能用得力之人，所以趙國雖處於秦、齊大國之間而能與之並立。到了趙孝成王、趙悼襄王時，情況就不同了。趙孝成王不聽趙奢的遺言，不採納藺相如的勸告，不用廉頗之謀，偏偏聽信紙上談兵的趙括，結果四十五萬人被滅於長平。連最後一位名將李牧，也在秦國施用反間計與趙國內奸郭開的挑撥下，被趙王遷所襲捕殺害。司馬遷在李牧被殺後寫道：「王翦因急擊趙，大破殺趙蔥，虜趙王遷及其將顏聚，遂滅趙。」這是因為後代的趙王不僅不能任用賢者，反而自毀長城，為敵人掃清進攻自己的道路，豈不可悲也哉！

本文是《史記》中藝術性最高的篇章之一，藺相如的三個故事，情節緊張，描寫生動，簡直像一篇文言小說，其情節場面的描寫，其人物語言的設計，都達到了超前的成熟。自《史記》之後，至唐人傳奇出現之前的九百年間，再也難以找到如此精彩的寫人作品。

卷八十二

田單列傳第二十二

【題解】作品記述了田單在燕軍橫掃齊國，齊國僅僅尚餘莒與即墨，而即墨守將又剛剛戰死的情勢之下，被推為即墨守將；田單臨危受命後，巧用智謀，出奇制勝，大破燕軍於即墨，並乘勢追擊，收復失地，重建齊國的全部過程，歌頌了田單的非凡智慧及其卓越的歷史功勳。清代吳見思說：「田單是戰國一奇人，火牛是戰國一奇事，遂成太史公一篇奇文。其聲色氣勢，如風車雨陣，拉雜而來，幾令人棄書下席。」（《史記論文》）作品的故事緊湊，情節緊張，簡直是一篇絕妙的短篇文言小說。

1 田單者，齊諸田疏屬❶也。湣王❷時，單為臨菑市掾❸，不見知❹。及燕使樂毅伐破齊❺，齊湣王出奔，已而保莒城❻。燕師長驅平齊，而田單走安平❼，令其宗人盡斷其車軸末，而傅鐵籠❽。已而燕軍攻安平，城壞，齊人走，爭塗❾，以轊折車敗❿，為燕所虜；唯田單宗人以鐵籠故得脫，東保即墨⓫。

2 燕既盡降齊城，唯獨莒、即墨不下。燕軍聞齊王在莒，并兵攻之。淖齒既殺湣王於莒⓬，因堅守，距燕軍，數年不下。燕引兵東圍即墨。即墨大夫⓭出與戰，敗死。城中相與推田單，曰：「安平之戰，田單宗人以鐵籠得全，習兵。」立以為將軍，以即墨距燕。

【章　旨】以上為第一段，寫田單的由來，與其因有出眾表現而被推為即墨之守將。

【注　釋】❶諸田疏屬　齊王宗室中的遠房子弟。因為當時齊國田姓的貴族甚多，所以稱「諸田」。❷湣王　名地，宣王之子，西元前三〇〇—前二八四年在位。❸臨菑市掾　臨菑，齊國都城，在今山東淄博臨淄北。菑，通「淄」。市掾，管理市場的吏目。掾，吏目的統稱。❹不見知　不被人賞識；無所知名。❺燕使樂毅伐破齊　事在燕昭王二十八年，齊湣王十七年，西元前二八四年，可參看〈燕召公世家〉、〈樂毅列傳〉。❻齊湣王出奔二句　過程詳見〈田敬仲完世家〉。保，依；據守。莒城，即今山東莒縣，當時為齊國南部的重要都邑。❼安平　齊邑，在今山東淄博臨淄東北。❽傅鐵籠　包以鐵箍。傅，包；裹。鐵籠，鐵帽；鐵箍。❾爭塗　搶道。塗，通「途」。❿轊折車敗　由於撞斷車軸而導致翻車。胡三省曰：「車軸頭謂之轊。」⓫即墨　齊國東部的重要都邑，在今山東平度東南。葉玉麟曰：「就一小事先寫，已見其智略。」⓬淖齒既殺湣王於莒　淖齒，楚國將領。〈田敬仲完世家〉云：「楚使淖齒將兵救齊，因相齊湣王，淖齒遂殺湣王而與燕共分齊之侵地鹵（虜）器。」《戰國策・齊策六》云：「王奔莒，淖齒數之，殺湣王於鼓里。」又有曰：「淖齒擢湣王筋，懸於廟梁，宿昔而死。」⓭即墨大夫　即墨城的行政長官，約當於後來的縣令。

【語　譯】田單是齊國田姓王室的遠房親族。齊湣王時，田單在首都臨淄的市場上做管理員，沒有人重視他。等到燕昭王派樂毅攻破了齊國，齊湣王逃出臨淄，隨後退到莒城據守。燕國軍隊長驅直入，掃平了齊國的許多城池，而田單家族也逃到了安平。這時田單讓他們的族人都把車軸過長的部分截掉，並在頭上包起鐵箍。不久燕軍進攻安平。城被攻破，百姓們出城逃難時，許多人由於車軸過長，在擁擠搶道互相衝撞時鬧得軸斷車毀，被燕軍所俘虜。只有田單家族的人因為車軸截短了且又包著鐵箍，從而脫離了危險，一直逃到了東邊的即墨據守起來。

2 後來燕軍打下了齊國所有的城池，只剩下了莒和即墨兩座孤城仍在堅守。燕軍聽說齊湣王在莒城，就集中兵力去進行攻打。這時楚國派來援救齊國的將軍淖齒殺了齊湣王，率領莒城軍民堅守抗拒燕軍，一直堅守了好幾年。燕軍見攻莒城不下，便移兵東圍即墨。即墨縣令出城應戰，兵敗身死。這時城中軍民一致推舉田單領導大家守城，有人說：「安平撤退時，田單家族人因為有田單教他們給車軸包鐵箍從而安全脫險，說明田單懂得軍事。」於是大家便擁立田單做了將軍，據守即墨，抵抗燕人。

1 頃之，燕昭王卒，惠王立❶，與樂毅有隙❷。田單聞之，乃縱反間❸於燕，宣言曰：「齊王已死，城之不拔者二耳。樂毅畏誅而不敢歸，以伐齊為名，實欲連兵❹南面而王齊❺。齊人未附，故且緩攻即墨，以待其事❻。齊人所懼，唯恐他將之來，即墨殘矣❼。」燕王以為然，使騎劫代樂毅❽。

2 樂毅因歸趙❾，燕人士卒忿。而田單乃令城中人，食必祭其先祖於庭，飛鳥悉翔舞城中下食。燕人怪之。田單因宣言曰：「神來下教我。」乃令城中人曰：「當有神人為我師。」有一卒曰：「臣可以為師乎？」因反走❿。田單乃起，引還，東鄉坐⓫，師事之⓬。卒曰：「臣欺⓭君，誠無能也。」田單曰：「子勿言也！」因師之。每出約束，必稱神師⓮。乃宣言曰：「吾唯懼燕軍之劓⓯所得齊卒，置之前行與我戰，即墨敗矣⓰。」燕人聞之，如其言。城中人見齊諸降者盡劓，皆怒，堅守，唯恐見得⑰。單又縱反間曰：「吾懼燕人掘吾城外冢墓，僇先人⑱，可為寒心。」燕軍盡掘壟墓⑲，燒死人。即墨人從城上望見，皆涕泣，俱欲出戰，怒自十倍⑳。

3 田單知士卒之可用，乃身操版插㉑，與士卒分功㉒；妻妾編於行伍之間，盡散飲食饗士㉓。令甲卒皆伏，使老弱女子乘城㉔。遣使約降於燕，燕軍皆呼萬歲。田單又收民金，得千溢㉕，令即墨富豪遺燕將㉖，曰：「即墨即降㉗，願無虜掠吾族家妻妾，令安堵㉘。」燕將大喜，許之。燕軍由此益懈。

【章旨】以上為第二段，寫田單極大限度地分化、麻痹敵人，極大限度地團結、激勵自己，為大反攻準備條件。

【注釋】❶燕昭王卒二句　事在齊襄王五年，燕昭王三十三年，西元前二七九年。燕昭王，名職，西元前三一一—前二七九年在位。燕惠王，昭王之子，西元前二七八—前二七二年在位。❷與樂毅有隙　〈樂毅列傳〉曰：「惠王自為太子時嘗（常）不快於樂毅。」有隙，有裂痕；有矛盾。❸反間　用假情報迷惑敵人，以引起敵人內部的互相猜疑、互相鬥爭。《孫子兵法》：「反間者，因其敵間而用之。」杜牧注：「敵有間來窺我，我必先知之，或厚賂以誘之，反為我用；或佯為不覺，示以偽情，則敵人之間反為我用也。」❹連兵　此謂與齊國即墨、莒城的守軍聯合。❺南面而王齊　在齊國獨立稱王。❻緩攻即墨以待其事　按：〈田單列傳〉之《索隱》曾引夏侯玄大段言論以為樂毅之所以不能迅速攻下莒與即墨二城為非不能攻，乃欲以義感之。並稱「樂生之不屠二城，未可量也。」而蘇軾等則謂樂毅非不欲攻，實不能也。❼齊人所懼三句　殘，破。按：此處應重出「他將之來」四字，否則語氣不完整。然這種當重出而未重出的句式，《史記》中多見。如〈項羽本紀〉：「項羽召見諸侯將，入轅門，無不膝行而前，莫敢仰視。」「諸侯將」三字當重出。〈孝景本紀〉：「令內史郡不得食（飼）馬粟，沒入縣官。」「食馬粟」三字當重出。❽燕王以為然二句　騎劫，燕將名，姓騎名劫。史珥曰：「反間之妙，唯去昌國一着，餘則多是淺術。」❾樂毅因歸趙　〈樂毅列傳〉云：「樂毅知燕惠王之不善代之，畏誅，遂西降趙。」❿因反走　說完話後隨即轉身向外走。按：此處寫小卒向其將軍開玩笑而又惴恐不安的神情甚細。⓫引還二句　鄉，通「向」。先秦兩漢時的習慣，除官府、朝堂仍以南向為尊外，在一般場合皆以東向坐為上位。⓬師事之　像侍奉神師一樣地侍奉他。⓭欺　哄騙。⓮每出約束二句　約束，指章程、條令之類。胡三省曰：「田單恐眾心未一，故假（借）神以令其眾。」茅坤曰：「田單將兵，起自卒伍，故必為計以自神，與陳勝、吳廣之意同。」蘇軾曰：「田單使人食必祭，以致烏鳶；又設為神師，皆近兒戲，無益於事。蓋先以疑似置人心腹中，則夜見火牛龍文足以駭動，取一時之勝，此其本意也。」⓯劓　割鼻。⓰置之前行與我戰二句　前行，前排。「即墨敗矣」句上應增「若此」二字讀，蓋與前文「即墨殘矣」句同例。⓱見得　被其所俘。⓲僇先人　僇，同「戮」。辱也。⓳壟墓　即墳墓。壟，墳也。⓴俱欲出戰二句　徐孚遠曰：「樂毅攻兩城數年不下，欲以德懷齊人；騎劫代將，悉更樂毅所為，故施虐於齊，而田單以為資也。」㉑版插　皆建築工具。版，築牆時，用版夾土，以杵搗之。插，同「鍤」。有如今之鐵鍬。㉒分功　分擔一分任務。功，通「工」。工程；勞務。㉓妻妾編於行伍之間二句　行伍，古代軍隊的編制，五人為伍，二十五人為行。饗，犒賞。按：〈平原君虞卿列傳〉中李同教平原君有所謂：「今君誠能令夫人以下編於士卒之間，分功而作，家之所有盡散以饗士，士方其危苦之時，易德耳」云云，現田單所為正與之同。㉔乘城　登城。乘，登。「令甲卒皆伏，使老弱女子乘城」者，蓋以此麻痹敵人。㉕千溢　溢，通「鎰」。一鎰為二十四兩，或稱二十兩。㉖令即墨富豪遺燕將　遺，送給。按：通敵之事令「富豪」為之，史公文心甚細。㉗即墨即降　即，倘若。㉘安堵　也作「按堵」，即安居。《漢書·高帝紀》應劭注：「按次第也。」即各安其位，不受驚擾。

【語　譯】過了不久，燕昭王逝世，燕惠王即位。燕惠王與樂毅早就有矛盾。田單聽說這種情況後，就派人到燕國施行反間計，他們散布謠言說：「齊湣王已經被殺死了，齊國城池沒被攻下的只還有兩座。現在樂毅是害怕回國被燕王殺掉，而以伐齊為名，故意留在齊國，他實際上是想聯合齊國的軍事力量在齊國南面稱王。因為現在齊國人還不順從他，所以他才放慢進攻即墨，以等待時機的成熟。現在我們齊國人最怕的是燕王改派別的將領，如果改派別的人來，即墨就完了。」燕王聽著覺得有道理，於是就派騎劫去代替了樂毅。

2 樂毅被免職後逃到了趙國，燕國軍民為樂毅被撤都感到非常氣憤。這時田單又命令城中居民，吃飯前必須先在庭院中擺設飯菜祭祀祖先，於是引來許多飛鳥在即墨上空盤旋，城外的燕國士兵看著覺得奇怪。這時田單又揚言說：「很快將有神下界來幫助我們。」他對城中軍民說：「很快將有神人下界來給我當老師。」這時有個小卒跟田單開玩笑說：「我可以當您的老師嗎？」說完轉身就走。田單趕緊跑過去，把那個小卒拉回來，按著他面向東坐下，給他行禮稱他為老師。小卒說：「我是哄您玩的，我什麼都不會！」田單說：「您不必多說！」於是便公開拜那個小卒為神師。從此田單每發布什麼命令，總要說這是神師的旨意。接著田單又派人出去故意散布說：「我們最怕燕軍削掉我們齊國俘虜的鼻子把他們放在隊伍的前面來攻城，那樣即墨就非完不可！」燕人信以為真便削掉了齊國俘虜的鼻子。即墨城中的軍民一見齊國投降的人都被割去了鼻子，於是非常憤怒，個個決心堅守，生怕當了俘虜也被削鼻子。田單接著又散布說：「我們最怕燕國人挖掘我們的墳墓，侮辱我們祖先的屍骨，如果那樣，我們可就嚇壞了。」燕人信以為真隨即把即墨人的祖墳統統掘開，並把死人的骨頭挖出來用火燒。即墨軍民從城上望見這種情景都痛哭流涕，一個個怒火萬丈，都要求出城同燕軍決一死戰。

3 田單知道士兵們能夠聽從指揮了，於是親自手持鍬鎬，與士兵們一道修築防禦工事；還把自己的妻妾也都編入軍隊裡服役，把家裡所有可吃的東西都拿出來犒勞士兵。然後又命令精銳部隊都藏起來，讓老弱和婦女兒童站到城上以麻痺敵人。而後又派人到燕軍裡去請求投降，燕軍見此情景，都高興得歡呼萬歲！田單又從百姓們手中搜集起黃金千鎰，讓城中的一個富豪帶著去送給燕國將領，並假意說：「即墨投降以後，請求你們不要搶奪我們家族的妻女，能讓她們過安定日子。」燕國將領非常高興，答應了他們的請求。於是燕國軍隊的戒備越來越鬆懈。

1 田單乃收城中得千餘牛，為絳繒衣❶，畫以五彩龍文，束兵刃於其角，而灌脂束葦於尾，燒其端。鑿城數十穴，夜縱牛，壯士五千人隨其後。牛尾熱，怒而奔燕軍，燕軍夜大驚。牛尾炬火光明炫燿，燕軍視之皆龍文，所觸盡死傷。五千人因銜枚❷擊之，而城中鼓譟❸從之，老弱皆擊銅器為聲，聲動天地。燕軍大駭，敗走。齊人遂夷殺❹其將騎劫。燕軍擾亂奔走，齊人追亡逐北❺，所過城邑皆畔❻燕而歸。田單兵日益多，乘勝；燕日敗亡，卒至河上❼，而齊七十餘城❽皆復為齊。乃迎襄王❾於莒，入臨菑而聽政❿。

2 襄王封田單，號曰安平君⓫。

【章旨】以上為第三段，寫田單以火牛陣大破燕軍，重建齊國。

【注釋】❶為絳繒衣　用紅色絲織品給牛披掛起來。絳繒，紅色絲綢。❷銜枚　枚的形狀如同筷子，行軍時銜在口中，以禁喧譁。❸鼓譟　眾聲吶喊。❹夷殺　猶言「斬殺」。夷，平也。在這裡也是「殺」的意思。❺追亡逐北　即乘勝追擊。亡，逃跑。北，其義同「背」，即「敗」。❻畔　通「叛」。❼卒至河上　謂齊軍一直追擊到黃河邊上。卒，終於；最後。河上，黃河邊上，當時的黃河自河南西部流來東北行，至今河南滑縣而分支，其南支經濮陽北行，經今山東平原、德州，至今河北滄州東北之黃驊入海。今滄州、黃驊一帶當時為齊國與燕國的分界線。❽齊七十餘城　此稱齊國所有城邑。按：說齊國有「七十餘城」，蓋自戰國至西漢初一直如此，〈樂毅列傳〉有所謂「下齊七十餘城」；〈齊悼惠王世家〉有所謂「高祖六年立肥為齊王，食七十城」。❾襄王　名法章，湣王之子，西元前二八三—前二六五年在位。按：齊湣王十七年（西元前二八四年）樂毅攻破臨淄，齊湣王逃到莒縣，被淖齒所殺。不久，齊之群臣誅淖齒，立湣王子法章為齊王，即所謂襄王，堅守莒縣，繼續抗燕。今《戰國策．齊策六》有「王孫賈」號召市人誅淖齒事，可資參考。❿入臨菑而聽政　事在齊襄王五年（西元前二七九年）。⓫襄王封田單二句　《索隱》曰：「以單初起安平，故以為號。」按：以上田單以火牛陣大破燕軍、重建齊國事，在齊襄王五年，西元前二七九年，亦即燕惠王已即位，而尚未改元之年也。此火牛陣之具體情節，今本《戰國策》不載。

【語譯】這時田單便在城裡搜集了一千多頭牛，用紅綢子給牠們披掛起來，綢子上面都畫著五彩的龍紋，牛角上綁著銳利的尖刀，把灌透油脂的蘆葦紮在牛尾上，然後突然點火。田單命令士兵把城牆鑿了幾十道口子，乘黑夜把牛放了出去。他派了五千名精壯的士兵跟在後面。蘆葦著火燒了牛尾，牛便狂奔怒吼地衝向城外的燕軍，燕軍在睡夢中被驚醒。只見一個個龐然大物尾巴上著了火，身上畫著龍紋，碰著誰不是死便是傷。跟在牛後面的五千士兵口中銜枚一聲不響地砍殺燕軍，城裡的百姓們用力敲擊著一切可以發出聲音的東西齊聲吶喊，聲音震天動地。燕軍驚惶失措，潰敗逃走。齊人順勢殺掉了燕將騎劫。燕軍的一切都亂了套，只顧狼狽逃命。齊國人在後面窮追猛打，一路上所過的城池都紛紛背叛燕國而歸順了田單。田單的軍隊則日漸其多，乘勝追擊；燕軍則一天天潰退，最後田單向西北追到了黃河岸邊，齊國的七十多座城池都被收復了。隨後田單便到莒城把齊襄王迎回了臨淄，主持了國政。

2 齊襄王也封賞田單，稱田單為「安平君」。

太史公曰：兵以正合，以奇勝❶。善之者，出奇無窮❷。奇正還相生，如環之無端❸。夫始如處女，適人開戶；後如脫兔，適不及距❹。其田單之謂邪！

【章旨】以上為第四段，是作者的論贊，史公引《孫子兵法》盛讚了田單的軍事天才。

【注釋】❶兵以正合二句　《孫子兵法‧勢篇》：「凡戰者，以正合，以奇勝。」曹操注：「正者當敵，奇兵擊其不備。」合，合戰；正面交鋒。❷善之者出奇無窮二句　《孫子兵法‧勢篇》：「故善出奇者，無窮如天地，不竭如江河。終而復始，日月是也；死而復生，四時是也。聲不過五，五聲之變，不可勝聽也；色不過五，五色之變，不可勝觀也；味不過五，五味之變，不可勝嘗也。」❸奇正還相生二句　《孫子兵法‧勢篇》：「戰勢不過奇正，奇正之變，不可勝窮也。奇正相生，如環之無端，孰能窮之？」《索隱》曰：「言用兵之術，或用正法，或出奇計，使前敵不可測量，如尋環中不知端際也。」還相生，周回反復，相輔相成。❹始如處女四句　四句見《孫子·九地篇》。曹操注：「處女，示弱；脫兔，往疾也。」言先示人以弱，使之懈怠；而後突然用強，使之不可抵禦。適，通「敵」。脫兔，脫網之兔，極言其奔突之疾。距，同「拒」。抵擋。

【語　譯】太史公說：作戰當然要靠正面交鋒，但要取勝則非出奇不可。善於作戰的人，他的奇計是變化無窮的。用奇和用正交錯使用，相互變化，就像圓環一樣無頭無尾。開始要裝得像處女那樣懦弱，使敵人放鬆戒備；然後要像脫網的兔子那樣一跳而出，使敵人來不及防備。這大概就是說的田單這種狀況吧！

1　初，淖齒之殺湣王也，莒人求❶湣王子法章，得之太史嬓❷之家，為人灌園。嬓女憐而善遇之。後法章私以情❸告女，女遂與通。及莒人共立法章為齊王❹，以莒距燕，而太史氏女遂為后，所謂「君王后」也❺。

2　燕之初入齊，聞畫邑人王蠋❻賢，令軍中曰：「環畫邑三十里無入！」以王蠋之故。已而使人謂蠋曰：「齊人多高子之義，吾以子為將，封子萬家。」蠋固謝❼。燕人曰：「子不聽，吾引三軍而屠畫邑。」王蠋曰：「忠臣不事二君，貞女不更❽二夫。齊王不聽吾諫，故退而耕於野。國既破亡，吾不能存❾；今又劫❿之以兵為君將，是助桀為暴也。與其生而無義，固不如亨。」遂經其頸於樹枝⓫，自奮絕脰而死⓬。齊亡大夫⓭聞之，曰：「王蠋，布衣也，義不北面於燕⓮，況在位食祿者乎？」乃相聚如莒，求諸子，立為襄王⓯。

【章　旨】以上為第五段，補敘太史嬓女與王蠋事，以見田單反攻獲勝之群眾基礎。

【注　釋】❶求　尋找。❷太史嬓　姓太史，名嬓。❸情　真情；真實情況。❹立法章為齊王　事在西元前二八四年。法章即齊襄王，西元前二八三—前二六五年在位。❺太史氏女遂為后二句　〈田敬仲完世家〉曰：「襄王既立，立太史氏女為王后，是為『君王后』。」按：以上法章蒙難灌園及太史嬓女的故事，可參見《戰國策・齊策六》與〈田敬仲完世家〉。此情節對後代才子佳人故事影響甚大，《灌園記》的戲文即由此敷演而成。嬓，《戰國策》作「敫」。❻畫邑人王蠋　畫邑，齊縣名，在今山東淄博臨淄西。王蠋，錢穆曰：「蓋即宣王時高論『士貴』之王斶也，其人蓋亦稷下先生之賢者。當湣王之末，諸儒散亡，彼殆以邦土未去，遂以死節也。」❼固謝　嚴厲拒絕。謝，推辭；拒絕。❽不更　即不改嫁。更，改。❾存　謂使齊國得以保全。❿劫　綁架；威逼。⓫經其頸於樹枝　套著脖子吊在樹上。《索隱》曰：「經，猶『繫』也。」⓬自奮絕脰而死　奮，跳盪；聳動。絕脰，勒斷脖子。《索隱》引何休曰：「脰，頸，齊語。」⓭亡大夫　逃亡四散的齊國官僚。⓮義不北面於燕　北面，指臣服於人。古者帝王皆南向坐，群臣北向叩拜，故稱「臣服」為「北面」。凌稚隆引王應麟曰：「安平（指田單）之功，以畫邑之王蠋；南陽（指劉秀）之興，以東郡之翟義，節行可以回人心。」按：以上王蠋義不為虎作倀事，《戰國策》不載。⓯求諸子立為襄王　崔適曰：「『諸子』應作『其子』。」瀧川曰：「『立』下脫『法章』二字。」歸有光曰：「贊後附出二事，著齊之所以轉亡而為存也。史公此等見作傳精神洋溢處，昔人云『峰斷雲連』是也。」凌稚隆曰：「論後更復綴此，正所謂浮雲斷雁者。」程一枝曰：「此節當在上文『號曰安平君』之下，今脫簡在後。」按：梁玉繩、崔述等亦皆贊同程說，疑應如此，歸有光、凌稚隆等說似覺勉強。

【語　譯】當淖齒殺掉齊湣王以後，堅守莒地的臣民們到處尋找湣王的兒子法章，後來在太史嬓家裡找到了他，他那時正幫著人家澆園。在此以前太史嬓的女兒因為可憐他而待他很好。後來法章就把真正身世告訴了她，太史嬓的女兒便偷偷地和他同居了。等到莒城人擁立法章當了齊王，在莒城堅守抵抗燕軍，而太史嬓的女兒便做了王后，就是歷史上所稱的「君王后」。

2　燕國軍隊開始攻入齊國的時候，聽說畫邑的王蠋有賢名，就向軍隊中下令說：「環繞畫邑方圓三十里大家都不准進入！」以此表示對王蠋的尊重。然後燕將派人對王蠋說：「齊國人都讚揚您的高尚行為，我任命您為將軍，封給一萬戶人家讓您當領主。」王蠋堅決不接受。燕國人說：「您如果不聽，我們就要帶兵來殺光畫邑的人！」王蠋說：「忠臣不侍奉兩個君主，烈女不改嫁二夫。因為齊王當初不聽我的勸告，所以我才退耕於田園。如今齊國已被打敗，我不能保全它，現在你們又用武力威脅我做你們的將軍，這不是讓我助桀為暴嗎？這樣活著還不如死了的好！」於是就在一棵樹上吊死了。齊國那些被燕軍打散藏在四處的大夫們聽到這件事後，說：「王蠋是一個普通百姓，尚且能夠不向燕國投降，更何況是我們這些做過齊國的官，享受過齊國俸祿的人呢！」於是大家會聚到了莒城，找到了湣王的兒子法章，擁立他做了齊王，這就是歷史上的齊襄王。

【研　析】本篇作品的思想意義在於：

一、歌頌了田單傑出的軍事才幹，歌頌了他出奇制勝，挽救國家危亡的歷史功勳。田單原來是臨淄市場的一名小吏，無人看重。後來在安平潰退中表現了他的聰明才智，於是在燕軍長驅平齊，齊國僅剩了莒和即墨兩座孤城，而即墨守將又已戰死的局面下，被推舉為即墨守將。田單首先施行反間計，挑動燕惠王罷免了燕軍的名將樂毅；接著又巧布疑陣，假託鬼神，一方面團聚內部，增強了自己的戰鬥力，同時也疑惑了敵軍；接著又故意挑動燕軍挖掘即墨人的墳墓，殘害齊軍的俘虜，以激起即墨軍民同仇敵愾、義無反顧的決心；他又派人假意通敵，騙得敵人驕盈鬆懈。在這一切準備就緒之後，他使用火牛趁黑夜突然出擊，出其不意地大破燕軍，並乘勢全線反攻，一舉收回了全部失地，重建了齊國。司馬遷在論贊中稱道田單說：「始如處女，適人開戶；後如脫兔，適不及距：其田單之謂邪！」敬慕之情，溢於言表。

二、作品告訴人們「得道多助，失道寡助」，戰爭的勝負決定於其性質是否正義的道理。三十年前，齊國趁燕國內亂曾大舉進攻、掠奪過燕國，後來又對其他國家進行武力擴張，引起了各國對齊國的憎恨。燕昭王即位後，長期積蓄，立志報仇；其他國家也希望「教訓」一下齊國，因而遂使樂毅率五國聯軍大破齊軍於濟西。目的達到後，其他國家紛紛撤軍，唯有燕國長驅直入，意在滅齊。齊人起來抵抗，他國之人亦漸漸反過來支持齊國抗燕。莒與即墨兩座孤城之所以能長期堅守，田單在發動反攻之後所以能「追亡逐北，所過城邑皆畔燕而歸」，其中的深刻道理是令人深省的。

三、作品中如實地記述了田單假託鬼神，以「神道設教」的手段組織人民，鼓舞士氣；同時也迷惑、恫嚇了敵人的故事，司馬遷將其具體寫出，主觀上是在歌頌田單的聰明才智，但在客觀上卻有揭破迷信，向人們進行宣傳的作用。這些描寫，尤其出現在天人感應、鬼神迷信盛行的漢代，更具有祛除迷信、解放思想的意義。

〈田單列傳〉是《史記》中篇幅最短的作品之一，但它故事緊湊，情節緊張，有開頭，有發展，有高潮，也是《史記》中最具小說特點的篇章之一。其中太史嬓女掩護落難的齊國王子法章並與之戀愛的故事，開貴族小姐慧眼識英雄，搭救落難公子模式的才子佳人小說之先河。

卷八十三

魯仲連鄒陽列傳第二十三

【題解】這是一篇魯仲連與鄒陽兩人的合傳。作品的中心情節是記述了秦軍圍困邯鄲，趙國情勢緊急，東方的投降主義論調甚囂塵上之時，魯仲連挺身而出，痛責新垣衍，鼓舞了抗戰派，為促進東方聯合陣線的形成做出了巨大貢獻的過程，表現了魯仲連急人之難的俠義精神與不畏強暴的英雄本色；而其事成之後的不居功、不受賞，又體現了其思想品質的高尚廉潔，魯仲連是我國古代最受人傾慕的人物形象之一。此外作品還寫了魯仲連的致書於被困孤城的燕將，勸其不要繼續頑抗，從而消解了一場無謂的戰爭屠戮。鄒陽與魯仲連本不是一路人，但他蒙冤下獄，上書自明，書辭華美，人所受讀；且其遭遇又深深鉤起司馬遷的同病相憐，故而作文章為其立傳。

1 魯仲連者，齊人也❶。好奇偉俶儻❷之畫策，而不肯仕宦任職，好持高節。游於趙❸。

2 趙孝成王❹時，而秦王使白起破趙長平之軍前後四十餘萬❺，秦兵遂東圍邯鄲❻。趙王恐，諸侯之救兵莫敢擊秦軍。魏安釐王❼使將軍晉鄙❽救趙，畏秦，止於蕩陰不進⑨。魏王使客將軍⑩新垣衍⑪間入⑫邯鄲，因平原君謂趙王⑬曰：「秦所為急圍趙者，前與齊湣王爭彊為帝，已而復歸帝⑭；今齊已益弱⑮，方今唯秦雄天下，此非必貪邯鄲，其意欲復求為帝。趙誠發使尊秦昭王為帝⑯，秦必喜，罷兵去。」平原君猶預未有所決。

3 此時魯仲連適游趙，會秦圍趙，聞魏將欲令趙尊秦為帝，乃見平原君曰：「事將柰何？」平原君曰：「勝也何敢言事⑰？前亡四十萬之眾於外，今又內圍邯鄲而不能去⑱。魏王使客將軍新垣衍令趙帝秦，今其人在是。勝也何敢言事！」魯仲連曰：「吾始以君為天下之賢公子也，吾乃今然後⑲知君非天下之賢公子也。梁客⑳新垣衍安在？吾請為君責而歸之㉑。」平原君曰：「勝請為紹介㉒而見之於先生。」平原君遂見新垣衍，曰：「東國㉓有魯仲連先生者，今其人在此，勝請為紹介，交之於將軍。」新垣衍曰：「吾聞魯仲連先生，齊國之高士也。衍，人臣也，使事有職㉔，吾不願見魯仲連先生㉕。」平原君曰：「勝既已泄之矣㉖。」新垣衍許諾。

4 魯連見新垣衍而無言㉗。新垣衍曰：「吾視居此圍城之中者，皆有求於平原君者也；今吾觀先生之玉貌，非有求於平原君者也。曷為久居此圍城之中而不去？」魯仲連曰：「世以鮑焦[28]為無從頌而死[29]者，皆非也。眾人不知，則為一身[30]。彼秦者，弃禮義而上首功[31]之國也。權使其士[32]，虜使其民[33]。彼即肆然[34]而為帝，過而為政於天下[35]，則連有蹈東海而死耳，吾不忍為之民也。所為見將軍者，欲以助趙也。」

5 新垣衍曰：「先生助之將柰何[36]？」魯連曰：「吾將使梁及燕助之[37]，齊、楚則固助之矣[38]。」新垣衍曰：「燕則吾請以從矣[39]；若乃梁者，則吾乃梁人也，先生惡能[40]使梁助之？」魯連曰：「梁未睹秦稱帝之害故耳；使梁睹秦稱帝之害，則必助趙矣。」

6 新垣衍曰：「秦稱帝之害何如？」魯連曰：「昔者齊威王[41]嘗為仁義矣，率天下諸侯而朝周[42]。周貧且微，諸侯莫朝，而齊獨朝之。居歲餘，周烈王崩[43]，齊後往[44]。周怒，赴於齊[45]曰：『天崩地坼[46]，天子下席[47]。東藩[48]之臣因齊[49]後至，則斮[50]。』齊威王勃然怒曰：『叱嗟，而母婢也[51]！』卒為天下笑[52]。故生則朝周，死則叱之[53]，誠不忍其求[54]也。彼天子固然[55]，其無足怪。」

7 新垣衍曰：「先生獨不見夫僕乎？十人而從一人者，寧力不勝而智不若邪？畏之也。」魯仲連曰：「嗚呼！梁之比於秦若僕邪？」新垣衍曰：「然。」魯仲連曰：「吾將使秦王烹醢[56]梁王。」新垣衍怏然不悅，曰：「噫嘻[57]，亦太甚矣先生之言也！先生又惡能使秦王烹醢梁王？」魯仲連曰：「固也，吾將言之。昔者九侯[58]、鄂侯[59]、文王[60]，紂之三公[61]也。九侯有子而好[62]，獻之於紂[63]。紂以為惡，醢九侯[64]。鄂侯爭之彊[65]，辯之疾[66]，故脯鄂侯[67]。文王聞之，喟然[68]而歎，故拘之牖里[69]之庫百日，欲令之死。曷為與人俱稱王，卒就脯醢之地？齊湣王將之魯[70]，夷維子[71]為執策[72]而從，謂魯人曰：『子將何以待吾君？』魯人曰：『吾將以十太牢[73]待子之君。』夷維子曰：『子安取禮而來待吾君[74]？彼吾君者，天子也。天子巡狩[75]，諸侯辟舍[76]，納筦籥[77]，攝衽抱机，視膳於堂下[78]。天子已食，乃退而聽朝[79]也。』魯人投其籥，不果納[80]。不得入於魯，將之薛[81]，假途於鄒[82]。當是時，鄒君死，湣王欲入弔。夷維子謂鄒之孤[83]曰：『天子弔，主人必將倍殯棺，設北面於南方[84]，然後天子南面弔也。』鄒之羣臣曰：『必若此，吾將伏劍而死，固不敢入於鄒[85]。』鄒、魯之臣，生則不得事養，死則不得賻襚[86]，然且欲行天子之禮於鄒、魯，鄒、魯之臣不果納。今秦萬乘之國也，梁亦萬乘之國也。俱據萬乘之國，各有稱王之名，睹其一戰而勝，欲從而帝之[87]，是使三晉[88]之大臣不如鄒、魯之僕妾[89]也。且秦無已而帝[90]，則且變易諸侯之大臣[91]。彼將奪其所不肖[92]而與其所賢，奪其所憎而與其所愛。彼又將使其子女讒妾[93]為諸侯妃姬，處梁之宮[94]。梁王安得晏然而已[95]乎？而將軍又何以得故寵[96]乎？」

8 於是新垣衍起，再拜，謝曰：「始以先生為庸人，吾乃今日知先生為天下之士[97]也。吾請出[98]，不敢復言帝秦。」秦將聞之，為卻軍五十里[99]。適會魏公子無忌[100]奪晉鄙軍以救趙[101]，擊秦軍，秦軍遂引而去。

9 於是平原君欲封魯連，魯連辭讓者三[102]，終不肯受。平原君乃置酒，酒酣，起前，以千金為魯連壽[103]。魯連笑曰：「所貴於天下之士者，為人排患釋難解紛亂而無取也。即[104]有取者，是商賈之事也，而連不忍為也。」遂辭平原君而去，終身不復見[105]。

【章　旨】以上為第一段，寫魯仲連駁斥新垣衍的投降論調，為東方的聯合抗秦鼓舞士氣、大造輿論事。

【注　釋】❶齊人也　齊，戰國時的諸侯國名，國都臨淄（今山東淄博臨淄西北）。魯仲連時期的齊王為齊王建，西元前二六四—前二二一年在位。❷俶儻　灑脫不群的樣子。俶，通「倜」。❸趙　戰國時諸侯國名，國都邯鄲（今河北邯鄲）。❹趙孝成王　惠文王之子，名丹，西元前二六五—前二四五年在位。❺秦王使白起破趙長平之軍前後四十餘萬　事在趙孝成王六年（西元前二六〇年）。秦王，秦昭王，西元前三〇六—前二五一年在位。白起，秦國名將，曾多次破楚，又大破趙軍於長平（今山西高平西北），坑趙卒四十餘萬。過程詳見〈白起王翦列傳〉、〈廉頗藺相如列傳〉。❻秦兵遂東圍邯鄲　白起破趙軍於長平後，請求立即進擊邯鄲，秦相范雎阻撓其事，白起憤而稱病離軍。一年後（西元前二五九年），秦王復令秦將王陵、王齕等進圍邯鄲，將邯鄲圍困達三年之久。❼魏安釐王　魏昭王之子，名圉，西元前二七六—前二四三年在位。❽晉鄙　魏國將軍。❾止於蕩陰不進　〈魏公子列傳〉云：「魏王使將軍晉鄙將十萬眾救趙。秦王使使者告魏王曰：『吾攻趙旦暮且下，而諸侯敢救者，已拔趙，必移兵先擊之。』魏王恐，使人止晉鄙，留軍壁鄴。」蕩陰，即今河南湯陰。鄴，在今河北磁縣南。按：鄴縣在蕩陰縣北，相距不遠，故兩文說法不一致。❿客將軍　他國人在此國為將者，亦猶秦之有所謂「客卿」者也。⓫新垣衍　姓新垣，名衍。漢文帝時有所謂「新垣平」者，即此姓也。按：新，《戰國策》作「辛」。⓬間入　潛入；化裝進入。因城外有秦軍包圍。⓭因平原君謂趙王　經平原君引見，勸說趙孝成王。平原君，趙勝，趙孝成王之叔，時為趙相，平原君是其封號。事跡見〈平原君虞卿列傳〉。⓮前與齊湣王爭彊為帝二句　戰國中後期，秦、齊兩國的勢力為最強，他們不再滿足和其他諸侯一樣稱「王」，於是在西元前二八八年，秦昭王與齊湣王（名地，西元前三〇〇－前二八四年在位）相約改「王」稱「帝」。秦為西帝，齊為東帝。後齊湣王聽從蘇秦建議自去帝號，合縱抗秦，秦國孤立，被迫取消帝號，仍舊稱王。過程詳見《戰國策‧齊策四》。⓯今齊已益弱　齊湣王十七年（西元前二八四年），樂毅為燕國率五國聯軍伐齊，大破齊軍於濟西；燕軍又乘勝深入，破臨淄。齊湣王逃於莒，被其相楚將淖齒所殺，齊國從此遂一蹶不振。詳見〈樂毅列傳〉、〈田單列傳〉。「齊」下原有「湣王」二字。然此時齊湣王已不在世。張文虎《禮記》卷五亦云：「鮑注《國策》云衍『湣王』二字。」今據刪。⓰尊秦昭王為帝　鮑彪曰：「『昭』字衍。」蓋「昭」乃此秦王死後之謚也。⓱勝也何敢言事　趙孝成王四年（西元前二六二年），秦兵斬斷了韓國的上黨地區與其國都新鄭的聯繫，韓不能守，棄之令其降秦。上黨守將馮亭不欲降秦，而率其軍民以其地東降趙。趙國該不該接受馮亭的投降，諸臣意見不一。平原君以為不費力而得地，勸趙王許之，由此遂導致了後來的長平之敗。事後諸臣皆譴責平原君「利令智昏」，故平原君有此戚惶負咎之狀。詳見〈趙世家〉。⓲去　去之。指驅退秦兵。⓳乃今然後　錢鍾書曰：「四字乍視尤若堆疊重複，實則曲傳躊躇遲疑，非所原而不獲已之心思語氣。」按：《左傳》襄公七年「吾乃今而後知有卜筮」；《莊子‧逍遙遊》「而後乃今圖南」，句式皆與此相似，洪邁以為「周沓重複」，以突出當時說話之感情氣勢也。⓴梁客　指新垣衍。魏國起初建都於安邑（今山西夏西北），至惠王時遷都於大梁（今河南開封），故魏國從此亦稱曰「梁國」。㉑責而歸之　斥責他，打發他回去。㉒紹介　即今「介紹」，引見。㉓東國　指齊國，因其在趙國之東，故趙人稱之「東國」。㉔使事有職　意謂我是奉使來此，有任務在身。職，主也；主為某事。㉕吾不願見魯仲連先生　凌稚隆曰：「衍既知仲連為『高士』，而顧不願見之，亦預知其不肯帝秦耳。」㉖已泄之矣　鮑彪曰：「言已白之。」㉗魯連見新垣衍而無言　按：此乃一種論辯策略，與范雎求見秦王而不言的情形相似，正見魯連之老練深沉。魯仲連請見而不開言，新垣衍一套話卻披頭澆下，見其驕滿跋扈之狀，以與後之喪氣狀態相對照。㉘鮑焦　《正義》引《韓詩外傳》曰：「周時隱者也。飾行非世，廉潔而守，荷擔採樵，拾橡充食。子貢遇之，謂之曰：『吾聞非其政者，不履其地；汙其君者，不受其利。今子履其地而食其利，其可乎？』鮑焦曰：『吾聞廉士重進而輕退，賢人易愧而輕死。』遂抱木立枯焉。」按：此事亦見於《莊子·盜跖》。(29)無從頌而死　《索隱》曰：「從頌者從容也。世人見鮑焦之死，皆以為不能再寬容而取死，此言非也。」從頌，同「從容」。無從容，即心胸狹隘，想不開。按：魯仲連引鮑焦自喻，以為鮑焦之死不是由於心胸狹隘，乃是為了堅持某種大義，維護某種原則。(30)眾人不知二句　一般人不理解，認為鮑焦只是為個人的面子和名譽而死。(31)上首功　尊崇斬敵立功。秦法，凡斬敵首一個，即升爵一級。秦爵共二十級，其名稱詳見〈商君列傳〉、〈白起王翦列傳〉注。上，通「尚」。尊崇。(32)權使其士　以權詐的辦法使用它的士大夫。(33)虜使其民　像使用奴隸似地使用他們國家的百姓。(34)即肆然　即，若。肆然，猶今之所謂「公然」、「肆無忌憚的」。(35)過而為政於天下　過，進而。王念孫曰：「過，猶甚也。」為政於天下，即統治整個中國。(36)先生助之將柰何　意即你將如何幫助趙國。(37)吾將使梁及燕助之　燕，西周初期以來的諸侯國名，始封之君為武王之弟召公奭，國都薊（即今北京市）。現時的燕王大約為燕孝王，西元前二五七—前二五五年在位。凌稚隆引董份曰：「使梁助者，反言以發其端，最妙。」(38)齊楚則固助之矣　齊楚兩國本來就已經援助趙國了。楚，西周以來諸侯國名，起先都於郢（今湖北江陵西北），此時受秦攻擊，已東北遷到陳縣（今河南淮陽）。(39)燕則吾請以從矣　意思是你說你能讓燕國援助趙國，這一點我可以姑且相信。請，謙詞。從，聽信。(40)惡能　如何能夠。惡，也寫作「烏」，如何。(41)齊威王　名因齊，西元前三五六—前三二〇年在位。(42)周　周武王滅殷建立的朝代名，東周以來日漸衰落，至戰國時已漸漸成為徒有其名的傀儡。齊威王時代的周天子為周顯王，西元前三六八—前三二一年在位，都於洛陽（今河南洛陽東北）。(43)居歲餘二句　按：此處敘事有誤。周烈王名喜，西元前三七五—前三六九年在位，與齊威王不同時。或者「周烈王」應作「周顯王」，周顯王卒於西元前三二一年，時當齊威王三十六年。(44)齊後往　齊王沒有及時的前往弔唁。(45)赴於齊　到齊國通報喪事。赴，通「訃」。往報喪事。(46)坼裂。(47)下席　離位，隱指死。《正義佚文》：「下席，言崩歿也。」或曰，「天崩地坼」指老天子死，「下席」指小天子守喪。《索隱》曰：「言其寢苫（睡草墊子）居廬。」(48)東藩　東方的諸侯國，即指齊，古代稱諸侯國為天子的藩籬、屏障。(49)因齊　齊威王的名字，古代直呼人的名字是一種極不尊重的表現。(50)後至二句　意謂你再不快到，就宰了你。斮，通「斫」。砍；斬。(51)而母婢也　罵人語，猶今北京所罵「丫頭養的」。而，你；你的。(52)為天下笑　笑齊威王對周國前尊後罵，自討苦吃。繆文遠曰：「《史記》關於戰國年代，錯亂特甚，周烈王崩當在田齊桓公之時，與齊威王不相值，何得有齊威王朝見周烈王之事乎？據錢穆之說，當為魏惠王於前三四四年召集逢澤之會，會後率諸侯朝周王於孟津一事之訛傳。」(53)生則朝周二句　「生」、

「死」皆指「周烈王」言。[54]不忍其求　受不了他們的苛求。[55]彼天子固然　當「天子」的人本來就是這種脾氣。[56]烹醢　煮成肉粥。醢，肉醬。淩稚隆引董份曰：「比之於僕，所以甚辱而激之。衍既甘處為僕，則義分不能激矣，故以生死而駭激之。」[57]噫嘻　憤怒不滿之聲。[58]九侯　亦作「鬼侯」，商朝時的少數民族部落首領，大約活動在今山西北部。[59]鄂侯　鄂國（在今河南沁陽西北）的君主。[60]文王　周國（在今西安市西南）的君主，武王之父。[61]三公　周朝指司徒、司馬、司空，在這裡借指朝廷重臣，言上述三人皆在商朝任職，位尊權重。[62]有子而好　子，這裡指女兒。好，美麗。[63]紂　商朝的末代君主，以殘暴著稱，詳見〈殷本紀〉。[64]紂以為惡二句　惡，不好看。〈殷本紀〉云：「九侯女不喜淫，紂怒，殺之，而醢九侯。」與此略異。[65]爭之彊　猶言「極力勸阻。」爭，諫止。[66]辯之疾　強烈的為九侯辯護。[67]脯鄂侯　將鄂侯做成了肉乾。脯，肉乾。[68]喟然　傷心的樣子。[69]牖里　也寫作「羑里」，古邑名，在今河南湯陰北。[70]齊湣王將之魯　事在齊湣王十七年（西元前二八四年），當時樂毅率燕軍攻克齊都臨淄，齊湣王逃出臨淄，曾一度至魯。魯，西周初建立的諸侯國名，都曲阜，此時在齊、楚的控制下，已瀕臨滅亡。[71]夷維子　夷維是齊國地名，即今山東高密，後為其封君的姓氏。「夷維子」為齊湣王近臣，稱「子」者，史失其名。[72]策　馬鞭。或謂指典籍，記載典章制度的文獻。[73]太牢　指牛羊豕各一頭。十太牢是當時獻享諸侯的應有禮數。[74]子安取禮而來待吾君　你們這套接待我們君主的禮節是從哪裡學來的？「待」字原無。承上文「子將何以待吾君」字，應有「待」字。王念孫《讀書雜志‧史記卷四》亦曰：「『來』下脫『待』字，當依〈趙策〉補。」今據補。[75]巡狩　巡視各國諸侯為天子所守的封疆，即今之所謂「視察」。狩，通「守」。[76]諸侯辟舍　被巡視的諸侯要將自己的宮殿騰出來讓天子住，自己住到外面去。辟，通「避」。瀧川曰：「避正朝而外舍，不敢有其國也。」[77]納筦籥　把自己城門、宮門的鑰匙交給天子。筦籥，即今所謂鑰匙。《戰國策‧趙策》於此作「筦鍵」。鮑彪注：「筦，鑰也；鍵，其牡。」[78]攝衽抱机二句　挽起袖子，端著托盤，奔上跑下地侍候天子吃飯。衽，衣袖。机，通「几」。案，端送飯菜的托盤。[79]天子已食二句　侍候天子吃過飯後，諸侯才可以出去處理本國的事務。[80]投其籥二句　憤怒地把鑰匙摔到地上，不給齊湣王開城門。或曰，「投籥」猶言「下鎖」，即關門不令其入。[81]薛　齊邑名，在今山東棗莊西北，當時是孟嘗君田文的封地。[82]假途於鄒　意即中間經過鄒國。假途，借道；通過。鄒，春秋時的小國名，也寫作「邾」，在今山東鄒縣東南，戰國時為楚國附庸。從曲阜往薛縣，中途經過鄒邑。[83]鄒之孤　已死鄒君的兒子。無父曰孤。[84]倍殯棺二句　倍，通「背」。倒過來。古代以坐北朝南為正位，故靈堂之設都是朝南。現在齊湣王來弔祭，於是就讓人家把靈堂改為坐南朝北，以保持齊湣王的永遠坐北朝南。[85]必若此三句　意謂「如果這樣的話，我們寧可死，也不能讓你進鄒國來。」入，放進。或曰，「固」通「故」，《國策》作「故」，則此句的主語為齊湣王，亦通。(86)生則不得事養二句　極言魯國、鄒國之貧弱。賻襚，送給喪家的禮物。《正義》曰：「衣服曰襚，貨財曰賻，皆助生送死之禮。」(87)帝之　尊秦為帝。(88)三晉　指韓、趙、魏三國，此外主要指魏國。「三晉之大臣」雖係泛稱，但此處主要指新垣衍，因為他公開倡導尊秦為帝。(89)僕妾　奴僕、婢女，實指上文所稱之「鄒魯之臣」。(90)無已而帝還不是稱了帝就算完事。(91)則且變易諸侯之大臣　他還將更換各諸侯國的執政大臣。(92)奪其所不肖　剝奪那些他所認為不好的大臣的權位。不肖，不類其父，通常用為「不成材」、「沒出息」的意思。(93)子女讒妾　泛稱秦國王室的女子。讒妾，擅於挑撥離間、搬弄是非的女人。(94)處梁之宮　嫁到梁國的宮廷裡去。(95)晏然而已　太平無事的一直活下去。晏然，安然。晏，安。(96)得故寵　保持原有的爵祿。(97)天下之士　天下數得著的傑出之士。(98)請出　請允許離開邯鄲。(99)為卻軍五十里　司馬光《通鑑考異》曰：「仲連所言，不過論帝秦利害耳，故新垣衍慚怍而去則有之，秦軍何預而退軍五十里乎？此遊談者之誇大也。」繆文遠引林春溥曰：「是時趙李同與三千人赴秦軍，秦軍為之卻三十里，《策》蓋因此而張大之。」按：李同事見〈平原君虞卿列傳〉。(100)魏公子無忌　即信陵君，魏安釐王之弟。(101)奪晉鄙軍以救趙　魏公子無忌用侯嬴計策竊符矯奪晉鄙兵以救趙國事，在魏安釐王二十年，趙孝成王九年，西元前二五七年，詳見〈魏公子列傳〉。按：此次出兵救魏以擊秦軍者，尚有楚之春申君。(102)魯連辭讓者三　「者」上原有「使」字，《戰國策》無。今據《戰國策》刪。(103)以千金為魯連壽　壽，敬酒祝福。這裡即敬獻禮品。(104)即　若。(105)終身不復見　按：以上魯仲連義不帝秦事，見《戰國策．趙策三》。吳師道曰：「仲連事皆可頌，而不帝秦一節尤偉。戰國之士皆以勢為強弱，而連獨以義為重輕，此其所以異耳。」楊潮觀曰：「戰國策士縱橫，干秦貨楚，唯魯連於世無求，獨申大義於天下，其賢於人遠矣。」馬非百曰：「仲連面斥新垣衍于秦勢方張、舉世風靡之際，高論帝秦之害，粉碎秦人二次稱帝之陰謀，振奮邯鄲抗戰到底之勇氣，影響於當日國際局勢者，實巨且大。」張星徽曰：「通篇用許多事實，卻點化得都復人妙：『叱嗟』一事實也，『醢脯』一事實也，為不可帝秦之證；『不得入魯』一事實也，『不敢入鄒』一事實也，為不肯帝秦之證。前兩事連貫而下，中故作一斷；後兩事對豎而起，末方做一整，章法離奇錯落，可為徵引指南矣。」

【語　譯】魯仲連是齊國人。能幫人謀劃奇妙的計策，但不願做官任職，喜歡保持一種清高的姿態。他雲遊到了趙國。

2 趙孝成王在位時，秦昭王派大將白起在長平一舉消滅了趙軍四十多萬，不久秦兵又包圍了趙國的都城邯鄲。趙王固然害怕，連其他國家派來救趙的軍隊也不敢對秦軍作戰。魏安釐王已經派將軍晉鄙率軍救趙，但由於害怕秦國，中途又讓晉鄙停在了蕩陰縣，不再前進。同時還派客座將軍新垣衍潛入趙都邯鄲，讓他通過平原君的介紹對趙王說：「秦國之所以攻邯鄲這麼緊急，就是因為前一次與齊湣王爭強稱帝，稱了幾天又退回去了。如今齊國已經越來越弱，只有秦國天下無敵，秦國這次攻趙未必是想得到邯鄲，其真正目的是還想稱帝。趙國如能主動派使者去尊秦昭王為帝，秦昭王必然高興，必然會撤兵而去。」平原君心中猶豫，拿不定主意。

3 這時魯仲連正雲遊到了趙國，正遇上秦兵包圍邯鄲。他聽說魏將新垣衍來勸說趙王，讓趙國尊秦為帝，於是去見平原君說：「事情您打算怎麼辦？」平原君說：「我現在還怎麼敢說話？前不久趙國已經在外頭損失了四十多萬人，如今秦兵又圍困邯鄲，而無法令其退去。魏王派新垣衍來勸說趙國尊秦為帝，現在他就在這裡。我現在還敢說什麼呢？」魯仲連說：「本來我以為您是當今天下的一位賢公子，通過今天這件事我才認識到你不是當今天下的賢公子。梁國的客人新垣衍在哪裡？讓我幫您譴責他，打發他滾回去。」平原君說：「那我就介紹他和您見面。」於是平原君去對新垣衍，說：「東方齊國有位魯仲連先生，他如今正在邯鄲，我想介紹他和您認識。」新垣衍說：「我聽說魯仲連先生是齊國的高士，而我新垣衍是魏國的臣子，負有使命到此，我不想見魯先生。」平原君說：「我已經向他提過您。」新垣衍只好答應了。

4 魯仲連見到新垣衍後好長時間沒說話。新垣衍說：「如今還留在這座圍城之中的人，我看都是有求於平原君的；可是我看先生您的尊容，不像是有求於平原君的。您為什麼還留在這座孤城裡而不走呢？」魯仲連說：「許多人認為鮑焦不是從容而死，這些人的看法都是錯誤的。他們不理解鮑焦，便認為鮑焦是為了個人。那秦國，是個不講禮義而專門重視殺敵立功的國家。它們靠著權詐來駕馭各級官僚士人，像使喚奴隸一樣地使喚它的黎民百姓。這種國家的君主如果一旦悍然稱帝，並進一步統治天下，那我魯仲連寧可跳東海而死，我也絕不甘心作它的子民。我之所以要見你，是要告訴你我想幫助趙國。」

5 新垣衍說：「您有什麼辦法幫助趙國？」魯仲連說：「我想讓梁國、燕國幫助趙國，至於齊國、楚國本來就已經幫助趙國了。」新垣衍說：「您說您能讓燕國幫助趙國，這我姑且相信；至於梁國，我就是梁國人，您怎麼能讓梁國幫助趙國呢？」魯仲連說：「梁國是沒有看到秦國稱帝之後的禍害，所以它按兵不動；如果它看到了秦國稱帝之後的禍害，就一定會幫助趙國了。」

6 新垣衍說：「秦國稱帝會有什麼禍害？」魯仲連說：「當年齊威王曾倡導仁義，想率領各國諸侯往朝周天子。周國那時已經是既貧且弱，誰也不願去朝拜它，而齊國自己去了。一年之後，周烈王死了，齊國沒有及時地去參加葬禮。這時周國便氣急敗壞地給齊國發去訃告說：『現在山崩地裂，天子命喪，東部藩國的小臣田因齊如敢不按時到達參加喪禮，就把你剁成碎塊。』齊威王一聽勃然大怒，罵道：『呸！你這個丫頭生的！』結果招得天下譏笑。為什麼人活著的時候去朝拜他，死了之後就罵他呢？實在是受不了他們的那種苛求。但『天子』的派頭嘛，這你就沒法怪人家啦。」

7 新垣衍說：「您沒有見過僕人嗎？十個僕人侍候一個主子，難道是力氣、智慧不如嗎？不是，是因為怕他。」魯仲連說：「噢！梁國和秦國的關係竟像僕人與主子嗎？」新垣衍說：「是的。」魯仲連說：「如果這樣我將讓秦王把梁王煮成肉粥。」新垣衍皺了一下眉頭說：「哼，您這話也太過分了！您說您有什麼辦法讓秦王把我們梁王煮成肉粥？」魯仲連說：「當然啦，聽我來給你說。當初九侯、鄂侯、文王，是殷紂王的『三公』，九侯有個女兒長得好，他把她獻給了殷紂王。殷紂王認為不好，一發怒把九侯剁成了肉醬。鄂侯極力勸阻，強烈為九侯分辯，紂王一怒又把鄂侯做成了肉乾。文王聽說後，只是傷心地歎息了一聲，遂被紂王扣押在牖里的倉庫裡，扣押了一百天，想要把他弄死。本來和殷紂一樣都是『王』，為什麼讓人家給剁成肉醬、做成肉乾呢？齊湣王被人打敗逃到魯國，夷維子手執馬鞭跟在身後，對魯國人說：『你們將以何等禮節招待我們的國君？』魯國人說：『我們將以十太牢的禮數敬待你們國君。』夷維子說：『你們這是從哪裡學來的禮節？我們的國君是天子。天子巡遊到哪個諸侯國，那個國家的諸侯就得讓出自己住的房子，交出城門、宮門的鑰匙，親自掖起衣衿、端著托盤，站在下頭侍候天子吃飯。直到天子用餐完畢，諸侯才能退下去處理自己國家的事務。』魯國人一聽，乾脆關門上鎖，沒有讓他們進來。齊湣王沒能進入魯國，便想改道去薛，中途向鄒國借道。當時正趕上鄒君新死，齊湣王想進城弔唁。夷維子對鄒君的太子說：『天子給人弔唁，喪家必須把死者的棺木掉過方向，使之頭朝北，以便接受天子坐北朝南的弔唁。』鄒國的群臣一聽，說：『如果非得這樣，我們寧可伏劍而死，也不能讓你進鄒國的城門。』鄒、魯兩個小國的臣民，其國君活著窮得得不到吃喝，死後也沒人給送點陪葬，但要是有人想對他們擺『天子』的禮數，他們尚且能堅決頂回去。現在秦是一個萬乘之國，梁同樣也是一個萬乘之國。都是萬乘之國，都有稱王的名義，就因為看著他打了一兩場勝仗，於是就想尊他為帝，這豈不說明三晉的大臣還不如鄒、魯小國的那些婢僕嗎。況且秦國也絕不會因為你尊他為帝就算完，他必將改換各諸侯國的執政大臣。必將撤掉他們認為不好的而換上他們所認為好的，罷免他們所討厭的而任用他們所喜歡的。他們還將把大量秦國的女人派給各國諸侯作妃嬪，嫁到你們梁國的宮廷裡。這樣，你們的梁王還能生活得那麼悠閒自在嗎？將軍您又怎麼保持您舊有的恩寵呢？」

8 新垣衍一聽，起身再拜，道歉說：「開始我把您當成了平凡人，通過今天的談話，我才知道先生是天下少有的奇才。我請求回去，我再也不敢提尊秦為帝的事了。」秦將聞知這一消息，自動為之退兵五十里。剛好這時魏公子竊符奪得了晉鄙的兵權，率之救趙，進擊秦軍，秦軍遂撤退而去。

9 事過之後，平原君欲封魯仲連官爵，魯仲連再三推辭，不肯接受。平原君設宴招待魯仲連，喝到高興時，平原君起身到魯仲連跟前，以千金之禮為魯仲連祝福致謝。魯仲連笑著說：「天下名士之所以可貴，就在於他能為人排解危難而分文不取。如果辦了事而有所取，那就成了商人做買賣，這是我魯仲連所不能幹的。」說罷遂辭平原君而去，從此再也沒有露過面。

1 其後二十餘年，燕將攻下聊城❶。聊城人或讒之燕，燕將懼誅，因保守聊城，不敢歸。齊田單❷攻聊城歲餘，士卒多死而聊城不下。魯連乃為書，約之矢❸以射城中，遺❹燕將。書曰：

2 「吾聞之，智者不倍時❺而弃利，勇士不却死❻而滅名，忠臣不先身❼而後君。今公行一朝之忿，不顧燕王之無臣❽，非忠也；殺身亡聊城❾，而威不信❿於齊，非勇也；功敗名滅，後世無稱焉，非智也。三者世主不臣⓫，說士不載⓬，故智者不再計⓭，勇士不怯死。今死生榮辱，貴賤尊卑，此時不再至⓮，願公詳計而無與俗同。

3 「且楚攻齊之南陽⓯，魏攻平陸⓰，而齊無南面之心⓱。以為亡南陽之害小，不如得濟北⓲之利大，故定計審處⓳之。今秦人下兵⓴，魏不敢東面㉑；衡秦之勢成㉒，楚國之形危㉓；齊弃南陽，斷右壤㉔，定濟北，計猶且為之也。且夫齊之必決於聊城，公勿再計㉕。今楚、魏交退於齊㉖，而燕救不至㉗。以全齊之兵，無天下之規㉘，與聊城共據期年之敝㉙，則臣見公之不能得㉚也。且燕國大亂，君臣失計，上下迷惑，栗腹以十萬之眾五折於外，以萬乘之國被圍於趙㉛，壤削主困，為天下僇笑㉜。國敝而禍多，民無所歸心。今公又以敝聊之民距全齊之兵，是墨翟之守㉝也；食人炊骨㉞，士無反外㉟之心，是孫臏之兵㊱也，能見於天下㊲。雖然，為公計者，不如全車甲以報於燕㊳。車甲全而歸燕，燕王必喜；身全而歸於國，士民如見父母[39]，交游[40]攘臂[41]而議於世[42]，功業可明[43]。上輔孤主以制羣臣，下養百姓以資說士[44]，矯國更俗[45]，功名可立也。亡意[46]亦捐燕弃世，東游於齊[47]乎？裂地定封[48]，富比乎陶、衛[49]，世世稱孤[50]，與齊久存，又一計也。此兩計者，顯名[51]厚實[52]也，願公詳計而審處一[53]焉。

4 「且吾聞之，規小節者不能成榮名，惡小恥者不能立大功[54]。昔者管夷吾射桓公中其鉤[55]，篡[56]也；遺公子糾[57]不能死[58]，怯也；束縛桎梏[59]，辱也。若此三行者，世主不臣[60]而鄉里不通[61]。鄉使管子幽囚而不出，身死而不反於齊，則亦名不免為辱人[62]賤行[63]矣。臧獲[64]且羞與之同名矣，況世俗乎！故管子不恥身在縲紲[65]之中，而恥天下之不治[66]；不恥不死公子糾[67]，而恥威之不信於諸侯[68]。故兼三行之過[69]而為五霸首[70]，名高天下而光燭鄰國。曹子[71]為魯將，三戰三北，而亡地五百里[72]。鄉使[73]曹子計不反顧[74]，議不還踵[75]，刎頸而死，則亦名不免為敗軍禽將[76]矣。曹子棄[77]三北之恥，而退與魯君計[78]。桓公朝天下，會諸侯[79]，曹子以一劍之任，枝桓公之心[80]於壇坫[81]之上。顏色不變，辭氣不悖，三戰之所亡一朝而復之[82]。天下震動，諸侯驚駭，威加吳、越[83]。若此二士者，非不能成小廉而行小節[84]也，以為殺身亡軀，絕世滅後，功名不立，非智也。故去感忿之怨[85]，立終身之名；棄忿悁之節[86]，定累世之功[87]。是以業與三王[88]爭流[89]，而名與天壤相獘[90]也。願公擇一而行之[91]。」

燕將見魯連書，泣三日，猶豫不能自決。欲歸燕，已有隙[92]，恐誅；欲降齊，所殺虜於齊甚眾，恐已降而後見辱。喟然歎曰：「與[93]人刃我，寧自刃。」乃自殺。聊城亂，田單遂屠聊城[94]。歸而言魯連[95]，欲爵之。魯連逃隱於海上，曰：「吾與富貴而詘於人[96]，寧貧賤而輕世肆志[97]焉。」

【章旨】以上為第二段，寫魯仲連助齊取聊城事。

【注釋】❶其後二十餘年二句　《集解》引徐廣曰：「案年表，田單攻聊城在長平後十餘年也。」錢大昕曰：「按〈六國表〉，無田單攻聊城事。細繹徐氏文義，特以仲連有遺書栗腹事，推檢時代，當在長平後十餘年，以正史公云『二十年』之誤，非謂年表有田單事也。仲連遺書之燕將，必非與樂毅同時。蓋其事在燕王喜之世，則有以偏師下齊城，懼讒不敢歸者，不用仲連之言，至身死城屠。史公所書，比《戰國策》為得其實。」按：楊寬以為事在齊王建十五年，燕王喜五年，西元前二五〇年。聊城，齊邑名（在今山東聊城西北）。❷田單　戰國後期的齊國名將，曾用火牛陣大破燕軍，重建齊國，事跡詳見〈田單列傳〉。繆文遠曰：「田單破燕軍在前二七九年，前二六四年田單去齊相趙。若以為前二五〇年栗腹敗後事，則田單去齊已十四年，不聞復返齊國。」按：繆氏此語與吳師道說同誤，前此張琦已曰：「〈田單傳〉止載復齊七十城事，其後趙孝成王請單為將而攻燕，明年為趙相，又後十餘年，單乃為齊復聊城，皆雜見他傳。史公文簡而事備，往往如此。」❸約之矢　包纏在箭桿上。約，束；縛。❹遺　給。❺倍時　錯過時機。倍，通「背」。違。❻却死　《索隱》曰：「猶避死也。」却，退避；逃避。❼先身　把個人的利益放在前頭。❽不顧燕王之無臣　指其不敢歸燕，燕王的命令對其無效。❾殺身亡聊城　言聊城被齊軍攻克，燕將身死。❿信　通「伸」。暢行；遠震。⓫世主不臣　沒有哪一個君主願要這樣的臣子。世，當代。⓬說

士不載　談說之士也不會講述這種人的事跡。⑬不再計　一下子就把問題考慮好，不必再做第二次選擇。⑭此時不再至　這樣的時機不會再有第二回了。時，時機；機會。⑮齊之南陽　《索隱》曰：「即齊之淮北、泗上之地也。」約當今江蘇西北部之沛縣、徐州一帶。顧炎武曰：「南陽者，泰山之陽。《孟子》：『一戰勝齊，遂有南陽』。」按：顧氏說是，引文見《孟子・告子下》，蓋指今山東泰安一帶也。又，《公羊傳》閔公二年有「高子將南陽之甲」，亦此地。⑯平陸　齊縣名，在今山東汶上西北。⑰齊無南面之心　《正義》曰：「無南面攻楚、魏之心。」中井曰：「南面，出軍拒楚救南陽也。此未及西面拒魏，而意實包之耳。」⑱得濟北　指攻取被燕將占據的聊城，聊城在濟水之北。⑲審處　認真對待。審，精細。⑳秦人下兵　調東出攻魏。鮑彪曰：「此時齊善秦，故下兵救之。」㉑魏不敢東面　不敢再東攻齊之平陸。㉒衡秦之勢成　指齊國與秦國和好結盟的形勢出現。㉓楚國之形危　意即楚國也將不敢再攻南陽。㉔斷右壤　指豁出去讓平陸被魏國占領。平陸在齊國西部，故為齊之「右壤」。㉕且夫齊之必決於聊城二句　瀧川曰：「〈齊策〉『且夫』以下十三字，在下文『公之不能得也』下。」按：這幾句的邏輯關係較亂，〈齊策〉文意略長。㉖交退於齊　都由進攻齊國的前線撤兵回去。交，交相；全部。㉗燕救不至　燕國無人來救被困於聊城之將。㉘無天下之規　沒有任何別國的武力威脅，言其正可全力以赴地對付聊城。規，打算；算計。鮑彪曰：「無謀齊者。」《正義佚文》解此為「以全齊之兵，別無規求於天下」，似非。㉙與聊城共據期年之敝　按：此句生澀。期年之敝，指已經被圍困一年的疲憊不堪的聊城。期年，一週年。據，依靠；據守。瀧川曰：「『與』上添『而公』二字看。」大意謂你想憑藉這座已被困一年的疲敝的聊城，來和整個齊國對抗。〈齊策〉作「今公又以敝聊之民距全齊之兵」，較此明暢。也有人將「據」字解釋為「相持」，意謂憑藉疲敝的聊城，繼續與齊國相持。㉚得　得意；戰勝。㉛栗腹以十萬之眾五折於外二句　事在燕王喜四年（西元前二五一年）。〈廉頗藺相如列傳〉云：「自邯鄲圍解五年，而燕用栗腹之謀，舉兵擊趙。趙使廉頗將，擊，大破燕軍於鄗，殺栗腹，遂圍燕。」五折，五次敗北。㉜僇笑　猶言「恥笑」。僇，同「戮」。辱也。㉝墨翟之守　難以攻破的防守。《墨子・公輸》曾記有墨翟以演習模型挫敗楚將公輸般事，後人遂常稱牢固的防守為「墨守」。按：《戰國策》此句上有「期年不解」四字，以稱讚燕將過去一年來堅守危城的不容易。㉞食人炊骨　《左傳》宣公十五年有「易子而食，析骸以爨」之語，後世遂常以「食人炊骨」之語以言堅守圍城之難。㉟反外　瀧川曰：「外，當依〈齊策〉作『北』，『北』『背』通。」意即反叛。㊱孫臏之兵　《正義》曰：「言孫臏能撫士卒，士卒無二心也。」㊲能見於天下　你的才能已經大大顯示於天下。㊳全車甲以報於燕　意即率領全軍回燕國去。㊴如見父母　《戰國策》作「士民見公如見父母」，較此明瞭。㊵交游　友朋。㊶攘臂　捋袖，談話興奮的樣子。㊷議於世　到處議論你的英名。㊸功業可明　功業可顯揚於世。

(44)資說士　為好議論的人們提供談說材料。中井曰：「謂使以為話柄。」資，供給。說士，遊說之士。按：此與前文之「說士不載」對舉。(45)矯國更俗　《索隱》曰：「矯正國事，改更弊俗也。」(46)亡意　或者，轉折語詞。〈齊策〉作「意者」。王念孫曰：「『意者』猶言『抑者』。」亦「或者」之意。(47)捐燕弃世二句　意即脫離燕國，歸順齊國。(48)裂地定封　意即被封為侯、封為君。(49)陶衛　《索隱》以為指陶朱公范蠡與商君衛鞅。也有人以為指魏冉與商鞅，魏冉的封地在陶，商鞅原是衛人，亦稱衛鞅。繆文遠引楊寬說以為「陶、衛皆為當時的商業中心，此言其富比于受陶、衛之封者。」何廷章用黃季剛、孫志祖說以為陶指朱公、衛指子貢。陶朱公之富見〈越王句踐世家〉，子貢之富見〈貨殖列傳〉。(50)稱孤　春秋、戰國時的有土封君都可以自稱「孤家」或「寡人」，與後世之只有帝王始可稱者不同。(51)顯名　顯要的名聲。(52)厚實　雄厚的財富。(53)審處一　認真地選擇其中的一條。凌稚隆曰：「歸燕之說特喚起東遊于齊意耳，恐其未知所處，再把『篡』、『怯』、『辱』三字反前『忠』、『勇』、『智』三字，而引管仲、曹昧因敗為功之事以諷之。」(54)規小節者不能成榮名二句　〈項羽本紀〉有所謂「大行不顧細謹，大禮不辭小讓」；〈李斯列傳〉有所謂「大行不小謹，盛德不辭讓」；〈酈生陸賈列傳〉有所謂「舉大事不細謹，盛德不辭讓」，意思皆與此同。規，遵循；拘泥。(55)管夷吾射桓公中其鉤　管夷吾，即管仲。鉤，指衣帶上的鉤。管仲原為齊國公子糾的部下，公子糾與齊桓公爭國，派管仲伏擊齊桓公，結果射在了齊桓公的帶鉤上，使齊桓公得以逃去，即位為齊君。過程詳見〈齊太公世家〉與〈管晏列傳〉。(56)篡　逆奪，這裡即「犯上作亂」的意思。(57)遺公子糾　謂管仲於公子糾失敗後，遂棄公子糾而歸事齊桓公。公子糾，齊桓公之兄，齊襄公（西元前六九七－前六八六年在位）淫縱亂國時，公子糾奔魯。齊襄公被國人所殺後，管仲佐公子糾回國爭位，結果被捷足先登的齊桓公打敗，自殺。(58)不能死　沒有隨其舊主同死。(59)束縛桎梏　指管仲甘心受縛，被押解回齊，見齊桓公。桎梏，木製刑具，相當於今之手銬、腳鐐。(60)世主不臣　世上的任何一個君主，都不會要這樣的臣子。(61)鄉里不通　即不為鄉里所容。鄉里，指一個人的本鄉本里。(62)辱人　不知屈辱、不知羞恥的人。(63)賤行　卑劣低賤的行徑。(64)臧獲　奴婢。《集解》引《方言》曰：「荊、淮、海、岱、燕、齊之間，罵奴曰臧，罵婢曰獲。」(65)縲紲　捆綁犯人的繩索，代指一切械具。(66)恥天下之不治　以天下不能太平為自己之恥，意即有大志於治國平天下。(67)不死公子糾　不隨公子糾而死。(68)恥威之不信於諸侯　以不能使齊國稱霸於諸侯為自己之恥。信，通「伸」。暢行。(69)三行之過　指「篡」、「怯」、「辱」。(70)而為五霸首　意謂輔佐齊桓公使之成為五霸之首。五霸的其他四人是晉文公、楚莊王、吳王闔廬、越王句踐。(71)曹子　指曹沫，魯人，有人以為即《左傳》莊公十年論戰破齊之曹劌。下述史實詳見〈刺客列傳〉。(72)三戰三北二句　北，通「背」。作戰而示人以背，即敗逃。梁玉繩曰：「莊公自九年敗乾時後至十三年盟柯，中間有長勺之勝，是曾只一戰而一勝，安得有「三敗」之事？」李笠曰：「〈齊策〉與《淮南・氾論訓》並云『喪地千里』，蓋亦夸詞也。梁玉繩〈刺客傳〉志疑云：『魯地安得如此之廣！』」(73)鄉使 當初假如。鄉，通「向」。(74)計不反顧 猶言「誓不回頭」，即拚死疆場。計，決心。顧，反也。(75)議不還踵 與「義無反顧」意同。議，通「義」。也是「決然」的意思。〈報任安書〉有「議不可對」，《漢書・酷吏傳》有「議不受刑」，皆同。還踵，同「旋踵」，意即回身。(76)敗軍禽將 失敗之軍，被擒之將。禽，通「擒」。(77)棄 不顧及。(78)與魯君計 與魯君共同定計。(79)桓公朝天下二句 即指柯之盟，事在齊桓公五年，魯莊公十三年，西元前六八一年。柯，齊邑，在今山東陽穀東北。(80)枝桓公之心 用劍對著齊桓公的心口。枝，《索隱》曰「擬也。」意即對著。(81)壇坫 即壇臺。中井曰：「『壇坫』之『坫』字，以類帶說耳，只是謂壇上也，『坫』字無意。〈齊策〉作『壇位之上』。」按：中井說是。坫，古時室內放置酒器的土臺。(82)顏色不變三句 不悖，不亂；有理有禮。〈刺客列傳〉云：「桓公乃許盡歸魯之侵地。既已言，曹沫投其匕首，下壇，北面就羣臣之位，顏色不變，辭令如故。」(83)威加吳越 史無記載，且吳、越皆後起之國，亦與春秋前期之中原諸國無任何關係。或曰：「此泛言爾，言威勢至于荒遠之地。」亦覺牽強。蓋整個曹子劫盟事皆不可信，詳見〈刺客列傳〉注。(84)成小廉而行小節 皆指殉義自殺。(85)去感忿之怨 克制一時的賭氣。(86)忿悁之節 偏激狹隘的氣節。悁，通「狷」。狹隘；急躁。(87)累世之功 言其功勳之大，可使子孫數世蒙賞。累世，數世。(88)三王 三代的開國帝王，即夏禹、商湯、周文王與周武王。(89)爭流 爭相流傳於後世。(90)與天壤相弊 猶言與天地共長久。天壤，天地。弊，壞。(91)擇一而行之 令其或學管仲，或學曹沫，皆不必守「小節」而爭取改圖立功。瀧川曰：「史公取其『吾聞之』以下三百餘言，暗以自比。」(92)有隙 謂與燕王已有矛盾。隙，隔閡；矛盾。(93)與 與其。(94)田單遂屠聊城 按：以上魯仲連〈遺燕將書〉，見《戰國策・齊策六》，文字多有不同。馬非百曰：「『魯仲連遺書燕將事，《史》、《策》所載互有不同。《策》于遺書前，敘稱燕攻齊，取七十餘城，唯莒、即墨不下，齊田單以即墨破燕，殺騎劫。初，燕將下聊城，人或讒之，燕將懼誅，守聊城，田單攻之，而聊城不下云云。似是燕將之攻下聊城乃樂毅攻齊時事。考樂毅攻齊，在秦昭王二十三年；田單攻燕殺騎劫，在昭王二十八年；而書中言及栗腹事，則在昭王五十六年，去騎劫之殺計二十八年。以齊之事勢，田單之兵力，豈有全齊七十餘城皆復，而聊城獨能堅守至二十餘年而不能下之理？史不錄之是矣。然《史》于篇末有燕將得書自殺而單屠聊城之文，亦與事實不符。」鮑彪曰：「蓋好事者聞『約矢』之說，惜其書不存，擬為之以補亡。而其人意氣橫溢，肆筆而成，不假檢較細處，太史公亦愛其千里，而略其牝牡驪黃，至于今二千歲，莫有知其非者也。」梁玉繩曰：「《國策》『燕將曰：敬聞命矣。因罷兵倒韣而去』。吳注云：『《史》稱燕將得書自殺，單屠聊城，非事實也。連之大意在于罷兵息民，而其料事之明，勸以歸燕、降齊，亦度其計之必可者；迫之于窮而置之于死，豈其心哉？夫其勸之，正將以全聊城之民，而忍坐視屠之？《策》得其實，《史》不可信。」孫侍御云：『聊城，齊地；田單，齊將，何以反屠聊乎！』」繆文遠曰：「此文首尾橫絕，乃習縱橫者練習之作，故其于史事甚疏。」牛鴻恩〈遺聊城燕將書史實考〉曰：「燕將攻聊城在前二五三或前二五二年，田單為齊攻聊城在前二五〇下半年或前二四九上半年，魯連〈遺燕將書〉在前二四九下半年或前二四八上半年。說〈遺燕將書〉是『擬託』『依託』，還缺乏有說服力的理由。」（《語言文學論叢》西元一九八五年第一輯，北京師院出版社）❾❺言魯連　向齊王言魯仲連之功。❾❻與富貴而詘於人　與，與其。詘，委屈；受人限制。❾❼輕世肆志　不留戀世俗名利，而追求自由散蕩。肆，放縱。陳直曰：「商山四皓歌曰：『富貴之畏人兮，不若貧賤之肆志。』謅託者蓋本於此。」

【語　譯】二十多年後，燕將攻下聊城。有聊城人向燕國進讒言，燕將害怕被殺，於是駐守聊城，不敢回國。齊田單攻打聊城一年多，士卒死了很多，但聊城還是攻不下。魯仲連就寫了一封信，捆在箭上射進城中，給燕將。信上說：

2 「我聽說，聰明人不違背時勢而放棄利益，勇敢者不在死亡面前退卻而敗壞名譽，忠臣不先考慮自己而後考慮君主。現在您只為一時忿怒，而不顧燕王將失去臣子，是不忠；自己身死聊城也丟失了，而威名在齊國也得不到伸張，是不勇；功業失敗名譽磨滅，得不到後世的稱頌，是不智。有這三種情況，世主不會用他為臣，遊說之人也不會稱道他，所以聰明人不會再考慮，勇士不害怕死亡。現在死生榮辱，貴賤尊卑就此一舉，不會再有這樣的機會了，希望您好好考慮，不要與世俗之人一樣。

3 「況且楚國攻打齊國的南陽，魏國攻打平陸，而齊國卻沒有南顧的意思，認為丟失了南陽的害處小，不如得濟北的利益大，因此打定了主意實行這一計畫。現在秦人出兵，魏國不敢東顧；連衡秦國的形勢一成，楚國的情勢就危險了；齊放棄南陽，丟失右邊的土地，平定濟北，這樣的計畫還是可行的。齊國是要定了聊城的，您不要再想什麼了。現在楚、魏都從齊國退兵，燕國的救兵還不到，憑全齊的兵力，又沒有其他國家的干預，集中力量只爭奪一個守了一年的殘破的聊城，我預見您爭不到。況且燕國大亂，君臣都沒有主意，上下迷惑，栗腹十萬大軍在外打了五個敗仗，作為一個萬乘之國，土地被割，君主被困，被天下人恥笑。國家敝疲而禍患眾多，民心渙散。現在您卻能憑殘破的聊城的百姓抵抗全齊的兵力，可以說這就像墨翟守城；如今您城內吃人肉，用人骨燒飯，士卒沒有反叛的心思，這可以說就像孫臏的士兵，您的才能已經展現於天下了。即使這樣，為您打算，不如保全軍隊報效燕國。您如能帶這支軍隊回國，燕王一定高興；您能活著回國，百姓就會像見到父母，您的朋友會揮動胳膊到處宣揚，您的功業就可以顯明於天下。對上輔助孤主以控制群臣，對下撫養百姓資助遊說之士，您撥亂反正，改革弊俗，這樣你就可以建功揚名。如果沒有這個意思，你是否也可以考慮拋棄燕國捨棄世事，歸順齊國呢？這樣您就可以受到齊國的分封，會像魏冉、衛鞅一樣富有，世世代代稱孤，與齊永遠同存，這又是一種考慮。這兩種對策，都能使名聲顯赫、利益豐厚，希望您能仔細考慮選擇其一。

4 「而且我還聽說，拘泥於小節的人不能成就顯赫的名聲，厭惡小恥的人不能建立偉大的功業。過去管夷吾射中齊桓公的衣鉤，是圖謀篡位；不能為公子糾而死，是膽怯；自甘披戴刑具被押回齊，是恥辱。有這三種表現的人，世上的君主都不會用他為臣，鄉里的人也不會與他交往。當初假如管子被囚禁而不出，自殺而沒有返回齊國，那麼名聲就不免是可恥卑賤的。奴隸尚且羞於與他同名，何況世俗呢！因此管子不以身受囚禁為恥，而以天下得不到治理為恥；不以不能為公子糾而死為恥，而以威名不能在諸侯中伸張為恥。所以他雖身兼三種過失而能輔佐桓公成為五霸之首，名揚天下而光照鄰國。曹沫為魯將，三次作戰三次失敗，丟失了五百里土地。當初假如曹子誓不回頭，只顧不再退縮，自刎而死，那麼其名聲也不免是一個敗軍之將而已。曹子不顧三次打敗仗的恥辱，回來與魯君一起計畫。到齊桓公會見天下諸侯時，曹子憑一把利劍，在壇臺上抵住桓公的心口，面色不變，言辭不亂，三戰丟失的土地在一個早上就要回來了。天下為之震動，諸侯驚駭，威名影響到吳、越。像這兩個人，不是不能成就小廉而盡小節，而是認為一個人一旦身死絕後，不能建立功名，是不明智的。因此他們拋棄衝動的怨忿，確立終身的名聲，拋棄忿狷的節操，建立累世的功勳。因此他們的功業可以與三王齊名，而名聲可以與天地共存。希望您能選擇一種實行。」

5 燕將見到魯仲連的信，哭泣了三天，猶豫無法決定。想回燕國，已經有了隔閡，害怕被殺；想投降齊國，殺死俘虜的齊人又很多，害怕自己投降後受辱。喟然歎息說：「與其讓別人殺我，寧願自殺。」於是就自殺了。聊城大亂，田單就血洗了聊城。回國後向齊王說魯仲連之功，想封給他爵位。魯仲連逃跑隱居到海上，說：「我與其富貴而屈服於人，寧願貧賤而自在地活著。」

1 鄒陽者，齊❶人也。游於梁❷，與故吳人莊忌夫子❸、淮陰枚生❹之徒交。上書而介於羊勝、公孫詭之間❺。勝等嫉鄒陽，惡之梁孝王❻。孝王怒，下之吏，將欲殺之。鄒陽客游，以讒見禽❼，恐死而負累❽，乃從獄中上書曰：

2 「臣聞忠無不報❾，信不見疑❿，臣常以為然⓫，徒虛語耳⓬。昔者荊軻慕燕丹之義，白虹貫日，太子畏之⓭；衛先生為秦畫長平之事，太白蝕昴，而昭王疑之⓮。夫精變天地，而信不喻兩主⓯，豈不哀哉！今臣盡忠竭誠，畢議願知⓰；左右⓱不明，卒從吏訊⓲，為世所疑⓳。是使荊軻、衛先生復起，而燕、秦不悟也。願大王孰察之。

3 「昔卞和獻寶，楚王刖之⓴；李斯竭忠，胡亥極刑㉑。是以箕子詳狂㉒，接輿辟世㉓，恐遭此患㉔也。願大王孰察㉕卞和、李斯之意，而後楚王、胡亥之聽㉖，無使臣為箕子、接輿所笑。臣聞比干剖心㉗，子胥鴟夷㉘，臣始不信，乃今知之。願大王孰察，少㉙加憐焉。

4 「諺曰：『有白頭如新㉚，傾蓋如故㉛。』何則？知與不知也㉜。故昔樊於期逃秦之燕，藉荊軻首以奉丹之事㉝；王奢去齊之魏，臨城自剄以卻齊而存魏㉞。夫王奢、樊於期非新於齊、秦而故於燕、魏也，所以去二國㉟、死兩君㊱者，行合於志而慕義無窮也。是以蘇秦不信於天下，而為燕尾生㊲；白圭戰亡六城，為魏取中山㊳。何則？誠有以相知也。蘇秦相燕㊴，燕人惡之於王，王按劍而怒，食以駃騠㊵；白圭顯於中山㊶，中山人惡之魏文侯㊷，文侯投之以夜光之璧㊸。何則？兩主二臣，剖心坼肝㊹相信，豈移於浮辭㊺哉！

5 「故女無美惡，入宮見妒；士無賢不肖，入朝見嫉㊻。昔者司馬喜髕腳於宋，卒相中山㊼；范雎摺脅折齒於魏，卒為應侯㊽。此二人者，皆信必然之畫㊾，捐朋黨之私㊿，挾孤獨之位(51)，故不能自免於嫉妒之人也。是以申徒狄自沈於河(52)，徐衍負石入海(53)。不容於世，義不苟取，比周於朝，以移主上之心(54)。故百里奚乞食於路，繆公委之以政(55)；甯戚飯牛車下，而桓公任之以國(56)。此二人者，豈借宦於朝，假譽於左右(57)，然後二主用之哉？感於心，合於行(58)，親於膠漆，昆弟不能離(59)，豈惑於眾口哉？故偏聽生姦，獨任成亂(60)。昔者魯聽季孫之說而逐孔子(61)，宋信子罕之計而囚墨翟(62)。夫以孔、墨之辯(63)，不能自免於讒諛，而二國以危[64]。何則？眾口鑠金[65]，積毀銷骨[66]也。是以秦用戎人由余而霸中國[67]，齊用越人蒙而彊威、宣[68]。此二國，豈拘於俗、牽於世[69]，繫阿偏之辭[70]哉？公聽[71]並觀[72]，垂名當世[73]。故意合則胡、越為昆弟[74]，由余、越人蒙是矣；不合則骨肉出逐不收[75]，朱、象、管、蔡[76]是矣。今人主誠能用齊、秦之義，後宋、魯之聽，則五伯不足稱[77]，三王易為也。

6 「是以聖王覺寤，捐子之之心[78]，而能不說於田常之賢[79]；封比干之後[80]，修孕婦之墓[81]，故功業復就於天下[82]。何則？欲善無厭[83]也。夫晉文公親其讎，彊霸諸侯[84]；齊桓公用其仇[85]，而一匡天下[86]。何則？慈仁慇勤，誠加於心，不可以虛辭借[87]也。

7 「至夫秦用商鞅[88]之法，東弱韓、魏，兵彊天下，而卒車裂之；越用大夫種[89]之謀，禽勁吳，霸中國，而卒誅其身。是以孫叔敖三去相而不悔[90]，於陵子仲[91]辭三公為人灌園[92]。人主誠能去驕傲之心，懷可報之意[93]，披心腹，見情素[94]，墮肝膽[95]，施德厚[96]，終與之窮達[97]，無愛於士[98]，則桀之狗可使吠堯，而蹠之客可使刺由[99]，況因萬乘之權，假聖王之資乎[100]？然則荊軻之湛七族[101]，要離之燒妻子[102]，豈足道哉！

8 「臣聞明月之珠，夜光之璧，以闇投人於道路(103)，人無不按劍相眄(104)者。何則？無因而至前(105)也。蟠木(106)根柢(107)，輪囷離詭(108)，而為萬乘器(109)者。何則？以左右先為之容(110)也。故無因至前，雖出隨侯之珠(111)、夜光之璧，猶結怨而不見德(112)。故有人先談(113)，則以枯木朽株樹功而不忘(114)。今夫天下布衣窮居之士，身在貧賤，雖蒙堯、舜之術(115)，挾伊、管之辯(116)，懷龍逢、比干之意(117)，欲盡忠當世之君，而素無根柢之容(118)，雖竭精思，欲開忠信，輔人主之治，則人主必有按劍相眄之跡，是使布衣不得為枯木朽株之資(119)也。

9 「是以聖王制世御俗(120)，獨化於陶鈞之上(121)，而不牽(122)於卑亂之語，不奪(123)於眾多之口。故秦皇帝任中庶子蒙嘉之言，以信荊軻之說，而匕首竊發(124)；周文王獵涇、渭，載呂尚而歸，以王天下(125)。故秦信左右而殺，周用烏集而王(126)。何則？以其能越攣拘之語(127)，馳域外之議(128)，獨觀於昭曠之道(129)也。

10 「今人主沈(130)於諂諛之辭，牽於帷裳之制(131)，使不羈之士(132)與牛驥同皁(133)。此鮑焦(134)所以忿於世而不留富貴之樂也。

11 「臣聞盛飾(135)入朝者，不以利汙義(136)；砥厲名號(137)者，不以欲傷行(138)。故縣名『勝母』，而曾子不入(139)；邑號『朝歌』，而墨子回車(140)。今欲使天下寥廓之士(141)攝於威重之權[142]，主於位勢之貴[143]，故回面汙行[144]以事諂諛之人，而求親近於左右，則士伏死堀穴巖藪[145]之中耳，安肯有盡忠信而趨闕下者哉[146]？」

12 書奏梁孝王，孝王使人出之，卒為上客。

【章　旨】以上為第三段，寫鄒陽遭陷囹圄，憤慨向梁孝王上書事。

【注　釋】❶齊　漢代諸侯國名，國都臨淄（今山東淄博臨淄西北）。❷梁　漢代諸侯國名，國都睢陽（今河南商丘東南）。❸吳人莊忌夫子　吳，漢代諸侯王劉濞的封國，國都廣陵（今江蘇揚州）。莊忌，東漢人避明帝諱，改寫作「嚴忌」，西漢前期的辭賦家，今留有〈哀時命〉一篇。夫子，猶今所謂「先生」。《索隱》有所謂「忌字夫子」之語，不知確否。王叔岷以為此處正文之「夫子」二字乃涉《索隱》而衍，應刪。❹淮陰枚生　淮陰，漢縣名，縣治在今江蘇淮陰西南。枚生，名乘，字叔，西漢前期的辭賦家，代表作有〈七發〉。生，亦「先生」之意。按：《漢書・鄒陽傳》云：「吳王濞招致四方游士，陽與吳莊忌、枚乘等俱仕吳，皆以文章著名。久之，吳王以太子事怨望，陰有邪謀，陽奏書諫，吳王不納其言。是時景帝少弟梁孝王貴盛，亦待士，于是鄒陽、枚乘、莊忌皆去之梁，從孝王遊。」❺上書而介於羊勝公孫詭之間　謂鄒陽由於上書而得到梁孝王的賞識，因而在梁得與羊勝、公孫詭並列。介，次；列。師古曰：「謂間側也。」羊勝、公孫詭都是梁孝王的寵臣，事跡詳見〈梁孝王世家〉。❻惡之梁孝王　在梁孝王跟前說鄒陽的壞話。梁孝王，名武，文帝之子，景帝之弟，西元前一六八－前一四四年為梁王。「孝」字是謚。❼以讒見禽　由於別人的讒毀而被逮捕。禽，通「擒」。❽死而負累　不僅身死，還要蒙受惡名。王駿圖曰：「恐既死而負惡名，足以為累也。」❾忠無不報　只要忠於君主，就一定能得到君主好的報答。❿信不見疑　只要自己守信，就一定不被別人所疑。⓫常以為然　我曾經相信這是真的。常，通「嘗」。曾經。⓬徒虛語耳　現在看來都是空話。⓭荊軻慕燕丹之義三句　荊軻是由於敬慕燕太子丹的待人義氣，為之捨死刺秦，他的誠心感動得上天都出現了白虹貫日的變化，可是太子丹卻懷疑荊軻是膽怯害怕了。《索隱》引《烈士傳》曰：「荊軻發後，太子自相氣，白虹貫日不徹，曰：『吾事不成。』後聞軻死，事不就，曰：『吾知其然，是畏也。』」按：荊軻、太子丹圖謀刺秦事，詳見〈刺客列傳〉，而史公於彼未言「白虹貫日」事。⓮衛先生為秦畫長平之事三句　衛先生為秦國設謀，大破趙軍於長平後，遂欲一舉滅趙。

其精誠感動上天，使天上出現了「太白蝕昴」的現象，可是秦昭王卻對白起、衛先生發生了懷疑。太白蝕昴，指太白星（金星）運行到昴星方位。昴是二十八宿之一，從星宿分野上說屬於趙國地帶。太白主兵象，太白蝕昴，表示趙國的形勢危急。按：此處之所謂「衛先生」，《國策》、〈白起王翦列傳〉皆不載，唯《集解》引蘇林曰：「白起為秦伐趙，破長平軍，欲遂滅趙，遣衛先生說昭王益兵糧，乃為應侯（范雎）所害，事用不成。」⑮精變天地二句　精誠能夠感動上天，而滿腔忠義卻不能取信於兩主。⑯畢議願知　《集解》引張晏曰：「盡其計議，願王知之。」議，通「義」。說已見前。⑰左右　周圍的侍從人員，這裡即婉指梁王。⑱卒從吏訊　結果被交由法吏審訊。⑲為世所疑　讓所有的人都認為我真是犯了罪。⑳卞和獻寶二句　《集解》引應劭曰：「卞和得玉璞，獻之武王。武王示玉人，玉人曰『石也』，刖右足。武王沒，復獻文王，玉人復曰『石也』，刖其左足。至成王時，卞和抱璞哭于郊。乃使玉尹攻之，果得寶玉。」按：此事見於《國語》、《呂氏春秋》、《韓非・和氏》等多處。㉑李斯竭忠二句　竭忠，盡忠。李斯為秦相，於秦朝之建立有大功，最後被秦二世胡亥所殺，事見〈李斯列傳〉。按：謂李斯之死冤枉是也；謂李斯「竭忠」，斯豈其人哉？李斯受趙高利誘，殺扶蘇，立胡亥，秦遂滅亡，李斯死有餘辜。梁玉繩曰：「以李斯自況而稱其『竭忠』，鄒陽之失言也。」㉒箕子詳狂　箕子是殷紂王的叔父，因勸諫紂王而被囚禁。為避殺戮，箕子遂裝瘋了。事見〈宋微子世家〉。詳，通「佯」。假裝。㉓接輿辟世　接輿，春秋時楚國的隱士。辟世，即隱居不仕。《論語・微子》：「楚狂接輿歌而過孔子，曰：『鳳兮鳳兮，何德之衰！往者不可諫，來者猶可追。已而已而，今之從政者殆而！』孔子下，欲與之言。趨而避之，不得與之言。」㉔恐遭此患　恐遭李斯、卞和所受的那類禍患。㉕孰察　仔細體察。孰，通「熟」。㉖後楚王胡亥之聽　不要像楚王、胡亥那樣聽信讒言。後，用如動詞。放在後面。即「不要」、「莫取」的意思。㉗比干剖心　比干是紂時的賢臣，因勸諫紂王被剖心而死。見〈殷本紀〉。㉘子胥鴟夷　伍子胥是春秋期吳國的賢臣，曾佐吳王闔閭破楚稱霸，又佐吳王夫差打垮越國，後因勸阻吳王不要北爭中原，而要滅掉越國，結果被吳王夫差殺害，並將其屍體裝入皮袋，投於江中。事見〈伍子胥列傳〉。鴟夷，皮口袋。㉙少　意思同「稍」，委婉的說法。㉚白頭如新　意謂兩個人交了一輩子朋友，到頭來還是互不了解，像生人一樣。㉛傾蓋如故　意謂兩個人在路上偶然相遇，而於停車立談之間，互相了解，就如同老朋友一樣了。傾蓋，兩車的車蓋相互傾近。《索隱》曰：「服虔云：『如吳札、鄭僑也。』」按：《家語》：「孔子遇程子軿途，傾蓋而語。』」《索隱》引《志林》曰：「道行相遇，軿車對語，兩蓋相切，小欹之，故曰傾也。」㉜知與不知也　是不是能夠兩心相通，志趣相投。《集解》引桓譚《新論》曰：「言內有以相知與否，不在新故也。」㉝樊於期逃秦之燕二句　樊於期是戰國末期秦國的將領，因受秦王忌害而逃到了燕國，後燕太子丹派荊軻入秦行刺，為便於騙得秦王信任，樊於期獻出了自己的人頭。事見〈刺客列傳〉。藉，資助。奉，行；助成。[34]王奢去齊之魏二句　《集解》引《漢書音義》曰：「王奢，齊人也，亡至魏。其後齊伐魏，奢登城謂齊將曰：『今君之來，不過以奢之故也，夫義不為生以為魏累。』遂自剄也。」[35]去二國　指樊於期離秦，王奢離齊。[36]死兩君　指樊於期為燕太子丹和王奢為魏王而死。[37]蘇秦不信於天下二句　蘇秦是燕昭王的親信，為協助燕昭王復仇於齊，而到齊國行反間，做了許多不利於齊國的事，最後被齊王發現，將其車裂。詳見〈蘇秦列傳〉注。蘇秦在別的國家看來，是個反覆無常的小人；但對於燕國來說，卻是忠心耿耿、矢志不移的堅貞之士。尾生，古代以守信著稱的人，據說他與一女子相約於橋下，女子未來，而大水暴至，尾生守約不移，遂抱橋柱而死。見《戰國策・燕策》、《莊子・盜跖》。[38]白圭戰亡六城二句　《集解》引張晏曰：「白圭為中山將，亡六城，君欲殺之，亡入魏。文侯厚遇之，還拔中山。」按：〈貨殖列傳〉有白圭，亦文侯時人，然不云為將，不知與此是否一人。〈六國年表〉魏文侯十七年云：「魏使太子伐中山。」亦未及白圭事。中山，戰國前期鮮虞人建立的國家，國都顧（今河北定州）。魏文侯四十年（西元前四〇六年），被魏將樂羊所滅。[39]蘇秦相燕　為燕昭王（西元前三一一－前二七九年在位）之相。[40]食以駃騠　駃騠，良馬名。《集解》引《漢書音義》曰：「言敬重蘇秦，雖有讒謗，而更膳以珍奇之味。」瀧川引恩田仲任曰：「王怒讒蘇秦之人，使駃騠食之，猶晉靈公怒趙盾，嗾夫獒（狗）也。下文投之以夜光璧，意與此同。」按：謂使馬食人，亦屬罕聞，應為前解為是。[41]白圭顯於中山　師古曰：「以拔中山之功而尊顯也。」[42]魏文侯　名斯，戰國初期最有作為的國君，西元前四四五－前三九六年在位。[43]投之以夜光之璧　謂文侯不信讒言，而益賞白圭以夜光之璧。投，贈也。按：《漢書》於此作「賜」。《詩經・木瓜》：「投我以木瓜，報之以瓊琚」，即此「投」字。[44]剖心坼肝　極言其相待以誠。坼，裂。[45]移於浮辭　被一些無根據的話說得變了主意。移，變更。[46]女無美惡四句　按：類似句子又見於〈外戚世家〉、〈扁鵲倉公列傳〉，皆言同行為敵之意，史公於此感慨殊深。[47]司馬喜臏腳於宋二句　《集解》引晉灼曰：「司馬喜三相中山。」臏腳，即刖刑，砍斷膝蓋以下部分的肢體。[48]范睢摺脅折齒於魏二句　范睢在魏國差點兒被須賈、魏齊害死，後逃入秦國，取相位、封應侯事，見〈范睢蔡澤列傳〉。摺脅，拉斷脅骨。摺，古通「拉」。應侯，范睢的封號。應，古邑名，在今河南魯山東。[49]信必然之畫　猶今之所謂「堅持實事求是」、「按原則，該怎麼辦就怎麼辦」。信，確守。畫，計劃；規定。[50]捐朋黨之私　指不和人拉幫結派。捐，棄；不取。[51]挾孤獨之位　意即獨自一人，不偏不倚。挾，持；倚，倚仗。三句皆謂二人在故國的情形。[52]申徒狄自沈於河　申徒狄是殷末人，因勸諫紂王不聽，負石自投於河，說見《莊子・大宗師》。[53]徐衍負石入海　《索隱》引《列士傳》說徐衍是周末人，因不滿亂世，負石投海而死。[54]不容於世四句　按：四句中前二句與後二句不連貫，後二句亦與下文不連貫，疑皆有脫誤。中井曰：「『義不苟取』為一句，其下蓋脫數字。」瀧川曰：「中井說是。」苟取，不該取而取。比周，猶今之所謂「狼狽為奸」。(55)百里奚乞食於路二句　據〈秦本紀〉，百里奚是虞國大夫，晉獻公欲伐虢（都上陽，今河南三門峽東南），假道於虞（今山西運城東南），百里奚以脣亡齒寒的道理勸阻虞君，虞君不聽，結果虞、虢皆為晉所滅。百里奚被俘，被當做晉女的陪嫁奴隸送給秦國。百里奚中途逃走，被楚人捕獲。秦穆公知其賢，用五張黑羊皮將其換至秦國，任以國政，遂為秦國名臣。按：關於百里奚入秦的問題，自古說法不一，梁玉繩《史記志疑》、俞正燮《癸巳類稿》都有考辨。繆公，也寫作「穆公」，名任好，西元前六五九—六二一年在位。(56)甯戚飯牛車下二句　《集解》引應劭曰：「齊桓公夜出迎客，而甯戚擊其牛角商歌曰：『南山矸，白石爛，生不逢堯與舜禪。短布單衣適至骭，從昏飯牛薄夜半，長夜曼曼何時旦。』公召與語，說之，以為大夫。」按：以上說法見於《呂氏春秋》。(57)借宦於朝二句　借宦於朝，借助於他人的力量而得仕宦於朝。假譽於左右，靠君主左右的人為之說好話。按：「借宦於朝」與「假譽於左右」意思重複，《漢書》於此作「素宦於朝，借譽於左右」，較此義長。(58)合於行　行事的方式、原則彼此相合。(59)昆弟不能離　親兄弟也無法離間他們這種君臣關係。又，也可解為其友好情誼如同兄弟一樣地不可分。昆弟，兄弟。(60)獨任成亂　委朝政於一人，則易成專權亂國之勢。(61)魯聽季孫之說而逐孔子　季孫，季孫氏，春秋時期魯國的貴族，世掌魯政。定公十四年（西元前四九六年），孔子為魯司寇，攝行相事，齊人以為不利於己，贈魯君歌女八十人，文馬一百二十匹，以疏間之。季孫氏接受齊禮，君臣沉靡於聲色，不近賢人，於是孔子遂離魯適衛，事見〈孔子世家〉。此云「聽季孫之說而逐孔子」，隨文而釋其意可也。(62)宋信子罕之計而囚墨翟　子罕是戰國時期宋國的權臣，相宋昭公。《韓非子・二柄》云：「子罕謂宋君曰：『夫慶賞賜與者，民之所喜也，君自行之；殺戮刑罰者，民之所惡也，臣請當之。於是宋君失刑，而子罕用之，故宋君見劫。』」〈李斯列傳〉亦云：「司城子罕相宋，身行刑罰，以威行之，朞年遂劫其君。」按：宋有兩「昭公」，亦有兩「子罕」，此皆謂戰國時人，非謂春秋時之「昭公」與賢臣「子罕」也，說見梁玉繩《史記志疑》。《漢書》、《文選》「子罕」並作「子冉」。囚墨翟事，不詳所出。(63)辯　聰明；明智。(64)二國以危　指魯、宋因不用孔子、墨翟而危殆。(65)眾口鑠金　《索隱》引賈逵曰：「鑠，消也，眾口所惡，雖金亦為消亡。」(66)積毀銷骨　言所受誹謗之多，連骨骸皆可為其所化。按：《國語・周語》云：「眾心成城，眾口銷金」；〈張儀列傳〉云：「眾口鑠金，積毀銷骨」，蓋當時俗語有此。(67)秦用戎人由余而霸中國　事見〈秦本紀〉。由余原是春秋時晉國人，因事逃入戎族，為戎王任事。後戎王使其出使秦國，其才幹被秦穆公所賞識，於是秦穆公用反間計離間戎王與由余的關係，使由余歸秦，成為秦國名臣。(68)齊用越人蒙而彊威宣　其事不詳。越人蒙，《漢書》、《文選》皆作「趙人子臧」。《索隱》曰：「張晏云『子臧，越人。』」

或「蒙」之字也。」《漢書補注》引沈欽韓曰：「《鹽鐵論・相刺篇》：「越人夷吾，戎人由余，待譯而後通，並顯齊、秦」，則子臧又名夷吾。」又引沈曾植曰：「《潛夫論・論榮篇》：「由余生於五狄，越象產於八蠻，而功顯齊、秦，德立諸夏。」「越象」與「由余」並舉，疑即「子臧」。《史記》作「越人蒙」，「蒙」蓋「象」字之誤。」威宣，齊威王，名因齊，西元前三五六—前三二〇年在位；齊宣王，名辟疆，威王之子，西元前三一九—前三〇一年在位。69拘於俗牽於世　皆謂拘泥於世俗之見。牽，受牽制。70繫阿偏之辭　被偏邪的言辭所左右。阿，偏；私。71公聽　公正而不帶成見地聽取意見。72竝觀　幾方面同時看到，猶今所謂全方位地觀察問題。73垂名當世　李笠曰：「「名」讀為「明」，「垂明」即「公聽並觀」之效，所謂「公生明」也，皆對「阿偏」而言。若以為「聲名」，則當云「垂後世」，今云「當世」，是與「垂」字戾矣。《漢傳》、《文選》並作「明」。」中井曰：「言「垂」則下宜言「後世」；言「當世」則上宜言「立」，是必有一誤。」74胡越為昆弟　比喻平素毫無關係的人現在親密起來。胡，古代用以稱北方的少數民族，如匈奴、鮮卑等。越，古代用以稱今浙江、福建、廣東、廣西一帶的少數民族。75出逐不收　趕走不要。76朱象管蔡　朱是丹朱，堯的兒子。據說他為人不肖，故堯不傳位於他，而傳位於舜。象是舜的弟弟，為人邪惡狠毒，曾多次害舜。以上皆見〈五帝本紀〉。管、蔡指管叔鮮和蔡叔度，都是周武王的弟弟。武王死後，成王年幼，周公輔行政事，管叔、蔡叔勾結殷人謀反，被周公討殺，事見〈周本紀〉。77五伯不足稱　意即不難達到「五霸」的政治水準。不足，不難。78捐子之之心　識破子之之流的罪惡用心，而毅然拋棄之。子之是戰國時燕王噲（西元前三二〇—前三一二年在位）的相，曾花言巧語騙得燕王噲「讓」位於他，結果燕國大亂，幾致亡國。事見〈燕召公世家〉。79不說於田常之賢　說，通「悅」。賞識。田常，也作「田恆」、「陳恆」，春秋末期齊國的權臣。曾以大斗借出、小斗收入的辦法取得民心。西元前四八一年，殺掉了齊簡公（西元前四八四—前四八一年在位），另立齊平公，進一步地控制了齊國政權。至其孫田和，遂篡有齊政，姜姓之國旋即滅亡。事見〈田敬仲完世家〉。80封比干之後　意謂比干被紂王所殺，武王滅殷後乃封比干之子也。81修孕婦之墓　據〈殷本紀〉，紂王的妃子妲己自言能知孕婦的胎兒是男是女，紂王與其笑樂，遂剖孕婦以驗之；武王滅殷後乃修孕婦之墓。按：此亦順口而言，未必實有其事。82功業復就於天下　指周遂代商而言。李笠曰：「「就」字誤衍，「復」即「覆」字之省，謂功業覆被于天下也。武王之創業非中興之謂，不可云「復」甚明也。《漢傳》、《新序》、《文選》並作「覆」，無「就」字。」83欲善無厭　永不疲倦地做善事。厭，倦怠。84晉文公親其讎二句　晉文公名重耳，春秋時期有名的霸主之一。在其為公子時，其父晉獻公聽信驪姬的讒言，派寺人披往殺重耳，重耳倉惶外逃，被寺人披斬掉了一隻袖子。後來重耳即位後，寺人披又來求見，重耳寬赦了他，於是寺人披向重耳報告了敵對勢力的叛亂陰謀，使重耳得免於難。事見《左傳》僖公二十四年及〈晉世家〉。85齊桓公用其仇　即指用管仲為相。86一匡天下　齊桓公的主要霸業之一，《論語・憲問》馬融注：「匡，正也。天子微弱，桓公率諸侯以尊周室，一正天下。」楊伯峻曰：「使天下一切得到匡正。」87不可以虛辭借　猶今之所謂「不能用空話打發人」。借，應付；支應。88商鞅　原衛人，後入秦協助孝公實行變法，使秦國迅即強大起來。秦連續地向其東鄰的魏國發動攻擊，大破魏軍。西元前三三八年，孝公卒，商鞅的政敵發動政變，商鞅被害，過程詳見〈商君列傳〉。89大夫種　即文種，越王句踐的名臣，與范蠡等共同輔佐句踐滅掉了吳國，使越國稱霸一時。後因句踐猜忌功臣，文種被無辜殺害。事見〈越王句踐世家〉。90孫叔敖三去相而不悔　孫叔敖，楚人，莊王時為楚國令尹，據說他曾經三次被任為令尹，面無喜色；三次被免掉令尹，也面無憂色。事見〈循吏列傳〉、《莊子・田子方》、《呂氏春秋・知分》。91於陵子仲　即陳仲子，因居於於陵（今山東鄒平東南），故被稱為「於陵仲子」或「於陵子仲」。92辭三公為人灌園　據《孟子・滕文公》，陳仲子是齊國貴族陳戴之弟，陳戴食祿萬鍾，陳仲子以為不義，與其妻避居於陵，「身織屨，妻辟纑」以為生，困苦至於「三日不食，耳無聞，目無見」，然守節不移，而未云有「辭三公為人灌園」事。《集解》引《列士傳》云：「楚於陵子仲，楚王欲以為相，而不許，為人灌園。」三公，周時指司徒、司馬、司空，國家的最高執政大臣。93懷可報之意　《文選》李善注：「言士有功可報者思必報。」《漢書補注》引王文彬曰：「『報』當屬士言，豫讓所謂『眾人遇我，以眾人遇之；國士遇我，以國士遇之』也。人主誠隆禮以待士，自為可報之地，陽欲梁王懷此意也。」94見情素　即以真心待人。師古曰：「見，顯示也。」情素，真情；實情。95墮肝膽　王先謙引王念孫曰：「『墮』應訓『輸』」。輸肝膽，即今之所謂「推心置腹」。96施德厚　意即施恩德。97終與之窮達　意即始終如一地和他們同安樂，共患難。窮，困窘。達，通顯。98無愛於士　對待士人不吝惜，捨得給他們錢財與名位。99桀之狗可使吠堯二句　桀，夏朝的末代帝王，以荒淫殘暴著稱，被商湯所滅。蹠，古代傳說中的大「盜」，最早見於《莊子・盜跖》，後被人用為壞人的代表。由，許由，堯時的隱士，據說堯曾想讓天下與他，許由不受。許由被後世用為廉潔有德者的代表。按：〈淮陰侯列傳〉蒯通云：「跖之犬吠堯，堯非不仁，狗固吠非其主。」即此二句之意也。中井曰：「『桀狗』、『跖客』之喻，甚非可陳於梁王之前者。異日刺袁盎者，豈鄒陽之為耶？學術之不正，自然露出。」100況因萬乘之權二句　因，憑藉。萬乘之權，以言梁孝王國大權重。假，借；借助。聖王之資，以言梁孝王之地位崇高。按：二句謂梁孝王有此地位權勢，更易得人死力。中井曰：「『聖王』者，非所以稱梁王也，鄒陽失辭。」101荊軻之湛七族　荊軻為燕太子丹往刺秦王事，見〈刺客列傳〉，然其中無所謂「湛七族」之說。《論衡・語增》有所謂「秦王誅軻九族，復滅其一里」云云，乃王充以其為「增（誇大）」者。湛，通「沉」。沒；被誅滅。七族，《集解》引張晏曰：「上至曾祖，下至曾孫。」《索隱》曰：父之族、姑之子、姐妹之子、女子之子、母之族、從子、妻父母。(102)要離之燒妻子　事見《呂氏春秋・忠廉》。闔閭刺殺王僚後，又派要離往刺王僚之子慶忌。要離為了接近慶忌，取得其信任，便讓闔閭殺了他的妻、子，而且砍掉了自己的一隻胳膊。經過如此的苦心經營，行刺果然成功。事見《吳越春秋》。(103)以闇投人於道路　在黑暗的道路上，把東西扔向人家。投，投贈。(104)按劍相眄　惱怒欲鬥的樣子。眄，斜視。(105)無因而至前　黑暗中突然而至，人不知其何物也。(106)蟠木　彎曲的木頭。(107)根柢　樹根。柢，根。(108)輪囷離詭　彎曲盤旋的樣子。(109)為萬乘器　成為帝王的觀賞物。(110)容　師古曰：「雕刻加飾。」(111)隨侯之珠　寶珠名，據說隨侯曾救過一條蛇，這條蛇後來銜著一顆寶珠來報謝隨侯，人遂稱此曰「隨侯珠」。見《淮南子・覽冥》注。(112)不見德　不被人所感念。(113)故有人先談　事先有人為之褒揚、稱說。瀧川曰：「《漢書》無『故』字，『談』作『游』。」(114)樹功而不忘　產生功效而受人重視。(115)蒙堯舜之術　具有堯舜一樣的治國本領。蒙，披，即「懷有」、「具備」的意思。術，本領；法術。(116)挾伊管之辯　具有伊尹、管仲一樣的才智。伊尹、管仲被古人視為賢臣的代表。辯，才智。(117)懷龍逢比干之意　具有龍逢、比干一樣的耿耿忠心。龍逢，夏桀時的賢臣，因勸諫夏桀而被殺。龍逢、比干被後人視為忠臣的代表。(118)素無根柢之容　平素沒有人像修飾破樹根那樣地修飾他們，指無人為之遊揚稱說。(119)使布衣不得為枯木朽株之資　使許多有才幹的布衣之士的遭遇，還頂不上一塊破樹根、破木頭。(120)制世御俗　即指治理國家。御，駕御；統治。(121)獨化於陶鈞之上　意指要獨立自主地運用管理之權。獨化，獨立運作。陶鈞，古代製造陶器的機器，人們常用以代喻國家政權。師古曰：「陶家名轉者為『鈞』，言聖王制馭天下，亦猶陶人轉鈞。」(122)不牽　不被某種力量所左右。(123)不奪　不因某種力量而改變自己的計畫。(124)秦皇帝任中庶子蒙嘉之言三句　事見〈刺客列傳〉。荊軻入秦後，為能接近秦王，先將千金之幣物，厚賂秦王之寵臣中庶子蒙嘉，蒙嘉為之先言於秦王，秦王悅而見之，於是遂有「圖窮匕見」之事。中庶子，官名，掌管王室及諸吏的嫡子、庶子的支派譜籍，上屬太子太傅。(125)周文王獵涇渭三句　周文王獵於渭濱，遇呂尚，相語大悅，遂載以歸，任以為師，其後呂尚佐武王滅商事，見〈周本紀〉。涇渭，二水名，涇水在今陝西高陵西南匯入渭水。文王遇呂尚之地相傳在蟠溪（今寶雞市東南），處於渭水邊上，其所以言「涇」者，由「渭」而連及之也。(126)秦信左右而殺二句　梁玉繩曰：「荊卿刺秦不中，何得言『殺』？《漢書》、《文選》作『亡』，尤非。」師古曰：「文王之得太公非因舊故，若烏鳥之暴集。」王先謙曰：「秦任蒙嘉，未為荊軻所殺，亦未以此亡國，是『信左右』不得指蒙嘉，則『用烏集』，亦不指太公也。秦二世信趙高，殺身亡國，是『信左右而殺亡』也；『烏集』猶言『烏合』，周武王伐紂至孟津，八百諸侯不期而會，若烏烏之集然，是『用烏集而王』也。」王駿圖曰：「武王伐紂時有烏集於王屋，其色赤，其聲魄，為周家開國及尚赤之瑞。」按：二王之說皆緩，與上下文不緊扣。[127]越攣拘之語　突破左右親信的那些約束之言。[128]馳域外之議　讓遠道來的人暢說心裡話。[129]獨觀於昭曠之道　能獨自看清光明平曠的大道。師古曰：「昭，明；曠，廣也。」[130]沈　溺；醉心。[131]牽於帷裳之制　意即被周圍的一群近侍之臣所左右、挾制。帷裳，即帷帳，這裡指貼身的臣妾。[132]不羈之士　指才識高遠，性情超俗的人。師古曰：「不羈，言才識高遠，不可羈繫也。」[133]與牛驥同皁　王叔岷曰：「此處『與』字與『如』同義。謂『使不羈之士，如牛與驥同皂』。」驥，良馬。皁，《集解》引《漢書音義》：「食牛馬器，以木作，如槽也。」[134]鮑焦　周時的廉潔之士，因憤世疾俗而自殺。[135]盛飾　指修養德行。[136]不以利汙義　意即不為利而傷義。[137]砥厲名號　注意提高自己的名譽聲望。砥厲，都是磨刀石，這裡用如動詞，即「磨煉」的意思。[138]不以欲傷行　不為欲望而損害品行。[139]縣名勝母二句　曾子，名參，孔子的弟子，以守孝道聞名。據說當他外出經過「勝母」這個縣的時候，因為他嫌這個名字不合孝道，便不肯進入，繞道而去。《索隱》曰：「《淮南子》及《鹽鐵論》並云『里名勝母，曾子不入』；《尸子》以為孔子至勝母縣，暮而不宿，則不同也。」[140]邑號朝歌二句　「朝歌」是殷朝的國都，即今河南淇縣。相傳墨翟路經這裡時，因他覺得這個名字與他「非樂」的主張不合，遂不肯入都，回車而去。語見《淮南子・說山》。[141]寥廓之士　抱負遠大，性情不羈的人。寥廓，廣遠宏闊。[142]攝於威重之權　被威重的權勢所脅制。[143]主於位勢之貴　被高貴的勢位所主宰。主，主宰；支使。《漢書》、《文選》皆作「脅」。中井曰：「『主』作『脅』為長。」[144]故回面汙行　改變自己原來的面孔，敗壞自己固有的操行。中井曰：「回，轉也，易也。」李笠曰：「『今欲使』至『求親近於左右』云云，一氣貫注，『回面』句上不宜冠以『故』字。」牛鴻恩以為「故」指「故意」，意思雖可通，但總覽上下文，仍以削「故」字為暢達。[145]堀穴巖藪　洞穴或山巖水濱。堀，通「窟」。洞穴。藪，雜草叢生的沼澤地。「巖藪」原作「巖巖」。張文虎《札記》卷五曰：「下『巖』字誤也。《漢書》、《文選》並作『藪』。」今據改。[146]安肯有盡忠信而趨闕下者哉　趨闕下，指前來投奔梁孝王。闕，帝王宮門兩側的臺觀。淩稚隆引真德秀曰：「此篇用事太多，而文亦寖趨於偶儷，然其論讒毀之禍，至痛切，可為世戒。」董份曰：「鄒陽書此體古所未有，獨起此格，所以比物連類，蓋情至窘迫，故反復引喻，不能自已耳。」吳見思曰：「鄒陽書詞，絕無一句正說，止用譬喻二十三段，古人五十餘人，而多少峰巒，多少起伏，多少曲折排蕩，讀之不嫌其煩。」

【語　譯】鄒陽，是齊國人。到梁國後，與原來的吳國人莊忌夫子、淮陰枚生這類人交往。他上書梁孝王，與梁孝王的關係和羊勝、公孫詭並列。羊勝等嫉妒鄒陽，向梁孝王說他的壞話，孝王大怒，把他交給獄吏，想殺掉他。鄒陽客遊到梁國，因為讒言被捕，害怕死後還要承擔壞名聲，就從獄中上書說：

2 「我聽說忠心的人沒有不得到相應的報償的，誠信的人不會被懷疑，我曾經認為是這樣的，但現在看來只是假話罷了。過去荊軻欽慕燕丹的義氣，他的忠心使得白虹橫貫太陽，太子卻懷疑他膽怯；衛先生為秦策劃長平之事，他的忠心使得太白星侵蝕昴宿，昭王卻懷疑他。精誠改變了天地，而誠信卻不被兩位主公明白，難道不是很悲哀嗎！現在我竭盡忠誠，用盡心計希望主公能了解我，而您左右的人卻不明白，最終還是把我交給了獄吏審訊，被世人懷疑。就如同荊軻、衛先生復現，而燕、秦仍不覺悟啊。希望大王仔細考察。

3 「過去卞和獻寶玉，楚王砍掉了他的腳；李斯竭盡忠誠，胡亥卻殺了他。因此箕子裝作發瘋，接輿逃避現世，就是害怕遭到這種災難啊。希望大王詳細明察卞和、李斯的心意，不要像楚王、胡亥那樣聽信讒言，不要讓我被箕子、接輿嘲笑。我聽說比干因盡忠被剖心，伍子胥因忠心被逼自殺，我一開始不相信，現在才相信。希望大王詳細明察，稍稍給我一點憐憫。

4 「諺語說：『有的人到頭髮白了還像剛認識一樣，有的人剛認識就像老朋友一樣。』為什麼呢？是因為互相了解還是不了解。所以過去樊於期逃離秦國到燕國，把頭顱借給荊軻讓他去完成太子丹的任務；王奢離開齊國到魏國，在城下自刎來退齊兵保存魏國。王奢、樊於期不是與齊、秦是新交而與燕、魏是故交，離開兩個國家，為兩個君主而死，是因為他們認為這樣做合乎自己的意志而欽慕無窮的義氣。因此蘇秦雖然對天下人不講信義，卻對燕王忠誠不二；白圭作戰丟失了六座城池，卻為魏國攻取了中山。為什麼呢？實在是有人理解他們。蘇秦做燕相，燕人向燕王說他的壞話，燕王按著劍對進讒的人發怒，而把駃騠寶馬的肉送給蘇秦吃；白圭在中山顯貴，中山人向魏文侯說他的壞話，文侯卻送給白圭夜光寶玉。為什麼呢？兩位君主與兩位臣子，剖心剖肝地互相信任，怎麼會被一些無根據的話所動搖呢！

5 「因此女子不論是美還是醜，一進入宮中就被嫉妒；士人不論是賢還是不肖，一進入朝中就被嫉妒。過去司馬喜在宋國被處以臏刑，卻最終做了中山相；范雎在魏國被打斷了肋骨打掉了牙，卻最終在秦國做了應侯。這兩個人，都是相信必然的謀劃，捐棄朋黨的私心，地位孤立，因而不能免除嫉妒之人的陷害。因此申徒狄跳河自殺，徐衍投海自盡。不被世人接納，義不隨便獲取，在朝廷上結黨，來動搖主上的心意。因此百里奚在路上討飯，秦繆公將國政交給他；甯戚在車下餵牛，齊桓公把國政交給他。這兩個人，難道是在朝廷上借官員們的力量，借左右的讚譽，然後兩位君主才任用他們的嗎？他們心心相應，志同道合，比膠漆還要親密，就是親兄弟也不能使他們分離，怎麼會被眾人的口舌迷惑呢？因此聽信片面的話就會產生奸佞，任用少數幾個人就會出亂子。過去魯國聽了季孫的話驅逐了孔子，宋國聽信子罕的話囚禁了墨翟。憑著孔子、墨翟的聰明才智，不能使自己免於遭到讒諛，而兩個國家也因此而陷入危機。為什麼呢？眾人的話能銷毀金屬，累積的毀謗能銷蝕骨頭。因此秦人用戎人由余而稱霸中國，齊用越人蒙而在威王、宣王之世強盛。這兩個國家，難道是受世俗的拘泥牽累，被阿諛偏頗的言辭束縛的嗎？是因為廣泛地聽取意見全面地觀察事物，於是垂名於當世。因此心意相合那麼胡人越人都能成為兄弟，由余、越人蒙就是這樣；心意不合，那麼兄弟也會被驅逐，朱、象、管、蔡就是這樣。現在人主如果真能用齊、秦之義而不像宋、魯那樣聽信讒言，那麼五霸也不值得稱讚，三王也容易做到。

6 「所以聖王覺悟，能夠看透並捐棄子之的心思，能夠不欣賞田常的賢能；能夠分封比干的後代，修孕婦的墳墓，因而能夠成就天下矚目的功業。為什麼呢？他向善的願望是無窮的。晉文公與他的對手親善，所以能在諸侯中強盛稱霸；齊桓公任用他的仇人，因而能一匡天下。為什麼呢？他們慈仁殷勤，心中充滿誠信，無法憑空話來取代。

7 「至於秦用商鞅之法，向東削弱韓國、魏國，軍事力量在天下是最強的，最後卻車裂商鞅；越用大夫種的計謀，降服強大的吳國，稱霸中國，最後卻殺了大夫文種。因此孫叔敖三次被免去相國而不後悔，於陵子仲不做三公而為人澆園子。君王如果真能去掉驕傲之心，心懷報答之情，坦露心腹，表現出情義，披肝瀝膽，厚施恩德，無論窮困還是通達都一樣地對待他們，不偏寵士人，那麼桀的狗可使之對堯狂吠，盜蹠的門客可使之去刺殺許由，何況手握國家大權，依靠聖王聲譽的人呢？那麼荊軻刺秦王之前淹死親戚，要離刺慶忌之前燒死妻子，又有什麼值得稱道的！

8 「我聽說明月之珠，夜光之璧，黑暗中在路上扔給人，人沒有不按劍怒視的。為什麼呢？是因為無故出現在他面前。盤根錯節的樹根，彎曲奇特，而成為君主的玩物。為什麼呢？因為左右的人先修飾了它。所以無故出現在人面前，即使是隨侯之珠、夜光之璧這樣的寶物，仍只能結怨而不被看好。所以如果有人先說點好話，那麼枯木朽株也有功而不被忘記。現在天下沒有地位生活困苦的士人，身處貧賤，即使有堯、舜的本領，伊尹、管仲的辯才，龍逢、比干的忠心，想為當世君主盡忠，但平時沒有君主身邊人的推薦，即使用盡精神心智，想要展示忠信，輔助人主治國，然而人主一定會有按劍注視的跡象，這就使布衣之士得不到枯木朽株的待遇了。

9 「因此聖王駕馭世俗，要獨立自主地對事物進行調控，而不受低級混亂的話語的牽絆，不因眾人口舌而改變自己的決定。因此秦始皇聽信中庶子蒙嘉的話，相信荊軻的遊說，而幾乎被刺身亡；周文王在涇、渭打獵，用車載回呂尚，稱王天下。因此秦相信左右的話而被刺，周任用偶合之人卻稱王。為什麼呢？因為他能超越牽繫拘束的言論，擺脫世俗的議論，自己高瞻遠矚。

10 「現在人主沉溺於諂諛之人，受臣子的牽制，使才識高遠的人才不被賞識，如同牛與千里馬同槽共食一般。這就是鮑焦忿恨世俗而不留戀富貴的快樂的原因。

11 「我聽說盛裝入朝的人，不會因為利益而玷汙節操；砥厲名號的人，不會因為欲望傷害品行。因此縣名叫『勝母』，講究孝道的曾子就不進去；城邑名叫『朝歌』，提倡節儉的墨子就回車離開。現在想使天下器度宏遠的賢士攝服於威重的權柄，服從於尊貴的勢力，使他們改換面目、汙損節操來事奉那些諂諛的小人，而求得左右的親近，那麼他們就會老死在深山窮澤之中，怎麼會有肯盡忠竭信的人奔向闕下呢？」

12 這封信上奏梁孝王，孝王派人放他出來，終於成為上等門客。

太史公曰：魯連其指意雖不合大義❶，然余多❷其在布衣❸之位，蕩然肆志❹，不詘❺於諸侯，談說於當世❻，折卿相之權❼。鄒陽辭雖不遜❽，然其比物連類❾，有足悲者，亦可謂抗直不橈❿矣。吾是以附之列傳焉。

【章旨】以上為第四段，是作者的論贊，自述了其所以為魯仲連、鄒陽寫作此傳的動因。

【注釋】❶其指意雖不合大義　梁玉繩曰：「仲連不肯帝秦一節，正見大義，戰國一人而已。史公此語殊未當。」按：此所謂「不合大義」，乃指其隱身不仕，不合孔門的積極行道而言。《論語‧微子》：「子路曰：『不仕無義。長幼之節不可廢也，君臣之義如之何其廢之？欲潔其身，而亂大倫。君子之仕也，行其義也。』」隱身不仕也與司馬遷個人的人生觀不相合。❷多　讚美；稱道。❸布衣　平民。❹蕩然肆志　逍遙散蕩，任志而行。❺詘　通「屈」。❻談說於當世　在當時以善於談說聞名。❼折卿相之權　指挫敗新垣衍，使平原君敬服等是也。折，挫；使之屈服。❽不遜　不馴順，指語多憤激而言。❾比物連類　指為文善用比喻，且辭出不窮。錢鍾書曰：「出《韓非子‧難言》：『多言繁稱，連類比物，則見以為虛而無用。』『連類』即詞采、偶儷之詞縟於單行，能使意寡而視之如多也。」❿抗直不橈　抗直，剛強正直。橈，通「撓」。屈。

【語譯】太史公說：魯仲連的中心大意雖然不符合大義，但我看重他作為一介布衣，能夠堅持自己的志向，不屈服於諸侯，在當世高談闊論，能折服卿相。鄒陽言辭雖然不遜，但他比物連類，有足以使人悲哀的，也可以稱得上是抗直不屈了。我因此把他附在列傳的後面。

【研析】魯仲連是戰國時人，鄒陽是漢代人，司馬遷之所以將其列於一篇，李景星說：「魯仲連、鄒陽，中間相距百歲，時異代隔，絕無聯絡，而太史公合為一傳，以其性情同也。觀贊語，於魯仲連則曰『不詘於諸侯』，於鄒陽則曰『亦可謂抗直不橈矣』，不詘不橈，乃能獨行其是，而為天地間不易多、不可少之人。雖所處之地位不同，要其不磨之志氣俱在也。魯仲連身為布衣，得以自主，故其志氣可於徑直中見之；鄒陽處人宇下，不得自主，而其志氣亦可於鬱結中見之。史公天性與魯仲連同，其遭際復與鄒陽同，史公之傳二人，並有自為寫照之意。」說法頗可參考。

魯仲連關心政事，銳於為人排難解紛，此其習性蓋近於俠客一流；而又蕩然肆志，不為名利所羈，功成而不受賞，此又中國古代文人所追求之最高精神境界，其影響至為巨大，亦司馬遷之所心折。李白詩云：「齊有倜儻生，魯連特高妙。明月出海底，一朝開光曜。卻秦振英聲，後世仰末照。意輕千金贈，顧向平原笑。吾亦澹蕩人，拂衣可同調。」（〈古風五十九首〉）蘇轍曰：「戰國遊談之士，非縱即衡，說行交合，而寵祿附之，故事不厭詭詐，爭走於利。魯仲連辯過秦、儀，氣凌髡、衍，而縱衡之利，不入於口。因事放言，切中機會，排難解紛，如決潰堤，不終日而成功。逃避爵賞，脫屣而去，戰國以來，一人而已。」（《古史》）

作品於魯仲連只載其「義不帝秦」與「遺燕將書」兩文，而鮑彪、錢穆與繆文遠等又謂此兩文皆為後人所依託。我以為魯仲連之具體年歲無法考察，《魯連子》稱其年十二時駁斥田巴，此亦猶〈甘茂傳〉之稱甘歲十二歲痛責張唐，為秦上卿，傳說之誇大往往如此，無足深怪。至「義不帝秦」與「遺燕將書」，矛盾錯訛固亦有之，然其大體情節，清晰可信。至於到底係出於魯連自己之手，抑或帶有後人之加工，此似可不論。即神聖如《尚書》、《左傳》所載之文告、言辭，孰非後人之所加工者？錢穆謂此二事皆見於《戰國策》，而《戰國策》乃錄自《史記》；而史公之為此文，蓋乃採之《魯連子》也。《魯連子》出於戰國末年或秦楚之際所依託，然其傳說必有自，諒非子虛、烏有者所可比。

鄒陽其人，尚有〈上吳王書〉，隱約諫阻劉濞為逆事，事關重大，見《漢書・鄒陽傳》。史公於此乃不載，而止載其〈獄中上書梁王〉，蓋為突出本篇主題所需要，亦猶〈賈生傳〉之止載〈弔屈原〉與〈鵩鳥賦〉而不載〈過秦論〉與〈治安策〉也。

卷八十四

屈原賈生列傳第二十四

【題解】屈原是戰國時人，賈誼是西漢初期人，司馬遷為何要把這兩個人寫在一篇呢？明代陳仁錫說：「屈、賈俱被謗，俱工辭賦，其事迹相似，故二人同傳。」（《史記考》）近代李景星說：「通篇多用虛筆，以抑鬱難過之氣寫懷才不遇之感，豈獨屈、賈二人合傳，直作屈、賈、司馬三人合傳讀可也。」（《四史評議》）這兩家的說法都是很好的。作品以如歌如泣的語言，記述了兩位既是遠見卓識的國之忠良，又是錦心繡口的文才美士的坎坷一生，是《史記》中抒情性最強的作品之一。

1 屈原者，名平❶，楚之同姓也❷。為楚懷王❸左徒❹。博聞彊志❺，明於治亂，嫻❻於辭令。入則與王圖議國事，以出號令；出則接遇賓客，應對諸侯。王甚任之。

2 上官大夫❼與之同列，爭寵而心害❽其能。懷王使屈原造為憲令❾，屈平屬草稾❿，未定。上官大夫見而欲奪之⓫，屈平不與。因讒之曰：「王使屈平為令，眾莫不知。每一令出，平伐⓬其功，曰以為『非我莫能為』也。」王怒而疏屈平。

3 屈平疾⑬王聽之不聰⑭也，讒諂之蔽明也，邪曲之害公也，方正之不容也，故憂愁幽思而作離騷⑮。「離騷」者，猶「離憂」也⑯。夫天者，人之始也；父母者，人之本也。人窮則反本，故勞苦倦極⑰，未嘗不呼天也；疾痛慘怛⑱，未嘗不呼父母也。屈平正道直行，竭忠盡智以事其君，讒人間之，可謂窮矣。信而見疑，忠而被謗，能無怨乎？屈平之作離騷，蓋自怨生也。國風好色而不淫⑲，小雅⑳怨誹而不亂㉑。若離騷者，可謂兼之矣。上稱帝嚳㉒，下道齊桓㉓，中述湯、武㉔，以刺世事。明道德㉕之廣崇，治亂之條貫，靡不畢見㉖。其文約㉗，其辭微㉘，其志絜㉙，其行廉。其稱文小，而其指極大；舉類邇，而見義遠㉚。其志絜，故其稱物芳；其行廉，故死而不容。自疏濯淖汙泥㉛之中，蟬蛻㉜於濁穢，以浮游塵埃之外，不獲世之滋垢㉝，皭然㉞泥而不滓㉟者也。推此志也，雖與日月爭光可也㊱。

【章旨】以上為第一段，寫屈原的早年經歷，與後來被讒謗疏斥，因憤怒而作〈離騷〉的情形，以及作者對〈離騷〉的高度評價。

【注釋】❶屈原者二句　按：〈離騷〉云：「名余曰『正則』兮，字余曰『靈均』。」朱熹注：「正，平也；則，法也；靈，神也；均，調也。高平曰『原』，故名『平』而字『原』也。」❷楚之同姓也　楚國王族姓羋，屈原亦楚國先王之苗裔，其祖先屈瑕受封於屈地，國以為姓氏。屈氏與景氏、昭氏同為楚國王系之大族。❸楚懷王　名槐，戰國中期的楚國諸侯，西元前三二八－前二九九年在位。❹左徒　《正義》曰：「蓋今在左右拾遺之類。」錢大昕曰：「黃歇由左徒為楚令尹，則左徒亦楚之貴臣矣。」北大《文學史參考資料》亦謂「黃歇和屈原都是楚之貴族，又是楚君的親戚，疑當時楚多以貴族近臣任此職。」❺彊志　記憶力強。志，記憶。❻嫻　熟練；擅長。嫻，通「閑」。《爾雅・釋詁》：「閑，習也。」❼上官大夫　姓上官，史失其名。王逸〈離騷序〉有所謂「同列大夫上官靳尚」，以為上官大夫名靳尚，今世郭沫若亦用此說。徐孚遠曰：「《史記・張儀傳》別出靳尚，不言即上官，疑是兩人也。」梁玉繩曰：「王逸〈離騷序〉云『上官靳尚』蓋仍《新序・節士》之誤。考〈楚策〉靳尚為張旄所殺，在懷王世；而此言上官為子蘭所使，當頃襄時，必別一人。故《漢書・人表》列上官大夫五等，靳尚七等。」❽害　患；嫉妒。❾憲令　法令。《左傳》襄公二十八年：「此君之憲令，而小國之望也。」杜預注：「憲，法也。」姜亮夫《屈原賦校注》曰：「懷王為人貪佞而非庸妄，其人頗有興復楚國之志，則更張國憲以應政勢，蓋亦必有之圖。」❿屬草稾　正當打草稿階段。屬，瀧川引曾國藩曰：「適也，謂當此際也。」草，起草。⓫見而欲奪之　奪，字面之意即掠其稿以為己有。陳子龍則曰：「欲預聞憲令，以與幾事，非竊屈平之作以為己作也。王本命平，上官無由竊之也。」或謂「奪」者，更改其意，改寫其文字。⓬伐　誇耀。⓭疾　患；痛恨。⓮不聰　聽覺不靈敏。隱喻其昏庸。⓯故憂愁幽思而作離騷　蘇轍曰：「太史公言〈離騷〉作自懷王之世，原始見疏而作。按〈離騷〉之文斥刺子蘭，宜在懷王末年，頃襄王世。」⓰離騷者二句　「離騷」就是「被疏離的痛苦」。按：王逸〈離騷經序〉曰：「離，別也；騷，愁也。」與史公意思相近，此第一義。《索隱》引應劭曰：「離，遭也；騷，憂也。」意即「遭受痛苦」或「陷入痛苦」，此第二義。王應麟引《國語・楚語》伍舉曰：「德義不行則邇者騷離，而遠者距違。」以為「伍舉所謂『騷離』，屈平所謂『離騷』，皆楚言也」，意即今天之所謂「牢騷」，此第三義。⓱勞苦倦極　北大《文學史參考資料》謂「『極』字作『病』解，即『困憊』之意，不是副詞。」⓲慘怛　慘痛。怛，痛苦。北大《文學史參考資料》謂「『疾痛』指人生理上的疼痛感覺；『慘怛』指人心理上的疼痛感覺。」⓳國風好色而不淫　〈國風〉，《詩經》中的一個部分，按十五個地區分別記錄了各地的歌謠，共一百六十篇。《論語・八佾》記孔子有所謂「〈關雎〉樂而不淫，哀而不傷。」蓋即史公此語之所本。〈關雎〉是〈國風・周南〉中的第一篇，寫一對男女戀愛結婚的情節。好色，指好描述男女戀情。淫，溢；過分。凌稚隆引余有丁曰：「謂『好色』云者，以〈離騷〉有宓妃等事。然原特假借以思君耳，非如〈國風〉之思也。」⓴小雅　《詩經》中的一個部分，共收詩一百零五篇，其中有一些憂國憂民、批判政治黑暗的諷刺詩。㉑怨誹而不亂　意謂這些詩中雖有怨憤之音，而出發點是良好的，並不是存心作亂。㉒帝嚳　號高辛氏，傳說中的「五帝」之一，事跡見〈五帝本紀〉。〈離騷〉有云：「鳳凰既受詒兮，恐高辛之先我。」即此所謂「上稱帝嚳」。㉓齊桓　春秋時代的齊國諸侯，西元前六八五—前六四三年在位，為春秋「五霸」中的第一個，事跡見《左傳》、〈齊太公世家〉。〈離騷〉中有所謂「甯戚之謳歌兮，齊桓聞以該輔。」即此所謂「下道齊桓」。㉔湯武　商湯、周武王，商、周兩朝的開國之君。〈離騷〉中有所謂「湯禹儼而祗敬兮，周論道而莫差。」即此所謂「中述湯武」。㉕道德　此兼指治國大道與德化教育而言，非單指一個人的品德修養。㉖畢見　全部呈現。見，通「現」。㉗其文約　文字簡潔。約，簡；少。㉘其辭微　用語含蓄。微，隱晦。㉙絜　通「潔」。㉚舉類邇二句　舉例用的典故淺近易曉、貼近現實，其表達的意思卻極深刻廣遠。㉛自疏濯淖汙泥　舊本多注為，濯，洗也。淖，濁也。與「汙泥」同義。其意乃謂雖自處於汙泥之中，而能自洗濯，保持潔白。王念孫曰：「《廣雅》：『濯，滫也。』《禮記》皇侃疏：『濯，不淨之汁也。』『濯』『淖』皆汙濁之名，『濯』『淖』『汙』『泥』四字同義。」因此他主張此處應斷句為「其行廉，故死而不容。自疏濯淖汙泥之中，蟬蛻於濁穢，以浮游塵埃之外」。楊樹達《古書句讀釋例》亦主此說。㉜蟬蛻　這裡將主謂結構用為動詞，意即「擺脫」、「出脫」。㉝不獲世之滋垢　王念孫曰：「獲者，辱也，言不為滋垢所辱也。」錢大昕曰：「『滋』與『茲』同。《說文》：『茲，黑也。』」㉞皭然　《集解》引徐廣曰：「疏靜之貌。」姜亮夫引《埤雅》曰：「皭，白也，皭與皎同。」㉟泥而不滓　雖被汙泥浸漬而不受穢染。泥，用如動詞。滓，汙染。㊱雖與日月爭光可也　班固〈離騷序〉云：「昔在孝武，博覽古文，淮南王安敘〈離騷傳〉，以『〈國風〉好色而不淫，〈小雅〉怨誹而不亂，若〈離騷〉者可謂兼之。蟬蛻濁穢之中，浮游塵埃之外，皭然泥而不滓。推此志，雖與日月爭光可也』。」劉勰《文心雕龍．辨騷》亦引「〈國風〉好色而不淫」以下五十字為淮南王語，則史公此段文字，乃根據淮南王劉安〈離騷傳〉也。李白〈江上吟〉有所謂「屈平文章懸日月，楚王臺榭空山丘」，亦由此生發。

【語　譯】屈原名平，是楚王的同姓。擔任楚懷王的左徒。他學識淵博，記憶力強，精通國家治亂興衰的道理，並善於外交辭令。他入朝就和楚王一道商議國家大事，擬訂和發布各種政令；出朝就能接待各國使節。楚王非常信任他。

2　上官大夫與屈原同朝為官，他忌妒屈原的才能，和屈原爭寵。有一次，懷王讓屈原起草一項法令，屈原已經寫出了草稿尚未最後確定。上官大夫這時見到了，想要歸為己有，屈原不給他。於是上官大夫便在懷王面前中傷屈原說：「大王經常叫屈原起草法令，這是大家都知道的。但每一道法令頒布後，屈原總是誇耀自己，說這個法令『除了我誰也起草不成』。」於是楚王便生氣地疏遠了屈原。

3 屈原痛恨懷王偏聽偏信，不分是非，痛恨那些讒佞小人蒙蔽楚王的視聽，痛恨那些奸邪之徒的陷害公正，而端方正直的人不為世所容，於是他便憂愁苦悶地創作了〈離騷〉。所謂「離騷」，就是指陷入苦悶。天是創造人的原始；父母是人出生的根本。人在遇到窘困危急時就會追本溯源，因此當人們勞苦困倦不堪時，就總是喊「天」；在疾病慘痛不能忍受時，就總呼叫「父母」。屈原秉公執正，竭盡自己的忠誠和智慧去侍奉他的國君，結果遭到讒佞小人的離間，這可以說是艱難困苦至極了。守信義的人被猜疑，忠直的人受誹謗，這種狀況怎不使人怨憤呢？屈原所以要創作〈離騷〉，就是為了發洩自己內心的怨憤。〈國風〉雖寫了男女之愛但不淫蕩，〈小雅〉雖有怨憤之情但沒有作亂之心，像〈離騷〉這部作品，可以說是兼有〈國風〉和〈小雅〉的特點了。屈原在〈離騷〉裡向上稱頌帝嚳，向下講到齊桓公，中間說到了商湯、周武王的許多事情，他是想用來諷刺現實。其中有闡明古代帝王的道德崇高的，也有講述國家政治興衰的條理的，一切應有盡有。他的文章簡鍊，涵義深遠，志趣高潔，行為廉正。文章的辭語雖然簡約，但其涵義極其廣大；文章所舉的事例雖近在眼前，但寄託的思想卻非常深遠。由於屈原的志趣高潔，因此他在文章中就喜歡說鮮花香草；由於他的行為廉正，所以他一直到死也不容許自己離開楚國。身處汙泥濁水之中，卻能像蟬脫掉外殼一樣，超升於塵埃之外，不沾染世俗的汙垢，能皎潔地出淤泥而不染。屈原的這種思想氣節，要說它能與日月爭光那是不過分的。

1 屈平既絀❶，其後秦欲伐齊，齊與楚從親❷，惠王❸患之。乃令張儀❹詳去秦❺，厚幣❻委質❼事楚，曰：「秦甚憎齊，齊與楚從親，楚誠能絕齊，秦願獻商、於❽之地六百里。」楚懷王貪而信張儀，遂絕齊，使使如秦受地。張儀詐之曰：「儀與王約六里，不聞六百里。」楚使怒去，歸告懷王。懷王怒，大興師伐秦。秦發兵擊之，大破楚師於丹、淅⑨，斬首八萬，虜楚將屈匄，遂取楚之漢中⑩地。懷王乃悉發國中兵以深入擊秦，戰於藍田⑪。魏聞之，襲楚至鄧⑫。楚兵懼，自秦歸。而齊竟怒不救楚，楚大困。

2 明年⑬，秦割漢中地與楚以和⑭。楚王曰：「不願得地，願得張儀而甘心⑮焉。」張儀聞，乃曰：「以一儀而當⑯漢中地，臣請往如楚。」如楚，又因厚幣⑰用事者臣靳尚⑱，而設詭辯於懷王之寵姬鄭袖⑲。懷王竟聽鄭袖，復釋去張儀⑳。是時屈平既疏，不復在位㉑，使於齊。顧反㉒，諫懷王曰：「何不殺張儀？」懷王悔，追張儀不及。

3 其後諸侯共擊楚㉓，大破之，殺其將唐眛㉔。

4 時秦昭王㉕與楚婚，欲與懷王會。懷王欲行，屈平曰：「秦，虎狼之國，不可信，不如毋行。」懷王稚子子蘭勸王行：「柰何絕秦歡！」懷王卒行。入武關㉖，秦伏兵絕其後，因留懷王，以求割地㉗。懷王怒，不聽㉘。亡走趙，趙不內㉙。復之秦，竟死於秦而歸葬㉚。

5 長子頃襄王立㉛，以其弟子蘭為令尹㉜。楚人既咎子蘭，以勸懷王入秦而不反也㉝。

6 屈平既嫉之㉞，雖放流㉟，睠顧㊱楚國，繫心㊲懷王，不忘欲反㊳，冀幸君之一悟，俗之一改也。其存君興國㊴而欲反覆之㊵，一篇之中三致志㊶焉。然終無可柰何，故不可以反㊷，卒以此見懷王之終不悟也㊸。人君無愚智賢不肖㊹，莫不欲求忠以自為㊺，舉賢以自佐；然亡國破家㊻相隨屬㊼，而聖君治國㊽累世㊾而不見者，其所謂忠者不忠，而所謂賢者不賢也。懷王以不知忠臣之分㊿，故內惑於鄭袖，外欺於張儀，疏屈平而信上官大夫、令尹子蘭。兵挫地削，亡其六郡(51)，身客死於秦，為天下笑。此不知人之禍也(52)。易曰：「井泄不食，為我心惻，可以汲。王明，並受其福(53)。」王之不明，豈足福哉(54)！

7 令尹子蘭聞之(55)，大怒，卒使上官大夫短屈原(56)於頃襄王，頃襄王怒而遷之(57)。

【章旨】以上為第二段，寫懷王由於不用屈原，而導致國削身死，頃襄王不覺悟，又信讒放逐屈原的情形，譴責了兩代楚王無比昏庸。

【注釋】❶絀　通「黜」。罷斥。❷齊與楚從親　從親，因有聯盟而友好親近。從，通「縱」。合縱，在戰國時期指東方諸國間的南北向聯盟。當時齊國在位的諸侯為齊宣王（西元前三一九—前三〇一年在位）。❸惠王　秦惠文王，孝公之子，西元前三三七—前三一一年在位。❹張儀　戰國時代的著名縱橫家，一生為秦國效力，惠文王時為秦相，事跡詳見〈張儀列傳〉。❺詳去秦　假裝因某事而離開秦國。詳，通「佯」。假裝。❻厚幣　獻厚禮。幣，禮品。❼委質　猶今所謂「委身」、「委身投靠」。或曰：「質」通「贄」，意即見面禮，古人求見人時要攜帶與身分相應的見面禮品。又或曰：「委質」即立保證書。洪亮吉《春秋左傳詁》僖公二十三年「策名委質」下引服虔注曰：「古者必先書其名於策，委死之質於君，然後為臣，示必死節也。」按：據〈秦本紀〉、〈楚世家〉、〈張儀列傳〉，張儀入楚在懷王十六年（西元前三一三年），且謂張儀入楚後乃為楚相。❽商於　地區名，約當今陝西商縣至河南內鄉一帶地區，當時屬秦。按：以上張儀為秦詐騙懷王事，〈楚世家〉與〈張儀列傳〉皆載之甚詳，且形同小說，可信至何種程度，蓋難言也。❾丹淅　二水名，丹水源於商縣西北，東流入河南，在淅川縣南與淅水合。淅水也稱「均水」，源於河南盧氏境，南流匯丹水，再南流入湖北，匯於漢水。此處所謂「丹淅」即指今河南省西南部之西峽、淅川等一帶地區。❿楚之漢中　楚國的漢中郡，其地約當今湖北省之房縣、竹山以及陝西省之安康一帶地區。按：以上秦破楚軍於丹淅，虜屈匄，奪得楚國漢中地，事在秦惠王後元十三年、楚懷王十七年，西元前三一二年，過程詳見〈楚世家〉。⓫藍田　秦縣名，亦是關名，在今陝西藍田西南。⓬魏聞之二句　此時在位的魏國諸侯為魏襄王，惠王之子，西元前三一八—前二九六年在位。此時的魏國建都大梁（今河南開封）。梁玉繩曰：「『魏』當作『韓』。」按：〈楚世家〉於此作「韓、魏襲楚」。此時韓國在位的諸侯為韓宣惠王，西元前三三二—前三一二年在位。韓國的都城即今河南新鄭。鄧，楚縣名，在今河南偃城東南。另一「鄧邑」在今湖北襄樊之西北郊。若韓國攻「鄧」，則以攻此更為緊要。⓭明年　懷王十八年（西元前三一一年）。⓮秦割漢中地與楚以和　按〈楚世家〉云：「秦使約復與楚親，分漢中之半以和楚」；〈張儀列傳〉云：「秦要楚欲得黔中地，欲以武關外易之」，三處之說各異。王叔岷曰：「漢中本楚地，楚大困之次年，秦反欲割漢中之半以與楚和者，蓋一則堅懷王絕齊之心，一則息懷王見欺於張儀之怒耳。」⓯甘心　快意，猶今所謂「（殺之以）解恨」。⓰當　抵；頂得。⓱厚幣　這裡用如動詞，意即「賄賂」。⓲靳尚　楚臣，與張儀有私交，後與張儀一同離楚，被魏臣張旄所殺，事見《戰國策・楚策》。⓳設詭辯於懷王之寵姬鄭袖　據〈楚世家〉，靳尚謂夫人鄭袖曰：「秦王甚愛張儀，而王欲殺之，今將以上庸之地六縣賂楚，以美人聘楚王，以宮中善歌者為之媵。楚王重地，秦女必貴，而夫人必斥矣。夫人不若言而出之。」又據《戰國策・楚策》，鄭袖是一個狡猾陰險的女人，所謂「掩袖工讒」的典故，就出於她。其害人手段之高與《左傳》中的驪姬不相上下。⓴懷王竟聽鄭袖二句　據〈張儀列傳〉，鄭袖聽了靳尚的蠱惑後，日夜言於懷王曰：「人臣各為其主用。今地未入秦，秦使張儀來，至重王。王未有禮而殺張儀，秦必大怒攻楚。妾請子母俱遷江南，毋為秦所魚肉也。」懷王遂赦張儀。按：鄭袖此段說辭，口吻與驪姬相同，見《左傳》、〈晉世家〉。㉑不復在位　王叔岷曰：「謂不復在左徒之位也。」㉒顧反　二字同義，此處意即「回來」。㉓諸侯共擊楚　事在懷王二十八年（西元前三〇一年）。〈楚世家〉作「秦乃與齊、韓、魏共攻楚，殺楚將唐眛，取我重丘以去。」㉔唐眛　《呂氏春秋》、《漢書・古今人表》作「唐蔑」，蓋讀音相近而寫法不同也。㉕秦昭王　名則，惠文王之子，武王之弟，西元前三〇六—前二五一年在位。㉖武關　在今陝西丹鳳東南，是關中地區通往河南南部及湖北一帶的交通要道。㉗因留懷王二句　事在懷王三十年（西元前二九九年），過程詳見〈楚世家〉。㉘懷王怒二句　按：懷王雖昏庸，然於此關鍵時刻尚甚有骨氣，非宋徽宗等孱奴所可比也。㉙亡走趙二句　內，通「納」。接納。事在頃襄王二年（西元前二九七年），也就是懷王被秦所扣留的第三年。據〈楚世家〉：「二年，楚懷王亡逃歸，秦覺之，遮楚道，懷王恐，乃從間道走趙以求歸。趙主父在代，其子惠王初立，行王事，恐，不敢入楚王。楚王欲走魏，秦追至，遂與秦使復之秦。」㉚竟死於秦而歸葬　事在頃襄王三年（西元前二九六年），也就是懷王被秦所扣留的第四年。據〈楚世家〉：「懷王卒于秦，秦歸其喪于楚。楚人皆憐之，如悲親戚。諸侯由是不直秦。」㉛頃襄王立　事在懷王三十年，蓋懷王一被秦所扣留，楚國國內隨即擁立頃襄為王也。至於改稱「元年」，則在懷王被扣留的第二年（西元前二九八年）。頃襄王名橫，懷王之長子。㉜令尹　楚官名，其職略當中原諸國之丞相。㉝楚人既咎子蘭二句　北大《文學史參考資料》謂「此是倒裝句，大意是：楚人既由於子蘭勸懷王入秦而終於不歸的緣故，而對子蘭十分不滿。」姜亮夫曰：「既，盡也。」牛鴻恩以為此句應緊連上句，意謂「當子蘭被其兄任命為令尹時，楚人就已經因為子蘭勸楚王入秦致使楚王不返而對子蘭不滿了」。可供參考。㉞既嫉之　謂嫉恨子蘭等之專權誤國。㉟雖放流　放流，即逐放。有人據此語遂謂屈原在懷王時即已遭流放；至後文又云「頃襄王怒而遷之」，乃第二次被流放。然前文只言「疏」「絀」，而未直言放流，故郭沫若氏將此句之「放流」解釋為「放浪」。然從上文觀之，屈原似乎並未離開朝廷，說「放浪」亦未必合適。王叔岷以為此處之「放流」意即「疏遠」。㊱睠顧　懷戀。㊲繫心　關心；牽心不忘。㊳不忘欲反　言自己希望回到朝廷。㊴存君興國　牽念國君，希望為振興國家效力。㊵反覆之　謂自己希望回到楚王身邊。反覆，此處意即「回歸」。㊶三致志　反覆流露這種思想。三，屢屢；多次。㊷不可以反　指自己始終未被朝廷召回。按：觀此語，又似屈原的確在懷王時即被流放者。王叔岷解釋此「不可以反」為「不可以反於君側」。㊸卒以此見懷王之終不悟也　中井曰：「屈原既疏，然猶在朝，此云『放流』何也？懷王既入秦而不歸，則雖悟無益也，乃言『冀一悟』何也？」按：這段文字的邏輯不順，前人頗多推測、考辨之辭，然莫衷一是。㊹無愚智賢不肖　不論是昏庸的還是英明的，有本事的還是沒有出息的。不肖，不類。謂不類其父，意即不成材、沒出息。㊺求忠以自為　意即希望得到忠臣幫著自己幹一番事業。㊻破家　破敗的家族。㊼隨屬　二字同義，猶言連續不斷。屬，連。㊽治國　太平有序的國家。㊾累世　連續多少代。世，三十年。㊿忠臣之分　忠臣應盡的職務本分。張文虎曰：「『臣』字疑訛。」按：「忠臣」似應作「忠奸」。(51)亡

其六郡　如漢中一帶是也，不詳具體所指，疑史公誇大言之。據楊寬《戰國史》，楚國前後一共設過六外郡，懷王雖有挫敗，亦無由全部亡之也。(52)此不知人之禍也　郭嵩燾曰：「懷王之貪愚亦云極矣，史公反復沉吟，指咎其不知人。君昏國危，而猶有人焉枝拄於其間，則其國不至於亡。《詩》云：『人之云亡，邦國殄瘁。』是以君德又莫大於知人。」(53)井泄不食五句　以上五句為《周易・井卦》爻辭。泄，浚治，即今所謂「淘井」。王叔岷引王弼注：「為，猶『使』也。」大意說：「井已經淘乾淨了，可是仍無人飲用，真叫人傷心，這井裡的水已經可以提上來喝了。如果國王英明，全國都將跟著享福。」(54)豈足福哉　中井曰：「謂不能予福于人也。」余有丁曰：「序事未畢，中間雜以論斷，與〈伯夷列傳〉略同。惟伯夷、屈原，太史公所重慕，故詳論之。」(55)令尹子蘭聞之　上承「屈原既嫉之」一事。(56)短屈原　說屈原的壞話。(57)怒而遷之　王逸〈離騷經序〉曰：「遷于江南。」按：自「屈平既嫉之」至「怒而遷之」，整段文字的關係不清，文字亦欠順。梁玉繩引《讀史漫錄》曰：「論懷王事，引《易》斷之曰『王之不明，豈足福哉』，即繼之曰『令尹子蘭聞之大怒』，何文意之不相蒙如此？」又引《日知錄》二十六曰：『雖放流，眷顧楚國，繫心懷王，不忘欲反，卒以此見懷王之終不悟也。』似屈原放流於懷王時；又云『令尹子蘭聞之大怒，使上官大夫短屈原於頃襄王，頃襄王怒而遷之。』則實在頃襄之時矣。放流一節，當在此文之下。太史化信筆書之，失其次序耳。」姜亮夫曰：「其贊騷之言既盡，復反入正文，其脈絡直至『屈平既嫉之，雖放流』云云乃復顯現，突兀為次，此蓋古人文法未甚縝密之處；或史公雜採傳記，未加調整，此固不容阿諱。」

【語譯】屈原被貶退之後，秦國想攻打齊國，當時齊國和楚國有聯盟，秦惠王擔心楚國干預。於是便讓張儀假意離開秦國，帶著豐厚的禮物去投靠楚國，張儀對楚王說：「秦國非常憎恨齊國，但齊國和你們有聯盟，如果你們能和齊國絕交，秦國願意把商、於一帶六百里地割給你們。」楚懷王貪心而相信了張儀的話，隨即和齊國絕交了，而後派使者到秦國去接受割讓的土地。這時張儀狡賴說：「我當初和楚王說的是『六里』，沒說過『六百里』。」楚國的使臣很生氣，回去報告了懷王。懷王怒不可遏，大舉興師討伐秦國。秦國發兵迎戰，大敗楚軍於丹水和淅水之間，楚國犧牲了八萬人，楚國的大將屈匄被秦兵俘獲，整個的漢中地區都被秦人占去。懷王不甘心又調用全國的兵力進入秦國，與秦兵會戰於藍田。這時魏國見楚國內部空虛，便趁機出兵襲擊楚國，一直向南打到鄧縣。楚懷王害怕了，只好從秦國撤兵。這時齊國因為惱怒楚懷王撕毀條約所以不出兵救它，這就使得楚國處於一種非常狼狽的境地。

2 第二年，秦國表示願意讓回漢中地區同楚國講和。楚王說：「我不想要漢中的地盤，只想得到張儀殺了他解恨。」張儀聽說後，便對秦王說：「用我一個張儀就能換得漢中大片土地，我請求到楚國去。」張儀到了楚國，先用厚禮賄賂了當權的寵臣靳尚，讓靳尚用假話騙懷王的寵姬鄭袖去勸說懷王。楚王聽信鄭袖，結果又把張儀放走了。這時屈原已經被疏遠，不在朝廷中任職，而是奉命到齊國去了。屈原回來後，問楚王說：「為什麼不殺張儀？」這時懷王也後悔了，他再派人去追，已經追不上了。

3 這以後各國又聯合起來攻打楚國，大敗楚軍，殺死了楚國大將唐眛。

4 後來新即位的秦昭王同楚國結成了姻親，他請楚王去秦國和他會談。懷王想去，屈原勸阻說：「秦國，像虎狼一樣兇暴，不可輕信，不如不去好。」這時懷王的小兒子子蘭慫恿懷王前去，他說：「怎麼能拒絕秦國的友好邀請呢！」於是懷王便出發了。楚懷王一進入武關，秦國的伏兵立即截斷了楚王的後路，把他扣了起來。秦國向楚懷王要求割地，懷王生氣不答應。後來曾一度藉機逃到了趙國，趙國不敢接納。沒辦法，又回到了秦國，最後便死在了那裡，死後屍體才被運了回來。

5 懷王的大兒子頃襄王即位後，任用他的弟弟子蘭為令尹。但楚國百姓卻對子蘭不滿，因為當初是他勸懷王到秦國去，以至於使楚懷王沒能活著回來。

6 屈原對於子蘭等人的禍國殃民感到痛恨，他雖然被放流在外，但仍念念不忘楚國的前途，記掛著懷王的安危，他始終期望著能返回朝廷為國盡忠，總希望君王有一天能夠覺悟，國家的風俗得到改變。他這種輔佐君王振興楚國，想挽狂瀾於既倒的心願，在作品中一再地表露著。然而到頭來懷王什麼也聽不進，以至於被扣留死在了秦國，這一切都表明楚懷王根本不覺悟啊。作為一個君主，無論他們愚蠢還是聰明，也總是希望做臣子的為他們忠心效力，想啟用一些有才幹的人來輔佐自己；然而亡國破家的事實卻一件接著一件，而真正的聖明君主與康樂太平的社會卻多少世代也見不到一個，其原因就在於他們所謂的「忠臣」實際上並不忠，他們所謂的「賢人」實際上也並不賢。楚懷王就是因為不知道什麼是忠臣，所以在國內受鄭袖的迷惑，在國外受張儀的欺騙，他疏遠了屈原而寵信了上官大夫與令尹子蘭，到頭來落得個軍事上受挫敗，領土被侵割，丟掉了楚國的六個郡，自己也被扣留而死於秦國，被天下人所恥笑。這不都是由於分不出忠貞與奸佞而招致來的災禍嗎！《易經》裡說：「我已經把井淘乾淨了，但仍無人飲用，真叫人傷心。這井水是可以汲用的。一個國家的君王如果聖明，那麼大家就都可以共享幸福。」如果君王不能明辨是非，人們還有什麼幸福可言呢！

7 令尹子蘭聽說屈原對他不滿，心中惱怒，便又唆使上官大夫在頃襄王面前說屈原的壞話，頃襄王一怒把屈原流放到了更遠的地方。

1 屈原至於江濱❶，被❷髮行吟澤畔❸。顏色憔悴，形容枯槁。漁父見而問之曰：「子非三閭大夫❹歟？何故而至此？」屈原曰：「舉世混濁而我獨清，眾人皆醉而我獨醒，是以見放。」漁父曰：「夫聖人❺者，不凝滯❻於物而能與世推移❼。舉世混濁，何不隨其流而揚其波❽？眾人皆醉，何不餔其糟而啜其醨❾？何故懷瑾握瑜❿而自令見放⓫為？」屈原曰：「吾聞之，新沐⓬者必彈冠⓭，新浴⓮者必振衣⓯。人又誰能以身之察察⓰，受物之汶汶⓱者乎！寧赴常流⓲而葬乎江魚腹中耳，又安能以皓皓之白而蒙世俗之溫蠖⓳乎！」

2 乃作懷沙之賦⓴。其辭曰：

3 「陶陶㉑孟夏㉒兮，草木莽莽㉓。傷懷永哀㉔兮，汩㉕徂南土㉖。眴㉗兮窈窈㉘，孔靜(29)幽墨(30)。冤結(31)紆軫(32)兮，離愍(33)之長鞠(34)；撫情効志(35)兮，俛詘(36)以自抑(37)。

4 「刓方以為圜(38)兮，常度未替(39)；易初本由(40)兮，君子所鄙。章畫職墨(41)兮，前度未改；內直質重(42)兮，大人(43)所盛。巧匠不斲(44)兮，孰察其揆正(45)？玄文幽處(46)兮，矇(47)謂之不章(48)；離婁(49)微睇(50)兮，瞽(51)以為無明。變白而為黑兮，倒上以為下。鳳皇在笯(52)兮，雞雉(53)翔舞。同糅玉石(54)兮，一槩而相量(55)。夫黨人(56)之鄙妒兮，羌(57)不知吾所臧(58)。

5 「任重載盛兮，陷滯而不濟(59)；懷瑾握瑜兮，窮不得余所示(60)。邑犬(61)羣吠兮，吠所怪也；誹駿疑桀(62)兮，固庸態(63)也。文質疏內(64)兮，眾不知吾之異采；材樸(65)委積(66)兮，莫知余之所有。重仁襲義(67)兮，謹厚以為豐(68)；重華(69)不可悟(70)兮，孰知余之從容(71)！古固有不竝(72)兮，豈知其故也？湯、禹(73)久遠兮，邈不可慕也。懲違改忿兮，抑心而自彊(74)；離湣(75)而不遷(76)兮，願志之有象(77)。進路北次(78)兮，日昧昧其將暮；含憂虞哀(79)兮，限之以大故(80)。

6 「亂(81)曰：浩浩沅、湘(82)兮，分流(83)汨(84)兮。脩路(85)幽拂(86)兮，道遠忽(87)兮。曾唫(88)恒悲兮，永歎慨兮。世既莫吾知(89)兮，人心不可謂(90)兮。懷情抱質(91)兮，獨無匹(92)兮。伯樂(93)既歿兮，驥將焉程(94)兮？人生稟命(95)兮，各有所錯(96)兮。定心廣志(97)，餘何畏懼兮？曾傷爰哀，永歎喟兮。世溷不吾知，心不可謂兮[98]。知死不可讓[99]兮，願勿愛[100]兮。明以告君子兮，吾將以為類[101]兮。」

7 於是懷石遂自投汨羅[102]以死。

8 屈原既死之後，楚有宋玉[103]、唐勒[104]、景差[105]之徒者，皆好辭[106]而以賦見稱；然皆祖[107]屈原之從容辭令[108]，終莫敢直諫。其後楚日以削，數十年竟為秦所滅[109]。

9 自屈原沉汨羅後百有餘年，漢有賈生[110]，為長沙王太傅[111]，過湘水，投書以弔屈原[112]。

【章旨】以上為第三段，寫屈原被放逐江南，行吟澤畔，以及最後作〈懷沙賦〉，投汨羅而死的情形。

【注釋】❶江濱　據王逸《楚辭・漁父》章句，蓋指「江、湘之間」；而蔣驥《山帶閣注楚辭》以為指「沅江」。❷被　通「披」。❸澤畔　應即指湘江或沅水之畔。❹三閭大夫　官名，略同於漢代「九卿」中的宗正。王逸〈離騷經序〉曰：「三閭之職，掌王族三姓，曰昭、屈、景，屈原序其譜屬，率其賢良，以厲國士。」❺聖人　按：此漁父之所謂「聖人」，乃指老子、莊子一流。❻凝滯　拘泥；固執。❼與世推移　意即隨著客觀環境的變化而變化。瀧川曰：「二句老子和光同塵之義，〈卜居〉篇亦云：『將氾氾若水中之鳧乎？與波上下，偷以全吾軀乎？』」❽隨其流而揚其波　意即隨波逐流，同流合汙。隨其流，〈漁父〉作「淈其泥」。揚其波，即俗所謂「推波助瀾」，越發把水攪得渾渾的。❾餔其糟而啜其釃　意即飲酒食糟，與眾人同醉。餔，吃。啜，飲。釃，薄酒。❿懷瑾握瑜　以喻人具有高才美德。瑾、瑜，都是美玉名。⓫見放　被人所放逐。⓬沐　洗頭。⓭彈冠　彈之以去塵土。⓮浴　洗澡。⓯振衣　抖掉衣服上的塵土。按：「新沐者必彈冠，新浴者必振衣」，不管其有土無土，乃是人們生活中的習慣動作，表現了人們愛乾淨的心理。⓰察察　乾淨、潔白的樣子。這裡比喻人的道德、節操之高。⓱汶汶　汙濁、骯髒的樣子。按：《荀子・不苟篇》：「新浴者振其衣，新沐者彈其冠，人之情也。其誰能以己之僬僬，受人之掝掝者哉？」意思與此相同。⑱常流　江流。常，通「長」。⑲溫蠖　《索隱》曰：「猶惛憒。」按：《索隱》解與此處上下文不合。方以智《通雅》曰：「言塵滓深曲之狀也。」〈漁父〉於此作「安能以皓皓之白，而蒙世之塵埃乎」，與《通雅》說正好相合。以上屈原與漁父問答一節，乃史公根據《楚辭・漁父》改寫。王逸〈漁父序〉云：「〈漁父〉者，屈原之所作也。屈原既放，在江湘之間，憂愁嘆吟，儀容變易。而漁父避世隱身，釣魚江濱，欣然自樂，時遇屈原川澤之域，怪而問之，遂相應答。」洪興祖《楚辭補注》曰：「〈卜居〉、〈漁父〉，皆假設問答以寄意耳，而太史公〈屈原傳〉或採以為實錄，非也。」郭嵩燾曰：「〈卜居〉、〈漁父〉，並屈原之設辭，非事實，史公引入傳，蓋屈原事迹先秦古籍少記載耳。」⑳懷沙之賦　懷沙，據後文史公所謂「於是懷石遂自沉於汨羅以死」，其意蓋謂懷抱沙石也。東方朔〈七諫・沉江〉云：「懷沙礫以自沉兮，不忍見君之蔽塞。」朱熹《楚辭集注》亦謂「言懷抱沙石以自沉也」，蓋自漢至宋對此皆無異議。至明代汪瑗作《楚辭集解》，乃謂「懷沙」為懷念長沙。其後蔣驥、郭沫若、蔣天樞、姜亮夫等皆持此說，謂長沙為楚國先人熊繹始封之地，「懷沙」之命名蓋與「哀郢」相同，以表「首丘」之意也。㉑陶陶　王逸曰：「盛陽貌。」㉒孟夏　夏天的第一個月，即今陰曆四月。㉓莽莽　草木茂盛的樣子。㉔永哀　無止無休的悲哀。㉕汨　水流湍急的樣子，這裡形容人的急急行走。㉖徂南土　走向南方。徂，往；走向。㉗眴　同「瞬」。轉目四望。㉘窈窈　《楚辭》作「杳杳」，意思相同，都是遼遠而昏暗的樣子。㉙孔靜　死一般的寂靜。孔，甚。㉚幽墨　沉寂。瀧川曰：「八字寫滿目荒涼之狀。」㉛冤結　《楚辭》作「鬱結」，意即憤鬱凝聚。㉜紆軫　委屈而痛苦。㉝離愍　陷入憂傷。離，通「罹」。遭遇；陷入。愍，痛苦；憂傷。㉞長鞠　長期陷入困境。王逸曰：「鞠，窮也。」㉟撫情効志　猶今所謂「捫心自問」。撫，循。効，檢查；驗證。㊱俛詘　強忍著委屈。俛，同「俯」。詘，通「屈」。㊲自抑　克制著自己。㊳刓方以為圜　把方木頭削成圓的，以喻惡勢力摧折賢士，欲使其變節。刓，削；磨。㊴常度未替　原有的思想志節不變。常度，固態。替，廢；改變。㊵易初本由　改變自己本來的道路。初，初志。本由，聶石樵引聞一多《楚辭校補》曰：「『本』疑當作『卞』，『卞』『變』古通。」由，《楚辭》作「迪」，義同。王逸曰：「道也。」按：瀧川引中井將中間之「初本」二字連讀，並謂「猶言『初始』」。雖比較現成，但語法彆扭。㊶章畫職墨　意即明確規劃，牢記繩墨。章，明。職，通「識」。記。皆用為動詞。畫，規劃。墨，繩墨；準則。㊷內直質重　內心正直，品質端重。㊸大人　猶言「君子」。㊹不斲　不動手砍削。㊺揆正　端詳得準確。揆，端詳；相度。按：《楚辭》於此作「撥正」。撥，曲也。「撥正」猶言「曲直」。較「揆正」為優。㊻玄文幽處　黑色的文采放在暗處。玄，黑色。㊼矇　盲者，有眼珠而看不見東西曰矇。㊽不章　不鮮明。㊾離婁　也叫「離朱」，古代傳說中的明眼人，據說能在百步之外看清秋毫之末。語見《孟子》趙岐注。(50)微睇　瞇著眼睛看東西。姜亮夫解為「收目小視」。聶石樵以為意即「睇微」，能看清微小的東西。(51)瞽盲者，舊說「無目曰瞽」。(52)鳳皇在笯　將鳳凰裝在籠子裡。笯，竹籠。(53)雞雉　家雞與野雞。《楚辭》作「雞鶩」。古書中「雞」「鶩」連文較多，〈卜居〉中亦有「將與雞鶩爭食」之句。(54)同糅玉石　將美玉和石頭摻在一起。糅，摻合。(55)一槩而相量一起用升斗來量，意即不分好壞，同樣對待。槩，量糧食用的斗板。(56)黨人　指結黨營私的小人。(57)羌　楚地語詞。《廣雅・釋詁》：「乃也。」其義同「竟」。《玉篇》：「反也。」其義同「卻」。(58)臧　善，指才德優長。(59)任重載盛兮二句　盛，多。濟，成。王逸曰：「言己才力盛壯，可任重載；而身放棄，陷沒沉滯，不得成其本志。」聶石樵曰：「埋沒沉滯，不能成就自己的志願。」李笠曰：「此言所任者艱重，所載者盛大，以致陷滯而不濟耳。」按：前二說符合屈原實際；李氏解釋文字順暢，與屈原實際不相合。(60)窮不得余所示　由於自己的處境窮困，無法向人展示自己的才德。(61)邑犬　鄉村裡的狗。邑，邑里；鄉里，此處與「都城」對稱。(62)誹駿疑桀　駿，此處通「俊」，《楚辭》作「俊」。桀，通「傑」。王逸曰：「千人才為俊，一國高為傑也。」洪興祖曰：「《淮南》云：『知過萬人謂之英，千人謂之俊，百人謂之豪，十人謂之傑。』」(63)庸態常態；世俗小人之態。王逸曰：「德高者不合於眾，行異者不合於俗，故為犬之所吠，眾人之所訕也。」(64)文質疏內　文質彬彬，內心通達。文，指有才情。質，指有道德。疏，通也。王逸曰：「言己能文能質，內以疏達。」王叔岷引姜亮夫說，以為「內」通「訥」。「文質疏內」言「外文疏略，內質遲鈍」，蓋取《論語》「剛毅木訥近仁」之意。按：讀屈原〈離騷〉，見其通篇馳騁才辯，絕不見其自謂「木訥」，姜說似與屈原情況不合。(65)材樸　各種木材，以喻人的德能。樸，未曾加工的原木。(66)委積　堆積，極言其多。(67)重仁襲義　言以仁義修養自己，「重」「襲」皆以穿衣為喻。襲，猶今之所謂「套」。(68)謹厚以為豐　意即用恭謹厚道來豐富自己。(69)重華　即虞舜。有人說重華是名，舜是諡。事跡見〈五帝本紀〉。(70)不可牾　不可見。牾，遇；逢。(71)從容　蔣驥《山帶閣注楚辭》：「道足於己，而安舒自得之貌。」(72)不竝　不同時而生，指明君與賢臣不能遇合而言。(73)湯禹　商朝、夏朝的開國之君，湯事見〈殷本紀〉，禹事見〈五帝本紀〉、〈夏本紀〉。(74)懲違改忿兮二句　王念孫曰：「懲，止也；違，恨也。言止其恨，改其忿，抑其心而自勉強也。」(75)離湣　與前文之「離慜」同，陷入憂傷。(76)不遷　不移；不變。(77)願志之有象　象，楷模；法則，這裡指給世人、後人作楷模。王逸曰：「願志行流於後世，為人法也。」朱熹《楚辭集注》曰：「不以憂患改其節，欲其志之可為法也。」理解相同。(78)進路北次　王逸以為謂「願得君命進道北行，以次舍止，冀遂還歸。」略覺迂曲。郭沫若《屈原賦今譯》曰：「北次，錯過了宿頭。北，背也；次，舍，止。」(79)含憂虞哀　王念孫曰：「含，當為『舍』。『舍』即『舒』字也。王注《楚辭》曰：『言己自知不遇，聊作詞賦以舒展憂思，樂己悲愁。』是『舒憂』『娛哀』義本相承；若云『含憂』，則『娛哀』異義矣。」按：直接釋「舍」為「捨棄」亦未為不可。80限之以大故 猶言「死而後已」。王逸曰：「限，度也；大故，死亡也。自度以死亡而已，終無他志也。」81亂 尾聲。王逸曰：「亂，理也。所以發理詞旨，總撮其要也。」洪興祖曰：「亂者，總理一賦之終。」82沅湘 二水名，沅水源於貴州貴定東，東北流入湖南，入洞庭湖；湘水源於湖南零陵南，北流，入洞庭湖。二水流域是屈原當時流放的地方。83分流 姜亮夫曰：「應作『紛流』，紛湧而流。」聶石樵以為應隨洪興祖本作「汾」。「汾」讀作「湓」。《漢書・溝洫志》師古注：「湓，湧也。」84汩 水流湍急的樣子。按：有人讀此曰ㄍㄨˇ，讀ㄍㄨˇ者，水流聲也。85脩路 漫長的道路。86幽拂 通「幽蔽」。被草木所掩蔽。87遠忽 遼遠而昏暗。88曾唫 抒不盡的詠歎。曾，同「層」。唫，感歎發聲。同「吟」。按：「曾唫恆悲」以下二十一字，今本《楚辭》無。89莫吾知 無人了解自己。90人心不可謂 意即對此世人無話可說。91懷情抱質 意即堅守自己的思想、節操。92無匹 無朋；無志同道合者。朱熹以為「無匹」應作「無正」，無所取正。93伯樂 古之善相馬者，事跡見《戰國策・楚策四》。94焉程 怎能得到檢驗。程，考核；測試。95人生稟命 人生下來就具有一種天賦的命，包括才質、興衰、歸宿等。稟，與生俱來。96各有所錯 意即各有所好、各有所安。錯，通「措」。安放。〈離騷〉有所謂「民生各有所樂兮，余獨好修以為常」，即此意也。97定心廣志 穩定自己的情緒，放寬自己的氣量。98曾傷爰哀四句 與上文「曾吟恆悲」意同。王念孫曰：「『爰』『咺』通，哀而不止曰『咺』。『曾傷』與『咺哀』對文。」王引之曰：「『曾傷爰哀』四句，乃後人援《楚辭》增入，非《史記》原文也。『曾吟恆悲』四句即『曾傷爰哀』四句之異文，特《史記》在『道遠忽兮』之下，《楚辭》在『餘何畏懼兮』之下耳。後人據《楚辭》增入，而不知已見於上文也。」按：王氏之說甚好，且朱熹《楚辭集注》已提出應將此四句前移，並謂使後句「知死不可讓兮」上承「餘何畏懼兮」，則「文意尤通貫」。溷，骯髒。99讓 辭；避。100勿愛 不必再吝惜。101吾將以為類 與前文「原志之有象」意思相同，謂願以自己之生命為後人做出榜樣。類，法則；榜樣。《左傳》「孝子不匱，永錫爾類」，即此「類」字。王叔岷以「吾將以為類」是指自己「以君子為類」。君子必不吝嗇死，所謂『同類相救者矣』。」可供參考。王逸曰：「此章言己雖放逐，不以窮困易其行；小人蔽賢，舉世之人無知我者，思古人而不得見，仗義死節而已。」蔣驥曰：「長沙為東南之會，去郢未遠，固與荒徼絕異。且熊繹始封實在于此，原既放逐，不敢北越大江，而歸死先王故居，則亦首丘之意，所以倦倦有懷也。」林紓《古文辭類纂選評》曰：「此章多伏節死義之言，汨羅之投已決於此矣。生氣遠出，忠肝義膽，千載之下猶凜凜焉。」102汨羅 水名，源於湖南平江東，西流至羅縣（今汨羅縣城）西北入湘江。《正義》曰：「縣北有汨水及屈原廟。《續齊諧記》云：『屈原以五月五日投汨羅以死，楚人哀之，每於此日以竹筒貯米投水祭之。漢建武（光武帝年號）中長沙區回白日忽見一人，自稱三閭大夫。謂回曰：聞君常見祭，甚善。但常年所遺，並為蛟龍所竊。今若有惠，可以楝樹葉塞上，以五色絲轉縛之，此物蛟龍所憚。』回依其言，世人五月五日作糉，並帶五色絲及楝葉，皆汨羅之遺風。」(103)宋玉　頃襄王時的著名辭人，《楚辭》中有其〈九辨〉一篇；《昭明文選》中有其〈風賦〉、〈高唐賦〉、〈神女賦〉、〈登徒子好色賦〉四篇；《古文苑》有其〈大言〉、〈小言〉、〈笛賦〉、〈釣賦〉、〈諷賦〉五篇。(104)唐勒　《漢書・藝文志》稱其有賦四篇，西元一九七二年銀雀山漢墓出土有唐勒賦殘文。(105)景差　今《楚辭》中之〈大招〉，有人即說是景差所作。(106)好辭　好屬作文辭。(107)祖　繼承；仿效。(108)從容辭令　意即態度迂徐，文辭美好。從容，迂徐和悅之貌。北大《文學史參考資料》曰：「這只是屈原作品風格的一個方面。」(109)其後楚日以削二句　按：屈原死於頃襄王二十一年（西元前二七八年），距楚被秦所滅（西元前二二三年），尚有五十五年。史珥曰：「繫楚之削滅於傳，見原為宗臣，關社稷存亡，非尋常文士比。」按：〈魏公子列傳〉繫魏之亡於魏公子死後，用意蓋與此同。(110)賈生　賈誼，文帝時人。生，先生，漢代對學者的敬稱，也單稱「先」。(111)長沙王太傅　長沙王吳著的太傅。長沙，劉邦功臣吳芮的封國，吳芮的事跡附見於〈項羽本紀〉，譜列於〈漢興以來諸侯王年表〉。長沙國的都城臨湘，即今長沙市。賈誼為太傅的長沙王吳著是吳芮之孫，襲其祖之爵祿以為王。太傅，帝王的輔導官，於年輕之帝王負責訓導，於年長之帝王備參謀顧問。(112)投書以弔屈原　即指寫〈弔屈原賦〉。

【語譯】屈原流落到了湘水邊上，披頭散髮地在水邊邊走邊吟。他臉色憔悴，形體乾枯。一個漁翁見到他這種情景就問道：「您不是三閭大夫嗎？為什麼弄到這種地步？」屈原說：「整個國家都混濁而我獨自清白，大家都醉生夢死而我獨自清醒，於是我就被放逐了。」漁翁說：「一個聰明人，就不應該活得太拘泥而應該能夠隨時代的變化而變化。整個國家都混濁，您何不隨波逐流，同流合汙呢？大家都醉生夢死，您何不也喝酒吃糟與大家同醉呢？您何必要死死地堅守您那分『節操』而自找得被人放逐呢？」屈原說：「俗話說，剛洗過頭的人一定要撣撣帽子上的灰塵，剛洗了澡的人一定要抖抖衣服上的塵土。誰願意讓自己乾淨的身子，去沾染外界的汙泥塵垢呢！我寧肯投入滾滾的江流，葬身魚腹，怎麼能讓自己晶瑩潔白的品格蒙受世俗的汙垢呢！」

2 於是他便寫了一篇〈懷沙賦〉。其文為：

3 「皓皓的盛夏呀，草木繁茂。我懷著無盡的憂傷啊，急急向南方行走。我四望無邊的廣野，到處是死一般的沉靜。我滿腹冤屈無法哭訴啊，我將陷入永久的哀愁；我捫心自問找不出任何過錯啊，我只有忍受委屈克制自我。

4 「你們非要把方的削成圓的，而我的原則不能更替；一個人輕易的改變初衷，那要被君子所鄙夷。我所追求的章程法度，是早已確定不可改變的；耿直淳樸的本性，是君子所推舉。一個巧匠如果只是袖手不動，誰能知道他有驚人的奇技？深色的彩畫放在黑暗中，瞎子會說它不好看；明察秋毫的離婁只要輕輕瞟一眼就行，可是瞎子非要說離婁什麼也看不見。非把白的說成黑的，非把上頭的說成下頭的。把鳳凰鎖在籠子裡，讓家雞野雞到處亂飛。把碎石和玉塊攪在一起，用同一個尺度衡量。那些結黨的小人啊，從來不知道我的優長。

5 「我像是背負著沉重的東西，陷入泥塘無法拔起；我滿懷寶玉般的才華，但無法讓人看取。村狗見到奇特的東西就要亂叫，小人見到傑出的人物照例也要誹謗造謠。我文質彬彬內心通達，小人們卻把我看成一無可取；我的能力像棟梁堆積，可他們卻一點沒有看到眼裡。行仁蹈義不斷進取，我為人謹厚樂此不疲；虞舜我是見不到了，誰還能知曉我的優異！自古就有君臣不能遇合的悲哀，誰能說清那是什麼緣故？商湯、大禹早已過去，我也永遠無法企及。我壓制憤怒強作寬心，我雖受委屈但我仍發憤進取；我雖陷憂傷但絕不放棄理想，我希望我的人格能給後世作出榜樣。我急急趕路錯過了宿頭，紅日西沉天色將暮；我滿腹的哀傷啊，想來只能死而後已。

6 「尾聲：滾滾的湘水、沅水啊，都日夜不停的向北流。那漫長而又草木幽深的道路啊，是那樣沒有盡頭。我將不息地詠唱我的哀傷啊，我將慨歎不休。這個世界既然沒人了解我，那我也就沒有必要再去對他們說什麼。我保持耿潔的心志，甘願光榮孤立。伯樂已死，千里馬如何受到檢驗？人生命運不同，各有自己的遭遇。我要靜下心來，其他還有什麼可怕的？我永遠哀傷，永遠慨歎。世上沒人知我，我也沒有必要再說。既然知道死是不可避免，那就不必再吝惜壽命短長。我明告君子，我要給世人樹立一個經久不衰的榜樣。」

7 寫完之後，便抱著石頭投入汨羅江中自殺了。

8 屈原死後，楚國又有宋玉、唐勒、景差等一些人，也都喜歡文辭而以作賦出名；但他們都只是效法屈原的委婉辭令，而不像屈原那樣敢於直言進諫。從此以後楚國一天比一天衰弱，幾十年後終於被秦國滅掉了。

9 從屈原投汨羅江死後一百多年，漢朝出了個賈誼，他在往任長沙王太傅，路經湘水時，曾經寫過一篇文章弔念屈原。

1 賈生名誼，雒陽❶人也。年十八，以能誦詩❷、屬書❸，聞❹於郡中。吳廷尉❺為河南守，聞其秀才❻，召置門下，甚幸愛。孝文皇帝❼初立，聞河南守吳公❽治平❾為天下第一，故與李斯同邑❿而常學事⓫焉，乃徵為廷尉⓬。廷尉乃言賈生年少，頗通諸子百家之書。文帝召以為博士⓭。

2 是時賈生年二十餘，最為少。每詔令議下⓮，諸老先生不能言，賈生盡為之對，人人各如其意所欲出。諸生於是乃以為能，不及也。孝文帝說⓯之，超遷⓰，一歲中至太中大夫⓱。

3 賈生以為漢興至孝文二十餘年⓲，天下和洽⓳，而固當改正朔⓴，易服色㉑，法制度㉒，定官名㉓，興禮樂㉔。乃悉草具其事儀法㉕，色尚黃㉖，數用五㉗，為官名，悉更秦之法。孝文帝初即位，謙讓未遑㉘也。諸律令所更定，及列侯悉就國㉙，其說皆自賈生發之[30]。於是天子議[31]以為賈生任公卿[32]之位。絳、灌[33]、東陽侯[34]、馮敬[35]之屬盡害之[36]，乃短賈生曰：「雒陽之人，年少初學，專欲擅權，紛亂諸事。」於是天子後亦疏之，不用其議，乃以賈生為長沙王太傅[37]。

4 賈生既辭往行，聞長沙卑溼，自以壽不得長，又以適去[38]，意不自得。及渡湘水，為賦以弔屈原[39]。其辭曰：

5 「共承嘉惠[40]兮，俟罪[41]長沙。側聞[42]屈原兮，自沉汨羅。造託湘流[43]兮，敬弔先生。遭世罔極[44]兮，乃隕[45]厥身。嗚呼哀哉，逢時不祥！鸞鳳伏竄兮，鴟梟[46]翱翔。闒茸[47]尊顯兮，讒諛得志；賢聖逆曳[48]兮，方正倒植[49]。世謂伯夷[50]貪兮，謂盜跖[51]廉；莫邪為頓[52]兮，鉛刀為銛[53]。于嗟[54]嚜嚜[55]兮，生之無故[56]！斡棄[57]周鼎[58]兮寶康瓠[59]，騰駕[60]罷[61]牛兮驂蹇驢[62]，驥垂兩耳兮服鹽車[63]。章甫[64]薦屨[65]兮，漸不可久[66]；嗟苦[67]先生兮，獨離此咎[68]！

6 「訊[69]曰：已矣[70]，國其莫我知[71]，獨堙鬱[72]兮其誰語？鳳漂漂其高遰[73]兮，夫固自縮[74]而遠去。襲九淵[75]之神龍兮，沕深潛[76]以自珍。彌融爚[77]以隱處兮，夫豈從螘與蛭螾[78]？所貴聖人之神德兮，遠濁世而自藏。使騏驥可得係羈[79]兮，豈云異夫犬羊！般紛紛[80]其離此尤[81]兮，亦夫子之辜也[82]！瞝九州而相君兮，何必懷此都也[83]？鳳皇翔于千仞[84]之上兮，覽德煇[85]而下之；見細德[86]之險徵[87]兮，搖增翮[88]逝而去之。彼尋常[89]之汙瀆[90]兮，豈能容吞舟之魚！橫江湖之鱣鱏[91]兮，固將制於蟻螻[92]。」

7 賈生為長沙王太傅三年[93]，有鴞[94]飛入賈生舍，止于坐隅[95]。楚人命鴞曰「服[96]」。賈生既以適居長沙，長沙卑溼，自以為壽不得長，傷悼之[97]，乃為賦以自廣[98]。其辭曰：

8 「單閼之歲[99]兮，四月孟夏。庚子[100]日施[101]兮，服集[102]予舍。止于坐隅，貌甚閒暇。異物來集兮，私怪其故。發書[103]占之兮，筴言其度[104]。曰：『野鳥入處[105]兮，主人將去[106]。』請問于服兮：『予去何之[107]？吉乎告我，凶言其菑[108]。淹數之度[109]兮，語予其期[110]。』服乃歎息，舉首奮翼，口不能言，請對以意[111]。

9 「萬物變化兮，固無休息[112]。斡流而遷[113]兮，或推而還[114]。形氣轉續[115]兮，變化而嬗[116]。沕穆[117]無窮兮，胡可勝言[118]！禍兮福所倚，福兮禍所伏[119]；憂喜聚門[120]兮，吉凶同域。彼吳彊大兮，夫差以敗[121]；越棲會稽兮，句踐霸世[122]。斯游遂成兮，卒被五刑[123]；傅說胥靡兮，乃相武丁[124]。夫禍之與福兮，何異糾纆[125]。命不可說兮，孰知其極[126]？水激則旱兮，矢激則遠[127]。萬物回薄[128]兮，振蕩相轉[129]。雲蒸雨降兮，錯繆[130]相紛。大專槃物[131]兮，坱軋無垠[132]。天不可與慮兮，道不可與謀[133]。遲數[134]有命兮，惡識其時[135]？

10 「且夫天地為鑪兮，造化為工[136]；陰陽為炭[137]兮，萬物為銅[138]。合散消息兮，安有常則[139]；千變萬化兮，未始有極[140]。忽然為人[141]兮，何足控摶[142]；化為異物[143]兮，又何足患！小知自私兮，賤彼貴我[144]；通人大觀兮，物無不可[145]。貪夫徇財[146]兮，烈士[147]徇名；夸[148]者死權[149]兮，品庶[150]馮生[151]。怵迫之徒[152]兮，或趨西東[153]；大人不曲[154]兮，億變齊同[155]。拘士[156]繫俗[157]兮，攌如囚拘[158]；至人[159]遺物[160]兮，獨與道俱[161]。眾人或或[162]兮，好惡積意[163]；真人[164]淡漠兮，獨與道息[165]。釋知遺形[166]兮，超然自喪[167]；寥廓[168]忽荒[169]兮，與道翱翔。乘流則逝[170]兮，得坻[171]則止；縱軀委命[172]兮，不私與己[173]。其生若浮兮，其死若休[174]；澹[175]乎若深淵之靜，氾[176]乎若不繫之舟。不以生故自寶[177]兮，養空而浮[178]；德人[179]無累[180]兮，知命[181]不憂。細故蔕薊[182]兮，何足以疑！」

11 後歲餘[183]，賈生徵見[184]。孝文帝方受釐[185]，坐宣室[186]。上因感鬼神事，而問鬼神之本。賈生因具道所以然之狀。至夜半[187]，文帝前席[188]。既罷，曰：「吾久不見賈生，自以為過之，今不及也。」居頃之，拜賈生為梁懷王[189]太傅。梁懷王，文帝之少子，愛，而好書，故令賈生傅(190)之。

12 文帝復封淮南厲王子四人皆為列侯(191)。賈生諫(192)，以為患之興自此起(193)矣。賈生數上疏，言諸侯或連數郡(194)，非古之制，可稍削之(195)。文帝不聽。

13 居數年，懷王騎，墮馬而死(196)，無後(197)。賈生自傷為傅無狀(198)，哭泣歲餘，亦死(199)。賈生之死時年三十三矣(200)。

14 及孝文崩，孝武皇帝立(201)，舉賈生之孫二人(202)至郡守。而賈嘉最好學，世其家(203)，與余(204)通書。至孝昭時，列為九卿(205)。

【章旨】以上為第四段，寫賈誼年少有才，但卻受挫早夭的悲劇結局。

【注釋】❶雒陽　同「洛陽」，在今河南洛陽東北，當時為河南郡的郡治所在地。❷誦詩　吟誦《詩經》。❸屬書　寫作文章。屬，連綴。❹聞　聞名；知名。❺吳廷尉　姓吳，後官至廷尉，史失其名。廷尉，秦漢時的九卿之一，主管全國刑獄。❻秀才　文才優秀。「秀才」也是當時選拔人才的科目名，東漢後為避光武帝諱，改稱「茂才」。❼孝文皇帝　名恆，劉邦之子，西元前一七九—前一五七年在位，事跡見〈孝文本紀〉。❽河南守吳公　梁玉繩曰：「史於人之名字每不盡著，恐是疏缺，未必當時已失其傳，故凡稱『公』稱『君』稱『生』之類甚夥。史公亦何吝此一字乎？統觀全史，其中最可惜者：河南守吳公，為漢循吏之冠；朱建子，以罵單于死節；樅公，以守滎陽見殺；董公，說高帝為義帝發喪。四人皆當時英傑，不容失名，安得略而不書？」❾治平　師古曰：「言其政治和平也。」按：「治平」二字似應讀如動詞，意即孟子之所謂「治國平天下」，這裡指治理政事的能力與效果。❿故與李斯同邑　蓋謂吳公亦楚之上蔡（今河南上蔡西南）人也。故，原來；先曾。李斯，秦始皇的宰相，事跡詳見〈李斯列傳〉。同邑，同縣。⓫常學事　曾經向其學習，事以為師。常，通「嘗」。曾經。事，意思同「侍」，為其做事。⓬徵為廷尉　事在文帝元年（西元前一七九年）。徵，召任。⓭博士　帝王的侍從官員，以備參謀顧問，上屬太常。當時「太學」的教官亦稱博士，主管講授某種課程。賈誼所從事的是前一種。⑭詔令議下　皇帝發下文件讓群臣議論。⑮說　通「悅」。⑯超遷　越級提升。⑰太中大夫　帝王的侍從官員，秩比千石，掌參謀議論，上屬郎中令。按：賈誼為太中大夫在文帝元年（西元前一七九年），時二十二歲。⑱漢興至孝文二十餘年　劉邦滅秦後稱漢王在西元前二〇六年，滅項羽稱帝在西元前二〇二年。至文帝即位，多說為二十七年，少說為二十三年。⑲和洽　太平，和樂。⑳改正朔　即指改用新的曆法。正朔，正月初一。夏、商、周以來，每換一個朝代，也就相應地變更一次曆法，即用不同的月份作「正月」，故有所謂「夏曆」、「殷曆」、「周曆」、「秦曆」之稱。劉邦建漢以來，各項制度大體仍是襲用秦朝的一套，曆法亦然。故賈誼有此「改正朔」之說。㉑易服色　改變秦朝規定的朝會與各種典禮所用的輿馬服飾的顏色，秦朝是以黑色為上。㉒法制度　改訂各種新的典章制度。法，用如動詞，調整；端正。王先謙曰：「法，正也。」㉓定官名　改換新的官職名稱。㉔興禮樂　按照儒家的說法制禮作樂。㉕乃悉草具其事儀法　悉草具，全部起草完畢。其事儀法，上述各項的禮儀、法度。㉖色尚黃　廢除秦朝的尚黑，改以黃色為上。所以然者，因當時方士以秦朝為「水德」，其色尚黑；漢代秦為「土德」，故色應尚黃。㉗數用五　師古引張晏曰：「用五，即印文也。若丞相曰『丞相之印章』，諸卿及守、相文不足五者，以『之』字足之。」按：「數用五」者，絕非印文字數之一項，涉及禮容、禮器之數者正多。其所以用五，蓋因「土」在金、木、水、火、土「五行」中排在第五也。〈秦始皇本紀〉言秦之「數用六」云：「數以六為紀，符、法冠皆六寸，而輿六尺，六尺為步，乘六馬。」此所云者，仍乃幾項而已，外此尚多。㉘謙讓未遑　未遑，顧不上。文帝自謙德薄，但欲維持高祖舊序，不欲更事制作，此深受史公讚賞者也。㉙諸律令所更定二句　按：句首應增「然」字讀，「諸律令所更定，及列侯悉就國」蓋皆後事，今特提前總言之也。「律令更定」事見〈張丞相列傳〉，蓋始由公孫臣所發動；至武帝時更大張旗鼓，無一不變。「列侯就國」事，見〈絳侯周勃世家〉。蓋因漢初以來，列侯多娶公主。公主不欲離開京城，故列侯遂亦陪同公主留住京師。皇帝為削弱列侯勢力，亦欲減少京師的消費，遂令列侯通通「就國」，到自己的封地去。㉚其說皆自賈生發之　有些是賈誼提出，有些是賈誼開頭後，他人相繼提出。發，開頭。㉛議　考慮；打算。㉜公卿　三公、九卿。「三公」指丞相、太尉、御史大夫。「九卿」包括太常、郎中令、衛尉、太僕、廷尉、典客、宗正、大司農、少府。㉝絳灌　絳侯周勃、潁陰侯灌嬰。都是劉邦的開國功臣，又是文帝得以即位的擁立者。文帝即位初，周勃為丞相，灌嬰為太尉。事跡分別見於〈絳侯周勃世家〉、〈樊酈滕灌列傳〉。有謂「絳灌」別是一人者，非，梁玉繩《史記志疑》曾有辨。其所以稱灌嬰以姓，稱周勃以國者，蓋因漢初周姓大臣非一，如周勃外尚有周灶、周昌，稱姓則不易區分故也。㉞東陽侯　張相如，劉邦功臣，文帝時曾為「大將軍」，見於〈孝文本紀〉、〈張釋之馮唐列傳〉。㉟馮敬　此時為典客，後為御史大夫。㊱盡害之　全都嫉恨他。害，患；嫉恨。按：《文選》李善注引《風俗通》曰：「賈誼與鄧通為侍中同位，朝廷譏之，因是文帝遷為長沙太傅。及渡湘水，投書弔曰：『闒茸尊顯，佞諛得志。』以哀屈原遭讒邪之咎，亦因自傷為鄧通所愬也。」與此所詳不同。㊲以賈生為長沙王太傅　事在文帝四年（西元前一七六年）。按：據〈漢興以來諸侯王年表〉，此時的長沙王名「吳著」；據《索隱》及《漢書・異姓諸侯王表》名「吳產」；而《正義》又作「吳差」。㊳賈生既辭往行四句　梁玉繩曰：「賈生因服鳥入舍，故以為壽不得長，非但因卑溼也，此乃下文之複出者。《漢書》改曰：『誼既以適去』，甚當。應衍『辭』字至『又』字十五字。《文選》同《漢書》。」按：梁說甚好，當刪也。適，通「謫」。貶官。王先謙引周壽昌曰：「太中大夫物比千石，諸侯王太傅秩尚在內史、中尉（秩二千石）之上，以秩而較，初非左官；其曰『適去』者，以其去天子之側而官王國也。」㊴及渡湘水二句　由長安至長沙，不經汨羅江，而其所經由之湘水乃與汨羅江相通，故投書湘水以弔之也。㊵共承嘉惠　猶言「敬奉王命」。嘉惠，敬稱別人給自己的賜予，此指文帝命以為長沙王太傅。㊶俟罪　也稱「待罪」，等著受懲罰，謙指自己現時之任某官、為某職。㊷側聞　從旁聽說。林雲銘曰：「曰『側聞』，似前此俱未之聞。蓋前此所聞，不過以故事置之，雖聞如不聞也。至今日方覺曠世相感，千百年來只求得此副知己，即謂『始聞』可矣。」按：屈原其人其事，不見於先秦任何古書。入漢以來，第一個提到屈原的是賈誼，第二個是淮南王劉安，第三個是司馬遷，這三個人恰恰都是到過南方的。賈誼到了南方，始「側聞」屈原之事，說明在賈誼未到長沙之前，中原地區一直不知屈原其人其事。蓋自賈誼而後，屈原之名始播於中土也。㊸造託湘流　因自己不能親到汨羅，故拜託湘水以代達。造，到，謂身到湘水以拜託之也。㊹遭世罔極　遭逢黑暗昏亂之世道。罔極，無章程；無法制。師古曰：「極，中也，無中正之道。」或曰，「極，止也。」「罔極」即氾濫無邊。㊺隕　落，此指喪命。㊻鴟梟　貓頭鷹，舊時被認為是不祥之鳥。㊼闒茸　師古曰：「下材不肖之人也。」章炳麟《新方言・釋言》：「闒為小戶，茸為小草，故並舉以喻微賤也。」㊽逆曳　倒拉。《文選》李善注：「不得順道而行也。」㊾倒植　倒立。㊿伯夷　殷末時孤竹君之子，先讓國於其弟，後不食周粟而餓死，被後人視為廉者的代表，事見〈伯夷列傳〉。(51)盜跖　古代傳說中的橫暴的大盜，事見《莊子・盜跖》。(52)莫邪為頓　傳說中的吳國的善鑄劍者，後又稱為其所鑄的寶劍名，後遂用以指最好的劍。事見《吳越春秋》。頓，通「鈍」。(53)銛　鋒利。(54)于嗟　同「吁嗟」。歎息聲。(55)嚜嚜　《集解》引應劭曰：「不自得意。」按：似謂有話無處言講的樣子。(56)生之無故　師古曰：「生，先生也。」以稱屈原。無故，謂無故而遭此禍也。按：漢時稱「先生」可單稱「生」或單稱「先」，稱「生」者多見，稱「先」者如〈袁盎鼂錯列傳〉之「張恢先」是也。(57)斡弃　拋棄。斡，轉，這裡指甩出。(58)周鼎　即指九鼎。相傳為大禹所造，後遂成為歷代帝王的傳國之寶。(59)康瓠　薄脆無用的大葫蘆，如《莊子・逍遙遊》所云者是也。王先謙引《說文》以為指「瓦壺之毀裂者也。」按：王氏說與本篇上下文似更貼切。(60)騰駕　意即「駕馭」。(61)罷　通「疲」。疲憊。(62)驂蹇驢　讓瘸腿的驢子拉邊套。驂，拉邊套的馬，這裡用如動詞。(63)驥垂兩耳兮服鹽車　《戰國策・楚策四》：「夫驥服鹽車上太行，蹄申膝折，白汗交流，中阪遷延，負轅不能上，伯樂遭之，下車攀而哭之也。」服，這裡即「拉」。(64)章甫　《集解》引應劭曰：「殷冠也。」(65)薦屨　墊鞋子。王先謙引劉奉世曰：「薦之言藉也。」這裡指踩在腳底下。(66)漸不可久　這種形勢不能長期發展下去。漸，指賢愚倒植、貴賤顛倒的發展形勢。(67)嗟苦　歎息，憫傷。(68)獨離此咎　竟遭此難。離，通「罹」。遭受。咎，災禍。(69)訊　告；宣告。《漢書》作「誶」，義同。蓋猶《楚辭》結尾之所謂「亂」也。(70)已矣　算啦。(71)國其莫我知　國中既無人理解我。(72)壹鬱　抑鬱。(73)高遰　同「高逝」。高高遠去。(74)自縮　自行引退。(75)襲九淵　深藏於九淵之下。王先謙曰：「襲，深藏也。」師古曰：「九淵，九旋之淵，言至深也。」(76)沕深潛　深深地潛藏。沕，深冥的樣子。(77)彌融爚　遠離亮光。彌，遠也。融爚，亮光。按：《漢書》於此作「偭蟂獺」。梁玉繩以為應作「偭蟂獺」，這樣正與下句「豈從螘與蛭螾」相對文。偭，背也；遠離。蟂獺，應劭曰：「水蟲，害魚者也。」(78)螘與蛭螾　按：「螘」字《漢書》作「蝦」，「螘」非水中之物，於此不倫，似應作「蝦」。蛭、螾，皆水蟲。孟康謂二句意為：「龍自絕於蟂獺，況從蝦與蛭螾耶？」(79)係羈　指為之戴上籠頭、繫上韁繩。(80)般紛紛　猶言「亂哄哄」。王先謙曰：「般，亂貌。」(81)離此尤　遭此罪。(82)亦夫子之辜也　也是您自己的過錯。夫子，猶「先生」，尊稱對方。辜，罪過；過錯。(83)瞝九州而相君兮二句　意謂您完全可以放眼其他國家，另選擇合適的君主，何必死死留戀楚國這個都城呢？瞝，環顧；四顧。九州，指華夏諸國。相，觀察。按：《文選》與《楚辭集注》此句皆作「歷九州而相君兮」。(84)千仞　極言其高。仞，八尺。(85)惪煇　道德之光輝。(86)細德　少德之人，即小人。(87)險徵　險惡的徵兆。「徵」原作「微」。梁玉繩《志疑》：「《困學紀聞》十二云：『顏注險阨之證，則微當作徵。』」王說是。《文選》作「徵」。據改。(88)增翮　李笠曰：「曾，同『層』。」「層翮」猶今所謂「堅強的翅膀」。(89)尋常　極言其小。師古引應劭曰：「八尺曰尋，倍尋曰常。」(90)汙瀆　小水溝。(91)鱣鱏　兩種大魚名。(92)固將制於蟻螻　師古引晉灼曰：「小水不容大魚，而橫鱣鯨於汙瀆，必為螻蟻所制。」蓋連四句而讀之。或曰「固」字應作「涸」，謂大魚失水則必為螻蟻所制也。《莊子・庚桑楚》：「吞舟之魚，蕩而失水，則蟻能苦之」；《戰國策・齊策》：「君不聞大魚乎，網不能加，鉤不能釣，蕩而失水，則螻蟻得意焉。」皆謂此也。孫月峰謂此作曰：「氣甚豪蕩，詞亦瑰奇，第述意太分明，便覺近今。」陸雨侯曰：「藉以自抒，故不覺其言之憤激而悲楚。」（《評注昭明文選》引）郭嵩燾曰：「賈生〈弔屈原賦〉純是牢騷不平，與屈原本旨自異，是以其辭駿爽而無沉鬱之氣。」[93]為長沙王太傅三年　時為文帝六年（西元前一七四年）。[94]鴞　貓頭鷹。[95]坐隅　坐席的角上。[96]服　俗又寫作「鵩」。[97]長沙卑溼三句　賈生本已悶悶不樂，今又有貓頭鷹入舍，《漢書補注》引《西京雜記》曰「長沙俗以服鳥至人家，主人死」，故賈生益為傷悼也。[98]自廣　自相寬慰；自為解脫。[99]單閼之歲　《集解》引徐廣曰：「歲在卯曰單閼，文帝六年，歲在丁卯。」卯是十二地支之一，「單閼」是卯年的異稱。[100]庚子　該年的陰曆四月二十三。[101]日施　太陽西斜。《索隱》曰：「施，音移，猶西斜也。」按：《漢書》於此直作「斜」。[102]集　本意謂鳥停於木，此處即指「落」，飛止。[103]發書　此指打開算卦用的書。[104]筴言其度　卦書告訴了其中的意思。筴，即指卦書。[105]入處　入居。處，居；止。[106]將去　將死。[107]何之　去哪裡。[108]菑　同「災」。[109]淹數之度　《正義佚文》曰：「淹，留遲也；數，速也。」按：賈誼所問的實為自己死期的快慢早晚。[110]其期　死的日子。[111]請對以意　把我的心思向你表示，此句是代「服鳥」立言。意，同「臆」。心胸；想法。《文選》直作「臆」。[112]休息　休止；停止。[113]斡流而遷　謂天地萬物一切都處在變化之中。斡流，流轉；運轉。遷，變化。[114]或推而還　表面上像是推去了，實際上也許倒是又回來了。[115]形氣轉續　形，形體。氣，天地間的陰陽二氣。道家說萬物都是由氣構成，氣化成萬物，萬物又化成氣，這樣的變化永無休止。[116]嬗　相互傳遞。或曰，蛻變；演變。[117]沕穆　師古曰：「深微貌。」[118]胡可勝言　師古曰：「胡，何也。言其理深微，不可盡言。」[119]禍兮福所倚二句　語見《老子》第五十八章。中井曰：「謂有禍則福亦與此相依，有福則禍亦潛伏於其中也。」[120]憂喜聚門　謂喜中潛伏著憂，憂中也能摻雜著喜。[121]夫差以敗　吳國破楚敗越，強大一時，後夫差驕傲亡國事，見〈吳太伯世家〉、〈伍子胥列傳〉。[122]句踐霸世　句踐被吳國打敗，棲於會稽山，後發憤圖強，滅吳稱霸事，見〈越王句踐世家〉。[123]斯游遂成兮二句　李斯遊說成功，協助秦王吞併六國，統一天下，後被趙高所害，受五刑，腰斬咸陽，見〈李斯列傳〉。遂成，成功。「遂」也是「成」的意思。[124]傅說胥靡兮二句　傅說是商朝的賢士，因犯「罪」被勞改，商王武丁外出時發現了他，將其救出，任以為相。事見〈殷本紀〉。胥靡，指用繩索將奴隸或罪犯串連在一起。[125]糾纆　都是繩索，《文選》注引《字林》：「糾，兩合繩；纆，三合繩。」兩句意謂「禍」與「福」就像兩股繩子相互依存。[126]極　終點。[127]水激則旱兮二句　王先謙引劉攽曰：「旱，讀為『悍』，猛疾也。」《索隱》曰：「『旱』與『悍』同音，以言水矢流飛，遇物觸之則激怒，更勁疾而遠悍。猶人或因禍致福，倚伏無常也。」按：《呂氏春秋．去宥篇》、《淮南子．兵略篇》中亦有類似成語。按：曰「水激則悍」可也；曰「矢激則遠」，有事實乎？師古有所謂「水之激疾則去盡，不能浸潤」。依此則可釋「矢激則遠」為遠於箭靶。說皆合理，但與本篇之上下文意不相關。此二語究應何解，尚待知者。[128]回薄　相互迴旋，相互撞擊。薄，迫。[129]相轉　相互轉化。[130]錯繆　穿插交錯。[131]大專槃物　《漢書》作「大鈞播物」，皆以陶模之製器以比喻天地之化成萬物。《索隱》曰：「此『專』讀為『鈞』。陶家名模下圓轉者為『鈞』，言其能制器大小，以比之於天。」朱錦綬曰：「『專』有『圓』義，故『大鈞』可訓『大專』，猶言『大圓』耳。」瀧川曰：「『槃』『盤』通用，旋也。」132 坱軋無垠　迷濛而又廣大無邊。《楚辭》王逸注：「坱軋，云霧氣昧也。」133 天不可與慮兮二句　意謂客觀世界的神祕作用，人是無法參與、無能為力的。與慮，與之共同思慮。道，老莊用以指客觀存在但又具有某種神祕作用的法則。134 遲數　指人之死期的或遲或早。數，同「速」。135 惡識其時　誰能知道在什麼時刻？惡，也作「烏」。如何；怎能。136 天地為鑪兮二句　語出《莊子・大宗師》，意謂天地好比是一個鑄造萬物的大熔爐，而造物者好比是一個大工匠。造化，造物者，有神祕色彩，但又不像西方的「上帝」那樣人格化。137 陰陽為炭　古人稱世界上的萬物都由陰陽二氣構成，今不把「陰陽」比作原料，而比作「炭火」，未必貼切。138 萬物為銅　以銅比喻被冶煉之物。139 合散消息兮二句　《莊子・知北遊》：「人之生，氣之聚也，聚則為生，散則為死。」消息，指變化。常則，常法；常規。140 千變萬化兮二句　《莊子・大宗師》：「人之形者，萬化而未始有極也。」極，盡頭。141 忽然為人　意謂陰陽二氣在某種偶然的情況下，幻化成了人形。142 控摶　把持、團弄，引申為愛惜生命，為保護生命而費盡力氣。143 化為異物　指人之死亡。唯心者稱人死化而為鬼；王充《論衡》則曰：「人死血脈竭，竭而精氣滅，滅而成灰土。」皆所謂「異物」也。144 小知自私兮二句　《莊子・秋水》：「以道觀之，無貴無賤；以物觀之，自貴而相賤。」小知，同「小智」。此謂小智之人。按：此處之「賤彼貴我」，實指樂生惡死。145 通人大觀兮二句　《莊子・齊物論》：「物固有所然，物固有所可，無物不然，無物不可。」通人，通曉一切的人。《漢書》、《文選》於此作「達人」，義同。按：此處之「物無不可」，蓋謂生亦不喜，死亦不懼。146 徇財　為了財而把命搭上。徇，順；從。《集解》曰：「以身從物。」《索隱》曰：「亡身從物。」147 烈士　講氣節的人。《莊子・駢拇》：「小人則以身徇利，士則以身徇名，大夫則以身徇家，聖人則以身徇天下，故此數子者，事業不同，名聲異號，其于傷性而以身為徇，一也。」148 夸矜誇；好虛榮；作威作福。149 死權　為滿足權勢欲死而不惜。150 品庶　眾庶；普通人。151 馮生　貪生。馮，同「憑」。仗；持，引申為「貪」。152 怵迫之徒　謂心胸狹窄、因某事而戚戚惶惶的人。《集解》引孟康稱「為利所誘謂怵；迫，迫貧賤，東西趨利也。」似乎太碎。153 或趨西東　謂趨利避害也。154 大人不曲　《正義佚文》：「大人，聖人也，德無不包，體達性命，故不曲憂生死。」不曲，不粘滯於某一小節。《莊子・徐无鬼》有所謂「生無爵，死無謚，實不聚，名不立，是謂『大人』」；〈秋水〉有所謂「大人無己」。按：此「大人」「聖人」乃莊周等道家之所謂，與通常儒家所稱說的「聖人」涵義不同。155 億變齊同　把千變萬化都看成為一回事。《莊子・秋水》有所謂「萬物一齊，孰短孰長」。156 拘士　受傳統禮法約束的人。157 繫

俗　被世俗習慣所束縛。158擱如囚拘　整天如同困在囚籠裡。擱，原作「櫺」，字書無此字。張文虎《札記》卷五：「《索隱》本「櫺」，各本作「擱」。」今從各本作「擱」。擱，《說文》云：「大木籠也。」159至人　義同「大人」、「聖人」。160遺物　忘記一切客觀事物。161獨與道俱　只與「大道」相互依存，意即隨波逐流，無可無不可。162或或　同「惑惑」。昏迷、愚蠢的樣子。《漢書》、《文選》直作「惑惑」。163好惡積意　把對客觀事物的喜好與憎惡存在心裡。意，通「臆」。心胸。164真人　同「聖人」、「至人」。165獨與道息　與上文「獨與道俱」同義。息，同前文之「消息」，意即變化。166釋知遺形　拋棄智慧，也忘記形體。167自喪　徹底忘掉自己。《莊子．齊物論》中有所謂「吾喪我」；又有所謂「身如槁木，心如死灰」；其〈大宗師〉有所謂「墮支體，黜聰明，離形去智，同于大道，此謂『坐忘』」，皆此意也。168寥廓　廣遠貌。169忽荒　同「晃忽」。迷濛莫測的樣子。170乘流則逝　逝，去，此指順水漂流。171坻　水中小洲。172縱軀委命　將自己的身體、生命完全交付給大自然。陶淵明〈形影神三首〉有所謂「縱浪大化中，不喜亦不懼」；〈歸去來兮辭〉有所謂「聊乘化以歸盡，樂夫天命復奚疑」，即演說此意。173不私與己　對自己沒有任何偏愛。174其生若浮兮二句　語出《莊子．刻意》。浮，順水漂流。休，止。175澹　靜泊的樣子。176汜　順水漂浮的樣子。《莊子．列禦寇》：「泛若不繫之舟，虛而遨遊者也。」177不以生故自寶　不因為活著而分外保重自己。178養空而浮　頤養天性，隨世浮沉。養空，猶言「養虛」、「養性」。179德人　得「道」之人。180無累　沒有任何累贅、牽掛。《莊子．刻意》：「聖人循天之理，故無天災，無物累。」181知命　懂得「縱軀委命」的道理。182細故蔕薊　為一些雞毛蒜皮的小事牽腸掛肚，這裡即指賈誼所問的生死期限問題。細故，小事。蔕薊，也寫作「蔕芥」。王先謙引張揖曰：「鯁刺也。」意即小骨頭、小魚刺。瀧川曰：「蔕芥，以喻細故也。」按：有時「蔕芥」用作動詞，以比喻為些許小事而掛心。《索隱》引張揖語即有所謂「以言細微事故不足蔕芥我心」。關於以上賈誼的〈服賦〉，朱熹曰：「凡誼所稱，皆列禦寇、莊周之常言，又為悼傷無聊之故，而藉以自誑者，夫豈真能原始反終，而得夫朝聞夕死之實哉？誼有經世之才，文章蓋其餘事，其奇偉卓絕，亦非司馬相如輩所能彷彿。」（《楚辭後語》）孫月峰曰：「大約是『齊物』之論，借服來發端耳。宏闊雄肆，讀之快然，第微乏精奧之致。」陳螺渚曰：「此賦一生死，齊得喪，正是打不破生死得喪關頭，依託老莊，強為排遣耳。厥後因長沙王墜馬，自傷夭沒，何能亹亹言之於前，不能坦坦由之於後耶？賦則抑揚反復，自是可傳。」（《評注昭明文選》引）183後歲餘　文帝七年（西元前一七三年）。184徵見　召見。185受釐　師古引應劭曰：「釐，祭餘肉也。」《漢儀注》：「祭天地五時，皇帝不自行，祠還致福。」釐，音禧。」「受釐」即接受祭祀用過的肉，以求鬼神之降福。186宣室　《索隱》引《三輔故事》曰：「在未央殿北。」蓋即未央宮中之某室也。未央宮，西漢皇帝之所居。187至夜半　足見談話的時間之長。188前席向前湊近，言其愛聽之狀。席，坐具。〈商君列傳〉云：「公與（鞅）語，不自知膝之前於席也。」情景與此同。謝枋得曰：「李義山詩云『可憐夜半虛前席，不問蒼生問鬼神』，此一語道破，文帝亦有愧矣。」(189)梁懷王　名揖，文帝之少子。文帝二年（西元前一七八年）被封為梁王，國都睢陽（今河南商丘西南）。(190)傅　輔導、關照其生活與成長。也可以理解為「給其作太傅」。(191)復封淮南厲王子四人皆為列侯　事在文帝八年（西元前一七二年）。淮南厲王，名長，劉邦之子，文帝之異母弟。高祖十一年（西元前一九六年）被封為淮南王，都壽春（今安徽壽縣）。文帝六年（西元前一七四年），因謀反被流放，死於途中，淮南國亦被廢除。文帝八年，復封劉長之子劉安為阜陵侯，劉勃為安陽侯，劉賜為陽周侯，劉良為東城侯。事詳〈淮南衡山列傳〉。(192)賈生諫　按：賈誼諫封劉長四子疏見《漢書．賈誼傳》。徐孚遠曰：「時梁王未之國，居京師，故賈生為傅得上書獻替。」(193)以為患之興自此起　按：賈誼上疏諫阻，文帝不聽，先封劉長四子為侯，不久又封劉安、劉賜為王，至武帝時，劉安、劉賜果反。(194)或連數郡　謂一個諸侯國，封地有數郡之廣，如齊、吳等國是也。(195)可稍削之　稍，漸；逐步。賈誼倡削諸侯王事，見其〈陳政事疏〉（又名〈治安策〉），見《漢書．賈誼傳》。趙翼曰：「〈治安策〉所言，皆有關治道，經事綜物，兼切於當日時事，文帝亦多用其言，〈賈誼傳〉何得遺之？《漢書》全載。」（《廿二史箚記》）(196)懷王騎二句　事在文帝十一年（西元前一六九年）。(197)無後　謂懷王劉揖無子嗣。(198)無狀　不像樣子；未盡到責任。(199)哭泣歲餘二句　時在文帝十二年（西元前一六八年）。齊樹楷曰：「能為〈服賦〉，而不能自止其哀傷，以至哭泣而死，文字與性情非一事。」（《史記意》）(200)賈生之死時年三十三矣　史公反覆言之，見其對賈誼英年早逝的無限惋惜與同情。(201)及孝文崩二句　梁玉繩曰：「此文為後人增改。『孝武』當作『今上』，而中隔景帝，似不必言『孝文崩』，宜云『及今上皇帝立』也。」(202)舉賈生之孫二人　梁玉繩曰：「《唐書》：『誼子名璠，璠二子嘉、惲。』」(203)世其家　意即繼承了其先輩的傳統。(204)余　史公自指。(205)至孝昭時二句　徐孚遠曰：「『與余通書』史公本文；『至孝昭』句，則後人所增也。」梁玉繩曰：「『至孝昭時』二句，當刪之。」

【語　譯】賈生名誼，是洛陽人。他才十八歲時，就因能背誦《詩》、會寫文章，聞名於郡中。吳廷尉做河南太守，聽說他才能出眾，就把他招攬到門下，非常喜愛欣賞他。孝文帝初立，聽說河南太守吳公治理政績為全國第一，過去曾和李斯是同鄉並且常常向他學習，就徵召他進朝作了廷尉。廷尉就向文帝說賈生年紀又輕，又很通曉諸子百家的學問。文帝徵召賈誼做了博士。

2　這時賈生只有二十多歲，年紀最小。每有詔令議題下達，各位老先生無法回答，賈生全能對答出來，人人都覺得符合自己的意思，諸生們於是都認為他很有才能，覺得自己的能力不如賈生。孝文帝很高興，破格提拔他，只一年賈生就做了太中大夫。

3 賈生認為漢興至文帝已經二十多年，天下和平融洽，應當改變曆法正朔，變更車馬服飾的顏色，改訂各種新的典章制度，改換新的官職名稱，大興禮樂，於是起草了全部禮法章程，顏色崇尚黃，數目用五，制訂官名，全部改變了秦時的法度。只是由於孝文帝初繼位，謙讓沒有實行。但這些更改禮法律令以及讓列侯全部回封地去的做法都是賈生首先提出的。當時天子提議讓賈生任公卿。絳侯周勃、潁陰侯灌嬰、東陽侯張相如、御史大夫馮敬等都不願意，就說賈生的壞話：「洛陽那個人，年紀輕學問差，一心想獨攬大權，擾亂所有的事。」於是天子後來也就疏遠了他，不用他的提議，讓賈生出去做長沙王太傅。

4 賈生辭別朝廷去長沙，聽說長沙低窪潮溼，自己覺得活不了多久，又因為是遭貶謫去的，心裡很不痛快。在渡過湘水的時候，他做了一篇賦悼念屈原。文章是這樣的：

5 「我恭敬地接受皇帝的恩惠啊，到長沙去任職。聽說過去屈原啊，就自沉於汨羅江。我到達了湘水啊，託江水帶去我的敬意與哀悼。遭逢黑暗昏亂之世道，而喪失了性命，實在是悲哀啊，你遭遇了不祥。鳳凰已遠遠隱去啊，貓頭鷹翱翔在天上。卑賤的人顯貴啊，讒諛的人得志；賢聖顛倒啊，方正倒置。世人說伯夷貪婪啊，說盜跖廉潔；說莫邪劍鈍啊，說鉛刀鋒利。默默失意啊，先生無故而遭此禍！拋棄了珍貴的周鼎啊，把瓦罐當作寶器；駕著疲牛瘸驢的華蓋啊，讓千里馬去拉鹽車。高貴的禮帽墊鞋底啊，勢不可久，先生命苦啊，偏偏碰上這樣的年頭。

6 「尾聲：算了吧，全國沒人理解我，我獨自鬱悶啊向誰訴說？鳳鳥飄飄高飛遠逝啊，本來就是自行引退。學習九淵中的神龍啊，深潛水底自我珍惜。遠離明光而隱處啊，怎麼能隨從蝦螟與蚯蚓？我看重的是聖人的神德啊，遠離這濁世而自藏。假如千里馬能被繫羈啊，與狗羊又有什麼不同！亂紛紛地遭此禍患啊，也是夫子你的過錯呀！環視天下尋求君主啊，何必懷念這裡？鳳凰翱翔於千仞之上的高空啊，見德盛者而飛下；見小人當道之危險啊，就搧動翅膀遠遠飛離。那平常的小河溝啊，怎麼能容得下吞舟的大魚！橫江湖的巨鯨啊，必將受制於螻蟻。」

7 賈生做長沙王太傅三年，有貓頭鷹飛進賈生的房間，停在座位旁。楚人把貓頭鷹叫做「服」。賈生本來已經因為謫居長沙，長沙又低又溼，自認為活不了多久，總是傷心，就做賦自己開導自己。文章是這樣的：

8 「丁卯年的四月孟夏，庚子日的傍晚，服飛來我的房間，停在座位旁，看上去很閒暇。特殊的東西來臨啊，我私下裡覺得奇怪。我翻書占卜啊，書上告訴我說：『野鳥進門，主人將會死亡。』我問服說：『我會去哪裡？有吉利請告訴我，有凶險災禍也告訴我。我還能活多久，也請告訴我一個日期。』服於是歎息，抬起頭舉起翅，牠口不能言，我就猜測牠的意思。

9 「萬物變化啊，本無休止。運轉流變啊，時去時還。有形與無形的轉化啊，不斷變更。深微無窮啊，怎麼能說得完！禍啊福所依，福啊禍所伏；憂與喜聚在一起，吉與凶同在一處。那吳國強大啊，夫差卻因此敗亡；越國只保有會稽啊，句踐卻稱霸於世。李斯成就了秦國帝業而顯赫啊，最終被五刑而死；傅說被捆綁著做奴隸啊，最終成為武丁的相國。禍與福啊，總是糾纏在一起。命是無法說清的，誰知道它的終極？水激蕩就會洶湧啊，箭激射就會遠。萬物迴旋啊，互相震盪轉換。雲蒸雨降啊，錯謬交雜。上天推動萬物啊，瀰漫無垠。天不可思慮啊，道無法設想。遲與速都有命啊，怎麼知道它的時辰？

10 「況且天地做爐灶啊，造化做工匠；陰陽做炭啊，萬物做銅。聚散消止啊，怎麼有常規呢；千變萬化啊，從來沒有終極。偶然成為人啊，有什麼值得珍惜；化為其他東西啊，又有什麼值得憂慮！小智者自私啊，看低他人抬高自己；通達者達觀啊，萬物都沒什麼不同。貪婪者為財而死啊，烈士為名而亡；追求權勢者為權勢而死啊，普通人只會貪生。為利益驅使啊，東奔西走；達人不為物欲而約束啊，各種變化都視為相同。愚人繫於世俗啊，如同拘押的囚犯；至人放下一切，只與大道同在。眾人迷惑啊，好惡存在胸中；真人淡漠啊，只與大道同存。放棄智慧與形體啊，超然忘我；寥廓恍惚啊，與大道翱翔。順水就漂流啊，遇到障礙就停止；把身體交給命運啊，不私一己。生存就像漂浮啊，死亡就像休止；靜時如深淵啊，動時如不繫之舟。不因為生而自我珍愛啊，培養空無之心；德人沒有拖累啊，知命就沒有憂患。瑣屑小事啊，有什麼值得疑慮！」

11 過了一年多，賈生被徵召入京。孝文帝剛剛受釐，坐在宣室。因為有感於鬼神之事，就詢問鬼神的根本。賈生只好講述了一些這方面的道理。兩個人一直談到了半夜，文帝不知不覺地越聽越向賈生靠近。賈生講完後，文帝說：「我很久沒見到賈生了，自以為超過了他，現在看來還是不如他啊。」不久，就拜賈生為梁懷王太傅。梁懷王是文帝的小兒子，文帝喜愛他，懷王喜歡讀書，文帝就讓賈生做了懷王的太傅。

12 不久文帝又封淮南厲王的四個兒子為列侯。賈生勸諫，認為禍患就要從此興起了。賈生幾次上疏，說有的諸侯占有好幾個郡，不合古時的制度，可以逐步削奪。文帝不聽。

13 過了幾年，懷王騎馬，從馬上掉下來摔死了，沒有後代。賈生自己傷心做太傅沒做好，哭了一年多，也死了。賈生死時年僅三十三歲。

14 等孝文帝去世，孝武帝繼位時，提拔賈誼的兩個孫子做了郡守，其中賈嘉最好學，繼承了賈誼的家風，與我有書信往來。到孝昭帝時，位列九卿。

太史公曰：余讀離騷、天問、招魂、哀郢❶，悲其志❷。適長沙，觀屈原所自沉淵❸，未嘗不垂涕，想見其為人❹。及見賈生弔之，又怪屈原以彼其材，游諸侯，何國不容，而自令若是❺。讀服鳥賦，同死生❻，輕去就❼，又爽然自失❽矣。

【章旨】以上為第五段，是作者的論贊，表現了作者對屈原的無限敬慕與同情，而對賈誼〈弔屈原賦〉所表現的憤慨，和〈服賦〉所表現的言不由衷的自我消解，都表示認同，隱隱地抒發了一種「蕭條異代不同時」的深深悲哀。

【注　釋】❶離騷天問招魂哀郢　都是屈原作品的名稱。〈離騷〉是具有自傳性質的抒情長詩，是屈原的代表作。〈天問〉是屈原在流放中向蒼天提出的一系列疑問。〈哀郢〉是〈九章〉組詩中的一篇，內容為懷念楚國的郢都，懷念楚王。〈招魂〉略有爭議，史公認為是屈原所作，為招楚懷王之魂；王逸則認為是宋玉所作，乃招屈原之魂，與史公看法不同。❷悲其志　為屈原的高尚思想人格而結局竟如此悲慘而感到悲哀。❸屈原所自沉淵　《索隱》引《荊州記》云：「長沙羅縣（今湖南汨羅西北）北帶汨水，去縣四十里，是屈原自沉處，北岸有廟也。」❹未嘗不垂涕二句　按：〈孔子世家〉贊云：「余讀孔氏書，想見其為人」，蓋史公於其所衷心敬佩之人，類皆抒情如此也。❺以彼其材四句　四句的主語是作者，蓋聯繫楚國之昏君讒臣而憤慨言之也。賈誼〈弔屈原賦〉有所謂「般紛紛其離此尤兮，亦夫子之辜也！瞝九州而相君兮，何必懷此都也？」意思與此略同。❻同死生　把死與生看得沒有差別。❼輕去就　把在朝與離朝，居官與罷官，不看作一回事。❽爽然自失　爽然，渾身輕鬆、解放的樣子。自失，指憂愁痛苦通通消失。凌稚隆引趙恆曰：「讀其詞而悲之；見所自沉淵，又悲之；及觀賈生弔之之文，又怪『以彼其材游諸侯』云云，自令若是，又悲之；及讀〈服鳥賦〉，則其意廣矣，所以爽然自失其悲也。『以彼其材』句重，二公同傳，以材相似，論屈平即所以論賈生。」

【語　譯】太史公說：當我讀〈離騷〉、〈天問〉、〈招魂〉、〈哀郢〉等賦時，我對屈原的用心感到悲痛。我到過長沙，當我親自去屈原投江的地方參觀時，未嘗不掉眼淚，思念屈原的為人。但當我讀了賈誼的〈弔屈原賦〉，又怪屈原，以他那樣的才華，如果能改換門庭到其他國家去，哪個國家不能容納他呢？結果卻讓自己落了這麼個結局！當我又讀到了〈服鳥賦〉，讀到作品中那種把生與死同等看待，把在朝與下野看得同樣淡薄時，我的苦惱就通通消失了。

【研　析】〈屈原賈生列傳〉的思想意義，其一是為忠良、才士的身世遭遇鳴不平，抒發了一種報國無門，窮愁寥落的悲哀憤慨之情。屈原有才幹、有遠見，對於自己的國家民族忠心耿耿，但卻被楚懷王、頃襄王一再疏斥、流放，直至懷石沉江而死；賈誼是漢代初期最有才氣、最有作為的政治家之一，他向漢文帝連續上書，縱談天下大勢和治國之策，歷史證明他的許多見解都是正確的，但卻不為絳、灌等老臣所容，以致被擠出朝廷，遠放長沙；後來雖被召回，偏又遇到一些倒霉事，於是「哭泣歲餘」而死，死時僅三十三歲。這些才人的存亡往往關係到國家的命運。明代茅坤說：「太史公以屈、賈同傳，豈徒悼志業未遂，壽命之不長哉？楚之亡也，以不聽屈原；而漢事之缺，以誼之夭，二子之存亡，所繫何如哉！」（《史記鈔》）

其二是歌頌了屈原有道德，有才幹，有操守，剛正不阿，寧死不與惡勢力同流合汙的崇高品質，對屈原這種光榮孤立、悲劇結局的慘痛事實表現了深深的感慨。作者滿懷激情地稱讚屈原說：「其志絜，其行廉。其稱文小，而其指極大；舉類邇，而見義遠。其志絜，故其稱物芳；其行廉，故死而不容。自疏濯淖汙泥之中，蟬蛻於濁穢，以浮游塵埃之外，不獲世之滋垢，皭然泥而不滓者也。推此志也，雖與日月爭光可也。」並在「太史公曰」中說：「余讀〈離騷〉、〈天問〉、〈招魂〉、〈哀郢〉，悲其志。適長沙，觀屈原所自沉淵，未嘗不垂涕，想見其為人。」其一波三折，心馳神往，詠歎不絕的情形，足見其對屈原的崇敬、追慕之情。

關於賈誼的問題，後人對此傳所敘頗多指責。在司馬遷心目中，彷彿賈誼也是一個懷才不遇的悲劇人物。對此，班固卻不以為然。他在《漢書．賈誼傳》中說：「追觀孝文玄默躬行，以移風俗，誼之所陳，略施行矣。及欲試屬國，施五餌三表以繫單于，其術固以疏矣。誼亦天年早終，雖不至公卿，未為不遇也。」對史公所論作了翻案文章。

卷八十五

呂不韋列傳第二十五

【題解】本文記述了呂不韋由一個投機商人到涉足政治，到執掌秦國政權的歷史，作品在塑造這個以唯利是圖為特徵的政客上，是極有特色的。他輔助子楚，是因為「奇貨可居」，想做一本萬利的生意；他獻出寵姬，是為借以釣得秦國的江山；他豢養門客編撰《呂氏春秋》，並以一字千金之賞尋求能為之修改的人，是為了沽名釣譽。最後因為嫪毒之亂被牽涉賜死，結束了他作為商人的一生。這種可悲的下場，又與春申君黃歇大體相同，作品的行文頗具諷刺意味。司馬遷的態度與感情傾向是明顯的，但呂不韋進懷孕之姬與子楚的事情，不見於《戰國策》，且又與〈春申君列傳〉所敘的事情雷同，故梁玉繩、郭嵩燾、錢穆、馬非百等都認為是出於時人的附會。且呂不韋自莊襄王元年為秦相，至始皇九年免職，前後為秦相十二年，而這段時間正是秦對東方諸國大舉進攻，並逐步實現吞併的時代，而本文作為一個秦國宰相的列傳，竟隻字未提呂不韋對於秦國的政治有何建樹，這就未免過於偏狹，過於失之公正了。

1 呂不韋者，陽翟大賈❶人也。往來販賤賣貴，家累千金❷。

2 秦昭王四十年❸，太子死❹。其四十二年❺，以其次子安國君❻為太子。安國君有子二十餘人。安國君有所甚愛姬❼，立以為正夫人，號曰華陽夫人❽。華陽夫人無子。安國君中男⑨名子楚⑩，子楚母曰夏姬，毋愛⑪。子楚為秦質子於趙⑫。秦數攻趙，趙不甚禮子楚⑬。

3 子楚，秦諸庶孽孫⑭，質於諸侯，車乘進用不饒⑮，居處困⑯，不得意。呂不韋賈邯鄲⑰，見而憐之，曰：「此奇貨可居⑱。」乃往見子楚，說曰：「吾能大子之門⑲。」子楚笑曰：「且自大君之門⑳，而乃大吾門！」呂不韋曰：「子不知也，吾門待子門而大㉑。」子楚心知所謂，乃引與坐，深語。呂不韋曰：「秦王老矣，安國君得為太子。竊聞安國君愛幸華陽夫人，華陽夫人無子，能立適嗣㉒者獨華陽夫人耳。今子兄弟二十餘人，子又居中，不甚見幸，久質諸侯。即㉓大王薨，安國君立為王，則子毋幾㉔得與長子及諸子旦暮在前者爭為太子矣。」子楚曰：「然。為之柰何？」呂不韋曰：「子貧，客於此，非有以奉獻於親及結賓客也。不韋雖貧，請以千金為子西游，事安國君及華陽夫人，立子為適嗣。」子楚乃頓首曰：「必如君策，請得分秦國與君共之。」

4 呂不韋乃以五百金與子楚，為進用，結賓客；而復以五百金買奇物玩好，自奉㉕而西游秦，求見華陽夫人姊㉖，而皆以其物獻華陽夫人。因言子楚賢智，結諸侯賓客徧天下，常曰：「楚也以夫人為天㉗，日夜泣思太子及夫人。」夫人大喜。不韋因使其姊說夫人㉘曰：「吾聞之，以色事人者，色衰而愛弛。今夫人事太子，甚愛而無子，不以此時蚤自結於諸子中賢孝者㉙，舉立以為適而子之㉚？夫在則重尊㉛；夫百歲之後㉜，所子者為王，終不失勢。此所謂一言而萬世之利也。不以繁華時樹本㉝，即色衰愛弛後，雖欲開一語，尚可得乎？今子楚賢，而自知中男也，次不得為適㉞，其母又不得幸，自附夫人。夫人誠以此時拔以為適，夫人則竟世㉟有寵於秦矣。」華陽夫人以為然，承太子間，從容㊱言子楚質於趙者絕賢，來往者皆稱譽之。乃因涕泣曰：「妾幸得充後宮，不幸無子，願得子楚立以為適嗣，以託妾身㊲。」安國君許之，乃與夫人刻玉符，約以為適嗣㊳。安國君及夫人因厚餽遺㊴子楚，而請呂不韋傅之㊵。子楚以此名譽益盛於諸侯。

呂不韋取邯鄲諸姬㊶絕好善舞㊷者與居，知有身㊸。子楚從不韋飲，見而說之，因起為壽㊹，請之㊺。呂不韋怒㊻，念業已破家為子楚，欲以釣奇㊼，乃遂獻其姬。姬自匿有身，至大期㊽時，生子政。子楚遂立姬為夫人。

秦昭王五十年㊾，使王齮圍邯鄲，急㊿，趙欲殺子楚。子楚與呂不韋謀，行金六百斤予守者吏(51)，得脫。亡赴秦軍(52)，遂以得歸。趙欲殺子楚妻子。子楚夫人，趙豪家女也(53)，得匿，以故母子竟得活。

7 秦昭王五十六年54，薨。太子安國君立為王，華陽夫人為王后，子楚為太子。趙亦奉子楚夫人及子政歸秦。

8 秦王立一年，薨，諡為孝文王55。太子子楚代立，是為莊襄王。莊襄王所母56華陽后為華陽太后，真母夏姬尊以為夏太后。莊襄王元年57，以呂不韋為丞相，封為文信侯58，食河南雒陽十萬戶59。

【章　旨】以上為第一段，寫呂不韋以商業手段，擁立子楚為秦王，自己亦獲執秦政。

【注　釋】❶陽翟大賈　陽翟，韓國前期景侯、烈侯、文侯時代的都城，即今河南禹縣。《索隱》曰：「《戰國策》以不韋為濮陽（當時為衛國的都城）人，又記其事迹亦多與此傳不同。」賈，《索隱》引鄭玄曰：「行曰商，處曰賈。」❷家累千金　家貲可達數千金。累，累積。千金，秦時以一鎰（二十兩，或說二十四兩）為一金，「千金」極言其富。❸秦昭王四十年　西元前二六七年。秦昭王，名則，惠文王之子，武王之弟，西元前三〇六—前二五一年在位。❹太子死　〈秦本紀〉曰「悼太子死于魏」；〈魏世家〉曰「秦太子外質于魏死」，具體情況不詳。❺四十二年　西元前二六五年。❻安國君　名柱，即日後的孝文王。❼甚愛姬　最受寵幸的小妾。姬，妾之統稱。❽號曰華陽夫人　胡三省曰：「蓋食湯沐邑于華陽，因以為號。」華陽，秦縣名，牛鴻恩引《禹貢錐指》曰：「今商州之地也。秦宣太后弟羋戎封『華陽君』，昭王立太子愛姬為『華陽夫人』，皆此地。在華山之陽，正〈禹貢〉之華陽也。」❾中男　也稱「中子」。長子與幼子之間的若干弟兄的統稱。❿子楚　即日後之莊襄王。據《戰國策》，子楚原名「異人」，後從趙還，不韋使以楚服見。王后悅之，曰：「吾楚人也。」遂認其為子，並改其名曰「子楚」。⓫毋愛　不受安國君的寵愛。⓬為秦質子於趙　作為秦國的人質住在趙國。質子，即人質，當時各國往往派國王的兒子或弟兄到他國做人質，以取信於對方。⓭趙不甚禮子楚　以其起不到人質的作用，故對之不尊重。⓮秦諸庶孽孫　秦昭王的一個非嫡系的普通王孫。庶孽，非嫡子正妻所生的孩子。瀧川曰：「楓、三本無『諸』字。」王叔岷曰：「《通鑑》亦無『諸』字。」⓯車乘進用不饒　《漢書・高帝紀》師古注：「進者，會禮之財也。字本作『賮』，又作『贐』，音皆同耳。古字假借，故轉而為『進』。」通常即指「財貨」。中井曰：「猶供給也。」即今之所謂生活日用。不饒，不富裕。⑯居處困　平常的生活頗為困難。居處，即指日常生活。⑰賈邯鄲　到邯鄲去做買賣。邯鄲，當時趙國的都城，即今河北邯鄲。⑱此奇貨可居　居，屯積。「屯積居奇」的典故即由此而來。胡三省曰：「賈人居積滯貨，伺時以牟利，以異人方財貨也。」按：《戰國策・秦策》記此事云：「濮陽人呂不韋賈於邯鄲，見秦質子異人，歸而謂其父曰：『耕田之利幾倍？』曰：『十倍。』『珠玉之贏幾倍？』曰：『百倍。』『立國家之主贏幾倍？』曰：『無數。』曰：『今力田疾作，不得暖衣餘食；今建國立君，澤可以遺世，願往事之。』」行文固亦細緻，然史公「奇貨可居」四字尤精彩。⑲大子之門　光大你的門楣。意即使你的地位權勢得到提高、擴大。⑳且自大君之門　還是先光大你自己的門楣去吧。王念孫《雜志》謂：「且當為蓋字之誤也。蓋，何不也。言何不自大君之門，而乃大吾門也。若作且，則與而乃二字義不相屬矣。」㉑吾門待子門而大　吳見思曰：「三折五『門』字，清倩便捷。」㉒能立適嗣　能確立嫡系接班人。適，同「嫡」。㉓即　若。㉔毋幾　沒有希望。《索隱》：「毋，音無；幾，音冀。幾，望也。」《正義》曰：「言子楚無望得為太子。」㉕自奉　自己攜帶。奉，持。㉖華陽夫人姊　按：《戰國策》未言有此人。㉗以夫人為天　意即視之為蔭庇者、保護者。古有「天覆地載」之語。㉘因使其姊說夫人　據《戰國策》，呂不韋乃通過華陽夫人之弟陽泉君以說華陽夫人。㉙不以此時蚤自結於諸子中賢孝者　蚤，同「早」。郭嵩燾曰：「『不以此時』，謂『何不以此時』也。」中井曰：「『不』上脫『何』字。」㉚舉立以為適而子之　《索隱》曰：「子，謂養以為子也。」王駿圖曰：「舉為嫡而以為己子，不以為己子，則舉為嫡無益也。」㉛重尊　勢重位尊。㉜百歲之後　婉言人日後之死。㉝不以繁華時樹本　繁華，花開正盛，以喻女之年輕貌美。樹本，建立根本，打下根基。㉞次不得為適　按次序輪不上他做繼承人。㉟竟世　終身；到死。㊱從容　通「慫恿」。㊲以託妾身　古有所謂「子以母貴」，其母受寵，其子才有可能被立為太子；又有所謂「母以子貴」，即其子被立為太子，並得以繼位稱王，其母的富貴尊榮才能得到保障，故華陽夫人要把自己的後半生寄託在子楚身上。㊳約以為適嗣　中井曰：「時昭王在焉，故太子不能顯定計議，立名號，故陰刻符為約耳。」鍾惺曰：「如呂不韋，乃可當『大賈』二字。」茅坤曰：「敘不韋之謀立子楚如手指談。」高儀曰：「不韋說子楚及說華陽夫人，句句刺骨語，以故得行其策，然則不韋乃說客之雄，非直『大賈』也。」㊴餽遺　贈送。㊵請呂不韋傅之　請呂不韋充任子楚的師、傅之職，即擔任教育、訓導，以及關心照顧其生活起居。㊶邯鄲諸姬　邯鄲娛樂場所的歌伎、舞伎。㊷絕好善舞　《索隱》曰：「言其姿容絕美，而又善舞也。」㊸有身　懷孕。㊹為壽　敬酒，祝人健康長壽。㊺請之　這裡指討要此人。㊻呂不韋怒　按：此佯怒，《通鑑》逕作「佯怒」。㊼欲以釣奇　《索隱》曰：「釣者，以魚為喻也。奇，即上云『此奇貨可居』也。」

鍾惺曰：「曰『知有身』，曰『自匿有身』，則不韋與姬定計久矣，『怒』何為哉？妙用在此，真賈人狡獪也。」董份曰：「『念』者，非真念也，不韋知有身而佯怒以念耳。」瀧川曰：「言不韋初無意於獻姬，既而以為我已以子楚為奇，今又獻姬，以我子為秦嗣，更奇。《通鑑》『怒』上補『佯』字，非是。」按：瀧川之說貼近《史》文，蓋謂呂不韋之獻姬非預謀也。而後世諸人之說，乃更貼近世態人情。今有以女人為誘餌，引男人上鉤，而後其夫乃出面以勒索人者，謂之「放鷹」、「釣魚」，《三國演義》之王允蓋亦以此法釣呂布也。㊽大期　《集解》曰：「十二月也。」《索隱》引譙周曰：「人十月生，此過二月，故云『大期』。」梁玉繩曰：「《左傳》僖十七年『孕過期』，疏云：『十月而產，婦人大期。』乃十月之期，不做十二月解。即如《史》注十二月曰『大期』，夫不及期，可疑也；過期，尚何疑？只緣秦犯眾怒，惡盡歸之，遂有『呂政』之譏。」張照曰：「『大期』猶《詩》言『誕彌厥月』也。《史》以此明始皇之的為不韋子，言及大期而非期，子楚猶不悟也。若如徐廣言期十二月，則又何以信為不韋子邪？」按：就《史》文而論，梁、張說是也，蓋謂此姬十月而生子，而其歸子楚方七八月耳。郭嵩燾曰：「此與〈春申君傳〉楚幽王為春申君子同一傳疑之辭，當時亦惡秦、楚之王，知其所幸姬入自呂不韋及為春申君所獻，因以譏刺之，不必果有其事也。」郭沫若曰：「這個傳說雖然得到了久遠而廣泛的流傳，但其本身實在是可疑的。第一，僅見於《史記》而為《國策》所不載，沒有其他的旁證；第二，和春申君與女嬛的故事如像一個刻板印出的文章，情節大類小說；第三，《史記》的本文即互相矛盾而無法說通。」㊾秦昭王五十年　西元前二五七年。㊿王齮圍邯鄲二句　蓋即長平慘敗後邯鄲之被秦圍也。王齮，也作「王齕」，為同一人，秦將。〈秦本紀〉書此攻邯鄲者為「王齕」。51守者吏　看守子楚的趙國官吏。52亡赴秦軍　潛逃到了城外的秦國軍中。53子楚夫人二句　按：前云「邯鄲諸姬」，此又云「趙豪家女」，殊失統一。郭嵩燾曰：「呂不韋所獻楚姬，史不詳其姓氏，何知其為豪家女？下云『趙亦奉子楚夫人及子政歸秦』，則是子楚夫人及子政留趙未匿也。史公前後所敘，均未能符合。」錢大昕曰：「蓋不韋資助之，遂為邯鄲豪家。」王叔岷曰：「子楚夫人即不韋姬，而不韋姬本為邯鄲倡女，故稱『子楚夫人趙豪家女』耳。」按：錢、王說似曲為彌縫。54秦昭王五十六年　西元前二五一年。55秦王立一年三句　孝文王在位一年，西元前二五〇年。56所母　所認以為母者。張文虎《札記》：「各本『所』下有『養』字，《索隱》本無。《雜志》之後人妄加。」57莊襄王元年　西元前二四九年。58文信侯　「文信」蓋名號也。59食河南雒陽十萬戶　雒陽，古都邑名，在今河南洛陽市東北，當時為三川郡的郡治所在地。梁玉繩引金耀辰曰：「《國策》曰『食藍田十二縣』，豈河南洛陽為封國，而藍田其采地歟？」陳直曰：「洛陽王城發掘有文信錢石範，蓋為呂不韋自鑄之錢。」按：以上呂不韋佐立子楚為王事，見《戰國策・秦策五》。錢穆曰：「《史》謂不韋入秦當昭王時，孝文王尚為太子，而〈秦策〉

呂不韋為子楚遊秦已當孝文王世，此一異也；《史》謂不韋先說華陽夫人姊，而〈秦策〉不韋所說乃秦王后弟陽泉君，此二異也；《史》謂子楚于邯鄲之圍脫亡赴秦軍，而〈秦策〉乃王后請之趙，而趙自遣之，則三異矣。果如〈秦策〉所言，不韋遊秦，始皇之生已及十年（始皇生於昭王四十八年正月，見〈秦本紀〉），不韋安得預為『釣奇』如此？」繆文遠曰：「據學者考證，多以《史記》所言為不近情，當以策文為正。」邱少華曰：「呂不韋以商業投機家的眼光，分析了各方面的情況，看準秦質子異人『奇貨可居』，於是棄『珠玉之贏』，遊說異人、陽泉君和趙國，打通了各種關節，終於使『異人無國而有國，王后無子而有子』，而他自己也以一個布衣而位至卿相，做成了一宗獲利無數的投機買賣，成為歷史上的奇聞。」

【語譯】呂不韋是韓國陽翟的一個大商人。到處賤買貴賣地做買賣，以至於使家中積蓄了千金的財富。

2 秦昭王四十年，太子病故。秦昭王四十二年，立他的第二個兒子安國君做了太子。而安國君這時已經有二十多個兒子了。他有個最喜愛的小老婆，後來把她立為正夫人，人稱為華陽夫人。而華陽夫人偏偏沒有兒子。安國君有個排行居中的兒子叫子楚，子楚的母親叫夏姬，不被安國君寵愛，因而子楚被秦國送到趙國去做人質了。後來由於秦國屢次進攻趙國，所以趙國對子楚很不禮貌。

3 由於子楚本來就不是秦王的嫡孫，再加上是在國外做人質，因而他的車馬用度都不富裕，日常生活很困難，心中悶悶不樂。這時呂不韋正好到邯鄲做生意，他一見子楚的樣子，對他很同情，心想：「這倒是件奇貨，值得收藏。」於是就去見子楚說：「我能讓您的門庭光大。」子楚見他是個商人，不由得笑了，說：「還是先去光大你自己的門庭吧，配說什麼光大我的門庭！」呂不韋說：「您有所不知啊，我的門庭得靠著您門庭的光大而光大。」子楚明白了呂不韋說話的意思，於是就請他坐下，和他進一步地交談。呂不韋說：「秦王已經老了，安國君現在是太子。我聽說安國君寵愛華陽夫人，華陽夫人沒有兒子。而能夠為安國君樹立接班人的又只有華陽夫人。如今您的兄弟們有二十多個，您又排行居中，不怎麼受寵愛，長久地在國外當人質。若某一天秦王去世，安國君即位為王，到那時您就沒有機會去同您的長兄和那些朝夕在安國君面前的弟兄們去爭太子的位置了。」子楚說：「是的。那怎麼辦呢？」呂不韋說：「您本來就窮，又是在趙國作客，您當然拿不出什麼東西去孝敬您的父母和結交賓客了。我雖然也不富裕，但我可以帶著千金替您到您的國家去，事奉安國君和華陽夫人，想辦法讓他們立您為接班人。」子楚一聽立即向呂不韋叩頭說：「如果真能實現您的計畫，我願意把秦國分給您共享。」

4 呂不韋於是就拿出五百金給了子楚，作為他的日常生活以及結交賓客之用；又用了五百金買了一批奇珍異寶，自己帶著到了秦國。他先找到了華陽夫人的姐姐，託她把那些珍寶送給了華陽夫人，並順便說了些子楚如何賢能智慧，已經結交了各個國家的許多賓客等等。並說子楚經常對人們說，他愛戴華陽夫人就像愛戴老天爺一樣，他不分白天黑夜，只要一想到太子和夫人就哭。華陽夫人聽了非常高興。呂不韋又乘勢請華陽夫人的姐姐勸華陽夫人說：「俗話說，靠著美貌侍候人的，等到一老就會失寵。現在你事奉太子，太子雖然特別喜歡你，可是你沒有兒子，你為什麼不在這時及早在那些公子中挑一個賢能孝順的，把他認為兒子立為接班人呢？這樣，你丈夫在世時，你的地位可以更加尊貴；你丈夫去世後，是你所認的兒子繼位為王，你的權勢也不會消失。這就是所謂的說一句話就可以得到永久性的利益。你不趁著風華正茂的時候為自己立下根基，等到年老失寵時，即使再想說話，還會有人聽嗎？現在子楚為人不錯，自己又知道排行居中，按次序也輪不到他，他的母親也不受寵幸，所以他願意來歸附你。你如果能趁此時機認他為子，立他為接班人，那麼你這輩子就會在秦國永遠受寵了。」華陽夫人覺得有理，於是就找機會，慫恿地對安國君講起了在趙國當人質的子楚的事情，說子楚為人非常好，說來往於秦、趙兩國之間的人們都稱讚他。說著說著，華陽夫人又哭了起來，說：「我很幸運能夠進了您的後宮，可是我非常不幸的是沒有兒子，我現在想把子楚認為兒子，讓他做您的接班人，這樣也可以讓我終身有靠。」安國君答應了，於是給華陽夫人刻了玉符，約定將子楚立為接班人。接著安國君和華陽夫人派人送給了子楚許多東西，並請呂不韋去調教輔導他。從此子楚在各國之間的名聲就越來越大了。

5 後來呂不韋在邯鄲娶了一個美貌而又舞技高超的女子，不久這個女子懷孕了。有一天，子楚到呂不韋家來喝酒，看到這個女子很喜歡，於是就起身向呂不韋敬酒，請求呂不韋把這個女子給他。呂不韋開始很生氣，但後來一想，自己為了子楚連家產都快變賣光了，現在難道還能捨不得一個女子嗎？再說他也想通過這個女子做誘餌釣一條大魚，於是就把這個女子給了子楚。這個女子也故意隱瞞了她已經懷孕的事實，這樣過了十二個月，她生了一個兒子，取名為政。於是子楚把這個女子立為夫人。

6 秦昭王五十年，派王齮帶兵包圍了邯鄲，趙國的形勢緊急，想殺子楚。子楚和呂不韋商量後，花了六百斤金子給監守他的小吏，因而得以脫身。逃到了秦國的軍隊中，終於回到了秦國。這時趙國想殺掉子楚的夫人和兒子。子楚夫人，本來是趙國一家豪富的女兒，就跑到娘家藏了起來，最後母子倆都脫險了。

7 秦昭王五十六年，昭王去世。太子安國君繼位為王，華陽夫人當了王后，子楚成了太子。這時趙國也只好把子楚夫人及她的兒子政送回了秦國。

8 安國君只做了一年秦王就去世了，被諡為孝文王。太子子楚繼承了王位，這就是歷史上所說的莊襄王。莊襄王所認的母親華陽王后被稱為華陽太后，他的親生母親夏姬被尊為夏太后。莊襄王元年，任呂不韋為丞相，並封之為文信侯，把河南洛陽一帶的十萬戶封給他作為領地。

1 莊襄王即位三年，薨[1]。太子政立為王[2]，尊呂不韋為相國[3]，號稱「仲父[4]」。秦王年少，太后時時竊私通呂不韋。不韋家僮[5]萬人。

2 當是時，魏有信陵君[6]，楚有春申君[7]，趙有平原君[8]，齊有孟嘗君[9]，皆下士喜賓客以相傾[10]。呂不韋以秦之彊，羞不如，亦招致士，厚遇之，至食客三千人。是時，諸侯多辯士[11]，如荀卿[12]之徒，著書布天下。呂不韋乃使其客人人著所聞，集論[13]以為八覽[14]、六論[15]、十二紀[16]，二十餘萬言[17]。以為備天地萬物古今之事，號曰呂氏春秋[18]。布[19]咸陽市門[20]，懸千金其上，延諸侯游士賓客，有能增損一字者，予千金㉑。

【章　旨】以上為第二段，寫呂不韋之權勢、名聲盛極一時。

【注　釋】❶莊襄王即位三年二句　事在西元前二四七年。❷太子政立為王　《集解》曰：「時年十三。」❸相國　秦時稱「相邦」。《小校經閣金文》有呂不韋戈，文云「五年相邦呂不韋造」，蓋造於秦王政五年也。又，結合漢初的情況看，「相國」較「丞相」位尊，且又權專，「丞相」分為左、右，而「相國」則只有一人。❹仲父　一說猶言「亞父」，《正義》曰：「仲，中也，次父也。」齊桓公稱管仲為「仲父」，項羽稱范增為「亞父」，其義相同。另一說謂意同「叔父」，瀧川曰：「昭襄稱范雎為『叔父』，始皇稱不韋為『仲父』，蓋由其例也。」按：有謂齊桓公稱管仲為「仲父」、秦昭王稱范雎為「叔父」者，「仲」「叔」為管仲、范雎之字；至秦王政稱呂不韋為「仲父」、項羽稱范增為「亞父」，乃作「次於父」解也。❺家僮　家奴。僮，原指未成年的小奴隸，這裡即泛指奴僕。❻信陵君　名無忌，魏安釐王（西元前二七六—前二四三年在位）之弟，以養士聞名，事跡詳見〈魏公子列傳〉。❼春申君　黃歇，楚考烈王（西元前二六二—前二三八年在位）時的權臣，以養士聞名，事跡詳見〈春申君列傳〉。❽平原君　趙勝，趙惠文王（西元前二九八—前二六六年在位）之弟，孝成王（西元前二六五—前二四五年在位）之叔，以養士聞名，事跡詳見〈平原君虞卿列傳〉。❾孟嘗君　田文，齊湣王（西元前三〇〇—前二八四年在位）的權臣，以養士聞名，事跡詳見〈孟嘗君列傳〉。❿皆下士喜賓客以相傾　相傾，即爭勝負、爭高低的意思。蓋以天平做比喻，使形勢倒向自己。《正義》曰：「年表云：秦昭王五十六年，平原君卒；始皇四年，信陵君死；始皇九年，李園殺春申君。孟嘗君當秦昭王二十四年已後而卒，最早。」瀧川曰：「四君喜客，敘當時風習耳。〈平原傳〉亦云：『是時齊有孟嘗，魏有信陵，楚有春申，故爭相傾以客。』」郭嵩燾曰：「四君自有聲名，呂不韋自慕之，不必同時爭勝也。而呂不韋因之以成《呂氏春秋》，其巧於取名又非四君所能及也。」按：〈魏公子列傳〉有所謂「諸侯之客進兵法，公子皆名之，故世俗稱《魏公子兵法》」，蓋亦與此正同。⓫諸侯多辯士　諸侯，指東方各國。辯士，明辨事理，善口辯、善為文的人，不似後世專指縱橫家。⓬荀卿　即荀子，名況，戰國末年的儒學大師。事跡見〈孟子荀卿列傳〉。⓭集論　統編裁訂。⓮八覽　〈有始覽〉、〈孝行覽〉、〈慎大覽〉、〈先識覽〉、〈審分覽〉、〈審應覽〉、〈離俗覽〉、〈恃君覽〉。⓯六論　〈開春論〉、〈慎行論〉、〈貴直論〉、〈不苟論〉、〈以順論〉、〈士容論〉。⓰十二紀　〈孟春紀〉、〈仲春紀〉、〈季春紀〉、〈孟夏紀〉、〈仲夏紀〉、〈季夏紀〉、〈孟秋紀〉、〈仲秋紀〉、〈季秋紀〉、〈孟冬紀〉、〈仲冬紀〉、〈季冬紀〉。⑰二十餘萬言　張照引高誘序曰：「凡十七萬三千五十四言。」⑱呂氏春秋　後世稱其書為雜家，《四庫全書總目提要》云：「殆所謂『紀』者猶內篇，而『覽』與『論』者為外篇、雜篇歟？大抵以儒為主，而參以道家、墨家。」且謂「是書較諸子之言，獨為醇正。」⑲布　陳列。⑳市門　市場的大門，蓋眾人集聚之地也。㉑延諸侯游士賓客三句　蓋不僅炫耀於秦國，且亦炫耀於天下各國也。吳見思曰：「增損千金，亦一時傳言耳，其書具在，豈皆字字金玉乎?」梁玉繩引高誘《呂氏春秋・序》曰：「時人非不能也，蓋憚相國，畏其勢耳。」楊慎曰：「懸金市門，無能增損一字者，蓋畏秦勢然耳。揚雄乃謂『根不生其時，手載其金而歸』，子雲『老不曉事』如此！」

【語譯】莊襄王在位三年，去世。太子政也就是後來的秦始皇繼立為王，他又尊呂不韋為相國，恭敬地稱他為「仲父」。當時秦始皇年紀小，太后還經常與呂不韋私通。呂不韋家裡的奴僕多達上萬人。

2 這時候，魏國有信陵君，楚國有春申君，趙國有平原君，齊國有孟嘗君，都是以禮賢下士、招納賓客相競爭。呂不韋覺得秦國有如此之強的實力，在這方面也不能比別國差，於是也招納士人，優禮相待，於是他門下的食客竟達到了三千之多。當時，其他國家有許多善辯的學者，如荀況等人，他們的著作都是四海皆知。呂不韋見此光景，也讓他的賓客們人人動筆，把自己知道的事情都寫出來，他把這些論著編輯成了八覽、六論、十二紀，共二十多萬字。他認為天地之間、古往今來的萬事萬物在這部書裡無所不包，所以稱之為《呂氏春秋》。他把這部書公布在咸陽市場的大門上，並在上面懸掛千金，邀請各國的遊士賓客們來看，說有誰能夠給這部書增加或刪掉一個字，就把這千金送給他。

1 始皇帝益壯❶，太后淫不止。呂不韋恐覺，禍及己，乃私求大陰人嫪毐❷以為舍人❸。時縱倡樂❹，使毐以其陰關桐輪而行❺，令太后聞之，以啗❻太后。太后聞，果欲私得之。呂不韋乃進嫪毐，詐令人以腐罪❼告之。不韋又陰謂太后曰：

「可事詐腐⑧，則得給事中⑨。」太后乃陰厚賜主腐者吏，詐論之⑩，拔其鬚眉⑪為宦者，遂得侍太后。太后私與通，絕愛之，有身。太后恐人知之，詐卜當避時⑫，徙宮居雍⑬。嫪毐常從，賞賜甚厚，事皆決於嫪毐⑭。嫪毐家僮數千人，諸客求宦為嫪毐舍人千餘人⑮。

2 始皇七年⑯，莊襄王母夏太后薨。孝文王后曰華陽太后，與孝文王會葬壽陵⑰。夏太后子莊襄王葬芷陽⑱，故夏太后獨別葬杜東⑲，曰：「東望吾子，西望吾夫⑳。後百年，旁當有萬家邑㉑。」

3 始皇九年㉒，有告嫪毐實非宦者㉓，常與太后私亂，生子二人，皆匿之；與太后謀，曰：「王即薨，以子為後。」㉔於是秦王下吏治㉕，具得情實，事連相國呂不韋。九月㉖，夷嫪毐三族㉗，殺太后所生兩子，而遂遷太后於雍㉘。諸嫪毐舍人皆沒其家而遷之蜀㉙。王欲誅相國，為其奉㉚先王功大，及賓客辯士為游說者眾㉛，王不忍致法。

4 秦王十年㉜，十月，免相國呂不韋。及齊人茅焦說秦王㉝，秦王乃迎太后於雍，歸復咸陽㉞，而出文信侯就國河南㉟。

5 歲餘，諸侯賓客使者㊱相望於道，請文信侯㊲。秦王恐其為變，乃賜文信侯書曰：「君何功於秦，秦封君河南，食十萬戶？君何親於秦，號稱『仲父』？其與家屬徙處蜀㊳！」呂不韋自度㊴稍侵㊵，恐誅，乃飲酖而死㊶。秦王所加怒呂不韋、嫪毐皆已死㊷，乃皆復歸嫪毐舍人遷蜀者。

6 始皇十九年㊸，太后薨，謚為帝太后㊹，與莊襄王會葬茝陽㊺。

【章旨】以上為第三段，寫呂不韋玩火終於自焚。

【注釋】❶益壯　年齡越來越大。❷大陰人嫪毐　大陰，大生殖器。嫪毐，人名。陳直以為「嫪」字或應作「繆」。又曰：「《漢印文字徵》有『賤子毐』穿帶印，則漢代尚有以『毐』字命名者。」❸舍人　寄食於權貴門下，而為之任使者，近於食客、清客之類。❹時縱倡樂　不時地表演各種歌舞、雜技節目。❺以其陰關桐輪而行　讓嫪毐用其生殖器挑著一個小桐木輪子行走。關，穿。這裡指挑。《正義》曰：「桐輪，以桐木為小車輪。」有井範平曰：「極寫閨房猥褻之事。」陳子龍曰：「寫得不堪之極。」❻啗　吃；餵。這裡指引誘。❼腐罪　該受宮刑的罪。❽詐腐　假裝著處以宮刑。❾給事中　服務於宮廷之內。給事，聽候使喚。後來「給事中」遂成為官名。❿詐論之　假裝著將其進行了處置。論，判處；執行。⓫鬚眉　偏義複詞，這裡即指「鬚」。崔適曰：「宦者無鬚，非無眉也。此『拔其鬚眉』，非並其眉拔之也。特以修詞之例，因『鬚』而及『眉』耳。」王叔岷曰：「宦者美容，亦須拔眉，但非盡拔之也。」⓬避時　當時有所謂「避時日」的說法，即人在某段時間裡要躲藏起來，以規避某種災難的降臨。⓭雍　秦縣名，縣治在今陝西鳳翔南，當地有秦朝的離宮。⓮事皆決於嫪毐　秦王政年少，事多決於太后，而嫪毐在太后身邊，故遂決於嫪毐也。⓯求宦為嫪毐舍人千餘人　請求給嫪毐充當舍人的有一千多人。求宦，請求為官任職，猶今之所謂「謀差事」。按：「求宦為嫪毐舍人千餘人」語，史公罵盡當時官場。史弭曰：「已為魏閹義男、義孫導夫先路。」⓰始皇七年　西元前二四〇年。⓱會葬壽陵　會葬，合葬。壽陵，《正義》曰：「秦孝文王陵，在雍州萬年縣東北二十五里。」按：萬年，漢縣名，縣治在今陝西臨潼東北。⓲茝陽　秦縣名，縣治在今西安市東北。⓳杜東　杜縣城東。杜縣的縣治在今西安市東南。⓴東望吾子二句　夏太后墓所在的杜縣位置偏南，秦孝文王墓所在的萬年，與莊襄王墓所在的芷陽位置全都偏北。比較之下，孝文王墓偏東，莊襄王墓偏西，今夏太后的所謂「東望吾子，西望吾夫」，位置剛好相反，疑《史》文有誤也。㉑後百年二句　這是風水家們的迷信說法。梁玉繩曰：「始皇七年夏太后薨，至起杜陵凡百七十六年。」瀧川曰：「〈樗里子傳〉云：『昭王七年，樗里子卒，葬于渭南章臺之東。曰：「後百歲，是當有天子之宮夾我墓。」』詞氣略同。蓋風水之說，自秦始也。」方苞曰：「夏太后、華陽夫人薨葬，本不應載不韋傳，以夏太后有『後百年，旁當有萬家邑』語，史公好奇欲傳之，而入〈秦本紀〉則無關體例，故因莊襄王之葬牽連書之。」㉒始皇九年　西元前二三八年。㉓有告嫪毐實非宦者　《集解》引《說苑・正諫》曰：「毐與侍中左右貴臣博奕飲酒，醉，爭言而鬥，瞋目大叱曰：『吾乃皇帝假父也，窶人子，何敢乃與我亢！』所與鬥者走，行白始皇。」按：《說苑》乃晚出之書，僅可參考。㉔與太后謀曰四句　按：關係欠分明，「王即薨，以子為後」者，太后語也。㉕下吏治　意即將嫪毐交由法吏拷問。㉖九月　梁玉繩曰：「按〈始皇紀〉，誅毐在四月，此誤。」㉗夷嫪毐三族　夷，鏟平；殺光。三族，有曰父族、母族、妻族；有謂父母、兄弟、妻子。他說不錄。㉘遷太后於雍　據《說苑・正諫》：「始皇乃取毐四肢，車裂之；取其兩弟，囊撲殺之；取皇太后，遷之於棫陽宮。」《正義》曰：「雍縣有棫陽宮，秦昭王所起也。」㉙沒其家而遷之蜀　《索隱》曰：「謂家產資物並沒入官，人口則遷之蜀也。」㉚奉　侍候；擁戴。㉛為游說者眾　為呂不韋講情的人多。㉜秦王十年　西元前二三七年。按：前後俱稱「始皇」，而此忽稱「秦王」，失於統一。其實前後皆應稱「秦王」，至統一六國稱「皇帝」後乃得書「始皇」。㉝齊人茅焦說秦王　按：〈秦始皇本紀〉謂茅焦諫秦王曰：「秦方以天下為事，而大王有遷母太后之名，恐諸侯聞之由此倍秦也。」《說苑・正諫》謂茅焦諫秦王曰：「陛下車裂假父，有妒忌之心；囊撲兩弟，有不慈之名；遷母萯陽宮，有不孝之等；從蒺藜於諫士，有紂之治。今天下聞之，盡瓦解無向秦者。」用語似涉狂悖。㉞乃迎太后於雍二句　〈秦始皇本紀〉謂「迎太后於雍而入咸陽，復居甘泉宮」。㉟出文信侯就國河南　令呂不韋離開咸陽，到其洛陽的封地上去。就國，離開都城，到其自己的封地去。㊱諸侯賓客使者　謂來自其他各國的賓客與使者。㊲請文信侯　請呂不韋到他們的國家去。徐孚遠曰：「是時諸侯相罷免，列國多請之，如甘茂、孟嘗君之屬，皆迭為諸侯相。」郭嵩燾曰：「『請』者，問遺之意。呂不韋相秦權重矣，雖退居而諸侯問遺者不絕。」瀧川曰：「請，謁也。」按：徐、郭兩說皆可。㊳其與家屬徙處蜀　其，表示命令、指令的語氣。徙處蜀，搬到蜀地去住，意即發配蜀地。㊴自度　自己估計。㊵稍侵　指懲治的程度越來越加碼。稍，漸。侵，淩辱。㊶乃飲酖而死　事在秦王政十二年，西元前二三五年。酖，通「鴆」。一種毒鳥，據說以其羽毛蘸過的酒，人喝了無不立死。通常即用以代指毒酒。《集解》引《皇覽》曰：「呂不韋冢在河南洛陽北邙道西大冢是也，民傳言『呂母冢』。不韋妻先葬，故其冢名『呂母』也。」

郭沫若曰：「假使呂氏和嫪毐果真是同黨，在嫪毐被誅滅之後，秦始皇為什麼還要那麼容忍，在一年之後才免呂不韋的相，而且是僅僅免他的相？等到齊人茅焦替太后遊說，讓秦始皇把太后迎回之後，而同時便出文信侯就國。又再隔歲餘，秦始皇要文信侯與其家屬徙楚，便是充軍實邊，而在前充軍的嫪毐舍人等文信侯一死即被由蜀詔回。這兒對立著的嫪呂二勢力之一消一長，或遞消遞長，不是很明白的嗎？」㊷秦王所加怒呂不韋嫪毐皆已死　意即秦王所特別痛恨的呂不韋、嫪毐都已死了。㊸始皇十九年　西元前二二八年。㊹諡為帝太后　《索隱》曰：「王劭云：『秦不用諡法，此蓋號耳。』其義亦當然也。始皇稱帝之後，故其母號為『帝太后』。」梁玉繩曰：「諡者，號也。」並引〈孟嘗君列傳〉之「文卒，諡為孟嘗君」、司馬相如〈喻巴蜀檄〉之「諡為至愚」、王褒賦之「諡為洞簫」，皆為「號」意。按：夏氏此時只能諡為「王太后」，至秦王稱「皇帝」後始得諡為「帝太后」也。㊺茝陽　同前「芷陽」。

【語　譯】後來秦始皇的年齡越來越大了，而太后還是不停地跟呂不韋私通。呂不韋害怕事情給秦始皇發現自己遭殃，於是就暗中找到了一個生殖器特別粗大的名叫嫪毐的男人做他的門客。呂不韋每當在家裡舉行歌舞雜技表演的時候，就讓嫪毐用陰莖挑著一個桐木做的車輪子當眾行走，並有意地讓太后聽說這件事，以引誘太后。太后聽說後，果然想暗中得到嫪毐。於是呂不韋就把嫪毐送給了太后，同時又假意讓人控告了嫪毐一個應受宮刑的罪。而後呂不韋又暗中告訴太后說：「先假裝給他來個宮刑，而後就可以讓他在宮內服侍你了。」於是太后就暗中賞給了主管動刑的人許多東西，讓他們假裝給嫪毐施了刑，給嫪毐拔去了鬍子、眉毛，使他成了一個太監的樣子，然後就讓他去侍候太后。太后和嫪毐私通後，對他非常喜歡。很快地就懷了孕，太后怕人知道，就謊稱占卜應該離開宮廷到外地躲避一段時間，就這樣她搬到雍縣的離宮中去住了。嫪毐經常跟著太后，得到的賞賜很多，國家的許多事情都是嫪毐說了算。嫪毐家裡的奴僕達到幾千人，那些找上門想為嫪毐當舍人的賓客也有上千個。

2　秦始皇七年，莊襄王的母親夏太后死了。因為在此以前孝文王的王后華陽太后已經和孝文王合葬在壽陵，而夏太后的兒子莊襄王是葬在芷陽，因此夏太后生前就告訴人們，叫人們等她死後把她單獨地埋葬在杜縣城東，她說這樣她向東可以看到兒子，向西可以看到丈夫，而且這個地方百年以後將會形成一個有萬戶住家的城市。

3 秦始皇九年，有人告發嫪毐不是一個真正的太監，說他經常跟太后私通，已經生了兩個兒子，都在某個地方藏著；還說嫪毐已經和太后商量定了，太后說：「等到大王死後，就讓我們的孩子繼任為王。」秦始皇一聽就把嫪毐下了獄。經過審問，了解了實情，事情牽連到了相國呂不韋。當年九月，秦始皇下令誅滅了嫪毐的三族，並殺掉了他跟太后所生的兩個兒子，而把太后放逐到了雍縣的離宮去居住。所有嫪毐的門客都一律被抄沒家產流放到蜀地。秦始皇也想殺掉呂不韋，但因為他侍候先王的功勞較大，此外還有許多賓客辯士為他說情，所以秦始皇也就不忍心殺他了。

4 秦始皇十年，十月，免去了相國呂不韋的職位。後來齊國人茅焦勸說秦始皇，秦始皇才到雍縣把太后接回了咸陽，而同時下令讓呂不韋到他河南的封地上去住。

5 在這以後的一年多裡，各國的賓客使者們絡繹不絕地到河南封地去拜會呂不韋。秦始皇怕呂不韋再鬧亂子，於是給他寫了一封信說：「你對秦國有什麼功勞，以至於享用著河南的封地十萬戶？你跟秦國有什麼親緣，以至於讓人家稱你為『仲父』？你帶著你的家屬都給我搬到蜀地去！」呂不韋考慮著自己這樣受逼迫越來越緊，最後可能要被砍頭，於是就自己喝毒酒死了。秦始皇見他所恨的呂不韋和嫪毐都已經死了，於是就下令放回了那些被流放到蜀地去的嫪毐的門客。

6 秦始皇十九年，太后去世，被諡為帝太后，跟莊襄王一同合葬在了芷陽。

太史公曰：不韋及嫪毐貴，封號文信侯❶。人之告嫪毐❷，毐聞之。秦王驗左右❸，未發❹。上之雍郊❺，毐恐禍起，乃與黨謀，矯太后璽❻發卒以反蘄年宮❼。發吏攻毐❽，毐敗，亡走。追斬之好畤❾，遂滅其宗。而呂不韋由此絀矣❿。孔子之所謂「聞」者⓫，其呂子乎？

【章　旨】以上為第四段，是作者的論贊，補敘了嫪毐作亂的過程，並嘲弄了呂不韋的一生行徑。

【注　釋】❶不韋及嫪毐貴二句　按：二句語意不清。中井曰：「此蓋有錯文。」《索隱》曰：「此贊中言嫪毐得寵貴，由不韋耳，今此合作『長信侯』也。」崔適以為當作「嫪毐以不韋貴，封號長信侯」。❷人之告嫪毐　即前文所言「有告嫪毐實非宦者」於秦王也。❸驗左右　向太后、嫪毐身邊的人員調查、取徵。❹未發　未公開聲張。❺上之雍郊　秦王到雍縣去祭天。郊，古代帝王祭天的一種禮儀，詳見〈封禪書〉。按：此處應書作「王之雍郊」。〈秦始皇本紀〉作「上宿雍」，與此同病。梁玉繩曰：「『上』者，見在之稱，或以稱本朝尚可，若此乃誤仍秦史舊文。」❻矯太后璽　盜蓋太后的印璽，以太后的名義發布命令。❼蘄年宮　在雍縣城西，當時秦王政臨時住在這裡。❽發吏攻毐　「發」上應有主語，乃秦王也，此不宜省。崔適以為此句上應從〈秦始皇本紀〉增「王知之」三字。❾好時　秦縣名，縣治在今陝西乾縣東北。因其縣內有祭祀上帝的「好時」（祭臺），故而以之名縣。按：此贊中所補敘之嫪毐作亂之情節與前面傳文所敘略有不同，而〈秦始皇本紀〉所敘較此詳細，時為秦王政九年（西元前二三八年）也。❿呂不韋由此絀矣　呂不韋的權勢下降就是由此開始的。絀，同「黜」。廢免；垮臺。⓫孔子之所謂聞者　謂只有虛名，而沒有實際才德的「名人」。《論語・顏淵》：「（子曰）夫聞也者，色取仁而行違，居之不疑。在邦必聞，在家必聞。」馬融注：「此言佞人也。」黃震曰：「呂不韋，大賈也，以君之子為『奇貨』而居之，竊寵既多，禍敗允當，太史公以為此孔子之所謂『聞』者，誤矣！」梁玉繩曰：「不韋，亂民也，而以『聞』許之，豈因其著書乎？《黃氏日鈔》、《經史問答》並言其誤，《法言・淵騫篇》以不韋為『穿窬之雄』，諒哉！」

【語　譯】太史公說：呂不韋和嫪毐顯貴時，被封為文信侯。當有人告發嫪毐，嫪毐很快就知道了。秦始皇先是悄悄地審問了一些太后與嫪毐周圍的人，還沒有對嫪毐動手。這時秦始皇到雍縣祭天去了，嫪毐害怕秦始皇回來大禍難免，於是就和他的黨羽們商量，假傳太后的命令發兵在蘄年宮叛亂。秦始皇聞訊後派兵討伐嫪毐，嫪毐被打敗逃走了，秦始皇的人追到好時，殺掉了嫪毐，又滅了他滿門。而呂不韋從此也就跟著失勢了。孔子在《論語》中曾說過一種名聲不小而行為很壞的所謂「聞人」，呂不韋大概就是屬於這一種吧？

【研析】就司馬遷所寫的〈呂不韋列傳〉而論，它成功地塑造了一個「千古第一奸商」的人物形象。當呂不韋到趙國的邯鄲經商，一眼看中了正在那裡做人質的秦昭王的兒子子楚的時候，他順口說出：「此奇貨可居。」這是非常精彩的一筆。於是他便傾全部家產，一半為子楚「結賓客」、揚名聲；一半「買奇物玩好」以賄賂不能生育的秦昭王太子的寵姬，令其收子楚為子。而後他又把自己已經懷孕的小妾獻給子楚，以圖讓自己的兒子日後接取秦國政權。結果這個野心家的如意算盤竟然一步一步的全都實現了。呂不韋的「奸商」行徑不僅表現在政治上，也反映在學術上。呂不韋為相後，招致賓客著書，並懸巨賞招人修改《呂氏春秋》以沽名。李景星說：「呂不韋是千古第一奸商，尊莫尊於帝王，而帝王被其販賣；榮莫榮於著作，而著作被其販賣。」《史記評議》牛震運也說：「不韋一生，全是賈販作用。陰鈎人國，顯盜聖言，真大賈人矣。太史公處處點逗，眼目分明，意思貫串，亦奇傳也。」（《史記評注》）

司馬遷在本傳的「太史公曰」中說：「孔子之所謂『聞』者，其呂子乎？」以「聞人」作為對呂不韋人品的總評價。「聞」者，據馬融注：「此言佞人也。」《論語・顏淵篇》說：「夫聞也者，色取仁而行違，居之不疑。在邦必聞，在家必聞。」也就是說，在司馬遷看來，呂不韋就是這樣一種處心積慮，以騙取名利的人。所以李景星說：「一篇極不堪情事，而以『聞』字結之，其警世之意深矣！」總之，如果說「奸商」是司馬遷對呂不韋故事情節的客觀描寫的話，那麼，「聞人」則是司馬遷對呂不韋人品的主觀評價了。前者富於形象而後者更具概括性。

以上是專就司馬遷筆下的人物形象而論，但本篇所用材料都無從考證，故後人以為不可信。馬非百說：「《史記》所載，純屬偽造。只緣秦犯眾怒，遂有『呂政』之讖。秦代統一事業之得以完成，呂不韋之功實不在商鞅、張儀、范睢、李斯諸人之下也。」郭沫若說：「呂不韋在中國歷史上應該是一位有數的大政治家，但他在生前不幸，為他的政敵所迫害而自殺，在他死後又為一些莫須有的史實所掩蓋，他的存在的影子已經十分稀薄，而且呈現著一個相當歪曲的輪廓。」「秦始皇不僅不是呂不韋的兒子，而且毫無疑問還是他的一個有力的政敵。秦始皇和呂不韋的鬥爭，一般人把他太看輕了，似乎認為的確是為了介紹嫪毐，其實關於嫪毐的故事，我相信也一定有很大的歪曲。」「讀《呂氏春秋》，你可以發現它的每一篇每一節差不多都和秦國的政治相反對，尤其和秦始皇後來的政見與作風簡直是在作正面的衝突。秦始皇才是呂不韋的死對頭，秦始皇要除掉呂不韋可以說是理所當然，而亦勢所必然。」（《十批判書》）

卷八十六

刺客列傳第二十六

【題解】〈刺客列傳〉全文五千多字，共寫了曹沫、專諸、豫讓、聶政、荊軻五個人，而其中單是荊軻一個人就用了三千多字，可見荊軻是司馬遷這篇作品要表現的中心人物，正如清代郭嵩燾說：「史公之傳刺客，為荊卿也。」（《史記札記》）作品通過對荊軻其人其事的生動描述，充分表現了作者對一種無私無畏精神的讚頌和景仰。

1 曹沫❶者，魯人也，以勇力事魯莊公❷。莊公好力❸。曹沫為魯將，與齊戰，三敗北❹。魯莊公懼，乃獻遂邑之地以和❺。猶復以為將。

2 齊桓公❻許與魯會于柯而盟❼。桓公與莊公既盟於壇上，曹沫執匕首劫齊桓公。桓公左右莫敢動，而問曰：「子將何欲？」❽曹沫曰：「齊強魯弱，而大國侵魯亦以甚矣。今魯城壞，即壓齊境❾，君其圖之。」桓公乃許盡歸魯之侵地❿。既已言，曹沫投其匕首，下壇，北面就羣臣之位⓫，顏色不變，辭令如故。桓公怒，欲倍⓬其約。管仲⓭曰：「不可。夫貪小利以自快，棄信於諸侯，失天下之援，不如與之。」於是桓公乃遂割魯侵地，曹沫三戰所亡地盡復予魯⓮。

3 其後百六十有七年⓯，而吳有專諸之事。

【章　旨】以上為第一段，寫曹沫劫齊桓公，迫其歸還侵地事。

【注　釋】❶曹沫　梁玉繩曰：「曹子之名，《左》、《穀》及《人表》、《管子・大匡》皆作『劌』，《呂覽・貴信》作『翽』，〈齊〉、〈燕策〉作『沫』，蓋聲近而字異耳。」牛鴻恩曰：「『沫』有一音為ㄏㄨㄟˋ，與『劌』同音，以古音考似應作『沬』。」按：曹劌論戰並協助魯莊公打敗齊國事，見《左傳》莊公十年與〈齊太公世家〉。❷以勇力事魯莊公　梁玉繩曰：「《史通・人物篇》稱曹子為『命世大才，挺生傑出』；《困學紀聞・七》謂其問戰、諫觀社，『藹然儒者之言』，而目為『勇士』，列於『刺客』之首，何其卑視曹子也！」魯莊公，姓姬，名同，魯國諸侯，西元前六九三—前六六二年在位。❸好力　好勇；好鬥。❹與齊戰三句　北，其義通「背」，亦敗也。梁玉繩曰：「莊公自九年敗乾時，後至十三年盟柯，中間有長勺之勝，是魯只一戰而一勝，安得有三敗之事？」❺乃獻遂邑之地以和　遂邑，原古國名，在今山東肥城南，後被齊所滅。梁玉繩曰：「齊桓會北杏，遂人不至，故滅之。『遂』非魯地，何煩魯獻？此皆妄也。」據《左傳》，魯莊公十三年，齊桓公五年，西元前六八一年，「會於北杏（今山東東阿縣境），以平宋亂，遂人不至。夏，齊人滅而戍之。」❻齊桓公　名小白，齊國諸侯，西元前六八五—前六四三年在位。是春秋時期最有作為的國君之一，為春秋五霸的第一個。❼會于柯而盟　柯，齊邑，在今山東陽穀東北。盟，盟誓定約。按：齊、魯柯之盟在魯莊公十三年、齊桓公五年（西元前六八一年）冬。❽左右莫敢動三句　《公羊傳》云：「管子進曰：『君何求乎？』」知此問話者為管仲。❾今魯城壞二句　魯國的城牆倒塌就要倒在齊國的土地上。極言齊國國境離魯國都城之近。❿盡歸魯之侵地　將齊國侵占的魯國的土地全部歸還魯國。⓫投其匕首三句　凌稚隆引茅坤曰：「既許歸地，遂北面就群臣之位，此其不可及處。」閔如霖曰：「非『投匕首』數句，則沫直一粗勇人耳。」⓬倍　通「背」。⓭管仲　春秋時齊國著名政治家，曾佐助齊桓公成就霸業，使齊國強盛一時。事跡見《左傳》及〈管晏列傳〉。⓮桓公乃遂割魯侵地二句　割魯侵地，將過去侵占的魯國地盤盡數割出來。亡，丟失。按：以上曹沫劫齊桓公於柯事，《春秋》、《左傳》皆不載，而見於《公羊傳》莊公十三年，是魯莊公與曹沫的預謀行為。莊公曰「寡人之生，不若死也」，曹沫曰「然則君請當其君，臣請當其臣」，鋪陳相當熱鬧。何焯曰：「曹沫之事，亦戰國好事者為之，春秋無此風也。」梁玉繩曰：「劫桓歸地一節，〈年表〉、〈齊〉、〈魯世家〉、〈管仲〉、〈魯連〉、〈自序傳〉皆述之，此傳尤詳。〈荊軻傳〉載燕丹語，仍《國策》並及其事，蓋本《公羊》也。《公羊》漢始著竹帛，不足盡信。即如歸汶陽田，在齊頃公時，當魯成二年，乃《公羊》以為桓公盟柯，因曹子劫而歸之，其妄可見。況魯未嘗戰敗失地，何用要劫？曹子非操匕首之人，春秋初亦無操匕首之習，前賢謂戰國好事者為之耳。仲連遺燕將書云『亡地五百里』，《呂覽・貴信》云『封以汶南四百里』，〈齊策〉及《淮南・氾論》云『喪地千里』，魯地安得如此之廣，汶陽安得如此之大？不辨而知其誣誕矣。」⑮其後百六十有七年　有，通「又」。按：曹沫劫桓在莊公十三年（西元前六八一年），專諸刺王僚在昭公二十七年（西元前五一五年），其間相隔一百六十七年。

【語譯】曹沫是魯國人，靠著勇武有力給魯莊公做事。魯莊公也是個勇武好鬥的人。曹沫作為魯國的將軍，帶兵和齊軍作戰，三次作戰，三次大敗而回。魯莊公害怕了，只好把遂邑割給了齊國向齊國求和。但仍然讓曹沫當魯國的將軍。

2　後來齊桓公答應要和魯莊公在齊國的柯邑會談結盟。當齊桓公和魯莊公在壇臺上宣誓定盟後，曹沫突然跳上臺去用匕首逼住了齊桓公。齊桓公的左右不敢動手，問曹沫說：「你想要幹什麼？」曹沫說：「齊國強大，魯國弱小，而你們大國對我們小國的侵略也太過分了。如今我們魯國的城牆如果壞了，就得塌到你們齊國的國土上，請你看看該怎麼辦吧！」齊桓公無法，只好答應歸還他們所侵占的魯國的土地。等到雙方的話已經說完，曹沫立刻把手裡的匕首一扔，下了臺，仍然回到自己原來站立的地方，臉色一點不變，說話的口氣就和事情沒有發生前一模一樣。齊桓公很生氣，想要背棄他剛才許下的諾言。管仲說：「不能這樣。如果只顧貪小便宜圖一時的痛快，就會在各國諸侯面前失信，就會落得個孤立無援。不如還是還給他為好。」於是齊桓公就把從魯國割來的曹沫三次打敗仗所丟失的土地，全部還給了魯國。

3　曹沫以後過了一百六十七年，吳國又出了一個專諸。

1 專諸❶者，吳堂邑❷人也。伍子胥之亡楚而如吳❸也，知專諸之能。伍子胥既見吳王僚❹，說以伐楚之利。吳公子光❺曰：「彼伍員父兄皆死於楚，而員言伐楚，欲自為報私讎也，非能為吳。」吳王乃止。伍子胥知公子光之欲殺吳王僚，乃曰❻：「彼光將有內志❼，未可說以外事❽。」乃進專諸於公子光。

2 光之父曰吳王諸樊❾。諸樊弟三人：次曰餘祭❿，次曰夷昧⓫，次曰季子札⓬。諸樊知季子札賢而不立太子，以次傳三弟，欲卒致國于季子札。諸樊既死，傳餘祭。餘祭死，傳夷昧。夷昧死，當傳季子札；季子札逃不肯立，吳人乃立夷昧之子僚為王。公子光曰：「使以兄弟次⓭邪，季子當立；必以子乎⓮，則光真適嗣⓯，當立。」故嘗⓰陰養謀臣以求立。

3 光既得專諸，善客待之。九年⓱而楚平王⓲死。春⓳，吳王僚欲因楚喪，使其二弟公子蓋餘、屬庸⓴將兵圍楚之灊㉑；使延陵季子㉒於晉，以觀諸侯之變㉓。楚發兵絕吳將蓋餘、屬庸路，吳兵不得還。於是公子光謂專諸曰：「此時不可失，不求何獲？且光真王嗣，當立，季子雖來，不吾廢也㉔。」專諸曰：「王僚可殺也。母老子弱㉕，而兩弟將兵伐楚，楚絕其後。方今吳外困於楚，而內空無骨鯁之臣㉖，是無如我何㉗。」公子光頓首曰：「光之身，子之身也㉘。」

4 四月丙子㉙，光伏甲士於窟室㉚中，而具酒請王僚。王僚使兵陳自宮至光之家，門戶階陛左右，皆王僚之親戚㉛也。夾立侍，皆持長鈹㉜。酒既酣，公子光詳㉝為足疾，入窟室中，使專諸置匕首魚炙㉞之腹中而進之。既至王前，專諸擘㉟魚，因以匕首刺王僚，王僚立死㊱。左右亦殺專諸，王人㊲擾亂。公子光出其伏甲以攻王僚之徒，盡滅之。遂自立為王，是為闔閭㊳。闔閭乃封專諸之子以為上卿㊴。

5 其後七十餘年㊵，而晉有豫讓之事。

【章旨】以上為第二段，寫專諸為公子光刺殺王僚事。

【注釋】❶專諸 《左傳》作「鱄設諸」。「專」、「鱄」音同。❷堂邑 吳邑名，在今江蘇六合北。❸伍子胥之亡楚而如吳 伍子胥，名員，楚國人，其父伍奢、兄伍尚皆被楚平王所殺，伍子胥逃到吳國。事跡見〈伍子胥列傳〉。伍，金陵本原作「五」。《通志・氏族略四》：「伍氏，芈姓，楚大夫伍參之後也。武陵又有五氏，本伍氏，避仇改為五。」今通改。❹吳王僚 吳王夷眛之子，西元前五二六—前五一五年在位。❺公子光 吳王僚的堂兄，吳王諸樊之子。❻乃曰 意謂「自相思忖」。❼內志 指欲在國內奪取王位。❽外事 指伐楚等對外用兵。❾諸樊 吳王壽夢之子，西元前五六〇—前五四八年在位。❿餘祭 承其兄諸樊位為吳王，西元前五四七—前五三一年在位。⓫夷眛 承其兄餘祭位為吳王，西元前五三〇—前五二七年在位。〈吳太伯世家〉作「餘昧」。⓬季子札 即「季札」，也稱「延陵季子」，《左傳》與〈吳太伯世家〉所著意描寫的人物之一，以「清高」、「博雅」聞名。⓭以兄弟次 按兄弟的次序相傳。⓮必以子乎 如果說可以傳給兒子。⓯光真適嗣 我公子光才是最合法的繼承人。適嗣，嫡長子。適，通「嫡」。⓰嘗 通「常」。⓱九年 謂公子光得專諸之後的第九年，即吳王僚十一年（西元前五一六年）。⓲楚平王 名棄疾，後改曰居，楚國國君，西元前五二八—前五一六年在位。⓳春 謂吳王僚十二年，楚昭王元年（西元前五一五年）之春。⑳蓋餘屬庸　《左傳》作「掩餘」、「燭庸」。㉑灊　楚邑名，在今安徽霍山東北。㉒延陵季子　即季子札，因其封地在延陵（今江蘇常州），故稱「延陵季子」。㉓觀諸侯之變　觀察中原諸國對吳伐楚的反應。變，變化；反應。㉔季子雖來二句　意謂我現在奪得政權，即使季札回來，也不會再把我廢掉。不吾廢，不廢吾。㉕母老子弱　謂王僚之母老，王僚之子小，正孤立無依。《索隱》曰：「言其少援救，故云無奈我何。」㉖骨鯁之臣　有地位、有威望而又堅持原則，極言敢諫的大臣。㉗無如我何　對我們無可奈何。㉘光之身二句　意謂你的家庭後事一概由我負責，我可以代替你。按：《左傳》云：「鱄設諸曰：『王可弒也，母子老弱，是無若我何。』光曰：『我，爾身也。』」杜預注：「猶言『我無若是何』，欲以老弱託光。」史公此文改動《左傳》，「母老子弱」所指與舊文不同。㉙四月丙子　按：王僚十二年（西元前五一五年）四月無「丙子」日，「丙子」日為三月二十九。梁玉繩曰：「『丙子』不知何出。」㉚窟室　地下室。一曰，窟室猶言「空屋」。㉛親戚　親信；親近者。中井曰：「《左傳》云：『門階戶席，皆王親也。』『王親』者，謂親信之人也，不必戚屬。史遷添一『戚』字，害文意不小。〈吳世家〉作『門階戶席，皆王僚之親也』，亦無戚字。」㉜夾立侍二句　夾立侍，謂夾路立侍。鈹，兩邊都有鋒刃的刀。凌稚隆引閔如霖曰：「王僚兵衛若是之盛而卒不免，所以形容專諸之善刺，非他人所能也。」㉝詳　通「佯」。假裝。㉞魚炙　燒好的魚。㉟擘　剖；撕開。㊱王僚立死　王叔岷曰：「《戰國策・魏策四》唐且曰：『夫專諸之刺王僚也，彗星襲月。』《博物志・八》：『專諸刺吳王僚，鷹擊殿上。』並傅會之說。」㊲王人　王僚的侍從親近等。㊳闔閭　吳國國君，西元前五一四—前四九六年在位。按：以上專諸刺王僚事，見《左傳》昭公二十七年（西元前五一五年），《左傳》敘王僚戒備森嚴的情景，有所謂「羞者（進食者）獻體改服於門外，執羞者（即上所謂『羞者』）坐（跪）行而入。執鈹者夾承之，及體，以相授也。」較此尤為緊張。㊴上卿　諸侯國大臣的最高爵位，為丞相、大將者往往享有此爵。㊵其後七十餘年　《集解》引徐廣曰：「闔閭元年（西元前五一四年）至三晉滅智伯（西元前四五三年），六十二年。」梁玉繩曰：「『七』乃『六』字之誤。」

【語　譯】專諸是吳國堂邑人。伍子胥逃出楚國來到吳國後，知道專諸有本領。當伍子胥見到了吳王僚，對他說了討伐楚國的好處後，公子光說：「伍子胥的父親和哥哥都是被楚國殺害的，他勸說我們討伐楚國是為了給他自己報仇，並不是為我們吳國著想。」吳王一聽就沒有答應伍子胥的請求。伍子胥一聽公子光的話也明白了他的心思，他是想要殺掉吳王而自立。在這種形勢下伍子胥思忖說：「公子光目前是急於想在國內動手，現在是不可能勸說他對外用兵的。」於是他就把專諸推薦給了公子光。

2 公子光的父親是吳王諸樊。諸樊有三個弟弟：一個叫餘祭，一個叫夷眛，一個叫季札。諸樊知道自己的四弟人好，於是就故意不立太子，打算兄弟四人依次相傳，最後把吳國傳到季札手裡。於是諸樊死後，王位傳給了餘祭。餘祭死後，王位傳給了夷眛。夷眛死後，下面就應該傳給季札了，但季札逃避不受。吳人無法，只好立了夷眛的兒子僚為吳王。這時公子光說：「如果按照兄弟的次序，那就該立季札；如果要傳給兒子，那麼只有我才是真正該立的接班人。」因此他常在暗中收養謀臣，準備伺機謀奪王位。

3 待至公子光得到了專諸以後，就把他當做貴賓好好款待。吳王僚九年，楚平王死了。這一年的春天，吳王僚乘著楚國辦喪事，派他的兩個弟弟蓋餘和屬庸率兵包圍了楚國的灊縣；同時派他的叔叔延陵季子到晉國去觀察各國的動靜。不料楚國突然出兵斷絕了蓋餘和屬庸的歸路，吳兵回不來了。於是公子光對專諸說：「這個時機可不能錯過，哪有自己不去追求，就能得到收穫的道理呢？況且只有我才是真正的王位繼承人，應當被立為王。即使日後季札回來，他也不會廢掉我。」專諸說：「王僚是可以殺掉的。他的母親年老，兒子還小，只有兩個弟弟還帶兵在外，被楚國斷絕了歸路。如今吳國在外被楚國所困，朝內又沒有能起主心骨作用的大臣，我們趁此機會起事，他們對我們沒有辦法。」公子光給他磕了一個頭說：「我的身子今後也就像你的身子一樣，可以負責你們家裡的一切。」

4 四月丙子這一天，公子光事先把武士埋伏在地下室裡，而後置辦酒席宴請吳王僚。從王宮到公子光家門，以及公子光的庭院裡、臺階上，到處都排滿了吳王僚的親信。他們都手持兩刃刀，夾道站立。等到宴會上酒已喝到起勁時，公子光假裝腳疼，離席進了地下室，這時他讓專諸把一柄小匕首裝在一條紅燒魚的肚子裡給王僚送了上去。專諸走到吳王僚面前，突然抓出匕首猛刺吳王僚，吳王僚當即身亡。與此同時，侍立在左右的吳王的衛士當然也立刻把專諸殺掉了。吳王僚帶來的人們頓時大亂，這時公子光趁機派那些事先埋伏的武士一齊出擊，把吳王僚的部下全部消滅。接著就宣告自己當了吳王，這就是闔閭。闔閭封專諸的兒子做了吳國的上卿。

5 這件事後過了七十多年，晉國又出了一個豫讓。

1 豫讓❶者，晉❷人也。故嘗事范氏❸及中行氏❹，而無所知名。去而事智伯❺，智伯甚尊寵之。及智伯伐趙襄子❻，趙襄子與韓、魏合謀滅智伯❼，滅智伯之後而三分其地。趙襄子最怨智伯❽，漆其頭以為飲器❾。豫讓遁逃山中，曰：「嗟乎！士為知己者死，女為說己者容❿。今智伯知我，我必為報讎而死。以報智伯，則吾魂魄不愧矣⓫。」乃變名姓為刑人⓬，入宮塗廁⓭，中挾匕首，欲以刺襄子。襄子如廁，心動。執問塗廁之刑人，則豫讓。內持刀兵，曰：「欲為智伯報仇！」左右欲誅之，襄子曰：「彼義人也，吾謹避之耳。且智伯亡，無後，而其臣欲為報仇，此天下之賢人也。」卒醳⓮去之。

2 居頃之，豫讓又漆身為厲，吞炭為啞⓯，使形狀不可知，行乞於市。其妻不識也。行見其友，其友識之⓰，曰：「汝非豫讓邪？」曰：「我是也。」其友為泣曰：「以子之才，委質⓱而臣事襄子⓲，襄子必近幸⓳子。近幸子，乃為所欲，顧不易邪⓴？何乃殘身苦形，欲以求報襄子㉑，不亦難乎？」豫讓曰：「既已委質臣事人，而求殺之，是懷二心以事其君也。且吾所為者㉒極難耳！然所以為此者，將以愧天下後世之為人臣懷二心以事其君者也㉓。」

3 既去㉔，頃之，襄子當出，豫讓伏於所當過之橋下㉕。襄子至橋，馬驚。襄子曰：「此必是豫讓也。」使人問之，果豫讓也。於是襄子乃數㉖豫讓曰：「子不嘗事范、中行氏乎？智伯盡滅之，而子不為報讎，而反委質臣於智伯。智伯亦已死矣，而子獨何以為之報讎之深也？」豫讓曰：「臣事范、中行氏，范、中行氏皆眾人遇我㉗，我故眾人報之。至於智伯，國士遇我㉘，我故國士報之。」襄子喟然歎息而泣曰：「嗟乎豫子！子之為智伯，名既成矣；而寡人赦子，亦已足矣。子其自為計㉙，寡人不復釋子㉚！」使兵圍之。豫讓曰：「臣聞明主不掩人之美，而忠臣有死名之義㉛。前君已寬赦臣，天下莫不稱君之賢。今日之事，臣固伏誅㉜，然願請君之衣㉝而擊之，焉㉞以致報讎之意，則雖死不恨㉟。非所敢望也㊱，敢布腹心㊲！」於是襄子大義之，乃使使持衣與豫讓。豫讓拔劍三躍而擊之，曰：「吾可以下報智伯矣㊳！」遂伏劍自殺。死之日，趙國志士聞之，皆為涕泣㊴。

4 其後四十餘年㊵，而軹有聶政之事。

【章　旨】以上為第三段，寫豫讓為智伯報仇謀刺趙襄子事。

【注　釋】❶豫讓　吳師道曰：「〈晉語〉伯宗索士庇州犁，得畢陽。及欒弗忌之難，諸大夫害伯宗，畢陽送州犁於荊。讓乃其孫，義烈有自來矣。」梁玉繩曰：「祖孫皆以義烈著，而史公不書於傳何也？其序豫讓事亦與《策》小異。」❷晉　西周初期以來的諸侯國名，始封之君為成王之弟叔虞，春秋前期的國都為翼（今山西翼城東南），後遷絳（今山西侯馬西南）。❸范氏　春秋後期的晉國大貴族，春秋中期晉國名臣士會的後代。士會被封於范，故遂以「范」為其家族之姓。豫讓所事奉的「范氏」指范吉射。❹中行氏　春秋後期晉國的大貴族，春秋中期晉國名臣荀林父的後代。荀林父曾將中行（晉國的中軍元帥），故其家族遂以「中行」為姓。豫讓所事奉的「中行氏」指荀寅。❺智伯　指荀瑤，春秋中期晉國大臣荀首的後代。荀首與荀林父是兄弟，荀林父的後代稱中行氏，荀首的後代稱「智氏」（也寫作「知氏」）按：春秋中期以來，晉國國君的權力逐漸下落，國家政事被范氏、中行氏、智氏、趙氏、韓氏、魏氏六家大臣所把持，史稱此事為「六卿專晉政」。後來范氏、中行氏兩家被智氏、趙氏、韓氏、魏氏四家所滅，在所剩的四家中，以智氏的勢力為最大。❻趙襄子　名毋恤，晉國名臣趙衰、趙盾的後代，趙國政權的創建者與開拓者，西元前四七五—前四二五年在位。❼趙襄子與韓魏合謀滅智伯　晉出公十七年（西元前四五八年），智伯聯同韓、趙、魏三家共滅范氏、中行氏而分其地。晉出公二十年（西元前四五五年），智伯恃強又向韓、趙、魏三家要求割地。趙襄子不給，智伯率韓、魏圍趙襄子於晉陽（今山西太原西南）。晉出公二十二年（西元前四五三年），趙襄子派人說服韓、魏，三家聯合滅掉了智氏。事情詳見〈趙世家〉，年代考證見〈六國年表〉。❽趙襄子最怨智伯　趙襄子是趙簡子之子，據〈趙世家〉，晉出公十一年，趙襄子為太子時隨智伯伐鄭，智伯醉，曾以酒灌趙襄子；智伯歸，又勸說趙簡子使之廢襄子；後又圍襄子於晉陽，故襄子深恨之。❾飲器　酒壺、酒杯之類。《正義》曰：「酒器也，每賓會設之，示恨深也。」《呂氏春秋・義賞篇》：「擊智伯，斷其頭為觴。」《淮南子・人間》稱智伯：「身死高梁之東，頭為飲器。」一說，飲器即「溲器」，尿壺。「飲」字乃「溲」字之誤。《韓非子・喻老篇》：「漆其頭以為溲器。」《劉子・慎言》稱智伯：「頭為穢器。」〈大宛列傳〉稱匈奴破月氏王，「以其頭為飲器」。《集解》引晉灼曰：「飲器，虎子之屬也。」《晉書・載記》：「姚方成三斬徐嵩，漆其首為便器。」❿士為知己者死二句　二語首見於《戰國策・趙策一》，亦見於〈報任安書〉。說，通「悅」。⓫以報智伯二句　意謂當我給智伯報仇之後，那時即使我死了，我的魂魄也就沒有什麼可慚愧的了。以，通「已」。⓬刑人　被判刑服役的人。諸祖耿引金正煒曰：「『刑』疑當為『圬』。古文『刑』與『圬』近似而誤。『圬人』，塗者；『刑人』非可變姓名而為也。」⓭入宮塗廁　到趙襄子的宮中去抹廁所的牆。塗，以泥抹牆。⓮醳　通「釋」。放。⓯漆身為厲二句　以漆塗身，使之如患癩病；吞炭傷喉，使聲音變嘶啞。厲，通「癩」。痲瘋病。梁玉繩曰：「按下文豫讓與其友及襄子相問答，則不可言『啞』，當依《策》作『吞炭以變其音』為是。」按：啞，即嘶啞，無須變動文字。⓰其友識之　董份曰：「妻不識而友識者，妻熟其形，友知其心耳。然此非心知之友，則讓亦必不以謀告之。」⓱委質　猶言「託身」。質，身體。另一說為寫保證書投靠於人。質，指字據。⓲臣事襄子　為趙襄子當奴僕。⓳近幸　親近寵愛。⓴顧不易邪　難道還不容易嗎。顧，轉折語詞。茅坤曰：「借友人摹寫豫讓苦心處。」㉑欲以求報襄子　按：此處語氣不順，「欲以」上應增「若此」二字讀。㉒吾所為者　指通過「漆身吞炭」這種方式以謀刺趙襄子。㉓將以愧天下句　《索隱》曰：「言寧為厲而自刑，不可求事襄子而行殺，恐傷人臣之義而近賊，非忠也。」《正義》曰：「吾為極難者，令天下後代為人臣懷二心者愧之，故漆身吞炭，所以不事趙襄子也。」錢鍾書曰：「蓋不肯詐降也。其嚴於名義，異於以屈節從權後圖者。」陳子龍曰：「豫讓明知不能殺襄子，特欲存己之志耳，此刺客中守經之士也。」㉔既去　中井曰：「二字冗。」瀧川曰：「《治要》無『既去』二字。」按：二字應削。㉕橋下　《正義》曰：「汾橋下架水，在并州晉陽縣東一里。」按：唐時之晉陽在今山西太原西南。㉖數　列其罪狀而責之。㉗眾人遇我　像對待一般人那樣來對待我。㉘國士遇我　像對待國士那樣來對待我。國士，一國之中的傑出人物。鮑彪曰：「名蓋一國者。」按：《呂氏春秋‧不侵篇》載此事，乃豫讓之友問豫讓，豫讓乃以「眾人遇我，眾人報之；國士遇我，國士報之」之理對之，大旨與此相同。㉙子其自為計　意其令其自殺。㉚寡人不復釋子　瀧川曰：「襄子不為諸侯，不當稱『寡人』，蓋襲〈趙策〉。」㉛忠臣有死名之義　忠臣有為某種名聲而死的義務。㉜伏誅　服罪。自己認為該死。㉝請君之衣　向您討要一件您的衣服。㉞焉　於是；因之。㉟雖死不恨　意即死而無憾。恨，憾。㊱非所敢望也　謙詞。鮑彪曰：「言有此心，望不及此。」㊲敢布腹心　大膽地講出了我心裡的一點要求。㊳吾可以下報智伯矣　鮑彪曰：「襄子、豫子皆千載人也，豫子能報舊君，能厲天下後世之為臣。或以其無成事為空自苦，夫壯士能行其志而已，成不成則有命焉，吾何以必之哉！」方孝孺曰：「讓既謂智伯待以國士矣，國士，濟國之事也。當伯請地之日，為讓者正宜力諫之；諫而終不從，則移其伏劍之死於是日，伯雖頑冥，庶幾或一悟也。讓於此時曾無一語，待伯既死，乃不勝悻悻，甘自附於刺客之流，國士之報豈若是耶？」㊴趙國志士聞之二句　按：以上豫讓謀刺趙襄子事，見《戰國策‧趙策一》。繆文遠曰：「此章主旨在中言『士為知己者死』，即豫讓所言『智伯以國士遇我，臣故國士報之』。文末云豫讓『死之日，趙國志士聞之，皆為涕泣』，可覘當時風氣。」按：「死之日，趙國志士聞之，皆為涕泣」云云，固為〈趙策一〉所舊有，然亦史公對其所欽敬之人所習用之抒情手段，如〈李將軍列傳〉寫李廣死時有所謂「廣軍士大夫一軍皆哭，百姓聞之，知與不知，無老壯皆為垂涕」，即此類也。㊵其後四十餘年　《集解》曰：「自三晉滅智伯至（聶政）殺俠累共五十七年。」此云「四十餘年」，不當。

【語譯】豫讓是晉國人。從前曾經為范氏和中行氏兩個大貴族家效力，但始終也沒有被了解和重用。後來豫讓便離開了他們去投奔了智伯，智伯對他特別尊敬寵愛。後來智伯討伐晉國的另一個大貴族趙襄子，不料趙襄子和韓康子、魏桓子三家聯合起來，把智伯消滅了，隨後他們便瓜分了智伯的領地。因為趙襄子對智伯特別痛恨，於是就把他的頭砍下來，用漆漆好，做了酒壺。這時豫讓逃到了山中，發誓說：「士要為知己而獻身，女子要為愛人而打扮。智伯曾經理解我信任我，今天我一定要為智伯報仇。如果我能為智伯報仇而死，到那麼即使到了九泉，我的魂魄也就不會覺得慚愧了！」於是他改名換姓，裝作了一個被判刑服役的罪人，到趙襄子的宮中去抹廁所，他身上暗藏著匕首，想尋找機會刺殺趙襄子。趙襄子來上廁所時，突然覺得心有所動。於是就派人把抹廁所的罪人抓起來審問，結果發現是豫讓。他身上藏著匕首，並揚言說：「要為智伯報仇。」趙襄子的左右想殺他，趙襄子說：「這是個義士，我們今後注意防備就是了。再說智伯被滅以後，連個後人也沒有，他的臣民裡有人要為他報仇，這是天下難得的好人。」於是便釋放了他。

2 過了一段時間，豫讓便渾身抹漆，把自己弄成了一個長癩瘡的樣子；又故意吞食炭火搞壞了自己的聲帶，讓自己的模樣變得誰也認不出來。他在街市上討飯，居然連他的妻子也認不出他來了。豫讓在路上遇見了他的一位知心朋友，他的朋友倒認得他，對他說：「你不是豫讓嗎？」豫讓說：「是的。」他的朋友一見如此便落了淚，他說：「憑著你的才能，你如果假裝去為趙襄子效力，趙襄子必定會親近你。等到他一旦親近你，那時你想幹什麼還不就很容易了嗎？何必像現在這樣毀壞自己的身體？你想通過這種方法來向趙襄子報仇，這不是很難的事情嗎？」豫讓說：「如果一旦給人效力了，再回過頭來殺人家，這就是懷著二心去事奉人。我知道我現在這個做法是很難的，我之所以要這麼做，就是為了讓那些懷著二心事奉人的人感到羞愧。」

3 豫讓和朋友分別而去。不久，豫讓聽說趙襄子又要出門了，於是他就藏在了趙襄子所要經過的橋下。待至趙襄子來到橋頭，忽然馬驚了。趙襄子立即心有所悟地說：「這下面必定是豫讓。」他派人下去查問，果然是豫讓。於是趙襄子就斥責豫讓說：「你起先不是為范氏和中行氏效過力嗎？當智伯把他們都滅掉時，你那時不說為他們報仇，卻反而投靠了智伯。現在智伯死了，你為什麼就這麼賣力地為智伯報仇呢？」豫讓說：「我為范氏、中行氏效力時，他們都像對待一般人那樣對待我，所以我也像對待一般人那樣對待他們；至於智伯，他是把我當作傑出人物來對待的，所以我也要像傑出人物待人那樣去對待他。」趙襄子一聽，深有所感地流下了眼淚說：「豫讓先生！你為了給智伯報仇所做的這些努力，已經可以名揚後世了，而我已經寬赦過你一次，這事情也就算已經到頭了。現在請你自己看著辦吧，我不能再放你了。」於是派兵把豫讓包圍了起來。豫讓說：「古人說賢明的君主不應該埋沒別人的好處，忠直的臣子應該為了道義而獻身。上次您寬赦了我，天下沒有人不稱讚您的賢明。今天的事，我也理所當然地該死，但最後我請求在您的衣服上砍幾刀，這樣也就算是讓我報了仇，我就是死也毫無遺憾了。我不敢奢望能夠實現，但我大膽地講出心裡的一點要求。」趙襄子聽了大受感動，就脫下一件衣服，讓人遞給了他。豫讓拔出劍來，跳著腳一連向衣服砍了好幾下，說：「這樣我就可以到地下去見智伯了！」說罷自刎而死。豫讓死的那天，趙國有正義感的人們聽了，都為他流出了眼淚。

4 這件事過了四十多年，魏國的軹縣又出了一個聶政。

1 聶政者，軹❶深井里人也。殺人避仇，與母、姊如齊❷，以屠為事。

2 久之，濮陽嚴仲子❸事韓哀侯❹，與韓相俠累有卻❺。嚴仲子恐誅，亡去，游❻求人可以報俠累者。至齊，齊人或言聶政勇敢士也，避仇隱於屠者之間。嚴仲子至門請❼，數反❽，然後具酒自暢聶政母前❾。酒酣，嚴仲子奉黃金百溢❿，前為聶政母壽⑪。聶政驚怪其厚，固謝⑫嚴仲子。嚴仲子固進，而聶政謝曰：「臣幸有老母，家貧，客游⑬以為狗屠，可以旦夕得甘毳⑭以養親。親供養備，不敢當仲子之賜。」嚴仲子辟⑮人，因⑯為聶政言曰：「臣有仇，而行游諸侯眾矣⑰；然至齊，竊聞足下義甚高。故進百金者，將用為大人麤糲之費⑱，得以交足下之驩，豈敢以有求望邪！」聶政曰：「臣所以降志辱身⑲居市井屠者，徒幸以養老母⑳；老母在，政身未敢以許人也㉑。」嚴仲子固讓㉒，聶政竟不肯受也，然嚴仲子卒備賓主之禮㉓而去。

3 久之，聶政母死。既已葬，除服㉔，聶政曰：「嗟乎！政乃市井之人㉕，鼓刀㉖以屠；而嚴仲子乃諸侯之卿相也，不遠千里，枉車騎㉗而交臣。臣之所以待之，至淺鮮㉘矣，未有大功可以稱㉙者。而嚴仲子奉百金為親壽，我雖不受，然是者徒深知政也㉚。夫賢者㉛以感忿睚眦之意㉜而親信窮僻之人，而政獨安得嘿然而已乎！且前日要㉝政，政徒以老母；老母今以天年終㉞，政將為知己者用。」

4 乃遂西至濮陽，見嚴仲子曰：「前日所以不許仲子者，徒以親在；今不幸而母以天年終。仲子所欲報仇者為誰？請得從事㉟焉。」嚴仲子具告曰：「臣之仇韓相俠累，俠累又韓君之季父㊱也，宗族盛多，居處兵衛甚設㊲。臣欲使人刺之，終莫能就[38]。今足下幸而不棄，請益其車騎壯士可為足下輔翼者。」聶政曰：「韓之與衛，相去中間不甚遠[39]，今殺人之相，相又國君之親，此其勢不可以多人。多人不能無生得失[40]，生得失則語泄，語泄是韓舉國[41]而與仲子為讎，豈不殆[42]哉！」遂謝車騎人徒。

5 聶政乃辭，獨行杖劍至韓。韓相俠累方坐府上，持兵戟而衛侍者甚眾。聶政直入，上階刺殺俠累，左右大亂。聶政大呼，所擊殺者數十人，因自皮面決眼[43]，自屠出腸，遂以死。

6 韓取聶政屍暴[44]於市，購問莫知誰子。於是韓購縣[45]之，有能言殺相俠累者予千金。久之莫知也。

7 政姊榮[46]聞人有刺殺韓相者，賊不得，國不知其名姓[47]，暴其尸而縣之千金[48]。乃於邑[49]曰：「其是吾弟與[50]？嗟乎，嚴仲子知吾弟！」立起如韓，之市，而死者果政也。伏尸哭極哀，曰：「是軹深井里所謂聶政者也。」市行者諸眾人皆曰：「此人暴虐[51]吾國相，王縣購其名姓千金，夫人不聞與？何敢來識之也？」榮應之曰：「聞之。然政所以蒙污辱自棄於市販之間者，為老母幸無恙[52]，妾未嫁也。親既以天年下世，妾已嫁夫，嚴仲子乃察舉[53]吾弟困污之中而交之，澤厚矣，可奈何54！士固為知己者死，今乃以妾尚在之故，重自刑以絕從55。妾其奈何畏歿身之誅，終滅賢弟之名！」大驚韓市人。乃大呼天者三，卒於邑悲哀而死政之旁。

8 晉56、楚57、齊、衛聞之，皆曰：「非獨政能也，乃其姊亦烈女也。鄉使58政誠知其姊無濡忍59之志，不重60暴骸61之難，必絕險千里62以列其名，姊弟俱僇於韓市者，亦未必敢以身許嚴仲子也。嚴仲子亦可謂知人能得士矣63！」

9 其後二百二十餘年64，秦有荊軻之事。

【章旨】以上為第四段，寫聶政為嚴仲子刺殺韓相俠累事。

【注釋】❶軹　魏縣名，在今河南濟源東南。❷如齊　如，往；至。齊，戰國初期田氏篡姜氏建立的諸侯國名，國都仍在臨淄。這時的齊國國君是「侯剡」，西元前三八三—前三七五年在位。❸濮陽嚴仲子　濮陽，衛國都城，在今河南濮陽西南。衛國是西周初期建立的諸侯國名，戰國以來已經逐漸淪為魏國的附庸。嚴仲子，名遂，韓國貴族，因其此時逃居在濮陽，故稱「濮陽嚴仲子」。❹韓哀侯　文侯之子，西元前三七六—前三七五年在位。韓是戰國初期與趙、魏三家瓜分晉國建立的諸侯國名，這時的國都在新鄭（今河南新鄭）。❺與韓相俠累有卻　韓相俠累，名傀，《戰國策》稱之曰「韓傀」，韓哀侯之叔。卻，仇怨。《戰國策‧韓策》云：「韓傀相韓，嚴遂重於君，二人相害也。嚴遂舉韓傀之過，韓傀叱之於朝，嚴遂拔劍趨之，以救解。」此其怨隙之由來。❻游　四處周遊。❼請　求見。❽數反　多次前來，因聶政不肯見。❾具酒自暢聶政母前　自暢，猶言「得盡己意」。按：《戰國策‧韓策二》作「具酒觴聶政母前」。觴，舉杯敬酒。❿溢　古代的重量單位。一溢為二十四兩。一說為二十兩。⓫為聶政母壽　為壽，敬酒，祝人健康長壽。這裡實際是指給人送禮物。⓬固謝　堅拒不受。⓭客游　漂流作客。指避仇在齊。⓮甘毳　香甜肥美的食品。毳，通「脆」。⓯辟　通「避」。⓰因　於是；趁機。⓱行游諸侯眾矣　意謂我曾到過很多國家想找個能幫我報仇的人，但一直沒有找到。⓲用為大人麤糲之費　以此給老人作為生活費用。用，以。

大人，長輩，此稱聶政之母。麤糲，粗糙的米粱。「麤糲」在這裡是謙辭，即指飲食生活。糲，粗米。⑲降志辱身　《索隱》曰：「言其心志與身本應高潔，今乃卑下其志，屈辱其身。《論語》孔子謂『柳下惠降志辱身』是也。」⑳徒幸以養老母　以，以此身。所以言「幸」，是表示對母親的敬愛，以養母為幸事。㉑老母在二句　《禮記・曲禮上》：「父母存，不許友以死。」㉒固讓　堅持要給。㉓卒備賓主之禮　到底還是受到了主人的以客禮相待。凌稚隆引王鏊曰：「『卒備賓主之禮而去』，政固已心許之。」㉔除服　服喪期滿，脫去喪服。古代通常為父母服喪三年。㉕市井之人　泛稱平民百姓。《正義》曰：「古者相聚汲水，有物便賣，因成市，故曰『市井』。」中井曰：「邑居如井畫，故曰『市井』。」㉖鼓刀　揮動屠刀，殺牲割肉。㉗枉車騎　猶言「屈尊」。枉，委屈。指尊貴的人貶抑自己的地位，屈就低賤的人。㉘至淺鮮　淺薄至極點。鮮，稀少。㉙未有大功可以稱　我沒有任何表現可以和人家待我的恩情相比。稱，相稱；相比。㉚然是者徒深知政也　但從這件事情看來人家就是特別賞識我。徒，獨；特別。郭嵩燾曰：「《戰國策》云：『我義不受，然是深知政也。』『者徒』二字恐亦傳寫者誤入。」㉛賢者　指嚴仲子。㉜以感忿睚眦之意　指嚴仲子欲向俠累報仇事。睚眦之意，因被瞪了一眼而結下的仇恨。極言其起因之小。㉝要　意思通「邀」。㉞以天年終　即終其天年，老病而死，與其他非正常死亡相對而言。天年，天然的壽數。㉟從事　著手辦理這件事情。㊱季父　最小的叔父。㊲甚設　猶言「甚盛」。指防衛嚴密。㊳終莫能就　始終未能成功。原作「眾終莫能就」。王念孫《讀書雜志》卷五曰：「眾、終一字也……今本作眾終莫能就者，一本作眾，一本作終，而後人誤合之耳。」今據刪。㊴韓之與衛二句　時嚴遂在衛都濮陽，濮陽距韓都新鄭不到四百里，故曰「相去不甚遠」。㊵不能無生得失　不可能不發生閃失。得失，偏義複詞，即指「失」。與今俗話所說的「萬一有個好歹」，「有個三長兩短」，實際只指「歹」，「短」相同。又，有本無「失」字。則「生得」者，被生擒也。後說較好。前說雖通，但於文意略有不順。㊶舉國　整個國家。㊷殆　危險。㊸皮面決眼　《索隱》曰：「『皮面』謂以刀割其面皮，欲令人不識；『決眼』謂出其眼睛。《戰國策》作『抉眼』，此『決』亦通。」皮，剝皮。㊹暴　露放。㊺購縣　謂懸金以購求之。縣，通「懸」。下文作「縣購」。㊻榮　《集解》曰：「一作『嫈』。」㊼賊不得二句　按：「不」字疑衍。實乃賊之屍體已得，唯不知其姓名耳。㊽暴其尸而縣之千金　中井曰：「〔聞人有刺殺韓相者，賊不得，國不知其名姓，暴其尸而縣之千金〕是文重復煩冗，唯『聞之』二字可承當，是類蓋太史公欲刪定未果者。」㊾於邑　通「嗚咽」。低聲哭泣。㊿其是吾弟與　猶言「大概是我弟弟吧」。其，約莫；大概。(51)暴虐　用如動詞，對人施行殘暴。指殘酷殺害。(52)無恙　健康無病。(53)察舉　賞識；選擇。(54)澤厚矣二句　意謂嚴仲子對我弟弟的恩情太深了，我弟弟還能怎麼樣呢。(55)重自刑以絕從　重自刑，指「皮面決眼，自屠出腸」云云。絕從，避免讓親屬受連累獲罪。

從，連坐。《集解》引徐廣曰：「恐其姊從坐而死。」凌稚隆曰：「政一刺客之流，然知愛親敬姊，故太史公次其事首以『母』『姊』二字作骨。始辭仲子者，以老母在也；繼從仲子者，以老母亡也；終皮面決眼者，慮禍及姊也。通篇只以母姊纏綿著其孝友，末歸仲子知人，極得要領。非太史公筆力，政之心事孰能表暴如此。」按：「從」亦可通「蹤」。「絕蹤」，謂斷絕跟蹤追查的線索。鍾惺曰：「聶政報嚴仲子不在刺一俠累，在一段善後之慮，不以刺累之故禍及仲子，是為難耳。政自刑以絕從，其意故在此。」中井曰：「政之自刑，以護仲子也。姊已誤認矣，又顯仲子之踪，是大失政之意。」陳子龍曰：「政重在報嚴之德，而姊重在揚弟之名，不能兼顧也。」(56)晉　西周初期建立的諸侯國名，在此以前久已名存實亡。此處之「晉」實指韓、趙、魏三國。此時趙國的國君為趙成侯，都邯鄲（今河北邯鄲）；魏國的國君為魏武侯，都安邑（今山西夏縣西北）。

(57)楚　西周初期以來的南方諸侯國名，此時的國君為楚肅王，都郢（今湖北荊州之江陵西北）。(58)鄉使　當初假如。鄉，通「向」。當初。(59)濡忍　容忍；忍耐。《索隱》曰：「濡，潤也。人性潤濕，則能含忍；若勇躁，則必輕死也。」王叔岷曰：「『濡忍』猶『柔忍』。『濡』借為『儒』，《說文》：『儒，柔也。』」(60)不重　不惜；不顧。(61)暴骸　指被殺。(62)絕險千里　猶言「千里跋涉」。絕險，度越險難崎嶇。絕，橫度。(63)嚴仲子亦可謂知人能得士矣　按：以上聶政為嚴仲子刺韓相事，見《戰國策・韓策二》，惟《戰國策》作「韓傀」，不作「俠累」。據〈韓世家〉，「列侯三年（西元前三九七年），聶政殺韓相俠累」，「哀侯六年（西元前三七一年），韓嚴弒其君哀侯」。〈六國年表〉同，今楊寬〈戰國史年表〉亦兩載其事。繆文遠則以為以上二者為一事，在韓哀侯三年，亦即韓懿侯元年（西元前三七四年）。當時俠累被刺，哀侯也連帶被殺。「韓嚴」即「嚴仲子」。殺哀侯，立哀侯子為懿侯，史稱此年為「懿侯元年」。牛鴻恩曰：「聶政刺韓傀，亦即嚴遂弒韓哀侯，二者為一事。今人均據《竹書紀年》定于魏武侯二十二年，亦即韓哀侯三年，前三七四年。〈韓策二〉、《韓非子・內儲下》均為韓哀侯，與《紀年》所載相符。平勢隆郎即亦以為在前三七四年。」鮑彪曰：「人之居世不可不知人，亦不可妄為人知也。遂惟知政，故得行其志。惜乎，遂褊褊狷細人耳，政不幸謬為所知，故死於是。使其受知明主賢將相，則其所成就豈不又萬萬於此者乎？哀哉！」董份曰：「直入奮擊，頃刻事成，雖亡其身，勇亦著矣。」郭嵩燾曰：「聶政之刺韓相，尤為悖，然聶政人品與伎能，乃獨高出一切。」史珥曰：「聶政之死，全賴姊榮生色；末借聞者之論反寫作結，痛快淋漓。」梁玉繩曰：「《御覽》琴部載〈琴操〉，謂政之刺韓王，因政父為王治劍不成見殺，政入泰山，遇仙人學琴，琴成入韓，王召使琴，遂出刀刺韓王以報讎，非為仲子。抱政屍而哭者，政之母，亦非政其姊。與《策》、《史》大異。《繹史》云：『牽合聶政、豫讓、高漸離等事為一，附會明矣。』」

(64)其後二百二十餘年　按：自韓懿侯元年（西元前三七四年）至秦王政十九年（西元前二二八年），僅相距一百四十六年，此云「二百二十餘年」，誤。

【語譯】聶政是魏國軹縣深井里人，因為殺人後躲避仇家，和他的母親、姐姐一起到了齊國，以賣肉為業。

2 過了好長時間，濮陽的嚴仲子在韓哀侯駕前做事，因為與丞相俠累有矛盾，怕被他所殺，於是逃離韓國，四處周遊，企圖尋找一個可以替他向俠累報仇的人。嚴仲子到了齊國，齊國有人向他說聶政是個勇士，只不過是因為躲避仇家才混在這些屠戶之間。嚴仲子一聽立即到聶政家登門求見，一連去了好幾次，而後又在聶政家為聶政的母親置辦了一桌酒席。等到喝酒喝得起勁時，嚴仲子拿出了黃金百鎰，贈給聶政的母親，作為向她表示敬意的禮物。聶政對這麼豐厚的贈禮感到驚訝，堅決推辭不受。嚴仲子一定要給，聶政說：「我慶幸我的老母健在，我的家裡雖然窮，但我躲避仇家靠著賣肉，還可以買些好吃的東西來孝敬母親。現在老母的用度什麼都不缺，所以我們不能接受您的賞賜。」嚴仲子拉著聶政到沒有人的地方說：「我有一個仇人，為了報仇我周遊各國找過許多人，只有到了齊國，才聽說你最講義氣。我所以拿出百金，是想讓它作為供養老人的一點費用，和你交個朋友，哪裡還有更多的要求呢？」聶政說：「我之所以低三下四，不顧羞恥地混在屠戶之間，就是因為還有老母需要供養；只要老母在世，我的身子是不能答應別人給別人用的。」嚴仲子非要留下禮物，但聶政到底還是沒有接受。不過嚴仲子最終還是受到主人以客禮相待而離去。

3 又過了好長時間，聶政的母親死了。等到安葬過後，三年服滿。聶政說：「唉！我不過是一個揮著屠刀賣肉的市井小民，而嚴仲子作為一個國家的卿相，居然可以不辭遙遠地來屈尊和我交朋友。我當初對待人家太淡薄了，我對人家沒有任何功勞可言，而嚴仲子竟拿出黃金百鎰來給我的母親作賀禮，我當時雖然沒有接受，但從這件事上可以看出人家是賞識我的。一個賢者由於不能忍受吹鬍子瞪眼的怨隙，而來結交我這個窮困淺陋的人，難道我就能夠永遠這麼默不作聲嗎？再說嚴仲子那次來請我，我就是因為有老母才沒有答應；如今老母已經享盡天年，我也應該去為知己者效力了。」

4 於是聶政離開齊國來到了濮陽，他找到了嚴仲子說：「上次我之所以沒有答應您的邀請，那是因為我的母親還在；如今我的母親已經去世了，您的仇人是誰？我現在可以替您去辦了。」嚴仲子說：「我的仇人是韓國的丞相俠累，俠累又是韓國國君的叔父。他的家族人多勢大，住處的周圍防衛森嚴。我曾想讓人去行刺他，但都一直未能成功。如今你願意給我幫忙，我可以多派一些車馬勇士來協助你。」聶政說：「衛國離韓國本來就不遠，我們如今又是想去殺人家的丞相，而丞相又是韓國國君的親屬，在這種形勢下不可能帶很多人。人一多就難保不發生閃失，一發生閃失就會走露風聲。走露了風聲，那就變成了韓國整個國家來和您一人為敵，那不就太危險了！」於是他謝絕了一切車馬從人。

5 聶政辭別嚴仲子，獨自一人持劍來到了韓國的首都。當時丞相俠累正在家裡坐著，周圍手持刀槍的衛士很多。聶政進門口直往裡闖，他登上臺階，迅不及防地刺殺了俠累。俠累的衛兵一陣大亂。聶政大聲吼叫著一連又殺死了幾十個人，隨後自己用刀劃破了自己的面孔，又剜出了自己的眼睛，又剖開肚皮流出了腸子，才慘不忍睹地死去了。

6 韓國把刺客的屍體擺在市場上，花錢徵問誰認得這個人，結果沒有一個人認識。於是韓國又懸出重賞說，誰能認出殺死丞相的兇手，就賞給誰千金。結果過了好久，還是沒人認識。

7 這時聶政的姐姐聶榮聽說有人刺殺了韓國的丞相，兇手已死，韓國人都不認識兇手是誰，於是就把他的屍體擺在市場上而懸賞千金，徵問誰能認識他。聶榮傷心地哭著說：「這恐怕就是我的弟弟吧！因為嚴仲子曾賞識過我的弟弟！」於是她立刻起身來到了韓國，到了市場上一看，果然是聶政。於是她就趴在他的身上，痛哭道：「這人就是魏國軹縣深井里的聶政啊！」街上過路的人們一看都說：「這個人殺害了我國的丞相，現在韓王正懸賞千金找人辨認他是誰，你難道不知道嗎？怎麼還敢前來認屍呢？」聶榮說：「我知道。聶政當初之所以忍受汙辱降低身分地生活在市井小販之中，就是因為當時上有老母健在，下有我還沒出嫁。後來老母已盡天年，我也嫁了人，當初嚴仲子從一個低賤卑汙的處境中賞識了我的弟弟，和他交了朋友。嚴仲子對我弟弟的恩情太深了，我弟弟還能怎麼樣呢？士本來就應該為知己者死，今天他是為了我的緣故，所以才這樣嚴重地毀壞自己的身體，以斷絕追查的線索；我又怎麼能夠害怕自己被殺而埋沒他的英名呢？」韓國市場上的人們聽了這番話都大為震驚。聶榮說完後大叫了三聲蒼天，也痛苦悲哀地在聶政身旁死去了。

8 晉、楚、齊、衛各國聽說了這件事，都說：「不僅聶政是個烈士，連他的姐姐也是一位剛烈的女性。當初假使聶政早就知道他的姐姐這麼毫不遲疑，不怕死地千里跋涉來為他揚名，致使姐弟兩人一同死在韓國的市場上，那麼他也許就未必輕易把自己的身子交給嚴仲子去用了。這嚴仲子的確也可以說得上是一個能知人、能得人之力的人了。」

9 這件事過了二百二十多年，秦國又出了一個荊軻。

1 荊軻者，衛人也。其先乃齊人，徙於衛，衛人謂之慶卿❶。而之燕❷，燕人謂之荊卿❸。

2 荊卿好讀書擊劍，以術說衛元君❹，衛元君不用。其後秦伐魏，置東郡❺，徙衛元君之支屬於野王❻。

3 荊軻嘗游過榆次❼，與蓋聶論❽劍。蓋聶怒而目之，荊軻出。人或言復召荊卿，蓋聶曰：「曩者❾吾與論劍有不稱❿者，吾目之；試往，是宜去⓫，不敢留。」使使往之主人⓬，荊卿則已駕而去榆次⓭矣。使者還報，蓋聶曰：「固去也，吾曩者目攝之⓮！」

4 荊軻游於邯鄲⓯，魯句踐與荊軻博⓰，爭道⓱。魯句踐怒而叱之，荊軻嘿而逃去⑱，遂不復會。

5 荊軻既至燕，愛燕之狗屠⑲及善擊筑⑳者高漸離。荊軻嗜酒，日與狗屠及高漸離飲於燕市。酒酣以往，高漸離擊筑，荊軻和而歌於市中，相樂也；已而相泣，旁若無人者㉑。荊軻雖游於酒人乎，然其為人沉深好書㉒；其所游諸侯，盡與其賢豪長者相結。其之燕，燕之處士㉓田光先生亦善待之，知其非庸人也。

6 居頃之，會燕太子丹質秦亡歸燕㉔。燕太子丹者，故嘗質於趙，而秦王政生於趙㉕，其少時與丹驩。及政立為秦王㉖，而丹質於秦。秦王之遇燕太子丹不善，故丹怨而亡歸。歸而求為報秦王者，國小，力不能。其後秦日出兵山東㉗以伐齊、楚、三晉㉘，稍蠶食諸侯，且至於燕㉙，燕君臣皆恐禍之至。太子丹患之，問其傅㉚鞠武。武對曰：「秦地徧天下，威脅韓、魏、趙氏㉛；北有甘泉、谷口㉜之固，南有涇、渭㉝之沃，擅巴、漢之饒㉞；右隴、蜀之山㉟，左關、殽之險㊱；民眾㊲而士厲㊳，兵革㊴有餘。意有所出㊵，則長城之南，易水以北㊶，未有所定㊷也。柰何以見陵之怨，欲批其逆鱗哉㊸！」丹曰：「然則何由？」對曰：「請入圖之㊹。」

7 居有間㊺，秦將樊於期得罪於秦王㊻，亡之燕，太子受而舍之㊼。鞠武諫曰：「不可。夫以秦王之暴而積怒於燕，足為寒心，又況聞樊將軍之所在乎？是謂『委肉當餓虎之蹊[48]』也，禍必不振[49]矣！雖有管、晏[50]，不能為之謀也。願太子疾遣樊將軍入匈奴以滅口[51]。請西約三晉，南連齊、楚，北購於單于[52]，其後迺可圖也[53]。」太子曰：「太傅之計，曠日彌久，心惛然[54]，恐不能須臾[55]。且非獨於此也。夫樊將軍窮困於天下，歸身於丹，丹終不以迫於彊秦而棄所哀憐之交，置之匈奴，是固丹命卒之時也。願太傅更慮之。」鞠武曰：「夫行危欲求安，造禍而求福，計淺而怨深，連結一人之後交[56]，不顧國家之大害，此所謂『資怨而助禍[57]』矣。夫以鴻毛燎於爐炭之上，必無事矣[58]。且以雕鷙之秦，行怨暴之怒，豈足道哉[59]！燕有田光先生，其為人智深而勇沉[60]，可與謀。」太子曰：「願因太傅而得交於田先生，可乎？」鞠武曰：「敬諾。」出見田先生，道：「太子願圖國事於先生也。」田光曰：「敬奉教。」乃造[61]焉。

8 太子逢迎[62]，卻行為導[63]，跪而蔽席[64]。田光坐定，左右無人，太子避席[65]而請曰：「燕、秦不兩立，願先生留意也。」田光曰：「臣聞騏驥[66]盛壯之時，一日而馳千里；至其衰老，駑馬[67]先之。今太子聞光盛壯之時，不知臣精已消亡矣。雖然，光不敢以圖國事，所善荊卿可使也[68]。」太子曰：「願因先生得結交於荊卿，可乎？」田光曰：「敬諾。」即起，趨出[69]。太子送至門，戒[70]曰：「丹所

報，先生所言者，國之大事也，願先生勿泄也！」田光俛而笑曰：「諾。」(71)

9 僂行(72)見荊卿，曰：「光與子相善，燕國莫不知。今太子聞光壯盛之時，不知吾形已不逮(73)也。幸而教之曰：『燕、秦不兩立，願先生留意也。』光竊不自外，言足下(74)於太子也。願足下過太子於宮(75)。」荊軻曰：「謹奉教。」田光曰：「吾聞之，長者為行，不使人疑之。今太子告光曰：『所言者，國之大事也，願先生勿泄。』是太子疑光也。夫為行而使人疑之，非節俠(76)也。」欲自殺以激荊卿(77)，曰：「願足下急過太子，言光已死，明不言也。」因遂自刎而死(78)。

10 荊軻遂見太子，言田光已死，致光之言。太子再拜而跪，膝行流涕，有頃而后言曰：「丹所以誡田先生毋言者，欲以成大事之謀也。今田先生以死明不言，豈丹之心哉！」荊軻坐定，太子避席頓首曰：「田先生不知丹之不肖(79)，使得至前，敢有所道，此天之所以哀燕而不棄其孤也(80)。今秦有貪利之心，而欲不可足也。非盡天下之地，臣海內之王者，其意不厭(81)。今秦已虜韓王，盡納其地(82)。又舉兵南伐楚，北臨趙(83)；王翦(84)將數十萬之眾距漳、鄴(85)，而李信(86)出太原(87)、雲中(88)。趙不能支秦，必入臣(89)，入臣則禍至燕(90)。燕小弱，數困於兵(91)，今計舉國不足以當秦。諸侯服秦，莫敢合從。丹之私計，愚以為誠得天下之勇士使於秦，闚以重利[92]；秦王貪，其勢必得所願[93]矣。誠得劫秦王，使悉反諸侯侵地，若曹沫之與齊桓公[94]，則大善矣；則不可[95]，因而刺殺之。彼秦大將擅兵[96]於外而內有亂，則君臣相疑[97]，以其間諸侯得合從，其破秦必矣。此丹之上願，而不知所委命[98]，唯荊卿留意焉。」久之，荊軻曰：「此國之大事也，臣駑下[99]，恐不足任使[100]。」太子前頓首，固請毋讓。然後許諾。於是尊荊卿為上卿，舍上舍。太子日造門下，供太牢具，異物間進，車騎美女恣荊軻所欲，以順適其意[101]。

11 久之，荊軻未有行意。秦將王翦破趙，虜趙王[102]，盡收入其地，進兵北略地至燕南界[103]。太子丹恐懼，乃請荊軻曰：「秦兵旦暮渡易水，則雖欲長侍足下，豈可得哉[104]！」荊軻曰：「微太子言，臣願謁之[105]。今行而毋信[106]，則秦[107]未可親也。夫樊將軍，秦王購之金千斤，邑萬家[108]。誠得樊將軍首與燕督亢[109]之地圖，奉獻秦王，秦王必說[110]見臣，臣乃得有以報[111]。」太子曰：「樊將軍窮困來歸丹，丹不忍以己之私而傷長者[112]之意。願足下更慮之！」

12 荊軻知太子不忍，乃遂私見樊於期。曰：「秦之遇將軍可謂深矣[113]，父母宗族皆為戮沒[114]。今聞購將軍首金千斤，邑萬家，將柰何？」於期仰天太息流涕曰：「於期每念之，常痛於骨髓，顧[115]計不知所出耳！」荊軻曰：「今有一言可以解燕國之患，報將軍之仇者，何如？」於期乃前曰：「為之柰何？」荊軻曰：「願得將軍之首以獻秦王，秦王必喜而見臣。臣左手把其袖，右手揕其匈(116)，然則將軍之仇報而燕見陵之愧除矣(117)。將軍豈(118)有意乎？」樊於期偏袒搤捥(119)而進曰：「此臣之日夜切齒腐心也(120)，乃今得聞教。」遂自剄。太子聞之，馳往，伏屍而哭，極哀。既已，不可柰何，乃遂盛樊於期首，函封(121)之。

13 於是(122)太子豫求(123)天下之利匕首，得趙人徐夫人(124)匕首，取之百金，使工以藥焠之(125)，以試人，血濡縷，人無不立死者(126)。乃裝為遣荊卿(127)。燕國有勇士秦舞陽(128)，年十三，殺人，人不敢忤視(129)。乃令秦舞陽為副。荊軻有所待，欲與俱。其人居遠，未來，而為治行(130)。頃之，未發，太子遲之，疑其改悔。乃復請曰：「日已盡矣，荊卿豈有意哉？丹請得先遣秦舞陽。」荊軻怒，叱太子曰：「何太子之遣？往而不返者，豎子也(131)！且提一匕首入不測之彊秦(132)，僕所以留者，待吾客與俱。今太子遲之，請辭決矣(133)！」遂發。

14 太子及賓客知其事者，皆白衣冠以送之。至易水之上，既祖，取道(134)。高漸離擊筑，荊軻和而歌，為變徵之聲(135)。士皆垂淚涕泣。又前而為歌曰：「風蕭蕭兮易水寒，壯士一去兮不復還！」復為羽聲(136)忼慨，士皆瞋目，髮盡上指冠。於是荊軻就車而去，終已不顧[137]。

15 遂至秦，持千金之資幣物[138]，厚遺秦王寵臣中庶子[139]蒙嘉[140]。嘉為先言於秦王曰：「燕王誠振怖大王之威，不敢舉兵以逆軍吏[141]，願舉國為內臣[142]，比諸侯之列[143]，給貢職如郡縣[144]，而得奉守先王之宗廟[145]。恐懼不敢自陳，謹斬樊於期之頭，及獻燕督亢之地圖，函封，燕王拜送于庭[146]，使使以聞大王。唯大王命之[147]。」秦王聞之，大喜，乃朝服，設九賓[148]，見燕使者咸陽宮[149]。

16 荊軻奉[150]樊於期頭函，而秦舞陽奉地圖柙[151]，以次進。至陛，秦舞陽色變振恐[152]，羣臣怪之。荊軻顧[153]笑舞陽，前謝曰：「北蕃蠻夷之鄙人[154]，未嘗見天子[155]，故振慴[156]。願大王少假借之[157]，使得畢使[158]於前。」秦王謂軻曰：「取舞陽所持地圖。」軻既[159]取圖奏[160]之。秦王發圖，圖窮而匕首見[161]。因左手把秦王之袖，而右手持匕首揕之。未至身，秦王驚，自引[162]而起，袖絕。拔劍，劍長[163]，操其室[164]。時惶急，劍堅，故不可立拔。荊軻逐秦王，秦王環柱而走。羣臣皆愕，卒起不意，盡失其度[165]。而秦法，羣臣侍殿上者不得持尺寸之兵；諸郎中[166]執兵皆陳殿下，非有詔召不得上。方急時，不及召下兵，以故荊軻乃逐秦王。而卒惶急，無以擊軻，而以手共搏之[167]。是時侍醫夏無且以其所奉藥囊提荊軻[168]也。秦王方環柱走，卒惶急，不知所為，左右乃曰：「王負劍[169]！」負劍，遂拔以擊荊軻，斷其左股。荊軻廢[170]，乃引其匕首以擿[171]秦王，不中，中桐柱。秦王復擊軻，軻被八創。軻自知事不就，倚柱而笑，箕踞[172]以罵曰：「事所以不成者，以欲生劫之，必得約契以報太子也[173]。」於是左右既前殺軻[174]，秦王不怡者良久。

17 已而論功，賞羣臣及當坐[175]者各有差，而賜夏無且黃金二百溢，曰：「無且愛我，乃以藥囊提荊軻也。」

18 於是秦王大怒，益發兵詣趙，詔王翦軍以伐燕。十月[176]，而拔薊城[177]。燕王喜、太子丹等盡率其精兵，東保於遼東[178]。秦將李信追擊燕王急，代王嘉[179]乃遺燕王喜書曰：「秦所以尤追燕急者，以太子丹故也。今王誠殺丹，獻之秦王，秦王必解，而社稷幸得血食[180]。」其後李信追丹，丹匿衍水[181]中，燕王乃使使斬太子丹，欲獻之秦。秦復進兵攻之。後五年[182]，秦卒滅燕[183]，虜燕王喜。

19 其明年[184]，秦并天下[185]，立號為皇帝[186]。於是秦逐[187]太子丹、荊軻之客，皆亡[188]。高漸離變名姓為人庸保[189]，匿作於宋子[190]。久之，作苦[191]，聞其家堂上客擊筑，傍偟[192]不能去。每出言曰：「彼有善有不善。」從者[193]以告其主，曰：「彼庸乃知音，竊言是非。」家丈人[194]召使前擊筑，一坐稱善，賜酒。而高漸離念久隱畏約無窮時[195]，乃退[196]，出其裝匣[197]中筑與其善衣，更容貌而前。舉坐客[198]皆驚，下與抗禮[199]，以為上客。使擊筑而歌，客無不流涕而去者。宋子傳客[200]之，聞於秦始皇。秦始皇召見，人有識者，乃曰：「高漸離也。」秦皇帝惜其善擊筑，重赦之[201]，乃矐其目[202]。使擊筑，未嘗不稱善。稍益近之[203]，高漸離乃以鉛置筑中，復進得近，舉筑朴[204]秦皇帝，不中。於是遂誅高漸離，終身不復近諸侯之人[205]。

魯句踐[206]已聞荊軻之刺秦王，私曰：「嗟乎，惜哉其不講[207]於刺劍之術也！甚矣吾不知人也！曩者吾叱之，彼乃以我為非人也[208]！」

【章旨】以上為第五段，寫荊軻為太子丹刺秦王事。

【注釋】❶慶卿　慶為齊國大族，或荊軻祖出慶氏，或衛人以齊國大姓漫稱之，皆不能詳知。卿，古代對男人的美稱。❷燕　西周初期以來的諸侯國名，始封之君為武王之弟召公奭，國都薊，即今北京市。❸荊卿　《索隱》謂其「至衛而改姓荊，『荊』『慶』聲相近，故隨所在國而異其號耳」。按：稱之為「荊卿」者，乃燕人也，非荊軻自改，《索隱》說與正文不合。或燕人以「慶」「荊」聲音相近而改呼之耳。姚苧田曰：「備敘履歷，固見鄭重。」❹以術說衛元君　術，強國之術。衛元君，衛國國君，西元前二五一－前二三〇年在位。按：此時的衛國早已降為魏國的附庸，衛元君為魏王之婿，故魏仍使其居有濮陽（衛都）而稱君。姚苧田曰：「一荊軻豈足繫衛之存亡，史公痛惜其無成，故偏作爾許身分。」❺秦伐魏二句　事在秦王政五年，魏景湣王元年，西元前二四二年。東郡，秦郡名，郡治濮陽（今河南濮陽西南）。❻徙衛元君之支屬於野王　事在秦王政六年，西元前二四一年。梁玉繩曰：「徙野王者即元君，豈惟『支屬』哉？」按：此句應作「徙衛元君及其支屬於野王」。《史記》中這種句子所見非一，如〈魏其武安侯列傳〉有「蚡弟田勝」，實應作「蚡及其弟田勝」是也。野王，邑名，原屬韓，後為秦所取，即今之河南沁陽。《史》文之所以著此事，一為說明衛元君不用荊軻之術的後果，一為說明荊軻離衛他遊的原因。❼榆

次　戰國時趙邑，即今之山西榆次。❽論　講論，也有「比試」的意思。❾曩者　昔者。此處即指「剛才」。❿不稱　不合適；不合格。按：史公著此語，為後面刺秦不成作伏筆。⓫是宜去　估計他已走了。⓬使使往之主人　派人前往荊軻所住的店家尋找。主人，房東；店家。⓭去榆次　離榆次而去。姚苧田曰：「極寫荊軻摧剛為柔，又似重之，又似惜之，其妙乃在筆墨之外。」⓮目攝之　用眼瞪過他。攝，通「懾」。嚇唬。⓯邯鄲　今河北邯鄲，戰國時趙國的都城。此時的趙國國君為悼襄王（西元前二四四—前二三六年在位）。按：衛國已亡，荊軻之遊於諸國者，不忍為亡國奴，欲尋求報秦之機也。⓰博　類似下棋的一種遊戲。《論語・陽貨》：「不有博奕者乎？」疏：「博，《說文》作『簙』，局戲也，六著十二棋也。圍棋謂之弈。」⓱爭道　為將棋子下於何處而發生爭執。道，棋盤上的格。⓲嘿而逃去　嘿，通「默」。淩稚隆引趙恆曰：「目之而去，叱之而逃去，此可見『深沉』也。」茅坤曰：「太史公摹寫荊軻怯處，與藺相如、韓信同。」姚苧田曰：「士不遇知己，徒死無益，兩番逃去，直與淮陰『俯出胯下』同意。」瀧川曰：「舉二事以證荊軻之『沉深』，非庸人。」⓳狗屠　屠狗者，史失其名。⓴筑　《索隱》曰：「似琴有弦，以竹擊之，取以為名。」㉑已而相泣二句　前不見古人，後不見來者，念天地之悠悠，獨愴然而泣下，寫英雄不遇之悲，至此極矣。姚苧田曰：「一生慷慨，發洩殆盡。」淩稚隆曰：「此傳敘燕多慷慨之士，因荊軻而波及田光、樊於期、高漸離，其一時意氣所激而成風與？」㉒荊軻雖游於酒人乎二句　此「乎」字非疑問語氣詞，在這裡只起提頓作用。姚苧田曰：「復應前『好書』，加以『沉深』，身分高絕。」吳見思曰：「酣酒高歌，固才人悲憤故態，然太過便是市井無賴矣。故即藉前好讀書事，一句帶轉。」㉓處士　隱居者；有才德而不肯為官的人。㉔燕太子丹質秦亡歸燕　質秦，在秦國當人質。春秋戰國時期，凡訂有盟約的國家，常常互派人質，以表信義。燕太子丹由秦國亡歸事，在秦王政十五年，燕王喜二十三年，西元前二三二年。《正義佚文》引《燕丹子》：「太子丹質於秦，秦王遇之無禮，不得意，欲歸。秦王不聽，謬言曰：『令烏頭白，馬生角，乃可。』丹仰天嘆焉，即為之烏頭白，馬生角。王不得已遣之，為機發橋欲陷，丹過之，為不發。」㉕秦王政生於趙　秦王政，即後來稱帝的秦始皇，姓嬴名政。其父公孫異人曾為秦國在趙國當過人質。公孫異人在趙時，娶趙女生了秦王政。〈呂不韋列傳〉謂娶呂不韋之孕妾以生秦王政者，不足信。㉖政立為秦王　事在燕王喜九年，西元前二四六年。㉗日出兵山東　每天都在出兵攻擊東方諸國。山東，崤山（今河南靈寶東南）以東。㉘以伐齊楚三晉　按：此時齊國的國君為齊王建，楚國的國君為楚幽王，韓國為韓王安，趙國為趙王遷，魏國為景湣王。㉙且至於燕　很快就要打到燕國的邊境了。且，即將。按：本文詳寫太子丹與荊軻等人的活動，而時時交代秦國向東方進兵的形勢，一方面是為了增強緊張氣氛，更重要的是為突出荊軻刺秦的政治意義。㉚傅　官名。此處是「太傅」的省稱，太傅負責對太子的教育訓導工作。㉛威脅韓魏趙氏　因韓、魏、趙三國處於秦國的東面，與秦國相鄰，而且都已經到了即將滅亡的邊緣。㉜甘泉谷口　甘泉，山名。在今陝西淳化西北。谷口，涇水出山的山口，在今陝西涇陽西北。㉝涇渭　二水名。渭水自甘肅流來，經關中東入黃河；涇水自寧夏流來，在西安東北匯入渭水。㉞擅巴漢之饒　擅，專有。巴，古國名，後為秦滅，其地約當今重慶市一帶地區。漢，指漢中，今陝西省南部的漢中市一帶地區。㉟右隴蜀之山　右，指秦國的西側。隴山，在今甘肅東部，即今之六盤山南段。蜀山，指今陝西與四川交界的群山，如大巴山、米倉山等。㊱左關殽之險　左，指秦國東側。關，指函谷關，在今河南靈寶東北。殽，也作「崤」。指崤山，在今靈寶縣東南。㊲民眾　人口眾多。㊳士厲　軍隊訓練有素。士，士兵。厲，磨練；訓練。㊴兵革　兵器、鎧甲。㊵意有所出　猶言「心思一動」。㊶長城之南二句　即指燕國全境。當時燕國所築北防匈奴的長城是西起今張家口，經赤峰、阜新、鐵嶺北，而後南折，經撫順、丹東之東，進入朝鮮境內，這是燕國的北境。易水發源於今河北易縣，東流入大清河，這是當時燕國的南境。㊷未有所定　即「未有定所」。沒有一點安寧的地方。㊸柰何以見陵之怨二句　見陵之怨，指「秦王遇太子丹不善」事。批，鮑彪注：「擊也。」逆鱗，倒生的鱗片。《韓非子・說難》：「夫龍之為蟲也，柔可狎而騎也；然其喉下有逆鱗徑尺，若人有嬰（觸動）之者，則必殺人。」後世遂常以「批逆鱗」代指觸帝王之怒。㊹請入圖之　請讓我進一步地考慮考慮。入，深入；進一步。按：鮑彪解此曰：「請太子入息，己乃圖之。」似增字太多。㊺居有間　過了一段時間。間，空隙。㊻樊於期得罪於秦王　按：樊於期究竟如何得罪秦王，史事不詳。㊼舍之　接待他住了下來。㊽委肉當餓虎之蹊　把肉扔在餓虎要過的通道上。當，對著。蹊，小徑。㊾不振　沒法拯救。振，拯救。㊿管晏　管仲、晏嬰。都是春秋時代的齊國謀臣。事見〈管晏列傳〉。(51)滅口　消除秦國進攻我們的藉口。(52)北購於單于　猶言「北與匈奴人聯合」。購，通「媾」。媾和；建立聯盟關係。單于，匈奴君長的稱號。匈奴是自戰國後期強大起來的北方少數民族名，活動在今內蒙與蒙古國境內，其東南部與燕國為鄰。徐孚遠曰：「戰國時未有用胡騎為援者，燕國弱而近匈奴，故欲媾之。」(53)其後迺可圖也　按：鞠武之言貌似有理，其實是自欺欺人的空話。幾十年前東方六國尚強時，「蘇秦」等倡導合縱尚不能抵抗秦國的遠交近攻，更何況現時六國已經如殘燈搖曳之時哉？對比荊軻諸人，鞠武是一個迂腐孱懦的形象。(54)心惛然　何建章《戰國策注釋》曰：「惛，『悶』之錯字，憂悶煩亂。」(55)恐不能須臾　恐怕一刻也不能等了。能，通「耐」。忍耐；堅持。須臾，片刻。鮑彪曰：「言己憂思昏瞀且死，須臾不可待。」(56)連結一人之後交　意即為了一個新交的朋友。指樊於期。張照以為「後交」應作「厚交」，王叔岷以為「後」字通「厚」，均似勉強。(57)資怨而助禍　促進禍患的發展。資，助。(58)必無事矣　猶今所謂「不在話下」、「用不著提啦」。瀧川曰：「謂其輕易也。」(59)豈足道哉　意謂（其禍之大）

還用得著說嗎。(60)智深而勇沉　凌稚隆引王世貞曰：「凡智不深則非智，勇不沉則非勇。深所以藏智，而出之使不測；沉所以養勇，而發之使必遂也。」(61)造　到。這裡指造門、登門。(62)逢迎　即指迎接。逢，迎也。(63)卻行為導　在前面倒退著走，給客人引路。按：〈高祖本紀〉云：「高祖朝，太公擁彗，迎門卻行。」蓋秦漢時有此禮節。(64)蔽席　以袖子撣去座位上的土。蔽，通「拂」。拂拭。「蔽」與「拂」古音相同，〈燕策〉作「拂」。〈平原君虞卿列傳〉有所謂「側行敝席」，與此意思相同。(65)避席　離開自己的座席，表示恭敬。(66)騏驥　古所稱之千里馬。(67)駑馬　劣等的馬。(68)雖然三句　改成現代漢語的語序，即「雖光不敢以圖國事，然所善荊軻可使也」。《正義》引《燕丹子》云：「田光曰：『竊觀太子客無可用者，夏扶血勇之人，怒而面赤；宋意脈勇之人，怒而面青；武陽骨勇之人，怒而面白。光所知荊軻，神勇之人，怒而色不變。』」(69)趨出　小步疾行而出。趨，小步疾行，這是臣子在君父面前走路的一種禮節姿勢。(70)戒　通「誡」。告誡；囑咐。(71)俛而笑曰二句　俛，通「俯」。低頭。按：「俛而笑」三字表現田光心理，自刎之心此時已經下定。(72)僂行　彎腰而行，見其龍鍾老態。僂，曲背也，寫老人狀貌。吳見思曰：「先出一鞠武，束手無策，方脫出一田光；田光不敢圖，然後脫出荊軻。逐節寫來，決不一氣寫出，可想筆墨之妙。」(73)不逮　達不到。指力不從心。(74)足下　尊稱對方的用語，與「閣下」「殿下」「膝下」「執事」等語的用法相同，皆指稱對方的眼前之地與對方的身邊用人而言。(75)過太子於宮　意即到太子之宮見太子。(76)節俠　有操節、講義氣的人。(77)欲自殺以激荊卿　按：此田光自刎之用意，萬不可忽過。鮑彪注：「言其死非為洩，欲勵勉荊軻，使死之耳。」(78)因遂自刎而死　鍾惺曰：「光自知力不能為，而進荊軻自代，償以一死，明己之所以辭太子者非惜其死，而慮事之不成也。」(79)不肖　不成材；沒出息。不肖的本義是不類其父。肖，類；像。(80)天之所以哀燕而不棄其孤也　大意為，這是老天爺可憐我們燕國，而不想拋棄我們。孤，太子丹自稱。《索隱》曰：「無父稱孤，時燕王尚在，而丹稱『孤』者，或記者失辭。」按：〈范雎蔡澤列傳〉云：「秦昭王曰：『寡人得受命於先生，是天所以幸先王，而不弃其孤也。』」詞氣正與此同，故《索隱》謂此處乃記事者之用語失當。王叔岷曰：「『不棄其孤』謂不棄燕之孤獨也。」似嫌勉強。(81)不厭　不滿足；不停止。厭，通「饜」。飽；滿足。(82)虜韓王二句　事在秦王政十七年，燕王喜二十五年，西元前二三〇年，是年秦滅韓，在韓地設三川郡。韓王，韓國的末代國君，名安，西元前二三八—前二三〇年在位。(83)南伐楚二句　據〈秦始皇本紀〉，此時無「南伐楚」之記載，「北臨趙」即指下文所敘。(84)王翦　秦國名將，在佐秦滅趙、滅燕、滅楚中有大功，事見〈白起王翦列傳〉。(85)距漳鄴　距，抵達。漳、鄴，漳水、鄴城，當時趙國的南境。漳水流經今河北省與河南省的交界處；鄴城舊址在今河北臨漳西南。(86)李信　秦國將領，漢將李廣的祖輩。(87)太原　秦郡名，其地原屬趙，後被秦占領，秦王政二年（西元前二四五年）在此設太原郡。(88)雲中　郡名，郡治在今內蒙托克托東北，原屬趙，秦王政十三年（西元前二三四年）被秦所占。(89)入臣　指向秦國投降。(90)入臣則禍至燕　因為趙國一旦降秦，則燕國便與秦國直接為鄰，而成為秦國攻擊的對象了。(91)數困於兵　連年為戰爭所困擾。如燕王喜四年（西元前二五一年）燕軍攻趙，被廉頗所敗，燕都被圍；燕王喜十二年（西元前二四三年），趙將李牧攻燕，拔武遂、方城；燕王喜十三年（西元前二四二年），燕將劇辛攻趙，被趙將龐煖所敗，殺燕軍二萬人等是也。(92)闚以重利　猶言「以重利誘之」。闚，此處猶言「示」（使之可窺）、「誘」。(93)必得所願　意即必能得到行刺的時機。(94)使悉反諸侯侵地二句　梁玉繩曰：「以齊桓望始皇，丹之愚也。」柳子厚〈詠荊軻〉：「秦皇本詐力，事與桓公殊。奈何效曹子，實為勇且愚。」(95)則不可　倘若不行。則，假若。(96)擅兵　掌握兵權。擅，專斷。(97)君臣相疑　謂新國君不信任老將領，老將領不信任新國君。(98)不知所委命　不知把這個任務託付給誰。委，託付。命，使命；任務。(99)駑下　才質低劣。(100)不足任使　不配擔負這樣的使命。(101)供太牢具四句　太牢具，牛、羊、豕三牲皆備的筵席，古代待客的最高禮數。〈項羽本紀〉云：「項王使者來，為太牢具，舉欲進之。」即此也。太牢，指牛、羊、豕三牲，古代常用以為祭品。間進，隔不久送一次。恣，縱任。按：舊本有將此處斷句為「供太牢，具異物，間進車騎美女，恣荊軻所欲」者，於本文較順，而於〈項羽本紀〉之「太牢具」則無法拆開。此外，尚有「治具」、「供具」等語，亦指備辦筵席。以順適其意，按：此處但云太子丹「順適荊軻」，而不云荊軻如何，似即安而受之者，則無俠義之度矣。至《燕丹子》有所謂「軻與太子丹游東宮池，軻拾瓦投蛙，太子捧金丸進之；又共乘千里馬，軻曰『千里馬肝美』，即殺馬進肝；太子與樊將軍置酒華陽臺，出美人能鼓琴，軻曰『好手也』，斷以玉盤盛之」云云，尤誕妄不近人情，類乎東晉桓玄之狂悖矣。(102)王翦破趙二句　事在秦王政十九年，燕王喜二十七年，西元前二二八年。按：被虜的這個趙國末代之王名遷，悼襄王之子，西元前二三五—前二二八年在位。(103)燕南界　約當今之河北保定、河間一線。(104)雖欲長侍足下二句　意即催促荊軻動身赴秦。(105)微太子言二句　意謂即使太子您不說，我也早想告訴您了。微，沒有。謁，請見；稟告。(106)毋信　沒有足以取信於人的東西。(107)秦　此處指秦王。(108)秦王購之金千斤二句　意謂誰能替秦國捉到樊於期，秦國將賞以千金，封之為萬戶侯。邑萬家，以萬家之地為其食邑。(109)督亢　約當今河北省之涿縣、定興、新城、固安等一帶地區，為當時燕國的富庶地帶。(110)說　通「悅」。(111)臣乃得有以報　這樣我才可能有報效您（指刺秦王）的機會。(112)長者　好人；厚道人。此指樊於期。(113)遇將軍可謂深矣　遇，對待。深，狠毒；歹毒。(114)戮沒　殺盡。一說，戮，指罪重的被殺；沒，指罪輕的收入官府為奴。疑前說是。(115)顧　轉折語詞，猶今所謂「關鍵是」、「問題在於」。(116)揕其匈　揕，刺。匈，通「胸」。(117)然則將軍之仇句　然則，這樣一來。見陵，被侵淩；被欺侮。(118)豈　諸祖耿引王引之曰：「豈，猶『其』也。」

金正煒曰：「〈秦策〉：『子常宣言代我相秦，豈有此乎？』」「豈」亦猶「其」也。」(119)偏袒搤捥　脫下一隻袖子，露出半邊肩臂，這隻手握住那隻手的腕子。捥，通「腕」。當時人們發誓言、表決心時常常做出這種樣子。(120)此臣之日夜切齒腐心也　意謂我之所以日夜切齒捶胸，就是因為想不出這麼一個好辦法。腐，應作「拊」。拍；捶。《戰國策》作「拊」。中井曰：「憂悶不可忍，則心摧折如腐爛然。」說似勉強。(121)函封　用盒子裝起，加上封條。函，盒子。茅坤曰：「荊軻請樊於期頭一節，愚竊謂非人情也。當時必荊軻與太子陰取之，而好事者飾奇，或戰國慕節俠者為之也。」(122)於是　當此時。(123)豫求　事先已經找到。(124)徐夫人　《索隱》：「徐姓，夫人名，謂男也。」中井曰：「徐夫人非女子，未可知也。且其命匕首，非必工名，或所貯之人名盛，則亦以命焉。」王叔岷曰：「竊疑『徐』姓，『夫人』乃字，猶『疏受』字『公子』之比也。」(125)以藥焠之　（把燒紅的匕首）放到毒藥水裡蘸，使其帶有毒性。(126)血濡縷二句　《集解》曰：「人血出，足以沾濡絲縷，便立死也。」中井曰：「濡縷，謂傷淺血出，僅如絲縷。」疑前說是。凌稚隆引董份曰：「敘匕首縷縷，亦惜荊軻之虛發也。」(127)乃裝為遣荊卿　裝，指裝好匕首。一說，指為荊軻收拾行裝。牛鴻恩曰：「《國策》作『乃為裝，遣荊卿』。為裝，治裝。疑《史》文淆亂，當據《策》乙正。」(128)秦舞陽　燕國賢將秦開之孫。〈匈奴列傳〉云：「燕有賢將秦開，襲破走東胡，東胡卻千餘里。與荊軻刺秦王秦舞陽者，開之孫也。」梁玉繩曰：「《國策》、《燕丹子》、〈人表〉、《隸續・武梁畫》並作『武陽』，而《史》獨作『舞陽』，古字通用。」(129)忤視　以不順從的眼光相看。忤，逆。(130)為治行　指荊軻替他所等的人收拾行裝。(131)往而不返者二句　荊軻之意乃是想劫秦王，迫其訂立盟約歸還六國失地，而後全勝而歸；並不是要去和秦王同歸於盡，故有此云。豎子，猶言「小子」、「奴才」。罵人語。(132)且提一匕首入不測之彊秦　按：此句語氣不完整，下面應有「此中應慮及之事尚多」等類似字樣，而後再接「僕所以留者」云云，意思始能貫通。(133)今太子遲之二句　辭決，即告辭。決，通「訣」。別。吳見思曰：「極其勉強，荊軻已將性命付之，此行不萬全，本荊軻意中事。」(134)既祖二句　祖，祭路神，古人出遠門時常有這種儀式。師古曰：「祖者，送行之祭，因設宴飲焉。」於是後世亦稱為人餞別的酒宴曰「祖餞」、「祖宴」。取道，車馬已擺在行將出發的路上。按：關於古時祖祭的儀式，吳師道引《毛詩傳疏》曰：「封土為山象，伏牲其上，既祭，處者餞之。飲畢，乘車轢之而去。」(135)變徵之聲　古代樂律分宮、商、角、變徵、徵、羽、變宮七調，大致相當於今之CDEFGAB七調。變徵，即F調，此調韻味蒼涼，悲惋淒清。鮑彪曰：「變徵為商，蓋悲音。」(136)羽聲　相當於今之A調，此調韻味激昂慷慨。鮑彪曰：「羽聲，其音怒。」梁玉繩曰：「《藝文類聚・四十四》、《初學記・十六》引宋玉〈笛賦〉云『宋意將送荊卿於易水之上』；《文選・二十八・雜歌序》云『荊軻歌，宋如意和之』；《淮南・泰族》云『高漸離、宋意為擊筑而歌於易水之上』；《水經注・十一》云『高漸離擊筑，宋如意和之』；《新論・辨樂》云『荊軻入秦，宋意擊筑』；陶潛〈詠荊軻〉詩云『宋意唱高聲』，《策》《史》俱不及『宋如意』何也？」137於是荊軻就車而去二句　按：太子諸人皆「白衣冠以送之」，此非荊軻之本意。此時他對能否劫秦王獲勝而歸，已不能堅信，視其「一去不復還」之語可知。今後之事只能靠他自己去盡力而為了。董份曰：「荊軻歌易水之上，就車不顧，只此時，儒士生氣。」孫月峰曰：「〈易水歌〉只此兩句，卻無不慷慨激烈，寫得壯士心出，氣蓋一世。」138幣物　禮品。古代常以璧、帛等物為之。139中庶子　太子的官屬，秩六百石，主管宮中及諸吏嫡子、庶子的支系譜籍。140蒙嘉　其人事跡不詳，有謂為蒙恬之弟者，無據。141不敢舉兵以逆軍吏　意即不敢發兵迎戰。逆，迎。此處指迎擊、抵抗。142舉國為內臣　舉國，猶言「奉國」。把國家交給你。為內臣，為秦國的國內之臣。143比諸侯之列　像我們國內的一個小諸侯那樣。比，相當；等於。144給貢職如郡縣　像我們國內的一個郡縣似地給朝廷進貢。給，進。貢職，「職」亦「貢」也。145得奉守先王之宗廟　意即只求不把我們的國家政權最後消滅，因為國家一滅，宗廟社稷也就蕩然無存了。146燕王拜送于庭　謂拜送荊軻等於庭，以表其對秦王的敬畏之禮。147唯大王命之　意即一切都任憑秦王的安排、處置。148設九賓　按：「九賓」之禮又見於〈廉頗藺相如列傳〉，其制度不見於經傳，不知究竟云何。《集解》引韋昭語以為即《周禮》之「九儀」；《正義》曰：「設文物大備，即謂『九賓』，不得以《周禮》『九賓』義為釋。」《索隱》以為「九賓」即「九服之賓客」；《正義》引劉伯莊以為「九賓」為「周王之備禮，天子臨軒，九服同會」；中井積德曰：「賓，儐也。儐九人立廷，以禮使者也。」瀧川資言云：「設九賓，猶言『具大禮』，不必援古書為證。」149咸陽宮　秦朝當時的主要宮殿。《三輔黃圖》云：「始皇窮極奢侈，築咸陽宮，因北陵營殿，端門四達，以則紫宮，象帝居。」150奉　捧。151柙　通「匣」。152秦舞陽色變振恐　吳見思曰：「借舞陽反襯荊軻神勇。」153顧　回；回頭。154北蕃蠻夷之鄙人　猶言「北邊屬國的像蠻夷一樣的野人」。蕃，通「藩」。籬笆。諸侯國對天子自稱「藩國」。155天子　稱秦王政為「天子」，以迎合其奢大之心，用詞巧妙。156振慴　震恐。慴，懼也。157少假借之　稍稍寬容他一下。少，稍；略。假借，通融；寬容。158畢使　完成這次出使的任務。159既　通「即」。160奏　進呈；進上。161圖窮而匕首見　圖窮，圖卷展到最後。見，通「現」。162引　向後扯。163劍長　戰國之劍有長至四、五尺者，故倉促之間難以立拔。164室　劍鞘。165盡失其度　猶言「都亂了套」。度，常法；常態。166郎中　皇帝的侍從人員，上屬郎中令。167而卒惶急三句　按：句首「而」字應削，「無以擊軻」上應增「群臣」二字讀。吳見思曰：「此時正忙，作者筆不及轉，觀者眼不及眨之時也，乃偏寫劍長操室，又寫群臣、殿下諸郎及夏無且，然偏不覺累贅，而一時惶急神情如見。」168夏無且以其所奉藥囊提荊軻　提，投擊。〈絳侯周勃世家〉：「太后以冒絮提文帝。」《索隱》曰：「提，擲也。」史珥曰：

「連下三『惶急』字，令人應接不暇。第此時夏無且猶能以藥囊提荊軻，秦舞陽何以不奮一臂之力？豈至陞色變，止於階下故耶？」馬非百曰：「春秋戰國間，醫之良者大抵在秦。扁鵲本鄭人，最後亦至於秦。夏無且之醫術如何，史未詳載，然其以藥囊提荊軻，救秦王於萬死一生之中，亦智勇之士哉！」169負劍　背劍。指把劍推到背後再拔。170廢　癱了下去。171擿　《索隱》曰：「『擿』與『擲』同，古字耳。」擲，投刺。172箕踞　伸著兩腿，像是簸箕似的坐著，這是一種傲慢無禮的姿勢。173以欲生劫之二句　顧炎武《菰中隨筆》曰：「荊軻『生劫』一語乃解嘲之辭，其實軻劍術疏耳，錯處只在『未及身』三字之間。荊軻所以為神勇者，全在臨事時一毫不動，此孟賁輩所不及也。」中井曰：「『欲生劫』云者，是回護之言，非事實。」按：「生劫」之意，史公於荊軻「左手把秦王之袖，而右手持匕首揕之」處缺少交代，故起後人「解嘲」「回護」之疑，實則史公未必欲譏荊軻也。174左右既前殺軻　按：「軻」下應有「及秦舞陽」四字，否則，秦舞陽失交代。既，通「即」。茅坤曰：「不見秦舞陽下落，亦太史公疏略處。」瀧川曰：「史公不言秦舞陽此時作何狀，蓋在階下為衛士之所執耳。」175當坐　按：「當坐」上應增一「罰」字。徐孚遠曰：「荊軻之見秦王也因蒙嘉，所當坐在嘉也。」176十月　秦王政二十一年，燕王喜二十九年，西元前二二六年之十月。177薊城　即今北京市，當時為燕國國都。178東保於遼東　東撤，退守於遼東郡。保，據守。遼東，燕郡名，約當今遼寧省之大淩河以東地區，郡治即今遼陽市。179代王嘉　即趙公子嘉，悼襄王的嫡長子。後因悼襄王愛其少子遷，因而公子嘉被廢。趙王遷在位八年，被秦將王翦所虜，趙國遂滅。此時，公子嘉北逃至代，又被趙國殘餘勢力立為代王。代王嘉在位六年（西元前二二七－前二二二年），被秦所滅。180社稷幸得血食　意即國家或許能夠得到保存。血食，指享受祭祀，因為祭祀要用牛、羊、豕三牲。按：代王嘉此語悖謬，其所以發此語者，是因為懼怕秦滅燕後，移兵滅代。181衍水　《索隱》但曰「在遼東」，而不詳其具體方位，有曰即今遼陽附近之太子河者，倉修良以為是後人附會。182後五年　秦王政二十五年，燕王喜三十三年，西元前二二二年。183秦卒滅燕　按：西周初年封建之燕國，歷八百餘年，至此被秦所滅。184其明年　秦王政二十六年，西元前二二一年。185秦并天下　按：秦王政於其十七年（西元前二三〇年）滅韓，於十九年（西元前二二八年）滅趙，於二十二年（西元前二二五年）滅魏，於二十四年（西元前二二三年）滅楚，於二十五年（西元前二二二年）滅燕、滅代，於二十六年（西元前二二一年）滅齊，遂統一天下。186立號為皇帝　指秦王政改號稱「皇帝」，據〈秦始皇本紀〉，當時群臣上號曰「泰皇」，而秦王政自己裁定曰：「去『泰』著『皇』，採上古『帝』位號，號曰『皇帝』。」並自號曰「始皇帝」。187逐　追捕。188亡　逃匿。189庸保　即後世之所謂「僕傭」、「伙計」。《索隱》釋「酒家保」曰：「庸作於酒家，言可保信，故曰『庸保』。」瀧川引岡白駒曰：「賣傭定限期，故云『保』。」190匿作於宋子　匿作，隱姓埋名地替人幹活。宋子，地名，在今河北趙縣東北。191作苦　勞作疲乏。作，勞作；勞動。192傍偟　留戀不捨的樣子。193從者　《索隱》曰：「主人家之左右也。」194家丈人　意即「主人」、「東家」。195久隱畏約無窮時　長期這樣畏懼、困辱地躲藏下去，何時是了呢。《索隱》曰：「約，謂貧賤儉約。」按：「約」即指貧困，《論語》有所謂「小人不可以久處約」。196乃退　謂從堂上下來，回到私室。197裝匣　盛行李什物的箱籠之類。198舉坐客　所有在座的客人。199與抗禮　與之平等地以禮相見。抗，對等；相等。200宋子傳客　整個宋子縣都依次地輪流著請他去作客。傳，依次；輪流。201惜其善擊筑二句　喜歡他的擊筑技藝，但又不能輕易赦他的罪。重，難。「輕易」、「隨便」的反義詞。202矐其目　將其兩眼熏瞎。《索隱》曰：「以馬屎熏，令失明。」203稍益近之　漸漸地可以靠近秦始皇了。204朴　掄物以砸人。205諸侯之人　指東方六國的人。茅坤曰：「末復附高漸離一着，以為曲終之奏。」吳見思曰：「荊軻一段，文字奇肆極矣，故又附高漸離一段以為後勁，方不寂寞。」姚苧田曰：「荊卿之有高漸離，猶聶政之有姊嫈也。大丈夫為知己死，一腔熱血，本不求表露於天下，而無如荊卿之於太子丹疏莽猜嫌，實算不得知己，七尺之軀浪付豎子，殊為可惜，故當時若不得高生一番奇烈，荊之減價良不少也。酒酣歌泣，託以千秋，豈徒然哉！」206魯句踐　按：開頭與荊軻論劍，以其「不稱」，「怒而目之」者，非「魯句踐」，乃「蓋聶」也。此處言「魯句踐」，似史公行文之誤。207不講　不講究；不精通。董份曰：「以句踐之言結傳末，見軻之劍術未盡。」208彼乃以我為非人也　非人，王叔岷曰：「『人』猶『偶』也。『非人』猶『非偶』，亦即非同類者耳。」按：以上荊軻刺秦王事，見《戰國策・燕策三》，《策》文除無此傳開頭「燕太子丹質秦亡歸燕」以前數行，與結尾之魯句踐語少數文字外，基本故事均與此傳相同。顧炎武曰：「古人作史，有不待論斷，而於敘事之中即見其指者，惟太史公能之，如〈平準書〉末載卜式語，〈王翦傳〉末載客語，〈荊軻傳〉末載魯句踐語，〈鼂錯傳〉末載鄧公與景帝語，〈武安侯田蚡傳〉末載武帝語，皆於敘事中寓論斷法也。」牛鴻恩曰：「文章激昂悲壯，淋漓酣暢，是一篇出色的史傳文學作品。田光為激勵荊軻，自刎而死；樊於期為使荊軻見秦王，慷慨自殺；特別是荊軻，勇毅、深沉、慷慨、豪邁，他為赴秦做了周密準備。易水餞別，他的〈易水歌〉表現了必死的決心，迴腸盪氣，悲壯感人。他的『就車而去，終已不顧』；他的『倚柱而笑，箕踞以罵』，都生動刻畫了他鮮明的性格特徵，給人留下難忘的印象。而太子丹的操之過急和秦舞陽的『色變振恐』，則是對荊軻的陪襯。」

【語譯】荊軻是衛國人。他的先輩本是齊國人，後來搬到了衛國，衛國人叫他「慶卿」；荊軻到了燕國，燕國人又叫他「荊卿」。

2 荊卿喜歡讀書和擊劍，曾以治國之術勸說過衛元君，衛元君沒有採用。後來秦國東攻魏國，在新占領的地區設立了東郡，把魏國的附庸君主衛元君和他的支屬遷到了野王。

3 這時離鄉飄流的荊軻先是到了趙國的榆次，在榆次他和蓋聶談論劍術。蓋聶瞪了荊軻一眼，荊軻沒說話就出門走了，有人問蓋聶是不是要把荊軻再找回來，蓋聶說：「剛才我和他談論劍術，有些地方他說得不對，我瞪了他一眼。你去看看吧，我估計他可能離開榆次了，他不會留在這裡。」結果派人去到荊軻居住的店家那裡一問，荊軻果然已經趕著車子離開了榆次。派去的人回來向蓋聶一說，蓋聶說：「本來我就估計他已經走了，因為我剛才瞪了他一眼。」

4 接著荊軻又到了邯鄲，和魯句踐一起下棋，因為兩個人爭執該當誰走。魯句踐對荊軻生氣地呵斥了一聲，荊軻又是什麼話也沒說悄悄地走了，兩個人從此再沒有見面。

5 荊軻來到燕國後，和燕國一個殺狗的屠戶及一位擅長擊筑的高漸離感情很好。荊軻喜歡飲酒，天天和那個屠戶及高漸離在燕國的市場上痛飲。等到喝得勁頭上來，高漸離就擊筑為聲，荊軻就和著筑聲引吭高唱，三個人以此為樂。待至唱了一會兒，忽然又轉為相對落淚，簡直就像周圍沒有別人一樣。荊軻雖然好跟那班酒徒混在一起，但他的為人卻深沉穩重，而且喜歡念書；他不論到了哪個國家，總是跟那些有威望有才幹的人物交朋友。他到了燕國後，燕國的在野名人田光也對他很好，知道他不是平庸之輩。

6 沒過多久，在秦國當人質的太子丹從秦國逃回來了。太子丹原來曾在趙國當人質，當時秦王政出生在趙國，小時候和太子丹很要好。等到他回國當了秦王之後，太子丹又到秦國來當人質了。這時秦王政對待太子丹很不好，於是太子丹恨恨地逃了回來。回國後太子丹就想尋找機會向秦王報仇，但由於燕國弱小，自己沒有力量。後來秦國又接連不斷出兵東下，攻打齊國、楚國和韓、趙、魏三國，逐漸地向東蠶食各國的領土，眼看著就要吃到燕國的頭上來了，燕國的君臣們都很害怕這種災難的來臨。太子丹很擔心，向他的老師鞠武請教。鞠武說：「秦國的土地遍天下，威脅著韓國、魏國和趙國。秦國北有甘泉、谷口的堅固要塞，南有涇水、渭水灌溉的肥沃土壤，並擁有巴郡、漢中的富饒資源，西有隴山、蜀山，東有函谷關、殽山，他們人多兵強，武器充裕。只要他們的心思對我們一動，那麼這長城以南、易水以北的燕國就無法安生了。您何必為受了一點欺侮去觸犯他呢？」太子丹說：「那我們有什麼辦法嗎？」鞠武說：「讓我再好好地考慮考慮。」

7 又過了一段時間，秦國的將領樊於期因為得罪秦王逃到了燕國，太子丹收留他，讓他住了下來。鞠武勸阻說：「不能留他。憑著秦王的殘暴和他素日對我們燕國的怒氣，就已經夠讓人膽戰心寒的了，何況再讓他知道樊將軍又到了我們這裡呢？這就叫做『把肉往餓虎經過的道上扔』，災難必然是沒救了！到那時即使有像管仲、晏嬰那樣的謀臣也不可能再替您拿主意。所以希望您趕緊打發樊將軍去匈奴，以消除秦國進攻我們的藉口，然後我們向西聯合韓、趙、魏三國，向南聯合齊國、楚國，再向北聯合匈奴，只有這樣，我們才可能考慮如何與秦國作戰的問題。」太子丹說：「照您的計畫，將不知拖到何年何月，現在我的心裡昏昏然，恐怕等不了多久了。況且不僅有如此。再說樊將軍是在走投無路的情況下來投奔我的，我無論如何不能因為懼怕秦國而拋棄一位可憐的朋友，把他扔到匈奴去。也許現在已經到了我該死的時候了，希望您替我想想別的辦法。」鞠武說：「一邊在故意冒險一邊又求太平，一邊在製造禍端一邊又求福分，不作深謀遠慮卻又不斷地激怒敵人，為了一個新來的朋友，竟然不顧國家的大害，這就是俗話所說的自己加快災難的降臨。這就如同把一根鴻毛放在爐火上燒，肯定是一下子就完了。讓雕鷙一樣兇猛的秦國，來對我們發洩他那積蓄已久的怒氣，那還用得著說什麼嗎？我們國家有位田光先生，這個人有深智大勇，您可以找他商量商量。」太子丹說：「我希望通過您的引見認識田先生，您看行嗎？」鞠武說：「可以。」於是鞠武出去找到田光說：「太子希望見您和您商量國家大事。」田光說：「遵命。」於是他就到太子那裡去了。

8 太子丹親自迎到了門外，而後在前面倒退著為田光引路，進屋後又跪下去用袖子為田光撣了撣坐席。待至田光坐定，左右的人們退出後，太子丹又離開坐席，尊敬地向田光請教說：「燕國和秦國是勢不兩立的，請先生關心我們當前的形勢。」田光說：「一匹駿馬在牠健壯的時候，一天能跑一千里，可是到牠老了的時候，連一匹劣馬也能跑到牠的前頭。太子您聽說我能幹，那是我年輕時候的事，卻不知我現在的精力已經不行了。但儘管我現在已經不能再和您一道籌劃大事，而我的朋友荊卿卻可以給您派用場。」太子丹說：「我想通過您的介紹認識荊卿，您看行嗎？」田光說：「遵命。」說完起身出門。太子丹送到了門口，囑咐田光說：「剛才我對您說的話，以及您所說的事情，可都是國家大事，希望您不要洩露。」田光低頭笑道：「當然。」

9 田光彎著腰去找到了荊卿，說：「咱們兩個人的關係好，燕國無人不知。可是太子只知道我年輕時的本事，而不知道我現在的身體已經不中用了。他對我說：『燕國和秦國是勢不兩立的，希望您關心我們現在的局勢。』當時我不見外，就把你推薦給太子了。希望你迅速進宮見他。」荊軻說：「願意遵命。」田光又說：「俗話說一個有德性的人辦事，不應該讓別人懷疑。剛才太子曾囑咐我說：『我們所說的話可都是國家大事，希望您不要洩露。』這說明太子對我不放心。一個人辦事如果讓別人不放心，那就不能算是好漢。」其實他是想用自己的死來激勵荊軻下決心，於是就對荊軻說：「請你趕緊到太子那裡去，就說我已經死了，以證明我不會洩露國家機密。」說罷遂自刎而死。

10 於是荊軻立即去拜見了太子，對太子說田光已經死了，並且把田光臨死前說的話對太子丹說了一遍。太子丹拜了兩拜，跪在地上流著眼淚，過了好一會才說出話來，他說：「我當時所以囑咐田先生，是為了保證大事的成功。如今田先生竟然為了表明不洩露機密而自殺了，這哪裡是我的本意呢！」荊軻坐定以後，太子丹又離開坐席，對荊軻叩頭說：「田先生不認為我沒出息，讓我能到您面前，來向您表達我的心事，這真是老天爺可憐我們燕國而不想拋棄燕國的後代啊。如今秦國貪婪得很，他們的欲望是永遠不能滿足的。他們不把所有的國家全部消滅，不把各國的國王都變成他的奴僕，他們是不會死心的。現在他們已經俘虜了韓王，吞併了韓國的土地；又發兵向南征伐楚國，向北逼近趙國；王翦率領著幾十萬人已經到達了趙國南境的漳水、鄴城；而李信又從太原、雲中出兵向趙國進擊，趙國抵抗不住，必然要向秦國投降。趙國一投降，接著災禍就要降臨到我們燕國了。我們的國家弱小，又多次遭受戰爭的困擾，現在估計一下，即使動員起整個國家的力量也抵擋不了秦國。現在各國都怕秦國，誰也不敢再和我們聯合。按我個人的想法，如果能找到一位勇士，派他到秦國去，我們可以拿重利去引誘秦王，秦王貪心，必然能讓我們找到接近他的機會。這樣我們一旦劫持了他，逼他交還侵占諸侯們的土地，就像當年曹沫劫持齊桓公那樣，這是最理想的結果；假如劫持不成，那就乘機把他殺掉。秦國的大將都領兵在外，國內一旦出現動亂，他們君臣間必然會相互猜疑，乘這個機會，我們東方各國聯合起來，就肯定可以打敗秦國了。這是我最高的願望，只是不知道該把這個任務託付給誰，請您多留意！」過了好一會兒，荊軻說：「這可是國家的大事，我本事不高，恐怕承擔不起。」太子丹進前叩頭，堅請他不要推辭。荊軻答應了。於是太子丹尊荊軻為上卿，讓他住進最高級的客館。太子丹還每天都到那裡向他問候，給他送去牛、羊、豬三者俱備的最高級的食品，此外還不時地給他送去各種奇珍異寶，至於其他車馬、美女等等，更是敞著口地讓荊軻盡情享用，總之一切都順著他的心。

11 過了一段時間，荊軻還沒有動身的意思，這時秦將王翦已經滅掉了趙國，俘虜了趙王，吞併了趙國的全部土地。接著大兵北進，來到了燕國的南部邊界。太子丹害怕了，對荊軻說：「秦兵很快地就要渡過易水了，即使我願意長久地侍候您，但又怎麼辦得到呢！」荊軻說：「即使您不說，我也早想去向您請示了。現在就是我到了秦國，因為沒有讓他們信任的東西，那還是無法接近秦王的。秦國逃來的樊將軍，現在秦王正用千金萬戶的重賞來捉拿他。如果我們能帶著樊將軍的人頭和我國督亢地區的地圖，去獻給秦王，秦王必然會高興地接見我，到那時我才能有為您效力的機會。」太子丹說：「樊將軍因為走投無路來投奔我，我不忍用自己的事情去傷人家的心。請您還是另想別的辦法。」

12 荊軻知道太子不忍心，於是就背著太子自己去找樊於期。他對樊於期說：「秦國對待您可以說是殘酷到極點了，您的父母宗族都被秦王殺盡了，現在他們還用千斤和萬戶的重賞來收買您的人頭，您準備怎麼辦呢？」樊於期仰天長歎，兩淚交流地說：「我每逢想到這件事，都是傷心得連骨髓也發疼，只是想不出什麼辦法！」荊軻說：「如今有一個法子既可以解除燕國的禍患，又可以為您報得大仇，您想聽嗎？」樊於期湊近一步說：「有什麼辦法？」荊軻說：「我希望得到您的人頭，我拿著它去見秦王，秦王一聽必然高興地接見我。到那時，我左手抓住他的袖子，右手持匕首直刺他的胸膛，這樣既可以為您報了大仇，又可以為燕國洗去受欺凌的恥辱，您有意思這麼幹嗎？」樊於期一聽立即解衣露出了一隻膀子，一隻手握著另一隻手的腕子，湊近荊軻說：「我之所以日夜咬牙捶胸，就是因為想不出好辦法，今天才從你這裡聽到。」說罷立刻刎頸自殺了。太子丹一聽這個消息，趕緊飛車前往，趴在樊於期的身上放聲大哭，哭得非常悲痛。但無論如何人是死了，於是就把樊於期的人頭裝在匣子裡，用封條封上。

13 太子丹事先已經在各地物色鋒利的匕首，後來從趙國徐夫人那裡得到了一把，太子丹花了百金把它買過來，又讓工匠把它用毒藥蘸過，用這把匕首試著刺人，只要擦破一點皮，流出僅能滲溼一根布絲的那麼一點血，人沒有一個不立刻死亡的。於是太子丹就把這些東西都為荊軻收拾停當。燕國有個勇士叫秦舞陽，早在十三歲時就敢殺人，周圍的人們誰都不敢對他反目相看。太子丹就把他找來，安排他給荊軻當助手。這時荊軻好像是還在等什麼人，說是非要那個人來了才一塊走。而這個人又離這裡很遠，還沒來，荊軻倒是已經為他收拾好了行裝。又過了一陣，荊軻還不動身，太子丹嫌他拖延，怕他變卦。於是就去催促說：「已經沒有時間了，您還有去的意思嗎？不然我們就先讓秦舞陽一個人去。」荊軻一聽，生氣地對太子丹喝斥道：「用得著您這麼催我嗎？如果一去回不來，那就是個窩囊廢。再說就拿著這麼一把匕首去那個變化莫測的秦國行刺，不好好準備怎麼行呢？我之所以還不走，是在等我的一個朋友一塊去。您現在嫌我拖延，那我就馬上告辭！」於是動身出發了。

14 這時太子丹以及賓客們知道這件事的，都穿著白衣服，戴著白帽子，來給荊軻送行。他們來到了易水河邊，祭過了路神，把車子擺在了西去的路上。這時高漸離擊筑，荊軻和著筑聲引吭高歌，歌聲先是用蒼涼悲惋的「變徵」音調。送行的人們聽著一個個都流下了眼淚。接著荊軻又進前唱道：「風蕭蕭兮易水寒，壯士一去兮不復還！」隨後又把曲調變成了激昂慷慨的「羽調」，這時在場的人們聽了都一個個激動得瞪起了眼睛，豎起了頭髮。荊軻唱罷回身上車揚鞭西馳而去，再也沒有回頭。

15 荊軻來到秦國，先用價值千金的禮物買通了秦王的寵臣中庶子蒙嘉。蒙嘉受禮後把他們向秦王介紹說：「燕王出於懼怕大王的雄威，已經不敢再興兵抵抗我國的軍隊；他們願意帶著整個國家投降我們，給我們作臣僕，等同於我們秦國內部的一個小封君，和我們國內的郡縣一樣給中央進貢，只求讓他們保存著他們先王的宗廟不致被毀。由於燕王害怕大王，不敢自己來說，所以先派人帶著樊於期的人頭和燕國督亢地區的地圖來見您。當他們把人頭、地圖裝進匣子，使臣動身來秦的時候，燕王還親自走到院子裡對著使臣叩頭跪拜，囑咐他的使者來對您好好地報告。現在就等您的指示了。」秦王一聽非常高興，於是換上禮服立即升殿，殿前排列著九個儐相，用了極其隆重的禮節在咸陽宮接見燕國的使者。

16 荊軻捧著樊於期的人頭盒子走在前面，秦舞陽捧著地圖匣跟在後面，兩人依次進了宮門。剛走到臺階下，秦舞陽就已經嚇得面無人色。秦王的群臣看此光景，覺得很奇怪。這時荊軻回過頭來笑看著秦舞陽，替他向秦王打圓場說：「生活在北部蠻夷的小人，從來沒有見過天子的威儀，所以一見就害怕了。希望大王能寬恕他，讓他能夠完成這次出使的任務。」秦王對荊軻說：「把他手裡的地圖拿過來。」於是荊軻就從秦舞陽手裡拿過地圖送到了秦王面前。秦王接過地圖，慢慢地把圖卷展開，待至地圖展到最後，捲藏在裡邊的匕首就露出來了。這時荊軻左手抓住了秦王的袖子，右手抄起匕首向著秦王刺去。匕首還沒有刺到身上，秦王嚇得站起來往後一扯，袖子被掙斷了。接著秦王伸手拔劍，但是佩劍太長，倉促間拔不出來，只是著急地手裡抓著劍鞘。由於太緊張、太著急，所以佩劍也就越像是焊住了一樣，怎麼拔也拔不出來。秦王無法，只好圍著柱子亂轉，荊軻在後面急急追趕。由於事情來得太突然，所以殿上的群臣先是嚇得一愣，而後就全都急得亂了套。當時秦國的法律規定，凡是在殿上站著的群臣不允許攜帶任何兵器，而所有手持兵器的衛士們只能列隊站在殿外，沒有秦王的命令，誰也不能上來。而秦王由於當時正急著對付荊軻，所以來不及召呼下面的衛士，這就給了荊軻追趕秦王的時間。由於事情來得倉促，殿上的群臣沒有任何辦法攔阻荊軻，只好空手和荊軻搏鬥。這時有個侍候秦王的醫生叫夏無且，他用手裡的藥包擲向荊軻。這時秦王還在圍著柱子亂跑，正不知道該怎麼辦，只聽左右有人對他喊道：「大王可以把佩劍推到背後去拔！」秦王一聽醒悟了，他把佩劍向後一推，從背後拔了出來。秦王先是砍斷了荊軻的左腿，荊軻癱倒在地，這時荊軻把他手中的匕首狠狠地向著秦王投去，結果又沒有投中，而是投在了一根桐柱上。秦王轉身猛地又砍荊軻，這時荊軻已經有八處受傷了。荊軻知道事情已經不能成功，於是就靠著柱子放聲大笑，他伸著兩腿，高傲地望著秦王罵道：「今天的事情所以沒有成功，是因為開始我想捉活的，想逼著你和我們簽訂條約，以此來回報燕太子。」接著秦王左右的人們過去把荊軻殺掉了。而秦王則是為了這事一直過了好久還在悶悶不樂。

17 等到事情過去以後，秦王根據當時的功勞，對有功的人進行了不同的獎賞，對有罪的人也給予了不同的懲罰。秦王特別賞賜給夏無且黃金二百鎰，說：「夏無且是愛我的，當時他用藥包擲過荊軻。」

18 荊軻這件事更激起了秦王的憤怒，他立即增派部隊到趙國去，命令王翦率軍北進伐燕。當年十月，攻下了燕國的國都薊城。燕王喜和太子丹率領著燕國的精兵，退到了燕國東北部的遼東地區。秦國的將領李信對燕王喜追趕得很急，這時趙國的殘餘勢力代王嘉給燕王喜寫信說：「秦軍之所以追你追得特別急，是因為你兒子太子丹的緣故。你如果能自己殺死太子丹，把他交給秦王，秦王必然會解除對你的追擊，這樣你的國家或許就能得到保存。」後來李信追趕太子丹，太子丹逃到了衍水上，燕王喜派人把太子丹殺了，他想把他獻給秦王，結果秦國不聽，仍是照樣進兵。又過了五年，秦國終於滅掉了燕國，俘虜了燕王喜。

19 滅燕後的第二年，秦國統一了天下秦王政改號稱為皇帝。接著他下令搜捕太子丹和荊軻的門客黨羽，這些門客黨羽們都逃跑躲藏起來了。這時高漸離更名換姓，躲在宋子縣當雇工。過了一段時間，他幹活幹累了，聽到主人家有位客人在堂上擊筑，高漸離聽了半天捨不得離去。他常脫口說道：「這位先生擊筑，有的地方擊得好，有的地方擊得不好。」這時主人家的一位侍從就把高漸離的話告訴了主人，說：「那位伙計懂得音樂，他在那裡對剛才的擊筑妄加評論。」這家主人一聽，立即就把高漸離叫上來，請他擊筑，結果一場表演後，滿座的客人都為之叫絕，主人很高興，立即斟酒給他喝。高漸離心想，自己這麼躲藏下去，終究不是辦法。於是回到自己屋裡，從行囊裡取出了自己的筑並換上了自己的好衣裳，變更容貌重新來到主人跟前。在座的客人們一看都大吃一驚，趕緊下來與高漸離見禮，然後把他推到了上座。請他擊筑唱歌，客人們聽了一個個無不激動得流下了眼淚。從此在宋子城裡，大家都輪流著請高漸離去作客。很快地消息傳到了秦王那裡。秦王下令召見高漸離。高漸離一進宮，馬上就有人認出了他，說：「這人是荊軻的朋友高漸離。」秦王聽後，一方面他很喜歡高漸離擊筑的本領，但另一方面也實在難以饒過他，於是就弄瞎了他的眼睛。讓他擊筑，秦王每聽一次，都覺得不錯。於是就漸漸地與秦王接近了，這時高漸離就暗中在筑裡灌滿了鉛，在後來接近秦王的時候，他突然舉筑向秦王砸去，結果沒有砸中。於是秦王立即處死了高漸離，從此一輩子再也不接近東方六國的人了。

20 魯句踐聽說荊軻刺秦王的事情後，自己感慨地說：「可惜呀！荊軻的失誤就出在劍術不夠精通上。但是我當初也實在太不了解人了！我當時還呵斥過他，他自然也不會視我為同類親近的人了！」

太史公曰：世言荊軻，其稱太子丹之命，「天雨粟，馬生角」也，太過❶；又言荊軻傷秦王❷，皆非也。始公孫季功❸、董生❹與夏無且游，具知其事，為余道之如是。自曹沫至荊軻五人，此其義❺或成，或不成，然其立意較然，不欺其志❻。名垂後世，豈妄也哉？

【章　旨】以上為第六段，是作者的論贊，補充說明了荊軻故事的材料來源，與作者所以為五人立傳的著眼點。

【注　釋】❶世言荊軻五句　社會上流傳的荊軻故事中，當說到太子丹的命運時，說他曾經感動得「天雨粟，馬生角」，這種說法太過分了。《燕丹子》曰：「太子丹質於秦，秦王遇之無禮，不得意，欲歸。秦王不聽，謬言曰：『令烏頭白，馬生角，乃可。』丹仰天嘆焉，即為之烏頭白，馬生角。」❷又言荊軻傷秦王　《正義》引《燕丹子》曰：「荊軻拔匕首擲秦王，決耳，入銅柱，火出。」❸公孫季功　僅此一見，其人事跡不詳。❹董生　即董仲舒，武帝時的著名儒生，著有《春秋繁露》，事跡見〈儒林列傳〉。司馬遷曾經向他學過《公羊春秋》。❺義　義舉。指刺殺活動。❻立意較然二句　出發點明確，絕不違背自己的良心。較，明也。欺，欺騙；違背。

【語 譯】太史公說：社會上流傳的荊軻的故事中，說太子丹在秦國當人質時，曾感動得天上落下了糧食，馬頭上長出了犄角，這些說法都太過分了。還說荊軻當時已經刺傷了秦王，這種說法也是不對的。從前公孫季功及董仲舒都曾經和夏無且有過交往，清楚地知道當時的事情，是他們後來對我這麼講的。從曹沫到荊軻一共五個人，他們辦的事情有的成功了，有的沒有成功，但他們的出發點都很明確，他們絕不違背自己的良心。他們的名聲流傳於後世，這難道是偶然的嗎？

【研 析】本篇作品的第一要義是歌頌「士為知己者死」。專諸為公子光而刺王僚，豫讓為智伯而刺趙襄子，聶政為嚴仲子而刺俠累，這些都是一個下層人物被某個上層人士所「知」，從而為之奮死不顧。而他們所涉及的那種統治階級的內部矛盾，從今天的眼光看並無什麼是非之分，因而也就沒有多少值得肯定的地方。但在當時卻體現了擺脫奴僕與主人的人格依附關係，而含有某種「平等」的「雙向選擇」的意味，這是戰國時代所特有的。司馬遷之所以歌頌這種關係，是出於對漢武帝專制獨裁的不滿。在這裡，他特別歌頌了豫讓的「義不為二心」，更表現了司馬遷對於為人不忠、待友不信的惡劣行為的深惡痛絕。

本篇作品的第二要義是歌頌為保衛國家、抗擊入侵者而勇敢奮鬥、義無反悔的義烈精神。曹沫、荊軻與上述三人不同，他們的活動都是與國家的安危緊密結合著，因而具有鮮明的政治色彩。曹沫的故事前人已經論證了它的不足信，司馬遷之所以將其書之於史，是說明司馬遷對這種行為的高度崇敬。至於荊軻，這是本篇的中心人物，在他身上所體現的兩種精神是非常感人的。

其一是見義勇為，急人之急，扶助弱小，不畏強暴，慷慨磊落，不怕犧牲的精神。荊軻是衛國人，附庸於魏。魏被秦滅後，他到處漂泊。燕國與他一不沾親，二不帶故，在秦國大軍壓境的情況下，田光把他推薦給燕太子丹。荊軻沒有推辭，就答應給太子丹去當刺客了。就其思想而論，接近於游俠，如司馬遷所言：「其言必信，其行必果，已諾必誠，不愛其軀，赴士之阨困。」但就其如何使用其才、使用其軀而言，他又不同於那些輕舉妄動的游俠。他深沉幹練，明大義，識大體，類似侯嬴與魯仲連。他們的義憤都是為國難而發。

他們臨危不懼，挺身而出，在強大的敵人面前表現了一種不可侵犯、不可折服的崇高人格。他們都是戰國時期的傑出人物，他們的浩然正氣對我國後世人民有重要的影響。

其二是危急關頭絕不氣餒，破釜沉舟，背水一戰，雖敗猶鬥的精神。從大環境說，當時的秦滅六國之勢已成定局，是束手投降，還是作困獸之鬥？這對於一個國家、一個民族來說是原則問題。清代吳見思說：「此時之燕，刺秦亦亡，不刺秦亦亡，太子丹所以刺秦王也。」司馬遷正是從這個角度肯定太子丹，而批判燕王喜、代王嘉；歌頌荊軻、高漸離、田光、樊於期等一批勇烈之士，而蔑視鞠武等表面老成周詳，實則是一根軟骨頭的投降派的。從荊軻的個人表現來說，當他被秦王擊斷左股，明知刺秦失敗時，仍「引其匕首以擿秦王」；後來他身「被八創」，又「倚柱而笑」，「箕踞以罵」，這是多麼壯烈感人的精神啊！

荊軻故事的情節驚險生動，是《史記》中最扣人心絃的作品之一。它有開頭，有發展，有高潮，有尾聲，是最具備現代小說特點的古代短篇文言小說。作品運用了多角度、多層次的襯托對比，在渲染氣氛、場面描寫等方面都有卓越的成就。

卷八十七

李斯列傳第二十七

【題解】作品記述了李斯由一閭巷布衣，輔佐秦始皇統一六國，創建制度，位列三公；到始皇死後，因畏禍貪權而賣身投靠趙高，殺扶蘇，立胡亥，並助桀為虐，為虎作倀，從而導致民變蜂起，四海鼎沸，而自己最後也不免被趙高、胡亥所殺的全部過程，批判了李斯貪求功名富貴，一切以個人得失為轉移的極端自私、極端懦弱的可恥本性。文章描寫趙高的手段與李斯患得患失的心理，皆生動真切，栩栩欲活，千載之下，猶如目睹。作品具有巨大的多方面的認識價值，而且像一面鏡子足以為千古讀史者之鑒，尤其可為官場中人的千古明鑒。

1 李斯❶者，楚上蔡❷人也。年少時，為郡小吏❸。見吏舍廁中鼠，食不絜❹，近人、犬，數❺驚恐之。斯入倉，觀倉中鼠，食積粟，居大廡❻之下，不見人、犬之憂。於是李斯乃歎曰：「人之賢不肖譬如鼠矣，在所自處耳❼！」

2 乃從荀卿❽學帝王之術❾。學已成，度楚王不足事❿，而六國⓫皆弱，無可為建功者，欲西入秦。辭於荀卿曰：「斯聞得時無怠⓬，今萬乘方爭⓭時，游者主事[14]。今秦王欲吞天下，稱帝而治，此布衣[15]馳騖[16]之時而游說者之秋也。處卑賤之位而計不為[17]者，此禽鹿視肉[18]，人面而能彊行[19]者耳。故詬莫大於卑賤，而悲莫甚於窮困[20]。久處卑賤之位、困苦之地，非世而惡利，自託於無為，此非士之情也[21]。故斯將西說秦王矣[22]。」

3 至秦，會莊襄王[23]卒，李斯乃求為秦相文信侯呂不韋[24]舍人[25]；不韋賢之，任以為郎[26]。李斯因以得說。說秦王曰[27]：「胥人者，去其幾也[28]。成大功者，在因瑕釁而遂忍之[29]。昔者秦穆公[30]之霸，終不東并六國[31]者，何也？諸侯尚眾，周德未衰[32]，故五伯[33]迭興[34]，更尊周室[35]。自秦孝公[36]以來，周室卑微，諸侯相兼，關東為六國[37]，秦之乘勝役諸侯，蓋六世[38]矣。今諸侯服秦，譬若郡縣[39]。夫以秦之彊，大王之賢，由竈上騷除[40]，足以滅諸侯，成帝業，為天下一統，此萬世之一時[41]也。今怠而不急就[42]，諸侯復彊，相聚約從[43]，雖有黃帝之賢，不能并也[44]。」秦王乃拜斯為長史[45]，聽其計，陰遣謀士齎持[46]金玉以游說諸侯。諸侯名士[47]可下以財者，厚遺結[48]之；不肯者，利劍刺之。離其君臣之計[49]，秦王乃使其良將隨其後[50]。秦王拜斯為客卿[51]。

【章旨】以上為第一段，寫李斯初到秦國。

【注釋】❶李斯　梁玉繩引吾丘衍《學古編》云：「斯字通古。」❷上蔡　戰國時楚縣名，在今河南上蔡西南。❸郡小吏　瀧川曰：「《索隱》本、楓本『郡』作『鄉』。《類聚》獸部、《御覽》百八十八引《史》亦作『鄉』。」王念孫曰：「『上蔡之鄉也。』」《索隱》引劉氏曰：「掌鄉文書。」❹絜　通「潔」。❺數　屢屢。❻大廡　即大屋。廡，大屋。❼在所自處耳　吳見思曰：「一篇大文字，反從『鼠』字起，奇甚。」葉玉麟曰：「斯畢生得喪，在入倉觀鼠一段，全罩通篇。」❽荀卿　名況，即通常所說的荀子（約西元前三一五—前二三八年），戰國末期儒家學派的代表人物。事跡見〈孟子荀卿列傳〉。❾帝王之術　五帝三王治理天下的道術。即儒家鼓吹的理想治世學說。按：今《荀子・議兵篇》云：「李斯問孫卿子曰：『秦四世有勝，兵強海內，威行諸侯，非以仁義為之也，以便從事而已。』孫卿子曰：『女所謂便者，不便之便也。吾所謂仁義者，大便之便也。』」❿度楚王不足事　度，估量。楚王，此時的楚王為楚考烈王，頃襄王之子，西元前二六二—前二三八年在位。⓫六國　指齊、楚、燕、韓、趙、魏。⓬得時無怠　遇到時機就要迅速抓住，蓋當時成語。《國語・越語》：「范蠡曰：『得時無怠，時不再來。』」⓭萬乘方爭　指戰國時的諸國相互兼併。萬乘，萬輛兵車。這裡指萬乘之國與萬乘之君。爭，爭雄；爭強。⓮游者主事　善於遊說的人掌握權柄。游者，以遊說諸侯為事的人，以縱橫家為主，其他諸家也包括其中。⓯布衣　平民。這裡即指遊士，荀卿、李斯等也都在內。⓰馳騖　奔走。這裡指投奔秦國。⓱計不為　不想幹事情；不想改變自己的「卑賤」處境。⓲禽鹿視肉　意謂只能看著眼饞而不能吃到嘴。蔣伯潛曰：「『禽』，『擒』之本字，言擒鹿而徒視其肉，不得食，以喻不能取富貴而享者。」王叔岷曰：「謂獲鹿但視其肉而不食，以喻不知享受榮貴也。」⓳人面而能彊行　意謂雖然看起來像人，而其實根本沒有人的志氣和本領。⓴詬莫大於卑賤二句　按：此二語乃李斯一生安身立命的思想根基，其一切活動、作為皆以此為出發點。凌稚隆引余有丁曰：「斯志在富貴，故卒以敗，使其知足，當不為趙高所愚矣。」郭嵩燾曰：「李斯生平只此一副本領，其辭荀卿遊說，務在趨時詭合，而已所以相始皇及為趙高所怵迫，其源皆出於此。」㉑久處卑賤之位四句　意謂一個人長期處於卑賤困苦之中，而嘴裡還高喊什麼看不起世俗，討厭名利，把自己打扮成一副清高絕倫、與世無爭的樣子，這都不是他的真實思想。非世，非議世事。無為，無所作為，這裡既包括道家所標榜的清心寡欲，與世無爭，也包括儒家所唱的「君子固窮」等等。情，真情；真實思想。史珥曰：「語意忿激，直與『五鼎食』『五鼎烹』口角不相上下。斯之平生具此，子長筆之，是為全傳綱領。」按：以上李斯這段話既蔑視了當時大批無所作為的士人，更直接蔑視了其師荀況與其師所代表的儒門諸子。㉒斯將西說秦王矣　凌稚隆引鄧以瓚曰：「辭師乃如許詳，然用以見斯心事，振起一篇精神。」吳見思曰：「一篇議論，只此一句掉轉，絕決而行，義不反顧，是李斯神情。」㉓莊襄王　名楚，秦始皇之父，西元前二四九—前二四七年在位。㉔秦相文信侯呂不韋　呂不韋原是衛國的大商人，莊襄王所以能繼位為秦王與呂不韋的活動大有關係。莊襄王即位後，任呂不韋為秦相，封文信侯，執秦政十三年。事跡見〈呂不韋列傳〉。㉕舍人　寄身於貴族、權要門下的一種半僕役、半賓客的人員，與「清客」、「食客」的意思相近。㉖任以為郎　保舉他充當了秦王的侍從人員。任，保舉。郎，帝王身邊的侍從人員，有郎中、中郎、侍郎諸名目，上屬郎中令。㉗李斯因以得說二句　按：此處連出兩「說」字，固亦可通，然連上文「任以為郎」讀下，則似應削一「說」字，直作「李斯因得以說秦王曰」。秦王，即日後的秦始皇，名政，西元前二四六年繼其父位為秦王。㉘胥人者二句　意謂如果總是觀望等待，就要失去自己的有利時機。胥，意思同「須」，等待。王念孫曰：「胥，須也。須，待也。」去，失掉。幾，時機；機會。㉙因瑕釁而遂忍之　意謂趁著對方有機可乘，自己就下狠心消滅它。瑕釁，空隙；可乘之機。忍，下狠心。按：以上數語既是李斯助秦王治國的根本訣竅，也是李斯自己為人處世的根本訣竅。㉚秦穆公　名任好，春秋前期秦國的國君，西元前六五九—前六二一年在位。事跡見〈秦本紀〉。㉛不東并六國　意即沒有征服東方諸國。按：春秋時期東方不只六國，李斯此語乃以戰國時的東方六國代指春秋時的東方諸國。瀧川曰：「不以辭害志可也。」㉜周德未衰　意謂周天子還有相當的影響。㉝五伯　即五霸，指齊桓公、晉文公、楚莊王、吳王闔閭、越王句踐。伯，同「霸」。㉞迭興　相繼興起。迭，輪流；交替。㉟更尊周室　都是以「尊王」，以幫著周天子維持秩序相標榜。更，更相；交互。㊱秦孝公　名渠梁，獻公之子，西元前三六一—前三三八年在位，任用商鞅實行變法，使秦國強大起來。事跡見〈秦本紀〉、〈商君列傳〉。㊲關東為六國　謂多國諸侯相互兼併最後剩下六個大國。關東，函谷關以東。㊳六世　指秦孝公、惠文王、武王、昭王、孝文王、莊襄王。㊴譬若郡縣　有如秦國內部的郡守、縣令那樣對秦王唯命是聽。㊵由竈上騷除　意謂只要拿出一點類似於打掃鍋臺的力氣。《正義》曰：「言秦欲東併六國，若炊婦除竈上塵垢。」王念孫曰：「『由』與『猶』同；『騷』與『掃』同。」陳直曰：「《居延漢簡釋文》一九一頁『塢上不騷除，不馬矢塗』，讀『騷』為『掃』，與本文同。」㊶萬世之一時　意指萬世難得一遇的良機。㊷怠而不急就　凌稚隆曰：「即前『得時無怠』意，李斯之自為與為秦謀皆不外此一句。」㊸相聚約從　意即重新聯合起來。約從，聯盟合縱。從，同「縱」。㊹雖有黃帝之賢二句　黃帝，傳說中的古代帝王，司馬遷所認為的「五帝」之一，事跡見〈五帝本紀〉。因為黃帝曾打敗過炎帝、蚩尤，故又被說成是兵家的祖師。㊺長史　官名，設於丞相、大將軍府中，以其為諸史之長，故稱「長史」，權位相當崇重。㊻齎持　攜帶。㊼諸侯名士謂東方各國的名臣與高尚之士。㊽遺結　意即收買、交結。遺，給予。㊾離其君臣之計　離間、破壞東方各國君臣之間的共同計畫。按：秦善用間，此種事具體見於〈田敬仲完世家〉、〈魏公子列傳〉、〈廉頗藺相如列傳〉、〈范雎蔡澤列傳〉等篇。㊿乃使其良將隨其後　按〈陳丞相世家〉寫陳平為劉邦設謀云：「大王誠能出捐數萬斤金，行反間，間其君臣，以疑其心。項王為人意忌信讒，必內相誅。漢因舉兵而攻之，破楚必矣。」正與李斯的手段完全相同。(51)客卿　對他國人為此國帝王充當高級幕僚者的一種稱呼，其地位崇重，但「客卿」不是具體官名。

【語　譯】李斯是楚國上蔡人。年輕時，在上蔡郡裡當小吏。他看見吏舍廁所中的老鼠，吃的是骯髒的糞便，又接近人和狗，經常受驚嚇。後來他到了糧倉，看見糧倉裡的老鼠，吃的是好糧食，住的是大屋子，又不受人和狗的驚擾。於是李斯就感慨地說：「一個人有沒有出息，就像這老鼠一樣，在於能不能給自己找到一個好的地方！」

2　於是他便去跟隨荀況學習五帝三王治理天下的學問。學業完成以後，他看著楚王不值得為之效力，而其他幾個東方國家又都很弱小，沒有一個可以讓他去建功立業的，於是便決心要到西邊的秦國去。他向荀況告辭說：「我聽說一個人如果遇到時機，那就一定不要放過，如今正是各國諸侯互相爭雄的時候，善於遊說的人掌握著各國的權柄。現在秦王想要吞併天下，稱帝以統治諸侯，這可正是我們這些平頭士人們馳騁才華，大展身手的好時機。一個人生活在卑賤的處境中而不能夠趁機進取，那就像是只能眼看著肉卻不能吃到嘴裡，外表一副人樣，卻只能苟且活著而已。人生沒有比處境卑賤更可恥的，沒有比窮困更令人悲哀的了。一個人長期處於卑賤困苦的境地，還要唱高調反對世俗，厭惡名利，把自己打扮成與世無爭的樣子，那不是人的真實思想。現在我要西去遊說秦王。」

3　李斯到了秦國，正好碰上莊襄王去世，於是他便去拜見了秦國丞相文信侯呂不韋，請求給他作門客。呂不韋看著李斯有才，就推薦他在秦王跟前當了郎官。這就使得李斯有了遊說秦王的機會。他對秦王說：「一個人總是等待，那就要失去有利時機；能成大功的人，關鍵就在於抓住機會狠下決心。當年秦穆公一度稱霸，但最終沒能吞併東方各國，什麼原因呢？就因為當時諸侯國比較多，周王朝的威望也還未衰落，所以當時的幾個霸主先後興起，都打著尊奉周天子的旗號。自秦孝公以來，周天子的權勢已經衰落，各諸侯國互相兼併，最後函谷關以東只剩下六個國家，而秦國乘勢奴役東方，到如今已經六代了。現在東方諸國對秦國的屈服，就像秦國國內的一個郡縣一樣。以秦國今天的強大和大王的賢明，要想消滅各國，統一天下，完成帝業，那就像打掃一下鍋臺上的塵土輕而易舉，這是萬世難得的良機。現在如果一旦放鬆而錯過機會，讓各國再強大起來，聯盟合縱，到那時即便有黃帝的賢明，也不能再吞掉它們了。」於是，秦王遂拜李斯為長史，聽從他的計策，暗中派出許多謀士攜帶著大批黃金珠寶去遊說東方各國。對於東方各國那些有聲望的人物，能夠用財寶收買的，就不惜重金，加以收買；對那些不肯接受財物的，就立即把他們殺掉。利用一切手段挑撥離間東方各國君臣之間的關係，隨後秦王便派出良將精兵跟著加以征討。就這樣，李斯很快地被秦王任命為客卿。

1 會韓人鄭國❶來間秦❷，以作注溉渠❸，已而覺❹。秦宗室大臣皆言秦王曰：「諸侯人來事秦者，大抵為其主游間於秦❺耳。請一切逐客❻。」李斯議亦在逐中❼，斯乃上書曰❽：

2 「臣聞吏議逐客，竊以為過矣。昔繆公❾求士，西取由余於戎❿，東得百里奚於宛⓫，迎蹇叔於宋⓬，來丕豹、公孫支於晉⓭。此五子者，不產於秦，而繆公用之，并國二十，遂霸西戎⓮。孝公用商鞅之法，移風易俗，民以殷盛⓯，國以富彊，百姓樂用，諸侯親服，獲楚、魏之師，舉地千里⓰，至今治彊⓱。惠王⓲用張儀⓳之計，拔三川之地⓴，西并巴、蜀㉑，北收上郡㉒，南取漢中㉓，包九夷㉔，制鄢、郢[25]，東據成皋[26]之險，割膏腴[27]之壤，遂散六國之從[28]，使之西面事秦，功施到今[29]。昭王[30]得范雎[31]，廢穰侯[32]，逐華陽[33]，彊公室，杜私門[34]，蠶食諸侯，使秦成帝業。此四君者，皆以客之功。由此觀之，客何負[35]於秦哉？向使[36]四君卻客而不內[37]，疏士而不用，是使國無富利之實而秦無彊大之名也[38]。

3 「今陛下致昆山之玉[39]，有隨、和之寶[40]，垂明月之珠[41]，服太阿之劍[42]，乘纖離之馬[43]，建翠鳳之旗[44]，樹靈鼉[45]之鼓。此數寶者，秦不生一焉，而陛下說之，何也？必秦國之所生然後可，則是夜光之璧[46]不飾朝廷，犀象之器[47]不為玩好，鄭、衛之女[48]不充後宮，而駿良駃騠[49]不實外廄[50]，江南金錫[51]不為用，西蜀丹青[52]不為采。所以飾後宮、充下陳[53]、娛心意、說耳目者，必出於秦然後可，則是宛珠之簪[54]，傅璣之珥[55]，阿縞[56]之衣，錦繡之飾不進於前，而隨俗雅化[57]佳冶窈窕[58]趙女[59]不立於側也。夫擊甕叩缶彈箏搏髀[60]，而歌呼嗚嗚快耳目[61]者，真秦之聲也；鄭、衛、桑間[62]、昭、虞、武、象[63]者，異國之樂也。今棄擊甕叩缶而就鄭、衛，退彈箏而取昭、虞，若是者何也？快意當前，適觀而已矣[64]。今取人則不然。不問可否，不論曲直，非秦者去，為客者逐。然則是所重者在乎色樂珠玉[65]，而所輕者在乎人民[66]也。此非所以跨海內[67]制諸侯之術也。

4 「臣聞地廣者粟多，國大者人眾，兵彊則士勇(68)。是以太山(69)不讓土壤(70)，故能成其大；河海不擇(71)細流，故能就(72)其深；王者不卻(73)眾庶，故能明其德(74)。是以地無四方(75)，民無異國，四時充美(76)，鬼神降福，此五帝(77)、三王(78)之所以無敵也。今乃棄黔首(79)以資(80)敵國，卻賓客以業(81)諸侯，使天下之士退而不敢西向，裹足(82)不入秦。此所謂『藉寇兵而齎盜糧(83)』者也。

5 「夫物不產於秦，可寶者多；士不產於秦，而願忠者眾。今逐客以資敵國，損民以益讎(84)，內自虛而外樹怨於諸侯，求國無危，不可得也(85)。」

6 秦王乃除逐客之令，復李斯官(86)，卒用其計謀。官至廷尉(87)。二十餘年，竟并天下(88)，尊主為皇帝，以斯為丞相(89)。夷郡縣城(90)，銷其兵刃(91)，示不復用。使秦無尺土之封(92)，不立子弟為王、功臣為諸侯者，使後無戰攻之患。

7 始皇三十四年(93)，置酒咸陽宮，博士僕射(94)周青臣等頌稱始皇威德(95)。齊人淳于越(96)進諫曰：「臣聞之，殷、周之王千餘歲(97)，封子弟功臣自為支輔(98)。今陛下有海內，而子弟為匹夫(99)，卒(100)有田常、六卿之患(101)，臣無輔弼(102)，何以相救哉？事不師古而能長久者，非所聞也。今青臣等又面諛(103)以重陛下過(104)，非忠臣也。」始皇下其議丞相(105)。丞相謬其說(106)，絀其辭(107)，乃上書曰：「古者天下散亂，莫能相一[108]，是以諸侯並作[109]，語皆道古以害今[110]，飾虛言以亂實，人善其所私學[111]，以非上所建立[112]。今陛下并有天下，別白黑[113]而定一尊[114]；而私學乃相與非法教之制[115]，聞令下，即各以其私學議之[116]。入則心非，出則巷議。非主[117]以為名，異趣[118]以為高，率羣下以造謗。如此不禁，則主勢[119]降乎上，黨與[120]成乎下。禁之便。臣請諸有文學[121]詩、書、百家語者，蠲除去之[122]。今到滿三十日弗去，黥為城旦[123]。所不去者，醫藥、卜筮、種樹之書。若有欲學者，以吏為師[124]。」始皇可其議，收去[125]詩、書、百家之語以愚百姓，使天下無以古非今。明法度，定律令[126]，皆以始皇起。同文書[127]。治離宮別館，周徧天下[128]。明年[129]，又巡狩[130]，外攘四夷[131]，斯皆有力焉[132]。

8　斯長男由[133]為三川守[134]，諸男皆尚秦公主[135]，女悉嫁秦諸公子[136]。三川守李由告歸咸陽[137]，李斯置酒於家，百官長皆前為壽[138]，門廷車騎以千數。李斯喟然[139]而歎曰：「嗟乎！吾聞之荀卿曰：『物禁大盛[140]。』夫斯乃上蔡布衣，閭巷[141]之黔首，上不知其駑下[142]，遂擢[143]至此。當今人臣之位無居臣上者，可謂富貴極矣。物極則衰，吾未知所稅駕[144]也！」

【章　旨】以上為第二段，寫李斯輔佐秦始皇吞併六國，與統一後所實行的種種政策措施。

【注　釋】❶鄭國　人名，韓國的水利工程師。❷來間秦　來秦國進行間諜活動。❸注溉渠　即日後所稱的「鄭國渠」，溝通今陝西東部的涇、洛二水，是我國古代著名的水利工程之一。所謂「注溉」，即指〈河渠書〉中所說的「注洛」與「溉田」〈運輸與灌溉〉兩項功用而言。〈河渠書〉記鄭國此事云：「韓聞秦之好興事，欲罷（疲）之毋令東伐，乃使水工鄭國間說秦，令鑿涇水自中山（今陝西淳化南）西抵瓠口為渠，並北山東注洛三百餘里，欲以溉田。」❹已而覺　後來鄭國的意圖被秦人發覺。〈河渠書〉曰：「中作而覺，秦欲殺鄭國，鄭國曰：『始臣為間，然渠成亦秦之利也。』秦以為然，卒使就渠，因名曰『鄭國渠』。」按：鍾惺曰：「鄭國為韓間秦，令鑿涇水開渠溉田，此商君強本之謀也。苟免韓一時之患，而永開秦數世之利，使秦暫寬一韓而兼收六國，安在其為韓間秦乎？」❺為其主游間於秦　為其本國的主子來秦國進行遊說，充當間諜。❻一切逐客　不問黑白，一律趕走。一切，《漢書・平帝紀》師古注：「如以刀切物，苟取整齊，不顧長短縱橫。」瀧川引中井曰：「譬如一刀切束芻（飼草），芻有長短巨細，而無所擇，唯一刀取整齊也。」梁玉繩曰：「孫侍講曰：『逐客之議因嫪毐，不因鄭國，鄭國事在始皇初年。』《大事記》云：『是時不韋專國，亦客也，孰敢言「逐客」乎？本記載於不韋免相後，得之矣。』」按：據〈六國年表〉，修鄭國渠在秦王政元年（西元前二四六年），〈河渠書〉載鄭國為韓間諜以修注溉渠被秦發覺事，但未言逐客；〈秦始皇本紀〉載逐客事於秦王政十年（西元前二三七年）平定嫪毐之亂後。❼議亦在逐中　言經過討論也在驅逐之列。❽斯乃上書曰　據〈秦始皇本紀〉，秦王政十年「大索逐客，李斯上書說，乃止逐客令」。❾繆公　即前文所說的秦穆公，繆，通「穆」。在一篇文章之中一個人的名字兩種寫法，不能說不是一病。❿西取由余於戎　由余原是晉國人，因事逃亡入戎。秦穆公聞其賢，乃用反間計使戎王疏斥由余，致使由余歸秦。由余入秦後，佐穆公吞併戎國十二，開地千里，使穆公稱霸西戎，事見〈秦本紀〉。⓫東得百里奚於宛　百里奚原是虞國（都下陽，今山西平陸）大夫，晉獻公欲滅虢（都上陽，今河南三門峽東南），向虞國借道。百里奚以脣亡齒寒的道理勸阻虞君，虞君不聽，結果晉國滅掉虢國後，趁勢也就把虞國滅掉了。百里奚被俘虜，被晉國作為晉女的陪嫁奴僕西送入秦。百里奚恥之，中途南逃至宛（今河南南陽），被楚人捉住。秦穆公以五張黑羊皮將其換到秦國，任以國政，遂佐穆公以霸，人稱「五羖大夫」，事見〈秦本紀〉。⓬迎蹇叔於宋　蹇叔是百里奚的友人，百里奚在秦國當政後，向穆公推薦蹇叔，穆公迎以為上大夫，事見〈秦本紀〉。《正義》引《括地志》曰：「蹇叔，岐州人也。時遊宋，故迎之於宋。」⓭來丕豹公孫支於晉　來，同「徠」。招納。丕豹，晉國大臣丕鄭之子，丕鄭被晉惠公所殺，丕豹遂奔秦，事見〈晉世家〉。公孫支，《正義》曰：「岐州人，遊晉，後歸秦。」⓮并國二十二句　〈秦本紀〉曰：「秦用由余謀伐戎王，益國十二，開地千里，遂霸西戎。」瀧川引中井曰：「『併國二十』，或是有所據，或是誇張耳。」⓯殷盛　殷實；富足。殷，富也。⓰獲楚魏之師二句　據〈秦本紀〉，孝公十年，圍魏都安邑，降之；二十二年，破魏軍，虜其將公子卬，使秦之東境延展至河，又南侵楚；二十四年，與魏戰於岸門，虜其將魏錯。⓱治彊　穩定而強盛。⓲惠王　也稱「惠文王」，名駟，孝公之子，西元前三三七—前三一一年在位，秦國從他開始稱「王」。⓳張儀　戰國中期的大政治家，以連橫學說事秦，為秦國的發展做出了重大貢獻。事跡見〈張儀列傳〉。⓴拔三川之地　梁玉繩引李善《文選注》曰：「通三川是武王，張儀已死，此（云惠王用張儀之計）誤也。」三川，地區名，約當今之河南洛陽一帶地區，因其地有黃河、伊水、洛水而為名，戰國時這一帶屬於周國與韓國，後來秦始皇在此設立了三川郡。㉑西并巴蜀　事在秦惠王後元九年（西元前三一六年）。巴、蜀皆今四川境內的古國名，巴國的都城江州在今重慶市北，蜀國的都城即今成都市。向秦王建議攻取巴、蜀的首先是司馬錯，〈秦本紀〉稱「司馬錯伐蜀，滅之」。然《華陽國志》謂張儀與司馬錯共同伐滅巴蜀，則李斯此語亦有根據。㉒上郡　魏郡名，郡治膚施（今陝西榆林東南），秦惠王十年（西元前三二八年）被秦國所攻取。㉓漢中　楚郡名，約當今湖北省西北部與陝西省東南部地區，秦惠王後元十三年（西元前三一二年）被秦國所攻取。㉔包九夷　包，包有，亦「占取」之意。九夷，《索隱》曰：「即屬楚之夷也。」蓋指今川、湘、黔鄰近地區的各少數民族地區。九，泛指多數。㉕制鄢郢　謂攻擊、控制楚國都城。鄢，在今湖北宜城東南。郢，在今湖北江陵西北。都曾作過楚國的都城。㉖成皋　古邑名，在今河南滎陽西北，歷來為軍事要地，當時屬韓。㉗膏腴　肥美；肥沃。㉘六國之從　東方六國間的軍事聯盟。從，同「縱」。合縱。㉙功施到今　謂秦惠王倚靠張儀所建立的功業一直延續、影響到今天。施，延續。㉚昭王　名則，惠王之子，武王之弟，西元前三〇六—前二五一年在位，為日後秦始皇的統一六國奠定了堅實基礎。㉛范雎　原魏人，後為秦相，是「遠交近攻」政策的明確提出者。事跡見〈范雎蔡澤列傳〉。㉜廢穰侯　穰侯名魏冉，秦昭王之舅，秦昭王之能以得立為王，魏冉起了重大作用，後長期為秦相，對秦國的發展有重大貢獻。但由於過分專權，引起秦昭王的不滿，范雎遂趁隙進說，穰侯遂遭罷斥。㉝逐華陽　華陽君名芈戎，宣太后之胞弟，亦秦昭王之舅，貴盛跋扈，范雎入秦後，勸說秦昭王將其罷逐。按：「廢穰侯」、「逐華陽」事詳見《戰國策・秦策五》與〈穰侯列傳〉、〈范雎蔡澤列傳〉。㉞彊公室二句　意即加強國王自身對國家大事的控制能力，削弱貴族、權臣把持國政的現象。杜，杜絕；堵塞。㉟何負　有什麼對不住。負，虧待。㊱向使　當初假如。㊲卻客而不內　拒絕東方來客，不讓他們進入秦國。卻，拒絕；斥退。不內，不接受。內，通「納」。㊳而秦無彊大之名也　淩約言曰：「不引前代他國事，只以秦之先為言，切實動聽。」(39)致昆山之玉　求得昆侖山出產的美玉。《正義》曰：「昆岡在于闐國東北四百里，其岡出玉。」按：古于闐國即今新疆和闐一帶，地處昆侖山的北麓，其地自古以產玉出名。致，求得；據有。(40)隨和之寶　即隨侯之珠與卞和之璧。據說春秋時隨侯曾救過一蛇，後來此蛇遂銜一徑寸之珠以報之，事見《說苑》。卞和是戰國時期楚國人，他得到一塊璞玉，開始不被人所識，卞和且為此吃了很大苦頭，後來終於被人賞識，製成了有名的和氏璧，詳見《韓非子·和氏》。(41)明月之珠　即月明珠，傳說中的一種寶珠名。(42)太阿之劍　古代的名劍。《索隱》引《越絕書》云：「楚王召歐冶子、干將做鐵劍三：一曰干將，二曰莫邪，三曰太阿也。」(43)纖離之馬　《集解》引徐廣曰：「纖離、蒲梢，皆駿馬名。」(44)翠鳳之旗　用翠羽結成鳳形作裝飾的旌旗。(45)靈鼉　也稱「豬婆龍」，是一種珍貴的爬行動物，其皮可以蒙鼓面。(46)夜光之璧　能在夜間發光的璧玉。(47)犀象之器　犀牛之角、大象之牙所製造的珍貴器具。(48)鄭衛之女　古代以為鄭、衛之地出美女，且以能歌善舞聞名。「鄭」、「衛」皆春秋時代的諸侯國名，鄭國的都城在今河南新鄭，衛國的都城在今河南淇縣。(49)駿良駃騠　「駿」指良馬，「駃騠」是良馬名。(50)廄　馬棚。(51)江南金錫　江南所產的各種貴重金屬。〈貨殖列傳〉有所謂「江南多竹木，豫章出黃金，長沙出連、錫」云云。(52)西蜀丹青　西蜀所產的各種顏料。丹青，丹砂、青雘。〈貨殖列傳〉有所謂「巴蜀亦沃野，地饒巵、薑、丹砂」云云。(53)下陳　下列。指堂下陳列禮品、站立婢妾之處。(54)宛珠之簪　用宛地出產的珍珠所裝飾的簪子。宛，古城名，即今河南南陽，戰國時代屬楚。(55)傅璣之珥　裝飾著小珍珠的耳飾。傅，粘貼。璣，小珠。珥，婦女的耳飾。(56)阿縞　齊國東阿所產的白色絲織品。《集解》引徐廣曰：「齊之東阿縣，繒帛所出。」按：古之東阿在今山東東阿西南。(57)隨俗雅化　嫻雅變化應時隨俗。極言其聰明慧敏、順適人意。(58)佳冶窈窕　指女人的容貌身段之美。(59)趙女　古代趙國的邯鄲也以出美麗而又擅長歌舞的女子聞名。(60)擊甕叩缶彈箏搏髀　「缶」是秦國的打擊樂器名，見於〈廉頗藺相如列傳〉；《索隱》亦引《說文》云：「缶，瓦器也，秦人鼓之以節樂。」李斯現將「叩缶」與「擊甕」對舉，然未聞秦國演奏有「擊甕」者，蓋李斯隨口言之也。搏髀，拍大腿。楊惲〈報孫會宗書〉有云：「家本秦也，能為秦聲，酒酣耳熱，仰天擊缶而呼烏烏。」正可與此參證。(61)快耳目　瀧川曰：「楓、三本無『目』字。」王念孫曰：「聲能快耳，不能快目，『目』字後人所加。」並謂《文選》、《北堂書抄》、《藝文類聚》、《太平御覽》「所引並無『目』字」。按：「耳目」之「目」乃連帶及之，如削去「目」字，則語氣頓感欠暢。(62)鄭衛桑間　指起源於鄭、衛兩國以輕快活潑為特徵的民間音樂。桑間，即通常所說的「桑間濮上」。「桑樹之間」、「濮水之上」都是衛國青年男女戀愛歡會的地方，古人用以指反映這種生活的民間音樂。(63)昭虞武象　古代用以代指那些莊嚴神聖的廟堂音樂。昭，同「韶」。〈韶〉、〈虞〉都傳說是舜時的音樂；〈武〉、〈象〉，都相傳是西周武王時的舞曲。王鏊曰：「以〈韶〉、〈虞〉與『鄭衛』並說，此戰國之習。」(64)快意當前二句　按：「當前」二字疑衍，或「當前」二字應移至「適觀」字下。淩稚隆引董份曰：「秦王性好侈大，故歷以紛華進御聲色之美啟其心，此善說之術也。斯之陰詭逢迎二世之欲，已兆於此矣。」(65)色樂珠玉　色樂，指好看的與好聽的。瀧川曰：「楓、三本無『珠玉』二字。」按：《文選》與《藝文類聚》亦無「珠玉」二字，蓋與下句對偶整齊。(66)人民　二字同義，這裡實指「人才」。(67)跨海內　統一全國。跨，據有；統一。(68)兵彊則士勇　整體的兵力強大，單個的士兵才能勇敢。(69)太山　即「泰山」，在今山東泰安北。(70)不讓土壤　不拒絕別的土壤向泰山堆積。(71)不擇　不挑剔，這裡也是「不拒絕」的意思。(72)就　成；形成。(73)不卻　不使之退而不來，也是「不拒絕」的意思。(74)明其德　光大他的德業。按：以上六句為古代成語，《管子》云：「海不辭水，故能成其大；山不辭土石，故能成其高。」《墨子・親士篇》：「江河不惡小谷之滿己也，故能大；聖人者事無辭也，物無遺也，故能為天下器。」(75)地無四方　意即不分四方內外，把整個天下都看成自己的國土，對之一視同仁。下句「民無異國」與此句式相同。(76)四時充美　一年到頭的不論什麼時候都很充實美好。四時，指春、夏、秋、冬。(77)五帝　司馬遷以為指黃帝、帝嚳、顓頊、堯、舜。(78)三王　指夏禹、商湯、周文王與周武王。(79)黔首　指黎民百姓。(80)資　助。(81)業　成就；造就。(82)裹足　拴住雙足，使之不能前進。(83)藉寇兵而齎盜糧　給敵人提供武器與糧食，使之兵強馬壯地來打自己。藉，給予。兵，武器。齎，提供；資助。張照曰：「此必當時習語，故范睢用之，李斯再用之，荀子亦曰：『非其人而教之，齎盜糧借寇兵也。』」鍾惺曰：「此語恐喝人，魯朱家猶用以脫季布。」按：朱家救季布事見〈游俠列傳〉。(84)損民以益讎　減少自己國家的人數，給敵國增加人口。(85)求國無危二句　淩稚隆引李塗曰：「李斯上秦始皇書論逐客，起句便見事實，最妙。中間論物不出於秦而秦用之，獨人才不出於秦而秦不用，反復議論痛快，深得作文之法，未易以人廢言也。」林希元曰：「只就『逐客』一事生枝生葉，反復頓伏，有無限態度，無限精神，真秦漢間第一等文字。」何焯曰：「只『昔』字『今』字對照兩大段文字，前舉先世之典以事證，後就秦王一身上物喻，即小見大，於人情尤易通曉也。戰國之文，楚人頗工為辭，李斯楚人，故其文章亦華豔，而《文選》錄之為祖師云。」茅坤曰：「斯文之工，千年以來所絕少者。」錢鍾書曰：「二西之學入華，儒者辟佛與夫守舊者斥新知訶為異端，為二學作護法者立論每與李斯之〈諫逐客〉如響之應而符之契。」舉例如柳宗元〈送僧浩初序〉以及《弘明集》、《廣弘明集》中諸文，以明李斯此文為後世張本開宗之力，引證詳博，見《管錐編》，今不錄。徐孚遠曰：「李斯前諫逐客，後建議坑儒，皆以自便也，使逐客時獨議留斯，當無是書也。」按：徐氏乃誅心之論。(86)乃除逐客之令二句　《集解》引《新序》曰：「斯在逐中，道上上諫書，達始皇，始皇使人逐（追）至驪邑，得還。」(87)廷

尉　官名，「九卿」之一，主管司法的最高長官。[88]二十餘年二句　梁玉繩曰：「始皇十年（西元前二三七年）有逐客令，至併天下才十七年也。」王叔岷曰：「本傳逐客之議載在鄭國為渠後，鄭國為渠在始皇初年，至併天下，正二十餘年也。」[89]尊主為皇帝二句　秦始皇於其二十六年（西元前二二一年）統一六國，開始稱為「皇帝」。以斯為丞相，李斯從何時開始任秦國丞相，史無明文，據馬非百《秦集史》考證，似應在始皇二十八年以後，三十四年之前。蓋二十八年之刻石尚稱斯為「廷尉」，三十四年已稱之為「丞相」也。[90]夷郡縣城　拆除東方新征服之地的各郡各縣的城牆，使其不能據以為亂。夷，鏟平。[91]銷其兵刃　將消滅六國過程中所繳獲的東方六國的武器統統銷毀。〈秦始皇本紀〉云：「收天下兵，聚之咸陽，銷以為鐘鐻、金人十二，重各千斤，置廷宮中。」[92]使秦無尺土之封　即下文之所謂既「不立子弟為王」，也不立「功臣為諸侯」，不再搞任何分封。按：始皇時是否真是「無尺土之封」，尚屬可疑，據〈秦始皇本紀〉二十八年的銘文中有「武城侯王離」、「通武侯王賁」；本傳後文李斯尚有所謂「上幸擢為丞相，封為通侯」云云。[93]始皇三十四年　西元前二一三年。[94]博士僕射　「博士」是一種具有廣博知識而為帝王充當參謀顧問的侍從官員，「博士僕射」是這些眾多「博士」的頭領。[95]頌稱始皇威德　據〈秦始皇本紀〉，當時有博士七十餘人向始皇敬酒稱頌，僕射周青臣說始皇的功德為「自上古不及」。[96]淳于越　姓淳于，名越，也是當時始皇身邊的博士之一。視其下文所言，應是儒家一流。[97]殷周之王千餘歲　梁玉繩曰：「商六百四十餘祀，周八百七十餘年，何言『千餘歲』乎？」按：此誇而言之，師其意可也。據新公布之〈夏商周年表〉，商朝建國在西元前一六〇〇年，商朝滅亡在西元前一〇四六年，共歷時五五四年。周朝建國在西元前一〇四六年，東周滅亡在西元前二五六年，共歷時七九〇年。[98]封子弟功臣自為支輔　其意蓋謂由於殷、周能封立其子弟功臣，使其成為自己的「支輔」，所以才都各自得以統治天下千餘歲。支輔，支持；拱衛。[99]子弟為匹夫　謂始皇的子弟未得分封，和普通人一樣都是平頭百姓。匹夫，平頭百姓，古代貴族用以斥罵人的身分低賤。[100]卒　通「猝」。突然。[101]田常六卿之患　代指手下大臣圖謀篡位。田常，也叫「田恆」、「陳恆」，春秋末期齊國的權臣，曾弒其君簡公，另立傀儡平公，從此姜氏之齊遂名存實亡。事情詳見〈田敬仲完世家〉。六卿，春秋末期執掌晉國政權的六家大貴族，即范氏、中行氏、知氏、趙氏、韓氏、魏氏。六家後來又合併成趙、韓、魏三家，姬氏之晉遂被三家所分，三家各自立為諸侯。過程詳見〈晉世家〉、〈趙世家〉。[102]臣無輔弼　言朝中無輔弼之臣。弼，輔佐。[103]面諛　當面奉承。[104]重陛下過　意謂你已經做錯了，他還在錯誤的道路上把你越引越遠。[105]下其議丞相　把這個意見交給丞相李斯裁斷。[106]謬其說　認為他的說法荒謬。[107]絀其辭　排斥這種辭令不用。絀，通「黜」。或謂「謬其說」為故意歪曲人家的說法，「絀其辭」為故意曲解人家的辭令。絀，通「曲」。凌稚隆引董份曰：「『謬』、『絀』二字，乃太史公指摘李斯心病處。」

[108]天下散亂二句　指分封制所造成的客觀形勢。[109]諸侯竝作　指大國強藩相繼而起，各自為政。[110]語皆道古以害今　指戰國以來各家各派的種種理論、主張，而其中最「道古以害今」者莫過於儒、道。道古害今，即是古非今。害，指責；非議。[111]人善其所私學　每個人、每個學派都以他所倡導的學說為好。[112]以非上所建立　以他自己的想法為準則，來誹謗當今皇上所推行的東西。[113]別白黑　分出了是非。《索隱》引劉氏曰：「前時國異政，家殊俗，人造私語，莫辨其真，今乃分別白黑也。」[114]定一尊　猶言「成一統」。《索隱》曰：「謂始皇併六國、定天下，海內共尊立一帝，故云。」[115]非法教之制　非議、誹謗國家政治、法律的制度。[116]以其私學議之　以他私家學派的觀點對時政妄加指責。[117]非主　批評皇上。[118]異趣　故意標新立異，和國家規定的東西唱反調。趣，趨；意向；旨趣。[119]主勢　皇帝的權威。[120]黨與　同「黨羽」。派系。[121]文學　泛指文化學術著作，如下文所稱之《詩》、《書》、「百家語」皆在其內。[122]蠲除去之　意即一概取消。「蠲」、「除」、「去」三字義同。蠲，除；免。[123]黥為城旦　處以黥刑，罰其築守長城。黥，古代刑罰之一，在犯人的臉上刺字。城旦，〈秦始皇本紀〉集解引如淳曰：「晝日伺寇虜，夜暮築長城也。」《漢書‧惠帝紀》注：「城旦者，旦起行治城。」[124]若有欲學者二句　按：以上李斯所議與〈秦始皇本紀〉三十四年所載略同。[125]收去　收集而銷毀之。[126]明法度二句　《正義》曰：「六國制令不同，今令同之。」[127]同文書　用統一的文字書寫。〈秦始皇本紀〉作「書同文字」，意同。書，書寫。[128]離宮別館二句　離宮別館，指京城皇宮以外的供皇帝遊獵、巡幸時住宿的宮館。據〈秦始皇本紀〉，當時「關中計宮三百，關外四百餘」。[129]明年　始皇三十五年（西元前二一二年）。[130]巡狩　指天子到各地巡視諸侯與封疆大吏為國家守土的情況，即今之所謂「視察」。狩，同「守」。[131]外攘四夷　指伐匈奴、伐南越，以及向西北方的攻取西戎之地等。梁玉繩曰：「始皇三十五年無巡狩事，攘四夷亦不在是年。」按：據〈秦始皇本紀〉，秦之伐南越、伐匈奴在三十三年。據〈蒙恬列傳〉，秦之伐匈奴似即在統一六國之後不久。[132]斯皆有力焉　茅坤曰：「斯之佐秦功業，數言總盡於此。」[133]長男由　長子李由。[134]三川守　三川郡的郡守。三川，秦郡名，郡治洛陽（在今河南洛陽東北）。[135]諸男皆尚秦公主　李斯的所有兒子都娶秦始皇的女兒為妻。尚，上配；高攀。「娶」字的謙敬說法。[136]女悉嫁秦諸公子　李斯的女兒都嫁給秦始皇的兒子。諸公子，除太子以外的帝王的其他兒子。[137]告歸咸陽　由三川郡的任所請假回咸陽探親。告歸，請假歸家。咸陽，秦朝的國都，舊城在今陝西咸陽東北。[138]皆前為壽　都來敬酒、問候。[139]喟然　感慨動情的樣子。[140]物禁大盛　大，通「太」。按：「盛極則衰」、「月盈則虧」以及「滿招損」云云，為諸家之老生常談，非獨荀況一人之言也。[141]閭巷　意同「里巷」。一般平民居住的街巷。[142]駑下　謙稱自己的拙劣無能。駑，劣等馬。[143]擢　提拔。[144]未知所稅駕　不知自己這輛車日後停於何處。借指不知日後是何結局。稅駕，停車。《正義》曰：「稅，舍車

也，止也。」《索隱》曰：「李斯言已今日富貴已極，然未知向後吉凶、止泊在何處也。」凌稚隆引王維楨曰：「此處入諸親貴盛、為三川守及荀卿語，以照後事。」董份曰：「既知為害，何忍甘之？此猩猩嗜酒，明知人欲殺而復飲之就擒者也。古今人陷此轍多矣，讀之感歎。」凌稚隆曰：「此處與觀鼠、臨刑二處，暗相首尾。」

【語譯】 正好這期間韓國派了一個名叫鄭國的水利工程人員來秦國作奸細，鄭國為秦國修造一條工程浩大的水渠，目的是消耗秦國的人力物力。不久，鄭國的陰謀被發覺了，於是，秦國的王族大臣對秦王說：「東方各國到秦國來的人，差不多都是替他們的主子來當奸細的。請大王把他們一律轟走。」李斯這時也列在被驅逐的名單之內。於是李斯上書說：

2「我聽說大臣們提議要驅逐一切東方來客，我覺得這是極其錯誤的。當初秦穆公為了招納人才，從西戎招來了由余，在楚國的宛縣招來了百里奚，從宋國招來了蹇叔，從晉國招來了丕豹、公孫支。這五個人都不是秦國土生土長的，秦穆公任用了他們，最後兼併了二十來個小國，成為了西方的霸主。秦孝公採用商鞅的新法，移風易俗，國富民強，百姓們樂意為國效力，東方各國也都歸服了秦國，接著又打敗了楚軍、魏軍，擴地千里，一直強大到今天。秦惠王採用了張儀的計策，向東奪取了三川一帶，向西吞併了巴、蜀兩國，在北邊攻占了上郡，向南奪取了漢中，又向東南吞併了楚國舊有的許多少數民族，以致威脅著楚國的鄢都和郢都，又東出占據了險要的成皋，獲取了臨近的大片肥沃土地，解散了東方六國的合縱聯盟，使它們一個個地聽命於秦國，張儀的功勞一直延續到今天。秦昭王得到范睢後，廢掉了穰侯魏冉，趕走了華陽君芈戎，從而加強了秦王自身的權力，杜絕了貴戚的專權，同時進一步地向東吞食，為秦國奠定了統一天下的基礎。以上提到的四位國君，都是借用著東方來客的力量為秦國建立功勳。由此看來，東方來客有什麼虧待秦國的地方呢？當初如果這四位國君都拒絕東方來客而不接納，排斥這些賢人而不利用，那麼秦國就絕不會有今天的強大與富足。

3「您又總愛賞玩昆岡的寶玉，以及隨侯珠、和氏璧等等，您又喜歡明月珠、太阿劍，您又喜歡纖離馬、翠鳳旗、靈鼉鼓等等。這幾樣寶物，可沒有一件是出產在秦國的，而您卻偏偏喜歡，這是為什麼呢？如果一定要秦國出產的東西您才使用，那麼您的朝廷上就不該再裝飾著夜光璧，您自己也就不該再賞玩那些象牙、犀角製成的器具，您的後宮裡也就不該再有鄭、衛兩地的美女，您的馬棚裡也就不該再有外來的駃騠，您也就不該再用江南的金錫和西蜀的丹青。如果充滿後宮、供您使用、幫您開心解悶的一切東西都必須是秦國土生土長，那麼那些宛珠裝飾的髮簪，那些鑲嵌璣珠的耳飾，那些軟綢白絹製作的衣服，那些綿線織成的飾物也就不應該再送到您的身邊；那些時髦嫻雅、身容嬌美的趙國女子也就不應該再侍立在您的左右了。那些擊甕、敲盆子、彈箏、拍大腿，嗚嗚地唱歌以愉悅耳朵，才是地地道道的秦國音樂；而像鄭、衛之音、桑間之樂，以及〈昭〉、〈虞〉、〈武〉、〈象〉等等，都是來自異國的。您不欣賞那種擊甕敲盆子，而愛聽鄭、衛之音；不欣賞彈箏拍大腿，而愛聽〈昭〉、〈虞〉、〈武〉、〈象〉，這是為什麼呢？還不就是為了取它實際的好聽好看，能讓人感到快樂嗎？現在輪到用人，您就不這樣了，您不問好壞，不論是非，凡不是秦國土生土長的外方來客，一律趕走。對比之下，您所看重的原來就是那些供您吃喝玩樂的東西，而您所輕易拋棄的卻是大批人才。這不是那種想統一天下、吞併諸侯的人的正確做法。

4 「人們常說，土地寬廣才能長出更多的糧食，國土遼闊才能有更多的人口，整體的兵力強大了士兵才更勇猛。正因為泰山能不拒絕接受任何細小的塵土，所以才形成了它今天的高大；正因為黃河大海從不拒絕任何細小的水流，所以才形成了它們今天的深廣；正因為做帝王的能夠不排斥任何民眾，所以才表現出他的偉大與英明。因此土地不分東西南北，都是我的土地；人民不分本國他國，都是我的子民。再加上一年四季風調雨順，天地鬼神也都降福保佑，這才是五帝三王所以無敵於天下的原因。可現在您卻拒絕來投奔您的人士，而把他們推到敵國去；您不讓四方到來的賓客們為您效力，而趕著他們去為其他國家建功立業；您讓天下所有的人都望而生畏，不敢到您這裡來。這就是平常人們常說的那種『給敵寇提供兵器與糧食，幫著他們來打自己』。

5 「不出產於秦國而又的確值得珍視的東西多得很，不生長在秦國而又的確願意為秦國效忠的人也多得很。您今天卻把他們趕回去幫助敵國，損害人民而壯大敵人，既弄得自己國內空虛，又在其他各國樹立了許多敵人，這樣搞下去，要想國家沒有危險，那是不可能的。」

6 秦王一看立即收回了逐客的命令，恢復了李斯的官職，採用了他的計謀。後來李斯升到了廷尉。又過了二十多年，秦國終於統一了天下，秦王成了皇帝，李斯也當了丞相。接著他們拆除了東方各郡縣的城堡，銷毀了舊六國的一切兵器，表示今後永遠不再打仗了。秦朝統一後，再也不搞任何分封，再也不立秦王的子弟和功臣為王為侯，為的是日後不再出現戰爭。

7 秦始皇三十四年，在咸陽宮置酒大會群臣，酒席上博士僕射周青臣等人稱頌了始皇帝的威德。這時齊國人淳于越起來進諫說：「我聽說，商朝和周朝所以能夠維持上千年的統治，關鍵就在於分封子弟作為中央的幫手。如今您統一天下後，您的子弟卻仍都是平頭百姓，這樣日後如果突然有個像齊國的田常、晉國的六卿之類的人物造反，您周圍沒有幾個藩臣，誰來救助您呢？辦事不效法古人是不可能維持長久的。周青臣等人不僅不給您提意見，現在又來當面奉承您，以加重您的過錯，這不是忠臣的行為。」秦始皇把這個意見交給丞相裁斷。李斯故意歪曲淳于越的意見而上書說：「前代由於四海分散，不能統一，所以才造成了諸侯們的割據戰亂，當時有許多人頌古非今，謠言惑眾，吹捧自己的私學，誹謗國家的建樹。如今您統一了天下，明確了是非，確立了一統的基業；而社會上卻有一些書生誹謗國家的各種制度，國家一有什麼法令下來，他們就根據自己的觀點妄加指責。居家時心懷不滿，在外則大發議論。通過批評皇上來提高他們的名聲，專門標新立異，鼓動下層，詆毀國家政府。這種情況如不禁止，那麼皇上的威望就要降低，下面的黨派就要形成，因此必須嚴厲禁止。我還請求下令：對《詩》、《書》以及諸子百家的書籍一律銷毀。下令三十天後如果誰還不銷毀，就處以黥刑，發去修長城。不銷毀的只有看病、算卦和有關種植的一些書。以後誰要是想學習，讓他們拜官吏為師就行了。」秦始皇採納了他的建議，下令銷毀了《詩》、《書》和諸子百家的著作，目的是讓百姓的頭腦越來越簡單，不要讓一些念書人再頌古非今。從這時開始，他們嚴明法度，編制律令，統一文字。又在全國的各個地區都修建供皇帝巡幸的離宮別館。第二年，始皇帝開始到各地巡視，同時出兵攻伐四圍的少數民族。所有這些事情，李斯都出過力。

8 李斯的長子李由是三川郡的郡守，李斯的兒子們娶的都是秦始皇的公主，李斯的女兒們都嫁給了秦始皇的兒子。有一次，李由回咸陽探親，李斯在家中備酒請客，朝廷裡的大員們都來祝賀，門前的車馬數以千計。李斯感慨地說：「唉！我曾聽荀卿說過：『什麼事都不能太過分。』我本是楚國上蔡的一個平民，生長在一個普通人家，皇上不嫌我無能，把我提拔到了這樣一個位置。如今的文武百官，沒有一個比我更高的，我的富貴可以說是到了極點。物極必反，我正擔心我的下場不知將會如何呢？」

1 始皇三十七年，十月[1]，行出游會稽[2]，並海上[3]，北抵琅邪[4]。丞相斯、中車府令[5]趙高兼行符璽令事[6]，皆從。始皇有二十餘子，長子扶蘇以數直諫上[7]，上使監兵上郡[8]，蒙恬[9]為將。少子胡亥愛[10]，請從，上許之。餘子莫從。

2 其年七月，始皇帝至沙丘[11]，病甚。令趙高為書賜公子扶蘇曰：「以兵屬蒙恬[12]，與喪會咸陽而葬[13]。」書已封，未授使者，始皇崩。書及璽皆在趙高所。獨子胡亥、丞相李斯、趙高及幸宦者[14]五六人知始皇崩，餘羣臣皆莫知也。李斯以為上在外崩，無真太子[15]，故祕之[16]。置始皇居轀輬車[17]中，百官奏事、上食如故，宦者輒從轀輬車中可[18]諸奏事。

3 趙高因留所賜扶蘇璽書[19]，而謂公子胡亥曰：「上崩，無詔封王諸子[20]而獨賜長子書。長子至，即立為皇帝，而子無尺寸之地，為之柰何？」胡亥曰：「固也[21]。吾聞之，明君知臣，明父知子。父捐命，不封諸子[22]，何可言者[23]！」趙高曰：「不然。方今天下之權，存亡在子與高及丞相耳，願子圖之。且夫臣人與見臣於人[24]，制人與見制於人，豈可同日道[25]哉！」胡亥曰：「廢兄而立弟，是不義也；不奉父詔[26]而畏死[27]，是不孝也；能薄而材譾[28]，彊因人之功[29]，是不能[30]也。三者逆德[31]，天下不服，身殆傾危[32]，社稷不血食[33]。」高曰：「臣聞湯、武殺其主[34]，天下稱義焉，不為不忠。衛君殺其父[35]，而衛國載其德，孔子著之，不為不孝[36]。夫大行不小謹，盛德不辭讓[37]，鄉曲各有宜[38]而百官不同功[39]。故顧小而忘大，後必有害；狐疑猶豫，後必有悔。斷而敢行，鬼神避之[40]，後有成功。願子遂之[41]！」胡亥喟然歎曰：「今大行未發[42]，喪禮未終，豈宜以此事干丞相哉[43]！」趙高曰：「時乎時乎，間不及謀[44]！贏糧躍馬，唯恐後時[45]！」胡亥既然高之言[46]，高曰：「不與丞相謀，恐事不能成[47]，臣請為子與丞相謀之。」

4 高乃謂丞相斯曰：「上崩，賜長子書，與喪會咸陽而立為嗣。書未行，今上崩，未有知者也。所賜長子書及符璽皆在胡亥所[48]，定太子在君侯[49]與高之口耳。事將何如？」斯曰：「安得亡國之言！此非人臣所當議也！」高曰：「君侯自料能孰與蒙恬？功高孰與蒙恬[50]？謀遠不失[51]孰與蒙恬？無怨於天下[52]孰與蒙恬？

長子舊而信之[53]孰與蒙恬？」斯曰：「此五者皆不及蒙恬，而君責之何深也[54]？」高曰：「高，固內官之廝役[55]也。幸得以刀筆之文[56]進入秦宮，管事二十餘年，未嘗見秦免罷丞相功臣有封及二世[57]者也，卒皆以誅亡[58]。皇帝二十餘子，皆君之所知。長子剛毅而武勇，信人而奮士[59]，即位必用蒙恬為丞相，君侯終不懷通侯之印歸於鄉里[60]，明矣。高受詔教習胡亥，使學以法事數年矣，未嘗見過失。慈仁篤厚[61]，輕財重士，辯於心而詘於口[62]，盡禮敬士。秦之諸子未有及此者，可以為嗣。君計而定之[63]。」斯曰：「君其反位[64]！斯奉主之詔[65]，聽天之命，何慮之可定[66]也？」高曰：「安可危也，危可安也。安危不定，何以貴聖[67]？」斯曰：「斯，上蔡閭巷布衣也。上幸擢為丞相，封為通侯，子孫皆至尊位重祿者，故[68]將以存亡安危屬臣也，豈可負哉！夫忠臣不避死而庶幾[69]，孝子不勤勞而見危[70]，人臣各守其職而已矣。君其勿復言，將令斯得罪。」高曰：「蓋聞聖人遷徙無常[71]，就變而從時[72]，見末而知本，觀指而覩歸[73]。物固有之[74]，安得常法哉[75]！方今天下之權命[76]懸於胡亥[77]，高能得志[78]焉。且夫從外制中謂之惑[79]，從下制上謂之賊[80]。故秋霜降者草花落，水搖動者萬物作[81]，此必然之效也。君何見之晚[82]？」斯曰：「吾聞晉易太子，三世不安[83]；齊桓兄弟爭位[84]，身死為戮；紂殺親戚，不聽諫者[85]，國為丘墟，遂危社稷。三者[86]逆天，宗廟不血食[87]。斯其猶人哉！安足為謀[88]？」高曰：「上下合同[89]，可以長久；中外若一[90]，事無表裏[91]。君聽臣之計，即長有封侯，世世稱孤[92]，必有喬、松之壽[93]，孔、墨之智[94]。今釋此而不從，禍及子孫，足以為寒心[95]。善者因禍為福[96]，君何處焉[97]？」斯乃仰天而歎，垂淚太息曰：「嗟乎！獨遭亂世，既以不能死，安託命哉[98]！」於是斯乃聽高。高乃報胡亥曰：「臣請[99]奉太子之明命以報丞相，丞相斯敢不奉令！」

5 於是乃相與謀，詐為受始皇詔，丞相立子胡亥為太子[100]。更為書賜長子扶蘇曰：「朕巡天下，禱祠名山諸神以延壽命。今扶蘇與將軍蒙恬將師數十萬以屯邊，十有餘年矣，不能進而前，士卒多秏[101]，無尺寸之功；乃反數上書直言誹謗我所為，以不得罷歸[102]為太子，日夜怨望[103]。扶蘇為人子不孝，其賜劍以自裁！將軍恬與扶蘇居外，不匡正[104]，宜知其謀[105]。為人臣不忠，其賜死，以兵屬裨將王離[106]。」封其書以皇帝璽，遣胡亥客奉書賜扶蘇於上郡。

6 使者至，發書，扶蘇泣，入內舍，欲自殺。蒙恬止扶蘇曰：「陛下居外，未立太子，使臣將三十萬眾守邊，公子為監，此天下重任也。今一使者來，即自殺，安知其非詐？請復請，復請而後死[107]，未暮[108]也。」使者數趣之[109]。扶蘇為人仁，謂蒙恬曰：「父而賜子死(110)，尚安復請(111)！」即自殺。蒙恬不肯死，使者即以屬吏(112)，繫於陽周(113)。

7 使者還報，胡亥、斯、高大喜。至咸陽，發喪，太子立為二世皇帝。以趙高為郎中令(114)，常侍中(115)用事(116)。

【章　旨】以上為第三段，寫李斯因畏禍、貪權，而與趙高合流殺扶蘇、立胡亥的過程。

【注　釋】❶始皇三十七年二句　西元前二一〇年的開頭第一個月。當時以十月為首月。❷會稽　山名，在今浙江紹興東南。❸竝海上　沿著海邊北上。竝，通「傍」。沿著。❹琅邪　秦郡名，郡治在今山東膠南西南，其臨海處有琅邪臺，歷來為祭祀的場所。❺中車府令　官名，為皇帝掌管車駕。❻兼行符璽令事　同時代理「符璽令」的職責。行，代理。符璽令，為帝王掌管印信的官員。按：依照通常的語言習慣，此句應作「丞相斯、中車府令兼行符璽令事趙高皆從」。❼數直諫上　屢次直正地向始皇帝進言，勸阻諸事。數，屢次。❽監兵上郡　以皇帝特派員的身分到上郡的駐軍裡充當監軍。上郡，秦郡名，郡治膚施（今陝西榆林東南），當時秦將蒙恬率兵駐紮於此。❾蒙恬　始皇時代的秦朝名將，蒙驁之孫，蒙武之子。事跡見〈蒙恬列傳〉。❿少子胡亥愛　謂胡亥受始皇帝寵愛。《集解》曰：「辯士隱姓名，遺秦將章邯書曰：『李斯為秦王死，廢十七兄而立今王也。』然則二世是秦始皇第十八子，此書在《善文》中。」淩稚隆曰：「杜預集古人文章之善者曰《善文》。」瀧川曰：「《隋志》：『《善文》五十卷，晉杜預撰。』」⓫沙丘　古地名，在今河北廣宗西北，其地有戰國時趙國的離宮，即「沙丘宮」，當年趙武靈王餓死於此，事見〈趙世家〉。⓬以兵屬蒙恬　將軍隊交由蒙恬掌管。屬，交；委託。⓭與喪會咸陽而葬　語略不順。喪，指始皇帝的靈柩。茅坤曰：「始皇病且篤，當召大臣顧命，而私令趙高為書授太子以釀亂，此天所以亡秦也。」⓮幸宦者　受寵幸的太監。⓯無真太子　沒有被正式確立的太子。淩稚隆引高儀曰：「『真』字下得感切，可為人主暮年繼嗣不定之戒。」⓰祕之　封鎖消息。皇帝死在外地，又沒有事先確立的接班人，形勢異常危急，故封鎖消息以待扶蘇之到也。⓱轀輬車　可供人睡臥的車子。《集解》引孟康曰：「如衣車，有窗牖，閉之則溫，開之則涼，故名之『溫涼車』也。」⓲可應允；同意照辦。⑲璽書　蓋過皇帝印璽的文書。⑳封王諸子　封諸子為王。「王」字用如動詞。㉑固也　當然啦；本來就是如此。㉒父捐命二句　父親臨死前，沒有封我們。㉓何可言者　還有什麼可說的呢。按：此時胡亥謹遵遺命，尚無野心。㉔臣人與見臣於人　統治人與被人統治。臣，這裡用如動詞。㉕豈可同日道　不可同日而語。極言其差別之大，距離之遠。㉖不奉父詔　不遵父親的遺命。㉗畏死　畏懼扶蘇即位後對自己有所不利，乃至犯罪被殺。㉘能薄而材譾　能力小而素質差。譾，淺陋。㉙彊因人之功　勉強地去搶奪別人的功業。因，襲；劫取。㉚不能　猶言「不智」。缺少自知之明。㉛逆德　猶言「惡德」。壞品行；壞行為。有人解釋為「違背道德」，亦可。㉜身殆傾危　自身就將危險。殆，行將。傾危，垮臺；崩潰。李笠曰：「『殆』疑『逮』之聲誤。」㉝社稷不血食　社稷不能享受祭祀。指國家滅亡。社稷，帝王祭祀土神、農神的臺子，通常用以指國家政權。董份曰：「觀二世此言，猶似有人心者，而卒以暴為亡國之主，皆一宦官誤之也，輔導幼主可不擇人哉！」㉞湯武殺其主　湯伐夏，放逐夏桀於鳴條；武王伐商，商紂兵敗後自焚而死。今趙高乃曰「湯、武殺其主」，改動事實以成其蠱惑之說。㉟衛君殺其父　衛莊公（名蒯聵）為太子時，因欲謀殺其父（靈公）之夫人，事覺被逐。靈公死，蒯聵在外不得立，國人遂立蒯聵之子輒為君，是為「出公」。這時流亡在外的蒯聵又借助於晉國趙氏的力量回國與其子爭位，被衛人擊敗。事在西元前四九二年，見〈衛康叔世家〉。㊱衛國載其德三句　錢大昕曰：「《春秋》哀公三年衛石曼姑帥師圍戚（蒯聵居此），《公羊》以為『伯討』，《孟子》書衛輒為『孝公』，故趙高為此言。然蒯聵未嘗死乎輒，輒亦無『德』可載也。」中井曰：「載，疑當作『戴』。」王叔岷曰：「二字古通用。」㊲大行不小謹二句　當時俗語。〈項羽本紀〉有所謂「大行不顧細謹，大禮不辭小讓」，〈酈生陸賈列傳〉有所謂「舉大事不細謹，盛德不辭讓」，其意相同。皆謂辦大事、講大體的人，不要太顧忌小節，不要怕那些瑣碎的批評指責。不辭，不拒絕；不怕。讓，責難。㊳鄉曲各有宜　意謂一個地方一個風俗，不可能相同。鄉曲，猶言「鄉里」。古代農村的基層編制單位，二十五家為一里，十里為一鄉。關於鄉里的戶數，各處說法不一。㊴百官不同功　意謂一個長官一個做法，不必劃一。㊵斷而敢行二句　按：俗語有所謂「神鬼怕惡人」，趙高所奉行的就是這種信條。㊶願子遂之　您就決心這麼幹吧。遂，順依；就這樣。㊷大行未發　謂皇帝剛死，尚未安葬。大行，指剛死不久的皇帝。《風俗通》曰：「天子新崩未有謚號，故總其名曰『大行皇帝』也。」《正字通》引韋昭曰：「大行者，不返之辭也。」未發，尚未發喪。㊸豈宜以此事干丞相哉　怎麼好拿這種事去麻煩丞相呢。干，求；麻煩。㊹間不及謀　極言其時間之急迫，來不及商量就過去了。間，空隙。指時機；機會。㊺贏糧躍馬二句　意謂揚鞭催馬地緊追還怕追不上。贏糧，背著糧食。贏，負；裹。後時，遲到；錯過時間。陳仁錫曰：「『爭時』學術，高與斯同。」㊻然高之言　同意趙高的說法。然，同意；以之為正確。㊼不與

丞相謀二句　史珥曰：「載高此語，所以著丞相成亂之罪。」(48)所賜長子書及符璽皆在胡亥所　徐孚遠曰：「符璽及書本在高所，而云胡亥者，亦以劫斯也。」(49)君侯　以稱李斯。李斯時為丞相，爵為通侯，故趙高稱之為「君侯」。(50)能孰與蒙恬二句　能，能力；才幹。瀧川曰：「楓、三本無『高』字，以上下文推之，無者是。」(51)謀遠不失　深謀遠慮不出差錯。(52)無怨於天下　不被天下人怨恨。(53)長子舊而信之　與扶蘇的關係深，能夠受其信任。茅坤曰：「高必以蒙恬之隙，才能傾動李斯而使之叛。」(54)責之何深也　為什麼對我說得這麼嚴重呢。責，指斥；要求。(55)內官之廝役　謙說自己是一個在宮廷充當雜役的小宦官。內官，即指宦官，以其服務於宮廷，故云。廝役，猶言僕役。(56)刀筆之文　指獄律條文。古者以筆書事於簡牘，有誤則以刀削之，故人們遂稱掌管刀筆、處理刑獄事務的官吏曰「刀筆吏」，稱獄律文書曰「刀筆之文」。(57)有封及二世　能保有爵祿以傳給兒輩。有，保有；保持。(58)卒皆以誅亡　最後都以被殺告終。史珥曰：「此雖劫制之言，亦見秦之少恩，人人自危。」(59)信人而奮士　能用人，能發揮人的才幹。奮士，能使人發揮才幹。(60)終不懷通侯之印歸於鄉里　意謂無論如何也不可能平安無事地告老歸家。言最後必將被誅。通侯，亦稱「徹侯」、「列侯」。胡三省曰：「徹侯，漢曰『通侯』，亦曰『列侯』。」瀧川引應劭曰：「『通』亦『徹』也。『通』者，功德通於王室也。」張晏云：「『列侯』者，見序列也。」(61)篤厚　誠實厚道。篤，誠；厚。(62)辯於心而詘於口　言內心聰慧而拙於言辭。辯，有分別能力。此引申為聰明。詘，屈也；不能伸張。引申為拙笨。(63)君計而定之　請你拿主意確定他為接班人。(64)君其反位　您請回去吧。反位，回歸自己的職所。(65)奉主之詔　意謂我只有謹遵大行皇帝的遺詔。(66)何慮之可定　還有什麼別的主意可拿。(67)安危不定二句　一個人如果連自己的安危都把握不住，那他的聰明智慧還有什麼用。聖，英明；明智。(68)故　應作「固」。瀧川曰：「楓、三本作『固』。」(69)不避死而庶幾　不為苟全個人而逃避危難。庶幾，李笠曰：「謂苟免也。」余有丁曰：「謂貪生幸利也。」史珥曰：「庶幾，謂幾幸不可必之事，猶徼幸也。」瀧川曰：「謂徼幸於萬一也。」(70)不勤勞而見危　按：此語生澀，郭嵩燾曰：「言忠臣不以僥倖圖苟存，孝子不以危殆而弛其勤勞也。」(71)遷徙無常　指見機行事，臨時制宜，不墨守成規。遷徙，這裡指改變主意。(72)就變而從時　意即隨著形勢的變化而變化。(73)觀指而覩歸　看他現有的活動就可以知道他的最終結局。指，旨趣；意向。歸，歸宿；結局。(74)物固有之　一切事物都是如此。(75)安得常法哉　哪裡有一成不變的法則呢。(76)天下之權命　謂國家之權與萬民之命。(77)懸於胡亥　都在胡亥手裡掌握著。懸，握；控制。(78)高能得志　意謂我在胡亥那裡能說話算話。得志，得意。能順著自己的意願行事。(79)從外制中謂之惑　外面的人要制約朝廷，那叫「妄想」。惑，昏妄。(80)從下制上謂之賊　下面的人要制服上頭，那就叫「造反」。賊，害；叛亂。(81)秋霜降者草花落二句　秋霜一降則花草凋零，春冰化解則萬物生長。蓋當時俗語，趙高引此以圖說明在上者有何舉動，在下者必將隨之。王駿圖曰：「水搖動者，謂冰泮之時也。上句言秋，此句言春。」(82)君何見之晚　按：〈范睢蔡澤列傳〉、〈廉頗藺相如列傳〉亦皆有「君何見之晚也」之語。(83)晉易太子二句　晉獻公（西元前六七六－前六五一年在位）因寵驪姬而廢太子申生，另立驪姬子奚齊，屬其大夫荀息輔之。獻公死，荀息立奚齊，大夫里克不服，乃殺之。荀息又立驪姬娣之子悼子，里克又殺之，而迎當時居秦之公子夷吾為君，是為惠公。惠公立十四年死，其子圉立，是為懷公。當時國內一直混亂，秦人遂乘機又送公子重耳回國，殺懷公而自立，是為文公。此後晉國始安，前後亂了十四年，事見《左傳》、〈晉世家〉。三世，王叔岷曰：「『三世』蓋『五世』之誤。〈趙世家〉：『晉國大亂，五世不安。』（又見〈扁鵲倉公列傳〉、《論衡・紀妖篇》、《風俗通・皇霸篇》）謂晉獻公、奚齊、卓子、惠公、懷公五世也。」(84)齊桓兄弟爭位　齊襄公（西元前六九七－前六八六年在位）淫昏，被其堂弟公孫無知所殺，齊人又殺無知。時襄公之異母弟公子糾在魯，公子小白在莒。公子糾派人截殺公子小白，未成；小白遂搶先回國即位，是為桓公。隨後又發兵敗魯，殺公子糾，事見〈齊太公世家〉及《左傳》。(85)紂殺親戚二句　指比干、箕子因勸諫殷紂被其所殺、所因事。比干是紂王的叔父，因勸諫紂王，被剖心；箕子是紂王之弟，因勸諫紂王而被囚，事見〈殷本紀〉。(86)三者　指上述晉國、齊國以及殷紂的三件事。(87)宗廟不血食　意謂那種做法將導致國家滅亡。(88)斯其猶人哉二句　意謂我還是個人啦，怎能打那種主意。《索隱》曰：「言我今日猶是人，人道守順，豈能為逆謀？」安足，豈能。王駿圖曰：「『猶人』，謂我亦猶以上諸人耳，彼既逆天得禍，我安足為謀哉！」可供參考。史珥曰：「李斯前此語言盡自當理，然任高之邪說漫衍，不直折其奸謀而誅之，便是心動；至『將令斯得罪』，則患失之情畢見矣。」(89)上下合同　此處即指趙高、李斯與胡亥一起合作。合同，合力同心。(90)中外若一　指宮外的李斯與宮內的胡亥、趙高步調一致。(91)事無表裏　猶言「事無差池」。表裏，內外。引申為歧異、差錯。(92)稱孤　謂為侯、為王，當時為侯者亦可以自稱「孤」。(93)喬松之壽　像王子喬、赤松子那樣長的壽命。王子喬、赤松子都是古代傳說中的神仙。《戰國策・秦策三》，蔡澤謂范睢云：「君何不以此時歸相印，讓賢者授之，必有伯夷之廉，長為應侯，世世稱孤，而有喬松之壽。」用語相同。(94)孔墨之智　孔丘、墨翟一樣的智慧。按：「孔、墨之智」四字與此處文意不相干，疑有訛誤。(95)足以為寒心　王念孫曰：「『以』字衍，《文選・報任安書》注引作『足為寒心』；〈燕策〉云：『夫以秦王之暴，而積怨於燕，足為寒心。』又其一證。」(96)善者因禍為福　聰明人能轉「禍」為「福」。(97)君何處焉　就看你何去何從啦。何處，何以自處；打算怎麼辦。吳見思曰：「李斯奸雄，趙高亦奸雄，兩奸相對，正如兩虎相爭，一往一來，一進一退，多少機權，默默相照。」(98)既以不能死二句　意謂我既然不能堅守臣節而死，又能去倚靠誰呢。意思是只有唯命是聽，託靠於您了。以，通「已」。吳見思曰：

「蓋貪位慕祿，無可奈何，不得不就趙高之纏索，而李斯之為李斯，已為趙高窺破矣。」凌稚隆引屠隆曰：「李斯詐立胡亥，陰弒扶蘇，雖由趙高之奸，實其私心之肯也。蓋焚書坑儒，斯議也，扶蘇諫坑儒而居外，斯必深念之；以吏為師，斯議也，胡亥傳之以高，學習法事數年，斯必深欲之，則斯心欲立亥，不欲立蘇，亦彰明較著也。彼其初難之，不過飾說以欺高與天下耳，其後扶蘇死而斯大喜，真情其微露矣。」凌稚隆引董份曰：「秦滅六國、定海內、威服四夷，其氣可謂雄盛矣，而孰知帷幄小豎如一趙高者乃足以亡秦、亂天下，吳起所謂『起於輦轂，禍多生於隱蔽，而伏於不測』者也。人君之御左右，可不懼哉，可不懼哉！」鄧以瓚曰：「高、斯祕謀，宜不令人知之，乃敘之詳悉如此，且文詞甚工麗，可見古時史職。」99 請　瀧川曰：「楓、三本『請』作『謹』。」按：作「謹」為長。100 詐為受始皇詔二句　按：二句語略不順，崔適曰：「『丞相』上當重『詔』字。」即遺詔令丞相立胡亥為太子，蓋亦所謂「語當重出而未重出」之例也。101 秏　通「耗」。損失。102 罷歸　調解去監軍之職，返回咸陽。103 怨望　猶言「怨恨」。望，怨也。104 不匡正　不糾正；不扶之使正。匡，扶也。105 謀　這裡指心思。106 屬裨將王離　屬，託；移交。裨將，偏將；副將。裨，副；助。王離，秦國名將王翦之孫，後來被項羽破殺於鉅鹿。107 復請而後死　王叔岷曰：「《春秋後語》『而』上有『信』字，當據補。信，謂果有賜劍自裁事也。復請如不信，則不心死矣。」108 未暮　不晚；來得及。109 數趣之　連連地催促扶蘇自殺。趣，此處意思同「促」。110 父而賜子死　「而」字於此無義。一說，而，讀作「如」，亦通。111 尚安復請　蘇軾曰：「以法毒天下者，未有不反中其身及其子孫。漢武、始皇皆果於殺者也，故其子如扶蘇之仁，則寧死而不請；如戾太子之悍，則寧反而不訴，故為二君之子者，有死與反而已。李斯之智，蓋足以知扶蘇之必不反也。」112 即以屬吏　將其拿下，交由法吏看管。屬，交管。113 繫於陽周　繫，繫累；囚禁。陽周，秦縣名，在今陝西子長西北。114 郎中令　官名，「九卿」之一，掌管宮殿門戶與統領宮廷侍從官員，是靠近皇帝的親幸之職。115 侍中　侍奉皇帝於宮廷，後來成為官名。116 用事　掌權。

【語　譯】秦始皇三十七年，十月，始皇帝出巡到會稽，然後沿著海邊北上，抵達琅邪。這時丞相李斯、中車府令兼符璽令趙高都跟隨在左右。始皇帝有二十多個兒子，長子扶蘇因為屢次直言進諫始皇帝，被始皇帝派到駐紮在上郡的蒙恬的軍隊中去作監軍。始皇帝的小兒子胡亥一向受到始皇帝的寵愛，只有他被允許跟在始皇帝身邊，其他的兒子們都沒能跟從。

2　當年七月，始皇帝行至沙丘時病倒了，病得很厲害。他要趙高寫信給公子扶蘇，命他把軍隊交給蒙恬，趕緊回咸陽，準備迎接這裡的靈車，而後安葬。書信封好了，還沒交給使者送走，始皇帝就去世了。書信和皇帝的印璽都在趙高手裡。當時只有公子胡亥、李斯、趙高和五六個親信的宦官知道始皇帝去世，其餘百官都還不知道。李斯覺得皇帝死在外邊，身邊又沒有正式確立的太子，所以就把消息封鎖起來。他們把始皇帝的屍體安放在一輛既保暖又通風的車子裡，百官凡有事情須請示，以及廚子上供飲食，都照常進行，並派了一個宦官坐在裡面答應外邊的問話。

3 這時趙高扣留了始皇帝給扶蘇的書信，來對公子胡亥說：「皇帝去世了，沒有留下任何分封各位公子為王的命令，而單單留下一封信給長子扶蘇。如果扶蘇一到，他作了皇帝，而您卻得不到尺寸之地，那時您怎麼辦？」胡亥說：「本來就是如此。俗話說，知臣莫如君，知子莫如父。父親死了，不封兒子，作兒子的能夠說什麼呢！」趙高說：「不對。如今天下的生殺大權全在您我和丞相三個人的手中，希望您認真考慮。統治人與被人統治，控制人與被人控制，這可是絕對不同的兩碼事啊！」胡亥說：「廢掉兄長而立弟弟，是不仁義的；不奉行父王的詔命而貪生怕死，是不孝的；能力不強還非要去搶奪別人的功業，是沒有自知之明。這三條都是極壞的表現，天下人不會心服，自己也會遭殃，國家也得滅亡。」趙高說：「當初商湯、周武王殺掉了他們的君主，天下人反而還稱之為義舉，並不認為是不忠。衛君輒殺了他的父親，衛國人還稱讚他的功德，孔子也把他的事跡寫入《春秋》，並不認為是不孝。辦大事的人不能顧忌小節，講大德的人不要怕瑣碎的指責，一個地方有一個地方的風俗，一個官員有一個官員的做法，不必劃一。顧小而失大的人，日後一定要倒霉；猶豫不斷的人，將來一定要後悔。敢作敢為的人，連鬼神都要給他讓路，這種人才能成大功。希望您就決心幹吧！」胡亥歎息一聲說：「現在父王尚未發喪，一切喪事都還沒辦，怎麼能拿這些事情去麻煩丞相呢！」趙高說：「時間可是急迫的！我們快馬加鞭，還怕趕不上呢！」於是胡亥便同意了趙高的意見，趙高說：「這件事不跟丞相說是不行的，我幫你去跟他商量。」

4 於是趙高對李斯說：「皇上去世前，曾寫給長子扶蘇一封信，讓他到咸陽去迎接靈車，治辦喪事，而後立他為接班人。信還沒發走，如今皇上死了，還沒有人知道。給扶蘇的信和皇帝的符璽都在胡亥手裡，究竟立誰為太子，全在咱倆一說。你看這事該怎麼辦？」李斯說：「你怎能說出這種禍國殃民的話！這種事難道是我們當臣子的所該議論的嗎？」趙高說：「你自己想想，你的才能比得過蒙恬嗎？你的功勞比得過蒙恬嗎？你的謀略比得過蒙恬嗎？你的得人心比得過蒙恬嗎？你與扶蘇的交情和扶蘇對你的信任，比得過蒙恬嗎？」李斯說：「這五方面我都比不了蒙恬，但是你為什麼這麼嚴厲地提出這些呢？」趙高說：「我只是內廷的一個奴僕。由於熟習律令而進入了秦宮，在我管事的這二十多年中，我沒有見過被國家罷免的丞相功臣，能有一個把爵祿傳給兒子的，他們最後都被殺掉了。始皇帝有二十多個兒子，這你是知道的。長子剛毅而勇敢，能結納人並能發揮人的才能，如果他當了皇帝，必然任蒙恬為丞相，到那時你是不可能保全生命，以列侯的身分回老家的，這一條再清楚不過了。我曾經受命教導胡亥讀書，教他學習法律好幾年了，我從未見過他有什麼過失。胡亥仁慈厚道，輕財物而重人才，內心聰慧而不善於言辭，禮賢下士。始皇帝的其他公子沒有一個能比得過他，可以立他來接班。希望你能考慮考慮，確定下來！」李斯說：「你還是回去吧！我只能遵照先帝的命令行事，聽從上天的安排，我自己有什麼可以考慮可以決定的呢？」趙高說：「平安可能變成危險，危險也可能變成平安。一個人在安危的關頭拿不定主意，那還要聰明智慧幹什麼？」李斯說：「我本是上蔡縣的一個普通百姓，多蒙皇上寵愛，被提拔為丞相、封為侯爵，子孫們也都得到了高官厚祿，皇上已經將國家的存亡安危託付給了我。我怎能辜負呢？當忠臣就應該不貪生不怕死，當孝子就應該任勞任怨，我今天作為一個臣子只能堅守職責。請你不要再多說了，否則將牽累我跟著你倒霉。」趙高說：「作聖人的不該固守於某種常規，應該順應時宜，隨機應變，應該善於看苗頭，看動向。事物本來就是變化的，哪有什麼一定之規矩呢？如今天下的大權，都掌握在胡亥手中，而我可以按著我的意志行事。況且外面的人要想制服裡面，那是不可能的；下面的人要想制服上面的人，那就叫反叛。秋霜一降，花草就要凋零；冰雪一化，萬物就能生長，這都是必然規律。你為什麼見不到這一點呢？」李斯說：「昔日晉國由於改換太子，三世不得安寧；齊桓公與兄弟爭位，鬧得死後不得安葬；商紂王殺害親屬，不聽勸告，京城變為廢墟，鬧得國破家亡。這三者都是違背了天道，以至於鬧得滅絕無後。我還是個人哪！怎能打那種壞主意？」趙高說：「只要上下同心，就可以長治久安，只要內外如一，那就什麼事情都能辦成。你只要聽我的話，我就能保證你世世代代地封侯稱孤，能像王子喬、赤松子那麼長壽，並能像孔子、墨子那樣以智慧聞名；如果放棄機會不跟我幹，那麼災禍立即就會殃及你和你的兒孫，其後果是叫人心寒的。作為一個聰明人要能夠轉禍為福，現在就看你打算怎麼辦啦？」李斯聽後仰天長歎，流著淚歎氣說：「唉！倒霉碰上這麼個混亂的當口，我既然不能效忠而死，那還能去依靠誰呢？」於是李斯遂對趙高俯首聽命了。趙高立刻回報胡亥說：「我把您的意思通知了丞相，丞相敢不唯您之命是聽！」

5 於是他們幾個人就商量好，詐稱是接受了始皇帝的詔書，讓丞相李斯立公子胡亥為太子。又另偽造了一封信給長子扶蘇說：「我巡行天下，祭祀名山與天地諸神以求延長壽命。我讓扶蘇和將軍蒙恬率兵幾十萬駐守邊關，現已任職十多年了，竟然沒有任何進取，白白損失許多士卒，而沒有得來一尺一寸的土地；你還多次上書，誹謗我的所作所為，還每天埋怨我不能及早調你回京當太子。扶蘇作為兒子這是不孝，現賜劍令其自殺！將軍蒙恬與扶蘇一道在外，不能及時糾正他的過失，知道他的陰謀而不報告，蒙恬作為一個大臣，這是不忠，也同時賜死，把你的兵權交給副將王離。」他們裝好書信，蓋上始皇帝的印璽，派了胡亥的一個門客把它送往上郡。

6 使者到了上郡，扶蘇打開詔書一看，立刻淚如泉湧，他走進內屋，就要自殺。蒙恬攔阻他說：「陛下巡遊在外，事先並沒有立誰為太子。他派我率兵三十萬鎮守邊疆，讓您來此監軍，這都是國家的重任。現在突然派一個使者前來傳話，您就忙著自殺，誰能斷定其中沒有詭詐？請您再請示一下，問明白了再死也不算晚。」但這時使者卻再三催促扶蘇照辦，扶蘇為人忠厚，對蒙恬說：「父親賜兒子死，還用得著再請示嗎？」說罷就自殺了。蒙恬不肯死，使者便把他交給專人看管，囚禁在陽周縣。

7 使者回來報告處理的結果，胡亥、李斯、趙高等大喜。他們立即回到咸陽，辦理了喪事，立胡亥作了二世皇帝。而趙高被任為郎中令，經常侍奉在皇帝左右，掌握了國家大權。

1 二世燕居❶，乃召高與謀事，謂曰：「夫人生居世間也，譬猶騁六驥過決隙❷也。吾既已臨天下矣，欲悉耳目之所好❸，窮心志之所樂❹，以安宗廟而樂萬姓❺，長有天下，終吾年壽，其道可乎？」高曰：「此賢主之所能行也，而昏亂主之所禁❻也。臣請言之，不敢避斧鉞之誅，願陛下少❼留意焉。夫沙丘之謀，諸公子及大臣皆疑焉，而諸公子盡帝兄❽，大臣又先帝之所置也。今陛下初立，此其屬意怏怏❾皆不服，恐為變。且蒙恬已死，蒙毅將兵居外❿，臣戰戰栗栗，唯恐不終⓫。且陛下安得為此樂乎⓬？」二世曰：「為之柰何？」趙高曰：「嚴法而刻刑。今有罪者相坐誅⓭，至收族⓮。滅大臣而遠骨肉⓯，貧者富之，賤者貴之。盡除去先帝之故臣，更置陛下之所親信者近之⓰。此則陰德歸陛下⓱，害除而姦謀塞。羣臣莫不被潤澤⓲，蒙厚德，陛下則高枕肆志寵樂⓳矣。計莫出於此⓴。」二世然高之言，乃更為法律㉑。於是羣臣諸公子有罪，輒下高㉒，令鞠治㉓之。殺大臣蒙毅等，公子㉔十二人僇㉕死咸陽市，十公主矺死於杜㉖，財物入於縣官㉗，相連坐者不可勝數。

2 公子高欲奔，恐收族，乃上書曰：「先帝無恙㉘時，臣入則賜食，出則乘輿㉙。御府㉚之衣，臣得賜之；中廄㉛之寶馬，臣得賜之。臣當從死而不能㉜，為人子不孝，為人臣不忠。不忠者無名以立於世[33]，臣請從死，願葬酈山之足[34]。唯上幸哀憐之。」書上，胡亥大說。召趙高而示之，曰：「此可謂急乎[35]？」趙高曰：「人臣當憂死而不暇，何變之得謀[36]！」胡亥可其書，賜錢十萬以葬。

3 法令誅罰日益刻深，羣臣人人自危，欲畔[37]者眾。又作阿房之宮[38]，治直、馳道[39]，賦斂愈重，戍傜無已。於是楚戍卒陳勝、吳廣等乃作亂[40]，起於山東[41]，傑俊相立，自置為侯王，叛秦，兵至鴻門而卻[42]。李斯數欲請閒諫[43]，二世不許。而二世責問李斯曰：「吾有私議而有所聞於韓子也[44]，曰：『堯之有天下也，堂高三尺[45]，采椽不斲[46]，茅茨不翦[47]，雖逆旅之宿[48]不勤於此[49]矣。冬日鹿裘，夏日葛衣[50]，粢糲之食[51]，藜藿之羹[52]，飯土匭，啜土鉶[53]，雖監門之養[54]不觳於此[55]矣。禹鑿龍門[56]，通大夏[57]，疏九河[58]，曲九防[59]，決渟水[60]致之海，而股無胈，脛無毛[61]，手足胼胝[62]，面目黎黑，遂以死于外，葬於會稽[63]，臣虜[64]之勞不烈[65]於此矣。』然則夫所貴於有天下者，豈欲苦形勞神，身處逆旅之宿，口食監門之養，手持臣虜之作[66]哉？此不肖人之所勉[67]也，非賢者之所務[68]也。彼賢人之有天下也，專用天下適己而已矣[69]，此所以貴於有天下也。夫所謂賢人者，必能安天下而治萬民。今身且不能利[70]，將惡能治天下哉[71]？故吾願賜志廣欲[72]，長享天下而無害，為之柰何[73]？」李斯子由為三川守，羣盜吳廣等西略地，過去弗能禁[74]。章邯以破逐廣等兵[75]，使者覆案三川相屬[76]，誚讓斯[77]居三公位[78]，如何令盜如此。李斯恐懼[79]，重爵祿[80]，不知所出，乃阿二世意[81]，欲求容[82]，以書對曰：

4 「夫賢主者，必且能全道[83]而行督責之術[84]者也。督責之，則臣不敢不竭能以徇其主[85]矣。此臣主之分[86]定，上下之義明，則天下賢不肖莫敢不盡力竭任[87]以徇其君矣。是故主獨制於天下[88]而無所制[89]也，能窮樂之極矣[90]。賢明之主也，可不察焉！

5 「故申子[91]曰『有天下而不恣睢[92]，命之曰以天下為桎梏[93]』者，無他焉，不能督責，而顧以其身勞於天下之民[94]，若堯、禹然[95]，故謂之『桎梏』也。夫不能修申、韓之明術[96]，行督責之道，專以天下自適[97]也，而徒務苦形勞神，以身徇百姓[98]，則是黔首之役[99]，非畜天下者也[100]，何足貴哉？夫以人徇己，則己貴而人賤；以己徇人，則己賤而人貴。故徇人者賤，而人所徇者貴。自古及今，未有不然者也。凡古之所為尊賢者[101]，為其貴也；而所為惡不肖者[102]，為其賤也。而堯、禹以身徇天下者也，因隨而尊之[103]，則亦失所為尊賢之心矣。夫可謂大繆[104]矣。謂之為『桎梏』，不亦宜乎？不能督責之過也。

6 「故韓子[105]曰『慈母有敗子[106]，而嚴家無格虜[107]』者，何也？則能罰之加焉必也[108]。故商君之法，刑弃灰於道[109]者。夫弃灰，薄罪也；而被刑，重罰也。彼唯明主為能深督輕罪[110]。夫罪輕且督深，而況有重罪乎？故民不敢犯也。是故韓子曰『布帛尋常，庸人不釋；鑠金百溢，盜跖不搏[111]』者，非庸人之心重、尋常之利深，而盜跖之欲淺也[112]；又不以[113]盜跖之行，為輕百鎰之重也。搏必隨手刑[114]，則盜跖不搏百鎰；而罰不必行[115]也，則庸人不釋尋常。是故城高五丈，而樓季不輕犯也；泰山之高百仞，而跛牂牧其上[116]。夫樓季也而難五丈之限[117]，豈跛牂也而易百仞之高哉？峭塹之勢異也[118]。明主聖王之所以能久處尊位，長執重勢[119]，而獨擅天下之利者，非有異道也，能獨斷而審督責[120]，必深罰[121]，故天下不敢犯也。今不務所以不犯[122]，而事慈母之所以敗子[123]也，則亦不察於聖人之論矣。夫不能行聖人之術，則舍為天下役何事哉[124]？可不哀邪！

7 「且夫儉節仁義之人[125]立於朝，則荒肆之樂[126]輟[127]矣；諫說論理[128]之臣間於側[129]，則流漫之志[130]詘[131]矣；烈士死節[132]之行顯於世，則淫康之虞[133]廢矣。故明主能外此三者[134]，而獨操主術[135]以制聽從之臣，而修其明法，故身尊而勢重也。凡賢主者，必將能拂世磨俗[136]，而廢其所惡，立其所欲，故生則有尊重之勢[137]，死則有賢明之謚[138]也。是以明君獨斷，故權不在臣也。然後能滅仁義之塗[139]，掩馳說之口[140]，困烈士之行[141]。塞聰揜明[142]，內獨視聽[143]，故外不可傾[144]以仁義烈士之行，而內不可奪[145]以諫說忿爭之辯。故能犖然[146]獨行恣睢之心而莫之敢逆。若此然後可謂能明申、韓之術，而脩商君之法。法脩術明[147]而天下亂者，未之聞也。故曰『王道約而易操[148]』也。唯明主為能行之。若此則謂督責之誠，則臣無邪[149]；臣無邪，則天下安；天下安，則主嚴尊[150]；主嚴尊，則督責必[151]；督責必，則所求得；所求得，則國家富；國家富，則君樂豐[152]。故督責之術設，則所欲無不得矣。羣臣百姓救過不給，何變之敢圖[153]？若此則帝道備[154]，而可謂能明君臣之術[155]矣。雖申、韓復生，不能加也[156]。」

8 書奏，二世悅。於是行督責益嚴，稅民[157]深者為明吏。二世曰：「若此則可謂能督責矣。」刑者相半於道[158]，而死人日成積於市[159]，殺人眾者為忠臣。二世曰：「若此則可謂能督責矣[160]。」

【章旨】以上為第四段，寫李斯賣身投靠，曲意迎合，與趙高一同鼓動胡亥肆行殘虐的情形。

【注釋】❶燕居　閒居；平常無事時。燕，同「宴」。安也。❷騁六驥過決隙　極言用時之短暫。六驥，六馬所拉之車。決隙，裂縫。胡三省曰：「決，裂也。裂開之隙，其間不能以寸，喻狹小也。」按：〈留侯世家〉：「人生一世間，猶白駒過隙。」〈魏豹彭越列傳〉云：「人生一世間，如白駒過隙耳。」先此則《墨子・兼愛下》、《莊子》之〈知北遊〉、〈盜跖〉，亦皆有類似語句。❸悉耳目之所好　最大限度地滿足一切感官享受。悉，盡；全部。❹窮心志之所樂　即想幹什麼就幹什麼。窮，盡；全部做到。❺以安宗廟而樂萬姓　其意乃謂一方面要使自己能夠窮奢極欲，為所欲為；同時還要讓國家安定，萬民樂業。以，義同「而」。❻所禁　所不敢做的。❼少　通「稍」。稍微。❽諸公子盡帝兄　始皇帝的其他兒子都是你的哥哥。帝，指秦二世。梁玉繩曰：「此言疑不然，始皇二十餘子，二世是始皇第十八子，尚有弟也。故李斯云『夷其兄弟而自立』，又云『行逆於昆弟』。」王叔岷曰：「此文『兄』下蓋脫『弟』字。」❾此其屬意怏怏　這些人都心懷不滿。此其屬，這些人。怏怏，不樂、不平的樣子。❿蒙恬已死二句　按：蒙毅為蒙恬之弟。梁玉繩曰：「按〈始皇紀〉及〈蒙恬傳〉，將兵在外者，恬也；而為內謀者，毅也。又，胡亥先殺毅，後殺恬，此言俱自相駮。當云『蒙毅未死，蒙恬將兵在外』，乃合耳。」⓫唯恐不終　唯恐不得善終、不能長保如此。⓬且陛下安得為此樂乎　王叔岷曰：「『且』猶『則』也。『為』猶『有』也。」⓭相坐誅　因牽連而處以死刑。相坐，猶言「連坐」。因一人犯罪而株連他人。⓮至收族　以至於收其全族而滅之。⓯滅大臣而遠骨肉　誅滅先朝老臣，並疏遠自己的兄弟子姪。⓰貧者富之四句　按：此為古往今來一切陰謀家糾合死黨之通用手段。⓱陰德歸陛下　暗中感謝您而歸附於您。德，用如動詞，感謝。⓲被潤澤　猶言「蒙恩惠」。被，通「披」。沾受。潤澤，原指雨露的浸潤，此處借指皇帝的恩惠。⓳肆志寵樂　隨心所欲地享受富貴尊榮。瀧川引中井曰：「寵，榮也。」⓴計莫出於此　李笠曰：「『出』猶『逾』也，過也，『莫過於此』者，言無有勝於此也。〈吳王濞傳〉云：『臣愚計無出此。』義同。」㉑更為法律　重新制訂法律條文。㉒下高　交給趙高。㉓鞫治　審判；推問。㉔公子　指秦始皇的兒子，胡亥的兄弟。㉕僇　同「戮」。斬殺。㉖矺死於杜　矺，同「磔」。將人剐為碎塊。杜，秦縣名，在當時長安城的東南，今西安市東南。㉗財物入於縣官　財產被沒收歸公。入，沒收。縣官，指國家。陳直曰：「『縣官』始見於此，嗣後遂成兩漢人之習俗語。」王叔岷引《大戴禮記・保傅篇》：「趙高傅胡亥而教之獄，所習者非斬刈人則夷人三族也。故今日即位，明日射人，忠諫者謂之誹謗，深為計者謂之妖誣，其視殺人若芟草菅然。豈胡亥之性惡哉？彼其所習導非其治故也。」㉘無恙　無病；安好。這裡指生前。恙，病。㉙乘輿　乘坐著皇帝賞賜的車子。㉚御府　猶言「內府」。皇宮內的府庫。㉛中廄　皇宮內的馬棚。㉜臣當從死而不能　意謂如果我不能給先帝殉葬的話。當，同「倘」。倘若。下文「當憂死而不暇」的「當」字與此用法相同。㉝不忠者無名以立於世　瀧川曰：「楓、三本不重『不忠』二字，為是。」按：「不忠」前似應補「不孝」二字。㉞願葬酈山之足　意即請求把我埋在始皇帝的陵墓旁。酈山，在今陝西臨潼東南，是秦始皇的陵墓所在地。㉟此可謂急乎　這大概可以說是「走投無路」了吧。急，急迫；走投無路。㊱人臣當憂死而不暇二句　意謂當臣子的如果像這樣連死都顧不過來，那他們還有什麼可能去盤算造反呢。當，通「倘」。假如。㊲畔　通「叛」。㊳阿房之宮　建立在山阿之旁的那座宮殿，「房」即「旁」也。此時尚在建造之中，未正式命名，故人皆呼之為「阿房宮」。舊址在今陝西西安市西。秦始皇時開始興造，二世即位，又繼續建造，到秦朝滅亡也未建成。今其地有所謂「阿房村」者，蓋後來以宮址名之。㊴治直馳道　修築直道、馳道。直道，國家為通行迅速而開山填谷所修的直近大道，以其不似民間道路的迂曲盤迴，故稱「直道」。〈蒙恬列傳〉云：「蒙恬為秦塹山堙谷，通直道。」即自甘泉直通九原（今內蒙包頭西）之道。馳道，《集解》引應劭曰：「天子道也，若今之『中道』也。」㊵陳勝吳廣等乃作亂　事在秦二世元年（西元前二〇九年）七月，詳見〈陳涉世家〉。㊶山東　崤山（在今河南靈寶東南）以東，泛指舊時除秦國以外的其他六國之地。㊷兵至鴻門而卻　陳涉起義後，派大將周文率軍西攻咸陽，兵至戲亭（在今陝西臨潼東北），被秦將章邯打敗，周文等潰退出關，事在秦二世元年九月，見〈陳涉世家〉。鴻門，地名，在今陝西省臨潼東北，戲亭之西南。㊸數欲請間諫　多次請求秦二世接見，以便於提出自己的意見。間，間隙。這裡指談話時間。㊹吾有私議而有所聞於韓子也　按：語略不順，其意蓋謂我有個想法，我記得韓非的書上曾經說過。私議，個人的看法、想法。㊺堂高三尺　堂，這裡指堂基。堂基只有三尺（相當於今之二尺多）高，以言其居室之儉。按：秦時一尺約當今之〇・八二九尺。㊻采椽不斲　採來木料直接用以為椽，不加任何削飾。斲，砍削；修飾。胡三省曰：「采椽者，蓋自山採來之椽因而用之，不施斧斤，示樸也。」也有人稱「采椽」為「采木之椽」，「采」即「櫟」也，說法比較勉強。陳其猷曰：「作椽之木多矣，何必限於『采木』？」㊼茅茨不翦　用茅草蓋屋頂，任其長短不齊，不加修葺。茨，用茅草蓋屋頂。㊽逆旅之宿　客店裡的居住條件。逆旅，迎接旅客。通常用以指客店。逆，迎。㊾不勤於此　不比這個更艱苦。勤，艱苦。㊿冬日鹿裘二句　句中鹿裘、葛衣，皆古代貧者之所服。(51)粢糲之食　粗糧而又粗做的飯食。粢，穀類的總稱。糲，粗米。(52)藜藿之羹　以野菜做的湯。藜，草本植物名，其葉嫩時可吃。藿，豆葉。(53)飯土匭二句　用粗製的陶器盛飯、盛湯。土匭，陶製食器。啜，飲。土鉶，陶製飲器。(54)監門之養　守門吏卒的生活待遇。監門，守門者。養，供養。這裡指待遇。(55)不觳於此　不比這個更簡陋。觳，薄；劣。王駿圖曰：「言雖監門人之奉養，亦不薄於此也。」(56)龍門　山名，在今山西河津西北，陝西韓城東北，分跨黃河兩岸。(57)通大夏　謂使黃河通過龍門進入山西省之西南部。《正義》引《括地志》云：「大夏，今并州、晉陽及汾、絳等州是。」(58)疏九河　疏通了中原境內的各條大河。九河，瀧川引中井曰：「是九州之河。」按：據《尚書・禹貢》傳，九河為徒駭河、大史河、馬頰河、覆釜河、胡蘇河、簡河、絜河、鉤盤河、鬲津河。疑中井說是。(59)曲九防　為各個湖澤築起堤防。曲，用如動詞。九防，瀧川引中井曰：「即九州澤之堤，是語本於《尚書》『九澤既防』。」(60)決渟水　決，導之使流。渟水，堵塞、積存於地面上的洪水。(61)股無胈二句　極言其辛苦勞頓之狀。股，大腿。胈，《集解》曰：「膚毳皮。」細嫩的皮膚。脛，小腿。(62)胼胝　手腳上的厚皮，即俗所謂「老繭」。(63)葬於會稽　按：今紹興市南的會稽山上有所謂禹陵，相傳即禹之墳墓。關於禹的傳說，參見〈夏本紀〉。按：以上二世所引韓非語見《韓非子・五蠹》，文字略有出入。(64)臣虜　奴僕。(65)烈　劇烈；苦痛。(66)手持臣虜之作　親自奉行奴隸所從事的體力勞動。持，執；奉行。作，施工。(67)所勉　所努力從事。勉，努力。(68)所務　所從事；所追求。(69)彼賢人之有天下也二句　郭嵩燾曰：「此一語說盡秦、漢以來爭奪天下者之心，二世慨然言之，亦是一快。」適己，適合自己的心願。(70)身且不能利　連自身都不能帶來好處。(71)將惡能治天下哉　又怎麼能治好天下呢。惡能，怎麼能夠。惡，也寫作「烏」。如何；怎能。(72)賜志廣欲　即指隨心所欲，為所欲為。賜，應作「肆」。放也。廣，縱也。(73)為之柰何　按：以上二世語亦見於〈秦始皇本紀〉，文字大致相同。(74)羣盜吳廣等西略地二句　過去，過洛陽西去。按：據〈陳涉世家〉，率軍過洛陽而西去攻入關內者，為陳涉的部將周文，前注已及。吳廣等當時率兵攻滎陽，滎陽雖也屬三川郡，但在洛陽城東，且未及攻下，吳廣即被其部下田臧等所殺。(75)章邯以破逐廣等兵　以，同「已」。秦二世二年十一月（當時以十月為歲首），章邯追擊破殺周文於澠池，接著又東進破殺吳廣的舊部田臧、李歸等於敖倉及滎陽城下。(76)使者覆案三川相屬　謂二世、趙高等多次派人到三川郡追究查問李由的情況。覆案，檢查；追究。相屬，相連；一批接一批。(77)誚讓斯　責備李斯。「誚」、「讓」都是「責備」的意思。(78)居三公位　謂李斯身居丞相之職。秦時以丞相、太尉、御史大夫為「三公」。(79)李斯恐懼　既追究其子任三川守的責任，又追究其本人任丞相的責任，故李斯惶恐起來。(80)重爵祿　害怕丟官丟爵。史珥曰：「『恐懼』、『重爵祿』二語，誅心。」按：「重爵祿」三字為李斯一生之病根，一切喪心病狂之事皆由此而起。(81)阿二世意　曲順著秦二世的想法。阿，順從討好。(82)求容　求得寬容；求有容身之地。(83)全道　建立一套辦法。全，建立；健全。(84)督責之術　《索隱》曰：「督者，察也。察其罪，責之以刑罰也。」王叔岷以為「督責」猶言「督過」，二字不可分講。(85)竭能以徇其主　盡心為其主子效力。徇，順從；為人效力。(86)臣主之分　臣子與君主的名分。分，名分；身分。即「治人者」與「受治者」的界限不容混淆。(87)竭任　意即盡職。任，職責。(88)獨制於天下　一個人獨自掌握國家。(89)無所制　不受任何制約、任何控制。(90)能窮樂之極矣　這樣才能達到享樂的頂點，享盡一切樂事。窮，盡。(91)申子　指申不害，戰國前期的法家人物，曾相韓昭侯，使韓國富強一時。事跡見〈老子韓非列傳〉。(92)恣睢　肆行暴戾，為所欲為。(93)桎梏　拘制犯人手足的刑具。在足者為桎，在手者為梏。(94)顧以其身勞於天下之民　反而讓自己比普通百姓活得還要累。顧，反。(95)若堯禹然　像堯、禹就是這樣的。(96)修中韓之明術　奉行申不害、韓非所講的那種管理、駕馭人的辦法。(97)專以天下自適　讓整個國家服從自己、順著自己。(98)徒務苦形勞神二句　一味地辛苦自己，讓自己去為百姓服務。形，身體。(99)則是黔首之役　這就成了老百姓的僕役。(100)非畜天下者也　意即非「畜天下」者之所為也。畜，占有；統治。(101)古之所為尊賢者　古人之所以尊敬「賢者」。所為，所以。(102)所為惡不肖者　所以討厭沒有出息的人。不肖，不類其父。通常用以指「不成材」、「沒出息」。(103)因隨而尊之　意謂堯舜那種「以身徇天下」本來就已經是錯誤的了，如果再跟著世俗去尊敬他們的那種錯誤做法。(104)繆　通「謬」。荒謬。(105)韓子　韓非，戰國末期韓國人，法家學派的代表人物，著有《韓非子》。事跡見〈老子韓非列傳〉。(106)敗子　敗家子。(107)嚴家無格虜　法度森嚴的家庭不會出不服管教的奴隸。格，強悍；頂撞。虜，奴隸。按：韓非此語見《韓非子・顯學篇》。(108)則能罰之加焉必也　按：引語繁蕪不順，「則能」二字可削。意即只要一犯罪就必然要受懲罰。(109)刑弃灰於道　《正義》曰：「棄灰於道者黥也。韓子云：『殷之法，棄灰於衢者刑。子貢以為重，問之仲尼，曰：灰棄於衢必燔，人必怒，怒則鬥，鬥則三族，雖刑之可也。』」瀧川曰：「北地多風，棄灰有失火之虞，所以為禁。」按：李斯引此只為說罪輕而罰重，張守節、瀧川越往合理處解釋，則離原意越遠。王駿圖曰：「《正義》引韓子所云竟以商君之法為殷法，殊屬非是。」(110)深督輕罪　將輕罪重判。(111)布帛尋常四句　語見《韓非子・五蠹》。尋常，一尋八尺，二尋為常，通常用以指數量不多。不釋，不放過，謂一定要拿。鑠金，熔化的金子。盜跖，相傳為古代的大盜，初出於《莊子・盜跖》。搏，抓取。按：鑠金，舊注有所謂「美金」之說，不可取。《鹽鐵論・詔聖》云：「鑠金在爐，莊蹻不顧；錢刀在路，匹夫掇之。」與此意同。「莊蹻」也是古代的大盜名。(112)非庸人之心二句　語略繁費。李笠曰：「『深』字疑衍。此以『庸人』與『盜跖』對舉，上言『庸人不釋布帛，盜跖不搏鑠金』，此承上，謂『非庸人之心重尋常之利，而盜跖之欲淺百溢之利』也。不云『百溢』者，省辭也。」按：「深」字與下句「淺」字對文，疑應作「非庸人之心深，而盜跖之欲淺也」。(113)不以　不是因為。(114)搏必隨手刑　只要一抓，手就要受傷。刑，瀧川曰：「言鑠金傷手也。」(115)罰不必行　懲罰不一定降臨。按：《韓非子》原文於此作「不必害，則不釋尋常；必害手，則不掇百溢」。(116)城高五丈四句　按：《韓非子》原文於此作「十仞之城，樓季弗能逾者，峭也；千仞之山，跛牂易牧者，夷也」。李斯襲用其語。陳直以為「此事屢見於《韓非子》、《韓詩外傳》、《鹽鐵論》、《論衡》等書，似皆本於《韓非子》。《荀子・宥坐》云『數仞之牆，而民不踰也；百仞之山，而豎子馮而遊焉』，知韓非、李斯之言又皆本於《荀子》」。《集解》引許慎曰：「樓季，魏文侯之弟。」按：據文意，此樓季定是古代最勇敢輕捷，最善於攀登跳躍的人。百仞，一仞八尺，百仞極言其高。按：言「泰山百仞」，殊為不倫。跛牂，瘸腿羊。牂，母羊。(117)限　阻隔；險阻。(118)峭塹之勢異也　陡峭與逐漸高起的形勢不同。《索隱》曰：「峭，峻也。塹，音『漸』。」按：以上數句亦古時常語，《韓詩外傳》有「一仞之牆，民不能踰；百仞之山，童子登焉」；《鹽鐵論》有「嚴牆三仞，樓季難之；山高干雲，牧豎登焉」，意思皆同。(119)長執重勢　長久地把持著重要的權柄。(120)審督責　嚴格地實行督責之術。(121)必深罰　該嚴厲懲罰者絕不輕饒。(122)不務所以不犯　不追求如何可以讓人不犯罪。即實行嚴刑峻法。(123)而事慈母之所以敗子　而採取那種慈母培養敗家子的辦法。(124)不能行聖人之術二句　意謂如果不能採取聖人的辦法（即行督責），那麼除了給天下人當奴僕，還能幹什麼呢。舍，楊樹達曰：「釋也，今言『除卻』。」(125)儉節仁義之人　講節儉、講仁義的人。(126)荒肆之樂　毫無限度、隨心所欲的享樂。荒，遠也。引申為無限度。(127)輟　停止；中斷。(128)諫說論理　好提意見、好講大道理。(129)間於側　指立在身邊。間，插；參與。(130)流漫之志　放蕩不拘的心志。(131)詘　同「黜」。廢止；不能實行。或曰通「屈」，受壓抑。(132)烈士死節　好講氣節，好唱高調，甚至為此不怕死。(133)淫康之虞　無止境地貪圖安樂的想法。虞，慮；想。(134)外此三者　排除以上三種人。外，排除。(135)主術　君主駕御群臣之術。(136)拂世磨俗　《索隱》曰：「拂世，蓋言與世情乖戾。磨俗，言磨礪於俗使從己。」按：意即和社會上人們的看法、想法背道而馳。拂，違背。磨，摩擦；不相合。(137)尊重之勢　「身尊勢重」的形勢。(138)賢明之謚　賢良而又英明的謚號。梁玉繩曰：「『死亡』之言非臣子所宜語於君父，乃直陳無隱，雖暴秦之多忌不以是為罪。蓋秦漢時近質，諱猶少，故賈誼告孝文曰『生為明帝，死為明神，顧成之廟，稱為太宗』，此與端木氏言『夫子其死也哀』同。」(139)滅仁義之塗　斷絕再有人來唱「仁義」高調的可能。塗，通「途」。途徑；機會。(140)掩馳說之口　堵塞到處說教以搬弄是非的言論。掩，蓋；堵。(141)困烈士之行　遏止逞氣節而不怕死的行為。(142)塞聰揜明　意即對群臣的意見一概置之不顧。塞聰，堵上耳朵。揜明，閉上眼睛。(143)內獨視聽　即「內視獨聽」。一切全憑個人的眼光、個人的見解。(144)傾　倒。這時是「改變」的意思。(145)奪　更改。(146)舉然　特立獨出的樣子。(147)法脩術明　指商君之法、申、韓之術得以認真貫徹實行。(148)王道約而易操　當帝王的手段本來就很簡單，很容易掌握。(149)若此則謂督責之誠二句　按：此句似有脫誤，《會注考證》本重出「督責之誠」四字，瀧川曰：「各本不重『督責之誠』四字，今從楓、三本。」按：詳前後數句文意，似應重出「督責之誠」四字。且「誠」似應作「成」。全文應作「若此則謂之督責成，督責成則臣無邪」。(150)嚴尊　莊嚴、高貴。(151)督責必　督責之法切實貫徹。必，切實。(152)君樂豐　君主的生活逸樂、豐裕。「豐裕」指物質條件好，要什麼有什麼。(153)救過不給二句　與上文「憂死而不暇，何變之得謀」相同。不給，來不及；顧不上。(154)帝道備　統治國家的法術真正完備。(155)君臣之術　駕馭群臣的手段。君，統治；駕馭。(156)雖申韓復生二句　凌稚隆曰：「仍以申韓結截。」凌稚隆引王維楨曰：「斯學帝王之術於荀卿，而用申、韓之術於秦，何也？」王叔岷曰：「荀卿之學主儒，而雜糅道、名、法諸家思想，其法後王、重功利之說，頗類法家。然則斯承師學，而用申、商之術於秦，亦無足怪矣。」郭嵩燾曰：「李斯此書貶斥堯、禹而滅仁義，絕諫說，困烈士，舛謬極矣。自秦漢以來操主術以制聽從之臣，必由於是，莫之或易者也。李斯以其意務縱君之欲，一言而定萬世之程。」157 稅民　徵稅於民。158 刑者相半於道　在路上行走的人，有一半是受過刑的。159 死人日成積於市　按：「成」字似應削。160 若此則可謂能督責矣　張文虎曰：「蔡本、中統、王、柯、毛本、《治要》皆無『責』字。」凌稚隆引余有丁曰：「兩載二世語，見用斯說以亡秦，不獨趙高也。」

【語譯】秦二世閒居無事，把趙高叫來，對他說：「人生在世，就像馬車跨過牆縫那麼快。現在我已成了天下之主，就想盡量滿足耳目的一切欲望，隨心所欲地盡情享樂，也讓國家安定，百姓樂業，而且還希望在我所活的這一輩子裡能長久地統治天下，我這個要求達得到嗎？」趙高說：「作為一個賢明的君主是絕對能夠達到的，而一個昏亂的君主是達不到的。現在我冒著死罪進言，請您注意聽。我們在沙丘的密謀，從當時就被您的一些兄弟和大臣們所懷疑，那些公子們都是您的兄長，那些大臣們又都是先帝所任用的。如今您剛剛即位，這些人都悶悶不樂，心裡不服，我擔心會發生變故。現在蒙恬雖然死了，而蒙毅還帶兵在外，為此我整天戰戰兢兢，擔心說不定哪一天送了命。在這種情況下，您怎麼能夠盡情享樂呢？」秦二世說：「那該怎麼辦？」趙高說：「實行嚴刑峻法。誰犯了罪就互相株連，把他們的親朋一起處死，甚至全族誅滅。要大批地誅殺那些朝廷裡的大臣，疏遠您的那些兄弟子姪。要讓原來貧窮的富有起來，讓原來低賤的高貴起來，要全部鏟除先帝的那些老臣，全部換上您自己的親信，並大加提拔任用他們。這樣一來那些被提拔的人就會感謝您的恩德，這樣禍患就能根除，奸謀就不能得逞了。到那時群臣們都感謝您的恩德仁惠，您就可以高枕無憂，放心地盡情享樂了。這是最好不過的辦法。」秦二世覺得趙高的說法不錯，便著手重新制訂法律，從此朝廷大臣和秦二世的兄弟們只要一犯罪，就把他們交給趙高審問處置。於是大臣蒙毅等被殺，秦二世的十二個兄弟在咸陽街頭被斬首，十個姐妹在杜縣被剮成了碎塊，這些家族的財物被沒收充公，而由此牽連被殺的難以計算。

2 公子高想逃跑，因擔心誅滅全族，於是向秦二世上書說：「先帝在世時，我入宮則賜給我食物，出朝則賜給我馬車，內府裡的衣物，宮廷馬棚裡的寶馬，我都曾得以享用。因此，如果我不能為先帝殉葬，那將是一大憾事。我以為這是作兒子的不孝，作臣子的不忠。不忠不孝的人有什麼面目活在世上呢？因此我請求跟著先帝死，希望您能把我埋在驪山始皇帝的陵墓腳下。請您可憐我，答應我這點要求。」書信呈上去後，胡亥心花怒放。他把趙高喊來，把公子高的信給他看，說：「這大概就叫做走投無路了吧？」趙高說：「當臣子的如果像這樣連死都顧不過來，那他們還有什麼功夫去圖謀造反呢？」胡亥同意了公子高的請求，賜他們家十萬錢料理他的喪事。

3 秦朝的法令誅殺越來越嚴，大臣們人人自危，想造反的越來越多。再加上秦二世又繼續修建阿房宮，大肆修築直道與馳道，賦稅越來越重，徭役沒完沒了。於是楚地被徵發守邊戍卒中的陳勝、吳廣等帶頭造反了。從此整個崤山以東的廣大地區，頭領林立，紛紛而起，自己稱侯、稱王，最厲害的一股曾一度打到咸陽以東不遠的鴻門，後來才兵敗退去。這時李斯原也多次想找機會勸勸秦二世，秦二世都不允許。相反地倒責備李斯說：「我曾記得韓非的書上說過，他說：『堯當帝王的時候，居室的臺基最高不過三尺，作椽子的木料連刮都不刮，屋頂上蓋的茅草連剪都不剪，這樣的住處連個小客店都不如。冬天穿一件鹿皮的皮襖，夏天穿一件麻布的粗衣，吃的是粗飯，喝的是菜湯，盛飯盛湯用的都是粗陶器，這樣的生活恐怕連守門的奴才也不可能更壞了。大禹曾疏鑿龍門，引導黃河流過夏民族居住的地區。他疏通了許多河流，修築了許多堤壩，把大地上的許多積水都引導入海。由於長年勞作，他的大腿上已經沒有白肉，小腿上磨光了汗毛，手腳都結上厚厚的老繭，面孔曬得黝黑，最後累死在外邊，埋葬在會稽山下。這樣的操勞恐怕連奴僕也不至於比他更過分了。』但是人們搶著當天子，難道就是為了勞苦身心、住小店、吃奴才飯、幹奴才活嗎？只有沒出息的人才要求幹這個，這些不是一個賢能的人所希望要的。一個賢能的人當了帝王，他要讓天下所有的一切都來滿足自己的欲望，這才能表現出一個當天子的尊貴。一個人能稱為『賢明』，就必須能享有天下，統治萬民。如果一個人連他自己都不能過得舒服合意，那又怎麼能指望他可以治好天下呢？我要的是既能隨心所欲，又永遠地享有天下，不受任何危害，你看怎麼辦才行？」李斯的兒子李由是三川郡的郡守，吳廣等人向西進軍曾經路過三川郡而李由不能阻擋。待至章邯打敗了吳廣等人以後，秦二世便一批一批地派人去追究三川郡的責任，並責怪李斯，位居國家三公，怎麼會讓造反的人猖狂到了如此的程度。李斯害怕丟掉爵位俸祿，他實在不知道該怎麼辦了，於是便迎合秦二世的心意，上書說：

4 「凡是賢明的君主，必然能夠建立一套制度而推行一種督責的辦法。一旦推行督責，當臣子的就不敢不竭盡所能來為君主效力了。這樣，君臣的名分就能確定，上下的界限就能分明，到那時，不論有才能還是無才能的人就都不敢不盡心竭力地為您服務了。因此作為帝王要講究個人獨裁，而不受任何人的限制，這樣他就可以享盡一切樂趣了，作為一個賢明的君主，可不能不注意這一點！

5 「申不害說過：『一個當帝王的如果不能為所欲為，那就叫把天下當成了「鐐銬」。』這句話沒有別的意思，就是指如果當帝王的不能推行督責，相反地倒把自己搞得比一個平民百姓還要累，像堯、禹那個樣子，那就是把天下當成了『鐐銬』。一個人不能運用申不害、韓非的辦法，不能推行督責，讓普天下來滿足自己，相反卻只勞苦身心地去為百姓效力，那就成了當奴隸，而不是當帝王了，這還有什麼尊貴的呢？讓別人順著自己，自己就尊貴，別人就低賤；如果讓自己去順著別人，那自己就低賤，別人就尊貴了。所以順著別人的人是低賤的，讓別人順著的人是尊貴的，從古到今，都是這個道理。古代為什麼有些賢人被人們所尊崇呢，就是因為他高貴。為什麼有些人被人瞧不起呢，就是因為他低賤。堯、禹讓自己順從了別人，這已經是錯誤的了，如果還跟著世俗去尊敬他們，就失去了所以尊敬賢者的用心，那就是大錯特錯了。我們說他們是把天下當成自己的『鐐銬』，這不很合適嗎？他們的過錯就出在未能推行督責之術。

6 「韓非曾經說過『慈母可能養出敗家子弟，而嚴厲的家長手下絕不會出現不服管教的奴隸』這樣的話，為什麼？就是因為有不可幸免的嚴厲的懲罰。商鞅曾定過嚴厲懲治往道上撒灰的法令。往道上撒點灰，這是一種小過失；而要處以刑法，看來像是有些重了。但也只有英明的君主才能明白嚴懲輕罪的意義，一點小過還要重罰，更何況是犯了大罪呢？所以這樣一來，人們就不敢輕易犯罪了。所以韓非說過『幾尺布頭，一般人見了也不會放過；而一塊燒紅的金子，盜跖也不拿』這樣的話，這並不是說一般人的貪心大，說布頭的價值高；也不是因為盜跖的欲望小，不想要那塊大金子。而是只要伸手一抓，手就燙爛，那麼即使盜跖也不敢去動金子；而貪點小利不一定會受到刑罰，如果拿了可能沒事，那麼即使幾尺布頭，一般人也絕不放過。五丈高的城牆，飛簷走壁的樓季也上不去；幾百丈的泰山，瘸腿羊卻能到上邊吃草。樓季為什麼上不了五丈高的城牆，而瘸腿羊卻能爬上幾百丈高的泰山呢？就因為陡峭與逐漸高起的形勢不同。一個聖明的君主所以能長居尊貴之位，長握重大之權，而獨享天下之利，這沒有別的原因，就在於他能夠專制獨裁，能堅決推行督責與嚴刑，讓天下人誰也不敢犯法。今天不去追求如何叫人不敢犯罪，而去幹那些慈母慣養敗家子的勾當，這種人就是沒有理解聖人的言論。如果不能採用聖人的辦法，那麼除了給人家當奴僕，還能幹什麼呢？這豈不可悲嗎？

7「如果有一個講究儉樸、好談仁義的人站在朝廷上，那麼帝王追求享樂的勁頭就要受影響；如果有一個好提意見的臣子站在旁邊，那麼帝王的放蕩之心就得有所收斂；如果忠烈死節的行為得到社會的推崇，那麼帝王的享樂追求就會受到抵制。因此賢明的君主要堅決排除這三種情況，要獨掌君權以駕馭所有的臣子，要建立嚴明的法制，只有如此才能保證自己的身尊勢大。凡是賢明的君主，必然和世俗的現狀不同，必須除掉他所厭惡的，而建立他所喜歡的東西，因此他才能活著時有尊貴威嚴的地位、權勢，死後也有一個賢明的稱號。所以，明君總是獨裁專斷，絕不讓權力落在大臣手中。只有這樣，他才能斷絕那種鼓吹仁義的途徑，堵住那些遊說之士的叫囂，罷黜那些所謂忠烈的行為表現。不用耳聽，不用眼看，單憑自己的意念行事，這樣他在外就不會再受那些『仁義』、『忠烈』的炫惑，在內也不為那些勸諫的言詞所動搖。這樣他才能夠獨斷專行地為所欲為，誰也不敢再違抗他。只有這樣，才可以說他是學好了申、韓之術與商君之法了。而法術一旦修明，天下就再也不會大亂，這就是人們常說的『當帝王的手段本來就很簡單，很容易掌握』那個話。但這些只有賢明的君王才能做到。督責如果真正做到了，那麼當臣子的就不可能再為非作歹；大臣們不敢為非作歹，天下就能太平；天下太平了，君主就有威嚴；君主有了尊嚴，督責之法就能貫徹實行；督責一嚴格貫徹，君主的願望就能滿足了；君主的願望一滿足，國家就富了；國家一富，當國君的就可以享樂了。所以說，只要督責一實行，國君就能夠想什麼有什麼。到那時，群臣百姓們忙著去補救他們自己的罪過都來不及，還哪有時間圖謀反叛呢？這樣統治國家的法術才算真正完備，而駕馭群臣的手段，就可以說是明確了。到那時，即使讓申不害、韓非再活過來，也不可能更超過您的水平。」

8 李斯的奏書呈上之後，秦二世看了很高興。於是推行督責便越來越嚴厲。誰對老百姓整得越狠，誰就被認為是好官。秦二世說：「這才叫真正實行了『督責』呀。」當時，路上的行人有一半是受過刑的，街頭上被處死的人天天屍體成堆，誰殺人殺得多，誰就被認為是忠臣。秦二世說：「這才叫真正實行了『督責』呀。」

1 初，趙高為郎中令，所殺及報私怨眾多，恐大臣入朝奏事毀惡之❶，乃說二世曰：「天子所以貴者，但以聞聲，群臣莫得見其面，故號曰『朕』❷。且陛下富於春秋❸，未必盡通諸事；今坐朝廷，譴舉❹有不當者，則見短於大臣❺，非所以示神明於天下❻也。且❼陛下深拱禁中❽，與臣及侍中❾習法者待事❿，事來有以揆⓫之。如此則大臣不敢奏疑事⓬，天下稱聖主矣。」二世用其計，乃不坐朝廷見大臣，居禁中。趙高常侍中用事，事皆決於趙高。

2 高聞李斯以為言⓭，乃見丞相曰：「關東群盜多，今上急益發繇⓮治阿房宮，聚⓯狗馬無用之物。臣欲諫，為位賤。此真君侯之事，君何不諫？」李斯曰：「固也，吾欲言之久矣。今時上不坐朝廷，上居深宮，吾有所言者，不可傳也，欲見無間⑯。」趙高謂曰：「君誠能諫，請為君候上間語君⑰。」於是趙高待二世方燕樂⑱，婦女居前，使人告丞相：「上方間⑲，可奏事。」丞相至宮門上謁⑳，如此者三㉑。二世怒曰：「吾常多間日，丞相不來；吾方燕私，丞相輒來請事㉒。丞相豈少我㉓哉？且固我㉔哉？」趙高因曰：「如此殆矣㉕！夫沙丘之謀，丞相與㉖焉。今陛下已立為帝，而丞相貴不益㉗，此其意亦望裂地而王矣。且陛下不問臣，臣不敢言。丞相長男李由為三川守，楚盜陳勝等皆丞相傍縣之子㉘，以故楚盜公行㉙，過三川，城守不肯擊㉚。高聞其文書相往來㉛，未得其審㉜，故未敢以聞。且丞相居外，權重於陛下㉝。」二世以為然。欲案㉞丞相，恐其不審，乃使人案驗㉟三川守與盜通狀。李斯聞之。

3 是時二世在甘泉㊱，方作觳抵㊲優俳㊳之觀。李斯不得見，因上書言趙高之短曰：「臣聞之，臣疑其君㊴，無不危國；妾疑其夫㊵，無不危家。今有大臣於陛下擅利擅害㊶，與陛下無異，此甚不便。昔者司城子罕相宋，身行刑罰，以威行之，朞年遂劫其君㊷。田常㊸為簡公㊹臣，爵列無敵於國㊺，私家之富與公家㊻均，布惠施德㊼，下得百姓，上得羣臣，陰取齊國㊽，殺宰予於庭，即弒簡公於朝㊾，遂有齊國㊿。此天下所明知也。今高有邪佚之志(51)，危反(52)之行，如子罕相宋也；

私家之富，若田氏之於齊也。兼行田常、子罕之逆道，而劫陛下之威信[53]，其志若韓玘為韓安相[54]也。陛下不圖[55]，臣恐其為變也[56]。」二世曰：「何哉[57]？夫高，故宦人也[58]，然不為安肆志[59]，不以危易心[60]，絜[61]行脩善，自使至此[62]。以忠得進，以信守位。朕實賢之，而君疑之，何也？且朕少失先人，無所識知，不習治民，而君又老，恐與天下絕[63]矣。朕非屬趙君，當誰任哉[64]？且趙君為人精廉彊力[65]，下知人情，上能適朕，君其勿疑。」李斯曰：「不然。夫高，故賤人也，無識於理，貪欲無厭，求利不止。列勢次主[66]，求欲無窮[67]，臣故曰殆。」二世已前信趙高，恐李斯殺之，乃私告趙高。高曰：「丞相所患者獨高，高已死，丞相即欲為田常所為[68]。」於是二世曰：「其以李斯屬郎中令[69]！」

4 趙高案治李斯。李斯拘執束縛，居囹圄[70]中，仰天而歎曰：「嗟乎，悲夫！不道之君，何可為計哉[71]！昔者桀殺關龍逢[72]，紂殺王子比干[73]，吳王夫差殺伍子胥[74]。此三臣者，豈不忠哉？然而不免於死，身死而所忠者非也[75]。今吾智不及三子，而二世之無道過於桀、紂、夫差，吾以忠死，宜矣。且二世之治豈不亂哉？日者[76]夷[77]其兄弟而自立也，殺忠臣而貴賤人，作為[78]阿房之宮，賦斂天下。吾非不諫也，而不吾聽也。凡古聖王，飲食有節，車器有數，宮室有度，出令造事，加費而無益於民利者禁，故能長久治安。今行逆於昆弟[79]，不顧其咎[80]；侵殺忠臣，不思其殃；大為宮室，厚賦[81]天下，不愛其費[82]：三者[83]已行，天下不聽[84]。今反者已有天下之半矣，而心尚未寤也，而以趙高為佐，吾必見寇至咸陽，麋鹿游於朝也[85]。」

於是二世乃使高案丞相獄，治罪[86]，責[87]斯與子由謀反狀，皆收捕宗族賓客。趙高治斯[88]，榜掠[89]千餘，不勝痛，自誣服[90]。斯所以不死[91]者，自負其辯，有功[92]，實無反心，幸得上書自陳，幸二世之寤而赦之。李斯乃從獄中上書曰：「臣為丞相，治民三十餘年矣[93]，逮秦地之陜隘[94]。先王之時，秦地不過千里，兵數十萬。臣盡薄材[95]，謹奉法令，陰行[96]謀臣，資[97]之金玉，使游說諸侯[98]，陰脩甲兵，飾[99]政教，官鬬士[100]，尊功臣，盛其爵祿[101]，故終以脅韓弱魏，破燕、趙，夷齊、楚，卒兼六國，虜其王，立秦為天子[102]。罪一矣。地非不廣，又北逐胡、貉[103]，南定百越[104]，以見秦之彊。罪二矣。尊大臣，盛其爵位，以固其親[105]。罪三矣。立社稷，脩宗廟，以明主之賢。罪四矣。更剋畫，平斗斛度量文章[106]，布之天下，以樹秦之名。罪五矣。治馳道，興游觀[107]，以見主之得意。罪六矣。緩刑罰，薄賦斂，以遂主得眾之心，萬民戴主，死而不忘[108]。罪七矣。若斯之為臣者，罪足以死固久矣。上幸盡其能力，乃得至今。願陛下察之(109)！」書上，趙高使吏弃去不奏，曰：「囚安得上書！」

6 趙高使其客十餘輩(110)詐為御史(111)、謁者(112)、侍中，更往覆訊斯(113)。斯更以其實對(114)，輒使人復榜之(115)。後二世使人驗斯，斯以為如前(116)，終不敢更言(117)，辭服(118)。奏當上(119)，二世喜曰：「微趙君，幾為丞相所賣(120)。」及二世所使案三川之守至(121)，則項梁已擊殺之(122)。使者來，會丞相下吏，趙高皆妄為反辭(123)。

7 二世二年，七月，具斯五刑，論腰斬咸陽市(124)。斯出獄，與其中子俱執(125)，顧謂其中子曰：「吾欲與若復牽黃犬俱出上蔡東門逐狡兔，豈可得乎(126)？」遂父子相哭，而夷三族(127)。

【章旨】以上為第五段，寫李斯終於被趙高所害的經過。

【注釋】❶恐大臣入朝奏事毀惡之　怕大臣們向二世奏事時說趙高的壞話。毀惡，說人壞話。❷但以聞聲三句　按：〈秦始皇本紀〉趙高曰「天子稱朕，固不聞聲」。《索隱》曰：「一作『固聞聲』，言天子常處禁中，臣下屬望，才有兆朕；聞其聲耳，不見其形也。」王念孫曰：「一本及小司馬說是也，〈李斯傳〉記高之言曰：『天子所以貴者，但以聞聲，群臣莫得見其面，故號曰朕。』是其證。」王叔岷曰：「《潛夫論・明暗篇》稱趙高謂二世『天子稱朕，固但聞名』，『聞名』猶『聞聲』。」按：《爾雅・釋詁》：「朕，我也。」〈離騷〉有「朕皇考曰伯庸」之句，在始皇作出如此規定前，平人固亦可稱「朕」。今趙高為神祕皇帝，故意用「朕兆」之義。❸富於春秋　指年輕，言未來之日尚多。春秋，指時日；歲月。❹譴舉　譴罰與拔舉。按：「譴舉」，似應作「譴譽」，謂譴責與稱道。兩相對文。❺見短於大臣　在大臣面前顯露自己的短處。❻示神明於天

下　向天下人顯示做皇帝者的無上英明。⑦且　若；假如。⑧深拱禁中　意即深居宮廷，外事一概不問。拱，拱手。深居高拱，清閒無事的樣子。禁中，宮中。因有守衛禁防，故稱「禁中」。⑨侍中　官名，秦漢時為帝王的侍從役使人員。⑩待事等候事來則處理之。⑪揆　參詳；審度。⑫不敢奏疑事　不敢拿有疑問的、不真實的事情來蒙哄你。⑬聞李斯以為言　聽說李斯想要見二世進言某事。按：據〈秦始皇本紀〉，李斯此時是想諫二世請其止築阿房宮事。⑭急益發繇　越發加急地徵調民工。繇，徭役；勞工。⑮聚　收斂。⑯欲見無閒　想提意見而沒有機會。閒，空隙；機會。⑰候上閒語君　等見到皇上有空閒時告訴你。候，覘測；暗中觀察。⑱燕樂　安閒享樂。多指有婦女之事，與下文「燕私」意同。燕，也寫作「宴」，安也。⑲上方閒　皇上眼下正有空閒。⑳上謁　遞進請求接見的帖子。謁，猶如今之所謂「名片」，上寫個人姓名爵里官稱，求見時令門者執以入報。㉑如此者三　一連三回如此。㉒請事　請求接見談事。㉓少我　《索隱》曰：「以我幼故輕我也。」或謂「少」即指「不滿意」。〈曹相國世家〉：「惠帝怪相國不治事，以為豈少朕與？」《索隱》曰：「少者，不足之辭。」㉔固我　以為淺陋而鄙視我。固，陋，這裡用如動詞。㉕如此殆矣　這樣就很危險啦。殆，危險。吳見思曰：「此一招惡極，初投斯心，此投胡亥忌，寫趙高權術，十分駭人。」㉖與　參與。㉗丞相貴不益　丞相的爵位沒有提高。㉘皆丞相傍縣之子　傍縣，鄰縣。按：李斯為上蔡人，陳勝為陽城（今河南方城東）人，陽城在上蔡之西，二縣相鄰。㉙公行　暢行無阻。㉚過三川二句　謂陳勝的隊伍（如周文等）在三川郡（洛陽）來來往往，李由只是閉門守城而不出擊。㉛文書相往來　說李由與陳勝的部將互有書信往來。㉜審　確實情況。㉝丞相居外二句　吳見思曰：「結二語以威劫之，寫趙高之惡至此，不意天地之中有此毒物！」㉞案　逮捕審問。㉟案驗　核查。㊱甘泉　山名，在今陝西淳化西北，山上有秦朝修建的離宮。㊲觳抵　同「角抵」。古代的摔交表演。《夢粱錄》云：「角抵者，『相撲』之異名也，又謂之『爭交』。」交，通「跤」。㊳優俳　猶如今之滑稽表演。㊴臣疑其君　大臣的權勢與國君相當。疑，同「擬」。勢均力敵。㊵妾疑其夫　小妾的權勢與其丈夫旗鼓相當。瀧川曰：「不曰『婦』曰『妾』，措詞不苟。」㊶今有大臣於陛下擅利擅害　文字略不順，瀧川曰：「楓、三本『臣』下有『側』字。」意即現在有人在你身邊作威作福。側，立於身旁。按：疑「於陛下」三字涉下文而衍，應削。㊷司城子罕相宋四句　按：此事歷史記載不明，唯《韓非子・二柄》云：「子罕謂宋君曰：『夫慶賞賜予者，民之所喜也，君自行之；殺戮刑罰者，民之所惡也，臣請當之。』於是宋君失刑而子罕用之，故宋君見劫。」據陳奇猷等考證，此子罕非《左傳》所記之宋國司城子罕。此子罕乃戰國中期人，姓戴名喜，字子罕，即歷史之所謂「剔成君」，其所弒之君曰宋桓侯，名辟兵，西元前三七一－前三六九年在位。自此商後子姓之宋滅，而戴氏之宋起。其說見《韓非子集釋・二柄》。朞年，一週年。劫，劫持。此謂篡權。

(43)田常　原稱田恆，漢人避文帝諱改稱田常，春秋晚期齊國的權臣。(44)簡公　齊簡公，春秋末期的齊國諸侯，西元前四八四—前四八一年在位。(45)爵列無敵於國　謂田常的權位之高在齊國無與倫比。(46)公家　國家。這裡指國庫。(47)布惠施德　據〈田敬仲完世家〉云，田常之父田乞，為齊景公臣，為了獲取民心，在貸糧於民時，大斗出，小斗入，故齊人皆德之。至田常時，復行其父之政，於是益傾齊人之心。(48)陰取齊國　暗中不知不覺地就把齊國把持了起來。(49)殺宰予於庭二句　據《左傳》哀公十四年，齊簡公的親信監止欲誅田氏，事洩，田常擊殺監止，並弒齊簡公。按：此「監止」，字「子我」，與孔子弟子「宰予」之字相同，因此司馬遷遂將「監止」錯當了孔子的弟子「宰予」。此處與〈田敬仲完世家〉皆誤。(50)遂有齊國　從此田氏把持了齊國政權，姜姓諸侯成為傀儡。(51)邪佚之志　邪惡的心思。佚，放縱。(52)危反　圖謀造反。王念孫曰：「危，讀為『詭』。詭，亦『反』也。」(53)劫陛下之威信　憑藉著你的權勢以控制群臣。即所謂狐假虎威也。(54)韓玘為韓安相　韓玘，不見於歷史。韓安，韓國的末代國君（西元前二三八—前二三〇年在位），被秦國所滅。梁玉繩引胡三省曰：「韓安之臣必有韓玘者，特《史》逸其事耳。李斯與韓安同時，而韓安亡國之事接乎胡亥之耳目，所謂『殷鑒不遠』也。」(55)不圖　不考慮他的危險性。圖，謀慮。(56)臣恐其為變也　陳子龍曰：「丞相子方得罪，而欲上書以除君側之惡，此必無之事也，何斯之智而出此？知其無聊矣。」(57)何哉　怎麼會像你說的那種樣子呢。(58)故宦人也　瀧川引中井曰：「『故宦人』者，對今尊官而言，謂內宦賤役也。」(59)不為安肆志　不因為國家太平而放縱自己。(60)不以危易心　不因為國事危急而改變忠心。(61)絜　這裡用如動詞。(62)自使至此　意謂他今天的富貴權位都是靠著自己的努力獲得的。(63)恐與天下絕　害怕與群臣萬民斷絕聯繫，失去對國家的控制。(64)非屬趙君二句　不倚靠趙高，又能倚靠誰呢。屬，託；倚靠。(65)精廉彊力　精明而又勤奮。彊力，努力。(66)列勢次主　列勢，威猛之勢。瀧川曰：「《治要》『列勢』作『烈勢』。」凌稚隆曰：「『威勢亞於人主』。」王叔岷引胡三省《通鑑注》以為應解釋為「位列權勢」。(67)求欲無窮　王叔岷以為應作「其欲無窮」，「求」字涉上文而誤。(68)高已死二句　吳見思曰：「即以田常事反用之，只一句，毒甚，李斯一篇文章反為趙高所用。何物文心，體貼至此！」又曰：「趙高說李斯便入，李斯說趙高不入，蓋李斯地逼，趙高地親也。」(69)屬郎中令　交由郎中令（亦即趙高）查辦。(70)囹圄　監獄。(71)何可為計哉　還能幫他出什麼主意呢。王叔岷曰：「『為』猶『與』也。」(72)桀殺關龍逢　相傳關龍逢是夏桀時的賢臣，因諫桀而被殺，但此事〈夏本紀〉與〈殷本紀〉皆不載。(73)紂殺王子比干　比干諫紂而被殷紂剖心事，見〈殷本紀〉。(74)吳王夫差殺伍子胥　吳王夫差是春秋末期的吳國國君，西元前四九五—前四七三年在位，被越王句踐所滅。伍子胥，名員，吳國賢臣，曾佐吳王闔閭破楚稱霸；闔閭死後，又佐夫差破越，最後因勸阻吳王爭勝中原，被夫差所殺，事見〈伍子胥列傳〉、〈吳太伯世家〉。(75)身死而

所忠者非也　按：「身死而」三字疑衍。所忠者，指桀、紂、夫差。瀧川曰：「言三子所忠非其君也。」(76)日者　猶言「前者」。昔日。(77)夷　鏟平；誅殺。(78)作為　動詞連讀，都是「建造」的意思。(79)昆弟　兄弟。(80)不顧其咎　不顧一切的犯罪作孽。咎，罪孽；惡果。(81)厚賦　加重賦斂。(82)不愛其費　毫不吝惜地耗費民脂民膏。愛，吝惜。(83)三者　謂「行逆於昆弟」「侵殺忠臣」「大為宮室」。(84)天下不聽　天下人皆不服從其命令。(85)吾必見寇至咸陽二句　此效伍子胥語。〈伍子胥列傳〉寫伍子胥臨終有云：「必樹吾墓上以梓，令可以為器；而抉吾眼縣吳東門之上，以觀越寇之入滅吳也。」〈淮南衡山列傳〉謂伍子胥曰：「臣今見麋鹿遊姑蘇之臺也。」吳見思曰：「此一段固是正論，然妙在與〈督責書〉句句相反，所謂孽鏡火珠，神識自首。」按：以上李斯在獄中「仰天而歎」一段，可謂無恥之尤。自沙丘政變以來，二世與趙高的種種作孽，皆有李斯責任，今乃自比龍逢、比干、伍子胥，李斯可能道出自己有哪一點能與三人相似？應該說，李斯的頭腦壓根兒是清楚的，但其實際行動卻總是與其內心南轅北轍，這就是一個自私者的可悲可憎處。(86)案丞相獄二句　審問李斯的案子，並給其定罪。(87)責　問；令其交代。(88)治斯　拷問李斯。(89)榜掠　拷打。「榜」、「掠」都是指審問時用棍子、板子打人。(90)不勝痛二句　錢鍾書曰：「屈打成招，嚴刑逼供，見諸吾國記載始此。」(91)不死　指不自殺。(92)自負其辯二句　自以為既善辯又有功。瀧川曰：「《治要》無『其辯』二字。」按：無「其辯」二字於文氣更順。(93)臣為丞相二句　梁玉繩曰：「始皇二十八年李斯尚為卿，〈本紀〉可據。疑三十四年始為丞相，則相秦僅六年。若以始皇十年斯用事數之，是二十九年，亦無『三十餘年』也。」王叔岷曰：「蓋自始皇拜斯為長史時計之，其事當始皇初年，李斯自計年數應不致誤也。」(94)逮秦地之陝隘　還曾趕上過秦國當初那種疆土狹窄的樣子。逮，達到；趕上。陝，通「狹」。(95)臣盡薄材　意即我盡了我的一切力量。「薄材」這裡是故作謙語、反語。(96)陰行　暗中派出。行，派出；派遣。(97)資　供給；使其攜帶。(98)使游說諸侯　以上數語即前文所謂「秦王乃拜斯為長史，聽其計，陰遣謀士齎持金玉以游說諸侯。諸侯名士可下以財者，厚遺結之；不肯者，利劍刺之。離其君臣之計」。(99)飾　通「飭」。治也。(100)官鬭士　給勇士以官做。(101)盛其爵祿　給門士和功臣以崇高的級別與豐厚的待遇。爵，爵位。祿，俸祿。按：「陰脩甲兵」以下數語講內政，與上文派謀臣遊說諸侯之外交相對。(102)卒兼六國三句　按：東方六國依次被秦所滅的時間，具見〈秦始皇本紀〉。至秦王政二十六年（西元前二二一年），全國統一，從此秦王改稱「始皇帝」。(103)北逐胡貉　指北逐匈奴與東北逐朝鮮。古時稱匈奴人曰「胡」，稱朝鮮（當時曰高麗）人曰「貉」。貉，亦作「貊」。按：秦之北逐匈奴見〈蒙恬列傳〉，秦之逐朝鮮事語焉不詳。〈朝鮮列傳〉有所謂「秦滅燕，屬遼東外徼」，或即指此以兵威使朝鮮歸附也。(104)南定百越　百越，指當時雜居於今福建、廣東、廣西以及越南北部的各少數民族，以其種類繁多，故稱「百越」。按：〈南越列傳〉

有云：「秦時已并天下，略定楊越，置桂林、南海、象郡。」具體情節亦語焉不詳。(105)固其親　加固他們與秦朝王室的親密關係。(106)更剋畫二句　瀧川曰：「『文章』二字，疑當移『剋畫』下。」按：瀧川說是。更，改。剋畫文章，即指文字，謂改大篆而行小篆。陳直曰：「『剋畫』即『刻畫』，謂鑄刻其款識也。」可供參考。平斗斛度量，即指統一度量衡。斛，容器，一斛相當於十斗。(107)興游觀　興造各種以滿足皇帝周遊觀賞為目的的交通設施以及離宮別館等。(108)緩刑罰五句　遂，完成；成就。戴，擁護。梁玉繩曰：「以秦之嗜殺深稅，而曰『緩刑薄斂』；天下共欲亡秦，而云『萬民不忘』，可笑也。」瀧川引中井曰：「唯第七條為虛飾非實。」(109)願陛下察之　曾國藩曰：「李斯之功，只從獄中上書敘出，與蕭何之功從鄂君語中敘出同一機杼。李斯之罪從趙高反復熟商立胡亥事敘出，與伍被說淮南、蒯通說韓信同一機杼。」凌稚隆曰：「李斯所謂『七罪』，乃自侈言極忠，反言以激二世耳。豈知矯殺扶蘇、蒙恬，以釀其君之暴，其罪更有浮於此者。」董份曰：「並載此書，見與前所對書阿二世者大相反。」瀧川曰：「此與白起、蒙恬臨死『自罪』者相似，蓋秦人之語。」錢鍾書曰：「僕固懷恩〈陳情書〉『臣實不欺天地，不負神明，夙夜三思，臣罪有六』云云，全師李斯此書，假認罪以表功，所謂『反言』也。」(110)十餘輩　十餘批；十餘伙。(111)御史　官名，屬御史大夫統管，掌監察彈劾。(112)謁者　官名，屬郎中令統管，掌儐相、贊禮及收發傳達。(113)往覆訊斯　意謂趙高讓他手下的賓客化妝成秦二世的御史、謁者、侍中多次地前去詢問李斯。往覆，往返；輪番交替。(114)斯更以其實對　李斯以為他們真是二世派來的人，於是便翻去不實之辭，照實情回答。(115)輒使人復榜之　陳子龍曰：「高知二世必遣人更訊，故先為之地也。」(116)斯以為如前　李斯以為還是趙高派來的。(117)更言　再說別的。更，讀ㄍㄥˋ。或也可以理解為「改口」。更，改。讀ㄍㄥ。(118)辭服　招供認罪。(119)奏當上　把對李斯的判決書上報皇帝。奏，進呈。當，判罪；判決。胡三省曰：「奏當者，獄具而奏。當，處其罪也。」(120)微趙君二句　微，沒有；不是。幾，幾乎；差點兒。賣，欺騙。(121)二世所使案三川之守至　二世所派按察李由的使者到達三川。(122)項梁已擊殺之　項梁擊殺李由在秦二世二年八月，見〈項羽本紀〉。(123)妄為反辭　隨意給李由編造了一些造反的情節。茅坤曰：「自古以讒賊之言殺功臣，未有不誣以謀反者。」(124)二世二年七月四句　梁玉繩曰：「殺李斯，《通鑑》依此傳在二年（西元前二〇八年）；然〈始皇紀〉斯就五刑在二年，論殺在三年（西元前二〇七年）冬，似〈紀〉為是。」王叔岷曰：「〈六國年表〉二世二年書『誅丞相斯』，與此合。」具五刑，備受了五種刑法。《漢書．刑法志》云：「當三族者，皆先黥、劓，斬左右趾，笞殺之，梟其首，菹其骨肉於市；其誹謗詈詛者，又先斷舌，故謂之具五刑。」按：關於「五刑」的規定，各個時代不一。據說舜時的五刑是墨（黥）、劓（割鼻）、刖（斷小腿）、宮（割生殖器）、大辟（斬頭）；漢則為黥、劓、斬趾、笞殺、菹骨肉。又，據此處文意，所謂「具斯五刑」者，疑即指根據刑法對李斯判罪，故下接「論腰斬咸陽市」；若五種刑罰皆已受遍，已經「大辟」、「梟首」、「菹骨肉」矣，則李斯腰斬前還怎能與其子說話？論，判處。⑫⑤執 拘；捆綁。⑫⑥吾欲與若二句 若，爾；汝。按：《晉書・陸機傳》寫陸機臨死曰「華亭鶴唳，豈可復聞乎」，當是效李斯此語。⑫⑦夷三族 誅滅三族。三族，有曰指父族、母族、妻族。

【語譯】趙高當郎中令以來，由於他殺人太多，而且許多是被他報私仇殺掉的，他怕大臣們在秦二世面前揭發他，便對秦二世說：「天子所以尊貴，就在於他只能讓人聽見他的聲音，而見不到他的面孔，所以天子才自稱『朕』。再加上您的歲數不大，許多事情未必都懂；如果您坐在朝廷上，處置問題一不當，就會被大臣們看不起，這就不能向天下顯示您的英明偉大了。如果您深居宮中，常與我和幾個通曉法令的人們在一起，等候著大臣把文件報上來，我們一道商量著處理。這樣，大臣就不敢拿有疑問、不真實的事情來蒙哄您，天下人也就會稱頌您的英明偉大了。」秦二世一聽很同意，於是就不再上朝面見群臣，整天在宮中不出來，而趙高也經常在宮中辦公，國家一切大事都取決於趙高。

2 趙高聽說李斯想勸勸秦二世，便故意地去見李斯說：「函谷關以東已經盜賊四起，而皇上還在急著徵發更多勞役修建阿房宮，還在急著搜刮那些狗馬等無用的玩物。我早想勸勸皇上，但我的地位太低賤了，這是您的職責範圍裡的事，您為什麼不去勸勸呢？」李斯說：「是啊，我早就想說了，但如今皇上不上朝，天天坐在宮裡，我有些想說的事情，也不能讓別人轉達，而我自己又沒有機會見到皇上。」趙高說：「您要真想勸諫，我可以幫您留心，一旦見到皇上有空閒，我就立刻告訴您。」於是趙高就專門找了個秦二世與女人狎樂的時候，派人去通知李斯說：「皇上現在正有空，您可以前去奏事。」於是李斯立刻到宮門求見，這樣一連好幾次。秦二世生氣地說：「我平時多的是空閒的時候，偏偏在我私人狎樂的時候，丞相不來，丞相總三番五次地來打擾我，莫非是丞相認為我年少而輕視、鄙視我？」趙高趁機對秦二世說：「這可太危險啦！當初我們在沙丘的密謀，丞相是參加了的。如今陛下作了皇帝，而丞相的地位卻沒有提高，看來他的意思也是想割地為王。有些事您不問我，我也不敢說。丞相的長子李由是三川郡守，楚地的盜賊陳勝等都是丞相老家鄰縣的人，所以楚地的盜賊可以到處暢通無阻，當他們路過三川的時候，郡守李由只是守城，不肯出擊。我聽說他和盜賊還有書信來往，由於沒有確實的證據，所以沒敢告訴您。現在丞相在宮外掌理國政，權勢實際比您大。」秦二世聽著有道理，想逮捕李斯，又怕問題不確實，於是就派人去調查三川郡守李由與盜賊相通的情況。李斯很快地知道了這個消息。

3 當時，秦二世住在甘泉離宮，正在觀賞雜技表演。李斯不能面見，便上書向秦二世告發趙高的短處說：「俗話說，臣子的權勢如果與君主相當，那就必然要危國；小妾的權勢如果與丈夫相當，那就必然要危家。如今有的大臣專斷國事，權力與陛下沒有差別，這是很成問題的。當年司城子罕在宋國當丞相，掌管刑罰，威行全國，結果一年就篡奪了國君的大權。田常是齊簡公的臣子，爵位在國內無人可比，私家的財產和國家的財產不相上下。他廣泛地行惠，在下得到了百姓的愛戴，在上得到群臣的擁護，就這樣暗中漸漸地把持了齊國的政權；後來又公開地殺掉了宰予，弒了齊簡公，奪取了齊國。這些是天下人都知曉的事情。如今趙高既有邪惡之心，又有圖謀造反的行為，就如當年子罕作宋國丞相時一樣；趙高的家產財富，也和當年田常在齊國的形勢相當。他兼有田常和子罕兩個人的罪惡，而又憑藉著您的威望發號施令，他的野心簡直和韓玘給韓安當丞相時的情景一樣。如果您不及早地把他除掉，我怕他是要造反的。」秦二世說：「這是怎麼說的呢？趙高只不過是一個宦官，但他能夠不因為國家無事就追求安逸，也不因為國家有難而改變忠心，他是靠著積德行善才達到這個地位的。他能靠著忠誠得到提升，又能靠著信義謹守職責，我覺得他實在是個好人，而您卻懷疑他，這是為什麼？再說，我是年紀輕輕就失去了父親，沒有什麼知識，也不懂如何治理百姓，而您又老了，我實在害怕會失去統治天下的權位。在這種情況下，我不倚靠趙高倚靠誰呢？而且趙高為人精明能幹，下知人心，上合我意，您就不要再對他懷疑了。」李斯說：「不是這樣。趙高本是個賤人，不明事理，貪得無厭，不停地追求私利。他的權勢已經僅次於您了，可是還貪得無厭，所以我說他是危險的。」由於秦二世向來信任趙高，他怕李斯把他殺掉，於是就暗中將這件事告訴了他。趙高說：「現在他所怕的就是我，如果我一死，他馬上就會幹田常所幹的那種事情。」於是秦二世下令說：「把李斯交給郎中令查辦！」

4 於是，趙高開始審問李斯。當李斯被逮捕下獄後，他仰天長歎說：「唉，可悲啊！對一個無道的昏君，還能為他考慮什麼！當年夏桀殺了賢臣關龍逢，商紂殺了王子比干，吳王夫差殺了伍子胥。這三位大臣，難道不忠嗎？但最後卻不免一死，這是因為他們選錯了效忠的對象。如今我的智謀比不上三位賢臣，而二世的殘暴無道，卻超過了夏桀、商紂和夫差，因此我作為一個忠臣而不得好死，這是必然的。再看秦二世的作為難道不悖亂荒謬嗎？他當初是殺了自己的許多兄弟而自立的，他又專門殺害忠臣而提拔賤人，他為修建阿房宮而大肆搜刮天下。我並不是沒有勸諫過，但是他從來不聽。凡是古代的聖帝明王，總是飲食供給有一定的節制，車馬器用有一定的數量，宮室不超過一定的規模，不做那些勞民傷財而對人民無益的事情，因此國家才能長治久安。現在他謀害兄弟，不怕造孽；殺害忠臣，不怕倒霉；大興土木，橫徵暴斂，不惜耗費資財，三件壞事已做，天下人誰也不能容他。如今造反的已經占有天下一半的土地，而他還在睡夢裡，還依靠趙高作他的幫手，這樣下去不用很久我一定會看到盜賊攻入咸陽，野獸在秦朝宮殿的廢墟上奔跑了。」

5 秦二世讓趙高審問李斯，給李斯定罪。趙高逼迫李斯承認與他的兒子李由共同謀反，把李斯的宗族、賓客都下了獄。趙高審問李斯，將李斯拷打了一千多板子，李斯受不住了，只好含冤招認。李斯所以忍辱不自殺，就因為他認為自己有才幹、有功勞，又確實沒有謀反之心，希望能通過上書自陳，使秦二世醒悟過來而赦免他。於是李斯就在獄中上書說：「我當丞相治理國家已經三十多年了，我曾見過當年秦國疆土的狹小。先王剛即位時，秦國的土地方圓不過千里，士兵只有幾十萬。是我盡著自己微薄的才能，謹慎地奉行著國家的法令，暗中派遣謀臣，讓他們攜帶金玉，去遊說東方諸侯，同時又在國內暗中操練甲兵，整頓政教，獎勵勇士，尊重功臣，提高他們的爵位俸祿，因而得以逐漸地脅迫韓國，削弱魏國，攻破了燕、趙，蕩平了齊、楚，最後兼併六國，俘虜他們的君主，使先帝做了天子。大概這就是我的第一條大罪。兼併六國後，我們的疆域已經不算不廣闊了，可是我又輔佐先帝向北驅趕了匈奴、朝鮮，向南平定了百越，以顯示我們秦朝的強盛。這大概就是我的第二條大罪。這以後我又在國內尊重大臣，提高他們的爵位，以鞏固他們與朝廷的親密關係。這大概是我的第三條大罪。我為國家建立了社稷壇，修築了宗廟，顯示了皇帝的賢德。這大概是我的第四條大罪。我改革了文字，統一了度量衡，將其公布於天下，提高了秦朝的聲望。這大概就是我的第五條大罪。我修建了許多專供皇帝車駕行走的大道，興建了許多離宮別館。這大概就是我的第六條大罪。我減輕刑罰，放寬賦稅，使皇上受到了萬民擁戴，讓他們至死不變心。這大概就是我的第七條大罪。像我這樣的臣子，我犯的罪早就該死了。大概是由於您想讓我多發揮一些能力，所以才讓我活到今天。希望您多加諒察。」書到了趙高手裡，趙高立刻派人把它扔掉了，根本不送給秦二世。他說：「一個囚犯有什麼資格上書！」

6 趙高隨即又派了十幾批自己的門客，讓他們假裝成秦二世派來的御史、謁者、侍中等官員，輪番地來審訊李斯。如果李斯按實情回答，他們就讓人狠狠地拷打他。後來秦二世真的派人來查問了，李斯誤以為又是那伙人，反而倒不敢更說別的，只有屈服認罪了。趙高把對李斯的判決上報秦二世，秦二世感謝地說：「要不是有趙先生，我差點受了丞相的騙。」當秦二世派去調查李由的使者到達三川郡時，李由已被項梁所殺。使者回到京城時，李斯已經下獄，於是趙高就隨意地編造了一套李由造反的材料。

7 秦二世二年，七月，趙高先讓李斯受過了各種酷刑，最後推到咸陽的街市腰斬。當李斯和他的次子一起被押解出獄的時候，李斯回頭對他的兒子說：「這時候我要是還想和你牽著黃狗一起出上蔡東門去獵狡兔，還辦得到嗎？」於是父子二人相對痛哭，最後李斯和他的三族都被趙高殺光了。

1 李斯已死，二世拜趙高為中丞相❶，事無大小輒決於高。高自知權重，乃獻鹿，謂之馬。二世問左右：「此乃鹿也？」左右皆曰：「馬也。」❷二世驚，自以為惑❸，乃召太卜❹，令卦之。太卜曰：「陛下春秋郊祀❺，奉宗廟鬼神，齋戒不明❻，故至于此。可依盛德❼而明齋戒。」於是乃入上林❽齋戒。日游弋獵❾，有行人入上林中，二世自射殺之。趙高教其女壻咸陽令閻樂❿劾不知何人賊殺人⑪，移上林⑫。高乃諫二世曰：「天子無故賊殺不辜人，此上帝之禁也，鬼神不享⑬，天且降殃。當遠避宮以禳之⑭。」二世乃出居望夷之宮⑮。

2 留三日，趙高詐詔衛士⑯，令士皆素服持兵內鄉⑰。入告二世曰⑱：「山東群盜兵大至⑲！」二世上觀⑳而見之，恐懼，高即因劫令自殺㉑。引璽而佩之㉒，左右百官莫從；上殿，殿欲壞者三㉓。高自知天弗與，群臣弗許，乃召始皇弟，授之璽㉔。

3 子嬰即位，患之㉕，乃稱疾不聽事，與宦者韓談及其子㉖謀殺高。高上謁請病㉗，因召入，令韓談刺殺之，夷其三族㉘。

4 子嬰立三月㉙，沛公兵從武關入㉚，至咸陽。群臣百官皆畔㉛，不適㉜。子嬰與妻子自係其頸以組㉝，降軹道㉞旁。沛公因以屬吏㉟。項王至而斬之㊱。遂以亡天下。

【章旨】以上為第六段，寫趙高殺二世，子嬰殺趙高，劉邦入關，秦朝滅亡的情景。

【注釋】❶中丞相　居宮中以理眾事的丞相。陳直曰：「秦有『相國』、『丞相』，無『中丞相』之名，或二世因趙高為中人，特設『中丞相』，與趙高初官『中車府令』正同。」❷左右皆曰二句　凌稚隆引高儀曰：「世亂，大臣持祿，欲有幸免，情伏畢露。」❸自以為惑　以為自己得了精神病。❹太卜　官名，掌管卜筮。❺春秋郊祀　泛指一年四季中的各種祭祀。郊祀，古代帝王於冬至、夏至日在郊外舉行的祭天活動。冬至日祭南郊，以迎陽氣之至；夏至日祭北郊，以迎陰氣之至。今北京之天壇、地壇，即明、清帝王郊祀的壇場。❻不明　不分明；不恭敬。❼依盛德　效法古代的聖帝明王。❽上林　即上林苑，秦朝帝王的獵場，在今陝西西安西南，約當戶縣、興平、武功一帶，有數縣之廣。❾日游弋獵　整天以射獵為事。弋，射鳥。❿女壻咸陽令閻樂　趙高是宦者，其所以有女，蓋為宦者之前所生也，正如司馬遷之亦有女。關於趙高的出身，參見〈蒙恬列傳〉。或謂秦時之宦者原非必用閹人，此與後世不同者也。咸陽令，咸陽縣令，只管咸陽周圍之農村，不管咸陽京城，管京城者曰中尉。⓫劾不知何人賊殺人　劾，彈劾；揭發。賊殺，猶言「殘殺」。賊，殘；害。⓬移上林　謂咸陽令移文於上林令，要其緝捕兇手，故意以此威嚇秦二世。《正義佚文》曰：「移，移牒勘問。」蓋即今之所謂「行文」、「轉發」。有版本把「移上林」三字連上文作一句讀，謂有人殺人後將屍體移入上林苑。此種理解不當，亦甚不合情理。⓭鬼神不享　鬼神不享用其祭祀。即「不保佑」的意思。⓮當遠避宮以禳之　當遠遠地離開京城與上林苑裡的宮殿以求免災。禳，祭祀以求免災。吳見思曰：「二世一路看來似狠戾自用之人，乃為趙高愚弄如木偶何也？蓋木偶無知，有物憑之則靈矣。未殺李斯，趙高憑之；已殺李斯，趙高愚之，二世一木偶而已。」⓯望夷之宮　即望夷宮，在當時的咸陽城北，今涇陽縣東南。田靜《秦宮廷文化》稱「望夷宮遺址在今涇陽縣將劉鄉王福村和二楊村一帶」，並引《三輔黃圖》謂：「秦始皇時代為保衛咸陽的安全，在涇河南岸的高地上建造該宮。宮中有樓，高五十丈，以瞭望北夷動靜，故名望夷宮。」⓰詐詔衛士　假託秦二世的命令，詔衛士進宮。瀧川曰：「楓、三本『衛士』下重『令』字。」陳直曰：「衛尉屬官有『衛士令』。」按：依瀧川說，則是趙高以二世的名義詐詔衛士長。⓱令士皆素服持兵內鄉　讓衛士們都身穿素服，手持兵器，殺向宮內。素服，白色服裝，伐罪弔民者的衣著。有解釋為「便服」者，恐非。內鄉，向內。鄉，通「向」。⓲入告二世曰　此句的主語為趙高。⓳山東羣盜兵大至　關東地區的造反軍隊大量地殺進來了。⓴觀　樓臺。㉑高即因劫令自殺　意即逼迫其自殺。凌稚隆引林伯桐曰：「〈秦始皇本紀〉：『二世曰：「丞相可得見否？」閻樂曰：「不可。」』則是二世之死，不得見趙高也。〈李斯列傳〉則曰：『趙高入告二世曰：「山東兵大至。」二世恐懼，高因劫令自殺。』則是趙高見二世之死也。此秦之大事，紀與傳自相矛盾如此。」王叔岷曰：「彼時情勢甚亂，故傳聞有二，史公並載之，正見其不輕於取捨也。《春秋後語》、《通鑑》皆從〈始皇紀〉。」據〈秦楚之際月表〉，趙高殺秦二世在二世三年（西元前二〇七年）八月。凌稚隆引陳仁子曰：「宦者以廢立之事持其君者鮮不為患，趙高立二世，而卒挾其恩以殺二世。他日孫程以策立欺順帝，王守澄以策立誤文宗，皆自高始矣。」㉒引璽而佩之　謂趙高自己想當皇帝。㉓上殿二句　按：此種民間傳說亦寫入史，見史公對趙高其人之厭惡。㉔乃召始皇弟二句　據〈秦始皇本紀〉，子嬰為「二世之兄子」，故《索隱》引劉氏云：「『弟』字誤，當為『孫』。子嬰，二世兄子。」瀧川引中井曰：「子嬰蓋二世之兄也，始皇之孫宜稱『公孫』，不得稱『公子』。或『兄子』之『子』字，傳寫者誤增之也。」此則又稱之為「始皇弟」，子嬰究係何人，共有三說。王叔岷曰：「《漢書・高帝紀》、〈漢紀一〉、《春秋後語》皆以子嬰為二世之兄子。」㉕患之　謂患趙高之專權。㉖其子　謂子嬰之子。〈秦始皇本紀〉謂「子嬰與其子二人謀」，蓋隱祕之極。㉗上謁請病　遞進名帖請求進入問候病情。㉘令韓談刺殺之二句　據〈秦楚之際月表〉，子嬰殺趙高在秦二世三年九月。按：關於子嬰之見識才幹，又見於〈蒙恬列傳〉。凌稚隆引楊慎曰：「子嬰知蒙恬之冤而能進諫，後卒能燭趙高之奸而討賊，亦可謂賢矣。生適末世不幸，蓋與劉諶、曹髦同，哀哉！」李光縉曰：「余每讀〈秦始皇紀〉及〈李斯傳〉至此，始為之一快。」㉙子嬰立三月　據〈秦楚之際月表〉，子嬰九月為王，十月劉邦入關，則所謂「立三月」者誤。〈秦始皇本紀〉稱「子嬰為秦王四十六日」，是也。㉚沛公兵從武關入　事在漢元年（西元前二〇六年）年十月。武關，在今陝西商南東南，是河南省南部通往關中地區的重要通道。㉛皆畔　謂皆叛秦以歸劉邦。㉜不適　不抵抗。適，通「敵」。《集解》引徐廣曰：「『適』音『敵』。」㉝自係其頸以組　古代帝王向人投降的禮節，表示服罪以請處置。㉞軹道　古亭名，在當時咸陽城之東南，今陝西西安東北。㉟屬吏　交由有關官吏看管。㊱項王至而斬之　事情參見〈項羽本紀〉。

【語　譯】李斯死後，秦二世讓趙高做了中丞相，專門在宮中處理國事，事無大小一律取決於趙高。趙高為了檢驗一下看看自己的權勢究竟有多大，於是就給秦二世送去一隻鹿，嘴裡卻說這是一匹馬。秦二世問左右說：「這不是鹿嗎？」但左右都順著趙高的口氣說：「這是馬。」秦二世很吃驚，以為是自己的精神錯亂了，便把掌管占卜的人員找來，讓他們給自己占卦。太卜說：「這是由於您祭祀天地、宗廟時沒有認真地齋戒，所以才導致這種結果。您應該依照古代聖賢的做法，虔誠地齋戒。」於是秦二世就到上林苑齋戒。但他實際上整天是在那裡射獵遊玩，有個過路的人在上林苑被秦二世射死了。這時趙高便打發他的女婿咸陽令閻樂故意舉報說不知什麼人射死了人，並移文於上林令，要其緝捕兇手。而趙高則去對秦二世說：「作為一個皇帝竟無故殺人，這是老天爺所不容的，鬼神也不會保佑，老天爺會降下災禍的。您應該遠遠地離開皇宮，去外頭祈禱。」於是秦二世便離開了京城，去了望夷宮。

2 三天後，趙高騙來了一部分秦二世的衛兵，讓他們都穿著白衣裳，手持兵器衝入望夷宮內，而他自己則跑去對秦二世說：「東方的大批土匪殺進來了！」秦二世爬到高處觀望，也看不清到底是什麼人，非常害怕，於是趙高便趁勢逼著他自殺了。趙高拿過秦二世的玉璽自己佩上，但左右的百官們都不順從他。趙高想登上皇帝寶殿去坐一坐，而寶殿搖搖晃晃像是要倒；一連三次都這樣。趙高自知老天爺不保佑他，大臣們不答應他，於是只好另找來了秦始皇的弟弟子嬰，把皇帝的玉璽交給了他。

3 子嬰即位後，由於趙高的專權，於是便詐稱有病，不問國事，而暗中與宦官韓談及自己的兒子謀劃殺趙高的事。趙高前來求見子嬰，探望子嬰的病情，於是子嬰召他入宮，趁勢讓韓談把他刺死了，接著又滅了趙高的三族。

4 子嬰上臺後的第三個月，劉邦率兵從武關攻入到達咸陽。這時秦朝的百官群臣都叛變了，沒有人再抵抗劉邦的軍隊。於是子嬰便帶著他的妻兒，自己用白綾繫在脖子上，站在軹道之亭上向劉邦投降了。劉邦把他交給專人看管。項羽入關後，把子嬰殺掉。秦朝便宣告滅亡。

太史公曰：李斯以閭閻❶歷諸侯❷，入事秦。因以瑕釁，以輔始皇❸，卒成帝業，斯為三公，可謂尊用矣❹。斯知六藝之歸❺，不務明政以補主上之缺❻，持爵祿之重❼，阿順苟合❽，嚴威酷刑❾，聽高邪說，廢適立庶❿。諸侯已畔，斯乃欲諫爭，不亦末乎⓫！人皆以斯極忠而被五刑死⓬，察其本，乃與俗議之異⓭。不然，斯之功且與周、召列矣⓮。

【章旨】以上為第七段，是作者的論贊，作者對李斯的功過與其為人進行了評述，對其可悲結局與造成如此結局的原因表現了深深的感慨。

【注　釋】❶閭閻　里巷的門。這裡用以代指平民百姓。❷歷諸侯　遊說諸侯。此處謂李斯作為一個東方諸侯國的布衣。❸因以瑕釁二句　意即輔佐秦始皇不失時機地消滅了東方六國。按：前文寫李斯說秦王有所謂「成大功者，在因瑕釁而遂忍之」，此用其語。❹可謂尊用矣　可以說是夠受尊寵、夠被重用的啦。❺斯知六藝之歸　李斯本來知道儒家學說的宗旨，因為李斯曾受教於儒學大師荀卿。六藝，指《詩》、《書》、《禮》、《樂》、《易》、《春秋》，後用以泛指儒家典籍。歸，宗旨；旨趣。❻不務明政以補主上之缺　不努力於修明政治，幫助人主克服缺點。❼持爵祿之重　一心只為保住自己的高官厚祿。❽阿順苟合　不講原則、出賣靈魂地順著皇帝、討好皇帝。❾嚴威酷刑　按：以上「持爵祿之重，阿順苟合，嚴威酷刑」三句，指李斯在始皇時代事。❿廢適立庶　指殺扶蘇而立胡亥。適，同「嫡」。嫡長子。⓫不亦末乎　不是太晚了點嗎。末，即通常之所謂「捨本逐末」，沒有抓住主要之點。⓬人皆以斯極忠而被五刑死　意即人們都為李斯的盡忠被殺而為之感到委屈。梁玉繩曰：「《法言・重黎篇》有答或人『李斯盡忠』之問，當時蓋有以為『忠』者，故鄒陽曰『李斯竭忠』。」按：鄒陽〈獄中上書〉有所謂「李斯竭忠，胡亥極刑」。⓭察其本二句　考察其事實真象，才知道情況不像眾人之所說。李笠曰：「『之』字疑衍。俗議者，上言『人皆以斯極忠』也。謂察其本，咎由自取，與俗說異。」王叔岷曰：「『之』猶『為』也，非衍。」⓮不然二句　且，將。周召，周公姬旦、召公姬奭，皆武王之弟，他們佐武王滅商建周，又佐成王使世大治，其道德功業被後世譽為名臣的代表。梁玉繩曰：「史公贊蕭相國云『與閎夭、散宜生爭烈』；贊絳侯云『伊尹、周公何以加』；贊淮陰侯云『可比周、召、太公之徒』；論張耳、陳餘云『與太伯、延陵異』，已為擬不於倫；若李斯何人，乃贊其功並周、召，不亦悖乎？馮衍欲投李斯於四裔，庶幾焉！」李景星曰：「『持爵祿之重』五字，說透李斯病根。末用反掉作結，亦見風致。」

【語　譯】太史公說：李斯從一個平頭士子遊說諸侯，後來到秦國效力。由於能夠抓住時機，遂幫助秦始皇統一了天下，自己也成了國家的三公，可以說是很受到寵用了。李斯是懂得儒家六經的宗旨的，但他不修明政治，糾正君主的缺點，相反地為了保住高官厚祿，只顧阿諛奉承，實行嚴刑酷法，又聽從趙高的邪說，廢掉扶蘇而立胡亥。天下已經造反了，李斯才想勸諫秦二世，這豈不太晚了嗎？人們都認為李斯是忠心耿耿，死得冤枉，其實如果認真考察一下，就不會持這種看法了。要不是這樣，李斯就真可以同周朝的周公、召公相比美了。

【研 析】〈李斯列傳〉是《史記》中流露人生感悟最多，最發人深省的少有的篇章。

其一，作品描寫了李斯自年少就有雄心，有才幹，不甘貧賤，蔑棄流俗，以及他投奔秦國後，在輔助秦王統一六國過程中所建立的巨大功勳。作品一開頭就寫了李斯的「老鼠哲學」，也就是一定要選好自己一生安身立命的位置，這是李斯一切活動動力的來源。李斯是儒學大師荀子的學生，儒家講究的是「安貧樂道」，而李斯則一反其說，認為「詬莫大於卑賤，而悲莫甚於窮困」，這就決定了他要不惜一切代價、不擇任何手段的向上爬。李斯的人生信條是「得時無怠」，追求個人名利如此，看待政治問題也是如此。他入秦後勸說秦王「胥人者，去其幾也。成大功者，在因瑕釁而遂忍之」，就正是「得時無怠」這四個字的具體解釋。司馬遷描寫了李斯對東方六國大刀闊斧進行攻取的手段：「陰遣謀士齎持金玉以游說諸侯。諸侯名士可下以財者，厚遺結之；不肯者，利劍刺之。離其君臣之計，秦王乃使其良將隨其後」，於是「二十餘年，竟并天下，尊主為皇帝」。接著便是焚《詩》、《書》，定律令，治離宮，攘四夷，在這些方面，李斯的功勞的確是很大的，比起伊尹、周公，似乎都有過之而無不及。與此同時，李斯個人的欲望也得到了充分的滿足。他身為一國宰相，他的「諸男皆尚秦公主，女悉嫁秦諸公子」。他們家裡舉行宴會，「百官長皆前為壽，門廷車騎以千數」。他的「老鼠哲學」獲得了成功。

其二，作品揭示了由於李斯的極度「個人主義」，患得患失，在關鍵時刻喪失原則，出賣靈魂，因而被趙高、胡亥拉上賊船，並為虎作倀，倒行逆施，最後導致國家傾覆，自己也家敗人亡的慘痛後果。李斯的極端自私、極度保官保命的心理是被趙高一眼看準了的，於是他利用始皇病逝，外面還沒有人知道的時機，對李斯一面利誘，一面恫嚇，輕易地幾個回合便把李斯拉過去了。以後那些驚心動魄的戲劇就都按著趙高的意旨演出來了。當扶蘇自殺，蒙恬、蒙毅等功臣被殺，秦始皇的子女一批批地被殺，全國已陷入了大恐怖；並由於修陵墓、築阿房，更引起了農民大起義。這時的李斯也想提意見，但當他遭到秦二世的指責，為了保官保命，他居然來了個大轉彎，昧著良心鼓動二世實行「督責」。直到情況愈演愈烈，國家鼎沸，一切不可收拾。李斯倘在開始之時能堅守正義，斷然處置趙高，那還是可以有所作為的。及至與趙高合流，幫著趙高清除了一切反對勢力後，下面就輪到趙高清除李斯了。此時的李斯還不明白自己的處境，還反脣相譏，向秦二世告發趙高，於是便落得個「具斯五刑，論腰斬咸陽市」。李斯的教訓是慘痛而深刻的，它像一面鏡子，昭示人們：一個人，即使功高蓋世，只要私心重，在關鍵時刻就會成為歷史的罪人。孔子說：「其未得之也，患得之；既得之，患失之。苟患失之，無所不至矣。」（《論語・陽貨》）李斯，不正是這樣嗎！

本文也是研究秦代文學的基本材料。魯迅說：「秦之文章，李斯一人而已。」而李斯的文章除了他隨秦始皇巡遊中所寫的刻石銘文載於〈秦始皇本紀〉外，其他文章全部都在〈李斯列傳〉中。其〈諫逐客〉、〈論督責〉、〈獄中上二世書〉等，都是作為表現李斯每個時期心理性格的典型資料而被收入傳記的，這就給我們研究秦代文學提供了極大的方便。

古籍今注新譯叢書

哲學類

新譯四書讀本	謝冰瑩等編譯
新譯學庸讀本	王澤應注譯
新譯論語新編解義	胡楚生編著
新譯孝經讀本	賴炎元等注譯
新譯易經讀本	郭建勳注譯
新譯周易六十四卦經傳通釋	黃慶萱注譯
新譯乾坤經傳通釋	黃慶萱注譯
新譯易經繫辭傳解義	吳　怡著
新譯禮記讀本	姜義華注譯
新譯儀禮讀本	顧寶田等注譯
新譯孔子家語	羊春秋注譯
新譯老子讀本	余培林注譯
新譯帛書老子	趙　鋒注譯
新譯老子解義	吳　怡著
新譯莊子讀本	黃錦鋐注譯
新譯莊子讀本	張松輝注譯
新譯莊子本義	水渭松注譯
新譯莊子內篇解義	吳　怡著
新譯列子讀本	莊萬壽注譯
新譯管子讀本	湯孝純注譯
新譯墨子讀本	李生龍注譯
新譯公孫龍子	丁成泉注譯
新譯晏子春秋	陶梅生注譯
新譯鄧析子	徐忠良注譯
新譯荀子讀本	王忠林注譯
新譯尹文子	徐忠良注譯
新譯尸子讀本	水渭松注譯
新譯鶡冠子	趙鵬團注譯
新譯鬼谷子	王德華等注譯
新譯韓非子	傅武光等注譯
新譯呂氏春秋	朱永嘉等注譯
新譯韓詩外傳	孫立堯注譯
新譯淮南子	熊禮匯注譯
新譯春秋繁露	朱永嘉等注譯
新譯新書讀本	饒東原注譯
新譯新語讀本	王　毅注譯
新譯潛夫論	彭丙成注譯
新譯論衡讀本	蔡鎮楚注譯
新譯申鑒讀本	林家驪等注譯
新譯人物志	吳家駒注譯
新譯張載文選	張金泉注譯
新譯近思錄	張京華注譯
新譯傳習錄	李生龍注譯
新譯呻吟語摘	鄧子勉注譯
新譯明夷待訪錄	李廣柏注譯

文學類

新譯詩經讀本	滕志賢注譯
新譯楚辭讀本	林家驪注譯
新譯楚辭讀本	傅錫壬注譯
新譯文心雕龍	羅立乾注譯
新譯六朝文絜	蔣遠橋注譯
新譯世說新語	劉正浩等注譯
新譯昭明文選	周啟成等注譯
新譯古文觀止	謝冰瑩等注譯
新譯古文辭類纂	黃　鈞等注譯
新譯樂府詩選	溫洪隆注譯
新譯古詩源	馮保善注譯
新譯千家詩	邱燮友等注譯
新譯詩品讀本	成　林等注譯
新譯花間集	朱恒夫注譯
新譯南唐詞	劉慶雲注譯
新譯絕妙好詞	聶安福注譯
新譯唐詩三百首	邱燮友注譯
新譯宋詩三百首	陶文鵬注譯
新譯宋詞三百首	汪　中注譯
新譯宋詞三百首	劉慶雲注譯
新譯元曲三百首	賴橋本等注譯
新譯明詩三百首	趙伯陶注譯
新譯清詩三百首	王英志注譯
新譯清詞三百首	陳水雲等注譯
新譯唐人絕句選	卞孝萱等注譯
新譯唐才子傳	戴揚本注譯
新譯拾遺記	石　磊注譯
新譯搜神記	黃　鈞注譯
新譯唐傳奇選	束　忱等注譯
新譯宋傳奇小說選	束　忱注譯
新譯明傳奇小說選	陳美林等注譯

新譯容齋隨筆選　朱永嘉等注譯
新譯明散文選　周明初注譯
新譯明清小品文選　鄭　婷注譯
新譯人間詞話　馬自毅注譯
新譯白香詞譜　劉慶雲注譯
新譯幽夢影　馮保善注譯
新譯菜根譚　吳家駒注譯
新譯小窗幽記　馬美信注譯
新譯圍爐夜話　馬美信注譯
新譯郁離子　吳家駒注譯
新譯歷代寓言選　黃瑞雲注譯
新譯賈長沙集　林家驪注譯
新譯揚子雲集　葉幼明注譯
新譯曹子建集　曹海東注譯
新譯建安七子詩文集　韓格平注譯
新譯阮籍詩文集　林家驪注譯
新譯嵇中散集　崔富章注譯
新譯陸機詩文集　王德華注譯
新譯陶淵明集　溫洪隆注譯
新譯江淹集　羅立乾等注譯
新譯庾信詩文選　歸　青注譯
新譯初唐四傑詩集　李福標注譯
新譯駱賓王文集　黃清泉注譯
新譯王維詩文集　陳鐵民注譯
新譯孟浩然詩集　楊　軍注譯
新譯李白詩全集　郁賢皓注譯
新譯李白文集　郁賢皓注譯
新譯杜甫詩選　張忠綱等注譯

新譯杜詩菁華　林繼中注譯
新譯高適岑參詩選　孫欽善等注譯
新譯昌黎先生文集　周啟成等注譯
新譯劉禹錫詩文選　閻　琦注譯
新譯柳宗元文選　卞孝萱等注譯
新譯白居易詩文選　陶　敏等注譯
新譯元稹詩文選　郭自虎注譯
新譯李賀詩集　彭國忠注譯
新譯杜牧詩文集　張松輝注譯
新譯李商隱詩選　朱恒夫等注譯
新譯范文正公選集　王興華等注譯
新譯蘇洵文選　羅立剛注譯
新譯蘇軾文選　滕志賢注譯
新譯蘇軾詞選　鄧子勉注譯
新譯蘇轍文選　朱　剛注譯
新譯曾鞏文選　高克勤注譯
新譯王安石文選　沈松勤注譯
新譯唐宋八大家文選　鄧子勉注譯
新譯柳永詞集　侯孝瓊注譯
新譯李清照集　姜漢椿等注譯
新譯陸游詩文選　韓立平注譯
新譯辛棄疾詞選　聶安福注譯
新譯歸有光文選　鄔國平注譯
新譯唐順之詩文選　馬美信注譯
新譯徐渭詩文選　周　群等注譯
新譯薑齋文集　平慧善注譯
新譯顧亭林文集　劉九洲注譯
新譯納蘭性德詞　馮　乾注譯

新譯方苞文選　鄔國平等注譯
新譯鄭板橋集　朱崇才注譯
新譯袁枚詩文選　王英志注譯
新譯李慈銘詩文選　潘靜如注譯
新譯聊齋誌異選　任篤行等注譯
新譯閱微草堂筆記　嚴文儒注譯
新譯浮生六記　馬美信注譯
新譯弘一大師詩詞全編　徐正綸編著

歷史類

新譯史記　韓兆琦注譯
新譯漢書　吳榮曾等注譯
新譯後漢書　魏連科等注譯
新譯三國志　吳樹平等注譯
新譯資治通鑑　韓兆琦等注譯
新譯史記—名篇精選　韓兆琦注譯
新譯尚書讀本　吳　璵注譯
新譯尚書讀本　郭建勳注譯
新譯周禮讀本　賀友齡注譯
新譯逸周書　牛鴻恩注譯
新譯左傳讀本　郁賢皓等注譯
新譯公羊傳　雪　克注譯
新譯穀梁傳　顧寶田注譯
新譯春秋穀梁傳　周　何注譯
新譯戰國策　溫洪隆注譯
新譯國語讀本　易中天注譯
新譯說苑讀本　左松超注譯
新譯說苑讀本　羅少卿注譯

新譯新序讀本　葉幼明注譯
新譯吳越春秋　黃仁生注譯
新譯西京雜記　曹海東注譯
新譯列女傳　黃清泉注譯
新譯越絕書　劉建國注譯
新譯燕丹子　曹海東注譯
新譯東萊博議　李振興等注譯
新譯唐六典　朱永嘉等注譯
新譯唐摭言　姜漢椿注譯

【宗教類】

新譯金剛經　徐興無注譯
新譯高僧傳　朱恒夫等注譯
新譯碧巖集　吳平注譯
新譯百喻經　顧寶田注譯
新譯楞嚴經　賴永海等注譯
新譯梵網經　王建光注譯
新譯圓覺經　商海鋒注譯
新譯法句經　劉學軍注譯
新譯六祖壇經　李中華注譯
新譯禪林寶訓　李中華注譯
新譯維摩詰經　陳引馳等注譯
新譯經律異相　顏洽茂注譯
新譯阿彌陀經　蘇樹華注譯
新譯無量壽經　邱高興注譯
新譯無量壽經　蘇樹華注譯
新譯妙法蓮華經　張松輝注譯
新譯景德傳燈錄　顧宏義注譯
新譯大乘起信論　韓廷傑注譯
新譯釋禪波羅蜜　蘇樹華注譯
新譯八識規矩頌　倪梁康注譯
新譯永嘉大師證道歌　蔣九愚注譯
新譯華嚴經入法界品　楊維中注譯
新譯地藏菩薩本願經　李承貴注譯
新譯悟真篇　劉國樑等注譯
新譯无能子　張松輝注譯
新譯坐忘論　張松輝注譯
新譯列仙傳　張金嶺注譯
新譯抱朴子　李中華注譯
新譯神仙傳　周啟成注譯
新譯性命圭旨　傅鳳英注譯
新譯老子想爾注　顧寶田等注譯
新譯周易參同契　劉國樑注譯
新譯道門觀心經　王卡注譯
新譯養性延命錄　曾召南注譯
新譯樂育堂語錄　戈國龍注譯
新譯冲虛至德真經　張松輝注譯
新譯長春真人西遊記　顧寶田等注譯
新譯黃庭經・陰符經　劉連朋等注譯

【軍事類】

新譯司馬法　王雲路注譯
新譯尉繚子　張金泉注譯
新譯三略讀本　傅傑注譯
新譯六韜讀本　鄔錫非注譯
新譯吳子讀本　王雲路注譯
新譯孫子讀本　吳仁傑注譯
新譯李衛公問對　鄔錫非注譯

【教育類】

新譯爾雅讀本　陳建初等注譯
新譯顏氏家訓　李振興等注譯
新譯聰訓齋語　馮保善注譯
新譯曾文正公家書　湯孝純注譯
新譯三字經　黃沛榮注譯
新譯百家姓　馬自毅等注譯
新譯幼學瓊林　馬自毅注譯
新譯增廣賢文・千字文　馬自毅注譯
新譯格言聯璧　馬自毅注譯

【政事類】

新譯商君書　貝遠辰注譯
新譯鹽鐵論　盧烈紅注譯
新譯貞觀政要　許道勳注譯

【地志類】

新譯山海經　楊錫彭注譯
新譯水經注　陳橋驛等注譯
新譯佛國記　楊維中注譯
新譯大唐西域記　陳飛等注譯
新譯洛陽伽藍記　劉九洲注譯
新譯徐霞客遊記　黃珅注譯
新譯東京夢華錄　嚴文儒注譯